LE

LOTUS DE LA BONNE LOI.

SE VEND A PARIS, CHEZ BENJAMIN DUPRAT, LIBRAIRE,

RUE DU CLOÎTRE-SAINT-BENOÎT, 7.

LE

LOTUS DE LA BONNE LOI,

TRADUIT DU SANSCRIT,

ACCOMPAGNÉ D'UN COMMENTAIRE

ET DE VINGT ET UN MÉMOIRES RELATIFS AU BUDDHISME,

PAR M. E. BURNOUF,

SECRÉTAIRE PERPÉTUEL DE L'ACADÉMIE DES INSCRIPTIONS ET BELLES-LETTRES.

PARIS.

IMPRIMÉ PAR AUTORISATION DU GOUVERNEMENT

A L'IMPRIMERIE NATIONALE.

M DCCC LII.

A MONSIEUR

BRIAN HOUGHTON HODGSON,

MEMBRE DU SERVICE CIVIL DE LA COMPAGNIE DES INDES,

COMME AU FONDATEUR DE LA VÉRITABLE ÉTUDE DU BUDDHISME

PAR LES TEXTES ET LES MONUMENTS.

E. BURNOUF.

AVERTISSEMENT.

L'impression du présent volume était presque achevée, lorsqu'une mort prématurée et tout a fait inattendue est venue enlever l'auteur à ses travaux et à ses amis. S'il avait vécu quelques jours de plus, il aurait rendu compte dans sa Préface des motifs qui l'ont conduit à la composition de cet ouvrage et de la place qu'il lui assignait entre ses travaux déjà publiés et ceux qu'il préparait. Malheureusement il ne s'est trouvé dans les papiers de M. Burnouf rien qui se rapporte à cette préface, et il ne nous reste qu'à indiquer en peu de mots les circonstances dans lesquelles ce livre a été entrepris et achevé.

Lorsque M. B. H. Hodgson eut envoyé en 1837, à la Société asiatique de Paris, la première partie des originaux sanscrits des livres buddhiques qu'il avait découverts dans le Népâl, et dont nous ne possédions auparavant que quelques traductions tibétaines et chinoises, M. Burnouf crut qu'il ne pouvait mieux répondre à la généreuse pensée du donateur qu'en faisant connaître à l'Europe savante le contenu de ces nouveaux trésors historiques. Il pensa que la meilleure manière d'atteindre ce but était de publier la traduction complète d'un de ces livres, accompagnée d'un commentaire et d'une introduction dans laquelle il exposait sommairement l'histoire et les dogmes du Buddhisme. Il choisit le *Lotus de la bonne loi*, l'un des neuf *Dharmas* des Buddhistes du Nord, et peut-être le plus caractéristique de ces livres canoniques. Il en acheva la traduction d'après le manuscrit alors unique de la Société asiatique et la fit imprimer en 1840, pendant qu'il s'occupait à en rédiger l'introduction. Mais la quantité et l'importance des matériaux que lui fournissaient, d'un côté, les travaux qu'il avait faits sur la littérature buddhique de Ceylan et de l'Inde au delà du Gange; de l'autre, les envois successifs d'ouvrages népâlais, que la Société asiatique recevait de M. Hodgson, lui firent sentir bientôt que cette introduction devenait l'ouvrage principal et le déterminèrent à commencer par elle la série de publications sur le Buddhisme qu'il préparait. Ce fut ainsi qu'il fit paraître son *Introduction à l'histoire du Buddhisme indien*, tome Ier; Paris, 1844, in-4°. Ce volume contient l'analyse critique des ouvrages buddhiques du nord de l'Inde et l'exposition des points principaux de la doctrine qu'ils enseignent, et devait être suivi d'un second volume qui aurait traité de l'école des Buddhistes du midi de l'Inde et de la presqu'île au delà du Gange, et qui aurait été terminé par la discussion de la chronologie du Buddhisme.

Mais avant de publier ce second volume, M. Burnouf se décida à faire paraître sa traduction du *Lotus*, imprimée depuis longtemps, pour confirmer ce qu'il avait dit sur la doctrine de Çâkyamuni et faire mieux comprendre la méthode d'enseignement de ce grand réformateur. Ce volume intermédiaire entre les deux parties de l'*Introduction*, lui donnait en même temps le moyen de compléter ce qu'il avait exposé dans le premier volume et de préparer ce qu'il avait à dire dans le second. Car dans un sujet si neuf, si étendu et si compliqué, il se présentait une foule de questions historiques ou philosophiques auxquelles il n'avait pas pu accorder tout le développement qu'elles exigeaient, sans rompre perpétuellement la suite naturelle de son argumentation, et dont la solution était néanmoins indispensable pour la parfaite intelligence des résultats auxquels il était arrivé dans l'*Introduction*. Il composa donc une suite de mémoires qu'il fit imprimer comme Appendice au *Lotus*, et dont quelques-uns sont d'une étendue et d'une importance telles, qu'ils auraient pu former des ouvrages à part. Cet Appendice est complet et tel que M. Burnouf l'avait conçu, à l'exception du dernier mémoire qui n'est pas achevé. A la mort de M. Burnouf, cent huit feuilles de l'ouvrage étaient imprimées, dont cent quatre entièrement corrigées par lui-même. On a trouvé dans ses papiers le commencement du vingt et unième mémoire, et on a cru utile d'en imprimer la partie qui était rédigée; mais on s'est abstenu de mettre en œuvre les matériaux qui devaient servir pour la fin de ce travail. M. Burnouf avait préparé un vingt-deuxième mémoire intitulé : *Examen de la langue du Saddharma puṇḍarîka;* mais lui-même avait renoncé à le joindre au présent volume, à cause de la multitude des détails qu'exigeait cette matière.

M. Pavie, un des élèves les plus distingués et les plus dévoués de M. Burnouf, et connu lui-même par des travaux remarquables, a eu la bonté de se charger de la tâche laborieuse de faire un Index alphabétique qui embrasse les mots et les matières dont il est question, tant dans le premier volume de l'*Introduction à l'histoire du Buddhisme* que dans le présent ouvrage. Tous les lecteurs lui sauront gré des soins pieux qu'il a bien voulu donner à ce travail.

Je ne dois pas terminer cet avertissement sans remercier M. de Saint-Georges, directeur de l'Imprimerie nationale, de l'empressement avec lequel il a écarté toutes les difficultés matérielles qui pouvaient retarder l'achèvement de ce volume, et d'avoir rendu ainsi un dernier hommage aux travaux d'un homme dont le nom sera une gloire éternelle pour les lettres françaises.

Paris, le 6 octobre 1852.

JULES MOHL.

LE LOTUS

DE

LA BONNE LOI.

CHAPITRE PREMIER.

LE SUJET.

ÔM! ADORATION À TOUS LES BUDDHAS ET BÔDHISATTVAS!

Voici ce que j'ai entendu. Un jour Bhagavat se trouvait à Râdjagrïha, sur la montagne de Grïdhrakûṭa[1], avec une grande troupe de Religieux, de douze cents Religieux, tous Arhats[2], exempts de toute faute, sauvés de la corruption [du mal], parvenus à la puissance, dont les pensées étaient bien affranchies, dont l'intelligence l'était également, sachant tout, semblables à de grands éléphants, qui avaient rempli leur devoir, accompli ce qu'ils avaient à faire, déposé leur fardeau, atteint leur but, supprimé complétement les liens qui les attachaient à l'existence; dont les pensées étaient bien affranchies par la science parfaite; qui avaient obtenu cette perfection suprême d'être complétement maîtres de leurs pensées; qui étaient en possession des [cinq] connaissances surnaturelles, tous grands Çrâvakas[3]. C'étaient entre autres le respectable Âdjñâtakâuṇḍinya, Açvadjit, Vâchpa, Mahânâman, Bhadrika, Mahâkâçyapa, Uruvilvâkâçyapa, Gayâkâçyapa, Çâriputtra, Mahâmâudgalyâyana, Mahâkâtyâyana, Aniruddha, Rêvata, Kapphiṇa, Gavâṁpati,

f. 1. · f. 2 a.

[1] Le pic du vautour. — [2] Vénérables. — [3] Auditeurs.

Pilindavatsa, Vakula, Mahâkâuchṭhila, Bharadvâdja, Mahânanda, Upananda, Sunanda, Pûrṇamâitrâyaṇîputtra, Subhûti, Râhula, tous ayant le titre de respectable. Avec eux se trouvaient encore d'autres grands Çrâvakas, comme le respectable Maître Ânanda, et deux autres milliers de Religieux, dont les uns étaient Maîtres et les autres ne l'étaient pas; six mille Religieuses ayant à leur tête Mahâpradjâpatî, avec la Religieuse Yaçôdharâ, la mère de Râhula, accompagnée de sa suite. Il se trouvait aussi là quatre-vingt mille Bôdhisattvas, tous incapables de retourner en arrière; tous attachés à un seul et même objet, c'est-à-dire à l'état suprême de Buddha parfaitement
f. 2 b. accompli; ayant acquis la connaissance des formules magiques; affermis dans la grande puissance; faisant tourner la roue de la loi qui ne peut revenir en arrière; ayant honoré plusieurs centaines de mille de Buddhas; ayant fait croître les racines de vertu [qui étaient en eux] en présence de plusieurs centaines de mille de Buddhas; ayant entendu leur éloge de la bouche de plusieurs centaines de mille de Buddhas; gouvernant par la charité leur corps et leur esprit; habiles à pénétrer la science du Tathâgata; doués d'une grande sagesse; ayant acquis l'intelligence de la Pradjñâpâramitâ [1]; célèbres dans plusieurs centaines de mille d'univers; ayant sauvé plusieurs centaines de mille de myriades de kôṭis [2] d'êtres vivants. C'étaient entre autres le Bôdhisattva Mahâsattva Mañdjuçrî devenu Kumâra, Avalôkitêçvara, Mahâsthâmaprâpta, Sarvârthanâman, Nityôdyukta, Anikchiptadhûra, Ratnapâṇi, Bhâichadjyarâdja, Bhâichadjyasamudgata, Vyûharâdja, Pradânaçûra, Ratnatchandra, Pûrṇatchandra, Mahâvikramin, Anantavikramin, Trâilôkyavikramin, Mahâpratibhâna, Satatasamitâbhiyukta, Dharaṇîdhara, Akchayamati, Padmaçrî, Nakchatrarâdja, le Bôdhisattva Mahâsattva Mâitrêya, le Bôdhisattva Mahâsattva Siṁha.

f. 3 a. Avec eux se trouvaient seize hommes vertueux, ayant à leur tête Bhadrapâla; c'étaient Bhadrapâla, Ratnâkara, Susârthavâha, Ratnadatta, Guhagupta, Varuṇadatta, Indradatta, Uttaramati, Viçêchamati, Vardhamânamati, Amôghadarçin, Susaṁprasthita, Suvikrântavikramin, Anupamamati, Sûryagarbha, Dharaṇîdhara; avec quatre-vingt mille Bôdhisattvas ayant à leur tête de tels personnages; et Çakra, l'Indra des Dêvas, avec une suite de vingt mille fils des Dêvas, tels que le fils des Dêvas Tchandra, le fils des Dêvas Sûrya, le fils des Dêvas Samantagandha, le fils des Dêvas Ratnaprabha,

[1] La perfection de la sagesse. — [2] Dix millions.

le fils des Dêvas Avabhâsaprabha; avec vingt mille fils des Dêvas ayant à leur tête de tels Dieux; avec les quatre Mahârâdjas ayant une suite de trente mille fils des Dêvas, tels que le Mahârâdja Virûḍhaka, le Mahârâdja Virûpâkcha, le Mahârâdja Dhrĭtarâchṭra, le Mahârâdja Vâiçravaṇa, le fils des Dêvas Îçvara, le fils des Dêvas Mahêçvara, ayant chacun, [les deux derniers,] une suite de trente mille fils des Dêvas; avec Brahmâ, le chef de l'univers f. 3 b.
Saha, ayant une suite de douze mille fils des Dêvas, nommés *Brahmakâyikas*, tels que le Brahmâ Çikhin, le Brahmâ Djyôtichprabha, avec douze mille fils des Dêvas Brahmakâyikas, ayant ces Brahmâs à leur tête; avec les huit rois des Nâgas ayant une suite de plusieurs centaines de mille de kôṭis de Nâgas, tels que le roi des Nâgas Nanda, le roi des Nâgas Upananda, le roi des Nâgas Sâgara, Vâsuki, Takchaka, Manasvin, Anavatapta, le roi des Nâgas Utpala; avec les quatre rois des Kinnaras ayant une suite de plusieurs centaines de mille de kôṭis de Kinnaras, tels que le roi des Kinnaras Drûma, le roi des Kinnaras Mahâdharma, le roi des Kinnaras Sudharma, le roi des Kinnaras Dharmadhara; avec les quatre fils des Dêvas nommés *Gandharvakâyikas*, ayant une suite de plusieurs centaines de mille de Gandharvas, le Gandharva Manôdjña, Manôdjñasvara, Madhura, le Gandharva Madhurasvara; avec les quatre Indras des Asuras ayant une suite de plusieurs centaines de mille de kôṭis d'Asuras, tels que l'Indra des Asuras Bali, l'Indra des Asuras Suraskandha, l'Indra des Asuras Vêmatchitra, l'Indra des Asuras f. 4 a.
Râhu; avec les quatre Indras des Garuḍas ayant une suite de plusieurs centaines de mille de myriades de kôṭis de Garuḍas, tels que l'Indra des Garuḍas Mahâtêdjas, Mahâkâya, Mahâpûrṇa, l'Indra des Garuḍas Maharddhiprâpta, et avec Adjâtaçatru, roi du Magadha, fils de Vâidêhî.

Or en ce temps Bhagavat entouré, honoré, servi, respecté, vénéré, adoré par les quatre assemblées, des hommages et des prières desquelles il était l'objet, après avoir exposé le Sûtra nommé *la Grande démonstration*, ce Sûtra où est expliquée la loi, qui contient de grands développements, qui est destiné à l'instruction des Bôdhisattvas, et qui a été possédé par tous les Buddhas; après s'être assis sur le grand siége de la loi qu'il occupait, Bhagavat, dis-je, entra dans la méditation nommée *la Place de la démonstration sans fin*: son corps était immobile, et sa pensée était également arrivée à une complète immobilité. A peine fut-il entré dans cette méditation, qu'une grande pluie de fleurs divines, de Mandâras et de Mahâmandâravas, de Mañdjûchakas et de Mahâmañdjûchakas se mit à tomber, couvrant Bhagavat et les quatre assemblées, et que la terre du Buddha tout entière fut f. 4 b. ébranlée de six manières différentes. Elle remua et trembla, elle fut agitée et secouée, elle bondit et sauta.

Or en ce temps les Religieux et les Religieuses, les fidèles des deux sexes, les Dêvas, les Nâgas, les Yakchas, les Gandharvas, les Asuras, les Garuḍas, les Kinnaras, les Mahôragas, les hommes, et les êtres n'appartenant pas à l'espèce humaine, qui se trouvaient réunis, assis dans cette assemblée, ainsi que les rois [distingués en] Maṇḍalins[1], en Balatchakravartins[2], et en Tchaturdvîpatchakravartins[3], tous avec leur suite, avaient les yeux fixés sur Bhagavat, remplis d'étonnement et de satisfaction.

Or en ce moment il s'élança un rayon de lumière du cercle de poils qui croissait dans l'intervalle des sourcils de Bhagavat. Ce rayon se dirigea vers les dix-huit mille terres de Buddha situées à l'orient, et toutes ces terres de Buddha, jusqu'au grand Enfer Avîtchi, et jusqu'aux limites de l'existence, parurent entièrement illuminées par son éclat. Et les êtres qui, dans ces terres de Buddha, suivent les six voies [de l'existence], devinrent tous complétement visibles. Et les Buddhas bienheureux qui se trouvent, qui vivent, qui existent dans ces terres de Buddha, devinrent aussi tous visibles. Et les lois qu'exposent ces Buddhas bienheureux purent être entièrement f. 5 a. entendues. Et les Religieux et fidèles des deux sexes, les Yôgins, et ceux qui marchent dans la voie du Yôga, comme ceux qui en ont obtenu les fruits, y devinrent tous également visibles. Et les Bôdhisattvas Mahâsattvas qui, dans ces terres de Buddha, remplissent les devoirs des Bôdhisattvas par leur habileté dans l'emploi des moyens qui sont les raisons et les motifs faits pour produire les résultats variés et nombreux de l'attention à écouter, de la conviction et de la foi, devinrent tous également visibles. Et les Buddhas bienheureux qui, dans ces terres de Buddha, entrent en possession du Nirvâṇa complet, devinrent tous également visibles. Et les Stûpas faits de substances précieuses, élevés dans ces terres de Buddha, pour renfermer les reliques des Buddhas bienheureux qui étaient entrés dans le Nirvâṇa complet, devinrent tous également visibles.

Alors cette pensée s'éleva dans l'esprit du Bôdhisattva Mâitrêya : Voici l'apparition merveilleuse d'un grand miracle, que fait le Tathâgata. Quelle

[1] Rois d'un pays. — [2] Rois souverains de la terre. — [3] Rois souverains des quatre îles.

en peut être la cause, et quelle est la raison pour laquelle Bhagavat produit l'apparition merveilleuse de ce grand miracle? Il est lui-même entré dans la méditation, et voici qu'apparaissent des effets de sa grande puissance surnaturelle, merveilleux, étonnants, inexplicables. Pourquoi n'en demanderais-je pas la cause qu'il faut rechercher, et qui sera ici capable de me l'expliquer? Alors cette pensée lui vint à l'esprit : Voici Mañdjuçrî f. 5 b.
qui est devenu Kumâra, qui a rempli sa mission sous les anciens Djinas, qui, sous eux, a fait croître les racines de vertu [qui étaient en lui], qui a honoré beaucoup de Buddhas. Le Bôdhisattva Mañdjuçrî devenu Kumâra aura vu sans doute jadis de tels prodiges accomplis par les anciens Tathâgatas, vénérables, parfaitement et complétement Buddhas; il aura profité des grands entretiens d'autrefois sur la loi; c'est pourquoi j'interrogerai sur ce sujet Mañdjuçrî qui est devenu Kumâra.

Les quatre assemblées des Religieux et fidèles des deux sexes, et le grand nombre des Dêvas, des Nâgas, des Yakchas, des Gandharvas, des Asuras, des Garuḍas, des Kinnaras, des Mahôragas, des hommes et des êtres n'appartenant pas à l'espèce humaine, ayant vu la splendeur merveilleuse de ce grand miracle, que faisait Bhagavat, remplis d'étonnement, de surprise et de curiosité, firent cette réflexion : Pourquoi ne demandons-nous pas la cause de la splendeur de ce miracle, effet de la grande puissance surnaturelle de Bhagavat?

Or en ce moment, dans cet instant même, le Bôdhisattva Mahâsattva Mâitrêya connaissant avec sa pensée la réflexion qui s'élevait dans l'esprit de ces quatre assemblées, et ayant par lui-même des doutes sur la loi, s'adressa f. 6 a.
ainsi à Mañdjuçrî devenu Kumâra : Quelle est la cause, ô Mañdjuçrî, quel est le motif pour lequel a été produite cette lumière, effet merveilleux, étonnant de la puissance surnaturelle de Bhagavat? Voilà que ces dix-huit mille terres de Buddha, variées, si belles à voir, dirigées par des Tathâgatas, et ayant des Tathâgatas pour chefs, sont devenues visibles?

Alors le Bôdhisattva Mahâsattva Mâitrêya adressa les stances suivantes à Mañdjuçrî devenu Kumâra.

1. Pourquoi, ô Mañdjuçrî, resplendit-il lancé par le Guide des hommes, ce rayon unique qui sort du cercle de poils placé entre ses sourcils, et pourquoi cette grande pluie de [fleurs de] Mandâravas?

2. Dans le ciel se tient un parasol de fleurs; les Suras pleins de joie laissent tomber des fleurs, des Mañdjûchakas mêlées à des poudres de santal, divines, parfumées, agréables,

3. Dont cette terre brille de tous côtés; et les quatre assemblées sont remplies de joie; et cette terre [de Buddha] tout entière est complétement ébranlée de six façons différentes, d'une manière terrible.

f. 6 b. 4. Et ce rayon est allé du côté de l'orient, éclairer à la fois en un instant dix-huit mille terres complètes [de Buddha]; ces terres paraissent de couleur d'or.

5. L'étendue entière de l' [Enfer] Avîtchi; la limite extrême où finit l'existence, et tout ce qu'il y a dans ces terres de créatures, qui se trouvent dans les six voies [de l'existence], ou qui en sortent ou qui y naissent;

6. Les actions diverses et variées de ces créatures; celles qui dans les voies [de l'existence] sont heureuses ou malheureuses, comme celles qui sont dans une situation inférieure, élevée ou intermédiaire, tout cela, je le vois ici du lieu où je suis placé.

7. Je vois aussi les Buddhas, ces lions parmi les rois des hommes, qui expliquent et qui exposent les lois, qui instruisent plusieurs kôṭis de créatures, qui font entendre leur voix dont le son est agréable.

8. Ils font, chacun dans la terre où il habite, entendre leur voix profonde, noble, merveilleuse, expliquant les lois des Buddhas, à l'aide de myriades de kôṭis de raisons et d'exemples.

9. Et aux créatures qui sont tourmentées par la douleur, dont le cœur est brisé par la naissance et par la vieillesse, qui sont ignorantes, ils leur enseignent le Nirvâṇa qui est calme, en disant : C'est là, ô Religieux, le terme de la douleur.

10. Et aux hommes qui sont parvenus à une haute puissance, aux hommes vertueux et comblés des regards des Buddhas, ils leur enseignent le véhicule des Pratyêkabuddhas, en décrivant complétement cette règle de la loi.

f. 7 a. 11. Et aux autres fils de Sugata, qui recherchant la science suprême, ont constamment accompli des œuvres variées, à ceux-là aussi ils adressent des éloges pour qu'ils parviennent à l'état de Buddha.

12. Du monde où je suis, ô Mañdjughôcha, j'entends et je vois là-bas ces spectacles, [et] des milliers de kôṭis d'autres objets; je n'en décrirai quelques-uns que pour exemple.

13. Je vois aussi dans beaucoup de terres tous les Bôdhisattvas, qui s'y trouvent en nombre égal à celui des sables du Gange, par milliers innombrables de kôṭis; à l'aide de leur énergie variée, ils produisent [pour eux] l'état de Bôdhi.

14. Quelques-uns aussi répandent des aumônes, qui sont des richesses, de l'or,

de l'argent, de l'or monnayé, des perles, des pierres précieuses, des conques, du cristal, du corail, des esclaves des deux sexes, des chevaux, des moutons,

15. Et des palanquins ornés de pierreries; ils répandent ces aumônes, le cœur plein de joie, se transformant en ce monde dans l'état suprême de Bôdhi. « Et nous « aussi, [disent-ils,] puissions-nous obtenir le véhicule [des Buddhas] ! »

16. Dans l'enceinte des trois mondes, le meilleur, le plus excellent véhicule est le véhicule des Buddhas qui a été célébré par les Sugatas; et moi aussi, puissé-je en devenir bientôt possesseur, après avoir répandu des aumônes semblables!

17. Quelques-uns donnent des chars attelés de quatre chevaux, ornés de balcons, de drapeaux, de fleurs et d'étendards; d'autres offrent des présents consistant en substances précieuses.

18. D'autres donnent leurs fils, leurs femmes, leurs filles; quelques autres leur propre chair tant aimée; d'autres donnent, quand on les leur demande, leurs f. 7 b.
mains et leurs pieds, cherchant à obtenir l'état suprême de Bôdhi.

19. Quelques-uns donnent leur tête, quelques-uns leurs yeux, quelques-uns leur propre corps, chose si chère [à l'homme]; et après avoir fait ces aumônes, l'esprit calme, ils demandent la science des Tathâgatas.

20. Je vois, ô Mañdjuçrî, de tous côtés des hommes qui après avoir quitté des royaumes florissants, leurs gynécées et toutes les îles, après avoir abandonné leurs conseillers et tous leurs parents,

21. Se sont rendus auprès des Guides du monde, et demandent pour leur bonheur l'excellente loi; ils revêtent des vêtements de couleur jaune, et font tomber leurs cheveux et leur barbe.

22. Je vois encore quelques Bôdhisattvas, semblables à des Religieux, habitant dans la forêt, recherchant les déserts inhabités, et d'autres qui se plaisent à enseigner et à lire.

23. Je vois aussi quelques Bôdhisattvas pleins de constance, qui se sont retirés dans les cavernes des montagnes, et qui, concevant dans leur esprit la science des Buddhas, savent en donner la définition.

24. D'autres, après avoir renoncé complétement à tous les désirs, après s'être formé une idée nette de la sphère parfaitement pure de leur activité, après avoir touché en ce monde aux cinq connaissances surnaturelles, habitent dans le désert comme fils de Sugata.

25. Quelques hommes pleins de constance, assis les jambes ramenées sous leur f. 8 a.
corps, les mains jointes en signe de respect, en présence des Guides [du monde], célèbrent, pleins de joie, le roi des chefs des Djinas, dans des milliers de stances poétiques.

26. Quelques-uns, pleins de mémoire, de douceur et d'intrépidité, et connaissant les règles subtiles de la conduite religieuse, interrogent sur la loi les Meilleurs des hommes, et l'ayant entendue, ils s'en rendent parfaitement maîtres.

27. Je vois çà et là quelques fils du Chef des Djinas, qui se connaissent eux-mêmes d'une manière parfaite, qui exposent la loi à plusieurs kôṭis d'êtres vivants, à l'aide de nombreuses myriades de raisons et d'exemples.

28. Pleins de satisfaction, ils exposent la loi, convertissant un grand nombre de Bôdhisattvas; après avoir détruit Mâra avec son armée et ses chars, ils frappent la timbale de la loi.

29. Je vois, sous l'enseignement des Sugatas, quelques fils de Sugata qu'honorent les hommes, les Maruts, les Yakchas, les Râkchasas, que rien n'étonne, qui sont sans orgueil, qui sont calmes, et qui marchent dans la voie de la quiétude.

30. D'autres encore, après s'être retirés dans les lieux les plus cachés des forêts, faisant sortir de la lumière de leur corps, délivrent les êtres qui sont dans les Enfers, et les convertissent à l'état de Buddha.

31. Quelques autres fils de Djina, s'appuyant sur l'énergie, renonçant complétement à la paresse, et marchant avec recueillement, habitent dans la forêt;
f. 8 b. ceux-là sont arrivés par l'énergie à l'état suprême de Bôdhi.

32. D'autres observent la règle inflexible et constamment pure de la morale, qui est semblable à un diamant précieux, et ils y deviennent accomplis; ceux-là sont arrivés par la morale à l'état suprême de Bôdhi.

33. Quelques fils de Djina, doués de la force de la patience, supportent de la part des Religieux pleins d'orgueil, injures, outrages et reproches; ceux-là sont partis à l'aide de la patience pour l'état suprême de Bôdhi.

34. Je vois encore quelques Bôdhisattvas qui après avoir renoncé à toutes les jouissances de la volupté, évitant ceux qui aiment les femmes, ont recherché, dans le calme des passions, la société des Âryas;

35. Et qui repoussant toute pensée de distraction, l'esprit recueilli, méditent dans les cavernes des forêts pendant des milliers de kôṭis d'années; ceux-là sont arrivés par la contemplation à l'état suprême de Bôdhi.

36. Quelques-uns aussi répandent des aumônes en présence des Djinas entourés de l'assemblée et de leurs disciples; [ils donnent] des aliments, de la nourriture, du riz et des boissons, des médicaments pour les malades, en quantité, en grande abondance.

37. Quelques-uns donnent des centaines de kôṭis de vêtements, dont la valeur est de cent mille kôṭis; ils donnent des vêtements d'un prix inestimable, en présence des Djinas entourés de l'assemblée et de leurs disciples.

38. Après avoir fait construire des centaines de kôṭis de Vihâras, faits de substances précieuses et de bois de santal, et ornés d'un grand nombre de lits et de siéges, ils viennent les offrir aux Sugatas. f. 9 a.

39. Quelques-uns donnent aux Chefs des hommes, accompagnés de leurs Çrâvakas, des ermitages purs et délicieux, pleins de fruits et de belles fleurs, et destinés à leur servir de demeure pendant le jour.

40. Ils offrent ainsi, pleins de joie, des présents de cette espèce, divers et variés; et après les avoir offerts, ils produisent [en eux] l'énergie [nécessaire] pour parvenir à l'état de Buddha; ceux-là sont arrivés par l'aumône à l'état suprême de Bôdhi.

41. Quelques-uns aussi exposent la loi qui est calme, au moyen de plusieurs myriades de raisons et d'exemples; ils l'enseignent à des milliers de kôṭis d'êtres vivants; ceux-là sont arrivés par la science à l'état suprême de Bôdhi.

42. [Je vois] des hommes connaissant la loi de l'inaction, parvenus à l'unité, semblables à l'étendue du ciel, des fils de Sugata, affranchis de tout attachement; ceux-là sont arrivés par la sagesse à l'état suprême de Bôdhi.

43. Je vois encore, ô Mañdjughôcha, beaucoup de Bôdhisattvas qui ont déployé leur énergie sous l'enseignement des Sugatas, entrés dans le Nirvâṇa complet; je les vois rendant un culte aux reliques des Djinas.

44. Je vois des milliers de kôṭis de Stûpas aussi nombreux que les sables du Gange, par lesquels sont sans cesse ornés des kôṭis de terres [de Buddha], et qui ont été élevés par les soins de ces fils de Djina.

45. Au-dessus d'eux sont placés des milliers de kôṭis de parasols et de drapeaux, rares et faits des sept substances précieuses; ils s'élèvent à la hauteur de cinq mille Yôdjanas complets, et ont une circonférence de deux mille Yôdjanas. f. 9 b.

46. Ils sont toujours embellis d'étendards; on y entend toujours le bruit d'une foule de clochettes; les hommes, les Maruts, les Yakchas et les Râkchasas leur rendent perpétuellement un culte avec des offrandes de fleurs, de parfums, et au bruit des instruments.

47. Voilà le culte que les fils de Sugata font rendre dans le monde aux reliques des Djinas par lesquelles sont embellis les dix points de l'espace, comme ils le seraient par des Pâridjâtas tout en fleurs.

48. Du lieu où je suis, je vois les nombreux kôṭis d'êtres [habitant ces mondes; je vois] tout cela, ainsi que le monde avec les Dêvas, qui est couvert de fleurs; [c'est que] ce rayon unique a été lancé par le Djina.

49. Ah! qu'elle est grande la puissance du Chef des hommes! Ah! que sa science est immense, parfaite, pour qu'un rayon unique, aujourd'hui lancé par lui dans le monde, fasse voir plusieurs milliers de terres [de Buddha]!

50. Nous sommes frappés de surprise en voyant ce prodige, cette merveille étonnante et sans exemple; dis-m'en la cause, ô Mañdjusvara! les fils du Buddha éprouvent de la curiosité.

51. Les quatre assemblées ont l'esprit attentif, ô héros! elles ont les yeux fixés sur toi et sur moi; fais naître la joie [en elles]; fais cesser leur incertitude; explique-leur l'avenir, ô fils du Sugata!

52. Pour quelle cause une splendeur de ce genre a-t-elle été produite aujourd'hui par le Sugata? Ah! qu'elle est grande la puissance du Chef des hommes! Ah!
f. 10 *a*. que sa science est immense, accomplie,

53. Pour qu'un rayon unique, aujourd'hui lancé par lui dans le monde, fasse voir plusieurs milliers de terres [de Buddha]! Il faut qu'il y ait un motif pour que cet immense rayon ait été lancé ici.

54. Les lois supérieures qui ont été touchées par le Sugata, par le Meilleur des hommes, dans la pure essence de l'état de Bôdhi, le Chef du monde va-t-il les expliquer ici? Va-t-il aussi annoncer aux Bôdhisattvas leurs destinées futures?

55. Ce n'est sans doute pas pour un motif de peu d'importance que sont devenus visibles plusieurs milliers de terres [de Buddha], parfaitement belles, variées, embellies de pierres précieuses, et qu'on voit des Buddhas dont la vue est infinie.

56. Mâitrêya interroge le fils du Djina; les hommes, les Maruts, les Yakchas, les Râkchasas, sont dans l'attente; les quatre assemblées ont les yeux levés; est-ce que Mañdjusvara va exposer ici quelque prédiction?

Ensuite Mañdjuçrî devenu Kumâra s'adressa ainsi au Bôdhisattva Mahâsattva Mâitrêya, et à l'assemblée tout entière des Bôdhisattvas : O fils de famille, l'intention du Tathâgata est de se livrer à une grande prédication où la loi soit proclamée, de faire tomber la grande pluie de la loi, de faire résonner les grandes timbales de la loi, de dresser le grand étendard de la loi, de faire brûler le grand fanal de la loi, d'enfler la grande conque de la loi, de battre le grand tambour de la loi. L'intention du Tathâgata, ô fils de
f. 10 *b*. famille, est de faire aujourd'hui une grande démonstration de la loi. C'est là ce qui me paraît être, ô fils de famille, et c'est ainsi que j'ai vu autrefois un pareil miracle accompli par les anciens Tathâgatas, vénérables, parfaitement et complétement Buddhas. Ces anciens Tathâgatas vénérables, etc., ont aussi produit au dehors la lumière d'un semblable rayon; aussi est-ce par là que je reconnais que le Tathâgata désire se livrer à une grande

prédication où la loi soit proclamée, qu'il désire qu'elle soit grandement
entendue, puisqu'il vient de manifester un ancien miracle de cette espèce.
Pourquoi cela? C'est que le Tathâgata vénérable, parfaitement et complétement Buddha, désire faire entendre une exposition de la loi avec laquelle
le monde entier doit être en désaccord, puisqu'il a produit un grand miracle de cette espèce, et cet ancien prodige qui est l'apparition et l'émission
d'un rayon de lumière.

Je me rappelle, ô fils de famille, qu'autrefois, bien avant des Kalpas
plus innombrables que ce qui est sans nombre, immenses, incommensurables, inconcevables, sans comparaison comme sans mesure, qu'avant cette
époque, dis-je, et bien avant encore apparut au monde le Tathâgata vénérable, etc., nommé *Tchandrasûryapradîpa*, doué de science et de conduite,
heureusement parti, connaissant le monde, sans supérieur, domptant
l'homme comme un cocher [dompte ses chevaux], précepteur des Dêvas f. 11 a.
et des hommes, Bhagavat, Buddha. Alors ce Tathâgata enseignait la loi; il
exposait la conduite religieuse qui est vertueuse au commencement, au
milieu et à la fin, dont le sens est bon, dont chaque syllabe est bonne,
qui est homogène, qui est accomplie, qui est parfaitement pure et belle.
C'est ainsi que, pour faire franchir aux Çrâvakas la naissance, la vieillesse,
la mort, les peines, les lamentations, la douleur, le chagrin, le désespoir,
il leur enseignait la loi qui pénètre dans la production de l'enchaînement
mutuel des causes [de l'existence], qui embrasse les quatre vérités des
Âryas, et qui a pour but le Nirvâṇa. Commençant pour les Bôdhisattvas
Mahâsattvas, parfaitement maîtres des six perfections, par l'état suprême
de Buddha parfaitement accompli, il enseignait la loi dont le but est la
science de celui qui sait tout.

Or autrefois, ô fils de famille, bien avant le temps de ce Tathâgata
Tchandrasûryapradîpa, vénérable, [etc., comme ci-dessus, f. 10 *b*,] il avait
apparu dans le monde un Tathâgata vénérable, etc., nommé aussi Tchandrasûryapradîpa, doué de science et de conduite, [etc., comme ci-dessus,
f. 10 *b*.] Or il y eut, ô toi qui es invincible, vingt mille Tathâgatas vénérables, etc., qui portèrent tous successivement ce même nom de *Tchandrasûryapradîpa*, f. 11 b.
et qui étaient de la même famille et du même lignage,
savoir du Gôtra de Bharadvâdja. Dans cette série, ô toi qui es invincible,
en partant du premier de ces vingt mille Tathâgatas jusqu'au dernier,

chacun fut un Tathâgata nommé du nom de *Tchandrasûryapradîpa*, vénérable, etc. Chacun d'eux enseigna la loi. Chacun d'eux exposa la conduite religieuse, [etc., comme ci-dessus, f. 11 *a*, jusqu'à] dont le but est la science de celui qui sait tout.

f. 12 *a*. Or ce bienheureux Tathâgata Tchandrasûryapradîpa, vénérable, etc., quand il n'était encore que Kumâra et qu'il n'avait pas quitté le séjour de la maison, avait huit fils, savoir : Mati qui était Râdjakumâra, Sumati, Anantamati, Ratnamati, Viçêchamati, Vimatisamudghâtin, Ghôchamati, Dharmamati qui était Râdjakumâra. Ces huit Râdjakumâras, fils de ce bienheureux Tathâgata Tchandrasûryapradîpa, avaient une puissance surnaturelle, immense. Chacun d'eux avait la jouissance de quatre grandes îles, où il exerçait la royauté. Ayant appris, ô toi qui es invincible, que le Bienheureux avait quitté le séjour de la maison, et ayant entendu dire qu'il était parvenu à l'état suprême de Buddha parfaitement accompli, renonçant eux-mêmes à toutes les jouissances de la royauté, ils entrèrent aussi dans la vie religieuse à l'imitation du Bienheureux; ils parvinrent tous à l'état suprême de Buddha parfaitement accompli, et devinrent interprètes de la loi. Et ils furent de constants observateurs de la conduite religieuse; et ces Râdjakumâras firent croître sous plusieurs centaines de
f. 12 *b*. mille de Buddhas les racines de vertu [qui étaient en eux].

Or dans ce temps, ô toi qui es invincible, le bienheureux Tathâgata Tchandrasûryapradîpa, vénérable, etc., après avoir exposé le Sûtra nommé *la Grande démonstration*, ce Sûtra où est expliquée la loi, qui contient de grands développements, qui est destiné à l'instruction des Bôdhisattvas, et qui a été possédé par tous les Buddhas, après s'être couché, en ce moment même, au milieu de l'assemblée réunie, sur le siége de la loi, entra dans la méditation nommée *la Place de la démonstration sans fin* : son corps était immobile, et sa pensée était également arrivée à une complète immobilité. A peine le Bienheureux fut-il entré dans cette méditation, qu'une grande pluie de fleurs divines de Mandâras et de Mahâmandâravas, de Mañdjûchakas et de Mahâmañdjûchakas se mit à tomber, le couvrant lui et l'assemblée, et que la terre de Buddha tout entière fut ébranlée de six manières différentes; elle remua et trembla, elle fut agitée et secouée, elle bondit et sauta.

Or en ce temps, ô toi qui es invincible, les Religieux et les Religieuses,

les fidèles des deux sexes, les Dêvas, les Nâgas, les Yakchas, les Gandharvas, les Asuras, les Garuḍas, les Kinnaras, les Mahôragas, les hommes et les êtres n'appartenant pas à l'espèce humaine, qui se trouvaient réunis, f. 13 a.
assis dans cette assemblée, les rois Mandalins, Balatchakravartins, Tchaturdvîpatchakravartins, tous avec leur suite, avaient les yeux fixés sur Bhagavat, remplis d'étonnement, de surprise et de satisfaction.

Or en ce moment il s'élança un rayon de lumière du cercle de poils qui croissait dans l'intervalle des sourcils du bienheureux Tchandrasûryapradîpa. Ce rayon se dirigea vers les dix-huit mille terres de Buddha situées à l'orient, et ces terres de Buddha parurent entièrement illuminées par son éclat; ce fut, ô toi qui es invincible, comme quand ces terres de Buddha, [que tu vois,] sont devenues visibles en ce monde.

Or en ce temps-là, ô toi qui es invincible, il y avait vingt kôṭis de Bôdhisattvas qui s'étaient attachés au service du Bienheureux. Tous ceux qui, dans cette assemblée, étaient auditeurs de la loi, furent remplis d'étonnement, de surprise et de curiosité, en voyant le monde éclairé par la grande splendeur de ce rayon.

Or en ce temps-là, ô toi qui es invincible, sous l'enseignement du Bienheureux, il y avait un Bôdhisattva, nommé *Varaprabha*. Ce dernier avait huit cents disciples. Le Bienheureux étant ensuite sorti de sa méditation, dé- f. 13 b.
veloppa l'exposition de la loi nommée *le Lotus de la bonne loi*, en commençant par le Bôdhisattva Varaprabha; il parla pendant la durée complète de soixante moyens Kalpas, assis sur le même siége, son corps comme sa pensée étant complétement immobiles. Et cette assemblée tout entière assise sur les mêmes siéges, écouta la loi en présence du Bienheureux, pendant ces soixante moyens Kalpas.[1] Et dans cette assemblée il n'y eut pas un seul être qui éprouvât le moindre sentiment de fatigue, soit de corps, soit d'esprit.

Ensuite le bienheureux Tathâgata Tchandrasûryapradîpa, vénérable, etc., après avoir, pendant soixante moyens Kalpas, exposé le Sûtra nommé *le Lotus de la bonne loi*, ce Sûtra où est expliquée la loi, qui contient de grands développements, qui est destiné à l'instruction des Bôdhisattvas, et qui a été possédé par tous les Buddhas, annonça en ce moment qu'il allait entrer dans le Nirvâṇa complet, en présence du monde comprenant la réunion des Dêvas, des Mâras et des Brahmâs, en présence des créatures formées de l'ensemble des Çramaṇas, des Brâhmanes, des Dêvas, des hommes et des Asuras : « Aujourd'hui, ô Religieux, [dit-il,] cette nuit « même, à la veille du milieu, le Tathâgata entrera complétement dans « l'élément du Nirvâṇa où il ne reste aucune trace de l'agrégation [des « éléments matériels]. »

f. 14 a. Ensuite, ô toi qui es invincible, le bienheureux Tathâgata Tchandrasûryapradîpa prédit au Bôdhisattva Mahâsattva nommé *Çrîgarbha*, qu'il obtiendrait l'état suprême de Buddha parfaitement accompli, et après avoir fait cette prédiction, il s'adressa ainsi à l'assemblée tout entière : « Oui, Re« ligieux, ce Bôdhisattva Çrîgarbha parviendra à l'état suprême de Buddha « immédiatement après moi. Il sera le Tathâgata Vimalanêtra, etc. »

Ensuite, ô toi qui es invincible, le bienheureux Tathâgata Tchandrasûryapradîpa, vénérable, etc., cette nuit-là même, à la veille du milieu, entra complétement dans l'élément du Nirvâṇa où il ne reste aucune trace de l'agrégation [des éléments matériels]. Et le Bôdhisattva Mahâsattva Varaprabha garda en dépôt cette exposition de la loi nommée *le Lotus de la bonne loi;* et pendant quatre-vingts moyens Kalpas, le Bôdhisattva Varaprabha garda en dépôt l'enseignement du Bienheureux qui était entré dans le Nirvâṇa complet, et il l'expliqua. Alors, ô toi qui es invincible, les huit fils du Bienheureux, à la tête desquels était Sumati, devinrent les disciples du Bôdhisattva Varaprabha; ils furent mûris par lui pour l'état suprême de
f. 14 b. Buddha parfaitement accompli; et ensuite plusieurs centaines de mille de myriades de kôṭis de Buddhas furent vus et vénérés par eux; et tous parvinrent à l'état suprême de Buddha parfaitement accompli, et le dernier d'entre eux fut le Tathâgata Dîpaṁkara, vénérable, etc.

Parmi ces huit cents disciples il y avait un Bôdhisattva qui attachait un prix extrême au gain, aux témoignages de respect, au titre de savant, et qui aimait la renommée; les lettres et les mots qu'on lui montrait disparaissaient pour lui sans laisser de traces. Son nom était Yaçaskâma. Plusieurs centaines de mille de myriades de kôṭis de Buddhas avaient été réjouis du principe de vertu qui était en lui; et après les avoir ainsi réjouis, il les avait honorés, servis, vénérés, adorés, entourés de ses hommages et de ses prières. Pourrait-il après cela, ô toi qui es invincible, te rester quelque incertitude, quelque perplexité ou quelque doute? Il ne faut pas s'imaginer que dans ce temps et à cette époque, ce fût un autre [que moi]

qui était le Bôdhisattva Mahâsattva, nommé *Varaprabha*, l'interprète de la loi. Pourquoi cela? C'est que c'était moi qui, dans ce temps et à cette époque, étais le Bôdhisattva Mahâsattva Varaprabha, l'interprète de la loi. Et le Bôdhisattva nommé *Yaçaskâma* qui était d'un naturel indolent, c'était f. 15 a.
toi, ô être invincible, qui étais en ce temps et à cette époque le Bôdhisattva Yaçaskâma d'un naturel indolent.

C'est de cette manière, ô toi qui es invincible, qu'ayant vu jadis cet ancien miracle du Bienheureux, j'interprète le rayon semblable qui vient de s'élancer [du front de Bhagavat] comme la preuve que Bhagavat aussi désire exposer le Sûtra nommé *le Lotus de la bonne loi*, ce Sûtra où est expliquée la loi, qui contient de grands développements [etc.].

Ensuite Mañdjuçrî devenu Kumâra, pour exposer ce sujet plus amplement, prononça dans cette circonstance les stances suivantes :

57. Je me rappelle un temps passé, un Kalpa inconcevable, incommensurable, quand existait le Djina, le Meilleur des êtres, nommé *Tchandrasûryapradîpa*.

58. Le Guide des créatures enseignait la bonne loi; il disciplinait un nombre infini de kôṭis de créatures; il convertissait un nombre inconcevable de Bôdhisattvas à l'excellente science de Buddha.

59. Les huit fils qu'avait ce Chef quand il n'était encore que Kumâra, voyant que ce grand solitaire avait embrassé la vie religieuse, et ayant bien vite renoncé à tous les désirs, devinrent aussi tous religieux.

60. Et le Chef du monde exposa la loi; il expliqua l'excellent Sûtra de la démons- f. 15 b.
tration sans fin, qui s'appelle du nom de *Vâipulya* (grand développement); il l'expliqua pour des milliers de kôṭis d'êtres vivants.

61. Immédiatement après avoir parlé, le Chef, s'étant assis les jambes croisées, entra dans l'excellente méditation de la démonstration sans fin; placé sur le siége de la loi, le meilleur des solitaires fut absorbé dans la contemplation.

62. Et il tomba une pluie divine de Mandâravas; les timbales résonnèrent sans être frappées, et les Dêvas, les Yakchas, se tenant dans le ciel, rendirent un culte au Meilleur des hommes.

63. Et en ce moment toute la terre [de Buddha] fut agitée complétement, et cela fut un miracle et une grande merveille; et le Guide [du monde] lança un rayon unique, un rayon parfaitement beau, de l'intervalle de ses deux sourcils.

64. Et ce rayon s'étant dirigé vers la région orientale, en éclairant dix-huit mille terres complètes [de Buddha], illumina le monde entier; il fit voir la naissance et la mort des créatures.

65. En ce moment des terres faites de substances précieuses, d'autres ayant la couleur du lapis-lazuli, des terres variées, parfaitement belles, devinrent visibles par l'effet de la splendeur du rayon du Chef.

66. Les Dêvas, les hommes, et aussi les Nâgas et les Yakchas, les Gandharvas, les Apsaras et les Kinnaras, et ceux qui sont occupés à l'adoration du Sugata, de-
f. 16 a. vinrent visibles dans les univers où ils lui rendent un culte;

67. Et les Buddhas aussi, ces êtres qui existent par eux-mêmes, apparurent beaux comme des colonnes d'or, comme une statue d'or entourée de lapis-lazuli; ils enseignaient la loi au milieu de l'assemblée.

68. Il n'y a pas de calcul possible de leurs Çrâvakas, et les Çrâvakas de [chaque] Sugata sont infinis; dans chacune des terres des Guides [des hommes], l'éclat de ce rayon les rend tous visibles.

69. Et les fils des Guides des hommes doués d'énergie, d'une vertu inflexible, d'une vertu irréprochable, semblables aux plus précieux joyaux, deviennent visibles dans les cavernes des montagnes où ils résident.

70. Faisant l'entier abandon de tous leurs biens, ayant la force de la patience, fermes et passionnés pour la contemplation, des Bôdhisattvas, en nombre égal à celui des sables du Gange, deviennent tous visibles par l'effet de ce rayon.

71. Des fils chéris des Sugatas, immobiles, exempts de toute agitation, fermes dans la patience, passionnés pour la contemplation, recueillis, deviennent visibles; ceux-là sont arrivés à l'état suprême de Bôdhi par la contemplation.

72. Connaissant l'état qui existe réellement, qui est calme et exempt d'imperfections, ils l'expliquent; ils enseignent la loi dans beaucoup d'univers; un tel effet est produit par la puissance du Sugata.

73. Et après avoir vu cet effet de la puissance de Tchandrârkadîpa, les quatre
f. 16 b. assemblées du Protecteur, remplies de joie en ce moment, se demandèrent les unes aux autres : Comment cela se fait-il?

74. Et bientôt, adoré par les hommes, les Maruts et les Yakchas, le Guide du monde s'étant relevé de sa méditation, parla ainsi à Varaprabha son fils, qui était un Bôdhisattva savant et interprète de la loi :

75. « Toi qui es savant, tu es l'œil et la voie du monde, tu es plein de confiance « en moi, et tu gardes ma loi; tu es en ce monde le témoin du trésor de ma loi, se- « lon que je l'ai exposée pour l'avantage des créatures. »

76. Après avoir formé de nombreux Bôdhisattvas, après les avoir remplis de joie, après les avoir loués, célébrés, alors le Djina exposa les lois suprêmes pendant soixante moyens Kalpas complets.

77. Et chaque loi excellente, suprême, qu'exposait le souverain du monde assis

sur son siége, Varaprabha, le fils du Djina, qui était interprète de la loi, en comprenait le sens.

78. Et le Djina, après avoir exposé la loi suprême, après avoir comblé de joie plus d'une créature, parla en ce jour, lui qui est le Guide [des hommes], en présence du monde réuni aux Dévas :

79. « Cette règle de la loi a été exposée par moi; la nature de la loi a été énon-« cée telle qu'elle est; c'est aujourd'hui, ô Religieux, le temps de mon Nirvâṇa, « [qui aura lieu] ici, cette nuit même, à la veille du milieu.

80. « Soyez attentifs, et pleins de confiance; appliquez-vous fortement sous « mon enseignement : les Djinas, ces grands Rĭchis, sont difficiles à rencontrer au « bout même de myriades de kôṭis de Kalpas. » f. 17 *a*.

81. Les nombreux fils de Buddha se sentirent pénétrés de douleur, et furent plongés dans un chagrin extrême, après avoir entendu la voix du Meilleur des hommes qui parlait de son Nirvâṇa comme devant se réaliser bientôt.

82. Le Roi des Indras des hommes, après avoir consolé ces kôṭis de créatures en nombre inconcevable : « Ne craignez rien, ô Religieux, [s'écria-t-il ;] quand je « serai entré dans le Nirvâṇa, il paraîtra un [autre] Buddha après moi.

83. « Ce savant Bôdhisattva, Çrîgarbha, après être parvenu à posséder la science « exempte d'imperfections, touchera l'excellent et suprême état de Bôdhi; il sera « Djina sous le nom de *Vimalâgranêtra.* »

84. Cette nuit-là même, à la veille du milieu, il entra dans le Nirvâṇa complet, comme une lumière dont la source est éteinte; et la distribution de ses reliques eut lieu, et on éleva un nombre infini de myriades de kôṭis de Stûpas.

85. Et ces Religieux de l'assemblée, ainsi que les Religieuses, qui étaient arrivés à l'excellent et suprême état de Bôdhi, en nombre aussi considérable que celui des sables du Gange, s'appliquèrent sous l'enseignement de ce Sugata.

86. Et le Religieux qui était alors interprète de la loi, Varaprabha, par lequel avait été possédée la bonne loi, exposa cette loi suprême sous l'enseignement de ce Sugata, pendant quatre-vingts moyens Kalpas complets.

87. Il eut huit cents disciples, qu'il conduisit tous alors à la maturité, et par eux furent vus plusieurs kôṭis de Buddhas, de grands Rĭchis qui reçurent leurs hommages. f. 17 *b*.

88. Alors, après avoir accompli les devoirs de la conduite religieuse, qui sont entre eux dans un parfait accord, ils devinrent Buddhas dans un grand nombre d'univers; ils se succédèrent immédiatement les uns aux autres, et s'annoncèrent successivement qu'ils étaient destinés à parvenir à l'état suprême de Buddha.

89. De ces Buddhas qui se succédèrent les uns aux autres, Dîpaṁkara fut le

dernier; ce fut un Dêva supérieur aux Dêvas; il fut honoré par l'assemblée des Richis, et disciplina des milliers de kôṭis d'êtres vivants.

90. Pendant le temps que ce fils de Sugata, Varaprabha, exposait la loi, il eut un disciple paresseux et plein de cupidité, qui recherchait et le gain et la science.

91. Ce disciple était outre mesure avide de renommée, et il flottait sans cesse d'un objet à un autre; la lecture et l'enseignement disparaissaient entièrement pour lui sans laisser de trace, au moment même où on les lui exposait.

92. Et son nom était Yaçaskâma, nom sous lequel il était célèbre dans les dix points de l'espace; mais grâce au mélange de bonnes œuvres qu'il avait accumulées,

93. Il réjouit des milliers de kôṭis de Buddhas, et il leur rendit un culte étendu; il accomplit les devoirs de la conduite religieuse, qui sont entre eux dans un parfait accord, et il vit le Buddha Çâkyasiṁha.

f. 18 a. 94. Il sera le dernier [Buddha de notre âge], et il obtiendra l'état suprême et excellent de Bôdhi; il sera le bienheureux de la race de Mâitrêya; il disciplinera des milliers de kôṭis de créatures.

95. Et ce [disciple] qui était d'un naturel paresseux, pendant l'enseignement du Sugata qui entra dans le Nirvâṇa complet, c'était toi-même, [ô Mâitrêya;] et c'était moi qui alors étais l'interprète de la loi.

96. C'est pour cette raison et pour ce motif qu'aujourd'hui, à la vue d'un miracle de cette espèce, d'un miracle produit par la science de ce Buddha, [et] semblable à celui que j'ai vu jadis pour la première fois,

97. Il est évident [pour moi] que le Chef des Djinas lui-même, doué de la vue complète, que le roi suprême des Çâkyas, qui voit la vérité, désire exposer cette excellente démonstration, que j'ai jadis entendue.

98. Le prodige même accompli aujourd'hui, est un effet de l'habileté dans l'emploi des moyens que possèdent les Chefs [des hommes]; Çâkyasiṁha fait une démonstration : il dira quel est le sceau de la nature propre de la loi.

99. Soyez recueillis, pleins de bonnes pensées; joignez les mains en signe de respect; celui qui est bon et compatissant pour le monde va parler; il va faire pleuvoir la pluie sans fin de la loi; il réjouira ceux qui sont ici à cause de l'état de Bôdhi.

100. Et quant à ceux dans l'esprit de qui s'élève un doute quelconque, qui ont quelque incertitude, quelque perplexité, le savant dissipera tout cela pour ses enfants, qui sont les Bôdhisattvas parvenus ici à l'état de Bôdhi.

CHAPITRE II.

L'HABILETÉ DANS L'EMPLOI DES MOYENS.

Ensuite Bhagavat qui était doué de mémoire et de sagesse, sortit de sa méditation; et quand il en fut sorti, il s'adressa en ces termes au respectable Çâriputtra. Elle est profonde, ô Çâriputtra, difficile à voir, difficile à juger la science des Buddhas, cette science qui est l'objet des méditations des Tathâgatas vénérables, etc.; tous les Çrâvakas et les Pratyêkabuddhas réunis auraient de la peine à la comprendre. Pourquoi cela? C'est, ô Çâriputtra, que les Tathâgatas vénérables, etc. ont honoré plusieurs centaines de mille de myriades de kôṭis de Buddhas; qu'ils ont, sous plusieurs centaines de mille de myriades de kôṭis de Buddhas, observé les règles de conduite qui appartiennent à l'état suprême de Buddha parfaitement accompli; qu'ils ont suivi ces Buddhas bien longtemps; qu'ils ont déployé toute leur énergie; qu'ils sont en possession de lois étonnantes et merveilleuses, en possession de lois difficiles à comprendre; qu'ils ont connu les lois difficiles à comprendre. f. 18 b.

Il est difficile à comprendre, ô Çâriputtra, le langage énigmatique des Tathâgatas vénérables, etc. Pourquoi cela? C'est que les lois qui sont à elles-mêmes leur propre cause, ils les expliquent par l'habile emploi de moyens variés, par la vue de la science, par les raisons, par les motifs, par les arguments faits pour convaincre, par les interprétations, par les éclaircissements. C'est pour délivrer, par l'habile emploi de tels et tels moyens, les créatures enchaînées à tel et tel objet, que les Tathâgatas vénérables, etc., ô Çâriputtra, ont acquis la perfection suprême de la grande habileté dans l'emploi des moyens et de la vue de la science. C'est pour cela, ô Çâriputtra, que les Tathâgatas vénérables, etc., qui sont en possession des lois merveilleuses, telles que la vue d'une science absolue et irrésistible, l'énergie, l'intrépidité, l'homogénéité, la perfection des sens, f. 19 a.

les forces, les éléments constitutifs de l'état de Bôdhi, les contemplations, les affranchissements, les méditations, l'acquisition de l'indifférence, c'est pour cela, dis-je, qu'ils expliquent les diverses lois. Ils ont acquis une grande merveille et une chose bien surprenante, ô Çâriputtra, les Tathâgatas vénérables, etc. C'en est assez, ô Çâriputtra, et ce discours doit suffire; oui, les Tathâgatas vénérables, etc., ont acquis une merveille singulièrement surprenante. C'est le Tathâgata, ô Çâriputtra, qui seul peut enseigner au Tathâgata les lois que le Tathâgata connaît. Le Tathâgata seul, ô Çâriputtra, enseigne toutes les lois, car le Tathâgata seul les connaît toutes. Ce que sont ces lois, comment sont-elles, quelles sont-elles, de quoi sont-elles le caractère, quelle nature propre ont-elles? tels sont les divers aspects sous lesquels le Tathâgata les voit face à face et présentes devant lui.

f. 19 b. Ensuite Bhagavat, pour exposer ce sujet plus amplement, prononça dans cette circonstance les stances suivantes :

1. Ils sont incommensurables les grands héros, dans le monde formé de la réunion des Maruts et des hommes; les Guides [du monde] ne peuvent être connus complétement par la totalité des créatures.

2. Personne ne peut connaître quelles sont leurs forces et leurs [moyens d'] affranchissement, quelle est leur intrépidité, quelles sont enfin les lois des Buddhas.

3. Jadis j'ai observé, en présence de plusieurs kôṭis de Buddhas, les règles de la conduite religieuse, qui sont profondes, subtiles, difficiles à connaître et à voir.

4. Après en avoir rempli les devoirs pendant un nombre inconcevable de kôṭis de Kalpas, j'en ai vu le résultat que je devais recueillir dans la pure essence de l'état de Bôdhi.

5. Aussi connais-je ce que sont les autres Guides du monde; je sais ce que c'est que cette science, comment elle est, quelle elle est, et quels en sont les caractères.

6. Il est impossible de la démontrer, et il n'en existe pas d'explication; il n'y a pas non plus de créature dans ce monde

7. Qui soit capable d'enseigner cette loi, ou de la comprendre si elle lui était enseignée, à l'exception des Bôdhisattvas; en effet, les Bôdhisattvas sont remplis de confiance.

8. Et les Çrâvakas mêmes de l'Être qui connaît le monde, ces hommes qui ont accompli leur mission et entendu leur éloge de la bouche des Sugatas, qui sont exempts de toute faute, et qui sont arrivés à leur dernière existence corporelle, non, la science des Djinas n'est pas l'objet de ces hommes eux-mêmes.

9. Supposons que cet univers tout entier fût complétement rempli de Çrâvakas semblables à Çârisuta, et que, se réunissant tous ensemble, ces Çrâvakas se missent à réfléchir, il leur serait impossible de connaître la science du Sugata. f. 20 a.

10. Quand bien même les dix points de l'espace seraient complétement remplis de savants semblables à toi; quand même ils seraient pleins de personnages tels que ces Çrâvakas mes auditeurs;

11. Et quand même, se réunissant tous ensemble, ces sages se mettraient à réfléchir sur la science du Sugata, non, même ainsi réunis, ils ne pourraient connaître la science incommensurable des Buddhas, qui m'appartient.

12. Quand même la totalité des dix points de l'espace serait remplie de Pratyêkabuddhas, exempts de toute faute, doués de sens pénétrants, arrivés à leur dernière existence corporelle; quand ces Pratyêkabuddhas seraient aussi nombreux que les cannes et que les bambous des forêts;

13. Et quand même, se réunissant tous ensemble, ils se mettraient à réfléchir ne fût-ce que sur une partie de mes lois suprêmes, pendant des myriades infinies de kôṭis de Kalpas, ils n'en pourraient connaître le véritable sens.

14. Que les dix points de l'espace soient remplis de Bôdhisattvas, entrés dans un nouveau véhicule, ayant accompli leur mission sous beaucoup de kôṭis de Buddhas, connaissant d'une manière positive le sens [de la doctrine], et ayant interprété un grand nombre de lois;

15. Que tous les mondes en soient continuellement remplis, sans qu'il y reste plus d'intervalle qu'entre les cannes et les bambous des forêts, et que, se réunissant tous ensemble, ces Bôdhisattvas viennent à réfléchir sur la loi qui a été vue face à face par le Sugata;

16. Après avoir, pendant plusieurs kôṭis de Kalpas, pendant des Kalpas aussi innombrables que les sables du Gange, réfléchi exclusivement sur cette science, profondément absorbés par sa subtilité, ils ne parviendraient pas encore à en faire leur objet propre. f. 20 b.

17. Quand même des Bôdhisattvas en nombre égal à celui des sables du Gange, devenus incapables de se détourner, se mettraient à y réfléchir avec une attention exclusive, ils ne pourraient eux-mêmes en faire leur objet propre.

18. Les Buddhas sont tous des êtres dont les lois sont profondes, subtiles, insaisissables au raisonnement, exemptes d'imperfections; moi je connais quels sont les Buddhas, ainsi que les Djinas qui existent dans les dix points de l'univers.

19. Plein de confiance, ô Çâriputtra, tu as recherché le sens de ce que dit le Sugata; il ne dit pas de mensonge le Djina, le grand Rĭchi, qui expose pendant longtemps la vérité excellente.

20. Je m'adresse à tous ces Çrâvakas, aux hommes qui sont parvenus à l'état de Pratyêkabuddha, à ceux qui ont été établis par moi dans le Nirvâṇa, à ceux qui sont entièrement délivrés de la succession incessante des douleurs.

21. C'est là ma suprême habileté dans l'emploi des moyens [dont je dispose], habileté à l'aide de laquelle j'expose amplement la loi dans le monde; je délivre les êtres enchaînés à tel et tel objet, et j'enseigne trois véhicules [distincts].

Ensuite les grands Çrâvakas qui étaient réunis là dans cette assemblée, sous la conduite d'Âdjñâtakâuṇḍinya, tous Arhats, exempts de toute faute, parvenus à la puissance, au nombre de douze cents, les autres Religieux
f. 21 a. et fidèles des deux sexes qui se servaient du véhicule des Çrâvakas, et ceux qui étaient entrés dans celui des Pratyêkabuddhas, firent tous cette réflexion: Quelle est la cause, quel est le motif pour lequel Bhagavat célèbre si exclusivement l'habileté dans l'emploi des moyens dont disposent les Tathâgatas? Pourquoi la décrit-il par ces mots: « elle est profonde la loi « par laquelle je suis devenu Buddha parfaitement accompli; » et par ceux-ci: « elle est difficile à comprendre pour la totalité des Çrâvakas et des Pra- « tyêkabuddhas? » Cependant, puisque Bhagavat n'a parlé que d'un seul affranchissement, et nous aussi nous sommes devenus possesseurs des lois de Buddha, nous avons atteint le Nirvâṇa. Aussi ne comprenons-nous pas le sens du discours que vient de tenir Bhagavat.

Alors le respectable Çâriputtra connaissant les questions auxquelles donnaient lieu les doutes de ces quatre assemblées, et comprenant avec sa pensée la réflexion qui s'élevait dans les esprits, ayant lui-même conçu des doutes sur la loi, dit en ce moment ces paroles à Bhagavat: Quelle est la cause, quel est le motif pour lequel Bhagavat célèbre si exclusivement, à plusieurs reprises, les Tathâgatas comme enseignant les lois de la science et de l'habile emploi des moyens? Pourquoi répète-t-il à plusieurs reprises: « elle est profonde la loi par laquelle je suis devenu Buddha parfaitement « accompli; il est difficile à comprendre le langage énigmatique des Tathâ-
f. 21 b. « gatas. » En effet, je n'ai jamais entendu jusqu'ici une pareille exposition de la loi de la bouche de Bhagavat. Et ces quatre assemblées, ô Bhagavat, sont agitées par le doute et par l'incertitude. Que Bhagavat montre donc bien dans quelle intention le Tathâgata célèbre à plusieurs reprises la loi du Tathâgata comme profonde.

Ensuite le respectable Çâriputtra prononça dans cette circonstance les stances suivantes :

22. Aujourd'hui le Soleil des hommes répète à plusieurs reprises ce discours : « Des forces, des affranchissements et des contemplations infinies ont été touchées « par moi. »

23. Tu parles de la pure essence de l'état de Bôdhi, et il n'y a personne qui t'interroge; tu parles aussi de langage énigmatique [employé par les Tathâgatas], et personne ne t'adresse de question.

24. Tu converses sans être interrogé, et tu célèbres ta propre conduite; tu décris l'acquisition de la science, et tu parles un langage profond.

25. Aujourd'hui il me survient un doute : Qu'est-ce, me dis-je, que le langage qu'adresse le Djina à ces hommes parvenus à la puissance et arrivés au Nirvâṇa?

26. Les Religieux et les Religieuses sollicitent l'état de Pratyêkabuddha; les Dêvas, les Nâgas, les Yakchas, les Gandharvas, les Mahôragas, s'interrogeant les uns les autres, regardent le Meilleur des hommes;

27. Et le doute s'est emparé de leur esprit! Annonce donc, ô grand Solitaire, leurs destinées futures à tout ce qu'il y a ici de Çrâvakas du Sugata, sans en excepter un seul.

28. J'ai atteint ici les perfections; j'ai été instruit par le Rĭchi suprême. Il me vient cependant un doute à ce sujet, quand je vois le Meilleur des hommes assis sur son siége : Quel était donc pour moi, me dis-je, l'objet du Nirvâṇa, si l'on m'enseigne encore le moyen d'y parvenir? f. 22 a.

29. Fais entendre ta voix; fais résonner l'excellente timbale; expose la loi unique telle qu'elle est. Ces fils légitimes du Djina ici présents, et qui regardent le Djina, les mains réunies en signe de respect;

30. Et les Dêvas, les Nâgas, avec les Yakchas et les Râkchasas, qui sont réunis par milliers de kôṭis, semblables aux sables du Gange; et ceux qui sollicitent l'excellent état de Bôdhi, rassemblés ici [et] formant un millier de kôṭis;

31. Et les Râdjas, les maîtres de la terre, les souverains Tchakravartins, qui sont accourus quittant des milliers de kôṭis de pays, tous rassemblés ici les mains réunies en signe de respect, et pleins de révérence, [tous se disent :] Comment accomplirons-nous les devoirs de la conduite religieuse?

Cela dit, Bhagavat parla ainsi au respectable Çâriputtra : Assez, ô Çâriputtra; à quoi bon exposer ce sujet? Pourquoi cela? C'est que ce monde avec les Dêvas s'effrayerait, ô Çâriputtra, si le sens en était expliqué.

Cependant le respectable Çâriputtra s'adressa pour la seconde fois à

Bhagavat : Dis, ô Bhagavat, dis, ô Sugata, le sens de ce discours. Pourquoi
f. 22 b. cela? C'est qu'il y a dans cette assemblée, ô Bhagavat, plusieurs centaines, plusieurs milliers, plusieurs centaines de mille, plusieurs centaines de mille de myriades de kôṭis d'êtres vivants qui ont vu les anciens Buddhas, qui ont de la sagesse et qui auront foi, qui s'en rapporteront aux paroles de Bhagavat, qui les comprendront.

Alors le respectable Çâriputtra adressa la stance suivante à Bhagavat :

32. Parle clairement, ô le meilleur des Djinas : il y a ici, dans cette assemblée, des milliers d'êtres vivants, pleins de satisfaction, de confiance et de respect pour le Sugata, qui comprendront la loi que tu leur exposeras.

Alors Bhagavat dit pour la seconde fois au respectable Çâriputtra : Assez, ô Çâriputtra; à quoi bon exposer ce sujet? Ce monde avec les Dêvas s'effrayerait, si le sens en était expliqué; et les Religieux remplis d'orgueil tomberaient dans le grand précipice.

Alors Bhagavat prononça en ce moment la stance suivante :

33. Cette loi a été suffisamment exposée ici : cette science est subtile et elle échappe au raisonnement. Il y a beaucoup d'insensés qui sont pleins d'orgueil. Les
f. 23 a. ignorants, si cette loi était enseignée, la mépriseraient.

Pour la troisième fois, le respectable Çâriputtra s'adressa ainsi à Bhagavat : Expose, ô Bhagavat, expose, ô Sugata, ce sujet aux nombreuses centaines d'êtres semblables à moi, qui sont réunis ici dans l'assemblée. Beaucoup d'autres êtres vivants, réunis par centaines, par milliers, par centaines de mille, par centaines de mille de myriades de kôṭis, qui ont été mûris par Bhagavat dans des existences antérieures, auront foi, s'en rapporteront aux paroles de Bhagavat, ils les comprendront. Cela sera pour eux un avantage, un profit, un bien qui durera longtemps.

Alors le respectable Çâriputtra prononça dans cette circonstance les stances suivantes :

34. Expose la loi, ô le Meilleur des hommes; moi qui suis ton fils aîné, je te le demande; il y a ici des milliers de kôṭis d'êtres vivants qui croiront à la bonne loi exposée [par toi].

35. Et les êtres qui, dans des existences antérieures, ont été continuellement mûris par toi pendant un long temps, ces êtres qui sont tous ici, les mains réunies en signe de respect, eux aussi croiront de même à la loi.

36. Ces douze cents êtres semblables à moi, qui sont également parvenus à l'état suprême de Bôdhi, que le Sugata, les regardant, leur parle, et qu'il fasse naître en eux une joie extrême. f. 23 b.

Alors Bhagavat, entendant pour la troisième fois la prière que lui adressait le respectable Çâriputtra, lui dit ces paroles : Puisque maintenant, ô Çâriputtra, tu sollicites jusqu'à trois fois le Tathâgata, que puis-je répondre à la prière que tu m'adresses ainsi? Écoute donc, ô Çâriputtra, et grave bien et complétement dans ton esprit ce que je vais dire; je te parlerai. Et aussitôt Bhagavat prononça le discours qui va suivre.

En ce moment cinq mille Religieux et fidèles des deux sexes de l'assemblée, qui étaient remplis d'orgueil, s'étant levés de leurs siéges, et ayant salué de la tête les pieds de Bhagavat, sortirent de l'assemblée. C'est que, par suite du principe de mérite qui est [même] dans l'orgueil, ils s'imaginaient avoir acquis ce qu'ils n'avaient pas acquis, et compris ce qu'ils n'avaient pas compris. C'est pourquoi, se reconnaissant en faute, ils sortirent de l'assemblée. Cependant Bhagavat continuait à garder le silence.

Ensuite Bhagavat s'adressa ainsi au respectable Çâriputtra : L'assemblée qui m'entourait, ô Çâriputtra, est diminuée de nombre; elle est débarrassée f. 24 a. de ce qu'elle renfermait de peu substantiel; elle est restée ferme dans l'essence de la foi; c'est une bonne chose, ô Çâriputtra, que le départ de ces auditeurs orgueilleux. C'est pourquoi, ô Çâriputtra, je t'exposerai l'objet que tu me demandes. Bien, ô Bhagavat, répondit le respectable Çâriputtra, et il se mit à écouter. Bhagavat dit alors :

Ils sont rares, ô Çâriputtra, les temps et les lieux où le Tathâgata fait une semblable exposition de la loi. De même, ô Çâriputtra, que la fleur du figuier Udumbara ne paraît qu'en de certains temps et en de certains lieux, de même ils sont rares les temps et les lieux où le Tathâgata fait une semblable exposition de la loi. Ayez foi en moi, ô Çâriputtra; je dis ce qui est, je dis la vérité, je ne dis pas le contraire de la vérité. C'est une chose difficile à rencontrer, ô Çâriputtra, que la fleur de l'Udumbara; ce n'est qu'en de certains temps et en de certains lieux qu'on la rencontre. De même, ô Çâriputtra, le sens du langage énigmatique du Tathâgata est difficile à saisir. Pourquoi cela? C'est que j'élucide la loi, ô Çâriputtra, en employant les cent mille moyens variés [dont je dispose], tels que les interprétations, les instructions, les allocutions, les comparaisons de

diverses espèces. La bonne loi, ô Çâriputtra, échappe au raisonnement, elle n'est pas du domaine du raisonnement; aussi doit-elle être connue par le moyen du Tathâgata. Pourquoi cela? Parce que c'est pour un objet unique, ô Çâriputtra, pour un unique but, que le Tathâgata vénérable, etc., paraît dans le monde, pour un grand objet, en effet, et pour un grand
f. 24 b. but. Et quel est, ô Çâriputtra, cet objet unique, cet unique but du Tathâgata, ce grand objet, ce grand but pour lequel le Tathâgata vénérable, etc., paraît dans le monde? C'est pour communiquer aux créatures la vue de la science des Tathâgatas, que le Tathâgata vénérable, etc., paraît dans le monde; c'est pour leur en faire l'exposition complète, pour la leur faire pénétrer, pour la leur faire comprendre, pour leur en faire prendre la voie, que le Tathâgata vénérable, etc., paraît dans le monde. C'est là, ô Çâriputtra, cet objet unique, cet unique but, ce grand objet et ce grand but, en effet, des Tathâgatas; c'est là l'unique destination de son apparition dans le monde. Voilà, ô Çâriputtra, l'objet unique, l'unique but, et ils sont grands en effet cet objet et ce but qu'accomplit le Tathâgata. Pourquoi
f. 25 a. cela? C'est que moi aussi, ô Çâriputtra, je suis celui qui communique la vue de la science du Tathâgata, celui qui en fait l'exposition complète, celui qui la fait pénétrer, celui qui la fait comprendre, celui qui en fait prendre la voie. De même aussi, ô Çâriputtra, commençant par un moyen de transport unique, j'enseigne la loi aux créatures. Ce moyen de transport, c'est le véhicule des Buddhas. Il n'y a pas, ô Çâriputtra, un second ni un troisième véhicule. C'est là, ô Çâriputtra, une loi universelle pour le monde entier, en y comprenant les dix points de l'espace. Pourquoi cela? C'est que, ô Çâriputtra, les Tathâgatas vénérables, etc., qui, au temps passé, ont existé dans les dix points de l'espace, dans des univers incommensurables et innombrables, et qui ont enseigné la loi pour l'utilité et le bonheur de beaucoup d'êtres, par compassion pour le monde, pour l'avantage, l'utilité et le bonheur du grand corps des êtres, hommes et Dêvas, après avoir reconnu les dispositions des créatures, qui ont des inclinations variées, dont les éléments comme les idées sont diverses, qui l'ont enseignée, dis-je, par l'habile emploi des moyens [dont ils disposent], tels que les démonstrations et les instructions de diverses espèces, les raisons, les motifs, les comparaisons, les arguments faits pour convaincre, les interprétations variées, tous ces Tathâgatas, dis-je, ô Çâriputtra, qui

étaient des Buddhas bienheureux, ont enseigné la loi aux créatures, en commençant par un moyen de transport unique, lequel est le véhicule des Buddhas qui aboutit à l'omniscience, c'est-à-dire à la communication qui f. 25 b. est faite aux créatures de la vue de la science des Tathâgatas, à l'exposition complète, à la transmission, à l'explication, à l'enseignement de la voie de la science des Tathâgatas; c'est là la loi qu'ils ont enseignée aux créatures. Et les êtres eux-mêmes, ô Çâriputtra, qui ont entendu la loi de la bouche de ces anciens Tathâgatas vénérables, etc., ces êtres sont tous entrés en possession de l'état suprême de Buddha parfaitement accompli.

Et les Tathâgatas vénérables, etc., ô Çâriputtra, qui, dans l'avenir, existeront dans les dix points de l'espace, dans des univers incommensurables et innombrables, et qui enseigneront la loi pour l'utilité et le bonheur de beaucoup d'êtres, [etc., comme ci-dessus, f. 25 *a*,] après avoir reconnu les dispositions des créatures, [etc., comme ci-dessus,] tous ces Tathâgatas, ô Çâriputtra, qui seront des Buddhas bienheureux, enseigneront la f. 26 a. loi aux créatures en commençant par un moyen de transport unique, [etc., comme ci-dessus;] c'est là la loi qu'ils enseigneront aux créatures. Et les êtres eux-mêmes, ô Çâriputtra, qui entendront la loi de la bouche de ces futurs Tathâgatas vénérables, etc., ces êtres entreront tous en possession de l'état suprême de Buddha parfaitement accompli.

Et les Tathâgatas vénérables, etc., ô Çâriputtra, qui maintenant, dans le temps présent, se trouvent, vivent, existent et enseignent la loi dans les dix points de l'espace, dans des univers incommensurables et innombrables, pour l'utilité et le bonheur de beaucoup d'êtres, [etc., comme ci-dessus,] tous ces Tathâgatas, ô Çâriputtra, qui sont des Buddhas bienheureux, enseignent la loi aux créatures en commençant par un moyen de f. 26 b. transport unique, [etc., comme ci-dessus;] c'est là la loi qu'ils enseignent aux créatures. Et les êtres eux-mêmes, ô Çâriputtra, qui entendent la loi de la bouche de ces Tathâgatas actuels, vénérables, etc., ces êtres entreront tous en possession de l'état suprême de Buddha parfaitement accompli.

Et moi aussi, ô Çâriputtra, qui suis maintenant le Tathâgata vénérable, etc., j'enseigne la loi pour l'utilité et le bonheur de beaucoup d'êtres, [etc., comme ci-dessus,] après avoir reconnu les dispositions des créatures, [etc., comme ci-dessus.] Et moi aussi, ô Çâriputtra, j'enseigne la loi aux créatures, en commençant par un moyen de transport unique, f. 27 a.

qui est le véhicule des Buddhas, [etc., comme ci-dessus;] c'est là la loi que j'enseigne aux créatures. Et les êtres eux-mêmes, ô Çâriputtra, qui maintenant entendent la loi de ma bouche, entreront tous en possession de l'état suprême de Buddha parfaitement accompli. Voilà de quelle manière tu dois comprendre, ô Çâriputtra, que nulle part au monde, ni dans les quatre points de l'espace, il n'existe un second véhicule, ni à plus forte raison un troisième.

Cependant d'un autre côté, ô Çâriputtra, quand les Tathâgatas vénérables, etc., naissent à l'époque où dégénère un Kalpa, à l'époque où dégénèrent les êtres, les doctrines, la vie, et au milieu de la corruption du mal; quand ils naissent au milieu des maux de cette espèce qui affligent un Kalpa; quand les êtres sont pleins de souillures, qu'ils sont en proie à la concupiscence, qu'ils n'ont que peu de racines de vertu, alors, ô Çâriputtra, les Tathâgatas vénérables, etc., savent, par l'habile emploi des moyens
f. 27 b. [dont ils disposent], désigner sous la dénomination de triple véhicule, ce seul et unique véhicule des Buddhas. Alors, ô Çâriputtra, les Çrâvakas, les Arhats ou les Pratyêkabuddhas, qui n'écoutent pas cette œuvre du Tathâgata, laquelle est la communication du véhicule des Buddhas, qui ne la pénètrent pas, qui ne la comprennent pas, ces êtres, dis-je, ô Çâriputtra, ne doivent pas être reconnus comme Çrâvakas du Tathâgata; ils ne doivent pas être reconnus comme Arhats, ni comme Pratyêkabuddhas.

D'un autre côté, ô Çâriputtra, le Religieux quel qu'il soit, le fidèle quel qu'il soit, à quelque sexe qu'il appartienne, qui prendrait la résolution d'arriver à l'état d'Arhat sans avoir fait la demande nécessaire pour atteindre à l'état suprême de Buddha parfaitement accompli; qui dirait : « Je suis « exclu du véhicule des Buddhas, je n'éprouve aucune intention, aucun « désir de le posséder, » et qui cependant se dirait : « Me voici arrivé au « Nirvâṇa complet, dernier terme de mon existence ; » cet homme, ô Çâriputtra, sache que c'est un orgueilleux. Pourquoi cela? C'est qu'il n'est pas convenable, ô Çâriputtra, c'est qu'il n'est pas à propos qu'un religieux, qu'un Arhat exempt de toute faute, entendant cette loi de la bouche du Tathâgata présent devant lui, n'ait pas foi en elle; car je ne parle pas du [temps où le] Tathâgata [est] entré dans le Nirvâṇa complet. Pourquoi cela? C'est qu'au temps et à l'époque où le Tathâgata sera entré dans le Nirvâṇa complet, les Çrâvakas ne posséderont ni n'exposeront des Sûtras comme celui-ci ; c'est, ô Çâriputtra, sous d'autres Tathâgatas vénérables, etc., qu'ils renonceront à tous leurs doutes touchant ces lois de Buddha. Ayez foi en moi, ô Çâriputtra, ayez confiance en moi, livrez-vous à la réflexion; car il n'y a pas de parole des Tathâgatas qui soit mensongère. Il n'y a qu'un seul véhicule, ô Çâriputtra, qui est le véhicule des Buddhas. f. 28 a.

Ensuite Bhagavat, pour exposer ce sujet plus amplement, prononça dans cette circonstance les stances suivantes :

37. Alors les Religieux et les Religieuses, qui étaient pleins d'orgueil, ainsi que les fidèles des deux sexes privés de foi, au nombre de cinq mille, sans un de moins,

38. Reconnaissant la faute [dont ils étaient coupables], doués comme ils l'étaient d'une instruction imparfaite, se retirèrent pour cacher leurs blessures, parce que leur intelligence était ignorante.

39. Ayant reconnu que ce qu'il y avait de mauvais dans l'assemblée, en avait disparu, le Chef du monde s'écria : Ils n'ont pas la vertu suffisante pour entendre ces lois.

40. Et toutes les âmes ayant de la foi sont restées dans mon assemblée; toute la partie vaine en est partie; cette assemblée est formée maintenant de ce qu'il y a de substantiel.

41. Apprends de moi, ô Çârisuta, comment cette loi a été pénétrée entièrement par les Meilleurs des hommes, et comment les Buddhas, Guides [du monde, l'] exposent par plusieurs centaines de moyens convenables.

42. Connaissant les dispositions, la conduite et les nombreuses inclinations de tant de kôṭis d'êtres vivants en ce monde ; connaissant leurs actions variées et ce qu'ils ont fait autrefois de bonnes œuvres, f. 28 b.

43. Je sais, par des interprétations et des motifs de diverses espèces, faire obtenir la loi à ces êtres; par des raisons [convenables] et par des centaines d'exemples, moi qui suis le Tathâgata, je réjouis toutes les créatures.

44. Je dis des Sûtras et aussi des Stances, des Histoires, des Djâtakas et des Adbhutas; des sujets de discours avec des centaines de belles similitudes; je dis des vers faits pour être chantés, et aussi des instructions.

45. Les ignorants passionnés pour des objets misérables, qui n'ont pas appris les règles de la conduite religieuse sous plusieurs kôṭis de Buddhas, qui sont enchaînés au monde et qui sont très-malheureux, à ceux-là j'enseigne le Nirvâṇa.

46. Voilà le moyen qu'emploie l'Être qui existe par lui-même afin de faire comprendre la science des Buddhas; jamais cependant il ne dirait à ces êtres : « Vous-« mêmes, vous deviendrez des Buddhas. »

47. Pour quel motif le Protecteur, après avoir considéré l'époque et reconnu le moment convenable, dit-il ensuite : Voici le moment favorable, moment si rare à rencontrer, pour que j'expose ici la démonstration certaine de ce qui est?

48. Cette loi formée de neuf parties, qui est la mienne, n'a été expliquée que par la force et l'énergie des êtres; c'est là le moyen que j'enseigne pour faire entrer [les hommes] dans la science de celui qui est généreux.

f. 29 a. 49. Et à ceux qui, en ce monde, sont toujours purs, candides, chastes, saints, fils de Buddha, et qui ont rempli leur mission sous plusieurs kôṭis de Buddhas, à ceux-là, je dis des Sûtras aux grands développements.

50. Ces Héros sont purs de cœur et de corps; ils sont doués de compassion. Je leur dis : Vous serez, dans l'avenir, des Buddhas bons et compatissants.

51. Et [m'] ayant entendu, tous s'épanouissent de joie; nous serons, [disent-ils,] des Buddhas, Chefs du monde. Et moi, connaissant leur conduite, j'explique de nouveau des Sûtras aux grands développements.

52. Et ceux-là sont les Çrâvakas du Chef, qui ont entendu cet enseignement suprême qui est le mien; une seule stance entendue ou comprise suffit sans aucun doute pour les conduire tous à l'état de Buddha.

53. Il n'y a qu'un véhicule, il n'en existe pas un second; il n'y en a pas non plus un troisième, quelque part que ce soit dans le monde, sauf le cas où, employant les moyens [dont ils disposent], les Meilleurs des hommes enseignent qu'il y a plusieurs véhicules.

54. C'est pour expliquer la science des Buddhas que le Chef du monde naît dans le monde; les Buddhas n'ont, en effet, qu'un seul but, et n'en ont pas un second; ils ne transportent pas [les hommes] dans un véhicule misérable.

55. Là où est établi l'Être existant par lui-même, et ceux qui sont Buddhas, quels qu'ils soient et de quelque manière qu'ils existent, là où sont les forces, les contemplations, les délivrances, la perfection des sens, c'est en cet endroit-là même que le Chef établit les créatures.

56. Il y aurait, de ma part, égoïsme si, après avoir touché à l'état de Bôdhi, à cet état éminent et exempt de passion, je plaçais, ne fût-ce qu'une seule créature, dans un véhicule misérable; cela ne serait pas bien à moi.

57. Il n'existe pas en moi la moindre trace d'égoïsme, non plus que de jalousie,
f. 29 b. ni de concupiscence, ni de désir; toutes mes lois sont exemptes de péché : c'est à cause de cela qu'au jugement de l'univers je suis Buddha.

58. C'est ainsi que, paré des [trente-deux] signes [de beauté], illuminant la totalité de cet univers, vénéré par plusieurs centaines d'êtres vivants, je montre l'empreinte de la propre nature de la loi.

59. C'est ainsi que je pense, ô Çâriputtra, aux moyens de faire que tous les êtres portent sur leur corps les trente-deux signes [de beauté], qu'ils deviennent brillants de leur propre éclat, qu'ils connaissent le monde, et qu'ils soient des Êtres existants par eux-mêmes.

60. Et selon que je vois, et selon que je pense, et selon que ma détermination a été prise antérieurement, l'objet de ma prière est complétement atteint, et j'explique ce que sont les Buddhas et ce qu'est l'état de Bôdhi.

61. Et si, ô Çâriputtra, je disais aux créatures : « Produisez en vous-mêmes le « désir de l'état de Buddha, » les créatures ignorantes, troublées par ce langage, ne comprendraient jamais ma bonne parole.

62. Et moi, connaissant qu'elles sont ainsi, et qu'elles n'ont pas, dans leurs existences antérieures, observé les règles de la conduite religieuse, [je me dis :] Les créatures sont passionnées pour les qualités du désir, elles [y] sont attachées; troublées par la passion, elles ont l'esprit égaré par l'ignorance.

63. Elles tombent, sous l'influence du désir, dans la mauvaise voie, souffrant dans les six routes [de l'existence]; et elles vont à plusieurs reprises peupler les cimetières, tourmentées par la douleur, ayant peu de vertu.

64. Retenues dans les défilés de l'hérésie, disant : « Il est; il n'est pas; il est « et n'est pas ainsi; » accordant leur confiance aux opinions des soixante-deux [fausses] doctrines, elles restent attachées à une existence qui est sans réalité.

65. Pleins de souillures dont ils ne peuvent aisément se purifier, orgueilleux, hypocrites, faux, menteurs, ignorants, insensés, les êtres restent pendant des milliers de kôṭis d'existences, sans entendre jamais la bonne voix d'un Buddha. f. 30 a.

66. A ceux-là, ô Çâriputtra, j'indique un moyen : « Mettez fin à la douleur; » voyant les êtres tourmentés par la douleur, alors je leur montre le Nirvâṇa.

67. C'est ainsi que j'expose toutes les lois qui sont perpétuellement affranchies, qui sont dès le principe parfaitement pures; et le fils de Buddha, ayant accompli les devoirs de la conduite religieuse, deviendra Djina dans une vie à venir.

68. C'est là un effet de mon habileté dans l'emploi des moyens, que j'enseigne trois véhicules; car il n'y a qu'un seul véhicule et qu'une seule conduite, et il n'y a non plus qu'un seul enseignement des Guides [du monde].

69. Repousse l'incertitude et le doute, [dis-je] à ceux, quels qu'ils soient, en qui naît quelque incertitude à ce sujet; les Guides du monde ne parlent pas contre la vérité; c'est là l'unique véhicule, il n'y en a pas un second.

70. Et les anciens Tathâgatas, ces Buddhas parvenus au Nirvâṇa complet, au nombre de plusieurs milliers, dans des existences antérieures, à la distance d'un Kalpa incommensurable, le calcul n'en peut être fait.

71. Tous ces personnages, qui étaient les Meilleurs des hommes, ont exposé les lois qui sont très-pures, au moyen d'exemples, de raisons, de motifs, et par l'habile emploi de plusieurs centaines de moyens.

72. Et tous ont enseigné un véhicule unique, et tous ont fait entrer dans cet
f. 30 *b*. unique véhicule, ils ont conduit à leur maturité, dans ce véhicule unique, d'incroyables milliers de kôṭis d'êtres vivants.

73. Mais il y a d'autres moyens variés, appartenant aux Djinas, par lesquels le Tathâgata, qui connaît les inclinations et les pensées [des êtres], enseigne cette loi suprême dans le monde réuni aux Dêvas.

74. Et tous ceux qui, dans ce monde, entendent la loi, ou l'ont entendue de la bouche des Sugatas; ceux qui ont exercé l'aumône, pratiqué les devoirs de la vertu et observé avec patience toutes les règles de la conduite religieuse;

75. Ceux qui ont rempli les obligations de la contemplation et de l'énergie; ceux qui ont réfléchi aux lois, à l'aide de la sagesse; ceux par qui ont été accomplis les divers actes de vertu, tous ces êtres sont devenus possesseurs de l'état de Buddha.

76. Et les êtres, quels qu'ils soient, qui ont existé sous l'enseignement de ces Djinas, parvenus au Nirvâṇa complet, ces êtres patients, dociles et convertis, sont tous devenus possesseurs de l'état de Buddha.

77. Et ceux aussi qui rendent un culte aux reliques de ces Djinas parvenus au Nirvâṇa complet, qui construisent plusieurs milliers de Stûpas faits de substances précieuses, d'or, d'argent et aussi de cristal;

78. Et ceux qui font des Stûpas de diamant, et ceux qui en font de pierres précieuses et de perles, des plus beaux lapis-lazulis, ou de saphir, tous ceux-là sont devenus possesseurs de l'état de Buddha.

79. Et ceux aussi qui font des Stûpas de pierres, ceux qui en font de bois de
f. 31 *a*. santal et d'aloès; ceux qui font des Stûpas avec le bois du pin, et ceux qui en font avec des monceaux de bois;

80. Ceux qui, pleins de joie, construisent pour les Djinas des Stûpas faits de briques et d'argile accumulée; ceux qui font dresser dans les bois et sur les montagnes des monceaux de poussière à l'intention des Buddhas;

81. Les jeunes enfants aussi qui, dans leurs jeux, ayant l'intention d'élever des Stûpas pour les Djinas, font çà et là de ces édifices en sable, tous ceux-là aussi sont devenus possesseurs de l'état de Buddha.

82. De même, ceux qui ont fait faire avec intention des images [de Buddhas] en pierreries, portant les trente-deux signes [de beauté], tous ceux-là aussi sont devenus possesseurs de l'état de Buddha.

83. Ceux qui ont fait faire ici des images de Sugatas, en employant soit les sept substances précieuses, soit le cuivre, soit le bronze, tous ceux-là sont devenus possesseurs de l'état de Buddha.

84. Ceux qui ont fait faire des statues de Sugatas de plomb, de fer ou de terre; ceux qui en ont fait faire de belles représentations en ouvrages de maçonnerie, tous ceux-là sont devenus possesseurs de l'état de Buddha.

85. Ceux qui peignent, sur les murs, des images [de Sugatas], avec tous leurs membres parfaitement représentés, avec leurs cent signes de vertu, soit qu'ils les tracent eux-mêmes, soit qu'ils les fassent tracer, tous ceux-là sont devenus possesseurs de l'état de Buddha. f. 31 *b*.

86. Et ceux mêmes, quels qu'ils soient, qui, recevant ici l'instruction et repoussant la volupté, ont fait avec leurs ongles ou avec un morceau de bois des images [de Sugatas], tous ceux-là sont devenus possesseurs de l'état de Buddha.

87. Les hommes ou les jeunes gens [qui ont fait de ces images] sur les murs, sont tous devenus compatissants, et tous ils ont sauvé des kôṭis de créatures, convertissant beaucoup de Bôdhisattvas.

88. Ceux par qui des fleurs et des parfums ont été offerts aux reliques des Tathâgatas, à leurs Stûpas, à leurs statues d'argile, à un Stûpa qui a été tracé sur le mur, ou même à un Stûpa de sable;

89. Ceux qui ont fait retentir les instruments de musique, les tambours, les conques, les grandes caisses qui font beaucoup de bruit, et ceux qui ont frappé les timbales pour rendre un culte aux sages qui possèdent l'excellent et suprême état de Bôdhi;

90. Et les hommes qui ont fait résonner les Vîṇâs, les plaques de cuivre, les timbales, les tambours d'argile, les flûtes, les petits tambours agréables, ceux qui ne servent que pour une fête et ceux qui sont très-doux, tous ces hommes sont devenus possesseurs de l'état de Buddha.

91. Ceux qui, dans l'intention de rendre un culte aux Sugatas, ont fait sonner des cymbales de fer, qui ont battu l'eau, frappé dans leurs mains; ceux qui ont fait entendre un chant doux et agréable,

92. Ceux qui ont rendu aux reliques [des Buddhas] ces hommages divers, sont devenus des Buddhas dans le monde; il y a plus, pour n'avoir fait même que peu de chose en l'honneur des reliques des Sugatas, pour n'avoir fait résonner qu'un seul instrument de musique, f. 32 *a*.

93. Pour avoir fait le Pûdjâ, ne fût-ce qu'avec une seule fleur, pour avoir tracé sur un mur l'image des Sugatas, pour avoir fait le Pûdjâ, même avec distraction, ils verront successivement des kôṭis de Buddhas.

94. Ceux qui ont fait ici, en face d'un Stûpa, la présentation respectueuse des mains, soit complète, soit d'une seule main; ceux qui ont courbé la tête un seul instant, et fait une seule inclination de corps;

95. Ceux qui, en présence de ces édifices qui renferment des reliques [des Sugatas], ont dit une seule fois : «Adoration à Buddha!» et qui l'ont fait sans même y apporter beaucoup d'attention, tous ceux-là sont entrés en possession de cet excellent et suprême état de Bôdhi.

96. Les créatures qui, au temps de ces [anciens] Sugatas, soit qu'ils fussent déjà entrés dans le Nirvâṇa complet, soit qu'ils vécussent encore, n'ont fait qu'entendre le seul nom de la loi, ont toutes acquis la possession de l'état de Buddha.

97. Beaucoup de kôṭis de Buddhas futurs, que l'intelligence ne peut concevoir et dont la mesure n'existe pas, tous Djinas et excellents Chefs du monde, mettront au jour le moyen [dont je fais usage].

98. Elle sera infinie l'habileté de ces Guides du monde dans l'emploi des moyens, cette habileté par laquelle ils convertiront ici des kôṭis d'êtres vivants à cet état de Buddha, à cet état de science, à cet état exempt d'imperfections.

99. Une seule créature ne pourra jamais devenir Buddha, pour avoir [seulement] entendu la loi de leur bouche; telle est en effet la prière des Tathâgatas : «Puissé-je, après avoir rempli les devoirs de la conduite religieuse pour arriver à
f. 32 b. «l'état de Buddha, puissé-je les faire remplir aux autres!»

100. Ces Buddhas enseigneront dans l'avenir plusieurs milliers d'introductions à la loi; parvenus à la dignité de Tathâgata, ils exposeront la loi en montrant ce véhicule unique.

101. La règle de la loi est perpétuellement stable, et la nature de ses conditions est toujours lumineuse; les Buddhas, qui sont les Meilleurs des hommes, après l'avoir reconnue, enseigneront l'unique véhicule, qui est le mien,

102. Ainsi que la stabilité de la loi, et sa perfection qui subsiste perpétuellement dans le monde sans être ébranlée; et les Buddhas enseigneront l'état de Bôdhi, jusqu'au centre de la terre, en vertu de leur habileté dans l'emploi des moyens [dont ils disposent].

103. Dans les dix points de l'espace, il existe, aussi nombreux que les sables du Gange, des Buddhas vénérés par les hommes et par les Dêvas; c'est pour rendre heureux tous les êtres, qu'ils exposent en ce monde l'état suprême de Bôdhi qui m'appartient.

104. Développant leur habileté dans l'emploi des moyens, montrant divers véhicules, les Buddhas enseignent aussi le véhicule unique, ce domaine excellent et calme.

105. Et connaissant la conduite de tous les êtres, ce qu'ils ont pensé, ce qu'ils ont recherché jadis, connaissant leur force et leur énergie ainsi que leurs inclinations, ils mettent [tout cela] en lumière.

106. Ces Guides [du monde] produisent, par la force de leur science, beaucoup de raisons et d'exemples, et beaucoup de motifs; et reconnaissant que les êtres ont f. 33 *a*.
des inclinations diverses, ils emploient diverses démonstrations.

107. Et moi aussi, moi qui suis le Guide des rois des Djinas, afin de rendre heureuses les créatures qui sont nées en ce monde, j'enseigne cet état de Buddha par des milliers de kôṭis de démonstrations variées.

108. Je montre aussi la loi sous ses nombreuses formes, connaissant les inclinations et les pensées des êtres vivants; je [les] réjouis par divers moyens; c'est là la force de ma science personnelle.

109. Et moi aussi je vois les créatures misérables, complétement privées de science et de vertu, tombées dans le monde, enfermées dans des passages impraticables, plongées dans des douleurs qui se succèdent sans relâche.

110. Enchaînées par la concupiscence comme par la queue du Yak, perpétuellement aveuglées en ce monde par les désirs, elles ne recherchent pas le Buddha, dont la puissance est grande; elles ne recherchent pas la loi, qui fait arriver la fin de la douleur.

111. Dans les six voies [de l'existence où elles se trouvent], n'ayant qu'une intelligence imparfaite, obstinément attachées aux doctrines hétérodoxes, éprouvant malheurs sur malheurs, elles m'inspirent une vive compassion.

112. Connaissant [tout cela] en ce monde, dans la pure essence de l'état de Bôdhi au sein duquel je reste trois fois sept jours entiers, je réfléchis aux objets de ce genre, les regards fixés sur l'arbre [sous lequel je suis assis].

113. Et je regarde sans fermer les yeux ce roi des arbres, et je me promène dans son voisinage; [je contemple] cette science merveilleuse, éminente, et ces f. 33 *b*.
êtres ignorants qui sont aveuglés par l'erreur.

114. Et alors viennent pour m'interroger Brahmâ, Çakra et les quatre Gardiens du monde, Mahêçvara, Îçvara et les troupes des Maruts par milliers de kôṭis,

115. Ayant tous les mains jointes et l'extérieur respectueux; et moi je réfléchis aux moyens d'atteindre mon but, et je fais l'éloge de l'état de Buddha; mais ces créatures sont opprimées par [mille] maux.

116. Ces êtres ignorants, [me dis-je,] vont mépriser la loi que je leur exposerai, et, après l'avoir méprisée, ils tomberont dans les lieux de châtiment; il vaudrait mieux pour moi ne jamais parler. Puisse avoir lieu aujourd'hui même mon paisible anéantissement!

117. Et me rappelant les anciens Buddhas, et quelle était leur habileté dans l'emploi des moyens, [je dis :] «Puissé-je, moi aussi, après avoir joui de cet état «de Buddha, puissé-je l'exposer trois fois en ce monde!»

118. C'est ainsi que cette loi est l'objet de mes réflexions; et les autres Buddhas des dix points de l'espace, qui me laissent voir en ce moment leur propre corps, font entendre tous ensemble cette exclamation : «C'est bien!»

119. «Bien, solitaire! ô toi le premier des Guides du monde; après avoir pé«nétré ici la science, à laquelle rien n'est supérieur, réfléchissant à l'habile emploi «des moyens [convenables], tu reproduis l'enseignement des Guides du monde.

120. «Et nous aussi, nous qui sommes des Buddhas, après avoir fait une triple «division de cet objet suprême, puissions-nous le faire comprendre! car les hommes «ignorants, dont les inclinations sont misérables, ne nous croiraient pas [si nous «leur disions]: Vous serez des Buddhas.

f. 34 a. 121. «Puissions-nous, faisant un habile emploi des moyens [convenables], en «réunissant [tous] les motifs, [et] en parlant du désir [qu'on doit avoir] d'une «récompense, puissions-nous convertir beaucoup de Bôdhisattvas!»

122. Et moi, en ce moment, je suis rempli de joie, après avoir entendu la voix agréable des Chefs des hommes; l'esprit satisfait, je dis à ces Protecteurs : «Les «chefs des grands Richis ne parlent pas en vain.

123. «Et moi aussi, j'exécuterai ce qu'ont ordonné les sages, Guides du monde.» Et moi aussi, j'ai été agité dans ce monde terrible, après y être né au milieu de la dégradation des créatures.

124. Ensuite, ô Çârisuta, ayant ainsi reconnu [la vérité], je suis parti dans ce temps-là pour Bénarès; là, j'ai exposé à cinq solitaires, à l'aide d'un moyen convenable, la loi qui est la terre de la quiétude.

125. J'ai fait ensuite tourner la roue de la loi, et le nom de Nirvâṇa a été [entendu] dans le monde, aussi bien que le nom d'Arhat et celui de Dharma; le nom d'Assemblée y a été alors [entendu] aussi.

126. Je parle pendant un grand nombre d'années, et je fais voir la terre du Nirvâṇa : «Voici, [m'écrié-je,] le terme du malheur du monde;» c'est ainsi que je m'exprime continuellement.

127. Et au moment, ô Çâriputtra, où j'ai vu des fils des Meilleurs des hommes arrivés à l'excellent et suprême état de Bôdhi, nombreux comme des milliers infinis de kôṭis,

128. Qui, s'étant approchés de moi, sont restés en ma présence les mains
f. 34 b. jointes et l'extérieur respectueux, et qui ont entendu la loi des Djinas, grâce à l'habile emploi des nombreux et divers moyens [dont ces Djinas disposent];

129. Alors cette réflexion s'est immédiatement présentée à mon esprit : « Voici « pour moi le moment d'enseigner la loi excellente; j'expose en ce lieu cet état su- « prême de Bôdhi, pour lequel je suis né ici dans le monde.

130. « Cela sera aujourd'hui difficile à croire pour les hommes dont l'intelligence « ignorante s'imagine voir ici un prodige, pour les hommes remplis d'orgueil et qui « ne savent rien; mais ces Bôdhisattvas entendront. »

131. Et moi qui suis plein d'intrépidité, satisfait alors, renonçant complétement à toute réticence, je parle au milieu des fils de Sugata, et je les convertis entièrement à l'état de Buddha.

132. Et après avoir vu de tels fils de Buddha, « Pour toi aussi, [m'écrié-je,] « toute incertitude sera dissipée, » et ces douze cents [auditeurs] exempts de péché deviendront tous des Buddhas dans le monde.

133. Quel est le nombre de ces anciens Protecteurs et la condition des Djinas qui viendront dans l'avenir? Ce sujet a cessé de faire l'objet de mes réflexions; aussi vais-je te l'exposer aujourd'hui tel qu'il est.

134. Dans certains temps, dans certains lieux, et pour une certaine cause, a lieu dans le monde l'apparition des Héros des hommes; dans certains temps, celui dont la vue est infinie, étant né dans le monde, expose une pareille loi.

135. Elle est bien difficile à obtenir, cette loi suprême, même pendant la durée de dix mille kôṭis de Kalpas; elles sont bien difficiles à trouver, les créatures qui, f. 35 *a*.
après l'avoir entendue, ajoutent foi à cette loi suprême.

136. Tout de même que la fleur de l'Udumbara est difficile à rencontrer, qu'elle paraît dans certains temps, dans certains lieux, et d'une manière quelconque, et que c'est pour le monde quelque chose d'agréable à voir, quelque chose de merveilleux pour le monde réuni aux Dêvas;

137. [De même] je dis que c'est une plus grande merveille encore que celui qui, après avoir entendu la loi bien exposée, en éprouverait de la satisfaction, dût-il n'en prononcer même qu'un seul mot; par là serait rendu un culte à tous les Buddhas.

138. Renonce à l'incertitude et au doute sur ce sujet; moi qui suis le roi de la loi, je fais connaître mon intention : je convertis à l'état suprême de Bôdhi; [mais] je n'ai ici aucuns Çrâvakas.

139. Que cela soit un secret pour toi, ô Çâriputtra, ainsi que pour tous ceux qui [seront] mes Çrâvakas; que ces hommes éminents aussi, qui sont Bôdhisattvas, gardent complétement ce secret.

140. Pourquoi, au temps des cinq imperfections, les créatures en ce monde deviennent-elles viles, méchantes, et aveuglées par la concupiscence? Pourquoi

leur intelligence est-elle ignorante, et pourquoi n'existe-t-il en elles aucune pensée pour l'état de Buddha?

141. Les créatures pleines de folie, qui apprenant que ce véhicule unique, qui est le mien, a été mis au jour par ces [anciens] Djinas, oseront dans l'avenir mépriser les Sûtras, iront dans l'Enfer.

142. Mais les êtres purs et pleins de pudeur qui sont parvenus à l'état excel-
f. 35 b. lent et suprême de Bôdhi, je leur fais, moi qui suis intrépide, des éloges sans fin de ce véhicule unique.

143. C'est là l'enseignement des Guides [du monde]; c'est là l'excellente habileté dans l'emploi des moyens, qu'ils ont exposée dans beaucoup de paraboles, car cela est difficile à comprendre pour ceux qui ne sont pas instruits.

144. C'est pourquoi, après avoir compris le langage énigmatique des Buddhas, de ces Protecteurs qui sont les Maîtres du monde, après avoir renoncé à l'incertitude et au doute, vous serez des Buddhas, ressentez-en de la joie.

CHAPITRE III.

LA PARABOLE.

Alors le respectable Çâriputtra, satisfait en ce moment, ravi, l'âme transportée, plein de joie, rempli de contentement et de plaisir, ayant dirigé ses mains jointes en signe de respect du côté où était assis Bhagavat, tenant ses yeux fixés sur lui, lui adressa ces paroles: J'éprouve de l'étonnement, de la surprise, ô Bhagavat; j'éprouve de la satisfaction en entendant ce discours de la bouche de Bhagavat. Pourquoi cela? C'est que n'ayant pas entendu jusqu'à présent cette loi en présence de Bhagavat, voyant d'autres Bôdhisattvas et entendant parler de Bôdhisattvas qui auront le nom de Buddhas dans l'avenir, j'éprouve un chagrin extrême, une vive douleur, en songeant que je suis déchu de cet objet qui est la science des Tathâgatas, qui
f. 36 a. est la vue de la science. Et quand, ô Bhagavat, je recherche sans relâche, pour m'y arrêter pendant le jour, les montagnes, les cavernes des montagnes, les forêts immenses, les ermitages, les fleuves et les troncs des arbres solitaires, alors même, ô Bhagavat, je me retrouve toujours avec

cette même pensée : « En nous introduisant dans le domaine des lois sem- « blables [à nous], Bhagavat nous a fait sortir à l'aide d'un véhicule misé- « rable. » Aussi, ô Bhagavat, cette pensée se présente-t-elle alors à moi : c'est sans doute notre faute, la faute n'en est pas à Bhagavat. Pourquoi cela? C'est que si Bhagavat était l'objet de notre attention, quand il expose l'enseignement le plus élevé de la loi, c'est-à-dire quand il commence à parler de l'état suprême de Buddha parfaitement accompli, nous serions introduits dans les lois mêmes [qu'il enseigne]. Mais, ô Bhagavat, parce que, sans comprendre le langage énigmatique de Bhagavat, nous avons, pleins d'empressement, et quand les Bôdhisattvas n'étaient pas rassemblés [autour de Bhagavat], entendu la première exposition de la loi du Tathâgata qui ait été faite; parce que nous l'avons recueillie, comprise, conçue, méditée, examinée, fixée dans notre esprit, je ne cesse, à cause de cela, de passer les jours et les nuits à m'en adresser des reproches. [Mais] aujourd'hui, ô Bhagavat, j'ai acquis le Nirvâṇa; aujourd'hui, ô Bhagavat, je suis devenu calme; aujourd'hui, ô Bhagavat, je suis en possession du Nirvâṇa complet; aujourd'hui, ô Bhagavat, j'ai acquis l'état d'Arhat; aujourd'hui, je suis le fils aîné de Bhagavat, son fils chéri, né de sa bouche, né de la loi, transformé f. 36 b. par la loi, héritier de la loi, perfectionné par la loi. Je suis débarrassé de tout chagrin, maintenant que j'ai entendu de la bouche de Bhagavat le son de cette loi merveilleuse que je n'avais pas entendue auparavant.

Ensuite le respectable Çâriputtra adressa dans cette circonstance les stances suivantes à Bhagavat :

1. Je suis frappé d'étonnement, ô grand Chef, je suis rempli de satisfaction, depuis que j'ai entendu ce discours; il ne reste plus en moi aucune espèce d'incertitude : je suis mûri en ce monde pour le suprême véhicule.

2. La voix des Sugatas est merveilleuse; elle dissipe l'incertitude et le chagrin des créatures; et pour moi, qui suis exempt de toute faute, ma peine tout entière a disparu depuis que j'ai entendu cette voix.

3. Quand je reste, en effet, assis pendant le jour, ou que je parcours les forêts immenses, les ermitages et les troncs des arbres, recherchant même les cavernes des montagnes, je suis exclusivement occupé des réflexions suivantes.

4. Hélas! je suis égaré par les pensées pécheresses, au milieu des lois semblables [à moi], exemptes d'imperfections, puisque certainement je n'exposerai pas au temps à venir la loi excellente, dans la réunion des trois mondes.

5. Les trente-deux signes [de beauté] n'existent pas pour moi, non plus que les perfections telles que celle d'avoir la couleur et l'éclat de l'or. Les énergies et les affranchissements ont aussi entièrement disparu pour moi. Hélas! je suis égaré dans les lois semblables [à moi].

6. Et les signes secondaires [de beauté] qui distinguent les grands solitaires,
f. 37 a. signes qui sont au nombre de quatre-vingts, qui sont supérieurs, distingués, et les lois homogènes, au nombre de dix-huit, tout cela a disparu pour moi. Hélas! je suis trompé!

7. Et après t'avoir vu, ô toi qui es bon et compatissant pour le monde, assis alors pendant le jour et retiré à l'écart, «Hélas! pensé-je, je suis abusé par la «science absolue et qui échappe au raisonnement!»

8. Je passe, Seigneur, le jour et la nuit constamment occupé de ces seules pensées; aussi ne te demandé-je, ô Bhagavat, que cette seule chose : Suis-je déchu, ou ne le suis-je pas?

9. C'est ainsi, ô Chef des Djinas, que les nuits et les jours s'écoulent constamment pour moi au milieu de ces réflexions; et après avoir vu beaucoup d'autres Bôdhisattvas qui ont été loués par le Guide du monde,

10. Après avoir entendu cette loi des Buddhas, «Oui, [me dis-je,] ce langage «est énigmatique; le Djina, dans la pure essence de l'état de Bôdhi, enseigne «une science supérieure au raisonnement, subtile et parfaite.»

11. Autrefois j'étais attaché aux doctrines hétérodoxes, j'étais estimé des mendiants et des Tîrthakas; alors le Chef, connaissant mes dispositions, [me] parla du Nirvâṇa pour m'affranchir des fausses doctrines.

12. Après m'être complétement dégagé des opinions des fausses doctrines, et avoir touché aux lois du vide, je reconnais que je suis arrivé au Nirvâṇa; et cependant cela ne s'appelle pas le Nirvâṇa!

13. Mais quand [un homme] devient Buddha, qu'il devient le premier des êtres, qu'il est honoré par les hommes, les Maruts, les Yakchas et les Râkchasas, que son corps porte l'empreinte des trente-deux signes [de beauté], c'est alors qu'il est complétement arrivé au Nirvâṇa.

f. 37 b. 14. Après avoir renoncé à toutes ces pensées orgueilleuses, et avoir entendu tes paroles, j'ai atteint aujourd'hui le Nirvâṇa, alors qu'en présence du monde réuni aux Dêvas, tu m'as eu prédit que je parviendrais à l'état suprême de Bôdhi.

15. Une grande terreur s'est emparée de moi, au moment où j'ai entendu pour la première fois la parole du Chef : «Ne serait-ce pas, [me disais-je,] Mâra le mé«chant, qui aurait pris sur la terre le déguisement d'un Buddha?»

16. Mais lorsque, démontré par des raisons, par des motifs et par des myriades

de kôṭis d'exemples, cet excellent état de Bôdhi a été bien établi, mon incertitude a cessé, après que j'ai eu entendu la loi.

17. Mais puisque des milliers de kôṭis de Buddhas victorieux et parvenus au Nirvâṇa complet, m'ont instruit, et que la loi a été enseignée par eux, grâce à leur habileté dans l'emploi des moyens [dont ils disposent];

18. Et puisque beaucoup de Buddhas qui paraîtront dans le monde, et d'autres qui, pénétrant la vérité suprême, existent aujourd'hui, puisque ces Buddhas, dis-je, enseigneront et enseignent la loi par mille moyens dont ils connaissent l'habile emploi;

19. Et puisque tu as clairement expliqué ta conduite religieuse telle qu'elle est, depuis le moment où tu es sorti [de la maison], puisque tu as connu ce que c'est que la roue de la loi, et que l'enseignement de la loi a été établi par toi, conformément à la vérité;

20. Je reconnais alors [ce qui suit] : «Non, celui-là n'est pas Mâra; c'est le «Chef du monde qui a enseigné la véritable conduite religieuse; en effet, ce n'est «pas ici la voie des Mâras.» Voilà le doute qui s'était emparé de mon esprit.

21. Mais à peine ai-je été rempli de joie par la voix douce, profonde et agréable f. 38 a.
du Buddha, qu'aussitôt ont disparu tous mes doutes et que mon incertitude a été détruite; je suis [maintenant] dans la science.

22. Sans aucun doute, je serai un Tathâgata vénéré dans le monde réuni aux Dêvas; j'exposerai aux créatures cet état de Buddha, en y convertissant beaucoup de Bôdhisattvas.

Cela dit, Bhagavat parla ainsi à Çâriputtra : Je vais te témoigner mon affection, ô Çâriputtra, je vais t'instruire, en présence de ce monde comprenant la réunion des Dêvas, des Mâras et des Brahmâs, en présence des créatures formées de l'ensemble des Çramaṇas et des Brâhmanes. Oui, Çâriputtra, tu as été mûri par moi pour l'état suprême de Buddha parfaitement accompli, sous les yeux de vingt fois cent mille myriades de kôṭis de Buddhas; et tu as, ô Çâriputtra, reçu longtemps l'instruction sous mes ordres. Par l'effet des conseils du Bôdhisattva, par l'effet du secret du Bôdhisattva, tu es né dans ce monde afin d'assister à mon enseignement. Ne te rappelant, ô Çâriputtra, ni l'ancienne prière que, grâce à la bénédiction du Bôdhisattva, tu as adressée pour suivre la loi, ni les conseils du Bôdhisattva, ni son secret, tu te dis : Je suis parvenu au Nirvâṇa complet. Pour moi, ô Çâriputtra, désireux de réveiller en toi le souvenir et la connaissance de l'ancienne prière que tu as adressée pour suivre la loi, j'exposerai aux Çrâvakas le Sûtra nommé *le Lotus de la bonne loi*, ce Sûtra où est expliquée la loi, qui contient de grands développements, [etc., comme ci-dessus, f. 13 *b*.]

f. 38 *b*. Mais de plus, ô Çâriputtra, tu renaîtras de nouveau dans l'avenir, au bout d'un nombre immense de Kalpas inconcevables, incommensurables; après avoir possédé la bonne loi de plusieurs fois cent mille myriades de kôṭis de Tathâgatas, après leur avoir rendu des hommages nombreux et divers, après avoir rempli les devoirs qu'impose la conduite d'un Bôdhisattva; tu seras dans le monde le Tathâgata nommé *Padmaprabha*, vénérable, etc., doué de science et de conduite, heureusement parti, connaissant le monde, sans supérieur, domptant l'homme comme un cocher [dompte ses chevaux], précepteur des Dêvas et des hommes, bienheureux, Buddha.

Dans ce temps, ô Çâriputtra, la terre de Buddha de ce bienheureux Tathâgata Padmaprabha se nommera *Viradja;* elle sera unie, agréable, bonne, belle à voir, parfaitement pure, florissante, étendue, salubre, fertile, couverte de nombreuses troupes d'hommes et de femmes, pleine de Maruts, reposant sur un fonds de lapis-lazuli. On y verra des enceintes tracées en forme de damiers, avec des cordes d'or; et dans ces enceintes tracées en forme de damiers, il y aura des arbres de diamant. Cette terre sera perpétuellement couverte de fleurs et de fruits, formés des sept substances précieuses.

f. 39 *a*. Le Tathâgata Padmaprabha, ô Çâriputtra, vénérable, etc., commençant par les trois véhicules, enseignera la loi. Bien plus, ô Çâriputtra, ce Tathâgata ne naîtra pas au temps où le Kalpa dégénère; mais il enseignera la loi par la force de son ancienne prière. Le Kalpa [où il paraîtra], ô Çâriputtra, se nommera *Mahâratnapratimaṇḍita,* [c'est-à-dire *Embelli par de grands joyaux.*] Comment comprends-tu cela, ô Çâriputtra, et pourquoi ce Kalpa se nomme-t-il *Embelli par de grands joyaux?* Dans une terre de Buddha, ô Çâriputtra, les Bôdhisattvas se nomment *Ratna* (joyaux). Or dans ce temps, dans cet univers nommé Viradja, les Bôdhisattvas seront en grand nombre; ils seront incommensurables, innombrables, inconcevables, dépassant toute comparaison, toute mesure et tout nombre, à l'exception toutefois du nombre des Tathâgatas. C'est pour cette raison que ce Kalpa se nommera *Embelli par de grands joyaux.*

Or dans ce temps, ô Çâriputtra, les Bôdhisattvas de cette terre de

Buddha se lèveront, pour marcher, de dessus des lotus de diamant. Ces Bôdhisattvas ne seront pas de ceux qui se livrent pour la première fois aux œuvres; ils seront riches en principes de vertus accomplies pendant longtemps, instruits dans les devoirs de la conduite religieuse sous plusieurs centaines de mille de Buddhas, loués par les Tathâgatas, appliqués à acquérir la science des Buddhas, créés par la pratique habile des grandes connaissances surnaturelles, accomplis dans la direction de toutes les lois, bons, doués de mémoire. Cette terre de Buddha, ô Çâriputtra, sera ordinairement remplie de Bôdhisattvas de cette espèce.

La vie du Tathâgata Padmaprabha, ô Çâriputtra, sera de douze moyens Kalpas, en laissant de côté le temps pendant lequel il aura été Kumâra. La vie des créatures [qui existeront de son temps] sera de huit moyens Kalpas. Le Tathâgata Padmaprabha, ô Çâriputtra, à la fin de ces douze moyens Kalpas, après avoir prédit au Bôdhisattva Mahâsattva nommé *Dhrĭtiparipûrṇa* qu'il parviendrait à l'état suprême de Buddha parfaitement accompli, entrera dans le Nirvâṇa complet. Ce Bôdhisattva Mahâsattva nommé Dhrĭtiparipûrṇa, ô Religieux, [dira le Tathâgata,] parviendra immédiatement après moi à l'état suprême de Buddha parfaitement accompli. Il sera, dans le monde, le Tathâgata nommé *Padmavrĭchabhavikrâmin*, vénérable, etc., doué de science et de conduite, etc. La terre de Buddha du Tathâgata Padmavrĭchabhavikrâmin sera, ô Çâriputtra, de la même espèce [que celle de Padmaprabha]. La bonne loi du Tathâgata Padmaprabha parvenu au Nirvâṇa complet, subsistera, ô Çâriputtra, pendant trente-deux moyens Kalpas. Ensuite, quand cette loi du Tathâgata sera épuisée, l'image de cette bonne loi durera encore trente-deux moyens Kalpas. f. 39 *b.*

Ensuite Bhagavat prononça dans cette circonstance les stances suivantes : f. 40 *a.*

23. Et toi aussi, ô Çâriputtra, tu seras, dans une vie à venir, un Tathâgata, un Djina nommé Padmaprabha, doué d'une vue parfaite; tu disciplineras des milliers de kôṭis d'êtres vivants.

24. Après avoir rendu un culte à plusieurs kôṭis de Buddhas, et avoir acquis, sous leur direction, l'énergie de la conduite religieuse; après avoir produit les dix forces, tu toucheras à l'excellent et suprême état de Bôdhi.

25. Dans un temps inconcevable, incommensurable, aura lieu un Kalpa où domineront les joyaux; alors existera un monde nommé Viradja; ce sera la pure terre du Meilleur des hommes.

26. Cette terre reposera sur le lapis-lazuli; elle sera ornée de cordes d'or, et produira des centaines d'arbres de diamant, beaux et couverts de fleurs et de fruits.

27. Là, beaucoup de Bôdhisattvas, doués de mémoire et parfaitement habiles dans l'exposition de la conduite religieuse, parce qu'ils y auront été instruits sous des centaines de Buddhas, viendront au monde dans cette terre.

28. Et le Djina, à l'époque de sa dernière existence, après avoir franchi le degré de Kumâra, après avoir vaincu la concupiscence et être sorti [de la maison], touchera à l'excellent et suprême état de Bôdhi.

29. La durée de la vie du Djina sera de douze moyens Kalpas, et la vie des hommes sera, de son temps, de huit moyens Kalpas.

f. 40 b. 30. Lorsque le Djina sera entré dans le Nirvâṇa complet, sa bonne loi durera en ce temps pendant trente-deux moyens Kalpas entiers, pour l'utilité du monde réuni aux Dêvas.

31. Lorsque sa bonne loi sera épuisée, l'image en durera encore pendant trente-deux moyens Kalpas. Les lieux où seront distribuées les reliques du Protecteur seront constamment honorés par les hommes et par les Maruts.

32. C'est ainsi qu'il sera un Bienheureux. Sois rempli de joie, ô Çârisuta! car c'est toi-même qui deviendras le Meilleur des hommes, qui est sans supérieur.

Ensuite les quatre assemblées des Religieux et des fidèles de l'un et de l'autre sexe, les cent milliers de Dêvas, de Nâgas, de Yakchas, de Gandharvas, d'Asuras, de Garuḍas, de Kinnaras, de Mahôragas, d'hommes et d'êtres n'appartenant pas à l'espèce humaine, ayant entendu de la bouche de Bhagavat la prédiction que le respectable Çâriputtra parviendrait un jour à l'état suprême de Buddha parfaitement accompli, satisfaits alors, ravis, l'âme transportée, pleins de joie, remplis de contentement et de plaisir, couvrirent chacun Bhagavat des vêtements qu'ils portaient. Et Çakra, l'Indra des Dêvas, et Brahmâ, le chef de l'univers Saha, et plusieurs fois dix millions de centaines de mille d'autres fils des Dêvas couvrirent Bhagavat de vêtements divins. Et ils firent tomber sur lui une pluie de fleurs divines
f. 41 a. de Mandâras et de Mahâmandâravas; et ils agitèrent dans le ciel, au-dessus de sa tête, des étoffes divines; et ils firent résonner du haut du ciel des centaines de mille d'instruments divins et de timbales. Et après avoir fait tomber une grande pluie de fleurs, ils prononcèrent ces paroles : C'est pour la première fois à Bénarès, au lieu nommé *Rïchipatana*, dans le Bois de l'antilope, que Bhagavat a fait tourner la roue de la loi. Aujourd'hui, pour la seconde fois, Bhagavat fait tourner cette excellente roue.

Ensuite les fils des Dêvas prononcèrent dans cette circonstance les stances suivantes :

33. Le grand héros qui n'a pas son égal dans le monde, a fait tourner à Bénarès la roue de la loi, qui anéantit la naissance de l'agrégation [des éléments de la vie].

34. C'est là que le Guide [du monde] l'a fait tourner pour la première fois; et il la fait tourner ici pour la seconde fois; car tu enseignes aujourd'hui, ô Chef, une loi à laquelle d'autres auront bien de la peine à croire.

35. Beaucoup de lois ont été entendues par nous de la bouche du Chef du monde; mais jamais nous n'avions entendu auparavant une loi semblable à celle-ci.

36. Nous nous réjouissons, ô grand homme, en entendant le langage énigmatique du grand Rĭchi; [nous croyons] à la prédiction qui vient d'être faite pour l'intrépide Çâriputtra.

37. Et nous aussi, puissions-nous devenir dans le monde des Buddhas n'ayant pas de supérieurs, [et] capables d'enseigner, à l'aide d'un langage énigmatique, l'état de Bôdhi qui est sans supérieur!

38. Grâce à ce que nous avons fait de bien dans ce monde et dans l'autre, et parce que nous avons réjoui le Buddha parfait, nous sollicitons l'état de Bôdhi! f. 41 b.

Ensuite le respectable Çâriputtra parla ainsi à Bhagavat : Je n'ai plus aucun doute, ô Bhagavat; mes incertitudes sont dissipées, maintenant que j'ai entendu de la bouche de Bhagavat cette prédiction, que je dois parvenir à l'état suprême de Buddha parfaitement accompli. Mais ces douze cents [auditeurs] parvenus à la puissance, ô Bhagavat, qui, anciennement placés par toi sur le terrain des Maîtres, ont été l'objet de ce discours et de cet enseignement : « La discipline de ma loi, ô Religieux, aboutit à l'affranchissement de la naissance, de la vieillesse, de la mort et de la douleur, « c'est-à-dire qu'elle se résout dans le Nirvâṇa; » et ces deux mille Religieux, ô Bhagavat, Çrâvakas de Bhagavat, tant les Maîtres que ceux qui ne le sont pas, tous débarrassés des fausses doctrines relatives à l'esprit, à l'existence, à l'anéantissement, débarrassés, en un mot, de toutes les fausses doctrines, qui se disent en eux-mêmes : « Nous sommes établis sur le terrain du Nirvâṇa, » ces Religieux, dis-je, après avoir entendu, de la bouche de Bhagavat, cette loi qu'ils n'avaient pas entendue précédemment, sont tombés dans l'incertitude. C'est pourquoi, ô Bhagavat, il est bon que tu parles, pour dissiper l'anxiété de ces Religieux, de manière que les quatre assemblées se trouvent délivrées de leurs incertitudes et de leurs doutes.

Cela dit, Bhagavat répondit ainsi au respectable Çâriputtra : Ne t'ai-je
f. 42 a. pas dit précédemment, ô Çâriputtra, que le Tathâgata, vénérable, etc., ayant reconnu les dispositions des créatures qui ont des inclinations diverses, dont les éléments comme les idées sont divers, enseigne la loi à l'aide de l'habile emploi des moyens, tels que les démonstrations et les instructions variées, les raisons, les motifs, les comparaisons, les arguments faits pour convaincre, les interprétations de divers genres? Commençant par l'état suprême de Buddha parfaitement accompli, il fait entrer [les êtres] dans le véhicule même des Bôdhisattvas au moyen des diverses expositions de la loi. Cependant, ô Çâriputtra, je te proposerai encore une parabole, dans le but d'exposer ce sujet plus amplement. Pourquoi cela? Parce que c'est par la parabole que les hommes pénétrants de ce monde comprennent le sens de ce qu'on leur dit.

C'est, ô Çâriputtra, comme s'il y avait ici, dans un certain village, dans une ville, dans un bourg, dans un district, dans une province, dans un royaume, dans une résidence royale, un chef de maison âgé, vieux, cassé, arrivé à un âge très-avancé, riche, ayant une grande fortune, de grands moyens de jouissances et possesseur d'une maison grande, élevée, étendue, bâtie depuis longtemps, dégradée; que cette maison soit la demeure de
f. 42 b. deux, de trois, de quatre ou de cinq cents êtres vivants, et qu'elle n'ait qu'une porte; qu'elle soit couverte de chaume; que ses galeries s'écroulent; que les fondements de ses piliers soient pourris et détruits; que l'enduit qui recouvrait les murs et les portes soit dégradé par le temps. Que cette maison tout entière soit subitement embrasée de tous côtés par un grand incendie. Que cet homme ait beaucoup d'enfants, cinq, dix ou vingt, et qu'il soit sorti de sa maison.

Maintenant, ô Çâriputtra, que cet homme, voyant sa maison tout entière complétement embrasée par un grand incendie, soit effrayé, épouvanté, hors de lui, et qu'il fasse cette réflexion : Je suis assez fort pour sortir rapidement, pour m'enfuir en sûreté par la porte de cette maison embrasée, sans être touché, sans être brûlé par l'incendie; mais mes enfants, si petits, si jeunes, dans cette maison en feu, jouent, s'amusent, se divertissent à différents jeux. Ils ne connaissent pas, ils ne s'aperçoivent pas, ils ne savent pas, ils ne pensent pas que cette maison est en feu, et ils n'en éprouvent pas de crainte. Quoique brûlés par ce grand incendie, et quoique frappés tous ensemble par une grande douleur, ils ne songent pas à la douleur et ne conçoivent pas l'idée de sortir. f. 43 a.

Que cet homme, ô Çâriputtra, soit fort et qu'il ait de grands bras, et qu'il fasse cette réflexion : Je suis fort et j'ai de grands bras; ne pourrais-je pas, rassemblant mes enfants et les serrant tous à la fois sur ma poitrine, les faire sortir de cette maison? Puis, qu'il fasse cette autre réflexion : Cette maison n'a qu'une entrée; la porte en est étroite. Et ces enfants légers, toujours en mouvement, ignorants de leur nature, il est à craindre qu'ils ne se mettent à tourner de côté et d'autre; ils vont périr misérablement dans ce grand incendie; pourquoi ne m'empresserais-je pas de les avertir? S'étant donc arrêté à ce parti, il appelle ses enfants qui étaient sans réflexion : Venez, mes enfants, sortez; la maison est embrasée par un grand incendie; puissiez-vous n'y pas rester tous consumés par ce grand incendie! Regardez : le danger s'approche; vous allez y périr. Mais ces enfants ne font pas attention au discours de cet homme, qui parle dans leur intérêt; ils ne s'effrayent pas, ils ne tremblent pas, ils n'éprouvent pas d'effroi, ils n'y pensent pas, ils ne fuient pas; ils ne savent pas même, ils ne comprennent f. 43 b.
pas ce que c'est que ce qu'on appelle *embrasé;* bien au contraire, ils courent, ils se dispersent çà et là, et regardent leur père à plusieurs reprises. Pourquoi cela? C'est que ce sont des enfants ignorants.

Qu'ensuite cet homme fasse encore cette réflexion : Cette maison est embrasée par un grand incendie, elle est consumée; puissé-je, moi et mes enfants, ne pas trouver ici misérablement la mort dans ce grand incendie! Ne pourrais-je pas, par l'habile emploi de quelque moyen, faire sortir mes enfants de cette maison? Que cet homme connaisse les dispositions de ses enfants; qu'il comprenne leurs inclinations. Qu'il y ait plusieurs jouets de diverses espèces qui soient recherchés, aimés, désirés, estimés de ces enfants; qu'ils soient difficiles à obtenir. Qu'alors cet homme, connaissant les inclinations de ses enfants, s'adresse à eux en ces termes : Ces jouets, ô mes enfants, qui vous sont agréables, qui excitent votre étonnement et votre admiration, que vous êtes désolés de ne pas posséder, ces jouets de diverses couleurs et de diverses espèces, comme, par exemple, des chariots attelés de bœufs, de chèvres, d'antilopes, qui sont recherchés, aimés, désirés, f. 44 a.
estimés par vous, je les ai tous mis dehors, à la porte de la maison, pour servir à vos jeux. Accourez, sortez de cette maison; je donnerai à chacun

de vous chacune des choses dont il aura besoin, dont il aura envie. Venez vite; accourez pour voir ces jouets. Qu'alors ces enfants, après avoir entendu les noms de ces jouets, conformes à leurs désirs et à leurs inclinations, recherchés, aimés, désirés, estimés d'eux, se précipitent aussitôt, pour obtenir ces jouets agréables, hors de la maison en feu, avec une force nouvelle, avec une rapidité extrême, sans s'attendre les uns les autres, se poussant mutuellement, en disant : Qui arrivera le premier, qui arrivera avant l'autre?

Qu'alors cet homme, voyant ses enfants sortis heureusement, sains et saufs, les sachant à l'abri du danger, s'assoie sur la place au milieu du village, plein de joie et de contentement, libre de préoccupation et d'inquiétude et rempli de sécurité. Qu'ensuite ces enfants, s'étant rendus à l'endroit où est leur père, s'expriment ainsi : Donne-nous, cher père, ces divers
f. 44 b. jouets charmants, comme des chariots attelés de bœufs, de chèvres, d'antilopes. Que cet homme, ô Çâriputtra, donne à ses enfants, accourus vers lui aussi vite que le vent, des chars attelés de bœufs, faits des sept substances précieuses, munis de balustrades, auxquels est suspendu un réseau de clochettes, s'élevant à une grande hauteur, ornés de joyaux merveilleux et admirables, rehaussés par des guirlandes de pierreries, embellis de chapelets de fleurs, garnis de coussins faits de coton et recouverts de toile et de soie, ayant des deux côtés des oreillers rouges, attelés de beaux bœufs parfaitement blancs et rapides à la course, dirigés par un grand nombre d'hommes. Qu'il distribue ainsi, pour chacun de ses enfants, des chars traînés par des bœufs, munis d'étendards, doués de la rapidité et de la force du vent, de la même couleur et de la même espèce. Pourquoi cela? Parce que cet homme, ô Çâriputtra, serait opulent, maître de grandes richesses, possesseur de maisons, de greniers et de trésors nombreux, et qu'il penserait ainsi : A quoi bon donnerais-je d'autres chars à ces enfants? Pourquoi cela? C'est que tous ces enfants sont mes propres fils; ils me sont
f. 45 a. tous chers et ils ont mon affection. Ces grands chars que voilà m'appartiennent, et je dois songer à tous ces enfants d'une manière égale et sans distinction. Possesseur, comme je le suis, de beaucoup de maisons, de greniers et de trésors, je pourrais donner à tout le monde ces grands chars que voilà; que sera-ce donc, maintenant qu'il s'agit de mes propres enfants? Qu'en ce moment, étant montés sur ces grands chars, ces enfants soient frappés de

surprise et d'étonnement. Comment comprends-tu cela, ô Çâriputtra? N'est-ce pas un mensonge de la part de cet homme, d'avoir ainsi désigné dans le principe à ses enfants trois chars [différents], et de leur avoir ensuite donné à tous de grands chars, de nobles chars [de la même espèce]?

Çâriputtra répondit : Non Bhagavat, non Sugata. Cet homme, ô Bhagavat, n'est pas à cause de cela un menteur; car c'est par le moyen adroit qu'a employé cet homme que ses enfants ont été engagés à sortir de cette maison embrasée, et qu'ils ont reçu le présent de la vie. Pourquoi cela? Parce que c'est pour avoir recouvré leur propre corps, ô Bhagavat, qu'ils ont obtenu tous ces jouets. Quand bien même, ô Bhagavat, cet homme n'eût pas donné un seul char à ses enfants, il n'eût pas été pour cela un menteur. Pourquoi cela? C'est que, ô Bhagavat, cet homme a commencé par réfléchir ainsi : Je sauverai, par l'emploi d'un moyen convenable, ces enfants de cette grande masse de douleurs. De cette manière même, ô Bhagavat, il n'y aurait pas mensonge de la part de cet homme. Mais quelle difficulté peut-il exister, quand après avoir réfléchi qu'il est propriétaire de maisons, de greniers et de trésors nombreux, cet homme songeant combien ses enfants lui sont f. 45 b.
chers, et voulant leur bien, leur donne [à chacun] des chars de la même couleur et de la même espèce, c'est-à-dire de grands chars? Il n'y a pas, ô Bhagavat, mensonge de la part de cet homme.

Cela dit, Bhagavat parla ainsi au respectable Çâriputtra : Bien, bien, Çâriputtra; c'est comme cela, Çâriputtra; c'est comme tu dis. De la même manière, ô Çâriputtra, le Tathâgata aussi, vénérable, etc., est exempt de toute terreur, délivré entièrement, complétement, tout à fait, de toute injure, de tout désastre, du désespoir, de la douleur, du chagrin, de l'aveuglement profond où plongent les ténèbres épaisses et l'obscurité de l'ignorance. Le Tathâgata, qui est complétement en possession de la science, de la force, de l'intrépidité, et de la loi d'homogénéité d'un Buddha, qui est doué d'une extrême vigueur par la force de sa puissance surnaturelle, est le père du monde; il est parvenu à la perfection suprême de la grande science de l'habile emploi des moyens; il est doué d'une immense compassion; son cœur ne connaît pas la peine; il désire le bien, il est miséricordieux. Il naît dans cette réunion des trois mondes qui est semblable à une maison dont la couverture et la charpente tombent en ruine, et qui est embrasée par la masse énorme des douleurs et des chagrins, pour affranchir

de l'affection, de la haine et de l'erreur les êtres tombés sous l'empire de la naissance, de la vieillesse, de la maladie, de la mort, des peines, des lamentations, de la douleur, du chagrin, du désespoir, de l'aveuglement profond où plongent les ténèbres épaisses et l'obscurité de l'ignorance,
f. 46 a. pour leur faire concevoir l'état suprême de Buddha parfaitement accompli. Une fois né, il voit, sans en être atteint, les êtres brûlés, consumés, dévorés, détruits par la naissance, la vieillesse, la maladie, la mort, les peines, les lamentations, la douleur, le chagrin, le désespoir. Sous l'influence du désir qui les pousse à rechercher les objets de jouissance, ils éprouvent des maux de diverses espèces. Par suite de ces deux conditions du monde, le besoin d'acquérir et celui d'amasser, ils se préparent pour l'avenir des maux de divers genres dans l'Enfer, dans des matrices d'animaux, dans le monde de Yama; ils éprouvent des maux tels que la condition de Dêva, les misères de l'humanité, la présence des choses qu'ils ne désirent pas, et l'absence de celles qu'ils désirent. Et là même, au milieu de cette masse de douleurs à travers lesquelles ils transmigrent, ils jouent, ils s'amusent, ils se divertissent; ils ne craignent pas, ils ne tremblent pas, ils n'éprouvent pas d'effroi, ils ne comprennent pas, ils ne perçoivent pas, ils ne se troublent pas, ils ne cherchent pas à en sortir. Là même, dans cette réunion des trois mondes qui est semblable à une maison embrasée, ils s'amusent, ils courent de côté et d'autre. Quoique pressés par cette grande masse de douleurs, ils n'ont pas conscience de l'idée de douleur.

Alors, ô Çâriputtra, le Tathâgata réfléchit ainsi : Je suis certainement le
f. 46 b. père de ces êtres; c'est pourquoi ces êtres doivent être aujourd'hui délivrés par moi de cette grande masse de maux, et il faut que je donne à ces êtres le bonheur incomparable, inconcevable de la science du Buddha, avec laquelle ces êtres joueront, s'amuseront, se divertiront, dont ils feront des jouets. Alors, ô Çâriputtra, le Tathâgata réfléchit ainsi : Si, en disant « j'ai « la force de la science, j'ai la force de la puissance surnaturelle, » j'allais parler à ces êtres, sans employer les moyens convenables, de la force et de l'intrépidité du Tathâgata, ces êtres ne sortiraient pas [du monde] à l'aide de ces lois. Pourquoi cela? C'est que ces êtres ont une passion extrême pour les cinq qualités du désir; ils ont, dans cette réunion des trois mondes, une passion extrême pour les plaisirs des sens; ils ne sont pas affranchis de la naissance, de la vieillesse, des maladies, de la mort, des peines, des

lamentations, de la douleur, du chagrin, du désespoir; ils en sont brûlés, consumés, dévorés, détruits. Si on ne les fait pas fuir hors de cette réunion des trois mondes, qui est semblable à une maison dont la couverture et la charpente sont embrasées, comment pourront-ils jouir de la science du Buddha?

Alors, ô Çâriputtra, le Tathâgata, de même que cet homme qui ayant de grands bras, et qui laissant de côté la force de ses bras, après avoir attiré ses enfants hors de la maison embrasée, par l'emploi d'un moyen adroit, leur donnerait ensuite de beaux, de nobles chars, le Tathâgata, f. 47 a.
dis-je, vénérable, etc., revêtu complétement de la science, de la force et de l'intrépidité des Tathâgatas, et renonçant à s'en servir, montre, par la connaissance qu'il a de l'habile emploi des moyens, trois véhicules pour faire sortir les êtres de la réunion des trois mondes, qui est semblable à une maison dont la couverture et la charpente sont vieilles et embrasées; ce sont le véhicule des Çrâvakas, celui des Pratyêkabuddhas, celui des Bôdhisattvas. A l'aide de ces trois véhicules, il attire les êtres et leur parle ainsi : Ne vous amusez pas dans cette réunion des trois mondes, qui est semblable à une maison embrasée, au milieu de ces formes, de ces sons, de ces odeurs, de ces goûts, de ces contacts misérables; car attachés ici à ces trois mondes, vous êtes brûlés, consumés par la soif qui accompagne les cinq qualités du désir. Sortez de cette réunion des trois mondes; trois moyens de transport vous sont offerts, savoir : le véhicule des Çrâvakas, celui des Pratyêkabuddhas, celui des Bôdhisattvas. C'est moi qui dans cette occasion suis votre garant, je vous donnerai ces trois chars; faites effort pour sortir de cette réunion des trois mondes. Et je les attire de cette manière : Ces chars, ô êtres, sont excellents; ils sont loués par les Âryas, munis de choses grandement agréables; vous jouerez, vous vous amuserez, vous vous divertirez dans la compassion pour les malheureux. Vous éprouverez f. 47 b.
la grande volupté [de la perfection] des sens, de la force, des éléments constitutifs de l'état de Bôdhi, des contemplations, des affranchissements, de la méditation, de l'acquisition de l'indifférence. Vous serez en possession d'un grand bonheur et d'un grand calme d'esprit.

Alors, ô Çâriputtra, les êtres qui sont devenus des Sages, ont foi au Tathâgata comme au père du monde, et après cet acte de foi, ils s'appliquent à l'enseignement du Tathâgata; ils y consacrent leurs efforts. D'autres êtres désirant suivre les directions qu'on entend de la bouche d'un autre, afin

d'arriver au Nirvâṇa complet pour eux-mêmes, s'appliquent à l'enseignement du Tathâgata, afin de connaître les quatre vérités des Âryas; ces êtres sont appelés ceux qui désirent le véhicule des Çrâvakas : ils sortent de la réunion des trois mondes, de même que quelques-uns des enfants de cet homme sont engagés à sortir de la maison embrasée, par le désir qu'ils ont d'avoir un chariot attelé d'antilopes. D'autres êtres, désirant la science qui s'acquiert sans maître, la quiétude et l'empire sur eux-mêmes, afin d'arriver au Nirvâṇa complet pour eux-mêmes, s'appliquent à l'enseignement du Tathâgata, afin de comprendre les causes et les effets. Ces êtres sont appelés ceux qui désirent le véhicule des Pratyêkabuddhas; ils sortent de cette réunion des trois mondes, de même que quelques-uns des enfants sortent de la maison embrasée, désirant un chariot attelé de chèvres. D'au-
f. 48 a. tres êtres enfin, désirant la science de celui qui sait tout, la science du Buddha, la science de l'Être existant par lui-même, la science que ne donne pas un maître, pour l'avantage et le bonheur d'un grand nombre d'êtres, par compassion pour le monde, pour le profit, l'avantage et le bonheur de la grande réunion des êtres, Dêvas et hommes, pour faire parvenir au Nirvâṇa complet tous les êtres vivants, s'appliquent à l'enseignement du Tathâgata, afin d'obtenir la science, la force et l'intrépidité du Tathâgata. Ces êtres sont appelés ceux qui désirent le Grand véhicule; ils sortent de la réunion des trois mondes : pour cette raison, ils sont appelés Bôdhisattvas Mahâsattvas. C'est comme quand quelques-uns des enfants sont engagés à sortir de la maison embrasée par le désir qu'ils ont d'avoir un chariot attelé de bœufs. De même, ô Çâriputtra, que cet homme voyant ses enfants sortis de la maison embrasée, les voyant en sûreté, délivrés heureusement, les sachant hors de danger et se sachant lui-même possesseur de grandes richesses, donne à tous ses enfants un seul beau char, ainsi, ô Çâriputtra, le Tathâgata lui-même, vénérable, etc., quand il voit un grand nombre de kôṭis d'êtres délivrés de la réunion des trois mondes, affranchis
f. 48 b. de la douleur, de la crainte, de la terreur, de tout désastre, attirés dehors par le moyen de l'enseignement du Tathâgata, délivrés de toutes les misères de la crainte, et des désastres, arrivés au bonheur du Nirvâṇa, le Tathâgata, dis-je, vénérable, etc. se disant en ce moment : « Je possède le trésor « abondant de la science, de la force et de l'intrépidité, et ces êtres sont « tous mes enfants, » conduit au Nirvâṇa complet tous ces êtres à l'aide du

véhicule des Buddhas. Et je ne dis pas qu'il y ait, pour chacun des êtres, un Nirvâṇa individuel; [au contraire] il conduit au Nirvâṇa complet tous ces êtres au moyen du Nirvâṇa du Tathâgata, du grand Nirvâṇa complet. Et les êtres, ô Çâriputtra, qui sont délivrés de la réunion des trois mondes, le Tathâgata leur donne pour jouets agréables les plaisirs suprêmes, les plaisirs des Âyras, qui sont les contemplations, les affranchissements, la méditation, l'acquisition de l'indifférence, jouets qui sont tous de la même espèce. De même, ô Çâriputtra, qu'il n'y aurait pas mensonge de la part de cet homme à désigner d'abord trois [espèces de] chariots et à ne leur donner ensuite à eux tous que le même char, un char fait des sept substances précieuses, embelli de tous les ornements, d'une seule espèce, un noble char, en effet, le char le plus précieux de tous, ainsi, ô Çâriputtra, le Tathâgata lui-même, vénérable, etc., ne dit pas un mensonge, quand, après avoir dans le principe, par l'habile emploi des moyens [dont il dispose], désigné trois véhicules, il conduit ensuite les êtres au Nirvâṇa complet, à f. 49 a. l'aide du Grand véhicule. Pourquoi cela? C'est, ô Çâriputtra, parce que le Tathâgata, en tant que possesseur des maisons, des greniers et des trésors abondants de la science, de la force et de l'intrépidité, est capable d'enseigner à tous les êtres la loi accompagnée de la science de celui qui sait tout. Voilà de quelle manière, ô Çâriputtra, il faut savoir que c'est par le développement de sa science et de son habileté dans l'emploi des moyens, que le Tathâgata enseigne un seul véhicule, qui est le Grand véhicule.

Ensuite Bhagavat prononça dans cette circonstance les stances suivantes :

33. C'est comme si un homme possédait une maison grande, ruinée et peu solide; que les galeries de cette maison fussent dégradées, et que les colonnes en fussent pourries dans leurs fondements.

34. Que les fenêtres et les terrasses en fussent en partie détruites; que l'enduit qui recouvre les murs et les portes y fût dégradé; que les balcons y tombassent de vétusté; que cette maison fût couverte de chaume et qu'elle s'écroulât de toutes parts;

35. Qu'elle fût la demeure de cinq cents créatures vivantes au moins; qu'elle renfermât un grand nombre de chambres et de passages étroits, dégoûtants et tout remplis d'ordures;

36. Que l'escalier et les poutres en fussent entièrement dégradés; que les murs

et les séparations en fussent détruits; que des vautours y habitassent par milliers, ainsi que des pigeons et des chouettes, et d'autres oiseaux.

f. 49 b. 37. Qu'on y trouvât à chaque pas des serpents terribles, venimeux, redoutables; des scorpions et des rats de diverses espèces; que cette maison fût la demeure de mauvaises créatures de ce genre.

38. Qu'on y rencontrât çà et là des êtres n'appartenant pas à l'espèce humaine; qu'elle fût infectée d'excréments et d'urine, remplie de vers, de mouches lumineuses et d'insectes; qu'elle retentît des hurlements des chiens et des chacals.

39. Qu'on y trouvât des loups féroces, qui se repaissent de cadavres humains, et qui recherchent les matières qui en découlent; qu'elle fût pleine de troupes de chiens et de chacals.

40. Faibles et exténués par la faim, ces animaux s'en vont mangeant dans tous les coins; ils se querellent et aboient. Voilà quelle est cette maison redoutable.

41. Elle est habitée par des Yakchas aux pensées cruelles, qui se nourrissent de cadavres humains; on y rencontre à chaque pas des centipèdes, de grands serpents et des reptiles marqués de taches.

42. Ces reptiles y déposent leurs petits dans tous les coins et s'y font des retraites; les Yakchas dévorent le plus souvent ces animaux dispersés çà et là.

43. Et quand ces Yakchas aux pensées cruelles se sont rassasiés des corps des animaux dont ils se repaissent, tout gonflés de la chair qu'ils ont dévorée, ils se livrent de cruels combats.

44. Dans les chambres dégradées habitent de terribles Kumbhâṇḍakas aux pen-
f. 50 a. sées cruelles, les uns de la hauteur d'un empan, les autres de la hauteur d'une coudée, d'autres ayant deux coudées de hauteur; ils vont rôdant de tous côtés.

45. Saisissant des chiens par les pieds, ils les renversent à terre sur le dos, et leur serrant le gosier en grondant, ils se plaisent à les suffoquer.

46. Il y habite des Prêtas nus, noirs, faibles, hauts et grands, qui, dévorés par la faim, cherchent de la nourriture et font entendre çà et là des cris lamentables.

47. Quelques-uns ont la bouche comme le trou d'une aiguille, d'autres ont une tête de bœuf; semblables pour la taille à des chiens plutôt qu'à des hommes, ils vont les cheveux en désordre, poussant des cris et dévorés par la faim.

48. On voit, aux fenêtres et aux ouvertures, des Yakchas, des Prêtas et des Piçâtchas, affamés et cherchant de la nourriturs, qui ont constamment les regards dirigés vers les quatre points de l'horizon.

49. [Supposons donc] que cette maison soit la demeure redoutable de tous ces êtres; qu'elle soit haute, grande, peu solide, crevassée de toutes parts, tombante en ruines, effrayante, et qu'elle soit la propriété d'un seul homme.

50. Que cet homme soit en dehors de sa maison et que le feu y prenne, et qu'elle soit tout d'un coup et de quatre côtés la proie des flammes.

51. Ses poteaux, ses solives, ses colonnes et ses murs consumés par le feu, f. 50 *b*.
éclatent avec un bruit terrible; les Yakchas et les Prêtas y poussent des cris.

52. Des centaines de vautours pleins de rage, et des Kumbâṇḍhas, la pâleur sur la face, errent de tous côtés; brûlés par le feu, des centaines de serpents sifflent et sont en fureur de toutes parts.

53. De coupables Piçâtchas y tournent de tous côtés en grand nombre, atteints par l'incendie; se déchirant à coups de dents les uns les autres, ils font couler leur sang pendant qu'ils brûlent.

54. Les loups y périssent : ces êtres se dévorent les uns les autres. Les ordures sont consumées, et une odeur infecte se répand dans les quatre points de l'espace.

55. Les centipèdes s'enfuient de tous côtés, et les Kumbhâṇḍas les dévorent. Les Prêtas, la chevelure enflammée, sont consumés à la fois par la faim et par l'incendie.

56. C'est ainsi que cette redoutable maison est la proie des flammes qui s'en échappent de tous côtés; et cependant l'homme propriétaire de cette maison est debout à la porte, qui regarde.

57. Et il entend ses propres enfants, dont l'esprit est entièrement absorbé par le jeu; ils se livrent avec enivrement à leurs plaisirs, comme des ignorants qui ne connaissent rien.

58. Les ayant donc entendus, cet homme entre bien vite afin de délivrer ses f. 51 *a*.
enfants. Ah! [se dit-il,] puissent mes enfants dans leur ignorance ne pas périr bientôt consumés par le feu!

59. Il leur dit les vices de cette habitation : Il existe ici, [leur dit-il,] ô fils de famille, un danger terrible; ces êtres de diverses espèces et ce grand incendie qui est devant vous, [tout cela] forme un enchaînement de maux [inévitables].

60. Ici habitent des serpents, des Yakchas aux pensées cruelles, des Kumbhâṇḍas et des Prêtas en grand nombre, des loups, des troupes de chiens et de chacals, et des vautours qui cherchent de la nourriture.

61. Tels sont les êtres qui résident dans cette maison, laquelle, même indépendamment de l'incendie, est extrêmement redoutable. Ce ne sont partout que misères de cette espèce, et le feu y brûle de tous côtés.

62. Mais, quoique avertis, ces enfants, dont l'intelligence est ignorante, enivrés de leurs jeux, ne pensent pas à leur père qui parle, et ne le comprennent même pas.

63. Que cet homme alors réfléchisse ainsi, en pensant à ses enfants : Certes, je suis bien malheureux! A quoi me servent mes enfants, puisque j'en suis réellement privé? Ah! puissent-ils n'être pas consumés ici par le feu!

64. Mais en ce moment il s'est présenté un expédient à son esprit: Ces enfants sont avides de jouets, [se dit-il,] et ils n'en ont ici aucun qui soit à leur disposition. Ah! enfants insensés, quelle est votre folie!

f. 51 b. 65. Il leur dit alors : Écoutez, mes enfants, je possède des chars de différentes espèces; des chars attelés d'antilopes, de chèvres et de beaux bœufs, élevés, grands, et parfaitement ornés.

66. Ils sont en dehors de cette maison. Sauvez-vous au moyen de ces chars; disposez-en comme vous voudrez; c'est pour vous que je les ai fait construire. Sortez tous ensemble, pleins de joie, par ce moyen.

67. Les enfants, ayant entendu parler de chars de cette espèce, se hâtant de toutes leurs forces, se mettent tous à sortir en un moment, et sont aussitôt dehors à l'abri des dangers qui les menaçaient.

68. Mais à la vue de ses enfants sortis [de la maison], le père s'étant rendu à la place au milieu du village, leur dit du haut d'un trône sur lequel il s'est assis : Ah! chers enfants, aujourd'hui je suis sauvé!

69. Ces enfants misérables que j'ai eu tant de peine à recouvrer, ces jeunes enfants chéris, bien-aimés, au nombre de vingt, étaient réunis dans une maison terrible, redoutable, effrayante et pleine de beaucoup d'êtres vivants,

70. Dans une maison en feu et remplie de flammes, et ils y étaient uniquement occupés de leurs jeux; et les voilà aujourd'hui tous délivrés par moi! C'est pourquoi je suis maintenant arrivé au comble du bonheur.

71. Les enfants voyant que leur père était heureux, l'abordèrent et lui parlèrent ainsi: Donne-nous, cher père, ce qui est l'objet de nos désirs, ces chars agréables de trois espèces;

f. 52 a. 72. Et exécute, cher père, tout ce que tu nous as promis dans la maison, [quand tu as dit :] Je vous donnerai des chars de trois espèces. Voici venu maintenant le temps [de tenir ta promesse].

73. Or cet homme était riche d'un trésor formé de monnaies d'or et d'argent, de pierres précieuses et de perles; il avait de l'or et des esclaves nombreux, des domestiques et des chars de plusieurs espèces;

74. Des chars attelés de bœufs, faits de pierres précieuses, excellents, surmontés de balustrades, recouverts de réseaux de clochettes, ornés de parasols et de drapeaux, et revêtus de filets faits de guirlandes de perles.

75. Ces chars sont enveloppés de tous côtés de guirlandes faites d'or et d'argent travaillé, et de nobles étoffes qui y sont suspendues de place en place; ils sont parsemés de belles fleurs blanches.

76. On voit aussi d'excellents oreillers, pleins de coton et recouverts d'une soie moelleuse, dont sont ornés ces chars; on y trouve étendus d'excellents tapis portant des images de grues et de cygnes, et valant des milliers de kôṭis.

77. On y voit des bœufs blancs, parés de fleurs, vigoureux, d'une grande taille, de belle apparence, qui sont attelés à ces chars faits de substances précieuses, et qui sont dirigés par un grand nombre de domestiques.

78. Tels sont les beaux, les excellents chars que cet homme donne à tous ses enfants; et ceux-ci contents et le cœur ravi de joie, parcourent, en se jouant avec ces chars, tous les points de l'horizon et de l'espace.

79. De la même manière, ô Çârisuta, moi qui suis le grand Rĭchi, je suis le protecteur et le père des créatures; et ce sont mes enfants que tous ces êtres, qui, dans l'enceinte des trois mondes, sont ignorants et enchaînés par la concupiscence. f. 52 *b*.

80. Et l'enceinte des trois mondes est, comme cette maison, extrêmement redoutable, troublée de cent maux divers, complétement embrasée de tous côtés par des centaines de misères, comme la naissance, la vieillesse et la maladie.

81. Et moi, qui suis délivré des trois mondes, je me tiens ici dans un lieu solitaire, et je réside dans la forêt; et la réunion des trois mondes est cette demeure qui m'appartient, dans laquelle sont consumés les êtres qui sont mes enfants.

82. Et moi, je leur montre la détresse où ils se trouvent dans le monde, car je connais le moyen de les sauver; mais eux, ils ne m'écoutent pas, parce qu'ils sont tous ignorants, et que leur intelligence est enchaînée par les désirs.

83. Alors je mets en usage mon habileté dans l'emploi des moyens, et je leur parle de trois véhicules. Et connaissant les nombreuses misères des trois mondes, je leur indique un moyen propre à les en faire sortir.

84. Et à ceux de ces enfants qui se sont réfugiés auprès de moi, qui possèdent les six connaissances surnaturelles et le grand pouvoir de la triple science, qui sont, en ce monde, des Pratyêkabuddhas ou qui sont des Bôdhisattvas, incapables de se détourner de leur but,

85. A ces sages qui sont pour moi comme mes enfants, j'expose en ce moment, au moyen d'une excellente parabole, le suprême, l'unique véhicule du Buddha : Acceptez-le, [leur dis-je,] vous deviendrez tous des Djinas.

86. [Je leur expose] aussi la science des Buddhas, des Meilleurs des hommes, cette science excellente, extrêmement agréable, que rien ne surpasse ici dans le monde entier, dont la forme est noble et qui est digne de respect;

87. Ainsi que les forces, les contemplations et les affranchissements, les nombreuses centaines de kôṭis de méditations; c'est là le char excellent avec lequel se divertissent sans cesse les fils de Buddha. f. 53 *a*.

88. Ils passent les nuits, les jours, les quinzaines, les mois, les saisons et les années, ils passent des moyens Kalpas et des milliers de kôṭis de Kalpas à se divertir avec ce char.

89. C'est là l'excellent char, le char précieux, avec lequel les Bôdhisattvas qui se jouent en ce monde, et les Çrâvakas qui écoutent le Sugata, parviennent ici-bas à la pure essence de l'état de Bôdhi.

90. Sache-le donc maintenant, ô bienheureux, il n'y a pas en ce monde un second char, dusses-tu chercher dans les dix points de l'espace, excepté [ces chars que produit] l'emploi des moyens mis en œuvre par les Meilleurs des hommes.

91. Vous êtes mes enfants et je suis votre père, et vous avez été sauvés par moi de la douleur, alors que vous étiez, depuis des milliers de kôṭis de Kalpas, consumés par les terreurs et par les maux redoutables des trois mondes.

92. C'est ainsi que je parle ici du Nirvâṇa [en disant] : Quoique vous ne soyez pas encore parvenus au Nirvâṇa complet, vous êtes délivrés maintenant de la misère de la transmigration : le char du Buddha est ce qu'il faut rechercher.

93. Et les Bôdhisattvas, quels qu'ils soient, qui se trouvent ici, écoutent tous les règles de la conduite du Buddha, qui sont les miennes. Telle est l'habileté dans l'emploi des moyens dont le Djina dispose, habileté à l'aide de laquelle il discipline un grand nombre de Bôdhisattvas.

94. Lorsque les êtres sont attachés ici-bas à de misérables et vils désirs, le
f. 53 b. Guide du monde qui ne dit pas de mensonges, leur explique alors ce que c'est que la douleur; c'est là la [première] vérité des Âryas.

95. Et à ceux qui, ne connaissant pas la douleur, n'en voient pas la cause par suite de l'ignorance de leur esprit, je leur montre la voie : L'origine de la douleur des passions, [leur dis-je,] c'est la production [de ces passions mêmes].

96. Anéantissez constamment la passion, vous qui ne trouvez nulle part de refuge; c'est là ma troisième vérité, celle de l'anéantissement; c'est par elle et non autrement que l'homme est sauvé; en effet, quand il s'est représenté cette voie, il est complétement affranchi.

97. Et par quoi les êtres sont-ils complétement affranchis, ô Çâriputtra? Ils le sont, parce qu'ils comprennent [la vérité de] l'anéantissement; et cependant ils ne sont pas encore complétement affranchis : le Guide [du monde] déclare qu'ils ne sont pas arrivés au Nirvâṇa.

98. Pourquoi n'annoncé-je pas sa délivrance à un homme de cette espèce? C'est qu'il n'a pas atteint à l'excellent et suprême état de Bôdhi. Voici quel est mon désir : je suis né en ce monde, moi qui suis le roi de la loi, pour y rendre [les êtres] heureux.

99. C'est là, ô Çâriputtra, le sceau de ma loi, de cette loi que j'expose aujourd'hui, sur la fin de mon existence, pour le bien de l'univers réuni aux Dêvas. Enseigne-la donc dans les dix points de l'espace et dans toutes les régions intermédiaires.

100. Et si, pendant que tu enseigneras, un être quelconque venait à te dire ces paroles : « J'éprouve de la joie de ce discours ; » s'il recevait ce Sûtra avec un signe de tête [respectueux], considère cet être comme incapable de se détourner de son but.

101. Il a vu les anciens Tathâgatas, et il leur a rendu un culte ; et il a entendu une loi semblable à celle que j'enseigne, celui qui a foi dans ce Sûtra. f. 54 a.

102. Il nous a vus, moi, toi et tous ces Religieux qui forment mon assemblée ; il a vu tous ces Bôdhisattvas, celui qui a foi en mes paroles éminentes.

103. Ce Sûtra est fait pour troubler les ignorants, et c'est pour l'avoir compris avec mon intelligence pénétrante que je l'expose ainsi ; en effet, ce n'est pas là le domaine des Çrâvakas ; ce n'est pas là non plus la voie des Pratyêkabuddhas.

104. Tu es plein de confiance, ô Çâriputtra, et n'en dois-je pas dire autant de mes autres Çrâvakas ? Eux aussi, ils marchent pleins de confiance en moi ; et cependant chacun d'eux n'a pas la science individuelle.

105. Mais n'expose pas cette doctrine à des obstinés, ni à des orgueilleux, ni à des Yôgins qui ne sont pas maîtres d'eux-mêmes ; car ces insensés, toujours enivrés de désirs, mépriseraient, dans leur ignorance, la loi qu'on leur dirait.

106. Quand on a méprisé mon habileté dans l'emploi des moyens, qui est la règle des Buddhas, perpétuellement subsistante dans le monde ; quand, d'un regard dédaigneux, on a méprisé le véhicule [des Buddhas], apprenez le terrible résultat qu'on en recueille en ce monde.

107. Quand on méprise un Sûtra comme celui-ci, pendant que je suis dans ce monde ou quand je suis entré dans le Nirvâṇa complet, ou quand on veut du mal aux Religieux, apprenez de moi le résultat qu'on recueille de ces fautes.

108. Dès que de tels hommes sont sortis de ce monde, l'Avîtchi est le lieu où ils résident pendant des Kalpas complets ; puis au bout de nombreux moyens Kalpas, ces ignorants meurent encore dans cet Enfer.

109. En effet, après qu'ils sont morts dans les Enfers, ils en sortent pour renaître dans des matrices d'animaux ; faibles et réduits à la condition de chien ou de chacal, ils deviennent pour les autres des objets d'amusement. f. 54 b.

110. Alors ils revêtent une couleur ou noire ou tachetée ; ils sont couverts d'éruptions cutanées et de blessures ; ils sont faibles et dépouillés de poils, et ils ont de l'aversion pour l'état suprême de Bôdhi, qui est le mien.

111. Ils sont constamment pour tous les êtres des objets de mépris; ils crient, frappés à coups de pierres ou d'épée; on les effraye en tous lieux de coups de bâton; leurs membres desséchés sont consumés par la faim et par la soif.

112. Ils renaissent chameaux ou ânes, portant des fardeaux et frappés de cent bâtons; ils sont sans cesse occupés à penser à leur nourriture, ces êtres dont l'intelligence ignorante a méprisé la règle des Buddhas.

113. Ils deviennent ensuite dans ce monde des chacals, repoussants, faibles et estropiés; tourmentés par les enfants des villages, ces êtres ignorants sont frappés à coups de pierres et d'épée.

114. Après avoir quitté cette existence, ces êtres ignorants renaissent avec des corps longs comme cinq cents Yôdjanas; ils sont paresseux, stupides et reviennent sans cesse sur leurs pas.

115. Ils renaissent sans pieds, condamnés à ramper sur le ventre, dévorés par de nombreux kôṭis d'êtres vivants; voilà les cruelles douleurs qu'ils éprouvent, ceux qui ont méprisé un Sûtra comme celui que j'enseigne.

116. Et lorsqu'ils reprennent un corps humain, ils renaissent estropiés, boi-
f. 55 *a.* teux, bossus, borgnes, idiots et misérables, ces êtres qui n'ont pas foi dans ce Sûtra que j'expose.

117. Ils sont, dans le monde, un objet d'aversion; leur bouche exhale une odeur fétide; ils sont possédés par un Yakcha qui habite leur corps, ceux qui n'ont pas foi dans l'état de Buddha.

118. Pauvres, condamnés aux devoirs de la domesticité, faibles et toujours attachés au service d'un autre, ils souffrent beaucoup de misères et vivent dans le monde sans protecteurs.

119. Et celui qu'ils y servent n'aime pas à leur donner; et même ce qui leur est donné périt bien vite, car c'est là en effet le fruit de leur péché.

120. Et les médicaments parfaitement préparés qu'ils prennent ici-bas des mains des hommes habiles qui les leur donnent, ne font qu'augmenter encore leur mal, et leur maladie n'a jamais de fin.

121. Ils éprouvent des vols, des attaques, des surprises, des violences, des rapts et des actes de cruauté; et ces maux tombent sur eux à cause de leur péché.

122. Non, jamais ce coupable ne voit le Chef du monde, le roi des Indras des hommes, enseignant ici; en effet, il habite ici dans des temps où le Chef n'y paraît pas, celui qui a méprisé les règles des Buddhas, qui sont les miennes.

123. Cet ignorant n'entend pas non plus la loi; il est sourd et privé d'intelligence; pour avoir méprisé cette science du Buddha, il ne trouve plus jamais de repos.

124. Pendant plusieurs milliers de myriades de kôṭis de Kalpas en nombre égal à celui des sables du Gange, il est imbécile et estropié; voilà le fruit qui résulte de son mépris pour ce Sûtra. f. 55 b.

125. Son jardin est l'Enfer; sa demeure est une place dans une des existences où l'homme est puni; il y reste sans cesse sous les formes de l'âne, du pourceau, du chacal et du chien.

126. Et même lorsqu'il a repris la condition humaine, la cécité, la surdité et la stupidité sont pour lui; esclave des autres, il est toujours misérable.

127. Alors les ornements et les vêtements qu'il porte sont ses maladies; il a sur le corps des myriades de kôṭis de blessures; il a des ulcères, la gale et des éruptions cutanées,

128. La lèpre blanche, la lèpre qui forme des taches, et il exhale une odeur de cadavre; si son corps est sain, c'est l'organe de la vue qui, chez lui, devient opaque. La violence de sa colère éclate au dehors; la concupiscence est extrême en lui; enfin il réside sans cesse dans des matrices d'animaux.

129. Oui, Çârisuta, quand même je passerais ici un Kalpa complet à énumérer les vices de celui qui méprise mon Sûtra, je ne pourrais en atteindre le terme.

130. Aussi est-ce parce que je connais ce sujet, que je t'avertis, ô Çâriputtra, de ne pas exposer ce Sûtra en présence des gens ignorants.

131. Mais les hommes qui sont, en ce monde, éclairés, instruits, doués de mémoire, habiles, savants; ceux qui sont arrivés à l'excellent et suprême état de Bôdhi, c'est à ceux-là que tu peux faire entendre cette vérité suprême.

132. Ceux par qui ont été vus de nombreux kôṭis de Buddhas, ceux qui ont fait croître en eux-mêmes d'innombrables mérites et qui sont inébranlables dans la méditation, c'est à ceux-là que tu peux faire entendre cette vérité suprême. f. 56 a.

133. Ceux qui, pleins d'énergie, toujours occupés de pensées de bienveillance, ne songent sans cesse qu'à la charité; ceux qui font l'abandon de leur corps et de leur vie, tu peux réciter ce Sûtra en leur présence.

134. Ceux qui ont des égards pour les opinions les uns des autres, qui n'entretiennent pas de rapports avec les ignorants, et qui vivent satisfaits dans les cavernes des montagnes, tu peux leur faire entendre ce Sûtra fortuné.

135. Ceux qui recherchent des amis vertueux et qui évitent des amis pécheurs, les fils de Buddha, [en un mot,] en qui tu reconnais ces qualités, méritent que tu leur expliques ce Sûtra.

136. Ces fils de Buddha, semblables à des joyaux précieux, que tu vois pratiquant sans interruption les devoirs de la morale, qui s'appliquent à comprendre les Sûtras aux grands développements, tu peux réciter en leur présence ce Sûtra.

137. Ceux qui sont exempts de colère et toujours droits, qui sont pleins de compassion pour toutes les créatures, qui sont respectueux devant le Sugata, tu peux réciter ce Sûtra en leur présence.

138. Celui qui exposerait la loi au milieu de l'assemblée, qui, affranchi de tout attachement, parlerait dans un recueillement complet, en se servant de plusieurs myriades de kôṭis d'exemples, tu peux lui enseigner ce Sûtra.

139. Et celui qui porterait à sa tête les mains réunies en signe de respect, dési-
f. 56 *b*. rant obtenir l'état de celui qui sait tout; celui qui parcourrait les dix points de l'espace, cherchant un religieux qui parle bien;

140. Celui qui comprendrait les Sûtras aux grands développements, qui ne trouverait pas de plaisir à d'autres livres, qui même n'entendrait pas une seule stance d'autre chose, celui-là peut entendre cet excellent Sûtra.

141. Il est semblable à celui qui porte les reliques du Tathâgata, et à l'homme quel qu'il soit, qui les recherche, celui qui désirerait ce Sûtra, et qui l'ayant obtenu le porterait à son front.

142. Il ne faut jamais penser à d'autres Sûtras, ni à d'autres livres d'une science vulgaire, car ce sont là des objets bons pour les ignorants; évite de tels livres et explique ce Sûtra.

143. Mais il me faudrait, ô Çâriputtra, un Kalpa complet pour dire les milliers d'espèces de ceux qui sont parvenus à l'état suprême et excellent de Bôdhi; c'est en leur présence que tu dois exposer ce Sûtra.

CHAPITRE IV.

LES INCLINATIONS.

Ensuite le respectable Subhûti, Mahâkâtyâyana, Mahâkâçyapa et Mahâmâudgalyâyana, tous également respectables, ayant entendu cette loi dont ils n'avaient pas ouï parler auparavant, et ayant appris, de la bouche de Bhagavat, que Çâriputtra était destiné à obtenir l'état suprême de Buddha parfaitement accompli, frappés d'étonnement, de surprise et de satisfaction,
f. 57 *a*. s'étant levés en ce moment même de leurs siéges, se dirigèrent vers la place où se trouvait Bhagavat; et rejetant sur une épaule leur vêtement su-

périeur, posant à terre le genou droit, tenant les mains jointes en signe de respect du côté où était assis Bhagavat, le regardant en face, le corps incliné en avant, l'extérieur modeste et recueilli, ils parlèrent en ces termes à Bhagavat :

Nous sommes vieux, ô Bhagavat, âgés, cassés; nous sommes respectés comme Sthaviras dans cette assemblée de Religieux. Épuisés par l'âge, nous nous disons : « Nous avons obtenu le Nirvâṇa; » nous ne pouvons plus faire d'efforts, ô Bhagavat, pour arriver à l'état suprême de Buddha parfaitement accompli; nous sommes impuissants; nous sommes hors d'état de faire usage de nos forces. Aussi, quand Bhagavat expose la loi, que Bhagavat reste longtemps assis et que nous assistons à cette exposition de la loi, alors, ô Bhagavat, assis pendant longtemps et pendant longtemps occupés à honorer Bhagavat, nos membres et les portions de nos membres, ainsi que nos articulations et les parties qui les composent, éprouvent de la douleur. De là vient que, quand nous démontrons, durant le temps où Bhagavat enseigne la loi, l'état de vide, l'absence de toute cause, l'absence de tout objet, nous ne concevons pas l'espérance soit d'atteindre à ces lois du Buddha, soit d'habiter dans ces demeures qu'on nomme les terres des Buddhas, soit de nous livrer aux voluptés des Bôdhisattvas ou à celles des Tathâgatas. Pourquoi cela? C'est que, ô Bhagavat, attirés en dehors de f. 57 b.
la réunion des trois mondes, nous imaginant être arrivés au Nirvâṇa, nous sommes en même temps épuisés par l'âge et par les maladies. C'est pourquoi, ô Bhagavat, au moment où d'autres Bôdhisattvas ont été instruits par nous, et ont appris qu'ils parviendraient un jour à l'état suprême de Buddha parfaitement accompli, alors, ô Bhagavat, pas une seule pensée d'espérance relative à cet état, ne s'est produite en nous. C'est pourquoi, ô Bhagavat, entendant ici de ta bouche ce que tu viens de dire : « La prédiction de l'état « futur de Buddha parfaitement accompli s'applique aussi aux Çrâvakas, » nous sommes frappés de surprise et d'étonnement. Nous avons obtenu aujourd'hui un grand objet, ô Bhagavat, aussitôt que nous avons entendu cette voix de Bhagavat, que nous n'avions pas ouïe précédemment; nous nous sommes trouvés en possession d'un grand joyau, ô Bhagavat, en possession d'un joyau incomparable. Oui, Bhagavat, le joyau que nous avons acquis n'était ni recherché, ni poursuivi, ni attendu, ni demandé par nous. C'est là ce qu'il nous semble, ô Bhagavat; c'est là ce qu'il nous semble, ô Sugata.

C'est comme si un homme, ô Bhagavat, venait à s'éloigner de la présence de son père, et que, s'en étant éloigné, il allât dans une autre partie du pays. Qu'il passe là beaucoup d'années [loin de son père], vingt,
f. 58 a. trente, quarante ou cinquante ans. Que le père devienne un grand personnage, et que le fils, au contraire, soit pauvre, parcourant le pays pour chercher sa subsistance. Qu'il visite les dix points de l'horizon pour trouver des vêtements et de la nourriture, et qu'il se rende dans une autre partie de la contrée. Que son père se soit aussi retiré dans une autre province; qu'il soit possesseur de beaucoup de richesses, de grains, d'or, de trésors, de greniers et de maisons. Qu'il soit riche de beaucoup de Suvarṇas, d'argent travaillé, de joyaux, de perles, de lapis-lazuli, de conques, de cristal, de corail, d'or et d'argent. Qu'il ait à son service beaucoup d'esclaves des deux sexes, de serviteurs et de domestiques; qu'il possède un grand nombre d'éléphants, de chevaux, de chars, de bœufs, de moutons; qu'il ait de nombreux clients. Qu'il ait des possessions dans de vastes pays; qu'il perçoive des revenus et des intérêts considérables, et dirige de grandes entreprises de commerce et d'agriculture.

Qu'ensuite, ô Bhagavat, l'homme pauvre parcourant, pour trouver de la nourriture et des vêtements, les villages, les bourgs, les villes, les provinces, les royaumes, les résidences royales, arrive de proche en proche à la ville où habite son père, cet homme possesseur de beaucoup de richesses, d'or, de Suvarṇas, de trésors, de greniers, de maisons. Que cependant, ô Bhagavat, le père de ce pauvre homme, le possesseur de beaucoup de richesses, [etc., comme ci-dessus,] qui habite dans cette ville, pense sans cesse à ce fils qu'il a perdu depuis cinquante ans, et qu'y pensant ainsi, il n'en parle à
f. 58 b. personne, au contraire, qu'il se désole seul en lui-même, et qu'il réfléchisse ainsi: Je suis âgé, vieux, cassé; j'ai beaucoup d'or, de Suvarṇas, de richesses, de grains, de trésors, de greniers, de maisons, et je n'ai pas un seul fils! Puisse la mort ne pas me surprendre dans cet état! Toute cette fortune périrait faute de quelqu'un qui en pût jouir. Qu'il se souvienne ainsi de son fils à plusieurs reprises: Ah! certes je serais au comble du bonheur, si mon fils pouvait jouir de cette masse de richesses.

Qu'ensuite, ô Bhagavat, le pauvre homme cherchant de la nourriture et des vêtements, arrive de proche en proche jusqu'à la maison de l'homme riche, possesseur de beaucoup d'or, etc. Que le père de ce pauvre homme se trouve à la porte de sa maison, entouré d'une foule nombreuse de Brâhmanes, de Kchattriyas, de Vâiçyas, de Çûdras, dont il reçoit les hommages, assis sur un grand trône que soutient un piédestal orné d'or et d'argent; qu'il soit occupé à des affaires de milliers de kôṭis de Suvarṇas, éventé par un chasse-mouche, sous un vaste dais dressé sur un terrain jonché de fleurs et de perles, auquel sont suspendues des guirlandes de pierreries, entouré en un mot de toute la pompe de l'opulence. Que le pauvre homme, ô Bhagavat, voie son propre père assis à la porte de sa maison, au milieu de cet appareil de grandeur, environné d'une foule nombreuse de gens, occupé aux affaires d'un maître de maison; et qu'après f. 59 a. l'avoir vu, effrayé alors, agité, troublé, frissonnant, sentant ses poils se hérisser sur tout son corps, hors de lui, il réfléchisse ainsi : Sans contredit, le personnage que je viens de rencontrer est ou le roi, ou le ministre du roi. Je n'ai rien à faire ici; allons-nous-en donc. Là où est le chemin des pauvres, c'est là que j'obtiendrai des vêtements et de la nourriture sans beaucoup de peine. J'ai tardé assez longtemps; puissé-je ne pas être arrêté ici et mis en prison, ou puissé-je ne pas encourir quelque autre disgrâce !

Qu'ensuite le pauvre homme, ô Bhagavat, en proie à la crainte produite sur son esprit par la succession des malheurs [qu'il appréhende], s'éloigne en grande hâte, s'enfuie, ne reste pas en ce lieu. Qu'en ce moment l'homme riche, assis à la porte de sa maison sur un trône, reconnaisse à la première vue son propre fils, et que l'ayant vu, il soit satisfait, content, ravi, plein de joie, de satisfaction et de plaisir, et qu'il fasse cette réflexion : Chose merveilleuse ! le voilà donc trouvé celui qui doit jouir de f. 59 b. cette grande fortune en or, en Suvarṇas, en richesses, en grains, en trésors, en greniers et en maisons; j'étais sans cesse occupé à songer à lui : le voici qui arrive de lui-même, et moi je suis âgé, vieux, cassé.

Qu'ensuite cet homme, ô Bhagavat, tourmenté par le désir de voir son fils, envoie en ce moment, en cet instant même, à sa poursuite des coureurs rapides : Allez, mes amis, amenez-moi bien vite cet homme. Qu'alors ces hommes partant tous rapidement, atteignent le pauvre; qu'en ce moment le pauvre effrayé, agité, troublé, frissonnant, sentant ses poils se hérisser sur tout son corps, hors de lui, pousse un cri d'effroi; qu'il se désole, qu'il s'écrie : Je ne vous ai fait aucun tort. Que les hommes entraînent de force le pauvre, malgré ses cris. Qu'ensuite le pauvre,

effrayé, [etc., comme ci-dessus,] fasse cette réflexion : Puissé-je ne pas être puni comme un criminel, puissé-je ne pas être battu ! Je suis perdu certainement. Que se trouvant mal, il tombe par terre privé de connaissance. Que son père soit à ses côtés, et qu'il s'adresse ainsi à ses domestiques : Ne
f. 60 *a*. tirez pas ainsi cet homme ; et que lui ayant jeté de l'eau froide [au visage], il n'en dise pas davantage. Pourquoi cela? C'est que le maître de maison connaît l'état des inclinations misérables de ce pauvre homme, et qu'il connaît la position élevée qu'il occupe lui-même et qu'il pense ainsi : C'est bien là mon fils.

Qu'alors, ô Bhagavat, le maître de maison, grâce à son habileté dans l'emploi des moyens, ne dise à personne : Cet homme est mon fils. Qu'ensuite il appelle un autre homme : Va, ami, et dis à ce pauvre homme : Va-t'en où tu voudras, pauvre homme ; tu es libre. Que l'homme ayant promis d'obéir à son maître, se rende à l'endroit où est le pauvre homme, et qu'y étant arrivé, il lui dise : Va-t'en où tu voudras, pauvre homme ; tu es libre. Qu'ensuite le pauvre entendant cette parole, soit frappé d'étonnement et de surprise. Que s'étant levé, il quitte cet endroit pour se rendre sur le chemin des pauvres, afin d'y chercher de la nourriture et des vêtements. Qu'ensuite le maître de maison, pour attirer le pauvre, fasse usage d'un moyen adroit. Qu'il emploie pour cela deux hommes d'une classe inférieure, grossiers et de basse extraction : Allez tous les deux vers ce pauvre
f. 60 *b*. homme qui est arrivé ici; engagez-le sur ma promesse, pour un double salaire par jour, à venir servir ici dans ma maison. Et s'il vient à vous dire : Quelle chose y a-t-il à faire? répondez-lui : Il faut nettoyer avec nous l'endroit où l'on jette les ordures. Qu'alors ces hommes s'étant mis à la recherche du pauvre, l'emploient à cet ouvrage ; qu'en conséquence, les deux hommes avec le pauvre, recevant leur salaire de la main de l'homme riche, nettoient dans sa maison l'endroit où l'on jette les ordures, et qu'ils se logent dans une hutte de chaume située dans le district qui paye tribut à l'homme riche, maître de maison. Qu'ensuite l'homme fortuné regarde à travers une petite fenêtre ou un œil-de-bœuf son propre fils, occupé à nettoyer l'endroit où l'on jette les ordures, et qu'en le voyant, il soit de plus en plus frappé d'étonnement.

Qu'ensuite le maître de maison étant descendu de son logement, s'étant dépouillé de ses parures et de ses guirlandes, ayant quitté ses vêtements

beaux et doux pour en revêtir de sales, prenant de la main droite un panier, couvrant ses membres de poussière, criant de loin, se rende dans l'endroit où est le pauvre, et qu'y étant arrivé, il parle ainsi : Portez ces f. 61 a.
paniers, ne vous arrêtez pas, enlevez la poussière; et que par ce moyen il adresse la parole à son fils, qu'il s'entretienne avec lui et qu'il lui dise : Fais ici ce service, ô homme; tu n'iras plus nulle part ailleurs, je te donnerai un salaire suffisant pour ta subsistance. Les choses dont tu auras besoin, demande-les-moi avec confiance, qu'elles vaillent un Kuṇḍa[1], un Kuṇḍikâ[2], un Sthâlika[3], un Kâchṭha; que ce soit du sel, des aliments, un vêtement pour le haut du corps. J'ai un vieux vêtement, ô homme; si tu en as besoin, demande-le-moi, je te le donnerai. Tout ce dont tu auras besoin ici en fait de meubles, je te le donnerai. Sois heureux, ô homme; regarde-moi comme ton propre père. Pourquoi cela? C'est que je suis vieux et que tu es jeune, et que tu as fait pour moi beaucoup d'ouvrage, en nettoyant l'endroit où l'on jette les ordures, et qu'en faisant ton ouvrage tu n'as donné aucune preuve de mensonge, de fausseté, de méchanceté, d'orgueil, d'égoïsme, d'ingratitude; je ne reconnais absolument en toi, ô homme, aucune des fautes que je remarque dans les autres domestiques f. 61 b.
qui sont à mon service. Tu es maintenant à mes yeux comme si tu étais mon propre fils chéri.

Qu'ensuite, ô Bhagavat, le maître de maison appelle ainsi ce pauvre homme : O mon fils! et que le pauvre homme reconnaisse son père dans le maître de maison qui est en face de lui. Que de cette manière, ô Bhagavat, le maître de maison, altéré du désir de voir son fils, lui fasse nettoyer pendant vingt ans l'endroit où l'on jette les ordures. Qu'au bout de ces vingt ans, le pauvre homme ait acquis assez de confiance pour aller et venir dans la maison du riche, mais qu'il demeure dans sa hutte de chaume. Qu'ensuite, ô Bhagavat, le maître de maison sente qu'il s'affaiblit; qu'il reconnaisse que le moment de sa fin approche, qu'il parle ainsi au pauvre homme : Approche, ô homme; cette grande fortune en or, en Suvarṇas, en richesses, en grains, en trésors, en greniers, en maisons m'appartient. Je me sens extrêmement faible; je désire quelqu'un à qui la donner, qui puisse l'accepter, dans les mains de qui je puisse la déposer. Accepte donc tout. Pourquoi cela? C'est que, de même que je suis maître

[1] Un pot, ou une bouteille. — [2] Un petit pot. — [3] Un chaudron, ou un vase de terre.

de cette fortune, ainsi tu l'es toi-même aussi. Puisses-tu ne laisser rien
f. 62 a. perdre de mon bien ! Que de cette manière, ô Bhagavat, le pauvre homme se trouve propriétaire de la grande fortune du maître de maison, composée d'or, etc., et qu'il ne ressente pas le moindre désir pour ce bien; qu'il n'en demande absolument rien, pas même la valeur d'un Prastha[1] de farine; que même alors il continue à rester dans sa hutte de chaume, en conservant toujours ses pensées de pauvreté.

Qu'ensuite, ô Bhagavat, le maître de maison voyant que son fils est devenu capable de conserver [son bien], qu'il est parfaitement mûr, et que son esprit est suffisamment fait, voyant qu'à la pensée de sa grandeur il était effrayé, qu'il rougissait, qu'il se blâmait de sa pauvreté première; que le père, dis-je, au moment de sa mort, ayant fait venir ce pauvre homme après avoir convoqué un grand nombre de ses parents, s'exprime ainsi en présence du roi ou du ministre du roi, et devant les habitants de la province et du village : Écoutez tous : cet homme est mon fils chéri; c'est moi qui l'ai engendré. Voilà cinquante ans passés qu'il a disparu de telle ville; il se nomme un tel, et moi j'ai tel nom. Après avoir quitté cette ville pour me mettre à sa recherche, je suis venu ici. Cet homme est mon fils, et je suis son père. Toutes les richesses que je pos-
f. 62 b. sède, je les abandonne en entier à cet homme; et tout ce que j'ai de fortune qui m'appartient en propre, tout cela est à lui seul. Qu'alors, ô Bhagavat, ce pauvre homme entendant en ce moment ces paroles, soit frappé d'étonnement et de surprise, et qu'il fasse cette réflexion : Me voilà tout d'un coup possesseur de tout cet or, de ces Suvarṇas, de ces richesses, de ces grains, de ces trésors, de ces greniers, de ces maisons !

De la même manière, ô Bhagavat, nous sommes l'image des enfants du Tathâgata, et le Tathâgata nous parle ainsi : Vous êtes mes enfants, comme disait le maître de maison. Et nous, ô Bhagavat, nous avons été tourmentés par les trois espèces de douleurs; et quelles sont ces trois espèces de douleurs? Ce sont la douleur de la souffrance, la douleur du changement, la douleur des conceptions; et nous nous sommes livrés aux misérables inclinations du monde. C'est pourquoi Bhagavat nous a fait réfléchir à un grand nombre de lois inférieures semblables à l'endroit où l'on jette les ordures. Nous nous sommes appliqués à ces lois; nous y avons travaillé,

[1] Quarante-huit poignées doubles.

nous nous y sommes exercés, cherchant en quelque sorte, ô Bhagavat, pour salaire de notre journée le seul Nirvâṇa; aussi sommes-nous satisfaits, ô Bhagavat, d'avoir obtenu ce Nirvâṇa, et nous faisons cette réflexion : Nous avons acquis beaucoup pour nous être appliqués à ces lois en présence du Tathâgata, pour y avoir travaillé, pour nous y être exercés. f. 63 a.

Et le Tathâgata connaît nos misérables inclinations; de là vient que Bhagavat nous dédaigne, qu'il ne s'associe pas avec nous, qu'il ne nous dit pas : Le trésor de la science du Tathâgata, ce trésor même vous appartiendra aussi. Mais grâce à son habileté dans l'emploi des moyens, Bhagavat nous établit les héritiers du trésor de la science du Tathâgata. Et nous, nous vivons dans la science du Tathâgata, et nous ne nous sentons pas, ô Bhagavat, la moindre espérance au sujet de ce bien. Aussi sommes-nous convaincus que c'est déjà beaucoup trop pour nous que nous recevions, en présence du Tathâgata, le Nirvâṇa comme salaire de notre journée. Commençant pour les Bôdhisattvas Mahâsattvas, par l'explication de la science du Tathâgata, nous faisons la noble exposition de la loi; nous développons la science du Tathâgata, nous la montrons, nous la démontrons; et cependant, ô Bhagavat, nous sommes sans espérance, indifférents pour ce bien. Pourquoi cela? C'est que, grâce à l'emploi habile des moyens [dont il dispose], le Tathâgata connaît nos inclinations; et nous, nous ne connaissons pas, nous ne savons pas ce qui a été dit ici par Bhagavat, savoir que nous sommes devenus les enfants de Bhagavat; aussi Bhagavat nous fait-il souvenir qu'il nous a donné l'héritage de la science du Tathâgata. Pourquoi cela? C'est que, quoique nous soyons devenus les enfants du Tathâgata, nous avons cependant, d'un autre côté, de misérables inclinations. Si Bhagavat reconnaissait en nous l'énergie de la confiance, il prononcerait pour nous le nom de Bôdhisattva. Mais nous sommes employés par Bhagavat à un double rôle, en ce que nous sommes, en présence des Bôdhisattvas, appelés des gens qui ont des inclinations misérables, et qu'eux sont introduits [par nous] dans la noble science de l'état de Buddha. Et maintenant voilà que Bhagavat vient de parler, parce qu'il voit en nous l'énergie de la confiance! C'est de cette manière, ô Bhagavat, que nous disons : Nous venons tout d'un coup d'obtenir, sans l'avoir espéré, le joyau de l'omniscience, joyau non désiré, non poursuivi, non recherché, non attendu, non demandé, et cela en tant que fils du Tathâgata. f. 63 b.

Ensuite le respectable Mahâkâçyapa prononça dans cette occasion les stances suivantes :

1. Nous sommes frappés d'étonnement et de surprise, nous sommes remplis de satisfaction pour avoir entendu cette parole ; elle est, en effet, agréable, la voix du Guide [du monde], que nous venons d'entendre tout d'un coup aujourd'hui.

2. Nous venons aujourd'hui d'acquérir en un instant un grand amas de joyaux précieux, de joyaux auxquels nous ne pensions pas, que nous n'avions jamais demandés ; à peine en avons-nous eu entendu parler, que nous avons tous été remplis d'étonnement.

3. C'est comme si un homme eût été enlevé dans sa jeunesse par une troupe d'enfants ; qu'il se fût ainsi éloigné de la présence de son père, et qu'il fût allé très-loin dans un autre pays.

f. 64 a. 4. Son père, cependant, pleure son fils qu'il sait perdu ; il parcourt, désolé, tous les points de l'espace pendant cinquante années entières.

5. Cherchant ainsi son fils, il arrive dans une grande ville ; s'y ayant construit une demeure, il s'y arrête et s'y livre aux cinq qualités du désir.

6. Il y acquiert beaucoup d'or et de Suvarṇas, des richesses, des grains, des conques, du cristal, du corail, des éléphants, des chevaux, des coureurs, des bœufs, des troupeaux et des béliers ;

7. Des intérêts, des revenus, des terres, des esclaves des deux sexes, une foule de serviteurs ; il reçoit les respects de milliers de kôṭis d'êtres vivants, et il est constamment le favori du roi.

8. Les habitants de la ville et ceux qui résident dans les villages tiennent devant lui leurs mains réunies en signe de respect ; beaucoup de marchands viennent se présenter à lui, après avoir terminé de nombreuses affaires.

9. Cet homme parvient de cette manière à l'opulence ; puis il avance en âge, il devient vieux et caduc ; et il passe constamment les jours et les nuits à penser au chagrin que lui cause la perte de son fils.

10. « Voilà cinquante ans qu'il s'est enfui, cet enfant insensé qui est mon fils ; « je suis propriétaire d'une immense fortune, et je sens déjà le moment de ma fin « qui s'approche. »

f. 64 b. 11. Cependant ce fils [qui a quitté son père] dans sa jeunesse, pauvre et misérable, va de village en village, cherchant de la nourriture et des vêtements.

12. Tantôt il obtient quelque chose en cherchant, d'autres fois il ne trouve rien ; cet infortuné se dessèche de maigreur dans la maison des autres, le corps couvert de gale et d'éruptions cutanées.

13. Cependant il arrive dans la ville où son père est établi ; et tout en cher-

chant de la nourriture et des vêtements, il se trouve insensiblement porté à l'endroit où est située la maison de son père.

14. L'homme fortuné, cependant, possesseur de grandes richesses, était assis à sa porte sur un trône, entouré de plusieurs centaines de personnes; un dais était suspendu en l'air, au-dessus de sa tête.

15. Des hommes qui ont sa confiance sont debout auprès de lui; quelques-uns comptent ses biens et son or; d'autres sont occupés à tenir des écritures; d'autres perçoivent des intérêts et des revenus.

16. Alors le pauvre voyant la demeure splendide du maître de maison : Comment suis-je donc venu ici? [dit-il;] cet homme est le roi, ou le ministre du roi.

17. Ah! puissé-je n'avoir commis aucune faute [en venant ici]! Puissé-je ne pas être pris et mis en prison! Plein de cette pensée, il se met à fuir, en demandant où est le chemin des pauvres.

18. Mais le père, assis sur son trône, reconnaît son propre fils qui vient d'arriver; il envoie des coureurs à sa poursuite : Amenez-moi ce pauvre homme.

19. Aussitôt le pauvre est saisi par les coureurs; mais à peine est-il pris, qu'il f. 65 *a*.
tombe en défaillance. Certainement, [se dit-il,] ce sont les exécuteurs qui me saisissent; à quoi bon penser aujourd'hui à de la nourriture ou à des vêtements?

20. A la vue de son fils, le riche prudent se dit : Cet homme ignorant, faible d'esprit, plein de misérables inclinations, ne croira pas que toute cette splendeur est à lui; il ne se dira pas davantage : Cet homme est mon père.

21. Le riche, alors, envoie auprès du pauvre plusieurs hommes boiteux, borgnes, estropiés, mal vêtus, noirs, misérables : Engagez, [leur dit-il,] cet homme à entrer à mon service.

22. L'endroit où l'on jette les ordures de ma maison est puant et infect; il est rempli d'excréments et d'urine; travaille à le nettoyer, je te donnerai double salaire, [dit l'homme riche au pauvre.]

23. Ayant entendu ces paroles, le pauvre vint, et se mit à nettoyer l'endroit indiqué; il fixa même là sa demeure, dans une hutte de chaume près de la maison.

24. Cependant le riche, occupé sans cesse à regarder cet homme par les fenêtres ou par un œil-de-bœuf, [se dit :] Cet homme aux inclinations misérables est mon fils, qui nettoie l'endroit où l'on jette les ordures.

25. Puis il descend, prend un panier, et se couvrant de vêtements sales, il se présente devant le pauvre, et lui adresse ce reproche : Tu ne fais pas ton ouvrage.

26. Je te donnerai double salaire, et une double portion d'huile pour frotter f. 65 *b*.
tes pieds; je te donnerai des aliments avec du sel, des légumes et une tunique.

27. C'est ainsi qu'il le gourmande en ce moment; mais ensuite cet homme

prudent le serre dans ses bras [en lui disant] : Oui, tu fais bien ton ouvrage ici; tu es certainement mon fils, il n'y a là aucun doute.

28. De cette manière, il le fait peu à peu entrer dans sa maison, et il l'y emploie à son service; et au bout de vingt années complètes, il parvient à lui inspirer de la confiance.

29. Le riche, cependant, cache dans sa maison son or, ses perles, ses pierres précieuses; il fait le calcul de tout cela, et pense à toute sa fortune.

30. Mais l'homme ignorant qui habite seul dans la hutte en dehors de la maison, ne conçoit que des idées de pauvreté : Pour moi, [se dit-il,] je n'ai aucune jouissance de cette espèce.

31. Le riche connaissant ses dispositions [nouvelles, se dit] : Mon fils est arrivé à concevoir de nobles pensées. Puis ayant réuni ses parents et ses amis, il leur dit : Je vais donner tout mon bien à cet homme.

32. En présence du roi, des habitants de la ville et du village, ainsi que d'un grand nombre de marchands réunis, il dit à cette assemblée : Celui-là est mon fils, ce fils que j'avais depuis longtemps perdu.

33. Il y a déjà, [depuis cet événement,] cinquante années complètes, et j'en ai vu encore vingt autres depuis; je l'ai perdu pendant que j'habitais telle ville, et c'est en le cherchant que je suis arrivé ici.

f. 66 *a*. 34. Cet homme est le propriétaire de toute ma fortune; je lui ai donné tout sans exception : qu'il fasse usage des biens de son père, selon qu'il en aura besoin; je lui donne toutes ces propriétés.

35. Mais cet homme est frappé de surprise en songeant à son ancienne pauvreté, à ses inclinations misérables et à la grandeur de son père. En voyant toute cette fortune, il se dit : Me voilà donc heureux aujourd'hui!

36. De la même manière, le Guide [du monde] qui connaît parfaitement nos misérables inclinations, ne nous a pas fait entendre ces paroles : Vous deviendrez des Buddhas, car vous êtes des Çrâvakas, mes propres enfants.

37. Et le Chef du monde nous excite : Ceux qui sont arrivés, [dit-il,] à l'excellent et suprême état de Bôdhi, je leur indique, ô Kâçyapa, la voie supérieure que l'on n'a qu'à connaître pour devenir Buddha.

38. Et nous, que le Sugata envoie vers eux, de même que des serviteurs, nous enseignons la loi suprême à de nombreux Bôdhisattvas doués d'une grande énergie, à l'aide de myriades de kôṭis d'exemples et de motifs.

39. Et après nous avoir entendus, les fils du Djina comprennent cette voie éminente qui mène à l'état de Buddha; ils entendent alors l'annonce de leurs destinées futures : Vous serez, [leur dit-on,] des Buddhas dans ce monde.

40. C'est ainsi que nous remplissons les ordres des Protecteurs, en ce que nous gardons le trésor de la loi, et que nous l'expliquons aux fils du Djina, semblables à cet homme qui voulait inspirer de la confiance à son fils.

41. Mais nous restons absorbés dans nos pensées de pauvreté, pendant que nous livrons [aux autres] le trésor du Buddha; nous ne demandons pas même la science du Djina, et c'est cependant elle que nous expliquons! f. 66 b.

42. Nous concevons pour nous un Nirvâṇa personnel; mais cette science ne va pas plus loin, et nous n'éprouvons jamais de joie en entendant parler de ces demeures qu'on nomme les terres de Buddha.

43. Toutes ces lois conduisent à la quiétude; elles sont exemptes d'imperfections, elles sont à l'abri de la naissance et de l'anéantissement, et cependant, [nous dis-tu,] il n'y a là réellement aucune loi; quand nous réfléchissons à ce langage, nous ne pouvons y ajouter foi.

44. Nous sommes, depuis longtemps, insensibles à tout espoir d'obtenir la science accomplie du Buddha; nous ne demandons jamais à y parvenir : c'est cependant là le terme suprême indiqué par le Djina.

45. Dans cette existence dernière dont le Nirvâṇa est le terme, le vide [des lois] a été longtemps médité; tourmentés par les douleurs des trois mondes, nous en avons été affranchis, et nous avons accompli les commandements du Djina.

46. Quand nous instruisons les fils du Djina, qui sont arrivés en ce monde à l'état suprême de Bôdhi, la loi quelle qu'elle soit que nous leur exposons, ne fait naître en nous aucune espérance.

47. Mais le précepteur du monde, celui qui existe par lui-même, nous dédaigne, en attendant le moment convenable; il ne dit pas le véritable sens de ses paroles, parce qu'il essaye nos dispositions.

48. Mettant en œuvre son habileté dans l'emploi des moyens, comme fit dans son temps l'homme maître d'une grande fortune : Domptez sans relâche, [nous dit-il,] vos misérables inclinations; et il donne sa fortune à celui qui les a domptées. f. 67 a.

49. Le Chef du monde fait une chose bien difficile, lorsque développant son habileté dans l'emploi des moyens, il discipline ses fils, dont les inclinations sont misérables, et leur donne la science quand il les a disciplinés.

50. Mais aujourd'hui nous sommes subitement frappés de surprise, comme des pauvres qui acquerraient un trésor, d'avoir obtenu ici, sous l'enseignement du Buddha, une récompense éminente, accomplie et la première de toutes.

51. Par ce que nous avons longtemps observé, sous l'enseignement de celui qui connaît le monde, les règles de la morale, nous recevons aujourd'hui la récompense de notre ancienne fidélité à en remplir les devoirs.

52. Parce que nous avons suivi les préceptes excellents et purs de la conduite religieuse, sous l'enseignement du Guide [des hommes], nous en recevons aujourd'hui une récompense éminente, noble, accomplie et qui donne le calme.

53. C'est aujourd'hui, ô Chef, que nous sommes devenus des Çrâvakas; aussi exposerons-nous l'éminent état de Bôdhi; nous expliquerons le sens du mot de Bôdhi; aussi sommes-nous comme de redoutables Çrâvakas.

54. Aujourd'hui, ô Chef, nous sommes devenus des Arhats; nous sommes devenus dignes des respects du monde formé de la réunion des Dêvas, des Mâras et des Brahmâs, en un mot de l'ensemble de tous les êtres.

55. Quel est celui qui, même en y employant ses efforts pendant de nombreux kôṭis de Kalpas, serait capable de rivaliser avec toi, toi qui accomplis les œuvres si difficiles que tu exécutes ici, dans le monde des hommes?

56. Ce serait, en effet, un rude travail que de rivaliser avec toi, un travail pé-
f. 67 b. nible pour les mains, les pieds, la tête, le cou, les épaules, la poitrine, dût-on y employer autant de Kalpas complets qu'il y a de grains de sable dans le Gange.

57. Qu'un homme donne de la nourriture, des aliments, des boissons, des vêtements, des lits et des siéges, avec d'excellentes couvertures; qu'il fasse construire des Vihâras de bois de santal, et qu'il les donne à de dignes personnages, après y avoir étendu des tapis faits d'étoffes précieuses;

58. Qu'il donne sans cesse au Sugata, pour l'honorer, de nombreuses espèces de médicaments destinés aux malades; qu'il pratique l'aumône pendant des Kalpas aussi nombreux que les sables du Gange, non, il ne sera pas capable de rivaliser avec toi.

59. Les lois du Buddha sont celles d'un être magnanime; il a une vigueur incomparable, une grande puissance surnaturelle; il est ferme dans l'énergie de la patience; il est accompli, il est le grand roi, le Djina : il est tolérant [pour tous] comme pour ses enfants.

60. Revenant sans cesse sur lui-même, il expose la loi à ceux qui portent des signes favorables; il est le maître de la loi, le souverain de tous les mondes, le grand souverain, l'Indra des Guides du monde.

61. Il montre à chacun divers objets dignes d'être obtenus, parce qu'il connaît avec exactitude la situation de tous les êtres; et comme il sait quelles sont leurs inclinations diverses, il expose la loi à l'aide de mille motifs.

62. Le Tathâgata, qui connaît la conduite des êtres et des âmes autres [que lui], emploie divers moyens pour enseigner la loi, lorsqu'il expose le suprême état de Bôdhi.

CHAPITRE V.

LES PLANTES MÉDICINALES.

Alors Bhagavat s'adressa ainsi au respectable Mahâkâçyapa, et aux autres Sthaviras qui étaient des grands Auditeurs : Bien, bien, ô Mahâkâçyapa! et encore bien pour vous, que vous ayez prononcé le véritable éloge des qualités du Tathâgata; car ce sont là, ô Kâçyapa, les véritables qualités du Tathâgata. Mais il en possède encore un plus grand nombre d'autres qui sont incommensurables, innombrables, dont il ne serait pas facile d'atteindre le terme, dût-on exister pendant des Kalpas sans fin. Le Tathâgata, ô Kâçyapa, est le maître des lois; il est le roi, le souverain, le maître de toutes les lois. En quelque lieu que le Tathâgata dépose la loi, cette loi est comme il la dépose. Le Tathâgata, ô Kâçyapa, sait montrer convenablement, déposer, déposer avec la science des Tathâgatas toutes les lois; et il les dépose de manière que ces lois arrivent au rang qu'occupe celui qui a l'omniscience. Le Tathâgata contemple l'ordre du sens de toutes les lois; ayant acquis la possession du sens de toutes les lois, ayant acquis la faculté de réfléchir sur toutes les lois, ayant acquis la perfection suprême de la science de l'habileté à déterminer toutes les lois avec certitude, le Tathâgata vénérable, etc., ô Kâçyapa, enseigne la science de celui qui sait tout; il communique, il dépose cette science [dans l'esprit des autres]. f. 68 a.

C'est, ô Kâçyapa, comme si dans cet univers formé d'un grand millier de trois mille mondes, au-dessus des herbes, des buissons, des plantes médicinales, des rois des forêts de différentes couleurs et de différentes espèces, des familles de plantes médicinales ayant des noms divers, qui naissent sur la terre, dans les montagnes, ou dans les cavernes des montagnes, il venait à s'élever un grand nuage plein d'eau, et que s'étant élevé, ce nuage couvrît tout cet univers formé d'un grand millier de trois mille mondes, et qu'après l'avoir couvert, il laissât tomber l'eau qu'il contient f. 68 b.

partout en même temps. Alors, ô Kâçyapa, les herbes, les buissons, les plantes médicinales, les rois des forêts qui se trouvent dans cet univers formé d'un grand millier de trois mille mondes, leurs tiges, leurs branches, leurs feuilles, leurs rameaux qui sont jeunes et tendres, ceux qui sont parvenus à une moyenne grosseur, comme ceux qui ont atteint tout leur développement; tous ces végétaux, avec les rois des forêts, les arbres et les grands arbres, boivent, chacun selon ses forces, sa part et sa destination, l'élément de l'eau qui vient de la pluie versée par ce grand nuage; et au moyen de cette eau qui est homogène et qui est versée abondamment par ce nuage unique, ils acquièrent, chacun selon la force de sa semence, un développement régulier, de la croissance, de l'augmentation et de la grosseur : c'est ainsi qu'ils produisent des fleurs et des fruits. Alors ils reçoivent chacun individuellement des noms divers. Établies sur la même terre, toutes ces familles de plantes médicinales et de germes se développent par l'action d'une eau partout homogène.

f. 69 a. De la même manière, ô Kâçyapa, le Tathâgata vénérable, etc., naît dans le monde : comme un grand nuage s'élève, ainsi naît le Tathâgata. Il enseigne de la voix le monde entier avec les Dêvas, les hommes et les Asuras. Tout de même, ô Kâçyapa, que le grand nuage couvre cet univers formé d'un grand millier de trois mille mondes, ainsi le Tathâgata vénérable, etc., fait entendre sa voix en présence du monde formé de la réunion des Dêvas, des hommes et des Asuras. Il prononce ces paroles : Je suis le Tathâgata, ô vous tous, Dêvas et hommes, le Tathâgata vénérable, etc.; passé à l'autre rive, j'y fais passer les autres; délivré, je délivre; consolé, je console; arrivé au Nirvâṇa complet, j'y conduis les autres. Avec mon intelligence absolue, je connais parfaitement tel qu'il est ce monde-ci et l'autre monde, je sais tout, je vois tout. Accourez tous à moi, Dêvas et hommes, pour entendre la loi. Je suis celui qui montre le chemin, qui indique le chemin, qui le connaît, l'enseigne et le possède parfaitement. Alors, ô Kâçyapa, plusieurs centaines de mille de myriades de kôṭis d'êtres vivants accourent auprès du Tathâgata pour entendre la loi; et le Tathâgata, qui connaît les sens et les divers degrés d'énergie que pos-
f. 69 b. sèdent ces êtres, présente à chacun d'eux diverses expositions de la loi, énonce pour chacun d'eux des développements divers de la loi, variés, agréables, faits pour plaire, pour donner du contentement, pour produire

du bonheur et des avantages, développements grâce auxquels ces êtres, au sein même des conditions visibles, deviennent heureux, pour, ensuite, après avoir fait leur temps, renaître dans les bonnes voies de l'existence. Alors ils jouissent abondamment, là où ils naissent, de tous les plaisirs; ils entendent la loi, et l'ayant entendue ils sont dégagés de toute espèce de ténèbres; et ils s'appliquent successivement à la loi de celui qui sait tout, chacun selon sa force, sa part, son objet et sa situation.

De même, ô Kâçyapa, que le grand nuage, après avoir couvert la totalité de cet univers formé d'un grand millier de trois mille mondes, verse son eau partout également, et rafraîchit également de son eau toutes les herbes, tous les buissons, toutes les plantes médicinales et tous les rois des forêts; de même que les herbes, les buissons, les plantes médicinales et les rois des forêts boivent cette eau, chacun selon sa force, sa part, son but et sa situation, et que tous ces végétaux parviennent au développement assigné à leur espèce; de même, ô Kâçyapa, la loi qu'expose le Tathâgata vénérable, etc., cette loi est la loi universelle de tous; elle est d'une seule et même nature, et sa nature, c'est celle de l'affranchissement, de l'indifférence, de l'anéantissement, en un mot c'est le terme auquel aboutit la science de celui qui sait tout. Alors, ô Kâçyapa, les êtres qui écoutent le Tathâgata exposant la loi, qui la possèdent, qui s'y appliquent, ces êtres f. 70 a.
ne se connaissent pas, ne se savent pas, ne se comprennent pas eux-mêmes. Pourquoi cela? C'est que, ô Kâçyapa, c'est le Tathâgata seul qui connaît réellement ces êtres, qui voit avec certitude, qui sait réellement qui, comment et quels ils sont; qui sait à quoi ils pensent, comment ils pensent, par quoi ils pensent, ce qu'ils imaginent, comment ils imaginent, par quoi ils imaginent, ce qu'ils atteignent, comment et par quoi ils atteignent cela.

De même, ô Kâçyapa, connaissant la loi dont la nature est homogène, dont la nature est celle de l'affranchissement et du Nirvâṇa, qui aboutit au Nirvâṇa, qui repose perpétuellement dans le Nirvâṇa, dont le terrain est homogène, qui a pour étendue l'espace, je sais, par égard pour les inclinations des êtres, ne pas déployer tout d'un coup la science de celui qui sait tout aux yeux des créatures placées chacune dans des positions diverses, basses, élevées ou moyennes, comme sont les herbes, les buissons, les plantes médicinales et les rois des forêts. Vous êtes étonnés, vous êtes surpris, ô Kâçyapa, de ce que vous ne pouvez comprendre le langage énigmatique du Tathâgata. Pourquoi cela? C'est qu'il est difficile à comprendre, ô Kâçyapa, le langage énigmatique des Tathâgatas vénérables, etc.

f. 70 b. Ensuite Bhagavat, pour exposer ce sujet plus amplement, prononça dans cette occasion les stances suivantes :

1. Moi qui suis le roi de la loi, moi qui suis né dans le monde et qui dompte l'existence, j'expose la loi aux créatures, après avoir reconnu leurs inclinations.

2. Les grands héros, dont l'intelligence est ferme, conservent longtemps ma parole ; ils gardent aussi mon secret, et ne le révèlent pas aux créatures.

3. Du moment, en effet, que les ignorants entendraient cette science si difficile à comprendre, concevant aussitôt des doutes dans leur folie, ils en seraient déchus et tomberaient dans l'erreur.

4. Je proportionne mon langage au sujet et aux forces de chacun ; et je redresse une doctrine par une explication contraire.

5. C'est, ô Kâçyapa, comme si un nuage s'élevant au-dessus de l'univers, le couvrait dans sa totalité, en cachant toute la terre.

6. Rempli d'eau, entouré d'une guirlande d'éclairs, ce grand nuage, qui retentit du bruit de la foudre, répand la joie chez toutes les créatures.

7. Arrêtant les rayons du soleil, rafraîchissant la sphère [du monde], descendant assez près de terre pour qu'on le touche de la main, il laisse tomber ses eaux de toutes parts.

8. C'est ainsi que répandant d'une manière uniforme une masse immense d'eau, et resplendissant des éclairs qui s'échappent de ses flancs, il réjouit la terre.

9. Et les plantes médicinales qui ont poussé à la surface de cette terre, les herbes, les buissons, les rois des forêts, les arbres et les grands arbres ;

10. Les diverses semences et tout ce qui forme la verdure ; tous les végétaux qui se trouvent dans les montagnes, dans les cavernes et dans les bosquets ;

f. 71 a. 11. Les herbes, en un mot, les buissons et les arbres, ce nuage les remplit de joie ; il répand la joie sur la terre altérée, et il humecte les herbes médicinales.

12. Or cette eau tout homogène qu'a répandue le nuage, les herbes et les buissons la pompent chacun selon sa force et selon sa destination.

13. Et les diverses espèces d'arbres, ainsi que les grands arbres, les petits et les moyens, tous boivent cette eau, chacun selon son âge et sa force ; ils la boivent et croissent, chacun selon le besoin qu'il en a.

14. Pompant l'eau du nuage par leur tronc, par leur tige, par leur écorce, par leurs branches, par leurs rameaux, par leurs feuilles, les grandes plantes médicinales poussent des fleurs et des fruits.

15. Chacune selon sa force, suivant sa destination et conformément à la nature du germe d'où elle sort, produit un fruit distinct; et cependant c'est une eau homogène, que celle qui est tombée du nuage.

16. De même, ô Kâçyapa, le Buddha vient au monde, semblable au nuage qui couvre l'univers; et à peine le Chef du monde est-il né, qu'il parle et qu'il enseigne aux créatures la véritable doctrine.

17. Et c'est ainsi que parle le grand Rĭchi, honoré dans le monde réuni aux Dêvas : Je suis le Tathâgata, le Djina, le meilleur des hommes; j'ai paru dans le monde semblable au nuage.

18. Je comblerai de joie tous les êtres dont les membres sont desséchés, qui sont attachés à la triple condition de l'existence; j'établirai dans le bonheur les êtres consumés par la peine, et je leur donnerai les plaisirs et le Nirvâṇa.

19. Écoutez-moi, ô vous, troupes des Dêvas et des hommes; approchez pour me voir. Je suis le Tathâgata bienheureux, l'être sans supérieur, qui est né ici, dans le monde, pour le sauver. f. 71 b.

20. Et je prêche à des milliers de kôṭis d'êtres vivants la loi pure et très-belle; sa nature est une et homogène : c'est la délivrance et le Nirvâṇa.

21. C'est avec une seule et même voix que j'expose la loi, prenant sans cesse pour sujet l'état de Bôdhi; car cette loi est uniforme; l'inégalité n'y trouve pas place, non plus que l'affection ou la haine.

22. Convertissez-vous; jamais il n'y a en moi ni préférence ni aversion pour qui que ce soit; c'est la même loi que j'expose pour les êtres, la même pour l'un que pour l'autre.

23. Exclusivement occupé de cette œuvre, j'expose la loi; soit que je marche, que je reste debout, que je sois couché sur mon lit ou assis sur mon siége, jamais je n'éprouve de fatigue.

24. Je remplis de joie tout l'univers, semblable à un nuage qui verse [partout] une eau homogène, toujours également bien disposé pour les Âryas comme pour les hommes les plus bas, pour les hommes vertueux comme pour les méchants;

25. Pour les hommes perdus comme pour ceux qui ont une conduite régulière; pour ceux qui suivent des doctrines hétérodoxes et de fausses opinions, comme pour ceux dont les opinions et les doctrines sont saines et parfaites.

26. Enfin j'expose la loi aux petits comme aux intelligences supérieures et à ceux dont les organes ont une puissance surnaturelle; inaccessible à la fatigue, je répands [partout] d'une manière convenable la pluie de la loi. f. 72 a.

27. Après avoir écouté ma voix selon la mesure de leurs forces, les êtres sont

établis dans différentes situations, parmi les Dêvas, parmi les hommes, dans de beaux corps, parmi les Çakras, les Brahmâs et les Tchakravartins.

28. Écoutez, je vais vous expliquer ce que c'est que ces humbles et petites plantes qui se trouvent ici dans le monde, ce que sont ces autres plantes moyennes et ces arbres d'une grande hauteur.

29. Les hommes qui vivent avec la connaissance de la loi exempte d'imperfection, qui ont obtenu le Nirvâṇa, qui ont les six connaissances surnaturelles et les trois sciences, ces hommes sont nommés les petites plantes.

30. Les hommes qui vivent dans les cavernes des montagnes et qui aspirent à l'état de Pratyêkabuddha, ces hommes, dont l'intelligence est à demi purifiée, sont nommés les plantes moyennes.

31. Ceux qui sollicitent le rang de héros, en disant : Je serai un Buddha, je serai le Chef des Dêvas et des hommes, et qui cultivent l'énergie et la contemplation, ceux-là sont nommés les plantes les plus élevées.

32. Et les fils de Sugata qui, pleins de retenue et observant la quiétude, cultivent en ce monde la charité, qui ne conçoivent aucun doute sur le rang de héros parmi les hommes, ceux-là sont nommés les arbres.

33. Ceux qui font tourner la roue qui ne revient pas en arrière, les hommes fermes qui possèdent la puissance des facultés surnaturelles, et qui délivrent de
f. 72 b. nombreux kôṭis d'êtres vivants, ceux-là sont nommés les grands arbres.

34. C'est cependant une seule et même loi qui est prêchée par le Djina, tout comme c'est une eau homogène que verse le nuage; ces hommes qui possèdent, comme je viens de le dire, des facultés diverses, sont comme les plantes [diverses] qui poussent à la surface de la terre.

35. Tu connais par cet exemple et par cette explication les moyens dont dispose le Tathâgata; tu sais comment il prêche une loi unique, dont les divers développements ressemblent aux gouttes de la pluie.

36. Et moi aussi, je ferai tomber la pluie de la loi, et le monde tout entier en sera rempli de satisfaction; et les hommes méditeront, chacun selon ses forces, sur cette loi homogène que j'expose bien.

37. De même que, pendant que la pluie tombe, les herbes et les buissons, ainsi que les plantes de moyenne grandeur, les arbres et ceux qui sont les plus élevés brillent tous dans les dix points de l'espace,

38. De même cette condition [de l'enseignement] qui existe toujours pour le bonheur du monde, réjouit par des lois diverses la totalité de l'univers; le monde entier en est comblé de joie, comme les plantes qui se couvrent de fleurs.

39. Les plantes moyennes qui croissent [sur la terre], ce sont les Arhats,

qui sont fermes dans la destruction des fautes, [et] qui, parcourant les forêts immenses, montrent aux Bôdhisattvas la loi bien enseignée.

40. Les nombreux Bôdhisattvas, doués de mémoire et de fermeté, qui, s'étant fait une idée exacte des trois mondes, recherchent l'état suprême de Bôdhi, prennent sans cesse de l'accroissement comme les arbres.

41. Ceux qui possèdent les facultés surnaturelles et les quatre contemplations, qui, ayant entendu parler du vide, en éprouvent de la joie, et qui émettent de leurs f. 73 a.
corps des milliers de rayons, sont appelés les grands arbres.

42. Cet enseignement de la loi, ô Kâçyapa, est comme l'eau que le nuage laisse tomber [également partout], et par l'action de laquelle les grandes plantes produisent avec abondance des fleurs mortelles.

43. J'explique la loi qui est sa cause à elle-même; j'enseigne, en son temps, l'état de Bôdhi qui appartient au Buddha : c'est là ma suprême habileté dans l'emploi des moyens, c'est celle de tous les Guides du monde.

44. Ce que j'ai dit, c'est la vérité suprême; mes Çrâvakas arrivent complétement au Nirvâṇa; ils suivent l'excellente voie qui conduit à l'état de Bôdhi; tous ces Çrâvakas qui m'écoutent deviendront des Buddhas.

Encore un autre développement, ô Kâçyapa. Le Tathâgata est égal et non inégal pour tous les êtres, quand il s'agit de les convertir. C'est, ô Kâçyapa, comme les rayons du soleil et de la lune, qui brillent pour tout le monde, pour l'homme vertueux comme pour le méchant, pour ce qui est élevé comme pour ce qui est bas, pour ce qui a une bonne odeur comme pour ce qui en a une mauvaise; partout ces rayons tombent également et non pas inégalement. Ainsi font, ô Kâçyapa, les rayons de l'intelligence, douée du savoir de l'omniscience, des Tathâgatas vénérables, etc. L'enseignement complet de la bonne loi a lieu également pour tous les êtres entrés dans les cinq voies de l'existence, pour ceux qui, selon leur inclination, ont pris ou le grand véhicule, ou le véhicule des Pratyêkabud- f. 73 b.
dhas, ou celui des Çrâvakas. Et il n'y a ni diminution ni augmentation de la sagesse absolue dans [tel ou tel] Tathâgata. Bien au contraire, tous existent également, sont nés également pour réunir la science et la vertu. Il n'y a pas, ô Kâçyapa, trois véhicules; il y a seulement des êtres qui agissent différemment les uns des autres : c'est à cause de cela que l'on désigne trois véhicules.

Cela dit, le respectable Mahâkâçyapa parla ainsi à Bhagavat : S'il n'y a pas, ô Bhagavat, trois véhicules différents, à quoi bon employer dans le présent monde les dénominations distinctes de Çrâvakas, de Pratyêkabuddhas et de Bôdhisattvas? Cela dit, Bhagavat parla ainsi au respectable Mahâkâçyapa : C'est, ô Kâçyapa, comme quand un potier fait des pots divers avec la même argile. De ces pots, les uns deviennent des vases à contenir la mélasse, d'autres des vases pour le beurre clarifié, d'autres des vases pour le lait et pour le caillé, d'autres des vases inférieurs et impurs. La variété n'appartient pas à l'argile ; c'est uniquement de la différence des matières qu'on y dépose que provient la diversité des vases. De même, il n'y a réellement qu'un seul véhicule, qui est le véhicule du Buddha ; il n'y a pas un second, il n'y a pas un troisième véhicule.

f. 74 a. Cela dit, le respectable Mahâkâçyapa parla ainsi à Bhagavat : Si les êtres, ô Bhagavat, sortis de cette réunion des trois mondes ont des inclinations diverses, y a-t-il pour eux un seul Nirvâṇa, ou bien deux, ou bien trois? Bhagavat dit : Le Nirvâṇa, ô Kâçyapa, résulte de la compréhension de l'égalité de toutes les lois; il n'y en a qu'un seul, et non pas deux ni trois. C'est pourquoi, ô Kâçyapa, je te proposerai une parabole; car les hommes pénétrants connaissent par la parabole le sens de ce qu'on leur dit.

C'est comme si, ô Kâçyapa, un homme aveugle de naissance disait : Il n'y a pas de formes dont les unes aient de belles et les autres de vilaines couleurs. Il n'y a pas de spectateurs pour des formes ayant de belles ou de vilaines couleurs. Il n'existe ni soleil ni lune ; il n'y a ni constellations ni étoiles; il n'y a pas de spectateurs qui voient les étoiles; et que d'autres hommes vinssent à dire devant cet aveugle de naissance : Il y a des formes dont les unes ont de belles, les autres de vilaines couleurs. Il y a des spectateurs pour des formes ayant de belles ou de vilaines couleurs. Il existe un soleil et une lune; il y a des constellations, des étoiles; il y a des spectateurs qui voient les étoiles; et que l'aveugle ne voulût pas croire ces hommes, ni s'en rapporter à eux. Alors, qu'il y ait un médecin connaissant toutes les maladies; qu'il voie cet homme aveugle de naissance, et que cette réflexion lui vienne à l'esprit : C'est de la conduite coupable de cet homme [dans une vie antérieure] qu'est née cette maladie. Les
f. 74 b. maladies, quelles qu'elles soient, qui paraissent en ce monde, sont au nombre de quatre : les maladies qui sont produites par le vent, celles qui le sont par la bile, celles qui le sont par le phlegme et celles qui le sont

par l'état morbide de ces trois principes réunis. Que ce médecin réfléchisse ensuite à plusieurs reprises au moyen de guérir cette maladie, et que cette réflexion lui vienne à l'esprit : Les substances qui sont en usage ici ne sont pas capables de détruire ce mal ; mais il existe dans l'Himavat, le roi des montagnes, quatre plantes médicinales ; et quelles sont-elles? La première se nomme *celle qui possède toutes les saveurs et toutes les couleurs;* la seconde, *celle qui délivre de toutes les maladies;* la troisième, *celle qui neutralise tous les poisons;* la quatrième, *celle qui procure le bien-être dans quelque situation que ce soit.* Ce sont là les quatre plantes médicinales. Qu'ensuite le médecin, se sentant touché de compassion pour l'aveugle de naissance, pense au moyen de se rendre dans l'Himavat, le roi des montagnes ; que s'y étant rendu, il monte au sommet; qu'il descende dans les vallées, qu'il traverse la montagne en cherchant, et qu'après avoir cherché, il découvre ces quatre plantes médicinales, et que les ayant découvertes, il les donne [à l'aveugle pour qu'il les prenne], l'une après l'avoir mâchée avec les dents, l'autre après l'avoir pilée, celle-ci après l'avoir fait cuire en la mêlant avec d'autres substances, celle-là en la mêlant avec d'autres substances crues; une autre en se l'introduisant dans une partie donnée du f. 75 *a*.
corps au moyen d'une aiguille, une autre après l'avoir consumée dans le feu, une dernière, enfin, en l'employant après l'avoir mêlée avec d'autres substances comme aliment ou comme boisson.

Qu'ensuite l'aveugle de naissance, par suite de l'emploi de ces moyens, recouvre la vue, et que l'ayant recouvrée, il voie en dehors de lui, au dedans de lui, de loin, de près; qu'il voie les rayons du soleil et de la lune, les constellations, les étoiles, toutes les formes, et qu'il parle ainsi : Certes j'étais un insensé, moi qui jadis ne croyais pas à ceux qui voyaient, et qui ne m'en rapportais pas à eux. Maintenant je vois tout; je suis délivré de mon aveuglement; j'ai recouvré la vue, et il n'est en ce monde personne qui l'emporte en rien sur moi.

Or, qu'en ce moment se présentent des Rĭchis doués des cinq connaissances surnaturelles; que ces sages, habiles à disposer de la vue divine, de l'ouïe divine, de la connaissance des pensées d'autrui, de la mémoire de leurs existences antérieures et d'un pouvoir surnaturel, parlent en ces termes à cet homme : Tu n'as fait, ô homme, que recouvrer la vue, et tu ne connais encore rien. D'où te vient donc cet orgueil? Tu n'as pas la

sagesse et tu n'es pas instruit. Puis, qu'ils lui parlent de cette manière : Quand tu es assis, ô homme, dans l'intérieur de ta maison, tu ne vois pas, tu ne
f. 75 b. connais pas les autres formes qui sont au dehors; tu ne distingues pas les êtres, selon qu'ils ont des pensées bienveillantes ou hostiles [pour toi]; tu ne perçois pas, tu n'entends pas à la distance de cinq Yôdjanas le bruit de la conque, du tambour ou de la voix humaine; tu ne peux te transporter, même à la distance d'un Krôça[1], sans te servir de tes pieds; tu as été engendré et tu t'es développé dans le ventre de ta mère, et tu ne te rappelles rien de tout cela. Comment donc es-tu savant, et comment connais-tu tout, et comment peux-tu dire : Je vois tout? Reconnais donc bien, ô homme, que ce qui est la clarté est l'obscurité; reconnais encore que ce qui est l'obscurité est la clarté.

Qu'ensuite cet homme parle ainsi à ces Rĭchis : Quel moyen faut-il que j'emploie, ou quelle bonne œuvre faut-il que je fasse, pour acquérir une pareille sagesse? Puissé-je, par votre faveur, obtenir ces qualités! Qu'alors ces Rĭchis parlent ainsi à cet homme : Si tu veux cela, pense à la loi, assis dans le désert, ou dans la forêt, ou dans les cavernes des montagnes, et affranchis-toi de la corruption [du mal]. Alors, doué de qualités purifiées, tu obtiendras les connaissances surnaturelles. Qu'ensuite cet homme, suivant ce conseil, entrant dans la vie religieuse, habitant dans le désert, la pensée fixée sur un seul objet, s'étant affranchi de la soif du monde,
f. 76 a. obtienne les cinq connaissances surnaturelles; et qu'ayant acquis ces connaissances, il réfléchisse ainsi : La conduite que j'ai suivie antérieurement ne m'a mis en possession d'aucune loi ni d'aucune qualité. Maintenant, au contraire, je vais comme le désire ma pensée; auparavant je n'avais que peu de sagesse, que peu de jugement; j'étais aveugle.

Voilà, ô Kâçyapa, la parabole que je voulais te proposer, pour te faire comprendre le sens de mon discours; voici maintenant ce qu'il faut y voir. L'expression d'aveugle de naissance, ô Kâçyapa, désigne les êtres qui sont renfermés dans la révolution du monde, où l'on entre par cinq voies; ce sont ceux qui ne connaissent pas l'excellente loi et qui accumulent [sur eux-mêmes] l'obscurité et les ténèbres épaisses de la corruption [du mal]. Ils sont aveuglés par l'ignorance, et dans cet état d'aveuglement, ils recueillent les conceptions ainsi que le nom et la forme qui sont l'effet des

[1] Quatre cents coudées.

conceptions, jusqu'à ce qu'enfin a lieu la production de ce qui n'est qu'une grande masse de misères. C'est de cette manière que les êtres aveuglés par l'ignorance sont renfermés dans la révolution du monde.

Mais le Tathâgata, qui est placé en dehors de la réunion des trois mondes, éprouvant pour eux de la compassion, ému de pitié comme un père l'est pour son fils unique qui lui est cher, après être descendu dans la réunion des trois mondes, contemple les êtres roulants dans le cercle de la transmigration; et les êtres ne connaissent pas le moyen véritable de sortir du monde. Alors Bhagavat les voit avec l'œil de la sagesse, et les ayant vus, il les connaît. Ces êtres, [dit-il,] après avoir accompli antérieurement le principe de la vertu, ont des haines faibles et des attachements f. 76 b.
vifs, ou des attachements faibles et des haines et des erreurs vives. Quelques-uns ont peu d'intelligence, d'autres sont sages; ceux-ci sont parvenus à la maturité et sont purs, ceux-là suivent de fausses doctrines. A ces êtres, Bhagavat, grâce à l'habile emploi des moyens dont il dispose, enseigne trois véhicules. Alors les Bôdhisattvas, semblables à ces Rĭchis, qui étaient doués des cinq connaissances surnaturelles et d'une vue parfaitement claire, les Bôdhisattvas, dis-je, ayant conçu la pensée de l'état de Bôdhi, ayant acquis une patience miraculeuse dans la loi, sont élevés à l'état suprême de Buddha parfaitement accompli.

Dans cette comparaison, le Tathâgata doit être regardé comme le grand médecin; tous les êtres doivent être regardés comme aveuglés par l'erreur, ainsi que l'aveugle de naissance. L'affection, la haine, l'erreur, et les soixante-deux fausses doctrines, ce sont le vent, la bile et le phlegme. Les quatre plantes médicinales sont [les quatre vérités suivantes] : l'état de vide, l'absence d'une cause, l'absence d'un objet, et l'entrée du Nirvâṇa. De même que, selon les diverses substances qu'on emploie, on guérit diverses maladies, ainsi les êtres se représentant l'état de vide, l'absence d'une cause, l'absence d'un objet, et l'entrée de l'affranchissement, arrêtent [l'action de] l'ignorance; de l'anéantissement de l'ignorance vient celui des conceptions, jusqu'à ce qu'enfin ait lieu l'anéantissement de ce qui n'est qu'une grande masse de maux. De cette manière, la pensée de l'homme f. 77 a.
n'est ni dans la vertu ni dans le péché.

L'homme qui fait usage du véhicule des Çrâvakas, ou des Pratyêkabuddhas, doit être regardé comme l'aveugle qui recouvre la vue. Il brise les chaînes des misères de la transmigration; débarrassé des chaînes des misères, il est délivré de la réunion des trois mondes, où l'on entre par cinq voies. C'est pourquoi celui qui fait usage du véhicule des Çrâvakas sait ce qui suit, prononce les paroles qui suivent : Il n'y a plus désormais d'autres lois faites pour être connues par un Buddha parfaitement accompli, j'ai atteint le Nirvâṇa. Mais Bhagavat lui montre la loi : Comment, [dit-il,] celui qui n'a pas obtenu toutes les lois, aurait-il atteint le Nirvâṇa? Bhagavat l'introduit alors dans l'état de Bôdhi. Ayant conçu la pensée de l'état de Bôdhi, le Çrâvaka n'est plus dans la révolution du monde, et il n'a pas encore atteint le Nirvâṇa. Se faisant une idée exacte de la réunion des trois mondes, il voit le monde vide dans les dix points de l'espace, semblable à une apparition magique, à une illusion, semblable à un songe, à un mirage, à un écho. Il voit toutes les lois, celles de la cessation de la naissance, comme celles qui sont contraires à l'anéantissement; celles de la délivrance, comme celles qui sont contraires à l'affranchissement; celles qui n'appartiennent pas aux ténèbres et à l'obscurité, comme celles qui sont contraires à la clarté. Celui qui voit ainsi les lois profondes, celui-là voit, à la manière de l'aveugle, les pensées et les dispositions diverses de tous les êtres qui remplissent la réunion des trois mondes.

Ensuite Bhagavat, pour exposer ce sujet plus amplement, prononça dans cette occasion les stances suivantes :

f. 77 b. 45. De même que les rayons du soleil et de la lune tombent également sur tous les hommes, sur les bons comme sur les méchants, sans qu'il y ait diminution ni augmentation de leur éclat;

46. Ainsi la splendeur de la science du Tathâgata, semblable au soleil et à la lune, convertit également tous les êtres, sans augmenter ou sans diminuer [pour l'un ou pour l'autre].

47. De même que le potier qui fabrique des vases de terre, produit avec la même argile des vases divers, des vases pour la mélasse, le lait, le beurre clarifié et l'eau,

48. Quelques-uns pour le lait caillé, d'autres pour des substances impures; et cependant, pour fabriquer tous ses vases, il ne prend que la même espèce d'argile;

49. Et les vases ne sont distingués les uns des autres que par la substance qu'on y renferme; de même, quoiqu'il n'y ait pas de différences entre les êtres, les Tathâgatas, se fondant sur la diversité de leurs inclinations,

50. Célèbrent diverses espèces de véhicules, mais le véhicule du Buddha est le seul réel. Quand on ignore ce que c'est que la roue de la transmigration, on ne connaît pas le Nirvâṇa.

51. Mais celui qui reconnaît que les lois sont vides et privées d'une essence propre, pénètre à fond l'état de Bôdhi qui appartient aux Bienheureux parfaitement Buddhas.

52. Une sagesse intimement inhérente [à celui qui la possède], c'est ce qu'on nomme un Djina individuel; le Çrâvaka se reconnaît à ce qu'il est privé de la connaissance du vide.

53. Mais le Buddha parfaitement accompli est celui qui pénètre toutes les lois: aussi emploie-t-il des centaines de moyens pour enseigner la loi aux créatures.

54. C'est comme si un aveugle de naissance, ne voyant ni le soleil, ni la lune, ni les constellations, ni les étoiles, disait dans son ignorance : Il n'existe absolument pas de formes. f. 78 a.

55. Mais qu'un grand médecin éprouve de la compassion pour cet aveugle de naissance, et que s'étant rendu dans l'Himavat, il traverse la montagne, et en visite les vallées et les sommets.

56. Qu'il rapporte de cette montagne les quatre plantes dont la première est celle qui possède toutes les couleurs et toutes les saveurs, et qu'il les emploie comme médicament.

57. Qu'il les fasse prendre à l'aveugle de naissance, l'une après l'avoir broyée avec ses dents, l'autre après l'avoir pilée, l'autre en l'introduisant dans son corps avec la pointe d'une aiguille.

58. Qu'ayant recouvré la vue, cet homme voie le soleil, la lune, les constellations et les étoiles; et qu'il reconnaisse qu'il n'a parlé, comme il faisait auparavant, que par ignorance.

59. De même, aveuglés dès leur naissance par la grande ignorance, les êtres sont condamnés à la transmigration; ne connaissant pas la roue de la production des causes et effets, ils entrent dans la voie de la douleur.

60. De même le Meilleur des êtres, le Tathâgata qui sait tout, naît, plein de compassion comme le grand médecin, dans le monde troublé par l'ignorance.

61. Habile dans l'emploi des moyens, le Précepteur [du monde] expose la bonne loi; il enseigne l'état suprême de Bôdhi à celui qui est entré dans le premier des véhicules.

62. Le Guide [des hommes] expose une science moyenne à celui qui n'a qu'une moyenne sagesse; il enseigne un autre état de Bôdhi pour celui qui est épouvanté par la transmigration.

63. Le Çrâvaka intelligent qui est sorti de l'enceinte des trois mondes, se dit alors : J'ai atteint le pur, le fortuné Nirvâṇa. Ce n'est cependant que par la con-
f. 78 b. naissance de toutes les lois que s'acquiert le Nirvâṇa immortel.

64. Mais c'est alors comme quand les grands Rĭchis, dans leur compassion pour l'aveugle, lui disent : Tu es un insensé, ne crois pas avoir acquis la science.

65. Car quand tu es assis dans l'intérieur de ta maison, tu ne peux, à cause de la faiblesse de ton intelligence, connaître ce qui se passe au dehors.

66. Ce que fait ou ce que ne fait pas un homme renfermé dans l'intérieur [de sa maison], tu ne le sais pas aujourd'hui en le regardant du dehors; comment donc, avec aussi peu d'intelligence, peux-tu dire que tu sais ?

67. Tu es incapable d'entendre ici la voix [d'un homme qui parlerait] à la distance de cinq Yôdjanas; à bien plus forte raison, tu ne peux entendre une voix qui viendrait de plus loin.

68. Tu es hors d'état de reconnaître ceux qui ont pour toi des dispositions bienveillantes ou hostiles; d'où te vient donc cet orgueil ?

69. S'il te faut aller seulement à la distance d'un Krôça, tu ne peux te passer de tes pieds; tu as complétement oublié ce que tu as fait dans le sein de ta mère.

70. Celui qui possède les cinq connaissances surnaturelles, est le seul qui s'appelle en ce monde, Celui qui sait tout; mais toi, qui ne sais absolument rien, c'est par erreur que tu dis : Je sais tout.

71. Si tu désires l'omniscience, mets-toi en possession des connaissances surnaturelles; et pour en obtenir la possession, médite, retiré dans le désert, sur la loi qui est pure; c'est ainsi que tu acquerras les connaissances surnaturelles.

72. Cet homme adopte donc ce parti, et, retiré dans le désert, il médite avec recueillement; et bientôt, doué des qualités convenables, il a acquis les cinq connaissances surnaturelles.

f. 79 a. 73. De la même manière tous les Çrâvakas s'imaginent qu'ils ont atteint le Nirvâṇa; mais le Djina les instruit en disant : Ce n'est là qu'un [lieu de] repos, ce n'est pas là le Nirvâṇa.

74. Quelque doctrine que les Buddhas enseignent, c'est un effet des moyens dont ils disposent : il n'y a pas de Nirvâṇa sans omniscience; c'est à l'omniscience qu'il faut s'appliquer.

75. La science infinie des trois voies [du temps], les cinq perfections accomplies, le vide, l'absence de toute cause, l'absence de tout objet ;

76. L'idée de l'état de Bôdhi, ainsi que les autres lois qui conduisent au Nirvâṇa, celles qui sont parfaites, comme celles qui ne le sont pas, qui sont calmes et semblables à l'espace ;

77. Les quatre demeures de Brahmâ; les lois qui sont présentées en abrégé, celles qui sont exposées par les grands Rïchis pour discipliner les êtres;

78. [Toutes ces lois en un mot,] celui qui reconnaît que leur nature propre est celle d'un songe, d'une illusion, qu'elles n'ont pas plus de substance que la tige du Kadalî [n'a de solidité], qu'elles sont semblables à un écho;

79. Et qui connaît complétement la véritable nature de la réunion des trois mondes, celui-là connaît le Nirvâṇa qui n'est ni enchaîné ni affranchi.

80. Il sait que toutes les lois sont égales, vides, indivisibles, sans essence; il ne les contemple pas et n'aperçoit même aucune loi.

81. Doué d'une grande sagesse, un tel homme voit le corps de la loi d'une manière complète; il n'existe en aucune façon trois véhicules, il n'y en a au contraire qu'un seul en ce monde.

82. Toutes les lois sont égales; et en cette qualité, elles sont perpétuellement uniformes; celui qui connaît cette vérité, connaît l'immortel et fortuné Nirvâṇa. f. 79 *b.*

CHAPITRE VI.

LES PRÉDICTIONS.

Ensuite Bhagavat, après avoir prononcé ces stances, parla ainsi à l'assemblée tout entière des Religieux : Je vais vous témoigner mon affection, ô Religieux : je vais vous instruire. Oui, ce Religieux Kâçyapa, l'un de mes Çrâvakas, honorera trente mille fois dix millions de Buddhas, il les traitera avec respect, il leur offrira son hommage, son adoration, ses prières. Il possédera la bonne loi de ces bienheureux Buddhas. A sa dernière existence, dans l'univers nommé *Avabhâsa*, dans le Kalpa nommé *Mahâvyûha*, il paraîtra au monde comme Tathâgata, sous le nom de *Raçmiprabhâsa*, vénérable, etc., doué de science et de conduite, etc. La durée de son existence sera de douze moyens Kalpas; sa bonne loi subsistera pendant vingt moyens Kalpas, et l'image de sa bonne loi durera vingt autres moyens Kalpas. La terre de Buddha où il paraîtra sera pure, parfaite, débarrassée f. 80 *a.*

de pierres, de graviers, d'aspérités, de torrents, de précipices, d'ordures et de taches; elle sera unie, agréable, bonne, belle à voir, reposant sur un fond de lapis-lazuli, ornée d'arbres de diamant, couverte d'enceintes tracées en forme de damier avec des cordes d'or, jonchée de fleurs. Là naîtront plusieurs centaines de mille de Bôdhisattvas; là existeront des centaines de mille de myriades de kôṭis de Çrâvakas en nombre infini. Là ne paraîtra pas Mâra le pêcheur; on n'y connaîtra pas la suite de Mâra, car Mâra et sa troupe y reprendront une nouvelle existence; bien plus, dans cet univers, les Mâras s'appliqueront, sous l'enseignement du bienheureux Tathâgata Raçmiprabhâsa, à comprendre parfaitement la bonne loi.

Alors Bhagavat prononça dans cette occasion les stances suivantes :

1. Je vois, ô Religieux, avec ma vue de Buddha, que le Sthavira Kâçyapa deviendra Buddha, dans l'avenir, dans un Kalpa incalculable, après qu'il aura rendu un culte aux Meilleurs des hommes.

2. Ce Kâçyapa verra trente mille kôṭis complets de Djinas; ce Religieux, pour f. 80 *b*. obtenir la science de Buddha, remplira alors les devoirs de la conduite religieuse.

3. Après qu'il aura rendu un culte aux Meilleurs des hommes, s'étant perfectionné dans cette science excellente, il sera, au temps de sa dernière existence, le Chef du monde, le grand et incomparable Richi.

4. La terre qu'il habitera sera excellente, variée, pure, très-belle à voir, agréable, toujours florissante et ornée de cordes d'or.

5. Là, sur la terre de ce Religieux, des arbres de diamant très-variés croîtront çà et là dans des enceintes tracées en forme de damier, et répandront une odeur agréable.

6. Elle sera ornée d'une grande abondance de fleurs, et des fleurs les plus variées; on n'y rencontrera ni torrents, ni précipices; elle sera unie, fortunée, belle.

7. Là existeront plusieurs milliers de kôṭis de Bôdhisattvas, doués des grandes facultés surnaturelles et parfaitement maîtres de leurs pensées; ils comprendront les Sûtras aux grands développements, exposés par les Protecteurs.

8. Non, quand même à l'aide d'une science divine, on compterait pendant des Kalpas, on ne pourrait avoir la mesure des Çrâvakas, rois de la loi, exempts d'imperfections, qui y paraîtront dans leur dernière existence.

9. Le Buddha Raçmiprabhâsa existera pendant douze moyens Kalpas, et sa bonne loi pendant vingt moyens Kalpas; l'image de cette loi en durera autant dans f. 81 *a*. l'univers de ce Buddha.

Ensuite le respectable Sthavira Mahâmâudgalyâyana, avec Subhûti et Mahâkâtyâyana, tremblants de tous leurs membres, regardèrent Bhagavat avec des yeux fixes. En ce moment, chacun d'eux prononça mentalement les stances suivantes :

10. O vénérable, ô grand héros, lion de race de Çâkya, ô toi, le Meilleur des hommes, prononce le nom de Buddha par compassion pour nous.

11. O toi, le Meilleur des hommes, toi qui connais certainement le moment favorable, répands pour nous aussi ton ambroisie, en nous prédisant que nous serons des Djinas.

12. Qu'un homme sorti par un temps de famine, et ayant trouvé de la nourriture, se dise, après avoir réfléchi à plusieurs reprises : J'ai de la nourriture dans les mains !

13. Pareille est notre satisfaction, en pensant au char misérable dans lequel nous sommes entrés ; nous avons obtenu la science de Buddha, semblables à des êtres qui ont trouvé de la nourriture par un temps mauvais.

14. Et cependant le grand Solitaire parfaitement Buddha, ne nous annonce pas nos destinées futures ; c'est comme s'il nous disait : Ne mangez pas la nourriture que vous avez dans la main.

15. Avec une satisfaction égale, ô héros, depuis que nous avons entendu cette voix excellente, nous savons que si nous apprenons nos destinées futures, nous aurons atteint le Nirvâṇa.

16. Prédis-les-nous donc, ô grand héros, toi qui désires le bien, toi qui es plein d'une grande miséricorde ! Puisse, ô grand Solitaire, arriver le terme de nos pensées misérables !

Alors Bhagavat connaissant avec sa pensée les réflexions qui s'élevaient dans l'esprit de ces Sthaviras, grands Çrâvakas, s'adressa de nouveau en ces termes à l'assemblée tout entière des Religieux. Ce Sthavira Subhûti, l'un de mes grands Çrâvakas, ô Religieux, honorera trente fois cent mille myriades de kôṭis de Buddhas, il les traitera avec respect, etc. [comme ci-dessus, f. 79 *b*.] Il observera sous eux les devoirs de la conduite religieuse, et se préparera à obtenir l'état de Bôdhi. Après avoir fait un noviciat de cette espèce, parvenu à sa dernière existence, il paraîtra dans le monde comme Tathâgata, sous le nom de *Çaçikêtu*, vénérable, etc., doué de science et de conduite, etc. f. 81 *b*.

La terre de Buddha où il paraîtra se nommera *Ratnasaṁbhava*, et son Kalpa *Ratnâvabhâsa*. Cette terre de Buddha sera unie, agréable, reposant sur un fond de cristal, parsemée d'arbres de diamant, débarrassée de torrents, de précipices, d'ordures et de taches, jonchée de belles fleurs. Les hommes y jouiront du bonheur d'habiter des maisons ayant des
f. 82 a. étages élevés. Ce Tathâgata y aura beaucoup de Çrâvakas, un nombre de Çrâvakas dont le calcul ne peut atteindre le terme. Là paraîtront aussi plusieurs fois cent mille myriades de kôṭis de Bôdhisattvas. La durée de l'existence de ce Bienheureux sera de douze moyens Kalpas. Sa bonne loi subsistera pendant vingt moyens Kalpas, et l'image de sa bonne loi durera vingt autres moyens Kalpas. Ce Bienheureux se tenant suspendu au milieu des airs, enseignera la loi aux Religieux; il disciplinera plusieurs centaines de mille de Bôdhisattvas, et plusieurs centaines de mille de Çrâvakas.

Ensuite Bhagavat prononça dans cette occasion les stances suivantes:

17. Je vais aujourd'hui vous témoigner mon affection, ô Religieux, je vais vous instruire, écoutez-moi : Ce Sthavira Subhûti, l'un de mes Çrâvakas, sera Buddha dans l'avenir.

18. Et après avoir vu trente myriades complètes de kôṭis de Buddhas, doués d'une grande puissance, ce Religieux observera, pour obtenir cette science, les règles de la conduite religieuse qui sont entre elles dans un parfait accord.

19. Ce héros, au temps de sa dernière existence, décoré des trente-deux signes [de beauté], et semblable à un poteau d'or, sera un grand Rĭchi, bon pour le monde et plein de compassion.

f. 82 b. 20. Ce sera une terre belle à voir, excellente et agréable pour un grand nombre d'êtres, que celle qu'habitera l'ami du monde, occupé à sauver des myriades de kôṭis de créatures.

21. Là existeront beaucoup de Bôdhisattvas, revêtus d'une grande puissance, habiles à faire tourner la roue qui ne revient pas en arrière, et qui, doués de sens pénétrants, embelliront cette terre de Buddha, sous l'enseignement de ce Djina.

22. Ce Djina aura beaucoup de Çrâvakas, des Çrâvakas dont il n'existe ni calcul, ni mesure, qui seront doués des six connaissances surnaturelles, de la triple science et des grandes facultés, et qui seront établis dans les six affranchissements.

23. La force de sa puissance surnaturelle sera inconcevable, lorsqu'il enseignera

l'état suprême de Bôdhi; des Dêvas et des hommes, en nombre égal aux sables du Gange, tiendront toujours devant lui les mains réunies en signe de respect.

24. Il existera pendant douze moyens Kalpas, et sa bonne loi pendant vingt autres moyens Kalpas; l'image de la loi du Meilleur des hommes durera encore vingt autres moyens Kalpas.

Ensuite Bhagavat s'adressa ainsi de nouveau à l'assemblée tout entière des Religieux : Je vais vous témoigner mon affection, ô Religieux, je vais vous instruire. Oui, ce Sthavira Kâtyâyana, l'un de mes Çrâvakas, honorera huit mille myriades de kôṭis de Buddhas, il les traitera avec respect, etc. Il élèvera à ces bienheureux Buddhas, parvenus au Nirvâṇa complet, des f. 83 a
Stûpas hauts de cent Yôdjanas, ayant une circonférence de cinquante Yôdjanas, et faits des sept substances précieuses, savoir: d'or, d'argent, de lapis-lazuli, de cristal, de perle rouge, d'émeraude et de diamant, ce qui forme la septième chose précieuse. Il rendra un culte à ces Stûpas, avec des fleurs, de l'encens, des odeurs, des guirlandes de fleurs, des substances onctueuses, des poudres parfumées, des vêtements, des parasols, des étendards, des drapeaux, des enseignes. Ensuite, bien longtemps après, il accomplira de nouveau ces mêmes devoirs en présence de vingt fois dix millions de Buddhas; il les traitera avec respect, etc. Dans sa dernière existence et sous sa dernière forme corporelle, il naîtra au monde comme Tathâgata, sous le nom de *Djambûnadaprabha*, vénérable, etc., doué de science et de conduite, etc. La terre de Buddha où il paraîtra sera très-pure, unie, agréable, bonne, belle à voir, reposant sur un fond de cristal, parsemée d'arbres de diamant, recouverte de cordes d'or, tapissée de lits de fleurs, débarrassée de troupes d'Asuras, f. 83 b.
de gens de Yama et d'êtres nés dans des matrices d'animaux, remplie de beaucoup de Dêvas et d'hommes, embellie par plusieurs centaines de mille de Çrâvakas, ornée de plusieurs centaines de mille de Bôdhisattvas. La durée de son existence sera de douze moyens Kalpas, sa bonne loi subsistera pendant vingt moyens Kalpas.

Ensuite Bhagavat prononça dans cette occasion les stances suivantes :

25. Écoutez-moi tous aujourd'hui, car je prononce une parole véritable; le Sthavira Kâtyâyana, l'un de mes Çrâvakas, rendra un culte aux Guides [du monde].

26. Il offrira aux Guides du monde des hommages variés et nombreux; et quand ces Buddhas seront entrés dans le Nirvâṇa complet, il leur fera élever des Stûpas, et il leur rendra un culte avec des fleurs et des parfums.

27. Parvenu à sa dernière existence, il deviendra Djina dans une terre parfaitement pure; après avoir acquis cette science d'une manière complète, il l'enseignera à des milliers de kôṭis de créatures.

28. Comblé d'honneurs par le monde réuni aux Dêvas, il sera un Bienheureux répandant la lumière, sous le nom de Djambûnadaprabha, et il sauvera des kôṭis de Dêvas et d'hommes.

29. Des Bôdhisattvas et des Çrâvakas nombreux, qui existeront sur cette terre sans qu'on puisse les calculer ni les compter, orneront l'enseignement de ce
f. 84 a. Buddha, tous affranchis de l'existence et exempts de terreur.

Ensuite Bhagavat s'adressa ainsi de nouveau à l'assemblée tout entière des Religieux: Je vais vous témoigner mon affection, ô Religieux, je vais vous instruire. Oui, le Sthavira Mahâmâudgalyâyana, l'un de mes Çrâvakas, après avoir réjoui vingt-huit mille Buddhas, honorera ces bienheureux Buddhas de diverses manières, et les traitera avec respect, etc. Il fera élever à ces bienheureux Buddhas, entrés dans le Nirvâṇa complet, des Stûpas, faits des sept substances précieuses, savoir: d'or, d'argent, de lapis-lazuli, de cristal, de perle rouge, d'émeraude, et de diamant, hauts de mille Yôdjanas, ayant une circonférence de cinq cents Yôdjanas. Il offrira à ces Stûpas des hommages de diverses espèces, avec des fleurs, etc. [comme ci-dessus pour Kâtyâyana.] Ensuite, longtemps après, il rendra de nouveau ces mêmes devoirs à vingt fois cent mille myriades de kôṭis de Buddhas; il les traitera avec respect, etc. Parvenu à sa dernière exis-
f. 84 b. tence, il paraîtra au monde comme Tathâgata, sous le nom de *Tamâlapatratchandanagandha*, vénérable, etc., doué de science et de conduite, etc. La terre de Buddha où il paraîtra sera nommée *Manôbhirâma*, son Kalpa se nommera *Ratiprapûrṇa*. Cette terre de Buddha sera très-pure, unie, etc. [comme ci-dessus pour Kâtyâyana,] parsemée d'arbres de diamant, jonchée de fleurs qui y seront répandues, fréquentée par plusieurs milliers d'hommes, de Dêvas, de Rĭchis, qui seront des Çrâvakas et des Bôdhisattvas. La durée de l'existence de ce Buddha sera de vingt-quatre moyens Kalpas. Sa bonne loi subsistera quarante moyens Kalpas, et l'image de sa bonne loi durera quarante autres moyens Kalpas.

Ensuite Bhagavat prononça dans cette occasion les stances suivantes :

30. Ce Religieux de la famille Mâudgalya, l'un de mes Çrâvakas, après avoir revêtu un corps humain, verra vingt-huit mille Djinas protecteurs, exempts de toute souillure.

31. Il remplira sous eux les devoirs de la conduite religieuse, recherchant la science de Buddha; il rendra alors des honneurs variés à ces Guides [du monde], aux Meilleurs des hommes. f. 85 *a.*

32. Après avoir gardé leur loi excellente, vaste et pure, pendant mille fois dix mille Kalpas, quand ces Sugatas seront entrés dans le Nirvâṇa complet, il rendra un culte à leurs Stûpas.

33. Il fera élever, en l'honneur de ces excellents Djinas, des Stûpas formés de substances précieuses et accompagnés d'étendards, honorant ces Protecteurs qui avaient été bons pour le monde, avec des fleurs et des parfums, et faisant entendre le bruit des instruments.

34. Au temps de sa dernière existence, dans une agréable et délicieuse terre, il sera un Buddha bon pour le monde et plein de compassion, sous le titre de Tamâlapatratchandanagandha.

35. La durée de l'existence de ce Sugata sera de vingt-quatre moyens Kalpas complets, pendant lesquels il exposera sans relâche, aux hommes et aux Dêvas, les bonnes règles des Buddhas.

36. Là, de nombreux milliers de kôṭis de Çrâvakas du Djina, en nombre égal à celui des sables du Gange, tous doués des six connaissances surnaturelles, de la triple science, et d'une grande puissance magique, existeront sous l'enseignement de ce Sugata.

37. Beaucoup de Bôdhisattvas, incapables de retourner en arrière, déployant leur énergie, toujours doués de sagesse et d'une application intense, existeront sous l'enseignement du Sugata; il en paraîtra de nombreux milliers dans cette terre de Buddha.

38. Quand ce Djina sera entré dans le Nirvâṇa complet, sa bonne loi durera en ce temps-là vingt et encore vingt moyens Kalpas complets; l'image de sa loi aura la même durée. f. 85 *b.*

39. Ces cinq personnages, mes Çrâvakas, doués des grandes facultés surnaturelles, qui ont été destinés en ma présence à l'état suprême de Bôdhi, seront, dans un temps à venir, des Djinas existants par eux-mêmes; apprenez de ma bouche [quelle a été jadis] leur conduite.

CHAPITRE VII.

L'ANCIENNE APPLICATION.

Jadis, ô Religieux, dans le temps passé, bien avant des Kalpas plus innombrables que ce qui est sans nombre, immenses, incommensurables, inconcevables, sans comparaison comme sans mesure, avant cette époque et bien avant encore, apparut au monde le Tathâgata, nommé *Mahâbhidjñâdjñânâbhibhû,* vénérable, etc., doué de science et de conduite, etc.; c'est, ô Religieux, dans l'univers Sam̃bhava et dans le Kalpa Mahârûpa, que parut, il y a bien longtemps, ce Tathâgata. C'est comme si, ô Religieux, broyant la terre qui se trouve ici, dans cet univers formé de la réunion d'un grand millier de trois mille mondes, un homme la réduisait tout entière en poudre. Qu'ensuite, prenant dans cet univers un atome
f. 86 a. de poussière extrêmement fin, l'homme franchissant mille univers du côté de l'orient, y dépose cet atome de poussière extrêmement fin. Que cet homme prenant un second atome de poussière extrêmement fin, franchissant mille univers par delà les premiers, y dépose ce second atome de poussière; que de cette manière cet homme dépose la totalité de cette terre du côté de l'orient. Qu'en pensez-vous, ô Religieux? Est-il possible d'atteindre par le calcul le terme et la limite de ces mondes? Les Religieux dirent : Cela n'est pas possible, ô Bhagavat; cela n'est pas possible, ô Sugata. Bhagavat reprit : Bien au contraire, ô Religieux, il n'est pas impossible qu'un calculateur, qu'un grand calculateur, trouve par le calcul le terme de ces mondes, tant de ceux sur lesquels ont été déposés ces atomes de poussière extrêmement fins, que de ceux sur lesquels on n'en a pas déposé. Il n'en est pas de même des cent mille myriades de kôṭis de Kalpas [écoulés depuis ce Buddha]; l'emploi du calcul n'en peut atteindre le terme. Eh bien, tout ce qu'il y a de Kalpas passés depuis que ce Bienheureux est entré dans le Nirvâṇa complet, tout cela

forme l'époque [dont je me souviens], cette époque qui échappe également à la pensée et à toute mesure. Et ce Tathâgata, ô Religieux, entré depuis si longtemps dans le Nirvâṇa complet, je me le rappelle, parce que f. 86 b.
je déploie l'énergie de la vue de la science des Tathâgatas, comme si son Nirvâṇa complet devait avoir lieu aujourd'hui ou demain.

Ensuite Bhagavat prononça, dans cette occasion, les stances suivantes :

1. Plusieurs fois dix millions de Kalpas se sont écoulés depuis le temps où existait le grand Solitaire Abhidjñâdjñânâbhibhû, le Meilleur des hommes; il fut, dans ce temps-là, le Djina sans supérieur.

2. C'est comme si un homme venait à réduire en une poudre extrêmement fine les trois mille mondes dont se compose cet univers, et qu'après avoir pris un atome de cette poudre, il allât le déposer par delà mille terres.

3. Que transportant ainsi successivement un second, un troisième atome, il finisse par avoir transporté la totalité de cette masse de poussière; que cet univers soit entièrement vide, et que toute cette poussière soit épuisée.

4. Eh bien! le nombre des atomes de poussière, de ces atomes dont il n'y a pas de mesure, qui se trouveraient dans ces univers si on les avait complétement réduits en poudre, ce nombre, je le prends comme l'image de celui des Kalpas écoulés [depuis ce Buddha].

5. Ainsi sont incommensurables les nombreux kôṭis de Kalpas écoulés depuis que ce Sugata est entré dans le Nirvâṇa complet; les atomes de poussière [dont j'ai parlé] réunis tous n'en donnent qu'une idée incomplète; les Kalpas passés depuis cette époque ne sont pas moins nombreux.

6. Le Guide [du monde] parvenu au Nirvâṇa depuis si longtemps, ses Çrâvakas, ainsi que ses Bôdhisattvas, je me les rappelle tous comme si c'était aujour- f. 87 a.
d'hui ou demain, tant est grande la science des Tathâgatas.

7. Telle est en effet, ô Religieux, la science du Tathâgata dont le savoir est infini; oui, je sais ce qui s'est passé depuis plusieurs centaines de Kalpas, au moyen de ma mémoire subtile et parfaite.

La durée de l'existence de ce bienheureux Tathâgata Mahâbhidjñâdjñânâbhibhû, vénérable, etc., fut, ô Religieux, de cinquante-quatre fois cent mille myriades de kôṭis de Kalpas. Ce bienheureux Tathâgata, avant d'être Buddha parfait, étant entré dans l'intime et suprême essence de l'état de Bôdhi, pour parvenir à l'état suprême de Buddha parfaitement accompli, brisa et vainquit toutes les troupes de Mâra. Et après les avoir vaincues et brisées,

il pensa qu'il allait atteindre à l'état suprême de Buddha parfaitement accompli. Cependant les lois de cet état ne lui apparaissaient pas encore face à face. Il resta donc pendant un moyen Kalpa auprès de l'arbre Bôdhi, dans la pure essence de l'état de Bôdhi; il passa encore un second moyen Kalpa dans cette situation; et cependant il ne parvint pas à l'état suprême de Buddha parfaitement accompli. Il passa ainsi un troisième, un quatrième, un cinquième, un sixième, un septième, un huitième, un neuvième, un dixième moyen Kalpa auprès de l'arbre Bôdhi, dans la pure essence de l'état de Bôdhi, gardant pendant tout ce temps la même posture, c'est-à-dire
f. 87 *b.* les jambes croisées, sans se lever une seule fois dans l'un de ces intervalles, conservant sa pensée comme son corps dans une complète immobilité. Et cependant les lois de l'état de Buddha ne lui apparaissaient pas encore face à face.

Or, ô Religieux, pendant qu'il était ainsi entré dans la pure essence de l'état de Bôdhi, les Dêvas Trâyastriṁçâs lui préparèrent un grand trône, haut de cent mille Yôdjanas, sur lequel le Bienheureux ne fut pas plutôt assis qu'il parvint à l'état suprême de Buddha parfaitement accompli. A peine le Bienheureux fut-il entré dans la pure essence de l'état de Bôdhi, que les fils des Dêvas nommés *Brahmakâyikas* firent tomber une pluie divine de fleurs dans une étendue de cent Yôdjanas autour du siége sur lequel il était assis. Ils firent en même temps souffler dans l'air des vents qui enlevaient celles de ces fleurs qui étaient fanées. La pluie de fleurs qui tombait sur le Bienheureux parvenu à la pure essence de l'état de Bôdhi, ils la firent tomber sans aucune interruption; ils l'en couvrirent ainsi pendant dix moyens Kalpas complets, et la répandirent sur lui jusqu'à ce que vint le moment où il entra
f. 88 *a.* dans le Nirvâṇa complet. Les fils des Dêvas nommés *Tchâturmahârâdjakâyikas* firent résonner les timbales divines, les frappant sans interruption en l'honneur du Bienheureux qui était entré dans l'intime et suprême essence de l'état de Bôdhi. Pendant dix moyens Kalpas complets, ils firent retentir sans cesse et ensemble des instruments divins au-dessus de la tête du Bienheureux, jusqu'à ce que vint le moment où il entra dans le grand Nirvâṇa.

Ensuite, ô Religieux, le bienheureux Tathâgata Mahâbhidjñâdjñânâbhibhû, vénérable, etc., parvint au bout de dix moyens Kalpas à l'état suprême de Buddha parfaitement accompli. Aussitôt que les seize fils légitimes qu'il avait eus pendant qu'il était Kumâra, et dont l'aîné se nommait *Djñânâkara*,

connurent qu'il était parvenu à cet état, ces seize fils de roi qui possédaient chacun divers jouets agréables, variés et beaux à voir, les ayant tous abandonnés, parce qu'ils avaient appris que le Bienheureux était parvenu à l'état suprême de Buddha parfaitement accompli; ces seize fils, dis-je, environnés f. 88 *b*.
et suivis de leurs mères et de leurs nourrices qui pleuraient, ainsi que du grand monarque Tchakravartin, roi vénérable, maître d'un grand trésor, des conseillers royaux et de plusieurs centaines de milliers de myriades de kôṭis d'êtres vivants, se rendirent au lieu où se trouvait le bienheureux Tathâgata Mahâbhidjñâdjñânâbhibhû, vénérable, etc., qui était entré dans l'intime et suprême essence de l'état de Bôdhi, afin de vénérer, d'adorer, d'honorer ce Bienheureux. Quand ils s'y furent rendus, ayant salué, en les touchant de la tête, les pieds du Bienheureux, ayant tourné trois fois autour de lui, en commençant par la droite, les mains réunies en signe de respect, ils célébrèrent le Bienheureux dans des stances régulières qu'ils prononcèrent en sa présence.

8. Tu possèdes les grandes connaissances surnaturelles, tu es sans supérieur et tu as été perfectionné pendant des Kalpas sans fin; tes excellentes réflexions à l'effet de sauver tous les êtres vivants, sont arrivées à leur perfection.

9. Ils ont été bien difficiles à traverser ces dix moyens Kalpas que tu as passés, assis sur le même siége; pendant cet intervalle de temps, tu n'as remué ni ton corps, ni tes pieds, ni tes mains, et tu ne t'es pas transporté dans un autre lieu.

10. Ton intelligence arrivée au comble de la quiétude est parfaitement calme; elle est immobile et à jamais à l'abri de toute agitation; l'inattention t'est inconnue; exempt de toute faute, tu restes dans une quiétude inaltérable. f. 89 *a*.

11. Et voyant que tu es heureusement et en sûreté arrivé, sans éprouver aucun mal, à l'état suprême de Bôdhi, [nous nous disons:] Puissions-nous obtenir un pareil bonheur! et t'ayant vu, ô lion parmi les rois, nous croissons [en vertu].

12. Toutes ces créatures, qui n'ont pas de protecteur, qui sont malheureuses, semblables à des hommes auxquels on a arraché les yeux, privées de félicité, ne connaissent pas la voie qui conduit au terme du malheur, et elles ne développent pas leur énergie pour l'affranchissement.

13. Elles prolongent pour longtemps leur séjour dans les lieux de châtiments; leurs lois sont d'être privées de la possession de corps divins; elles n'entendent jamais la voix des Djinas; enfin, ce monde tout entier est plongé dans les ténèbres de l'aveuglement.

14. Aujourd'hui, ô toi qui connais le monde, tu as atteint ici ce lieu fortuné, excellent et exempt d'imperfection; nous et les mondes, nous sommes devenus les objets de ta faveur; aussi cherchons-nous, ô chef, un asile auprès de toi.

Ensuite, ô Religieux, ces seize fils de roi ayant célébré dans ces stances prononcées devant lui, le bienheureux Tathâgata Mahâbhidjñâdjñânâbhibhû, lui adressèrent la prière suivante, pour qu'il fît tourner la roue de la loi : Que Bhagavat, que Sugata enseigne la loi pour l'utilité et le bonheur de beaucoup d'êtres, par compassion pour le monde, pour l'avantage, pour
f. 89 b. l'utilité et pour le bonheur du grand corps des êtres, Dêvas et hommes. Ensuite ils prononcèrent les stances suivantes :

15. Enseigne la loi, ô toi qui es le Meilleur des hommes; enseigne la loi, toi qui portes les signes des cent vertus; ô Guide [du monde], ô grand Rïchi qui n'as pas ton égal, tu as acquis la science rare et éminente.

16. Expose-la au monde réuni aux Dêvas, et sauve-nous ainsi que ces créatures; enseigne-nous la science des Tathâgatas, pour que nous obtenions l'excellent état de Bôdhi, ainsi que tous ces êtres.

17. Car tu connais toute science et toute conduite; tu connais les pensées et les bonnes œuvres accomplies autrefois; tu connais les inclinations de toutes les créatures. Fais donc tourner la suprême et excellente roue.

Or, en ce temps-là, ô Religieux, au moment où le bienheureux Tathâgata Mahâbhidjñâdjñânâbhibhû, vénérable, etc., parvenait à l'état suprême de Buddha parfaitement accompli, dans les dix points de l'espace et dans chacun des dix points de l'espace, cinquante centaines de mille de myriades de kôṭis d'univers furent ébranlés de six manières différentes, et furent éclairés d'une grande lumière. Et dans les intervalles qui séparent tous ces univers les uns des autres, au sein de cette nuit profonde et de ces ténèbres épaisses qui sont dans une perpétuelle agitation, et où ces deux flambeaux
f. 90 a. de la lune et du soleil, si puissants, si énergiques, si resplendissants, ne peuvent parvenir à répandre la lumière par leur propre lumière, la couleur par leur propre couleur, et l'éclat par leur propre éclat, au sein de ces ténèbres elles-mêmes, apparut en ce moment la splendeur d'une grande lumière. Les êtres eux-mêmes qui étaient nés dans les intervalles de ces univers, se virent les uns les autres, se reconnurent les uns les autres, [se disant entre eux :] Oh! voici d'autres êtres nés ici! voici d'autres êtres nés ici!

Les palais et les chars divins des Dêvas qui se trouvaient dans tous ces univers jusqu'au monde de Brahmâ, furent ébranlés de six manières différentes et éclairés d'une grande lumière qui surpassait la puissance divine des Dêvas. C'est ainsi, ô Religieux, qu'en ce moment eut lieu, dans tous ces mondes, un grand tremblement de terre, et une grande et noble apparition de lumière.

Ensuite, ô Religieux, à l'orient, dans ces cinquante centaines de mille de myriades de kôṭis d'univers, les chars des Brahmâs qui s'y trouvaient brillèrent, furent éclairés, resplendirent, furent lumineux et éclatants. Aussi, ô Religieux, cette réflexion vint-elle à l'esprit des Brahmâs : Ces chars des f. 90 *b*.
Brahmâs brillent extraordinairement; ils sont éclairés, ils resplendissent, ils sont lumineux et éclatants. Qu'est-ce que cet événement nous présage? Alors tous les Mahâbrahmâs qui se trouvaient dans ces cinquante centaines de mille, etc. d'univers, s'étant rendus chacun dans les palais les uns des autres, se communiquèrent entre eux cette question. Ensuite, ô Religieux, dans ces cinquante centaines de mille, etc. d'univers, le Mahâbrahmâ nommé *Sarvasattvatrâtâ* adressa à la grande troupe des Brahmâs les stances suivantes :

18. Tous nos excellents chars, amis, brillent aujourd'hui d'une manière extraordinaire, de beauté, de splendeur et d'un grand éclat; quelle en peut être maintenant la cause?

19. Cherchons bien la cause de ce phénomène; quel est le fils des Dêvas né aujourd'hui, de la puissance duquel nous voyons en ce moment cet effet qui n'a pas existé auparavant?

20. Ou bien serait-ce qu'il serait né aujourd'hui quelque part dans le monde, un Buddha, roi des chefs des hommes, qui produirait ce miracle, que ces chars brillent de splendeur dans les dix points de l'espace?

Ensuite, ô Religieux, les Mahâbrahmâs qui se trouvaient dans ces cinquante centaines de mille, etc. d'univers, réunis tous ensemble en un f. 91 *a*.
seul corps, étant montés chacun sur leurs chars divins de Brahmâ et ayant pris des corbeilles de fleurs divines de la grandeur du mont Sumêru, parcoururent en cherchant les quatre points de l'horizon, et étant parvenus du côté de l'occident, ces Mahâbrahmâs y virent le bienheureux Tathâgata Mahâbhidjñâdjñânâbhibhû, vénérable, etc., parvenu à l'intime et suprême essence de l'état de Bôdhi, assis sur un trône auprès de l'arbre

Bôdhi, entouré et servi par des Dêvas, des Nâgas, des Yakchas, des Gandharvas, des Asuras, des Garuḍas, des Kinnaras, des Mahôragas, des hommes, des êtres n'appartenant pas à l'espèce humaine, sollicité par les seize fils de roi de faire tourner la grande roue de la loi. Ayant regardé de nouveau, ils se dirigèrent du côté où se trouvait le Bienheureux, et y étant parvenus, ayant salué ses pieds en les touchant de la tête, et ayant tourné autour de lui en signe de respect plus de cent mille fois, ils couvrirent le Bienheureux de ces corbeilles de fleurs de la grandeur du mont Sumêru, les répandirent sur lui en abondance, et en ayant couvert l'arbre Bôdhi sur une étendue de dix Yôdjanas, ils offrirent à ce Bienheureux leurs
f. 91 b. chars de Brahmâ. Que le Bienheureux accepte ces chars de Brahmâ, [lui dirent-ils,] pour nous témoigner sa compassion! Que le Bienheureux jouisse, que Sugata jouisse de ces chars de Brahmâ par compassion pour nous!

Alors, ô Religieux, tous ces Mahâbrahmâs ayant offert au Bienheureux chacun son propre char, célébrèrent en ce moment le Bienheureux dans des stances régulières qu'ils prononcèrent en sa présence.

21. Un Djina merveilleux, incomparable, vient de naître, bon pour le monde, et plein de compassion; tu es né le chef, le précepteur, le maître spirituel; tu répands aujourd'hui ta bienveillance dans les dix points de l'espace.

22. Il n'y a pas moins de cinquante fois dix millions complets d'univers d'ici jusqu'au monde d'où nous sommes venus, dans l'intention d'honorer le Djina, en faisant l'entier abandon de tous nos excellents chars.

23. C'est par le mérite de nos œuvres antérieures que nous avons acquis ces chars beaux et variés; accepte-les par compassion pour nous; que celui qui connaît le monde en jouisse comme il le désirera.

Après avoir célébré, ô Religieux, par ces stances régulières prononcées en sa présence, le Bienheureux Tathâgata Mahâbhidjñâdjñânâbhibhû, vé-
f. 92 a. nérable, etc., les Mahâbrahmâs lui parlèrent ainsi : Que le Bienheureux, que le Sugata fasse tourner la roue de la loi dans le monde! Que le Bienheureux enseigne le Nirvâṇa! Que le Bienheureux sauve les êtres! Que le Bienheureux témoigne sa bienveillance à ce monde! Que le maître de la loi enseigne la loi à ce monde réuni aux Dêvas, aux Mâras et aux Brahmâs, à l'ensemble des créatures, Dêvas et hommes, Çramaṇas et Brâhmanes. Cela sera pour l'utilité et pour le bonheur de beaucoup d'êtres, par com-

passion pour le monde, pour l'utilité, l'avantage et le bonheur du grand corps des êtres, Dêvas et hommes.

Alors, ô Religieux, ces Brahmâs, au nombre de cinquante fois cent mille myriades de kôṭis, adressèrent au Bienheureux, d'une seule voix et d'un commun accord, ces stances régulières :

24. Enseigne, ô Bienheureux, la loi ! enseigne-la, ô toi, le meilleur des hommes ! Enseigne aussi la force de la charité; sauve les créatures du malheur.

25. Celui qui illumine le monde est aussi difficile à rencontrer que la fleur de l'Udumbara; tu es né, ô grand héros; nous, nous sollicitons le Tathâgata.

Cependant, ô Religieux, le Bienheureux gardait le silence et ne répondait rien aux Mahâbrahmâs.

Ensuite, ô Religieux, au sud-est, dans ces cinquante centaines de mille de myriades de kôṭis d'univers, les chars des Brahmâs qui s'y trouvaient brillèrent, furent éclairés, resplendirent, furent lumineux et éclatants. Aussi, f. 92 b.
ô Religieux, cette réflexion vint-elle à l'esprit des Brahmâs : Ces chars des Brahmâs brillent extraordinairement; ils sont éclairés, ils resplendissent, ils sont lumineux et éclatants. Qu'est-ce que cet événement nous présage? Alors tous les Mahâbrahmâs qui se trouvaient dans ces cinquante centaines de mille, etc. d'univers, s'étant rendus chacun dans les palais les uns des autres, se communiquèrent entre eux cette question.

Ensuite, ô Religieux, le Mahâbrahmâ nommé *Adhimâtrakâruṇika* adressa à la grande troupe des Brahmâs les stances suivantes :

26. De quelle cause est-il l'effet, amis, le miracle qui se voit ici en ce moment? Tous ces chars brillent d'une splendeur extraordinaire.

27. Serait-ce qu'il serait arrivé ici quelque fils des Dêvas, plein de vertu, par la puissance duquel tous ces chars sont éclairés?

28. Ou serait-ce qu'il vient de naître dans ce monde un Buddha, le Meilleur des hommes, par la puissance duquel tous ces chars ont aujourd'hui l'apparence que nous leur voyons?

29. Réunissons-nous tous pour chercher la cause de ce fait, laquelle ne doit pas être peu considérable; car jamais en effet un tel prodige ne nous est apparu.

30. Rendons-nous dans les quatre points de l'espace; visitons des myriades de terres de Buddha; certainement l'apparition d'un Buddha aura lieu aujourd'hui dans ce monde.

f. 93 *a.* Ensuite, ô Religieux, ces Brahmâs, au nombre de cinquante centaines de mille de myriades de kôṭis, étant montés chacun sur leur char divin de Brahmâ et ayant pris des corbeilles de fleurs divines de la grandeur du mont Sumêru, parcoururent en cherchant les quatre points de l'horizon, et étant parvenus du côté du nord-ouest, ces Mahâbrahmâs y virent le bienheureux Tathâgata Mahâbhidjñâdjñânâbhibhû, vénérable, [etc. comme
f. 93 *b.* ci-dessus, f. 91 *a* jusqu'à :] Alors, ô Religieux, tous ces Mahâbrahmâs ayant offert au Bienheureux chacun son propre char, célébrèrent en ce moment le Bienheureux dans des stances régulières qu'ils prononcèrent en sa présence.

31. Adoration à toi, ô grand Rĭchi, être incomparable, Dêva supérieur aux Dêvas, dont la voix est comme celle du Kalaviğka ! ô Guide du monde réuni aux Dêvas, nous te saluons, toi qui es bon pour le monde et plein de compassion.

32. O chef, c'est une merveille que tu sois né aujourd'hui dans le monde, une merveille rare, et qui ne s'est pas vue depuis bien longtemps; il y a aujourd'hui cent quatre-vingts Kalpas complets depuis que le monde n'a pas possédé de Buddha.

33. L'univers était vide des Meilleurs des hommes, et pendant tout ce temps les lieux où l'homme est puni ne faisaient que s'augmenter; le nombre des corps divins diminuait au contraire; oui, il y a bien de cela quatre-vingts myriades de Kalpas.

34. Aujourd'hui, celui qui est l'œil, la voie, l'appui, le protecteur, le père,
f. 94 *a.* l'ami [des créatures], celui qui est bon, plein de miséricorde, le roi de la loi, est apparu dans ce monde par [suite de] nos bonnes œuvres.

Après avoir ainsi célébré, ô Religieux, par ces stances régulières prononcées en sa présence, le bienheureux Tathâgata Mahâbhidjñâdjñânâbhibhû, vénérable, etc., les Mahâbrahmâs lui parlèrent ainsi : Que le Bienheureux, que le Sugata fasse tourner la roue de la loi dans le monde! [etc. comme ci-dessus, f. 92 *a* jusqu'à :] Alors, ô Religieux, ces Brahmâs, au nombre de cinquante fois cent mille myriades de kôṭis, adressèrent au Bienheureux, d'une seule voix et d'un commun accord, les deux stances suivantes :

35. Fais tourner, ô grand solitaire, l'excellente roue; enseigne la loi dans les
f. 94 *b.* dix points de l'espace; sauve les êtres tourmentés par les conditions du malheur; fais naître chez les créatures la joie et le contentement :

36. Afin que t'ayant entendu, ils obtiennent l'état de Buddha, ou qu'ils aillent dans des demeures divines; que tous quittent leurs corps d'Asuras, et qu'ils deviennent calmes, maîtres d'eux-mêmes et heureux.

Cependant, ô Religieux, le Bienheureux gardait le silence et ne répondait rien aux Mahâbrahmâs.

Ensuite, ô Religieux, au midi, dans ces cinquante centaines de mille, etc. d'univers, les chars de Brahmâ qui s'y trouvaient brillèrent, furent éclairés, resplendirent, furent lumineux et éclatants, [etc. comme ci-dessus, f. 90 *b* jusqu'à :] Ensuite, ô Religieux, dans ces cinquante centaines de mille, etc. d'univers, le Mahâbrahmâ nommé *Sadharma* adressa les deux stances suivantes à la grande troupe des Brahmâs :

37. Ce n'est pas sans cause, ce n'est pas sans motif, ô amis, que tous ces chars paraissent aujourd'hui lumineux; cette lumière nous annonce quelque prodige dans le monde; cherchons-en bien l'origine. f. 95 *a*.

38. Plusieurs centaines de Kalpas se sont écoulées depuis qu'on n'a vu un prodige de cette espèce; sans doute c'est un fils des Dêvas qui est né ici, ou bien c'est un Buddha qui a paru dans le monde.

Ensuite, ô Religieux, les Mahâbrahmâs qui se trouvaient dans ces cinquante centaines de mille, etc. d'univers, réunis tous ensemble en un seul corps, étant montés chacun sur leurs chars divins de Brahmâ et ayant pris des corbeilles de fleurs divines de la grandeur du mont Sumèru, parcoururent, en cherchant, les quatre points de l'horizon, et étant parvenus du côté du nord, ces Mahâbrahmâs y virent le bienheureux Tathâgata Mahâbhidjñâdjñânâbhibhû, vénérable, [etc. comme ci-dessus, f. 91 *a* jusqu'à :] Alors, ô Religieux, tous ces Mahâbrahmâs ayant offert au Bienheureux chacun son propre char, célébrèrent en ce moment le Bienheureux dans des stances régulières qu'ils prononcèrent en sa présence. f. 95 *b*.

39. Elle est difficile à obtenir la vue des Guides [du monde]. Sois le bienvenu, ô toi qui détruis l'existence et la cupidité ! Il y a bien longtemps, il y a des centaines de Kalpas complets qu'on ne t'a vu dans le monde.

40. O Chef du monde ! remplis de joie les créatures altérées, toi qu'on n'a pas vu avant aujourd'hui, toi que l'on voit si rarement ; tout de même que la fleur de l'Udumbara est difficile à rencontrer, ainsi, ô Guide, il est rare qu'on te voie. f. 96 *a*.

41. C'est par ta puissance, ô Guide [du monde], que nos chars brillent aujourd'hui d'un éclat surnaturel; accepte-les, ô toi dont la vue est infinie, et consens à en jouir par bienveillance pour nous.

Après avoir ainsi célébré, ô Religieux, par ces stances régulières prononcées en sa présence, le bienheureux Tathâgata Mahâbhidjñâdjñânâbhibhû, vénérable, etc., les Mahâbrahmâs lui parlèrent ainsi : Que le Bienheureux, que le Sugata fasse tourner la roue de la loi dans le monde! [etc. comme ci-dessus, f. 92 *a* jusqu'à :] Alors, ô Religieux, ces Brahmâs, au nombre de cinquante fois cent mille myriades de kôṭis, adressèrent au Bienheureux,
f. 96 *b*. d'une seule voix et d'un commun accord, les deux stances suivantes :

42. Enseigne la loi, ô bienheureux Guide [des hommes], et fais tourner cette roue de la loi; fais résonner la timbale de la loi, et enfle la conque de la loi.

43. Fais tomber dans le monde la pluie de la loi excellente; fais entendre le langage dont le son est doux; prononce la parole de la loi qu'on te demande; sauve des myriades de kôṭis de créatures.

Cependant, ô Religieux, le Bienheureux gardait le silence, et ne répondait rien aux Mahâbrahmâs.

Pour tout dire, enfin, la même chose eut lieu au sud-ouest; la même chose eut lieu à l'ouest; la même, au nord-ouest; la même, au nord; la même, au nord-est; la même, au point de l'espace qui est au-dessous [de la terre].

Ensuite, ô Religieux, au point de l'espace qui est en haut, dans ces cinquante centaines de mille de myriades de kôṭis d'univers, les chars de Brahmâ qui s'y trouvaient brillèrent, furent éclairés, resplendirent, furent lumineux et éclatants. Aussi, ô Religieux, cette réflexion vint-elle à l'esprit des Brahmâs : Ces chars de Brahmâ brillent extraordinairement, ils sont éclairés, ils resplendissent, ils sont lumineux et éclatants. Qu'est-ce que
f. 97 *a*. cet événement nous présage? Ensuite, ô Religieux, tous les Mahâbrahmâs qui se trouvaient dans ces cinquante centaines de mille, etc. d'univers s'étant rendus chacun dans le palais les uns des autres, se communiquèrent cette question. Alors, ô Religieux, le Mahâbrahmâ nommé *Çikhin* adressa à la grande troupe des Brahmâs les stances suivantes :

44. Quelle est, amis, la cause pour laquelle nos chars resplendissent? Pourquoi brillent-ils d'un éclat, d'une couleur et d'une lumière extraordinaires?

45. Non, nous n'avons pas vu précédemment un pareil miracle, et personne n'a rien entendu auparavant de pareil; voilà qu'aujourd'hui nos chars brillent d'une splendeur et d'un éclat extraordinaires : quelle en peut être la cause ?

46. Serait-ce que quelque fils des Dêvas est né en ce monde en récompense de sa pieuse conduite? Serait-ce sa puissance qui se manifeste? Ou bien aurait-il paru enfin un Buddha dans le monde ?

Ensuite, ô Religieux, les Mahâbrahmâs qui se trouvaient dans ces cinquante centaines de mille, etc. d'univers, réunis tous ensemble en un seul corps, étant montés chacun sur leurs chars divins de Brahmâ, et ayant pris des corbeilles de fleurs divines de la grandeur du mont Sumêru, parcoururent, en cherchant, les quatre points de l'horizon, et étant parvenus au point qui est en haut, ces Mahâbrahmâs y virent le Bienheureux f. 97 *b.*
Tathâgata Mahâbhidjñâdjñânâbhibhû, vénérable, etc., parvenu à l'intime et suprême essence de l'état de Bôdhi, assis sur un trône auprès de l'arbre Bôdhi, entouré et servi par des Dêvas, des Nâgas, des Yakchas, des Gandharvas, des Asuras, des Garuḍas, des Kinnaras, des Mahôragas, des hommes et des êtres n'appartenant pas à l'espèce humaine, sollicité par les seize Râdjakumâras de faire tourner la roue de la loi. Ayant regardé de nouveau, ils se dirigèrent du côté où se trouvait le Bienheureux, et y étant parvenus, saluant ses pieds en les touchant de la tête, et ayant tourné autour de lui, en signe de respect, plus de cent mille fois, ils couvrirent le Bienheureux de ces corbeilles de fleurs de la grandeur du mont Sumêru, les répandirent sur lui en abondance, et en ayant couvert l'arbre Bôdhi sur une étendue de dix Yôdjanas, ils offrirent à ce Bienheureux leurs chars de Brahmâ. Que le Bienheureux accepte ces chars de Brahmâ, [lui dirent-ils,] pour nous témoigner sa compassion. Que le Bienheureux jouisse, que le Sugata jouisse de ces chars de Brahmâ par compassion pour nous. Alors, ô Religieux, tous ces Mahâbrahmâs ayant offert au Bienheureux chacun son f. 98 *a.*
propre char, célébrèrent en ce moment le Bienheureux dans ces stances régulières qu'ils prononcèrent en sa présence.

47. Elle est excellente la vue des Buddhas, des Chefs du monde, des Protecteurs; car ce sont les Buddhas qui délivrent les créatures enchaînées dans l'enceinte des trois mondes.

48. Les Indras du monde, dont la vue est infinie, embrassent de leur regard

les dix points de l'espace; ouvrant la porte de l'immortalité, ils sauvent un grand nombre d'êtres.

49. Ils sont inconcevables, ils sont vides les Kalpas écoulés jadis, pendant lesquels l'absence des chefs des Djinas avait plongé les dix points de l'espace dans les ténèbres.

50. [Pendant ce temps,] les Enfers redoutables, les existences animales et les Asuras, n'avaient fait que s'accroître; des milliers de kôṭis de créatures avaient pris naissance parmi les Prêtas.

51. Les corps divins étaient abandonnés; les êtres, après leur mort, entraient dans la mauvaise voie; n'ayant pas entendu la loi des Buddhas, la voie du péché leur était seule ouverte.

52. La connaissance de la pure règle de la conduite religieuse est étrangère à tous les êtres; pour eux le bonheur est anéanti, et l'idée du bonheur n'existe pas davantage.

53. Ils sont privés de morale, et restent étrangers à la bonne loi; n'étant pas disciplinés par le Chef du monde, ils tombent dans la mauvaise voie.

54. O lumière du monde, c'est un bonheur que tu sois né, toi qui, depuis si longtemps, n'as pas paru [dans l'univers]; tu es né ici par compassion pour tous les êtres.

f. 98 *b*. 55. Tu as heureusement et sans peine acquis la science excellente d'un Buddha; nous éprouvons de la joie à ta présence, ainsi que ce monde réuni aux Dêvas.

56. C'est par ta puissance, ô Seigneur, que nos chars sont devenus si beaux; nous te les donnons, ô grand héros : veuille bien, ô Solitaire, les accepter.

57. Jouis-en, ô Guide [du monde], par compassion pour nous; et nous, puissions-nous, ainsi que toutes les créatures, toucher à l'état suprême de Bôdhi!

Après avoir ainsi célébré, ô Religieux, dans ces stances régulières, prononcées en sa présence, le bienheureux Tathâgata Mahâbhidjñâdjñânâbhibhû, vénérable, etc., les Mahâbrahmâs lui parlèrent ainsi : Que le Bienheureux, que le Sugata fasse tourner la roue de la loi dans le monde! Que le Bienheureux enseigne le Nirvâṇa! Que le Bienheureux sauve les êtres! Que le Bienheureux témoigne sa bienveillance à ce monde! Que le Bienheureux, que le maître de la loi enseigne la loi à ce monde réuni aux Dêvas, aux Mâras, aux Brahmâs, à l'ensemble des créatures, Dêvas et hommes, Çramaṇas et Brâhmanes! Cela sera pour l'utilité et pour le bonheur de beaucoup d'êtres, par compassion pour le monde, pour l'utilité, l'avantage et le bonheur du grand corps des êtres, Dêvas et hommes.

Alors, ô Religieux, ces Brahmâs, au nombre de cinquante fois cent mille myriades de kôṭis, adressèrent au Bienheureux, d'une seule voix et d'un commun accord, ces deux stances régulières : f. 99 a.

58. Fais tourner la roue excellente, laquelle n'a pas de supérieure; frappe les timbales de l'immortalité; délivre les créatures des cent espèces de maux, et montre-leur le chemin du Nirvâṇa.

59. Expose-nous la loi que nous cherchons; témoigne ta bienveillance à ce monde et à nous; fais entendre ta voix douce et belle, qui a retenti, il y a des milliers de kôṭis de Kalpas.

Ensuite, ô Religieux, le bienheureux Mahâbhidjñâdjñânâbhibhû, vénérable, etc., connaissant la prière de ces cent mille myriades de kôṭis de Brahmâs, ainsi que celle de ses seize fils, les Râdjakumâras, fit tourner en cet instant la grande roue de la loi, qui a trois tours et se compose de douze parties constituantes, cette roue que n'a plus fait tourner de nouveau dans le monde, d'une manière légale, ni un Çramaṇa, ni un Brâhmane, ni un Dêva, ni un Mâra, ni un Brahmâ, ni quelque autre être que ce soit; [et il le fit] en disant : Ceci est le malheur; ceci est la production du malheur; ceci est l'anéantissement du malheur; ceci est la voie qui conduit à l'anéantissement du malheur; voilà la vérité des Âryas. Il expliqua aussi avec étendue comment se développe la production de l'enchaînement mutuel des causes, en disant : Les conceptions, ô Religieux, ont pour cause l'ignorance; la connaissance a pour cause les conceptions; le nom et la forme ont pour cause la connaissance; les six siéges [des sens] ont pour cause le nom et la forme; le contact a pour cause les six siéges [des sens]; la sensation a pour cause le contact; le désir a pour cause la sensation; la caption a pour cause le désir; l'existence a pour cause la caption; la naissance a pour cause l'existence; de la naissance, qui en est la cause, viennent la vieillesse et la mort, les peines, les lamentations, la douleur, le chagrin, le désespoir. C'est ainsi qu'a lieu la production de ce qui n'est qu'une grande masse de maux. De l'anéantissement de l'ignorance vient celui des conceptions; de l'anéantissement des conceptions, celui de la connaissance; de l'anéantissement de la connaissance, celui du nom et de la forme; de l'anéantissement du nom et de la forme, celui des six siéges [des sens]; de l'anéantissement des six siéges [des sens], celui du contact;

f. 99 b.

de l'anéantissement du contact, celui de la sensation; de l'anéantissement de la sensation, celui du désir; de l'anéantissement du désir, celui de la caption; de l'anéantissement de la caption, celui de l'existence; de l'anéantissement de l'existence, celui de la naissance; de l'anéantissement de la naissance, celui de la vieillesse, de la mort, des peines, des lamentations, de la douleur, du chagrin, du désespoir. C'est ainsi qu'a lieu l'anéantissement de ce qui n'est qu'une grande masse de maux.

Or, ô Religieux, pendant que le bienheureux Tathâgata Mahâbhidjñâ-
f. 100 a. djñânâbhibhû, vénérable, etc., faisait ainsi tourner la roue de la loi en présence de l'assemblée formée par le monde réuni aux Dêvas, aux Mâras et aux Brahmâs, et par l'ensemble des créatures, Çramaṇas, Brâhmanes, Dêvas, hommes et Asuras, alors, en ce moment même, ô Religieux, les esprits de soixante fois cent mille myriades de kôṭis d'êtres vivants furent d'eux-mêmes affranchis de leurs imperfections, et tous ces êtres furent mis en possession des trois sciences, des six connaissances surnaturelles et de la contemplation des huit [moyens d'] affranchissement. Le bienheureux Tathâgata Mahâbhidjñâdjñânâbhibhû, vénérable, etc., fit ensuite successivement, ô Religieux, une seconde exposition de la loi, puis de même une troisième, puis enfin une quatrième. Alors, ô Religieux, à chaque exposition de la loi que fit le bienheureux Tathâgata Mahâbhidjñâdjñânâbhibhû, vénérable, etc., les esprits de cent mille myriades de kôṭis d'êtres vivants furent d'eux-mêmes affranchis de leurs imperfections. A partir de ce moment, ô Religieux, l'assemblée des Çrâvakas du Bienheureux dépassa tout calcul.

De plus, en ce temps-là, ô Religieux, les seize fils de roi qui étaient devenus Kumâras, quittèrent tous leur maison dans l'excès de leur foi,
f. 100 b. afin d'entrer dans la vie religieuse, et devinrent tous des Çrâmaṇêras sages, éclairés, intelligents, habiles, serviteurs de plusieurs centaines de mille de Buddhas, et aspirant à obtenir l'état suprême de Buddha parfaitement accompli. Alors, ô Religieux, ces seize Çrâmaṇêras s'adressèrent en ces termes au bienheureux Tathâgata Mahâbhidjñâdjñânâbhibhû, vénérable, etc. Ces nombreuses centaines de mille de myriades de kôṭis de Çrâvakas du Tathâgata, ô Bienheureux, sont, grâce à l'enseignement de la loi qu'a fait le Bienheureux, arrivés à posséder complétement les grandes facultés surnaturelles, la grande énergie, la grande puissance. Que le Tathâgata vénérable, etc., ô Bienheureux, consente donc, par compassion pour nous, à

nous enseigner la loi, en commençant par l'état suprême de Buddha parfaitement accompli; car nous aussi, nous sommes les disciples du Tathâgata. Nous demandons, ô Bienheureux, la vue de la science du Tathâgata; le Bienheureux lui-même est en cette matière le témoin de nos intentions. Toi qui connais, ô Bienheureux, les pensées de tous les êtres, tu sais quel est notre désir.

Or, en ce moment, ô Religieux, à la vue de ces jeunes enfants, fils de roi, qui étant entrés dans la vie religieuse, étaient devenus Çrâmaṇêras, la moitié de la foule dont se composait la suite du roi Tchakravartin, entra f. 101 a.
dans la vie religieuse, formant ensemble quatre-vingts centaines de mille de myriades de kôṭis d'êtres vivants.

Alors, ô Religieux, le bienheureux Tathâgata Mahâbhidjñâdjñânâbhibhû, vénérable, etc., ayant reconnu l'intention de ces Çrâmaṇêras, expliqua d'une manière étendue, pendant vingt mille Kalpas, le Sûtra nommé *le Lotus de la bonne loi*, contenant de grands développements, etc. [comme plus haut, f. 4 a], en présence des quatre assemblées réunies.

De plus, en ce temps-là, ô Religieux, les seize Çrâmaṇêras reçurent, saisirent, pénétrèrent, comprirent parfaitement les discours prononcés par le Bienheureux. Ensuite, ô Religieux, le bienheureux Tathâgata Mahâbhidjñâdjñânâbhibhû, vénérable, etc., prédit aux seize Çrâmaṇêras leurs destinées futures, en leur disant qu'ils parviendraient un jour à l'état suprême de Buddha parfaitement accompli; et pendant qu'il expliquait cette exposition de la loi du Lotus de la bonne loi, les Çrâvakas étaient pleins de confiance, ainsi que les seize Çrâmaṇêras; mais plusieurs centaines de mille de myriades de kôṭis d'êtres vivants sentaient naître des doutes dans leur esprit.
Alors, ô Religieux, le bienheureux Tathâgata Mahâbhidjñâdjñânâbhibhû, f. 101 b.
vénérable, etc., après avoir expliqué sans relâche, pendant huit mille Kalpas, cette exposition de la loi du Lotus de la bonne loi, se retira dans le Vihâra pour s'y absorber dans la méditation; et y étant entré, ô Religieux, le Tathâgata resta dans le Vihâra durant quatre-vingt-quatre mille Kalpas, ainsi absorbé dans la méditation

Ensuite, ô Religieux, les seize Çrâmaṇêras voyant que le bienheureux Tathâgata Mahâbhidjñâdjñânâbhibhû, vénérable, etc., était absorbé dans la méditation, après avoir fait disposer pour chacun d'eux des trônes, siéges de la loi, s'y assirent, et après avoir vénéré le bienheureux Tathâgata Mahâbhidjñâdjñânâbhibhû, ils expliquèrent avec de grands développements, aux quatre assemblées réunies, cette exposition de la loi du Lotus de la bonne loi, pendant quatre-vingt-quatre mille Kalpas. Dans cette circonstance, ô Religieux, chacun de ces Çrâmaṇêras devenu Bôdhisattva, mûrit, instruisit, remplit de joie, combla de satisfaction, dirigea des centaines de mille de myriades de koṭis d'êtres vivants, en nombre égal à celui des sables de soixante fois soixante Ganges, pour les conduire à l'état suprême de Buddha parfaitement accompli.

f. 102 a. Ensuite, ô Religieux, le bienheureux Tathâgata Mahâbhidjñâdjñânâbhibhû, vénérable, etc., à l'expiration des quatre-vingt-quatre mille Kalpas, le Bienheureux, dis-je, doué de mémoire et de sagesse, se releva de cette méditation; et s'en étant relevé, le Bienheureux se dirigea vers le lieu où se trouvait le siége de la loi; et y étant arrivé, il s'assit sur le siége qui lui était destiné.

A peine, ô Religieux, le bienheureux Tathâgata Mahâbhidjñâdjñânâbhibhû fut-il assis sur le siége de la loi, que jetant les yeux sur le cercle entier de l'assemblée, il s'adressa ainsi à la réunion des Religieux : Ils ont acquis une chose étonnante, ô Religieux, ils ont acquis une chose merveilleuse, les seize Çrâmaṇêras, pleins de sagesse, qui ont honoré plusieurs centaines de mille de myriades de kôṭis de Buddhas, qui ont rempli les devoirs religieux, qui se sont exercés dans la science de Buddha, qui l'ont saisie, qui la transmettent et l'expliquent [aux autres]. Honorez, ô Religieux, ces seize Çrâmaṇêras; car tous ceux, quels qu'ils soient, ô Religieux, qui faisant usage du véhicule des Çrâvakas, ou de celui des Pratyêkabuddhas, ou de celui des Bôdhisattvas, ne mépriseront pas, ne blâmeront pas ces fils de famille occupés à exposer la loi, deviendront bientôt possesseurs de
f. 102 b. l'état suprême de Buddha parfaitement accompli; tous ceux-là obtiendront la science du Tathâgata.

De plus, ô Religieux, ces seize fils de famille expliquèrent à plusieurs reprises, sous l'enseignement de ce Bienheureux, cette exposition de la loi du Lotus de la bonne loi. Et les centaines de mille de myriades de kôṭis d'êtres vivants, en nombre égal à celui des sables de soixante fois soixante Ganges, qui avaient été introduits dans l'état de Buddha par chacun de ces seize Çrâmaṇêras, devenus Bôdhisattvas Mahâsattvas, ces myriades d'êtres, dis-je, entrèrent dans la vie religieuse avec ces Çrâmaṇêras, chacun dans leurs diverses existences; tous jouirent de leur vue; ils entendirent la bonne loi de leur bouche même; ils comblèrent de joie quarante mille kôṭis de Buddhas, et quelques-uns les en comblent même encore aujourd'hui.

Je vais vous témoigner mon affection, ô Religieux, je vais vous instruire. Oui, ces seize fils de roi, devenus Kumâras, qui s'étant faits Çrâmaṇêras sous l'enseignement de ce Bienheureux, sont devenus interprètes de la loi, ces personnages, dis-je, sont tous parvenus à l'état suprême de Buddha parfaitement accompli; tous ils se trouvent, ils vivent, ils existent dans ce monde, occupés, dans les dix points de l'espace, dans de nombreuses terres de Buddha, à enseigner la loi à plusieurs centaines de mille de myriades de kôṭis de Çrâvakas et de Bôdhisattvas. Par exemple, ô Religieux, à f. 103 a.
l'orient, dans l'univers Abhirati, est le Tathâgata nommé *Akchôbhya*, vénérable, etc., et le Tathâgata nommé *Mêrukûṭa*, vénérable, etc. Au sud-est, ô Religieux, se trouve le Tathâgata nommé *Siṁhaghôcha*, vénérable, etc., et le Tathâgata nommé *Siṁhadhvadja*, vénérable, etc. Au midi, ô Religieux, se trouve le Tathâgata nommé *Âkâçapratichṭhita*, vénérable, etc., et le Tathâgata nommé *Nityaparivṛĭta*, vénérable, etc. Au sud-ouest, ô Religieux, se trouve le Tathâgata nommé *Indradhvadja*, vénérable, etc., et le Tathâgata nommé *Brahmadhvadja*, vénérable, etc. A l'occident, ô Religieux, se trouve le Tathâgata nommé *Amitâbha*, vénérable, etc., et le Tathâgata nommé *Sarvalôkadhâtûpadravôdvêgapratyuttîrṇa*, vénérable, etc. Au nord-ouest, ô Religieux, se trouve le Tathâgata nommé *Tamâlapatratchandanagandha*, vénérable, etc., et le Tathâgata nommé *Mêrukalpa*, vénérable, etc. Au nord, ô Religieux, se trouve le Tathâgata nommé *Mêghasvara*, vénérable, etc., et le Tathâgata nommé *Mêghasvararâdja*, vénérable, etc. Au nord-est, ô Religieux, se trouve le Tathâgata nommé *Sarvalôkabhayâstam-* f. 103 b.
bhitatvavidhvaṁsanakara, vénérable, etc., et moi, ô Religieux, qui suis le seizième, et qui, sous le nom de *Çâkyamuni*, et en qualité de Tathâgata, vénérable, etc., suis parvenu, dans la région centrale de l'univers Saha, à l'état suprême de Buddha parfaitement accompli.

De plus, ô Religieux, ceux des êtres qui, pendant que nous étions Çrâmaṇêras, sous l'enseignement du Bienheureux, ont entendu la loi de notre bouche, ces nombreuses centaines de mille de myriades de kôṭis d'êtres vivants, en nombre égal à celui des sables du Gange, qui suivaient chacun des seize Bôdhisattvas, et que chacun de nous séparément introduisait dans l'état

suprême de Buddha parfaitement accompli, tous ces êtres, ô Religieux, placés aujourd'hui même sur le terrain des Çrâvakas, sont mûris pour l'état suprême de Buddha parfaitement accompli; ils sont parvenus au rang qui assure la possession de cet état. Pourquoi cela? C'est que, ô Religieux, la science des Tathâgatas n'obtient pas aisément la confiance des hommes. Et quels sont donc, ô Religieux, ces êtres sans nombre et sans mesure, semblables aux sables du Gange, ces centaines de mille de myriades de kôṭis d'êtres vivants qui, pendant que j'étais Bôdhisattva, sous l'empire du Bien-
f. 104 a. heureux, ont entendu de ma bouche la parole de l'omniscience? C'est vous, ô Religieux, qui, en ce temps, à cette époque, étiez ces êtres.

Et ceux qui dans l'avenir seront Çrâvakas, lorsque je serai entré dans le Nirvâṇa complet, ceux-là entendront exposer les règles de la conduite des Bôdhisattvas, mais ils ne s'imagineront pas qu'ils sont des Bôdhisattvas. Ces êtres, en un mot, ô Religieux, ayant tous l'idée du Nirvâṇa complet, entreront dans cet état. Il y a plus, ô Religieux, s'il arrivait que je dusse me retrouver dans d'autres univers sous d'autres noms, ces êtres y renaîtraient aussi de nouveau, cherchant la science des Tathâgatas, et ils entendraient de nouveau cette doctrine : Le Nirvâṇa complet des Tathâgatas est unique; il n'y a pas là un autre ni un second Nirvâṇa. Il faut reconnaître ici, ô Religieux, [dans l'indication de plusieurs Nirvâṇas,] un effet de l'habileté dans l'emploi des moyens dont les Tathâgatas disposent; c'est là l'exposition de l'enseignement de la loi. Lorsque le Tathâgata, ô Religieux, reconnaît que le temps, que le moment du Nirvâṇa complet est venu pour lui, et qu'il voit que l'assemblée est parfaitement pure, qu'elle est pleine de confiance, qu'elle comprend les lois du vide, qu'elle est livrée à la contemplation, livrée à la grande contemplation, alors, ô Religieux, le Tathâgata, se disant : « Voici « le temps arrivé, » après avoir rassemblé tous les Bôdhisattvas et tous les Çrâvakas, leur fait entendre ensuite ce sujet : Il n'y a certainement pas, ô
f. 104 b. Religieux, dans le monde un second véhicule, ni un second Nirvâṇa; que dire donc de l'existence d'un troisième? C'est là un effet de l'habileté dans l'emploi des moyens dont disposent les Tathâgatas vénérables, etc., [qu'il paraisse exister plusieurs véhicules,] lorsque voyant la réunion des êtres profondément perdue, livrée à des affections misérables, plongée dans la fange des désirs, le Tathâgata leur expose l'espèce de Nirvâṇa dans lequel ils sont capables d'avoir confiance.

C'est, ô Religieux, comme s'il y avait ici une épaisse forêt de cinq cents Yôdjanas d'étendue, et qu'une grande troupe de gens y soit réunie, et qu'à leur tête se trouve un guide pour leur enseigner le chemin de l'Île des joyaux, un guide éclairé, sage, habile, prudent, connaissant les passages difficiles de la forêt, et que ce guide s'occupe à faire sortir de la forêt cette réunion de marchands. Cependant, que cette grande troupe de gens, fatiguée, épuisée, effrayée, épouvantée, parle ainsi : Sache, ô vénérable guide, ô vénérable conducteur, que nous sommes fatigués, épuisés, effrayés, épouvantés, et cependant nous n'avons pas encore atteint le terme de notre délivrance ; nous retournerons sur nos pas, il y a trop loin d'ici [à l'extrémité] de cette forêt. Qu'alors, ô Religieux, ce guide habile dans l'emploi des divers moyens, voyant ces hommes désireux de retourner sur leurs pas, se livre à cette réflexion : Ces malheureux ne parviendront pas ainsi à la grande Île des joyaux ; et que, par compassion pour eux, il mette en usage l'habileté dont il dispose. Qu'au milieu de cette forêt, il construise f. 105 *a*.
une ville, effet de sa puissance magique, dont l'étendue surpasse cent ou deux cents Yôdjanas; qu'ensuite il s'adresse ainsi à ces hommes : N'ayez pas peur, ne retournez pas en arrière. Voici un grand pays, il faut vous reposer; faites-y tout ce que vous avez besoin de faire ; arrivés au terme de votre délivrance, fixez ici votre séjour. Ensuite, quand vous serez délassés de vos fatigues, celui qui y aura encore affaire ira jusqu'à l'Île des joyaux, jusqu'à la grande ville.

Qu'alors, ô Religieux, les gens qui se trouvaient dans la forêt soient frappés d'étonnement et de surprise : Nous voici sortis de cette épaisse forêt; arrivés au terme de notre délivrance, nous fixerons ici notre séjour. Qu'alors, ô Religieux, ces hommes entrent dans cette ville produite par une puissance magique, qu'ils se croient arrivés au but, qu'ils se croient sauvés, en possession du repos; qu'ils pensent ainsi : Nous voici calmes. Qu'ensuite le guide voyant leur fatigue dissipée, fasse disparaître cette ville produite par sa puissance magique, et que l'ayant fait disparaître, il s'adresse ainsi à ces hommes : Marchez, amis, voici la grande Île des joyaux tout près d'ici; cette ville n'a été construite par moi que pour servir à vous délasser.

De même, ô Religieux, le Tathâgata, vénérable, etc., est votre guide et f. 105 *b*.
celui de tous les êtres. En effet, ô Religieux, le Tathâgata vénérable, etc., réfléchit ainsi : Il faut ouvrir un chemin à travers cette grande forêt des dou-

leurs, il faut en sortir, il faut l'abandonner. Puissent les êtres, après avoir entendu cette science de Buddha, ne pas retourner bien vite sur leurs pas! Puissent-ils ne pas arriver à se dire : Cette science de Buddha qu'il faut apprendre est pleine de difficultés! Alors le Tathâgata reconnaissant que les créatures ont des inclinations faibles, de même que ce guide qui construit une ville produite par sa puissance magique, pour servir à délasser ses gens, et qui leur parle ainsi après qu'ils s'y sont reposés : Cette ville n'est que le produit de ma puissance magique; le Tathâgata, dis-je, ô Religieux, grâce à la grande habileté qu'il possède dans l'emploi des moyens, montre en attendant et enseigne aux créatures, pour les délasser, deux degrés de Nirvâṇa, savoir, le degré des Çrâvakas et celui des Pratyêkabuddhas. Et dans le temps, ô Religieux, que les créatures s'y arrêtent, alors le Tathâgata lui-même leur fait entendre ces paroles : Vous n'avez pas accompli votre tâche, ô Religieux, vous n'avez pas fait ce que vous aviez à faire; mais la science des Tathâgatas est
f. 106 *a*. près de vous; regardez, ô Religieux; réfléchissez-y bien, ô Religieux : ce qui est à vos yeux le Nirvâṇa n'est pas le Nirvâṇa [véritable]; bien au contraire, c'est là un effet de l'habileté dans l'emploi des moyens dont disposent les Tathâgatas vénérables, etc., qu'ils exposent trois véhicules différents.

Ensuite Bhagavat voulant exposer ce sujet plus amplement, prononça dans cette occasion les stances suivantes :

60. Le Guide du monde, Abhidjñâdjñânâbhibhû, qui était parvenu à l'intime essence de la Bôdhi, resta pendant dix moyens Kalpas complets, sans pouvoir obtenir l'état de Buddha, quoiqu'il vît la vérité.

61. Alors les Dêvas, les Nâgas, les Asuras, les Guhyakas, appliqués à rendre un culte à ce Djina, firent tomber une pluie de fleurs dans le lieu où ce Chef des hommes parvint à l'état de Bôdhi.

62. Et ils frappèrent les timbales du haut des cieux, afin de rendre honneur à ce Djina; et ils étaient plongés dans la douleur, de ce que le Djina mettait un temps si long à parvenir à la situation suprême.

63. Au bout de dix moyens Kalpas, le Bienheureux, surnommé l'Invincible, parvint à toucher à l'état de Bôdhi; les Dêvas, les hommes, les Nâgas et les Asuras furent tous remplis de joie et de satisfaction.

64. Les seize fils du Guide des hommes, ces héros devenus Kumâras, qui étaient riches en vertus, vinrent, avec des milliers de kôṭis d'êtres vivants, pour honorer le premier des Indras des hommes.

65. Et après avoir salué les pieds du Guide [des hommes], ils le sollicitèrent en lui disant : Expose la loi et réjouis-nous, ainsi que ce monde, par tes bons discours, toi qui es un lion parmi les Indras des hommes. f. 106 b.

66. O grand Guide [des hommes], il y a longtemps qu'on ne t'a vu paraître dans les dix points de cet univers, ébranlant les chars de Brahmâ par un prodige destiné à éveiller les créatures.

67. A l'orient, cinquante mille fois dix millions de terres furent ébranlées, et les excellents chars de Brahmâ qui s'y trouvaient, resplendirent d'un éclat extraordinaire.

68. Ces Dêvas connaissant ce prodige pour en avoir vu autrefois un pareil, se rendirent auprès de l'Indra des Guides du monde, et après l'avoir couvert entièrement de fleurs, ils lui firent l'offrande de tous leurs chars.

69. Ils le sollicitèrent de faire tourner la roue de la loi; ils le célébrèrent en chantant et en lui adressant des stances; cependant le roi des Indras des hommes gardait le silence, [parce qu'il pensait ainsi :] Il n'est pas encore temps pour moi d'exposer la loi.

70. De même au midi, à l'occident, au nord, au point placé sous la terre, aux points intermédiaires de l'horizon, ainsi qu'au point supérieur, mille fois dix millions de Brahmâs s'étant réunis,

71. Couvrirent de fleurs le Protecteur, et après avoir salué les pieds du Guide [des hommes], et lui avoir fait l'offrande de tous leurs chars, ils le célébrèrent et lui adressèrent de nouveau la même prière.

72. Fais tourner la roue de la loi, ô toi dont la vue est infinie ! On ne peut te rencontrer qu'au bout de nombreux kôṭis de Kalpas; enseigne-nous cette doctrine f. 107 a.
que, dans l'énergie de ta bienveillance, tu daignas répandre autrefois; ouvre-nous la porte de l'immortalité.

73. Celui dont la vue est infinie, sachant quelle était leur prière, exposa la loi de beaucoup de façons différentes; il enseigna les quatre vérités avec de grands développements : Toutes ces existences, [dit-il,] naissent [de l'enchaînement successif] des causes.

74. Le sage doué de vue, commençant par l'ignorance, parla de la mort dont la douleur est sans fin; toutes les misères sont produites par la naissance; connaissez ce que c'est que la mort des hommes.

75. A peine eut-il exposé les lois variées, de diverses espèces, et qui n'ont pas de fin, que quatre-vingts myriades de kôṭis de créatures qui les avaient entendues, furent sans peine établies sur le terrain des Çrâvakas.

76. Il y eut un second moment où le Djina se mit à exposer amplement la loi;

et en cet instant même des créatures purifiées, aussi nombreuses que les sables du Gange, furent établies sur le terrain des Çrâvakas.

77. A partir de ce moment, l'assemblée du Guide du monde devint incalculable; chacun [de vous] comptant pendant des myriades de kôṭis de Kalpas, ne pourrait en atteindre le terme.

78. Et les seize fils de roi, ces fils chéris, qui étaient parvenus à la jeunesse, s'étant faits tous Çrâmaṇêras, dirent à ce Djina : Expose, ô Guide [du monde], la loi excellente.

79. Puissions-nous, ô toi qui es le meilleur de tous les êtres, devenir tels que tu es toi-même, devenir des sages connaissant le monde! et puissent tous ces êtres aussi devenir tels que tu es toi-même, doués d'une vue parfaite!

f. 107 b. 80. Le Djina connaissant les pensées de ses fils devenus Kumâras, leur exposa l'excellent et suprême état de Bôdhi, au moyen de nombreuses myriades de kôṭis d'exemples.

81. Enseignant à l'aide de milliers de raisons, et exposant la science des connaissances surnaturelles, le Chef du monde montra les règles de la véritable doctrine, de celle que suivent les sages Bôdhisattvas.

82. Le Bienheureux exposa ce beau Lotus de la bonne loi, ce Sûtra aux grands développements, en le récitant dans de nombreux milliers de stances dont le nombre égale celui des sables du Gange.

83. Après avoir exposé ce Sûtra, le Djina étant entré dans le Vihâra, s'y livra à la méditation; pendant quatre-vingt-quatre Kalpas complets, le Chef du monde resta recueilli dans la même posture.

84. Les Çrâmaṇêras voyant que le Guide [du monde] était assis dans le Vihâra, d'où il ne sortait pas, firent entendre à beaucoup de kôṭis de créatures cette science de Buddha, qui est exempte d'imperfections et qui est fortunée.

85. S'étant fait préparer chacun un siége distinct, ils exposèrent aux créatures ce Sûtra même; c'est ainsi que sous l'enseignement de ce Sugata, ils remplirent alors leur mission.

86. Ils firent alors entendre [la loi] à un nombre d'êtres aussi infini que les sables de soixante mille Ganges; chacun des fils du Sugata convertit en cette circonstance une immense multitude de créatures.

87. Quand le Djina fut entré dans le Nirvâṇa complet, ces sages virent des kôṭis de Buddhas auprès desquels ils s'étaient rendus; accompagnés alors de tous ceux auxquels ils avaient fait entendre [la loi], ils rendirent un culte aux Meilleurs des hommes.

f. 108 a. 88. Ayant observé les règles étendues et éminentes de la conduite religieuse, et ayant atteint l'état de Buddha, dans les dix points de l'espace, ces seize fils du Djina devinrent eux-mêmes des Djinas, réunis deux à deux dans chacun des points de l'horizon.

89. Et ceux aussi qui, en ce temps-là, avaient entendu [la loi de leur bouche], devenus tous les Çrâvakas de ces Djinas, s'assurèrent successivement la possession de cet état de Bôdhi, à l'aide de divers moyens.

90. Et moi aussi, je faisais partie de ces [seize Çrâmaṇêras], et vous tous vous avez entendu ensemble [la loi de ma bouche]; c'est pour cela que vous êtes aujourd'hui mes Çrâvakas, et que, grâce au moyen que j'emploie, je vous conduis ici tous à l'état de Bôdhi.

91. C'est là l'ancienne cause, c'est là le motif pour lequel j'expose la loi; c'est pour vous conduire à ce suprême état de Bôdhi : ô Religieux, ne vous effrayez pas dans cette circonstance.

92. C'est comme s'il existait une forêt terrible, redoutable, vide [d'habitants], une forêt privée de tout lieu de refuge et de tout abri, fréquentée par un grand nombre de bêtes sauvages, manquant d'eau, et que cette forêt soit un lieu d'épouvante pour les enfants.

93. Qu'il s'y trouve plusieurs milliers d'hommes qui soient arrivés dans cette forêt, et qu'elle soit vide, grande, ayant cinq cents Yôdjanas d'étendue.

94. Et qu'il y ait un homme riche, doué de mémoire, éclairé, sage, instruit, intrépide, qui soit le guide de ces nombreux milliers d'hommes à travers cette forêt redoutable et terrible.

95. Que ces nombreux kôṭis d'êtres vivants, épuisés de fatigue, s'adressent ainsi en ce temps à leur guide : Nous sommes épuisés de fatigue, vénérable chef, nous n'en pouvons plus de lassitude; nous éprouvons aujourd'hui le désir de re- f. 108 b.
tourner sur nos pas.

96. Mais que ce guide habile et sage songe alors à employer quelque moyen convenable; [qu'il se dise :] Hélas! tous ces ignorants vont être privés de la possession des joyaux [qu'ils recherchent], s'ils retournent maintenant en arrière.

97. Pourquoi ne construirais-je pas aujourd'hui, à l'aide de ma puissance magique, une ville grande, ornée de mille myriades de maisons, et embellie de Vihâras et de jardins,

98. D'étangs et de ruisseaux créés par ma puissance, d'ermitages et de fleurs, d'enceintes et de portes, et remplie d'un nombre infini d'hommes et de femmes?

99. Qu'après avoir créé cette ville, le guide leur parle ainsi : N'ayez aucune crainte et livrez-vous à la joie; vous voici arrivés à une ville excellente, hâtez-vous d'y entrer pour y faire ce que vous désirez.

100. Soyez pleins d'allégresse, livrez-vous ici au repos; vous êtes entièrement sortis de la forêt. C'est pour leur donner le temps de respirer qu'il leur tient ce langage; aussi se rassemblent-ils tous autour de lui.

101. Puis, quand il voit tous ces hommes délassés, il les réunit et leur parle de nouveau : Accourez, écoutez ma voix; cette ville que vous voyez est le produit de ma puissance magique.

102. A la vue du découragement qui s'était emparé de vous, j'ai employé ce moyen adroit pour vous empêcher de retourner en arrière; faites de nouveau usage de vos forces pour atteindre l'île.

103. De la même manière, ô Religieux, je suis le guide, le conducteur de mille
f. 109 *a*. fois dix millions de créatures; de même je vois les êtres épuisés de fatigue et incapables de briser l'enveloppe de l'œuf des misères.

104. Alors je réfléchis à ce sujet : Voici, [me dis-je,] les êtres reposés de leurs fatigues, arrivés au Nirvâṇa; c'est là le point où l'on reconnaît ce que sont toutes les douleurs; oui, [leur dis-je,] c'est sur le terrain des Arhats que vous avez rempli votre devoir.

105. Puis, quand je vous vois tous arrivés à ce degré, tous devenus des Arhats, alors vous ayant réunis tous ici, j'expose la vérité et la loi telle qu'elle est.

106. C'est là un effet de l'habileté dans l'emploi des moyens dont les Guides [des hommes] disposent, que le grand Rĭchi enseigne trois véhicules; il n'y en a qu'un seul et non un second; c'est uniquement pour délasser les êtres qu'on parle d'un second véhicule.

107. Voilà pourquoi je dis aujourd'hui : Produisez en vous, ô Religieux, une suprême, une noble énergie, afin d'obtenir la science de celui qui sait tout; non, il n'y a pas jusqu'ici pour vous de Nirvâṇa.

108. Mais quand vous toucherez à la science de celui qui sait tout, aux dix forces qui sont les lois des Djinas, portant alors sur vos personnes les trente-deux signes [de beauté] et devenus des Buddhas, vous aurez atteint le Nirvâṇa.

109. Tel est l'enseignement des Guides [des hommes]; c'est pour délasser les êtres qu'ils leur parlent de Nirvâṇa; quand ils les savent délassés, ils les conduisent tous pour les mener au Nirvâṇa, dans la science de celui qui sait tout.

CHAPITRE VIII.

PRÉDICTION RELATIVE AUX CINQ CENTS RELIGIEUX.

Alors le respectable Pûrṇa, fils de Mâitrâyaṇî, ayant entendu de la bouche de Bhagavat cette exposition de la science de l'habileté dans l'em- f. 109 b.
ploi des moyens, et cette explication du langage énigmatique [des Tathâgatas], ayant appris les destinées futures de ces grands Çrâvakas, et le récit qui lui faisait connaître l'ancienne application [des Religieux], ainsi que la supériorité de Bhagavat, Pûrṇa, dis-je, fut saisi d'étonnement et d'admiration; il sentit la joie et le contentement naître en son cœur débarrassé de tout désir. S'étant levé de son siége, comblé de joie et de contentement, et plein d'un profond respect pour la loi, après s'être prosterné aux pieds de Bhagavat, il fit en lui-même cette réflexion: C'est une merveille, ô Bhagavat, c'est une merveille, ô Sugata, c'est une chose bien difficile qu'accomplissent les Tathâgatas, vénérables, etc., que de se conformer à ce monde composé d'éléments si divers, que d'enseigner la loi aux créatures par les nombreuses manifestations de la science de l'habileté dans l'emploi des moyens, que de délivrer, par l'habile emploi des moyens, les êtres attachés à telles et telles conditions. Que pouvons-nous faire de pareil à cela, ô Bhagavat? Le Tathâgata seul connaît nos pensées, et les effets de notre ancienne application. Puis après avoir salué, en les touchant de la tête, les pieds de Bhagavat, Pûrṇa se tint à part, regardant avec des yeux fixes Bhagavat qu'il vénérait ainsi.

Alors Bhagavat voyant les réflexions qui s'élevaient dans l'esprit du respectable Pûrṇa, fils de Mâitrâyaṇî, s'adressa en ces termes à l'assemblée réunie des Religieux. Voyez-vous, ô Religieux, ce Pûrṇa, fils de Mâitrâyaṇî, f. 110 a
l'un de mes Çrâvakas, qui a été désigné par moi comme le chef de ceux qui, dans l'assemblée des Religieux, expliquent la loi; qui a été loué pour le grand nombre de ses bonnes qualités; qui, sous mon enseignement, s'est

appliqué à comprendre la bonne loi de diverses manières; qui réjouit, instruit, excite et comble de joie les quatre assemblées; qui est infatigable dans l'enseignement de ma loi; qui est capable de la prêcher, qui l'est également de rendre service à ceux qui observent, de concert avec lui, les règles de la conduite religieuse? Non, Religieux, personne à l'exception du Tathâgata, n'est capable d'égaler, ni en lui-même ni par ses caractères extérieurs, Pûrṇa, fils de Mâitrâyaṇî. Comment comprenez-vous cela, ô Religieux? [Vous dites sans doute que] c'est qu'il comprend ma bonne loi; ce n'est pas là, cependant, ô Religieux, la manière dont vous devez envisager ceci. Pourquoi cela, ô Religieux? C'est que je me souviens que, dans un temps passé, sous l'enseignement de quatre-vingt-dix-neuf kôṭis de bienheureux Buddhas, ce Religieux comprit entièrement la bonne loi. C'est-à-dire que, comme aujourd'hui, il fut absolument le chef suprême de ceux qui expliquent ma loi; il parvint à comprendre entièrement le vide; il parvint à obtenir entièrement les diverses connaissances distinctes; il parvint absolument à comprendre, d'une manière parfaite, les connaissances
f. 110 b. surnaturelles d'un Bôdhisattva; ce fut un interprète de la loi rempli de confiance, étranger à toute espèce d'incertitude, et plein de pureté. Sous l'enseignement de ces bienheureux Buddhas, il pratiqua, pendant toute la durée de son existence, les devoirs de la conduite religieuse, et fut connu partout comme Çrâvaka. Par ce moyen, il fit le bien d'un nombre immense et incommensurable de centaines de mille de myriades de kôṭis de créatures; il mûrit un nombre immense et incommensurable d'êtres pour l'état suprême de Buddha parfaitement accompli. Il remplit entièrement auprès des créatures le rôle d'un Buddha, et il purifia entièrement la terre de Buddha qu'il habitait, sans cesse appliqué à faire mûrir les créatures. C'est ainsi, ô Religieux, qu'il fut aussi le chef de ceux qui expliquent la loi, sous les sept Tathâgatas dont Vipaçyi est le premier, et dont je suis le septième.

Aussi, ô Religieux, voici ce qui arrivera un jour, dans la présente période du Bhadrakalpa, où doivent paraître mille Buddhas, moins les quatre Buddhas bienheureux [déjà avenus]; ce Pûrṇa, fils de Mâitrâyaṇî, sera aussi, sous leur enseignement, le chef de ceux qui expliquent la loi, il sera celui qui comprendra entièrement la bonne loi. C'est ainsi que dans le temps à venir, il possédera la bonne loi d'un nombre immense et incommensurable de Buddhas bienheureux. Il fera le bien d'un nombre immense et incommensurable de créatures; il mûrira parfaitement un nombre immense et incommensurable d'êtres, pour l'état suprême de Buddha parfaitement accompli; il sera perpétuellement et sans relâche occupé à purifier la terre de Buddha qu'il habitera, ainsi qu'à mûrir parfaitement les créatures. Après avoir ainsi rempli les devoirs imposés à un Bôdhisattva, il parviendra, au bout de Kalpas sans nombre et sans mesure, à obtenir l'état suprême de Buddha parfaitement accompli; il sera le Tathâgata nommé *Dharmaprabhâsa*, vénérable, etc. doué de science et de conduite, etc., et il naîtra dans la terre même de Buddha [que j'habite]. f. 111 a.

De plus, ô Religieux, dans ce temps-là cette terre de Buddha sera composée d'un nombre d'univers formés d'un grand millier de trois mille mondes, égal à celui des sables du Gange, univers qui ne feront tous qu'une seule et même terre de Buddha. Cette terre sera unie comme la paume de la main, reposant sur une base formée des sept substances précieuses, sans montagnes, remplie de maisons à étages élevés, et faites des sept substances précieuses. Il s'y trouvera des chars divins suspendus dans l'air; les Dêvas y verront les hommes, et les hommes y verront les Dêvas. De plus, ô Religieux, en ce temps-là il n'existera dans cette terre de Buddha, ni lieux de châtiments, ni sexe féminin, et tous les êtres y naîtront f. 111 b. par des métamorphoses miraculeuses; ils y observeront les règles de la conduite religieuse; ils seront, avec leurs corps aimables, naturellement lumineux; ils seront doués d'une puissance surnaturelle, de la faculté de traverser les airs; ils seront pleins d'énergie, de mémoire, de sagesse; leurs corps auront la couleur de l'or, et seront ornés des trente-deux signes caractéristiques d'un grand homme. De plus, ô Religieux, dans ce temps-là et dans cette terre de Buddha, deux aliments serviront à la nourriture de ces êtres; et quels sont ces deux aliments? Ce sont la satisfaction de la loi et la satisfaction de la contemplation. Il y paraîtra un nombre immense et incommensurable de centaines de mille de myriades de kôṭis de Bôdhisattvas, tous possesseurs des grandes facultés surnaturelles, entièrement maîtres des diverses connaissances distinctes, habiles à instruire les créatures. Ce Buddha aura des Çrâvakas dont le nombre dépassera tout calcul, des Çrâvakas doués des grandes facultés surnaturelles, d'un grand pouvoir, maîtres de la contemplation des huit [moyens d'] affranchissement. C'est ainsi

que cette terre de Buddha sera douée de qualités infinies. Le Kalpa où il paraîtra se nommera *Ratnâvabhâsa*, et son univers se nommera *Suviçuddha*. La durée de son existence sera d'un nombre immense et incommensurable de Kalpas; et quand le bienheureux Tathâgata Dharmaprabhâsa, vénérable, etc., sera entré dans le Nirvâṇa complet, sa bonne loi subsistera longtemps
f. 112 a. après lui, et l'univers où il aura paru sera rempli de Stûpas faits de pierres précieuses. C'est ainsi, ô Religieux, que la terre de Buddha de ce Bienheureux sera douée de qualités que l'esprit ne peut concevoir.

Voilà ce que dit Bhagavat; et après avoir ainsi parlé, Sugata, le Précepteur dit en outre ce qui suit.

1. Écoutez-moi, ô Religieux, et apprenez comment mon fils a observé les règles de la conduite religieuse; comment, parfaitement exercé à l'habile emploi des moyens, il a rempli, d'une manière complète, les devoirs imposés par l'état de Bôdhi.

2. Reconnaissant que tous les êtres sont livrés à des inclinations misérables et qu'ils sont frappés de crainte à la vue du noble véhicule, les Bôdhisattvas deviennent des Çrâvakas, et ils exposent l'état de Buddha individuel.

3. Ils savent, à l'aide de plusieurs centaines de moyens dont ils connaissent l'habile emploi, conduire à une maturité parfaite un grand nombre de Bôdhisattvas; et ils s'expriment ainsi : Nous ne sommes que des Çrâvakas et nous sommes encore bien éloignés de l'excellent et suprême état de Bôdhi.

4. Formées à cette doctrine par leur enseignement, des myriades de créatures arrivent à la maturité parfaite; les êtres livrés à des inclinations misérables et à l'indolence, deviennent tous des Buddhas chacun à leur tour.

5. Ils observent, sans la comprendre, les règles de la conduite religieuse; certes, [disent-ils,] nous sommes des Çrâvakas qui n'avons fait que peu de chose! Entièrement affranchis au sein des diverses existences où l'homme tombe après sa mort, ils purifient complétement leur propre terre.

6. Ils montrent qu'ils sont, comme tous les hommes, en proie à la passion, à la haine et à l'erreur; et voyant les créatures attachées aux fausses doctrines, ils vont même jusqu'à se rapprocher de leurs opinions.

f. 112 b. 7. En suivant cette conduite, mes nombreux Çrâvakas délivrent les êtres par le moyen [le plus convenable]; les hommes ignorants tomberaient dans l'enivrement, si on leur exposait la doctrine tout entière.

8. Ce Pûrṇa, ô Religieux, l'un de mes Çrâvakas, a jadis rempli ces devoirs sous

des milliers de kôṭis de Buddhas; il a compris parfaitement leur bonne loi, recherchant cette science de Buddha.

9. Il a été absolument le chef des Çrâvakas; il a été très-illustre, intrépide, habile à tenir toute espèce de discours; il a su constamment inspirer de la joie à ceux qui ne pratiquaient pas [la loi], remplissant auprès d'eux, sans relâche, les devoirs d'un Buddha.

10. Toujours parfaitement maître des grandes connaissances surnaturelles, il s'est mis en possession des diverses connaissances distinctes; et sachant quels étaient les organes et la sphère d'activité des êtres, il a toujours enseigné la loi parfaitement pure.

11. En exposant la meilleure des bonnes lois, il a conduit à une parfaite maturité des milliers de kôṭis d'êtres, ici, dans le premier et le plus parfait des véhicules, purifiant ainsi sa terre excellente.

12. De même, dans le temps à venir, il rendra un culte à des milliers de kôṭis de Buddhas; il comprendra parfaitement la meilleure des bonnes lois, et il purifiera entièrement sa propre terre.

13. Toujours intrépide, il enseignera la loi à l'aide des milliers de kôṭis de moyens dont il saura l'habile emploi; et il mûrira entièrement un grand nombre de créatures pour l'omniscience, qui est exempte d'imperfections.

14. Après avoir rendu un culte aux Guides des hommes, il possédera toujours f. 113 a.
la meilleure des bonnes lois; il sera dans le monde un Buddha existant par lui-même, et connu dans l'univers sous le nom de Dharmaprabhâsa.

15. Et sa terre sera parfaitement pure, et toujours rehaussée par les sept substances précieuses; sa période sera le Kalpa Ratnâvabhâsa, et son séjour, l'univers Suviçuddha.

16. Il paraîtra dans cet univers plusieurs milliers de kôṭis de Bôdhisattvas, entièrement maîtres des grandes connaissances surnaturelles, doués d'une pureté parfaite et des grandes facultés magiques; ils rempliront la totalité de cet univers.

17. Alors l'assemblée du Guide [des hommes] sera aussi formée de milliers de kôṭis de Çrâvakas, doués des grandes facultés surnaturelles, exercés à la contemplation des huit [moyens d'] affranchissement, et en possession des diverses connaissances distinctes.

18. Et tous les êtres, dans cette terre de Buddha, seront purs et observateurs des devoirs religieux; produits par l'effet de métamorphoses surnaturelles, ils auront tous la couleur de l'or, et porteront sur leurs corps les trente-deux signes [de beauté].

19. On n'y connaîtra pas d'autre espèce d'aliments que la volupté de la loi et

la satisfaction de la science; on n'y connaîtra ni le sexe féminin, ni la crainte des lieux de châtiment ou des mauvaises voies.

20. Voilà quelle sera l'excellente terre de Pûrṇa, qui est doué de qualités accomplies; elle sera remplie de créatures fortunées; je n'ai fait ici qu'indiquer quelques-unes de ses perfections.

Alors cette pensée s'éleva dans l'esprit de ces douze cents Auditeurs arrivés à la puissance : Nous sommes frappés d'étonnement et de surprise; si Bhagavat voulait nous prédire aussi à chacun séparément notre destinée future, comme il a fait pour ces autres grands Çrâvakas! Alors Bhagavat connaissant avec sa pensée les réflexions qui s'élevaient dans l'esprit de ces grands Çrâvakas, s'adressa en ces termes au respectable Mahâkâçyapa : Ces douze cents Auditeurs arrivés à la puissance, ô Mahâkâçyapa, en présence desquels je me trouve ici, je vais immédiatement leur prédire à tous leur destinée future. Ainsi, ô Kâçyapa, le Religieux Kâuṇḍinya, l'un de mes grands Çrâvakas, après qu'auront paru soixante-deux centaines de mille de myriades de kôṭis de Buddhas, deviendra aussi dans le monde un Tathâgata, sous le nom de *Samantaprabhâsa*, vénérable, etc., doué de science et de conduite, etc. Il paraîtra en ce monde, ô Kâçyapa, cinq cents autres Tathâgatas qui porteront ce seul et même nom. Ensuite ces cinq cents grands Çrâvakas parviendront tous successivement à l'état suprême de Buddha parfaitement accompli, et tous porteront le nom de Samantaprabhâsa. Ce seront
f. 114 a. Gayâkâçyapa, Nadîkâçyapa, Uruvilvâkâçyapa, Kâla, Kâlôdâyin, Aniruddha, Râivata, Kapphina, Vakkula, Tchunda, Svâgata, et les cinq cents Religieux arrivés à la puissance dont ces Auditeurs sont les premiers.

Alors Bhagavat prononça, dans cette occasion, les stances suivantes:

21. Ce Religieux de la race de Kuṇḍina, l'un de mes Çrâvakas, sera, dans l'avenir, au bout d'un nombre infini de Kalpas, un Tathâgata, un Chef du monde; il disciplinera des milliers de kôṭis de créatures.

22. Il sera le Djina nommé Samantaprabha, et sa terre sera parfaitement pure; il paraîtra dans l'avenir, au bout d'un nombre infini de Kalpas, après avoir vu un nombre immense de Buddhas.

23. Resplendissant de lumière, doué de la force d'un Buddha, voyant son nom célèbre dans les dix points de l'espace, honoré par des milliers de kôṭis d'êtres vivants, il enseignera l'excellent et suprême état de Bôdhi.

24. Là des Bôdhisattvas pleins d'application et montés sur d'excellents chars divins, habiteront cette terre, livrés à la méditation, purs de mœurs, et sans cesse occupés de bonnes œuvres.

25. Après avoir entendu la loi de la bouche du Meilleur des hommes, ils iront sans cesse dans d'autres terres; et honorant des milliers de Buddhas, ils leur rendront un culte étendu.

26. Puis, en un instant, ils reviendront dans la terre de ce Guide [du monde] nommé Prabhâsa, du Meilleur des hommes; tant sera grande la force de leur conduite.

27. La durée de l'existence de ce Sugata sera de soixante mille Kalpas entiers; f. 114 b.
et quand le Protecteur sera entré dans le Nirvâṇa complet, sa bonne loi durera deux fois autant de temps dans le monde.

28. Et l'image de cette loi durera encore pendant trois fois autant de Kalpas; et quand la bonne loi de ce Protecteur sera épuisée, les hommes et les Maruts seront malheureux.

29. [Après lui] paraîtront cinq cents Guides [du monde] portant en commun avec ce Djina le nom de Samantaprabha; ces Buddhas, les meilleurs des hommes, se succéderont les uns aux autres.

30. Tous habiteront un pareil système de monde; ils auront tous une même puissance due aux mêmes facultés surnaturelles, une terre de Buddha pareille, une pareille assemblée, une même bonne loi, et cette bonne loi durera pour tous autant de temps.

31. Leur voix se fera également entendre dans le monde réuni aux Dêvas, de même que celle de Samantaprabha, du Meilleur des hommes, ainsi que je l'ai dit précédemment.

32. Pleins de bonté et de compassion, ils s'annonceront successivement les uns aux autres leurs destinées futures; c'est ainsi que doit arriver, immédiatement après moi, ce que je dis aujourd'hui à tout l'univers.

33. Voilà, ô Kâçyapa, comme tu dois considérer ici en ce jour ces Auditeurs qui ne sont pas moins de cinq cents, aussi bien que mes autres Çrâvakas, parvenus à la puissance; expose également ce sujet aux autres Çrâvakas.

Alors ces cinq cents Arhats, ayant entendu de la bouche de Bhagavat la
prédiction qui leur annonçait qu'ils parviendraient un jour à l'état suprême f. 115 a.
de Buddha parfaitement accompli, contents, satisfaits, joyeux, l'esprit transporté, pleins de joie, de satisfaction et de plaisir, se rendirent à l'endroit où se trouvait Bhagavat, et, s'y étant rendus, ils parlèrent ainsi, après

avoir salué ses pieds en les touchant de la tête : Nous confessons notre faute, ô Bhagavat, nous qui nous imaginions sans cesse dans notre esprit que nous pouvions dire : « Voici pour nous le Nirvâṇa complet, nous sommes arrivés « au Nirvâṇa complet ; » c'est, ô Bhagavat, que nous ne sommes pas éclairés, que nous ne sommes pas habiles, que nous ne sommes pas instruits comme il faut. Pourquoi cela ? C'est que, quand il nous fallait arriver à la perfection des Buddhas dans la science du Tathâgata, nous nous sommes trouvés satisfaits de la science ainsi limitée que nous possédions.

C'est, ô Bhagavat, comme si un homme étant entré dans la maison de son ami, venait à y tomber dans l'ivresse ou dans le sommeil, et que son ami attachât à l'extrémité du vêtement de cet homme un joyau ou un diamant du plus grand prix, en disant : Que ce joyau inestimable lui appartienne ! Qu'ensuite, ô Bhagavat, l'homme [endormi] s'étant levé de son siége, se mette en marche ; qu'il se rende dans une autre partie du pays ; là qu'il éprouve des malheurs, qu'il ait de la peine à se procurer de la nourriture et des vêtements, et que ce ne soit qu'avec de grandes difficultés qu'il obtienne de se procurer si peu de nourriture que ce soit ; que ce qu'il trouve lui suffise, qu'il s'en contente et en soit satisfait. Qu'ensuite, ô Bhagavat, l'ancien ami
f. 115 b. de cet homme, celui par qui a été attaché à l'extrémité de son vêtement ce joyau inestimable, vienne à le revoir et qu'il lui parle ainsi : D'où vient donc, ami, que tu éprouves de la difficulté à te procurer de la nourriture et des vêtements, quand, pour te rendre l'existence facile, j'ai attaché et placé à l'extrémité de ton vêtement un joyau inestimable, propre à satisfaire tous tes désirs, et quand je t'ai donné, ami, ce joyau ? C'est par moi, ami, que ce joyau a été attaché à l'extrémité de ton vêtement. Comme tu ignores cela, tu dis : Est-ce que ce joyau a été attaché pour moi ? par qui l'a-t-il été ? pour quelle raison et pour quel motif l'a-t-il été ? Tu es, ami, un véritable enfant, toi qui, cherchant avec peine à te procurer de la nourriture et des vêtements, te contentes de cette existence. Va, ami, et, prenant ce joyau, retourne sur tes pas ; rends-toi dans la grande ville, et, avec l'argent que tu en auras retiré, fais tout ce que l'on fait avec de l'argent.

De même aussi, ô Bhagavat, quand jadis le Tathâgata remplissait les devoirs de la conduite imposée à un Bôdhisattva, il produisait même en nous des pensées d'omniscience ; et ces pensées, ô Bhagavat, nous ne les connaissions pas, nous ne les savions pas. C'est pour cela, ô Bhagavat, que nous nous imaginons que, sur le terrain des Arhats où nous sommes établis, nous sommes arrivés au Nirvâṇa. Nous vivons dans la peine, ô Bhagavat, puisque nous nous contentons d'une science aussi limitée [que celle que nous possédons. Mais,] grâce à la prière que nous ne cessons d'adresser f. 116 *a*. sans relâche, à l'effet de posséder la science de celui qui sait tout, nous sommes parfaitement instruits par le Tathâgata. Ne pensez pas, ô Religieux, [nous dit-il,] que vous soyez ainsi arrivés au Nirvâṇa complet. Il existe, ô Religieux, dans vos intelligences, des racines de vertu que j'ai fait mûrir autrefois; et c'est ici un effet de mon habileté dans l'emploi des moyens dont je dispose, que, par l'effet du langage employé dans l'enseignement de la loi, vous pensiez qu'ici est le Nirvâṇa. C'est ainsi que Bhagavat, après nous avoir instruits, nous prédit que nous obtiendrons l'état suprême de Buddha parfaitement accompli.

Ensuite ces cinq cents Religieux arrivés à la puissance, à la tête desquels était Âdjñâtakâuṇḍinya, prononcèrent dans cette occasion les stances suivantes :

34. Nous sommes pleins de joie et de satisfaction d'avoir entendu cette éminente parole qui nous permet de respirer, en nous annonçant que nous parviendrons à l'état suprême de Buddha parfaitement accompli. Adoration à toi, Bhagavat, à toi dont la vue est infinie!

35. Nous confessons notre faute en ta présence; nous disons comment nous sommes insensés, ignorants et peu éclairés, en ce que nous nous sommes contentés, sous l'enseignement du Sugata, d'une faible part de repos.

36. C'est comme s'il existait ici un homme qui vînt à entrer dans la demeure d'un de ses amis; que cet ami fût riche et fortuné, et qu'il donnât à cet homme beaucoup de nourriture et d'aliments.

37. Qu'après l'avoir complétement rassasié de nourriture, il lui fît présent d'un joyau d'une valeur considérable, en l'attachant au moyen d'un nœud fait à l'extrémité de son vêtement supérieur, et qu'il fût satisfait de le lui avoir donné.

38. Que s'étant levé, l'homme s'en aille, ignorant cette circonstance, et qu'il se f. 116 *b*. rende dans une autre ville; que tombé dans l'infortune, misérable, mendiant, il cherche à travers beaucoup de peines à se procurer de la nourriture.

39. Qu'après avoir obtenu un peu de nourriture, il se trouve satisfait, ne pensant pas qu'il existe des aliments plus relevés; qu'il ait oublié ce joyau attaché à son vêtement supérieur, et qu'il en ait perdu le souvenir.

40. Mais voici qu'il est revu par cet ancien ami qui lui a donné ce joyau dans sa propre maison; cet ami, lui adressant de vifs reproches, lui montre le joyau attaché à l'extrémité de son vêtement.

41. Que cet homme se sente rempli d'une joie extrême en voyant l'excellence de ce joyau; qu'il se trouve en possession de grandes richesses et d'un précieux trésor, et qu'il jouisse des cinq qualités du désir.

42. De la même manière, ô Bhagavat, ô Protecteur, nous ne connaissons pas ce qui a fait autrefois l'objet de notre prière; cependant cet objet nous a été donné, il y a longtemps, dans des existences antérieures, par le Tathâgata lui-même.

43. Et nous, ô Chef [du monde], avec notre intelligence imparfaite, nous sommes ignorants en ce monde sous l'enseignement du Sugata; car nous nous contentons d'un peu de Nirvâṇa; nous n'aspirons ni ne songeons à rien de plus élevé.

44. Mais l'ami du monde nous instruit ainsi: Non, ce n'est là en aucune manière le Nirvâṇa; le Nirvâṇa, c'est la science parfaite des Meilleurs des hommes, c'est la félicité suprême.

45. Après avoir entendu cette prédiction noble, étendue, variée, à laquelle rien n'est supérieur, nous nous sommes sentis, ô Chef [du monde], transportés de joie;
f. 117 a. en pensant à la prédiction que nous nous ferons successivement les uns aux autres.

CHAPITRE IX.

PRÉDICTION RELATIVE À ÂNANDA, À RÂHULA, ET AUX DEUX MILLE RELIGIEUX.

Alors le respectable Ânanda fit en ce moment cette réflexion : Puissions-nous aussi être nous-mêmes l'objet d'une prédiction de cette espèce! Et après avoir ainsi réfléchi, éprouvant un désir conforme à sa pensée, il se leva de son siége et se jeta aux pieds de Bhagavat. Le respectable Râhula, ayant aussi fait la même réflexion, après s'être jeté aux pieds de Bhagavat, parla ainsi : Fais, ô Bhagavat, fais, ô Sugata, que l'instant [de la prédiction] soit aussi venu pour nous. Bhagavat est pour nous aussi un père; c'est à lui que nous devons la vie; c'est notre appui, notre protection. Nous aussi, ô Bhagavat, dans ce monde formé de la réunion des Dêvas, des hommes et des Asuras, nous sommes l'image parfaite des fils de Bhagavat, des serviteurs de Bhagavat, des gardiens du trésor de la loi. Qu'en nous prédisant, ô Bhagavat, que nous parviendrons à l'état suprême de Buddha parfaitement accompli, Bhagavat fasse que la réalité s'accorde avec cette apparence.

Deux mille autres Religieux, avec d'autres Auditeurs, dont les uns étaient Maîtres et les autres ne l'étaient pas, s'étant aussi levés de leurs siéges, après avoir rejeté sur leur épaule leur vêtement supérieur, et réuni les mains en signe de respect en présence de Bhagavat, se tinrent debout, les yeux fixés sur lui, réfléchissant également à cette science même de Buddha : Puis- f. 117 b.
sions-nous aussi être nous-mêmes l'objet d'une prédiction qui nous annonce que nous parviendrons un jour à l'état suprême de Buddha parfaitement accompli !

Alors Bhagavat s'adressa en ces termes au respectable Ânanda : Tu seras, ô Ânanda, dans un temps à venir, le Tathâgata nommé *Sâgaravaradharabuddhivikrîḍitâbhidjña*, vénérable, etc., doué de science et de conduite, etc. Après avoir honoré, vénéré, adoré, servi soixante-deux centaines de mille de myriades de kôṭis de Buddhas, après avoir reçu la bonne loi de ces bienheureux Buddhas, et après avoir compris leur enseignement, tu obtiendras l'état suprême de Buddha parfaitement accompli, et tu feras mûrir pour l'état suprême de Buddha parfaitement accompli, des centaines de mille de myriades de kôṭis de Bôdhisattvas en nombre égal à celui des sables de vingt fleuves du Gange. La terre de Buddha, qui t'est destinée, sera abondante en toute espèce de biens et reposant sur un fond de lapis-lazuli. L'univers [où tu paraîtras] se nommera *Anavanâmitavâidjayanta*, et ton Kalpa aura le nom de *Manôdjñaçabdâbhigardjita*. La durée de l'existence de ce f. 118 a.
bienheureux Tathâgata, vénérable, etc., sera d'un nombre immense de Kalpas, de ces Kalpas dont aucun calcul ne pourrait atteindre le terme. Ainsi seront incalculables les centaines de mille de myriades de kôṭis de Kalpas formant la durée de l'existence de ce Bienheureux. Et autant aura duré, ô Ânanda, l'existence de ce bienheureux Tathâgata, vénérable, etc., autant et une fois autant encore subsistera sa bonne loi, après qu'il sera entré dans le Nirvâṇa complet; et autant aura subsisté la bonne loi de ce Bienheureux, autant et une fois autant encore subsistera l'image de cette

bonne loi. De plus, ô Ânanda, plusieurs centaines de mille de myriades de kôṭis de Buddhas, en nombre égal aux sables du Gange, chanteront dans les dix points de l'espace l'éloge de ce Tathâgata, vénérable, etc.

Ensuite Bhagavat prononça dans cette occasion les stances suivantes :

1. Je vais, ô Religieux assemblés, vous témoigner mon affection : oui, le vertueux Ânanda, l'interprète de ma loi, sera dans l'avenir un Djina, après qu'il aura rendu un culte à soixante fois dix millions de Sugatas.

f. 118 b. 2. Le nom sous lequel il sera célèbre en ce monde sera Sâgarabuddhidhârî Abhidjñâprâpta; il paraîtra dans une terre très-pure et parfaitement belle, dans l'univers dont le nom signifie : « Celui où les étendards ne sont pas abattus. »

3. Là il mûrira parfaitement des Bôdhisattvas aussi nombreux que les sables du Gange et de plus nombreux encore; ce Djina sera doué des grandes facultés surnaturelles, et son nom retentira dans les dix points de l'univers.

4. La durée de son existence sera sans mesure; il habitera dans le monde, plein de bonté et de compassion; lorsque ce Djina, ce Protecteur sera entré dans le Nirvâṇa complet, sa bonne loi durera deux fois autant [que lui].

5. L'image de cette loi durera encore deux fois autant de temps sous l'empire de ce Djina; alors des êtres, en nombre égal à celui des sables du Gange, produiront en ce monde la cause qui conduit à l'état de Buddha.

En ce moment, cette pensée vint à l'esprit de mille Bôdhisattvas de l'assemblée, qui étaient entrés dans le nouveau véhicule : Nous n'avons jamais entendu, avant ce jour, l'annonce d'aussi nobles destinées faite même à des Bôdhisattvas, à plus forte raison à des Çrâvakas. Quelle est donc ici la cause de cela? Quel en est le motif? Alors Bhagavat, connaissant avec sa pensée la réflexion qui s'élevait dans l'esprit de ces Bôdhisattvas, leur adressa la parole en ces termes : C'est, ô fils de famille, que la pensée de
f. 119 a. l'état suprême de Buddha parfaitement accompli, a été conçue par moi et par Ânanda au même temps et dans le même instant, en présence du Tathâgata Dharmagahanâbhyudgatarâdja, vénérable, etc. Alors Ânanda, ô fils de famille, était toujours et sans relâche appliqué à beaucoup entendre, et moi j'étais appliqué au développement de l'énergie. C'est à cause de cela que je parvins rapidement à l'état suprême de Buddha parfaitement accompli, tandis que ce vertueux Ânanda fut le gardien du trésor de la bonne loi des bienheureux Buddhas, c'est-à-dire que ce fils de famille

demanda dans la prière qu'il fit, d'être capable de former complétement les Bôdhisattvas.

Alors le respectable Ânanda, ayant appris de la bouche de Bhagavat qu'il devait parvenir un jour à l'état suprême de Buddha parfaitement accompli, ayant entendu l'énumération des qualités de la terre de Buddha qui lui était destinée, ainsi que sa prière et sa conduite d'autrefois, se sentit content, satisfait, joyeux, l'esprit transporté, plein de joie, de satisfaction et de plaisir. Et en ce moment, il se rappela la bonne loi de plusieurs centaines de mille de myriades de kôṭis de Buddhas; il se rappela l'ancienne prière qu'il avait adressée autrefois [à ces Buddhas].

Ensuite le respectable Ânanda prononça dans cette occasion les stances suivantes :

6. Ils sont merveilleux, infinis, les Djinas, qui rappellent à ma mémoire l'enseignement de la loi fait par les Djinas protecteurs qui sont entrés dans le Nirvâṇa complet; car je m'en souviens, comme si c'était aujourd'hui ou demain.

7. Je suis délivré de tous mes doutes; je suis établi dans l'état de Bôdhi; c'est là l'effet de mon habileté dans l'emploi des moyens dont je dispose, [que] je sois un serviteur du Sugata, et que je possède la bonne loi en vue d'acquérir l'état de Bôdhi. f. 119 *b.*

Ensuite Bhagavat s'adressa en ces termes au respectable Râhulabhadra : Tu seras, ô Râhulabhadra, dans un temps à venir, le Tathâgata nommé *Saptaratnapadmavikrâmin*, vénérable, etc., doué de science et de conduite, etc. Après que tu auras honoré, vénéré, adoré, servi des Tathâgatas, vénérables, etc., en nombre égal à la poussière des atomes dont se composent dix univers, tu seras toujours le fils aîné de ces bienheureux Buddhas, de même que tu es ici mon fils aîné. La durée de l'existence, ô Râhulabhadra, de ce bienheureux Tathâgata Saptaratnapadmavikrâmin, vénérable, etc., ainsi que la perfection des qualités de toute espèce [qui le distingueront], seront les mêmes que celles du bienheureux Tathâgata Sâgara.....abhidjña, vénérable, etc.; et la masse des qualités de la terre de Buddha, [qui lui est destinée,] sera également douée de perfections de toute espèce. Tu seras aussi, ô Râhula, le fils aîné de ce bienheureux Tathâgata Sâgara...abhidjña, vénérable, etc. Après cela tu parviendras à obtenir l'état suprême de f. 120 *a.*
Buddha parfaitement accompli.

Ensuite Bhagavat prononça dans cette occasion les stances suivantes :

8. Ce Râhula, mon fils aîné, qui, au temps où j'étais Kumâra, était mon fils chéri, l'est encore aujourd'hui même que j'ai obtenu l'état de Bôdhi; c'est un grand Rĭchi, qui possède sa part de l'héritage de la loi.

9. Il paraîtra dans l'avenir plusieurs fois dix millions de Buddhas, dont il n'existe pas de mesure, et qu'il verra; occupé à rechercher l'état de Bôdhi, il sera le fils de tous ces Buddhas.

10. Râhula ne connaît pas sa conduite [ancienne]; moi je sais quelle fut autrefois sa prière; il a chanté les louanges des amis du monde en disant : Certes je suis le fils du Tathâgata.

11. Ce Râhula, qui est ici mon fils chéri, possède d'innombrables myriades de kôṭis de qualités dont la mesure n'existe nulle part; car c'est ainsi qu'il existe à cause de l'état de Bôdhi.

Ensuite Bhagavat regarda de nouveau ces deux mille Çrâvakas, dont les uns étaient Maîtres et les autres ne l'étaient pas, qui contemplaient Bhagavat face à face, l'esprit calme, paisible et plein de douceur. En ce moment Bhagavat s'adressa en ces termes au respectable Ânanda : Vois-tu, ô Ânanda, ces deux mille Çrâvakas, dont les uns sont Maîtres et les autres ne le sont pas? Ânanda répondit : Je les vois, ô Bhagavat; je les vois, ô Sugata.
f. 120 b. Bhagavat reprit : Eh bien, Ânanda, ces deux mille Religieux rempliront ensemble dans l'avenir les devoirs de la conduite imposée aux Bôdhisattvas. Après avoir honoré, etc., des Buddhas bienheureux en nombre égal à la poussière des atomes contenus dans cinquante univers, et après avoir compris la bonne loi de ces Buddhas, tous parvenus à leur dernière existence, dans le même temps, dans le même moment, dans le même instant, du même coup, ils atteindront à l'état suprême de Buddha parfaitement accompli, dans les dix points de l'espace, chacun dans des univers et dans des terres différentes. Ils paraîtront dans le monde, comme Tathâgatas, vénérables, etc., sous le nom de *Ratnakêturâdja*. La durée de leur existence sera celle d'un Kalpa complet. La masse des qualités de leurs terres de Buddha sera la même pour tous; égal sera le nombre de leurs Çrâvakas et de leurs Bôdhisattvas; égal aussi sera pour eux tous le Nirvâṇa complet; et leur loi subsistera un même espace de temps.

Ensuite Bhagavat prononça dans cette occasion les stances suivantes :

12. Ces deux milliers de Çrâvakas, ô Ânanda, qui sont ici réunis en ma présence, et qui sont sages, je leur prédis aujourd'hui que, dans un temps à venir, ils seront des Tathâgatas.

13. Après avoir rendu aux Buddhas un culte éminent, au moyen de comparaisons et d'éclaircissements infinis, parvenus à leur dernière existence, ils atteindront à l'état suprême de Bôdhi, qui est le mien. f. 121 a.

14. Tous portant le même nom dans les dix points de l'espace, tous au même instant et dans le même moment, assis auprès du roi des meilleurs des arbres, ils deviendront des Buddhas, après avoir touché à la science.

15. Tous auront un seul et même nom, celui de Ratnakêtu, sous lequel ils seront célèbres ici dans le monde; leurs excellentes terres seront semblables; semblables aussi seront les troupes de leurs Çrâvakas et de leurs Bôdhisattvas.

16. Exerçant également leurs facultés surnaturelles, ici dans la totalité de l'univers, dans les dix points de l'espace, tous, après avoir expliqué la loi, ils arriveront également au Nirvâṇa, et leur bonne loi aura une égale durée.

Alors ces Çrâvakas, dont les uns étaient Maîtres et les autres ne l'étaient pas, ayant entendu, en présence de Bhagavat et de sa bouche, la prédiction des destinées futures réservées à chacun d'eux, se sentant contents, satisfaits, joyeux, l'esprit transporté, pleins de joie, de satisfaction et de plaisir, adressèrent à Bhagavat les deux stances suivantes :

17. Nous sommes satisfaits, ô lumière du monde, d'avoir entendu cette prédiction; nous sommes aussi heureux, ô Tathâgata, que si nous étions aspergés d'ambroisie.

18. Il n'y a plus en nous ni doute, ni perplexité, [et nous ne disons plus :] Nous ne deviendrons pas les Meilleurs des hommes; aujourd'hui nous avons obtenu le bonheur, après avoir entendu cette prédiction.

CHAPITRE X.

L'INTERPRÈTE DE LA LOI.

Alors Bhagavat, commençant par le Bôdhisattva Mahâsattva Bhâichadjya- f. 121 b. râdja, s'adressa en ces termes aux quatre-vingt mille Bôdhisattvas : Vois-tu, ô Bhâichadjyarâdja, dans cette assemblée, ce grand nombre d'êtres, Dêvas, Nâgas, Yakchas, Gandharvas, Asuras, Garuḍas, Kinnaras, Mahôragas, hommes et créatures n'appartenant pas à l'espèce humaine, Religieux et fidèles des deux sexes, êtres faisant usage du véhicule des Çrâvakas, ou de celui des Pratyêkabuddhas, ou de celui des Bôdhisattvas, tous êtres par qui cette exposition de la loi a été entendue de la bouche du Tathâgata ? Bhâichadjyarâdja répondit : Je les vois, ô Bhagavat ; je les vois, ô Sugata. Bhagavat reprit : Eh bien, Bhâichadjyarâdja, tous ces Bôdhisattvas Mahâsattvas, par qui, dans cette assemblée, a été entendue ne fût-ce qu'une seule stance, qu'un seul mot, ou qui, même par la production d'un seul acte de pensée, ont témoigné leur satisfaction de ce Sûtra, tous ceux-là, ô Bhâichadjyarâdja, qui forment les quatre assemblées, je leur prédis qu'ils obtiendront un jour l'état suprême de Buddha parfaitement accompli. Ceux, quels qu'ils soient, ô Bhâichadjyarâdja, qui, après que le Tathâgata sera entré dans le Nirvâṇa complet, entendront cette exposition de la loi, et qui, après en avoir entendu ne fût-ce qu'une seule stance, témoigneront leur satisfaction, ne fût-ce que par la production d'un seul acte de pensée, ceux-là, ô Bhâichadjyarâdja, qu'ils soient fils ou filles de famille, je leur prédis qu'ils obtiendront l'état suprême de Buddha parfaitement accompli. Ces fils ou filles de famille, ô Bhâichadjyarâdja, auront honoré des centaines de mille f. 122 a. de myriades de kôṭis de Buddhas complètes. Ces fils ou filles de famille, ô Bhâichadjyarâdja, auront adressé leur prière à plusieurs centaines de mille de myriades de kôṭis de Buddhas. Il faut les regarder comme étant nés de nouveau parmi les hommes dans le Djambudvîpa, par compassion pour les créatures. Ceux qui de cette exposition de la loi comprendront, répéteront, expliqueront, saisiront, écriront, se rappelleront après avoir écrit, et regarderont de temps en temps, ne fût-ce qu'une seule stance; qui, dans ce livre, concevront du respect pour le Tathâgata; qui, par respect pour le Maître, l'honoreront, le respecteront, le vénéreront, l'adoreront; qui lui offriront, en signe de culte, des fleurs, de l'encens, des odeurs, des guirlandes de fleurs, des substances onctueuses, des poudres parfumées, des vêtements, des parasols, des étendards, des drapeaux, la musique des instruments et l'hommage de leurs adorations et de leurs mains jointes avec respect; en un mot, ô Bhâichadjyarâdja, les fils ou filles de famille qui de cette exposition de la loi comprendront ou approuveront ne fût-ce qu'une seule stance composée de quatre vers, à ceux-là je prédis qu'ils obtiendront tous l'état suprême de Buddha parfaitement accompli.

Maintenant, ô Bhâichadjyarâdja, si une personne quelconque, homme f. 122 *b*.
ou femme, venait à dire : « Quels sont les êtres qui, dans un temps à venir, « deviendront des Tathâgatas, vénérables, etc.? » il faut, ô Bhâichadjyarâdja, montrer à cette personne, homme ou femme, celui des fils ou filles de famille qui de cette exposition de la loi est capable de comprendre, d'enseigner, de réciter, ne fût-ce qu'une stance composée de quatre vers, et qui accueille ici avec respect cette exposition de la loi; c'est ce fils ou cette fille de famille qui deviendra sûrement, dans un temps à venir, un Tathâgata, vénérable, etc.; voilà comme tu dois envisager ce sujet. Pourquoi cela? C'est, ô Bhâichadjyarâdja, qu'il doit être reconnu pour un Tathâgata par le monde formé de la réunion des Dêvas et des Mâras; c'est qu'il doit recevoir les honneurs dus à un Tathâgata, celui qui comprend de cette exposition de la loi ne fût-ce qu'une seule stance; que dire, à bien plus forte raison, de celui qui saisirait, comprendrait, répéterait, posséderait, expliquerait, écrirait, ferait écrire, se rappellerait après avoir écrit, la totalité de cette exposition de la loi, et qui honorerait, respecterait, vénérerait, adorerait ce livre, qui lui rendrait un culte, des respects et des hommages, en f. 123 *a*.
lui offrant des fleurs, de l'encens, des odeurs, des guirlandes de fleurs, des substances onctueuses, des poudres parfumées, des vêtements, des parasols, des drapeaux, des étendards, la musique des instruments, des démonstrations de respect, comme l'action de tenir les mains jointes, de dire adoration et de s'incliner? Ce fils ou cette fille de famille, ô Bhâichadjyarâdja,

doit être reconnu comme arrivé au comble de l'état suprême de Buddha parfaitement accompli; il faut le regarder comme ayant vu les Tathâgatas, comme plein de bonté et de compassion pour le monde, comme né, par suite de l'influence de sa prière, dans le Djambudvîpa, parmi les hommes pour expliquer complétement cette exposition de la loi. Il faut reconnaître qu'un tel homme doit, quand je serai entré dans le Nirvâṇa complet, naître ici par compassion et pour le bien des êtres, afin d'expliquer complétement cette exposition de la loi, sauf la sublime conception de la loi et la sublime naissance dans une terre de Buddha. Il doit être regardé comme le messager du Tathâgata, ô Bhâichadjyarâdja, comme son serviteur, comme son envoyé, le fils ou la fille de famille qui, quand le Tathâgata sera entré dans le Nirvâṇa complet, expliquera cette exposition de la loi, qui l'expliquera, qui la communiquera, ne fût-ce qu'en secret et à la dérobée, à un seul être, quel qu'il soit.

f. 123 *b*. Il y a plus, ô Bhâichadjyarâdja, l'homme, quel qu'il soit, méchant, pécheur et cruel de cœur, qui, pendant un Kalpa entier, injurierait en face le Tathâgata, et d'un autre côté, celui qui adresserait une seule parole désagréable, fondée ou non, à l'un de ces personnages interprètes de la loi et possesseurs de ce Sûtra, qu'ils soient maîtres de maison ou entrés dans la vie religieuse, je dis que, de ces deux hommes, c'est le dernier qui commet la faute la plus grave. Pourquoi cela? C'est que, ô Bhâichadjyarâdja, ce fils ou cette fille de famille doit être regardé comme paré des ornements du Tathâgata. Il porte le Tathâgata sur son épaule, ô Bhâichadjyarâdja, celui qui, après avoir écrit cette exposition de la loi, après en avoir fait un volume, la porte sur son épaule. Dans quelque lieu qu'il se transporte, les êtres doivent l'aborder les mains jointes; ils doivent l'honorer, le respecter, le vénérer, l'adorer; cet interprète de la loi doit être honoré, respecté, vénéré, adoré par l'offrande de fleurs divines et mortelles, d'encens, d'odeurs, de guirlandes de fleurs, de substances onctueuses, de poudres parfumées, etc., [comme ci-dessus, f. 123 *a*,] par celle d'aliments, de mets, de riz, de boissons, de chars, de masses de pierreries divines accumulées en monceaux; et des monceaux de pierreries divines doivent être présentés avec respect à un tel interprète de la loi. Pourquoi cela? C'est que ce
f. 124 *a*. fils de famille n'a qu'à expliquer, ne fût-ce qu'une seule fois, cette exposition de la loi, pour qu'après l'avoir entendue, des êtres en nombre

immense et incalculable parviennent rapidement à posséder l'état suprême de Buddha parfaitement accompli. Ensuite Bhagavat prononça dans cette occasion les stances suivantes :

1. Celui qui désire se tenir dans l'état de Buddha, celui qui aspire à la science de l'être existant par lui-même, doit honorer les êtres qui gardent cette règle de conduite.

2. Et celui qui désire l'omniscience, comment parviendra-t-il à l'obtenir promptement? En comprenant ce Sûtra, ou en honorant celui qui l'a compris.

3. Il a été envoyé par le Guide du monde dans le but de convertir les êtres, celui qui, par compassion pour les créatures, expose ce Sûtra.

4. C'est après avoir quitté une bonne existence qu'il est venu ici-bas, le sage qui par compassion pour les êtres possède ce Sûtra.

5. C'est à l'influence de son existence [antérieure] qu'il doit de paraître ici, exposant, au temps de sa dernière naissance, ce Sûtra suprême.

6. Il faut honorer cet interprète de la loi en lui offrant des fleurs divines et mortelles, avec toute espèce de parfums; il faut le couvrir de vêtements divins, et répandre sur lui des joyaux.

7. Les hommes tiennent constamment les mains jointes en signe de respect, comme devant l'Indra des Djinas qui existe par lui-même, lorsqu'ils sont en présence de celui qui, pendant cette redoutable époque de la fin des temps, possède ce Sûtra du Buddha entré dans le Nirvâṇa complet.

8. On doit donner des aliments, de la nourriture, du riz, des boissons, des Vihâras, des lits, des siéges et des vêtements, par kôṭis, pour honorer ce fils du Djina, n'eût-il exposé ce Sûtra qu'une seule fois. f. 124 b.

9. Il remplit la mission que lui ont confiée les Tathâgatas, et il a été envoyé par moi dans la condition humaine, celui qui, pendant cette dernière époque [du Kalpa], écrit, possède et entend ce Sûtra.

10. L'homme qui oserait ici adresser des injures au Djina, pendant un Kalpa complet, en fronçant le sourcil avec de mauvaises pensées, commettrait sans doute un péché dont les conséquences seraient bien graves.

11. Eh bien, je le dis, il en commettrait un plus grand encore, celui qui adresserait des paroles d'injure et de colère à un personnage qui, comprenant ce Sûtra, l'exposerait en ce monde.

12. L'homme qui tenant les mains jointes en signe de respect pendant un Kalpa entier, me célébrerait en face, dans plusieurs myriades de kôṭis de stances, afin d'obtenir cet état suprême de Bôdhi;

13. Cet homme, dis-je, recueillerait beaucoup de mérites de m'avoir ainsi célébré avec joie; eh bien, il s'en assurerait un beaucoup plus grand nombre encore, celui qui célébrerait les louanges de ces [vertueux] personnages.

14. Celui qui, pendant dix-huit mille kôṭis de Kalpas, rendrait un culte à ces images [de Buddhas], en leur faisant hommage de sons, de formes, de saveurs, d'odeurs et de touchers divins,

f. 125 *a*. 15. Aurait certainement obtenu une grande merveille, si, après avoir ainsi honoré ces images pendant dix-huit mille kôṭis de Kalpas, il venait à entendre ce Sûtra, ne fût-ce qu'une seule fois.

Je vais te parler, ô Bhâichadjyarâdja, je vais t'instruire. Oui, j'ai fait jadis de nombreuses expositions de la loi, j'en fais maintenant et j'en ferai encore dans l'avenir. De toutes ces expositions de la loi, celle que je fais aujourd'hui ne doit pas recevoir l'assentiment du monde; elle ne doit pas être accueillie par le monde avec foi. C'est là, ô Bhâichadjyarâdja, le grand secret de la contemplation des connaissances surnaturelles que possède le Tathâgata, secret gardé par la force du Tathâgata, et qui jusqu'à présent n'a pas été divulgué. Non, cette thèse n'a pas été exposée jusqu'à ce jour. Cette exposition de la loi, ô Bhâichadjyarâdja, est l'objet des mépris de beaucoup de gens, même pendant qu'existe en ce monde le Tathâgata; que sera-ce donc, quand il sera entré dans le Nirvâṇa complet?

De plus, ô Bhâichadjyarâdja, ils doivent être regardés comme couverts du vêtement du Tathâgata; ils sont vus, ils sont bénis par les Tathâgatas qui se trouvent dans les autres univers, et ils auront la force d'une foi personnelle, ainsi que celle de la racine des actions méritoires, et celle de la prière; ils seront, ô Bhâichadjyarâdja, habitants du même Vihâra que le Tathâgata, ils auront le front essuyé par la main du Tathâgata, ces fils ou ces filles de famille, qui, lorsque le Tathâgata sera entré dans le Nirvâṇa
f. 125 *b*. complet, auront foi dans cette exposition de la loi, qui la réciteront, l'écriront, la vénéreront, l'honoreront et l'expliqueront aux autres avec des développements.

De plus, ô Bhâichadjyarâdja, dans le lieu de la terre où cette exposition de la loi viendra à être faite, ou à être enseignée, ou à être écrite, ou à être lue ou chantée après avoir été écrite en un volume, dans ce lieu, ô Bhâichadjyarâdja, il faudra élever au Tathâgata un monument

grand, fait de substances précieuses, haut, ayant une large circonférence; et il n'est pas nécessaire que les reliques du Tathâgata y soient déposées. Pourquoi cela? C'est que le corps du Tathâgata y est en quelque sorte contenu tout entier. Le lieu de la terre où cette exposition de la loi est faite, enseignée, récitée, lue, chantée, écrite, conservée en un volume après avoir été écrite, doit être honoré comme si c'était un Stûpa; ce lieu doit être respecté, vénéré, adoré, entouré d'un culte; on doit y présenter toute espèce de fleurs, d'encens, d'odeurs, de guirlandes de fleurs, de substances onctueuses, de poudres parfumées, de vêtements, de parasols, de drapeaux, d'étendards; on doit y offrir l'hommage des chants de toute espèce, du bruit des instruments, de la danse, de la musique, du retentissement des cimbales et des plaques d'airain. Et les êtres, ô Bhâichadjyarâdja, qui s'approcheront du monument du Tathâgata, pour l'honorer, pour l'adorer ou pour le voir, tous ces êtres doivent être regardés comme f. 126 a.
étant bien près de l'état suprême de Buddha parfaitement accompli. Pourquoi cela? C'est que, ô Bhâichadjyarâdja, beaucoup de maîtres de maison ou d'hommes entrés dans la vie religieuse, après être devenus des Bôdhisattvas, observent les règles de conduite imposées à ce dernier état, sans cependant recevoir cette exposition de la loi, pour la voir, pour l'honorer, pour lui rendre un culte, pour l'entendre, pour l'écrire ou pour l'adorer. Aussi ces Bôdhisattvas ne deviennent pas habiles dans la pratique des règles de conduite imposées à leur état, tant qu'ils n'entendent pas cette exposition de la loi. Mais quand ils l'entendent, et quand, l'ayant entendue, ils y ont confiance, qu'ils la comprennent, qu'ils la pénètrent, qu'ils la savent, qu'ils la saisissent complétement, alors ils sont arrivés à un point très-rapproché de l'état suprême de Buddha parfaitement accompli; ils en sont très-près.

C'est, ô Bhâichadjyarâdja, comme s'il y avait un homme ayant besoin d'eau, cherchant de l'eau, qui, pour en trouver, creuserait un puits dans un terrain aride. Tant qu'il verrait le sable jaune et sec ne pas s'agiter, il ferait cette réflexion : L'eau est encore loin d'ici. Qu'ensuite cet homme voie le sable humide, mêlé d'eau, changé en limon et en vase, entraîné par les gouttes d'eau sortant [de la terre], et les gens occupés à creuser les puits le corps souillé de vase et de limon; qu'alors, ô Bhâichadjyarâdja, cet f. 126 b.
homme, voyant cet indice, n'éprouve plus aucune incertitude, qu'il n'ait plus de doutes [et qu'il se dise]: Certainement l'eau est près d'ici. De même,

ô Bhâichadjyarâdja, les Bôdhisattvas Mahâsattvas sont encore éloignés de l'état suprême de Buddha parfaitement accompli, tant qu'ils n'entendent pas cette exposition de la loi, tant qu'ils ne la saisissent pas, qu'ils ne la comprennent pas, qu'ils ne l'approfondissent pas, qu'ils ne la méditent pas. Mais quand, ô Bhâichadjyarâdja, les Bôdhisattvas Mahâsattvas entendront cette exposition de la loi, quand ils la saisiront, la posséderont, la répéteront, la comprendront, la liront, la méditeront, se la représenteront, alors ils seront bien près de l'état suprême de Buddha parfaitement accompli. C'est de cette exposition de la loi qu'est produit, pour les êtres, l'état suprême de Buddha parfaitement accompli. Pourquoi cela? C'est que cette exposition de la loi, développée en détail, amplement expliquée, est, par son excellence, le siége du secret de la loi, secret révélé par les Tathâgatas, vénérables, etc., dans le but de conduire à la perfection les Bôdhisattvas Mahâsattvas. Le Bôdhisattva, quel qu'il soit, ô Bhâichadjyarâdja, qui viendrait à s'étonner, à être effrayé, à éprouver de l'effroi de cette exposition de la loi, doit être
f. 127 a. regardé comme un Bôdhisattva Mahâsattva qui est entré dans le nouveau véhicule. Si un homme s'avançant dans le véhicule des Çrâvakas, venait, ô Bhâichadjyarâdja, à s'étonner, à être effrayé, à éprouver de l'effroi de cette exposition de la loi, celui-là devrait être regardé comme un homme orgueilleux s'avançant dans le véhicule des Çrâvakas.

Le Bôdhisattva Mahâsattva, quel qu'il soit, ô Bhâichadjyarâdja, qui, quand le Tathâgata est entré dans le Nirvâṇa complet, viendrait, à la fin des temps, au terme d'une époque, à expliquer cette exposition de la loi en présence des quatre assemblées, doit le faire, après être entré dans la demeure du Tathâgata, après s'être assis sur le siége de la loi du Tathâgata, après s'être couvert du vêtement du Tathâgata. Et qu'est-ce, ô Bhâichadjyarâdja, que la demeure du Tathâgata? C'est l'action d'habiter dans la charité à l'égard de tous les êtres; c'est dans cette demeure du Tathâgata que doit entrer le fils de famille. Et qu'est-ce, ô Bhâichadjyarâdja, que le siége de la loi du Tathâgata? C'est l'action d'entrer dans le vide de toutes les lois; c'est sur ce siége de la loi du Tathâgata que doit s'asseoir le fils de famille; et c'est après qu'il s'y est assis, qu'il doit expliquer cette exposition de la loi aux quatre assemblées. Et qu'est-ce, ô Bhâichadjyarâdja, que le
f. 127 b. vêtement du Tathâgata? C'est la parure de la grande patience; c'est de ce vêtement du Tathâgata que doit se couvrir le fils de famille. Il faut que le

Bôdhisattva, doué d'un esprit qui ne faiblisse jamais, explique cette exposition de la loi, en présence de la troupe des Bôdhisattvas et des quatre assemblées qui sont entrées dans le véhicule des Bôdhisattvas. Et moi, ô Bhâichadjyarâdja, me trouvant dans un autre univers, j'assurerai, par des prodiges, à ce fils de famille l'assentiment de son assemblée; je lui enverrai, pour qu'ils entendent [la loi de sa bouche], des Religieux et des fidèles des deux sexes, que j'aurai créés miraculeusement; et ces fidèles ne se détourneront pas aux paroles de cet interprète de la loi, ils ne les mépriseront pas. Et s'il vient à se retirer dans la forêt, je lui enverrai, même en cet endroit, un grand nombre de Dêvas, de Nâgas, de Yakchas, de Gandharvas, d'Asuras, de Garuḍas, de Kinnaras, de Mahôragas, pour qu'ils entendent la loi. Me trouvant, ô Bhâichadjyarâdja, dans un autre univers, je me ferai voir face à face à ce fils de famille; et les mots et les lettres qui auront été omis dans l'exposition qu'il fera de la loi, je les prononcerai de nouveau après lui, d'après son enseignement.

Ensuite Bhagavat prononça dans cette occasion les stances suivantes :

16. Que renonçant à toute faiblesse, le Religieux écoute ce Sûtra; car il n'est pas facile d'arriver à l'entendre, et il ne l'est pas davantage de l'accueillir avec confiance. f. 128 *a*.

17. C'est comme si un homme, cherchant de l'eau, creusait un puits dans un terrain désert, et que pendant qu'il est occupé à creuser, il vît que la poussière est toujours sèche.

18. Qu'à cette vue il fasse cette réflexion : L'eau est encore loin d'ici; la poussière sèche qu'on retire en creusant est un signe que l'eau est éloignée.

19. Mais qu'il voie à plusieurs reprises la terre humide et gluante, et alors il aura cette certitude : Non, l'eau n'est pas loin d'ici.

20. De même ils sont bien éloignés d'une telle science de Buddha, ceux qui n'ont pas entendu ce Sûtra, qui ne l'ont pas plusieurs fois embrassé dans leur pensée.

21. Mais ceux qui auront entendu et auront médité à plusieurs reprises ce roi des Sûtras, ce texte profond qui est expliqué aux Çrâvakas;

22. Ceux-là seront des sages, bien près de la science de Buddha, de même que l'on dit que l'eau n'est pas loin, quand on voit la poussière humide.

23. C'est après être entré dans la demeure du Djina, c'est après avoir revêtu son vêtement, c'est après s'être assis sur mon siége, que le sage doit exposer sans crainte ce Sûtra.

24. Ma demeure est la force de la charité; mon vêtement est la parure de la patience; le vide est mon siége; c'est assis sur ce siége que l'on doit enseigner.

25. Si pendant qu'il parle du haut de ce siége, on l'attaque avec des pierres, des bâtons, des piques, des injures et des menaces, qu'il souffre tout cela en pensant à moi.

26. Mon corps existe tout entier dans des milliers de kôṭis d'univers; j'enseigne
f. 128 b. la loi aux créatures durant un nombre de kôṭis de Kalpas que la pensée ne peut concevoir.

27. Pour moi, j'enverrai de nombreux prodiges au héros qui, lorsque je serai entré dans le Nirvâṇa complet, expliquera ce Sûtra.

28. Les Religieux et les fidèles des deux sexes lui rendront un culte et honoreront également les [quatre] assemblées.

29. Ceux qui les attaqueront à coups de pierres et de bâton, et qui leur adresseront des injures et des menaces, en seront empêchés par des prodiges.

30. Et lorsqu'il sera seul occupé à sa lecture, dans un lieu éloigné de tous les hommes, dans une forêt ou dans les montagnes,

31. Alors je lui montrerai ma forme lumineuse, ou je rétablirai de ma propre bouche ce qui lui aura échappé par erreur dans sa lecture.

32. Pendant qu'il sera seul, retiré dans la forêt, je lui enverrai des Dêvas et des Yakchas en grand nombre pour lui tenir compagnie.

33. Telles sont les qualités dont sera doué ce sage, pendant qu'il instruira les quatre assemblées; qu'il habite seul dans les cavernes des montagnes, occupé de sa lecture, il me verra certainement.

34. Sa puissance ne rencontre pas d'obstacle; il connaît les lois et les explications nombreuses; il remplit de joie des milliers de kôṭis de créatures, parce qu'il est ainsi l'objet des bénédictions des Buddhas.

35. Et les êtres qui cherchent un refuge auprès de lui, deviennent bien vite
f. 129 a. tous des Bôdhisattvas; et entrant avec lui dans une intime familiarité, ils voient des Buddhas en nombre égal à celui des sables du Gange.

CHAPITRE XI.

APPARITION D'UN STÛPA.

Alors, en présence de Bhagavat, de la partie du sol [située devant lui], du milieu de l'assemblée sortit un Stûpa fait des sept substances précieuses, haut de cinq cents Yôdjanas, et ayant une circonférence proportionnée. Ce Stûpa s'étant élevé dans l'air, se tint suspendu dans le ciel, beau, agréable à voir, bien orné de cinq mille balcons jonchés de fleurs, embelli de plusieurs milliers de portiques, de milliers d'étendards et de drapeaux, entouré de milliers de guirlandes formées de pierres précieuses, ayant une ceinture d'étoffes de coton et de clochettes, répandant au loin l'odeur parfumée du santal et de la feuille de Tamâla, laquelle remplit la totalité de cet univers. La file de parasols [qui le surmontait] atteignait jusqu'aux demeures des Dêvas Tchâturmahârâdjakâyikas; elle était formée des sept substances précieuses, savoir : d'or, d'argent, de lapis-lazuli, d'émeraude, de cristal de roche, de perles rouges et de diamant. Sur ce Stûpa formé de substances précieuses, les fils des Dêvas Trâyastriṁçatkâyikas faisaient incessamment tomber une pluie de fleurs de Mandârava et de Mahâmandârava, dont ils le couvrirent entièrement. Et de ce Stûpa formé de substances précieuses, on entendit sortir ces paroles : Bien, bien, ô Tathâgata, vénérable, etc., ô bienheureux Çâkyamuni; elle est bien dite cette exposition de la loi du Lotus de la bonne loi que tu viens de faire. C'est bien cela, ô Bhagavat; c'est bien cela, ô Sugata. f. 129 b.

En ce moment, à la vue de ce grand Stûpa formé de substances précieuses, qui était suspendu dans le ciel, les quatre assemblées pleines de joie, de plaisir, de contentement et de satisfaction, s'étant levées de leurs siéges, se tinrent debout, les mains jointes en signe de respect. Alors le Bôdhisattva Mahâsattva Mahâpratibhâna voyant le monde formé de la réunion des Dêvas, des hommes et des Asuras saisi de curiosité, s'adressa ainsi à

Bhagavat : Quelle est la cause, ô Bhagavat, quel est le motif de l'apparition en ce monde de ce grand Stûpa formé de substances précieuses? Qui fait entendre, ô Bhagavat, la voix qui sort de ce grand Stûpa formé de substances précieuses? Cela dit, Bhagavat répondit ainsi au Bôdhisattva Mahâsattva Mahâpratibhâna : Dans ce grand Stûpa formé de substances précieuses, ô Mahâpratibhâna, le corps d'un Tathâgata est renfermé tout entier; ce Stûpa est celui de ce Tathâgata; c'est ce Tathâgata qui fait entendre cette voix. Il y a, ô Mahâpratibhâna, dans la partie de l'espace qui est placée au-dessous de la terre, d'innombrables centaines de mille de myriades de kôṭis d'univers. Au delà de ces univers, est celui qu'on nomme *Ratnaviçuddha;* dans cet univers existe le Tathâgata Prabhûtaratna, vénérable, etc. Ce bienheureux prononça jadis cette prière : Moi qui autrefois ai observé les règles de conduite imposées aux Bôdhisattvas, je ne suis cependant parvenu à obtenir l'état suprême de Buddha parfaitement accompli, qu'après avoir entendu cette exposition de la loi du Lotus de la bonne loi, qui est destinée à l'instruction des Bôdhisattvas. Mais aussitôt que j'ai eu entendu cette exposition de la loi du Lotus de la bonne loi, à partir de ce moment je suis arrivé complétement à l'état suprême de Buddha parfaitement accompli. De plus, ô Mahâpratibhâna, ce bienheureux Tathâgata Prabhûtaratna, vénérable, etc., au temps où s'approchait le moment de son entrée dans le Nirvâṇa complet, fit cette déclaration en présence du monde formé de la réunion des Dêvas, des Mâras, des Brahmâs, en présence des créatures comprenant les Çramaṇas et les Brâhmanes : Quand je serai entré dans le Nirvâṇa complet, il faudra faire, ô Religieux, pour mon corps, pour le corps du Tathâgata, un seul grand Stûpa formé de substances précieuses; les autres Stûpas doivent être faits à mon intention. Le bienheureux Tathâgata Prabhûtaratna, vénérable, etc., prononça ensuite la bénédiction suivante : Que mon Stûpa que voici, ce Stûpa qui contient la propre forme de mon corps, s'élève dans les dix points de l'espace, dans tous les univers, dans toutes les terres de Buddha, où sera expliquée cette exposition de la loi du Lotus de la bonne loi! Que pendant le temps que les bienheureux Buddhas feront cette exposition de la loi, mon Stûpa se tienne suspendu dans l'air, au-dessus de l'enceinte de l'assemblée! Que ce Stûpa, qui contient la propre forme de mon corps, fasse entendre une parole d'assentiment aux discours de ces bienheureux Buddhas occupés à exposer la loi!

f. 130 a. f. 130 b.

Ce Stûpa, ô Mahâpratibhâna, est le Stûpa contenant le corps du bienheureux Tathâgata Prabhûtaratna, vénérable, etc., lequel étant sorti du milieu de l'enceinte de cette assemblée, pendant que, dans cet univers Saha, je faisais cette exposition de la loi du Lotus de la bonne loi, a, du haut de l'atmosphère où il se tient suspendu, fait entendre cette parole d'assentiment.

Alors le Bôdhisattva Mahâsattva Mahâpratibhâna s'adressa ainsi à Bhagavat : Puissions-nous aussi, ô Bhagavat, voir, grâce à ta puissance, la propre forme du Tathâgata! Cela dit, Bhagavat parla ainsi au Bôdhisattva Mahâsattva Mahâpratibhâna : Ce bienheureux Tathâgata Prabhûtaratna, vénérable, etc., a fait entendre une prière digne d'être respectée, c'est la f. 131 a.
suivante : Lorsque dans les autres terres de Buddha, les bienheureux Buddhas exposeront le Lotus de la bonne loi, qu'alors ce Stûpa contenant la propre forme de mon corps, arrive pour entendre cette exposition, en présence des Tathâgatas. Et quand ces bienheureux Buddhas découvrant la propre forme de mon corps, désireront la faire voir aux quatre assemblées, alors, que les formes de Tathâgata qui, dans les dix points de l'espace, dans chacune des terres de Buddha, auront été créées miraculeusement de leur propre corps par ces Tathâgatas, chacune avec des noms distincts, et qui enseigneront la loi aux créatures de ces diverses terres de Buddha, que toutes ces formes de Tathâgata, miraculeusement créées de leur corps par ces bienheureux Buddhas, réunies toutes ensemble, voient avec les quatre assemblées la propre forme de mon corps, dans mon Stûpa qui aura été découvert. C'est pour cela, ô Mahâpratibhâna, que j'ai moi-même créé miraculeusement de mon corps un grand nombre de formes de Tathâgata, qui, dans les dix points de l'espace, chacune dans des terres de Buddha distinctes, dans des milliers d'univers, enseignent la loi aux créatures. Toutes ces formes de Tathâgata devront être amenées ici.

Alors le Bôdhisattva Mahâsattva Mahâpratibhâna parla ainsi à Bhagavat : Nous nous inclinons, ô Bhagavat, devant toutes ces formes de Tathâgata f. 131 b.
créées miraculeusement de son corps par le Tathâgata. En ce moment Bhagavat émit un rayon du cercle de poils placé entre ses deux sourcils. Ce rayon ne fut pas plutôt émis, qu'à l'orient, dans cinquante centaines de mille de myriades de kôṭis d'univers, aussi nombreux que les sables du Gange, les bienheureux Buddhas qui s'y trouvaient devinrent tous parfaitement visibles; et ces terres de Buddha, reposant sur un fond de cristal de roche, parurent

toutes embellies par des arbres de diamant, ornées de guirlandes faites de pièces de soie et d'étoffes de coton, remplies de plusieurs centaines de mille de Bôdhisattvas, ombragées de dais, recouvertes de treillages faits d'or et des sept substances précieuses. Et dans ces terres parurent les bienheureux Buddhas, enseignant la loi aux créatures, d'une voix douce et belle; ces terres apparurent toutes remplies de cent mille Bôdhisattvas. Il en fut ainsi au sud-est, au sud-ouest, à l'ouest, au nord-ouest, au nord, au nord-est, au point de l'espace qui se trouve sous la terre, et à celui qui se trouve au-dessus; en un mot, dans les dix points de l'espace apparurent plusieurs centaines de mille de terres de Buddha, en nombre égal à celui des sables
f. 132 a. du Gange, ainsi que tous les bienheureux Buddhas qui se trouvaient dans ces innombrables terres.

Alors les Tathâgatas vénérables, etc., des dix points de l'espace, s'adressèrent chacun à la troupe de leurs Bôdhisattvas : Il faudra nous rendre, ô fils de famille, dans l'univers Saha, en présence du bienheureux Tathâgata Çâkyamuni, vénérable, etc., pour voir et pour vénérer le Stûpa qui renferme le corps du bienheureux Tathâgata Prabhûtaratna. Alors ces bienheureux Buddhas, accompagnés chacun de leurs serviteurs, soit d'un seul, soit de deux, se rendirent dans cet univers Saha. En ce moment la totalité de cet univers fut embellie d'arbres de diamant; elle apparut reposant sur un fond de lapis-lazuli, recouverte de treillages faits d'or et des sept substances précieuses, parfumée de l'odeur de l'encens et de substances odoriférantes de grand prix, jonchée de fleurs de Mandârava et de Mahâmandârava, ornée de guirlandes de clochettes, couverte d'enceintes tracées en forme de damier, avec des cordes d'or, sans villages, sans villes, sans bourgs, sans provinces, sans royaumes, sans capitales, sans ces montagnes que l'on nomme *Kâlaparvata, Mutchilindaparvata, Mahâmutchilindaparvata, Mêruparvata, Tchakravâla, Mahâtchakravâla,* en un mot sans les grandes
f. 132 b. montagnes autres que celles-ci; sans grands océans, sans rivières et sans grands fleuves, sans corps de Dêvas, d'hommes et d'Asuras, sans Enfer, sans matrices d'animaux, sans monde de Yama. C'est qu'en ce moment tous les êtres qui étaient entrés dans cet univers par les six voies de l'existence, avaient été transportés dans d'autres univers, à l'exception de ceux qui se trouvaient réunis dans cette assemblée. Alors ces bienheureux Buddhas, accompagnés chacun de leurs serviteurs, soit d'un seul, soit de deux,

se rendirent dans l'univers Saha; et à mesure qu'ils y arrivèrent, ils allèrent occuper chacun un siége auprès du tronc d'un arbre de diamant. Chacun de ces arbres avait une hauteur et une circonférence de cinq cents Yôdjanas; leurs branches, leurs rameaux et leurs feuilles étaient grands en proportion; ils étaient embellis de fruits et de fleurs. Auprès du tronc de chacun de ces arbres de diamant, avait été disposé un siége, haut de cinq Yôdjanas, orné de grandes pierres précieuses; sur ces siéges, chacun de ces Tathâgatas vint s'asseoir les jambes croisées et ramenées sous son corps. De cette manière tous les Tathâgatas de l'univers formé d'un grand millier de trois mille mondes s'assirent, les jambes croisées, sur des siéges placés près du tronc f. 133 *a*.
des arbres de diamant.

En ce moment, la totalité de cet univers formé d'un grand millier de trois mille mondes se trouva remplie de Tathâgatas; et cependant les Buddhas créés miraculeusement par le bienheureux Tathâgata Çâkyamuni, même dans un seul point de l'espace, n'étaient pas encore tous réunis. Alors le bienheureux Tathâgata Çâkyamuni, vénérable, etc., créa un espace pour contenir ces formes de Tathâgata qui venaient d'arriver. De tous côtés, dans les huit points de l'espace, apparurent vingt centaines de mille de myriades de kôṭis de terres de Buddha, reposant toutes sur un fond de lapis-lazuli, recouvertes de treillages faits d'or et des sept substances précieuses, ornées de guirlandes de clochettes, jonchées de fleurs de Mandârava et de Mahâmandârava, ombragées de dais divins, embellies de guirlandes de fleurs divines, parfumées de l'odeur divine de l'encens et des substances odoriférantes. Ces vingt centaines de mille de myriades de kôṭis de terres de Buddha étaient toutes sans villages, sans villes, etc. [comme ci-dessus, f. 132 *a*.] Toutes ces terres de Buddha, Bhagavat les établit f. 133 *b*.
comme une seule terre de Buddha, comme un sol continu, uni, beau, agréable, embelli d'arbres faits des sept substances précieuses. La hauteur et la circonférence de ces arbres étaient de cinq cents Yôdjanas; leurs branches, leurs rameaux et leurs feuilles étaient grands en proportion. Auprès du tronc de chacun de ces arbres faits des sept substances précieuses, était disposé un siége ayant cinq Yôdjanas de hauteur et de largeur, divin, fait de pierres précieuses, peint de diverses couleurs, beau à voir. Auprès du tronc de chacun de ces arbres, les Tathâgatas, à mesure qu'ils arrivaient, s'assirent sur ces siéges, les jambes croisées et ramenées

sous leur corps. De cette manière, le Tathâgata Çâkyamuni créa, dans chacun des points de l'espace, vingt autres centaines de mille de myriades de kôṭis de terres de Buddha semblables, pour faire de la place à ces Tathâgatas, à mesure qu'ils arrivaient. Et ces vingt centaines de mille de myriades de kôṭis de terres de Buddha, créées dans chacun des points de
f. 134 a. l'espace, étaient toutes sans villages, sans villes, etc. [comme ci-dessus, f. 132 a.] Toutes les créatures de ces mondes avaient été transportées dans d'autres univers. Ces terres de Buddha étaient formées de lapis-lazuli, etc. [comme ci-dessus, f. 132 a], parfumées de l'odeur de l'encens et des substances odoriférantes, ornées d'arbres de diamant. Tous ces arbres avaient une hauteur de cinq cents Yôdjanas; et près de leur tronc avaient été dressés des siéges élevés de cinq Yôdjanas, sur lesquels les Tathâgatas s'assirent, les jambes croisées et ramenées sous leur corps, chacun sur celui qui lui était destiné.

En ce moment, les Tathâgatas miraculeusement créés de son corps par le bienheureux Tathâgata Çâkyamuni, qui enseignaient à l'orient la loi aux créatures, dans des centaines de mille de myriades de kôṭis de terres de Buddha en nombre égal à celui des sables du Gange, commencèrent tous à se réunir; et à mesure qu'ils arrivaient des dix points de l'espace, ils vinrent s'asseoir aux huit points de l'horizon. Puis, partant de ces huit points de l'horizon, ces Tathâgatas franchirent, du côté de chacun des points de
f. 134 b. l'espace, trente fois dix millions d'univers. Ensuite ces Tathâgatas s'étant assis chacun sur leurs siéges, envoyèrent leurs serviteurs en présence du bienheureux Çâkyamuni, et leur ayant donné des corbeilles pleines de fleurs et de joyaux, ils leur parlèrent ainsi : Allez, fils de famille, et vous étant rendus à la montagne de Grĭdhrakûṭa, inclinez-vous devant le bienheureux Tathâgata Çâkyamuni, vénérable, etc., qui s'y trouve; souhaitez-lui en notre nom peu de peine, peu de maladies, de la force, et l'avantage de vivre au milieu des contacts agréables; adressez-lui ces souhaits, ainsi qu'à la troupe de ses Bôdhisattvas, à celle de ses Çrâvakas; couvrez-le de ce monceau de pierres précieuses, et parlez-lui ainsi : Les bienheureux Tathâgatas te font hommage du désir qu'ils ont de voir ouvrir ce grand Stûpa fait de pierres précieuses. C'est de cette manière que tous ces Tathâgatas envoyèrent leurs serviteurs.

Alors le bienheureux Tathâgata Çâkyamuni voyant, en ce moment, réunis

tous les Tathâgatas miraculeusement créés par lui de son propre corps, reconnaissant qu'ils étaient assis chacun sur leurs siéges, et que les serviteurs de ces Tathâgatas, vénérables, etc., étaient arrivés en sa présence, sachant le désir qu'avaient exprimé ces Tathâgatas, vénérables, etc.; Bhagavat, dis-je, se leva en ce moment de son siége, et s'élançant dans l'air, s'y tint suspendu. f. 135 *a*.
Les quatre assemblées réunies s'étant levées de leurs siéges, se tinrent debout, les mains jointes en signe de respect, et les yeux fixés sur la face de Bhagavat. Alors Bhagavat, avec l'index de sa main droite, sépara par le milieu ce grand Stûpa fait de pierres précieuses qui était suspendu en l'air; et après l'avoir séparé, il en ouvrit complétement les deux parties. De même que les deux battants des portes d'une grande ville s'ouvrent en se séparant, lorsqu'on enlève la pièce de bois qui les tenait réunis, ainsi Bhagavat, après avoir, avec l'index de la main droite, séparé par le milieu ce grand Stûpa, fait de pierres précieuses, qui était suspendu en l'air, l'ouvrit en deux. A peine ce grand Stûpa fait de pierres précieuses eut-il été ouvert, que le bienheureux Tathâgata Prabhûtaratna, vénérable, etc., apparut assis sur son siége, les jambes croisées, ayant les membres desséchés, sans que son corps eût diminué de volume, et comme plongé dans la méditation; et en même temps il prononça les paroles suivantes : Bien, bien, ô bienheureux Çâkyamuni, elle est bien dite cette exposition de la loi du Lotus de la bonne loi que tu viens de faire; il est bon, ô bienheureux Çâkyamuni, que tu exposes aux assemblées ce Lotus de la bonne loi; et moi aussi, ô Bhagavat, je suis venu ici pour entendre ce Lotus de la bonne loi. f. 135 *b*.

Alors les quatre assemblées voyant le bienheureux Tathâgata Prabhûtaratna, vénérable, etc., qui étant entré dans le Nirvâṇa complet depuis plusieurs centaines de mille de myriades de kôṭis de Kalpas, parlait ainsi, furent frappées d'étonnement et de surprise. Elles couvrirent aussitôt de monceaux de pierreries divines et humaines le bienheureux Tathâgata Prabhûtaratna, vénérable, etc., et le bienheureux Tathâgata Çâkyamuni, vénérable, etc. En ce moment le bienheureux Tathâgata Prabhûtaratna, vénérable, etc., donna au bienheureux Tathâgata Çâkyamuni, vénérable, etc., la moitié de sa place sur le siége qu'il occupait dans l'intérieur de ce grand Stûpa fait de pierres précieuses, et il lui parla ainsi : Que le bienheureux Tathâgata Çâkyamuni s'asseye ici! Alors le bienheureux Tathâgata Çâkyamuni s'assit en effet sur la moitié de ce siége, avec le Tathâgata; et les deux Tathâgatas, assis ensemble sur ce siége, au centre de ce grand Stûpa fait de pierres précieuses, apparurent dans le ciel suspendus en l'air.

En ce moment les quatre assemblées firent cette réflexion : Nous sommes
f. 136 a. bien loin de ces deux Tathâgatas; puissions-nous, nous aussi, par la puissance du Tathâgata, nous élever dans l'air ! Alors Bhagavat connaissant avec sa pensée la réflexion qui s'élevait dans l'esprit des quatre assemblées, enleva, en ce moment, par la force de sa puissance surnaturelle, les quatre assemblées au milieu de l'atmosphère, où elles se tinrent suspendues. Ensuite le bienheureux Tathâgata Çâkyamuni, vénérable, etc., adressa ainsi la parole aux quatre assemblées : Quel est celui d'entre vous, ô Religieux, qui est capable d'expliquer dans cet univers Saha cette exposition de la loi du Lotus de la bonne loi ? Voici le temps, voici l'heure venue; car le Tathâgata ici présent est désireux d'entrer dans le Nirvâṇa complet, ô Religieux, après vous avoir confié en dépôt cette exposition de la loi du Lotus de la bonne loi.

Ensuite Bhagavat prononça dans cette occasion les stances suivantes :

1. Le voici arrivé, ô Religieux, pour entendre la loi, ce grand Rĭchi, qui après être entré dans le Nirvâṇa, a été renfermé dans ce Stûpa, fait de substances précieuses. Quel est celui qui ne déploierait pas son énergie pour la loi?

2. Quoiqu'il y ait plusieurs fois dix millions de Kalpas depuis qu'il est entré dans le Nirvâṇa complet, il écoute cependant encore aujourd'hui la loi; pour elle, il se transporte dans des lieux divers : tant est difficile à rencontrer une loi de cette espèce.

f. 136 b. 3. C'est là [l'effet de] la prière qu'il adressa jadis [aux Buddhas], lorsqu'il était dans une autre existence; quoique entré dans le Nirvâṇa, il parcourt la totalité de cet univers dans les dix points de l'espace.

4. Et toutes ces formes [de Tathâgata], sorties de mon propre corps, dont il existe autant de milliers de kôṭis que de grains de sable dans le Gange, sont réunies pour assister à l'exposition de la loi, et pour voir ce Chef [du monde] entré dans le Nirvâṇa complet.

5. Après avoir établi pour chacun de ces Buddhas une terre particulière, avec tous les Çrâvakas, les hommes et les Maruts [qui les habitent], pour conserver la bonne loi, de manière que les règles qu'elle impose durent longtemps,

6. J'ai, par la force de mes facultés surnaturelles, créé de nombreux milliers de kôṭis d'univers, pour que ces Buddhas vinssent s'y asseoir, après que j'en ai eu transporté tous les habitants [dans d'autres mondes].

7. Tous mes efforts tendent à ce seul but, qu'ils aient les moyens d'enseigner les règles de cette loi; aussi ces Buddhas en nombre infini sont assis auprès des troncs d'arbres, semblables à des monceaux de lotus.

8. De nombreux kôṭis de troncs d'arbres sont embellis par la présence de ces Guides [du monde], assis sur leurs siéges; ils en sont incessamment éclairés, comme les ténèbres le sont par un feu qui brûle.

9. Le parfum délicieux qu'exhalent les Guides [du monde] se répand dans les dix points de l'espace; transporté par le vent, ce parfum vient constamment ici enivrer tous les êtres.

10. Que celui qui, lorsque je serai entré dans le Nirvâṇa complet, doit posséder cette exposition de la loi, se hâte de faire entendre sa déclaration en présence des Chefs du monde.

11. Car le Buddha parfait, le Solitaire Prabhûtaratna, qui est entré dans le Nirvâṇa complet, prêtera l'oreille au rugissement du lion poussé par ce sage, et f. 137 *a*.
en éprouvera de la joie.

12. Moi qui suis [ici] le second, ainsi que ces nombreux kôṭis de Guides [du monde] réunis en ce lieu, je prêterai attention aux efforts du fils du Djina qui sera capable d'exposer cette loi.

13. C'est par ce moyen que j'ai été constamment honoré, ainsi que Prabhûtaratna, ce Djina qui existe par lui-même, et qui parcourt sans cesse les points de l'horizon et les espaces intermédiaires, pour entendre une loi de cette espèce.

14. Et ces Chefs du monde, arrivés ici, dont la présence fait briller cette terre de splendeur, doivent aussi recevoir, de l'explication de ce Sûtra, des honneurs étendus et variés.

15. Vous me voyez, moi, assis avec ce Bienheureux, sur le siége placé au milieu de ce Stûpa; vous voyez aussi ces autres Chefs du monde en grand nombre, qui sont venus ici de plusieurs centaines de terres.

16. Réfléchissez-y, ô fils de famille, par compassion pour toutes les créatures; le Guide [du monde] ose se charger de cette tâche difficile.

17. Exposer plusieurs milliers de Sûtras en nombre égal à celui des sables du Gange, ne serait pas une tâche difficile [en comparaison de la difficulté que présente l'exposition de ce Sûtra].

18. Celui qui tenant le Sumêru dans sa main, le lancerait par delà des terres au nombre de plusieurs fois dix millions, ne ferait pas une chose difficile.

19. Celui qui remuerait avec l'orteil de son pied cet univers formé de la réunion de trois mille mondes, et le lancerait par delà des terres au nombre de plusieurs fois dix millions, ne ferait pas une chose difficile.

f. 137 b. 20. L'homme qui, arrivé au terme de son existence, exposerait, pour enseigner la loi, des milliers d'autres Sûtras, ne ferait pas une chose difficile.

21. Mais celui qui, lorsque l'Indra des mondes est entré dans le Nirvâṇa complet, possède ou expose ce Sûtra pendant la redoutable époque de la fin des temps, celui-là fait une chose difficile.

22. Celui qui renfermant dans sa main la totalité de l'élément de l'espace, s'en irait après l'avoir jeté devant lui, ne ferait pas une chose difficile.

23. Mais celui qui, à la fin des temps, lorsque je serai entré dans le Nirvâṇa complet, transcrira un Sûtra de cette espèce, celui-là fera une chose difficile.

24. Celui qui ferait tenir sur le bout de son ongle la totalité de la terre, et qui s'en irait après l'avoir jetée devant lui et lancée jusqu'au monde de Brahmâ,

25. Cet homme, après avoir fait ici, en présence de tous les mondes, une œuvre de cette difficulté, n'aurait cependant pas fait là une chose difficile; l'emploi de la force [nécessaire pour cela] n'est rien.

26. Il ferait, certes, une chose bien plus difficile, celui qui, lorsque je serai entré dans le Nirvâṇa complet, viendrait, à la fin des temps, réciter ce Sûtra, ne fût-ce que pendant un instant.

27. L'homme qui, au milieu de l'incendie de l'univers qui termine un Kalpa, portant une charge de gazon, s'avancerait sans être brûlé, ne ferait pas encore une chose difficile.

28. Mais il en ferait une bien plus difficile celui qui, lorsque je serai entré dans le Nirvâṇa complet, possédant ce Sûtra, le ferait entendre, ne fût-ce qu'à une seule créature.

29. Qu'un homme possédât les quatre-vingt-quatre mille corps de la loi, et qu'il les enseignât à plusieurs fois dix millions d'êtres vivants, avec les instructions qu'ils contiennent, et tels qu'ils ont été exposés,

30. Il ne ferait pas une chose difficile, non plus que celui qui maintenant dis-
f. 138 a. ciplinerait mes Religieux, et qui établirait mes Çrâvakas dans les cinq connaissances surnaturelles.

31. Mais il accomplirait une bien plus rude tâche, celui qui posséderait ce Sûtra, qui y aurait foi et confiance, et qui l'exposerait à plusieurs reprises.

32. Celui qui établirait dans le rang d'Arhat plusieurs milliers de kôṭis de créatures, en leur donnant les six connaissances surnaturelles et les grandes perfections,

33. N'accomplirait encore qu'une tâche au-dessous de celle de l'homme excellent qui, quand je serai entré dans le Nirvâṇa complet, possédera cet éminent Sûtra.

34. J'ai amplement exposé la loi dans des milliers d'univers, et je l'expose même encore aujourd'hui, dans le but de donner la science de Buddha.

35. Mais ce Sûtra se nomme le premier de tous les Sûtras; celui qui porte ce Sûtra, porte le corps même du Djina.

36. Parlez, ô fils de famille; moi qui suis le Tathâgata, me voici devant vous; [qu'il parle] celui d'entre vous qui désire se charger de la possession de ce Sûtra, pour la fin des temps.

37. Il fera une chose grandement agréable à tous les Chefs du monde en général, celui qui possédera, ne fût-ce qu'un seul instant, ce Sûtra si difficile à posséder.

38. Il est en tout lieu célébré par les Chefs du monde, il est brave et plein de force, et il arrive rapidement à l'intelligence de l'état de Bôdhi;

39. Il est le fils chéri des Chefs du monde, le favori qu'ils portent sur leurs épaules, il est arrivé sur le terrain de la quiétude, celui qui possède ce Sûtra.

40. Il devient l'œil du monde formé de la réunion des Maruts et des hommes, f. 138 b.
celui qui explique ce Sûtra, lorsque le Guide des hommes est entré dans le Nirvâṇa complet.

41. Il doit être vénéré comme un sage par toutes les créatures, celui qui, à la fin des temps, exposera ce Sûtra, ne fût-ce que pendant un moment.

Ensuite Bhagavat s'adressant à la troupe tout entière des Bôdhisattvas et au monde formé de la réunion des Suras et des Asuras, parla ainsi : Autrefois, ô Religieux, dans le temps passé, je cherchai pendant un nombre infini, incalculable de Kalpas, à obtenir le Sûtra du Lotus de la bonne loi, sans éprouver un instant de fatigue ou de découragement. En effet, je fus jadis, il y a bien des Kalpas, il y a bien des centaines de mille de Kalpas, je fus roi; et je sollicitai le bonheur d'obtenir l'état suprême de Buddha parfaitement accompli; et ma pensée ne se détacha jamais de son but. J'étais sans cesse appliqué à remplir les devoirs des six perfections, répandant des aumônes sans nombre, distribuant tout ce qui m'appartenait, or, joyaux, perles, lapis-lazuli, conques, cristal, corail, or non travaillé, argent, émeraudes, diamants, perles rouges; villages, bourgs, villes, provinces, royaumes, capitales; enfants, femmes, filles, esclaves; éléphants, chevaux, chars, et jusqu'à ma vie et mon propre corps, et chacun de mes membres en particulier, comme mes mains, mes pieds, ma tête; et cependant la pensée qui embrasse tout ne se développait pas en moi. En ce temps-là l'existence du monde était de longue durée, elle s'étendait à plu- f. 139 a
sieurs centaines de mille d'années; et moi je remplissais alors les devoirs de Roi de la loi, en vue de la loi, et non en vue de ma domination.

Après avoir sacré mon fils aîné, je me mis à chercher la loi excellente dans les quatre points de l'espace; aussi fis-je répandre partout cette nouvelle à son de cloche : Celui qui me communiquera la loi excellente ou qui m'en expliquera le sens, je m'engage à devenir son esclave. En ce temps-là il y avait un Rĭchi qui me dit ces paroles : Il y a, ô grand roi, un Sûtra nommé *le Lotus de la bonne loi*, qui est une exposition de la bonne loi, et qui enseigne ce qu'il y a de plus excellent. Si tu consens à devenir mon esclave, je t'exposerai cette loi. Ayant entendu les paroles de ce Rĭchi, je me sentis content, joyeux, satisfait, plein de joie et de ravissement, et m'étant rendu au lieu où résidait ce Rĭchi, je lui parlai en ces termes : Me voici prêt à te rendre les services que doit un esclave. Étant donc entré au service de ce Rĭchi, je lui rendis les devoirs qu'un esclave doit à son maître, comme d'aller chercher pour lui du gazon, du bois, de l'eau, des légumes, des racines et des fruits; j'étais le gardien de sa porte; et après avoir rempli le jour ces devoirs, la nuit je lui tenais les pieds sur son siége, son lit ou sa couche; et cependant je n'éprouvais jamais de fatigue ni de corps ni d'esprit. Mille années s'écoulèrent pour moi dans ces fonctions.

Ensuite Bhagavat voulant développer ce sujet, prononça, dans cette occasion, les stances suivantes :

42. Je me souviens d'un temps écoulé depuis un grand nombre de Kalpas,
f. 139 b. d'un temps où j'étais un Roi de la loi, plein de justice, et où je remplissais les devoirs de la royauté pour la loi même, dans l'intérêt de la loi excellente, et non pour satisfaire mes désirs.

43. Je fis répandre cet avis dans les quatre points de l'espace : Celui qui me donnera la loi, je me ferai son esclave. Or il y avait en ce temps-là un sage Rĭchi qui exposait le Sûtra nommé du nom de la bonne loi.

44. Ce sage me dit : Si tu as le désir de posséder la loi, fais-toi mon esclave, je t'exposerai ensuite la loi; et moi, satisfait, après avoir entendu ces paroles, je fis auprès de lui tout ce que doit faire un esclave.

45. Mon corps et mon esprit furent également insensibles à la fatigue pendant le temps que je restai dans la condition d'esclave, en vue d'obtenir la loi; la prière que j'avais adressée en ce temps-là était dans l'intérêt des créatures, non pour moi ni pour satisfaire mes désirs.

46. Le roi [dont je vous parle] déployait ainsi son énergie, sans chercher rien autre chose dans les dix points de l'espace; il s'occupait sans relâche de cet objet

pendant des milliers de kôṭis de Kalpas complets, et cependant il ne pouvait arriver à posséder le Sûtra désigné par le nom de la loi.

Comment comprenez-vous cela, ô Religieux? Est-ce que ce roi était, en ce temps-là, à cette époque, un autre [que moi]? Il ne faut pas avoir cette opinion. Pourquoi cela? C'est que c'était moi qui, en ce temps-là, à cette époque, étais ce roi. Serait-ce, en outre, ô Religieux, que ce Rĭchi était en ce temps-là, à cette époque, un autre personnage [que l'un de ceux qui sont ici]? Il ne faut pas avoir cette opinion. Pourquoi cela? C'est que c'était le Religieux Dêvadatta, qui en ce temps-là était ce Rĭchi. Car Dêvadatta, ô Religieux, était mon vertueux ami. C'est après m'être rendu auprès de Dêvadatta, que j'accomplis les six perfections. La grande charité, la grande compassion, le grand contentement, la grande indifférence, les trente-deux caractères dis- f. 140 a.
tinctifs d'un grand homme, les quatre-vingts signes secondaires, la splendeur qui se répand à la distance d'une brasse, l'éclat semblable à la couleur de l'or, les dix forces, les quatre intrépidités, les quatre richesses de l'accumulation, les dix-huit conditions d'un Buddha dites homogènes, la force de la grande puissance surnaturelle, le pouvoir de sauver les êtres dans les dix points de l'espace, tout cela me fut donné, après que je me fus rendu auprès de Dêvadatta. Je vais vous parler, ô Religieux, je vais vous instruire : oui, dans un temps à venir, après un nombre incommensurable de Kalpas, le religieux Dêvadatta sera le Tathâgata nommé *Dêvarâdja*, vénérable, etc., doué de science et de conduite, etc. Il paraîtra dans l'univers nommé *Dêvasôppâna*. La durée de la vie de ce Tathâgata sera, ô Religieux, de vingt moyens Kalpas. Il exposera la loi en détail; il fera voir, face à face, l'état d'Arhat à des créatures en nombre égal à celui des sables du Gange, en leur faisant éviter toutes les corruptions [du mal]. Beaucoup d'êtres concevront [par ses soins] la pensée de l'état de Pratyêkabuddha, et des créatures en nombre égal à celui des sables du Gange, concevront celle de l'état de Buddha parfaitement accompli, et elles obtiendront la patience qui ne se détourne pas du but. Lorsque le f. 140 b.
Tathâgata Dêvarâdja sera entré dans le Nirvâṇa complet, sa bonne loi subsistera pendant vingt moyens Kalpas. On ne verra pas son corps divisé en plusieurs parties, sous forme de reliques; mais il subsistera en son entier, enfermé dans un Stûpa fait des sept substances précieuses, et ce

Stûpa aura soixante fois cent Yôdjanas de hauteur et quarante Yôdjanas de circonférence. La totalité des Dêvas et des hommes rendront un culte à ce Stûpa; ils lui offriront des fleurs, de l'encens, des parfums, des guirlandes de fleurs, des substances onctueuses, des poudres odorantes, des vêtements, des parasols, des drapeaux, des étendards, des hymnes et des chants. Ceux qui tourneront autour de ce Stûpa en le laissant à leur droite, ou qui s'inclineront devant lui, obtiendront ce résultat suprême, les uns de voir face à face l'état d'Arhat, les autres d'arriver à l'état de Pratyêkabuddha; et un nombre immense et inconcevable de Dêvas et d'hommes, après avoir conçu la pensée de l'état suprême de Buddha parfaitement accompli, deviendront incapables de retourner en arrière.

Ensuite Bhagavat s'adressa de nouveau à l'assemblée des Religieux : Le fils ou la fille de famille, ô Religieux, qui, dans l'avenir, écoutera ce chapitre du Sûtra nommé *le Lotus de la bonne loi*, et qui, après l'avoir écouté, ne concevra plus de doute, n'éprouvera plus d'incertitude, et qui, avec un
f. 141 a. esprit pur, y aura confiance, celui-là verra se fermer pour lui l'entrée des trois mauvaises voies de l'existence. Il ne descendra pas aux renaissances qui ont lieu dans le monde de Yama, dans des matrices d'animaux, ou dans l'Enfer. Renaissant dans une des terres de Buddha situées aux dix points de l'espace, il entendra ce Sûtra pendant plusieurs existences successives; et quand il renaîtra dans le monde des hommes ou des Dêvas, il obtiendra d'y occuper un rang éminent. Dans quelque terre de Buddha qu'il renaisse, il y viendra miraculeusement au monde sur un lotus fait des sept substances précieuses, en présence d'un Tathâgata.

En ce moment le Bôdhisattva nommé *Pradjñâkûṭa*, qui était venu de la partie de l'espace qui est sous la terre, de la terre de Buddha du Tathâgata Prabhûtaratna, s'adressa ainsi à ce Tathâgata même : Partons, ô Bienheureux, pour notre terre de Buddha. Mais le bienheureux Tathâgata Çâkyamuni s'adressa ainsi au Bôdhisattva Pradjñâkûṭa : Approche un instant, ô fils de famille, pour discuter un peu sur la loi avec mon Bôdhisattva Mahâsattva Mañdjuçrî, qui est devenu Kumâra; après cela tu pourras retourner dans ta propre terre de Buddha. Alors, en cet instant même, Mañdjuçrî devenu Kumâra, assis sur un lotus à cent feuilles, large comme
f. 141 b. la roue d'un char, entouré et suivi par un grand nombre de Bôdhisattvas, étant sorti du milieu de l'océan, du palais de Sâgara, roi des Nâgas, s'élança

dans les airs, et arriva par la voie de l'atmosphère sur la montagne de Grĭdhrakûṭa, en présence de Bhagavat. Là Mañdjuçrî, devenu Kumâra, étant descendu de son lotus, après avoir salué, en les touchant de la tête, les pieds du bienheureux Çâkyamuni et ceux du Tathâgata Prabhûtaratna, se rendit à l'endroit où se trouvait le Bôdhisattva Pradjñâkûṭa, et étant arrivé devant lui, il adressa au Bôdhisattva de nombreuses paroles de plaisir et d'affection, et s'assit ensuite dans un endroit à part. Alors le Bôdhisattva Pradjñâkûṭa s'adressa ainsi à Mañdjuçrî, devenu Kumâra : O Mañdjuçrî, toi qui arrives du milieu de l'océan, quel nombre de créatures as-tu discipliné? Mañdjuçrî répondit : Des créatures en nombre immense et incommensurable ont été disciplinées [par moi], et en nombre si immense et si incommensurable, qu'il est impossible de l'exprimer par la parole; on ne peut le dire, ni le concevoir par la pensée. Approche un moment, fils de famille, que je te montre un prodige. Et à peine cette parole fut-elle prononcée par Mañdjuçrî Kumâra, qu'au moment même plusieurs milliers de lotus, sortis de l'océan, s'élancèrent dans les airs; et sur ces lotus parurent f. 142 a.
assis plusieurs milliers de Bôdhisattvas, qui se dirigeant par la voie de l'atmosphère vers l'endroit où se trouvait la montagne de Grĭdhrakûṭa, restèrent suspendus dans le ciel; c'était tous ceux que Mañdjuçrî Kumâra avait disciplinés pour l'état suprême de Buddha parfaitement accompli. Alors ceux de ces Bôdhisattvas qui étaient anciennement entrés dans le grand véhicule, célébrèrent les qualités du grand véhicule et les six perfections. Ceux de ces Bôdhisattvas qui avaient été anciennement des Çrâvakas, célébrèrent le véhicule des Çrâvakas. Tous connaissaient et les qualités du grand véhicule et cette vérité, que toutes les lois sont vides.

Ensuite Mañdjuçrî Kumâra s'adressa ainsi au Bôdhisattva Pradjñâkûṭa : O fils de famille, après m'être rendu dans le milieu du grand océan, j'ai employé tous les moyens pour discipliner les créatures, et maintenant tu en vois l'effet. Alors le Bôdhisattva Pradjñâkûṭa interrogea Mañdjuçrî Kumâra, en chantant les stances suivantes :

47. O toi qui es doué d'une grande vertu, toi qui enseignes la sagesse par similitudes, ces créatures innombrables qui ont été disciplinées aujourd'hui par toi, dis-le-moi puisque je t'interroge, par la puissance de qui les as-tu disciplinées, ô toi qui es un Dêva parmi les hommes?

48. Quelle loi as-tu enseignée, ou bien quel Sûtra, quand tu as voulu montrer
f. 142 b. la voie qui conduit à l'état de Buddha, pour que ces êtres l'ayant entendue, aient conçu l'idée de cet état? Certainement ils ont acquis l'omniscience, puisqu'ils ont saisi le sens profond [de tes discours].

Mañdjuçrî répondit : J'ai exposé au milieu de l'océan, le Sûtra du Lotus de la bonne loi, et non aucun autre Sûtra. Pradjñâkûṭa reprit : Ce Sûtra est profond, subtil, difficile à saisir; aucun autre Sûtra ne lui ressemble. Est-il quelque créature qui soit capable de pénétrer ce Sûtra, et d'obtenir [par là] l'état suprême de Buddha parfaitement accompli? Mañdjuçrî répondit : Il y a, ô fils de famille, la fille de Sâgara, roi des Nâgas, âgée de huit ans, qui a une grande sagesse, des sens pénétrants, qui est douée d'une activité de corps, de parole et d'esprit que dirige toujours la science; elle a obtenu la possession des formules magiques, parce qu'elle a saisi et les lettres et le sens des discours des Tathâgatas. Elle embrasse en un instant les mille méditations qui font reconnaître l'égalité de toutes les lois et de tous les êtres. Ayant conçu la pensée de l'état de Buddha, elle est incapable de retourner en arrière; ses prières sont immenses; elle éprouve pour toutes les créatures autant d'attachement que pour elle-même; elle est capable de donner naissance à toutes les vertus, et elle n'en est jamais abandonnée. Le sourire sur les lèvres, et douée de la perfection d'une beauté souverainement aimable, elle n'a que des pensées de charité, et ne prononce que des paroles de compassion. Elle est capable d'arriver à l'état de Buddha parfaitement accompli. Le Bôdhisattva Pradjñâkûṭa reprit : J'ai vu
f. 143 a. le bienheureux Tathâgata Çâkyamuni s'efforçant d'arriver à l'état de Buddha; devenu Bôdhisattva, il fit un nombre immense de bonnes œuvres; et pendant plusieurs milliers de Kalpas, il ne laissa jamais se relâcher sa vigueur. Dans l'univers formé d'un grand millier de trois mille mondes, il n'est pas un coin de terre, ne fût-il pas plus étendu qu'un grain de moutarde, où il n'ait déposé son corps pour le bien des créatures. C'est après cela qu'il est parvenu à l'état de Buddha. Qui donc pourrait croire que cette jeune fille ait été capable d'arriver en un instant à l'état suprême de Buddha parfaitement accompli?

En ce moment la fille de Sâgara, roi des Nâgas, apparut debout devant lui. Après avoir salué, en les touchant de la tête, les pieds de Bhagavat, elle se tint debout à l'écart, et prononça les stances suivantes :

49. Pur d'une profonde pureté, il brille de toutes parts dans l'espace ce corps subtil, orné des trente-deux signes de beauté,

50. Paré des marques secondaires, honoré par toutes les créatures, d'un abord facile pour les êtres, comme s'il était leur concitoyen.

51. J'ai acquis, comme je le désirais, l'état de Bôdhi; le Tathâgata m'en est ici témoin; j'exposerai avec tous ses développements la loi qui délivre du malheur.

En ce moment le respectable Çâriputtra s'adressa ainsi à la fille de Sâgara, roi des Nâgas : Tu n'as fait que concevoir, ô ma sœur, la pensée de l'état de Buddha, et tu es incapable de retourner en arrière; tu as une f. 143 b. science sans bornes : mais l'état de Buddha parfaitement accompli est difficile à atteindre. Ma sœur est une femme, et sa vigueur ne se relâche pas; elle fait de bonnes œuvres depuis des centaines, depuis des milliers de Kalpas; elle est accomplie dans les cinq perfections; et cependant, même aujourd'hui, elle n'obtient pas l'état de Buddha. Pourquoi cela? C'est qu'une femme ne peut obtenir, même aujourd'hui, les cinq places. Et quelles sont ces cinq places? La première est celle de Brahmâ; la seconde, celle de Çakra; la troisième, celle de Mahârâdja; la quatrième, celle de Tchakravartin; la cinquième, celle d'un Bôdhisattva incapable de retourner en arrière.

En ce moment la fille de Sâgara, roi des Nâgas, avait un joyau dont le prix valait l'univers tout entier, formé d'un grand millier de trois mille mondes. La fille de Sâgara, roi des Nâgas, donna ce joyau à Bhagavat, et Bhagavat, par compassion pour elle, l'accepta. Alors la fille de Sâgara, roi des Nâgas, s'adressa ainsi au Bôdhisattva Pradjñâkûṭa et au Sthavira Çâriputtra : Le joyau que j'ai donné à Bhagavat, Bhagavat, par compassion pour moi, l'a bien vite accepté. Le Sthavira répondit : Donné vite par toi, il a été vite accepté par Bhagavat. La fille de Sâgara, roi des Nâgas, reprit : Si j'étais, ô respectable Çâriputtra, douée de la grande puissance surnaturelle, je parviendrais plus vite encore à l'état de Buddha parfaitement accompli, f. 144 a. et personne ne prendrait ce joyau. Aussitôt la fille de Sâgara, roi des Nâgas, à la vue de tous les mondes, à la vue du Sthavira Çâriputtra, supprimant en elle les signes qui indiquaient son sexe, se montra revêtue des organes qui appartiennent à l'homme, et transformée en un Bôdhisattva, lequel se dirigea vers le midi. Dans cette partie de l'espace se trouvait l'univers nommé *Vimala;* là, assis près du tronc d'un arbre Bôdhi, fait des

sept substances précieuses, ce Bôdhisattva se montra parvenu à l'état de Buddha parfaitement accompli, portant les trente-deux signes caractéristiques d'un grand homme, ayant le corps orné de toutes les marques secondaires, illuminant de l'éclat qui l'environnait les dix points de l'espace, et faisant l'enseignement de la loi. Les êtres qui se trouvaient dans l'univers Saha, virent tous ce Bienheureux qui était l'objet des respects de tous les Dêvas, des Nâgas, des Yakchas, des Gandharvas, des Asuras, des Garuḍas, des Kinnaras, des Mahôragas, des hommes et des êtres n'appartenant pas à l'espèce humaine, et qui était occupé à enseigner la loi. Et les êtres qui entendirent l'enseignement de la loi, fait par ce Tathâgata, devinrent tous incapables de se détourner de l'état suprême de Buddha parfaitement accompli; et cet univers Vimala, ainsi que l'univers Saha, trembla de six manières différentes. Trois mille êtres d'entre ceux qui formaient l'assemblée
f. 144 b. du Bienheureux Çâkyamuni, acquirent la patience surnaturelle de la loi, et trois mille êtres vivants eurent le bonheur de s'entendre prédire qu'ils parviendraient à l'état suprême de Buddha parfaitement accompli. Alors le Bôdhisattva Pradjñâkûṭa et le Sthavira Çâriputtra gardèrent le silence.

CHAPITRE XII.

L'EFFORT.

Ensuite le Bôdhisattva Mahâsattva Bhâichadjyarâdja, et le Bôdhisattva Mahâsattva Mahâpratibhâna, ayant pour cortége vingt fois cent mille Bôdhisattvas, tinrent ce langage à Bhagavat : Que Bhagavat modère son ardeur dans cette circonstance ; c'est nous qui, lorsque le Tathâgata sera entré dans le Nirvâṇa complet, expliquerons aux créatures cette exposition de la loi du Tathâgata; c'est nous qui l'éclaircirons. Dans ce temps, ô Bhagavat, les êtres seront pleins de méchanceté; ils auront peu de racines de vertu, ils seront livrés à l'orgueil, uniquement occupés de gain et d'honneurs, enfoncés dans la racine du vice, difficiles à dompter, privés de foi, pleins de défiance. Quant à nous, ô Bhagavat, déployant [la force de] la patience, nous exposerons ce Sûtra dans ce temps [futur]; nous le posséderons, nous f. 145 a. l'enseignerons, nous l'écrirons, nous l'honorerons, nous le vénérerons, nous l'adorerons. Faisant l'abandon de notre vie et de notre corps, nous expliquerons ce Sûtra. Que Bhagavat modère donc son ardeur.

Alors cinq cents Religieux de l'assemblée, dont les uns étaient Maîtres et les autres ne l'étaient pas, s'adressèrent en ces termes à Bhagavat : Et nous aussi, ô Bhagavat, nous sommes en état d'expliquer cette exposition de la loi, même dans les autres univers. En ce moment tout ce qu'il y avait de Çrâvakas de Bhagavat, dont les uns étaient Maîtres et les autres ne l'étaient pas, qui avaient appris de Bhagavat qu'ils parviendraient à l'état suprême de Buddha parfaitement accompli, les huit mille Religieux, enfin, dirigeant leurs mains réunies en signe de respect, du côté où se trouvait Bhagavat, lui adressèrent ces paroles : Que Bhagavat modère son ardeur; et nous aussi nous expliquerons cette exposition de la loi, quand le Tathâgata sera entré dans le Nirvâṇa complet, à la fin des temps, dans la dernière période, et nous le ferons dans d'autres univers. Pourquoi cela ? C'est que dans cet univers Saha, les êtres sont livrés à l'orgueil; ils n'ont que peu de racines de vertu; leur esprit est sans cesse occupé de pensées de malveillance, ils sont de leur nature fourbes et menteurs.

Ensuite Mahâpradjâpatî la Gôtamide, sœur de la mère de Bhagavat, f. 145 b. accompagnée de six cents Religieuses, dont les unes étaient Maîtresses et les autres ne l'étaient pas, s'étant levée de son siége, dirigeant du côté de Bhagavat ses mains réunies en signe de respect, se tint debout les yeux fixés sur Bhagavat. En cet instant Bhagavat s'adressa ainsi à Mahâpradjâpatî la Gôtamide : O fille de Gôtama, te tiendrais-tu ici debout, triste et regardant Bhagavat, parce que cette réflexion t'occupe : Je n'ai pas entendu de la bouche du Tathâgata, je n'ai pas appris de lui que j'arriverais à l'état suprême de Buddha parfaitement accompli ? Au contraire, ô fille de Gôtama, la prédiction de ta destinée future a été faite avec celle qui s'adressait à l'assemblée tout entière. En effet, ô fille de Gôtama, à partir de ce moment-ci, après avoir honoré, etc., trente-huit fois cent mille myriades de kôṭis de Buddhas, tu deviendras un Bôdhisattva Mahâsattva, interprète de la loi. Ces six mille Religieuses elles-mêmes, dont les unes sont Maîtresses et les autres

ne le sont pas, deviendront, en même temps que toi, en présence de ces Tathâgatas, des Bôdhisattvas, interprètes de la loi. Ensuite, et bien longtemps après, quand tu auras accompli les devoirs imposés aux Bôdhisattvas, tu seras dans le monde le bienheureux Tathâgata nommé *Sarvasattvapriyadarçana*, vénérable, etc., doué de science et de conduite, etc. Et ce Tathâ-
f. 146 a. gata, vénérable, etc., ô fille de Gôtama, prédira successivement à ces six mille Bôdhisattvas que chacun d'eux doit parvenir un jour à l'état suprême de Buddha parfaitement accompli.

En ce moment, cette réflexion s'éleva dans l'esprit de la Religieuse Yaçôdharâ, mère de Râhula : Mon nom n'a pas été prononcé par Bhagavat. Mais Bhagavat connaissant, avec sa pensée, la réflexion qui s'élevait dans l'esprit de la Religieuse Yaçôdharâ, mère de Râhula, s'adressa à elle en ces termes : Je vais te parler, ô Yaçôdharâ, je vais t'instruire. Oui, toi aussi, après avoir honoré, etc., dix fois cent mille myriades de kôṭis de Buddhas, tu deviendras un Bôdhisattva, interprète de la loi ; et après avoir accompli successivement les devoirs imposés aux Bôdhisattvas, tu deviendras le Tathâgata nommé *Raçmiçatasahasraparipûrṇadhvadja*, vénérable, etc., doué de science et de conduite, etc., et cela, dans l'univers nommé *Bhadra*. La durée de l'existence de ce bienheureux Tathâgata, vénérable, etc., sera
f. 146 b. incommensurable.

Alors Mahâpradjâpatî la Gôtamide, ainsi que Yaçôdharâ, avec leurs deux cortéges, l'un de six mille, l'autre de quatre mille Religieuses, ayant appris de la bouche de Bhagavat qu'elles étaient destinées chacune à obtenir l'état suprême de Buddha parfaitement accompli, frappées d'étonnement et de surprise, prononcèrent en ce moment la stance suivante :

1. O Bhagavat, tu convertis le monde réuni aux Dêvas, tu en es le guide et le maître ; tu es le consolateur, ô toi qui es honoré par les Dêvas et par les hommes ; nous-mêmes nous sommes satisfaites aujourd'hui, ô Seigneur.

Ensuite ces Religieuses, après avoir prononcé cette stance, s'adressèrent ainsi à Bhagavat : Et nous aussi, ô Bhagavat, nous sommes en état d'expliquer cette exposition de la loi, à la fin des temps, dans la dernière période, et nous le ferons dans d'autres univers.

Alors Bhagavat dirigea ses regards vers l'endroit où se trouvaient ces quatre-vingts centaines de mille de myriades de kôṭis de Bôdhisattvas, qui

étaient en possession des formules magiques, et qui savaient faire tourner la roue de la loi qui ne recule pas en arrière. Ces Bôdhisattvas Mahâsattvas n'eurent pas plutôt été regardés par Bhagavat, que se levant de leurs siéges, et dirigeant leurs mains réunies en signe de respect, du côté où se trouvait Bhagavat, ils firent cette réflexion : Bhagavat nous excite à expliquer cette exposition de la loi. Et faisant cette réflexion, ils se dirent les uns aux f. 147 a.
autres, dans un grand trouble : Comment, ô fils de famille, ferons-nous ce à quoi Bhagavat nous excite? Comment ferons-nous pour que cette exposition de la loi soit expliquée dans l'avenir? Alors ces fils de famille, par l'effet du respect qu'ils avaient pour Bhagavat, et par suite de leur ancienne prière et de leur ancienne conduite, firent entendre le rugissement du lion, en présence de Bhagavat. Nous aussi, ô Bhagavat, dans un temps à venir, quand le Tathâgata sera entré dans le Nirvâṇa complet, nous irons dans les dix points de l'espace, pour faire écrire cette exposition de la loi à toutes les créatures, pour la leur faire lire, pour la leur faire méditer, pour la leur expliquer, et cela par la puissance de Bhagavat. Et Bhagavat, placé dans un autre univers, nous protégera, nous gardera et nous défendra.

Alors ces Bôdhisattvas Mahâsattvas adressèrent à Bhagavat les stances suivantes, qu'ils chantèrent tous ensemble d'une voix unanime.

2. Modère ton ardeur, ô Bhagavat; car quand tu seras entré dans le Nirvâṇa complet, pendant cette redoutable époque de la fin des temps, c'est nous qui expliquerons cet excellent Sûtra.

3. Nous supporterons, nous endurerons patiemment, ô Guide des hommes, les injures, les violences, les menaces de coups de bâton, les crachats dont les ignorants nous assailliront.

4. Dans cette terrible époque de la fin des temps, les hommes sont privés d'intelligence; ils sont fourbes, menteurs, ignorants, pleins d'orgueil; ils se figurent avoir atteint ce qu'ils n'ont pas obtenu.

5. « Ne songeant qu'au désert, couverts d'un morceau d'étoffe, nous passerons f. 147 b.
« notre vie dans la pauvreté : » c'est ainsi que parleront les insensés.

6. Désirant avec avidité tout ce qui flatte le goût, et pleins de cupidité, ils seront honorés, quand ils enseigneront la loi aux maîtres de maison, comme s'ils possédaient les six connaissances surnaturelles.

7. Pleins de pensées cruelles et de méchanceté, exclusivement occupés des

soins de leur maison et de leur fortune, ils pénétreront dans les retraites des forêts pour nous accabler d'outrages.

8. Avides de gain et d'honneurs, ils nous parleront d'une manière conforme à leurs sentiments; ces religieux Tîrthakas nous exposeront leurs propres pratiques.

9. Composant eux-mêmes des Sûtras dans le but d'obtenir du gain et des honneurs, ils parleront au milieu de l'assemblée pour nous insulter.

10. Auprès des rois, auprès des fils de roi, auprès de leurs conseillers, auprès des Brâhmanes, des maîtres de maison et des autres Religieux,

11. Ils nous blâmeront dans leurs discours, et feront entendre le langage des Tîrthakas; mais nous supporterons tout cela par respect pour les grands Richis;

12. Et les méchants qui, dans ce temps, nous blâmeront, deviendront [plus tard] des Buddhas: quant à nous, nous supporterons tous ces outrages.

13. Pendant cette redoutable période qui termine le Kalpa, au milieu des désastres terribles de la fin des temps, de nombreux Religieux, revêtant l'apparence des Yakchas, nous attaqueront de leurs injures.

14. Par respect pour toi, ô roi des mondes, nous supporterons ces rudes traitements; revêtant l'armure de la patience, nous expliquerons ce Sûtra.

15. O Guide [du monde], ce n'est ni pour notre corps, ni pour notre vie, que nous éprouvons des désirs; nous n'en éprouvons que pour l'état de Buddha, nous qui gardons le dépôt que tu nous as confié.

f. 148 a. 16. Bhagavat connaît bien lui-même quels seront les mauvais Religieux qui existeront à la fin des temps, et qui ne comprendront pas le langage énigmatique [du Buddha].

17. Il faudra supporter tous les regards menaçants et les mépris plusieurs fois répétés; il faudra nous laisser expulser des Vihâras, nous laisser emprisonner et frapper de diverses manières.

18. Nous rappelant, à la fin de cette période, les commandements du Chef du monde, nous prêcherons avec courage ce Sûtra au milieu de l'assemblée.

19. Nous parcourrons, ô Guide [des hommes], les villes, les villages et le monde [entier], pour donner à ceux qui le demanderont le dépôt que tu nous as confié.

20. O grand solitaire, ô toi qui es l'Indra des mondes, nous remplirons pour toi le rôle d'envoyés; modère donc ton ardeur, maintenant qu'arrivé au Nirvâṇa, tu es parvenu à la quiétude.

21. Tu connais les bonnes dispositions de tous ces sages, de ces lumières du monde, qui sont arrivés ici des dix points de l'espace; oui, nous prêcherons la parole de vérité.

CHAPITRE XIII.

LA POSITION COMMODE.

Ensuite Mañdjuçrî Kumâra parla ainsi à Bhagavat : C'est une chose difficile, ô Bhagavat, c'est une chose extrêmement difficile que l'effort que ces Bôdhisattvas Mahâsattvas auront à faire à la fin des temps, dans la dernière période, par suite de leur respect pour Bhagavat; comment ces Bôdhisattvas, ô Bhagavat, pourront-ils expliquer, à la fin des temps, dans la dernière période, cette exposition de la loi? Cela dit, Bhagavat répondit ainsi à Mañdjuçrî Kumâra : C'est, ô Mañdjuçrî, à un Bôdhisattva Mahâsattva fermement établi dans les quatre lois, qu'il appartient d'expliquer à la fin des f. 148 b. temps, dans la dernière période, cette exposition de la loi. Et quelles sont ces quatre lois? C'est, ô Mañdjuçrî, à un Bôdhisattva Mahâsattva, ferme dans ses pratiques et dans la sphère de son activité, qu'il appartient d'expliquer, à la fin des temps, dans la dernière période, cette exposition de la loi. Et comment, ô Mañdjuçrî, un Bôdhisattva Mahâsattva est-il ferme dans ses pratiques et dans la sphère de son activité? C'est, ô Mañdjuçrî, quand un Bôdhisattva Mahâsattva est patient et discipliné, qu'il est arrivé au degré où l'on est discipliné, qu'il est soumis, que son cœur ne connaît ni la colère ni l'envie; quand, enfin, ô Mañdjuçrî, il ne pratique aucune loi, quelle qu'elle soit, qu'il comprend ou qu'il contemple tel qu'il est le propre caractère des lois. Or l'action de ne pas rechercher, de ne pas méditer ces lois, c'est là, ô Mañdjuçrî, ce qui s'appelle les pratiques d'un Bôdhisattva Mahâsattva. Et quelle est, ô Mañdjuçrî, la sphère de l'activité d'un Bôdhisattva Mahâsattva? C'est, ô Mañdjuçrî, quand un Bôdhisattva Mahâsattva ne recherche ni un roi, ni un fils de roi, ni le grand ministre d'un roi, ni les serviteurs d'un roi; quand il ne leur rend ni devoirs ni hommages, et quand il ne va pas auprès d'eux; quand il ne recherche pas les hommes d'une autre secte, les ascètes, les mendiants errants, ceux

qui vivent d'aumônes, ceux qui vont nus, ceux dont l'esprit est exclusivement occupé de la lecture d'ouvrages poétiques, et quand il ne leur rend ni
f. 149 a. devoirs ni hommages; quand il ne recherche pas les Lôkâyatikas qui lisent les Tantras de leur secte, qu'il ne les honore pas, qu'il n'entretient aucun commerce avec eux; quand il ne va pas voir les Tchaṇḍâlas, les bateleurs, ceux qui vendent des porcs, ceux qui font commerce de poules, les chasseurs d'antilopes, ceux qui vendent de la viande, les acteurs et les danseurs, les musiciens et les lutteurs, et qu'il ne se rend pas dans les lieux où d'autres vont satisfaire leurs sens; quand il n'entretient aucun commerce avec ces diverses espèces de gens, à moins que ce ne soit pour exposer, de temps à autre, la loi à ceux qui s'approchent de lui, et cela, sans même s'arrêter; quand il ne recherche ni les Religieux ni les fidèles des deux sexes qui sont entrés dans le véhicule des Çrâvakas, qu'il ne leur rend ni devoirs ni hommages, qu'il n'entretient aucun commerce avec eux, qu'il n'a pas avec eux d'objets communs de conversation dans une promenade, ou dans un Vihâra, à moins que ce ne soit pour exposer, de temps à autre, la loi à ceux qui s'approchent de lui, et cela, sans même s'arrêter : c'est là, ô Mañdjuçrî, la sphère d'activité d'un Bôdhisattva Mahâsattva.

Encore autre chose, ô Mañdjuçrî; un Bôdhisattva Mahâsattva ne va, par un motif quelconque d'attachement, enseigner constamment la loi à des femmes, et il ne désire pas sans cesse voir des femmes; il ne recherche pas les familles; il ne songe pas sans cesse à enseigner la loi à une fille, à une jeune femme, à une matrone, ni à causer de la joie à de telles per-
f. 149 b. sonnes; il n'enseigne pas la loi à un hermaphrodite, il n'entretient aucun commerce avec lui, et ne cherche pas à lui causer de la joie. Il n'entre pas seul dans une maison pour y recevoir l'aumône, à moins qu'il n'y aille en rappelant à son esprit le souvenir du Tathâgata. S'il enseigne la loi à une femme, ce n'est pas par passion pour la loi même qu'il l'enseigne; à plus forte raison ne doit-il pas l'enseigner par passion pour la femme elle-même. Il ne montre pas même une rangée de ses dents, à plus forte raison une vive émotion sur son visage; il n'adresse la parole ni à un novice, ni à une novice, ni à un Religieux, ni à une Religieuse, ni à un jeune homme, ni à une jeune fille; il n'entretient aucun commerce avec eux; il ne recherche pas avec empressement le repos complet; il ne se repose même pas; enfin, il ne se livre pas continuellement au repos. C'est là ce

qu'on appelle, ô Mañdjuçrî, la première sphère d'activité d'un Bôdhisattva Mahâsattva.

Encore autre chose, ô Mañdjuçrî : un Bôdhisattva Mahâsattva considère toutes les lois comme vides; il les voit comme elles existent, privées de toute essence, établies directement, subsistant dans la perfection absolue, à l'abri de toute agitation, immobiles, ne revenant pas, ne devenant pas, subsistant constamment dans la perfection absolue, ayant la nature de l'espace, échappant à toute définition et à tout jugement, n'ayant pas été, composées et simples, agrégées et isolées, non existantes et non privées d'existence, inexprimables par le discours, établies sur le terrain du détachement, manifestées au dehors par de fausses conceptions. C'est de cette f. 150 a.
manière, ô Mañdjuçrî, que le Bôdhisattva Mahâsattva considère constamment toutes les lois; et quand il observe cette doctrine, il se tient ferme dans la sphère de son activité. C'est là, ô Mañdjuçrî, la seconde sphère de l'activité d'un Bôdhisattva Mahâsattva.

Ensuite Bhagavat, pour exposer ce sujet plus amplement, prononça dans cette occasion les stances suivantes :

1. Le Bôdhisattva qui, intrépide et inaccessible au découragement, désirerait exposer ce Sûtra pendant la redoutable époque de la fin des temps,

2. Doit observer ce qui regarde les pratiques et la sphère d'activité [d'un Bôdhisattva; il doit être pur et retiré dans le calme du silence; il doit s'interdire constamment tout commerce avec les rois et les fils des rois.

3. Il ne doit pas avoir de rapports avec les serviteurs des rois, non plus qu'avec les Tchaṇḍâlas, les bateleurs, ceux qui vendent des liqueurs fermentées, et les Tîrthakas en général.

4. Qu'il évite les Religieux livrés à l'orgueil, et qu'il recherche ceux qui observent avec docilité les commandements de la loi; et que, ne pensant qu'aux Arhats, il fuie les Religieux qui ont une mauvaise conduite.

5. Qu'il fuie toujours la Religieuse qui aime à rire et à causer, et les fidèles connus pour ne pas être fermes [dans le devoir].

6. Les fidèles de l'autre sexe qui cherchent le Nirvâṇa dans les conditions extérieures, doivent être évités par lui; c'est là ce qu'on appelle la pratique [d'un Bôdhisattva].

7. Si quelqu'une de ces personnes, venant à l'aborder, l'interroge sur la loi, pour connaître l'état de Bôdhi, il doit, sans s'arrêter, la lui communiquer, toujours ferme et inaccessible au découragement.

8. Il doit s'interdire tout commerce avec les femmes et les hermaphrodites; il
f. 150 b. doit éviter également, dans les familles, les jeunes femmes et les matrones.

9. Qu'il ne cherche pas à leur causer de la joie, en leur souhaitant, [quand il les aborde,] du bonheur et de l'habileté; qu'il évite tout rapport avec les bouchers et avec les vendeurs de porcs.

10. Ceux qui tuent des êtres vivants de diverses espèces, pour en tirer quelques jouissances, ceux qui vendent de la chair de boucherie, doivent être évités par ce Bôdhisattva.

11. Il ne doit avoir aucun commerce avec ceux qui entretiennent des femmes [pour les plaisirs des autres], ni avec les acteurs, les musiciens, les lutteurs et autres gens de cette espèce.

12. Qu'il ne recherche pas les femmes publiques, non plus que celles qui vivent de plaisir; et qu'il fuie d'une manière absolue les amusements qu'on prend avec elles.

13. Quand ce sage enseigne la loi à des femmes, il ne doit pas s'éloigner seul avec elles, ni s'arrêter pour rire.

14. Lorsqu'il entre dans un village pour y demander à plusieurs reprises de la nourriture, il doit chercher un autre Religieux, ou se rappeler le Buddha.

15. Je viens de t'exposer quelles sont les premières pratiques et la première sphère d'activité [d'un Bôdhisattva]; ceux qui, parfaitement sages, suivent cette règle de conduite, posséderont ce Sûtra.

16. Quand le sage reste absolument étranger à toute espèce de lois, aux supérieures, aux moyennes et aux inférieures, aux composées comme aux simples, à celles qui existent comme à celles qui n'existent pas;

17. Lorsqu'il ne se dit pas : « C'est une femme, » et qu'il n'en fait pas l'objet de
f. 151 a. son action; lorsqu'il ne s'arrête pas à cette réflexion, « C'est un homme; » lorsqu'en cherchant, il n'aperçoit aucune loi, parce qu'il n'en est aucune de produite,

18. Je dis que c'est là généralement la conduite des Bôdhisattvas; écoutez l'explication que je vais vous donner de la sphère de leur activité.

19. Toutes les lois ont été développées comme n'étant pas, comme n'apparaissant pas à l'existence, comme n'étant pas produites, comme reposant sur le vide, comme perpétuellement immobiles; ces considérations sont la sphère des sages.

20. Les sages se représentent les lois comme des conceptions qui se contredisent, comme n'étant pas et étant, comme n'ayant pas été et ayant été, comme non produites, comme n'étant pas nées, comme nées et comme ayant été, en un mot, comme des conceptions contradictoires.

21. L'esprit fixé sur un seul objet et parfaitement recueilli, toujours stable comme

le sommet du mont Mêru, qu'il envisage, placé dans cette situation, toutes les lois comme ayant la nature de l'espace,

22. Comme perpétuellement semblables à l'espace, comme privées de substance, de mouvement, et du sentiment de la personnalité; qu'il se dise : «Ces lois «existent constamment;» c'est là ce qui s'appelle la sphère d'activité des sages.

23. Le Religieux qui, lorsque je serai entré dans le Nirvâṇa complet, observera fidèlement la règle de conduite que je trace, exposera certainement ce Sûtra dans le monde, et il ne connaîtra jamais le découragement.

24. Le sage, après avoir réfléchi pendant le temps convenable, s'étant retiré dans sa demeure, et s'y étant enfermé, doit, après avoir envisagé toutes les lois f. 151 b.
d'une manière approfondie, sortir de sa méditation et les enseigner sans que son esprit connaisse le découragement.

25. Les rois le protégent en ce monde, ainsi que les fils des rois qui écoutent la loi de sa bouche; les Brâhmanes et les maîtres de maison, réunis tous autour de lui, composent son assemblée.

Encore autre chose, ô Mañdjuçrî : le Bôdhisattva Mahâsattva voulant expliquer cette exposition de la loi, quand le Tathâgata est entré dans le Nirvâṇa complet, à la fin des temps, dans la dernière période, dans les cinq cents dernières années [du Kalpa], quand la bonne loi est en décadence, le Bôdhisattva, dis-je, doit se placer dans une situation commode, et placé de cette manière, il prêche la loi. En prêchant la loi aux autres, soit qu'il la possède en lui-même, soit qu'elle se trouve renfermée dans un volume, il ne se laisse pas aller outre mesure à faire des reproches; il ne censure pas un autre Religieux interprète de la loi; il n'en dit pas de mal; il ne laisse pas échapper [sur son compte] des paroles de blâme; en prononçant le nom d'autres Religieux entrés dans le véhicule des Çrâvakas, il ne l'accompagne pas de paroles de blâme; ne faisant pas attention aux injures, il n'a pas même la pensée d'y répondre. Pourquoi cela? C'est qu'il s'est placé dans une situation commode. Il enseigne la loi aux auditeurs réunis pour l'entendre, avec le dessein de leur être utile, et sans aucun sentiment de jalousie. Évitant toute discussion, il ne répond rien lorsqu'une question lui f. 152 a.
est adressée par un auditeur entré dans le véhicule des Çrâvakas; mais il résout la difficulté de manière que la science de Buddha soit parfaitement obtenue.

Ensuite Bhagavat prononça dans cette occasion les stances suivantes :

26. Le sage est toujours commodément assis, et c'est dans une bonne position qu'il prêche la loi, après s'être fait dresser un siége élevé destiné à son usage, sur un terrain pur et agréable;

27. Couvert de vêtements purs, et parfaitement teints avec de bonnes couleurs; enveloppé d'une pièce de laine de couleur noire, et vêtu d'une longue tunique;

28. Assis sur un siége muni d'un marchepied et bien couvert d'étoffes de coton de diverses espèces, sur lequel il n'est monté qu'après avoir lavé ses pieds et avoir relevé l'éclat de son visage et de sa tête, en les frottant de substances onctueuses.

29. Après qu'il s'est assis de cette manière sur le siége de la loi, et quand tous les êtres qui se sont rassemblés autour de lui sont parfaitement attentifs, qu'il fasse entendre des discours nombreux et variés aux Religieux et aux Religieuses,

30. Aux fidèles des deux sexes, aux rois et aux fils des rois; que ce sage tienne toujours un langage agréable, exempt de tout sentiment de jalousie, relatif aux sujets les plus divers.

31. Si alors ses auditeurs lui adressent des questions, qu'il continue d'exposer
f. 152 b. régulièrement le sujet commencé; mais qu'il l'expose de telle façon, qu'après l'avoir entendu, ses auditeurs aient atteint l'état de Buddha.

32. Inaccessible à l'indolence, le sage ne conçoit pas même l'idée de la douleur; et chassant loin de lui la tristesse, il fait comprendre à l'assemblée réunie la force de la charité.

33. Nuit et jour il expose la loi excellente, à l'aide de myriades de kôṭis d'exemples; il parle devant l'assemblée et la comble de joie, et jamais il ne lui demande rien.

34. Nourriture, aliments, riz, boissons, étoffes, lits, siéges, vêtements, médicaments pour les malades, rien de tout cela n'occupe sa pensée, et il ne fait rien connaître à l'assemblée [du besoin qu'il en peut avoir].

35. Au contraire, son esprit éclairé est toujours occupé de cette réflexion : « Puissé-je devenir Buddha! Puissent ces êtres le devenir aussi! Oui, en faisant en- « tendre la loi au monde dans son intérêt, je possède tous les moyens de m'assurer « le bonheur. »

36. Le Religieux qui, lorsque je serai entré dans le Nirvâṇa, prêchera ainsi, sans aucun sentiment de jalousie, n'éprouvera jamais ni douleur, ni désastre, ni chagrin, ni désespoir.

37. Jamais personne ne lui causera d'effroi; personne ne le frappera, ni ne lui dira d'injures; jamais il ne sera chassé d'aucun lieu; d'ailleurs, il sera fermement établi dans la force de la patience.

f. 153 a. 38. Assis dans une situation commode, assis comme je viens de vous le dire, ce sage possède plusieurs centaines de kôṭis de qualités; il faudrait plus que des centaines de Kalpas pour en faire l'énumération.

Encore autre chose, ô Mañdjuçrî: le Bôdhisattva Mahâsattva qui, lorsque le Tathâgata est entré dans le Nirvâṇa complet, à la fin des temps, quand a péri la bonne loi, le Bôdhisattva, dis-je, qui expose ce Sûtra, n'est ni envieux, ni fourbe, ni trompeur. Il ne dit pas d'injures aux autres personnages qui sont entrés dans le véhicule des Bôdhisattvas; il ne les blâme pas, il ne les déprime pas. Il ne reproche pas leur mauvaise conduite aux autres Religieux et fidèles des deux sexes, ni aux personnages qui sont entrés dans le véhicule des Pratyêkabuddhas, ou dans celui des Bôdhisattvas. Il ne leur dit pas : Vous êtes bien éloignés, ô fils de famille, de l'état suprême de Buddha parfaitement accompli; vous ne vous y montrez pas arrivés; livrés comme vous l'êtes à une excessive légèreté, vous n'êtes pas capables d'acquérir la connaissance complète de la science du Tathâgata. Il n'emploie pas ce langage pour reprocher ses fautes à celui, quel qu'il soit, qui est entré dans le véhicule des Bôdhisattvas. Il ne prend pas plaisir aux discussions sur la loi, il ne fait pas de la loi un objet de dispute. A l'égard de tous les êtres, il n'abandonne pas la force de la charité; à l'égard de tous les Tathâgatas, il se les représente comme des pères; à l'égard de tous les Bôdhisattvas, il f. 153 b. se les représente comme des maîtres. Tous les Bôdhisattvas Mahâsattvas qui se trouvent dans le monde, dans les dix points de l'espace, il ne cesse de les honorer de ses attentions et de ses respects. Quand il enseigne la loi, il n'enseigne ni plus ni moins que la loi, n'obéissant qu'à l'attachement impartial qu'il a pour elle; et lorsqu'il est occupé à en faire l'exposition, il n'accorde pas à qui que ce soit une preuve de bienveillance plus grande qu'à un autre, fût-ce même par attachement pour la loi.

Telle est, ô Mañdjuçrî, la troisième condition dont est doué le Bôdhisattva Mahâsattva qui, lorsque le Tathâgata est entré dans le Nirvâṇa complet, à la fin des temps, quand a péri la bonne loi, expliquant cette exposition de la loi, et montrant quels sont les contacts agréables, vit dans ces contacts, et explique, sans être en butte à la violence, cette exposition de la loi. Et il aura des compagnons dans ces assemblées de la loi, et il lui naîtra des auditeurs de la loi qui écouteront l'exposition qu'il en fera, qui y auront foi, qui la comprendront, la saisiront, la répéteront, la pénétreront, l'écri-

ront, la feront écrire, et qui, après l'avoir écrite et réduite en un volume,
f. 154 a. l'honoreront, la respecteront, la vénéreront et l'adoreront.

Voilà ce que dit Bhagavat; et après avoir ainsi parlé, Sugata le Précepteur dit en outre ce qui suit :

39. Que le sage, interprète de la loi, qui désire expliquer ce Sûtra, renonce d'une manière absolue au mensonge, à l'orgueil et à la médisance, et ne conçoive jamais aucun sentiment d'envie.

40. Qu'il ne prononce jamais sur qui que ce soit des paroles de blâme; qu'il n'élève jamais de discussion sur les opinions hétérodoxes; qu'il ne dise jamais à ceux qui persistent dans une mauvaise conduite : Vous n'obtiendrez pas cette science supérieure.

41. Ce fils de Sugata est toujours doux et aimable, toujours patient; pendant qu'il explique la loi à plusieurs reprises, il n'éprouve jamais le sentiment de la douleur.

42. Les Bôdhisattvas, pleins de compassion pour les êtres, qui existent dans les dix points de l'espace, sont tous, [se dit-il,] mes précepteurs; et alors cet homme sage leur témoigne le respect qu'on doit à un Guru.

43. Se rappelant les Buddhas qui sont les Meilleurs des hommes, il considère sans cesse les Djinas comme des pères; et renonçant à toute idée d'orgueil, il est alors à l'abri de tout désastre.

44. Le sage qui a entendu une loi de cette espèce, doit alors l'observer fidèlement; parfaitement recueilli pour obtenir une position commode, il est sûrement gardé par des millions de créatures.

Encore autre chose, ô Mañdjuçrî : le Bôdhisattva Mahâsattva qui, lorsque le Tathâgata est entré dans le Nirvâṇa complet, à la fin des temps, quand
f. 154 b. a péri la bonne loi, quand la bonne loi est méprisée, désire posséder cette exposition de la loi, doit vivre bien loin des maîtres de maison et des mendiants, il doit vivre avec eux selon la charité; il doit éprouver de l'affection pour tous les êtres qui sont arrivés à l'état de Buddha. Il doit faire les réflexions suivantes : Certes, ils ont une intelligence bien pervertie, les êtres qui n'entendent pas, qui ne connaissent pas, qui ne comprennent pas le sens du langage énigmatique du Tathâgata, ce résultat de son habileté dans l'emploi des moyens dont il dispose, qui ne s'en informent pas, qui n'y ajoutent pas foi, qui n'y ont pas confiance; que dirai-je de plus? ces êtres ne comprennent ni ne connaissent cette exposition de la loi.

Mais moi, les conduisant à l'état suprême de Buddha parfaitement accompli, je vais, par la force de mes facultés surnaturelles, faire que chacun d'eux, dans la position où il se trouve, [me] donne son assentiment, croie, comprenne, et arrive à une parfaite maturité.

Telle est, ô Mañdjuçrî, la quatrième condition dont est doué le Bôdhisattva Mahâsattva qui, lorsque le Tathâgata est entré dans le Nirvâṇa complet, explique cette exposition de la loi, et cette condition le met à l'abri de tout désastre. Il est l'objet des honneurs, des respects, des adorations et du culte des Religieux et des fidèles des deux sexes, des rois, des fils des rois, des ministres des rois, de leurs grands conseillers, des maîtres de mai- f. 155 a.
son, des Brâhmanes, des habitants des provinces et des villages. Les Divinités qui traversent le ciel se mettent avec foi à sa suite pour entendre la loi; et les fils des Dêvas seront sans cesse attachés à ses pas pour le protéger; soit qu'il aille dans un village, soit qu'il entre dans un Vihâra, ils l'aborderont afin de l'interroger la nuit et le jour sur la loi, et ils seront satisfaits et auront l'esprit ravi d'entendre de lui la prédiction de leurs destinées futures. Pourquoi cela? C'est que cette exposition de la loi, ô Mañdjuçrî, a été bénie par tous les Buddhas; elle l'a été [et le sera] perpétuellement, ô Mañdjuçrî, par les Tathâgatas, vénérables, etc., passés, présents et futurs. Il est difficile à obtenir, ô Mañdjuçrî, [même pour celui qui habite] dans beaucoup d'univers, le son, le bruit ou l'écho de cette exposition de la loi.

C'est, ô Mañdjuçrî, comme s'il y avait un roi Balatchakravartin qui aurait, par sa force, conquis son royaume. Qu'à cause de cela, des rois ses adversaires, ses ennemis, des rois opposés, viennent à entrer en discussion et en guerre avec lui. Que ce monarque Balatchakravartin ait des soldats de diverses espèces, et qu'avec ces soldats il combatte ses ennemis; qu'ensuite ce monarque voyant combattre ses soldats, soit satisfait de leur courage; qu'il en ait l'âme ravie, et que, dans son contentement, il donne f. 155 b.
également à tous ses soldats des présents de diverses espèces, par exemple un village ou les terres d'un village, une ville ou les terres d'une ville, des vêtements et des coiffures, des ornements pour les mains, pour les pieds, pour le col, pour les oreilles, des parures d'or, des guirlandes, des colliers, des monnaies d'or, de l'or brut, de l'argent, des joyaux, des perles, du lapis-lazuli, des conques, du cristal, du corail, des éléphants, des chevaux, des chars, des piétons, des esclaves des deux sexes, des chariots, des

litières. Mais il ne donne à personne le joyau qui décore son diadème. Pourquoi cela? C'est que ce joyau ne se place que sur la tête d'un roi; si un roi, ô Mañdjuçrî, venait à le donner, l'armée tout entière du roi, composée de quatre corps de troupes, serait frappée d'étonnement et de surprise. De la même manière, ô Mañdjuçrî, le Tathâgata aussi, vénérable, etc., qui est le maître de la loi, le roi de la loi, exerce avec justice l'empire de la loi dans les trois mondes qu'il a soumis par la vigueur de son bras, par la vigueur de sa vertu. Mâra le pécheur vient alors attaquer les trois mondes soumis au roi. Alors les Âryas, qui sont les soldats du Tathâgata,
f. 156 a. combattent contre Mâra. Alors, ô Mañdjuçrî, le Tathâgata, vénérable, etc., ce roi de la loi, ce maître de la loi, voyant ces Âryas, ses soldats, leur expose divers Sûtras par centaines, pour réjouir les quatre assemblées; il leur donne la ville du Nirvâṇa, la grande ville de la loi; il les séduit avec le Nirvâṇa; mais il ne leur fait pas une exposition de la loi comme celle que j'expose en ce moment. Tout de même, ô Mañdjuçrî, que ce roi Balatchakravartin, surpris du grand courage de ses soldats qui combattent, leur distribue ensuite également tout ce qu'il possède, tout jusqu'au joyau même qui décore son diadème, générosité qui est pour tout le monde un objet d'étonnement, un fait à peine croyable; et de même, ô Mañdjuçrî, que ce joyau était pour le roi un bien qu'il a gardé longtemps, qui ne quittait pas son front; de même le Tathâgata aussi, vénérable, etc., ce grand roi de la loi, qui exerce avec justice l'empire de la loi dans les trois mondes, quand il voit des Çrâvakas et des Bôdhisattvas combattre contre le Mâra des conceptions, contre le Mâra de la corruption [du mal], quand il voit que ses soldats en combattant ont, par leur grand courage, détruit l'affection, la haine et l'erreur, qu'ils sont sortis des trois mondes, et ont anéanti tous les Mâras; alors le Tathâgata aussi, vénérable, etc., plein de contentement,
f. 156 b. fait également pour ces Âryas, qui sont ses soldats, cette exposition de la loi, avec laquelle le monde entier doit être en désaccord, à laquelle il ne doit pas croire, qui n'a jamais été prêchée ni expliquée auparavant. Le Tathâgata donne à tous les Çrâvakas la possession de l'omniscience, laquelle ressemble au grand joyau qui décore le diadème d'un roi. C'est là, ô Mañdjuçrî, le suprême enseignement des Tathâgatas; c'est là la dernière exposition de la loi des Tathâgatas. Entre toutes les expositions de la loi, c'est la plus profonde; c'est une exposition avec laquelle le monde entier doit

être en désaccord. De même, ô Mañdjuçrî, que le roi Balatchakravartin, détachant de son diadème le joyau qu'il a gardé pendant longtemps, le donne à ses soldats, de même le Tathâgata explique aujourd'hui cette exposition de la loi, ce mystère de la loi qu'il a longtemps gardé, cette exposition qui est au-dessus de toutes les autres, et qui doit être connue des Tathâgatas.

Ensuite Bhagavat voulant exposer ce sujet avec plus de développement, prononça dans cette occasion les stances suivantes :

45. Montrant sans cesse la force de la charité, constamment pleins de compassion pour tous les êtres, expliquant une loi semblable à celle que j'expose, les Tathâgatas ont célébré cet éminent Sûtra.

46. Celui qui enseigne la force de la charité à tous les maîtres de maison, aux f. 157 *a.*
mendiants, et à ceux qui, à l'époque de la fin des temps, seront des Bôdhisattvas, se dit : Puissent-ils ne pas mépriser cette loi après l'avoir entendue !

47. Quant à moi, lorsqu'après avoir acquis l'état de Bôdhi, je serai fermement établi dans le degré de Tathâgata, alors employant les moyens convenables, je vous comblerai de mes dons, je ferai entendre l'excellent état de Bôdhi.

48. C'est comme un roi Balatchakravartin, qui distribue à ses soldats des présents variés, et qui, rempli de joie, leur donne de l'or, des éléphants, des chevaux, des chars, des piétons, des villes, des villages.

49. Aux uns il donne, dans sa satisfaction, des ornements pour les mains, de l'argent, des cordes d'or, des perles, des joyaux, des conques, du cristal, du corail et des esclaves de diverses espèces.

50. Mais quand il est frappé de l'héroïsme incomparable d'un de ses soldats, et qu'il reconnaît que l'un d'eux a fait une action merveilleuse, alors déliant le bandeau qui ceint sa tête, il lui donne le joyau qui la décore.

51. De la même manière, moi qui suis le Buddha, le roi de la loi, moi qui ai la force de la patience, et qui possède le trésor abondant de la sagesse, je gouverne avec justice ce monde entier, désirant le bien, miséricordieux et plein de compassion.

52. Et voyant tous les êtres qui combattent, je leur expose des milliers de kôṭis de Sûtras, quand je reconnais l'héroïsme de ceux qui, doués d'une pureté parfaite, triomphent en ce monde de la corruption [du mal].

53. Alors le roi de la loi, le grand médecin, expliquant des centaines de milliers d'expositions, quand il reconnaît que les êtres sont pleins de force et de science, f. 157 *b.*
leur montre ce Sûtra qui est semblable au joyau d'un diadème.

54. C'est le Sûtra que j'expose le dernier au monde, ce Sûtra qui est le plus éminent de tous, que j'ai gardé pour moi, et que je n'ai jamais exposé; je vais aujourd'hui le faire entendre; écoutez-le tous.

55. Voici les quatre espèces de mérites que devront rechercher, dans le temps où je serai entré dans le Nirvâṇa complet, ceux qui désirent l'excellent et suprême état de Bôdhi, et ceux qui remplissent mon rôle.

56. Le sage ne connaît ni le chagrin, ni la misère, ni l'altération de la couleur naturelle de son corps, ni la maladie; la teinte de sa peau n'est pas noire, et il n'habite pas dans une ville misérable.

57. Ce grand Rĭchi, dont l'aspect est constamment agréable à voir, est digne du culte qu'on doit à un Tathâgata; de jeunes fils des Dêvas sont sans cesse occupés à le servir.

58. Son corps est inattaquable au glaive, au poison, au bâton et aux pierres; la bouche de celui qui, en ce monde, lui dit des injures, se ferme et devient muette.

59. Il est en ce monde l'ami des créatures, il parcourt la terre dont il est la lumière, en dissipant les ténèbres de plusieurs milliers d'êtres, celui qui possède ce Sûtra, pendant le temps que je suis entré dans le Nirvâṇa complet.

60. Il voit pendant son sommeil des formes de Buddha, des Religieux et des Religieuses; il les voit assis sur un trône, expliquant la loi dont il existe de nombreuses espèces.

f° 158 a. 61. Il voit en songe des Dêvas, des Yakchas, des Asuras et des Nâgas de diverses espèces, en nombre égal à celui des sables du Gange, qui tiennent les mains jointes en signe de respect, et il leur expose à tous la loi excellente.

62. Il voit en songe le Tathâgata enseignant la loi à de nombreux kôṭis de créatures, qui lance de son corps des milliers de rayons, dont la voix est agréable, et dont la couleur est semblable à celle de l'or.

63. Et les êtres sont là, les mains jointes en signe de respect, célébrant le Solitaire, qui est le Meilleur des hommes; et le Djina, ce grand médecin, prêche la loi excellente aux quatre assemblées.

64. Ce sage est satisfait de l'entendre, et, rempli de joie, il lui rend un culte; et il obtient en songe les formules magiques, après avoir rapidement touché à la science qui ne retourne pas en arrière.

65. Et le Chef du monde connaissant ses intentions, lui prédit qu'il parviendra au rang de héros parmi les hommes : Fils de famille, lui dit-il, tu toucheras ici, dans un temps à venir, à la science éminente et fortunée.

66. Et la terre que tu habiteras sera immense, et tu auras comme moi quatre

assemblées qui écouteront la loi vaste et parfaite, en tenant respectueusement les mains jointes.

67. Puis le sage se voit lui-même occupé à concevoir la loi dans les cavernes des montagnes; et quand il l'a conçue, quand il a touché à cette condition, maître alors de la méditation, il voit le Djina.

68. Et après avoir vu en songe la forme du Djina, dont la couleur est celle de l'or et qui porte les marques des cent vertus, il entend la loi, et après l'avoir entendue, il l'explique à l'assemblée; ce sont là les choses qu'il voit pendant son sommeil. f. 158 b.

69. Après avoir tout abandonné en songe, royaume, gynécée, parents, il sort de sa demeure; après avoir renoncé à tous les plaisirs, il se rend au lieu où se trouve l'essence de l'état de Bôdhi.

70. Là, assis sur un trône placé auprès du tronc d'un arbre, et cherchant à obtenir l'état de Bôdhi, il parvient au bout de sept jours à la science des Tathâgatas.

71. Et quand il a atteint à l'état de Bôdhi, se relevant alors de sa méditation, il fait tourner la roue parfaite, et enseigne la loi aux quatre assemblées, pendant d'inconcevables milliers de kôṭis de Kalpas.

72. Après avoir expliqué en ce monde la loi parfaite, après avoir conduit au Nirvâṇa de nombreux kôṭis d'êtres vivants, il y entre lui-même, semblable à une lampe dont la flamme est éteinte; telle est la forme sous laquelle il se voit en songe.

73. Ils sont nombreux, ô Mañdjuçrî, ils sont infinis, les avantages que possède constamment celui qui, à la fin des temps, exposera ce Sûtra de mon excellente loi, que j'ai parfaitement expliquée.

CHAPITRE XIV.

APPARITION DES BÔDHISATTVAS.

Ensuite des Bôdhisattvas Mahâsattvas, en nombre égal à celui des sables
f. 159 a. de huit Ganges, faisant partie de ces Bôdhisattvas qui étaient venus des autres univers, se levèrent en cet instant du milieu de l'assemblée. Réunissant leurs mains en signe de respect, regardant en face Bhagavat, ils lui parlèrent ainsi après l'avoir adoré : Si Bhagavat nous y autorise, nous aussi puissions-nous expliquer cette exposition de la loi dans l'univers Saha, lorsque le Tathâgata sera entré dans le Nirvâṇa complet ! Puissions-nous la prêcher, l'adorer, l'écrire ! Puissions-nous consacrer nos efforts à cette exposition de la loi ! Que Bhagavat veuille bien nous accorder, à nous aussi, cette exposition de la loi ! Alors Bhagavat dit à ces Bôdhisattvas : A quoi bon, ô fils de famille, vous charger de ce devoir? J'ai ici, dans cet univers Saha, des milliers de Bôdhisattvas en nombre égal à celui des sables de soixante Ganges, qui servent de cortége à un seul Bôdhisattva. Or il y a des milliers de Bôdhisattvas de cette dernière espèce, en nombre égal à celui des sables de soixante Ganges, ayant chacun pour cortége une suite aussi nombreuse de Bôdhisattvas qui, lorsque je serai entré dans le Nirvâṇa complet, à la fin des temps, dans la dernière période, posséderont cette exposition de la loi,
f. 159 b. qui la prêcheront, qui l'expliqueront.

A peine cette parole fut-elle prononcée par Bhagavat, que l'univers Saha se fendit de tous côtés, se couvrit de fentes, et que du milieu de ces fentes apparurent plusieurs centaines de mille de myriades de kôṭis de Bôdhisattvas, ayant le corps de couleur d'or, doués des trente-deux signes qui caractérisent un grand homme, lesquels se trouvant sous cette grande terre, au point de l'espace qui est situé dessous, s'étaient rendus dans l'univers Saha; en effet, aussitôt qu'ils avaient entendu la parole que venait de prononcer Bhagavat, ils étaient sortis du sein de la terre. Chacun de ces

Bôdhisattvas avait une suite de milliers de Bôdhisattvas, en nombre égal à
celui des sables de soixante Ganges, qui formaient derrière lui une troupe,
une grande troupe, une troupe dont il était le précepteur. Ces Bôdhisattvas
Mahâsattvas, suivis ainsi de ces troupes, de ces grandes troupes, de ces troupes
dont ils étaient les précepteurs, et dont on voyait des centaines de mille de
myriades de kôṭis, en nombre égal à celui des sables de soixante Ganges,
étaient sortis tous ensemble des fentes de la terre, pour paraître dans cet
univers Saha. A plus forte raison s'y trouvait-il des Bôdhisattvas Mahâsattvas,
ayant un cortége de Bôdhisattvas en nombre égal à celui des sables de cinquante, de quarante, de trente, de vingt, de dix, de cinq, de quatre, de trois, f. 160 a.
de deux Ganges, d'un Gange, d'une moitié, d'un quart, d'un sixième, d'un
dixième, d'un vingtième, d'un cinquantième, d'un centième, d'un millième,
d'un cent-millième, d'un dix-millionième, d'un cent-dix-millionième, d'un
mille-dix-millionième, d'un cent-mille-dix-millionième, d'une myriade de
cent-mille-dix-millionièmes de Gange. A plus forte raison s'y trouvait-il des
Bôdhisattvas Mahâsattvas, ayant un cortége de plusieurs centaines de mille f. 160 b.
de myriades de kôṭis de Bôdhisattvas, d'un kôṭi, de cent mille kôṭis, de cent
mille myriades de kôṭis, de cinq cent mille, de cinq mille, de mille, de cinq
cents, de quatre cents, de trois cents, de deux cents, de cent, de cinquante, de
quarante, de trente, de vingt, de dix, de cinq, de quatre, de trois, de deux
Bôdhisattvas, d'un Bôdhisattva. A plus forte raison s'y trouvait-il un nombre
immense de Bôdhisattvas Mahâsattvas qui étaient seuls. En un mot, les nombres, le calcul, les comparaisons, les similitudes ne peuvent donner une idée
de ces Bôdhisattvas Mahâsattvas, qui sortirent tous ensemble des fentes de la f. 161 a.
terre, pour paraître dans l'univers Saha. Dès qu'ils en furent sortis, ils se
rendirent au lieu où se trouvait ce grand Stûpa, fait de substances précieuses, suspendu dans le ciel, au milieu des airs, où le Bienheureux Tathâgata Prabhûtaratna, parvenu au Nirvâṇa complet, était assis sur un trône
avec Çâkyamuni. Quand ils s'y furent rendus, ces Bôdhisattvas, après avoir
salué les pieds de ces deux Tathâgatas, en les touchant de leur tête, après
avoir salué et vénéré toutes ces formes de Tathâgata, créées miraculeusement de son corps par le bienheureux Tathâgata Çâkyamuni, qui, réunies
de tous les côtés dans les dix points de l'espace, chacune dans son univers,
étaient assises sur des trônes auprès d'arbres formés de diverses substances
précieuses, après avoir fait plusieurs fois cent mille tours, en laissant à

leur droite ces Tathâgatas, vénérables, etc., après les avoir célébrés dans divers hymnes faits par des Bôdhisattvas, ces Bôdhisattvas, dis-je, se tinrent debout à l'écart, et réunissant leurs mains en signe de respect, ils adorèrent le bienheureux Tathâgata Çâkyamuni, vénérable, etc., et le bienheureux Tathâgata Prabhûtaratna.

Or, en ce temps-là, cinquante moyens Kalpas s'écoulèrent pendant que les
f. 161 b. Bôdhisattvas Mahâsattvas, qui étaient sortis des fentes de la terre, saluaient les Tathâgatas, et les célébraient dans divers hymnes faits par des Bôdhisattvas. Et pendant ces cinquante moyens Kalpas, le bienheureux Çâkyamuni garda le silence, ainsi que les quatre assemblées. Ensuite Bhagavat produisit un effet de sa puissance surnaturelle, tel que, par la force de cette puissance, les quatre assemblées crurent, l'après-midi, que lui seul était présent, et qu'elles virent l'univers Saha embrassant dans l'espace l'étendue de cent mille univers, et rempli de Bôdhisattvas. Les quatre Bôdhisattvas Mahâsattvas qui étaient les chefs de cette grande troupe et de cette grande masse de Bôdhisattvas, savoir : les Bôdhisattvas Mahâsattvas nommés Viçichṭatchâritra, Anantatchâritra, Viçuddhatchâritra et Supratichṭhitatchâritra, se trouvaient à la tête de cette grande foule et de cette grande masse de
f. 162 a. Bôdhisattvas. Alors ces quatre Bôdhisattvas Mahâsattvas s'étant placés en avant de cette grande troupe et de cette grande masse de Bôdhisattvas, réunissant les mains en signe de respect, debout devant Bhagavat, lui parlèrent ainsi : Bhagavat n'a-t-il que peu de peine, peu de maladies? Vit-il au milieu de contacts agréables? Sans doute, les créatures qui te sont soumises, douées de formes agréables, d'une intelligence parfaite, faciles à discipliner, faciles à purifier, ne causent pas de douleur à Bhagavat?

Ensuite les quatre Bôdhisattvas Mahâsattvas adressèrent à Bhagavat les deux stances suivantes :

1. Est-il heureux le Chef du monde, celui qui répand la lumière? Es-tu, ô toi qui es sans péché, libre d'obstacles dans les contacts que tu rencontres?

2. Puissent les créatures qui te sont soumises, douées de formes agréables, faciles à discipliner, faciles à purifier, ne pas causer de douleur au Chef du monde pendant qu'il parle!

Ensuite Bhagavat s'adressa ainsi aux quatre Bôdhisattvas, qui étaient placés en tête de cette grande troupe et de cette grande foule de Bôdhisattvas :

Il est ainsi, ô fils de famille, je me trouve au milieu de contacts agréables, je rencontre peu de peine, et je n'ai que peu de maladies. Ces créatures qui me sont soumises, sont douées de formes agréables, d'une intelligence parfaite; elles sont faciles à discipliner, faciles à purifier, et elles ne me causent pas de douleur, quand je m'occupe à les purifier. Pourquoi cela? C'est que, ô fils de famille, ces créatures qui me sont soumises, ont été jadis purifiées par moi-même, sous d'anciens Buddhas parfaitement accomplis; aussi, ô fils de famille, elles n'ont qu'à me voir et qu'à m'entendre f. 162 b.
pour m'accorder leur confiance, pour comprendre, pour approfondir la science de Buddha. Et ceux qui ont complétement rempli les devoirs qui leur étaient imposés, soit sur le terrain des Auditeurs, soit sur celui des Bôdhisattvas, sont ici perfectionnés par moi dans la connaissance des lois de Buddha, et je leur fais atteindre la vérité suprême.

Alors ces Bôdhisattvas Mahâsattvas prononcèrent en ce moment les stances suivantes :

3. Bien, bien, ô grand héros, nous sommes satisfaits de ce que ces créatures sont douées de formes agréables, de ce qu'elles sont faciles à discipliner et à purifier;

4. Et de ce qu'elles écoutent, ô Guide [des hommes], cette science profonde que tu leur enseignes, et de ce que, après l'avoir écoutée, elles y ont confiance et la comprennent.

Cela dit, Bhagavat exprima son assentiment aux quatre Bôdhisattvas Mahâsattvas qui se trouvaient à la tête de cette grande troupe et de cette grande foule de Bôdhisattvas, en disant : Bien, bien, ô fils de famille, vous avez raison de féliciter aujourd'hui Bhagavat.

Or, en ce moment même, cette réflexion vint à l'esprit du Bôdhisattva Mahâsattva Mâitrêya, et des centaines de mille de myriades de kôṭis de Bôdhisattvas, en nombre égal à celui des sables de huit Ganges : Nous n'avons pas vu auparavant une aussi grande troupe, une aussi grande foule de Bôdhisattvas. Nous n'avons pas entendu dire auparavant qu'une pareille foule, après être sortie des fentes de la terre, se tenant debout en présence
de Bhagavat, ait honoré, respecté, vénéré, adoré Bhagavat, et ait causé à f. 163 a.
Bhagavat de la satisfaction. D'où viennent donc ces Bôdhisattvas Mahâsattvas réunis ici? Alors le Bôdhisattva Mahâsattva Mâitrêya reconnaissant par lui-

même les doutes et les questions qui se produisaient dans son esprit, et comprenant les incertitudes auxquelles étaient livrées ces centaines de mille de myriades de kôṭis de Bôdhisattvas, en nombre égal à celui des sables de huit Ganges, réunissant en ce moment les mains en signe de respect, demanda la cause de ces faits à Bhagavat, en chantant les stances suivantes :

5. Voici plusieurs milliers de myriades de kôṭis de Bôdhisattvas infinis, tels que nous n'en avons pas vu auparavant; dis-nous, ô toi qui es le meilleur des hommes,

6. D'où et comment viennent ces personnages doués d'une grande puissance surnaturelle, et d'où ils sont arrivés ici avec les grandes formes de leur corps.

7. Tous sont pleins de fermeté; tous sont des grands Rĭchis doués de mémoire; leur extérieur est agréable; d'où donc viennent-ils ici?

8. Chacun de ces sages Bôdhisattvas, ô roi du monde, a une immense suite, une suite aussi nombreuse que les sables du Gange.

9. La suite de chacun de ces glorieux Bôdhisattvas est égale au nombre des grains de sable contenus dans soixante Ganges complets; tous sont arrivés à l'état de Buddha.

10. Oui, le nombre de grains de sable contenus dans soixante Ganges, ex-
f. 163 b. prime le nombre de ces héros, de ces Protecteurs, suivis chacun de leur assemblée.

11. Bien plus nombreux encore sont les autres sages qui, accompagnés de leur innombrable suite, sont comme les sables de cinquante, de quarante ou de trente Ganges,

12. Comme les sables de vingt Ganges, avec leur suite entière; et bien plus nombreux encore sont ces fils de Buddha, ces protecteurs,

13. Qui ont chacun une suite égale aux grains de sable contenus dans dix, dans cinq Ganges; d'où vient donc, ô Guide [des hommes], cette assemblée qui se trouve réunie aujourd'hui?

14. D'autres ont chacun une suite de Maîtres, unis ensemble par les liens de la confraternité, suite égale aux sables contenus dans quatre, dans trois, dans deux Ganges.

15. Il y en a d'autres bien plus nombreux encore, et dont aucun calcul ne pourrait atteindre le terme, dût-il durer des milliers de kôṭis de Kalpas.

16. Il y a d'autres suites de ces héros, de ces Bôdhisattvas protecteurs qui égalent les sables contenus dans un demi-Gange, dans un tiers de Gange, dans un dixième, dans un vingtième de Gange.

17. On en voit de plus nombreux encore, et dont il n'existe pas de calcul;

il serait impossible d'en faire le compte, dût-on y employer des centaines de kôṭis de Kalpas.

18. Il en existe de bien plus nombreux encore, avec leurs cortéges sans fin; ils ont à leur suite dix millions, dix millions et encore dix millions, et aussi cinq millions de personnages.

19. On voit un bien plus grand nombre encore de ces grands Rĭchis, un nombre dépassant tout calcul; ces Bôdhisattvas, doués d'une grande sagesse, se tiennent tous debout dans l'attitude du respect.

20. Leur cortége est de mille, de cent, de cinquante personnes; ces Bôdhisattvas ne sauraient être comptés, dût-on y passer des centaines de kôṭis de Kalpas.

21. Le cortége de quelques-uns de ces héros est de vingt, de dix, de cinq, de quatre, de trois, de deux personnes, et ces héros dépassent tout calcul. f. 164 *a*.

22. Ceux, enfin, qui marchent seuls, ceux qui, seuls, trouvent la quiétude, et que je vois tous rassemblés ici aujourd'hui, sont au-dessus de tout calcul.

23. Quand même un homme passerait à les énumérer des Kalpas en nombre égal à celui des sables du Gange, en tenant à la main une baguette [à compter], il n'en pourrait atteindre le terme.

24. Quelle est l'origine de ces héros, de ces Bôdhisattvas, tous magnanimes, protecteurs et pleins d'énergie?

25. Par qui la loi leur a-t-elle été enseignée? Par qui ont-ils été établis dans la science de Buddha? Quel est celui dont ils accueillent la loi? De qui possèdent-ils l'enseignement?

26. Ces sages, doués d'une grande prudence et de facultés surnaturelles, sont sortis de la terre, après l'avoir ouverte entièrement et dans la direction des quatre côtés de l'horizon.

27. Ce monde tout entier, ô Solitaire, est crevassé de tous côtés, par la sortie de ces intrépides Bôdhisattvas.

28. Non, jamais nous n'avons vu auparavant de tels personnages; dis-nous, ô Guide des mondes, le nom de cette terre.

29. Nous nous sommes trouvés, à plusieurs reprises, dans les dix points de l'espace, et jamais nous n'y avons vu ces Bôdhisattvas.

30. Nous ne t'avons jamais vu un seul fils; ceux-ci viennent de nous apparaître subitement : expose-nous leur histoire, ô Solitaire.

31. Des centaines, des milliers, des myriades de Bôdhisattvas, tous pleins de curiosité, regardent le Meilleur des hommes. f. 164 *b*.

32. O grand héros, être incomparable, toi qui es affranchi de l'accumulation

[des éléments constitutifs de l'existence], explique-nous d'où viennent ces héros, ces Bôdhisattvas intrépides.

Dans ce moment, les Tathâgatas, vénérables, etc. qui, miraculeusement créés par le bienheureux Tathâgata Çâkyamuni, étaient arrivés de cent mille myriades de kôṭis d'autres univers; qui, dans ces univers, enseignaient la loi aux créatures; qui, en présence du bienheureux Tathâgata Çâkyamuni, vénérable, etc., étaient venus de tous côtés, des dix points de l'espace, s'asseoir, les jambes croisées, sur des trônes de diamant, auprès d'arbres faits de substances précieuses; puis ceux qui faisaient cortége à chacun de ces Tathâgatas, tous, à la vue de cette grande troupe et de cette grande foule de Bôdhisattvas, sortant de tous côtés des fentes de la terre, et se tenant suspendus dans l'élément de l'éther, furent frappés d'étonnement et de surprise, et parlèrent ainsi chacun à son Tathâgata. D'où viennent, ô Bienheureux, ces Bôdhisattvas Mahâsattvas, en nombre immense, incommensurable? Ainsi interrogés, ces Tathâgatas, vénérables, etc., répondirent ainsi chacun à ceux qui les suivaient : Approchez un instant, ô fils de famille; le Bôdhisattva Mahâsattva Mâitrêya, qui vient d'apprendre de
f. 165 a. la bouche du bienheureux Çâkyamuni qu'il doit parvenir après lui à l'état suprême de Buddha parfaitement accompli, a demandé au bienheureux Tathâgata Çâkyamuni, vénérable, etc., la cause de ce qui vous frappe. Le bienheureux Tathâgata Çâkyamuni, vénérable, etc., va la lui expliquer. Vous pouvez donc entendre aussi.

Ensuite Bhagavat s'adressa ainsi à Mâitrêya : Bien, bien, ô toi qui es invincible! C'est une noble circonstance, ô toi qui es invincible, que celle sur laquelle tu m'interroges. Puis Bhagavat s'adressa ainsi à la foule tout entière des Bôdhisattvas : Soyez tous recueillis, ô fils de famille; soyez tous parfaitement immobiles et fermes dans votre position. Le Tathâgata, vénérable, etc., ô fils de famille, explique maintenant à la foule tout entière des Bôdhisattvas la vue de la science du Tathâgata; il explique la prééminence, les œuvres, les voluptés, la puissance, l'héroïsme du Tathâgata.

Ensuite Bhagavat prononça dans cette occasion les stances suivantes :

33. Soyez recueillis, ô fils de famille, je vais parler, et toutes mes paroles seront véridiques; défendez-vous ici du découragement, ô sages : la science des Tathâgatas est inconcevable.

34. Soyez tous pleins de fermeté et de mémoire; restez tous dans un parfait recueillement; il vous faut aujourd'hui entendre une loi dont vous n'avez pas ouï parler auparavant, une loi qui fait l'étonnement des Tathâgatas.

35. Qu'aucun de vous ne conçoive de doute; car c'est moi-même qui vous f. 165 b.
donne la plus ferme assurance; je suis le Guide [des hommes] qui ne parle pas contre la vérité, et ma science est incalculable.

36. Le Sugata connaît les lois profondes, supérieures au raisonnement et dont il n'existe pas de mesure; ce sont ces lois que je vais vous exposer; écoutez quelles elles sont et comment elles sont.

Ensuite Bhagavat, après avoir prononcé ces stances, s'adressa ainsi en ce moment au Bôdhisattva Mahâsattva Mâitrêya. Je vais te parler, ô toi qui es invincible, je vais t'instruire. Oui, ces Bôdhisattvas Mahâsattvas, ô toi qui es invincible, en nombre immense, incommensurable, inconcevable, incomparable, incalculable, qui n'ont pas été vus par vous auparavant, qui sont sortis des fentes de la terre pour paraître ici, tous ces Bôdhisattvas Mahâsattvas, dis-je, ô toi qui es invincible, après que, dans cet univers, j'ai eu atteint à l'état suprême de Buddha parfaitement accompli, ont reçu de moi cet état; ils y ont été perfectionnés; ils en ont reçu de la joie; ils y ont été transformés. Ces fils de famille ont été par moi mûris, établis, introduits, confirmés, instruits, perfectionnés dans cet état de Bôdhisattva. Ces Bôdhisattvas Mahâsattvas, ô toi qui es invincible, habitent, dans cet univers Saha, l'enceinte de l'élément de l'éther, située au-dessous
de nous. Occupés à comprendre à fond avec leur intelligence, l'objet de f. 166 a.
leur lecture et les préceptes qu'ils reçoivent, ces fils de famille n'aiment pas les lieux où se presse la foule; ils aiment ceux où on n'en rencontre pas; ils ne se débarrassent pas de leur fardeau; ils déploient leur énergie. Ces fils de famille, ô toi qui es invincible, se plaisent dans la distinction; ils sont passionnés pour la distinction. Ces fils de famille ne demandent l'appui ni des hommes ni des Dêvas; ils aiment une vie éloignée du monde; ils sont passionnés pour les plaisirs de la loi; ils s'appliquent à la science de Buddha.

Ensuite Bhagavat prononça dans cette occasion les stances suivantes :

37. Ces Bôdhisattvas incommensurables, inconcevables, dont il n'existe pas de mesure, possèdent les facultés surnaturelles, la sagesse, l'instruction, et ils se sont exercés à la science pendant de nombreux kôṭis de Kalpas.

38. Tous ont été mûris par moi pour l'état de Buddha, et ils habitent dans la terre qui m'appartient; oui, tous ont été mûris par moi, et tous ces Bôdhisattvas sont mes fils.

39. Tous recherchent les déserts et les lieux purs; ils évitent sans cesse les lieux où se rencontre la foule et ils vivent dans les endroits solitaires, ces sages qui sont mes enfants, et qui sont instruits dans la pratique de ma règle excellente.

40. Ils habitent dans l'enceinte de l'éther; leur empire s'étend sur les lieux placés au-dessous de cette terre; là ils passent les jours et les nuits dans le recueillement, occupés à se rendre maîtres de l'excellent état de Bôdhi.

41. Déployant leur énergie, tous doués de mémoire, se tenant fermes dans la
f. 166 b. vigueur de la science qui est incommensurable, ces êtres intrépides exposent la loi; tout resplendissants de lumière, ils sont mes enfants.

42. Et tous ont été mûris ici pour l'excellent état de Bôdhi, depuis que je l'ai obtenu moi-même, dans la ville de Gayâ, auprès d'un arbre, et que j'ai fait tourner la roue éminente de la loi.

43. Exempts de toute faute, écoutez tous ma parole, et ayez-y foi : oui, c'est après avoir atteint à l'excellent état de Bôdhi, que tous ont été mûris par moi pour cet état.

Ensuite le Bôdhisattva Mahâsattva Mâitrêya et ces nombreuses centaines de mille de myriades de kôṭis de Bôdhisattvas, furent frappés d'étonnement et de surprise. Comment se fait-il que, dans l'espace d'un instant, dans un si court intervalle de temps, ces Bôdhisattvas, dont le nombre est si immense, aient été conduits, aient été mûris par Bhagavat dans l'état suprême de Buddha parfaitement accompli? Alors le Bôdhisattva Mahâsattva Mâitrêya s'adressa ainsi à Bhagavat : Comment, ô Bhagavat, le Tathâgata qui était Kumâra, après être sorti de Kapilavastu, la ville des Çâkyas, et être parvenu à la suprême et intime essence de l'état de Bôdhi, non loin de la ville de Gayâ, a-t-il obtenu l'état suprême de Buddha parfaitement accompli? Il y a aujourd'hui, ô Bhagavat, un peu plus de quarante ans, depuis [que tu es sorti de ta maison]. Comment donc le Tathâgata a-t-il pu, en si peu de
f. 167 a. temps, remplir les devoirs sans nombre d'un Tathâgata, atteindre à la prééminence d'un Tathâgata, déployer l'héroïsme d'un Tathâgata? Comment a-t-il pu conduire et mûrir dans l'état suprême de Buddha parfaitement accompli, en un si court espace de temps, cette troupe et cette foule de Bôdhisattvas, troupe et foule dont cent mille myriades de kôṭis de Kalpas

ne suffiraient pas pour atteindre le terme? Et de plus, ce nombre immense de Bôdhisattvas, ô Bhagavat, ce nombre incalculable a longtemps rempli les devoirs de la vie religieuse; tous ont fait croître les racines de vertus [qui étaient en eux], sous plusieurs milliers de Buddhas; ils ont été conduits à la perfection pendant plusieurs centaines de mille de Kalpas.

C'est, ô Bhagavat, comme s'il y avait un homme jeune, un adolescent avec des cheveux noirs, un homme de la première jeunesse, âgé de vingt-cinq ans; que cet homme montre comme ses enfants des centenaires, et qu'il parle ainsi : Ces fils de famille sont mes enfants. Que ces centenaires parlent ainsi à cet homme : Celui-là est notre propre père. Certes, ô Bhagavat, le discours de cet homme serait difficile à croire, le monde y croirait difficilement. Il en est de même, ô Bhagavat, du Tathâgata qui n'est arrivé que depuis si peu de temps à l'état suprême de Buddha parfaitement accompli, et de ces Bôdhisattvas Mahâsattvas si nombreux, qui ont accompli les devoirs de la vie religieuse pendant plusieurs centaines de mille de myriades de kôṭis de Kalpas; qui sont depuis si longtemps arrivés à la certitude; qui f. 167 b. sont habiles à produire et à posséder les cent mille voies qui conduisent à la méditation de la science de Buddha; qui ont pratiqué complétement les grandes connaissances supérieures; qui ont rempli complétement les devoirs qui conduisent à la science des grandes connaissances supérieures; qui sont savants dans le rôle de Buddha; qui sont habiles à converser sur les conditions des Tathâgatas; qui sont pour le monde un sujet d'étonnement et d'admiration; qui ont acquis une grande énergie, une grande force et une grande puissance. Et Bhagavat leur parle ainsi : C'est par moi que tous ces Bôdhisattvas ont été dès le commencement conduits, préparés, mûris, transformés dans ce rôle de Bôdhisattva. C'est depuis que je suis parvenu à l'état suprême de Buddha parfaitement accompli, que j'ai exécuté cet acte de force et d'héroïsme. Comment, Bhagavat, comment pouvons-nous ajouter foi aux paroles du Tathâgata, quand il nous dit : « Le Tathâgata « ne dit rien de contraire à la vérité; c'est le Tathâgata qui sait cela? » Oui, Bhagavat, les Bôdhisattvas entrés dans le nouveau véhicule éprouvent de l'incertitude. Quand le Tathâgata sera entré dans le Nirvâṇa complet, ceux qui entendront cette exposition de la loi, ne la croiront pas, n'y auront pas foi, ne lui accorderont pas leur confiance. C'est pourquoi, Bhagavat, ils seront livrés à des idées d'actes qui seront étrangères à la loi.

Explique-nous donc ce fait, ô Bhagavat, afin que nous n'ayons aucun doute,
f. 168 a. en ce qui touche cette loi, et que, dans l'avenir, les fils ou filles de famille entrés dans le véhicule des Bôdhisattvas, qui viendront à l'entendre, n'éprouvent pas d'incertitude.

Ensuite le Bôdhisattva Mahâsattva Mâitrêya adressa, dans cette occasion, les stances suivantes à Bhagavat.

44. Lorsque tu fus venu au monde dans la ville de Kapila, demeure principale des Çâkyas, tu sortis de ta maison, et tu obtins l'état de Bôdhi; il n'y a pas de cela bien longtemps, ô Chef du monde.

45. Et ces grandes troupes de personnages, respectables, intrépides, qui ont rempli leurs devoirs pendant de nombreux kôṭis de Kalpas; qui se sont tenus fermes et inébranlables dans la force des facultés surnaturelles; qui ont été bien instruits, et qui ont pénétré entièrement la force de la sagesse;

46. Qui sont inaltérables, comme le lotus l'est au contact de l'eau; qui, après avoir fendu la terre, sont arrivés aujourd'hui en ce lieu, et qui sont là les mains réunies et l'extérieur respectueux; en un mot, ces Bôdhisattvas doués de mémoire, ô Maître du monde, [que tu dis tes] fils et [tes] disciples,

47. Comment pourront-ils ajouter foi à l'étonnant langage que tu viens de faire entendre? Parle pour détruire leur incertitude, et explique-leur le sens de ce que tu as voulu dire.

48. C'est comme s'il y avait ici un homme jeune, de la première jeunesse, ayant les cheveux noirs, qui eût vingt ans ou plus, et qui en montrant des centenaires, les donnât pour ses fils.

49. Que ceux-ci soient couverts de rides et aient les cheveux blancs, et qu'ils disent : C'est cet homme qui nous a donné l'existence. Certainement, ô Chef du monde, on aurait peine à croire que ces vieillards soient les fils de ce jeune homme.

f. 168 b. 50. De la même manière, ô Bhagavat, nous ne comprenons pas comment ces nombreux Bôdhisattvas pleins d'intelligence, de mémoire et d'intrépidité, qui ont été bien instruits pendant des milliers de kôṭis de Kalpas;

51. Qui sont doués de fermeté; qui ont la pénétration de la sagesse; qui sont tous beaux et agréables à voir; qui sont intrépides dans la démonstration de la loi, qui ont été loués par le Guide du monde,

52. Nous ne comprenons pas comment, semblables au vent, ils marchent, exempts de toute affection, au travers de l'espace, sans connaître jamais d'autre demeure, ces fils de Sugata qui produisent en eux l'énergie nécessaire pour atteindre à l'état de Bôdhi.

53. Comment, lorsque le Guide du monde sera entré dans le Nirvâṇa complet, pourra-t-on croire à un pareil récit? Nous qui l'entendons de la bouche du Chef du monde, nous ne concevons aucun doute.

54. Puissent les Bôdhisattvas ne pas tomber dans la mauvaise voie, en concevant des doutes à ce sujet! Fais-nous connaître, ô Bhagavat, la vérité, et dis-nous comment ces Bôdhisattvas ont été complétement mûris par toi.

CHAPITRE XV.

DURÉE DE LA VIE DU TATHÂGATA.

Ensuite Bhagavat s'adressa ainsi à la foule tout entière des Bôdhisattvas :
Ayez confiance en moi, ô fils de famille; croyez au Tathâgata qui prononce
la parole de vérité. Une seconde et une troisième fois Bhagavat s'adressa
ainsi aux Bôdhisattvas : Ayez confiance en moi, ô fils de famille, croyez
au Tathâgata qui prononce la parole de vérité. Ensuite la foule tout en- f. 169 a.
tière des Bôdhisattvas, se faisant précéder du Bôdhisattva Mahâsattva Mâitrêya, et réunissant les mains en signe de respect, parla ainsi à Bhagavat : Que Bhagavat, que Sugata nous expose la cause de ces faits; nous avons foi dans la parole de Bhagavat. Une seconde fois la foule tout entière des Bôdhisattvas parla ainsi à Bhagavat : Que Bhagavat, etc. [comme plus haut.] Une troisième fois la foule tout entière des Bôdhisattvas parla ainsi à Bhagavat : Que Bhagavat, etc. [comme plus haut.]

Alors Bhagavat voyant que la prière des Bôdhisattvas était répétée jusqu'à trois fois, s'adressa ainsi à ces Bôdhisattvas. Écoutez donc, ô fils de famille, ce produit de la force de ma méditation profonde. Le monde, ô fils de famille, avec les Dêvas, les hommes et les Asuras qui le composent, a la conviction suivante, et se dit : C'est aujourd'hui que le bienheureux Çâkyamuni, après avoir abandonné la maison des Çâkyas, après être parvenu à l'intime et suprême essence de l'état de Bôdhi, dans la ville nommée Gayâ, est arrivé à l'état suprême de Buddha parfaitement accompli. Et

f. 169 b. cependant il ne faut pas considérer le fait ainsi; bien au contraire, ô fils de famille, il y a déjà plusieurs centaines de mille de myriades de kôṭis de Kalpas, que je suis arrivé à l'état suprême de Buddha parfaitement accompli. Soient, par exemple, ô fils de famille, les atomes de poussière dont se compose la terre de cinquante fois cent mille myriades de kôṭis de mondes. Qu'il naisse un homme qui, prenant un de ces atomes de poussière, aille le déposer à l'orient, après avoir franchi cinquante fois cent mille myriades de kôṭis d'univers incalculables. Que, de cette manière, cet homme, pendant des centaines de mille de myriades de kôṭis de Kalpas, enlève de tous ces univers la totalité des atomes de poussière qu'ils renferment, et qu'il se trouve ainsi avoir déposé de cette manière et par cette méthode, du côté de l'orient, tous ces atomes de poussière. Que pensez-vous de cela, ô fils de famille? Est-il possible à quelqu'un d'imaginer, de compter, ou de déterminer ces univers? Cela dit, le Bôdhisattva Mâitrêya et la foule tout entière des Bôdhisattvas parla ainsi à Bhagavat : Ils sont innombrables, ô Bhagavat, ces univers, ils sont incalculables, ils dépassent le terme auquel atteint la pensée. Tous les Çrâvakas et les Pratyêkabuddhas eux-mêmes, ô Bhagavat, ne peuvent, avec la science des Âryas, ni s'en faire une idée, ni les compter, ni les déterminer. Nous-mêmes, ô Bhagavat, qui sommes des Bôdhisattvas établis sur le terrain de ceux qui ne se détournent pas, nous ne pouvons faire de ce sujet l'objet de nos pensées, tant sont innombrables, ô Bhagavat, ces univers.

Cela dit, Bhagavat s'adressa ainsi à ces Bôdhisattvas Mahâsattvas : Je vais vous parler, ô fils de famille, je vais vous instruire. Oui, quelque
f. 170 a. nombreux que soient ces univers sur lesquels cet homme a déposé ces atomes de poussière et ceux sur lesquels il n'en a pas déposé, il ne se trouve pas, ô fils de famille, dans toutes ces centaines de mille de myriades de kôṭis d'univers, autant d'atomes de poussière qu'il y a de centaines de mille de myriades de kôṭis de Kalpas, depuis l'époque où je suis parvenu à l'état suprême de Buddha parfaitement accompli. Depuis le moment où j'ai commencé, ô fils de famille, à enseigner la loi aux créatures dans cet univers Saha, et dans d'autres centaines de mille de myriades de kôṭis d'univers, les Tathâgatas vénérables, etc., tels que le Tathâgata Dîpaṁkara et d'autres, dont j'ai parlé depuis cette époque, ô fils de famille, pour [faire connaître] leur entrée dans le Nirvâṇa complet, ces Tathâgatas, ô

fils de famille, ont été miraculeusement produits par moi dans l'exposition et l'enseignement de la loi, par l'effet de l'habileté dans l'emploi des moyens dont je dispose. Il y a plus, ô fils de famille, le Tathâgata, après avoir reconnu les mesures diverses d'énergie et de perfection des sens qu'ont possédées les êtres qui se sont succédé pendant ce temps, prononce en chacun [de ces Tathâgatas] son propre nom, expose en chacun d'eux son propre Nirvâṇa complet, et, de ces diverses manières, il satisfait les créatures par différentes expositions de la loi. Alors, ô fils de famille, le Tathâgata parle ainsi aux créatures qui ont des inclinations diverses, qui n'ont que peu de racines de vertu et qui souffrent de beaucoup de douleurs : Je suis jeune f. 170 b.
d'âge, ô Religieux ; il n'y a pas longtemps que je suis sorti [de la maison], que je suis parvenu à l'état suprême de Buddha parfaitement accompli. Mais si le Tathâgata, ô fils de famille, depuis si longtemps parvenu à l'état de Buddha parfait, s'exprime ainsi : « Il n'y a pas longtemps que je suis par- « venu à l'état suprême de Buddha parfait, » c'est uniquement dans le dessein de conduire les créatures à la maturité et de les convertir ; c'est pour cela qu'il fait cette exposition de la loi. Toutes ces expositions de la loi, ô fils de famille, sont faites par le Tathâgata pour discipliner les créatures ; et les paroles, ô fils de famille, que prononce le Tathâgata pour discipliner les créatures, soit qu'il se désigne lui-même, soit qu'il désigne les autres, soit qu'il se mette lui-même en scène, soit qu'il y mette les autres, en un mot, tout ce que dit le Tathâgata, tout cela et toutes ces expositions de la loi sont faites par le Tathâgata conformément à la vérité. Il n'y a pas là mensonge de la part du Tathâgata. Pourquoi cela ? C'est que le Tathâgata voit la réunion des trois mondes telle qu'elle est ; ce monde, [à ses yeux,] n'est pas engendré, et il ne meurt pas ; il ne disparaît pas et il ne naît pas ; il ne roule pas dans le cercle de la transmigration, et il n'entre pas dans l'anéantissement complet ; il n'a pas été, et il n'est pas n'ayant pas été ; il n'est pas existant, et il n'est pas non existant ; il n'est pas ainsi, et il n'est pas autrement ; il n'est pas faussement, et il n'est pas réellement ; il n'est pas autrement, et il n'est pas ainsi ; c'est de cette manière que le Tathâgata voit la réunion des trois mondes : en un mot, il ne la voit pas comme la voient les hommes ordinaires et les ignorants. Aussi possède-t-il, de la manière la plus certaine, les condi- f. 171 a.
tions de ce sujet, et aucune n'échappe à son attention. Les paroles quelles qu'elles soient que le Tathâgata prononce sur ce sujet sont toutes vraies et

non fausses. Afin de faire naître des racines de vertu dans les créatures dont la conduite et les intentions sont diverses, et qui s'abandonnent à leurs conceptions et à leurs raisonnements, il fait diverses expositions de la loi, à l'aide de divers sujets. Ce que le Tathâgata doit faire, ô fils de famille, il le fait. Le Tathâgata qui est depuis si longtemps parvenu à l'état de Buddha parfait, a une existence dont la durée est incommensurable. Le Tathâgata qui, n'étant pas entré dans le Nirvâṇa complet, subsiste toujours, parle du Nirvâṇa complet du Tathâgata, dans une intention de conversion. Cependant, ô fils de famille, je n'ai pas encore, même aujourd'hui, rempli complétement les anciens devoirs qui m'étaient imposés en tant que Bôdhisattva; la durée de mon existence n'est même pas accomplie; bien au contraire, ô fils de famille, aujourd'hui même il me reste, pour atteindre le dernier terme de mon existence, deux fois autant de centaines de mille de myriades de kôṭis de Kalpas que j'en ai déjà vécu. Je n'en annonce pas moins, ô fils de famille, que je vais entrer dans le Nirvâṇa complet, quoique je ne doive pas y entrer encore. Pourquoi cela? C'est que de cette manière je conduis tous les êtres à
f. 171 b. la maturité. Si je restais trop longtemps dans le monde, les êtres qui n'ont pas acquis des racines de vertu, qui sont privés de pureté, qui sont misérables, entraînés par leurs désirs aveugles, enveloppés dans les filets des fausses doctrines, diraient en voyant sans cesse le Tathâgata : « Le Tathâgata reste « dans le monde; » et ils s'imagineraient qu'il n'y a là rien que d'aisé à rencontrer; ils ne concevraient pas la pensée de quelque chose de difficile à obtenir. S'ils disaient : Nous sommes près du Tathâgata, ils ne déploieraient pas leur énergie pour sortir de la réunion des trois mondes, et ne concevraient pas la pensée que le Tathâgata est difficile à rencontrer. De là vient, ô fils de famille, que le Tathâgata, grâce à son habileté dans l'emploi des moyens dont il dispose, prononce ces paroles : C'est une chose difficile à obtenir, ô Religieux, que l'apparition des Tathâgatas. Pourquoi cela? C'est qu'il peut se passer plusieurs centaines de mille de myriades de kôṭis de Kalpas sans que les êtres voient un Tathâgata, comme aussi ils peuvent en voir un dans cet espace de temps. De là vient, ô fils de famille, que je leur dis, après avoir introduit ce sujet : C'est une chose difficile à obtenir, ô Religieux, que l'apparition des Tathâgatas. Les êtres, alors, sachant, par des développements nombreux, que l'apparition des Tathâgatas est une chose difficile à rencontrer, concevront des pensées d'étonnement et de chagrin;

et ne voyant pas le Tathâgata, ils auront soif de le voir. Ces racines de vertu produites par la conception d'une pensée dont le Tathâgata est l'objet, leur deviendront pour longtemps une source d'avantages, d'utilité et de bonheur. Voyant cela, quoique le Tathâgata n'entre pas dans le Nirvâṇa f. 172 a. complet, il annonce aux êtres son Nirvâṇa, en vertu de la volonté qu'il a de les convertir. C'est là, ô fils de famille, l'exposition de la loi que fait le Tathâgata; quand il parle ainsi, il n'y a pas alors mensonge de sa part.

C'est, ô fils de famille, comme s'il y avait un médecin instruit, habile, prudent, très-expert à calmer toute espèce de maladie. Que cet homme ait beaucoup d'enfants, dix, vingt, quarante, cinquante, cent, et qu'il soit parti pour faire un voyage; que tous ses enfants viennent à être malades d'un breuvage vénéneux ou de poison, qu'ils éprouvent des sensations de douleur causées par ce breuvage ou ce poison, et que brûlés par ce breuvage ils se roulent par terre. Qu'ensuite le médecin leur père revienne de son voyage; que tous ses enfants soient souffrants de ce poison ou de cette substance vénéneuse; que les uns aient des idées fausses, et les autres l'esprit juste. Que tous ces enfants souffrant également de ce mal, à la vue de leur père, soient pleins de joie, et lui parlent ainsi : Salut, cher père, tu es heureusement revenu sain et sauf et en bonne santé; délivre-nous donc de ce breuvage ou de ce poison qui détruit notre corps, et donne-nous la vie. Qu'ensuite le médecin voyant ses enfants souffrants de ce mal, vaincus par la douleur, brûlés, se roulant par terre, après avoir préparé un grand f. 172 b. médicament doué de la couleur, de l'odeur et du goût convenables, et l'avoir broyé sur une pierre, le donne en boisson à ces enfants et leur parle ainsi : Buvez, mes enfants, cette grande médecine qui a de la couleur, de l'odeur et du goût; après avoir bu, mes enfants, cette grande médecine, vous serez bien vite délivrés de ce poison, vous reviendrez à la santé, et vous n'aurez plus de mal. Alors que ceux de ces enfants dont les idées ne sont pas fausses, après avoir vu la couleur de ce médicament, après en avoir flairé l'odeur, et savouré le goût, le boivent aussitôt et qu'ils soient complétement, entièrement délivrés de leur mal. Mais que ceux de ces enfants dont les idées sont fausses, après avoir salué leur père, lui parlent ainsi : Salut, cher père, tu es heureusement revenu sain et sauf et en bonne santé; donne-nous la guérison; qu'ils prononcent ces paroles, mais qu'ils ne boivent pas la médecine qui leur est présentée. Pourquoi cela? C'est que par suite de

la fausseté de leur esprit, la couleur de cette médecine ne leur plaît pas, non plus que son odeur ni sa saveur. Qu'ensuite ce médecin fasse cette réflexion : Mes enfants que voilà ont l'esprit faussé par l'action de ce breuvage
f. 173 a. ou de ce poison; c'est pourquoi ils ne boivent pas cette médecine, et ne me louent pas; si je pouvais, par l'emploi de quelque moyen adroit, faire boire cette médecine à ces enfants! Qu'alors le médecin désireux de faire boire la médecine à ses enfants à l'aide d'un moyen adroit, leur parle ainsi : Je suis vieux, ô fils de famille, avancé en âge, cassé, et la fin de mon temps approche; puissiez-vous n'être pas malheureux, ô mes enfants! puissiez-vous ne pas éprouver de douleur! J'ai préparé pour vous cette grande médecine, vous pouvez la boire si vous le désirez. Que le médecin, après avoir ainsi averti ses enfants à l'aide de ce moyen adroit, et s'être retiré dans une autre partie du pays, fasse annoncer à ses enfants malades qu'il a fait son temps; qu'en ce moment ceux-ci se lamentent extrêmement, et se livrent aux plaintes les plus vives : Il est donc mort seul, notre père, notre protecteur, celui qui nous a donné le jour, et qui était plein de compassion pour nous; maintenant nous voilà sans protecteur. Qu'alors ces enfants se voyant sans protecteur, se voyant sans refuge, soient incessamment en proie au chagrin, et que, par suite de ce chagrin incessant, leurs idées de fausses qu'elles étaient deviennent justes, et que ce médicament qui avait de la couleur, de l'odeur et du goût, soit reconnu par eux comme ayant en effet ces qua-
f. 173 b. lités; qu'en conséquence, ils le prennent alors, et que l'ayant pris, ils soient délivrés de leur mal. Qu'ensuite le médecin sachant que ses enfants sont délivrés de leur mal, se montre de nouveau à eux. Comment comprenez-vous cela, ô fils de famille? Y a-t-il en quoi que ce soit mensonge de la part de ce médecin à employer ce moyen adroit? Les Bôdhisattvas répondirent : Non, il n'y a pas mensonge, Bhagavat; il n'y a pas mensonge, Sugata. Bhagavat reprit : De la même manière, ô fils de famille, il y a un nombre immense, incalculable, de centaines de mille de milliers de kôṭis de Kalpas, que je suis parvenu à l'état suprême de Buddha parfaitement accompli; mais je développe de temps en temps, aux yeux des créatures, des moyens de cette espèce, dont je possède l'emploi habile, dans le dessein de les convertir, et il n'y a là, de ma part, mensonge en aucune manière.

Ensuite Bhagavat voulant exposer ce sujet avec plus de développement, prononça, dans cette occasion, les stances suivantes :

1. Ils sont inconcevables, ils sont à jamais incommensurables, les milliers de kôṭis de Kalpas qui se sont écoulés depuis que j'ai atteint à l'état suprême de Bôdhi et que je ne cesse d'enseigner la loi.

2. Je convertis de nombreux Bôdhisattvas et je les établis dans la science de Buddha; depuis de nombreux kôṭis de Kalpas, je mûris complétement des myriades infinies de créatures. f. 174 a.

3. Je désigne le terrain du Nirvâṇa et j'expose mes moyens à l'effet de discipliner les créatures; et cependant je n'entre pas dans le Nirvâṇa au moment où j'en parle; ici même j'explique les lois.

4. Alors je me bénis moi-même, et je bénis aussi tous les êtres; mais les hommes ignorants dont l'intelligence est faussée, ne me voient pas, même pendant que je suis en ce monde.

5. Croyant que mon corps est entré dans le Nirvâṇa complet, ils rendent des hommages variés à mes reliques, et ne me voyant pas, ils ont soif de me voir; par ce moyen leur intelligence devient droite.

6. Quand les êtres sont droits, doux, bienveillants, et qu'ils méprisent leurs corps, alors réunissant une assemblée de Çrâvakas, je me fais voir sur le sommet du Gṛĭdhrakûṭa.

7. Et je leur parle ensuite de cette manière : « Je ne suis pas entré ici, ni en tel « temps, dans le Nirvâṇa complet; j'ai fait seulement usage, ô Religieux, de mon « habileté dans l'emploi des moyens, et je reparais à plusieurs reprises dans le « monde des vivants. »

8. Honoré par d'autres créatures, je leur enseigne l'état suprême de Bôdhi qui m'appartient; et vous, vous n'écoutez pas ma voix, à moins d'apprendre que le Chef du monde est entré dans le Nirvâṇa complet.

9. Je vois les êtres complétement détruits, et cependant je ne leur montre pas ma propre forme; mais s'il arrive qu'ils aspirent à me voir, j'expose la bonne loi à ces êtres qui en sont altérés.

10. Ma bénédiction a toujours été telle que je viens de la dire, depuis un nombre f. 174 b.
inconcevable de milliers de kôṭis de Kalpas, et je ne sors pas d'ici, du sommet du Gṛĭdhrakûṭa, pour aller m'asseoir sur des myriades d'autres siéges et d'autres lits.

11. Lors même que les êtres voient et se figurent que cet univers est embrasé, alors même la terre de Buddha qui m'appartient est remplie d'hommes et de Maruts.

12. Ces êtres s'y livrent à des jeux et à des plaisirs variés; ils y possèdent des kôṭis de jardins, de palais et de chars divins; cette terre est ornée de montagnes faites de diamant, et pleine d'arbres couverts de fleurs et de fruits.

13. Et les Dêvas frappent les tambours au-dessus de cette terre, et ils font tomber une pluie de fleurs de Mandâra ; et ils m'en couvrent ainsi que mes Çrâvakas et les autres sages qui sont arrivés ici à l'état de Buddha.

14. C'est ainsi que ma terre subsiste continuellement, et les autres êtres se figurent qu'elle est en proie à l'incendie; ils voient cet univers redoutable livré au malheur et rempli de cent espèces de misères.

15. Et ils restent pendant de nombreux kôṭis de Kalpas sans entendre jamais le nom même de Tathâgata ou de loi, sans connaître une assemblée telle que la mienne; c'est là la récompense de leurs actions coupables.

16. Mais lorsque ici, dans le monde des hommes, il vient à naître des êtres doux et bienveillants, à peine sont-ils au monde, que, grâce à leur vertueuse conduite, ils me voient occupé à expliquer la loi.

f. 175 *a*. 17. Et je ne leur parle jamais de cette œuvre sans fin que je continue sans relâche; c'est pourquoi il y a longtemps que je ne me suis fait voir, et de là vient que je leur dis : Les Djinas sont difficiles à rencontrer.

18. Voilà quelle est la force de ma science, cette force éclatante à laquelle il n'y a pas de terme; et j'ai atteint à cette longue existence, qui est égale à un nombre infini de Kalpas, pour avoir autrefois rempli les devoirs de la vie religieuse.

19. O sages, ne concevez à ce sujet aucun doute; renoncez absolument à toute espèce d'incertitude : la parole que je prononce est véritable; non, jamais ma parole n'est mensongère.

20. De même que ce médecin exercé à l'emploi des moyens convenables, qui, vivant encore, se dirait mort dans l'intérêt de ses enfants dont l'esprit serait tourné à la contradiction, et de même que ce serait là un effet de la prudence de ce médecin, et non une parole mensongère;

21. De même moi qui suis le père du monde, l'être existant par lui-même, moi le chef et le médecin de toutes les créatures, quand je les trouve disposées à la contradiction, égarées par l'erreur et ignorantes, je leur fais voir mon Nirvâṇa, quoique je n'y sois pas encore entré.

22. A quoi bon me montrerais-je continuellement aux hommes? Ils sont incrédules, ignorants, privés de lumières, indolents, égarés par leurs désirs; leur ivresse les fait tomber dans la mauvaise voie.

23. Ayant reconnu quelle a été en tout temps leur conduite, je dis aux créatures : « Je suis le Tathâgata, » pour les convertir par ce moyen à l'état de Buddha,
f. 175 *b*. et pour les mettre en possession des lois des Buddhas.

CHAPITRE XVI.

PROPORTION DES MÉRITES.

Pendant que cette exposition de la durée de la vie du Tathâgata était faite, un nombre immense et incalculable de créatures en retirèrent du profit. Alors Bhagavat s'adressa ainsi au Bôdhisattva Mahâsattva Mâitrêya : Pendant qu'a été donnée, ô toi qui es invincible, cette indication de la durée de la vie du Tathâgata, laquelle est une exposition de la loi, des centaines de mille de myriades de kôṭis de Bôdhisattvas en nombre égal à celui de soixante-huit Ganges, ont acquis la patience surnaturelle dans la loi. Un nombre cent mille fois plus grand d'autres Bôdhisattvas Mahâsattvas, a obtenu la possession des formules magiques. D'autres Bôdhisattvas Mahâsattvas, en nombre égal à celui des atomes de mille univers, après avoir entendu cette exposition de la loi, ont obtenu le pouvoir de n'être enchaînés [par aucun contact]. D'autres Bôdhisattvas, en nombre égal à celui des atomes d'un univers, ont obtenu la possession de la formule magique qui fait cent mille fois dix millions de tours. D'autres Bôdhisattvas Mahâsattvas, en nombre égal à celui des atomes d'un univers formé de trois mille mondes, après avoir entendu cette exposition de la loi, ont fait tourner la roue qui ne revient pas en arrière. D'autres Bôdhisattvas Mahâsattvas, en nombre égal à celui des atomes d'un moyen [millier d'] univers, après avoir entendu cette exposition de la loi, ont fait tourner la roue de la loi nommée Celle dont l'éclat est sans tache. D'autres Bôdhisattvas Mahâsattvas, en nombre égal à celui des atomes d'un petit [millier d'] univers, après avoir entendu cette exposition de la loi, ont été destinés à obtenir, au bout de huit naissances, l'état suprême de Buddha parfaitement accompli. D'autres Bôdhisattvas Mahâsattvas, en nombre égal à celui des atomes de quatre univers formés de quatre îles, après avoir entendu cette exposition de la loi, ont été destinés à obtenir, au bout de quatre naissances, l'état suprême de Buddha parfaitement accompli.

f. 176 a.

D'autres Bôdhisattvas Mahâsattvas, en nombre égal à celui des atomes de trois univers formés de quatre îles, après avoir entendu cette exposition de la loi, ont été destinés à obtenir, au bout de trois naissances, l'état suprême de Buddha parfaitement accompli. D'autres Bôdhisattvas Mahâsattvas, en nombre égal à celui des atomes de deux univers formés de quatre îles, après avoir entendu cette exposition de la loi, ont été destinés à obtenir, au bout de deux naissances, l'état suprême de Buddha parfaitement accompli. D'autres Bôdhisattvas Mahâsattvas, en nombre égal à celui des atomes d'un seul univers formé de quatre îles, après avoir entendu cette exposition de la loi, ont été destinés à obtenir, au bout d'une naissance, l'état suprême de Buddha parfaitement accompli. Des Bôdhisattvas Mahâsattvas, en nombre égal à celui des atomes de huit univers formés d'un grand millier de trois
f. 176 b. mille mondes, après avoir entendu cette exposition de la loi, ont conçu la pensée de l'état suprême de Buddha parfaitement accompli.

A peine Bhagavat eut-il exposé à ces Bôdhisattvas Mahâsattvas le sujet qui renferme la démonstration de la loi, qu'alors du haut de l'atmosphère et du ciel il tomba une grande pluie de fleurs de Mandârava et de Mahâmandârava. Les cent mille myriades de kôṭis de Buddhas qui, après être arrivés dans ces cent mille myriades de kôṭis d'univers, étaient assis sur des trônes auprès d'arbres de diamant, furent tous couverts de cette pluie. Le bienheureux Tathâgata Çâkyamuni, vénérable, etc., et le bienheureux Tathâgata Prabhûtaratna, vénérable, etc., qui était entré dans le Nirvâṇa complet, tous deux assis sur un trône de diamant, en furent complétement couverts, ainsi que la foule tout entière des Bôdhisattvas, avec les quatre assemblées. Des poudres divines de santal et d'Aguru tombèrent comme une pluie. On entendit, du haut du ciel, retentir dans les airs de grandes timbales qui rendaient, sans être frappées, des sons agréables, doux et profonds; des pièces doubles d'étoffes divines tombèrent par centaines et par milliers
f. 177 a. du haut des airs; des colliers, des guirlandes, des chapelets de perles, des joyaux, de grands joyaux et de gros diamants parurent en l'air, suspendus à tous les points de l'horizon. Des centaines de mille de vases de diamant qui contenaient un encens précieux, s'avancèrent d'eux-mêmes de tous côtés. Les Bôdhisattvas Mahâsattvas soutinrent en l'air, au-dessus de chaque Tathâgata, des lignes de parasols faits de pierreries, qui s'élevaient jusqu'au ciel de Brahmâ; c'est de cette manière que les Bôdhisattvas Mahâsattvas

soutinrent en l'air au-dessus de ces innombrables centaines de mille de myriades de kôṭis de Buddhas, des lignes de parasols faits de pierreries qui s'élevaient jusqu'au ciel de Brahmâ. Chacun d'eux célébra ces Tathâgatas en faisant entendre des stances sacrées à la louange des Buddhas.

Alors le Bôdhisattva Mahâsattva Mâitrêya prononça dans cette occasion les stances suivantes :

1. Le Tathâgata nous a fait entendre une loi merveilleuse, une loi qui n'a jamais été entendue par nous auparavant; il nous a dit quelle est la magnanimité des Guides [du monde] et combien est infinie la durée de leur existence.

2. Aussi, après avoir entendu aujourd'hui cette loi qui leur est donnée de la bouche du Sugata, des milliers de kôṭis d'êtres vivants, qui sont les fils chéris du Guide du monde, se sentent épanouis de joie.

3. Quelques-uns sont établis dans l'état suprême de Bôdhi qui ne retourne pas f. 177 b.
en arrière; quelques-uns possèdent la meilleure des formules magiques; d'autres sont fermes dans l'énergie du détachement, et d'autres ont la possession de milliers de kôṭis de formules.

4. Quelques-uns, aussi nombreux que les atomes d'un monde, sont arrivés à l'excellente science de Buddha; d'autres sont destinés à devenir, à partir de leur huitième existence, des Djinas doués d'une vue infinie.

5. Après avoir franchi les uns quatre, les autres trois, les autres deux existences, ceux qui ont entendu cette loi de la bouche du Guide [du monde], obtiendront l'état de Bôdhi en voyant la vérité.

6. Quelques-uns, au bout d'une seule existence, arriveront à l'omniscience dans la vie suivante; c'est là le fruit excellent qu'ils recueilleront de l'attention qu'ils auront donnée à ce récit de la vie du Guide [du monde].

7. Ils sont aussi innombrables, aussi incalculables que les atomes de poussière que renferment huit mondes, les milliers de kôṭis de créatures qui, après avoir entendu cette loi, ont conçu la pensée de l'excellent état de Bôdhi.

8. C'est là l'œuvre que vient d'accomplir le grand Rĭchi, quand il a expliqué l'état de Buddha, cet état qui n'a ni terme ni mesure, et qui est aussi incommensurable que l'élément de l'éther.

9. De nombreux milliers de kôṭis de fils des Dêvas ont fait tomber une pluie de fleurs de Mandârava; des Çakras et des Brahmâs en nombre égal à celui des sables du Gange, ont quitté des milliers de kôṭis de terres pour se réunir ici.

10. Répandant des poudres odorantes de bois de santal et d'Aguru, ils par- f. 178 a.

courent le ciel, semblables à des oiseaux, et ils en couvrent l'Indra des Djinas d'une manière convenable.

11. Du haut des airs, des timbales font entendre, sans être frappées, des sons agréables; des milliers de kôṭis de pièces d'étoffes divines tombent en tournant autour des Guides [des hommes].

12. Des milliers de kôṭis de vases faits de pierreries et contenant un encens précieux, se rendent ici d'eux-mêmes de tous côtés, afin d'honorer le Protecteur, le Chef des mondes.

13. Les sages Bôdhisattvas soutiennent d'innombrables myriades de kôṭis de parasols, hauts, grands et faits de pierreries, qui s'élèvent en ligne jusqu'au monde de Brahmâ.

14. Ils dressent au-dessus des Guides [des hommes] des drapeaux et des étendards beaux à voir; les fils de Sugata, l'esprit transporté de joie, les louent dans des milliers de stances.

15. Voilà, ô Guide [des hommes], les êtres merveilleux, éminents, admirables et variés que je vois aujourd'hui; toutes ces créatures ont été comblées de joie par l'exposition qui leur a été faite de la durée de la vie [du Sugata].

16. Il est vaste le sens de la parole des Guides [des hommes], laquelle s'est répandue aujourd'hui dans les dix points de l'espace; des milliers de kôṭis de créa-
f. 178 b. tures en sont remplies de joie, et elles sont douées de vertu pour arriver à l'état de Buddha.

Ensuite Bhagavat s'adressa ainsi au Bôdhisattva Mahâsattva Mâitrêya : Tous ceux qui, pendant que se donnait cette indication de la durée de l'existence du Tathâgata, laquelle est une exposition de la loi, ont fait preuve de confiance, ne fût-ce que par un seul acte de pensée, ou qui y ont ajouté foi, quel immense mérite en recueillent-ils, ces fils ou ces filles de famille? Écoute cela, et grave bien dans ton esprit quel immense mérite ils en recueillent. Supposons d'un côté, ô toi qui es invincible, un fils ou une fille de famille qui, désirant obtenir l'état suprême de Buddha parfaitement accompli, remplirait, pendant huit centaines de mille de myriades de kôṭis de Kalpas, les devoirs des cinq perfections, c'est-à-dire, de la perfection de l'aumône, de celle de la moralité, de celle de la patience, de celle de l'énergie, de celle de la contemplation, de celle de la sagesse; et d'un autre côté, ô toi qui es invincible, un fils ou une fille de famille, qui après avoir entendu cette indication de la durée de la vie du Tathâgata, laquelle est

une exposition de la loi, ferait preuve de confiance, ne fût-ce que par un seul acte de pensée, ou qui y ajouterait foi. Eh bien! comparée à cette dernière masse de mérites, la première masse de mérites et de vertus ac- f. 179 a.
quise par l'accomplissement des cinq perfections pratiquées pendant huit centaines de mille de myriades de kôṭis de Kalpas, n'en égale pas la centième partie, ni la millième, ni la cent-millième, ni la dix-millionième, ni la dix-trillionième, ni la quintillionième; la seconde masse de mérites surpasse tout nombre, tout calcul, toute comparaison, toute similitude. Un fils ou une fille de famille, ô toi qui es invincible, qui est pourvu d'une telle masse de mérites, ne peut jamais se détourner de l'état suprême de Buddha parfaitement accompli; non, cela n'est pas possible.

Ensuite Bhagavat prononça dans cette occasion les stances suivantes:

17. Qu'un homme cherchant à obtenir la science de Buddha, laquelle est sans égale, fasse vœu en ce monde de pratiquer les cinq perfections;

18. Qu'il emploie huit mille kôṭis de Kalpas complets à donner, à plusieurs reprises, l'aumône aux Buddhas et aux Çrâvakas,

19. A réjouir des myriades de Pratyêkabuddhas et de Bôdhisattvas, en leur donnant de la nourriture, des aliments, du riz, des boissons, des vêtements, des lits et des siéges; f. 179 b.

20. Qu'il fasse faire ici, pour ces personnages, des habitations et des Vihâras de bois de santal, des ermitages agréables avec des lieux de promenade;

21. Qu'il répande en ce monde des dons variés et de diverses espèces, et qu'ayant fait de telles aumônes pendant des milliers de kôṭis de Kalpas, il songe à l'état de Buddha;

22. Qu'en vue de la science de Buddha, il observe la règle de la moralité qui est pure, qui a été décrite par tous les Buddhas, qui forme un tout continu, qui est louée par les sages;

23. Que, plein de patience, il soit établi sur le terrain de la modération; qu'il soit plein de constance et de mémoire, et qu'il supporte beaucoup d'injures;

24. Qu'en vue de la science de Buddha, il supporte les dédains des êtres arrogants qui se reposent dans l'orgueil;

25. Que, toujours attentif à déployer sa force, toujours énergique et doué d'une mémoire ferme, il reste pendant des milliers de kôṭis de Kalpas occupé de la même pensée;

26. Que, dans la forêt où il habite, soit qu'il marche, ou qu'il soit debout, ou qu'il se lève, il vive pendant des kôṭis de Kalpas, étranger au sommeil et à la paresse;

27. Que, livré à la contemplation, à la grande contemplation, y trouvant son plaisir et toujours recueilli, il passe à méditer huit mille kôṭis de Kalpas complets;

28. Que, dans son héroïsme, il demande, par cette méditation, l'excellent état
f. 180 a. de Bôdhi, et qu'en disant: «Puissé-je obtenir l'omniscience,» il soit parvenu à la perfection de la contemplation.

29. Eh bien! le mérite que pourrait acquérir un tel homme, en accomplissant pendant des milliers de kôṭis de Kalpas les devoirs que je viens de décrire,

30. Est de beaucoup inférieur au mérite sans fin qu'acquiert l'homme ou la femme qui ayant entendu ce récit de la durée de mon existence, y ajouterait foi, ne fût-ce qu'un seul instant.

31. Celui qui renonçant au doute, à l'inquiétude et à l'orgueil, accorderait à ce récit ne fût-ce qu'un moment de confiance, doit en recueillir le fruit que je viens d'indiquer.

32. Les Bôdhisattvas qui, pendant des milliers de Kalpas, ont rempli les devoirs qui leur sont imposés, n'éprouveront aucun sentiment d'effroi en entendant cet inconcevable récit de la durée de mon existence.

33. Ils diront en inclinant la tête: «Et moi aussi, puissé-je, dans un temps à «venir, être semblable à ce Buddha! Puissé-je sauver des kôṭis de créatures!

34. «Puissé-je être comme le chef Çâkyamuni, comme Çâkyasiṁha, le grand «Solitaire! Qu'assis au sein de l'intime essence de l'état de Bôdhi, je fasse entendre «le rugissement du lion!

35. «Et moi aussi, puissé-je, dans l'avenir, honoré par tous les êtres et assis «au sein de l'intime essence de l'état de Bôdhi, enseigner également que mon «existence a une pareille durée!»

36. Les hommes doués d'une application extrême, qui après avoir entendu et possédé cette exposition, comprennent le sens de mon langage énigmatique, ne conçoivent aucun doute.

f. 180 b. Encore autre chose, ô toi qui es invincible. Celui qui après avoir entendu cette indication de la durée de la vie du Tathâgata, laquelle est une exposition de la loi, la comprendrait, l'approfondirait et la connaîtrait, celui-là recueillerait une masse de mérites, plus incommensurable encore que celle [que je viens d'indiquer], de mérites faits pour conduire à la science de Buddha; à bien plus forte raison, celui qui entendrait une exposition de la loi semblable à celle-ci, qui la ferait entendre à d'autres, qui la répéterait, qui l'écrirait, qui la ferait écrire, qui après l'avoir renfermée en un volume, l'honorerait, la vénérerait, l'adorerait, en lui offrant des fleurs, de l'encens, des parfums, des guirlandes, des substances onctueuses, des poudres odorantes, des vêtements, des parasols, des drapeaux, des étendards, des lampes alimentées par de l'huile, par du beurre clarifié, par des huiles odorantes; celui-là, dis-je, recueillerait une masse bien plus grande encore de mérites faits pour conduire à la science de Buddha.

Et quand un fils ou une fille de famille, ô toi qui es invincible, après avoir entendu cette indication de la durée de la vie du Tathâgata, laquelle est une exposition de la loi, y donnera sa confiance avec une application extrême, voici à quel signe devra se reconnaître son application. C'est qu'il me verra établi sur la montagne de Gridhrakûṭa, enseignant la loi, entouré d'une foule de Bôdhisattvas, servi par une foule de Bôdhisattvas, au milieu d'une assemblée de Çrâvakas; qu'il verra cette terre de Buddha que f. 181 *a*.
j'habite, c'est-à-dire l'univers Saha, faite de lapis-lazuli, présentant une surface égale, couverte d'enceintes tracées en forme de damier avec des cordes d'or, parsemée d'arbres de diamant; qu'il y verra des Bôdhisattvas habitant des maisons dont les étages seront élevés. C'est là, ô toi qui es invincible, le signe auquel il faut reconnaître qu'un fils ou qu'une fille de famille donne sa confiance avec une application extrême. Il y a plus, ô toi qui es invincible, je dis qu'ils donnent leur confiance avec une application extrême, les fils de famille qui, lorsque le Tathâgata sera entré dans le Nirvâṇa complet, ayant entendu cette exposition de la loi, ne la mépriseront pas, et bien au contraire, en éprouveront de la satisfaction; à bien plus forte raison en dis-je autant de celui qui la retiendra et la récitera. Il porte le Tathâgata dans ses bras, celui qui après avoir renfermé cette exposition de la loi en un volume, la transporte dans ses bras. Ce fils ou cette fille de famille, ô toi qui es invincible, n'a pas besoin de faire pour moi des Stûpas, ni des Vihâras; il n'a pas besoin de donner à l'assemblée des Religieux des médicaments destinés aux malades ou des meubles. Pourquoi cela? C'est que ce fils ou cette fille de famille, ô toi qui es invincible, a rendu à mes reliques le culte que l'on doit aux reliques du Buddha, qu'il a fait des Stûpas formés des sept substances précieuses, s'élevant jusqu'au ciel de Brahmâ, recou- f. 181 *b*.
verts d'un parasol proportionné à leur circonférence, ornés de bannières, retentissants du bruit des cloches; c'est qu'il a rendu à ces Stûpas contenant mes reliques, des honneurs de diverses espèces, en leur offrant des fleurs, de l'encens, des parfums, des guirlandes, des substances onctueuses, des

poudres odorantes, des vêtements, des parasols, des drapeaux, des étendards, des bannières divines et humaines, en faisant retentir, [près de ces monuments,] le bruit agréable et doux des instruments de toute espèce, des tambours, des grands tambours, des timbales, des grandes timbales, des plaques de cuivre, en exécutant des danses, des chœurs et des chants de diverses espèces, nombreux et sans fin. En un mot, ces hommages ont duré pendant un nombre immense de centaines de mille de myriades de kôṭis de Kalpas. Celui qui, depuis mon entrée dans le Nirvâṇa complet, a possédé cette exposition de la loi, qui l'a récitée, qui l'a écrite, qui l'a expliquée, celui-là, ô toi qui es invincible, m'a construit des Vihâras spacieux, étendus, élevés, bâtis de santal rouge, renfermant trente-deux palais, ayant huit étages, pouvant servir d'habitation à mille Religieux, embellis de fleurs, de jardins, ayant dans leur voisinage un bois pour la promenade, fournis de lits et de siéges, remplis de médicaments destinés aux malades, de boissons, d'aliments et de mets, ornés de toutes sortes de meubles commodes. Ces êtres,
f. 182 a. qu'ils soient en grand nombre, en nombre incommensurable, qu'ils soient au nombre soit de cent, soit de mille, soit de cent mille, soit de dix millions, soit de cent kôṭis, soit de mille kôṭis, soit de mille myriades de kôṭis, doivent être regardés comme ayant été présentés devant moi, pour former l'assemblée de mes Çrâvakas, et comme ayant été de ceux dont j'ai joui complétement. Celui qui, après l'entrée du Tathâgata dans le Nirvâṇa complet, possédera cette exposition de la loi, qui la récitera, l'enseignera, l'écrira, la fera écrire, oui, je le déclare de cette manière, ô toi qui es invincible, celui-là n'aura pas besoin de m'élever des Stûpas, quand je serai entré dans le Nirvâṇa complet, il n'aura pas besoin d'honorer l'assemblée ; à bien plus forte raison, ô toi qui es invincible, le fils ou la fille de famille qui, possédant cette exposition de la loi, se perfectionnera soit dans l'aumône, soit dans la moralité, soit dans la patience, soit dans l'énergie, soit dans la contemplation, soit dans la sagesse, recueillera certainement une plus grande masse de mérites, faits pour conduire à la science de Buddha, de mérites immenses, innombrables, infinis. Tout de même, ô fils de famille, que l'élément de l'éther est sans bornes, dans quelque direction qu'on se tourne, à l'orient, au midi, au couchant, au nord, au-dessus ou au-dessous de nous, ainsi est non moins immense et non moins innombrable la masse de mérites, faits pour conduire à la science de Buddha,

que recueillera ce fils ou cette fille de famille. Celui qui possédera cette exposition de la loi, qui la récitera, l'enseignera, l'écrira, la fera écrire, f. 182 b.
celui-là sera attentif à honorer les monuments élevés en l'honneur du Tathâgata; il fera l'éloge des Çrâvakas du Tathâgata; célébrant les cent mille myriades de qualités des Bôdhisattvas Mahâsattvas, il les exposera aux autres; il sera accompli dans la patience; il aura de la morale; il possédera les conditions de la vertu; il aura d'heureuses amitiés; il sera patient, maître de lui, exempt d'envie et de toute pensée de colère; il ne concevra pas la pensée de nuire; il sera doué de mémoire, de force et d'énergie; il sera constamment appliqué à rechercher les conditions des Buddhas; il sera livré à la contemplation; il attachera le plus grand prix à la méditation profonde et s'y appliquera fréquemment; il saura résoudre habilement les questions qui lui seront faites; il se débarrassera de cent mille myriades de kôṭis de questions. Le Bôdhisattva Mahâsattva, ô toi qui es invincible, qui, après que le Tathâgata sera entré dans le Nirvâṇa complet, possédera cette exposition de la loi, aura les qualités que je viens d'énumérer. Qu'il soit fils ou fille de famille, il doit être, ô toi qui es invincible, considéré de la manière suivante : « Entré dans la pure essence de l'état de Bôdhi, ce fils « ou cette fille de famille se rend auprès du tronc de l'arbre Bôdhi, afin de « parvenir à l'état de Buddha parfait. » Et dans quelque endroit, ô toi qui es f. 183 a.
invincible, que ce fils ou cette fille de famille vienne à se tenir debout, ou à s'asseoir, ou à marcher, il faudra élever là un monument à l'intention du Tathâgata. Ce monument devra être fait par le monde réuni aux Dêvas dans cette pensée : « Ceci est le Stûpa du Tathâgata. »

Ensuite Bhagavat prononça dans cette occasion les stances suivantes :

37. Il aura une masse infinie de mérites que j'ai célébrée plus d'une fois, celui qui possédera ce Sûtra, lorsque le Guide des hommes sera entré dans le Nirvâṇa.

38. Celui-là m'a rendu un culte, il m'a fait élever des Stûpas pour renfermer mes reliques, des Stûpas faits de substances précieuses, variés, beaux à voir et resplendissants,

39. Égalant en hauteur le monde de Brahmâ, recouverts de lignes de parasols ayant une circonférence proportionnée, beaux et ornés d'étendards,

40. Retentissants du bruit des clochettes, rehaussés de guirlandes faites d'étoffes de soie; les cloches y sont agitées par le vent; ces Stûpas, enfin, reçoivent leur éclat des reliques du Djina.

41. Il leur a rendu un culte étendu avec des fleurs, des parfums et des substances onctueuses, avec des instruments de musique, des étoffes et des timbales frappées à plusieurs reprises.

42. Il a fait retentir auprès de ces édifices des instruments de musique dont le son est agréable; il les a entourés de tous côtés de lampes alimentées par des huiles odorantes.

43. Celui qui possédera ce Sûtra, et qui l'enseignera pendant la période de l'imperfection, m'aura rendu le culte varié et sans fin que je viens d'indiquer.

44. Il a fait construire de nombreux kôṭis d'excellents Vihâras bâtis en bois de santal, formés de trente-deux palais et hauts de huit étages,

45. Fournis de lits et de siéges, remplis d'aliments et de mets, munis d'excellentes tentures et renfermant des chambres par milliers.

46. Il a donné des ermitages et des lieux de promenade, ornés de jardins et
f. 183 b. pleins de fleurs, ainsi que de nombreux coussins de diverses formes et couverts de dessins divers.

47. Il a rendu en ma présence un culte varié à l'assemblée, celui qui doit posséder ce Sûtra, quand le Guide [du monde] sera entré dans le Nirvâṇa.

48. Qu'un homme soit plein des meilleures dispositions, eh bien! celui qui récitera ce Sûtra ou qui l'écrira, recueillera de cette action beaucoup plus de mérite que lui.

49. Qu'un homme le fasse écrire et le renferme dans un volume; puis, qu'il rende un culte à ce volume, en lui présentant des parfums, des guirlandes et des substances onctueuses;

50. Qu'il lui offre sans cesse, en signe de respect, une lampe alimentée d'huile odorante, avec des oblations de beaux lotus bleus, de perles et de fleurs de Tchampaka;

51. Qu'un homme, en un mot, rende un culte de cette espèce aux volumes [sacrés], il en recueillera une masse de mérites dont il n'existe pas de mesure.

52. De même qu'il n'existe pas de mesure pour l'élément de l'éther, de quelque côté des dix points de l'espace qu'on se dirige, de même il n'en existe pas davantage pour cette masse de mérites.

53. Que faudra-t-il donc dire, s'il s'agit d'un homme patient, maître de lui-même, recueilli, fidèle à la morale, livré à la contemplation, et dont l'activité s'exerce tout entière à la méditation;

54. D'un homme exempt de colère et de méchanceté, honorant de ses respects le monument [du Buddha], s'inclinant sans cesse devant les Religieux, ne connaissant ni l'orgueil, ni la paresse;

55. Doué de sagesse et de fermeté, qui, lorsqu'on lui adresse une question, ne se met pas en colère; qui, le cœur plein de compassion pour les créatures, leur donne une instruction proportionnée [à leurs forces]? f. 184 a.

56. Oui, s'il existe un tel homme qui possède ce Sûtra, il possède des mérites dont il n'existe pas de mesure.

57. Si un homme voit un tel interprète de la loi qui possède ce Sûtra, qu'il le traite avec respect.

58. Qu'il répande sur lui des fleurs divines et qu'il le couvre de vêtements divins, et qu'ayant salué ses pieds en les touchant de la tête, il conçoive cette pensée : Celui-ci est un Tathâgata.

59. A la vue de ce personnage, il fera aussitôt cette réflexion : Oui, il va se rendre auprès de l'arbre, et il y acquerra l'état suprême et fortuné de Buddha, pour le bien du monde réuni aux Dêvas.

60. En quelque lieu que ce sage se promène, qu'il se tienne debout, qu'il vienne à s'asseoir, ou que, plein de constance, il s'arrête pour se coucher, en récitant ne fût-ce qu'une seule stance de ce Sûtra,

61. Qu'on élève dans ces divers endroits des Stûpas variés et beaux à voir pour le Meilleur des hommes, à l'intention du bienheureux Buddha, le Guide [du monde], et qu'on rende à ces édifices des hommages de toute espèce.

62. J'ai certainement été en possession de l'endroit de la terre où s'est trouvé ce fils de Buddha; j'ai moi-même marché en ce lieu; en ce lieu je me suis assis moi-même.

CHAPITRE XVII.

INDICATION DU MÉRITE DE LA SATISFACTION.

Ensuite le Bôdhisattva Mahâsattva Mâitrêya parla ainsi à Bhagavat : f. 184 b.
Celui qui, ô Bhagavat, après avoir entendu cette exposition de la loi pendant qu'elle lui est enseignée, en témoignera de la satisfaction, que ce soit un fils ou une fille de famille, combien, ô Bhagavat, en recueillera-t-il

de mérites? Ensuite le Bôdhisattva Mahâsattva Mâitrêya prononça en ce moment la stance suivante :

1. Celui qui, après l'entrée du grand héros dans le Nirvâṇa complet, viendrait à entendre un tel Sûtra, et après l'avoir entendu, à en témoigner de la satisfaction, combien grand serait son mérite?

Alors Bhagavat parla ainsi au Bôdhisattva Mahâsattva Mâitrêya : Je suppose, ô toi qui es invincible, que, depuis l'entrée du Tathâgata dans le Nirvâṇa complet, un fils ou une fille de famille écoute, pendant qu'on la lui explique, cette exposition de la loi, que ce soit un Religieux ou un fidèle, de l'un ou de l'autre sexe, un homme instruit, un jeune homme ou une jeune fille; qu'après l'avoir entendue, il en témoigne de la satisfaction, et que se levant après avoir entendu la loi, il aille dans un autre lieu, dans un Vihâra, ou dans une maison, ou dans la forêt, ou dans une rue, ou dans un village, ou dans une province, pour le motif et dans le dessein suivant : exposer la loi comme il l'aurait entendue, comme il l'aurait saisie, et selon ses forces, à une autre créature, soit à sa mère, soit à son père, soit à un parent, soit à quelqu'un qui s'en montre satisfait, soit à quelqu'un
f. 185 a. avec lequel il soit lié, soit à une autre personne quelle qu'elle soit; que ce dernier, après l'avoir entendue, en exprime de la satisfaction, puis après cela, l'expose à un autre; que cet autre à son tour après l'avoir entendue, agisse de même, exposant la loi à un autre qui en exprime de la satisfaction, et ainsi de suite successivement jusqu'au nombre de cinquante; eh bien, ô toi qui es invincible! cet homme qui se trouverait ainsi le cinquantième à entendre cette loi et à en exprimer de la satisfaction, ce fils ou cette fille de famille, je vais t'indiquer l'accumulation des mérites attachés à la satisfaction qu'il exprime. Écoute et grave bien ceci dans ton esprit; je vais parler.

C'est, ô toi qui es invincible, comme si se trouvaient réunis tous les êtres qui existent dans quatre cent mille Asaṁkhyêyas d'univers, après y être entrés dans les six voies de l'existence, qu'ils soient nés d'un œuf, ou d'une matrice, ou de l'humidité, que leur origine soit surnaturelle, qu'ils aient ou qu'ils n'aient pas de forme, qu'ils aient ou n'aient pas de conscience, qu'ils n'aient ni conscience ni absence de conscience, qu'ils n'aient

pas de pieds, ou qu'ils soient bipèdes, quadrupèdes, ou polypodes, tous les êtres en un mot qui sont réunis et rassemblés dans le monde des créatures. Qu'il vienne à naître un homme, ami de la vertu, ami du bien, qui donne à ce corps tout entier des êtres, le plaisir, les jeux, le bonheur, les jouissances que ces êtres désirent, qu'ils aiment, qu'ils recherchent, qu'ils affectionnent. Qu'il donne à chacun d'eux le Djambudvîpa tout entier, pour f. 185 b.
son plaisir, ses jeux, son bonheur, et ses jouissances. Qu'il leur donne de l'or, des Suvarṇas, de l'argent, des joyaux, des perles, du lapis-lazuli, des conques, du cristal, du corail, des aliments, des chars traînés par des chevaux, par des bœufs et par des éléphants, des palais et des maisons à étages élevés. Que de cette manière, ô toi qui es invincible, ce maître de libéralité, ce grand maître de libéralité, répande ses dons pendant quatre-vingts années complètes. Qu'ensuite, ô toi qui es invincible, ce maître de libéralité, ce grand maître de libéralité, fasse cette réflexion : Tous ces êtres tiennent de moi les jeux, les plaisirs et une heureuse existence; ces êtres sont couverts de rides; ils ont la tête blanchie; ils sont vieux, usés, cassés, âgés de quatre-vingts ans; ils sont bien près d'achever leur temps. Puissé-je maintenant les faire entrer dans la discipline de la loi expliquée par le Tathâgata! Puissé-je les y instruire! Qu'alors, ô toi qui es invincible, cet homme communique ses enseignements à tous ces êtres, et que, les leur ayant communiqués, il les fasse entrer dans la discipline de la loi expliquée par le Tathâgata, qu'il la leur fasse adopter. Que ces êtres entendent de lui la loi, et qu'au même moment, au même instant, dans le même temps, ils deviennent tous des Çrôtaâpannas, qu'ils obtiennent les avantages de l'état de Sakrĭdâgâmin et d'Anâgâmin, jusqu'à ce qu'enfin ils deviennent des Arhats, exempts de toute faute, livrés à la contemplation, à la grande contemplation, à celle des huit délivrances. Comment comprends-tu cela, ô toi qui es invincible? Est-ce que ce maître de libéralité, ce grand maître de libéralité recueillera, comme conséquence de cette con- f. 186 a.
duite, beaucoup de mérites, des mérites immenses, incalculables? Cela dit, le Bôdhisattva Mahâsattva Mâitrêya répondit ainsi à Bhagavat : Oui certes, ô Bhagavat, oui certes, ô Sugata; à cause de cela, ô Bhagavat, cet homme recueillera beaucoup de mérites, lui qui aura fait don, à tant de créatures, de tout ce qui peut servir à leur bonheur; à bien plus forte raison, s'il les a établies dans l'état d'Arhat.

Cela dit, Bhagavat parla ainsi au Bôdhisattva Mahâsattva Mâitrêya. Je vais te parler, ô toi qui es invincible, je vais t'instruire. Plaçons d'un côté ce maître de libéralité, ce grand maître de libéralité, qui après avoir fait don de tout ce qui peut servir au bonheur de tous les êtres qui se trouvent dans quatre cent mille Asam̃khyêyas d'univers, et après les avoir établis dans l'état d'Arhat, en retirera des mérites, et d'un autre côté l'homme placé au cinquantième rang dans la transmission successive de la loi, qui après avoir entendu ne fût-ce qu'une seule stance ou qu'un seul mot de cette exposition de la loi, en témoignerait de la satisfaction. De la masse des mérites attachés à la satisfaction de ce dernier, et de celle des mérites attachés et à la libéralité de ce maître, de ce grand maître de libéralité, et à l'action qu'il a faite en établissant les êtres dans l'état d'Arhat, la plus considérable est celle de l'homme placé au cinquantième rang
f. 186 *b*. dans la transmission successive de la loi, qui après avoir entendu ne fût-ce qu'une seule stance ou qu'un seul mot de cette exposition de la loi, en témoignerait de la satisfaction. En face de la masse des mérites, ô toi qui es invincible, de la masse des vertus attachées à l'expression de cette satisfaction, la masse des mérites que j'ai indiquée la première, celle qui est attachée à la libéralité et à l'action d'établir les êtres dans l'état d'Arhat, n'en égale pas même la centième partie, ni la millième, [etc., comme ci-dessus, f. 179 *a*.] Ainsi est immense et incalculable, ô toi qui es invincible, la masse des mérites que recueille l'homme placé au cinquantième rang dans la transmission successive de la loi, qui après avoir entendu une seule stance ou un seul mot de cette exposition de la loi, en témoigne de la satisfaction. Que dire, à plus forte raison, ô toi qui es invincible, de l'homme qui entendrait en ma présence cette exposition de la loi, et qui après l'avoir entendue, en témoignerait de la satisfaction? Je déclare que la masse des mérites de cet homme serait de beaucoup plus immense et plus incalculable que celle de l'autre.

De plus, ô toi qui es invincible, le fils ou la fille de famille qui étant sorti de sa maison pour entendre cette exposition de la loi, se rendrait
f. 187 *a*. dans un Vihâra, et qui y étant arrivé, y entendrait, ne fût-ce qu'un seul instant, l'exposition de la loi, soit debout, soit assis, cet être, grâce à l'accomplissement de cette œuvre méritoire dont il doit recueillir le fruit, lorsqu'il reviendra à la vie, au temps de sa seconde existence, quand il

reprendra un second corps, deviendra possesseur de chars traînés par des bœufs, par des chevaux, par des éléphants, possesseur de palanquins, de bateaux, de véhicules attelés de buffles et de chars divins. De plus, si s'asseyant dans le Vihâra, ne fût-ce qu'un seul instant, pour entendre la loi et ce Sûtra, il venait à écouter cette exposition de la loi, ou s'il faisait asseoir un autre homme, ou s'il partageait son siége avec lui, par l'accomplissement de cette œuvre méritoire, il deviendra possesseur des siéges de Çakra, de ceux de Brahmâ, des trônes d'un Tchakravartin. Si un fils ou une fille de famille, ô toi qui es invincible, dit à un autre homme : Viens, ô homme, et écoute l'exposition de la loi nommée *le Lotus de la bonne loi*, et que cet homme vienne en effet sur cette invitation, et qu'il l'écoute, ne fût-ce qu'un seul instant, ce fils de famille, pour avoir fait cette invitation qui est une racine de vertu, obtiendra l'avantage de rencontrer des Bôdhisattvas ayant acquis la possession des formules magiques. Il ne sera pas stupide, ses sens seront pénétrants, il aura de la sagesse; pendant le cours de mille existences, sa bouche n'exhalera jamais de mauvaise odeur, et il ne souffrira pas des maladies qui rendent la bouche et la langue fétide. Il n'aura les dents ni noires, ni inégales, ni jaunes, ni mal f. 187 *b*.
rangées, ni brisées, ni de travers; il aura toutes ses dents. Il n'aura les lèvres ni pendantes, ni trop serrées, ni tournées de travers, ni fendues, ni retroussées, ni noires, ni laides. Il n'aura le nez ni plat, ni de travers; la figure ni longue, ni large, ni noire, ni d'un aspect désagréable. Bien au contraire, ô toi qui es invincible, il aura les lèvres, les dents et la langue petites et bien faites, le nez long, le contour du visage plein, les sourcils bien formés, le front très-haut. Il possédera d'une manière parfaite tous les organes de la virilité. C'est de la bouche du Tathâgata qu'il recevra les avis et l'enseignement, et il obtiendra bientôt l'avantage de rencontrer des Buddhas bienheureux. Vois, ô toi qui es invincible, combien est grand le mérite que recueillera ce fils de famille pour avoir excité un seul être à entendre la loi; que dire de celui qui après avoir honoré la loi, l'écouterait, la réciterait et l'enseignerait?

Ensuite, Bhagavat prononça, dans cette occasion, les stances suivantes :

2. Écoute quel est le mérite de celui qui, placé au cinquantième degré dans la transmission de ce Sûtra, n'en entendrait qu'une seule stance, et qui, l'esprit calme, en témoignerait de la satisfaction. f. 188 *a*.

3. Supposons qu'il existe un homme qui comble sans cesse de ses dons des myriades de kôṭis de créatures, de ces créatures dont j'ai précédemment indiqué le nombre sous forme d'exemple, et qu'il les comble de joie pendant le cours de quatre-vingts ans.

4. Que cet homme voyant que la vieillesse est venue pour ces êtres, qu'ils sont couverts de rides, que leur tête est blanchie, vienne à s'écrier : Hélas! tous ces êtres sont livrés à la corruption [du mal]. Ah! puissé-je les instruire au moyen de la loi!

5. Que cet homme alors leur expose la loi et qu'il leur explique ce que c'est que le terrain du Nirvâṇa; [qu'il leur dise :] Toutes les existences sont semblables à un mirage; sachez promptement vous détacher de toutes les existences.

6. Et que tous ces êtres, ayant entendu la loi de la bouche de cet homme généreux, deviennent en ce moment même des Arhats affranchis de toute faute et parvenus à leur dernière existence.

7. Eh bien, il recueillera beaucoup plus de mérites que cet homme, celui qui entendra une seule stance de la loi qui lui aura été transmise, et qui en témoignera de la satisfaction. La masse des mérites de celui dont j'ai parlé le premier n'est pas même une partie des mérites du second.

8. Voilà quels seront les mérites, mérites infinis et sans mesure, de celui qui aura entendu ne fût-ce qu'une stance de cette loi qu'on lui aura transmise; que dirai-je de celui qui l'entendrait de ma bouche!

9. Et si quelqu'un excite en ce monde ne fût-ce qu'un seul être, en lui disant :
f. 188 b. Viens et écoute la loi, car ce Sûtra est bien difficile à comprendre, dût-on y consacrer plusieurs myriades de kôṭis de Kalpas;

10. Et si l'être ainsi excité vient à entendre ce Sûtra, ne fût-ce qu'un seul instant, écoute quelle est la récompense de cette action : Jamais il n'a aucune maladie de la bouche.

11. Jamais sa langue n'est malade; jamais ses dents ne tombent, elles ne sont jamais ni noires, ni jaunes, ni inégales; jamais ses lèvres n'offrent un aspect repoussant.

12. Sa face n'est ni de travers, ni blafarde, ni trop longue; son nez n'est pas aplati; au contraire, son nez, son front, ses dents, ses lèvres et le contour de son visage sont parfaitement formés.

13. Son aspect est toujours agréable pour les hommes qui le voient; jamais sa bouche n'exhale de mauvaise odeur; un parfum semblable à celui du lotus bleu s'en échappe sans cesse.

14. Qu'un homme plein de fermeté sorte de sa maison pour aller dans un

Vihâra entendre cette loi, et qu'y étant arrivé, il l'écoute un seul instant, apprenez la récompense qu'en recevra cet homme dont l'esprit est calme.

15. Son corps est d'une blancheur parfaite; cet homme plein de fermeté s'avance porté sur des chars traînés par des chevaux; il monte des chars élevés, attelés d'éléphants et embellis de pierres précieuses.

16. Il possède des palanquins couverts d'ornements et portés par un grand nombre d'hommes; car c'est là la belle récompense qu'il reçoit lorsqu'il est allé f. 189 a.
entendre ce Sûtra.

17. Lorsqu'il s'est assis au milieu de l'assemblée, il devient, en récompense de la pure action qu'il a faite, possesseur des siéges de Çakra, de Brahma et de ceux des Chefs des hommes.

CHAPITRE XVIII.

EXPOSITION DE LA PERFECTION DES SENS.

Ensuite Bhagavat s'adressa ainsi au Bôdhisattva Mahâsattva Satatasamitâbhiyukta : Celui qui, ô fils de famille, possédera cette exposition de la loi, ou qui la récitera, ou qui l'enseignera, ou qui l'écrira, que ce soit un fils ou une fille de famille, obtiendra les huit cents perfections de la vue, les douze cents perfections de l'ouïe, les huit cents perfections de l'odorat, les douze cents perfections du goût, les huit cents perfections du corps, les douze cents perfections de l'intellect. Par ces nombreuses centaines de perfections, la réunion de ses sens deviendra pure, parfaitement pure. A l'aide de l'organe physique de la vue ainsi perfectionné, de cet œil de la chair qu'il doit à son père et à sa mère, il verra dans son entier ce grand millier de trois mille mondes, avec son intérieur et son extérieur, avec ses montagnes, avec ses forêts épaisses, avec ses ermitages, atteignant en bas de son regard jusqu'au grand Enfer Avîtchi, et en haut jusqu'aux lieux où commence l'existence. Il verra tout cela avec l'œil physique de la chair, et les êtres qui sont nés dans ce monde, il les verra tous. Il connaîtra quel doit être le fruit de leurs œuvres.

Ensuite Bhagavat prononça, dans cette occasion, les stances suivantes :

f. 189 b. 1. Apprends de ma bouche quelles seront les qualités de l'homme qui, plein d'intrépidité, exposera ce Sûtra au milieu de l'assemblée et qui l'expliquera sans se laisser aller à la paresse.

2. Il aura d'abord les huit cents perfections de la vue, perfections qui rendront son œil parfait et pur de toute tache et de toute obscurité.

3. Avec cet œil de la chair qu'il doit à son père et à sa mère, il verra la totalité de cet univers, tant à l'intérieur qu'à l'extérieur.

4. Il verra tous les Mêrus et les Sumêrus, les monts Tchakravâlas et les autres montagnes célèbres; il verra de même les océans.

5. Ce héros embrassera de son regard tout ce qui se trouve en bas jusqu'à l' [Enfer] Avîtchi, en haut jusqu'aux lieux où commence l'existence; tel sera chez lui l'œil de la chair.

6. Il ne possédera pas cependant encore la vue divine, et il n'aura pas encore la science; le champ que je viens de décrire sera celui de sa vue mortelle.

Encore autre chose, ô Satatasamitâbhiyukta. Le fils ou la fille de famille expliquant cette exposition de la loi, la faisant entendre à d'autres, se met en possession des douze cents perfections de l'ouïe. Tous les sons divers qui se produisent dans ce grand millier de trois mille mondes, jusqu'au grand Enfer Avîtchi et jusqu'aux lieux où commence l'existence, en dedans comme en dehors de l'univers : par exemple les bruits que font entendre le serpent, le cheval, le chameau, la vache, la chèvre, les chars;
f. 190 a. ceux que produisent les lamentations et la douleur; les bruits effrayants; les sons de la conque, de la cloche, du tambourin, du grand tambour; la voix du plaisir, celle des chants et de la danse; le cri du chameau et du tigre; la voix de la femme, de l'homme, des enfants des deux sexes; les sons de la loi, de l'injustice, du bonheur, du malheur; les voix des ignorants et des Âryas; les bruits agréables et désagréables; ceux que font entendre les Dêvas, les Nâgas, les Yakchas, les Gandharvas, les Asuras, les Garuḍas et les Kinnaras, les Mahôragas; les hommes, les êtres qui n'appartiennent pas à l'espèce humaine, le feu, le vent, l'eau, les villages, les villes, les Religieux, les Çrâvakas, les Pratyêkabuddhas, les Bôdhisattvas, les Tathâgatas; autant il y a de bruits qui se produisent dans ce grand millier de trois mille mondes, tant à l'intérieur qu'à l'extérieur, autant il

en entend avec cet organe de l'ouïe physique, ainsi perfectionné; et cependant il ne possède pas pour cela l'ouïe divine. Il perçoit les voix de chacun des êtres, il les discerne, il les distingue; et son oreille, qui entend les voix de tous ces êtres avec cet organe naturel de l'ouïe, n'est pas pour cela troublée par tous ces sons. C'est là, ô Satatasamitâbhiyukta, l'organe de l'ouïe dont ce Bôdhisattva Mahâsattva devient possesseur; et cependant il ne jouit pas pour cela de l'ouïe divine. f. 190 b.

Voilà ce que dit Bhagavat; ensuite Sugata le Précepteur ayant ainsi parlé, prononça encore les paroles suivantes :

7. L'organe de l'ouïe d'un tel homme devient pur, et tout naturel qu'il est, rien ne l'émousse; à l'aide de cet organe, il entend d'ici la totalité des voix diverses de cet univers.

8. Il entend la voix des éléphants, des chevaux, des bœufs, des chèvres, des moutons; le bruit des chars, des timbales, des tambours au son agréable, des Vîṇâs, des flûtes et des luths.

9. Il entend les chants doux et qui vont au cœur, et plein de fermeté, il ne se laisse pas attirer à ce charme; il entend les voix de plusieurs kôṭis d'hommes; il sait tout ce qu'ils disent, dans quelque lieu qu'ils le disent.

10. Il entend toujours les sons que produisent les Dêvas et les Nâgas; il entend le bruit des chants doux et qui vont au cœur, la voix des hommes, celle des femmes, celle des enfants et celle des jeunes filles;

11. Celle des êtres qui habitent les montagnes et les cavernes; celle des Kalaviñkas, des Kôkilas et des paons, celle des faisans et des autres oiseaux; il entend les voix agréables de tous ces êtres. f. 191 a.

12. Il entend les lamentations effrayantes qu'arrache la souffrance aux habitants des Enfers, et les cris que poussent les Prêtas tourmentés par les douleurs de la faim;

13. Et les paroles diverses que s'adressent les Asuras qui habitent au milieu de l'océan; tous ces sons, en un mot, cet interprète de la loi les entend de ce monde où il réside, et il n'en est pas ému.

14. Il entend les cris que poussent entre eux les êtres qui sont nés dans des matrices d'animaux; ces voix diverses et nombreuses, il les perçoit du monde même où il se trouve.

15. Les discours que tiennent entre eux les Dêvas qui habitent le monde de Brahmâ, les Akanichṭhas et les Dêvas Âbhâsvaras, sont complétement perçus par lui.

16. Il entend toujours la voix des Religieux qui, après être entrés ici dans la vie religieuse sous l'enseignement du Sugata, sont occupés à lire; il entend aussi la loi qu'ils enseignent dans les assemblées;

17. Et les voix diverses que font entendre les Bôdhisattvas qui, dans cet univers, sont occupés à lire entre eux, et le bruit des entretiens auxquels ils se livrent sur la loi.

18. Le Bôdhisattva qui possède ce Sûtra entend en même temps la loi excellente qu'expose dans les assemblées le bienheureux Buddha qui dompte l'homme comme un cocher [dompte ses chevaux].

19. Les bruits nombreux que font tous les êtres renfermés dans cet univers formé de trois mille mondes, tant à l'intérieur qu'à l'extérieur de son enceinte,
f. 191 b. jusqu'à l'Enfer Avîtchi, et au-dessus, jusqu'aux lieux où commence l'existence;

20. Les bruits de tous ces êtres, en un mot, sont perçus par lui, et cependant son oreille n'en est jamais offensée : grâce à la perfection de son organe, il sait reconnaître le lieu d'où naît chacune de ces voix.

21. Voilà quel est en lui l'organe naturel de l'ouïe, et cependant il n'a pas l'usage de l'ouïe divine; son oreille est restée dans son état primitif, car ce sont là les qualités de l'homme intrépide qui possède ce Sûtra.

Encore autre chose, ô Satatasamitâbhiyukta. Le Bôdhisattva Mahâsattva qui possédera cette exposition de la loi, qui l'expliquera, qui la lira, qui l'écrira, obtiendra la perfection du sens de l'odorat, lequel deviendra pour lui doué de huit cents qualités. Avec cet organe de l'odorat ainsi perfectionné, il percevra les diverses odeurs qui se trouvent dans le grand millier de trois mille mondes, tant à l'intérieur qu'à l'extérieur, comme les mauvaises odeurs, les odeurs agréables ou désagréables, celle des fleurs de diverses espèces, du Djâtika, de la Mallikâ, du Tchampaka, du Pâtala. Il sentira de même les divers parfums des fleurs aquatiques, telles que le lotus bleu, le lotus jaune, le lotus rouge, le lotus blanc, et le Nymphæa. Il sentira les divers parfums qu'exhalent les fleurs et les fruits produits par les arbres qui en portent, comme l'odeur agréable du Santal, du Tamâlapatra, du Tagara, et de l'Aguru. Les cent mille espèces de mélanges de diverses odeurs,
f. 192 a. il les percevra et les distinguera toutes sans sortir de la place qu'il occupe. Il sentira aussi les odeurs qu'exhalent les diverses espèces de créatures, telles que l'éléphant, le cheval, le bœuf, la chèvre, les bestiaux, ainsi que celles qui s'échappent du corps des différentes créatures qui sont entrées dans

des matrices d'animaux; celles des enfants des deux sexes, des femmes et des hommes; celles des herbes, des buissons, des plantes médicinales, des arbres, rois des forêts, qui cependant sont éloignés. Il percevra ces odeurs réellement et telles qu'elles sont; et il ne sera pas ravi par ces odeurs, il n'en sera pas enivré. Quoique restant dans ce monde, il sentira les odeurs [qui sont le partage] des Dêvas, par exemple, le parfum des fleurs divines du Pâridjâta, du Kôvidâra, du Mandârava, du Mañdjûchaka et du Mahâmañdjûchaka. Il respirera les parfums des poudres divines de Santal et d'Aguru, ainsi que celui des cent mille espèces de mélanges de fleurs divines de tout genre, et il en connaîtra les noms. Il sentira le parfum qui s'exhale du corps d'un fils des Dêvas, par exemple, de Çakra, l'Indra des Dêvas, et il le reconnaîtra, soit que, dans son palais de Vâidjayanta, il se livre au plaisir, il s'amuse, il se divertisse, soit que, dans la salle d'assemblée des Dêvas, nommée Sudharmâ, il enseigne la loi aux dieux Trayastriṁças, soit qu'il se retire dans son jardin de plaisance pour y chercher le plaisir. Il saura distinguer l'odeur qui s'échappe du corps des autres Dêvas f. 192 *b*.
en particulier, de même que celle des filles, des femmes et des enfants des Dêvas; et il ne sera pas ravi par ces odeurs, il n'en sera pas enivré. C'est de cette manière qu'il percevra les odeurs que répand le corps des êtres nés jusqu'aux limites où commence l'existence. Il respirera aussi le parfum qu'exhale le corps des fils des Dêvas Brahmakâyikas et des Mahâbrahmâs. C'est de cette manière qu'il percevra l'odeur qu'exhalent toutes les troupes des Dêvas, ainsi que celles des Çrâvakas, des Pratyêkabuddhas, des Bôdhisattvas et des Tathâgatas. Il percevra l'odeur des siéges des Tathâgatas, et, dans quelque lieu que se trouvent ces Tathâgatas vénérables, etc., il les reconnaîtra; et l'organe de l'odorat ne sera pas pour cela blessé ni offensé chez lui de ces diverses odeurs. Lorsqu'il sera interrogé, il expliquera aux autres chacune de ces odeurs, et sa mémoire ne souffrira aucune diminution.

Ensuite Bhagavat prononça dans cette occasion les stances suivantes :

22. L'organe de l'odorat est chez lui très-pur, et il perçoit les nombreuses et diverses odeurs, agréables ou désagréables, qui existent dans cet univers ;

23. Les odeurs des fleurs et des fruits divers, telles que celles du Djâtîya, de la f. 193 *a*.
Mallikâ, du Tamâlapatra, du Santal, du Tagara et de l'Aguru.

24. Il connaît de même les odeurs que répandent les êtres, quelque éloignés qu'ils soient, les hommes, les femmes, les jeunes gens et les jeunes filles; c'est par l'odeur qu'ils exhalent qu'il sait le lieu où ils se trouvent.

25. C'est à l'odeur qu'il reconnaît les rois Tchakravartins, Balatchakravartins et Mandalins, ainsi que leurs fils, leurs conseillers et tout ce qui se trouve dans leurs gynécées.

26. Ce Bôdhisattva connaît par l'odorat les diverses espèces de joyaux précieux qui sont cachés dans les retraites les plus secrètes de la terre et qui sont destinés à parer les femmes.

27. Et les ornements de diverses espèces dont le corps des femmes est couvert, vêtements, guirlandes et substances onctueuses, ce Bôdhisattva reconnaît tout cela à l'odeur.

28. Il connaît, par l'énergie de son odorat, ceux qui sont debout, assis, couchés, et ceux qui se livrent au plaisir; il connaît la force des facultés surnaturelles, le sage plein de fermeté qui possède ce Sûtra si puissant.

29. Dans le lieu où il se trouve, il perçoit et sent à la fois les parfums des huiles odoriférantes, ceux des fleurs et des fruits, les rapportant chacun à la source qui les produit.

30. Les nombreux arbres de Santal tout en fleurs, qui se trouvent dans les fentes des montagnes, ainsi que les êtres qui habitent dans les cavernes, ce sage les connaît tous par les parfums qu'ils exhalent.

31. Les êtres qui se trouvent sur les flancs des monts Tchakravâlas, ceux qui résident au milieu de l'océan, ceux qui vivent dans les entrailles de la terre, ce
f. 193 b. sage les reconnaît tous à l'odeur.

32. Il connaît les Suras, les Asuras, les filles des Asuras; il connaît leurs jeux et leurs plaisirs, tant est grande la force de son odorat.

33. Les animaux qui vivent dans les forêts, lions, tigres, éléphants, serpents, buffles, bœufs, Gayals, lui sont tous connus; son odorat lui révèle leur retraite.

34. Il reconnaît à l'odeur, en quelque lieu que ce soit, si c'est un fils ou une fille que portent dans leurs flancs les femmes enceintes dont le corps est épuisé de fatigue.

35. Il reconnaît les êtres dans le sein de leur mère; il les reconnaît quand ils sont dans les conditions de la destruction. Cette femme, [dit-il,] débarrassée de ses souffrances, mettra au monde un fils vertueux.

36. Il devine les diverses intentions des hommes, et il les devine à l'odorat; c'est à l'odeur qu'il reconnaît s'ils sont passionnés, méchants, dissimulés ou amis de la quiétude.

37. Ce Bôdhisattva reconnaît à l'odeur les trésors cachés sous la terre, les objets précieux, l'or, les Suvarṇas, l'argent, les coffres de fer et les monnaies qu'ils renferment;

38. Les colliers, les guirlandes, les pierreries, les perles et les divers joyaux de prix lui sont tous connus par leur odeur, ainsi que toutes les choses dont le nom est précieux et la forme brillante.

39. Ce héros, de ce monde où il réside, sent les fleurs de Mandâravas de Mañdjûchaka, et celles dont se couvrent les Pâridjâtas qui croissent chez les Dê- f. 194 a.
vas, au-dessus de nos têtes.

40. De ce monde, il connaît par la force de l'odorat quels sont et à qui appartiennent les chars divins, ceux qui sont grands, moyens ou petits; il connaît leurs formes variées, et sait où chacun d'eux se trouve.

41. Il connaît de même la place du jardin [des Dêvas], la salle de Sudharmâ et la ville de Vâidjayanta, et le meilleur des palais, et les fils des Dêvas qui s'y livrent au plaisir.

42. De ce monde où il est, il perçoit l'odeur de tout cela; il connaît, par ce moyen, les fils des Dêvas, et sait quelles actions exécute chacun d'eux, en quel lieu il les exécute, qu'il soit debout, qu'il marche ou qu'il écoute.

43. Ce Bôdhisattva reconnaît par l'odorat les filles des Dêvas qui sont couvertes de fleurs, parées de leurs guirlandes et embellies de leurs ornements; il sait où elles vont et où elles se livrent au plaisir.

44. Avec ce sens, il voit au-dessus de lui, jusqu'aux lieux où commence l'existence, les Dêvas Brahmâs et Mahâbrahmâs qui montent des chars divins; il les voit absorbés dans la contemplation et au moment où ils en sortent.

45. Il connaît les fils des Dêvas Âbhâsvaras, et quand ils quittent leur condition, et quand ils naissent, tant est puissant l'organe de l'odorat chez le Bôdhisattva qui possède ce Sûtra.

46. Ce Bôdhisattva reconnaît également tous les Religieux quels qu'ils soient, qui, sous l'enseignement du Sugata, toujours appliqués quand ils sont debout ou qu'ils se promènent, sont passionnés pour l'enseignement et pour la lecture.

47. Les fils du Djina qui sont des Çrâvakas, ceux qui vivent sans cesse auprès des troncs des arbres, il les connaît tous avec son odorat, et il peut dire : « Voilà f. 194 b.
« un Religieux qui est dans tel endroit. »

48. Les Bôdhisattvas pleins de mémoire et livrés à la contemplation, qui, toujours passionnés pour la lecture et pour l'enseignement, expliquent la loi dans les assemblées, ce Bôdhisattva les connaît par l'odorat.

49. En quelque lieu de l'espace que le Sugata, le grand Solitaire, plein de

bonté et de compassion, explique la loi, ce Bôdhisattva reconnaît par l'odorat le Chef du monde au milieu de l'assemblée des Çrâvakas dont il est honoré.

50. Et les êtres qui écoutent la loi de la bouche de ce Buddha, et qui, après l'avoir entendue, en ont l'esprit satisfait, ce Bôdhisattva, du monde où il se trouve, les connaît, ainsi que l'assemblée tout entière du Djina.

51. Telle est la force de son odorat; et cependant ce n'est pas l'odorat des Dêvas qu'il possède; mais la sûreté de son organe l'emporte sur celui des Dêvas, quelque parfait que soit ce dernier.

Encore autre chose, ô Satatasamitâbhiyukta. Le fils ou la fille de famille qui possède cette exposition de la loi, qui l'enseigne, qui l'explique, qui l'écrit, obtiendra la perfection de l'organe du goût, lequel deviendra pour lui doué des douze cents qualités du goût. Les saveurs quelconques qu'avec un organe du goût ainsi perfectionné, il goûtera, il percevra, celles qu'il déposera sur sa langue seront toutes, il faut aussi le savoir, des saveurs divines, d'excellentes saveurs; et il emploiera son organe de telle sorte, qu'il ne percevra aucune saveur désagréable; et les saveurs désagréables elles-mêmes
f. 195 a. qui viendront se déposer sur sa langue, seront appelées des saveurs divines; et la loi qu'il prononcera, quand il sera au milieu de l'assemblée, les créatures en ressentiront de la joie dans leurs organes; elles en seront satisfaites, contentes, pleines de plaisir. Il fera entendre une voix douce, belle, agréable, profonde, allant au cœur, aimable, dont les êtres seront contents et auront le cœur ravi; et les êtres auxquels il enseignera la loi, après avoir entendu ses accents doux, beaux, agréables, penseront, fussent-ils même des Dêvas, qu'ils doivent aller le trouver, pour le voir, pour le vénérer, pour le servir, pour entendre la loi de sa bouche. Les filles des Dêvas elles-mêmes, les fils des Dêvas, Çakra, Brahmâ, les fils des Dêvas Brahmakâyikas, penseront qu'ils doivent aller le trouver pour le voir, pour le vénérer, pour le servir et pour entendre la loi de sa bouche. Les Nâgas et les filles des Nâgas elles-mêmes penseront de même, [etc., comme ci-dessus,] ainsi que les Asuras et leurs filles, les Garuḍas et leurs filles, les Kinnaras et leurs filles, les Mahôragas et leurs filles, les Yakchas et leurs filles, les
f. 195 b. Piçâtchas et leurs filles; et tous l'honoreront, le vénéreront, le respecteront, l'adoreront. Les Religieux et les fidèles des deux sexes éprouveront aussi le désir de le voir; les rois, les fils des rois, leurs conseillers, leurs

grands ministres éprouveront le même désir. Les rois Balatchakravartins eux-mêmes, possesseurs des sept choses précieuses, accompagnés de leurs héritiers présomptifs, de leurs ministres et des femmes de leurs appartements intérieurs, viendront pour le voir, désireux de l'honorer, tant sera doux le langage dans lequel cet interprète de la loi exposera la loi, d'une manière fidèle et comme elle a été prêchée par le Tathâgata. D'autres, comme les Brâhmanes, les maîtres de maison, les habitants des provinces et des villages s'attacheront à la suite de cet interprète de la loi, jusqu'à la fin de leur vie. Les Çrâvakas du Tathâgata eux-mêmes viendront pour le voir, ainsi que les Pratyêkabuddhas et les Buddhas bienheureux. Et dans quelque point de l'espace que se trouve ce fils ou cette fille de famille, dans ce lieu il enseignera la loi en présence du Tathâgata, et il sera le vase capable de recevoir les lois des Buddhas. Tels et aussi agréables seront les accents profonds de la loi qu'il fera entendre.

Ensuite Bhagavat prononça dans cette occasion les stances suivantes :

52. L'organe du goût est excellent chez lui, et jamais il ne perçoit une saveur désagréable; les saveurs n'ont qu'à être mises en contact avec sa langue pour devenir divines et douées d'un goût surnaturel. f. 196 *a*.

53. Il fait entendre une voix douce, belle, agréable, qu'on désire et qu'on veut écouter; il parle toujours au milieu de l'assemblée avec une voix profonde et ravissante.

54. Et celui qui écoute la loi pendant que ce sage l'expose, au moyen de plusieurs myriades de kôṭis d'exemples, en conçoit une joie extrême et lui rend un culte incomparable.

55. Les Dêvas, les Nâgas, les Asuras et les Guhyakas désirent le voir sans cesse; ils entendent avec respect la loi de sa bouche : ce sont là, en effet, les qualités qui le distinguent.

56. Il peut, s'il le désire, instruire de sa voix la totalité de cet univers; sa voix a un accent doux, caressant, profond, beau et agréable.

57. Les rois Tchakravartins, maîtres de la terre, désireux de l'honorer, se rendent auprès de lui, accompagnés de leurs femmes et de leurs enfants; et tenant les mains réunies en signe de respect, ils entendent sans cesse la loi de sa bouche.

58. Il est toujours suivi par des Yakchas, par des troupes de Nâgas, de Gandharvas, de Piçâtchas mâles et femelles, dont il est respecté, honoré et adoré.

59. Brahmâ lui-même obéit à sa volonté, ainsi que les fils des Dêvas, Mahêç-

vara et Îçvara, ainsi que Çakra et les autres Dêvas; de nombreuses filles des Dêvas se rendent auprès de lui.

60. Et les Buddhas qui sont bons et compatissants pour le monde, entendant
f. 196 b. avec leurs Çrâvakas le son de sa voix, veillent sur lui pour lui montrer leur visage et sont satisfaits de l'entendre exposer la loi.

Encore autre chose, ô Satatasamitâbhiyukta. Le Bôdhisattva Mahâsattva qui possède cette exposition de la loi, qui la récite, qui l'explique, qui l'enseigne, qui l'écrit, obtiendra les huit cents perfections du corps. Son corps deviendra pur et doué de la couleur et de l'éclat parfait du lapis-lazuli. Il sera pour les créatures un objet agréable à voir. Sur ce corps ainsi purifié, il verra tous les êtres que renferme le grand millier de trois mille mondes. Les êtres qui meurent et ceux qui naissent dans le grand millier de trois mille mondes, les êtres inférieurs ou parfaits, ayant une couleur belle ou laide, suivant la bonne ou la mauvaise loi, ceux qui habitent les rois des montagnes, les Tchakravâlas, les Mêrus et les Sumêrus, ceux qui résident au-dessous de la terre, depuis l'Enfer Avîtchi, et au-dessus, jusqu'aux limites où commence l'existence, il les verra sur son propre corps. Les Çrâvakas, les Pratyêkabuddhas, les Bôdhisattvas et les Tathâgatas, quels qu'ils soient, qui habiteront dans ce grand millier de trois mille mondes, ainsi que la loi que ces Tathâgatas enseigneront, et les êtres qui serviront chaque Tathâgata, il les verra tous sur son propre corps, parce qu'il aura reçu [l'image de] la forme de chacun d'eux. Pourquoi cela? C'est à cause de la pureté que possède son corps.

Ensuite Bhagavat prononça dans cette occasion les stances suivantes :

f. 197 a. 61. Son corps devient parfaitement pur, pur comme s'il était de lapis-lazuli; celui qui possède ce noble Sûtra est constamment un objet agréable aux yeux des créatures.

62. Il voit le monde sur son propre corps, comme on voit l'image réfléchie sur la surface d'un miroir; existant par lui-même, il ne voit pas d'autres êtres [hors de lui], car telle est la parfaite pureté de son corps.

63. Les créatures qui existent dans l'univers, hommes, Dêvas, Asuras et Guhyakas, les êtres nés dans les Enfers, parmi les Prêtas et dans des matrices d'animaux, viennent chacun se réfléchir sur son propre corps.

64. Il voit complétement sur son corps les chars divins des Dêvas, jusqu'aux

lieux où commence l'existence, les montagnes et les monts Tchakravâlas, l'Himavat, le Sumêru et le grand Sumêru.

65. Il voit également sur sa personne les Buddhas avec leurs Çrâvakas et les autres fils des Buddhas; il voit les Bôdhisattvas qui vivent solitaires et ceux qui, réunis en troupes, enseignent la loi.

66. La pureté de son corps est telle, qu'il y voit la totalité de cet univers; et cependant il n'est pas en possession de l'état de Dêva; c'est son corps naturel qui est ainsi doué.

Encore autre chose, ô Satatasamitâbhiyukta. Le Bôdhisattva Mahâsattva qui, depuis l'entrée du Tathâgata dans le Nirvâṇa complet, possédera cette exposition de la loi, qui l'enseignera, l'expliquera, l'écrira, la récitera, ce Bôdhisattva, dis-je, obtiendra la perfection de l'organe de l'intellect, lequel sera doué des douze cents qualités de la compréhension. Avec cet organe f. 197 b.
de l'intellect ainsi perfectionné, s'il vient à entendre ne fût-ce qu'une stance unique, il en connaîtra les sens nombreux. Après les avoir complétement pénétrés, il en fera pour un mois l'objet de l'enseignement qu'il donnera de la loi; il pourra même les expliquer pendant quatre mois, pendant une année. La loi qu'il prêchera ne tombera jamais en oubli dans son esprit. Les maximes du monde relatives aux circonstances de la vie mondaine, soit dictons, soit axiomes, seront par lui conciliées avec les règles de la loi. Tous les êtres qui, étant entrés par les six voies de l'existence dans le grand millier de trois mille mondes, y sont soumis aux lois de la transmigration, il connaîtra l'action et les mouvements de leur intelligence à eux tous; il connaîtra, il distinguera leurs mouvements, leurs pensées et leurs actions. Quoique n'ayant pas encore atteint à la science des Âryas, l'organe de l'intellect sera doué chez lui d'une perfection aussi accomplie. Quand, après avoir médité sur les diverses expositions de la loi, il l'enseignera, tout ce qu'il enseignera sera conforme à la vérité. Il exposera tout ce qui aura été dit par le Tathâgata; il prêchera tout ce qui aura été expliqué dans l'exposition des Sûtras par les anciens Djinas.

Ensuite Bhagavat prononça, dans cette occasion, les stances suivantes :

67. L'organe de l'intellect est chez lui parfaitement pur, clair, lumineux et exempt de tout ce qui pourrait le troubler; au moyen de cet organe, il connaît les diverses lois, les inférieures, les supérieures et les intermédiaires. f. 198 a.

68. Ce sage, plein de fermeté, entendant une stance unique, sait y voir un grand nombre de sens, et il peut, pendant un mois, quatre mois, ou même une année, en expliquer la valeur véritable et parfaitement liée.

69. Et les êtres qui habitent ici-bas cet univers, soit dans l'intérieur, soit à l'extérieur de son enceinte, Dêvas, hommes, Asuras, Guhyakas, Nâgas et créatures renfermées dans des matrices d'animaux,

70. Les êtres qui habitent ici dans les six voies de l'existence, ce sage connaît dans le même moment toutes les pensées qui s'élèvent dans leurs esprits; car c'est là l'avantage attaché à la possession de ce Sûtra.

71. Il entend aussi la voix pure du Buddha, décoré des cent signes de vertu, qui explique la loi dans toute l'étendue de l'univers, et il saisit ce que dit le Buddha.

72. Il se livre à de nombreuses réflexions sur la loi excellente, et il parle abondamment et sans relâche; jamais, cependant, il n'éprouve d'hésitation; car c'est là l'avantage attaché à la possession de ce Sûtra.

73. Il connaît les concordances et les combinaisons, et ne voit entre toutes les lois aucune différence; il en sait le sens et les explications, et il les expose comme il les sait.

74. Le Sûtra qui a été pendant longtemps exposé ici-bas par les anciens Maîtres du monde, c'est là la loi qu'il ne cesse d'exposer, sans éprouver jamais de crainte, au milieu de l'assemblée.

75. Tel est l'organe de l'intelligence de celui qui possède ce Sûtra et qui l'expose; et cependant ce n'est pas la science du détachement qu'il a obtenue; mais celle qu'il possède est supérieure.

f. 198 b. 76. En effet, il est placé sur le terrain des Maîtres, il peut exposer la loi à la totalité des créatures et il dispose habilement de myriades d'explications, celui qui possède ce Sûtra du Sugata.

CHAPITRE XIX.

LE RELIGIEUX SADÂPARIBHÛTA.

Ensuite Bhagavat s'adressa ainsi au Bôdhisattva Mahâsattva Mahâsthâmaprâpta : Voici de quelle manière, ô Mahâsthâmaprâpta, il faut savoir que si l'on méprise une exposition de la loi pareille à celle que je fais, si l'on insulte les Religieux ou les fidèles des deux sexes qui possèdent un Sûtra de cette espèce, et si on les interpelle avec des paroles d'injure et de mensonge, le résultat futur de cette action sera malheureux, et à un tel point, que la parole ne peut l'exprimer. Ceux qui possèderont un Sûtra de cette espèce, qui le réciteront, qui l'enseigneront, qui le comprendront et qui l'exposeront à d'autres avec étendue, ceux-là obtiendront un résultat heureux de cette action, tel que celui dont j'ai parlé plus haut, c'est-à-dire qu'ils acquerront les perfections de la vue, de l'ouïe, de l'odorat, du goût, du corps et de l'intellect, que j'ai décrites tout à l'heure.

Jadis, ô Mahâsthâmaprâpta, dans un temps passé, bien avant des Kalpas plus innombrables que ce qui est sans nombre, immenses, incommensurables, inconcevables, sans comparaison comme sans mesure, avant cette époque, dis-je, et bien avant encore, apparut au monde le Tathâgata, vénérable, etc., nommé *Bhîchmagardjita-ghôchasvararâdja,* doué de science et de conduite, etc., dans le Kalpa Vinirbhôga, dans l'univers Mahâsaṁbhava. f. 199 a.
Ce Tathâgata, vénérable, etc., ô Mahâsthâmaprâpta, dans cet univers Mahâsaṁbhava, enseigna la loi en présence du monde formé de la réunion de tous les hommes et de tous les Asuras. C'est ainsi que pour faire franchir aux Çrâvakas la naissance, [etc. comme ci-dessus, f. 11 *a*, jusqu'à :] il enseignait la loi dont le but est la science de celui qui sait tout. La durée de la vie de ce bienheureux Tathâgata Bhîchma...râdja, vénérable, etc., fut d'autant de centaines de mille de myriades de kôṭis de Kalpas qu'il y a de

grains de sable dans quarante Ganges. Après qu'il fut entré dans le Nirvâṇa complet, sa bonne loi subsista autant de centaines de mille de myriades de kôṭis de Kalpas qu'il y a d'atomes dans le Djambudvîpa; et l'image de cette bonne loi dura autant de centaines de mille de myriades de kôṭis de Kalpas, qu'il y a d'atomes dans un monde formé de quatre îles. Quand
f. 199 b. dans cet univers Mahâsaṁbhava, ô Mahâsthâmaprâpta, l'image de la bonne loi du bienheureux Tathâgata Bhîchma...râdja, vénérable, etc., eut disparu, un autre Tathâgata, nommé aussi Bhîchma...râdja, vénérable, etc., apparut dans le monde, doué de science et de conduite, etc. De cette manière parurent successivement, l'un après l'autre, dans cet univers Mahâsaṁbhava, vingt fois cent mille myriades de kôṭis de Tathâgatas, nommés Bhîchma...râdja, vénérables, etc. Dans le temps qui suivit l'entrée du Bienheureux dans le Nirvâṇa complet, quand commençait à disparaître l'image de la bonne loi de celui de ces Tathâgatas, qui, dans ce nombre, ô Mahâsthâmaprâpta, fut le premierdu nom de Bhîchma...râdja, vénérable, etc., doué de science et de conduite, etc.; dans le temps que cette loi était opprimée par des Religieux remplis d'orgueil, il y eut un Religieux nommé le Bôdhisattva Mahâsattva Sadâparibhûta. Pour quelle raison, ô Mahâsthâmaprâpta, ce Bôdhisattva Mahâsattva était-il ainsi appelé Sadâparibhûta? C'est, ô Mahâsthâmaprâpta, qu'à chaque Religieux ou fidèle de l'un ou de l'autre sexe, que
f. 200 a. voyait ce Bôdhisattva Mahâsattva, il lui disait en l'abordant : Je ne vous méprise pas, ô vénérables personnages! Vous êtes de ceux qu'on ne méprise pas. Pourquoi cela? C'est que tous vous pratiquez les devoirs imposés aux Bôdhisattvas. Vous serez tous des Tathâgatas, vénérables, etc. C'est de cette manière, ôMahâsthâmaprâpta, que ce Bôdhisattva Mahâsattva, devenu Religieux, ne se livre pas à l'enseignement, ne fait pas la lecture; mais chacun de ceux qu'il voit, d'aussi loin qu'il les aperçoit, il leur fait entendre ces paroles, que ce soient des Religieux ou des fidèles de l'un ou de l'autre sexe, il les aborde en leur disant : Je ne vous méprise pas, mes sœurs, vous êtes de celles qu'on ne méprise pas. Pourquoi cela? C'est que vous avez pratiqué autrefois les devoirs imposés aux Bôdhisattvas. Aussi deviendrez-vous des Tathâgatas, vénérables, etc. Voilà, ô Mahâsthâmaprâpta, ce qu'en ce temps-là ce Bôdhisattva faisait entendre à chacun des Religieux et des fidèles de l'un et de l'autre sexe. Mais tous s'en indignaient excessivement contre lui, tous lui en voulaient du mal, lui témoignaient de la

malveillance, et l'injuriaient. « Pourquoi ce Religieux nous dit-il, sans que « nous l'interrogions, qu'il n'a pas la pensée de nous mépriser? Il nous « traite avec mépris cependant, puisqu'il nous prédit que nous parvien- « drons à l'état suprême de Buddha parfaitement accompli, état auquel « nous ne pensons pas et que nous ne désirons pas. » Ce Bôdhisattva, ô Mahâsthâmaprâpta, passa ainsi un grand nombre d'années exposé aux injures et aux outrages. Et cependant il ne s'indignait contre personne, il n'en con- f. 200 b.
cevait aucune pensée de malveillance; et ceux qui, quand il leur parlait ainsi, lui jetaient des mottes de terre, ou le frappaient à coups de bâton, il leur criait de loin en élevant la voix : Je ne vous méprise pas. Ces Religieux et ces fidèles des deux sexes, qui étaient remplis d'orgueil, l'entendant répéter sans cesse, Je ne vous méprise pas, finirent par lui donner le nom de *Sadâparibhûta* (celui qui est toujours méprisé).

Or ce Bôdhisattva Mahâsattva Sadâparibhûta, quand la fin de son temps approcha, quand vint l'instant de sa mort, entendit cette exposition de la loi du Lotus de la bonne loi. Cette exposition de la loi était faite par le bienheureux Tathâgata Bhîchma...râdja, vénérable, etc., en vingt fois vingt centaines de mille de myriades de kôṭis de stances. Le Bôdhisattva Mahâsattva Sadâparibhûta, quand approcha l'instant de sa mort, en entendit le son sortir du haut du ciel. Ayant entendu cette voix qui partait du ciel, sans qu'il parût personne qui la prononçât, il saisit cette exposition de la loi et acquit chacune des perfections dont j'ai parlé, celles de la vue, de l'ouïe, de l'odorat, du goût, du corps et de l'intellect. A peine les eut-il acquises, que recevant comme bénédiction la conservation de la vie pendant vingt autres f. 201 a.
centaines de mille de myriades de kôṭis d'années, il se mit à expliquer cette exposition du Lotus de la bonne loi. Et tous ces êtres pleins d'orgueil, Religieux ou fidèles des deux sexes, auxquels il disait autrefois : Je ne vous méprise pas, et qui lui avaient donné le nom de *Sadâparibhûta*, ces êtres, après avoir vu la grandeur de la force de ses facultés surnaturelles, celle de ses vœux, celle de sa puissance, celle de sa sagesse, se réunirent tous sous sa conduite pour entendre la loi. Tous ces êtres, et beaucoup d'autres centaines de mille de myriades de kôṭis de créatures, furent conduits à l'état suprême de Buddha parfaitement accompli.

Ensuite, ô Mahâsthâmaprâpta, ce Bôdhisattva Mahâsattva, étant sorti de ce monde, combla de joie [dans d'autres existences] vingt centaines de

kôṭis de Tathâgatas, portant tous le nom de Tchandraprabhâsvararâdja, vénérables, etc. et parvenus à l'état suprême de Buddha parfaitement accompli, et il expliqua sous tous ces Buddhas cette exposition de la loi du Lotus de la bonne loi. Par l'effet de cet ancien principe de vertu, il revint encore dans la suite combler de joie un nombre égal de Tathâgatas, portant tous le nom de Dundubhisvararâdja, vénérables, etc. et parvenus à l'état suprême de Buddha parfaitement accompli; et il expliqua sous l'enseignement de tous ces Buddhas, en présence des quatre assemblées, cette exposition de
f. 201 b. la loi du Lotus de la bonne loi. Par l'effet de cet ancien principe de vertu, il revint encore dans la suite combler de joie un nombre égal de Tathâgatas, portant tous le nom de Mêghasvararâdja, vénérables, etc., et parvenus à l'état suprême de Buddha parfaitement accompli; et il expliqua sous l'enseignement de tous ces Buddhas, en présence des quatre assemblées, cette exposition de la loi du Lotus de la bonne loi; et il fut, sous chacun d'eux, doué des perfections de la vue, de l'ouïe, de l'odorat, du goût, du corps et de l'intellect, dont j'ai déjà parlé. Ce Bôdhisattva Mahâsattva Sadâparibhûta, après avoir respecté, honoré, vénéré, adoré autant de centaines de mille de myriades de kôṭis de Tathâgatas, après leur avoir rendu des hommages et un culte, et après avoir suivi la même conduite à l'égard d'un grand nombre d'autres centaines de mille de myriades de kôṭis de Buddhas, après avoir, sous l'enseignement de tous ces Buddhas, expliqué cette exposition de la loi du Lotus de la bonne loi, ce Bôdhisattva, dis-je, par l'effet de cet ancien principe de vertu qui était parvenu à ses conséquences complètes, obtint l'état suprême de Buddha parfaitement accompli. Pourrait-il, après cela, ô Mahâsthâmaprâpta, te rester quelque incertitude, quelque perplexité, quelque doute? Il ne faut pas s'imaginer que dans ce temps-là et à cette époque, ce fût un autre [que moi] qui était le Bôdhisattva Mahâsattva Sadâparibhûta, lequel sous l'enseignement de ce bienheureux Tathâgata
f. 202 a. Bhîchmagardjita-ghôchasvararâdja, vénérable, complétement et parfaitement Buddha, fut injurié par les quatre assemblées, et par qui fut comblé de joie un aussi grand nombre de Tathâgatas. Pourquoi cela? C'est que, ô Mahâsthâmaprâpta, c'est moi qui dans ce temps-là, et à cette époque, étais le Bôdhisattva Mahâsattva Sadâparibhûta. Si je n'eusse pas anciennement saisi cette exposition de la loi, si je ne l'eusse pas comprise, je n'aurais pas atteint si rapidement à l'état suprême de Buddha parfai-

tement accompli. C'est, ô Mahâsthâmaprâpta, parce que j'ai, grâce à l'enseignement des anciens Tathâgatas, vénérables, etc., possédé, récité, enseigné cette exposition de la loi, que j'ai atteint si rapidement à l'état suprême de Buddha parfaitement accompli. Et les centaines de Religieux et de fidèles des deux sexes auxquels, sous l'empire du bienheureux Buddha, le Bôdhisattva Mahâsattva Sadâparibhûta fit entendre l'exposition de la loi en leur disant : Je ne vous méprise pas, vous tous vous accomplissez les devoirs imposés aux Bôdhisattvas, vous deviendrez tous des Tathagatas vénérables, etc., ces Religieux, dis-je, qui avaient conçu contre le Bôdhisattva f. 202 b.
des pensées de malveillance, ne virent jamais de Tathâgata, pendant vingt fois cent mille myriades de kôṭis de Kalpas; et ils n'entendirent prononcer ni le nom de Loi ni celui d'Assemblée; et, pendant dix mille Kalpas, ils souffrirent des douleurs terribles dans le grand Enfer Avîtchi. Délivrés ensuite des ténèbres dont les avait enveloppés cette action [coupable], ils furent tous mûris par le Bôdhisattva Mahâsattva Sadâparibhûta pour l'état suprême de Buddha parfaitement accompli. Pourrait-il après cela, ô Mahâsthâmaprâpta, te rester, à l'égard de ces Religieux, quelque incertitude, quelque perplexité ou quelque doute? Quels étaient, en ce temps-là et à cette époque, les êtres qui insultaient ce Bôdhisattva? C'étaient, ô Mahâsthâmaprâpta, les cinq cents Bôdhisattvas de cette assemblée même qui ont pour chef Bhadrapâla, les cinq cents Religieuses qui suivent Siṁhatchandrâ, les cinq cents femmes que préside Sugatatchêtanâ : tous ont été rendus incapables de se détourner de l'état suprême de Buddha parfaitement accompli. Telle est, ô Mahâsthâmaprâpta, la grande importance de l'accumulation des mérites qui résultent de l'action de posséder et de celle d'enseigner cette exposition de la loi, que, pour les Bôdhisattvas Mahâsattvas, elle aboutit à leur faire obtenir l'état suprême de Buddha parfaitement accompli. C'est pourquoi, ô Mahâsthâmaprâpta, quand une fois le Tathâgata est entré dans le Nirvâṇa complet, cette exposition de la loi doit être constamment possédée et enseignée par les Bôdhisattvas Mahâsattvas.

Ensuite Bhagavat prononça dans cette occasion les stances suivantes :

1. Je me rappelle le temps passé, alors que Bhîchmasvararâdja était Djina, et que, doué d'une grande puissance, adoré par les hommes et par les Dêvas, il était f. 203 a.
le Guide des hommes, des Maruts et des Râkchasas.

2. Vers la fin du temps où la bonne loi de ce Djina qui était entré dans le Nirvâṇa complet, avait commencé à dépérir, il y eut un Bôdhisattva nommé Sadâparibhûta, qui était Religieux.

3. Quand il s'approchait d'autres Religieux, de l'un ou de l'autre sexe, qui ne voyaient que les objets extérieurs : Vous n'êtes jamais méprisés par moi, [leur disait-il,] car vous pratiquez les devoirs qui conduisent à l'état suprême de Bôdhi.

4. Telles sont les paroles qu'il leur faisait entendre sans cesse; mais on lui répondait par des reproches et par des injures. Et quand s'approcha le moment de sa fin, il lui arriva d'entendre ce Sûtra.

5. Ce sage, alors, au lieu de faire son temps, ayant reçu comme bénédiction une longue existence, expliqua pendant ce temps ce Sûtra, sous l'enseignement de ce Guide [des hommes].

6. Et tous ces Religieux, en grand nombre, qui ne voyaient que les objets extérieurs, furent mûris par ce Bôdhisattva pour l'état de Buddha; puis quand il fut sorti de ce monde, il combla de joie des milliers de kôṭis de Buddhas.

7. Grâce aux bonnes œuvres qu'il avait ainsi successivement accomplies, après avoir constamment expliqué ce Sûtra, ce fils de Djina parvint à l'état de Bôdhi; or ce Bôdhisattva, c'est moi, c'est Çâkyamuni lui-même.

8. Et ces Religieux qui ne voyaient que les objets extérieurs, ces Religieux, ainsi que tout ce qui se trouvait de fidèles de l'un et de l'autre sexe, qui avaient appris de ce sage ce qu'était l'état de Bôdhi,

f. 203 b. 9. Et qui ont vu depuis de nombreux kôṭis de Buddhas, ce sont les Religieux, au nombre de cinq cents au moins, ce sont les Religieux, ainsi que les fidèles de l'un et de l'autre sexe, qui se trouvent ici en ma présence.

10. Tous ont appris de ma bouche la loi excellente; tous ont été complétement mûris par moi; et quand je serai entré dans le Nirvâṇa complet, tous ces sages posséderont cet éminent Sûtra.

11. Il s'est écoulé de nombreux kôṭis de Kalpas, de Kalpas que la pensée ne peut concevoir, sans que jamais une pareille loi ait été entendue; des centaines de kôṭis de Buddhas ont existé, et ils n'ont cependant pas expliqué ce Sûtra.

12. C'est pourquoi, après avoir entendu cette loi exposée par celui qui existe par lui-même, et après l'avoir possédée à plusieurs reprises, expose ce Sûtra quand je serai entré dans le Nirvâṇa complet.

CHAPITRE XX.

EFFET DE LA PUISSANCE SURNATURELLE DU TATHÂGATA.

Ensuite les centaines de mille de myriades de kôṭis de Bôdhisattvas, en nombre égal à celui des atomes contenus dans mille univers, qui étaient sortis des ouvertures de la terre, réunissant tous leurs mains en signe de respect devant Bhagavat, lui parlèrent ainsi : Nous expliquerons, ô Bhagavat, cette exposition de la loi, lorsque le Tathâgata sera entré dans le Nirvâṇa complet, nous l'expliquerons dans toutes les terres de Buddha habitées par Bhagavat, autant qu'il en existe, et autant de fois que Bhagavat entrera dans le Nirvâṇa complet. Nous désirons posséder, réciter, f. 204 a. enseigner, expliquer, écrire une exposition de la loi comme celle-là.

Ensuite les nombreuses centaines de mille de myriades de kôṭis de Bôdhisattvas ayant Mañdjuçrî pour chef, qui habitent dans cet univers Saha, les Religieux et les fidèles des deux sexes, les Dêvas, les Nâgas, les Yakchas, les Gandharvas, les Asuras, les Garuḍas, les Kinnaras, les Mahôragas, les hommes et les êtres n'appartenant pas à l'espèce humaine, ainsi qu'une multitude de Bôdhisattvas aussi nombreux que les sables du Gange, parlèrent ainsi à Bhagavat : Et nous aussi, ô Bhagavat, nous expliquerons cette exposition de la loi, quand le Tathâgata sera entré dans le Nirvâṇa complet. Du haut des airs où nous serons suspendus avec un corps invisible, nous ferons entendre notre voix, et nous ferons croître les racines de la vertu dans les êtres chez qui elles ne seront pas encore développées.

Alors Bhagavat s'adrèssa ainsi au Bôdhisattva Mahâsattva Viçichṭatchâritra, suivi d'une troupe, d'une grande troupe, précepteur d'une troupe, lequel se trouvait à la tête de ces premiers Bôdhisattvas Mahâsattvas suivis chacun d'une troupe, [etc., comme ci-dessus:] Bien, bien, ô Viçichṭatchâritra, c'est comme cela que vous devez agir; vous avez été mûris par le Tathâgata pour l'intelligence de cette exposition de la loi.

f. 204 b. Ensuite le bienheureux Çâkyamuni et le bienheureux Tathâgata Prabhûtaratna qui était entré dans le Nirvâṇa complet, tous deux assis sur un trône au milieu du Stûpa, se mirent à sourire ensemble. Leur langue sortit de l'ouverture de leur bouche et atteignit jusqu'au monde de Brahmâ. Il s'en échappa en même temps plusieurs centaines de mille de myriades de kôṭis de rayons. De chacun de ces rayons s'élancèrent plusieurs centaines de mille de myriades de kôṭis de Bôdhisattvas, dont le corps était de couleur d'or, qui étaient doués des trente-deux signes caractéristiques d'un grand homme, et qui se trouvaient assis sur un trône formé du centre d'un lotus. Et tous ces Bôdhisattvas, qui s'étaient rendus dans ces centaines de mille de myriades d'univers, situés aux points principaux et intermédiaires de l'espace, restèrent suspendus au milieu des airs dans les divers points de l'horizon et enseignèrent la loi. Tout de même que le bienheureux Tathâgata Çâkyamuni, vénérable, etc., opéra ce prodige, effet de sa puissance surnaturelle, au moyen de sa langue, de même aussi le Tathâgata Prabhûtaratna, vénérable, etc., de même tous les Tathâgatas, vénérables, etc., qui, venus de cent mille myriades de kôṭis d'autres univers, étaient assis, chacun sur un trône au pied d'arbres de diamant, opérèrent ce même prodige, effet de leur puissance surnaturelle.

f. 205 a. Alors le bienheureux Çâkyamuni, le Tathâgata Prabhûtaratna et tous ces Tathâgatas, vénérables, etc., opérèrent cet effet de leur puissance surnaturelle pendant cent mille années complètes. Ensuite, à la fin de ces cent mille années, ces Tathâgatas, vénérables, etc., ayant ramené à eux leur langue, firent entendre dans le même temps, au même instant, dans le même moment, le bruit qu'on produit en chassant avec force la voix de la gorge, et celui qui s'entend quand on fait craquer ses doigts. Par ce grand bruit, les centaines de mille de myriades de terres de Buddha qui se trouvaient dans les dix points de l'espace, furent toutes ébranlées, remuées, agitées, secouées; toutes tremblèrent et s'émurent; et tous les êtres, quels qu'ils fussent, qui existaient dans ces terres de Buddha, Dêvas, Nâgas, Yakchas, Gandharvas, Asuras, Garuḍas, Kinnaras, Mahôragas, hommes et créatures n'appartenant pas à l'espèce humaine, tous du lieu où ils se trouvaient, virent, grâce à la puissance du Buddha, cet univers Saha. Ils virent les centaines de mille de myriades de kôṭis de Tathâgatas, assis chacun sur un trône auprès d'arbres de diamant, le bienheureux Tathâgata Çâkyamuni, vénérable, etc., assis sur un trône, et le Tathâgata Prabhûtaratna, vénérable, etc., qui était entré dans le Nirvâṇa complet, assis sur un trône, au milieu du grand Stûpa fait de substances précieuses, avec le bienheureux f. 205 b. Tathâgata Çâkyamuni; enfin ils virent les quatre assemblées réunies. A cette vue, ils furent frappés de surprise, d'étonnement et de satisfaction. Et ils entendirent une voix venant du ciel qui disait : Par delà des centaines de mille de myriades de kôṭis d'univers, en nombre immense et infini, est un monde nommé Saha : là le Tathâgata Çâkyamuni, vénérable, etc., explique aux Bôdhisattvas Mahâsattvas le Sûtra nommé *le Lotus de la bonne loi*, ce Sûtra où est expliquée la loi, [etc., comme ci-dessus, f. 4 *a*]. Témoignez avec un zèle ardent votre satisfaction de ce Sûtra, et rendez hommage au bienheureux Tathâgata Çâkyamuni, vénérable, etc., et au bienheureux Tathâgata Prabhûtaratna, vénérable, etc.

Alors tous ces êtres, après avoir entendu cette voix qui venait du ciel, prononcèrent, de l'endroit où ils se trouvaient et tenant les mains jointes en signe de respect, les paroles suivantes : Adoration au bienheureux Tathâgata Çâkyamuni, vénérable, complétement et parfaitement Buddha ! Ensuite ils couvrirent la partie de l'espace qu'occupe l'univers Saha, de fleurs, d'encens, de parfums, de guirlandes, de substances onctueuses, de poudres odorantes, de vêtements, de parasols, de drapeaux, d'étendards, de bannières, ainsi que d'ornements, de parures, de vêtements, de colliers, de f. 206 a. chapelets, de joyaux et de pierres précieuses de toute espèce, dans le but de rendre hommage au bienheureux Çâkyamuni et au Tathâgata Prabhûtaratna, ainsi qu'à cette exposition de la loi du Lotus de la bonne loi. Ces fleurs, ces encens, [etc., comme ci-dessus, f. 205 *b*,] ne furent pas plutôt répandues, qu'elles se dirigèrent du côté de l'univers Saha. Là ces masses de fleurs, [etc., comme ci-dessus,] formèrent un grand dais de fleurs suspendu au milieu des airs au-dessus des Tathâgatas qui étaient assis, tant dans l'univers Saha, que dans les cent mille myriades de kôṭis d'autres univers réunis tous sous son ombre.

Ensuite Bhagavat s'adressa ainsi aux Bôdhisattvas Mahâsattvas qui avaient pour chef Viçichṭatchârin : Ils ont un pouvoir qui dépasse l'imagination, ô fils de famille, les Tathâgatas, vénérables, parfaitement et complétement Buddhas. Quand, dans le dessein de communiquer cette exposition de la loi, je passerais, ô fils de famille, plusieurs centaines de mille de myriades

de kôṭis de Kalpas à exposer les nombreuses énumérations des avantages qu'elle possède, en me servant des diverses introductions à la loi, je ne pourrais atteindre le terme des mérites de cette exposition de la loi. Toutes
f. 206 b. les lois des Buddhas, leur supériorité, leurs mystères, leur état si profond, tout cela se trouve enseigné par moi en abrégé dans cette exposition de la loi. C'est pourquoi, ô fils de famille, quand le Tathâgata sera entré dans le Nirvâṇa complet, il faudra, après l'avoir vénérée, la posséder, l'enseigner, la réciter, l'expliquer, l'honorer. Et dans quelque lieu de la terre, ô fils de famille, que cette exposition de la loi vienne à être récitée, expliquée, enseignée, écrite, méditée, prêchée, lue, réduite en un volume, que ce soit dans un ermitage, ou dans un Vihâra, ou dans une maison, ou dans un bois, ou auprès d'un arbre, ou dans une ville, ou dans un palais, ou dans un édifice, ou dans une caverne, il faudra, dans cet endroit même, dresser un monument à l'intention du Tathâgata. Pourquoi cela? C'est que cet endroit doit être regardé comme [le lieu où] tous les Tathâgatas [ont acquis] l'essence même de l'état de Bôdhi; c'est qu'il faut reconnaître qu'en cet endroit, tous les Tathâgatas, vénérables, etc., sont parvenus à l'état suprême de Buddha parfaitement accompli; qu'en cet endroit, tous les Tathâgatas ont fait tourner la roue de la loi; qu'en cet endroit, tous les Tathâgatas sont entrés dans le Nirvâṇa complet.

Ensuite Bhagavat prononça dans cette occasion les stances suivantes:

1. C'est une condition qui échappe à l'intelligence, une condition utile au monde,
f. 207 a. que celle des êtres établis dans la science des connaissances surnaturelles, qui, doués d'une vue infinie, manifestent ici-bas leur puissance magique pour réjouir toutes les créatures.

2. L'organe de la langue [de ces Buddhas] qui atteignit jusqu'au monde de Brahmâ, en lançant des milliers de rayons, fit voir un prodige, effet d'une puissance surnaturelle, lequel apparut pour ceux qui sont arrivés à l'état suprême de Bôdhi.

3. Les Buddhas chassèrent avec force la voix de leur gosier et firent entendre une fois le bruit que produit le craquement des doigts; ils attirèrent l'attention de ce monde tout entier, de ces univers situés dans les dix points de l'espace.

4. Pleins de bonté et de compassion, ils manifestent leurs qualités, ainsi que ces miracles et d'autres semblables, pour que ces êtres, remplis de joie, possèdent ce Sûtra, lorsque le Sugata sera entré dans le Nirvâṇa complet.

5. Quand même je passerais plusieurs milliers de kôṭis de Kalpas à chanter les louanges des fils de Sugata qui posséderont cet éminent Sûtra, lorsque le Guide du monde sera entré dans le Nirvâṇa complet,

6. Je ne pourrais atteindre le terme de leurs qualités, qui sont infinies comme celles de l'éther dans les dix points de l'espace; car elles échappent à l'intelligence les qualités de ceux qui possèdent toujours ce beau Sûtra.

7. Ils me voient, ainsi que tous ces Guides [des hommes] et ce Guide du monde qui est entré dans le Nirvâṇa complet; ils voient tous ces Bôdhisattvas si nombreux, ainsi que les quatre assemblées.

8. Un tel fils de Sugata me comble maintenant ici de satisfaction; il réjouit et tous ces Guides [du monde], et cet Indra des Djinas qui est entré dans le Nirvâṇa, ainsi que les autres Buddhas établis dans les dix points de l'espace.

9. Les Buddhas des dix points de l'espace, tant passés que futurs, ont été et f. 207 b.
seront vus et adorés par celui qui possède ce Sûtra.

10. Il connaît le mystère des Meilleurs des hommes, il arrive bien vite à méditer comme eux sur ce qui a fait l'objet de leurs méditations dans l'intime essence de l'état de Bôdhi, celui qui possède ce Sûtra, qui est la loi véritable.

11. Sa puissance est sans limites; semblable à celle du vent, elle ne rencontre d'obstacles nulle part; il connaît la loi, il en connaît le sens et les explications, celui qui possède cet éminent Sûtra.

12. Il connaît toujours la liaison des Sûtras qu'ont exposés les Guides [du monde] après y avoir réfléchi; lorsque le Guide [des hommes] est entré dans le Nirvâṇa complet, ce sage connaît le vrai sens des Sûtras.

13. Il brille semblable à la lune et au soleil; il resplendit de la lumière et de l'éclat qu'il répand autour de lui; parcourant la terre dans tous les sens, il forme un grand nombre de Bôdhisattvas.

14. Aussi les sages Bôdhisattvas qui, après avoir entendu une énumération des avantages de ce Sûtra, semblable à celle que je viens de faire, le posséderont au temps où je serai entré dans le Nirvâṇa, parviendront-ils, sans aucun doute, à l'état de Buddha.

CHAPITRE XXI.

LES FORMULES MAGIQUES.

Ensuite le Bôdhisattva Mahâsattva Bhâichadjyarâdja s'étant levé de son siége, après avoir rejeté sur son épaule son vêtement supérieur, posé à terre le genou droit, et réuni ses mains en signe de respect en se tournant
f. 208 a. vers Bhagavat, lui parla ainsi : Combien donc est grand, ô Bhagavat, le mérite que doit recueillir le fils ou la fille de famille qui possédera cette exposition de la loi du Lotus de la bonne loi, soit qu'il l'ait confiée à sa mémoire, soit qu'il la tienne renfermée dans un volume ! Cela dit, Bhagavat répondit ainsi au Bôdhisattva Mahâsattva Bhâichadjyarâdja : Le fils ou la fille de famille, ô Bhâichadjyarâdja, qui respecterait, honorerait, adorerait des centaines de mille de myriades de kôṭis de Tathâgatas, aussi nombreuses que les sables de quatre-vingts Ganges, quel mérite, ô Bhâichadjyarâdja, penses-tu qu'il recueillerait comme conséquence de cette action ? Le Bôdhisattva Mahâsattva répondit : Un immense mérite, ô Bhagavat, un immense, ô Sugata. Bhagavat reprit : Je vais te parler, ô Bhâichadjyarâdja, je vais t'instruire. Oui, le fils ou la fille de famille, quel qu'il soit, qui possédera, qui récitera, qui comprendra ou qui acquerra par la force de son application, ne fût-ce qu'une seule stance à quatre vers de cette exposition de la loi, recueillera, comme conséquence de cette action, un mérite beaucoup plus considérable que celui dont je viens de parler.

Alors le Bôdhisattva Bhâichadjyarâdja parla ainsi, dans cette occasion, à Bhagavat : Nous donnerons, ô Bhagavat, à ces fils ou à ces filles de famille
f. 208 b. par qui cette exposition de la loi du Lotus de la bonne loi aura été retenue de mémoire, ou renfermée dans un livre, les paroles des Mantras et des formules magiques, afin de les garder, de les protéger et de les défendre ; ce

seront : अन्ये मन्ये। अरी परी अमने ममने चित्ते चरिते॥ शमे शमिता विशान्ते। मुक्ते मुक्ततमे समे अविसमसमे। जये क्षये अक्षये अक्षीणे शान्ते शमिते धारणि आलोकभासे प्रत्यवेक्षणि धिरु विविरु अभ्यन्तरनिविष्टे अभ्यन्तरपारिशुद्धि। उत्कुले मुकुले अरडे परडे सुकांक्षि असमसमे बुद्धिविलोकिते धर्मपरीक्षिते प्रत्यवेक्षणि संघनिर्घोषणि निर्घोषणि भयविशोधनि मन्त्रे मन्त्रक्षयते रुतकौशल्य अक्षयवनता वक्कुलवलोक अमन्यताये॥ Ces paroles des Mantras et des formules magiques, ô Bhagavat, ont été prononcées par des Buddhas bienheureux, en nombre égal à celui des sables de soixante-deux Ganges. Tous ces bienheureux Buddhas seraient blessés par celui qui attaquerait de tels interprètes de la loi, des hommes qui possèdent ainsi ce Sûtra.

Alors Bhagavat exprima ainsi son assentiment au Bôdhisattva Bhâichadjyarâdja : Bien, bien, ô Bhâichadjyarâdja ; c'est dans l'intérêt des créatures que les paroles des formules magiques ont été prononcées ; c'est par compassion pour les créatures, afin de les garder, de les protéger et de les défendre.

Ensuite le Bôdhisattva Mahâsattva Pradânaçûra parla ainsi à Bhagavat : Et moi aussi, ô Bhagavat, dans l'intérêt de tels prédicateurs de la loi, je f. 209 a.
leur donnerai les paroles des formules magiques, afin qu'aucun des êtres qui chercheraient l'occasion de surprendre de tels interprètes de la loi ne la puisse saisir, que ce soit un Yakcha, un Râkchasa, un Putana, un Krĭtya, un Kumbhâṇḍa, un Prêta ; si un de ces êtres cherche ou épie l'occasion de les surprendre, il ne pourra la saisir. Alors le Bôdhisattva Mahâsattva Pradânaçûra prononça, dans cette occasion, les paroles suivantes des formules magiques : ज्वले महाज्वले उक्के मुक्के अते अतावति नृत्ये नृत्यावति॥ इट्टिनि विट्टिनि चिट्टिनि नृत्यावति स्वाहा॥ Ces paroles des formules magiques, ô Bhagavat, ont été prononcées et approuvées par des Tathâgatas, vénérables, etc., en nombre égal à celui des sables du Gange. Tous ces Tathâgatas seraient blessés par celui qui attaquerait de tels interprètes de la loi.

Ensuite le grand roi Vâiçravaṇa parla ainsi à Bhagavat : Et moi aussi, ô Bhagavat, je dirai les paroles suivantes des formules magiques, dans l'intérêt de ces interprètes de la loi, par compassion pour eux, pour les garder, les protéger et les défendre ; ce seront : अट्टे तुट्टे नट्टे वनट्टे अनडे नाडि कुनडि स्वाहा॥ C'est avec ces paroles des formules magiques, ô Bhagavat, que je protége ces interprètes de la loi dans une étendue de cent Yôdjanas ; c'est f. 209 b.

de cette manière que les fils ou les filles de famille qui posséderont ainsi ce Sûtra, seront protégés et en sûreté.

Alors le grand roi Virûḍhaka se trouvait aussi dans cette grande assemblée, entouré et suivi par cent mille myriades de kôṭis de Kumbhâṇḍas. Après s'être levé de son siége, Virûḍhaka, tenant ses mains réunies en signe de respect, et les dirigeant du côté de Bhagavat, lui parla ainsi : Et moi aussi, ô Bhagavat, je dirai les paroles des Mantras et des formules magiques, dans l'intérêt de tels interprètes de la loi qui retiennent ainsi ce Sûtra, afin de les garder, de les protéger et de les défendre ; ce seront : अगणे गणे गौरि गान्धारि चाण्डालि मातङ्गि पुक्कसि संकुले ब्रूलसिसि स्वाहा ॥. Ces paroles des formules magiques, ô Bhagavat, ont été prononcées par quarante-deux fois cent mille myriades de kôṭis de Buddhas. Tous ces Buddhas seraient blessés par celui qui attaquerait de tels interprètes de la loi.

Ensuite les Râkchasîs nommées Lambâ, Pralambâ, Mâlâkuṭadantî, Puch-
f. 210 a. padantî, Maṭutatchandî, Kêçinî, Atchalâ, Mâlâdharî, Kuntî, Sarvasattvâudjôhârî, Hârîti, toutes avec leurs enfants et avec leur suite, s'étant rendues à l'endroit où se trouvait Bhagavat, lui parlèrent ainsi d'une voix unanime : Et nous aussi, ô Bhagavat, nous garderons, nous protégerons, nous défendrons ceux qui posséderont ainsi ce Sûtra ; nous garantirons leur sécurité, de telle sorte qu'aucun de ceux qui chercheront, qui épieront l'occasion de surprendre de tels interprètes de la loi, ne puisse y parvenir. Alors les Râkchasîs, d'une seule voix et d'un chant unanime, donnèrent à Bhagavat les paroles suivantes des formules magiques : इति मे [cinq fois], नि मे [cinq fois], रुहे [cinq fois], स्तुहे [cinq fois], स्वाहा. Qu'aucune créature, se plaçant sur leur tête, ne puisse blesser de tels interprètes de la loi, que ce soit un Yakcha, un Râkchasa, un Prêta, un Piçâtcha, un Bhûta, un Krĭtya, un Vêtâla, un Kumbhâṇḍa, un Stabdha, un Utsâraka, un Âutsâraka, un Apasmâraka, un Yakchakrĭtya, un Krĭtya n'appartenant pas à l'espèce
f. 210 b. humaine, un Asurakrĭtya, un Dvâitîya, un Tritîya, un Tchaturthakrĭtya, un Nityadjvara ; enfin, si même des formes de femmes, d'hommes ou de filles lui apparaissant pendant son sommeil, veulent lui nuire, que cela ne puisse avoir lieu.

Ensuite les Râkchasîs, d'une seule voix et d'un chant unanime, adressèrent à Bhagavat les stances suivantes :

1. Il sera brisé en sept morceaux comme la tige du Mardjaka, le crâne de celui qui, après avoir entendu les paroles de ces formules magiques, attaquera un interprète de la loi.

2. La voie des matricides, celle des parricides, c'est là la voie dans laquelle marche celui qui attaque un interprète de la loi.

3. La voie de ceux qui expriment par la pression l'huile de la graine de sésame, celle de ceux qui battent cette espèce de graine, c'est là la voie dans laquelle marche celui qui attaque un interprète de la loi.

4. La voie de ceux qui trompent sur les balances, celle de ceux qui trompent sur les mesures, c'est là la voie dans laquelle marche celui qui attaque un interprète de la loi.

Cela dit, les Râkchasîs à la tête desquelles était Kuntî, parlèrent ainsi à Bhagavat : Et nous aussi, ô Bhagavat, nous protégerons de tels interprètes de la loi; nous garantirons leur sécurité; nous repousserons pour eux les atteintes du bâton et nous détruirons le poison. Cela dit, Bhagavat parla ainsi à ces Râkchasîs : Bien, bien, mes sœurs; vous faites bien de protéger, de défendre ces interprètes de la loi, dussent-ils ne posséder que le nom de cette exposition de la loi; à bien plus forte raison devez-vous défendre f. 211 a.
ceux qui posséderont complétement et dans son entier cette exposition de la loi, ou qui l'honoreront, quand elle sera renfermée dans un volume, en lui offrant des fleurs, de l'encens, des parfums, des guirlandes, des substances onctueuses, des poudres odorantes, des vêtements, des parasols, des drapeaux, des étendards, des bannières, des lampes alimentées par de l'huile de sésame, par du beurre clarifié, par des huiles odorantes, par des huiles de Tchampaka, de Vârchika, de lotus, de jasmin, qui, enfin, par cent mille espèces d'offrandes de ce genre, l'honoreront et la vénéreront; ceux-là, ô Kuntî, doivent être protégés par toi et par ta troupe.

Or, pendant que ce chapitre des formules magiques était exposé, huit mille êtres vivants acquirent la patience surnaturelle de la loi.

CHAPITRE XXII.

ANCIENNE MÉDITATION DE BHÂICHADJYARÂDJA.

Ensuite le Bôdhisattva Mahâsattva Nakchatrarâdja-sam̃kusumitâbhidjña parla ainsi à Bhagavat : Pourquoi, ô Bhagavat, le Bôdhisattva Mahâsattva Bhâichadjyarâdja se trouve-t-il dans cet univers Saha? Il doit avoir eu à surmonter pour cela plusieurs centaines de mille de myriades de kôṭis de difficultés. Que Bhagavat, vénérable, parfaitement et complétement Buddha, veuille bien m'enseigner une partie quelconque des règles de conduite suivies par le Bôdhisattva Mahâsattva Bhâichadjyarâdja, pour qu'après avoir
f. 211 b. entendu cette exposition, les Dêvas, les Nâgas, les Yakchas, les Gandharvas, les Asuras, les Garuḍas, les Kinnaras, les Mahôragas, les hommes, les êtres n'appartenant pas à l'espèce humaine et les Bôdhisattvas Mahâsattvas venus d'autres univers que celui-ci, ainsi que ces grands Çrâvakas, soient tous contents, satisfaits, ravis.

Alors Bhagavat, connaissant en ce moment l'intention du Bôdhisattva Mahâsattva Nakchatra...abhidjña, lui parla ainsi : Jadis, ô fils de famille, dans le temps passé, à une époque depuis laquelle se sont écoulés des Kalpas aussi nombreux que les sables du Gange, parut dans le monde le Tathâgata nommé Tchandravimalasûryaprabhâsaçrî, vénérable, etc., doué de science et de conduite, etc. Or ce Tathâgata, vénérable, etc., avait pour auditeurs une grande assemblée formée de quatre-vingts fois cent mille myriades de kôṭis de Bôdhisattvas Mahâsattvas et de Çrâvakas en nombre égal à celui des sables de soixante et douze Ganges. Son enseignement était débarrassé de la présence des femmes. La terre de Buddha où il résidait, n'avait ni Enfers, ni créa-
f. 212 a. tures nées dans des matrices d'animaux, ni corps de Prêtas, ou d'Asuras. Elle était agréable, unie comme la paume de la main; une partie du sol était faite de lapis-lazulis d'une nature divine. Elle était ornée d'arbres de santal et de diamant, recouverte de réseaux faits de pierreries; des guir-

landes d'étoffes de soie y étaient suspendues; elle était embaumée de vases à parfums faits de pierres précieuses. Sous ces arbres de diamant, à la distance d'un jet de flèche, étaient placés des chars faits de pierreries, et sur le front de ces chars se tenaient cent dix millions de fils des Dêvas, faisant résonner les cimbales et les plaques d'airain, pour honorer ce bienheureux Tathâgata Tchandra...çrî, vénérable, etc. Alors le bienheureux Tathâgata expliqua avec étendue cette exposition de la loi du Lotus de la bonne loi à ces grands Çrâvakas et à ces Bôdhisattvas, en commençant par le Bôdhisattva Mahâsattva Sarvasattvapriyadarçana. La durée de la vie de ce bienheureux Tathâgata Tchandra...çrî, vénérable, etc., fut de quarante mille Kalpas, ainsi que celle de ces Bôdhisattvas Mahâsattvas et de ces grands Çrâvakas. Et le Bôdhisattva Mahâsattva Sarvasattvapriyadarçana, s'appliqua, sous l'ensei- f. 212 b. gnement du Bienheureux, à la pratique des devoirs difficiles. Il passa douze mille années à se promener, se livrant exclusivement à la méditation par le développement d'une application intense. Au bout de ces douze mille années, il acquit la méditation des Bôdhisattvas nommée l'*Enseignement complet de toutes les formes*. Et à peine eut-il acquis cette méditation, que, content, charmé, ravi, plein de joie, de satisfaction et de plaisir, il fit en ce moment la réflexion suivante : Pour avoir possédé cette exposition de la loi du Lotus de la bonne loi, la méditation de l'Enseignement de toutes les formes a été acquise par moi. Puis le Bôdhisattva fit encore la réflexion suivante : Si je rendais un culte à ce bienheureux Tathâgata Tchandra...çrî et à cette exposition de la loi du Lotus de la bonne loi? En ce moment il acquit la méditation des formes, de telle manière qu'aussitôt, du haut du ciel, il tomba une grande pluie de fleurs de Mandârava et de Mahâmandârava. Il f. 213 a. se forma un nuage de santal de l'espèce dite Kalânusârin, et il tomba une pluie de santal de l'espèce dite Uragasâra. Et la nature de ces essences était telle, qu'un seul Karcha de ces parfums valait l'univers Saha tout entier.

Ensuite, ô Nakchatra...abhidjña, le Bôdhisattva Mahâsattva Sarvasattvapriyadarçana, doué de mémoire et de sagesse, sortit de cette méditation; et, en étant sorti, il fit la réflexion suivante : Le spectacle de cet effet de [ma] puissance surnaturelle ne sert pas à honorer le bienheureux Tathâgata autant que le ferait l'abandon de mon propre corps. Alors le Bôdhisattva Mahâsattva Sarvasattvapriyadarçana se mit à manger dans ce moment de l'Aguru, de l'encens, de l'oliban, et à boire de l'huile de Tchampaka. Le

Bôdhisattva Mahâsattva Sarvasattvapriyadarçana passa ainsi douze années à manger sans cesse et sans relâche des parfums qui viennent d'être nommés, et à boire de l'huile de Tchampaka. Au bout de ces douze années, le Bôdhisattva Mahâsattva Sarvasattvapriyadarçana, après avoir revêtu son corps de vêtements divins et l'avoir arrosé d'huiles odorantes, se donna à lui-même
f. 213 b. sa bénédiction, et ensuite consuma son corps par le feu, afin d'honorer le Tathâgata et cette exposition de la loi du Lotus de la bonne loi. Alors, ô Nakchatra...abhidjña, des univers aussi nombreux que les sables de quatre-vingts Ganges furent éclairés par la splendeur des feux que lançait en brûlant le corps du Bôdhisattva Mahâsattva Sarvasattvapriyadarçana; et les bienheureux Buddhas, égaux en nombre aux sables de quatre-vingts Ganges, qui se trouvaient dans ces univers, exprimèrent tous ainsi leur approbation : Bien, bien, ô fils de famille; c'est bien à toi, ô fils de famille; c'est là le véritable développement de l'énergie des Bôdhisattvas Mahâsattvas. C'est là le véritable culte dû au Tathâgata, c'est le culte dû à la loi; on ne lui rend pas un pareil culte en lui offrant des fleurs, de l'encens, des parfums, des guirlandes, des substances onctueuses, des poudres odorantes, des vêtements, des parasols, des drapeaux, des étendards, des bannières, ni en lui offrant toute espèce d'objets de jouissance, ou du santal de l'espèce dite Uragasâra. C'est là, ô fils de famille, la première des aumônes; celle qui consiste dans l'abandon de la royauté, dans l'abandon d'une femme et d'enfants chéris ne l'égale pas. C'est le plus distingué, le premier, le meilleur, le plus éminent, le plus parfait des cultes rendus à la loi, que l'hommage qu'on lui adresse en faisant l'abandon de son propre corps. Ensuite, ô Nakchatra...abhidjña, ces bienheureux Buddhas, après avoir prononcé ces paroles, gardèrent le silence.

Douze cents années s'écoulèrent ainsi pendant que le corps de Sarvasattvapriyadarçana brûlait, et cependant il ne cessait de brûler. Enfin, au
f. 214 a. bout de ces douze cents années, le feu s'arrêta. Alors le Bôdhisattva Mahâsattva Sarvasattvapriyadarçana, après avoir ainsi honoré le Tathâgata, quitta cette existence. Ensuite il naquit, sous l'enseignement du bienheureux Tathâgata Tchandra...çrî, vénérable, etc., dans la maison du roi Vimaladatta, d'une manière surnaturelle, et assis les jambes croisées. A peine le Bôdhisattva Mahâsattva fut-il né, qu'il prononça au moment même, en présence de son père et de sa mère, la stance suivante :

Voilà, ô le meilleur des rois, le lieu de promenade sur lequel j'ai obtenu, en y restant, la méditation; j'ai développé la force énergique d'un grand sacrifice, après avoir abandonné ce corps qui nous est si cher.

Ensuite le Bôdhisattva Mahâsattva Sarvasattvapriyadarçana, après avoir prononcé cette stance, parla ainsi à son père et à sa mère : Aujourd'hui même, ô mon père et ma mère, le bienheureux Tathâgata Tchandra...çrî, vénérable, etc., se trouve en ce monde, il y vit, il y existe, il y enseigne la loi aux créatures. C'est de ce bienheureux Tathâgata que j'ai reçu, après l'avoir honoré, la formule magique de l'habileté dans tous les sons, et que j'ai entendu cette exposition de la loi du Lotus de la bonne loi, formée de f. 214 b.
quatre-vingts fois cent mille myriades de kôṭis de stances, de mille billions, de cent mille billions, d'un nombre de stances dit Akchôbhya. C'est pourquoi, ô mon père, il est bon que je me rende en la présence de ce Bienheureux, et que, l'ayant vu, je lui offre de nouveau un culte. Alors le Bôdhisattva Mahâsattva Sarvasattvapriyadarçana s'étant élevé à l'instant même dans l'air, à la hauteur de sept empans, se plaça, les jambes croisées, au sommet d'une maison à étages élevés, faite des sept substances précieuses; puis, s'étant rendu en la présence du Bienheureux, après avoir salué ses pieds en les touchant de la tête, après avoir tourné sept fois autour de lui en le laissant à sa droite, il dirigea ses mains, réunies en signe de respect, du côté où se tenait le Bienheureux, et, l'ayant adoré, il le célébra dans la stance suivante :

O toi dont la face est si pure, ô sage, ô Indra des hommes, l'éclat dont tu brilles resplendit dans les dix points de l'espace; après t'avoir rendu, ô Sugata, un culte excellent, je suis venu ici, ô Maître, dans l'intention de te voir.

Le Bôdhisattva Mahâsattva Sarvasattvapriyadarçana ayant prononcé cette stance, parla ainsi au bienheureux Tathâgata Tchandra.....çrî, vénérable, etc. : Tu existes donc encore, ô Bienheureux, même aujourd'hui? Alors le bienheureux Tathâgata Tchandra.....çrî, vénérable, etc., parla ainsi f. 215 a.
au Bôdhisattva Mahâsattva Sarvasattvapriyadarçana : Le temps où je dois entrer dans le Nirvâṇa complet est arrivé, ô fils de famille; le temps de la fin de ma vie est arrivé. Va donc, ô fils de famille, prépare ma couche; je vais entrer dans le Nirvâṇa complet. Ensuite le bienheureux Tathâgata

Tchandra . . . . . çrî, vénérable, etc., dit encore au Bôdhisattva Mahâsattva Sarvasattvapriyadarçana les paroles suivantes : Je te confie, ô fils de famille, ces commandements; je te confie ces Bôdhisattvas Mahâsattvas, et ces grands Çrâvakas, et cet état de Bôdhi réservé aux Buddhas, et cet univers, et ces chars divins faits de joyaux, et ces arbres de corail, et ces fils des Dêvas, mes serviteurs. Et les os qui resteront de moi, quand je serai entré dans le Nirvâṇa complet, je te les confie, ô fils de famille; et quand je serai entré dans le Nirvâṇa complet, ô fils de famille, tu devras rendre de grands honneurs aux Stûpas qui renfermeront mes os; et mes reliques devront être distribuées; et il faudra élever plusieurs milliers de Stûpas. Alors, ô Nakchatra. . . . . abhidjña, le bienheureux Tathâgata Tchandra. . . . . çrî, vénérable, etc., après avoir donné ces instructions au Bôdhisattva Mahâsattva
f. 215 b. Sarvasattvapriyadarçana, entra complétement, cette nuit-là même, à la dernière veille, dans l'élément du Nirvâṇa, où il ne reste aucune trace de l'agrégation [des éléments matériels].

Alors, ô Nakchatra . . . . . abhidjña, le Bôdhisattva Mahâsattva Sarvasattvapriyadarçana voyant que le bienheureux Tathâgata Tchandra . . . . . çrî était entré dans le Nirvâṇa complet, éleva un bûcher formé de santal, de l'espèce dite Uragasâra, et y consuma le corps du Tathâgata. Quand il vit que le corps était brûlé et éteint, il retira un os du bûcher et se mit à pleurer, à se lamenter et à gémir. Après avoir ainsi pleuré et s'être livré à la douleur, le Bôdhisattva Mahâsattva Sarvasattvapriyadarçana ayant fait faire quatre-vingt-quatre mille vases formés des sept substances précieuses, y déposa l'os du Tathâgata [qu'il avait divisé], et dressa quatre-vingt-quatre mille Stûpas formés des sept substances précieuses, ornés de lignes de parasols qui s'élevaient jusqu'au monde de Brahmâ et qui étaient recouverts d'étoffes de soie et de clochettes. Après avoir dressé ces Stûpas, il réfléchit ainsi : Je viens de rendre un culte aux Stûpas qui contiennent les reliques du bienheureux Tathâgata Tchandra......çrî. Mais je rendrai encore à ces reliques un culte plus élevé, plus supérieur. Alors, ô Nakchatra.....abhidjña, le Bô-
f. 216 a. dhisattva Mahâsattva Sarvasattvapriyadarçana s'adressa ainsi à la troupe tout entière des Bôdhisattvas, aux grands Çrâvakas, aux Dêvas, aux Nâgas, aux Yakchas, aux Gandharvas, aux Asuras, aux Garuḍas, aux Kinnaras, aux Mahôragas, aux hommes, et aux créatures n'appartenant pas à l'espèce humaine : O vous tous, fils de famille, concevez tous ensemble cette pensée :

« Nous rendrons un culte aux reliques de ce Bienheureux. » Alors, ô Nakchatra.......abhidjña, le Bôdhisattva Mahâsattva Sarvasattvapriyadarçana alluma en cet instant son bras qui était orné des cent signes de pureté, en présence de ces quatre-vingt-quatre mille Stûpas qui renfermaient les reliques du Tathâgata; et, après l'avoir allumé, il rendit un culte pendant soixante et douze mille ans aux Stûpas qui renfermaient les reliques du Tathâgata. Et pendant qu'il leur rendait ainsi un culte, il disciplina d'incalculables centaines de mille de myriades de kôṭis de Çrâvakas faisant partie de l'assemblée; et tous les Bôdhisattvas acquirent la méditation nommée l'Enseignement complet de toutes les formes.

Alors, ô Nakchatra.....abhidjña, la troupe tout entière des Bôdhisattvas et tous les grands Çrâvakas, en voyant le Bôdhisattva Mahâsattva Sarvasattvapriyadarçana privé de son bras, suffoqués par les larmes, pleurant, gémissant, se lamentant, se dirent les uns aux autres : Le Bôdhisattva Mahâsattva Sarvasattvapriyadarçana, notre maître et notre directeur, est maintenant f. 216 b.
privé d'un membre, privé d'un bras. Mais le Bôdhisattva Mahâsattva Sarvasattvapriyadarçana s'adressa ainsi aux Bôdhisattvas, aux grands Çrâvakas et aux fils des Dêvas : Ne pleurez pas, ô fils de famille, en me voyant privé d'un bras; ne vous lamentez pas. Tous les bienheureux Buddhas qui sont, qui existent, qui se trouvent dans les univers, infinis et sans limites, situés aux dix points de l'espace, sont tous pris par moi à témoin; je prononce en leur présence une bénédiction de vérité, et, au nom de cette vérité et par la déclaration de cette vérité, après avoir abandonné mon propre bras pour honorer le Tathâgata, j'aurai un corps qui sera en entier de couleur d'or. Au nom de cette vérité, par la déclaration de cette vérité, que mon bras redevienne tel qu'il était auparavant, et que cette grande terre tremble de six manières différentes, et que les enfants des Dêvas, répandus dans le ciel, fassent tomber une grande pluie de fleurs. A peine cette bénédiction de vérité eut-elle été prononcée par le Bôdhisattva Mahâsattva Sarvasattvapriyadarçana, que cet univers tout entier, formé d'un grand millier de trois mille f. 217 a.
mondes, trembla de six manières différentes, et que, du haut des airs, il tomba une grande pluie de fleurs. Le bras du Bôdhisattva Mahâsattva Sarvasattvapriyadarçana redevint tel qu'il était auparavant, et cela par l'effet de la force de la science, de la force de la vertu qui appartenaient à ce Bôdhisattva Mahâsattva. Pourrait-il, après cela, ô Nakchatra.....abhidjña,

te rester quelque incertitude, quelque perplexité ou quelque doute à ce sujet? Il ne faut pas s'imaginer que, dans ce temps-là et à cette époque, ce fût un autre [que Bhâichadjyarâdja] qui était le Bôdhisattva Mahâsattva Sarvasattvapriyadarçana. Pourquoi cela? C'est que le Bôdhisattva Mahâsattva Bhâichadjyarâdja était, dans ce temps-là et à cette époque, le Bôdhisattva Mahâsattva Sarvasattvapriyadarçana. Ce Bôdhisattva Mahâsattva Bhâichadjyarâdja accomplit cent mille myriades de kôṭis de choses difficiles; il consomma l'abandon complet de son propre corps.

Le fils ou la fille de famille, ô Nakchatra......abhidjña, qui étant entré dans le véhicule des Bôdhisattvas, viendrait, dans le dessein d'obtenir l'état
f. 217 b. suprême de Buddha parfaitement accompli, brûler auprès des monuments du Tathâgata un pouce de ses pieds, ou un doigt de ses pieds ou de ses mains, ou l'un de ses membres, ou l'un de ses bras; ce fils ou cette fille de famille, étant entré dans le véhicule des Bôdhisattvas, recueillerait de cette action un bien plus grand mérite, qu'il ne ferait de l'abandon de la royauté, de celui de ses fils, de ses filles, de son épouse chérie, et de la totalité de cet univers formé d'un grand millier de trois mille mondes, avec ses forêts, ses mers, ses montagnes, ses fleuves, ses lacs, ses étangs, ses puits et ses jardins. Et le fils ou la fille de famille, ô Nakchatra...... abhidjña, entré dans le véhicule des Bôdhisattvas, qui ayant rempli des sept substances précieuses la totalité de cet univers formé d'un grand millier de trois mille mondes, en ferait don à tous les Buddhas, à tous les Bôdhisattvas, à tous les Çrâvakas, à tous les Pratyêkabuddhas, ce fils ou cette fille de famille, ô Nakchatra......abhidjña, ne recueillerait pas de cette action autant de mérite que le fils ou la fille de famille qui posséderait ne fût-ce qu'une seule stance, formée de quatre vers, de cette exposition de la loi du Lotus de la bonne loi. Je déclare que la masse des mérites de ce dernier est plus considérable que celle de celui qui, ayant rempli des sept substances précieuses la totalité de cet univers formé d'un grand millier de trois mille mondes, en ferait don à tous les Buddhas, à tous les Bôdhisattvas, à tous les Çrâvakas, à tous les Pratyêkabuddhas.

f. 218 a. De même, ô Nakchatra......abhidjña, que le grand océan est le premier de tous les fleuves, de tous les lacs et de tous les étangs; de même cette exposition du Lotus de la bonne loi est le premier de tous les Sûtras

prêchés par les Tathâgatas. De même, ô Nakchatra....abhidjña, que de toutes les montagnes, telles que les Kâlaparvatas, les Tchakravâlas, de toutes les grandes montagnes enfin, la première est le Sumêru, roi des montagnes, de même cette exposition de la loi du Lotus de la bonne loi, est le roi de tous les Sûtras prêchés par les Tathâgatas. De même, ô Nakchatra.....abhidjña, qu'entre toutes les constellations, la lune est considérée comme le premier luminaire, de même entre tous les Sûtras prêchés par les Tathâgatas, cette exposition de la loi du Lotus de la bonne loi est la première des lumières, une lumière dont l'éclat l'emporte sur celui de cent mille myriades de kôṭis de lunes. De même, ô Nakchatra......abhidjña, que le disque du soleil dissipe l'obscurité de toutes les ténèbres, de même cette exposition de la loi du Loṭus de la bonne loi dissipe l'obscurité de toutes les ténèbres des mauvaises œuvres. De même, ô Nakchatra......abhidjña, que Çakra, l'Indra des Dêvas, est le chef des Dêvas Trayastriṁçgas, de même f. 218 b.
cette exposition de la loi du Lotus de la bonne loi est l'Indra de tous les Sûtras prêchés par les Tathâgatas. De même, ô Nakchatra......abhidjña, que Brahmâ, le maître de l'univers Saha, est le roi de tous les Brahmakâyikas, et qu'il remplit, dans le monde de Brahmâ, l'office d'un père, de même cette exposition de la loi du Lotus de la bonne loi remplit l'office de père à l'égard de tous les êtres, qu'ils soient Maîtres ou qu'ils ne le soient pas, à l'égard de tous les Çrâvakas, des Pratyêkabuddhas et de ceux qui sont entrés dans le véhicule des Bôdhisattvas. De même, ô Nakchatra......abhidjña, que le Çrôtaâpanna l'emporte sur tous les hommes ordinaires, qui sont ignorants, et qu'il en faut dire autant du Sakrĭdâgâmin, de l'Anâgâmin, de l'Arhat et du Pratyêkabuddha, de même cette exposition de la loi du Lotus de la bonne loi, l'emportant sur les Sûtras prêchés par tous les Tathâgatas, doit en être reconnue comme le chef. Ces êtres aussi, ô Nakchatra.....abhidjña, doivent être reconnus comme les premiers de tous, qui posséderont ce roi des Sûtras. De même, ô Nakchatra......abhidjña, que le Bôdhisattva est appelé le chef des Çrâvakas et des Pratyêkabuddhas réunis, de même cette exposition de la loi du Lotus de la bonne loi est f. 219 a.
appelée le chef de tous les Sûtras prêchés par les Tathâgatas. De même, ô Nakchatra......abhidjña, que parmi les Çrâvakas, les Pratyêkabuddhas et les Bôdhisattvas réunis, c'est le Tathâgata qui sollicite l'habileté nécessaire pour devenir Roi de la loi, de même cette exposition de la loi du Lotus

de la bonne loi est comme le Tathâgata lui-même, parmi ceux qui sont entrés dans le véhicule des Bôdhisattvas. Oui, Nakchatra......abhidjña, cette exposition de la loi du Lotus de la bonne loi protége tous les êtres contre tous les dangers, les délivre de toutes leurs douleurs; c'est comme un étang pour ceux qui ont soif, comme le feu pour ceux qui souffrent du froid, comme un vêtement pour ceux qui sont nus, comme une caravane pour les marchands, comme une mère pour des enfants, comme une vache pour ceux qui veulent atteindre à l'autre rive d'un fleuve, comme un médecin pour des malades, comme une lampe pour ceux qui sont environnés de ténèbres, comme un joyau pour ceux qui désirent des richesses, comme un Tchakravartin pour les Râdjas commandant un fort, comme l'océan pour les fleuves, comme une torche enfin parce qu'il dissipe toutes les ténèbres. De même, ô Nakchatra......abhidjña, cette exposition de la loi du Lotus de la bonne loi affranchit de tous les maux, tranche toutes les douleurs, délivre de tous les passages difficiles et de tous les liens de la transmigration.

Et celui par lequel cette exposition de la loi du Lotus de la bonne loi
f. 219 b. sera entendue, celui qui l'écrira, celui qui la fera écrire, recueillera de cette action une masse de mérites dont la science même d'un Buddha ne pourrait atteindre le terme, tant est grande la masse de mérites que recueilleront ces fils ou ces filles de famille, lorsque possédant cette exposition de la loi, lorsque l'enseignant, l'écoutant, l'écrivant, la renfermant dans un volume, ils l'honoreront, la vénéreront, la respecteront, l'adoreront, en lui offrant des fleurs, de l'encens, des guirlandes de fleurs, des substances onctueuses, des poudres odorantes, des parasols, des drapeaux, des étendards, des bannières, des vêtements, en faisant retentir les instruments de musique, en réunissant leurs mains en signe de respect, en faisant brûler des lampes alimentées par du beurre clarifié, par des huiles odorantes, par de l'huile de Tchampaka, de jasmin, de Paṭala, de Pâṭalâ, de Vârchika, de Navamâlikâ; lorsqu'enfin ils l'honoreront et la vénéreront de beaucoup de manières différentes. Elle est très-considérable, ô Nakchatra......abhidjña, la masse de mérites que recueillera le fils ou la fille de famille, porté dans le véhicule des Bôdhisattvas, qui possédera ce chapitre de l'ancienne méditation de Bhâichadjyarâdja, qui le prêchera, qui l'entendra. Et si, ô Nakchatra......abhidjña, une femme,

après avoir entendu cette exposition de la loi, la saisit et la possède, cette existence sera pour elle sa dernière existence de femme.

L'être quel qu'il soit du sexe féminin, ô Nakchatra......abhidjña, qui après avoir entendu, dans les cinq cents dernières années [du Kalpa], ce f. 220 a. chapitre de l'ancienne méditation de Bhâichadjyarâdja, s'en rendra parfaitement maître, après être sorti de ce monde, renaîtra dans l'univers Sukhavatî, où le bienheureux Tathâgata Amitâbha, vénérable, etc., se trouve, réside, vit, existe entouré d'une troupe de Bôdhisattvas; et il reparaîtra dans cet univers assis sur un trône formé du centre d'un lotus. La passion, la haine, l'erreur, l'orgueil, l'envie, la colère, le désir de nuire n'auront pas de prise sur lui. A peine né, il obtiendra les cinq connaissances surnaturelles; il obtiendra la patience surnaturelle de la loi, et après qu'il l'aura obtenue, devenant Bôdhisattva Mahâsattva, il verra des Tathâgatas en nombre égal à celui des sables de soixante et dix Ganges. L'organe de la vue acquerra chez lui une telle perfection, qu'avec cet organe perfectionné, il verra ces Buddhas bienheureux; et ces bienheureux Buddhas lui témoigneront ainsi leur approbation : Bien, bien, ô fils de famille; il est bien qu'après avoir entendu cette exposition de la loi du Lotus de la bonne loi, qui a été faite sous l'enseignement du bienheureux Çâkyamuni, dans la prédication du Tathâgata, vénérable, etc., tu l'aies lue, méditée, examinée, saisie avec ton esprit et expliquée à d'autres créatures. La masse de f. 220 b. mérites qui en résulte pour toi, ô fils de famille, ne peut être consumée par le feu, ni enlevée par l'eau; cette masse de mérites ne peut être indiquée même par cent mille Buddhas. Tu as renversé l'opposition que te faisait Mâra, ô fils de famille. Tu as franchi les défilés de l'existence; tu as brisé les obstacles qu'avait élevés ton ennemi; tu as été béni par cent mille Buddhas; et il n'y a pas, ô fils de famille, ton pareil dans le monde formé de la réunion des Dêvas, des Mâras, ni dans l'ensemble des créatures, en y comprenant les Brâhmanes et les Çramaṇas; il n'est personne, à l'exception du Tathâgata seul, ni parmi les Çrâvakas, ni parmi les Pratyêkabuddhas, ni parmi les Bôdhisattvas, qui soit capable de l'emporter sur toi, soit en vertu, soit en science, soit en méditation. Telle est, ô Nakchatra.... abhidjña, la production de l'énergie de la science à laquelle sera parvenu ce Bôdhisattva.

Celui qui, après avoir entendu réciter, ô Nakchatra......abhidjña, ce cha-

pitre de l'ancienne méditation de Bhâichadjyarâdja, y donnera son assentiment, exhalera de sa bouche le parfum du lotus, et de ses membres, celui du santal. Celui qui donnera son assentiment à cette exposition de la loi, jouira des avantages que produisent les qualités extérieures que je viens d'indiquer. C'est pourquoi, ô Nakchatra......abhidjña, je te confie ce chapitre de l'ancienne méditation du Bôdhisattva Mahâsattva Sarvasattva-
f. 221 a. priyadarçana, pour qu'à la fin des temps, dans la dernière époque, pendant les cinq cents dernières années, il se répande dans ce Djambudvîpa, pour qu'il ne disparaisse pas, pour que Mâra le pêcheur ne puisse trouver l'occasion de le surprendre, non plus que les Dêvatâs, nommés Mârakâyikas, ni les Nâgas, ni les Yakchas, ni les Kumbhâṇḍas. C'est pourquoi, ô Nakchatra......abhidjña, je bénis ici cette exposition de la loi; elle sera, dans le Djambudvîpa, comme un médicament salutaire pour les créatures malades et souffrantes. Quand on aura entendu cette exposition de la loi, la maladie n'envahira pas le corps, non plus que la vieillesse, ni la mort prématurée. Si un homme quelconque, ô Nakchatra....abhidjña, étant entré dans le véhicule des Bôdhisattvas, vient à voir un Religieux possédant ainsi ce Sûtra, il doit, après l'avoir couvert de santal et de lotus bleus, concevoir cette pensée : Ce fils de famille parviendra à l'intime essence de l'état de Bôdhi; arrivé à l'essence de la Bôdhi, il prendra le lit de gazon; il mettra en déroute le parti de Mâra; il fera résonner la conque de la loi; il fera retentir le tambour de la loi; il traversera l'océan de l'existence. Telle est, ô Nakchatra......abhidjña, la pensée que doit concevoir le fils ou la fille de famille, entré dans le véhicule des Bôdhisattvas, qui aura vu un Religieux possédant ainsi ce Sûtra. Les avantages qu'un tel homme retirera de ses qualités seront tels que ceux qui ont été énumérés par le Tathâgata.

Pendant que ce chapitre de l'ancienne méditation de Bhâichadjyarâdja
f. 221 b. était exposé, quatre-vingt-quatre mille Bôdhisattvas devinrent possesseurs de la formule magique qui est accompagnée de l'habileté dans tous les sons. Et le bienheureux Tathâgata Prabhûtaratna, vénérable, etc., y donna ainsi son assentiment : Bien, bien, ô Nakchatra.....abhidjña, il est bon que tu interroges ainsi sur la loi le Tathâgata, qui est doué de conditions et de qualités qui échappent à l'intelligence.

CHAPITRE XXIII.

LE BÔDHISATTVA GADGADASVARA.

Ensuite le bienheureux Tathâgata Çâkyamuni, vénérable, etc., lança en cet instant un rayon de lumière du cercle de poils placé entre ses deux sourcils, l'un des signes caractéristiques des grands hommes. Cette lumière illumina de sa splendeur des centaines de mille de myriades de kôṭis de terres de Buddha situées à l'orient, en nombre égal à celui des sables de dix-huit Ganges. Par delà ces centaines de mille de myriades de terres de Buddha, en nombre égal à celui des sables de dix-huit Ganges, est situé l'univers nommé Vairôtchanaraçmi-pratimaṇḍita. Là se trouvait vivant, existant, le Tathâgata nommé Kamaladalavimala-nakchatrarâja-saṁkusumitâbhidjña, vénérable, etc., qui, avec une vaste et immense assemblée de Bôdhisattvas, dont il était environné et suivi, enseignait la loi. Alors le f. 222 a. rayon de lumière lancé du cercle placé entre ses sourcils par le bienheureux Tathâgata Çâkyamuni, vénérable, etc., illumina en cet instant d'une grande lumière l'univers Vâirôtchanaraçmi-pratimaṇḍita. Or dans cet univers habitait le Bôdhisattva Mahâsattva nommé Gadgadasvara, qui avait fait croître les racines de vertu qui étaient en lui, qui avait vu jadis la lumière de semblables rayons lancés par beaucoup de Tathâgatas, vénérables, etc., et qui était en possession de nombreuses méditations. C'est ainsi qu'il avait acquis les méditations de *Dhvadjâgrakêyûra* (l'anneau de l'extrémité de l'étendard), de *Saddharmapuṇḍarîka* (le lotus blanc de la bonne loi), de *Vimaladatta* (celui qui est donné pur), de *Nakchatrarâdjavikrîḍita* (les plaisirs du roi des constellations), d'*Anilam̃bha* (celui qui ressemble au vent), de *Djñânamudra* (le sceau de la science), de *Tchandraprabha* (celui qui a l'éclat de la lune), de *Sarvarutakâuçalya* (l'habileté dans tous les sons), de *Sarvapuṇyasamutchtchaya* (le trésor extrait de toutes les vertus), de *Prasâdavatî* (celle qui est favorable), de *Riddhivikrîḍita* (les plaisirs de

la puissance magique), de *Djñânôlkâ* (la torche de la science), de *Vyûharâdja* (le roi de la construction), de *Vimalaprabhâ* (la splendeur sans tache), de *Vimalagarbha* (l'essence sans tache), d'*Apkrïtsna* (qui enlève toute l'eau), de *Sûryâvarta* (la révolution du soleil); en un mot, il avait acquis des centaines de mille de myriades de kôṭis de méditations, en nombre
f. 222 b. égal à celui des sables du Gange. Or cette lumière tomba sur le corps du Bôdhisattva Mahâsattva Gadgadasvara. Alors le Bôdhisattva Mahâsattva s'étant levé de son siége, rejetant sur son épaule son vêtement supérieur, posant à terre le genou droit, et dirigeant ses mains réunies en signe de respect, du côté où se trouvait le bienheureux Buddha, parla ainsi au Tathâgata Kamala.....abhidjña, vénérable, etc. : J'irai, ô Bienheureux, dans l'univers Saha pour voir, pour honorer, pour servir le bienheureux Tathâgata Çâkyamuni, vénérable, etc., pour voir Mañdjuçrî Kumâra et les Bôdhisattvas Bhâichadjyarâdja, Pradânaçûra, Nakchatrarâdjasaṁkusumitâbhidjña, Viçichṭatchâritra, Vyûharâdja, Bhâichadjyarâdjasamudgata.

Alors le bienheureux Tathâgata Kamala........abhidjña, vénérable, etc.,
f. 223 a. parla ainsi au Bôdhisattva Mahâsattva : Ne va pas, ô fils de famille, après t'être rendu dans l'univers Saha, en concevoir des idées misérables. Car ce monde-là, ô fils de famille, est couvert de hauteurs et de lieux bas; il est fait d'argile, hérissé de Kâlaparvatas, rempli d'ordures. Le bienheureux Tathâgata Çâkyamuni, vénérable, etc., est d'une courte stature, ainsi que ses Bôdhisattvas Mahâsattvas, tandis que ta taille, ô fils de famille, s'élève à quarante-deux mille Yôdjanas, et la mienne à soixante-six fois cent mille Yôdjanas. Et toi, ô fils de famille, tu es aimable, beau, agréable à voir; tu es doué de la perfection suprême de l'éclat et de la beauté. Tu es particulièrement distingué par plus de cent mille mérites. C'est pourquoi, ô fils de famille, après t'être rendu dans cet univers Saha, ne conçois pas des idées méprisables, ni des Tathâgatas, ni des Bôdhisattvas [qui s'y trouvent], ni de cette terre de Buddha.

Cela dit, le Bôdhisattva Mahâsattva Gadgadasvara parla ainsi au bienheureux Tathâgata Kamala............abhidjña, vénérable, etc. : J'agirai, ô Bienheureux, selon que l'ordonne le Tathâgata; j'irai, ô Bienheureux, dans cet univers Saha, en vertu de la bénédiction du Tathâgata, de la production
f. 223 b. de son énergie, de ses plaisirs, de sa construction, de la science émanée du Tathâgata. Alors le Bôdhisattva Mahâsattva Gadgadasvara, sans sortir de

la terre de Buddha où il se trouvait, et sans quitter son siége, se plongea en ce moment dans une méditation telle, qu'immédiatement après qu'il s'y fut plongé, tout d'un coup, dans l'univers Saha, sur la montagne de Grĭdhrakûṭa, devant le trône de la loi du Tathâgata, apparurent quatre-vingt-quatre fois cent mille myriades de kôṭis de lotus, portés sur des tiges d'or, ayant des feuilles d'argent et parés des couleurs du lotus et du Kiñçuka.

En ce moment le Bôdhisattva Mahâsattva Mañdjuçrî Kumâra voyant l'apparition de cette masse de lotus, s'adressa en ces termes au bienheureux Tathâgata Çâkyamuni, vénérable, etc. : De quelle cause, ô Bhagavat, ce que nous voyons est-il l'effet, et par qui sont produits ces lotus au nombre de quatre-vingt-quatre fois cent mille myriades de kôṭis, portés sur des tiges d'or, ayant des feuilles d'argent et parés des couleurs du lotus et du Kiñçuka?

Cela dit, Bhagavat répondit ainsi à Mañdjuçrî Kumâra : C'est, ô Mañdjuçrî, le Bôdhisattva Mahâsattva Gadgadasvara qui, entouré et suivi par quatre-vingt-quatre fois cent mille myriades de kôṭis de Bôdhisattvas, et sortant de la région orientale, de l'univers Vâirôtchanaraçmi-pratimaṇḍita, de la terre de Buddha du bienheureux Tathâgata Kamala.....abhidjña, vient dans cet univers Saha avec l'intention de me voir, de m'honorer, de me servir, et pour écouter cette exposition de la loi du Lotus de la bonne loi. Alors Mañdjuçrî Kumâra parla ainsi à Bhagavat : Quelle masse de racines de vertu a donc accumulée ce fils de famille, pour que par l'accumulation de cette masse de vertus, il ait acquis la supériorité qui le distingue? Dans quelle méditation, ô Bhagavat, ce Bôdhisattva est-il plongé? C'est là ce que nous désirons entendre, ô Bhagavat. Puissions-nous aussi, ô Bhagavat, nous plonger dans cette méditation! Puissions-nous voir ce Bôdhisattva Mahâsattva, voir quelle est sa couleur, quelle est sa forme, quel attribut le distingue, quel est son état, quelle est sa conduite! Que le Tathâgata consente à nous expliquer par quel prodige ce Bôdhisattva Mahâsattva a été tout d'un coup excité à venir dans l'univers Saha.

Ensuite le bienheureux Tathâgata Çâkyamuni, vénérable, etc., s'adressa en ces termes au bienheureux Tathâgata Prabhûtaratna, vénérable, etc., qui était entré dans le Nirvâṇa complet : Opère, ô Bienheureux, un prodige tel que le Bôdhisattva Mahâsattva Gadgadasvara soit excité à venir dans l'univers Saha. Alors le bienheureux Tathâgata Prabhûtaratna, qui était

entré dans le Nirvâṇa complet, opéra en ce moment un prodige à l'effet d'exciter le Bôdhisattva Mahâsattva Gadgadasvara. Va, ô fils de famille, lui dit-il, dans l'univers Saha; Mañdjuçrî Kumâra souhaite le plaisir de te voir. Alors le Bôdhisattva Mahâsattva Gadgadasvara, après avoir salué, en les touchant de la tête, les pieds du bienheureux Tathâgata Kamala....... abhidjña, vénérable, etc., après avoir tourné trois fois autour de lui en signe de respect, étant environné et suivi des quatre-vingt-quatre mille centaines de mille de myriades de kôṭis de Bôdhisattvas, disparut tout d'un coup de l'univers Vâirôtchanaraçmi-pratimaṇḍita, et vint dans l'univers Saha, au milieu du tremblement des terres de Buddha, d'une pluie de fleurs de lotus, du bruit de cent mille myriades de kôṭis d'instruments; il vint avec un visage dont les yeux ressemblaient à la feuille du lotus bleu, avec un corps de la couleur de l'or, orné de cent mille marques de pureté, resplendissant de beauté, brillant d'éclat, ayant les membres marqués des signes de la beauté, et un corps dont la charpente solide était l'œuvre de Nârâyaṇa. Placé au sommet d'un édifice à étages élevés et fait des sept substances précieuses, il s'avançait suspendu dans l'air à la hauteur de sept empans, entouré, suivi par la troupe des Bôdhisattvas. S'étant rendu dans l'univers Saha, et, dans cet univers, au lieu où était situé Gridhrakûṭa, le roi des
f. 224 a. montagnes, il descendit du haut de sa demeure élevée, et ayant pris un collier de perles du prix de cent mille [pièces d'or], il se dirigea vers le lieu où se trouvait Bhagavat. Quand il y fut arrivé, ayant salué, en les touchant de la tête, les pieds de Bhagavat, et ayant tourné sept fois autour de lui en le laissant à sa droite, il lui présenta ce collier pour l'honorer, et l'ayant présenté, il parla ainsi à Bhagavat : Le bienheureux Tathâgata Kamala.......abhidjña, vénérable, etc., souhaite à Bhagavat peu de douleurs, peu de craintes, une position facile; il lui souhaite l'énergie, l'habitude des contacts agréables; car le Bienheureux a parlé ainsi : Est-il, ô Bhagavat, une chose pour laquelle tu aies besoin de patience et de persistance? Les éléments [dont se compose ton être] sont-ils en parfaite harmonie? Les créatures qui t'appartiennent sont-elles douées d'intelligence, faciles à discipliner, faciles à guérir? Ont-elles le corps pur? Leur conduite est-elle exempte des excès de l'affection, de la haine, de l'erreur? Ces êtres, ô Bhagavat, sont-ils affranchis de l'envie, de l'égoïsme, de l'ingratitude à l'égard de leurs pères et mères, de la haine contre les Brâhmanes, des fausses doctrines,

de la révolte des pensées, du désordre des sens? Ces êtres ont-ils, grâce à toi, détruit les obstacles que leur opposait Mâra? Le Tathâgata Prabhûtaratna, qui est entré dans le Nirvâṇa complet, s'est-il rendu dans l'univers Saha pour entendre la loi, assis au milieu d'un Stûpa fait des sept substances précieuses? Voici les vœux que le Bienheureux [qui m'envoie] adresse au bienheureux Prabhûtaratna : « Est-il, ô Bienheureux, une chose pour la- f. 224 b.
« quelle le bienheureux Tathâgata Prabhûtaratna ait besoin de patience et « de persistance? Le bienheureux Tathâgata Prabhûtaratna restera-t-il long-« temps ici? » Et nous aussi, ô Bhagavat, puissions-nous voir la forme des reliques du bienheureux Tathâgata Prabhûtaratna, vénérable, etc.! Que Bhagavat consente à nous montrer la forme des reliques du bienheureux Tathâgata Prabhûtaratna, vénérable, etc.

Alors le bienheureux Tathâgata Çâkyamuni, vénérable, etc., parla ainsi au bienheureux Tathâgata Prabhûtaratna, vénérable, etc., qui était entré dans le Nirvâṇa complet : Le Bôdhisattva Mahâsattva Gadgadasvara, ô Bienheureux, désire voir le bienheureux Tathâgata Prabhûtaratna, vénérable, etc., qui est entré dans le Nirvâṇa complet. Alors le bienheureux Tathâgata Prabhûtaratna, vénérable, etc., parla ainsi au Bôdhisattva Mahâsattva Gadgadasvara : Bien, bien, ô fils de famille, il est bon que tu sois venu dans le désir de me voir, ainsi que le Tathâgata Bhagavat Çâkyamuni, vénérable, etc., et pour entendre cette exposition de la loi du Lotus de la bonne loi, et pour voir Mañdjuçrî Kumâra.

Ensuite le Bôdhisattva Mahâsattva Padmaçrî parla ainsi à Bhagavat : Quelle racine de vertu, ô Bhagavat, le Bôdhisattva Mahâsattva Gadgada- f. 225 a.
svara a-t-il fait croître autrefois, et en présence de quel Tathâgata? Alors le bienheureux Tathâgata Çâkyamuni, vénérable, etc., parla ainsi au Bôdhisattva Mahâsattva Padmaçrî : Jadis, ô fils de famille, dans le temps passé, à une époque depuis laquelle se sont écoulés des Kalpas plus innombrables que ce qui est sans nombre, immenses, sans mesure et sans limite, dans ce temps et à cette époque, parut au monde le Tathâgata nommé Mêghadundubhisvararâdja, vénérable, etc., doué de science et de conduite, etc., dans l'univers nommé Sarvabuddhasaṁdarçana, dans le Kalpa Priyadarçana. Le Bôdhisattva Mahâsattva, vénérable, etc., honora le bienheureux Tathâgata Mêgha......râdja, en faisant résonner pour lui cent mille instruments de musique, pendant la durée de douze cent mille années. Il lui offrit

quatre-vingt-quatre mille vases faits de substances précieuses. C'est alors qu'en vertu de la prédication du Tathâgata Mêgha......râdja, le Bôdhisattva Gadgadasvara acquit une beauté telle [que celle qu'il possède aujourd'hui]. Pourrait-il, après cela, ô fils de famille, te rester quelque incertitude,
f. 225 b. quelque perplexité, ou quelque doute? Il ne faut pas s'imaginer que dans ce temps et à cette époque il y eût un autre Bôdhisattva Mahâsattva, nommé Gadgadasvara, qui rendit ce culte au bienheureux Tathâgata Mêgha.....râdja, qui lui offrit ces quatre-vingt-quatre mille vases. Pourquoi cela? C'est que, ô fils de famille, c'était le Bôdhisattva Mahâsattva Gadgadasvara lui-même qui rendit ce culte au bienheureux Tathâgata Mêgha.......râdja, qui lui offrit ces quatre-vingt-quatre mille vases. C'est ainsi, ô fils de famille, que le Bôdhisattva Mahâsattva Gadgadasvara a servi un grand nombre de Buddhas, qu'il a fait croître les racines de vertu qui étaient en lui sous un grand nombre de Buddhas, que, sous ces Buddhas, il s'est parfaitement purifié; c'est ainsi que le Bôdhisattva Mahâsattva Gadgadasvara a vu autrefois des Buddhas bienheureux en nombre égal à celui des sables du Gange. Vois-tu, ô Padmaçrî, sous sa propre forme, le Bôdhisattva Mahâsattva Gadgadasvara? Padmaçrî répondit: Je le vois, ô Bhagavat; je le vois, ô Sugata. Bhagavat dit: Eh bien, ô Padmaçrî, le Bôdhisattva Gadgadasvara enseigne, en prenant beaucoup de formes différentes, l'exposition de la loi du Lotus de la bonne loi; par exemple, il enseigne cette exposition de la loi du Lotus de la bonne loi, tantôt sous la forme de Brahmâ, tantôt
f. 226 a. sous celle de Rudra, tantôt sous celle de Çakra, tantôt sous celle d'Îçvara, tantôt sous celle de Sênâpati, tantôt sous celle de Çiva, tantôt sous celle de Vâiçravaṇa, tantôt sous celle d'un Tchakravartin, tantôt sous celle d'un Râdja commandant un fort, tantôt sous celle d'un chef de marchands, tantôt sous celle d'un maître de maison, tantôt sous celle d'un villageois, tantôt sous celle d'un Brâhmane. Quelquefois c'est sous la forme d'un Religieux, d'autres fois sous celle d'une Religieuse, ou sous celle d'un fidèle de l'un ou de l'autre sexe, ou sous celle de la femme d'un chef de marchands, ou d'un maître de maison, ou sous celle d'un enfant, ou sous celle d'une fille, que le Bôdhisattva Gadgadasvara a enseigné cette exposition de la loi du Lotus de la bonne loi. C'est sous l'apparence d'autant de formes différentes que le Bôdhisattva Mahâsattva Gadgadasvara a enseigné aux créatures l'exposition de la loi du Lotus de la bonne loi. Sous l'apparence de

ces différentes formes, ô fils de famille, le Bôdhisattva Mahâsattva Gadgadasvara enseigne l'exposition de la loi du Lotus de la bonne loi aux créatures, et même à celles qui ont, les unes la forme de Yakchas, les autres celle d'Asuras, les autres celle de Garuḍas, les autres celle de Mahôragas. Le Bôdhisattva Mahâsattva Gadgadasvara est le protecteur des êtres, même de ceux qui sont nés misérablement dans les Enfers, dans des matrices f. 226 b. d'animaux, dans le monde de Yama. Revêtant la forme d'une femme, le Bôdhisattva Mahâsattva Gadgadasvara enseigne l'exposition de la loi du Lotus de la bonne loi aux créatures même qui sont renfermées dans l'intérieur des gynécées. Dans cet univers Saha, il a enseigné la loi aux créatures. Oui, il est le protecteur, ô Padmaçrî, des créatures qui sont nées dans l'univers Saha et dans l'univers Vâirôtchanaraçmi-pratimaṇḍita, ce Bôdhisattva Mahâsattva Gadgadasvara. C'est sous ces formes qu'il revêt miraculeusement, que le Bôdhisattva Mahâsattva Gadgadasvara enseigne aux créatures l'exposition de la loi du Lotus de la bonne loi. Et il n'y a, ô vertueux personnage, ni diminution de la puissance surnaturelle du Bôdhisattva, ni anéantissement de sa sagesse. Telles sont, ô fils de famille, les manifestations de science par lesquelles le Bôdhisattva Mahâsattva Gadgadasvara se fait connaître dans l'univers Saha. De même, dans d'autres univers égaux en nombre aux sables du Gange, il prend la figure d'un Bôdhisattva pour enseigner la loi aux créatures qui doivent être converties par un Bôdhisattva, celle d'un Çrâvaka pour l'enseigner aux créatures qui doivent être converties par un Çrâvaka, celle d'un Pratyêkabuddha pour l'enseigner aux créatures qui f. 227 a. doivent être converties par un Pratyêkabuddha, celle d'un Tathâgatha pour celles qui doivent être converties par un Tathâgata. A ceux qui ne peuvent être convertis que par les reliques du Tathâgata, il fait voir les reliques du Tathâgata. A ceux qui ne peuvent être convertis que par le Nirvâṇa complet, il se fait voir entrant lui-même dans le Nirvâṇa complet. Telle est, ô Padmaçrî, la force de la science dont le Bôdhisattva Mahâsattva Gadgadasvara a obtenu la production.

Ensuite le Bôdhisattva Mahâsattva Padmaçrî parla ainsi à Bhagavat : Le Bôdhisattva Mahâsattva Gadgadasvara a fait croître, ô Bhagavat, les racines de vertu qui étaient en lui. Quelle est, ô Bhagavat, la méditation par laquelle le Bôdhisattva Mahâsattva Gadgadasvara, une fois qu'il y a été établi, a converti un aussi grand nombre d'êtres? Cela dit, le bienheureux

Tathâgata Çâkyamuni, vénérable, etc., parla ainsi au Bôdhisattva Mahâsattva Padmaçrî : C'est, ô fils de famille, la méditation nommée *la Manifestation de toutes les formes.* C'est en étant ferme dans cette méditation que le Bôdhisattva Mahâsattva Gadgadasvara a fait le bien d'un nombre immense d'êtres.

Pendant que cette histoire de Gadgadasvara était exposée, les quatre-
f. 227 b. vingt-quatre centaines de mille de myriades de kôṭis de Bôdhisattvas qui étaient venues dans l'univers Saha avec le Bôdhisattva Mahâsattva Gadgadasvara, devinrent possesseurs de la méditation de la Manifestation de toutes les formes; et dans l'univers Saha, il y eut une foule de Bôdhisattvas dont le nombre dépasse tout calcul, qui devinrent également possesseurs de cette méditation.

Ensuite le Bôdhisattva Mahâsattva Gadgadasvara, après avoir rendu un culte étendu et complet au bienheureux Tathâgata Çâkyamuni, vénérable, etc., et au Stûpa qui contenait les reliques du bienheureux Tathâgata Prabhûtaratna, remontant de nouveau au sommet de son édifice élevé, fait des sept substances précieuses, au milieu du tremblement des terres de Buddha, des pluies de fleurs de lotus, du bruit de cent mille myriades de kôṭis d'instruments, entouré et suivi de ses quatre-vingt-quatre centaines de mille de myriades de kôṭis de Bôdhisattvas, regagna de nouveau la terre de Buddha qu'il habitait, et y étant arrivé, il parla ainsi au bienheureux Tathâgata Kamala........abhidjña, vénérable, etc.: J'ai fait, ô Bienheureux, dans l'univers Saha, le bien des créatures. J'ai vu et j'ai honoré le Stûpa contenant les reliques du bienheureux Tathâgata Prabhûtaratna, vénérable, etc.; j'ai vu et j'ai honoré le bienheureux Çâkyamuni; Mañdjuçrî Kumâra, ainsi que le Bôdhisattva Mahâsattva Bhâichadjyarâdja qui a acquis l'impétuosité de la force de la science, et le Bôdhisattva Mahâsattva
f. 228 a. Pradânaçûra ont été vus par moi; et ces quatre-vingt-quatre centaines de mille de myriades de kôṭis de Bôdhisattvas ont tous obtenu la méditation nommée l'Exposition de toutes les formes.

Or pendant qu'était exposé ce récit de l'arrivée et du départ du Bôdhisattva Mahâsattva Gadgadasvara, quarante-deux mille Bôdhisattvas acquirent la patience dans les lois surnaturelles; et le Bôdhisattva Mahâsattva Padmaçrî obtint la possession de la méditation du Lotus de la bonne loi.

CHAPITRE XXIV.

LE RÉCIT PARFAITEMENT HEUREUX.

Ensuite le Bôdhisattva Mahâsattva Akchayamati s'étant levé de son siége, après avoir rejeté sur son épaule son vêtement supérieur, et posé à terre le genou droit, dirigeant ses mains réunies en signe de respect du côté où se trouvait Bhagavat, lui adressa ces paroles : Pourquoi, ô Bhagavat, le Bôdhisattva Mahâsattva Avalôkitêçvara porte-t-il ce nom? Cela dit, Bhagavat parla ainsi au Bôdhisattva Akchayamati : O fils de famille, tout ce qui existe en ce monde de centaines de mille de myriades de créatures qui souffrent des douleurs, toutes ces créatures n'ont qu'à entendre le nom du Bôdhisattva Avalôkitêçvara pour être délivrées de cette masse de douleurs. Ceux qui se rappellent le nom de ce Bôdhisattva Mahâsattva, s'ils viennent f. 228 b.
à tomber dans une grande masse de feu, tous par la splendeur du Bôdhisattva Mahâsattva Avalôkitêçvara, seront délivrés de cette grande masse de feu. Si ces êtres, ô fils de famille, emportés par le courant des rivières, venaient à invoquer le Bôdhisattva Mahâsattva Avalôkitêçvara, toutes ces rivières offriraient aussitôt un gué sûr à ces êtres. Si des centaines de mille de myriades de kôṭis de créatures, montées sur un vaisseau au milieu de l'océan, voyaient l'or, les Suvarṇas, les diamants, les perles, le lapis-lazuli, les conques, le cristal, le corail, le diamant, les émeraudes, les perles rouges et les autres marchandises dont leur navire est chargé, précipitées à la mer, et leur vaisseau jeté par une noire tempête sur l'île des Râkchasîs, et que dans ce vaisseau il y ait un être, ne fût-ce qu'un seul, qui vienne à invoquer le Bôdhisattva Avalôkitêçvara, tous seront délivrés de cette île des Râkchasîs. C'est pour cela, ô fils de famille, que le Bôdhisattva Mahâsattva Avalôkitêçvara est appelé de ce nom.

Si quelqu'un, ô fils de famille, échappant aux attaques des assassins, invoquait le Bôdhisattva Mahâsattva Avalôkitêçvara, aussitôt s'emparant du

f. 229 a. glaive des meurtriers, l'homme attaqué les disperserait et les détruirait. Si cet univers formé d'un grand millier de trois mille mondes, était, ô fils de famille, rempli tout entier de Yakchas et de Râkchasas, le seul acte de prononcer le nom du Bôdhisattva Mahâsattva Avalôkitêçvara enlèverait la faculté de voir à tous ces êtres pleins de mauvaises pensées. Si un homme était lié par des chaînes et par des anneaux de fer ou de bois, qu'il fût coupable ou innocent, il n'aurait qu'à prononcer le nom du Bôdhisattva Mahâsattva Avalôkitêçvara pour que ces chaînes et ces anneaux s'ouvrissent immédiatement devant lui. Car telle est, ô fils de famille, la puissance du Bôdhisattva Mahâsattva Avalôkitêçvara. Si cet univers formé d'un grand millier de trois mille mondes, ô fils de famille, était plein de méchants, d'ennemis et de voleurs armés de glaives, et qu'un chef de marchands partît, ayant avec lui une grande caravane, riche en joyaux, chargée de biens précieux, et qu'au milieu de son voyage il vît ces voleurs, ces méchants armés de glaives, et que les ayant vus, effrayé, épouvanté, il se reconnût sans ressource; et que le marchand parlât ainsi à la caravane : Ne craignez rien, ô fils de famille, ne craignez rien; invoquez tous d'une seule voix le Bôdhisattva Mahâsattva Avalôkitêçvara, qui donne la sécurité; par là vous
f. 229 b. serez délivrés du danger dont vous menacent les voleurs et les ennemis. Qu'alors tous les marchands invoquent d'une seule voix Avalôkitêçvara : Adoration! adoration au Bôdhisattva Avalôkitêçvara qui donne la sécurité! Eh bien, par le seul acte de prononcer ce nom, la caravane serait délivrée de tous les dangers. Car telle est, ô fils de famille, la puissance du Bôdhisattva Mahâsattva Avalôkitêçvara. Les êtres, ô fils de famille, qui agissent sous l'empire de la passion, après avoir adoré le Bôdhisattva Mahâsattva Avalôkitêçvara, sont affranchis du joug de la passion; et il en est de même de ceux qui agissent sous l'empire de la haine et de l'erreur. Car telle est, ô fils de famille, la grande puissance surnaturelle du Bôdhisattva Mahâsattva Avalôkitêçvara. La femme désirant un fils, qui adore le Bôdhisattva Mahâsattva Avalôkitêçvara, obtient un fils, beau, aimable, agréable à voir, doué des signes caractéristiques de la virilité, aimé de beaucoup de gens, enlevant les cœurs, ayant fait croître les racines de vertu qui étaient en lui. Celle qui désire une fille, obtient une fille, belle, aimable, agréable à voir, douée de la perfection suprême d'une belle forme et des signes
f. 230 a. caractéristiques du sexe féminin, aimée de beaucoup de gens, enlevant les

cœurs, ayant fait croître les racines de vertu qui étaient en elle. Car telle est, ô fils de famille, la puissance du Bôdhisattva Mahâsattva Avalôkitêçvara.

Ceux qui adoreront, ô fils de famille, le Bôdhisattva Mahâsattva Avalôkitêçvara et qui retiendront son nom, en retireront un avantage certain. Supposons, ô fils de famille, un homme qui adorerait le Bôdhisattva Mahâsattva Avalôkitêçvara et qui retiendrait son nom, et un autre homme qui adorerait des Buddhas bienheureux en nombre égal à celui des sables de soixante-deux Ganges, qui retiendrait leurs noms, qui honorerait tous ces Buddhas bienheureux, pendant leur vie, pendant leur existence, pendant qu'ils seraient dans le monde, en leur offrant des vêtements, des vases pour recueillir les aumônes, des lits, des siéges, des médicaments destinés aux malades; que penses-tu de cela, ô fils de famille? quelle masse de mérites doit recueillir, de cette dernière action, le fils ou la fille de famille? Cela dit, le Bôdhisattva Mahâsattva Akchayamati parla ainsi à Bhagavat : Elle est grande, ô Bhagavat, elle est grande, ô Sugata, la masse de mérites que ce fils ou cette fille de famille recueillerait comme conséquence de cette dernière action. Bhagavat reprit : Eh bien! la masse de mérites que recueillerait le fils de famille qui aurait honoré un aussi grand nombre de Buddhas bienheureux, et la masse de mérites qui est recueillie par celui qui ne ferait qu'adresser, ne fût-ce qu'une seule fois, adoration au Bôdhi- f. 230 b
sattva Mahâsattva Avalôkitêçvara, et qui retiendrait son nom, sont égales entre elles; l'une n'est pas supérieure à l'autre. Ces deux masses de mérites ne sont pas plus considérables l'une que l'autre, pas plus celle de celui qui honorerait des bienheureux Buddhas en nombre égal à celui des sables de soixante-deux Ganges et qui retiendrait leurs noms, que celle de celui qui adorerait le Bôdhisattva Mahâsattva Avalôkitêçvara et qui retiendrait son nom. Ces deux masses de mérites ne peuvent pas aisément se dissiper même pendant des centaines de mille de myriades de kôṭis de Kalpas, tant est immense, ô fils de famille, le mérite qui résulte de l'action de retenir le nom du Bôdhisattva Mahâsattva Avalôkitêçvara.

Ensuite le Bôdhisattva Mahâsattva Akchayamati parla ainsi à Bhagavat : Comment, ô Bhagavat, le Bôdhisattva Mahâsattva Avalôkitêçvara se trouve-t-il dans ce monde? Comment enseigne-t-il la loi aux créatures? Quel est le but que le Bôdhisattva Mahâsattva donne à son habileté dans l'emploi

des moyens qu'il possède? Cela dit, Bhagavat parla ainsi au Bôdhisattva Akchayamati : Il y a, ô fils de famille, des univers dans lesquels le Bôdhisattva Mahâsattva Avalôkitêçvara enseigne la loi aux créatures sous la figure
f. 231 a. d'un Buddha. Il y a des univers où le Bôdhisattva Mahâsattva Avalôkitêçvara enseigne la loi aux créatures sous la figure d'un Bôdhisattva. A quelques-uns, c'est sous la figure d'un Pratyêkabuddha que le Bôdhisattva Mahâsattva Avalôkitêçvara enseigne la loi; à d'autres, c'est sous celle d'un Çrâvaka, ou sous celle de Brahmâ, ou de Çakra, ou d'un Gandharva. Aux êtres faits pour être convertis par un Yakcha, c'est sous la figure d'un Yakcha qu'il enseigne la loi, et c'est ainsi qu'il prend les figures d'Îçvara, de Mahêçvara, d'un Râdja Tchakravartin, d'un Piçâtcha, de Vâiçravaṇa,
f. 231 b. de Sênâpati, d'un Brâhmane, de Vadjrapâṇi, pour enseigner la loi aux créatures faites pour être converties par ces divers personnages. Telles sont, ô fils de famille, les qualités inconcevables à cause desquelles le Bôdhisattva Mahâsattva Avalôkitêçvara est appelé de ce nom. C'est pourquoi, ô fils de famille, vous devez ici rendre un culte au Bôdhisattva Mahâsattva Avalôkitêçvara. Car le Bôdhisattva Mahâsattva Avalôkitêçvara donne la sécurité aux créatures effrayées. Aussi est-il, dans cet univers Saha, désigné par le nom de *Abhayaṁdada* (celui qui donne la sécurité).

Ensuite le Bôdhisattva Mahâsattva Akchayamati parla ainsi à Bhagavat : Nous donnerons, ô Bhagavat, au Bôdhisattva Mahâsattva Avalôkitêçvara, la parure de la loi, le vêtement de la loi. Bhagavat reprit : Soit, puisque tu en trouves en ce moment l'occasion. Alors le Bôdhisattva Mahâsattva Akchayamati ayant détaché de son cou un collier de perles du prix de cent mille [pièces d'or], l'offrit au Bôdhisattva Mahâsattva Avalôkitêçvara comme vêtement de la loi, en lui disant : Reçois de moi, ô homme vertueux, ce vêtement de la loi. Mais Avalôkitêçvara ne le reçut pas. Alors le Bôdhisattva Mahâsattva Akchayamati parla ainsi au Bôdhisattva Mahâsattva Avalôkitêçvara : Prends, ô fils de famille, ce collier de perles, pour nous témoigner
f. 232 a. ta miséricorde. Alors le Bôdhisattva Mahâsattva Avalôkitêçvara reçut des mains du Bôdhisattva Mahâsattva Akchayamati le collier de perles, par un sentiment de miséricorde pour le Bôdhisattva et pour les quatre assemblées, ainsi que pour les Dêvas, les Nâgas, les Yakchas, les Gandharvas, les Asuras, les Garuḍas, les Kinnaras, les Mahôragas, les hommes et les créatures n'appartenant pas à l'espèce humaine. Après l'avoir accepté, il

fit deux saluts; et après les avoir faits, il en adressa un au bienheureux Çâkyamuni; et comme second salut, il inclina la tête devant le Stûpa de pierreries du bienheureux Tathâgata Prabhûtaratna qui était entré dans le Nirvâṇa complet. C'est, ô fils de famille, en développant de tels jeux de sa puissance que le Bôdhisattva Mahâsattva Avalôkitêçvara existe dans l'univers Saha.

Alors Bhagavat prononça dans cette occasion les stances suivantes :

1. Tchitradhvadja désira connaître, de la bouche d'Akchayamati, le sujet suivant : Pour quelle raison, ô fils de Djina, Avalôkitêçvara porte-t-il le nom qu'il a ?

2. Alors Akchayamati, qui est comme un océan de prières, après avoir porté ses regards sur tous les points de l'espace, s'adressa en ces termes à Tchitradhvadja : Écoute quelle est la conduite d'Avalôkitêçvara.

3. Apprends de moi, qui vais te l'exposer complétement, comment, pendant un nombre de centaines de Kalpas que l'intelligence ne peut concevoir, il s'est perfectionné dans la prière qu'il adressait à de nombreux milliers de kôṭis de Buddhas.

4. L'audition et la vue de [l'enseignement] et le souvenir régulier [de ce qu'on a entendu] ont pour résultat certain, ici-bas, d'anéantir toutes les douleurs et les chagrins de l'existence.

5. Si un homme venait à être précipité dans une fosse pleine de feu par un être méchant qui voudrait le détruire, il n'a qu'à se souvenir d'Avalôkitêçvara, et f. 232 b. le feu s'éteindra comme s'il était arrosé d'eau.

6. Si un homme venait à tomber dans l'océan redoutable, qui est la demeure des Nâgas, des monstres marins et des Asuras, qu'il se souvienne d'Avalôkitêçvara qui est le roi des habitants des mers, et il n'enfoncera jamais dans l'eau.

7. Si un homme venait à être précipité du haut du Mêru par un être méchant qui voudrait le détruire, il n'a qu'à se souvenir d'Avalôkitêçvara qui est semblable au soleil, et il se soutiendra, sans tomber, au milieu du ciel.

8. Si des montagnes de diamant venaient à se précipiter sur la tête d'un homme pour le détruire, qu'il se souvienne d'Avalôkitêçvara, et ces montagnes ne pourront lui enlever un poil du corps.

9. Si un homme est entouré par une troupe d'ennemis, armés de leurs épées et ne songeant qu'à le détruire, il n'a qu'à se souvenir d'Avalôkitêçvara, pour qu'en un instant ses ennemis conçoivent en sa faveur des pensées de bienveillance.

10. Si quelqu'un, s'étant approché d'un lieu d'exécution, venait à tomber

entre les mains du bourreau, il n'a qu'à se souvenir d'Avalôkitêçvara, pour que le glaive de l'exécuteur se brise en mille pièces.

11. Si un homme est enchaîné par des anneaux de fer ou de bois, il n'a qu'à se souvenir d'Avalôkitêçvara, pour que ses chaînes tombent aussitôt.

12. La force des Mantras, les formules magiques, les herbes médicinales, les Bhûtas, les Vêtâlas, la destruction du corps, tous ces dangers sont renvoyés à leur auteur par celui qui se souvient d'Avalôkitêçvara.

13. Si un homme venait à être entouré de Yakchas, de Nâgas, d'Asuras, de Bhûtas et de Râkchasas qui ravissent aux hommes leur vigueur, qu'il se souvienne d'Avalôkitêçvara, et ces êtres ne pourront lui enlever un poil du corps.

14. Si un homme est environné de bêtes féroces et d'animaux sauvages, terribles, armés de défenses et d'ongles aigus, qu'il se souvienne d'Avalôkitêçvara, et ces animaux se disperseront aussitôt dans les dix points de l'espace.

15. Si un homme se trouve entouré de reptiles d'un aspect terrible, lançant le poison par les yeux, et répandant autour d'eux un éclat semblable à la flamme,
f. 233 a. il n'aura qu'à se souvenir d'Avalôkitêçvara, et ces animaux seront dépouillés de leur poison.

16. Si une pluie épaisse vient à tomber du milieu des nuages sillonnés par les éclairs et par la foudre, on n'a qu'à se souvenir d'Avalôkitêçvara, et la tempête se calmera au même instant.

17. Voyant les êtres accablés par de nombreuses centaines de misères et souffrant de maux nombreux, Avalôkitêçvara sauve, par l'énergie de sa science fortunée, les créatures réunies aux Dêvas.

18. Ayant atteint la perfection de l'énergie des facultés surnaturelles, exercé à l'emploi des moyens et à une science immense, il voit d'une manière complète les êtres renfermés dans tous les univers situés vers les dix points de l'espace.

19. Alors les dangers des mauvaises voies de l'existence, les douleurs que souffrent les êtres dans les Enfers, dans des matrices d'animaux, sous l'empire de Yama, celles de la naissance, de la vieillesse, de la maladie disparaissent successivement.

Ensuite Akchayamati, plein de joie, prononça les stances suivantes :

20. O toi dont les yeux sont beaux, pleins de bienveillance, distingués par la sagesse et par la science, remplis de compassion, de charité et de pureté, toi dont les beaux yeux et le beau visage sont si aimables;

21. O toi qui es sans tache, toi dont l'éclat est pur de toute souillure, toi qui répands la splendeur d'un soleil de science dégagé de toute obscurité, toi dont la

lumière n'est interceptée par aucun nuage, tu brilles plein de majesté au-dessus des mondes.

22. Célébré pour la moralité de ta conduite laquelle naît de la charité, semblable à un grand nuage de miséricorde et de bonnes qualités, tu éteins le feu du malheur qui consume les êtres, en faisant tomber sur eux la pluie de l'ambroisie f. 233 b.
de la loi.

23. L'homme qui tombe au milieu d'une fournaise, d'une dispute, d'un combat, d'un champ de bataille, d'un danger redoutable, n'a qu'à se souvenir d'Avalôkitêçvara, pour voir se calmer aussitôt la fureur de ses ennemis.

24. Il faut se souvenir d'Avalôkitêçvara dont la voix est comme le bruit du nuage ou du tambour, comme le mugissement de l'océan, comme la voix de Brahmâ, dont la voix enfin franchit la limite de l'espace où règne le son.

25. Souvenez-vous, souvenez-vous d'Avalôkitêçvara, de cet être pur; ne concevez à ce sujet aucune incertitude; au temps de la mort, au temps où la misère accable l'homme, il est son protecteur, son refuge, son asile.

26. Parvenu à la perfection de toutes les vertus, exprimant par ses regards la charité et la compassion pour tous les êtres, possédant les qualités véritables, Avalôkitêçvara, qui est comme un grand océan de vertus, est digne de tous les hommages.

27. Ce sage, si compatissant pour les créatures, sera dans un temps à venir un Buddha qui anéantira toutes les douleurs et les peines de l'existence; aussi m'incliné-je devant Avalôkitêçvara.

28. Ce Guide des rois des chefs du monde, cette mine des devoirs du Religieux, ce sage honoré par l'univers, après avoir rempli les devoirs de la conduite religieuse, s'est mis en possession de l'état suprême et pur de Bôdhi.

29. Debout à la droite ou à la gauche du Guide [des hommes] Amitâbha, qu'il rafraîchit de son éventail, s'étant rendu, à l'aide de la méditation qui est semblable à une apparence magique, dans toutes les terres de Buddha, il adore les Djinas.

30. A l'occident, là où se trouve Sukhavatî, cet univers pur qui est une mine de bonheur, est établi le Guide [des hommes] Amitâbha, qui dirige les créatures comme un cocher.

31. Là il ne naît pas de femmes; là les lois de l'union des sexes sont absolu- f. 234 a.
ment inconnues; là les fils du Djina, mis au monde par des transformations surnaturelles, paraissent assis au centre de purs lotus.

32. Et Amitâbha, le Guide [des hommes], assis sur un trône formé du centre d'un pur et gracieux lotus, resplendit semblable au roi des Çâlas.

33. Ce Guide du monde dont je viens de célébrer les vertus accumulées, n'a

pas son semblable dans les trois régions de l'existence; et nous aussi, ô le meilleur de tous les hommes, puissions-nous bientôt devenir tels que tu es!

Ensuite le Bôdhisattva Mahâsattva Dharaṇîm̃dhara, après s'être levé de son siége, après avoir rejeté sur son épaule son vêtement supérieur, et posé à terre le genou droit, dirigeant ses mains réunies en signe de respect du côté où se trouvait Bhagavat, lui parla ainsi : Ils ne posséderont pas peu de racines de vertu, ô Bhagavat, ceux qui entendront cette histoire du Bôdhisattva Mahâsattva Avalôkitêçvara, laquelle expose les jeux du Bôdhisattva et manifeste les prodiges de ses jeux sous le nom de *Récit parfaitement heureux.*

Or, pendant que ce récit parfaitement heureux était exposé par Bhagavat, quatre-vingt-quatre mille êtres vivants de cette assemblée conçurent l'idée de l'état suprême de Buddha parfaitement accompli, qui est et n'est pas uniforme.

CHAPITRE XXV.

ANCIENNE MÉDITATION DU ROI ÇUBHAVYÛHA.

f. 234 b. Ensuite Bhagavat s'adressa ainsi à l'assemblée tout entière des Bôdhisattvas : Jadis, ô fils de famille, dans le temps passé, à une époque depuis laquelle se sont écoulés des Kalpas plus innombrables que ce qui est sans nombre, dans ce temps et à cette époque, parut dans le monde le bienheureux Tathâgata Djaladhara-gardjitaghôchasusvara-nakchatrarâdja-sam̃kusumitâbhidjña, vénérable, etc., doué de science et de conduite, etc., dans le Kalpa Priyadarçana, dans l'univers Vâirôtchanaraçmi-pratimaṇḍita. Pendant que ce bienheureux Tathâgata enseignait, il existait un roi nommé *Çubhavyûha;* ce roi, ô fils de famille, avait une femme nommée *Vimaladattâ,* et deux fils, l'un nommé *Vimalagarbha*, l'autre *Vimalanêtra.* Ces deux fils
f. 235 a. étaient doués d'une puissance surnaturelle, de sagesse, de vertu, de science;

ils étaient appliqués à l'accomplissement des devoirs imposés aux Bôdhisattvas; par exemple, à la perfection de l'aumône, à celle de la morale, à celle de la patience, à celle de l'énergie, à celle de la contemplation, à celle de la sagesse, à celle de l'habileté dans l'emploi des moyens; ils étaient pleins de charité, de miséricorde, de contentement, d'indifférence; ils avaient accompli d'une manière parfaite jusqu'aux trente-sept conditions qui constituent l'état de Bôdhi. Ils étaient arrivés au terme de la méditation Vimala (pure), de la méditation Nakchatratârârâdjâditya (le soleil roi des étoiles et des constellations), de la méditation Vimalanirbhâsa (la splendeur sans tache), de la méditation Vimalabhâsa (l'éclat sans tache), de la méditation Alaṁkârasûra (le soleil des ornements), de la méditation Mahâtêdjôgarbha (l'essence de la grande splendeur). Or, en ce temps-là et à cette époque, le bienheureux Tathâgata enseignait l'exposition de la loi du Lotus de la bonne loi, par compassion pour les créatures et pour le roi Çubhavyûha. Alors les deux jeunes princes Vimalagarbha et Vimalanêtra, s'étant rendus au lieu où se trouvait leur mère, lui dirent, les mains réunies en signe de respect : Nous irons, chère mère, en la présence du bienheureux Tathâgata Djaladhara......abhidjña, vénérable, etc., pour le f. 235 b.
voir, pour l'honorer, pour le servir. Pourquoi cela? C'est que le bienheureux Tathâgata Djaladhara......abhidjña, vénérable, etc., explique d'une manière développée l'exposition de la loi du Lotus de la bonne loi, en présence du monde formé de la réunion des hommes et des Dêvas; nous irons entendre son enseignement. Cela dit, Vimaladattâ, la femme du roi, répondit ainsi à Vimalagarbha et à Vimalanêtra : Votre père, ô fils de famille, le roi Çubhavyûha, est favorable aux Brâhmanes; c'est pourquoi vous n'obtiendrez pas la permission d'aller voir le Tathâgata. Alors les deux jeunes princes Vimalagarbha et Vimalanêtra, réunissant leurs mains en signe de respect, parlèrent ainsi à leur mère : Nés dans une famille qui suit la fausse doctrine, nous sommes devenus les fils du Roi de la loi. Alors Vimaladattâ, la femme du roi, dit à ses deux enfants : Bien, bien, ô fils de famille; par compassion pour le roi Çubhavyûha votre père, faites paraître quelque prodige, pour qu'il vous témoigne de la bienveillance, et que, par suite de ce sentiment, il vous accorde la permission d'aller voir f. 236 a.
le bienheureux Tathâgata Djaladhara......abhidjña, vénérable, etc.

Alors, ô fils de famille, les deux jeunes princes Vimalagarbha et Vima-

lanêtra, s'étant élevés en l'air à la hauteur de sept empans, par compassion pour le roi Çubhavyûha leur père, accomplirent les prodiges que le Buddha leur permit de faire. Tous deux suspendus en l'air, ils s'y assirent, ils y marchèrent, ils y soulevèrent de la poussière. Tantôt de la partie inférieure de leur corps s'échappait un courant d'eau, et de la partie supérieure s'élançait une masse de feu; tantôt c'était de la partie supérieure que jaillissait l'eau et de la partie inférieure que sortait le feu. Tantôt ils grandissaient au milieu des airs, et devenaient ensuite comme des nains; tantôt, après être devenus comme des nains, ils grandissaient tout à coup. Ils disparaissaient du milieu des airs, et s'étant plongés sous terre, ils s'élançaient de nouveau dans le ciel. Tels furent, ô fils de famille, les prodigieux effets de leur puissance surnaturelle, lesquels convertirent le roi Çubhavyûha leur père. Le roi, en effet, ayant vu les miracles opérés par ses deux fils, content, satisfait, ravi, l'esprit transporté, plein de joie, de
f. 236 b. satisfaction et de plaisir, tenant ses mains jointes, parla ainsi à ses enfants: Quel est, ô fils de famille, votre maître, et de qui êtes-vous les disciples? Alors les deux jeunes princes parlèrent ainsi au roi Çubhavyûha : Il y a, ô grand roi, il existe un bienheureux Tathâgata Djaladhara......abhidjña, vénérable, etc.; assis sur le trône de la loi, auprès d'un arbre Bôdhi fait de substances précieuses, il explique d'une manière développée l'exposition de la loi du Lotus de la bonne loi, en présence du monde réuni aux Dêvas. Ce bienheureux est notre maître, et nous sommes, ô grand roi, ses disciples. Alors le roi Çubhavyûha dit aux deux jeunes princes : Nous verrons nous-même, ô fils de famille, votre maître; nous irons nous-même en la présence du Bienheureux.

Ensuite, ô fils de famille, les deux jeunes princes étant descendus du haut des airs, se rendirent au lieu où se trouvait leur mère, et après avoir réuni leurs mains en signe de respect, ils lui parlèrent ainsi : Notre père vient d'être converti à l'état suprême de Buddha parfaitement accompli, nous avons rempli à son égard l'office de maîtres; c'est pourquoi tu peux maintenant nous laisser aller; nous irons, en présence du bienheureux Tathâgata, embrasser la vie religieuse. Ensuite les deux princes adressèrent à leur mère les deux stances suivantes.

f. 237 a. 1. Daigne consentir, chère mère, à ce que nous entrions dans la vie religieuse en quittant la maison; nous allons devenir religieux, car un Tathâgata est aussi difficile à rencontrer

2. Que le fruit de l'Udumbara; le Djina est même plus difficile à obtenir. Après avoir abandonné la maison, nous allons entrer dans la vie religieuse; car le bonheur d'un moment n'est pas facile à rencontrer.

Aussitôt Vimaladattâ, femme du roi, reprit en ces termes :

3. Je vous laisse aller aujourd'hui, partez, mes enfants, c'est bien; et nous aussi nous entrerons dans la vie religieuse; car c'est un être difficile à rencontrer qu'un Tathâgata.

Ensuite les deux jeunes gens, après avoir prononcé les deux stances précédentes, s'adressèrent ainsi à leurs père et mère : Bien, chers père et mère, réunis avec vous, nous irons tous ensemble auprès du bienheureux Tathâgata Djaladhara......abhidjña, vénérable, etc., pour voir ce Bienheureux, pour l'honorer, pour le servir et pour entendre la loi. Pourquoi cela? C'est que c'est une chose difficile à rencontrer que la naissance d'un Buddha, aussi difficile à rencontrer que la fleur de l'Udumbara, que l'introduction du col d'une tortue dans l'ouverture d'un joug formé par le grand océan. Elle est difficile à rencontrer, ô chers père et mère, l'apparition des bienheureux Buddhas. Aussi est-ce pour nous un mérite suprême d'être nés en ce monde au temps de la prédication d'un Buddha. Laissez-nous donc partir, chers père et mère; nous irons embrasser la vie religieuse sous l'enseignement du bienheureux Tathâgata Djaladhara......abhidjña, vénérable, etc. f. 237 b
Pourquoi cela? C'est que c'est une chose difficile à obtenir que la vue d'un Tathâgata. C'est une chose difficile à rencontrer, au temps d'aujourd'hui, qu'un tel Roi de la loi, une chose extrêmement difficile à rencontrer qu'un être décoré de telles marques de perfection.

Or en ce temps-là, ô fils de famille, les femmes au nombre de quatre-vingt-quatre mille, dont se composait le gynécée du roi Çubhavyûha, devinrent capables de recevoir l'exposition de la loi du Lotus de la bonne loi. Le jeune Vimalanêtra s'exerça sur cette exposition de la loi, et le jeune Vimalagarbha pratiqua, pendant plusieurs centaines de mille de myriades de kôṭis de Kalpas, la méditation Sarvasattvapâpadjahana (l'abandon du péché par la totalité des créatures), en disant : Comment faire pour que toutes les créatures renoncent à toute espèce de péchés! La mère de ces

deux jeunes princes, Vimaladattâ, femme du roi, acquit la connaissance de l'accord des discours de tous les Buddhas et l'intelligence des passages mystérieux de toutes leurs lois. Ensuite, ô fils de famille, le roi Çubhavyûha fut converti par ses deux fils à la loi du Tathâgata; il y fut introduit, mûri complétement avec la foule de tous ses serviteurs; et la femme du roi, Vimaladattâ, avec la suite de tous ses gens, et les deux jeunes princes, fils du
f. 238 a. roi Çubhavyûha, avec quarante-deux mille êtres vivants, avec leurs gynécées et leurs ministres, réunis tous ensemble, s'étant rendus au lieu où se trouvait le bienheureux Tathâgata Djaladhara......abhidjña, vénérable, etc., après avoir adoré ses pieds en les touchant de leur tête, et avoir tourné sept fois autour de lui en le laissant à leur droite, se tinrent debout à l'écart.

Alors le bienheureux Tathâgata Djaladhara.....abhidjña, vénérable, etc., voyant que le roi Çubhavyûha était arrivé avec sa suite, l'instruisit complétement, l'éclaira, l'excita et le remplit de joie par un entretien relatif à la loi. Alors, ô fils de famille, le roi Çubhavyûha fut bien et complétement instruit, éclairé, excité et rempli de joie par l'entretien relatif à la loi qu'avait eu avec lui le bienheureux Tathâgata. En ce moment, content, ravi, l'âme transportée, plein de joie, de satisfaction et de plaisir, après avoir attaché sur la tête de son jeune frère la bandelette royale, et l'ayant établi roi, Çubhavyûha, suivi de ses fils et de ses gens, puis Vimaladattâ, la reine, également suivie de la troupe de toutes ses femmes, et ses deux fils avec quatre-vingt-quatre mille êtres vivants, réunis tous ensemble,
f. 238 b. pleins de foi dans l'enseignement du bienheureux Tathâgata Djaladhara......abhidjña, vénérable, etc., quittèrent leur maison pour entrer dans la vie religieuse; et après qu'ils y furent entrés, le roi Çubhavyûha, avec la suite de ses gens, passa quatre-vingt-quatre mille années dans l'application, occupé à contempler, à méditer, à approfondir cette exposition de la loi du Lotus de la bonne loi. Ensuite le roi Çubhavyûha, parvenu au terme de ces quatre-vingt-quatre mille ans, acquit la méditation nommée *la Série des ornements de toutes les qualités*, et aussitôt qu'il eut acquis cette méditation, il s'éleva dans les airs à la hauteur de sept empans. Alors, ô fils de famille, le roi Çubhavyûha, se tenant suspendu en l'air, parla ainsi au bienheureux Tathâgata Djaladhara......abhidjña, vénérable, etc. : Mes deux fils que voilà, ô Bhagavat, sont mes maîtres; car c'est par les

miracles, effets de leur puissance surnaturelle, que j'ai été détaché de cette grande foule de fausses doctrines, que j'ai été établi dans l'enseignement du Tathâgata, que j'ai été mûri et introduit dans cette loi et excité à voir et à honorer le Tathâgata. Ce sont de vertueux amis, ô Bhagavat, que ces deux jeunes gens qui sont nés dans ma maison comme mes fils, c'est- f. 239 a.
à-dire pour rappeler à mon souvenir l'ancienne racine de vertu qui était en moi.

Cela dit, le bienheureux Tathâgata Djaladhara......abhidjña, vénérable, etc., parla ainsi au roi Çubhavyûha : C'est, ô grand roi, comme tu le dis toi-même; car pour les fils ou pour les filles de famille, ô grand roi, en qui se sont développées des racines de vertu, et qui sont nés dans les lieux où se sont accomplies la naissance et la mort d'un Bienheureux, il est facile d'obtenir des amis vertueux, qui remplissent à leur égard l'office de maîtres. Des amis vertueux sont des précepteurs, des introducteurs, des conducteurs qui mènent à l'état suprême de Buddha parfaitement accompli. C'est une noble position, ô grand roi, que l'acquisition d'amis vertueux, laquelle procure la vue d'un Tathâgata. Vois-tu, ô grand roi, ces deux jeunes gens ? Le roi répondit : Je les vois, ô Bhagavat; je les vois, ô Sugata. Le Bienheureux reprit : Eh bien, ces deux fils de famille, ô grand roi, rendront un culte à des Tathâgatas bienheureux, vénérables, etc., en nombre égal à celui des sables de soixante-cinq Ganges; ils posséderont cette exposition de la loi du Lotus de la bonne loi, par compassion pour les créatures livrées à de fausses doctrines, et pour faire naître, dans les créatures livrées à l'erreur, f. 239 b.
un effort vers la bonne doctrine.

Alors, ô fils de famille, le roi Çubhavyûha, étant descendu de l'atmosphère, réunissant ses mains en signe de respect, parla ainsi au bienheureux Tathâgata Djaladhara......abhidjña, vénérable, etc. : Bien, bien, que le Tathâgata consente à m'enseigner de quelle science il faut que le Tathâgata soit doué, pour qu'on voie briller sur sa tête l'éminence qui la distingue, pour que le Bienheureux ait les yeux purs, pour que brille entre ses deux sourcils un cercle de poils dont l'éclat ressemble à la blancheur du disque de la lune, pour qu'une rangée de dents unies et serrées brille dans sa bouche, pour qu'il ait les lèvres comme le fruit de la plante Bimbâ et qu'il ait de beaux yeux. Ensuite, ô fils de famille, le roi Çubhavyûha ayant loué par cette énumération de ses qualités le bienheureux Tathâgata

Djaladhara......abhidjña, vénérable, etc., et l'ayant célébré en chantant cent mille myriades de kôṭis d'autres mérites qui le distinguaient, parla ainsi dans cette occasion au bienheureux Tathâgata : C'est une chose merveilleuse, ô Bienheureux, combien l'enseignement du Tathâgata produit de grands avantages; de combien de qualités qui échappent à l'imagination, est douée la
f. 240 a. discipline de la loi, exposée par le Tathâgata; combien l'instruction donnée par le Tathâgata arrive heureusement à son but. A partir de ce jour, ô Bienheureux, nous n'obéirons plus en esclaves à notre esprit, nous n'obéirons plus en esclaves aux fausses doctrines, nous n'obéirons plus en esclaves à la production des pensées de péché. En possession, ô Bienheureux, de telles conditions vertueuses, je ne désire plus quitter la présence du Bienheureux.

Après avoir salué, en les touchant de la tête, les pieds du bienheureux Tathâgata Djaladhara.....abhidjña, vénérable, etc., le roi, s'élançant dans le ciel, se tint debout. Ensuite le roi Çubhavyûha et sa femme Vimaladattâ jetèrent du haut des airs, sur le Bienheureux, un collier de perles de la valeur de cent mille [pièces d'or]; et ce collier ne fut pas plutôt jeté, qu'un édifice élevé, fait de colliers de perles, s'arrêta au-dessus de la tête du Bienheureux, supporté sur quatre bases, ayant quatre colonnes, régulier, bien construit, beau à voir. Et au sommet de cet édifice parut un lit recouvert de plusieurs centaines de mille de pièces d'étoffes précieuses; et sur ce lit se montra une forme de Tathâgata, ayant les jambes croisées et ramenées sous son corps. Alors cette réflexion vint à l'esprit du roi Çubhavyûha : Il faut que la science du Buddha ait une grande puissance, et que le Tathâgata soit doué de qualités qui échappent à la pensée, pour
f. 240 b. qu'au sommet de cet édifice ait apparu cette forme de Tathâgata aimable, agréable à voir, douée de la perfection d'une beauté supérieure. Alors le bienheureux Tathâgata Djaladhara..... abhidjña, vénérable, etc., s'adressa ainsi aux quatre assemblées : Voyez-vous, ô Religieux, le roi Çubhavyûha se tenant suspendu en l'air et faisant entendre le rugissement du lion? Les Religieux répondirent : Nous le voyons. Eh bien, reprit Bhagavat, le roi Çubhavyûha, ô Religieux, après être devenu Religieux sous mon enseignement, sera dans le monde le bienheureux Tathâgata Çâlêndrarâdja, vénérable, etc., doué de science et de conduite, etc. Il naîtra dans l'univers Vistîrṇavatî, et le Kalpa dans lequel il paraîtra portera le nom

d'*Abhyudgatarâdja*. Ce bienheureux Tathâgata, vénérable, etc., ô Religieux, aura une assemblée immense de Bôdhisattvas, une assemblée immense de Çrâvakas. L'univers Vistîrṇavatî qu'il habitera, sera uni comme la paume de la main, et reposera sur un fonds de lapis-lazuli. C'est ainsi qu'il deviendra un Tathâgata, vénérable, etc., tel que l'esprit ne peut l'imaginer. Pourrait-il, après cela, ô fils de famille, rester encore en vous quelque f. 241 a.
incertitude, quelque perplexité, quelque doute? Il ne faut pas vous imaginer que ce fût un autre [que Padmaçrî] qui en ce temps-là et à cette époque était le roi nommé Çubhavyûha. Pourquoi cela? C'est que c'est le Bôdhisattva Padmaçrî qui dans ce temps-là et à cette époque était le roi Çubhavyûha. Pourrait-il après cela, ô fils de famille, rester encore en vous quelque incertitude, quelque perplexité ou quelque doute? Il ne faut pas vous imaginer que ce fût un autre [que Vâirôtchana....... dhvadja] qui en ce temps-là et à cette époque était Vimaladattâ, femme du roi Çubhavyûha. Pourquoi cela? C'est que c'est le Bôdhisattva Mahâsattva nommé Vâirôtchana....... dhvadja, qui dans ce temps-là et à cette époque était Vimaladattâ la femme du roi. C'est par compassion pour le roi Çubhavyûha et pour les créatures, qu'il avait pris le rôle de femme du roi Çubhavyûha. Pourrait-il, après cela, ô fils de famille, rester en vous quelque incertitude, quelque perplexité ou quelque doute? Il ne faut pas vous imaginer que ce fussent deux autres hommes [que Bhâichadjyarâdja et Bhâichadjyasamudgata] qui dans ce temps-là et à cette époque étaient ces deux jeunes princes. Pourquoi cela? C'est que c'étaient Bhâichadjyarâdja et Bhâichadjyasamudgata qui dans ce temps-là et à cette époque étaient les deux fils de Çubhavyûha. C'est ainsi que les deux Bôdhisattvas Bhâicha- f. 241 b.
djyarâdja et Bhâichadjyasamudgata, doués, ô fils de famille, de qualités qui échappent à l'imagination, et qui ont fait croître les racines de vertu qui étaient en eux, sous plusieurs centaines de mille de myriades de kôṭis de Buddhas, c'est ainsi que ces deux hommes vertueux sont doués de mérites inconcevables. Ceux qui se rappelleront le nom de ces deux hommes vertueux, deviendront tous dignes de respect dans le monde réuni aux Dêvas.

Or, pendant que ce récit de l'ancienne méditation [du roi Çubhavyûha] était exposé, quatre-vingt-quatre fois cent mille êtres vivants acquirent, dans toutes les lois, la perfection de la vue de la loi pure et sans tache.

CHAPITRE XXVI.

SATISFACTION DE SAMANTABHADRA.

Ensuite le Bôdhisattva Mahâsattva Samantabhadra, qui se trouvait à l'orient, entouré, suivi par des Bôdhisattvas Mahâsattvas qui dépassaient tout calcul, au milieu du tremblement des terres de Buddha, à travers une pluie de fleurs de lotus accompagnée du bruit de cent mille myriades de kôṭis d'instruments, s'avançant avec la grande puissance des Bôdhisattvas, avec leur grande facilité à se transformer, avec leur grand pouvoir surnaturel, avec leur grande magnanimité, avec leurs grandes facultés, avec le grand éclat
f. 242 a. de leur visage resplendissant, avec leur grand véhicule, avec leur grande force à produire des miracles, Samantabhadra, dis-je, entouré, suivi par de grandes troupes de Dêvas, de Nâgas, de Yakchas, de Gandharvas, d'Asuras, de Kinnaras, de Mahôragas, d'hommes et d'êtres n'appartenant pas à l'espèce humaine, au milieu d'une foule de miracles, produits par sa puissance surnaturelle et que la pensée ne pourrait concevoir, se rendit dans l'univers Saha; et après s'être dirigé vers le lieu où est situé Gṛĭdhrakûṭa le roi des montagnes, et où se trouvait Bhagavat, après avoir salué, en les touchant de la tête, les pieds de Bhagavat, et avoir tourné sept fois autour de lui en le laissant sur sa droite, il lui parla ainsi : J'arrive ici, ô Bhagavat, de la terre de Buddha du bienheureux Tathâgata Ratnatêdjôbhyudgatarâdja, sachant qu'ici, ô Bhagavat, dans cet univers Saha, a lieu l'exposition de la loi du Lotus de la bonne loi; je suis venu ici pour l'entendre, en présence du bienheureux Tathâgata Çâkyamuni. Et toutes ces centaines de mille de Bôdhisattvas, ô Bhagavat, sont venues également pour entendre cette exposition de la loi du Lotus de la bonne loi. Que Bhagavat consente donc à l'enseigner; que le Tathâgata, vénérable, etc., explique en détail cette exposition de la loi du Lotus de la bonne loi aux Bôdhisattvas Mahâsattvas. Cela dit, Bhagavat parla ainsi au Bôdhisattva
f. 242 b. Mahâsattva Samantabhadra : Ces Bôdhisattvas, ô fils de famille, sont intel-

ligents, mais cependant cette exposition de la loi du Lotus de la bonne loi est comme la vérité indivisible. Les Bôdhisattvas répondirent: C'est cela, ô Bhagavat, c'est cela, ô Sugata. Alors, pour établir dans cette exposition de la loi du Lotus de la bonne loi les Religieux et les fidèles des deux sexes qui se trouvaient réunis dans cette assemblée, Bhagavat parla de nouveau ainsi au Bôdhisattva Mahâsattva Samantabhadra : Cette exposition de la loi du Lotus de la bonne loi, ô fils de famille, ne tombera dans les mains d'une femme que si celle-ci est douée de quatre conditions. Et quelles sont ces quatre conditions? C'est qu'elle recevra la bénédiction des bienheureux Buddhas; qu'elle fera croître les racines de vertu qui seront en elle; qu'elle sera établie sur l'amas de la certitude; qu'elle concevra l'idée de l'état suprême de Buddha parfaitement accompli, dans le dessein de sauver tous les êtres. Ce sont là, ô fils de famille, les quatre conditions dont devra être douée la femme à laquelle sera confiée cette exposition de la loi du Lotus de la bonne loi.

Ensuite le Bôdhisattva Mahâsattva Samantabhadra parla ainsi à Bhagavat : Je veillerai, ô Bhagavat, à la fin des temps, dans la dernière période, dans les cinq cents dernières années [du Kalpa], sur les Religieux qui posséderont ce Sûtra; j'assurerai leur sécurité ; je les protégerai contre le bâton et contre f. 243 a. le poison, de sorte qu'aucun de ceux qui chercheront l'occasion de surprendre ces interprètes de la loi, ne puisse y parvenir, et que Mâra le pêcheur, voulant les surprendre, ne puisse y réussir, non plus que les fils de Mâra, ni les Mârakâyikas, fils des Dèvas, ni les serviteurs de Mâra; de sorte qu'ils ne soient plus entourés de Mâras; de sorte que ni les fils des Dêvas, ni les Yakchas, ni les Prêtas, ni les Putanâs, ni les Krĭtyas, ni les Vêtâlas désirant, cherchant l'occasion de surprendre ces interprètes de la loi, ne puissent y parvenir. Je garderai, ô Bhagavat, toujours, sans cesse, dans tous les temps, un tel interprète de la loi. Et quand cet interprète de la loi, après avoir dirigé l'application de son esprit sur cette exposition de la loi, sera occupé à se promener, alors, ô Bhagavat, je m'avancerai à sa rencontre, porté sur un éléphant de couleur blanche et armé de six dents; je me dirigerai, entouré d'une troupe de Bôdhisattvas, vers l'endroit où se promènera cet interprète de la loi, afin de garder cette exposition de la loi. De plus, si pendant que cet interprète de la loi dirigera l'application de son esprit sur cette exposition de la loi, il venait à en laisser échapper

ne fût-ce qu'un seul mot ou qu'une seule lettre, alors monté sur ce roi
f. 243 b. des éléphants, de couleur blanche et armé de six dents, me montrant face à face à cet interprète de la loi, je prononcerai de nouveau cette exposition de la loi dans son entier. Et cet interprète de la loi m'ayant vu, et ayant entendu de ma bouche cette exposition de la loi dans son entier, satisfait, ravi, l'âme transportée, plein de joie, de satisfaction et de plaisir, acquerra une grande force dans cette exposition de la loi; et aussitôt qu'il me verra, il obtiendra la méditation. Et il sera en possession des formules magiques nommées l'Accumulation des formules magiques, l'Accumulation de cent mille kôṭis, et l'Habileté dans tous les sons.

Si à la fin des temps, dans la dernière période, pendant les cinq cents dernières années [du Kalpa], ô Bhagavat, des Religieux ou des fidèles de l'un ou de l'autre sexe, possédant, écrivant, recherchant, récitant ainsi cette exposition de la loi, s'appliquaient, en se promenant trois fois sept, ou vingt et un jours, à cette exposition de la loi, je leur montrerai mon propre corps dont la vue est agréable à tous les êtres. Monté sur un éléphant de couleur blanche et armé de six dents, environné d'une foule de Bôdhisattvas, je me rendrai, le vingt et unième jour, au lieu où se promènent les interprètes de la loi, et y étant arrivé, j'instruirai ces interprètes de la loi, je leur ferai accepter l'enseignement, je les exciterai, je
f. 244 a. les remplirai de joie, et je leur donnerai des formules magiques, de sorte que ces interprètes de la loi ne pourront être opprimés par personne; de sorte qu'aucun être, soit parmi les hommes, soit parmi ceux qui n'appartiennent pas à l'espèce humaine, ne trouvera l'occasion de les surprendre, et que les femmes ne pourront les entraîner. Je veillerai sur eux; j'assurerai leur sécurité, je les protégerai contre le bâton et contre le poison. Et je donnerai à ces prédicateurs de la loi les paroles des formules magiques; écoute quelles sont les paroles de ces formules : अदण्डे दण्डपति। दण्डावर्तनि दण्डकुशले दण्डसुधारि सुधारि सुधारपति। बुद्धपश्यने धारणी। आवर्तनि संवर्तनि संघपरीक्षिते। संघनिर्घातने धर्मपरीक्षिते सर्वरुतकौशल्यानुगते सिंहविक्रीडिते अनुवर्ते वर्तनि वर्तालि स्वाहा॥ Ce sont là, ô Bhagavat, les mots des formules magiques. Le Bôdhisattva, ô Bhagavat, dont l'ouïe sera frappée de ces formules magiques, devra reconnaître que c'est la bénédiction du Bôdhisattva Mahâsattva Samantabhadra [qu'il vient d'entendre].

Et les Bôdhisattvas Mahâsattvas dans les mains desquels tombera cette exposition de la loi du Lotus de la bonne loi, ô Bhagavat, pendant qu'elle se trouvera dans le Djambudvîpa, ces Bôdhisattvas, dis-je, interprètes de la loi, devront reconnaître ce qui suit : Oui, c'est grâce à la puissance et f. 244 b. à la splendeur du Bôdhisattva Mahâsattva Samantabhadra que cette exposition de la loi est tombée dans nos mains. Les êtres, ô Bhagavat, qui écriront et qui posséderont ce Sûtra, acquerront la conduite du Bôdhisattva Mahâsattva Samantabhadra; ils deviendront de ceux qui auront fait croître, sous beaucoup de Buddhas, les racines de vertu qui étaient en eux, de ceux dont le Tathâgata essuie le front avec sa main. Ces êtres, ô Bhagavat, feront une chose qui m'est agréable. Ceux qui écriront ce Sûtra et qui en comprendront le sens, s'ils viennent, ô Bhagavat, à quitter ce monde, après l'avoir écrit, renaîtront pour aller partager la condition des Dêvas Trayastriñçças. A peine seront-ils nés parmi eux, que quatre-vingt-quatre mille Apsaras s'avanceront à leur rencontre. Ornés d'un diadème large comme un grand tambour, ces fils des Dêvas demeureront au milieu de ces Apsaras. Voilà, ô Bhagavat, la masse de mérites que l'on recueille, lorsqu'on a écrit cette exposition de la loi; que dire de celle que l'on recueille quand on l'enseigne, quand on en fait sa propre lecture, quand on la médite, quand on la grave dans son esprit? C'est pourquoi, ô Bhagavat, il faut honorer en ce monde cette exposition de la loi du Lotus de la bonne loi, il faut l'écrire, il faut la saisir de toute sa pensée. Celui qui l'écrira en f. 245 a. y apportant une attention que rien ne soit capable de détourner, verra des milliers de Buddhas lui tendre la main, et, au moment de sa mort, des milliers de Buddhas lui montreront leur visage. Il n'ira pas tomber dans les misères des mauvaises voies. Et quand il aura quitté ce monde, il renaîtra pour aller partager le sort des Dêvas Tuchitas, au milieu desquels réside le Bôdhisattva Mahâsattva Mâitrêya, et où, portant les trente-deux signes de la beauté, entouré d'une troupe de Bôdhisattvas, servi par cent mille myriades de kôṭis d'Apsaras, il enseigne la loi. C'est pourquoi le fils ou la fille de famille qui est sage, doit en ce monde, après avoir honoré cette exposition de la loi, l'enseigner, la lire, la méditer, la graver dans son esprit. Après avoir écrit, ô Bhagavat, cette exposition de la loi, après l'avoir enseignée, après l'avoir lue, après l'avoir méditée, après l'avoir gravée dans son esprit, il entrera en possession de ces innombrables qualités. C'est pourquoi, ô Bhagavat, je bénirai moi-même en ce monde cette exposition de la loi, afin que, grâce à ma bénédiction, elle subsiste dans le Djambudvîpa.

En ce moment, le bienheureux Tathâgata Çâkyamuni, vénérable, etc., donna son assentiment au Bôdhisattva Mahâsattva Samantabhadra. Bien,
f. 245 b. bien, ô Samantabhadra; oui, c'est pour l'avantage et pour le bonheur de beaucoup d'êtres, par compassion pour le monde, pour l'utilité, l'avantage et le bonheur du grand corps des créatures, que tu es accompli, toi qui es doué de mérites inconcevables, toi qui, avec une attention extrême, portée à son comble par une grande miséricorde, avec une conception perfectionnée d'une manière inconcevable, donnes ta bénédiction à ces interprètes de la loi. Les fils ou les filles de famille qui retiendront le nom du Bôdhisattva Mahâsattva Samantabhadra, auront vu, il faut le reconnaître, le Tathâgata Çâkyamuni; ils auront entendu cette exposition de la loi du Lotus de la bonne loi de la bouche du bienheureux Çâkyamuni; ils auront adoré ce Bienheureux; ils auront donné leur assentiment à l'enseignement de la loi fait par le Tathâgata Çâkyamuni; ils auront accepté
f. 246 a. en la louant cette exposition de la loi. Le Tathâgata Çâkyamuni aura posé ses mains sur leur tête; le bienheureux Çâkyamuni aura été recouvert de leur vêtement. Il faut regarder, ô Samantabhadra, ces fils ou ces filles de famille comme possédant l'enseignement du Tathâgata; ils n'éprouveront pas de plaisir dans la doctrine des Lôkâyatas; les hommes livrés à la poésie ne leur plairont pas; les danseurs, les musiciens, les lutteurs, les vendeurs de viande, les bouchers, ceux qui font le commerce des coqs ou des porcs, ceux qui entretiennent des femmes [pour les autres], ne leur plairont pas davantage. Après qu'ils auront entendu ce Sûtra, qu'ils l'auront écrit, possédé, prêché, rien autre chose ne pourra leur plaire. De tels êtres doivent être regardés comme doués de la nature propre de la loi; ils posséderont chacun la compréhension personnelle la plus profonde. Ils seront capables de produire la force de leur propre vertu et agréables à voir pour les créatures, les Religieux qui posséderont ainsi ce Sûtra. Ils ne seront esclaves ni de l'affection, ni de la haine, ni de l'erreur, ni de l'envie, ni de l'égoïsme, ni de l'hypocrisie, ni de l'orgueil, ni de l'arrogance, ni du mensonge. Ces interprètes de la loi, ô Samantabhadra, se contenteront de ce qu'ils possé-
f. 246 b. deront. Ceux, ô Samantabhadra, qui à la fin des temps, dans la dernière

période, dans les cinq cents dernières années [du Kalpa], verront un Religieux possédant cette exposition de la loi du Lotus de la bonne loi, devront, après l'avoir vu, concevoir cette pensée : Ce fils de famille parviendra au trône de la Bôdhi; ce fils de famille vaincra la foule des soldats de Mâra; il fera tourner la roue de la loi; il fera résonner les timbales de la loi; il fera retentir la conque de la loi; il fera tomber la pluie de la loi; il montera sur le trône de la loi. Ceux qui à la fin des temps, dans la dernière période, dans les cinq cents dernières années [du Kalpa], posséderont cette exposition de la loi, ne seront pas des Religieux avides, désirant avec passion des vêtements et des boissons. Ces interprètes de la loi seront justes; ils posséderont les trois moyens de délivrance; ils seront exempts de la nécessité de reparaître à l'avenir dans les conditions de ce monde. Mais ceux qui jetteront dans le trouble de tels interprètes de la loi, deviendront aveugles. Ceux qui feront entendre des injures à de tels Religieux possesseurs de la loi, verront, dans ce monde même, leur corps marqué de taches de lèpre. Ceux qui parleront avec un ton de hauteur et de mépris aux Religieux qui écriront ce Sûtra, auront les dents brisées; ils les auront séparées par de grands intervalles les unes des autres; ils auront f. 247 a. des lèvres dégoûtantes, le nez plat, les pieds et les mains de travers, les yeux louches; leur corps exhalera une mauvaise odeur; il sera couvert de pustules, de boutons, d'enflures, de lèpre et de gale. Ceux qui feront entendre des paroles désagréables, fondées ou non, à ceux qui possèdent, qui écrivent ou qui enseignent ce Sûtra, doivent être regardés comme se rendant coupables du plus grand crime. C'est pourquoi, ô Samantabhadra, il faut en ce monde se lever du plus loin qu'on peut pour aller à la rencontre de tels Religieux possesseurs de cette exposition de la loi. De même qu'en présence du Tathâgata on témoigne du respect, de même il faut en témoigner aux Religieux qui possèdent ce Sûtra.

Or, pendant que ce récit de la satisfaction de Samantabhadra était exposé, des centaines de mille de kôṭis de Bôdhisattvas Mahâsattvas, en nombre égal à celui des sables du Gange, devinrent possesseurs de la formule magique qui se nomme l'Accumulée.

CHAPITRE XXVII.

LE DÉPÔT.

Alors le bienheureux Tathâgata Çâkyamuni, vénérable, etc., après s'être
levé de dessus le siége de la loi, ayant réuni sur un seul point tous les Bô-
f. 247 b. dhisattvas, et ayant pris leur main droite de sa dextre habile à faire des
miracles, prononça en ce moment les paroles suivantes : Je remets en vos
mains, ô fils de famille, je vous confie, je vous livre, je vous transmets cet
état suprême de Buddha parfaitement accompli, que je n'ai acquis qu'au
bout d'innombrables centaines de mille de myriades de kôṭis de Kalpas ; vous
devez, ô fils de famille, faire en sorte qu'il s'étende et se répande au loin.
Une seconde et une troisième fois Bhagavat étendant sa main droite sur
l'assemblée tout entière des Bôdhisattvas, leur dit ces paroles : Je remets
entre vos mains, ô fils de famille, je vous confie, je vous livre, je vous
transmets cet état suprême de Buddha parfaitement accompli, qui est
arrivé jusqu'à moi après d'innombrables centaines de mille de kôṭis de
Kalpas. Vous devez, ô fils de famille, le recevoir, le garder, le réciter, le
comprendre, l'enseigner, l'expliquer et le prêcher à tous les êtres. Je suis
sans avarice, ô fils de famille, je ne renferme pas en moi mes pensées ;
je suis intrépide ; je donne la science de la Bôdhi ; je donne la science du
Tathâgata, celle de l'Être existant par lui-même. Je suis le maître de la
grande aumône, ô fils de famille ; aussi devez-vous, ô fils de famille, apprendre de moi cette science ; vous devez, exempts d'avarice, prêcher aux
fils et aux filles de famille qui viendront se réunir [autour de vous] cette
exposition de la loi, qui est et la vue de la science du Tathâgata, et la
f. 248 a. grande habileté dans l'emploi des moyens. Et les êtres qui ont de la foi,
comme ceux qui n'en ont pas, doivent être également amenés à recevoir
cette exposition de la loi. C'est ainsi, fils de famille, que vous acquitterez
votre dette envers les Tathâgatas.

Cela dit, les Bôdhisattvas furent remplis d'une grande joie et d'une grande satisfaction par le bienheureux Tathâgata Çâkyamuni, vénérable, etc., et après avoir conçu pour lui un grand respect, inclinant, courbant, penchant leur corps en avant, baissant la tête et dirigeant leurs mains réunies en signe de respect du côté où se trouvait Bhagavat, ils lui dirent d'une seule voix : Nous ferons, ô Bhagavat, selon que le bienheureux Tathâgata l'ordonne; nous exécuterons, nous remplirons les ordres de tous les Tathâgatas. Que Bhagavat modère son ardeur; qu'il se repose tranquille. Une seconde et une troisième fois la foule tout entière des Bôdhisattvas s'écria d'une seule voix : Que Bhagavat modère son ardeur, qu'il se repose tranquille. Nous ferons, ô Bhagavat, selon que le bienheureux Tathâgata l'ordonne, et nous remplirons les ordres de tous les Tathâgatas.

Ensuite le bienheureux Tathâgata Çâkyamuni, vénérable, etc., congédia tous les Tathâgatas, vénérables, etc., venus chacun de différents univers, et il leur annonça une existence heureuse [en disant] : Les Tathâgatas f. 248 b.
vénérables, etc., vivent heureusement. Puis il fixa sur la terre le Stûpa du bienheureux Tathâgata Prabhûtaratna, vénérable, etc., et lui annonça aussi une heureuse existence.

Voilà ce que dit Bhagavat. Transportés de joie, les innombrables Tathâgatas, vénérables, etc., venus des autres univers, assis sur des trônes auprès d'arbres de diamant, le Tathâgata Prabhûtaratna, vénérable, etc., l'assemblée tout entière des innombrables Bôdhisattvas Mahâsattvas, ayant à leur tête Viçichṭatcharitra, qui étaient sortis des fentes de la terre, tous les grands Çrâvakas, la réunion tout entière des quatre assemblées et l'univers avec les Dêvas, les hommes, les Asuras et les Gandharvas, louèrent ce que Bhagavat avait dit.

FIN DU LOTUS DE LA BONNE LOI.

NOTES.

CHAPITRE PREMIER.

Après l'invocation à tous les Buddhas et Bôdhisattvas, on lit une stance qui n'appar- f. 1.
tient certainement pas au *Saddharma puṇḍarîka* même, et qu'on doit mettre sur le compte de quelque ancien copiste. Cependant, comme elle se trouve dans les quatre manuscrits que j'ai eus entre les mains, je n'ai pas cru devoir l'omettre. Je la donne ici telle que la comparaison des manuscrits me permet de la corriger; les lecteurs qui auront la curiosité de recourir au manuscrit de la Société asiatique, base première de ma traduction, reconnaîtront sans peine les fautes de ce manuscrit.

वैपुल्यसूत्रराज्ञं परमार्थनयावतारनिर्देशं । सद्धर्मपुण्डरीकं सत्वाय महापथं वक्ष्ये ॥

Ce distique peut se traduire ainsi : « J'exposerai le *Saddharma puṇḍarîka* (le lotus blanc « de la bonne loi), ce roi des *Sûtras Vâipulyas*, qui est l'enseignement, la communication « et la règle de la vérité suprême, et la grande voie de la réalité. » Il nous apprend à quelle catégorie des écritures buddhiques appartient cet ouvrage; c'est à celle que l'on nomme les *Sûtras Vâipulyas*, ou *Sûtras* de développement. J'ai amplement expliqué ailleurs ce qu'il fallait entendre par ce terme de *Sûtra développé*[1]. La définition que la stance précitée donne de notre *Sûtra* est surabondamment justifiée par la forme même sous laquelle il nous est parvenu, forme qui est celle des *Sûtras* les plus étendus, c'est-à-dire de ceux qui sont composés de deux rédactions, l'une en prose et l'autre en vers. Quant au titre même du livre, que j'ai traduit par *le Lotus de la bonne loi*, on pourrait encore le reproduire de cette manière : *le Lotus blanc de la loi des gens de bien*. En effet, *puṇḍarîka* signifie, d'après l'*Amarakocha*, *lotus blanc*[2], et *saddharmaḥ* se traduirait très-exactement par *satâm dharmaḥ*, « la loi des hommes vertueux. » La version que j'ai adoptée me paraît cependant préférable en ce qu'elle est plus simple. Elle s'accorde d'ailleurs avec celle que mon savant confrère M. Stan. Julien propose pour le titre de la version chinoise du *Saddharma puṇḍarîka*, dans la grande liste d'ouvrages buddhiques chinois qu'il vient d'insérer au *Journal asiatique*[3]. Le titre de *Saddharma* donné à la loi de Çâkyamuni est certainement ancien dans le Buddhisme; et l'on verra dans un des paragraphes du n° X de l'*Appendice*, qui est relatif à la valeur du mot *anyatra*, que le terme de *saddharma* se trouve déjà dans les anciennes inscriptions buddhiques de Piyadasi.

Voici ce que j'ai entendu.] Cette formule caractérise avec précision les ouvrages de la

[1] *Introduction à l'histoire du Buddhisme indien*, t. I, p. 62 et 63.

[2] *Amarakocha*, l. I, c. II, sect. 3, p. 65, éd. Lois.

[3] *Journal asiatique*, IVe série, t. XIV, p. 357.

collection buddhique du Népâl auxquels on attribue une autorité canonique. Elle se retrouve également sous la forme de *êvam mê sutam*, au commencement de tous les *Suttas* pâlis de Ceylan que j'ai pu examiner jusqu'ici. C'est, comme je l'ai remarqué ailleurs, le lien par lequel les livres qui font autorité chez les Buddhistes se rattachent au personnage inspiré, fondateur du Buddhisme, qui, selon le témoignage des textes et en particulier de ceux de Ceylan, passe pour n'avoir rien écrit, mais pour avoir toujours communiqué sa doctrine par la voie de l'enseignement oral [1]. Au reste, en traduisant ce début, *Êvam mayâ çrutam êkasmin samayê*, j'ai rejeté les mots *êkasmin samayê* au commencement de la phrase suivante, et je les ai séparés de la formule, « Il a été ainsi entendu par moi. » Il se pourrait faire que j'aie eu tort de détacher ces deux derniers mots, et qu'il fallût les laisser unis aux précédents, de cette manière : « Voici ce que j'ai entendu « un jour. » C'est du moins de cette façon que I. J. Schmidt rend l'interprétation tibétaine de cette formule sanscrite [2], et M. Foucaux en fait autant au début de sa traduction du *Lalita vistara* tibétain [3]. Une observation semble venir à l'appui de cette version, c'est que si on supprime la formule complète, y compris les mots *êkasmin samayê*, on a le commencement d'un *Avadâna*, classe de livres qui, comme je l'ai dit autre part, ne diffère guère de celle des *Sûtras* que par l'absence de la formule, « Il a été ainsi entendu par moi [4]. » Or si c'est là, ainsi que je le pense, un caractère fondamental, quoique extérieur pour la distinction de ces deux espèces de livres, ne peut-on pas dire que les mots *êkasmin samayê* ne se trouvant pas en tête des *Avadânas*, appartiennent forcément à la formule *êvam mayâ çrutam?* Cette disposition des termes du texte est moins conforme aux règles du placement des mots en sanscrit que celle que j'ai suivie dans ma traduction ; mais une considération de ce genre n'est que de peu de valeur, maintenant que nous savons à quelle distance des compositions classiques de la littérature brahmanique doivent se placer les livres religieux des Buddhistes du Nord. Si l'on préfère cette seconde interprétation, on traduira de la manière suivante le début du *Saddharma* : « Voici « ce que j'ai entendu un jour : Bhagavat se trouvait à Râdjagrïha. »

Bhagavat se trouvait.] L'expression que les textes sanscrits du Népâl emploient invariablement pour rendre cette idée est *viharati sma ;* c'est aussi celle dont les *Suttas* pâlis de Ceylan font usage. On voit clairement que c'est de ce verbe *vi-hrï* qu'a été formé le mot *vihâra*, nom des monastères buddhiques. Un *vihâra* est donc le lieu où se trouve le Buddha ou les Religieux qui suivent sa loi [5]. Je me suis expliqué ailleurs sur l'importance du titre de *Bhagavat*, par lequel on désigne constamment dans les livres canoniques Çâkyamuni Buddha [6]. Je montrerai que l'ancienneté et l'authenticité de son emploi sont établies par une des inscriptions du roi buddhiste Piyadasi, dans un des paragraphes du n° X de l'*Appendice*, qui est relatif aux noms de *Buddha*, *Bhagavat*, *Râhula* et *Saddharma*.

[1] *Introduction à l'histoire du Buddhisme indien*, t. I, p. 45.

[2] *Mém. de l'Acad. des sciences de S. Pétersbourg*, t. IV, p. 185.

[3] Foucaux, *Rgya tch'er rol pa*, t. II, p. 2.

[4] *Introd. à l'hist. du Buddh.* t. I, p. 99.

[5] *Ibid.* t. I, p. 286.

[6] *Ibid.* t. I, p. 72, note.

A Râdjagrĭha.] Voyez, touchant cette ville célèbre dans l'histoire du Buddhisme, l'*Introduction à l'histoire du Buddhisme indien*, t. I, p. 100, et les autorités auxquelles j'ai renvoyé en cet endroit.

La montagne de Grĭdhrakûṭa.] C'est la célèbre montagne du Pic du Vautour, située non loin de Râdjagrĭha, et où a longtemps séjourné Çâkyamuni. Une trace de cet ancien nom se retrouve dans la dénomination moderne de *Giddore*. Voyez sur ce point important la relation du voyage de Fa hian avec les éclaircissements qui l'accompagnent[1], et une note spéciale de l'*Introduction à l'histoire du Buddhisme indien*, t. I, p. 529, note 5.

Une grande troupe de Religieux.] J'aurais dû, pour plus d'exactitude, traduire : « avec « une grande Assemblée de Religieux. » Le texte se sert en effet ici du mot composé *bhikchu sañgha* qui est un terme propre au style buddhique, désignant d'une manière collective *l'Assemblée*, c'est-à-dire la réunion des Auditeurs du Buddha. Je me suis expliqué ailleurs en détail sur la signification propre et sur l'application de ce terme[2]; je renvoie le lecteur pour ce que j'ai cru nécessaire d'en dire de plus, au n° I de l'*Appendice* qui suit ces notes.

Douze cents Religieux.] La version tibétaine porte : « deux mille myriades de Religieux ; » c'est une exagération qui ne se trouve pas dans le texte original.

Tous Arhats.] Le mot *Arhat*, qui signifie *vénérable* ou *digne personnage*, désigne l'homme parvenu au degré le plus élevé parmi les Religieux ou *bhikchus*. J'ai dit ailleurs que les Buddhistes de toutes les écoles, ceux du Nord, comme ceux du Sud, interprétaient ce mot comme s'il était écrit *ari-hat*, « meurtrier de l'ennemi[3]. » Clough, dans son *Dictionnaire singhalais*, donne les deux interprétations, celle que fournit la grammaire sanscrite et celle qu'ont adoptée les Buddhistes; il tire en effet *arhat* de *arh*, « mériter, » ou de *ari*, « l'ennemi, » c'est-à-dire les passions, et *hat*, « celui qui détruit. » « *Arhat*, dit-il, est celui « qui a complétement détruit le *kléça* ou la passion, et qui conséquemment est préparé pour « le Nirvâṇa. C'est la première des neuf qualités éminentes d'un Buddha, dites *navaguṇa*[4]. » Cette interprétation systématique du mot *arhat*, qui a son origine dans les sources indiennes, est passée de là dans les traductions qu'en ont faites les peuples chez lesquels s'est introduit le Buddhisme. Ainsi les Tibétains traduisent uniformément le titre de *arhat* par *dgra-btchom-pa*, « le vainqueur de l'ennemi. » Les Mongols, soit à leur exemple, soit directement d'après les textes sanscrits, ce qui est moins vraisemblable, ont adopté la même interprétation[5]. Les Chinois la connaissent également; et Abel Rémusat, dans sa traduction inédite du *Vocabulaire pentaglotte buddhique*, rend par *hostium debellator* la version chinoise du sanscrit *arhat*.

[1] *Foe koue ki*, p. 269 et 270.

[2] *Intr. à l'hist. du Buddh. indien*, t. I, p. 282 et suiv.

[3] *Ibid.* t. I, p. 295.

[4] *Singhal. Diction.* t. II, p. 810.

[5] I. J. Schmidt, *Geschichte der Ost-Mongolen*, p. 314, note 52.

Exempts de toute faute.] Le texte se sert du mot *kchîṇâçrava*, qui, littéralement rendu, signifie « celui en qui les péchés ou les souillures sont détruites. » Je traduis le mot *âçrava* (qui dans les manuscrits du *Saddharma puṇḍarîka* est fréquemment écrit *âsrava*), par « péché, souillure, » d'après l'autorité de l'*Abhidharma kôça vyâkhyâ*, qui interprète l'adjectif *amala*, « sans tache, » se rapportant à *pradjñâ*, « la sagesse, la science, » par *anâçrava*, et qui ajoute que *mala* est synonyme d'*âçrava*[1]. Wilson donne *âçrava* avec le sens de « faute, « transgression, » et c'est ce qui me fait préférer cette orthographe à celle d'*âsrava*. J'ajouterai que Turnour entend de la même manière l'épithète de *khîṇâsava*, qui ne se représente pas moins fréquemment dans les textes pâlis du Sud, que *kchîṇâçrava* dans les ouvrages sanscrits du Nord. On trouve en effet dans sa traduction du *Mahâvaṁsa* pâli, l'épithète *khîṇâsava* rendue par *who had overcome the dominion of sin*[2]. J'ai cru cette remarque nécessaire, parce que ma traduction pourrait donner à penser que les Arhats ici désignés sont naturellement et par le seul effet de leurs perfections natives, exempts de toute faute. Le texte, au contraire, en se servant du terme de *kchîṇâçrava*, veut dire que ces Religieux avaient détruit et en quelque sorte usé les imperfections naturelles qui étaient auparavant en eux. Nous verrons plus bas comment les Buddhistes chinois ont interprété ce terme, pour s'être strictement attachés à sa valeur étymologique[3].

Sauvés de la corruption du mal.] Le texte se sert du mot *nichklêça*, qui est formé de *nich* + *klêça*; on trouvera à l'*Appendice*, sous le n° II, une note sur la valeur du mot *klêça*, que son étendue n'a pas permis de placer ici.

Parvenus à la puissance.] Le mot que je traduis ainsi est *vaçîbhûta*, et cette orthographe est celle de mes quatre manuscrits; or, s'il s'agissait ici de sanscrit classique, et en suivant l'autorité du Dictionnaire de Wilson, on devrait traduire ce mot par « subjugué, soumis à la « volonté d'un autre. » Mais cette idée est contradictoire à celle de la haute puissance qu'on suppose aux Arhats. J'ai donc préféré le sens de la version tibétaine, où les mots *dvang-dang-ldan-pargyur-pa* doivent signifier « devenu puissant, dominateur. » Il semble en effet que *vaçîbhûta* soit une orthographe altérée de *vaçibhûta* (de *vaçin* et *bhûta*), où *vaçi* (thème *vaçin*) est pris au sens actif (volontaire), et est placé tout infléchi au nominatif près de *bhûta* qui n'a presque aucun sens, de manière qu'on peut l'entendre ainsi : « devenu « ayant l'autorité, devenu maître par sa volonté. » On doit, ce me semble, appliquer ici l'interprétation que les scolies de Hêmatchandra donnent de *vaçitâ*, « fascination, action « de soumettre à sa volonté : » *têchu vaçî svatantrô bhavati*, « il est parmi eux (les éléments) « maître à volonté, indépendant[4]. » C'est vraisemblablement d'après cette analyse qu'ont traduit les Tibétains. Je me trouve encore confirmé dans mon interprétation par l'emploi que font les Buddhistes du Sud du terme de *vasîbhâva*, qui est le substantif exprimant l'état abstrait dont nous avons ici l'adjectif. Certainement quand on dit du Buddha qu'il est

[1] *Abhidharma kôça vyâkhyâ*, f. 7 *a*, fin, man. de la Soc. asiat.

[2] *Mahâwanso*, t. I, ch. IV, p. 16, éd. Turnour.

[3] Ci-dessous, *Appendice*, n° XIV.

[4] *Schol. in Hêmatchandra*, st. 202, p. 311, éd. Bœhtlingk et Rieu.

vasîbhâvappattô, en parlant des dix forces dont il dispose en maître, on ne veut pas dire qu'il soit parvenu à l'état de sujétion, mais au contraire on entend exprimer le plus haut degré de sa puissance[1]. De même encore, parmi les mérites attribués par les Buddhistes du Sud aux Disciples accomplis, on trouve l'expression *tchêtôvasippattâ*, « ceux qui ont « obtenu l'empire sur leur esprit, ou sur leurs pensées[2]. » J'avoue cependant que ce terme, où ne reparaît plus le verbe *bhû*, fait penser à un substantif abstrait, tel que *vaçî*, auquel il faudrait nécessairement donner le sens de « domination, empire. » Mais ce mot est emprunté à un manuscrit très-incorrect, surtout par omission, et il n'est pas certain qu'on ne doive pas lire *tchêtôvasîbhâvappattâ*, ou même *tchêtôvasibhâvappattâ*. L'épithète de *vaçîbhûta* est attribuée au Buddha Çâkyamuni par le *Lalita vistara*[3].

Sachant tout.] Trois manuscrits lisent le mot que je traduis ainsi, राजनेयैः ou राजन्यैः; leçons entre lesquelles il n'est pas facile de décider, parce que dans l'écriture sanscrite du Népâl, la voyelle *é* n'est d'ordinaire que très-faiblement marquée. Mais le manuscrit de la Société asiatique lit seul आजन्येयैः, en reportant le *r* des autres copies à la fin du mot précédent सुविगुप्तप्रश्नैः. Si l'on admet cette dernière leçon, il ne doit plus être question ici d'un dérivé du mot *râdjan*, « roi, » comme pourrait être *râdjanya* ou *râdjanêya*, ainsi qu'on serait tenté de le supposer d'après nos trois autres manuscrits. Ce qui démontre l'exactitude de la leçon donnée par le *Saddharma* de la Société asiatique, c'est qu'on trouve dans une énumération des titres religieux et philosophiques d'un Buddha, le mot même qui nous occupe en ce moment, accompagné d'une autre qualité qui sera indiquée dans la note suivante. Voici ce passage : *Âdjânêyatchitta ityutchyatê mahânâga ityutchyatê*[4]. Le *Lalita vistara* de la Société asiatique lit le mot en question *âyânêyatchitta*, leçon qui est certainement fautive. Il résulte toujours de la comparaison de ce passage avec le terme obscur du *Saddharma*, que c'est *âdjanêyâiḥ*, ou mieux *âdjânêyâiḥ* qu'il faut lire. A s'en tenir au Dictionnaire de Wilson, on devrait traduire ce mot par « cheval de bonne race, » sens qui est justifié par cette stance de l'*Açvatantra*, citée dans le *Trésor* de Râdhâkânt Dêb:

शक्तिभिर्भिन्नहृदयाः स्खलन्तोऽपि पदे पदे । आजानन्ति यतः संज्ञामाजानेयास्ततः स्मृताः ॥

« Parce que les chevaux, quoique tombant à chaque pas, le cœur déchiré par les lances, » reconnaissent encore leur nom, on les appelle *âdjânêya*[5]. » Ce distique nous montre cependant que ce n'est pas du radical *djan*, « engendrer, » comme semblerait l'indiquer le sens de « cheval de bonne race, » qu'il faut tirer le dérivé *âdjânêya*, mais bien de *djñâ*, « connaître. » Cette circonstance m'a décidé en faveur du sens que j'ai choisi. Je m'y suis trouvé encore confirmé par la version tibétaine qui traduit l'adjectif *âdjânêya* par *tchang-ches-pa*, « sachant ou comprenant tout. » L'idée de totalité est probablement exprimée par la préposition *â* qui ouvre le mot. Ce terme se trouve également en pâli, où il est écrit *âdjañña*; il figure dans une des épithètes d'un Buddha, celle de *purisâdjañña*, laquelle

[1] Voyez ci-dessous ce terme cité dans la note sur le fol. 16 *a*, st. 67.

[2] *Djina alaṃkâra*, f. 24 *b* de mon man.

[3] *Lalita vistara*, f. 220 *b* de mon man. A.

[4] *Lalita vistara*, f. 221 *a* de mon man. A; f. 223 *b* du man. de la Soc. asiat.

[5] Râdjâ Râdhâkânta Dêva, *Çabda kalpa druma*, t. I, p. 247, col. 2.

suit immédiatement les trois titres de *buffle*, *lion*, *éléphant*, qu'on va voir, par la note suivante, attribués à Çâkyamuni. C'est le *Djina alaṁkâra* qui nous donne cette série de titres, où chaque terme exprime au moyen d'animaux connus par leur vigueur, l'éminence et la supériorité du Buddha[1]. Il en résulte que *purisâdjañña* signifie, « qui est parmi les hommes « comme le meilleur cheval parmi les chevaux. » Enfin je trouve ce mot sous sa forme pâli cité incidemment et orthographié d'une manière inexacte *adjanna*, dans la traduction d'un texte de Buddhaghôsa par Turnour[2]. Il faut corriger ce mot d'après le *Djina alaṁkâra* et le *Dîgha nikâya*, qui donne aussi *purisâdjañña* comme épithète du Buddha[3].

Semblables à de grands éléphants.] Le mot dont se sert ici le texte est *nâga*; et l'on pourrait être en doute sur la signification spéciale qu'il faut lui assigner ici. Il ne peut être question dans ce passage des Nâgas, ces demi-dieux serpents qui habitent les régions situées sous la terre. En effet, ces êtres sont considérés par les Buddhistes, ainsi que par les Brâhmanes, comme des créatures imparfaites et nuisibles. Ce n'est pas à des êtres de cette sorte qu'on aurait comparé des Religieux aussi accomplis que ceux dont parle notre texte. Le mot *nâga* doit être pris ici dans le même sens que les mots *rĭchabha*, « buffle, » *siṁha*, « lion, » et que quelques noms d'animaux admis comme symboles de la force et de la supériorité physiques. Dans cette supposition, il faudra le traduire par *éléphant*. C'est de cette manière que l'entend la version tibétaine qui remplace *mahânâga* par *glang-po tchhen-po*, « grand « éléphant. » L'ouvrage pâli consacré à l'énumération des perfections du Buddha, qui a pour titre *Djina alaṁkâra*, admet parmi ses qualités les trois suivantes : *purisâsabhô*, *purisasîhô*, *purisanâgô*, « le buffle, le lion, l'éléphant parmi les hommes[4]. » Les formes sanscrites correspondantes à ces termes sont *purucharchabha*, *puruchasiṁha* et *puruchanâga*. La réunion des trois mots par lesquels est déterminé *puracha*, partie constante de ce composé, ne laisse aucun doute sur le véritable sens de *nâga*. Comme les Buddhistes du Sud, ceux du Nord donnent également au Buddha le titre de *Mahânâga*[5].

Accompli ce qu'ils avaient à faire, déposé leur fardeau.] Ces expressions sont, à ce qu'il paraît, consacrées pour désigner les Religieux arrivés au plus haut degré de perfection de leur état, car je les trouve dans un fragment d'un *Sutta* que Turnour a traduit du pâli : « ayant achevé ce qui devait être achevé, ayant mis de côté [le fardeau du péché][6]. » Ces derniers mots déterminent ce qu'il faut entendre par « déposé leur fardeau. » Le *Lalita vistara* les attribue à un Buddha, comme les épithètes des notes précédentes et dans le même passage.

Ayant supprimé complétement les liens qui les attachaient à l'existence.] C'est là le sens que, dans le principe, je donnais au composé *parikchîṇa bhava saṁyôdjana*. Depuis j'avais

[1] *Djina alaṁkâra*, f. 4 *a*, l. 7.

[2] *Examin. of pâli Buddh. annals*, dans *Journ. asiat. Soc. of Bengal*, t. VII, p. 793.

[3] *Âṭânâṭiya sutta*, dans *Dîgh. nik.* f. 175 *a*, l. 8.

[4] *Djina alaṁkâra*, f. 4 *a*.

[5] *Lalita vistara*, f. 221 *a* de mon man. A.

[6] *Examin. of pâli Buddh. annals*, dans *Journ. asiat. Soc. of Bengal*, t. VII, p. 698.

pensé que par *bhava sañyôdjana* il fallait entendre « ce qui concourt, ce qui sert à l'existence mortelle de l'homme, » de sorte que je penchais vers cette traduction : « qui avaient « épuisé complétement les éléments composants de l'existence. » La version tibétaine paraissait en effet donner exactement cette interprétation : *srid-par kun-tu svyor-ba yongs-su-zad-pa*. Mais en comparant le texte du *Mahâparinibbâna sutta* en pâli avec la traduction qu'en a donnée Turnour, j'ai reconnu qu'il traduisait les mots *parikkhîṇa bhava sañyôdjana* par une phrase qui paraît empruntée à un commentaire : « ayant surmonté tout « désir de régénération par la transmigration [1]. » La version littérale que je proposais n'est pas fort éloignée de celle de Turnour; cependant les mots « ce qui concourt à l'existence, » donnent une idée inexacte du terme de *sañyôdjana*, qui, selon Turnour, exprime ce désir par lequel l'homme, convaincu de la nécessité de la transmigration, *s'unit*, c'est-à-dire s'attache par la pensée à une existence future qu'il espère meilleure que celle qu'il va quitter. Cette expression difficile de *bhava sañyôdjana* est certainement du même ordre que celle de *djîvita sam̃skâra*, dont je me suis occupé ailleurs [2]. Il est évident pour moi, aujourd'hui, que *djîvita sam̃skâra* signifie « la conception de la vie, c'est-à-dire « l'idée de la vie, » *sam̃skâra* étant pris ici dans son sens philosophique de *concept* [3]. Le *Mahâparinibbâna sutta* vient ici encore à notre secours. Quand Çâkyamuni se décide à quitter le monde avec la pensée de ne plus renaître, sa résolution est exprimée dans le texte par cette expression technique *âyusam̃khâram ôssadjdji*, ce que Turnour traduit ainsi : « il renonce à toute connexion avec cette existence transitoire [4]. » Le composé pâli *âyusam̃khâram* est le synonyme exact du sanscrit *djîvita sam̃skâra*; ces deux mots signifient l'un et l'autre « l'idée de la vie, une idée de vie, » traduction certainement plus fidèle que celle de Turnour, « toute connexion avec l'existence, » laquelle conviendrait mieux pour *sañyôdjana*, que nous examinions au commencement de cette note. Nous reverrons plus bas le composé de *bhava sam̃khâra*, employé avec la même signification, dans une stance citée à l'*Appendice* n° XXI.

Des [*cinq*] *connaissances surnaturelles.*] J'ai traduit suivant la leçon du manuscrit de Londres *abhidjñâbhidjñâta*, en attribuant au terme spécial d'*abhidjñâ* le sens qu'il a dans toutes les écoles buddhiques. Mais les deux manuscrits de M. Hodgson lisent *abhidjñâtâbhidjñâtâiḥ*, leçon qui me ramène à celle du manuscrit de la Société asiatique, *abhidjñânâbhidjñânâiḥ*. En admettant cette leçon, il faudra traduire « ayant la connaissance évidente « des notions évidentes. » C'est ce sens que donne à peu près la version tibétaine, d'où j'infère qu'elle a été exécutée d'après un texte où on lisait *abhidjñâna* et non *abhidjñâ*. Mais si l'on établissait qu'*abhidjñâna* n'est qu'un synonyme d'*abhidjñâ*, on devrait garder la traduction que j'ai adoptée. Au reste, pour comprendre dans son entier le mot *abhidjñâ*, « connaissance, » il faut ajouter à l'idée de *connaissance* celle de *pouvoir* et de *faculté*. Les cinq *abhidjñâs* sont

[1] Turnour, *Examin. of pâli Buddhist. annals*, dans *Journ. asiat. Soc. of Bengal*, t. VII, p. 698.

[2] *Introduction à l'histoire du Buddhisme indien*, t. I, p. 79, note 2.

[3] *Introd. à l'hist. du Buddh.* t. I, p. 503 et suiv.

[4] *Mahâparinibbâna sutta*, dans *Digh. nik.* f. 88 *b*. Turnour, *Examin. of pâli Buddhist. annals*, dans *Journ. asiat. Soc. of Bengal*, t. VII, p. 1001 et 1002.

énumérées plus bas dans notre *Lotus* même[1] : ce sont la vue divine, l'ouïe divine, la connaissance des pensées d'autrui, le souvenir de leurs existences antérieures, et un pouvoir surnaturel; je renvoie, pour plus de développement, à la note relative à ce passage du chapitre V, *Appendice* n° XIV.

Grands Çrâvakas.] J'ai cru devoir conserver le titre original de *Çrâvaka* en le faisant suivre, une fois pour toutes, de sa traduction (Auditeur), parce que ce titre désigne une classe entière de personnes qui joue un rôle important dans les textes buddhiques. C'est le titre général de tous ceux qui écoutent d'ordinaire les enseignements du Buddha, quelques progrès qu'ils aient faits d'ailleurs. Pris au propre, le mot *Çrâvaka* n'a pas d'autre sens; et quand les textes du Népâl réunissent ce titre à ceux de *Pratyêkabuddha* et de *Bôdhisattva*, ils entendent sans doute, d'une manière générale, tous ceux qui sont les *auditeurs* d'un Buddha, c'est-à-dire les *Bhikchus* ou Religieux, y compris les divers ordres dans lesquels on les divise. Mais lorsqu'il s'agit de distinguer ces divers ordres entre eux, le mot de *Çrâvaka* reçoit une signification spéciale, et il désigne alors le degré inférieur de l'échelle au sommet de laquelle est placé l'Arhat. Il est donc nécessaire pour déterminer exactement la valeur de ce terme, d'examiner avec attention l'ensemble et les détails des textes où il se présente. Quand on voit dans le *Lotus de la bonne loi* cette énumération si souvent répétée, « les Çrâvakas, les Pratyêkabuddhas et les Bôdhisattvas, » il est bien évident que ces *Çrâvakas* doivent comprendre les Religieux qui sont parvenus au rang d'Arhat. En effet, comme on ne peut être Arhat sans avoir été *Çrâvaka*, et que l'Arhat est inférieur au Pratyêkabuddha, il faut pour arriver au titre de *Pratyêkabuddha* passer par le degré de *Çrâvaka*; d'où il résulte que ce dernier renferme l'*Arhat*, comme le terme général renferme le particulier[2].

Âdjñâtakâuṇḍinya, etc.] Les noms de ces Religieux sont célèbres, et on les voit se représenter fréquemment dans les légendes. Ils ont été réunis dans la Section XXIe du *Vocabulaire pentaglotte*, où ils sont joints à d'autres noms, cités également par les légendes, mais qui dans ce Vocabulaire ne sont pas toujours exactement transcrits. Dans le premier nom, *Âdjñâtakâuṇḍinya*, le mot *âdjñâta* est rendu chez les Tibétains par *kun-ches* (omniscius), et le reste du nom est simplement transcrit. Cela prouve que le participe *âdjñâta* doit être pris dans un sens actif, sens que je ne lui connais pas dans le sanscrit classique. Mais d'un autre côté, *âdjñâta* ne pourrait-il pas être une sorte d'altération populaire du sanscrit *âdjñâtrĭ*, comme *djêta* l'est de *djêtrĭ*, « vainqueur? » Ce nom est celui qu'on trouve transcrit dans une note du *Foe koue ki*, de cette manière, *A jŏ kiao tchin ju*, où, suivant les autorités chinoises, *a jŏ* est un surnom qui signifie *sachant*[3]. J'ai expliqué ailleurs les noms suivants, savoir celui d'*Açvadjit*, de *Vâchpa*, de *Mahânâman*, de *Bhadrika*[4], de *Ma-*

[1] Ci-dessous, ch. V, f. 75 *a*, p. 83, fin.

[2] Voyez encore *Introd. à l'hist. du Buddh. indien*, t. I, p. 296 et suiv.

[3] A. Rémusat, *Foe koue ki*, pag. 310; *Introduction à l'histoire du Buddhisme indien*, tome I, page 156, note 2.

[4] *Introd. à l'hist. du Buddh.* t. I, p. 156, note 2, p. 157, p. 158, note 3, et p. 627.

hâkâçyapa, d'*Uruvilvâkâçyapa*, de *Gayâkâçyapa*[1], de *Çâriputtra*[2], de *Mahâmâudgalyâyana*[3], de *Vakula*[4], de *Rêvata*[5]. Je crois avoir montré aussi en examinant la transcription que donne le *Foe koue ki* du nom de *Kakuda Kâtyâyana*, que les syllabes *kia tchin yan* représentent le mot sanscrit *Kâtyâyana*[6]. Et quant aux noms que je viens de rappeler, je dois prévenir une remarque à laquelle pourrait donner lieu le troisième, celui de *Vâchpa*, que nous voyons figurer parmi les personnages que toutes les traditions s'accordent à nous représenter comme les vrais disciples de Çâkya. Cette remarque, c'est que si l'on devait s'en rapporter exclusivement aux noms, en acceptant sans le critiquer leur témoignage, on serait peut-être porté à supposer que Vâchpa est le personnage célèbre dans l'histoire du Tibet pour son vaste savoir, et qui écrivait au commencement du XIIIe siècle de notre ère[7]. Et comme d'autre part le *Saddharma puṇḍarîka* est manifestement d'une date antérieure, il faudrait admettre que le nom de *Vâchpa* a été introduit ici par une de ces interpolations si faciles dans des ouvrages restés longtemps manuscrits. Mais cette supposition devient inutile, si l'on se rappelle que Vâchpa a été un disciple de Çâkya, et que bien des siècles après lui un religieux d'un autre pays a pu prendre son nom.

Parmi les noms cités dans le *Lotus*, et que je n'ai pas eu occasion d'examiner ailleurs, plusieurs exigent quelques remarques spéciales. Je suppose que le nom du sage appelé *Aniruddha* a pu être confondu par les Buddhistes étrangers à l'Inde avec celui d'*Anuruddha*, nom d'un cousin germain du Buddha. C'est du moins une supposition que me suggère la lecture d'une note du *Foe koue ki*, dans laquelle je crois reconnaître, sous des transcriptions chinoises dont je n'ai pas le moyen de vérifier l'exactitude, la trace de deux mots sanscrits primitivement distincts. Ainsi *A na liu*, ou plus exactement, dit-on, *A na liu tho*, est, suivant cette note, le nom d'un des dix grands disciples de Çâkya, qui passe pour avoir possédé le don d'une vue perçante[8]. Or ce don de la vue perçante ou de *l'œil divin*, comme le dit encore la note du *Foe koue ki*, est justement celui qu'une légende que j'ai citée plus d'une fois dans mon *Introduction à l'histoire du Buddhisme*, celle de la Belle fille du Magadha, attribue au sage Aniruddha[9]. Cette légende nous apprend que Bhagavat l'avait désigné comme le chef de ceux qui possédaient la vue divine, *divya tchakchus*. La note précitée du *Foe koue ki* traduit son nom par *inextinguible*; cette version n'est pas tout à fait exacte, et la version tibétaine représente mieux le mot sanscrit, de cette manière, *ma hgags-pa*, « celui qui n'a pas été arrêté. » Ce nom s'explique par une autre note de M. A. Rémusat sur le voyage de *Fa hian*; quoique aveugle, *Anarôdha* (ainsi que son nom est écrit dans cet endroit), n'en voyait pas moins tout ce que renferme un triple chiliocosme, comme on voit un fruit qu'on tient dans la main[10]. Son nom veut donc dire « celui qui n'était pas arrêté par sa cécité. » Ces observations suf-

[1] *Introd. à l'hist. du Buddh.* t. I, p. 158, note 3.
[2] *Ibid.* p. 48, note 5.
[3] *Ibid.* p. 181, note 3.
[4] *Ibid.* p. 391, note 2.
[5] *Ibid.* p. 396, note 2.
[6] *Ibid.* t. I, p. 163, note. Comp. *Foe koue ki*, p. 149.
[7] Hyacinthe et Klaproth, *Descript. du Tibet*, dans le *Nouv. Journal asiatique*, t. IV, p. 117 et suiv.
[8] *Foe koue ki*, p. 131.
[9] *Sumâgadhâ avad.* fol. 7 *b*.
[10] *Foe koue ki*, p. 168. Cette comparaison est, on le sait, très-familière aux Brâhmanes.

fisent, je pense, pour établir l'identité de ces deux personnages, celui que nomme le *Foe koue ki*, et le Religieux Aniruddha du *Lotus de la bonne loi;* et j'ajoute que c'est à ce nom d'*Aniruddha* que se rapportent les transcriptions chinoises *a na liu, a na liu tho*, et surtout *a ni leou theo*. Mais il ne doit pas en être ainsi de *a neou leou tho*, que le *Foe koue ki* traduit par « conforme aux vœux, » et où j'avais cru retrouver le sanscrit *anuvrata*, quand je n'avais encore à ma disposition aucun des ouvrages buddhiques que je puis consulter aujourd'hui. Je suis convaincu maintenant que cette transcription chinoise exprime le sanscrit *Anuruddha*, nom du cousin germain de Çâkyamuni, lequel est cité plus d'une fois dans le curieux récit des derniers moments de Çâkya. La note précitée du *Foe koue ki* traduit *a neou leou tho* par « conforme aux vœux, » traduction qui nous conduit assez directement au terme sanscrit original *anuruddha*, par le sens de « conformité, ressemblance, » qu'exprime le préfixe *anu*. Or c'est le préfixe qui a ici toute l'importance, puisque c'est lui qui distingue nettement le nom d'*Anuruddha* de celui d'*Aniruddha*.

Le nom qui vient ensuite, celui de *Kapphiṇa*, est écrit diversement; cette leçon qui est celle du manuscrit de la Société asiatique, est remplacée par celle de *Kaṁphilla* dans les deux manuscrits de M. Hodgson, et par celle de *Kapphilla* dans le manuscrit de Londres. J'avais adopté pour ma traduction la variante *Kapphiṇa*, parce que je l'avais trouvée justifiée par le passage suivant de l'*Abhidharmakôça vyâkhyâ : êvaṁ tchâivaṁtcha râdjâ kapphiṇô bhavati*, « et c'est ainsi que Kapphiṇa devient roi [1], » et aussi par la version tibétaine qui lit ཀ་པི་ན་ *Ka-pi-na*. Mais aujourd'hui je suis un peu ébranlé par l'accord des trois manuscrits qui lisent *ll* le groupe que le manuscrit de la Société asiatique écrit *ṇ* : les signes indiens qui représentent *l* et *ṇ* sont si faciles à confondre, surtout dans une écriture cursive (comme serait celle du Bengale avec laquelle le tibétain a de très-grands rapports), que les Lotsavas tibétains eux-mêmes ont pu se tromper sur la meilleure variante à choisir. De plus la leçon *Kamphilla* aurait l'avantage de donner un sens; on pourrait la regarder comme la forme pâlie du sanscrit *Kâmpilya*, qui désigne une ville d'une assez grande célébrité, que le *Vichṇu purâṇa* place dans la partie méridionale du pays des Pantchâlas [2]. Au reste, on comprend qu'il ne soit pas très-facile de se reconnaître du premier coup, sans d'autres secours que celui de quelques manuscrits incorrects, au milieu de ces leçons divergentes. Ainsi, pendant que nous trouvons un seul et même nom propre écrit de ces trois manières différentes *Kapphiṇa, Kapphilla* et *Kamphilla*, nous voyons le *Lalita vistara*, autre ouvrage canonique des Buddhistes du Nord, énumérer dans une liste analogue à celle qui nous occupe, deux personnages distincts l'un de l'autre, sous les noms de *Kaphina* et *Kachphila* [3]. Ne serait-il pas possible que nos manuscrits du *Saddharma puṇḍarîka* eussent réuni à tort pour en faire le nom d'un seul et même personnage, des orthographes appartenantes à deux noms distincts? Cela me paraît très-probable, et quant à présent, voici le résultat auquel je m'arrête : Les orthographes *Kapphiṇa, Kaphina, Kapphilla* et *Kamphilla* désignent un seul et même personnage, le *Kapphiṇa* du *Lotus*, qui avant de devenir Religieux était le roi nommé *Mahâ Kapphiṇa*, d'après le

[1] *Abhidharma kôça vyâkhyâ*, f. 18 *a*, init. — [2] Wilson, *Vishṇu pur.* p. 187 et 452; Lassen, *Ind. Alterthumsk.* t. I, p. 601. — [3] Foucaux, *Rgya tch'er rol pa*, t. II, p. 3.

Sumâgadhâ avadâna[1]. Quant à *Kachphila*, ce mot doit désigner un autre Religieux, sur lequel je n'ai encore trouvé aucun détail.

Il me semble que l'on peut rapprocher le nom de *Gavâm̃pati* de la transcription chinoise *Kiao fan pa thi*, citée dans le *Foe koue ki*[2]. Le manuscrit de Londres est le seul qui lise *Pilandavatsa;* la leçon *Pilinda* est celle des trois autres manuscrits et de la version tibétaine. Je remarquerai encore qu'il faudrait écrire en deux mots *Pûrṇa Mâitrâyaṇîputra*, ce que j'ai écrit en un seul, lorsque j'ignorais encore qu'il y avait plusieurs *Pûrṇas* souvent cités dans les livres buddhiques, et que l'on distinguait les uns des autres, soit par le nom de leur père ou de leur mère, soit par quelque autre épithète. Ainsi la seule légende de Pûrṇa en cite déjà deux[3], et le préambule du *Lalita vistara* en rapporte aussi deux, l'un desquels est le *Pûrṇa*, fils de Mâitrâyaṇî, de notre *Lotus*[4].

Le respectable maître Ânanda.] Quand j'ai traduit par *maître* le mot *çâikcha*, j'ai suivi l'autorité de la version tibétaine qui remplace le mot sanscrit par *slob-pa*, terme auquel nos dictionnaires tibétains donnent le sens de *maître, instituteur.* Mais depuis que j'ai trouvé dans le Vocabulaire de Hêmatchandra le terme de *çâikcha*, qui s'y présente avec le sens de *disciple*, il me paraît nécessaire de traduire : « le respectable disciple Ânanda. » En effet, quoique Hêmatchandra soit un *Djâina*, il n'est pas supposable que le terme de *çâikcha*, inséré par lui dans son vocabulaire sanscrit, y ait un sens diamétralement opposé à celui qu'a dû avoir ce terme pour les Buddhistes. Il faut introduire le même changement dans la ligne suivante, et au lieu de « dont les uns étaient maîtres et les autres « ne l'étaient pas, » dire, « dont les uns étaient disciples et les autres ne l'étaient plus. » Je ferai remarquer que pour obtenir ce sens dans la dernière phrase citée, je lis *çâikchâçâikchâiḥ*, composé dont la seconde partie est *açâikchâiḥ*. Cette leçon n'est pas celle du manuscrit de Londres ni des deux manuscrits de M. Hodgson, qui lisent *çâikchaçâikchâiḥ*. Mais outre que cette variante ne donnerait d'autre sens que celui de *disciples de disciples* qui ne paraît pas convenir ici, la voyelle *â* long qui est nécessaire pour ma lecture se trouve dans le manuscrit de la Société asiatique, et est justifiée de plus par la version tibétaine qui a une négation devant le second mot représentant *açâikcha*, de cette manière, *slob-pa dang mi slob-pa*. La traduction que je propose est, on le voit, contraire à celle qu'on peut tirer de la version tibétaine. Mais ne serait-il pas possible que le substantif *slob-pa*, qui n'est autre que le verbe *slob-pa* ayant les deux sens d'*enseigner* et d'*apprendre*, signifiât *disciple*, comme *slob-ma* qui a ce dernier sens? Je soumets cette remarque aux personnes qui connaissent le tibétain mieux que moi. Il faudrait voir si la différence des significations indiquées dans nos lexiques pour *slob-pa* et *slob-ma*, ne vient pas du suffixe, actif dans un cas, et passif dans l'autre? De toute manière, et quoi qu'il en soit de cette conjecture, traduisant sur le sanscrit, j'ai dû donner au mot *çâikcha* le sens que lui attribuent les autorités indiennes, et que j'ai déjà rapporté ailleurs[5]. On f. 2 a.

[1] *Sumâgadhâ avad.* f. 14 *a* et *b*.
[2] *Foe koue ki*, p. 168.
[3] *Introd. à l'hist. du Buddh. ind.* t. I, p. 260, n. 1.
[4] *Rgya tch'er rol pa*, t. II, p. 3.
[5] *Introd. à l'hist. du Buddh. ind.* t. I, p. 322, note; *Abhidhâna tchintâmaṇi*, p. 13, éd. Bœhtlingk et Rieu.

peut, jusqu'à preuve du contraire, admettre que *çâikcha* signifie « étudiant, disciple, » et *açâikcha*, « celui qui n'est pas disciple, » très-probablement « qui est maître. » Mais il manque encore à cette interprétation toute la précision désirable, et la citation du nom d'Ânanda prouve qu'il ne faut pas entendre seulement ici un disciple ordinaire, mais une personne qui a déjà fait des progrès dans la science, sans être cependant arrivée au terme. L'*Abhidhâna ppadîpikâ* tranche nettement la question, en faisant du *Sêkha* un titre synonyme de *Sôta âpanna*, le premier degré des quatre grades au sommet desquels est l'Arhat[1], et d'*Asêkkha*, le synonyme d'Arhat[2]. On remarquera que cette définition du *Sêkha* cadre assez bien avec celle du Vocabulaire de Hêmatchandra, où le *Çâikcha* est défini *prâthamakalpika*, « celui qui est au premier degré. » Si donc notre *Lotus* était un texte de l'École méridionale, il faudrait l'entendre ainsi : « dont les uns étaient au premier « degré, et les autres arrivés au terme de la perfection. »

Cette interprétation des deux termes pâlis *Sêkha* et *Asêkkha*, que j'emprunte au meilleur recueil lexicographique de Ceylan qui nous soit connu, est confirmée par un texte capital du *Mahâvaṁsa*, texte qui a ici d'autant plus d'importance, qu'il se rapporte aux débuts d'Ânanda lui-même comme interprète de la loi. Lorsqu'après la mort de Çâkyamuni, ses premiers disciples se réunirent sous la conduite de Kâçyapa pour recueillir ses paroles et fixer sa doctrine, Ânanda n'était pas encore parvenu à l'état d'Arhat. Les Religieux qui ne voulaient pas se priver de son concours, parce qu'en sa qualité de cousin de Çâkya, il l'avait toujours suivi avec un dévouement absolu, qu'il avait été son premier serviteur, *aggupaṭṭhâka*, comme l'avait dit Bhagavat lui-même[3], et qu'il avait assisté à toutes ses prédications, l'avertirent qu'il eût à faire tous ses efforts pour acquérir les mérites supérieurs d'un Arhat. Or voici en quels termes le *Mahâvaṁsa* exprime et l'avertissement et le résultat qu'il eut pour Ânanda :

Svê sannipâtô ânanda sêkhêna gamanaṁ tahiṁ
na yuttantê sadatthê tvam appamattô tatô bhava
itchtchêvaṁ tchôditô thêrô katvâna viriyaṁ samaṁ
iriyâpathatô muttam arahattam apâpuṇi.

Voici la traduction que donne Turnour de ce passage ; j'ai souligné les mots qui méritent un examen particulier : « Ânanda, demain a lieu la réunion ; *comme tu es encore* « *sous l'empire des passions humaines*, ta présence à l'Assemblée n'est pas convenable ; fais « donc sans relâche les efforts nécessaires pour acquérir les perfections requises. Le Théra, « ainsi excité, ayant fait une exertion suffisante de son énergie, *et s'étant affranchi de* « *l'empire des passions humaines*, parvint à la sainteté d'un Arhat[4]. » Turnour, en traduisant *sêkhêna* par « comme tu es encore sous l'empire des passions humaines, » en donne plutôt une glose qu'une traduction litterale. Le sens général y est sans doute reproduit ; mais puisque l'on conserve le mot *Arhat* dans la suite du passage, parce que ce mot est un titre qu'on ne saurait expliquer que par une longue phrase, il n'y aurait aucun inconvénient à conserver aussi celui de *Sêkha*, et à dire, « parce que tu es (encore) Sêkha, »

[1] *Abhidhân. ppadîp.* l. II, c. v, st. 28, éd. Clough.
[2] *Ibid.* l. I, c. I, sect. I, st. 9.
[3] *Mahâpadhâna*, dans *Dîgh. nik.* f. 67 *b*.
[4] Turnour, *Mahâwanso*, c. III, p. 12 et 13.

c'est-à-dire, parce que tu n'as jusqu'ici atteint que le premier des quatre degrés qui conduisent à la dignité d'Arhat. Mahânâma, dans le commentaire qu'il a écrit lui-même sur son *Mahâvaṁsa*, après avoir rapporté les mots « demain a lieu la réunion, » ajoute *tvañtcha sêkhô sakaraṇîyô*, « et toi, tu es *Sêkha*, c'est-à-dire que tu as encore des devoirs à « remplir[1]. » Voilà pourquoi les Religieux l'engagent à faire les efforts nécessaires, *sadatthê*, dit le texte, c'est-à-dire, selon le commentaire, *sakatthê*, « pour atteindre à son but, » qui est d'obtenir l'état supérieur d'Arhat. Se rendant à leurs exhortations, Ânanda parvient après des efforts énergiques à cet état d'Arhat qui est, dit le texte, « affranchi de la « voie des (quatre) positions, » sens sur lequel Mahânâma ne laisse aucun doute en le commentant ainsi : *tchatu iriyâpatha virahitam*. On sait que les quatre positions sont la marche, la station, la position assise et la position couchée[2]. Or ce sont là autant de conditions propres à tout homme vivant en ce monde ; on les trouve souvent rappelées dans les textes du Sud, et pour n'en citer qu'un exemple, dans le passage suivant : *Addasa nigrôdhasâmaṇêraṁ râdjaġgaṇêna gatchtchhantaṁ dantaṁ guttaṁ santindriyam iriyâpathasampannam*. « Il vit le Sâmaṇêra (le novice) Nigrôdha, s'avançant dans l'enceinte royale, maître de « lui, s'observant bien, les sens calmes, ayant une (des quatre) positions [décentes][3]. » En devenant Arhat, Ânanda s'affranchissait de la nécessité de rester dans une de ces quatre positions qui retiennent l'homme attaché à la terre, c'est-à-dire qu'il acquérait les facultés surnaturelles que l'on attribue aux Arhats. Voilà certainement le sens du texte que Turnour a un peu trop forcé par ces mots, « s'étant affranchi de l'empire des passions humai« nes. » Outre que c'est l'état d'*Arhat* qui est affranchi, ce qui du reste revient à peu près au même, ce n'est pas des passions humaines que le texte veut ici nous le représenter affranchi, quoiqu'il ait en réalité cet avantage, mais bien des conditions physiques qui fixent le corps humain sur la terre. Et c'est à dessein que l'attention du lecteur est attirée sur cette espèce d'affranchissement, puisque plus bas l'auteur nous apprend qu'Ânanda se rendit miraculeusement à l'Assemblée par la voie de l'atmosphère. L'idée que le titre d'*Arhat* n'est donné qu'aux sages possesseurs de facultés surnaturelles, est si familière aux Buddhistes et particulièrement à ceux du Sud, que quand les Singhalais parlant d'un Arhat veulent définir ce titre, ils ajoutent : c'est un sage qui a le pouvoir de traverser les airs en volant.

Quant à la forme du terme pâli *sêkha*, laquelle correspond au sanscrit *sâikcha*, elle présente cette irrégularité, qu'un des deux *k* nécessaires en est absent; en effet, puisqu'on dit *asêkkha* de *asâikcha*, on devrait dire *sêkkha* de *sâikcha*. Ce retranchement du premier *k* se retrouve également dans le mot *vimôkha*, « affranchissement, » qui devrait s'écrire *vimôkkha*. Peut-être est-ce une trace de l'influence du dialecte mâgadhî sur le pâli; peut-être aussi ce retranchement résulte-t-il de l'allongement de la voyelle *ê* devant le *kh* aspiré unique. Je le croirais d'autant plus volontiers, que l'on trouve aussi *sêkkha*, notamment dans la phrase suivante, empruntée à la glose de Mahânâma sur le *Mahâvaṁsa : puthudjana sêkkha bhûmim atikkamitvâ*, « ayant franchi le degré d'homme

[1] *Mahâvaṁsa ṭîkâ*, fol. 52 *b*. — [2] *Abhidhân. ppadîp.* l. III, c. III, st. 5 ; Clough, *Singhalese Dictionary*, t. II, p. 70. — [3] *Thûpa vaṁsa*, f. 15 *b*.

« ordinaire et de disciple[1]. » Je reviendrai ailleurs sur le titre de *puthudjana*, ci-dessous, chap. XV, fol. 170 *b*.

Mahâpradjâpatî.] Ce nom est celui de la tante de Çâkyamuni[2]; on sait également que Yaçôdharâ est la femme qu'avait épousée Çâkya quand il n'était pas encore entré dans la vie religieuse, et que Râhula est le fils qui était issu de ce mariage[3].

Incapables de retourner en arrière.] Cette expression doit faire allusion soit à la persévérance avec laquelle les Bôdhisattvas poursuivent l'objet de leurs efforts et se préparent à leur mission libératrice, soit à l'avantage qu'ils ont, grâce à leurs mérites antérieurs, de ne devoir plus se détourner du but que cette mission leur assigne. Il n'est pas sans intérêt de retrouver cette expression sous une forme légèrement modifiée dans un monument épigraphique dont l'origine buddhique est incontestable. Je veux parler d'une inscription sanscrite découverte à Buddhagayâ et expliquée en 1836 par J. Prinsep et par son Pandit Ratnapâla. A la quatrième ligne de cette inscription, on lit sur le *fac-simile* comme dans la transcription de J. Prinsep : *avinivartanîya bôdhisattva tcharita*, « qui observe les « pratiques d'un Bôdhisattva incapable de se détourner ; » la voyelle *a* que je rétablis ici pour obtenir le mot entier, se trouve engagée dans le mot *parâyaṇâ* qui termine l'épithète précédente[4]. Il est sans doute singulier de voir ce titre, si élevé pour un Bôdhisattva, figurer dans une des épithètes dont l'inscription décore le ministre d'un petit roi du Bengale : mais cela prouve certainement deux choses, l'une, que le titre était très-familier aux Buddhistes; l'autre, que le Buddhisme était déjà assez ancien dans cette partie de l'Inde pour qu'on pût prodiguer un tel titre à l'un des officiers royaux. Or cette dernière observation reçoit une confirmation directe de la date même de l'inscription, que tous les indices placent vers le milieu ou à la fin du XIIe siècle de notre ère. L'expression qui nous occupe, *avâivartya*, est représentée comme il suit par la version tibétaine: *bla-na-med-pa yang-dag-par rdsogs-pahi vyang-tchhub-las fyirmi ldog-pa*, où il n'est pas douteux que le mot sanscrit primitif ne soit rendu par un terme signifiant « se détourner, se désister. » Schröter qui donne l'expression tibétaine citée tout à l'heure[5], jusqu'au monosyllabe *las*, la traduit par « atteindre à la sainteté parfaite. » C'est là plutôt un commentaire qu'une traduction, et il me semble que le Dictionnaire de Csoma de Körös fournit pour chacun des éléments de cette expression le sens suivant: « qui ne se détournent pas du suprême et très-purement « parfait état de Buddha. » En effet, les deux monosyllabes tibétains *vyang-tchhub*, qui figurent comme première partie dans la traduction du titre de *Bôdhisattva*, remplacent le sanscrit *Bôdhi*, « l'état de Buddha; » et les autres mots, de leur côté, équivalent aux termes *samyak saṁ*, parties composantes du mot sacramentel *samyaksaṁbôdhi*, lequel désigne un être qui est *samyaksaṁbuddha*, c'est-à-dire « parfaitement et complétement Buddha. » La version tibétaine entend donc l'épithète *avâivartika*, « qui ne se détourne pas, » comme

[1] *Mahâvaṁsa ṭîkâ*, f. 15 *a*.
[2] *Introd. à l'hist. du Buddh. indien*, p. 278.
[3] *Ibid.* p. 181 et 278.
[4] Prinsep, *Facsimiles of var. ancient Inscr.* dans *Journ. asiat. Soc. of Bengal*, t. V, p. 657, 659 et 660.
[5] *Bhotanta Diction.* p. 249, col. 1.

si elle signifiait « qui ne se détourne pas de l'excellent et suprême état de Bôdhi; » et comme cet état est le but d'un Bôdhisattva, la traduction que j'ai adoptée pour le terme un peu vague d'*avâivartika* n'est qu'une autre expression du sens donné par le tibétain. Mais il n'en est pas moins évident, d'un autre côté, que pour trouver dans le mot *avâivartika* « l'excellent et suprême état de Bôdhi, » l'interprète tibétain a dû y joindre les mots de l'original sanscrit *yadutânuttarâyâm̃ samyaksam̃bôdhâu;* et ce qui le prouve, c'est que l'adjectif *anuttarâyâm* est représenté par le tibétain *bla-na-med-pa.* Or, pour opérer cette réunion des mots *avâivartikâiḥ* et *yaduta*, etc., il a fallu ou déplacer, ou même passer le terme suivant *êkadjâtipratibaddhaiḥ*, que j'examinerai tout à l'heure. Et c'est justement ce qui a lieu dans la traduction tibétaine, telle du moins que nous la possédons à Paris; le terme *êkadjâti-pratibaddhâiḥ* y est omis. Traduisant sur le sanscrit, j'ai dû le conserver; mais je crains d'en avoir altéré le sens au profit de l'expression qui vient après : « c'est-à-dire l'état suprême « de Buddha parfaitement accompli. » En effet, j'ai interprété *djâti* comme s'il signifiait *genre, espèce*, et par extension *objet*, pour pouvoir faire de cet objet « l'état suprême de « Buddha parfaitement accompli. » Je ne crois plus maintenant que cette extension du sens de *djâti* soit possible, et l'interprétant par *naissance*, je rends conséquemment le terme qui nous occupe par « tous enchaînés à une seule naissance; » comme le fait justement M. Foucaux dans des passages du *Lalita vistara*, qui ne présentent aucun doute[1]. Mais pour que le rapport de cette expression avec celle qui suit soit intelligible en français, il sera nécessaire d'ajouter quelques mots, qui sont virtuellement contenus dans le sens, et dire : « tous enchaînés à une seule naissance, c'est-à-dire [à celle qui doit conduire] à l'état su- « prême de Buddha parfaitement accompli. » Cette interprétation est conforme à la théorie buddhique, selon laquelle un Bôdhisattva n'a plus qu'une existence à parcourir, celle où il doit atteindre à la dignité de Buddha parfaitement accompli.

Affermis dans la grande puissance.] Le terme de *pratibhâna* auquel j'attribuais le sens de *puissance*, en le déduisant de celui d'*audace* que Wilson lui assigne, ne doit pas être la signification véritable. Mais on peut hésiter encore entre les deux interprétations d'*intelligence* et de *confiance*. Ainsi les Buddhistes du Sud s'accordent avec les autorités classiques parmi les Brâhmanes, pour donner à *paṭibhâna* le sens d'*intelligence*, de *compréhension*, de *sagesse*[2]. Le terme de *pratibhâ* a aussi en sanscrit la même valeur, au moins d'après Hêmatchandra[3]; mais *pratibhâyukta* dans l'*Amarakôcha*, comme *paṭibhâyutta* dans l'*Abhidhâna ppadîpikâ*, signifient « plein de hardiesse, de confiance[4]. » Toutefois, comme nous avons ici *pratibhâna* et non *pratibhâ*, il est encore plus sûr de traduire « affermis dans la grande « intelligence, ou dans la grande sagesse. » f. 3 b

Faisant tourner la roue de la loi.] C'est-à-dire, prêchant la loi afin d'établir son empire. Cette expression si fréquemment employée dans les textes buddhiques de toutes les écoles.

[1] *Rgya tch'er rol pa*, t. II, p. 3, 57, 58 et pass.

[2] *Abhidhân. ppadîp.* l. I, ch. II, sect. V, st. 9, et l. III, ch. III, st. 194.

[3] *Abhidhâna tchintâmaṇi*, st. 309, p. 53, éd. Bœhtl. et Rieu.

[4] *Abhidhân. ppadîp.* l. III, ch. I, st. 41.

38.

dans ceux du Népâl, comme dans ceux de Ceylan, a été parfaitement expliquée par M. A. Rémusat[1]; je compte d'ailleurs y revenir plus bas, chap. VII, fol. 89 *b*. J'ai suivi ici le manuscrit de la Société asiatique, où le mot *avâivartya* est uni en composition avec *dharmatchakrapravartakâiḥ*, tandis que mes trois autres manuscrits l'en séparent, sous cette forme, *avâivartyâiḥ*, « incapables de se détourner. » Il m'a semblé que cette dernière leçon avait l'inconvénient de répéter l'idée déjà exprimée par *avâivartikâiḥ*, mot examiné tout à l'heure. La version tibétaine paraît avoir été exécutée sur un texte semblable à celui de la Société asiatique, ou par un interprète qui a eu les scrupules que je viens d'exposer; car il me semble qu'*avâivartya* s'y rapporte à *dharmatchakra*. En effet, la phrase *fyir mi ldog-pahi tchhos-kyi hkhor-lo bskor-ba* paraît signifier « qui a fait tourner la roue de la loi qui « ne revient pas sur elle-même. »

La charité.] Je n'hésite pas à traduire par *charité* le mot *mâitrî*, qui exprime non pas l'amitié ou le sentiment d'affection particulière qu'un homme éprouve pour un ou pour plusieurs de ses semblables, mais ce sentiment universel qui fait qu'on est bienveillant pour tous les hommes en général et toujours disposé à les secourir. Cette vertu qui, comme on sait, est un des traits caractéristiques de la morale buddhique, me paraît exprimée par le mot *mâitrî*. Au reste, il n'est pas certain que j'aie traduit exactement l'expression du texte *mâitrî paribhâvita kâya tchittâiḥ*, car on peut entendre *kâya tchitta* par « la pen-« sée du corps, » et traduire le tout « ayant triomphé par la charité des pensées du corps, » en faisant allusion à ces sacrifices héroïques d'une charité surhumaine qui accepte jusqu'au suicide, dont on voit de si fréquents exemples dans les légendes buddhiques.

Habiles à pénétrer la science du Tathâgata.] Au lieu de *pénétrer*, je préfère maintenant *communiquer*, parce que quand il s'agit de science, le mot *avatâraṇa* a souvent le sens de *faire descendre, communiquer*.

Devenu Kumâra.] J'avais pensé que le mot *Kumâra*, qui désigne ordinairement un jeune prince destiné au trône après la mort de son père, pouvait avoir ici cette acception classique; et je m'expliquais le fait en supposant que Mañdjuçrî devait, comme avait fait Çâkya avant de devenir Buddha, naître dans une famille royale, où il aurait occupé le rang d'héritier présomptif et reçu en conséquence le titre de *Kumâra*. J'étais autorisé dans cette supposition par l'épithète de *Kumâra* que le *Trikâṇḍa çêcha* donne à Mañdjuçrî[2], et c'est pour cela qu'interprétant littéralement le composé *Kumâra bhûta*, je l'avais traduit dans la plupart des passages où il est nommé, comme on le voit ici, « Mañ-« djuçrî devenu Kumâra. » Toutefois cette traduction laissait dans le doute la question de savoir si *Kumâra* devait signifier *jeune homme* ou *jeune prince*. Mais depuis que j'ai vu l'épithète de *Kumâra bhûta* jointe au nom de Bôdhisattvas, même de Bhôdhisattvas fabuleux, que la légende fait naître dans des familles royales, j'ai reconnu que tout en con-

[1] *Foe koue ki*, p. 28, note 6.

[2] *Trikâṇḍa çêcha*, ch. 1, sect. 1, st. 20, éd. Calc. p. 2; Wilson, *Notice of three Tracts*, etc. dans *Asiat. Researches*, t. XVI, p. 470.

servant le titre de *Kumâra* sans le traduire, il fallait le prendre avec la signification de *prince royal*, sans cependant tenir autant compte de *bhûta*, qui n'a certainement pas ici une valeur aussi forte que celle que je lui attribuais, et qui signifie tout au plus « qui « était. » C'est ainsi qu'on trouvera vers la fin de cette traduction, l'expression plus simple de « Mañdjuçrî Kumâra. » J'ai déjà parlé ailleurs de ce personnage célèbre, mais seulement d'une manière incidente et pour caractériser les *Sûtras* développés où paraît son nom[1]. L'importance du rôle qu'il a joué dans la propagation du Buddhisme parmi les nations himalayennes m'a engagé à réunir ce que nous ont appris sur son compte de savants orientalistes anglais; on trouvera ces détails dans le n° III de l'*Appendice* qui suit ces notes. Je remarque seulement ici que la rédaction en vers se sert concurremment avec Mañdjuçrî des noms de *Mañdjaghôcha* (st. 12, 43) et de *Mañdjusvara* (st. 50, 56); ces noms sont autorisés par le *Trikâṇḍa çêcha*, qui les énumère parmi les synonymes du nom de *Mañdjuçrî.*

Avalôkitêçvara, etc.] J'ai déjà parlé du premier des Bôdhisattvas plus ou moins célèbres qui sont énumérés ici, ainsi que de Mahâsthâma prâpta[2]. Je remarquerai en ce qui touche Avalôkitêçvara, qu'un chapitre du *Lotus* est consacré à la gloire de ce grand personnage, c'est le XXIVe, f. 228 *a*. Quant à Mahâsthâma prâpta[3], son nom est quelquefois écrit *Mahâsthâna prâpta*, notamment dans le texte auquel renvoie l'*Introduction au Buddhisme indien;* nos quatre manuscrits du *Lotus* s'accordent à le lire avec *sthâma* au lieu de *sthâna*. Une variante qui a encore moins d'importance est celle de *Pradânaçûla* que lisent les deux manuscrits de M. Hodgson et celui de Londres, au lieu de *Pradânaçûra* du manuscrit de la Société asiatique, ce qui est la vraie leçon. Plusieurs des Bôdhisattvas qu'on représente ici assistant à l'Assemblée de Çâkya, sur la montagne de Gṛĭdhrakûṭa, reparaîtront dans le cours de cet ouvrage, au milieu de scènes gigantesques ou bizarres; et le lecteur reconnaîtra sans peine si j'ai eu raison de voir dans la création de ces Bôdhisattvas fabuleux, l'effort impuissant d'une imagination qui a cru pouvoir peupler sûrement l'espace parce qu'elle en avait conçu vaguement l'étendue infinie. Si, comme j'ai essayé de l'établir ailleurs, les énumérations de Bôdhisattvas de cette espèce sont un des traits caractéristiques de la composition des *Sûtras* développés, on ne devra pas s'étonner d'en trouver de pareilles au début des traités de ce genre. Aussi en voyons-nous une au commencement du *Lalita vistara*, et les noms qui la composent sont, sauf quelques modifications orthographiques, à peu près les mêmes qu'ici. Nous avons d'abord *Mâitrêya*, le premier dans la liste du *Lalita*, l'avant-dernier dans la nôtre; ensuite *Dharaṇîçvara râdja*, qui n'est probablement qu'un synonyme de notre *Dharaṇîdhara;* j'en soupçonne autant de *Siṁhakêtu*, comparé au *Siṁha* du *Lotus;* il y a même tout lieu de penser que *Siṁhakêtu* est une meilleure leçon. Ce Bôdhisattva est-il le même que le *Siṁhanâdanâdin* cité par A. Rémusat[4]? c'est un point que je ne saurais décider, quoique la chose soit assez probable, vu le grand nombre de noms synonymes qu'ont souvent ces personnages fabu-

[1] *Introd. à l'hist. du Buddh.* t. I, p. 113 et suiv.
[2] *Ibid.* t. I, p. 101, note 2.
[3] *Foe koue ki*, p. 120.
[4] *Ibid.* p. 160.

leux. Quant à *Nityôyukta*, ce Bôdhisattva est certainement le même que notre *Nityôdyukta*, sauf l'omission fautive d'une lettre[1].

Le Bôdhisattva Mahâsattva Mâitrêya.] Ce personnage dont le *Lotus de la bonne loi* fait un des auditeurs de Çâkyamuni, et qui passe pour être parvenu, grâce à la perfection de ses mérites antérieurs, à la dignité de Bôdhisattva, doit paraître un jour en qualité de Buddha et succéder à Çâkya, le Buddha de l'époque actuelle. On trouve deux allusions à cette dernière croyance, qui est admise par les Buddhistes de toutes les écoles, dans notre *Lotus* même, ch. I, f. 17 *b* et 18 *a*, st. 94, et ch. XIV, f. 165 *a*. On peut voir dans une note du *Foe koue ki* le résumé sommaire de la légende relative à la venue future de Mâitrêya[2]. Mais la mention de ce personnage dans le *Lotus*, sous le double caractère d'auditeur de Çâkyamuni et de Bôdhisattva, donne lieu à une observation qui n'est pas sans intérêt pour l'histoire des *Sûtras* développés, ainsi que je l'ai indiqué ailleurs[3]. Si Mâitrêya est appelé par ses mérites et par la consécration des Buddhas antérieurs à succéder à Çâkyamuni, il doit se trouver, comme le disent les légendes, au milieu des Dêvas Tuchitas; car suivant le thème religieux adopté pour tous les Buddhas, c'est du milieu de ces Dêvas que revient au monde tout Bôdhisattva qui a la mission de renaître en qualité de Buddha. Le *Lotus* même nous fournit un passage tout à fait conforme à cette donnée, d'après lequel nous apprenons que Mâitrêya réside au milieu des Dêvas Tuchitas[4]. Mais si selon ce passage où Çâkyamuni est le narrateur, Mâitrêya est chez les Tuchitas, comment peut-il se trouver au milieu de l'Assemblée devant laquelle se prêche le *Lotus de la bonne loi?* Que l'on pose cette question à un Buddhiste du Nord, il y répondra sans doute par un appel à la puissance surhumaine des Bôdhisattvas, et dira que Mâitrêya est miraculeusement descendu du ciel des Tuchitas pour venir s'asseoir parmi les auditeurs du Buddha Çâkyamuni. Je doute cependant qu'un Buddhiste de Ceylan trouvât une pareille réponse, par la raison que la question ne pourrait lui être faite. Je ne crois pas en effet qu'on puisse rencontrer dans les *Suttas* pâlis conservés à Ceylan un seul exemple de ces merveilleux voyages que font les Bôdhisattvas pour se rendre aux Assemblées de Çâkyamuni. C'est un trait caractéristique et tout à fait propre à distinguer les *Sûtras* développés des *Sûtras* simples. On voit dans ces derniers *Sûtras*, à la classe desquels appartient tout ce que je connais de *Suttas* pâlis, Çâkya parlant à des Dêvas qui restent invisibles pour les autres membres de l'Assemblée, tandis qu'ils se laissent voir à son regard divin; mais au nombre de ces Dêvas ne paraissent jamais les Bôdhisattvas. J'en conclus que le système si fréquemment développé dans les grands *Sûtras* du Nord n'était pas encore inventé au temps de la rédaction des *Sûtras* simples; et cette conclusion me paraît d'autant plus fondée, que la présence miraculeuse des Dêvas étant admise par les rédacteurs des *Sûtras* simples, il ne leur en eût pas coûté beaucoup d'y mêler les Bôdhisattvas, si la tradition leur eût appris que cette classe de personnages assistait en réalité aux Assemblées de Çâkya. Je vais plus loin encore, et je dis que ce système est inconciliable

[1] *Rgya tch'er rol pa*, t. II, p. 4.
[2] *Foe koue ki*, p. 33 et 34.
[3] *Introd. à l'hist. du Buddh. indien*, t. I, p. 109.
[4] Ch. XXVI, f. 245 *a*.

avec les détails dont sont remplis les *Sûtras* simples. Que nous apprennent en effet ces *Sûtras?* Ils nous montrent Çâkyamuni parlant devant des Assemblées formées de Brâhmanes, de maîtres de maison, de gens du peuple, et, dans le principe surtout, adressant ses enseignements d'une manière toute spéciale à quelque Brâhmane ou à quelque Râdja qu'il veut instruire. Si ceux de ses disciples que les *Sûtras* développés signalent comme prédestinés à la dignité de Buddha parfait, eussent assisté à ces Assemblées, peut-on croire que Çâkyamuni n'eût rien dit de leur présence? Et pour appliquer cette observation au sujet même qui nous occupe, si Mâitrêya, ou le personnage qui devait porter ce nom, eût été positivement au nombre des auditeurs de Çâkyamuni, peut-on supposer qu'un tel disciple, que celui qui devait être le Buddha successeur immédiat du Maître, n'eût pas paru au premier rang, parmi ces auditeurs privilégiés comme Ânanda, Çâriputtra et Mâudgalyâyana, dont les *Sûtras* simples nous ont conservé les noms? De tout ceci je conclus que, dans les premiers âges du Buddhisme, le système qui représente les Bôdhisattvas assistant aux Assemblées de Çâkyamuni était tout à fait inconnu, et que le miracle de leur présence aux grandes Assemblées des grands *Sûtras* a été, comme tant d'autres miracles, inventé après coup et postérieurement à la séparation du Buddhisme en deux écoles, celle du Sud à laquelle ce système est resté entièrement inconnu, et celle du Nord où il s'est introduit, et a pris des proportions immenses, ainsi qu'on le peut reconnaître par la lecture des *Sûtras* développés.

Seize hommes vertueux.] Ces hommes vertueux qui assistent aux Assemblées de Çâkya, et dont notre texte compte ici seize, doivent représenter la partie non religieuse de l'assistance, soit Brâhmanes, soit Râdjas, soit Marchands; quelques-uns de ces noms, comme ceux de *Susârthavâha, Ratnadatta, Ratnâkara,* rappellent même plutôt la classe des Vâiçyas, que les deux premières castes. Ces hommes n'avaient pas besoin d'être Buddhistes pour assister à la prédication de Çâkya, puisque c'était à la masse du peuple et pour la convertir à la foi nouvelle, que cette prédication était faite dans le principe. Plus tard, et vraisemblablement à l'époque où furent compilés les *Sûtras* dits *vâipulyas,* ces noms n'avaient plus qu'un intérêt historique; l'énumération qu'on en faisait formait, comme celle des Dêvas, des Nâgas, des Kinnaras, des Gandharvas, des Asuras, des Garuḍas et autres, une partie de la mise en scène de tout *Sûtra* développé, mise en scène qui avait reçu du respect religieux une sorte de consécration. Aussi est-il naturel de croire que si ces noms désignent des personnages réels, c'est dans les *Sûtras* simples qu'on devra en retrouver la mention. C'est uniquement dans cette prévision que je note deux variantes, l'une sur *Ratnadatta,* que les trois manuscrits autres que celui de la Société asiatique lisent *Naradatta,* et sur *Dharaṇîdhara,* que les deux manuscrits de M. Hodgson lisent *Dharaṇiṁdhara.* f. 3 a.

Le fils des Dêvas Ratnaprabha.] Ce nom est lu *Ratnabhadra* dans les deux manuscrits de M. Hodgson.

f. 3 b. *Le chef de l'univers Saha.*] Les deux manuscrits de M. Hodgson lisent *Sahâpati*, ce qui est certainement une meilleure leçon que *Sahapati*, ainsi qu'on peut s'en convaincre par l'étude des manuscrits les plus corrects, et en se reportant à une note spéciale sur le nom de l'univers *Sahâ*, note placée à la fin de l'*Introduction à l'histoire du Buddhisme indien*, t. I, p. 594. Je prie donc le lecteur de vouloir bien lire *Sahâ* au lieu de *Saha*, dans le cours de cette traduction qui a été imprimée avant que j'eusse trouvé le moyen de déterminer l'orthographe et le sens véritable du mot *Sahâ*.

Kôṭis de Nâgas.] Le manuscrit de Londres et les deux manuscrits de M. Hodgson lisent : « Kôṭis de rois des Nâgas. »

Utpala.] Ce nom est lu *Utpalaka* par les deux manuscrits de M. Hodgson, et *Utparaka* par celui de Londres; cette dernière leçon n'est qu'une faute de copiste.

Le roi des Kinnaras Drûma.] Je suis, pour l'orthographe de ce nom propre, les manuscrits qui sont unanimes, sauf en ce qui touche l'abrègement de la voyelle *u* qui me paraîtrait préférable. Je remarquerai cependant que d'autres listes écrivent *Dharma*, le nom du roi des Kinnaras. Cette dernière orthographe semble même confirmée par les noms des autres rois des Kinnaras, lesquels ne sont que des composés où *dharma* occupe la principale place.

f. 4 a. *Mahâkâya.*] Ce nom est lu *Mahâkâtyâyana* par les deux manuscrits de M. Hodgson; cette dernière leçon est certainement fautive.

Vâidêhî.] Je suis ici l'orthographe du manuscrit de Londres et des deux manuscrits de M. Hodgson, ce qui nous donne un nom de femme, au lieu de *Vâidêhi*, qui serait un nom d'homme. Or on sait que *Vâidêhî* était le nom de pays de Çrîbhadrâ, la seconde femme du roi Bimbisâra, père d'Adjâtaçatru, et que ce surnom signifie « celle qui est « née dans le Vidêha [1]. » J'ignore si c'est d'après les commentaires si précieux qu'il avait entre les mains, que Turnour a traduit cette épithète de *vêdêhipattô* appliquée au roi Adjâtaçatru, par *a descendant of the Vedehi line* [2]. Rien dans le cours du *Sutta* pâli au début duquel paraît cette épithète, ne nous avertit du sens qu'il faudrait lui donner.

Destiné à l'instruction des Bôdhisattvas.] Le terme dont se sert le texte est *Bôdhisattva-avavâdam*, littéralement « instruction orale des Bôdhisattvas. » On voit que je prends ce terme dans le sens passif, en faisant du mot *avavâda* le moyen par lequel les Buddhas instruisent oralement les Bôdhisattvas; mais il est aisé de comprendre qu'on pourrait également bien le prendre au sens actif de cette manière, « enseignement oral que donnent

[1] Schiefner, *Eine tibet. Lebensbeschreibung Çâkyamuni's*, p. 23.

[2] Turnour, *Examin. of pâli Buddh. annals*, dans *Journ. as. Soc. of Bengal*, t. VII, p. 992, comp. avec le *Mâhâparinibbâna sutta*, dans *Dîgh. nikâya*, f. 81 b. Nous verrons ailleurs ce nom de *vêdêhiputta*.

« les Bôdhisattvas. » Le lecteur est libre de choisir entre ces deux interprétations; j'ai préféré la première, parce qu'il m'a paru plus conforme au sens général du passage, de faire du *Sûtra* qu'on y décrit, la possession exclusive des Buddhas. En traduisant *avavâda* par *enseignement, instruction,* je ne m'éloigne que très-peu du sens de *commandement, ordre,* qu'a ce mot dans le sanscrit classique; mais je crois cette légère modification indispensable. La signification précise en est établie par celle du verbe *avavadati,* « il adresse la « parole, ou l'enseignement, » qui est d'usage dans les deux grandes écoles du Buddhisme indien. J'en trouve deux exemples parfaitement clairs dans le *Djina alaṁkâra* pâli. Dans le premier, il est question de l'homme qui n'a que des dispositions vicieuses; après avoir exposé la nature de sa perversité, le texte s'exprime ainsi : *Taṁ Bhagavâ na ôvadati yathâ Dêvadattaṁ Kôkâliyaṁ Sunakkhattaṁ Litchtchhaviputtam yêvâ panaññê sattâ mitchtchhattaniyatâ.* « Bhagavat ne lui adresse pas la parole [pour l'instruire], pas plus qu'à Dêvadatta « Kôkâliya, à Sunakkhatta fils du Litchtchhavi, pas plus qu'aux autres êtres enclins au « mensonge[1]. » Le second passage nous montre le verbe *ôvadati* (en sanscrit *avavadati*), rapproché du substantif *ôvâda* (pour *avavâda*), par une de ces répétitions familières au style antique : *Tattha Bhagavâ tikkhindriyaṁ saṁkhittêna ôvâdêna ôvadati madjdjhimindriyaṁ saṁkhittênatcha vitthârêṇatcha ôvadati mudindriyaṁ vitthârêṇa ôvadati.* « Alors Bhagavat enseigne « par un enseignement abrégé celui qui a des organes pénétrants, par un enseignement et « abrégé et développé celui qui a des organes d'une force moyenne, par un enseignement « développé celui qui a des organes mous[2]. » Dans un autre passage, le même livre donne ce qu'on pourrait appeler la formule générale de l'enseignement du Buddha, et il se sert du terme même dont font usage les Buddhistes du Nord. Le passage est assez caractéristique pour mériter d'être cité : *Atha Bhagavâ êvaṁ katapûrêbhattakitchtchô gandhakûṭiyâ upaṭṭhâkêna paññattâsanê nisîditvâ pâdê pakkhâlêtvâ pâdapîṭhê ṭhapêtvâ bhikkhusaṅghaṁ ôvadati : bhikkhavê appamâdêna sampâdêtha dullabhô buddhuppâdô lôkasmiṁ dullabhô manussattapaṭilâbhô dullabhâ khaṇasampatti dullabhâ pabbadjdjâ dullabaṁ saddhammasavananti êvaṁ Bhagavatâ Sugatôvâdavasêna vuttô dhammô Dîghanikâyamadjdjhimanikâyappamânô hôti.* « Alors Bhagavat, après avoir accompli de cette manière les actes qui précèdent le « repas, s'étant assis sur le siége qui lui avait été préparé par son serviteur dans la chambre « des parfums, ayant lavé ses pieds et les ayant posés sur le piédestal, adresse la parole à « l'Assemblée des Religieux : Prenez l'investiture sans délai, ô Religieux! C'est une chose « difficile à rencontrer que la naissance d'un Buddha dans ce monde. C'est une chose « difficile à rencontrer que l'acquisition de la condition humaine, que l'occasion du mo« ment favorable, que l'état de Religieux mendiant, que l'avantage d'entendre la bonne « loi. C'est ainsi que conformément à l'enseignement oral des Sugatas, Bhagavat expose « la loi dont les autorités sont le *Dîgha nikâya* et le *Madjdjhima nikâya*[3]. » Je donnerai un autre exemple de la signification de ce mot emprunté à l'un des Édits de Piyadasi; on le trouvera au numéro X de l'*Appendice,* où il est parlé de ces inscriptions.

Son corps était immobile.] Le mot dont se sert ici le texte est écrit de la même manière

[1] *Djina alaṁkâra*, f. 17 *a*. — [2] *Ibid.* f. 17 *b*. — [3] *Ibid.* f. 27 *a* et *b*.

par nos quatre manuscrits, *aniñdjamâna.* Cette orthographe cependant donne lieu à une difficulté étymologique. En effet si ce participe est celui du radical *îdj,* « aller, » on devrait l'écrire avec un *î;* si, d'un autre côté, il faut garder l'*i* bref, c'est à *niñdj* qu'il faut s'adresser; mais ce dernier radical ne signifie plus « aller, se mouvoir. » J'en dirai autant du mot suivant *aniñdja,* lequel appartient au radical quel qu'il soit d'où dérive le terme précité; il faut de toute nécessité le prendre ici pour un substantif. Cette orthographe, du reste, est peut-être le résultat de l'influence d'un dialecte populaire où il serait permis, comme en pâli par exemple, de remplacer par une brève une voyelle longue de sa nature, quand cette brève vient à être suivie de deux consonnes qui lui rendent sa quantité primitive. Il se peut aussi que ce radical *idj,* et avec une nasale *iñdj,* soit une forme ou ancienne ou populaire du radical classique *êdj,* « se mouvoir. » Quoi qu'il en soit, on le rencontre fréquemment dans les textes buddhiques du Nord, notamment dans le *Lalita vistara.* Quand le Buddha est parvenu à franchir les quatre degrés de la contemplation, on dit qu'il est *âniñdjyaprâpta,* « arrivé à l'immobilité ou à l'absence d'émotion, » c'est-à-dire à l'impassibilité[1]. En pâli, et dans un passage que l'on trouvera à l'*Appendice* sous le n° XXI, ce mot est écrit *anêdjdjappatta;* ce qui semblerait nous ramener au radical *êdj,* si *êdjdja* ne représentait pas plutôt un primitif sanscrit comme *âidjya.* Avec la préposition *sam,* dont la nasale est souvent augmentée par l'addition fautive d'un *anusvâra,* ce même radical forme le substantif *sañminñdjana,* que les Tibétains rendent par « l'action « de se ramasser, de se resserrer, » littéralement « se mouvoir avec ou sur soi-même; » ce substantif se rencontre souvent opposé à *prasâraṇa*[2]. Le radical *indj* se trouve également en pâli avec cette dernière acception, comme on peut le voir par la comparaison suivante que j'emprunte à un *Sutta* pâli, et que je transcris exactement d'après mon manuscrit: *Sêyyathâpinâma balavâ purisô sañminñdjitañvâ bâhañ pasârêyya pasâritañvâ bâhañ sañminñdjêyya.* « Comme ferait par exemple un homme vigoureux qui étendrait son bras fer« mé, ou qui fermerait son bras étendu[3]. »

Mandâras.] Il faut lire *mandâravas,* comme font les manuscrits de M. Hodgson, et comme fait ailleurs le manuscrit de la Société asiatique sur lequel a été exécutée ma traduction. Les noms de ces arbres ne diffèrent, en effet, les uns des autres que par l'addition de l'épithète *mahâ.* Il n'en est pas moins vrai que le sanscrit classique ne nous fournit que *mandâra,* qui, d'après Wilson, désigne un des cinq arbres du paradis d'Indra, lequel répond sur la terre à l'*Erythrina fulgens,* l'une des fleurs les plus éclatantes de l'Inde. Wilson donne à la *mañdjûchâ,* auquel répond sans doute le *mañdjûchaka* de notre texte, le sens de « garance du Bengale. » Ces noms reparaîtront plus bas à l'occasion des arbres qualifiés de divins, ch. XVIII, f. 192 *a.*

Les quatre Assemblées.] C'est la réunion des *Bhikchus* ou mendiants, des *Bhikchuṇîs* ou femmes qui mendient, des *Upâsakas* ou fidèles, et des *Upâsikâs* ou femmes fidèles. Ces

[1] *Lalita vistara,* f. 178 *a* de mon man. A. — [2] *Lalita vistara,* fol. 136 *a* de mon manuscrit A; Foucaux, *Rgya tc'her rol pa,* tome II, page 249. — [3] *Sakkapañha,* dans *Dîgh. nik.* f. 118 *b.*

divers personnages sont positivement énumérés ci-dessous, f. 5 *b*, et c'est également la définition que les Buddhistes du Sud donnent des quatre Assemblées, d'après l'*Abhidhâna ppadîpikâ*[1]. Cette constitution des Assemblées religieuses est certainement fort ancienne, car elle est déjà mentionnée dans la missive du roi Piyadasi que j'examinerai ailleurs. Le monarque buddhiste invite les *Bhikkhus* et les *Bhikkhuṇîs*, ainsi que les *Upâsakas* et les *Upâsikâs*, à écouter et à conserver les expositions de la loi; le nom des *Bhikkhus* (Bhikchus) est ou altéré dans l'inscription, ou mal rendu dans le *fac-simile;* mais il n'y a aucun doute possible sur les premiers mots de la huitième ligne 𑀳𑁂𑀯𑀁𑀳𑁂𑀯 𑀉𑀧𑀲𑀓𑀘 𑀉𑀧𑀲𑀺𑀓𑀘 *hêvaṃhêva upâsakâtchâ upâsikâtchâ*, « de même aussi les fidèles et les femmes fidèles[2]. »

Ébranlée de six manières différentes.] Rien n'est plus commun dans les grands Sûtras du Nord que ces descriptions de tremblements de terre fabuleux; on en peut voir des exemples dans le *Lalita vistara*[3]. Du reste, les mots qui expriment les six manières dont la terre est ébranlée, ne sont pas faciles à traduire avec toute la précision désirable. Ce sont trois verbes exprimant le mouvement et l'agitation à des degrés divers, qui sont différenciés par l'addition d'un ou de deux préfixes dont la nuance propre n'est pas bien définie. Ainsi *tchalita* exprime le tremblement d'un corps qui va tomber, et, avec l'addition des suffixes *sam-pra*, il peut signifier que ce tremblement agite d'une manière complète la totalité du corps et le pousse en avant. Le mot *vêdhita* peut avoir, en tant qu'il vient de *vyadh*, la signification de *frappé*, et exprimer le mouvement d'un corps qui est ébranlé et qui se meut sous les coups qu'il reçoit; l'addition des suffixes *sam-pra* ajoute sans doute à cette idée, celle d'intensité et d'universalité. Enfin *kchubhita* exprime l'agitation d'un corps qui monte et descend, le *bondissement*, par exemple le mouvement des eaux de la mer, et les suffixes *sam-pra* ajoutent sans doute encore ici l'idée d'intensité que j'ai indiquée tout à l'heure. Après ces explications, on doit voir que je ne donne ma traduction que comme une interprétation approximative. On trouvera dans le *Foe koue ki* une note détaillée de Klaproth sur les huit causes des tremblements de terre, selon les Buddhistes[4]. J'ai déjà remarqué que les détails renfermés dans la note de Klaproth ont une grande analogie avec une description analogue empruntée à un *Sûtra* du Nord[5]. f. 4 *b*.

Maṇḍalins, Balatchakravartins.] Si ces dénominations ne sont pas tout à fait mythologiques, un commentaire qui en marquerait exactement la différence, nous donnerait probablement quelques notions sur les divisions politiques de l'Inde à l'époque où elles avaient cours; malheureusement nous ne possédons encore rien de semblable, et nous sommes réduits à rassembler çà et là les notions éparses dans les textes sur ces noms qui réveillent chez les Buddhistes des idées qui leur sont familières et qu'ils n'ont pas besoin de définir. Quant à présent, on peut dire que les trois titres *Maṇḍalins, Balatchakravartins*, et *Tchaturdvîpa tchakravartins*, expriment une domination de plus en plus éten-

[1] *Abhidh. ppadîp.* l. II, cap. v, st. 8.

[2] J. S. Burt, *Inscription found near Bhabra*, dans *Journ. asiat. Soc. of Bengal*, t. IX, p. 618.

[3] *Rgya tch'er rol pa*, t. II, p. 59, 337 et 338.

[4] *Foe koue ki*, p. 217 et suiv.

[5] *Introd. à l'hist. du Buddh. indien*, t. I, p. 81.

due jusqu'à devenir fabuleuse. Ainsi les *Maṇḍalins* sont les souverains d'un royaume dit *maṇḍala;* ce sont probablement les rois ordinaires. Les *Balatchakravartins* sont des souverains de plusieurs royaumes, et leur puissance est, à ce qu'il paraît, soutenue par une armée ou une force (*bala*) qui leur assure la victoire. Enfin les *Tchaturdvîpa tchakravartins* sont des monarques souverains dont la fabuleuse domination s'étend sur les quatre îles dont la réunion forme la terre suivant l'opinion des Buddhistes. Mais il se pourrait aussi que la fable commençât ici avec le nom de *Tchakravartin,* et que ce titre désignât le moins élevé des souverains *Tchakravartins,* celui qui ne commande qu'à l'un des quatre *Dvîpas* ou îles, et dont un recueil cité par Abel Rémusat compte quatre jusque et y compris le *Tchaturdvîpa tchakravartin*[1]. Il est à peu près certain que le titre de *Mahâtchakravartin* ou grand monarque souverain, n'est qu'un synonyme de celui de *Tchaturdvîpa tchakravartin.* Il semble cependant que l'addition de l'épithète *mahâ* ne soit pas indispensable pour marquer l'infériorité des *Balatchakravartins* à l'égard des *Tchakravartins;* car ces derniers passent pour posséder seuls les sept objets précieux qui sont énumérés au commencement du *Lalita vistara*[2]. C'est ce que je crois pouvoir conclure d'un passage du *Lotus,* ch. XVIII, f. 195 *b,* que j'ai corrigé dans une note. On trouvera dans le *Foe koue ki* une note intéressante où Abel Rémusat a rassemblé ce que les textes chinois lui offraient de plus caractéristique touchant le roi *Tchakravartin,* la puissance qu'il possède, et l'époque à laquelle il paraît au monde[3]. Remarquons en terminant que le titre de *Tchakravartin* a été emprunté par les Buddhistes aux Brâhmanes qui l'attribuaient à Bharata, ce personnage épique, souverain de toute la terre; mais G. de Humboldt[4] et Lassen[5] ont montré que ce titre, par l'usage qu'en ont fait les Buddhistes, leur est devenu à peu près exclusivement propre. Ainsi l'idée d'assigner à un Buddha dans l'ordre religieux le rang qu'occupe le roi *Tchakravartin* dans l'ordre politique, ne pouvait se présenter aux Brâhmanes.

Remplis d'étonnement et de satisfaction.] L'expression consacrée dans les textes sanscrits du Nord pour rendre cette idée est *âçtcharyaprâptâ âudvilyatchittâḥ;* le premier mot signifie littéralement « arrivés à l'étonnement; » mais je n'ai pas d'autorité positive pour traduire par *satisfaction,* plutôt que par *curiosité,* ou encore par *surprise* ou même par *trouble,* le mot *âudvilya,* que je ne trouve pas dans Wilson. Il faut probablement rattacher ce dérivé au radical *vil,* « to throw, to cast, » et y voir un substantif abstrait qui devra signifier au propre *agitation, trouble.* En rapprochant *âudvilya* de *vêlâ,* on serait tenté de traduire le premier mot par « l'état d'être hors de sa rive, » ou encore « d'être inopinément frappé, « surpris à l'improviste. » Cette dernière interprétation semblerait être confirmée par le singhalais, où le mot *uvale* signifie, selon Clough, *confused, entangled, perplexed*[6]. Ce dernier mot semble nous conduire à une forme pâlie qui serait *uvila* ou *ubbila.*

[1] *Foe koue ki,* p. 134.
[2] *Rgya tch'er rol pa,* t. II, p. 14 et suiv.
[3] *Foe koue ki,* p. 131 et suiv.
[4] Humboldt, *Ueber die Kawi-Sprache,* t. I, p. 276.
[5] Lassen, *Ind. Alterthumsk.* t. I, p. 810, note 2; t. II, p. 76, note 5. La question est, dans les deux endroits cités, traitée de main de maître.
[6] *Singhal. Diction.* t. II, p. 83.

Jusqu'au grand Enfer Avîtchi, etc.] Sur cet Enfer qui est le dernier des huit Enfers brûlants, voyez une note du *Foe koue ki*, p. 299, et aussi l'*Introduction à l'histoire du Buddhisme indien*, t. I, p. 201 et 202. L'enfer Avîtchi est le point le plus déclive d'un monde, comme la limite de l'existence en est le point le plus élevé. Appliquées à ces dix-huit mille terres de Buddha, c'est-à-dire à ces dix-huit mille mondes fabuleux qu'on suppose chacun sous la direction tutélaire d'un Buddha, ces expressions signifient que ces mondes furent entièrement illuminés depuis le haut jusqu'en bas. Quant à ce que j'ai traduit ici par « jusqu'aux limites de l'existence, » et ailleurs « jusqu'aux lieux où commence l'existence, » c'est l'expression *bhavâgra*, qu'il serait plus exact de rendre par « le point culminant de l'existence, » littéralement le sommet de l'existence, ou comme je l'ai dit plus bas, st. 5, « la limite extrême où finit l'existence; » ce sommet est celui du dernier étage du *monde sans forme*, qui est la partie la plus élevée des mondes superposés[1]. On trouve encore dans quelques textes, mais autant que je le puis croire jusqu'ici, dans des textes plus modernes, une autre expression qui paraît au premier abord synonyme de *bhavâgra*, mais qui en diffère par l'application qu'on en fait. C'est le terme de *bhûtakôṭi* qui est synonyme du *Vide* selon le *Saddharma Lañkâvatâra*[2]; dans cette acception, il est probable que *bhûtakôṭi* signifie « le bout, l'extrémité de ce qui est » non pas inclusivement, mais exclusivement, de manière qu'avant la première chose qui est, on ne voie encore que le vide. Au reste quand même cette explication devrait être reconnue inexacte ou insuffisante, il n'en resterait pas moins à peu près certain que *bhûtakôṭi*, par cela seul qu'il est synonyme de *çunyatâ*, « la vacuité, » ne peut l'être de *bhavâgra*, dont le sens a été suffisamment déterminé par ce qui précède.

Les six voies de l'existence.] Ce sont les six conditions d'existence pour les êtres sensibles; on les nomme *gati*, « voies, » parce que c'est par elles que *va*, que marche l'homme, c'est-à-dire que s'opère la transmigration du principe intelligent et sensible. Les six voies sont ainsi énumérées dans toutes les écoles : 1° celle des Dêvas, ou habitants des cieux; 2° celle des hommes; 3° celle des génies, comme les Gandharvas, les Kinnaras, les Yakchas, les Asuras et autres; 4° celle des Prêtas ou démons faméliques; 5° celle des brutes; 6° celle des habitants des Enfers ou damnés[3]. Nous verrons plus bas, chap. V, fol. 73 *a*, que l'on n'en compte quelquefois que cinq dans le texte même de notre *Saddharma puṇḍarîka*. Ces six conditions se divisent en deux classes, la première formée de deux conditions qui sont bonnes, la seconde formée des quatre autres conditions qui sont mauvaises[4]. Au nombre de ces quatre mauvaises conditions, A. Rémusat met la condition humaine[5]. Mais ce doit être une erreur, car la plupart des autorités s'accordent à placer l'homme au second rang dans l'échelle des êtres. Les Buddhistes du Sud

[1] Rémusat, *Essai sur la cosmographie et la cosmog. Buddh.* dans *Mélanges posthumes*, p. 91.

[2] *Saddharma Lañkâvatâra*, f. 57 *b*, man. Bibl. nat.

[3] Des Hauterayes, *Rech. sur la relig. de Fo*, dans *Journ. asiat.* t. VIII, p. 45 et 312; Rémusat, *Mél. posth.* p. 80 et 92; Klaproth, dans le *Foe koue ki*, p. 288, note. Voyez ci-dessous, chap. II, fol. 29 *b*, st. 63.

[4] Des Hauterayes, dans *Journ. asiat.* t. VIII, p. 45.

[5] Rémusat, *Mélanges posthumes*, p. 113.

nomment « les quatre *apâyas,* » ces quatre dernières existences [1], et *âpâyika*, celui qui est condamné à une de ces existences. Le mot *apâya* est également usité chez les Buddhistes du Nord, et il en doit être autant de son dérivé *âpâyika*. Le *Djina alam̃kâra* emploie cette expression qu'on doit retrouver souvent : *tchatusu apâyêsu patitvâ*, « étant tombé dans les « quatre états de punition [2]. »

f. 5 a. *Cette pensée s'éleva dans l'esprit du Bôdhisattva.*] Le texte se sert ici d'une expression propre au sanscrit buddhique et qu'il possède en commun avec le pâli, c'est la locution *bôdhisattvasya étad abhavat*, littéralement « cela fut au Bôdhisattva. » On dirait en pâli *bôdhisattassa étad ahôsi*. Il y a un exemple de cette locution dans un texte pâli qui fait partie des fragments publiés par M. Spiegel [3].

L'apparition merveilleuse d'un grand miracle.] Le texte se sert ici de l'expression *mahânimitta prâtihârya*, qui est spécialement propre au style buddhique de toutes les écoles, et que l'on retrouve dans le pâli de Ceylan sous la forme de *pâṭihâriya*. En voici un exemple que je cite, parce qu'il rappelle par un trait court, mais expressif, une idée familière aux Buddhistes du Nord : *Tattha tattha dassitapâṭihâriyênâpi mahâdjanô pasîdati.* « La foule « du peuple est disposée à la bienveillance par les miracles qu'on lui fait voir çà et là [4]. » Ce passage est certainement inspiré par le même esprit que ceux que j'ai cités ailleurs sur la destination et l'efficacité des miracles dans le Buddhisme [5].

Puissance surnaturelle.] Le mot que je rends de cette manière est *r̃iddhi*, en pâli *iddhi*, terme que les Mongols ont emprunté ainsi que quelques autres au sanscrit, sans le modifier [6]. C'est à l'aide de leur puissance surnaturelle, véritable pouvoir magique, que les Buddhas et les autres personnages qui sont parvenus au degré suffisant de sainteté, accomplissent les miracles qui jouent un si grand rôle dans les légendes buddhiques. On peut consulter sur l'étendue et les effets de cette prétendue puissance, une note d'Abel Rémusat, rédigée d'après des autorités chinoises, mais dont les détails se retrouveraient épars, soit dans notre *Lotus* même, soit dans d'autres ouvrages de la collection népâlaise de M. Hodgson [7]. Dans la note à laquelle je renvoie le lecteur, les expressions *les yeux du ciel, les oreilles du ciel*, sont très-probablement la traduction des expressions sanscrites *dêva tchakchus, dêva çrôtra;* et nous avons un exemple, sinon de ces facultés divines, du moins d'une perfection d'organes qui en approche, dans notre *Lotus de la bonne loi* même, chap. XVIII, pag. 215 et suiv.

La puissance surnaturelle ou magique nommée *r̃iddhi* repose sur quatre fondements, ou se compose de quatre portions nommées *R̃iddhipâda*, que j'ai eu occasion de citer

[1] Upham, *The Mahâvansi*, t. III, p. 25; Clough, *Singhal. Diction.* t. II, p. 697.

[2] *Djina alam̃kâra*, f. 5 *b* init.

[3] *Anecdota pâlica*, p. 83.

[4] *Djina alam̃kâra*, f. 26 *b*.

[5] *Introd. à l'hist. du Buddh.* t. I, p. 162 et suiv.

[6] Pallas, *Sammlung. hist. Nachricht.* t. II, p. 386; I. J. Schmidt, *Geschichte der Ost-Mongol.* p. 312; *Foe koue ki*, p. 32, 246 et 248.

[7] *Foe koue ki*, p. 32, note 6.

ailleurs d'après une légende du *Divya avadâna*[1]; malheureusement la partie de la légende où se trouvent ces *Rïddhipâdas* n'est pas très-claire, et même elle manque à un manuscrit du *Divya avadâna* que je dois à la libéralité de M. Hodgson. Le Vocabulaire pentaglotte buddhique donne de ces *Rïddhipâdas* une énumération plus régulière, mais non encore plus intelligible, qu'il est bon de rapporter ici. Voici d'abord le texte du *Divya avadâna* : 1° *tchhanda samâdhi prahâṇâya sam̃skâra samârôpanatâ rïddhipâdaḥ*, 2° *tchittarddhipâdô*, 3° *vîryarddhipâdô*, 4° *mîmâm̃sâ samâdhi prahâṇa sam̃skâra samanvâgata rïddhipâdaḥ*[2]. Je passe maintenant à l'énumération du Vocabulaire pentaglotte, en l'interprétant partie par partie : 1° *tchhanda samâdhi prahâṇa sam̃skâra samanvâgatô rïddhipâdaḥ*, littéralement : « la portion de la puissance magique accompagnée de la conception du renoncement à « la méditation du désir ; » 2° *tchitta samâdhi prahâṇa*, et comme au n° 1, pour la suite de la formule : « le renoncement à la méditation de l'esprit ; » 3° *vîrya samâdhi prahâṇa*, et ainsi de suite : « le renoncement à la méditation de la force ; » 4° *mîmâm̃sâ samâdhi prahâṇa*, et ainsi de suite : « le renoncement à la méditation de tout exercice intellec- « tuel[3]. » On voit que pour se faire une idée nette de ces quatre parties de la puissance magique, il faudrait un commentaire détaillé ; car l'inconvénient d'une traduction littérale comme celle qui se présente pour chacun de ces termes, est suffisamment sensible : une telle traduction ou force ou affaiblit la nuance des mots, qui dans ce genre d'expressions sont naturellement très-compréhensifs. Essayons cependant d'y voir un peu plus clair ; il va sans dire que mes explications ne devront conserver quelque valeur qu'autant qu'elles viendraient à s'accorder avec un texte donnant une interprétation authentique de ces quatre termes. Les mots fondamentaux de chaque formule sont le désir, l'esprit, la force et l'exercice de l'intelligence : ce sont ces mots qui différencient les quatre formules. Vient ensuite *samâdhi prahâṇa*, dont la traduction littérale, « le renoncement à « la méditation, » ne présente pas une idée assez exacte. Ici *samâdhi* n'a probablement d'autre valeur que celle d'*idée*, ce qui permet de traduire les trois premiers termes de chaque formule de la manière suivante : « le renoncement à l'idée de désir, le renon- « cement à l'idée d'esprit, le renoncement à l'idée de force, le renoncement à l'idée « d'exercice de l'intelligence. » Le mot *sam̃skâra* peut sans doute conserver sa signification ordinaire de *conception, concept;* si cependant il était permis d'y substituer celle d'*accomplissement, action*, qui est parfaitement légitime, la formule y gagnerait en clarté. Je n'insiste pas sur *samanvâgatô*, qui signifie « accompagné de, doué de ; » mais dans le composé *rïddhipâda*, le terme de *pâda* ne doit pas signifier *fondement*, comme je le croyais autrefois, mais bien « le quart, la quatrième partie. » Cette correction a quelque importance, en ce qu'elle nous présente chacune des quatre formules comme une portion intégrante, et numériquement comme le quart de cette faculté supérieure qu'on nomme *rïddhi*. Ainsi pour nous résumer : « une portion de la puissance magique est « accompagnée de l'exécution du renoncement à toute idée de désir ; une autre l'est de « l'exécution du renoncement à toute idée d'esprit ; une troisième l'est de l'exécution

[1] *Introd. à l'hist. du Buddh. indien*, t. I, p. 75, 625 et 626. — [2] *Divya avadâna*, f. 98 *b*, man. Soc. asiat. — [3] *Vocabulaire pentaglotte*, sect. XXVII.

« du renoncement à toute idée de force ; une quatrième et dernière portion l'est de l'exé« cution du renoncement à toute idée d'exercice de l'intelligence. » En d'autres termes, avoir cessé de vouloir, de se sentir un esprit, de faire effort et d'exercer son intelligence, voilà les quatre éléments du pouvoir magique, éléments qui, à le bien prendre, se réduiraient à deux, puisque faire effort rentre dans vouloir comme dans sa cause, de même qu'exercer son intelligence rentre dans la fonction plus générale de se sentir intelligent. Le lecteur ne me demandera pas sans doute comment il se fait que l'annulation de ces deux grandes facultés, la volonté et l'intelligence, puisse assurer à l'homme la possession d'un pouvoir surhumain : c'est aux Buddhistes eux-mêmes que je le renverrais. Qu'il me suffise de rappeler que la croyance au pouvoir qu'a le sage d'acquérir des facultés surnaturelles par la pratique de certains exercices ascétiques, est pour les Buddhistes un dogme fondamental et un article de foi. Nous sommes placés ici hors des conditions du bon sens ordinaire, et l'on doit être moins surpris que les Buddhistes voulant faire de leur sage un être qui pût s'élever au-dessus des lois de la nature, lui aient enlevé les deux attributs par lesquels l'ascète le plus insensible est encore soumis à ces lois.

On trouve en outre dans le Vocabulaire pentaglotte cinq autres termes qui sont ajoutés à la section consacrée aux *Riddhipâdas*. Le premier est *anupalambhayôgô na bhavati* : ces trois mots doivent former une proposition dont la signification peut être : « il n'y a pas « union avec la non-perception ; » c'est-à-dire que le sage est indépendant de l'extérieur, en ce qu'il cesse d'être uni avec ce dont il n'y a plus pour lui de perception. Les quatre autres termes sont *vivêka niçritam, virâga niçritam, nirôdha niçritam, vyavasarga pariṇatam*. Ce sont des adjectifs au neutre qui doivent représenter des substantifs, et qu'on peut traduire ainsi : « la retraite au sein de la solitude, au sein du détachement des pas« sions, au sein de l'anéantissement, et la maturité du complet abandon. » Il semble que ces cinq termes qui reviennent à ceux-ci : la suppression de toute perception, la retraite dans la solitude, l'absence de toute passion, l'action d'arrêter toutes les causes d'activité et l'abandon absolu, sans doute de tout exercice de la volonté et de l'intelligence, doivent être considérés comme les causes efficientes du quadruple pouvoir magique. Je terminerai en avertissant que cette croyance au pouvoir surnaturel des Religieux qu'on distingue spécialement sous le titre d'*Arhat*, est ancienne dans le Buddhisme. Elle est aussi familière aux Buddhistes du Sud qu'à ceux du Nord ; et les quatre *Iddhipâdas*, comme on les nomme en pâli, sont à tout instant cités dans le *Mahâparinibbâna sutta*, aussi bien que dans le *Sâmañña phala sutta* du *Dîgha nikâya*, dont on trouvera la traduction au n° II de l'*Appendice*. Je ne les ai cependant pas encore vus nominativement énumérés dans un texte pâli ; mais il n'y a pas d'apparence que les termes doivent en être différents de ceux que je viens d'essayer d'analyser.

f. 5 *b*. *Qui a rempli sa mission.*] Le mot que je traduis par *mission* est *adhikâra*, qui signifie exactement « office, fonction dont on est chargé ; » ma traduction est donc conforme au sens classique d'*adhikâra*. Mais il se pourrait que chez les Buddhistes du Nord, le radical *krï*, précédé de *adhi*, eût la même acception spéciale qu'il a chez les Buddhistes du Sud, où, selon l'*Abhidhâna ppadîpikâ*, le substantif *adhikaraṇa* signifie « le désir exprimé par « quelqu'un ayant le pouvoir d'obtenir ce qui fait l'objet de ses vœux[1]. » Si cette supposition venait à se confirmer, il faudrait adopter la traduction suivante : « Voici Mañdjuçrî « Kumâra qui a exprimé ses vœux sous les anciens Djinas. » Ce même mot a encore une autre acception, mais que j'ai lieu de croire plus rare, car je ne l'ai encore rencontrée que dans un seul passage, dans un fragment du *Sâra sağgaha*, publié par Spiegel. Suivant ce texte, *adhikâra* signifie « le don, l'offrande » (*paritchtchâga*), par exemple, le don de son corps, de sa vie que fait un homme en exprimant le désir de devenir un jour un Buddha. L'*adhikâra* fait partie des conditions sans lesquelles nul ne peut parvenir à cet état sublime[2]. Comme il s'agit ici justement de Bôdhisattvas, j'ai cru que je ne pouvais pas omettre de mentionner ce sens; mais il se peut qu'il rentre dans le précédent, celui de « vœu, désir, » avec cette nuance spéciale, que dans l'*adhikâra* du texte de Spiegel l'objet du vœu serait exprimé.

Il aura profité des grands entretiens d'autrefois sur la loi.] Comme le texte se sert du mot *anubhûtâni*, « perçus, » il serait plus exact de traduire, « il aura compris les grands « entretiens d'autrefois sur la loi. »

St. 5. *Qui en sortent.*] Le texte se sert ici d'une expression propre au sanscrit buddhique, et qui se retrouve également dans les textes pâlis; c'est le radical *tchyu*, littéralement *tomber*, qui, par une extension de sens dont on peut suivre la marche dans le sanscrit classique, prend la signification de *sortir du monde*, c'est-à-dire *mourir*. On emploie plus ordinairement ce verbe avec un terme déterminatif du lieu où se trouve le sujet auquel on l'applique; ainsi on ne dit pas seulement *tchyutaḥ*, « étant tombé, » pour dire « étant « mort, » mais en ajoutant *tataḥ*, on dit *tataçtchyutaḥ*, « étant tombé d'ici, étant sorti de ce « monde. » J'en trouve plusieurs exemples dans les textes pâlis; je me contenterai d'en citer un qui me paraît très-caractéristique. Au commencement d'une des légendes contenues dans la collection dite *Rasavâhinî*, « le fleuve du goût, » collection dont Spiegel a donné quelques extraits, on trouve le passage suivant : *Tatô tchutô dêvalôkê nibbatti tassa dvâdasayôdjanikam̃ nakavimânam̃ nibbatti*. « Il tomba de ce monde; revenu dans le monde « des Dêvas, un char céleste de douze Yôdjanas d'étendue servait à ses plaisirs[3]. » Dans un autre passage du même recueil, un Mlêtchha qui a rendu un service à un Pratyêkabuddha, lui adresse la prière suivante : *Itô tchavitvâna bhavê bhavê sumahiddhikô dhanavâ sîlavâtcha saddhô mudu dânapatitcha hutvâ saggâpavaggam abhisambhuṇêyyanti*. « Étant tombé d'ici, « puissé-je, après avoir été dans chacune de mes existences très-fortuné, possesseur d'une « grande puissance magique, riche, vertueux, plein de foi, doux, libéral, obtenir la déli- « vrance céleste[4] ! » On trouvera d'autres exemples de cette expression dans les fragments publiés par Spiegel, avec quelques renvois au texte du *Mahâvam̃sa*[5]. f. 6 b.

[1] *Abhidhâna ppadîpikâ*, l. III, c. III, st. 91, éd. Clough, p. 115.

[2] Spiegel, *Anecdota pâlica*, p. 63 et 64.

[3] *Rasavâhinî*, f. 131 *a* de mon man.

[4] *Ibid.* f. 100 *b*.

[5] Spiegel, *Anecdota pâlica*, p. 64 et 67.

St. 10. *Aux hommes vertueux et comblés.*] Lisez, « aux hommes comblés des saints « regards des Buddhas. »

En décrivant complétement.] Le texte se sert du participe *sam̃varṇayantô* qui se prête également, je dois le dire, à un autre sens dont on rencontre de fréquents exemples, tant dans le sanscrit du Népâl, que dans le pâli de Ceylan. C'est le sens de *louange*, qui est justifié en sanscrit par des autorités classiques. Si l'on préférait ici cette signification, il faudrait dire, « en louant complétement cette règle de la loi. » Nous aurons par la suite de fréquentes occasions de constater l'existence de ce sens de *louange* donné par les textes buddhiques du Népâl et de Ceylan aux diverses formes du mot *varṇa*. Je citerai en attendant un bon exemple du pâli *vaṇṇa* emprunté à la partie philosophique du *Djina alam̃kâra*; il s'agit des qualités innombrables d'un Buddha:

Buddhôpi Buddhassa bhaṇéyya vaṇṇam̃ kappampi tchê aññam abhâsamânô khîyétha kappô tchiradîgham antarê vaṇṇô na khîyétha tathâgatassa.

« Quand le Buddha lui-même prononcerait l'éloge du Buddha, même pendant tout un Kappa « (Kalpa), sans parler d'autre chose, le Kalpa serait pendant ce récit depuis bien long- « temps terminé, que l'éloge du Tathâgata ne serait pas achevé [1]. » Comme *varṇa* signifie *louange*, *avarṇa*, qui en est le contraire, prend le sens de *blâme*. J'en trouve un exemple au commencement d'un des *Suttas* les plus estimés à Ceylan, le *Brahmadjâla sutta*: *Ayam̃hi Suppiyô paribbâdjdjakô anêkapariyâyêna Buddhassa avaṇṇam̃ bhâsati dhammassa avaṇṇam̃ bhâsati sam̃ghassa avaṇṇam̃ bhâsati.* « Le mendiant Suppiya (Supriya) blâme le Buddha, « blâme la Loi, blâme l'Assemblée [2]. » C'est dans le sens de *louange* que j'ai traduit le *vadanti varṇam* de la stance suivante, fol. 7 *a*. Il est clair que le sens de *description* n'irait pas mieux à cette stance, qu'au participe adverbial *sam̃varṇya* de la stance 76 ci-dessous, qui rapproché de la forme barbare *sam̃stuvitvâ*, ne peut avoir d'autre signification que celle de *ayant loué*.

f. 7 *a*. St. 14. *Des conques, du cristal.*] Ces deux mots représentent le terme composé de l'original *çañkha çilâ*, qui littéralement interprété signifie *conque et pierre*; et quand j'ai traduit le *Saddharma puṇḍarîka*, je n'avais pas le moyen de donner à mon interprétation une précision plus grande. Depuis j'ai eu occasion de conjecturer ailleurs que ce composé, dont les éléments subordonnés l'un à l'autre pourraient signifier *pierre de la conque*, désignait la *nacre de perle*[3], mais je n'ai rien trouvé depuis qui confirmât cette conjecture. M. Foucaux, dans la version française qu'il vient de publier du *Lalita vistara* tibétain, fait des deux termes deux désignations de substances distinctes, et y voit la nacre et le cristal[4]. J'avoue que j'aimerais à pouvoir adopter cette interprétation, et je n'hésiterais pas à le faire, si je trouvais quelque preuve que *çañkha*, « la conque, » désigne aussi la nacre dont plusieurs conques sont formées, ou au moins revêtues; car en ce qui regarde

[1] *Djina alam̃kâra*, f. 20 *b*, fin.
[2] *Brahmadjâla sutta*, dans *Digh. nik.* f. 1 *a*.
[3] *Introd. à l'hist. du Buddh. indien*, t. I, p. 91, not. 1.
[4] *Rgya tch'er rol pa*, t. II, p. 54.

çilâ, il n'y a aucune difficulté à y reconnaître le cristal, puisque les Tibétains traduisent ou plutôt transcrivent ce mot par *chel*, auquel les dictionnaires connus donnent le sens de *cristal*. Je remarque seulement (et c'est ce qui me laisse encore dans le doute sur la question de savoir si *çaṅkha çilâ* ne désigne pas une substance unique), que l'interprète tibétain du *Saddharma puṇḍarîka* rend les deux mots sanscrits par *man-chel*, et que I. J. Schmidt, dans son Dictionnaire tibétain, donne à *man-chel* la signification de *cristal*[1].

St. 16. *Dans l'enceinte des trois mondes.*] Le mot dont se sert le texte est *trâidhâtukê*; l'idée d'*enceinte*, que j'ajoute pour plus de clarté, est indiquée par la forme de dérivé collectif sous laquelle se présente ce mot. Mais comme cette traduction, quand elle n'est pas accompagnée du texte, est insuffisante pour montrer si l'original emploie le mot *trâidhâtukê* ou celui de *trâilôkyê*, et que ces deux expressions indiquent des objets et des divisions très-différentes, je crois nécessaire d'y renoncer aujourd'hui, en considération d'une remarque de I. J. Schmidt, sur le mérite de laquelle je me suis expliqué ailleurs[2]. Je propose donc maintenant de traduire *trâidhâtukê*, « dans l'enceinte des trois régions, » et *trâilôkyê*, « dans l'enceinte des trois mondes. » Le mot *dhâtu*, qui signifie d'ordinaire *élément, racine, métal*, est ici le dénominateur général des trois régions, qui sont *kâma-dhâtu*, « la région du désir, » *rûpadhâtu*, « la région de la forme, » *arûpadhâtu*, « la région de « l'absence de forme. » C'est très-vraisemblablement du sens de *contenance, compréhension*, que part cette acception particulière du mot *dhâtu*. Le sens de *compréhension*, qui est donné à *dhâtu* par un commentateur buddhiste[3], se retrouve encore dans le composé *lôkadhâtu*, littéralement « un contenant de mondes, un univers, » composé où *lôka* garde le sens de *monde* qu'il a dans le collectif *trâilôkya*. Quelque simple que soit cette notion, j'ai cru nécessaire de la rappeler ici, parce que le déplacement des deux mots *dhâtu* et *lôka* donnerait naissance à un autre composé d'un sens très-différent. Comme l'examen de ce composé pourrait étendre trop loin cette note, je l'ai rejeté à l'Appendice, où on trouvera quelques développements sur ce sens spécial du mot *dhâtu* d'après des textes anciens. Voyez *Appendice*, n° IV.

Véhicule.] Je traduis ainsi le mot *yâna*, char ou moyen de transport en général, expression qui se représentera souvent dans ce volume, et dont le sens est amplement expliqué dans une note étendue de A. Rémusat sur le *Foe koue ki*[4]. On compte trois véhicules, désignés collectivement par le titre de *triyâna*, qui sont comme autant de moyens fournis à l'homme par l'enseignement de Çâkya, pour sortir de l'enceinte des trois mondes, c'est-à-dire pour échapper à la loi de la transmigration, en parvenant à l'état de perfection que le Buddha promet à ses adeptes. Ces véhicules sont celui des *Çrâvakas* ou des Auditeurs du Buddha, celui des *Pratyêkabuddhas*, ou des Buddhas personnels, enfin celui des *Bôdhisattvas*, ou des Buddhas futurs[5]. Le *Lotus de la bonne loi* a pour objet d'établir,

[1] *Tibet. deutsch. Wörterb.* p. 414.
[2] *Introd. à l'hist. du Buddh.* t. I, p. 601, note 4.
[3] *Abhidharma kôça vyâkhyâ*, f. 27 a, fin et b, init.
[4] *Foe koue ki*, p. 9 et suiv.
[5] Rémusat, *Observ. sur l'hist. des Mongols orient.* dans *Nouv. Journ. asiat.* II° série, t. VIII, p. 529.

comme l'avait déjà avancé Rémusat d'après des autorités chinoises, qu'il n'existe qu'un seul *yâna*, ou moyen de transport, quelle que soit la variété des noms que portent les divers véhicules destinés à soustraire l'homme aux conditions de l'existence mortelle. Car cette diversité de véhicules est, comme le dit le *Saddharma puṇḍarîka* en plus d'un endroit, un moyen inspiré au Buddha par le besoin qu'il éprouve de proportionner son enseignement aux facultés de ceux auxquels il l'adresse. La parabole de la Maison embrasée, celle de l'Enfant égaré, sont d'intéressantes applications de cette théorie.

f. 7 *b*. St. 23. *Savent en donner la définition.*] Pour être plus exact, il faudrait dire, « la méditent « et savent en donner la définition. »

St. 24. *Aux cinq connaissances surnaturelles.*] Voyez ci-dessus, chap. I, fol. 1, et ci-dessous, chap. V, fol. 75 *a*.

f. 8 *a*. St. 28. *Convertissant un grand nombre de Bôdhisattvas.*] J'avais traduit par *convertissant* le mot *samôdayantâ*, comme s'il se rattachait au même thème que le pâli *ôvâda*, « enseigne-« ment. » Mais on ne peut admettre une contraction aussi forte que celle de *ôvâda* en *ôda*; et il est bien plus naturel de supposer que la nasale de *sam* a été oubliée, de sorte qu'on doit lire *sam-môdayantâ*. Dans cette supposition, il faudra traduire, « comblant de joie un « grand nombre de Bôdhisattvas. » Je n'insiste pas sur l'irrégularité que présente la déclinaison de ce mot; il appartient à la partie versifiée du *Lotus*, laquelle sera bientôt l'objet d'un examen spécial. Je remarque seulement que ce verbe se rencontre fréquemment avec cette même faute d'orthographe dans les manuscrits pâlis copiés chez les Barmans, tandis que les exemplaires singhalais, en général plus corrects, lisent le mot avec deux *m*. Ainsi, dans le *Pâṭimôkkha*, une glose relative au chap. II, règle 10, donne cette phrase : *Yasmâ samaggô saṁghô sammôdamânô avivadamânô êkuddesô phâsu viharati.* « Parce que « l'Assemblée se trouve heureusement pleine de satisfaction, ne discutant pas, donnant « une instruction unique [1]. » L'expression « se trouve heureusement » reparaîtra plus tard dans la formule dont on se sert pour saluer un Buddha ou l'Assemblée de ses Religieux [2].

St. 29. *Les Maruts.*] Le mot que je traduis ainsi est constamment écrit *maru* sans *t* final, comme il l'est en pâli [3].

St. 30. *Et les convertissent à l'état de Buddha.*] Il est plus exact de traduire, « et leur « inspirent de la joie touchant l'état de Buddha. »

f. 8 *b*. St. 31. *Ceux-là sont arrivés par l'énergie à l'état suprême de Bôdhi.*] Cette interprétation est gravement incorrecte. Il ne peut être ici question de personnages arrivés à l'état de Bôdhi, autrement ces sages seraient des Buddhas. Le texte se sert du mot *prasthita*,

[1] *Pâṭimôkkha*, man. pâli-barman de la Bibl. nat. f. 11 *b*, et p. 84 de ma copie.

[2] Ci-dessous, ch. XXIV, f. 224 *a*.

[3] *Abhidhân. ppadîp.* l. I, ch. I, sect. I, st. 10.

« parti pour, qui est en route; » il faut donc traduire, « ceux-là sont partis à l'aide de l'énergie pour l'état suprême de Bôdhi. » La même correction doit être introduite à la fin de la stance 32, où il faut lire, « ceux-là sont partis à l'aide de la morale pour l'état suprême « de Bôdhi; » à la fin de la stance 35, où il faut lire, « ceux-là sont partis à l'aide de la « contemplation pour l'état suprême de Bôdhi; » à la fin de la stance 40, où il faut lire, « ceux-là sont partis à l'aide de l'aumône pour l'état suprême de Bôdhi; » à la fin de la stance 41, où il faut lire, « ceux-là sont partis à l'aide de la science pour l'état suprême « de Bôdhi; » à la fin de la stance 42, où il faut lire, « ceux-là sont partis à l'aide de la « sagesse pour l'état suprême de Bôdhi. »

St. 37. *Des centaines de kôṭis de vêtements.*] J'avais lu par erreur *çataṁ* au lieu de *satataṁ*, que donnent les manuscrits. Il faut donc traduire, « quelques-uns donnent sans « cesse des vêtements par kôṭis. »

St. 38. *Vihâra.*] C'est le nom que l'on donne aux monastères buddhiques, c'est-à-dire aux lieux où se trouvent, où passent leur vie les Religieux. Georgi a publié le plan d'un de ces édifices, dont Pallas et Hodgson ont reproduit plusieurs représentations[1]. Les Buddhistes qui ont relevé et compté les mérites et les défauts de chaque chose, prétendent qu'il y a cinq perfections sans lesquelles un monastère n'est pas accompli. Je trouve l'énumération de ces cinq perfections dans un des livres les plus estimés des Buddhistes du Sud, l'*Aĝguttara nikâya*, dont la Bibliothèque nationale possède un manuscrit en pâli et en barman : « Comment, ô Religieux, un monastère a-t-il les cinq perfections? « C'est lorsqu'il n'est ni trop loin, ni trop près, qu'il est fréquenté, que le jour il ne s'y « voit pas de confusion, qu'il est, la nuit, tranquille et sans bruit, qu'on n'y éprouve « l'atteinte ni des mouches, ni des cousins, ni des serpents, ni du vent, ni de la chaleur, « ni de la réverbération de la lumière. Celui qui habite un tel monastère, a sans peine « ce dont il a besoin, le vêtement, le riz préparé, le lit et le siége, les médicaments pour « guérir les maladies. D'anciens Religieux d'un grand renom, versés dans la lecture des « livres sacrés, qui observent les préceptes du *Vinaya* et de la *Mâtikâ*, qui possèdent la « loi, habitent ce monastère. Ces Religieux passent leur temps à interroger et à faire sans « cesse de nouvelles questions : Comment? qu'est-ce que cela veut dire? Voilà com« ment ils interrogent et comme ils font de nouvelles questions. Puis ils expliquent à « celui qu'ils ont interrogé, ce qu'il y a d'obscur dans le texte. Ce qui n'y est pas dit, ils « le disent; ils dissipent les doutes qui s'élèvent sur divers passages difficiles de la loi. « C'est ainsi, ô Religieux, qu'un monastère a les cinq perfections[2]. »

St. 42. *Des hommes connaissant la loi de l'inaction.*] Les manuscrits de M. Hodgson et f. 9 *a.*

[1] Georgi, *Alphab. tibet.* p. 407; Pallas, *Sammlung. histor. Nachricht. über die Mongol. Völkerschaft.* t. II, p. 143, pl. X, XI; B. Hodgson, *Sketch of Buddhism*, dans *Transact. of the Roy. asiat. Soc.* t. II, p. 245, 257, pl. III, V, VI, VII; voyez encore *Introd. à l'hist. du Buddh. indien*, t. I, p. 262, note 1, et p. 317, note 1.

[2] *Aĝguttara nikâya*, fol. *khi* verso, fin.

celui de Londres s'accordent à lire *nirîhakâñ* pour *nirîhakân*, à la place de *nirîhakâ* du manuscrit de la Société asiatique. Il faut donc détacher cet attribut du suivant, et traduire, « je vois des hommes indifférents, connaissant les lois. » Quant à l'expression suivante, *parvenus à l'unité*, j'avoue que c'était uniquement par conjecture que je traduisais ainsi le texte qui donne *dvayapravrĭttâñ* pour *pravrĭttân*, avec le seul sens possible de « livrés à la dualité, occupés de la dualité. » Tous les manuscrits sont unanimes quant à cette leçon. Mais la version tibétaine, en traduisant ainsi ce terme difficile, *gñis-med rab jugs*, « parfaitement entrés dans l'indivisible, ou dans l'indubitable, » me semblait partir d'un texte où *pravrĭttân* serait précédé d'une négation, comme *dvayâpravrĭttân*, « ne s'occupant pas de la dualité. » C'est d'après cette supposition que j'avais traduit; mais aujourd'hui je doute plus que jamais de l'exactitude de cette version. Ne se pourrait-il pas en effet que le mot *dvaya*, « réunion de deux êtres, couple, » fût une allusion à l'exposition binaire que les Buddhistes font des lois, lorsque voulant prouver qu'elles n'existent pas substantiellement, ils nient à la fois de chacune d'elles le positif et le négatif, de cette manière : « les lois ne sont ni créées ni incréées. » Dans ces expositions singulières dont nous avons quelques exemples dans notre *Lotus* même[1], les caractères qu'on veut refuser aux lois, ou conditions, ou êtres, sont rapprochés deux à deux, et forment des *dvaya* ou des couples, dont la connaissance passe pour être du domaine de la plus haute sagesse. Or ce sont les fils du Buddha, partis à l'aide de la *pradjñâ* pour l'état suprême de Bôdhi, que la stance 42 nous représente *dvayapravrĭttâ*, c'est-à-dire occupés à considérer les attributs binaires des lois, ainsi qu'on pourrait traduire cette expression en la commentant. Notre stance offre encore une autre difficulté que font naître et en même temps qu'aident à résoudre les deux manuscrits de M. Hodgson. D'abord j'avouerai que tous nos manuscrits sont unanimes pour lire *khagatulya*, que j'ai traduit, « semblables à l'étendue du « ciel, » ou si l'on veut, *de l'espace*, m'appuyant ici sur la version tibétaine, et par analogie sur la signification de *vent, air* que Wilson donne à *khaga*. Mais ne serait-il pas permis de conjecturer que le texte a pu primitivement porter *khaḍga*? On traduirait alors, « semblables au rhinocéros, » c'est-à-dire amis comme lui de la solitude. Ce nom de *khaḍga* n'est d'ailleurs pas inconnu aux Buddhistes, puisqu'un lexicographe indien qui passe pour avoir partagé leurs opinions, donne les mots *khaḍga*, « rhinocéros, » et *êkatchârin*, « solitaire, » parmi les synonymes du titre de *Pratyêkabuddha*[2], et que les Chinois désignent une classe de ces Pratyêkabuddhas par l'épithète de *khaḍgavichâṇakalpa*, « semblables à « la corne du rhinocéros[3]. » La première version serait une similitude destinée à exprimer l'immensité de leur science, la seconde marquerait leurs habitudes solitaires. Enfin le point où les manuscrits de M. Hodgson diffèrent de celui de la Société asiatique, porte sur le dernier mot de la stance qu'ils lisent *mâdrĭçân*, « semblables à moi, » au lieu de *sadrĭçân*, « semblables, » qui faisait double emploi avec *tulya*, déjà joint à *khaga*. En résumé voici la nouvelle version qu'il faudrait donner de la stance 42 : « Je vois des « hommes indifférents, connaissant les lois, occupés à en considérer le double caractère,

[1] Ci-dessous, chap. v, fol. 77 *a*. — [2] *Trikâṇḍa çêcha*, chap. 1, sect. 1, st. 13. — [3] A. Rémusat, *Foe koue ki*, p. 165.

« semblables à l'espace, semblables à moi. » En supposant qu'il faille lire *khaḍga*, on traduirait, « semblables au rhinocéros, semblables à moi. »

St. 45. *Les sept substances précieuses.*] Les substances dont il est parlé ici sont très vraisemblablement celles dont on trouve une énumération ci-dessous, ch. VI, f. 83 *a* et 84 *a*. En voici les noms sanscrits : *suvarṇa, rûpya, vâiḍurya, sphaṭika, lôhitamukti, açmagarbha, musâragalva.* Il ne paraît pas qu'il puisse exister le moindre doute sur le sens des quatre premiers termes; ce sont l'or, l'argent, le lapis-lazuli et le cristal; cette interprétation s'appuie sur le Dictionnaire de Wilson pour le sanscrit, et sur celui de Csoma de Körös pour le tibétain. Je laisse de côté le cinquième terme, sur lequel je reviendrai tout à l'heure. Le sixième, *açmagarbha*, signifie selon Wilson, *émeraude*, et c'est d'après cette autorité, qui repose elle-même sur celle de l'*Amarakôcha*, que j'ai traduit; mais il ne me paraît plus aussi évident que cette interprétation soit exacte. En effet, la comparaison qu'on doit faire de notre liste des sept choses précieuses avec une pareille liste qui a cours chez les Buddhistes du Sud et qui est reproduite par le vocabulaire pâli intitulé *Abhidhâna ppadîpikâ*[1], sert à déterminer, comme je le dirai tout à l'heure, le septième terme de l'énumération du *Lotus*, en y introduisant le *corail*, là où je voyais le *diamant*. Il ne reste donc plus de place dans notre liste pour le diamant, cette substance si précieuse que la liste du Sud donne sous son nom de *vadjira*, pour le sanscrit *vadjra*. Aussi n'hésité-je pas à traduire *açmagarbha* par *le diamant*; et la signification première de ce mot composé, *cœur de pierre*, me paraît s'accorder parfaitement avec la dureté connue de cette substance. Les Tibétains, qui traduisent d'une manière si exacte en général, rendent uniquement la signification étymologique par les monosyllabes *rdohi-sñid-po*, « l'essence de la « pierre. » Ce mot composé, que je n'ai pas trouvé dans Csoma, désigne le fer, suivant Schröter; c'est alors plutôt la traduction d'un des noms sanscrits de ce métal, *açmasâra*. Je dois ajouter qu'Abel Rémusat, dans une note du *Foe koue ki*, interprétait *açmagarbha* par *succin*[2], sans doute d'après des autorités chinoises. Je ne crois pas que cette interprétation puisse se soutenir après les observations que je viens de présenter.

Le nom de la septième et dernière substance est écrit de plusieurs manières différentes, et ces variétés d'orthographe, qui semblent annoncer un mot de la valeur duquel les copistes ne sont pas sûrs, nous laisseraient dans une assez grande incertitude, si nous n'avions pas ici encore le secours de la liste des Buddhistes du Sud. Ce nom, qui est ordinairement écrit *musâragalva*, l'est aussi *muçâragalva*, *susâragalva* et même *musâragalyârka*[3]; la leçon *susâragalva* résulte certainement de la confusion facile du *s* avec le *m*. Les deux parties dont se compose ce terme qui manque dans Wilson, se trouvent chacune à part dans le Dictionnaire de ce savant, mais sous une forme légèrement altérée, celle de *masâra*, désignant l'émeraude ou le saphir, et celle de *galvarka*, désignant le lapis-lazuli. Le lapis-lazuli n'a rien à faire ici, puisque nous le trouvons déjà dans notre liste, sous son nom indien de *vâiḍurya*, et avec cette dentale cérébrale que préfèrent les Bud-

[1] *Abidhâna ppadîpikâ*, l. II, c. VI, st. 44, Clough, p. 64.

[2] *Foe koue ki*, p. 90.

[3] *Divya avadâna*, fol. 67 *a*.

dhistes, et qui conduit directement à l'orthographe du pâli *vêḷuriya*. Heureusement le vocabulaire pâli déjà cité nous donne un mot très-semblable à celui qui nous occupe, *masâragalla*, qui est synonyme de *pavâla* et qui signifie *corail*[1]; *galla* est certainement le forme pâlie de *galva*, et *masâra*, quoique justifié par le sanscrit *masâra*, n'est peut-être qu'une autre forme et une altération d'un primitif *musâra* qu'auraient conservé les Buddhistes. Ce qu'il y a de certain, c'est que la transcription des Buddhistes chinois, *Meou pho lo kie la pho*, rappelle plutôt *musâragalva* que *masâragalla*; elle est manifestement exécutée sur le sanscrit du Nord, et non sur le pâli du Sud : seulement on a sans doute mal lu le second caractère de la transcription chinoise. Maintenant et quant à la valeur de ce terme, le vocabulaire pâli lui donne celle de *corail*; or, dans la liste des sept objets précieux qu'énumère ce même lexique, le corail, sous son nom de *pavâla*, occupe la dernière place, comme le *musâragalva* dans celle du *Lotus*. L'identité de ces deux listes et l'argument que j'en tire touchant la valeur des deux derniers termes de celle du Nord, paraîtront mieux si nous les rapprochons l'une de l'autre telles qu'elles se trouvent et dans le *Saddharma* et dans l'*Abhidhâna*.

SADDHARMA.		ABHIDHÂNA.	
suvarṇa,	l'or;	*suvaṇṇa*,	l'or;
rûpya,	l'argent;	*radjata*,	l'argent;
vâiḍurya,	le lapis-lazuli;	*muttâ*,	la perle;
sphaṭika,	le cristal;	*maṇi*,	toute pierre précieuse;
lôhitamukti,	les perles rouges;	*vêḷuriya*,	le lapis-lazuli;
açmagarbha,	le diamant;	*vadjira*,	le diamant;
musâragalva,	le corail.	*pavâla*,	le corail.

Il serait difficile de ne pas admettre l'identité fondamentale de ces deux listes malgré quelques variantes dans l'ordre et dans les noms; il est d'ailleurs à remarquer que ces divergences ne portent pas sur des mots contestables. Dans la liste du *Saddharma* il ne reste plus qu'un mot qui donne lieu à quelque difficulté : c'est celui de *lôhitamukti*, qu'il faudrait lire *lôhitamuktâ*; je ne trouve nulle part ailleurs la mention de ces perles rouges, elles ne sont probablement pas différentes des perles ordinaires, et le mot de *rouge* est sans doute destiné à rappeler une nuance analogue à celle qu'on remarque sur l'opale. On serait tenté de séparer ce mot en deux et de traduire *lôhita* comme *lôhitaka*, « le rubis, » et *muktâ*, « la perle. » Mais cette division nous donnerait huit *ratnas* ou substances précieuses au lieu de *sept*, qu'annoncent les deux listes. Dans la liste de l'*Abhidhâna*, le cristal est remplacé par le mot *maṇi* qui désigne généralement toute pierre précieuse; je suppose que la liste du *Saddharma* est plus exacte, parce qu'elle est plus précise.

Nous ne citerons plus maintenant que pour mémoire quelques autres interprétations qui ont été données par divers sinologues. Ainsi, selon A. Rémusat, la substance que le *Lotus* nomme *musâragalva*, désigne, aux yeux des Chinois, une pierre de couleur bleue

[1] *Abhidhâna ppadîpikâ*, lib. II, cap. VI, st. 46.

et blanche, peut-être une ammonite. Deshauterayes, dans ses *Recherches sur la religion de Fo*, a exposé, toujours d'après les Chinois, une énumération des sept choses précieuses, dont les principaux termes répondent à celle du *Saddharma puṇḍarîka;* ces sept choses sont l'or, l'argent, le verre de Chine, le verre d'Europe, les perles, la nacre et l'agate[1]. Si l'on rapproche cette liste de la nôtre, dans la supposition que les Chinois ou même Deshauterayes n'auraient déplacé aucun des termes de l'énumération primitive que je suppose indienne, on trouvera que le *verre de Chine* répond au *vâiḍurya*, c'est-à-dire au lapis-lazuli; que le verre d'Europe est le *sphaṭika*, qu'on nous représente unanimement comme le cristal de roche; que les perles sont le *lôhitamuktâ*, avec la correction indiquée tout à l'heure. L'accord des deux listes qui se suivent régulièrement jusqu'ici, semblerait donner quelque valeur à l'interprétation que propose Deshauterayes pour les deux dernières substances, dont la signification peut être en partie contestée: ainsi *açmagarbha* deviendrait la *nacre*, et *musâragalva* l'*agate*. Quelque autorité que je sois porté à reconnaître au travail fort remarquable pour son temps de Deshauterayes, je ne crois pas devoir substituer ces deux interprétations à celles que m'a fournies la discussion de la liste de l'*Abhidhâna* pâli. J'ajouterai pour terminer que les peuples Tamouls de la presqu'île indienne connaissent aussi une énumération de pierres précieuses, qui sont au nombre de neuf, et dont M. Taylor donne ainsi la synonymie : l'œil de chat, le saphir, le corail, la topaze, l'émeraude, le rubis, la perle, le cristal et le diamant[2]; je n'ai pu y trouver de quoi éclaircir celle qui vient de nous occuper. On sait, du reste, que le terme de *ratna* s'applique à d'autres objets que des pierres ou produits du règne minéral, et qu'il signifie en général tout objet précieux, par suite d'un emploi analogue à celui que nous faisons des mots *joyau* et *perle*. Il existe même chez les Buddhistes de fréquentes mentions d'une autre énumération de *sept Ratnas* ou objets précieux, qui n'a rien à faire avec celle que je viens d'examiner. Je veux parler des sept objets précieux qui sont comme les attributs de la grandeur d'un roi souverain. On les connaissait déjà par des auteurs buddhiques non indiens: mais je les trouve positivement indiqués dans un livre du Nord, et énumérés de la manière suivante: la roue (ou le *tchakra*), l'éléphant, le cheval, le joyau, la femme, le maître de maison, le général[3]. On les voit encore dans le *Lalita vistara*, énumérés avec quelques développements qui font connaître de quelle utilité ils sont pour le monarque souverain qui les possède[4]; j'aurai occasion d'y revenir en examinant les signes caractéristiques d'un grand homme, *Appendice*, n° VIII.

St. 46. *Les Maruts.*] Voyez ci-dessus, stance 29. f. 9 *b*.

St. 48. *Je vois.*] Au lieu de *paçyati* que donne le manuscrit de la Société asiatique, et d'où je tirais d'une manière un peu forcée le sens qu'exprime ma traduction, les deux manuscrits de M. Hodgson lisent, avec une forme populaire, *paçyicha*, de sorte qu'il faut traduire ainsi la stance tout entière : « Moi, ainsi que les nombreux Kôṭis d'êtres vivants

[1] *Journ. asiat.* t. VII, p. 313.
[2] *Orient. hist. manuscr.* t. I, p. 97, note.
[3] *Divya avadâna*, fol. 29 *a*.
[4] *Rgya tch'er rol pa*, t. II, p. 14.

« réunis ici, nous avons vu tout cela; ce monde avec les Dêvas est couvert de fleurs; ce « rayon unique a été lancé par le Djina. »

St. 51. *Explique-leur l'avenir.*] Le terme dont se sert le texte est *vyâkarôhi*, qui dans le style buddhique a le sens spécial de « annoncer à un autre ses destinées futures. » Ce sens me paraissait d'autant plus convenable que ce verbe est employé ici sans complément direct, *tvaṁ vyâkarôhi*; mais en présence des deux manuscrits de M. Hodgson qui ont *taṁ vyâkarôhi*, on est conduit à supposer que *taṁ* est une forme conçue dans le système des pronoms pâlis, pour *tat*[1], et alors cette expression signifiera : « explique cela, « ô fils du Sugata. »

f. 10 a. St. 56. *Les Maruts.*] Voyez ci-dessus, stance 29.

Fils de famille.] J'ai traduit ainsi littéralement le terme de *kulaputra*, pour ne pas en forcer la signification outre mesure. Ce titre, le plus simple de ceux qu'adresse soit Çâkya, soit tout autre sage, à la personne religieuse ou laïque à laquelle il parle, n'a certainement pas d'autre signification que celle de *un tel*, ou encore *honnête homme*. Le mot de *famille* n'emporte ici aucune idée de supériorité, et la dénomination est plutôt de l'ordre moral que de l'ordre civil. Mais comme le mot *kula*, quand il n'est pas déterminé, s'applique plus ordinairement dans la pratique aux familles de marchands et d'artisans, qu'à celles des Brâhmanes et des Kchattriyas, on s'explique comment les interprètes barmans qui recherchent le mérite d'une parfaite exactitude, traduisent régulièrement le pâli *kulaputta* par « fils de marchand. » Ils se servent à cet effet de l'expression *saṭṭhè sâ saṅ*, » le fils du *saṭṭhè* ou du *çrèchṭhin*, » nom par lequel on désigne un marchand d'une manière honorifique[2]. Cette version, quoiqu'un peu trop précise, vaut encore mieux que celle dont font usage les Tibétains, d'après I. J. Schmidt, qui dans ses traductions emploie d'ordinaire l'expression de « fils ou fille de noble origine[3]; » cette dernière version irait mieux pour le titre pâli *ariyaputta*, « fils du respectable. » Mais dans les ouvrages mêmes où il traduit ainsi, Schmidt attribue quelquefois assez peu de valeur aux mots *kulaputra* et *kuladuhitrî*, pour les omettre complétement et les remplacer par les pronoms *il*, *celui qui*. C'est ce que j'ai vérifié en comparant le texte du *Vadjra tchtchhêdika* sanscrit, dont je possède une copie d'après le manuscrit de M. Schilling de Canstadt, avec la traduction allemande qu'a exécutée Schmidt sur le *Vadjra tchtchhêdika* tibétain[4].

Dresser le grand étendard de la loi.] Le texte du manuscrit de la Société asiatique porte *dhvadjamutchtchhrayanam*, ce qui rappelle une règle propre au dialecte pâli, laquelle consiste à insérer un *m* entre deux mots dont l'un est terminé et dont l'autre commence par

[1] Clough, *Pali grammar*, p. 56.

[2] *Suvaṇṇasâma djâtaka*, man. pâli-barman, f. 3 *b*; p. 16 de ma copie.

[3] *Vadjra tchtchhêd.* fol. 16 *a*; I. J. Schmidt, *Ueber das Mahâyâna*, dans *Mém. de l'Acad. de Saint-Pétersbourg*, t. IV, p. 190.

[4] *Vadjra tchtchhêd.* fol. 4 *b*; I. J. Schmidt, *Mém. de l'Acad. de Saint-Pétersbourg*, t. IV, p. 186.

une voyelle, lors même que ces deux mots sont réunis en composition [1]. Il est vrai que les grammairiens singhalais qui sont à notre disposition font de cette particularité une règle purement mécanique, tandis que, dans le plus grand nombre des cas où je l'ai remarquée jusqu'ici, il y faut voir un accusatif dont la présence est appelée par la nature et l'action verbale du mot qui termine le composé. C'est du moins ce qui me paraît être, même dans le composé pâli *Sirimanubhavanam*, « la jouissance de la prospérité, » où Spiegel pense que le *m* de *sirim* est purement euphonique [2]. La leçon du manuscrit de la Société asiatique nous offrait donc ici un nouvel exemple des rapports si nombreux qui existent entre le sanscrit des Buddhistes du Nord et le pâli de ceux du Sud. Toutefois, aujourd'hui que je puis consulter les deux manuscrits de M. Hodgson, qui lisent *dhvadjasamutchtchhrayam*, je suppose que la leçon du manuscrit de la Société résulte de l'omission fautive de la lettre *sa*. Au reste, les images qui sont accumulées dans ce passage de notre texte sont familières aux Buddhistes de toutes les écoles. On en verra un exemple au commencement de la légende du Chasseur, publiée d'après le texte pâli par Spiegel. Mais il ne faut pas avec cet éditeur traduire la phrase *dhammakêtum ussâpênto* par « faire des assemblées de « la loi [3], » mais bien par « dressant la bannière de la loi. » C'est, avec d'autres mots, la figure même qui fait l'objet de la présente note.

Produit au dehors la lumière d'un semblable rayon.] Cette expression, qui se trouve quelques lignes plus bas dans la même page, est écrite de deux manières différentes par le manuscrit de la Société asiatique, la première fois *raçmipramuñtchamânâvabhâsô*, et la seconde fois *raçmipramuñtchanâvabhâsô*; cette dernière leçon est aussi celle des manuscrits de M. Hodgson, et elle est évidemment préférable, quoique le substantif *pramuñtchanâ*, qu'il faut supposer si on l'adopte, ne se trouve pas dans Wilson. Si l'on conservait le participe présent que donne la première leçon, il semble qu'il faudrait le placer avant *raçmi*, et traduire, « la lumière du rayon au moment où il s'élance. » Au contraire le sens que fournit la seconde leçon, « la lumière de l'émission d'un rayon, » est beaucoup plus direct. f. 10 b.

Avec laquelle le monde entier doit être en désaccord.] L'expression que j'interprétais ainsi est *sarvalôka vipratyanîyaka*; je pense aujourd'hui qu'il est plus exact de dire, « avec laquelle « le monde entier est en désaccord. » Le sens fondamental de cet adjectif est confirmé par la version tibétaine, qui rend *vipratyanîyaka* par *mthun-pa*, « accord, concorde, » précédé de la négative *mi*, de cette manière *mi mthun-pa*, « qui est en désaccord [4]. » Le même mot, sauf le préfixe *vi*, remplacé par l'*a* négatif, et la suppression de la syllabe *ya*, se trouve sous la forme de *apratyanîka*, que je traduis par « qui est un objet d'aversion [5]. » C'est de cette dernière forme que vient le terme pâli *vipatchtchanika*, que je trouve dans un pas-

[1] Clough, *Pali grammar*, p. 11.
[2] *Anecdota pâlica*, p. 66.
[3] *Ibid.* p. 25 et 49.
[4] Voyez encore *Rgya tch'er rol pa*, t. II, p. 95 et 368, comp. au *Lalita vistara*, fol. 52 *a* et 204 *a* de mon man. A. M. Foucaux traduit bien cet adjectif par « qui est en désaccord. »
[5] Ci-dessous, chap. III, fol. 55 *a*, st. 117.

sage du *Brahmadjâla sutta*, où il ne peut avoir d'autre sens que celui de *contradictoire*, *hostile*. Au commencement de ce traité, le Brâhmane Suppiya (Supriya) et son disciple Brahmadatta sont représentés l'un attaquant, l'autre défendant le Buddha, ce que le texte résume ainsi : *Itiha te ubhô âtchariyantêvâsî aññamaññassa udjuvipatchtchanikavâdâ bhagavantaṁ piṭṭhitô piṭṭhitô anubaddhâ hônti.* « C'est ainsi que tous les deux, le maître et le disciple, ils marchaient sur les pas de Bhagavat, disputant entre eux avec des discours, les « uns justes, les autres hostiles[1]. » Des deux formes *vipratyanîyaka* et *apratyanîka*, c'est la seconde qui est la plus fréquemment employée; elle a de plus l'avantage de trouver son analogue dans le pâli *vipatchtchanika*.

Autrefois.] Le texte se sert ici de l'expression *atîtê 'dhvani*, littéralement, « dans une route « passée. » Le terme de *adhvan* est très-fréquemment employé dans le sanscrit buddhique pour exprimer les voies dans lesquelles s'accomplissent les actions, c'est-à-dire le passé, le présent et l'avenir. Je remarque que les livres réputés canoniques et les commentaires s'occupent à chaque instant de cette triple division de la durée, et c'est, d'après un texte cité dans le commentaire sur l'*Abhidharmakôça*, un des sujets les plus importants dont les sages puissent s'entretenir : « Il y a, ô Religieux, trois sujets de discours, et non quatre « et non cinq, que les Âryas prennent pour objet des entretiens auxquels ils se livrent. « Et quels sont ces trois sujets? Ce sont le sujet du passé, le sujet de l'avenir, le sujet du « présent[2]. » L'avenir se nomme *anâgatê 'dhvani*, et le présent *pratyutpannê 'dhvani*. Ces dénominations sont également familières aux Buddhistes du Sud.

Bien avant des Kalpas.] On sait qu'un *Kalpa* est, pour les Buddhistes comme pour les Brâhmanes, une période comprenant la durée d'un monde. Il y a diverses espèces de périodes de ce genre, lesquelles ont été décrites par les auteurs qui se sont occupés du Buddhisme d'après les Chinois et les Mongols, les Singhalais et les Barmans. Je pourrais me contenter de renvoyer aux recherches de Deshauterayes, Rémusat, Schmidt, Joinville, Sangermano et Turnour, qui ont traité de ce sujet avec plus ou moins de développements ; toutefois plusieurs de ces exposés offrent entre eux des divergences que je n'ai sans doute pas la prétention de concilier, mais sur lesquelles je crois devoir appeler l'attention du lecteur. Suivant Deshauterayes et Rémusat, chaque *Kalpa* ou période de la durée d'un monde se décompose en deux divisions ou époques, l'une d'accroissement, l'autre de diminution. La vie des hommes étant sujette, selon les Buddhistes, à une double marche, l'une d'accroissement et l'autre de diminution, dont la première la porte à quatre-vingt-quatre mille ans et dont la seconde la réduit à dix, quand la vie humaine diminue, le *Kalpa* se nomme de décroissement, et quand elle s'augmente, il se nomme d'accroissement[3]. On distingue trois espèces de Kalpas, le petit qui comprend 16,800,000 années, le moyen qui en comprend 336,000,000, et le grand 1,344,000,000. Le moyen *Kalpa*

[1] *Brahmadjâla sutta*, dans *Digh. nik.* fol. 1 *a* de mon manuscrit.

[2] *Abhidharma kôça vyâkhyâ*, fol. 17 *b*.

[3] *Recherches sur la relig. de Fo*, dans *Journ. asiat.* t. VIII, p. 182; *Foe koue ki*, p. 132; I. J. Schmidt, *Geschichte der Ost-Mongolen*, p. 304 et suiv.

se compose donc de vingt petits *Kalpas*, et le grand *Kalpa* de quatre moyens *Kalpas* ou de quatre-vingts petits *Kalpas*[1].

L'exposé que Schmidt a donné des *Kalpas* d'après les Buddhistes mongols, se rapproche beaucoup de celui que Deshauterayes et Rémusat ont emprunté aux Chinois ; il en diffère cependant par quelques points que j'examinerai tout à l'heure. Un *Mahâkalpa* se compose de quatre moyens *Kalpas;* un moyen *Kalpa* embrasse vingt petits *Kalpas:* d'où il résulte que la somme d'un *Mahâkalpa* est de quatre-vingts petits *Kalpas*[2]. C'est la longueur de la vie humaine qui détermine la durée de ces *Kalpas*, et qui, par ses accroissements et ses diminutions successives, donne lieu aux dénominations diverses de *Kalpas* de la renaissance, de la stabilité et de la destruction. La vie des hommes, qui au commencement de la période de la renaissance se composait d'un *Asaṅkhyêya*, c'est-à-dire d'un nombre incalculable d'années, descend à quatre-vingt mille ans pendant les dix-neuf *Kalpas* succédants au premier *Kalpa* de même ordre, dont l'ensemble forme ce que Schmidt appelle *Kalpa der Gründung*, ou de la fondation, c'est-à-dire le *Kalpa* pendant lequel le monde se reforme de nouveau[3]. A ce *Kalpa* succède celui de la stabilité; pendant chacune des vingt sous-divisions de cette période, la vie des hommes descend de quatre-vingt mille ans à dix ans, pour remonter aussitôt à la durée première d'où elle est partie. Le *Kalpa* de la stabilité est remplacé par le *Kalpa* de la destruction, lequel passe par les mêmes phases que le *Kalpa* de la renaissance, mais en les suivant en sens inverse[4]. Enfin, à ce *Kalpa* où l'existence du monde est en décadence, succède le quatrième et dernier *Kalpa*, celui du vide, pendant lequel l'anéantissement du monde reste à l'état permanent; il n'est pas besoin d'ajouter qu'il a une durée égale à celle des autres *Kalpas* qui le précèdent. N'oublions pas de dire que les éléments tels que le feu, l'eau, le vent, sont les agents de la destruction du monde. Ils se succèdent et s'entremêlent dans des combinaisons définies par les Buddhistes, et dont la réunion forme un total de soixante-quatre destructions, véritable cycle qui recommence aussitôt après qu'il est terminé[5].

Ces détails, comme je l'annonçais tout à l'heure, s'accordent dans leurs traits principaux avec ceux que nous devons aux extraits de Deshauterayes et de Rémusat. Ils en diffèrent toutefois en un point d'une grande importance, savoir la détermination de la durée initiale de la vie humaine, au moment où le monde va renaître. Selon Rémusat, les hommes auraient vécu alors quatre-vingt-quatre mille années, tandis que, selon Schmidt, le nombre des années de leur existence aurait été incalculable, ou, pour parler comme les Buddhistes, aurait été un *Asaṅkhyêya*. Schmidt n'a pas manqué de relever cette divergence, et il n'a pas hésité à la mettre sur le compte de quelque erreur commise par Rémusat, et on devrait ajouter, par Deshauterayes son devancier. Schmidt conteste également, et selon toute apparence avec juste raison, les chiffres assignés par

[1] Deshauterayes, *Recherches sur la religion de Fo*, dans *Journ. asiat.* t. VIII, p. 181 et 182; Rémusat, *Essai sur la cosmogonie buddhique*, primitivement inséré dans le *Journal des savants*, année 1831, et reproduit dans les *Mél. post.* p. 103 et suiv. p. 116 et 117.

[2] *Ueber die tausend Buddhas*, dans *Mém. de l'Acad. de Saint-Pétersbourg*, t. II, p. 59.

[3] *Ibid.* t. II, p. 60 et 82.

[4] *Ibid.* t. II, p. 60 et 61.

[5] *Ibid.* t. II, p. 62.

ces habiles sinologues à la durée de chacune des grandes divisions du *Mahâkalpa* et à celle du *Mahâkalpa* lui-même. Ses observations me paraissent en effet très-concluantes; quelque considérable que soit le chiffre que la base de quatre-vingt-quatre mille ans fournit à Rémusat pour la durée d'un grand *Kalpa*, ce chiffre n'est cependant pas à proprement parler incommensurable, et conséquemment il ne répond que d'une manière imparfaite à l'idée que les Buddhistes nous donnent de l'immensité d'un grand *Kalpa*.

Les Barmans et les Singhalais, dont les croyances reposent sur les mêmes autorités religieuses, nomment *Andrakat* pour *Antarakappa*, c'est-à-dire *Kalpa* intérieur, intermédiaire ou moyen, une période de décroissance et une d'accroissement; *Asañkhêyyakappa*, la réunion de soixante-quatre *Antarakappas*; et *Mahâkappa*, la réunion de quatre *Asañkhêyyakappas* [1]. Pendant la durée de chaque *Antarakappa*, la longueur de la vie humaine est réduite d'un nombre d'années dit *Asañkhêyya*, c'est-à-dire *incalculable*, à dix années seulement, pour remonter ensuite à sa première longueur [2]. Ce sont ces diminutions et accroissements successifs qui ont lieu soixante-quatre fois avant que soit achevé le cours d'un *Mahâkappa*, qui se termine par la destruction finale de l'univers [3]. Les éléments destructeurs sont l'eau, le feu et le vent qui se succèdent et s'entremêlent d'après un système indiqué dans les commentaires de Buddhaghôsa, de façon qu'après l'anéantissement successif de soixante-quatre *Kappas*, l'ordre de renaissance et de destruction recommence [4]. Je n'ai pas besoin de faire remarquer combien l'exposé des Buddhistes du Sud présente d'analogie avec celui des Mongols, tel que le reproduit I. J. Schmidt; c'est, selon moi, un argument d'un grand poids en faveur de l'exactitude de son opinion. Cet exposé nous donne d'ailleurs une idée beaucoup plus gigantesque de la durée d'un Kalpa que celui que Deshauterayes et Rémusat attribuaient aux auteurs chinois. Quelques détails empruntés aux textes du Sud qui sont entre mes mains vont confirmer encore et éclaircir cette manière d'envisager la durée d'un *Mahâkalpa*.

L'idée du nombre immense d'années que renferme une pareille période est tellement familière aux Buddhistes de Ceylan, qu'elle leur a suggéré une mauvaise étymologie du mot de *Kalpa*, ou en pâli *Kappa*, dont on doit la connaissance à Turnour: *Kappîyati pabbatasâsapôpamâdîhi*. « On se le figure par la comparaison du nombre de graines de moutarde ou autres atomes contenus dans une montagne [5]. » J'ai retrouvé récemment cette explication dans le recueil singhalais nommé *Dharma pradîpikâ*, mais avec un petit déplacement de mots et une faute facile à corriger: *Kappîyati sâsu[pa]pabbatôpamâhîti kappô*. « Un « *Kappa*, c'est ce qu'on se représente par les comparaisons d'une montagne de graines de

[1] Fr. Buchanan, *On the rel. and liter. of the Burmas*, dans *Asiatic Researches*, t. VI, p. 182, éd. Lond. in-4°.

[2] Turnour, *Examin. of Pâli Buddh. Annals*, dans *Journ. asiat. Soc. of Bengal*, t. VII, pag. 689; Sangermano, *Descript. of the Burman Empire*, p. 7, éd. W. Tandy; Buchanan, *On the rel. and liter. etc.* dans *Asiat. Res.* t. VI, p. 181.

[3] Sangermano, *Descript. etc.* p. 7 et 26; Buchanan, *Asiat. Res.* t. VI, p. 182; J. Low, *On Buddha and Phrabât*, dans *Transact. roy. asiat. Soc. of London*, t. III, p. 84.

[4] Turnour, *Examin. of Pâli Buddh. Annals*, dans *Journ. as. Soc. of Bengal*, t. VII, p. 701; Sangermano, *Descript. etc.* p. 7 et 26.

[5] Turnour, *Mahâwanso*, index, p. 12.

« moutarde[1]. » Cette similitude d'une montagne formée de graines de moutarde est commune chez les Buddhistes, et ils semblent se plaire à l'exprimer de plusieurs façons; car dans le livre que je citais tout à l'heure, j'en trouve la variante suivante : « Soit une ville « aux murailles de fer, ayant un Yôdjana en largeur, en longueur et en hauteur; qu'elle « soit remplie de graines de moutarde, et qu'un homme, au bout de chaque centième an- « née, prenne une à une ces graines de moutarde pour les transporter hors de la ville : « eh bien! cette masse de graines serait plus vite épuisée que ne le serait un *Kappa*[2]. » On se sert encore de la similitude d'une énorme montagne de même dimension que la ville de fer et formée d'une masse homogène de rochers, et on suppose que si un homme venait tous les cent ans la frotter avec le bord de son vêtement fait d'étoffe de Kaçi ou de Bénârès, la montagne serait plus tôt détruite que ne le serait le *Kappa*[3]. La conception d'une durée indéfinie paraît tellement propre à l'idée que les Buddhistes du Sud se font d'un *Kappa*, que, suivant un texte cité dans le *Dharma pradîpikâ* singhalais, on reconnaît dans un *Kappa* quatre *Asaṁkhêyya* ou quatre *incalculables*, c'est-à-dire quatre de ces durées exprimées par le chiffre gigantesque qui porte le nom d'*Asaṁkhêyya*, nom sur lequel j'ai rassemblé quelques remarques dans un autre endroit de ces notes[4]. Le premier *Asaṁkhêyya* a lieu durant le temps de la destruction ou du *saṁvaṭṭa* du *Kappa* : « Alors ce « n'est pas chose facile de dire tant d'années, tant de centaines d'années, tant de milliers « d'années, tant de centaines de milliers d'années. » Le second *Asaṁkhêyya* dure tout le temps que le *Kappa* reste détruit; le troisième, tout le temps que le *Kappa* met à renaître ou le temps du *vivaṭṭa*; et enfin le quatrième, tout le temps que dure le *Kappa* une fois que le monde est revenu à l'existence[5]. Ces détails sont parfaitement d'accord avec ceux que Turnour a extraits, tant du *Saddhamma ppakâsinî*, commentaire du célèbre Buddhaghôsa sur le *Paṭisambhida*, que de l'*Aggañña sutta* du *Dîgha nikâya*[6]. La réunion de ces quatre périodes dites *innombrables* forme un *Mahâkappa* ou *grand Kappa*.

On voit en quoi cette définition diffère de celle des Barmans : le nom d'*Antarakappa* n'y paraît pas, non plus que le nombre de soixante-quatre *Asaṁkhêyyakappas*; mais cette omission n'est pas une divergence réelle, car il y a tout lieu de croire que ces sous-divisions n'ont pu être inconnues à l'auteur du *Dharma ppadîpikâ*, puisqu'elles ne l'ont pas été à Turnour, ainsi que nous l'exposions tout à l'heure. Je trouve, de plus, le nom de *Antaḥkalpaya* dans le *Dictionnaire singhalais* de Clough, avec le chiffre de 1,774,800,000 pour la durée de cette période et sans autre explication[7]; je remarque, pour le moment, que dans les textes originaux qui sont à ma disposition, je ne vois pas que l'*Antarakappa* soit défini par un nombre quelconque. Il semble même que toute détermination soit ici inadmissible. En effet, l'idée de regarder un grand *Kappa* comme composé de quatre périodes dites *Asaṁkhêyya* ou incalculables en durée, cette autre idée de faire commencer

[1] *Dharma pradîpikâ*, fol. 30 *b*.
[2] *Id. ibid.*
[3] *Ibid.* fol. 30 *b*; Joinville, *On the Relig. and Manners of the people of Ceylon*, dans *Asiat. Res.* t. VII, p. 404, éd. Calcutta, in-4°.
[4] Ci-dessous, ch. XVII, f. 185 *a*; *Append.* n° XX.
[5] *Dharma pradîpikâ*, fol. 30 *a*.
[6] Turnour, *Examin. etc.* dans *Journ. asiat. Soc. of Bengal*, t. VII, p. 691 et 699.
[7] Clough, *Singhal. Diction.* t. II, p. 33.

la période de renaissance avec des êtres qui débutent par une existence dont la durée est également incalculable, tout cela est contradictoire à la tentative de limiter ces périodes par des nombres définis. L'application de chiffres précis à ces conceptions fantastiques où l'on recherche l'indéfini en durée, donnerait lieu ici aux mêmes objections que celles qui ont été adressées par I. J. Schmidt aux calculs d'Abel-Rémusat.

Il n'est pas facile, quant à présent, de déterminer quelle est, dans le système des *Kalpas* buddhiques, la part des idées empruntées aux Brâhmanes et celle des combinaisons propres aux disciples de Çâkya. Lassen a conjecturé quelque part que la théorie des périodes brâhmaniques, qui sont divisées à l'instar de la vie humaine en journées et en nuits, avait dû inspirer aux Buddhistes l'idée de leurs *Kalpas* de décroissance, de destruction et de renaissance. Mais quand il détermine la durée du *Kalpa* complet au moyen de chiffres précis, le composant de mille *Mahâyugas* ou grandes périodes de quatre âges, ayant chacun 4,320,000, c'est-à-dire en somme 4,320,000,000, il va peut-être un peu loin, car il attribue ainsi aux Buddhistes l'usage de ce calcul qui paraît propre aux Brâhmanes [1]. On voit, en effet, que ce comput est en désaccord avec la manière dont les Buddhistes du Sud se représentent l'accroissement et la diminution de la vie humaine que j'exposais tout à l'heure. Quelque chiffre que l'on place sous la dénomination vague d'*Asam̃khêyya* (et nous verrons plus bas que les opinions sont très-partagées sur ce point), il n'en est aucun qui ne dépasse de beaucoup la somme de quatre billions trois cent vingt millions d'années, que le calcul rapporté par Lassen assigne à un *Kalpa* complet.

Il est permis d'espérer qu'une connaissance plus approfondie des textes buddhiques donnera le moyen de résoudre ces difficultés; aussi me borné-je, pour le moment, à une seule réflexion : c'est qu'ici, comme dans ce qui touche aux origines du Buddhisme, il est de la dernière importance de distinguer avec soin les diverses époques de développement. Ainsi il est très-probable que quand Çâkya et ses premiers disciples employaient le terme de *Kalpa*, ils ne se faisaient pas, des périodes de création que ce terme exprime, une autre idée que celle qu'en avaient les Brâhmanes eux-mêmes. Pour ces temps donc, Lassen, qui remarque justement que le calcul des *Yugas* donné par Wilson [2] doit être le plus ancien, est parfaitement dans la vérité historique. Mais à mesure que le Buddhisme se développa, il dut donner son empreinte particulière aux notions qu'il avait empruntées aux Brâhmanes; et il n'est pas étonnant qu'une théorie qui tenait une si grande place dans la conception que les Indiens se faisaient du passé, ait subi dans le cours des temps des modifications plus ou moins considérables.

Le terme même d'*Asam̃khyêya*, « le nombre incalculable, » qui est un des éléments essentiels d'un *Kalpa*, suffit pour faire naître cette supposition. J'ai peine à croire que quand Çâkyamuni disait : « Il y a un *Asam̃khyêya* d'années ou de périodes, » il voulût exprimer une autre idée que celle-ci : « Il y a un nombre incalculable d'années ou de périodes. » Il fallait même, pour que ces paroles conservassent le sens qu'il avait l'intention de leur donner, que le mot *Asâm̃khyêya* continuât d'être pris par ses auditeurs dans son acception propre d'*incalculable*. Le texte du *Dharma pradîpikâ* que je citais plus haut, peut,

[1] *Indische Alterthumsk.* t. II, p. 227, note 1. — [2] Wilson, *Vishṇu purâṇa*, p. 24, note.

sous ce rapport, passer pour une des plus anciennes expressions de l'idée que les Buddhistes ont dû primitivement se faire d'un *Kalpa*. Ce texte nous donne sans aucun doute une notion plus frappante de l'immensité d'une pareille période, que l'invention des nombres, même les plus gigantesques, parce que ces nombres, visant comme ils font à une précision rigoureuse, s'arrêtent en dernière analyse à une limite que la pensée a toujours le droit de franchir. Le lecteur qui parcourra le troisième mémoire de Turnour sur les annales buddhiques conservées à Ceylan, et qui se placera au point de vue que j'indique, se convaincra que la précision en ce qui touche la détermination des *Kalpas* et des subdivisions qu'on y a introduites, ne commence qu'avec les commentateurs[1]. Quand le texte passe pour l'expression propre des idées personnelles de Çâkya, on n'y trouve rien autre chose que des termes très-généraux et même des expressions vagues. Au commencement du *Sutta* pâli intitulé *Aggañña*, qui est un morceau classique sur les destructions et les rénovations de la terre, Çâkyamuni annonce en ces termes que le monde passe par des périodes successives de destruction et de renaissance : « Il y a une époque, ô fils de « Vasiṭṭha, où à un certain jour, à un certain moment, au bout d'un temps très-long, « ce monde est détruit[2]. » Les mots du texte sont *dîghassa addhanô atchtchayêna*, « au « terme d'une longue voie, » ce qui exprime l'idée de la longueur du temps d'une manière générale. Il est en même temps très-aisé de comprendre comment la doctrine du Maître se développant et se régularisant entre les mains des disciples, a dû peu à peu se compléter par des combinaisons destinées à substituer une précision apparente à des assertions très-générales. Distinguer ce qui est primitif de ce qui s'est développé après coup, c'est là l'œuvre de la critique, œuvre délicate et qu'on ne peut espérer de voir achevée, si même elle peut l'être pour toutes les questions, que quand tous les matériaux auront été réunis et livrés aux savants, pour que chacun les examine et les discute suivant son point de vue particulier.

Plus innombrables que ce qui est sans nombre.] J'ai traduit un peu librement l'expression du texte *asam̃khyêyâiḥ kalpâir asam̃khyêyatarâiḥ*, par laquelle l'auteur a probablement voulu dire « des Kalpas incalculables, encore plus incalculables. » Mais j'avoue que je suis plus embarrassé de la leçon des deux manuscrits de M. Hodgson, *asam̃khyêyâiḥ kalpâir asam̃khyêyâir bharâiḥ*. Je ne comprends pas le mot *bharâiḥ*, et je ne pourrais tirer un sens de ce passage qu'en supposant une erreur de copiste consistante dans la substitution d'un *r* à un *v*, de sorte qu'il faudrait lire *bavâiḥ*, et traduire, « des Kalpas incalculables, des exis- « tences incalculables. » Je ne propose cependant pas encore de substituer ce sens à celui que j'avais anciennement admis d'après le manuscrit de la Société asiatique, et que de nouveaux manuscrits ne m'ont pas fourni le moyen de modifier. Il est d'ailleurs possible que la leçon des deux manuscrits de M. Hodgson ne soit elle-même qu'une faute de copiste occasionnée par la ressemblance qu'offrent dans l'écriture *Randjâ* les lettres *t* et *bh*, de sorte que *asam̃khyêyâir bharâiḥ* reviendrait à *asam̃khyêyatarâiḥ*.

[1] *Examin. of Pâli Buddh. Annals*, dans *Journ. as. Soc. of Bengal*, t. VII, p. 690 et suiv. — [2] *Aggañña sutta*, dans *Digh. nik.* fol. 154 *b*.

Tchandrasûryapradîpa.] Ce nom signifie « celui qui répand la lumière du soleil et de « la lune. » C'est le premier exemple de ces noms fabuleux dont j'ai parlé ailleurs, et dont la présence forme un des caractères les plus frappants des Sûtras développés [1]. Le *Lotus de la bonne loi* nous en offrira d'autres bien plus démesurément longs et bien plus exagérés par l'idée qu'ils expriment. Je regrette seulement de ne les avoir pas imprimés en séparant les unes des autres les parties dont ils se composent, de cette manière *Tchandra sûrya pradîpa;* autrement ils sont à peu près impossibles à prononcer.

f. 11 a. *Dont le sens est bon, dont chaque syllabe est bonne.*] Ceci est traduit d'après le manuscrit de la Société asiatique qui donne *svarthaṁ suvyañdjanam*, et cette traduction, qui repose sur la division naturelle de ces deux mots, comme il suit, *su-arthaṁ* et *su-vyañdjanam*, est également celle qu'ont admise les Tibétains, d'après M. Foucaux, qui traduit ces deux épithètes par « au but excellent, bien exprimé [2]. » Il semble qu'ici le doute ne soit pas possible; cependant deux manuscrits de M. Hodgson lisent le dernier mot *svavyañdjanam*, les deux syllabes सु *su* et स्व *sva* se confondant très-aisément dans l'écriture des manuscrits du Népâl, qui tient à la fois du *Randjâ*, du bengali et du dêvanâgari. Maintenant cette dernière épithète se décomposant en *sva vyañdjanaṁ*, et signifiant, à n'en pas douter, « avec « ses attributs, ou avec ses consonnes, ses lettres, » et la vraisemblance autorisant à penser que les deux épithètes sont formées de la même manière, on devra traduire, par analogie, *svartham*, « avec son sens; » seulement on devra reconnaître que *svartham* est une orthographe fautive pour *svârtham*. Mais ne se pourrait-il même pas que *svârtham* fût la véritable leçon, leçon oubliée chez les copistes du Nord? C'est du moins celle à laquelle nous mènent directement les textes pâlis du Sud, où se trouve la phrase même du *Lotus*, qui est comme une définition classique de la loi enseignée par le Buddha. Ainsi, dans le commentaire du *Djina alaṁkâra*, je rencontre cette définition reproduite mot pour mot dans les termes suivants : *Âdikalyâṇaṁ madjdjhê kalyâṇaṁ pariyôsânaṁ* (lis. *pariyôsânakalyâṇaṁ*) *sâtthaṁ savyañdjanaṁ kêvalaṁ paripuṇṇaṁ parisuddhaṁ brahmatchariyaṁ pakâsêti.* Ici les mots *sâtthaṁ savyañdjanam* signifient assurément « avec son sens et ses caractères » (ou ses lettres), car on en trouve le commentaire suivant dans la glose du *Nidâna vagga* : *Atthabyañdjanasampannassa Buddhânaṁ dêsanâññânagambhîrabhâvaṁ saṁsûtchakassa imassa suttassa sukhâvagâhanattham.* « Pour la facile intelligence de ce *Sutta* qui manifeste la pro- « fondeur de l'enseignement des Buddhas, y compris le sens et les lettres [3]. » Il est clair que le composé *attha byañdjana sampannassa*, littéralement « muni de sens et de lettres, » est une véritable glose du *sâtthaṁ savyañdjanam* du précédent texte pâli. Et si cette interprétation est bonne pour ce texte, elle doit avoir une égale valeur pour la définition du *Lotus* qui donne lieu à la présente note. De tout ceci il résulte que si l'on garde la leçon *svarthaṁ suvyañdjanam*, on devra conserver la traduction admise dans mon texte; que si au contraire on lit *sârthaṁ savyañdjanam*, comme le font les textes du Sud, il faudra remplacer la phrase « dont le sens est bon, dont chaque syllabe est bonne, qui

[1] *Introduction à l'histoire du Buddhisme indien*, t. I, p. 128. — [2] *Rgya tch'er rol pa*, t. II, p. 106. — [3] *Nidâna vagga*, fol. 2 *a*.

« est homogène, » par la traduction suivante : « [il enseignait la loi] tout entière, sens « et lettres compris. » Peut-être est-il maintenant nécessaire de justifier le sens de *lettre* que je donne à *vyañdjana*, mot dont la signification fondamentale est celle de *signe*, *marque*, *attribut*, et qui, parmi divers sens d'extension, a celui de *consonne*. Le sens que j'adopte me paraît ressortir nettement de l'opposition que marque le rapprochement des deux mots *artha* et *vyañdjana*; *artha* est le sens, *vyañdjana* est le signe du sens, ce qui le caractérise, ce qui l'exprime. C'est ce que dit formellement l'auteur de la grammaire pâlie intitulée *Padarûpa siddhi*, quand il commente le mot *vyañdjana*, « con- « sonne, » de cette manière : *vyañdjîyati êtêhi atthôti vyañdjanâ*, « le sens est exprimé « par elles, voilà pourquoi on les nomme *vyañdjana*[1]. » Il est bien naturel qu'en parlant de l'enseignement de la loi, on signale et le sens et les syllabes qui l'expriment; traduire *vyañdjana* par *caractère*, *attribut*, serait, ce me semble du moins, donner une idée moins précise de ces deux termes *artha* et *vyañdjana*, qui reviennent, en dernière analyse, à exprimer le fonds et la forme. J'ai essayé de retrouver ce sens dans un des édits de Piyadasi, comme on le verra à l'*Appendice*, n° X.

La naissance, la vieillesse, etc.] Dans une discussion relative à l'enchaînement des éléments constitutifs de l'existence, et qui fait partie du *Vinaya sûtra*, l'un des manuscrits de M. Hodgson, je trouve le passage suivant qui jette quelque jour sur plusieurs mots de notre texte : « De *bhava*, l'existence, vient *djâti*, la naissance; la naissance, c'est la pro- « duction d'un *skandha* (agrégat), qui n'est pas encore né; or la naissance vient de « l'existence. De la naissance viennent plus tard les peines de la vieillesse et de la mort, « de la douleur et autres, y compris les lamentations, le chagrin, le désespoir; c'est-à- « dire que la vieillesse et la mort et les autres maux ont pour origine la naissance. Voici « l'explication de chacun de ces termes, conformément aux Sûtras. La complète maturité « de l'agrégat [existant], c'est la vieillesse; la séparation d'avec l'agrégat complétement « vieilli, c'est la mort. La douleur de cœur qu'on éprouve au moment où un homme « meurt, où il s'en va, c'est la peine; les discours et les paroles que nous arrache la peine, « ce sont les lamentations; la mort des cinq organes des sens, c'est la douleur; la mort du « cœur, c'est le chagrin; le désespoir résulte de l'accumulation de la douleur et du cha- « grin[2]. » Comme le manuscrit est très-incorrect, j'ai été obligé d'abréger de quelques mots la définition de *çôka*, que je traduis par *peine*, et celle de *duḥkha*, que je rends par *douleur*. Ces termes sont assez rigoureusement fixés, tant par eux-mêmes que par le voisinage des autres expressions, pour que cette perte de quelques mots soit peu regrettable. Au reste, ces expressions sont en quelque sorte sacramentelles, et elles appartiennent aux notions les plus anciennes que nous possédions sur la théorie morale du Buddhisme. Elles jouent en effet le même rôle dans les écoles du Sud que dans celles du Nord, et j'en trouve un exemple caractéristique dans le *Djina alaṁkâra* pâli, dont je possède le texte avec un commentaire; c'est, comme on va le voir, une stance des mètres *Djagatî* et *Trichṭubh*.

[1] *Padarûpa siddhi*, fol. 3 *a*, l. 2 de mon man. — [2] *Vinaya sûtra*, fol. 175 *b*.

Êkôva sô sattikarô pabhaṁkarô saṁkhâya ñéyyâni asésitâni
tésaṁ hi madjdjhé paramâsabhiṁ vadaṁ sivaṅdjasaṁ dîpayituṁ samatthâti :

Tassatthô sô êkakôva asahâyabhûtô mahâpurisô sattikarô sabbasattânaṁ nibbânasâdhakô kilésadâhaṁ nibbâpakô râgaggi dôsaggi môhaggi djâtiaggi djarâaggi vyâdhiaggi maraṇaggi sôkaggi paridévaggi dukkhaggi dômanassupâyâsaggîti iméhi êkâdasaggîhi santattânaṁ taṁ aggiṁ désanâmatavassêna nibbâpêtâ[1].

« Cet homme, quoique seul, faisant le bien [du monde], répandant la lumière, après « avoir embrassé, sans en rien omettre, toutes les choses à connaître, faisant entendre au « milieu des êtres sa voix suprême et dominatrice, est capable d'enseigner la voie du bon« heur et de la rectitude. Voici le sens de cette stance : Ce grand homme seul, c'est-à-dire « sans compagnon, faisant le bien [du monde], c'est-à-dire accomplissant le Nibbâna pour « toutes les créatures, c'est-à-dire leur faisant anéantir l'incendie des vices, fait avec la « pluie de l'ambroisie de son enseignement, éteindre le feu, en faveur des êtres consumés « par ces onze espèces de feux, savoir, le feu de la passion, celui du péché, celui de l'er« reur, celui de la naissance, celui de la vieillesse, celui de la maladie, celui de la mort, « celui de la peine, celui des lamentations, celui de la douleur, celui du chagrin et celui « du désespoir. »

La production de l'enchaînement mutuel des causes de l'existence.] C'est là une paraphrase un peu verbeuse de l'expression concise du texte *pratîtya samutpâda*, que j'ai essayé d'expliquer dans une note spéciale de mon *Introduction à l'histoire du Buddhisme indien*, en me servant du passage même qui nous occupe; j'y renvoie le lecteur, ainsi qu'aux développements que j'ai donnés de la théorie elle-même dans une autre partie du même ouvrage[2], et dans l'*Appendice*, n° VI du présent volume.

Les quatre vérités des Âryas.] J'avais ainsi traduit dans le principe le terme spécial *âryasatyâni*, entraîné par l'autorité de M. Abel-Rémusat; mais depuis et chaque fois que s'est rencontrée cette expression dans l'*Introduction à l'histoire du Buddhisme indien*, j'ai préféré, avec Deshauterayes, faire du mot *ârya* une épithète, comme *saint*, ou mieux encore *sublime*[3]. M. Foucaux, d'après les Tibétains, adopte également le même système d'interprétation, et il choisit le mot *respectable*[4]. Je prie donc le lecteur de corriger ainsi ce passage : « les quatre vérités sublimes. » L'exposition de cette théorie qui devrait trouver ici sa place, nécessitant quelques développements étendus, j'en ai fait l'objet d'une note spéciale à l'*Appendice*, sous le n° V.

Parfaitement maîtres des six perfections.] Cette traduction est conforme au texte du manuscrit de Londres, qui lit *chaṭpâramitâpratisaṁyuktânâm*, épithète qui est en rapport avec *Bôdhisattvânâm;* et cette leçon est confirmée par un des manuscrits, par le plus incor-

[1] *Djina alaṁkâra*, fol. 59 *a*, init.

[2] *Introd. à l'hist. du Buddh. indien*, t. I, p. 485 et suiv. p. 623 et 624.

[3] *Introd. à l'hist. du Buddh. ind.* t. I, p. 82 et 85, aux notes.

[4] *Rgya tch'er rol pa*, t. II, p. 392.

rect il est vrai, de ceux de M. Hodgson. Mais le manuscrit de la Société asiatique et une autre copie de M. Hodgson lisent *pratisañyuktâm*, en faisant rapporter cet attribut à *samyaksam̃bôdhim*. D'après cette lecture, il faudrait traduire, « l'état suprême de Buddha parfaitement accompli qui embrasse les six perfections. » Cette version me paraît aujourd'hui préférable à celle que j'avais adoptée, parce qu'elle marque un parallélisme plus complet entre la formule de l'enseignement donné aux Bôdhisattvas, et celle de l'enseignement donné aux Çrâvakas. Ce serait ici le lieu d'examiner ce que sont les six perfections auxquelles il est fait allusion dans notre texte; mais cette recherche exigeant des développements trop étendus pour une note, je l'ai rejetée à l'*Appendice*, où l'on trouvera, sous le n° VII, ce que j'ai pu réunir de plus précis et de plus clair touchant les six perfections.

La science de celui qui sait tout.] C'est la science d'un Buddha; l'épithète de *sarvadjña*, « omniscient, » est si bien synonyme du titre de *Buddha*, qu'un des manuscrits de M. Hodgson lit dans ce passage même *Buddhadjñâna*.

O toi qui es invincible.] Cette qualification est exprimée dans le texte par le mot *adjita;* elle s'applique au Bôdhisattva ou Buddha futur Mâitrêya. J'en ignore jusqu'à présent l'origine : je remarque seulement qu'elle doit être classique, car on la trouve dans le vocabulaire intitulé *Trikâṇḍa çêcha*, au nombre des synonymes du nom de *Mâitrêya* [1].

Huit fils.] La courte légende des huit fils du Buddha *Tchandra sûrya pradîpa* est racontée au commencement du *Sugatâvadâna*, qui est un *Sûtra* en vers, f. 3 *b* et suiv. En examinant ce récit qui est conçu en vers sanscrits très-plats, mais nullement mélangés de pâli, il est impossible de ne pas rester convaincu de la postériorité de la rédaction poétique, comparée à la version en prose du *Saddharma puṇḍarîka*. La différence se remarque surtout aux traits qu'ajoute le *Sugatâvadâna*, comme à ceux qu'il retranche, et aussi à la liberté avec laquelle il dispose des données du récit, déplaçant par exemple, dans l'énumération des titres du Buddha, les épithètes qui sont caractéristiques et dont l'ordre est en quelque sorte réglé, non pas seulement chez les Buddhistes du Nord, mais aussi chez ceux du Sud, depuis une époque qui a certainement précédé la séparation du Buddhisme en deux grandes écoles. f. 12 *a*.

Que le Bienheureux avait quitté le séjour de la maison.] L'expression dont se sert le texte est *abhinichkrântagrĭhâvâsam;* elle est consacrée pour exprimer le départ de celui qui abandonne sa maison, c'est-à-dire le monde, afin de se faire Religieux. On y retrouve le sens classique donné par Wilson dans son Dictionnaire, et justifié par la décomposition des éléments : *nichkrânta*, « sorti, » et *abhi*, « vers, » c'est-à-dire, « sorti (de la maison) pour « aller *vers* l'état d'ascète. » Cette explication, qui est concluante pour le verbe, l'est également pour le substantif *abhinichkramaṇa*. La signification est en quelque manière légalement établie par le titre même du chapitre que le *Lalita vistara* a consacré à la description

[1] *Trikâṇḍa çêcha*, ch. 1, sect. 1, st. 24, éd. Calc. p. 3.

du départ de Siddhârtha, quittant son palais pour aller se faire Religieux; le titre de ce chapitre, qui est le quinzième, est *abhinichkramaṇa parivarta*[1]. Ce mot, qui revient dans le *Lotus* autant de fois qu'il est question de personnages sortants du monde pour entrer en religion, n'est pas moins fréquent dans les textes pâlis de Ceylan. Il me suffira d'en donner un exemple emprunté à un commentaire de Buddhaghôsa, où il dit de Çâkyamuni Buddha : *katamahâbhinikkhamatô*, « depuis qu'il eut accompli le grand départ[2]. » Ainsi le terme *abhinichkramaṇa* ne peut signifier « l'entrée dans le monde, » car la préposition *abhi* ne doit pas prévaloir contre le sens parfaitement connu de *nichkramaṇa;* et le pâli *abhinikkhama* n'a rien à faire non plus avec le terme *nêkkhamma*, qui répond au sanscrit *nâichkarmya*, « l'inaction, la quiétude. »

Ils parvinrent tous à l'état suprême, etc.] Il faut lire, « ils partirent tous pour l'état suprême, etc. » comme je l'ai montré plus haut, dans une note sur le fol. 8 *b*, st. 31.

f. 12 b. *Après s'être couché.*] Ceci est un faux sens; il faut traduire par « s'étant assis les jambes croisées, » cette expression du texte, *paryaǧkam âbhudjya*, dont j'ignorais le sens spécial quand j'ai traduit le *Saddharma puṇḍarîka*. Le mot *paryaǧka* exprime la position d'un homme qui ramène ses jambes sous son corps en les croisant, et s'assied ainsi en tenant droit le haut du corps. Ce sens se trouve en partie dans le composé sanscrit donné par Wilson, *paryaǧka bandhana*, « binding a cloth round the knees, thigs and back, as seated « on the hams; » mais *paryaǧka* seul ne signifie, d'après Wilson, que *lit*, et c'est de cette signification que je m'étais autorisé pour traduire *paryaǧkam âbhudjya* par « s'étant couché. » On écrit souvent *paryaǧka* avec un *l*, *palyaǧka*, d'où est venue la forme prâkrite et pâlie *pallaǧka*, qui signifie à la fois *lit*[3], et *litière* ou *palanquin*, comme l'a déjà fait remarquer Lassen[4]. L'expression que nous trouvons dans les textes du Nord se présente naturellement aussi dans ceux du Sud, et, en pâli, *pallaǧkê âbhuñdjitvâ* signifie « s'étant « assis les jambes ramenées sous le corps[5]. »

f. 13 b. *Soixante moyens Kalpas.*] Le mot que je rends par *moyen* est *antara*; il pourrait également se traduire par *intérieur* ou *intermédiaire*. Le terme sanscrit *antara* désigne aussi bien un objet placé entre deux points donnés qu'un objet renfermé dans l'intérieur d'un contenant plus vaste. Voyez sur les *Kalpas* et leurs divisions, ci-dessus, f. 10 *b*.

Çramaṇas.] J'ai expliqué ailleurs ce titre, qui dans les livres du Nord, comme dans ceux du Sud, est spécialement appliqué à l'usage des Buddhistes, et désigne les ascètes sectateurs du Buddha[6]. Je remarque seulement ici que, dans ces livres, le titre de *Çramaṇa* précède ordinairement celui de *Brâhmaṇa*.

[1] *Rgya tch'er rol pa*, t. II, p. 191 et suiv.
[2] Spiegel, *Anecdota pâlica*, p. 64 et 65.
[3] *Abhidh. ppadîpikâ*, t. II, ch. III, st. 26; Clough, p. 35.
[4] *Institut. ling. pracrit.* p. 250.
[5] *Nêmi djât.* f. 7 *b*, p. 40 de ma copie.
[6] *Introd. à l'hist. du Buddh. indien*, t. I, p. 275, note 2.

Où il ne reste aucune trace de l'agrégation [*des éléments matériels*]. J'ai essayé ailleurs d'expliquer cette expression difficile[1]; je n'ai pas trouvé depuis de textes faits pour modifier ma première interprétation. Je citerai seulement ici deux nouveaux passages empruntés aux textes pâlis des Buddhistes de Ceylan, qui prouvent que cette expression ne leur est pas moins familière qu'aux Buddhistes du Nord. Dans un des *Suttas* du *Dīgha nikâya* on lit : *Yañtcha rattim anupâdisésâya nibbânadhâtuyâ parinibbâyati.* « Et la nuit « où il entre complétement dans l'élément du *Nibbâna* [*Nirvâṇa*), où il ne reste rien de « l'agrégation[2]. » Dans le *Thûpa vaṁsa* cette expression est appliquée au dernier Buddha, et le passage où elle se trouve offre comme un résumé de sa mission en tant que Buddha : *Sô Dîpaṁkarâdînaṁ tchatuvîsatiyâ Buddhânaṁ santikê laddhavyâkaraṇô samatiṁsapâramiyô pûrêtvâ paramâbhisambhôdhiṁ patvâ dhammatchakkappavattanatô puṭṭhâya yâva subhaddaparibbâdjakavinayanâ sabbabuddhakitchtchâni niṭṭhapêtvâ anupâdisésâya nibbânadhâtuyâ parinibbutô.* « Ayant entendu la prédiction [qu'il serait un Buddha], de la bouche des vingt-« quatre Buddhas dont Dîpaṁkara est le premier, après avoir entièrement accompli les « trente perfections, ayant obtenu complétement la science suprême de la Bôdhi, après « avoir rempli tous les devoirs d'un Buddha, depuis le moment où il fit tourner la roue « de la loi, jusques et y compris la conversion du mendiant Subhadda, il entra complé-« tement dans l'élément du Nibbâna où il ne reste rien de l'agrégation[3]. » Le *Subhadda* (Subhadra), cité ici, est la dernière personne que Çâkyamuni ait convertie à sa doctrine, selon les légendes du Nord, et en particulier le *Divya avadâna*[4], comme aussi selon celles du Sud[5].

Qui attachait un prix extrême au gain.] L'expression dont se sert ici le texte est *adhimâtraṁ lâbhagurukô 'bhût satkâragurukaḥ*. Le mot *guru*, « pesant, grave, » par une translation f. 14 b.
de sens facile à comprendre, donne naissance à un grand nombre de dérivés qui expriment des idées de respect et de considération. C'est ainsi que le sanscrit *gâurava*, « gravité, « poids, *respectabilité*, » signifie, dans les dialectes prâkrits, le sentiment qu'on éprouve pour quelque chose de grave, c'est-à-dire le respect. J'ai retrouvé ce sens dans un des édits de Piyadasi, comme on le verra au n° X de l'*Appendice*.

Réjouis du principe de vertu qui était en lui.] Je reconnais maintenant que j'ai mal divisé les termes dont se compose cette phrase ainsi conçue : तेनापि तेन कुशलमूलेन बहुबुद्धकोटि-नियुतशतसहस्राणि आरागितान्यभूवन् ; elle doit se traduire littéralement ainsi : « par lui, cependant, en suite de ce principe de vertu, plusieurs centaines de mille de myriades de « Kôṭis de Buddhas avaient été réjouis. » On s'étonnera peut-être de trouver quelque chose à louer, ou, comme disent les Buddhistes, *une racine de vertu*, dans le caractère de ce Bôdhisattva, qui était vaniteux et indolent. Mais la vanité de Yaçaskâma était une sorte d'hommage rendu au savoir et au caractère d'un Bôdhisattva respectable ; c'est d'ailleurs

[1] *Introd. à l'hist. du Buddh. indien*, t. I, p. 589 et suiv.

[2] *Mahâparinibbâna sutta*, dans *Dīgh. nik.* f. 93 *b*.

[3] *Thûpa vaṁsa*, fol. 2 *a*.

[4] *Divya avadâna*, f. 99 *b*, man. Soc. asiat.

[5] Turnour, *Mahâwanso*, p. 11, l. 6.

un principe qui revient à chaque instant dans les *Sûtras* simples ou développés, qu'un fonds de vertu, quelque faible qu'il soit, quelque mêlé qu'il soit de vices, n'en produit pas moins les fruits qui y sont attachés, dans le temps et selon la mesure fixée pour ces fruits. J'ai cité ailleurs un *Sûtra* où est exposée cette doctrine en ce qui touche les actions complétement bonnes, complétement mauvaises, et mélangées de bon et de mauvais [1]; je reviendrai sur ce passage dans une note relative à la stance 92 de ce chapitre. Toutefois je dirai en attendant, que l'expression serait mieux d'accord avec l'idée, si au lieu de *têna kuçalamûlêna,* on lisait *tênâkuçalamûlêna,* car on traduirait, « par lui, malgré « cette racine de vice; » cette correction serait confirmée par ce que je dirai tout à l'heure sur la stance 92.

f. 15 *a.* *Dans cette circonstance.*] Au lieu de ces mots, lisez « dans cette occasion. » Je ne me suis aperçu qu'au fol. 63 *b* de la mauvaise consonnance que produit la rencontre de ce mot avec le terme de *stance* qui le suit immédiatement. Cette faute se trouve donc encore chap. II, fol. 19 *b;* fol. 21 *b;* fol. 23 *a;* fol. 28 *a;* ch. III, fol. 36 *b;* fol. 40 *a;* fol. 41 *a;* fol. 49 *a,* où elle doit être corrigée.

St. 57. *Un Kalpa inconcevable.*] Lisez, « à l'époque d'un Kalpa inconcevable. » En effet, le mot *kalpê* est au locatif dans le texte.

St. 58. *Le Guide des créatures.*] La leçon *pradjâya,* que donnent les deux manuscrits de M. Hodgson, au lieu de *pradjâna* du manuscrit de la Société asiatique, m'a fait revenir sur ce vers et remarquer que le titre de *Nâyaka,* « le Guide, » est, dans le style du *Saddharma puṇḍarîka,* une expression absolue, rarement suivie d'un déterminatif. On peut donc traduire ici, et probablement cette version est la meilleure: « Le Guide en- « seignait la loi aux créatures. » Dans ce sens, *pradjâna* serait la forme altérée du génitif pluriel de *pradjâ,* employée avec le sens du datif; et *pradjâya* serait le génitif ou le datif singulier, à forme pâlie, du même mot employé collectivement, « la créature, » pour dire les créatures.

f. 16 *a.* St. 67. *Ces êtres qui existent par eux-mêmes.*] Je traduis ainsi le terme de *svayam̃bhuvaḥ,* que nous trouvons fréquemment donné aux Buddhas dans les livres sanscrits du Népâl. Il importe de ne pas confondre ce terme, qui est une épithète, avec le nom de *Svayam̃bhû* qui joue, comme on sait, un autre rôle dans la mythologie brâhmanique. Je suppose que cette épithète exprime, pour les Buddhistes, le caractère d'indépendance d'un Buddha, qui, au moment où il est arrivé à reconnaître le vide de toutes les lois et de toutes les conditions, n'a plus d'autre soutien et d'autre raison de son existence que lui-même. Cette épithète est également employée par les textes pâlis de Ceylan, et je la trouve dans la préface du commentaire pâli de Mahânâma sur le *Mahâvam̃sa,* dans un passage consacré à l'énumération des perfections du Buddha et à l'explication de ses noms

[1] *Introd. à l'hist. du Buddh. indien,* t. I, p. 274.

divers. Voici ce passage tel que le donne mon manuscrit : *Apitcha yô sô Bhagavâ sayambhû anâtchariyakô pubbê ananussutêsu dhammêsu sâmaṁ satchtchâni abhisambudjdjhi tatthatcha sabbaññutaṁ pattô balêsutcha vasîbhâvappattôti Buddhô.* « Ce bienheureux, cet être existant « par lui-même, qui, sans maître, quand les lois n'avaient pas encore été entendues, pénétra « complétement de lui-même les vérités et y obtint l'omniscience, et qui parvint à la domi- « nation entière des forces, celui-là est Buddha[1]. » L'*Abhidhâna ppadîpikâ* donne *sayambhû* au nombre des synonymes du nom de *Buddha*[2]. Ce titre avait déjà suggéré à Turnour une observation analogue à celle que je viens d'exposer[3]. Je ne crois donc pas que le nom de *svayaṁbhû*, donné au Buddha, soit un emprunt que les Buddhistes ont fait à la mythologie brâhmanique ; et qu'en appelant un Tathâgata *svayaṁbhû*, ils aient voulu le placer sur le même rang que le *Svayaṁbhû* des Purâṇas.

St. 67. *Comme des colonnes d'or.*] Il faudrait dire plus littéralement, « comme des po- « teaux d'or ; » je modifie en outre la fin de cette stance de la manière suivante, en plaçant un point et une virgule après « des colonnes d'or ; semblables à une statue d'or entourée « de lapis-lazuli, ils enseignaient la loi au milieu de l'Assemblée. »

St. 68. *Et les Çrâvakas.*] Je propose de traduire d'après les deux mss. de M. Hodgson, qui lisent *tâvâpramâṇâḥ*, « tant les Çrâvakas de [chaque] Sugata sont infinis. » Cependant ce composé, qui donne un meilleur sens que la leçon *tâtchâpra-*, la seule que je connusse en rédigeant ma traduction, n'est pas conforme à la règle du sanscrit classique, puisque *tâvat* y a perdu son *t* final nécessaire.

St. 71. *Arrivés à l'état suprême de Bôdhi.*] Il faut lire, « partis pour l'état suprême « de Bôdhi à l'aide de la contemplation. »

St. 73. *Tchandrârkadîpa.*] Ce nom n'est qu'un synonyme de celui de *Tchandra sûrya pradîpa*. Le titre que je traduis par *protecteur* est *tâyinaḥ*, génitif singulier masculin de *tâyin*, altération du sanscrit *trâyin*, qui est tout à fait conforme au génie du dialecte pâli. La version tibétaine, en rendant ce mot par *skyong-bahi*, « du protecteur, » ne permet pas de douter de l'exactitude de cette interprétation.

St. 77. *Assis sur son siége.*] Le texte a *êkâsanastha* ; il faut donc traduire, « assis sur le « même siége, » c'est-à-dire n'en ayant pas changé pendant un si long temps. f. 16 *b*.

St. 80. *Pleins de confiance.*] Je ne suis pas sûr d'avoir exactement traduit l'expression du texte *adhimuktisârâḥ* ; au moment où j'imprimais ma traduction, je n'avais d'autre secours que la version tibétaine que je n'entendais d'ailleurs qu'imparfaitement. J'y trouvais *adhimukti* constamment interprété par *mos-pa*, qui a, selon Csoma, le sens d'*es-*

[1] *Mahâvaṁsa ṭikâ*, f. 12 *b*, fin. — [2] *Abhidhân. ppadîp.* l. I, ch. 1, sect. 1, st. 4. — [3] Turnour, *Mahâwanso*, introd. p. LV.

time, goût, signification qui ne me paraissait pas convenir partout. Mais depuis j'ai trouvé deux moyens de fixer avec plus de précision le sens de ce terme. En premier lieu, les Singhalais le connaissent vulgairement et en font un adverbe qu'ils traduisent par « volontairement, de son propre gré[1]. » On pourrait donc interpréter *adhimukti* par *volonté*, et le composé qui nous occupe par « ayant la bonne volonté pour essence, » c'est-à-dire « pleins de bonne volonté. » Mais, après une comparaison attentive des passages du *Lotus* et d'autres textes où se présente ce terme, je trouve que ce sens, qui dans la présente stance serait fort admissible, ne s'applique pas avec une égale facilité à tous les endroits où se montrent, soit le mot *adhimukti* même, soit les autres dérivés du verbe *mutch*, précédé de la préposition *adhi*. En second lieu, plusieurs des passages où se rencontrent des dérivés du verbe *adhimutch* demandent qu'on lui assigne la valeur de « com« prendre, diriger son esprit vers, » comme en grec *συνιέναι*. Je signalerai entre autres un texte qui viendra plus bas, fol. 104 *b*, où la notion de *comprendre* est nécessairement contenue dans ce verbe, avec une indication de *pouvoir* ou de *capacité* qui nous ramène jusqu'à un certain point à la notion de *volonté* admise par les Singhalais. Enfin je citerai en faveur de ce sens le témoignage de la version tibétaine du *Vadjra tchtchhédika*, version dont I. J. Schmidt a donné une traduction allemande. On lit, en effet, vers la fin du texte sanscrit de ce petit traité, le passage suivant : *Yaḥ subhûtê bôdhisattvô nirâtmânô dharmâ nirâtmânô dharmâ iti adhimutchyatê* (*adhimutchyêta* ?), que I. J. Schmidt traduit ainsi : « Wenn irgend ein Bôdhisatva also denken möchte : Alles Seyn ist ohne Ich, ohne Ich ist « alles Seyn[2], » d'après le tibétain, et qu'on pourrait rendre ainsi d'après le sanscrit : « Le « Bôdhisattva qui serait capable de comprendre ceci : Les conditions (ou les êtres) n'ont « pas de moi. » En faisant l'application de ce sens au terme de notre texte, *adhimuktisârâḥ*, on devra traduire, « ayant l'intelligence pour essence, » et tout le passage signifiera « soyez « attentifs, soyez toute intelligence. » C'est bien certainement aussi le sens d'*intelligence* ou de *pénétration* qu'il faut chercher dans le terme d'*adhimukti*, dont le *Lalita vistara* fait une des cent huit portes de la loi. Cette qualité conduit en effet, selon la définition de cet ouvrage, au résultat suivant : *avitchikitsâparamatâyâi saṁvartatê*, « cela conduit à l'exemp« tion absolue du doute, ou à la certitude absolue[3]. »

De ces trois significations, celle d'*inclination*, que donnent les Tibétains et aussi les Singhalais, celle de *confiance*, que j'avais choisie dans le principe, et celle d'*intelligence* ou de *pénétration*, c'est évidemment cette dernière qui convient le mieux à la définition du *Lalita vistara*. Mais le sens d'*inclination*, ou plus généralement de *disposition*, d'*intention*, est admis par les lexicographes du Sud, et l'*Abhidhâna ppadîpikâ* énumère positivement *adhimutti* parmi les synonymes du terme signifiant *intention*[4]. Je trouve un exemple de ce sens dans le *Djina alaṁkâra*, où le participe *adhimutta* est employé concurremment avec le verbe duquel il vient : *Iti êvam anêkadhâtunânâdhâtukassa yaṁ yadêva dhâtuṁ sattâ adhimutchanti taṁ tadêva adhiṭṭhahanti abhinivissanti kêtchi rûpâdhi-*

[1] Clough, *Singhal. Diction.* t. II, p. 25.

[2] *Mém. de l'Acad. de Saint-Pétersbourg*, VIe série, t. IV, p. 204.

[3] *Lalita vistara*, f. 21 *b* du man. A ; f. 23 *b* et 24 *a* du man. B ; f. 18 *b* et 19 *a* du man. de la Soc. asiat.

[4] *Abhidhân. ppadîp.* l. III, c. II, st. 10.

muttâ..... kêtchi nibbânâdhimuttâ. « Celui des éléments, parmi les divers et nombreux « éléments, pour lequel les créatures se sentent de l'inclination, elles s'y arrêtent, elles « s'y livrent tout entières. Quelques-uns ont de l'inclination pour l'élément de la forme.... « d'autres pour l'élément du Nibbâna (Nirvâṇa)[1]. » On voit qu'ici le sens d'*inclination* convient mieux que celui de *pénétration* ou d'*intelligence.* Il n'est cependant pas douteux que le radical *mutch,* précédé du préfixe *adhi,* n'exprime en pâli, comme dans le sanscrit buddhique, un des actes de l'intelligence, car le vocabulaire pâli donne *adhimôkkha* avec le sens de « détermination, certitude acquise[2]. » Voici, de plus, un texte de Mahânâma, qui, dans son Commentaire sur le Mahâvaṁsa, s'exprime ainsi : *Nânâdhimuttikañtcha sattalôkaṁ adhimuttânurûpêhi bahûhi vividhadêsanânayappakârêhi vinêtvâ.* « Ayant « converti le monde des créatures, dont les dispositions intellectuelles sont diverses, « par des modes nombreux et divers d'enseignements et d'instructions, conformes à ces « dispositions (de leur intelligence)[3]. »

St. 84. *Comme une lumière dont la source est éteinte.*] Le texte s'exprime ainsi : परिनिर्वृतो हेतुक्षयेव दीपः, littéralement, « il fut anéanti comme une lampe dans la destruction de « sa cause. » De pareils textes justifient l'emploi des mots *extinction, anéantissement* pour rendre le terme capital de *Nirvâṇa.* On voit que les idées de *parinirvrĭta* et *parinirvâṇa,* « complétement entré dans le *Nirvâṇa,* et le *Nirvâṇa* complet, » n'ont, pour les Buddhistes, d'autres analogues dans le monde matériel, que les notions d'extinction, d'anéantissement. Cette assimilation est confirmée encore par d'autres textes. Je n'en pourrais cependant pas citer de plus solennel que la stance prononcée, suivant la tradition, au moment de la mort de Çâkyamuni, par Anuruddha son cousin ; elle se trouve dans le *Mahâparinibbâna sutta* des Buddhistes du Sud : f. 17 a.

asallinêna tchittêna vêdanaṁ adjdjhavâsayi
vipadjdjôtassêva nibbânaṁ vimôkhô tchêtasô ahu

« Avec un esprit qui ne faiblissait pas, il a souffert l'agonie (de la mort) ; comme l'ex« tinction d'une lampe, ainsi a eu lieu l'affranchissement de son intelligence[4]. »

St. 85. *Qui étaient arrivés à.*] Lisez, « qui étaient partis pour, » comme plus haut, fol. 8 *b*, st. 31.

St. 88. *Et s'annoncèrent successivement qu'ils étaient destinés à parvenir à l'état suprême de Buddha.*] Nous trouvons ici le verbe *krĭ,* précédé des prépositions *vi* et *â,* et employé avec le sens spécial qu'il a dans le sanscrit buddhique, celui de « annoncer à quelqu'un ses « destinées futures, » ainsi que je l'ai montré ailleurs[5]. J'ajoute seulement ici que cette expres- f. 17 b.

[1] *Djina alaṁkâra,* f. 16 *b.*

[2] *Abhidh. ppadîp.* l. I, c. II, sect. 5, st. 15.

[3] *Mahâvaṁsa ṭîkâ,* f. 20 *b.*

[4] *Mahâparinibbâna sutta,* dans *Dîgh. nik.* f. 98 *a* ; Turnour, *Examin. of Pâli Buddhist. Annals,* dans *Journ. asiat. Soc. of Bengal,* t. VII, p. 1008.

[5] *Introd. à l'hist. du Buddh. ind.* t. I, p. 54 et 55 ; comp. ci-dessus, p. 322, à la st. 51.

sion est familière aux Buddhistes de toutes les écoles, et qu'on la trouve aussi fréquemment dans les livres pâlis du Sud que dans les livres sanscrits du Nord. Ainsi, pour n'en citer qu'un exemple, en ce qui regarde les livres pâlis, on trouve au commencement du *Mahâvam̃sa* de Turnour, l'expression *têhi bôdhâya vyâkatô*, pour le sanscrit *tâir bôdhâya vyâkrĭtaḥ*, ce que Turnour traduit, « By them also his admission into Buddhohood was « foretold [1]. » Le sens que j'adopte ici, et qui est confirmé par un très-grand nombre d'exemples, dérive assez régulièrement des éléments qui entrent dans la composition du verbe *vyâkrĭ*, « expliquer, développer. »

St. 92. *Grâce au mélange de bonnes œuvres qu'il avait accumulées.*] En traduisant ainsi, je n'ai pas fait attention que le manuscrit de la Société asiatique écrivait distinctement, स चापि तेनाकुशलेन कर्मणा, leçon qui est confirmée jusqu'à un certain point par les deux manuscrits de M. Hodgson qui ont, quoique avec une faute, तेनोकुशलेन. Cette leçon donne *akuçalêna* au lieu de *kuçalêna*, c'est-à-dire le vice pour la vertu; de façon que ce vers signifie : « et lui, même avec cette action coupable. » Le vers suivant, कल्माषभूतेनमिसंस्कृतेन, littéralement, « devenue mélangée, accumulée, » se lie alors très-bien à celui qui précède; car le mot *mélangé* s'appliquant à une action qui n'est ni complétement mauvaise ni complétement bonne, laisse la place à quelques vertus dont je regrettais tout à l'heure de ne pas trouver trace dans l'exposition en prose[2]. Cette leçon achève de montrer qu'il faudrait lire dans le passage précité du fol. 14, *tênâkuçalêna*, comme le fait ici le manuscrit même de la Société asiatique; par là seraient mises d'accord l'exposition en prose et l'exposition versifiée. Quoi qu'il en puisse être de la correction indiquée pour le passage examiné plus haut, je propose maintenant de rendre comme il suit la stance 92 : « Mais, « même avec cette conduite coupable qui se mélangea [de bonnes œuvres] accomplies « par lui. » C'est à des actions mélangées et semblables à celles dont il est ici question, que s'adressent des paroles comme celles que le commentateur du *Dharmakôça vyâkhyâ* met dans la bouche du Buddha : « J'aperçois, dit Bhagavat, le germe infini« ment petit d'affranchissement qui est en lui, comme l'or qui est engagé dans les inter« stices d'un minerai [3]. » Et cette théorie n'est pas moins familière aux Buddhistes du Sud, car elle fait partie intégrante de la doctrine de la transmigration. Ainsi dans un recueil de légendes en pâli qui jouit d'une certaine célébrité à Ceylan, je trouve cette stance :

ahô atchtchhariyam êtam abbhutam̃ lômaham̃sanam̃
appassa puññakammassa anubhâvamahantatâ

« Ah! quelle merveille étonnante, capable de faire frissonner! cela résulte de la grande « puissance d'une petite action vertueuse [4]! » Quant à la distinction des actions en bonnes, mauvaises et mélangées, elle se rencontre également chez les Buddhistes du Sud, avec quelques différences toutefois dans les divisions et dans leur nombre. J'en trouve un résumé

[1] Turnour, *Mahâwanso*, t. I, p. 2, l. 3.
[2] Voyez la seconde note sur le fol. 14 *b*.
[3] *Dharmakôça vyâkhyâ*, f. 5 *a*, init.
[4] *Rasavâhinî*, f. 84 *b*.

succinct au milieu de l'énumération des dix forces d'un Buddha, que donne le *Djina alaṁkâra* en pâli : « Selon les inclinations qu'ont les êtres, ils s'attachent à telle ou telle combinai- « son. Ils s'attachent à l'action qui est de six espèces, les uns par cupidité, quelques-uns par « méchanceté, quelques-uns par erreur, quelques-uns par foi, [d'autres par énergie[1],] « d'autres enfin par sagesse. L'action se divise en deux espèces, [celle qui conduit au ciel[2],] « et celle qui ramène dans le cercle de la transmigration. Maintenant, l'action qu'on accom- « plit par cupidité, par méchanceté, par erreur, cette action est noire, elle produit un « résultat noir. L'action qu'on accomplit avec foi, mais non par énergie, ni [par sagesse,] « cette action est blanche, elle produit un résultat blanc. L'action qu'on accomplit par « cupidité, mais non par méchanceté, ainsi que par erreur, avec foi, par énergie, cette action « est à la fois blanche et noire, elle produit un résultat blanc et noir. L'action qu'on « accomplit par énergie, mais non par sagesse, cette action n'est ni noire ni blanche, elle « produit un résultat qui n'est ni noir ni blanc; c'est l'action parfaite, l'action excellente : « elle va à la destruction de l'action. Il y a quatre combinaisons de l'action. Il y a la com- « binaison de l'action qui donne dans le présent le plaisir, et dans l'avenir la douleur pour « résultat. Il y a la combinaison de l'action qui donne dans le présent la douleur, et dans « l'avenir le plaisir pour résultat. Il y a la combinaison de l'action qui donne dans le présent « la douleur, et dans l'avenir la douleur pour résultat. Il y a la combinaison de l'action « qui donne dans le présent le plaisir, et dans l'avenir le plaisir pour résultat[3]. »

St. 100. *Parvenus ici à l'état de Bôdhi.*] Lisez, « qui sont partis ici pour l'état de Bôdhi, » comme plus haut, fol. 8 *b*, st. 31. f. 18 *a*.

[1] Je rétablis l'*énergie*, qui est nécessaire pour parachever le nombre des six causes de l'action, et qui d'ailleurs revient plus bas dans l'énumération.

[2] C'est par conjecture que je rétablis ce terme ; le manuscrit donne seulement *na tcha*.

[3] *Djina alaṁkâra*, f. 16 *b* et suiv.

CHAPITRE II.

f. 18 b. *Qui était doué de mémoire et de sagesse.*] Cette traduction n'est pas parfaitement exacte, en ce qu'elle attribue la mémoire et la sagesse à Bhagavat, comme des qualités constitutives et permanentes, ce qui est vrai et n'a pas besoin d'être rappelé, tandis qu'elle n'indique pas le rapport de ces qualités avec l'état spécial de méditation d'où sort Bhagavat. Il faudrait donc dire : « Ensuite Bhagavat, avec sa mémoire et sa sagesse, sortit de sa méditation. » Peut-être même devrait-on donner à *smrĭti* le sens d'*esprit*, *intelligence*, et même *esprit présent*, et à *pradjñâ* celui de *connaissance* ou *conscience*, de façon qu'on traduirait, « ayant l'esprit présent, ayant toute sa connaissance. » C'est très-probablement une expression pareille que Csoma rend ainsi dans un curieux fragment emprunté aux livres tibétains : *with a clear knowledge, recollection and selfconsciousness*[1]. Mais I. J. Schmidt va probablement trop loin quand il traduit *pratimukhîm̃ smrĭtim upasthâpya* par « das « Gedenken (die Meditation) offen darlegend[2], » tandis que cette expression doit signifier « rappelant à lui sa mémoire ou son intelligence. » Au reste ces deux idées qui, chez les Buddhistes du Sud, sont représentées par les deux mots *satô sampadjânô*, peuvent avoir également la signification spéciale que je viens de supposer. En voici quelques exemples empruntés à deux ouvrages d'une certaine célébrité. Au commencement du *Thûpa vam̃sa* on lit: *Adjdja Bhagavâ yamakasâlânam antarê dakkhiṇêna passêna satô sampadjânô sîhasêyyam upagatô.* « Aujourd'hui Bhagavat s'est placé sur la couche du lion (c'est-à-dire, s'est couché « comme fait le lion) sur le côté droit, entre deux arbres Sâlas, conservant sa mémoire « et sa connaissance[3]. » De même dans le *Djina alam̃kâra* on lit : *Tatô Bhagavâ gandhakûṭim̃ pavisitvâ satchê âkam̃khati dakkhiṇêna passêna satô sampadjânô muhuttam̃ sîhasêyyam̃ kappêti.* « Alors Bhagavat étant entré dans la salle des parfums, s'il en a le désir, se couche « à la manière du lion, sur le côté droit, conservant sa mémoire et sa connaissance[4]. » Je dis *sa connaissance*, parce que c'est le terme qui va le mieux ici; mais le participe *sampadjâna* prendrait fort bien le sens de *conscience* dans cette expression du *Pâṭimôkkha*, *sampadjânamusâvâdô*, « l'énoncé d'un mensonge dont on a conscience[5]. »

Ils sont en possession de lois étonnantes et merveilleuses.] L'expression dont se sert le texte

[1] Csoma, *Origin of the Shâkya race*, dans *Journ. asiat. soc. of Bengal*, t. II, p. 386.

[2] *Vadjra tchtchhêdika*, f. 3 a; I. J. Schmidt, *Ueber das Mahâyâna*, dans *Mém. de l'Acad. des sciences de S. Pétersbourg*, t. IV, p. 186.

[3] *Thûpa vam̃sa*, f. 9 b.

[4] *Djina alam̃kâra*, f. 27 b.

[5] *Pâṭimôkkha*, pâli et barman, man. Bibl. nation. *Introd.* f. 4 a; p. 20 de ma copie. Il est vrai qu'ici *sampadjâna* n'est pas accompagné de *sata*.

est *âçtcharyâdbhutadharmasamanvâgatâḥ*; ce composé ne peut, si je ne me trompe, donner lieu qu'à ces deux interprétations, qui reviennent dans le fond à peu près au même : « les « Tathâgatas sont doués de lois merveilleuses, » ce qui est une allusion à leur science supérieure, ou « les Tathâgatas sont doués de conditions (de caractères) qui les rendent « un objet d'étonnement, qui en font des merveilles. » C'est, je crois, avec cette dernière acception que cette expression est employée par le *Lalita vistara*, lorsque Ânanda, frappé du récit que Çâkya vient de faire de la naissance du Bôdhisattva, s'écrie : *Sarvasattvânâm Bhagavaṁstathâgata âçtcharyabhûtô 'bhût; bôdhisattva êvâdbhutadharmasamanvâgataçtcha kaḥ punarvâda êvaṁ hyanuttarâṁ samyaksaṁbôdhim abhisaṁbuddhaḥ.* « Le Tathâgata, ô Bhagavat, « a été merveilleux pour tous les êtres, (ou parmi tous les êtres;) comme simple Bôdhi- « sattva il fut doué de conditions merveilleuses, à plus forte raison depuis qu'il est ainsi « arrivé à l'état suprême de Buddha parfaitement accompli[1]. » Ânanda veut exprimer à quel point le Tathâgata lui paraît merveilleux; et pour le dire avec plus de force, il expose que quand cet être n'était encore que Bôdhisattva (*Bôdhisattva êva*), il était déjà doué de lois, de conditions, ou de caractères (car *dharma* a toutes ces significations) dignes d'étonnement. Je n'ai pas besoin d'insister pour montrer combien les Tibétains se sont éloignés du sens véritable, quand ils ont traduit *kaḥ punar vâdaḥ* par « que demander de plus? » Ils ont également méconnu le sens de *Bôdhisattva êva* en traduisant, « le Bôdhisattva lui- « même; » c'est « Bôdhisattva même, n'étant que Bôdhisattva, » qu'il fallait dire. Il y a encore dans ce texte un mot particulier au sanscrit buddhique, et qui se représente dans les livres du Sud sous une forme populaire; c'est le participe *samanvâgata*, qui signifie *doué de*. Il est aussi fréquemment employé en pâli sous la forme de *samannâgata*, par suite de l'assimilation du groupe *nva* en *nna*. On en trouvera un exemple dans un texte des *Djâtakas* pâlis, cité par Spiegel, où l'éditeur écrit à tort *samantâgata*[2]; il est juste de dire que rien n'est aussi difficile à distinguer l'un de l'autre que le *t* et le *n* de l'écriture singhalaise, celle des manuscrits sur lesquels a travaillé Spiegel.

Le langage énigmatique des Tathâgatas.] Le texte se sert du terme *sandhâbhâchyam*, dont les manuscrits lisent encore la première partie *sandhyâ*. Le sens que j'ai adopté m'est fourni par la version tibétaine qui est ainsi conçue : *ldem-por dgongs-te bchad-pa-ni*, et qui signifie, si je ne me trompe, « l'explication de la pensée exprimée énigmatiquement. » Je suis ici l'autorité du Dictionnaire de Csoma de Cörös, qui rend *ldem-po* par *énigme*, *ironie*, *parabole*. Cependant le Dictionnaire de Schröter entend ce même mot comme s'il signifiait *juste*, *droit*, *direct*, en anglais *plain*. Je n'ai pas le moyen d'expliquer cette divergence d'opinions, et je m'en tiens à l'interprétation donnée par Csoma, laquelle s'accorde mieux avec le sens général des passages où cette expression se trouve.

La vue d'une science absolue et irrésistible.] Ce passage renferme une énumération sommaire des attributs intellectuels, moraux et physiques, au moyen desquels un Buddha f. 19 *a*.

[1] *Lalita vistara*, chap. VII, fol. 50 *b* de mon man. A; *Rgya tch'er rol pa*, t. II, p. 92. — [2] *Anecdota pâlica*, p. 36 et 72.

devient capable de remplir la partie la plus élevée de sa mission, qui est d'enseigner la loi aux hommes afin de les sauver. Cette énumération n'est que sommaire, et elle ne se présente pas ici avec ce caractère dogmatique propre aux listes d'attributs et de qualités qui abondent dans le Buddhisme, et où chaque catégorie porte avec elle l'indication du nombre des objets qu'elle embrasse, comme les six ou dix perfections, les dix forces, les quatre portions de la puissance magique, etc. Simplement énoncées, comme elles le sont ici, sans détails et sans exemples, ces catégories sont d'ordinaire difficiles à entendre; on ne voit pas toujours aisément la nuance qui les distingue les unes des autres, et pour être parfaitement comprises, elles auraient besoin d'être accompagnées de gloses plus étendues que celles que peut fournir la comparaison des passages parallèles assez bornés qui sont en ce moment à ma disposition. Je crois cependant indispensable d'en reproduire ici les termes, tels qu'ils sont donnés par le texte, d'abord pour justifier celles de mes interprétations qui pourraient offrir quelque incertitude, puis pour corriger les autres, enfin, pour marquer d'avance celles de ces catégories qui devant reparaître ailleurs et dans des passages isolés, deviendront alors l'objet d'une note spéciale. Il est de plus indispensable d'indiquer le genre de service que rend ici la version tibétaine du *Saddharma puṇḍarîka*, laquelle nous fournit pour des mots souvent obscurs une interprétation ancienne et parfaitement authentique. On verra que l'utilité de cette version consiste principalement en ce qu'elle isole les termes qui doivent être distingués les uns des autres, et tranche ainsi nettement tous les doutes que fait naître leur situation indécise au milieu d'un vaste et interminable composé.

Ce que je traduis par « la vue d'une science absolue et irrésistible » est, dans le texte, *asaggâpratihata djñânadarçana*. Je ne crois pas qu'il puisse exister aucune incertitude sur la valeur générale de cet attribut; il en est souvent parlé dans les textes du Nord, et je ne doute pas qu'on ne doive retrouver dans un recueil aussi étendu que l'*Abhidharma-kôça vyâkhyâ*, des gloses expliquant comment la science du Buddha est *détachée* (*asagga*), et *irrésistible* (*apratihata*). Le *Dharma pradîpikâ* singhalais nous fournit déjà un éclaircissement de quelque valeur pour l'épithète de *apratihata* dans le texte pâli suivant : *Atîtê Buddhassa bhagavatô appaṭihataṁ ñânaṁ anâgatê appaṭihataṁ ñânaṁ patchtchuppannê appaṭihataṁ ñânaṁ*. « La science du Bienheureux Buddha ne rencontre pas d'obstacle dans « le passé; elle n'en rencontre pas dans l'avenir, elle n'en rencontre pas dans le présent[1]. » Un autre texte qui suit celui que je viens de citer, exprime ainsi l'immensité de cette science : « Aussi grand est l'objet à connaître, aussi grande est la science; aussi grande est « la science, aussi grand est l'objet à connaître. La science a pour limite l'objet à con- « naître; l'objet à connaître a pour limite la science. Au delà de l'objet à connaître, il n'y « a pas d'application de la science; au delà de la science, il n'y a pas de voie pour l'objet « à connaître; ces deux conditions, la science et l'objet à connaître, se contiennent mu- « tuellement dans les mêmes limites. » Et ce rapport de la science à l'objet à connaître est exprimé par cette comparaison : « De même que les deux parties formant une boîte « fermée, vues ensemble, celle de dessous ne dépasse pas celle de dessus, pas plus que celle

[1] *Dharma pradîpikâ*, f. 14 *b*.

« de dessus ne dépasse celle de dessous, mais que toutes deux se contiennent et se limitent « mutuellement, ainsi pour le Buddha bienheureux, et l'objet à connaître et la science se « contiennent mutuellement dans les mêmes limites[1]. »

Ces textes s'appliquent à la science d'un Buddha envisagée d'une manière générale. Si au contraire il faut la considérer d'une manière spéciale, on trouvera chez les Buddhistes du Nord deux catégories auxquelles le mot de *science* peut servir de titre. La première est celle des cinq sciences ou connaissances, qui forme la sixième section du *Vocabulaire pentaglotte* de la Bibliothèque nationale. Elle commence par *âdarça djñânam*, « la connais« sance du miroir, » ou la connaissance qui est celle d'un miroir, que donne un miroir, et elle se termine par la connaissance dite *dharma dhâtu djñânam*, « la connaissance de l'élé« ment de la loi, » pour dire de l'élément qui est la loi. La seconde catégorie est donnée par Hêmatchandra sur l'épithète de *pañtchadjñâna*, « celui qui a les cinq connaissances, » laquelle est un des titres d'un Buddha; ces cinq connaissances sont celles des cinq *skandhas* ou agrégats, *vidjñâna*, l'intelligence; *vêdanâ*, la perception; *samdjñâ*, la connaissance; *samskâra*, la conception; *rûpa*, la forme[2]. Voici donc l'espèce d'incertitude qui subsiste encore sur la traduction que je propose pour le terme de l'original. Si l'on veut parler généralement de la science d'un Buddha, sans déterminer les modes et les degrés de cette science, on pourra dire, comme je l'ai fait, « la vue d'une science absolue et irrésistible. » Si au contraire on pense que le texte a entendu désigner les caractères de cette science, considérée dans les connaissances qu'elle embrasse, il faudra probablement traduire, « la vue absolue et irrésistible des [cinq] connaissances; » mais ce dernier sens me paraît le moins probable.

Ce que je traduis par *l'énergie* est *bala;* peut-être vaudrait-il mieux dire *la force*, ou encore *la puissance*, en réservant le mot d'*énergie* pour *vîrya*, terme qui fait partie d'une autre catégorie. Ainsi isolé, le mot *bala* n'a aucun caractère qui nous avertisse s'il doit être pris d'une manière générale, comme je l'ai fait, ou bien s'il résume en un seul mot, soit la catégorie des dix forces dont je donnerai ailleurs l'énumération[3], soit une autre catégorie de cinq forces que reproduit le *Vocabulaire pentaglotte*, et dont je parlerai plus bas. Nous nous trouvons donc ici dans la même incertitude qu'à l'égard du terme précédent. J'ai cru cependant devoir adopter le sens général, parce qu'on va rencontrer plus bas dans le texte le mot *bala* désignant, selon toute apparence, une catégorie spéciale, et placé auprès des sens, comme le donne ma traduction : c'est un point sur lequel je vais revenir tout à l'heure. Un autre fait me confirme dans cette idée, que *bala* est ici l'expression de la force ou de la puissance en général; c'est que *bala* figure au nombre des dix *pâramitâs* ou des perfections les plus élevées que possède seul un Buddha, au moins d'après le *Vocabulaire pentaglotte* qui assigne à *bala* le neuvième rang. Il est juste de reconnaître que d'autres énumérations, celle du *Lalita vistara* en particulier, ont *vîrya* au lieu de *bala*[4]; mais cela ne fait que confirmer davantage la signification générale que j'attribue à *bala*.

[1] *Dharma pradîpikâ*, f. 14 *b* et 15 *a*.

[2] *Abhidhâna tchintâmaṇi*, st. 233, p. 38 et 316, éd. Boehtlingk et Rieu.

[3] *Appendice*, n° XI.

[4] *Rgya tch'er rol pa*, t. II, p. 45, note 5; *Lalita vistara*, f. 23 *a* du man. A.

Je puis toujours conclure de ces divers rapprochements que la force ou la puissance dont il est parlé ici est celle des Buddhas, puisque le passage tout entier de notre texte est consacré à dire qu'eux seuls connaissent toutes les lois, ou tous les êtres.

Vient ensuite l'*intrépidité*, ou mieux la *confiance*, dans le texte *vâiçâradya*. Ce sens que donne le sanscrit classique, est confirmé par la version tibétaine *mi hdjigs-pa*, « l'absence de « crainte. » Il semble que nous ayons ici une qualité envisagée d'une manière générale et en quelque façon absolue; cependant nous verrons ailleurs, ch. XI, f. 140 *a*, le texte du *Lotus* citer quatre espèces de confiance; de même je remarque, f. 19 *b*, st. 2, que là où j'ai traduit « quelle est leur intrépidité, » le texte porte au pluriel *vâiçâradyâçtcha yâdrĭçâḥ*. Enfin dans un passage du *Mahâvastu* que je citerai ailleurs[1], Buddha est dit « con- « fiant des quatre confiances. »

Le terme suivant est plus difficile : c'est *âvêṇika* que j'avais traduit conjecturalement par *homogénéité*, me fondant sur l'autorité des Tibétains qui remplacent ordinairement ce terme par *ma hdres*, « non mêlé. » Je préfère aujourd'hui le sens d'*indépendance* que j'aurai plus bas l'occasion d'établir dans une note spéciale relative aux dix-huit lois dites *âvêṇika*[2].

J'ai longtemps hésité sur la manière dont je devais traduire le terme suivant qui se présente ainsi, *indriyabala*, et qui semble signifier « la force des sens. » La grande vraisemblance de cette interprétation militait en sa faveur; mais elle avait contre elle la version tibétaine. En effet, cette version voit ici deux attributs, les sens et les forces, entendant sans doute par les sens, des organes exercés et sûrs d'atteindre à leur but, et par les forces, l'une des deux catégories dont je parlais tout à l'heure, à l'occasion du mot *bala* précédant *vâiçâradya*. C'est dans ce sens que j'ai traduit, en forçant un peu ma traduction, et disant « la perfection des sens, » au lieu de *les sens* seuls, ce qui n'eût pas été suffisamment clair.

Quant au mot *bala*, il ne peut être pris dans la même acception que le *bala* qui précède le terme de *vâiçâradya* : si le premier est général, celui-ci doit être spécial, voilà pourquoi j'ai mis « les forces ; » mais il ne m'est pas possible de dire de quelles forces il est ici particulièrement question. On en connaît en effet deux catégories, l'une composée de dix termes et sur laquelle je reviendrai plus bas, l'autre composée de cinq termes, et qui forme la section XXVIIIe du *Vocabulaire pentaglotte*. Voici les titres dont elle se compose : *çraddhâ balam*, la force de la foi; *vîrya balam*, la force de la vigueur; *smrĭti balam*, la force de la mémoire; *samâdhi balam*, la force de la méditation; *pradjñâ balam*, la force de la sagesse. C'est là, comme on le voit, une catégorie d'attributs intellectuels, destinés, selon toute apparence, à faciliter l'acquisition de la science parfaite : celui qui est maître de ces forces est certainement plus près de posséder cette science que celui qui ne les pratique pas. Je viens de dire qu'il n'était pas facile de déterminer la catégorie de forces dont il est parlé ici sous ce titre collectif de *bala*. Si cependant on était amené à reconnaître quelque trace de classification systématique dans le *Vocabulaire pentaglotte*, on pourrait tirer argument de la place qu'occupe dans ce recueil la section des cinq forces, précé-

[1] Note sur le chap. III, f. 37 *a*. — [2] *Appendice*, n° IX.

dant immédiatement celle des sept éléments constitutifs de l'état de Bôdhi, comme peut s'en convaincre tout lecteur qui prendra la peine de recourir à l'édition de ce recueil que possède la Bibliothèque nationale. J'en dirai autant, et avec plus de raison encore, de l'énumération du *Lalita vistara*, laquelle ne peut être arbitraire, et où les cinq forces en question précèdent immédiatement les principes de la science d'un Buddha[1]. Or c'est exactement dans une situation semblable qu'est placé le *bala* de notre *Lotus*, puisqu'il précède les éléments constitutifs de l'état de Bôdhi. De toute façon la remarque ne me paraît pas inutile, et quelles que soient les forces qui sont comprises sous le titre collectif de *bala*, c'est déjà un pas de fait pour la détermination de leur nature, que de savoir que les cinq forces intellectuelles du *Lalita vistara* et du *Vocabulaire pentaglotte* précèdent les attributs dont la réunion compose la plus haute perfection d'intelligence que conçoivent les Buddhistes, et à laquelle ils donnent le nom de *Bôdhi*.

Je viens de définir presque complétement le terme qui succède à celui de *bala*, et qui est, dans le texte, *bôdhyag̃ga;* comme ce terme doit reparaître plus bas dans notre *Lotus*, il fera l'objet d'une note spéciale à l'*Appendice*[2].

Le terme que je traduis par *contemplation*, est *dhyâna*. J'ai écrit ce terme au pluriel, parce qu'il y a divers degrés de contemplation au nombre de quatre, qui mènent celui qui les traverse jusqu'au terme du Nirvâṇa, et parce qu'on trouve quelquefois les contemplations citées au pluriel dans notre *Lotus* même[3]. J'y reviendrai en détail dans un autre endroit de ces notes[4].

J'en dirai autant du terme qui suit, savoir, les affranchissements, dans le texte *vimôkcha;* nous apprenons par un passage de notre *Lotus* même que l'on compte huit espèces d'*affranchissements*[5]. Je les examinerai lorsque nous serons arrivés à l'endroit où il en est parlé spécialement[6]. Quant à présent, il nous suffit, pour traduire *vimôkcha* par le pluriel, de suivre l'analogie à laquelle nous conduit la réunion des termes qui constituent la sixième des forces ou des puissances d'un Buddha, et qui, selon le *Vocabulaire pentaglotte*, est définie ainsi : *sarva dhyâna vimôkcha samâdhi samâpatti sam̃djñânabalam*, « la « force de la connaissance de toutes les contemplations, affranchissements, méditations, « acquisitions de l'indifférence. » Ces termes sont précédés du mot *sarva* qui se rapporte à eux tous; ils sont rapprochés les uns des autres dans la définition de la sixième force, comme ils le sont dans le texte du *Lotus de la bonne loi*. De plus, à la stance 2 du chapitre qui nous occupe, on a au pluriel *vimôkchâçtcha yê têchâm*, « et quels sont leurs affran- « chissements, » comme aussi dans d'autres passages des parties versifiées de notre *Lotus*[7].

Ce que je traduis par *les méditations* est dans le texte *samâdhi;* la raison que j'ai donnée pour mettre le terme précédent au pluriel s'appliquerait également à celui-ci, quand même on ignorerait quel nombre immense de méditations les Buddhistes se plaisent à attribuer à un Buddha. On les compte par millions et par myriades, et on les désigne par

[1] *Rgya tch'er rol pa*, t. II, p. 43 ; *Lalita vistara*, f. 22 *a* et *b* du man. A.

[2] Ci-dessous, ch. III, f. 47 *b*, et *Appendice*, n° XII.

[3] *Ibid.* ch. III, f. 52 *b*, st. 87.

[4] Ci-dessous, ch. V, f. 72 *b*, st. 41, et *Append.* n° XIII.

[5] *Ibid.* ch. VI, f. 82 *b*, st. 22.

[6] *Ibid.* ch. VI, fol. 82 *b*, et *Appendice*, n° XV.

[7] *Ibid.* ch. III, f. 52 *b*, st. 87.

des noms souvent très-bizarres. Le *Lotus de la bonne loi* et le *Lalita vistara* fournissent des preuves suffisamment nombreuses de cet usage; il y a même un livre intitulé *Samâdhirâdja*, « le roi des méditations, » qui est rempli des noms donnés aux méditations d'un Buddha. Mais ce qui est plus important à remarquer pour la connaissance de la doctrine philosophique, c'est le sens propre du mot *samâdhi*. Ce terme signifie « l'état de l'esprit qui « se contient lui-même, » idée que ne rend qu'imparfaitement notre mot de *méditation*, où il reste encore trop de la notion d'une activité appliquée à quelque chose qui est distinct d'elle. C'est un point qui sera mis hors de doute quand nous examinerons les quatre degrés du *dhyâna* ou de la contemplation, dont le *samâdhi*, ou la possession de l'intelligence qui se renferme en elle-même, est un des éléments fondamentaux. Avec ces explications, notre mot *méditation* peut être employé sans trop d'inconvénient, surtout au pluriel. Il est bien clair que l'on ne peut méditer, si l'on n'a pas la possession pleine et entière de son intelligence.

Reste le dernier terme, « l'acquisition de l'indifférence, » qui a plus besoin encore d'une explication spéciale. Pour quiconque verrait réunis les deux mots *samâdhi samâpatti*, le premier sens qui se présenterait serait, si je ne me trompe, celui de « l'acquisition de la « méditation. » C'est, à ce qu'il semble, au moins d'après Turnour et Clough, l'interprétation qu'ont adoptée les Buddhistes du Sud. Ainsi Turnour expliquant le mot *samâpatti* dans l'index de son *Mahâwanso*, en donne cette définition : « l'état de jouissance de l'abstraction « dite *samâdhi* ou la sanctification[1]; » d'où il résulte que *samâpatti* est subordonné à *samâdhi*, de cette manière, « l'acquisition de la méditation. » Clough en fait autant, quoiqu'il étende le mot d'*acquisition* à d'autres termes qu'à la *méditation*. Ainsi, quand il énumère les perfections d'un Religieux accompli, il les place dans cet ordre : *djhâna*, « la médita- « tion profonde; » *vimôkha*, « l'affranchissement de la passion; » *samâdhi*, « la tranquillité « parfaite; » *samâpatti*, « les résultats ou la jouissance des perfections supérieures[2]. »

L'accord de Turnour et de Clough sur la valeur du mot *samâpatti*, et sur la place qu'il doit occuper dans l'énumération qu'on donne des perfections intellectuelles du sage, prouve donc que les Buddhistes singhalais n'en font pas un terme à part, mais au contraire le subordonnent aux termes précédents. Toutefois nous ne pouvons rien affirmer définitivement sur ce point, tant que nous ne serons pas plus avancés dans la connaissance de ces livres; car un passage de Buddhaghôsa traduit par Turnour lui-même donnerait à croire que le mot de *samâpatti* exprime à lui seul une qualité ou un mérite intellectuel dont on fait honneur à un Buddha. Ainsi parlant de Çâkyamuni devenu Buddha, le passage en question ajoute : « il resta là assis pendant sept jours, réalisant d'in- « nombrables *samâpattis* par cent mille et par dix millions[3]. » Si l'on peut compter les *samâpattis*, c'est que les *samâpattis* sont quelque chose d'individuel, qui existe par soi-même; car il est bon de remarquer qu'ici il n'est plus question de *samâdhi*. Les Buddhistes tibétains s'en font cette idée, puisqu'ils traduisent *samâpatti* par *sñoms-par hdjug-pa*, « l'action d'ar-

[1] Turnour, *Mahâwanso*, index, p. 22; le mot *sanctification* n'est pas suffisamment philosophique.

[2] Clough, *The ritual of the Buddhist priesthood*, p. 19, dans *Miscell. transl. from orient. lang.* t. II, n° 4.

[3] Turnour, *Examin. of Pâli Buddhist. Annals*, dans *Journ. asiat. Soc. of Bengal*, t. VII, p. 814.

« river à l'indifférence; » d'où il résulte que *samâpatti* est envisagé comme composé des mots *sama*, « égal, » et *âpatti*, « l'arrivée à, l'obtention. » Il m'a semblé que traduisant un des livres canoniques du Nord, je devais me mettre d'accord avec l'interprétation conservée chez les Tibétains, et c'est pourquoi j'ai rendu ce mot par « l'acquisition de l'indifférence; » peut-être serait-il plus exact de dire ici, « les acquisitions de l'indifférence. » Du reste, la conciliation de ces deux opinions, celle des Tibétains et celle des Singhalais, si toutefois Clough et Turnour reproduisent exactement cette dernière, serait extrêmement facile. Nous verrons en effet plus tard, quand nous examinerons les *dhyânas* ou les degrés de la contemplation, que c'est après s'être rendu maître de son intelligence par la pratique de la *samâdhi*, que l'on arrive à reconnaître que toutes les choses sont égales entre elles, c'est-à-dire qu'on parvient à l'indifférence. L'acquisition de ce dernier état est donc en réalité subordonnée à celui de *samâdhi*, et c'est probablement la connexité qui existe entre ces deux états qui a porté Turnour et Clough à les rattacher comme ils l'ont fait l'un à l'autre.

C'est le Tathâgata, ô Çâriputtra, etc.] Cette phrase sera traduite plus exactement de la manière suivante : « C'est le Tathâgata seul, ô Çâriputtra, qui peut enseigner les lois « du Tathâgata; les lois que le Tathâgata connaît, toutes ces lois même, ô Çâriputtra, le « Tathâgata seul les enseigne; car seul le Tathâgata connaît toutes les lois. »

St. 4. *Dans la pure essence de l'état de Bôdhi.*] J'ai pris ici, à tort, dans le sens abstrait, ce qui doit s'entendre dans un sens positif et matériel; voici le texte : *Phalam mê bôdhimaṇḍasmiñ drïchṭam yâdrïçakañ hi tat.* « Voici quel est le résultat que j'ai vu sur le trône « de la Bôdhi. » J'ai discuté ce point ailleurs[1]; il est souvent question de ce trône dans le *Lalita vistara*[2]. J'ajoute seulement ici quelques textes qui ne laissent aucun doute sur la destination du *Bôdhimaṇḍa*. Dans le *Mahâvastu*, ouvrage curieux et pour le fond et pour la forme, je trouve le passage suivant : *Têna khalu punaḥ samayêna sarvâvantô bôdhimaṇḍô ôsaktapaṭṭadâmakalâpo abhûchi.* « Or, en ce temps, la totalité du *Bôdhimaṇḍa* fut couverte « d'étoffes, de guirlandes et de files de clochettes[3]. » De même chez les Buddhistes du Sud, le *Bôdhimaṇḍa* est nommé un siége : *bôdhimaṇḍam âruyha nisinnaṭṭhânañ*, « étant monté « sur le Bôdhimaṇḍa, qui est le lieu où il s'asseoit[4]. » f. 19 b.

St. 7. *Les Bôdhisattvas sont remplis de confiance.*] Il faut dire, « car les Bôdhisattvas sont « fermes dans l'intelligence; » en adoptant pour *adhimukti* le sens que j'ai exposé plus haut, f. 16 *b*.

St. 8. *Leur dernière existence corporelle.*] Le texte dit littéralement, *antima dêha dhârinô*, « ayant leur dernier corps. » Il paraît que cette expression est sacramentelle chez les Bud-

[1] *Introduction à l'histoire du Buddhisme indien*, t. I, p. 387. Voy. ci-dessous, même chap. st. 112.

[2] E. Foucaux, *Rgya tch'er rol pa*, tome II, les citations à la table, page XL, au mot *Bôdhimaṇḍa*.

[3] *Mahâvastu*, f. 205 *b*.

[4] *Thûpa vamsa*, f. 36 *a*, fin.

dhistes, car on la trouve également dans les livres pâlis; ainsi je lis dans le *Djina alaṁkâra : antimadêhadhârî bhavakkhayam pattô*, « ayant son dernier corps, arrivé à la destruction de l'existence[1]. »

f. 21 b. St. 23. *Tu parles de la pure essence de l'état de Bôdhi.*] Il faut lire, « Tu célèbres là le « trône de la Bôdhi, » comme plus haut, f. 19 b.

St. 25. *Parvenus à la puissance et arrivés au Nirvâṇa.*] Après les mots « parvenus à la « puissance, » le texte ajoute *anâçravâḥ;* tout le passage doit être rétabli comme il suit : « parvenus à la puissance, exempts de faute, et partis pour le Nirvâṇa. »

St. 27. *Et le doute s'est emparé de leur esprit.*] Maintenant que je ne pense plus que *vyâkuruchva* signifie toujours et sans distinction, « annonce les destinées futures, » je crois devoir traduire ainsi cette stance : « Réponds donc, ô grand solitaire, aux questions que s'a« dressent dans leur esprit tout ce qu'il y a ici de Çrâvakas du Sugata, etc. »

f. 23 a. *Cela sera pour eux un avantage, un profit, un bien, qui durera longtemps.*] Le texte se sert ici d'une expression spéciale et qui revient chaque fois qu'il est question d'un avantage temporel : *têchân tad bhavichyati dîrgharâtram arthâya hitâya sukhâya.* On en rencontre de fréquents exemples, tant dans le *Saddharma puṇḍarîka* que dans le *Lalita vistara*[2]. L'expression n'est pas moins familière aux Buddhistes du Sud, et on peut la voir dans le *Mahâvaṁsa*[3], et dans une des légendes en pâli publiées par Spiegel[4]. Je la remarque encore dans deux *Suttas* du *Dîgha nikâya* pâli des Singhalais, où elle est rédigée, sauf le dialecte, dans les mêmes termes que ceux du *Lotus* que je viens de citer : *têsaṁ taṁ bhavissati dîgharattaṁ hitâya sukhâya*, littéralement, « à eux cela sera pour longtemps à profit, à bien[5]. » Les textes pâlis n'emploient, comme on voit ici, que deux termes; ils omettent ordinairement le premier, *arthâya.* C'est aussi ce que je remarque dans la rédaction du *Mahâvastu* qui est, selon moi, un livre ancien. Ainsi en parlant du Buddha Çâkyamuni, le texte de ce livre se sert de cette formule, *sattvânâṁ hitasukhaṁ gavêchantô saṁsarati*, « cherchant « le profit, le bien des êtres, il transmigre dans le monde[6]. » J'ai signalé l'existence de cette formule dans les inscriptions religieuses de Piyadasi, ainsi qu'on peut le voir au n° X de l'*Appendice.* Il faut encore remarquer l'expression *dîrgharâtram*, « pour une longue nuit, » employée avec le sens de « pour un long temps. » On la trouve également en pâli, soit sous la même forme, sauf le dialecte, *dîgharattaṁ*, soit avec l'adjectif *tchira*, de cette manière au locatif, *tchirarattâyaṁ*[7], « longtemps, » et en composition *tchirarattapîḷitô*, « torturé « pendant longtemps[8]. »

[1] *Djina alaṁkâra*, f. 11 a, fin.

[2] *Lalita vistara*, ch. VII, f. 63 a du man. A; *Rgya tch'er rol pa*, t. II, p. 110.

[3] *Mahâwanso*, t. I, p. 6, l. 11.

[4] *Anecdota pâlica*, p. 21.

[5] *Ambaṭṭha sutta*, dans *Dîgh. nik.* f. 28 b; *Mahâparinibbâna sutta*, *ibid.* f. 95 a.

[6] *Mahâvastu avadâna*, f. 2 b de mon man.

[7] *Abhidhân. ppadîp.* l. III, ch. IV, st. 1.

[8] *Djina alaṁkâra*, f. 19 b.

St. 36. *Qui sont également parvenus à.*] Lisez, « qui sont également partis pour. »

Écoute donc, ô Çâriputtra, etc.] Ceci est encore une formule sacramentelle employée par Çâkya, lorsqu'il va répondre à une question qui lui a été adressée par un de ses auditeurs; la voici d'après l'original : *tènahi çâriputtra çrĭṇu sâdhutcha suchṭhutcha manasikuru bhâchichyê 'hantê.* Elle reparaît à tout instant dans les livres du Nord où Çâkyamuni est représenté instruisant ses disciples, et j'en cite à la note un exemple emprunté à l'*Avadâna çataka*[1]. On la remarque également dans les livres pâlis, où elle occupe la même place : je l'emprunte à deux *Suttas* où elle est ainsi conçue : *tènahi brâhmaṇa suṇâhi sâdhukañtcha manasikarôhi bhâsissâmi*[2]. f. 23 b.

Cependant Bhagavat continuait à garder le silence.] Il faut dire plus exactement : « Et « Bhagavat approuvait par son silence. » Voici le texte : *Bhagavâñçtcha tûchṇîbhâvênâdhivâsayati sma;* ce qu'il faut y remarquer, c'est l'emploi du radical *vas* précédé de la préposition *adhi*, dans l'acception d'*approuver, donner son assentiment*, acception qui ne s'éloigne pas beaucoup du sens d'*aimer* qu'a ce verbe dans le sanscrit classique. La personne à laquelle on témoigne cette approbation est placée dans la phrase au génitif, comme on le peut voir dans le passage suivant : *Adhivâsayaty âyuchmân çrôṇaḥ kôṭikarṇa âyuchmatô mahâkâtyâyanasya tûchṇîbhâvêna.* « Le respectable Çrôṇa Kôṭikarṇa approuva par son silence le res- « pectable Mahâkâtyâyana[3]. » Cette formule se retrouve également dans les livres pâlis du Sud, où on la rencontre à tout instant ainsi conçue : *adhivâsêsi Bhagavâ tuṇhibhâvêna*, « Bhagavat approuva par son silence[4]. » On en peut voir un exemple au commencement du Mahâvaṁsa[5]. J'avais déjà signalé cette expression dans l'*Introduction à l'histoire du Buddhisme*, mais sans l'appuyer comme ici des exemples nécessaires[6].

Bien, ô Bhagavat, etc.] La réponse que les auditeurs font au Buddha, lorsque celui-ci leur a promis de leur exposer la loi, est également contenue dans une formule spéciale, qui revient toujours la même; la voici dans les termes où la donne le *Saddharma puṇḍarîka* : *Sâdhu Bhagavannity âyuchmân çâriputtrô Bhagavataḥ pratyaçrôchît, Bhagavân êtad avôtchat.* Je remarquerai seulement que j'ai peut-être donné un peu trop de valeur au verbe *pratyaçrôchît*, en le traduisant par « il se mit à écouter; » il ne doit signifier que « il ré- « pondit. » Les textes pâlis emploient aussi cette formule exactement dans les mêmes circonstances; en voici un exemple : *Êvaṁ bhôti khô sôṇadaṇḍô brâhmaṇô Bhagavatô patchtchassôsi, Bhagavâ êtad avôtcha.* « Oui, seigneur, répondit en effet à Bhagavat Sôṇadaṇḍa le « Brâhmane; Bhagavat parla ainsi[7]. » f. 24 a.

[1] *Avadâna çataka*, f. 55 *b*.

[2] *Sôṇadaṇḍa sutta*, dans *Dîgh. nik.* f. 32 *a*; *Kûṭadanta sutta*, *ibid.* f. 34 *a*.

[3] *Çrôṇa kôṭikarṇa*, dans *Divya avad.* f. 10 *a*.

[4] *Sôṇadaṇḍa sutta*, dans *Dîgh. nik.* f. 32 *a*; *Kûṭadanta sutta*, *ibid.* fol. 37 *b*; *Lôhitchtcha sutta*, *ibid.* f. 58 *b*; *Mahâparinibbâna sutta*, f. 84 *a*, 85 *a*, 92 *b*.

[5] Turnour, *Mahâwanso*, t. I, p. 6, l. 9.

[6] *Introd. à l'hist. du Buddhisme indien*, t. I, p. 250, note 1.

[7] *Sôṇadaṇḍa sutta*, dans *Dîgh. nik.* f. 32 *a*; *Kûṭadanta sutta*, *ibid.* f. 34 *a*.

Ils sont rares, ô Çâriputtra, les temps et les lieux.] C'est une idée qui se représente très-fréquemment dans les livres buddhiques de toutes les écoles, que celle de la difficulté qu'on a de rencontrer un Buddha, et d'entendre la loi de sa bouche. J'ai déjà cité, à l'occasion d'un des termes qui désigne cet enseignement même, un passage pâli où Buddha exhorte ses auditeurs à profiter de sa présence pour se convertir à la loi qu'il est venu apporter aux hommes. « C'est une chose difficile à rencontrer, leur dit-il, que la nais« sance d'un Buddha dans le monde[1]. » Les Buddhistes du Sud ont exprimé cette opinion en quatre vers populaires qui résument toutes les choses relatives à la loi que l'on ne rencontre que rarement.

Buddhôtcha dullabhô lôkê saddhammasavanampitcha,
sam̃ghôtcha dullabhô lôkê sappurisâ atidullabhâ;
dullabhañtcha manussattam Buddhuppâdôtcha dullabhô,
dullabhâ khaṇasampatti saddhammô paramadullabhô.

« Un Buddha est difficile à rencontrer dans le monde, ainsi que l'audition de la bonne « loi; l'assemblée est difficile à rencontrer dans le monde; les gens de bien sont très-difficiles « à rencontrer. La condition humaine aussi est difficile à obtenir; difficile à rencontrer « aussi est la naissance d'un Buddha; l'acquisition du moment propice est difficile à ob« tenir; la bonne loi est extrêmement difficile à rencontrer[2]. » Ces maximes ont dû naturellement commencer à se répandre postérieurement à la mort de Çâkyamuni, quand son absence se faisait sentir. Elles témoignent en même temps de la sincérité des Buddhistes qui affirment qu'il est le dernier Buddha humain qui ait paru en ce monde. Plus tard encore, et quand le Buddhisme admet dans son sein des éléments mythologiques, on rencontre dans des ouvrages que je crois modernes, de semblables exhortations à profiter des occasions qui se présentent d'entendre exposer la loi. Mais il n'est plus question alors de Çâkyamuni; on y parle seulement de simples prédicateurs, car les prédicateurs instruits sont déjà devenus rares. Ainsi dans le *Sûtra* tout mythologique, intitulé *Kâraṇḍa vyûha, Sûtra* consacré à l'apothéose du saint si célèbre dans le Nord sous le nom d'*Avalôkitêçvara*, vers la fin de ce traité où sont relevés les mérites de la fameuse formule de six lettres *ôm̃ maṇi padmê hum̃*, l'auteur va jusqu'à introduire le dialogue suivant entre Çâkyamuni et un Bôdhisattva fabuleux, au nom *inprononçable*, Sarva nivaraṇa vichkambhin : « Alors « ce Bôdhisattva parla ainsi à Bhagavat : Où faut-il que j'aille, ô Bhagavat, pour obtenir « cette grande formule magique de six lettres? Bhagavat répondit : Il y a, ô fils de famille, « dans la grande ville de Bénârès un prédicateur de la loi, qui garde dans sa mémoire, « qui récite et qui a profondément gravé dans son esprit cette grande formule magique de « six lettres. Le Bôdhisattva répondit : J'irai, ô Bhagavat, dans la grande ville de Bénârès pour « voir et pour servir ce prédicateur de la loi. Bhagavat reprit : Bien, bien, fils de famille, « fais comme cela; ils ne sont pas faciles à rencontrer, ô fils de famille, les prédicateurs « de la loi; on doit les regarder comme semblables au Tathâgata; on doit voir en eux « comme un Stûpa mobile, comme un monceau de vertus, comme le Gange de tous les

[1] Ci-dessus, ch. I, f. 4 *a*, p. 305. — [2] *Djina alam̃kâra*, f. 10 *b*.

« étangs consacrés; il faut les regarder comme celui qui ne dit pas de mensonges, comme « celui qui dit la vérité; il faut les regarder comme un monceau de pierres précieuses, « comme le joyau qui donne tout ce qu'on désire, comme le roi de la loi, comme ce qui « fait traverser le monde[1]. »

Quant à la figure elle-même qui sert de terme de comparaison pour exprimer la rareté d'un Buddha, « de même que la fleur du figuier Udumbara, » c'est une des plus fréquemment employées dans les livres buddhiques de toutes les écoles, et on la rencontre à chaque page de notre *Lotus de la bonne loi*. Elle est très-naturelle, car on sait qu'il faut l'œil exercé d'un botaniste pour reconnaître la fleur de la plupart des figuiers: le vulgaire ne voit de ces arbres que les fruits. Aussi Clough donne-t-il l'Udumbara comme un exemple des grands arbres rois des forêts, qui produisent des fruits sans donner de fleurs[2]. Ce figuier est, selon Wilson, le *ficus glomerata*. Le lecteur aura sans doute remarqué que parmi les choses rares énumérées dans les vers pâlis cités au commencement de cette note, on place la condition humaine. Cela vient de ce que cette condition, dans l'ordre des six existences dont il est si fréquemment question chez les Buddhistes, a sur toutes les autres l'avantage d'être celle qu'embrasse un Buddha avant d'entrer dans le Nirvâṇa. Cette croyance est une des plus anciennes du Buddhisme, et toutes les écoles s'accordent unanimement pour célébrer l'importance et le précieux caractère de la vie humaine. Le grand mongoliste I. J. Schmidt a exposé ce point de vue dans des remarques très-justes et fort bien exprimées; rarement ce savant homme a rencontré une plus heureuse inspiration[3].

Elle n'est pas du domaine du raisonnement.] L'expression du texte que je traduis ainsi est *atarkâvatchara*, que la version tibétaine rend de la manière suivante, avec beaucoup de netteté: *rtog-gehi spyod-yul ma yin-pa*, « elle n'est pas un champ pour l'exercice du raisonnement. » Nous voyons dans ce composé un mot que je n'ai pas encore rencontré seul, mais qui fait partie du nom de quelques classes de Dêvas, *Kâmâvatchara*, *Rûpâvatchara*, *Dhyânâvatchara*; ce mot est *avatchara*, qui, selon qu'on en fera un substantif ou un adjectif, signifiera soit « lieu où l'on va, champ, province, district, » soit « qui va vers, se dirige « vers, prend la direction de. » Les interprètes tibétains le prennent pour un adjectif signifiant « qui agit, » (*spyod-pa*), comme on peut le voir par la traduction qu'ils donnent des titres divins de *Kâmâvatchara* et *Rûpâvatchara*, « qui agit dans le désir, qui agit dans la « forme[4]. » Ce sens certainement figuré, ne doit pas exclure le sens primitif de *qui va vers*; en d'autres mots, *avatchara* doit pouvoir reproduire les trois grandes significations principales de la racine *tchar*, « marcher, vivre, agir, » dont il dérive. Il semble qu'il se présente avec son sens physique dans le passage suivant du *Lalita vistara*, où il est dit que le Bôdhisattva étant descendu dans le sein de la femme qui devait être sa mère, se dirigea vers le côté droit et jamais vers le côté gauche: *avakrântaḥ san dakchiṇâvatcharô 'bhûn na djâtu vâmâvatcharaḥ*[5]. Cependant l'emploi de ce terme en tant que substantif ne serait pas

[1] *Kâraṇḍa vyûha*, f. 50 *a* et *b*.
[2] *Abhidhân. ppadîp.* l. III, ch. III, st. 125.
[3] *Mém. de l'Acad. de Saint-Pétersbourg*, t. II, p. 36.
[4] *Rgya tch'er rol pa*, t. II, table alphab. aux mots *Kâmâvatchara* et *Rûpâvatchara*, p. XLVIII et LVIII.
[5] *Lalita vistara*, ch. VI, f. 34 *a* du man. A.

même ici injustifiable, puisqu'il est permis de voir dans *dakchiṇâvatchara* un composé possessif signifiant « celui qui a sa place à droite. » Mais le sens physique et la valeur d'adjectif se montrent clairement dans le composé *antarîkchâvatcharâḥ*, « ceux qui traversent le « ciel, » composé que notre *Lotus* emploie plus bas pour désigner des divinités[1]. Et il est bon de remarquer que le manuscrit de la Société asiatique donne seulement *antarîkchatcharâḥ*, pendant que ceux de M. Hodgson ont la leçon que je viens de citer. Ce mot est également employé chez les Buddhistes du Sud, et je le remarque dans une des épithètes attribuées à Çâkyamuni par le *Djina alaṁkarâ*; cette épithète est *yôgâvatcharakulaputta*, « fils d'une famille dont le domaine est le Yôga, ou, qui marche dans le Yôga[2]. » Il paraît qu'il est passé de même dans le dialecte vulgaire des Singhalais, car Clough le rapporte dans son Dictionnaire, où il en sépare ainsi les éléments, *Yôga-âvatchara*, et le traduit : « celui qui abandonne les biens du corps pour livrer son esprit à une médita« tion religieuse et abstraite[3]. »

f. 24 *b*. *Des Tathâgatas.*] Lisez, « du Tathâgata. »

f. 25 *a*. *Qui ont des inclinations variées.*] Si l'on préfère pour le terme d'*adhimukti* le sens d'*intelligence* que j'ai essayé de justifier plus haut[4], il faudra traduire ici, « qui ont des facul« tés diverses. »

f. 26 *a*. *Se trouvent, vivent, existent.*] L'expression dont se sert le texte pour rendre cette idée paraît appartenir en partie au sanscrit des Buddhistes; elle se compose des trois verbes *tichṭhanti, dhriyantê, yâpayanti*. C'est uniquement par analogie que je traduis le dernier verbe par *existent;* car je ne vois que l'expression latine *ducere vitam* qui explique comment *yâpayanti*, « ils font aller, » peut signifier *ils existent, ils durent.*

f. 27 *a*. *A l'époque où dégénère un Kalpa.*] Le texte se sert des expressions *kalpakachâye, sattvakachâye*, etc. où le mot *kachâya*, « décoction servant à la teinture, » exprime, dans la langue des Buddhistes, l'atteinte et l'influence des causes de corruption qui font dégénérer un Kalpa ou un âge du monde. Ces expressions font allusion à la manière dont les Buddhistes se représentent les périodes de création, de conservation et de rénovation de l'univers, dont j'ai parlé plus haut[5]. C'est la période de dégénérescence que le texte du *Lotus* désigne par le terme de *kalpakachâya*. Cette expression reparaîtra plus bas, ch. III, f. 39 *a*.

f. 27 *b*. *Qui prendrait la résolution.*] Les mots du texte sont *arhattvaṁ pratidjânîyât*, littéralement, « promettrait [à soi-même] l'état d'Arhat. » C'est le sens que donne la version tibétaine *khas-hlchhe-jing*, « s'engageant à, faisant vœu de. »

[1] Ci-dessous, ch. XIII, f. 155 *a*.
[2] *Djina alaṁkâra*, f. 12 *b*, init.
[3] *Singhal. Diction.* t. II, p. 577; littéralement ce mot signifie « l'homme qui marche dans le Yôga. »
[4] Ci-dessus, ch. I, f. 16 *b*, st. 80.
[5] *Ibid.* ch. I, f. 10 *b*, p. 324 et suiv.

Sans avoir fait la demande nécessaire pour, etc.] Le texte dit, *praṇidhânam aparigrĭhya,* selon la version tibétaine, *smon-lam yongs-su mi adzin-te,* « n'ayant pas embrassé complé- « tement la sollicitation, (la prière pour obtenir, etc.) » Le *praṇidhâna* ou encore *praṇidhi* est aussi familier aux Buddhistes du Sud qu'à ceux du Nord. Ainsi on le voit cité au commencement du *Mahâvaṁsa* dans la phrase *bôdhâya paṇidhim akâ,* qui signifie littéralement, « il adressa une prière pour devenir Buddha[1]. »

Je n'éprouve aucune intention, aucun désir de le posséder.] Il paraît que le traducteur tibétain a eu sous les yeux un texte où manquaient ces mots, car après avoir dit, « je suis « retranché du véhicule des Buddhas, » il ajoute, « qui parle ainsi : c'est là le complet af- « franchissement de mon corps, » dans le texte, *ngahi lus hdi tham mya-ngan-las hdah-baho.* Ces mots représentent l'expression spéciale du texte : *mê samutchtchhrayasya paçtchimakam parinirvâṇaṁ,* « me voici arrivé au Nirvâṇa complet, dernier terme de mon existence. » J'ai traduit par *existence* le mot *samutchtchhraya,* qui semble signifier *élévation,* ou peut-être *accumulation;* le tibétain y voit simplement l'idée de corps. Il est à peu près certain que ce terme qui paraît propre au sanscrit buddhique[2], n'a pas d'autre signification chez les Buddhistes du Nord, car je trouve au chap. VIII, f. 111 *b* de notre *Lotus,* les mots *suvarṇavarṇâiḥ samutchtchhrayâiḥ,* « avec des corps de la couleur de l'or, » suivis dans les deux manuscrits de M. Hodgson du mot *kâyâiḥ,* qui est une véritable glose du terme précédent, car ce mot n'existe pas dans le manuscrit de la Société asiatique. C'est encore un de ces termes qui se retrouvent chez les Buddhistes du Sud où le pâli *samussaya* a, selon l'*Abhidhâna,* le double sens de *multitude* et de *corps*[3].

St. 39. *S'écria.*] Ajoutez « avec joie, » pour rendre *mudâ* que j'avais omis. Il semble que la version tibétaine représente un texte où manquait la négation que donnent nos manuscrits du *Saddharma puṇḍarîka.* Voici la traduction du texte tibétain, si toutefois j'entends bien les quatre lignes dont il se compose : « Comme ils avaient fait les bonnes œuvres suffi- « santes pour entendre cette loi, le Chef du monde, après avoir reconnu l'absence d'imper- « fection de l'assemblée, s'écria. » f. 28 *a.*

St. 44. *Des Adbhutas.*] C'est-à-dire, des récits merveilleux, des histoires miraculeuses. Ce sont les *Adbhuta dharma* de la liste des écritures buddhiques données par M. Hodgson[4]. J'aurais probablement aussi bien fait de traduire ce terme, qui n'est pas, à proprement parler, un titre de livre; mais puisque je le conservais, il fallait en faire autant pour celui de *Géya* que j'ai traduit par « des vers faits pour être chantés[5]. » f. 28 *b.*

St. 48. *Cette loi formée de neuf parties.*] Les neuf parties dont il est ici question, sont,

[1] *Mahâwanso,* t. I, p. 1, l. 5.
[2] Voy. ci-dessous, ch. III, f. 40 *a,* st. 28; ch. IV, f. 66 *b,* st. 45.
[3] *Abhidh. ppadîp.* l. III, c. III, st. 322.
[4] Hodgson, *Notices of the languages, lit. and relig. of the Bauddhas,* dans *Asiat. Res.* t. XVI, p. 426; *Introd. à l'hist. du Buddh.* t. I, p. 63.
[5] *Introd. à l'hist. du Buddh.* t. I, p. 52.

d'après les Buddhistes de Ceylan, les neuf divisions dont se compose l'ensemble des écritures sacrées attribuées à Çâkya : voici l'énumération qu'en donne Clough, dans son Dictionnaire singhalais : *Sûtra, Géya, Véyyâkaraṇa, Gâthâ, Udâna, Itivuttaka, Djâtaka, Abbhutadhamma, Vêdalla (Vâipulya)*. Je me suis amplement expliqué sur la valeur et l'application de ces divers termes dans un passage spécial de mon *Introduction*[1].

f. 29 *b*. St. 58. *Paré des* [*trente-deux*] *signes.*] J'ai rejeté à l'Appendice une note sur les trente-deux signes de la beauté corporelle d'un Buddha, qui eût occupé ici une place trop considérable. Voyez *Appendice*, n° VIII.

St. 63. *Dans les six routes.*] Voyez ci-dessus chapitre I, f. 4 *b*, p. 309. Le manuscrit de la Société asiatique ne fournissait pas un sens clair pour la fin de cette stance qui y est lue ainsi : *gatiñtcha vidhyênti punaḥ punas tâm*, ce qui semblait signifier : « ils reviennent « à plusieurs reprises dans cette voie. » Je me suis aidé de la version tibétaine, qui traduit ainsi : *dur-khrod de-dag fyi fyir hphel-bar byed*, ce qui signifie, si je ne me trompe, « ils augmentent sans cesse les cimetières. » Depuis, le manuscrit de la Société asiatique de Londres et les deux manuscrits de M. Hodgson sont venus confirmer la version tibétaine en lisant, *kaṭâñsi vardhanti punaḥ punas tâñ*, texte qui est certainement encore fautif, mais d'où ressort le sens de « ils augmentent sans cesse les cimetières, » soit qu'on voie dans *kaṭâñsi* le pluriel d'un neutre *kaṭas*, que je ne trouve cependant pas en sanscrit, soit que les manuscrits aient lu à tort *si* pour *pi* et *kaṭâñ* pour *kaṭân*.

St. 64. *Soixante-deux* [*fausses*] *doctrines.*] Il nous faudrait un commentaire pour déterminer ce que sont ces soixante-deux fausses doctrines ; mais ce qu'on doit dès à présent remarquer, c'est que ce nombre de soixante-deux est également admis par les Buddhistes du Sud : je trouve en effet les soixante-deux hérésies citées sous le titre de *dvâchachṭi-drĭchṭi* dans le *Dharma pradîpikâ* singhalais[2]. Il y a tout lieu de croire que ces soixante-deux fausses doctrines appartenaient pour la plus grande partie aux croyances brâhmaniques ; mais, dans les commencements du Buddhisme, quelques-unes de ces hérésies pouvaient bien être partagées par plusieurs disciples de Çâkya. Quant à ces derniers, on sait que des schismes se sont développés de bonne heure parmi eux, et il est naturel que le nombre en ait augmenté avec le temps. Suivant les Buddhistes du Sud, le second concile aurait eu pour objet de rappeler à sa pureté première la discipline que divers Religieux avaient considérablement altérée[3]. En effet, pendant le premier siècle qui suivit la mort de Çâkyamuni, il ne s'était produit, suivant l'auteur du *Mahâvañsa*, qu'une seule hérésie. C'est postérieurement à cette époque que prirent naissance divers schismes dont le nombre, suivant le même auteur qui vivait au milieu du ve siècle de notre ère, s'éleva successivement à dix-huit, seulement dans le Djambudvîpa, c'est-à-dire dans l'Inde[4]. Ce nombre de dix-huit schismes est également celui que reconnaissent les Tibétains, dont le

[1] *Introd. à l'hist. du Buddh.* t. I, p. 51 et suiv.
[2] *Dharma pradîpikâ*, f. 11 *b*, init.
[3] *Mahâwanso*, t. I, p. 15 et suiv.
[4] *Ibid.* p. 20 et 21.

témoignage est postérieur à celui des Singhalais de deux ou trois siècles. Csoma nous a conservé les noms de ces dix-huit sectes, dont les adeptes faisaient remonter leur dissidence jusqu'aux principaux disciples de Çâkya[1]; il paraît qu'elles s'étaient déjà développées antérieurement à l'époque de Kanichka, qui tombe un peu plus de quatre cents ans après la mort de Çâkya. Ce sera pour la critique, lorsqu'elle aura réuni plus de matériaux, un curieux sujet de recherches que la comparaison des deux listes qu'en donnent les Tibétains et les Singhalais. Actuellement ces listes sont assez dissemblables; mais bien des différences disparaîtront certainement devant la synonymie des dénominations. Les *Mahâsaṁghikâs* sont connus de part et d'autre, de même que les *Hêmavatâs* et les *Kassapîyâs* qui sont les *Hêmavatâs* et les *Kâçyapriyâs* (pour *Kâçyapîyâs*) des Tibétains. Les *Pûrvaçâilâs* et les *Avaraçâilâs* des Tibétains se retrouvent également dans les *Sêliyas* orientaux et occidentaux des Singhalais; ces trois dernières sectes sont, selon les Tibétains, des subdivisions des *Mahâsaṁghikâs* qui remontent à Kâçyapa. L'auteur du *Mahâvaṁsa* pâli nous apprend qu'elles sont postérieures au IIe siècle après la mort de Çâkya. Une autre division des *Mahâsaṁghikâs*, les *Pradjñaptivâdinas*, se retrouve dans les *Pannattivâdâs* des Singhalais, et peut-être les *Bahuçrutîyâs* nous cachent les *Bâhulikâs* du *Mahâvaṁsa*. Les *Vatsiputrîyâs* des Tibétains peuvent être aussi les *Gôkulikâs* des Singhalais. Les *Dharmaguptâs* des Tibétains sont les *Dhammaguttikâs* du *Mahâvaṁsa* : il est bon de remarquer ici le rapport de la liste tibétaine avec l'énumération singhalaise; car pendant que les Tibétains placent les *Dharmaguptas* immédiatement au-dessus des *Bahuçrutîyâs*, les Singhalais rapprochent également les *Dhammaguttikâs* des *Bâhulikâs*, quoiqu'ils les fassent postérieurs. Les *Mûlasarvâstivâdâs*, malgré l'altération et la diminution du mot, sont reconnaissables dans les *Sabbatthavâdinas* des Singhalais; et les *Râdjagiriyâs* des Singhalais peuvent bien n'être que les *Abhayagirivâsinas* des Tibétains. En résumé, sur les dix-neuf noms dont se compose la liste des Tibétains, nous retrouvons déjà, et sans aucun autre secours que les listes elles-mêmes, douze noms ou identiques, ou analogues. Je puis donc reproduire ici ces deux listes, en marquant par des étoiles les noms qui désignent de part et d'autre les mêmes schismes.

LISTE TIBÉTAINE.		ÉNUMÉRATION SINGHALAISE.
Râhula. — * *Âryasarvâstivâdâs.*	* *Mûlasarvâstivâdâs.*	(Un schisme non désigné.)
	* *Kâçyapîyâs.*	* *Mahâsaṁghikâs.*
	Mahîçâsakâs.	* *Gôkulikâs.*
	* *Dharmaguptâs.*	*Èkabbyôhârikâs.*
	* *Bahuçrutîyâs.*	* *Pannattivâdâs.*
	Tâmraçâṭîyâs.	* *Bâhulikâs.*
	Vibhadjyavâdinas.	*Tchêtiyavâdâs.*
Upâli. — *Âryasammatiyâs.*	*Kâurukullakâs.*	* *Sabbatthavâdinas.*
	Avantakâs.	* *Dhammaguttikâs.*
	* *Vatsiputrîyâs.*	* *Kassapîyâs.*

[1] Csoma, *Notices on the life of Shakya*, dans *Asiat. Res.* t. XX, p. 298.

LISTE TIBÉTAINE.		ÉNUMÉRATION SINGHALAISE.
Kâçyapa. — *Mahâsaṁghikâs.*	* *Pûrvaçâilâs.*	*Saṁkantikâs.*
	* *Avaraçâilâs.*	*Suttavâdâs.*
	* *Hêmavatâs.*	* *Hêmavatâs.*
	Lôkôttaravâdinas.	* *Râdjagiriyâs.*
	* *Pradjñaptivâdinas.*	*Siddhatthikâs.*
Kâtyâyana. — *Âryasthâvirâs.*	*Mahâvihâravâsinas.*	* *Pabbasêliyâs.*
	Djêtavanîyâs.	* *Aparasêlikâs.*
	* *Abhayagirivâsinas.*	*Vâdariyâs.*

Pour ne rien omettre ici de ce qu'on connaît déjà sur ces anciennes sectes indiennes, je renverrai le lecteur à la note de Klaproth insérée au *Foe koue ki*, en rappelant seulement que les *Tan mo khieou to* sont les *Dharmaguptâs*, dont les Chinois semblent avoir transcrit le nom d'après la forme pâlie *Dhammaguttikâs;* que les *Sa pho to* sont vraisemblablement les *Sabbatthavâdinas;* que les *Mi cha se* sont les *Mahîçâsakâs;* et les *Pho tso fou lo*, les *Vatsiputrîyâs*[1]; j'ai déjà essayé d'établir ces restitutions dans une note spéciale[2]. Il est également probable que de bonnes transcriptions permettraient de retrouver de même les noms des sectes qui, d'après les matériaux rassemblés par A. Rémusat, existaient anciennement dans le pays d'Udyâna. Ainsi les *Fa mi*, qu'il traduit par « silence de la loi, » doivent être les *Dharmaguptâs;* les *Houa ti*, « conversion de la terre, » sont les *Mahîçâsakâs;* les *Kâçyapas* sont les *Kâçyapîyâs;* les *Ta tchoung*, ou « de la multitude, » sont peut-être les *Mahâsaṁghikâs;* il ne reste d'inexpliqué que les *Chouc i thsi yeou* que Rémusat n'a pas essayé de traduire[3], et où M. Julien voit, avec raison selon moi, les *Sarvâstivâdâs*[4]. Au reste, avec plus de livres que ceux que nous possédons, ou seulement avec une lecture plus approfondie de ceux qui sont déjà entre nos mains, on trouverait dans les transcriptions chinoises actuellement connues, matière à des rapprochements du plus grand intérêt. Ainsi la terre de *Tchen tha lo po la pho*, « la lumière de la lune, » que Hiuan thsang place au sud de *Takchaçilâ*, doit être en sanscrit *Tchandraprabha*[5]. Le maître nommé *Kiu nou po la pho*, « lumière de vertu, » serait *Guṇaprabha*[6], nom qui peut n'être qu'un synonyme du *Guṇamati* de l'*Abhidharma kôça vyâkhyâ*[7]. De même *Pi mo lo mi to lo* est *Vimalamitra*, qui est peut-être le célèbre *Yaçômitra*[8]. Le recueil nommé *Pi po cha* nous rappelle la *Vibhâchâ*, et les *Vâibhâchikâs* si connus dans le Nord[9]; et le maître auquel Hiuan thsang attribue cette doctrine, *Che li lo to*, paraît bien n'être que l'*Ârya Çrîlâbha*[10].

[1] *Foe koue ki*, p. 325 et 326.

[2] *Introd. à l'hist. du Buddh. indien*, t. I, p. 633; voyez encore p. 570.

[3] *Foe koue ki*, p. 53.

[4] St. Julien, *Concord. sinico-sanscrite*, etc. dans *Journ. Asiat.* IVe série, t. XIV, p. 389.

[5] Landresse, dans le *Foe koue ki*, p. 380.

[6] *Id. ibid.* p. 383.

[7] *Introd. à l'hist. du Buddh. indien*, t. I, p. 566.

[8] Landresse, dans le *Foe koue ki*, p. 383.

[9] *Id. ibid.* p. 384; *Introd. à l'hist. du Buddh. ind.* t. I, p. 566.

[10] Landresse, dans le *Foe koue ki*, p. 384; *Introd. à l'hist. du Buddh. indien*, t. I, p. 567.

Enfin, *Fa su pan tu* qui avait un temple à Ayuto (*Ayôdhyâ?*), est en sanscrit *Vasubandhu*, nom qui n'est sans doute que le synonyme de celui du savant et illustre *Vasumitra*[1].

St. 78. *Stûpas de diamant.*] Le mot du texte est *açmagarbha;* j'ai essayé d'en établir le sens dans une note spéciale sur les sept choses précieuses[2]. Ce que je traduis par *pierres précieuses* est encore un terme qui m'est inconnu : nos manuscrits l'écrivent *karkêtana*, ou *kakkêtana*. Je trouve dans Wilson *karkêtara*, espèce de gemme ou de pierre précieuse dont la nature n'est pas précisément définie. Il n'est pas certain que les interprètes tibétains fussent beaucoup plus avancés que nous, car le traducteur du *Saddharma* se contente de remplacer *karkêtana* par *ke-ke-ru*, qui paraît n'en être qu'une transcription altérée. Le *ke-ke-ru* est, selon Csoma de Cörös, une pierre précieuse de couleur blanche. Schmidt dans son Dictionnaire tibétain donne le nom de *ker-ke-ta-na* comme synonyme de *ke-ke-ru;* mais il ne nous en apprend pas plus que Csoma sur la pierre en elle-même. f. 30 *b*.

St. 91. *Des cymbales de fer.*] Le mot dont se sert le texte est *rîllariyô*, que je ne trouve pas dans Wilson; nous verrons plus bas *rîllaka* que je traduis par *musicien*, de même par conjecture[3]. Il est possible qu'au lieu de *rîllariyô* et de *rîllaka* on doive lire *djhallariyô* et *djhallaka*, et que la leçon de nos manuscrits résulte de la confusion du *rî* et du *djha*, lettres qui, dans l'écriture Randjâ, comme dans celle du Népal, ne diffèrent l'une de l'autre que par l'addition ou le retranchement d'un simple trait. Si la leçon de *djhallariyô* venait à se confirmer, nous y trouverions le pluriel du mot sanscrit *djhallari*, qui, selon Wilson, désigne entre autres objets « une espèce de tambour. » M. Foucaux qui a consulté pour moi le grand vocabulaire tibétain-sanscrit de Saint-Pétersbourg, y a trouvé *djallari* avec le sens de *cymbale de fer;* c'est une confirmation inattendue de la signification que j'avais assignée déjà au *rîllariyô* ou *djhallariyô* de notre texte. En résumé nous avons trois mots entre lesquels la critique ne pourra choisir que quand elle aura réuni des matériaux plus nombreux, 1° *rîllari*, qu'on ne trouve pas; 2° *djallari*, du vocabulaire tibétain-sanscrit, signifiant « cymbale de fer; » 3° *djhallarî*, du sanscrit classique, désignant « une espèce de « tambour. » f. 31 *b*.

St. 99. *Pour avoir [seulement] entendu la loi de leur bouche.*] Il faut lire, « sans avoir « entendu la loi de leur bouche; » c'est une négation que j'avais omise par inadvertance. f. 32 *a*.

St. 112. *Connaissant, etc.*] L'erreur que je commettais en traduisant *Bôdhimaṇḍê* « dans la pure essence de l'état de Bôdhi, » a jeté du vague sur la totalité du distique, dont je suis actuellement en mesure de donner une interprétation plus exacte : « Pour « moi, méditant en ce monde, immobile pendant trois fois sept jours entiers, sur le trône « de la Bôdhi, je réfléchis à ce sujet, les regards fixés sur l'arbre qui est en cet endroit. » Pour ce qui regarde le *Bôdhimaṇḍa*, j'en ai parlé ci-dessus, même chapitre, st. 4, p. 349. f. 33 *a*.

[1] Landresse, *Foe koue ki*, p. 384; *Introduction à l'hist. du Buddhisme indien*, t. I, p. 567 et 568.

[2] Ci-dessus, ch. I, f. 9 *a*, st. 45, p. 319.

[3] Ci-dessous, ch. XIII, f. 150 *b*, st. 11.

f. 34 a. St. 123. *J'exécuterai ce qu'ont ordonné les sages.*] Il faut dire, « J'exposerai ce qu'ont « enseigné les sages. »

St. 124. *A cinq solitaires.*] Les cinq solitaires dont il est parlé ici sont sans doute les premiers disciples qu'ait réunis Çâkya, après qu'il eut embrassé la vie religieuse. Ces personnages sont cités fréquemment au commencement des *Sûtras* développés, notamment dans notre *Lotus* même, fol. 1, ci-dessus, et dans le *Lalita vistara*[1]. Je me suis expliqué ailleurs sur le nom et la parenté de ces Religieux, dont le plus grand nombre appartenait à la famille royale des Çâkyas[2].

St. 127. *Arrivés à...*] Lisez, « partis pour... »

f. 34 b. St. 132. *Pour toi aussi.*] D'après deux manuscrits de M. Hodgson qui lisent ici *tatrâpi* au lieu de *tavâpi*, ce qui donne un sens préférable, il faudrait traduire : « là aussi, [m'é- « crié-je,] toute incertitude sera dissipée. »

f. 35 a. St. 140. *Au temps des cinq imperfections.*] Le mot dont se sert le texte est *kachâya*, « souillure ; » et les souillures indiquées ici au nombre de cinq, sont probablement celles dont il a été parlé déjà, même chapitre, f. 27 *a*, c'est-à-dire celles qui font dégénérer un Kalpa, les créatures, les doctrines, la vie, en un mot la corruption du mal. Si cependant on pouvait établir que *kachâya* est synonyme de *klêça*, les *pañtchakachâya* des Buddhistes du Nord seraient sinon identiques, du moins analogues avec les *pañtchaklêça* des Buddhistes du Sud, qui, d'après le Dictionnaire singhalais de Clough, forment l'énumération suivante : la passion, la colère, l'ignorance, l'arrogance et l'orgueil[3]. Voyez à l'*Appendice*, n° II, une note spéciale sur la valeur du mot *klêça*.

St. 142. *Qui sont parvenus.*] Lisez, « qui sont partis pour. »

[1] *Rgya tch'er rol pa*, t. II, p. 2 et 235.

[2] *Introd. à l'hist. du Buddh.* t. I, p. 156, note 2; cf. Csoma, *Analysis of the Dulva*, dans *Asiat. Res.* t. XX, p. 51 et 76, et *Notices of the life of Shakya*, *ibid.* p. 293 et 437.

[3] *Singhal. Diction.* t. II, p. 347.

CHAPITRE III.

J'éprouve de la satisfaction.] Le mot de *satisfaction* n'est peut-être pas ici la traduction exacte de *âudvilya*, puisque Çâriputtra exprime quelques lignes plus bas son profond chagrin. Ce serait plutôt *curiosité* ou même *trouble* qu'il faudrait dire. Voyez ci-dessus chap. I, f. 4 *b*, p. 308. f. 35 *b*.

Je me retrouve toujours avec cette même pensée.] Je traduis ainsi les mots *anênâiva vihârêṇa vihârâmi*, d'après la paraphrase poétique dont le texte en prose est suivi, et notamment d'après la stance 3. L'interprétation littérale serait, « je réside toujours dans cette « résidence ou dans ce *Vihâra;* » mais on comprend sans peine que cette expression puisse recevoir au figuré le sens que je lui attribue. f. 36 *a*.

Dans le domaine de lois semblables à nous.] J'ai traduit aussi littéralement que j'ai pu ce texte obscur *tulyanâma dharmadhâtu pravêçê*, et je l'ai compris comme si le disciple de Bhagavat voulait dire qu'en les introduisant dans une loi qui est de même nature qu'eux, qui n'est pas plus élevée qu'eux, le Buddha s'est servi d'un véhicule misérable pour les transporter hors du monde, ou même plutôt pour les exclure de la possession d'une loi supérieure. L'examen de la version tibétaine ne paraît cependant pas justifier cette interprétation du mot *tulya*. Si je ne me trompe pas en effet sur le sens de ces termes *tchhos-kyi dbyings-la hdjug-pa mtshungs-na*, ils signifient « dans une égale introduction au « domaine de la loi. » Il résulterait de cette version que *tulyanâma* ne se rapporterait pas à *dharmadhâtu*, comme on est naturellement conduit à le penser, mais à *pravêçê*. Dans cette supposition, on devrait traduire, « en nous introduisant également [tous] dans le domaine « de la loi. » Il se présente cependant encore une troisième interprétation qui est un peu différente de celle de la version tibétaine, si tant est que je la comprenne bien. Cette interprétation repose sur le sens purement métaphysique de *tulya*, qui comme *sama*, « semblable, » est une épithète très-fréquemment jointe au mot *dharma*, « loi, condition, « être. » Ainsi on rencontre à tout instant cette définition, que les lois ou les êtres sont *sama*, « semblables entre eux, » et *tulya*, « égaux entre eux. » Des expressions de ce genre reviennent plusieurs fois dans la partie du Mémoire de Deshauterayes consacrée à la métaphysique des Buddhistes. Ainsi quand Çâkyamuni parvient après de longues méditations à la perfection d'un Buddha, Deshauterayes, s'appuyant sur ses autorités chinoises, s'exprime ainsi : « Il acquit la véritable sagesse qui égalise ou identifie toutes choses[1]. » Dans

[1] *Recherches sur la religion de Fo*, dans *Journ. asiat.* t. VII, p. 166.

un autre endroit on lit cette invocation au Buddha : « O Fo, vous égalisez ou identifiez « toutes choses; n'admettant aucune différence entre elles, vous rendez également heu« reux les hommes et les habitants des cieux[1]. » Si c'était là le sens qu'on dût attribuer à *tulya* dans la phrase qui nous occupe, l'épithète de *tulya*, « égal, » appliquée aux lois serait une qualification absolue et non relative à la situation de celui qui parle.

f. 36 *b*. St. 4. *Semblables à moi.*] Le texte se sert du mot *tulya*, à l'explication duquel est consacrée la note précédente.

St. 5 et 6. *Les trente-deux signes de beauté. . . et les signes secondaires.*] Voyez sur ces caractères d'un Buddha une note étendue à l'*Appendice*, n° VIII.

f. 37 *a*. St. 6. *Les lois homogènes au nombre de dix-huit.*] Lisez, « les lois indépendantes. » Le terme dont se sert le texte est *âvênika*, sur lequel on trouvera une note à l'*Appendice*, sous le n° IX.

St. 10. *Dans la pure essence de l'état de Bôdhi.*] Lisez, « sur le trône de la Bôdhi. »

f. 38 *a*. *Je vais te témoigner mon affection.*] J'avais cru pouvoir traduire ainsi l'expression du texte *ârôtchayâmi tê*, que la version tibétaine rend par ces mots : *khyod mos-par-byaho*, « tu « auras une attention respectueuse, ou de l'inclination. » Je pensais qu'un des emplois les plus ordinaires du sanscrit *rutch* (*yadi tê rôtchatê*, « si cela te plaît ») m'autorisait à traduire littéralement la phrase *ârôtchayâmi tê* par « je fais quelque chose qui te plaise, » et tropiquement, « je te témoigne mon affection. » Mais depuis l'impression de ma traduction je me suis convaincu que la forme causale du radical *rutch* avait encore moins conservé de sa valeur primitive que je ne le croyais, et qu'elle signifiait simplement dans le sanscrit buddhique, « j'annonce, je déclare. » J'ai rencontré de très-nombreuses preuves de ce fait en traduisant sur le texte du *Divya avadâna* l'histoire de *Pûrṇa* que j'ai publiée dans mon *Introduction à l'histoire du Buddhisme indien*[2]; et ces preuves se sont trouvées confirmées par la version tibétaine, qui au lieu d'employer dans le cours du *Hdul-va-gji* l'interprétation que je citais en commençant, se sert simplement d'un verbe comme *smras*, « dire. » J'ajoute enfin que les textes pâlis emploient également ce terme dans le sens d'*annoncer, faire connaître*, comme on peut s'en convaincre par les deux passages suivants, *sabbaṁ brâhmaṇassa pôkkharasâdissa ârôtchêsi*, « il annonça le tout au Brâhmane « Pôkkharasâdi[3]; » *Bhagavatô kâlam ârôtchêsi*, « il fit connaître à Bhagavat que le temps « était venu[4]. » Je m'aperçois que Spiegel avait déjà fait cette remarque en ce qui touche le pâli, et l'avait appuyée d'un certain nombre de passages empruntés au *Mahâwanso* de

[1] *Recherches sur la religion de Fo*, dans *Journ. as.* t. VII, p. 172.

[2] *Introd. à l'histoire du Buddh. indien*, t. I, de la p. 235 à la p. 275.

[3] *Ambaṭṭha sutta*, dans *Dîgh. nik.* f. 27 *b* et 28 *a*.

[4] *Sôṇadaṇḍa sutta*, dans *Dîgh. nik.* f. 32 *a*; *Lôhitchtcha sutta*, *ibid.* f. 59 *a*; *Mahâparinibbâna sutta*, *ibid.* f. 85 *a*.

Turnour[1]. Je prie donc le lecteur de remplacer l'expression « je vais te témoigner mon « affection, » par celle-ci, « je vais te parler, » d'abord dans le passage qui fait l'objet de cette note, puis dans les passages suivants : ch. VI, f. 79 *b*; f. 82 *a*, st. 17; f. 82 *b*; f. 84 *a*; ch. VII, f. 102 *b*.

Grâce à la bénédiction.] Le mot du texte est *adhichṭhânêna*, que la version tibétaine représente ainsi *byin-kyi rlabs-kyis*, « en vertu de la bénédiction. » Ce mot se trouve avec cette même signification dans le pâli des Buddhistes du Sud, et j'en citerai un exemple emprunté au *Thûpa vaṃsa : Sô raññôtcha thêrassatcha sâsanaṃ gahêtvâ thêrassa adhiṭṭhâna-vasêna êkadivasên adjambukôlapaṭṭhânaṃ gatvâ nâvam abhiruhitvâ.* « Lui, ayant reçu l'ordre « du roi et du Thêra, étant arrivé en un jour à Djambukôla paṭṭhâna par l'effet de la bé-« nédiction de ce dernier, monta sur un vaisseau[2]. »

La terre de Buddha.] Le mot dont se sert le texte pour désigner la terre où paraît un Buddha, est *Buddha kchêtra*; je ne me souviens pas d'avoir jamais rencontré dans les textes sanscrits du Népal le mot *kchmâ*, que M. Rémusat croyait être le correspondant sanscrit du terme par lequel les Buddhistes chinois désignent la terre d'un Buddha[3]. Selon les Singhalais, la terre sur laquelle s'exerce l'action d'un Buddha, varie d'étendue selon le point de vue sous lequel on l'envisage. Ainsi le commentateur du *Djina alaṃkâra* expliquant le terme *tibuddhakhêttêkadivâkarô*, « soleil unique des trois terres d'un Buddha, » s'exprime ainsi : « Il y a trois espèces de terres d'un Buddha : la terre de la naissance, la « terre du commandement, la terre de l'objet[4]; » ce qui veut dire : la terre où est né le Buddha, celle sur laquelle s'étend sa puissance, et celle où il est connu[5]. Puis il ajoute : « La terre de la naissance se compose de dix mille enceintes de mondes (*tchakkavâla*[6]); la « terre du commandement se compose de cent mille kôṭis d'enceintes de mondes; la terre « où il est connu se compose d'un nombre infini et incommensurable d'enceintes de « mondes. » f. 38 *b*.

Enceintes tracées en forme de damiers, etc.] Le mot que je traduis ainsi est *suvarṇasûtrâchṭâpada nibaddham*, pour l'interprétation duquel je n'ai, quant à présent, rien de mieux à proposer. Je regarde le mot *achṭâpada*, qui a le sens « d'étoffe à carreaux pour jouer aux « dames ou aux dés, » comme désignant au figuré des enclos tracés en quinconce, dont les divisions, semblables à celles d'une étoffe sur laquelle on joue aux dés, sont marquées par des cordes d'or. Le composé tout entier doit, dans cette supposition, se traduire ainsi littéralement, « terre sur laquelle des damiers sont fixés par des cordes d'or. » Nous retrouverons cette même image au commencement du chapitre VI, f. 80 *a*. Cette manière de se représenter la surface du sol divisée en carrés comme un damier, n'aurait-elle pas donné l'idée du symbole que l'on remarque sur une classe de médailles buddhiques, où l'on

[1] *Anecdota pâlica*, p. 73, note.
[2] *Thûpa vaṃsa*, f. 22 *a*.
[3] *Foe koue ki*, p. 116.
[4] *Djina alaṃkâra*, f. 29 *a*.
[5] Clough, *Singhal. Diction.* t. II, p. 475.
[6] Voy. ci-dessous, *Appendice*, n° XVIII.

voit l'image du Tchâitya? Ce symbole que Wilson a défini un piédestal carré divisé en compartiments[1], figure une enceinte quadrangulaire divisée en quatre carrés intérieurs du milieu desquels s'élève l'arbre *Bôdhi*[2].

f. 39 *a*. *Au temps où le Kalpa dégénère.*] C'est l'expression que j'ai expliquée plus haut ch. II, f. 27 *a;* elle signifie littéralement, « dans la souillure d'un Kalpa, » *kalpa kachâyê.* La version tibétaine dit d'une manière plus positive encore, « dans la lie d'un Kalpa. » Cela veut dire ici que le Kalpa où doit paraître un jour ce Buddha, ne sera pas, comme celui où vécut Çâkyamuni, un âge de misère et de péché.

A l'exception toutefois.] Le mot dont se sert le texte est *anyatra*, dont j'ai expliqué la valeur dans une note de l'*Appendice*, n° X, sur le mot *anyatra.* Je me contente, quant à présent, de faire remarquer que le mot *anyatra*, en pâli *aññatra*, « sauf, excepté, » a souvent pour synonyme en pâli *ṭhapêtvâ*[3], que je vais expliquer tout à l'heure dans la première note sur le f. 39 *b*.

Se lèveront, pour marcher, de dessus des lotus de diamant.] Le texte se sert d'une expression un peu obscure, *ratnapadmavikrâminô bhavichyanti.* Je crois aujourd'hui que le sens véritable est, « marcheront sur des lotus de diamant, » pour dire, « feront croître sous leurs » pas des lotus de diamant. » Les Siamois croient que quand Çâkyamuni marchait, des lotus bleus naissaient spontanément sous ses pas, pour empêcher ses pieds de toucher la terre[4].

f. 39 *b*. *En laissant de côté.*] Le mot que je traduis ainsi est le participe *sthâpayitvâ*, « ayant « placé debout, » pour dire, « ayant mis de côté, ayant excepté. » C'est encore là un de ces participes employés adverbialement qui abondent dans le style buddhique. Il n'est pas moins fréquemment usité dans le dialecte pâli des Buddhistes méridionaux. On en peut déjà voir un exemple dans une stance relative à la sagesse de Çâriputra, que Turnour a citée d'après Mahânâma, au début de son introduction au Mahâvam̃sa; le participe en question s'y trouve sous cette forme *ṭhapêtvâna*[5], qui est synonyme de *ṭhapêtvâ* que donne le *Mahâvam̃sa* même[6]. J'en citerai encore quelques exemples empruntés aux textes que j'ai entre les mains : *Tam̃ Bhagavantam̃ sammâsambuddham̃ ṭhapêtvâ kô aññô vattam̃ samatthô.* « A l'exception du Bienheureux, parfaitement et complétement Buddha, « quel autre est capable de le dire[7]? » Le *Thûpa vam̃sa* me fournit deux autres passages qui ne sont pas moins caractéristiques, voici le premier : *Kassapassa pana Bhagavatô apara-*

[1] Wilson, *Ariana antiqua*, p. 414.

[2] *Id. ibid.* p. 416 et pl. XV, n° 32; J. Prinsep, *Coins and relics from Bactria*, dans *Journ. As. soc. of Beng.* t. VII, pl. XXXII; Lassen, *Zeitschrift für die Kunde des Morgenlandes*, t. V, p. 450.

[3] *Pâtimôkkha*, f. 35 *b*, et p. 337 de ma copie.

[4] J. Low, *On Buddha and the Phrabât*, dans *Transact. roy. asiat. soc. of London*, t. III, p. 107; sur le *Phrabât* ou pied sacré, voy. *Appendice*, n° VIII.

[5] Turnour, *Mahâwanso*, t. I, introd. p. XXXVI.

[6] *Mahâwanso*, t. I, ch. IX, p. 56, l. 6.

[7] *Djina alam̃kâra*, f. 29 *a*.

bhâgé ṭhapêtvâ imaṁ sammâsambuddhaṁ aññô Buddhô nâma natthi. « Or depuis le temps qui « a suivi le bienheureux Kassapa, il n'existe pas d'autre être du nom de Buddha, sauf ce « Buddha parfaitement accompli[1]. » Voici le second exemple : *tê sabbê Asôkô attanâ saddhiṁ êkamâtikaṁ tissakumâraṁ ṭhapêtvâ ghâtêsi.* « Asôka les fit tous tuer, sauf Tissakumâra qui « était de la même mère que lui[2]. » Enfin je renverrai, pour terminer, à un passage du commentaire pâli sur les stances dites *Uraga sutta* qui ont été publiées par Spiegel[3].

L'image de cette bonne loi.] L'expression consacrée pour exprimer l'idée que je rends par « l'image de la bonne loi, » est *saddharmapratirûpaka;* c'est une allusion à une opinion touchant la durée de la loi d'un Buddha, qui a cours chez les Buddhistes de toutes les écoles, et qui est uniformément adoptée par eux, sauf quelques différences dans les nombres. Le célèbre de Guignes est le premier qui ait exposé cette théorie sur la durée de la loi d'un Buddha ; ses matériaux étaient exclusivement empruntés aux sources chinoises. Pendant la durée d'un Kalpa, la loi du Buddha a des destinées diverses. Elle se divise en trois époques, dont la première se nomme « la période de la première loi. » En ce qui touche le dernier Buddha Çâkyamuni, cette période a commencé à sa mort et a duré cinq cents ans. La seconde époque est nommée « la loi des figures ou des images, » et elle a duré mille ans. La troisième époque nommée « la loi dernière » doit durer trois mille ans[4]. On voit que le total de ces trois périodes donne quatre mille cinq cents ans pour la durée de la loi du Buddha.

Selon M. A. Rémusat, on entend un peu différemment ces trois époques. Après l'extinction du Tathâgata, la loi doit demeurer dans le monde; Buddha avait dit à Ânanda : « Après mon Nirvâṇa, la loi des témoignages durera mille ans. » Or « la loi des témoi« gnages, » c'est celle que pratiquent les hommes qui ont reçu la doctrine, et qui par là rendent témoignage des fruits qu'ils en tirent : c'est la période que de Guignes nomme « la première loi. » Il n'y a de différence que sur la durée, qui est suivant de Guignes de cinq cents ans, suivant Rémusat, de mille. La seconde période se nomme « la loi de la « ressemblance, » parce que pendant qu'elle subsiste, il y a, comme dans la première, des hommes qui ayant reçu la loi savent encore la pratiquer. Rémusat n'indique pas la durée de cette seconde période, qui est bien celle que de Guignes nomme « la loi des figures ou « images. » Enfin la troisième période est celle de « la loi finissante ou en déclin; » pendant cette période les hommes mêmes qui auront reçu la loi ne seront plus en état de la pratiquer ni de lui rendre témoignage[5]. Cette époque est celle que de Guignes nomme « la loi « dernière, » et dont il fixe la durée à trois mille ans, ce dont A. Rémusat ne parle pas. Suivant ce dernier auteur, les Chinois auraient connaissance d'un autre calcul qui admet cinq périodes de cinq cents ans chacune, à partir du Nirvâṇa de Çâkyamuni. Deux de ces périodes sont assignées à la première loi, deux de même à la seconde loi; la troisième

[1] *Thûpa vaṁsa,* f. 8 *a,* init.

[2] *Ibid.* f. 15 *a,* init. Conf. Turnour, *Mahawanso,* t. I, ch. v, p. 21, l. 13.

[3] *Anecdota pâlica,* p. 86.

[4] De Guignes, *Mém. de l'Acad. des inscript.* t. XL, p. 201.

[5] A. Rémusat, *Observ. sur trois Mém. de de Guignes,* dans *Nouv. Journ. asiat.* t. VII, p. 276.

période à elle seule doit avoir dix mille ans[1]. Plus récemment Neumann a exposé, d'après les Chinois aussi, la théorie de ces trois périodes de la loi; il leur donne les noms de « la « complète, l'apparente et la dernière; » la première doit durer cinq cents ans, la seconde mille, et la troisième trois mille[2].

Ces données s'accordent en général entre elles, sauf pour ce qui regarde la durée de chaque période. Les Mongols, selon I. J. Schmidt, attribuent à la loi du Buddha Çâkyamuni une durée totale de cinq mille ans[3]; c'est exactement le nombre admis par les Buddhistes du Sud et spécialement par les Barmans, d'après lesquels Çâkyamuni aurait déterminé lui-même avant de mourir la durée de sa loi[4]. Une différence plus considérable se remarque entre ces exposés et celui des Tibétains dont nous devons la connaissance à M. Schiefner. Un texte traduit par lui du Gandjour nous apprend que Çâkyamuni avait prédit à sa doctrine une durée de deux mille ans, durée qu'il divisait en quatre périodes de cinq cents ans chacune, lesquelles répondaient à la décroissance successive de la loi. La dernière période était à son tour sous-divisée en deux parties, l'une de trois cents ans, l'autre de deux cents[5]. Cette prédiction de Çâkya était accompagnée du récit de la ruine complète du Buddhisme et de l'anéantissement du corps des Religieux, tant par suite de persécutions étrangères que par des dissensions intestines.

Il est aisé de reconnaître que cette division de la durée de la loi de Çâkya en périodes qui se distinguent les unes des autres par l'état plus ou moins florissant de cette loi, a un fondement réel dans l'histoire du Buddhisme indien. Elle représente sous une forme générale la tradition de son établissement, de sa durée, et des persécutions qui l'ont chassé de l'Inde. Les chiffres eux-mêmes, quelque peu rigoureux qu'ils puissent être, contrastent évidemment avec ceux par lesquels on exprime d'ordinaire la durée de la loi des Buddhas fabuleux antérieurs à Çâkyamuni. Il n'est plus question ici de ces périodes qui ne comptent que par grands et moyens Kalpas, ainsi qu'on le voit à tout instant dans le *Lotus;* on sent au contraire qu'on est sur le terrain sinon de l'histoire positive, du moins de la tradition légendaire. Mais pousser plus loin la précision et chercher à marquer les moments vrais de ces périodes, c'est ce qui ne me paraît pas possible, du moins actuellement. Il nous suffit d'interpréter cette tradition en ce sens que les Buddhistes, après avoir été expulsés de l'Inde, ont gardé le souvenir de l'époque où ils y avaient vu fleurir leur croyance, et que pour eux cette époque s'est naturellement divisée en périodes plus ou moins nombreuses, qui partant de la mort du fondateur de la doctrine, se sont étendues jusqu'aux temps où elle touchait à son déclin, et se sont arrêtées au moment où elle était expulsée de sa terre natale. On comprend en outre, sans que j'y insiste beaucoup, la signification propre de textes comme celui qu'a traduit M. Schiefner. Ils prouvent évi-

[1] A. Rémusat, *Observ. sur trois Mém. de de Guignes*, dans *Nouv. Journ. asiat.* t. VII, p. 277.

[2] Neumann, dans *Zeitschrift für die Kunde des Morgenl.* t. III, p. 112, et *Pilgerfahrten Buddh. Priest.* p. 9, 15 et 19.

[3] *Mém. de l'Acad. des sc. de S. Pétersb.* t. II, p. 81.

[4] Sangermano, *Descript. of the Burm. Emp.* p. 80, éd. W. Tandy; Fr. Buchanan, *On the relig. and liter. of the Burmas*, dans *Asiat. Researches*, t. VI, p. 265 et 266, London, in-8°.

[5] Schiefner, *Eine tibet. Lebensbeschreib. Çâkyamuni's*, p. 88.

demment que les livres où on les trouve sont postérieurs aux grandes persécutions que le Buddhisme a essuyées dans l'Inde. C'est donc un point qu'on ne devra pas perdre de vue en lisant les collections du Népal et du Tibet, et en les comparant à la collection du Sud. Déjà dans notre *Lotus de la bonne loi*, on remarque au chapitre XII, f. 147 et suiv. une description frappante des persécutions auxquelles les Religieux devront être exposés après la mort de Çâkyamuni, « pendant cette redoutable époque de la fin des temps, » comme s'exprime le texte; cela veut dire que cette prédiction a été écrite postérieurement à l'époque des persécutions. Le *Lalita vistara* a également un passage long et curieux sur l'incrédulité des Religieux futurs[1].

St. 24. *Les dix forces.*] On trouvera à l'*Appendice*, sous le n° XI, une note sur les dix forces d'un Buddha, que son étendue ne m'a pas permis de placer ici. f. 40 *a*.

Ravis, l'âme transportée.] Les termes que je traduis ainsi sont *udagrâ âttamanaskâḥ*; le premier n'a pas tout à fait ce sens dans le sanscrit classique; le second ne s'y trouve pas du tout, du moins à ma connaissance. On voit cependant que l'adjectif *udagra*, par son double sens de « se projetant en avant » et de « vif, intense, » nous conduit assez facilement au sens du latin *exsultatio*, sens que je représente par *ravi*. Le second terme, qui est composé de *âtta*, « pris, emporté, enlevé, » et de *manaska*, adjectif dérivé de *manas*, aurait peut-être dans le sanscrit classique le sens de « celui à qui le cœur est enlevé, » comme *âttagarva*, « celui dont l'orgueil est humilié; » mais rien n'empêche que, selon la vue de l'esprit, *âtta* désigne soit ce qui nous est enlevé par un autre qui nous en prive, soit ce qu'on enlève soi-même, ce qu'on transporte avec soi : le mot français *transporté* que j'ai choisi à dessein, donne une idée approximative de cette figure. Le terme que je viens d'expliquer se trouve également en pâli, avec cette légère différence, que l'*â* initial est abrégé devant la double consonne *tta*, de cette manière *attamana*. Cette remarque sert à corriger un passage de l'histoire du roi Dhamma sôdhaka, extraite par Spiegel du *Rasavâhinî* pâli, et publiée par lui dans ses *Anecdota pâlica*. L'éditeur a écrit *atattamanô râdjâ*, et a traduit, « le roi persévérant[2]; » c'est *anattamano*, « non satisfait, mécontent, » qu'il faut lire; l'erreur vient sans doute de la facilité avec laquelle le *t* et le *n* se confondent dans l'écriture singhalaise. f. 40 *b*.

Des Maîtres.] Lisez, « des disciples, » et voyez la note sur le chapitre I, f. 2 *a*, p. 295 : de même un peu plus bas, lisez encore, « tant les disciples que ceux qui ne le sont pas. » f. 41 *b*.

Cassé.] J'ai un peu forcé le sens de l'original en traduisant de cette manière *mahallaka*, qui dans le sanscrit des livres buddhiques du Nord signifie « grand et vieux. » Schiefner a trouvé ce mot dans le Dictionnaire sanscrit-tibétain buddhique qu'il cite souvent, avec le sens spécial de « Religieux âgé[3]. » Je dis *spécial*, parce que le mot signifie d'abord « grand f. 42 *a*.

[1] *Lalita vistara*, f. 51 *b* du man. A; *Rgya tch'er rol pa*, t. II, p. 92.

[2] *Anecdota pâlica*, p. 17 et 44.

[3] *Eine tibet. Lebensbeschr. Çâkyamuni's*, p. 97.

« et vieux, » et qu'il n'est employé pour désigner un Religieux que quand ce dernier réunit à la condition de son état celle de l'âge. Cela se prouve avec évidence par la manière dont les édits de Piyadasi à Dhaulî et à Kapur-di-giri reproduisent un passage, d'ailleurs obscur, du texte de Girnar. Ainsi là où l'édit de Girnar lit *thairêsu*, « parmi les vieillards, » ou, comme on dirait à Ceylan, « parmi les Thêras, » les deux autres versions lisent *mahâlakênti* ou *mahalaka*, mot qui doit être altéré dans sa désinence grammaticale, mais qui montre que *mahalaka*, en pâli, *mahallaka*, est synonyme de *thêra* pour *sthavira*, c'est-à-dire signifie « vieillard [1]. » Wilson, dans son Mémoire sur le texte de Kapur-di-giri, a traduit cet adjectif avec doute par « puissant [2]; » et Lassen, s'occupant du XIVe édit de Girnar, où ce mot se reproduit sous la forme de *mahâlakê*, a bien vu qu'il devait signifier *grand*, sans cependant pouvoir déterminer de quelle *grandeur* il s'agit positivement [3]. Les Buddhistes du Sud viennent ici heureusement à notre secours; ils emploient en effet *mahallaka* et *mahalla* avec les significations de *grand* pour les choses animées et inanimées, et de *vieux*, *âgé*. Ainsi on voit *mahallaka* appliqué à un *vihâra* ou monastère [4], comme il l'est, et plus souvent encore à un homme vieux, ou d'un grand âge [5]. Il est probable que ce mot est un développement populaire d'un primitif *mahat*. Voici en quel sens l'explique la glose pâli-barmane qui accompagne l'exemplaire du *Pâṭimôkkha* appartenant à la Bibliothèque nationale. L'auteur commentant l'épithète de *mahallakam*, employée pour caractériser un *Vihâra*, s'exprime ainsi : *Mahantañ mahantabhâvañ lâti gaṇhâtîti mahâlassa bhâvô mahallañ mahantabhâvô êtassa atthîti mahallakô*, c'est-à-dire : « [*Mahallañ* signifie] *mahantañ*, *grand*, « il obtient, il acquiert l'état de celui qui est grand, se dit *l'état de ce qui est grand* ou « *mahalla*, la grandeur; celui auquel appartient l'état de ce qui est grand, se dit *mahallaka* [6]. » Il ne faut pas non plus oublier l'*Abhidhâna ppadîpikâ*, dont l'autorité, indépendamment des exemples cités tout à l'heure, suffirait pour établir la double signification de *mahalla* et *mahallaka*, « large, grand, » et « vieux, âgé [7]. » En ce qui touche l'étymologie même du mot, on y arriverait peut-être plus vite par la voie indienne, en prenant *mahalla* pour le prâkritisme de *mahalya*, substantif de *mahala* + *ya*, lequel *mahala* viendrait de *mah* avec le suffixe *uṇâdi*, *ala*. J'ai dit tout à l'heure que le texte de l'édit de Girnar prouvait que le mot *mahalaka* pour *mahallaka* avait certainement la signification de *Religieux âgé*. J'en citerai un autre exemple emprunté au même ordre de monuments, à l'*Appendice*, n° X.

f. 42 b. *Cette maison tout entière.*] Le texte nous offre ici une trace très-reconnaissable de l'influence des dialectes populaires sur le sanscrit du *Saddharma puṇḍarîka*, c'est le mot *sarvâvantam* pour dire « tout entier. » En effet, une fois admise l'existence de l'adjectif *sarvâvat*,

[1] *On the rock inscript. etc.* dans *Journ. roy. asiat. Soc.* t. XII, p. 184, l. 3.

[2] Wilson, *ibid.* p. 187.

[3] *Indische Alterthumskunde*, t. II, p. 220, n. 3.

[4] *Khudda sikkhâ*, man. pâli-barman, f. 16 a de mon man. et p. 124 de ma copie.

[5] *Mahâvaṃsa ṭîkâ*, f. 51 *a* et 65 *a*; R. Rost, dans Weber, *Ind. Studien*, t. I, p. 319.

[6] *Pâṭimôkkha*, man. pâli-barman de la Bibl. nat. f. 10 *a*, et p. 71 de ma copie.

[7] *Abhidh. ppadîp.* l. II, ch. III, sect. 1, st. 27; et l. III, ch. III, st. 295.

formé de *sarva*, qui avec l'addition du suffixe *vat*, offre déjà le caractère de la postériorité, il faudrait au moins au neutre, *sarvâvat*. Le nominatif neutre *sarvâvantam* est un exemple du passage d'un adjectif en *vat* dans la première déclinaison, passage qui a lieu par l'adoption du thème plus développé *vanta*, et qui est tout à fait conforme à l'analogie du pâli.

Libre de préoccupation et d'inquiétude.] Les mots du texte sont *nirupâdânô vigatanivaraṇaḥ*. L'interprète tibétain traduit *nirupâdâna* par *mya-ngan-med-tching*, exactement comme s'il avait sous les yeux *açôka*, « exempt de chagrin ; » il en résulte que *upâdâna* passe pour un synonyme de *çôka*. La même version rend *vigata nivaraṇa* par *sgrib-pa-dang-bral*, « exempt d'obscurité, de ce qui offusque. » Cette interprétation représente très-exactement le sanscrit *nivaraṇa*, surtout quand ce mot est employé au sens moral ou philosophique ; elle a cependant besoin d'être précisée ici. f. 44 a.

Des chars attelés de bœufs.] Pour rendre le texte avec toute la précision désirable, il faudrait dire : « qu'il leur donne seulement des chars attelés de bœufs : » *gôrathakân êvânuprayatchtchhêt* ; l'emploi du mot *êva* a pour objet de dire que, sans s'occuper de distribuer à ses enfants les divers chars qu'il vient de leur promettre pour les engager à sortir de la maison en feu, il ne leur donne qu'une seule espèce de chars, lesquels sont les plus beaux et les plus précieux de tous. Il reste cependant encore une petite difficulté, car la suite de la parabole[1] et la manière dont Çâkya l'interprète, semblent indiquer que le père ne devrait donner qu'un seul char. Ce char, en effet, répondrait au véhicule des Buddhas, au *Buddhayâna*, le premier, et selon la pensée de Çâkya, le seul réellement existant des trois véhicules dont le Buddha enseigne l'emploi. Mais on peut dire que la similitude n'en est pas moins régulière au point de vue de la délivrance, car les enfants montent chacun dans un char traîné par des bœufs, comme les auditeurs intelligents montent chacun dans le *véhicule* du Buddha, qui est le *Mahâyâna*. f. 44 b.

Garnis de coussins faits de coton et recouverts de toile et de soie.] La comparaison des nouveaux manuscrits de M. Hodgson me donne le moyen de traduire ces épithètes avec plus de précision que je n'avais pu le faire sur un seul manuscrit : la chose n'a pas en soi une grande importance ; mais nous rencontrons dans ces études tant de causes d'erreur difficiles à éviter, qu'il faut saisir toutes les occasions de porter la précision là où il est possible de le faire. On doit voir dans cette partie de la description des chars deux épithètes, et lire : « garnis de coussins de coton, de couvertures de laine et de matelas ; « recouverts de tentures et d'étoffes de soie : » ces deux épithètes se rapportent également aux chars qu'il s'agit de décrire. La première est *tûlikâgôṇikâstaraṇân*, qui est composée de trois substantifs : 1° *tûlikâ*, qui désigne un matelas ou coussin de coton ; 2° *gôṇika*, qui n'est pas classique, mais qui se trouve en pâli sous la forme de *gôṇaka*, et désigne une courte-pointe de laine, comme on le voit par le Vocabulaire pâli[2] ; 3° enfin *âstaraṇa*,

[1] Voyez ci-dessous, f. 48 *a* et la note. — [2] *Abhidhâna ppadîp.* l. II, ch. III, sect. 3, st. 29 ; Clough, p. 40.

que d'autres manuscrits lisent *saṁstaraṇya*, qui signifie *lit* ou *matelas*. Cette épithète, que les manuscrits terminent à tort par la désinence *âṁ* pour *ân*, est suivie de *duchya paṭṭa vastrâstîrṇân*, que l'on ne peut guère traduire autrement que comme je propose maintenant de le faire. Le seul terme intéressant de ces énumérations est *gôṇika*, qui rappelle le terme pâli *gôṇa*, « bœuf, » mot que l'on rencontre dans la langue du *Lotus*, notamment un peu plus bas, à l'endroit où le texte parle de bœufs attelés à des chars : *gôṇâir yôdjitân*; ce mot est également usité chez les Singhalais, qui l'ont emprunté au pâli [1].

A quoi bon donnerais-je d'autres chars à ces enfants?] La phrase du texte est ainsi conçue : *Alam mê êchâṁ kamârakânâm anyâir yânâir dattâir iti*, littéralement : « Assez d'autres chars « ont été donnés à ces enfants qui sont à moi. » Il est possible que l'interprète tibétain ait eu sous les yeux un autre texte, car sa version signifie, si je ne me trompe : « Si je ne « donnais pas de chars à ces enfants, qu'aurais-je à faire? »

f. 45 *b*. *En possession de la science, de la force, etc.*] Maintenant que nous sommes fixés sur la valeur de ces termes abstraits, il est possible de traduire avec plus d'exactitude : « En pos- « session des conditions d'un Buddha, qui sont la science, les forces, les intrépidités, les « qualités d'indépendance du Tathâgata. »

f. 46 *a*. *Conditions du monde.*] Le terme dont se sert le texte est l'adjectif *drĭchṭadhârmika*, « re- « latif à la condition visible, » c'est-à-dire au monde actuel. L'*Abhidharma kôça vyâkhyâ* explique ainsi *drĭchṭadharma : drĭchṭô dharmaḥ drĭchṭadjanmêtyarthaḥ*, « la condition vue, « c'est-à-dire la naissance vue, (actuelle). » C'est également ce sens que l'on retrouve dans la traduction que I. J. Schmidt a faite du *Vadjra tchtchhêdika* tibétain; le *drĭchṭa êva dharmê* du texte y est traduit par *bis zur gegenwärtigen Geburt*[2]. L'interprète tibétain du *Saddharma* rend de même le mot qui nous occupe par « dans le temps actuel. » On voit que *drĭchṭa* conserve chez les Buddhistes la signification spéciale qu'il a chez les Brâhmanes, quand il est opposé à *adrĭchṭa*, « l'invisible, le monde futur. » Cela paraît clairement par l'emploi que font les Buddhistes du Sud de cette expression; chez eux *diṭṭhê tchêva dhammê* signifie « dans ce monde, » et est opposé à *samparâya*, « le monde futur [3]; » et l'*Abhidhâna ppadîpikâ* définit le *diṭṭhadhammika* par « le fruit des actions en ce monde [4], » ce qui revient à peu près au même, puisque l'existence de l'homme en ce monde est le fruit de ses actions antérieures.

Ils éprouvent des maux, tels que la condition de Dêva, etc.] Le texte est ici un peu confus, et je crains de n'en avoir pas saisi le sens véritable; je propose maintenant de traduire ainsi : « ils éprouvent des maux tels que la présence des choses qu'ils ne désirent pas et

[1] Clough, *Singhal. Diction.* t. II, p. 183.

[2] *Vadjra tchtchhêdika*, f. 41 *b*, comp. à *Mém. de l'Acad. des sciences de S. Pétersbourg*, t. IV, p. 200.

[3] Turnour, *Examin. of Pâli Buddh. Annals*, dans *Journ. as. Soc. of Bengal*, t. VII, p. 697, correspondant au texte de l'*Aggañña sutta*, dans *Dîgha nikâya*, f. 156 *b*, l. 7.

[4] *Abhidh. ppadîp.* l. I, chap. 1, sect. 4, st. 3.

« l'absence de celles qu'ils désirent, ce qui est la misère de la condition des Dèvas et des « hommes. » Cette idée est, comme on sait, vulgaire dans l'Inde; j'ignore cependant si on en fait ordinairement l'application aux Dêvas.

Les cinq qualités du désir.] Ce sont les cinq *kâmaguṇa*, ou qualités sensibles qui excitent les désirs des hommes, savoir, la forme, le son, l'odeur, le goût et l'attribut tangible. Ces qualités sont catégoriquement énumérées plus bas, f. 47 *a*, p. 51. f. 46 *b*.

Éléments constitutifs de l'état de Bôdhi.] Littéralement, « les parties ou membres de la « Bôdhi, *bôdhyañga*. » On appelle ainsi sept préceptes qui doivent être observés, ou mieux encore, sept qualités qui doivent être acquises par celui qui veut parvenir à la Bôdhi ou à l'état de Buddha. Ces qualités sont énumérées dans le *Lalita vistara*[1], et dans la section XXX du *Vocabulaire pentaglotte*; je les exposerai sous le n° XII de l'*Appendice*, en les comparant avec l'énumération qu'en donnent les Buddhistes du Sud. f. 47 *b*.

Les quatre vérités des Âryas.] Lisez, « les quatre vérités sublimes. »

De même que quelques-uns des enfants de cet homme.] Il n'est pas inutile de remarquer que l'on retrouve dans les notes de M. Rémusat sur le *Foe koue ki* une allusion à ce passage, et même une traduction à peu près littérale de la phrase qui est l'objet de la présente note. Après avoir rapporté et expliqué, d'après les autorités chinoises, la métaphore des trois chars et celle des trois animaux qui passent un fleuve à la nage, M. Rémusat ajoute : « C'est ce qui est désigné dans les livres classiques par ce passage : *Ces disciples, en « cherchant le char aux moutons, sortent de l'habitation du feu*[2]. » Je ne doute pas que cette dernière phrase, que Rémusat a guillemetée comme une citation, n'appartienne à la parabole de la maison en feu, qui occupe la plus grande partie de notre troisième chapitre. Et c'est pour nous une occasion nouvelle de remarquer le soin consciencieux qu'avait apporté ce savant à reproduire sous leur véritable forme les indications de tout genre qu'il trouvait dans les auteurs chinois, en les marquant des signes qui devaient aider plus tard à les rapporter à leur source originale.

Un seul beau char.] Ceci est en contradiction formelle avec ce qui a été dit plus haut, que le père donne plusieurs chars. Voyez ci-dessus, f. 44 *b* et la note, p. 369. f. 48 *a*.

St. 39. *Des loups féroces.*] Le texte sanscrit a *bhêruṇḍa*, qui est ici, comme plus bas st. 54, traduit dans la version tibétaine par *ltche-spyang*, suivant Csoma, « chacal ou loup qui vit « dans les cimetières. » Comme le nom du *chacal* reparaît plusieurs fois rendu par un autre terme tibétain, j'ai préféré celui de *loup* pour représenter *bhêruṇḍa*, qui du reste n'a pas ce sens dans Wilson. Peut-être veut-on par là désigner l'hyène. f. 49 *b*.

[1] *Rgya tch'er rol pa*, t. II, p. 43 et 44; *Lalita vistara*, f. 22 *b* de mon man. A et f. 19 *b* du man. de la Société asiatique; *Vocab. pentagl.* sect. XXX.

[2] *Foe koue ki*, p. 10.

f. 50 *a*. St. 47. *Plutôt qu'à des hommes.*] Je traduis d'après le manuscrit de la Société asiatique qui lit *amanuchyamâtrâḥ*; mais les deux manuscrits de M. Hodgson ont *manuchyamâtrâḥ*; il faudrait traduire, d'après ces manuscrits, « quelques-uns ayant la taille d'un homme, « d'autres celle d'un chien. »

St. 48. *Et des Piçâtchas, affamés et cherchant de la nourriture.*] Lisez, « des Piçâtchas et « des vautours cherchant de la nourriture. »

f. 52 *a*. St. 77. *Parés de fleurs.*] Au lieu de *supuchpâ*, d'après lequel j'ai traduit, les deux manuscrits de M. Hodgson lisent *supuchṭâ*, « bien nourris, » ce qui est une leçon préférable.

f. 52 *b*. St. 84. *Les six connaissances surnaturelles.*] On a vu plus haut, chap. I, f. 1, que les Buddhistes comptent cinq connaissances surnaturelles, *abhidjñâ*, sur lesquelles j'ai promis les éclaircissements nécessaires : on les trouvera ci-dessous à la section de l'*Appendice* n° XIV, qui répond au chap. v, f. 75 *a* du texte. J'indiquerai en cet endroit l'existence d'une autre énumération, celle des six connaissances surnaturelles, *chaḍabhidjñâ*, qui ne diffère de la liste des cinq connaissances que par l'addition d'un terme. Quant à la triple science dont il est parlé dans le texte de notre *Lotus*, il y a deux manières de l'envisager. Premièrement, on peut y voir la connaissance des trois parties de la durée, le présent, le passé, l'avenir, connaissance qui vaut à un Buddha l'épithète de *trikâlavit*, « celui qui connaît les « trois temps[1]. » Secondement, on y peut retrouver la connaissance de ces trois vérités fondamentales dans le Buddhisme et que j'ai extraites d'un passage de l'*Avadâna çataka*: « Cela « est passager, cela est misère, cela est vide[2]. » Sangermano, et d'après lui, Fr. Buchanan, nomment *bhâvanâ*, la méditation de ces trois vérités, que les Barmans expriment par les termes pâlis légèrement altérés : *aneizzâ* = *anitchtcha* (pour *anitya*), *doccha* = *dukkha* (pour *duḥkha*), et *anatta* = *anattâ* (pour *anâtmâ*)[3]. Le commentaire qu'y ajoutent les auteurs que je viens de citer est vague et confus; heureusement que nous pouvons le remplacer par l'explication très-nette que donne Clough, dans son Dictionnaire singhalais, du mot *trividyâ*. « La triple science, ou plus exactement, la science surnaturelle des « trois faits importants, qui sont l'impermanence de la matière, l'existence de la douleur « en toutes choses, et l'annihilation de l'esprit ou du principe vital, ou encore de la faculté « de sentir qui est dans tous les êtres. Cette science forme une des doctrines essentielles et « dirigeantes du Buddhisme, et Buddha (*lisez* Çâkyamuni) la possédait au plus haut degré « possible : elle constituait un des attributs essentiels et divins de son caractère; et l'acquisition de cette science est un des principaux objets de l'étude intellectuelle et de la méditation abstraite des prêtres (*lisez* des Religieux) et de tous les ascètes[4]. »

[1] *Abhidhâna tchintâmaṇi*, st. 232, p. 38, éd. Bœhtlingk et Rieu.

[2] *Introd. à l'hist. du Buddhisme indien*, t. I, p. 202 et 203.

[3] Sangermano, *Descript. of the Burmese empire*, p. 83, éd. W. Tandy; Fr. Buchanan, *On the rel. and liter. of the Burmas*, dans *Asiat. Res.* t. VI, p. 272, London, in-8°.

[4] Clough, *Singhalese Dictionary*, t. II, p. 251, au mot *Trividyâ*.

St. 89. *A la pure essence de l'état de Bôdhi.*] Lisez, « au trône de la Bôdhi. » f. 53 *a*.

St. 90. *O bienheureux.*] J'ai eu tort de rendre ainsi le mot *tichya;* je devais le conserver sans le traduire, car c'est le nom propre du père de Çâriputtra, nom qui est employé ici pour désigner Çâriputtra lui-même. Ce Religieux avait deux noms : l'un qu'il tenait de sa mère *Çârikâ*, c'est celui sous lequel il est le plus généralement connu ; l'autre qu'il tenait de son père *Tichya*, et qui est *Upatichya;* ce dernier est plus rarement usité[1]. Je ne doute pas que le *Tichya* du texte de notre *Lotus* ne soit irrégulièrement employé pour *Upatichya*. Il faut donc traduire ainsi le commencement de la stance 90 : « Sache-le donc « maintenant, ô Tichya. »

St. 94. *La vérité des Âryas.*] Lisez, « la vérité sublime. » f. 53 *b*.

St. 97. *Et par quoi les êtres sont-ils complétement affranchis?*] La comparaison des manuscrits me permet de traduire le commencement de cette stance d'une manière plus exacte : « Et de quoi les êtres sont-ils complétement affranchis, ô Sârisuta? Ils sont affranchis de la « prise de tout ce qui les entoure; et cependant, etc. » Au reste ce passage est obscur, et c'est en combinant les leçons des deux manuscrits de M. Hodgson avec celui de la Société, et surtout en ne tenant pas compte des fautes de copiste, qu'on arrive au sens que je propose. Le manuscrit de la Société asiatique lit, समन्तग्राहाभविमुक्तभोन्ति, et ceux de M. Hodgson, अशक्तग्राह्यातुविमुक्तभोन्ति. Puisque le mot *vimukta* a été employé dans la question qui ouvre la stance, je suppose qu'il doit être également répété dans la réponse, et je lis conséquemment, *vimukta bhônti*, « ils sont délivrés. » Il reste alors un mot terminé par *âtu*, altération de la désinence *âtô*, qui se présente très-fréquemment, dans ce style barbare, à la place de l'ablatif *ât*. Le *bh* du manuscrit de la Société asiatique substitué au *tu* des manuscrits de M. Hodgson, s'explique par la ressemblance qu'offrent les lettres *bha* et *ta* dans l'ancien caractère *Rañdjâ*, caractère qui, suivant M. Hodgson, a servi à transcrire les textes religieux des Buddhistes du Nord, avant qu'on employât le caractère plus cursif du Népâl[2]. Je lis donc dans ce manuscrit, *samantagrâhâtu*, pour *samantagrâhât*, que je traduis littéralement, « de la prise environnante, » c'est-à-dire de tout ce que l'homme prend ou reçoit du monde qui l'entoure, ou si on l'aime mieux, « absolument de toute « prise. » Cette leçon me paraît préférable à celle des manuscrits de M. Hodgson, *açaktagrâhyâtu*, qui ne donnerait un sens que séparée et corrigée ainsi, *asaktâ grâhâtu*, « détachés, ils sont affranchis de la prise. »

St. 131. *Ceux qui sont arrivés à.*] Lisez, « ceux qui sont partis pour. » f. 55 *b*.

St. 143. *Ceux qui sont parvenus à.*] Lisez, « ceux qui sont partis pour. » f. 56 *b*.

[1] Csoma, *Analysis of the Dulva*, dans *Asiat. Res.* t. XX, p. 49 ; Voyez encore *Introd. à l'hist. du Buddhisme indien*, t. I, p. 48, note 5.

[2] *Remarks on an inscript. in the Randjâ and tibetan (Uchhén) characters*, etc. dans *Journ. asiat. Soc. of Bengal*, t. IV, p. 197.

CHAPITRE IV.

Les inclinations.] Je ferai sur ce titre la même observation que j'ai déjà présentée plus haut, chap. I, f. 16 *b*, st. 80, p. 337, à l'occasion d'*adhimukti*. C'est manifestement « les in- « telligences ou les dispositions intellectuelles, » qu'il faut dire.

f. 57 *a*. *Respectés comme Sthaviras.*] On verra dans mon *Introduction à l'histoire du Buddhisme*, l'explication de ce titre, et les raisons que j'ai eues de le conserver sans le traduire[1].

f. 57 *b*. *C'est là ce qui nous semble.*] J'ai traduit de cette manière la leçon du manuscrit de la Société asiatique : *pratibhâti nô Bhagavan pratibhâti naḥ sugata;* mais les deux manuscrits de M. Hodgson lisent, *pratilâbhinô Bhagavan pratilâbhinaḥ sugata*, rattachant ces derniers mots au sujet de la proposition précédente. D'après cette leçon, il faudrait traduire comme il suit toute la phrase : « Oui, nous avons obtenu, ô Bhagavat, nous avons obtenu, ô Sugata, « l'acquisition d'un grand joyau de cette espèce, qui n'était, ô Bhagavat, ni recherché, « ni poursuivi, ni attendu, ni demandé par nous. »

f. 60 *b*. *Pour un double salaire par jour.*] Le texte dit, *dviguṇayâ divasamudrayâ* : il me paraît difficile d'assigner à cette expression une autre signification que celle que je propose. Donnerait-elle à croire que le payement se faisait avec une monnaie qui portait une empreinte?

f. 61 *a*. *Un kâchṭha.*] Les mots qui précèdent ce terme sont tous des mesures de capacité dont j'ignore la valeur précise; mais je ne trouve pas dans Wilson ce que peut représenter ici le mot *kâchṭha*, qui exprime ordinairement une division de la durée. Dans son Mémoire substantiel sur les poids et mesures des Indiens, Colebrooke cite un mot désignant une mesure de capacité, qui semble être la forme moderne du *kâchṭha* de notre texte[2]. C'est le mot *kâṭhâ*, qui exprime, selon Haughton, une mesure de capacité, usitée dans le Bengale, mais dont la valeur diffère selon les districts[3]. Ce rapprochement nous apprend déjà que *kâchṭha*, outre sa valeur de mesure de temps, avait aussi celle de mesure de capacité. A en croire le sens primitif de *kâchṭha*, « bois, » le *kâchṭha* devait être un vase de bois. Quelques mots plus bas, j'ai traduit *bhôdjanêna* par *des aliments;* les deux manuscrits de M. Hodgson lisent *bhâdjanêna*, « un vase. »

[1] *Introd. à l'hist. du Buddh.* t. I, ch. III, p. 288. Ce titre trouvé par Weber dans les Sûtras de Lâṭyâyana serait-il une trace du Buddhisme? (*Ind. Stud.* t. I, p. 49.)

[2] *On Indian weights and measures*, dans *Asiat. Res.* t. V, p. 100, London, in-8°.

[3] *Bengâli Diction.* p. 670, col. 2.

Ait acquis assez de confiance.] Je me suis trompé en lisant par conjecture *viçrabdhô*, « plein « de confiance, » au lieu de *viçrântô*, « reposé, » que donnent les manuscrits de M. Hodgson. Je me trouvais confirmé dans mon erreur par la rédaction en vers qui porte, st. 28, *viçrambhayi*, dont le sens n'est pas douteux. Il faut donc traduire ainsi toute la phrase : « Qu'au bout de ces vingt ans, le pauvre homme cesse d'entrer et de sortir ainsi dans la « maison du riche, et qu'il demeure dans sa hutte de chaume. » f. 61 *b*.

Nous avons acquis beaucoup.] Les deux manuscrits de M. Hodgson font suivre *bahu* du mot *ratnañ*; avec cette addition, il faudrait traduire : « nous avons acquis beaucoup de « joyaux. » f. 62 *b*.

L'énergie de la confiance.] Lisez, « l'énergie de l'intelligence, » dans le texte *adhimukti balañ*; cette correction doit être exécutée deux fois sur cette même page. f. 63 *b*.

St. 5. *Aux cinq qualités du désir.*] Voyez ci-dessus, chap. III, f. 46 *b*, p. 371. f. 64 *a*.

St. 16. *Comment suis-je donc venu ici?*] Lisez, « où suis-je donc venu ici? » Le texte a *kahiñ*, forme populaire pour *kutra*. f. 64 *b*.

St. 18. *Mais le père, etc.*] Il faut traduire plus exactement cette stance, comme il suit : « Mais en ce moment, ayant vu son propre fils, le père, assis sur son trône, est rempli « de joie. »

St. 37. *Ceux qui sont arrivés à.*] Lisez, « ceux qui sont partis pour, » et veuillez bien faire la même correction pour la st. 46, f. 66 *b*. f. 66 *a*.

CHAPITRE V.

f. 68 a. *Dût-on exister.*] J'ai traduit d'après le manuscrit de la Société asiatique qui lit *bhâvyamânâiḥ*, forme incorrecte à laquelle je donnais le sens d'un futur de *bhû;* mais les deux manuscrits de M. Hodgson ont une bien meilleure leçon, celle de *bhâchyamâṇâiḥ*. Il est évident que le व्य du premier manuscrit est une faute de copiste pour च्य, ces deux groupes pouvant aisément se confondre dans l'écriture du Népâl. Il faut donc traduire, « dût-on parler. »

Il les dépose de manière que ces lois arrivent au rang.] Cette expression n'est pas claire, mais l'obscurité vient du système de littéralité que je me suis fait un devoir de suivre. Que veut dire le texte? C'est que l'enseignement d'un Buddha est homogène, comme l'eau qui tombe d'un nuage, quelles que soient les plantes sur lesquelles elle tombe, et que partout cet enseignement atteint à son but. Quel est le but? C'est de sauver les êtres et de les faire parvenir un jour à l'état de Buddha, ce que le texte exprime par les mots « le rang « qu'occupe celui qui a l'omniscience. » Et quand il dit que les lois sont déposées par lui de manière à parvenir à ce rang sublime, cela revient à ceci : l'enseignement que le Tathâgata donne des lois ne manque pas son but; ceux qui les entendent et les comprennent, en tirent, selon leurs facultés, le plus grand bien qu'elles puissent obtenir, y compris même la plus haute des récompenses, celle de l'omniscience ou de l'état de Buddha.

f. 69 a. *Passé à l'autre rive, j'y fais passer les autres.*] Nous avons ici une des formules les plus fréquemment répétées chez les auteurs buddhistes pour exprimer la mission libératrice d'un Buddha. Je dis formule, car ce passage de notre *Lotus* se trouve presque mot pour mot dans les livres pâlis des Buddhistes du Sud. J'en vais citer un seul trait qui est parfaitement concluant : *Ahañtchamhi tiṇṇô lôkôtcha atiṇṇô ahañtchamhi muttô lôkôtcha amuttô ahañtchamhi dantô lôkôtcha adantô ahañtchamhi santô lôkôtcha asantô ahañtchamhi assatthô lôkôtcha anassatthô ahañtchamhi parinibbutô lôkôtcha aparinibbutô pahomitchâhaṁ tiṇṇô târêtuṁ muttô môtchêtuṁ dantô damêtuṁ santô samêtuṁ assatthô assâsêtuṁ parinibbutô parinibbâpêtunti passantânaṁ Buddhânaṁ Bhagavantânaṁ sattêsu mahâkaruṇâ ôkkamati.* « Et moi je suis passé à l'autre rive, et le monde n'y est pas passé; et moi je suis « délivré, et le monde n'est pas délivré; et moi je suis dompté, et le monde n'est pas « dompté; et moi je suis calme, et le monde n'est pas calme; et moi je suis consolé, et le « monde n'est pas consolé; et moi je suis arrivé au Nibbâna (Nirvâṇa) complet, et le monde « n'y est pas arrivé. Et je puis, arrivé à l'autre rive, y faire arriver [le monde]; délivré, le

« délivrer; dompté, le dompter; calmé, le calmer; consolé, le consoler; arrivé au Nibbâna « complet, l'y faire arriver : c'est quand les Buddhas bienheureux voient ainsi les choses, « que s'élève en eux une grande compassion pour les créatures[1]. »

C'est le terme auquel aboutit.] Il serait plus exact de dire : « en un mot, elle aboutit à la f. 69 b.
« science de celui qui sait tout. »

St. 1. *Qui dompte l'existence.*] Je traduis ainsi d'après le manuscrit de la Société asia- f. 70 b.
tique et d'après les deux manuscrits de M. Hodgson; mais le manuscrit de Londres lit *bhavadarçana*, ce qui donnerait la traduction suivante : « qui connais l'existence. »

St. 13. *Les petits et les moyens.*] Le texte emploie pour exprimer l'idée de *petit*, un f. 71 a.
terme que je cherche vainement dans le sanscrit classique, et qui ne peut s'expliquer que par l'influence d'un dialecte populaire : voici le vers même où il se trouve :

Drumâçtcha yê kêtchin mahâdrumâçtcha khuttâkamadhyâçtcha yathâ yâdrïçâḥ.

Le mot *khuttâka* est écrit dans les deux manuscrits de M. Hodgson *khuḍḍâka*. Je ne puis voir dans ce terme autre chose que le sanscrit *kchudraka*, altéré à la manière du pâli *khuddaka*. Ce mot reparaît plus bas, st. 28, écrit tantôt *khuḍḍâka*, tantôt *khuḍḍika*.

St. 39. J'ai oublié ici le nom des Pratyêkabuddhas que donnent tous les manuscrits; f. 72 b.
la fin de la stance, à partir des mots « et qui, parcourant les forêts, » doit donc être traduite de la manière suivante : « Ce sont les Pratyêkabuddhas qui, parcourant les forêts « immenses, font prospérer la loi bien enseignée. »

St. 41. *Les quatre contemplations.*] Le mot *contemplation* est la traduction du sanscrit *dhyâna;* on trouvera à l'*Appendice*, sous le n° XIII, une note spéciale sur les divers degrés de contemplation chez les Buddhistes.

Les cinq voies de l'existence.] Ce sont habituellement six voies de l'existence que l'on f. 73 a.
compte et que l'on désigne sous le nom de *gati*[2]; mais nous avons déjà vu quelques énumérations ou catégories buddhiques se présenter avec des augmentations ou des diminutions relatives, qui ne sont d'ordinaire indiquées dans les textes que par un nombre. Il n'est pas aisé de déterminer laquelle des six voies de l'existence l'auteur exclut ici, quand il rappelle cette énumération dont il parlera tout à l'heure encore, f. 76 *a*, p. 379; cependant, comme il est surtout question dans le texte des créatures misérables qui ont besoin d'être sauvées, il est assez vraisemblable que la voie des Dêvas, la plus élevée de toutes, a pu être sans inconvénient omise par le compilateur. Les Buddhistes du Sud ont également une énumération des cinq voies de l'existence que je vois citée dans le *Saggîti sutta* du *Dîgha nikâya;* en voici les termes : *Pañtcha gatiyô, nirayô, tiratchtchânayôni, pêttivisayô,*

[1] *Djina alañkâra*, f. 20 *a*. — [2] Ci-dessus, chap. I, f. 4 *b*, p. 309, et chap. II, f. 29 *b*, p. 356.

manussâ, dêvâ. « Il y a cinq voies, savoir, l'enfer, une matrice d'animal, le royaume des « *Pêttas* (les *Prêtas*), les hommes et les Dêvas[1]. » On reconnaîtra que dans cette énumération, ce sont les Asuras de la liste des six voies qui sont omis; cela vient peut-être de ce que les Asuras habitant les régions inférieures, on les a réunis dans la catégorie du *Niraya.*

f. 73 b. *Et il n'y a ni diminution, etc.*] Il faut traduire plus exactement cette phrase de la manière suivante : « Et il n'y a ni diminution ni augmentation de la sagesse absolue du Ta-« thâgata; bien au contraire les hommes existent également, sont nés également pour « éprouver la force de sa science et de sa vertu. »

Dans le présent monde.] Lisez, « aujourd'hui, » *pratyatpannê 'dhvani,* « dans le présent, » et voyez ce que j'ai dit de cette expression, ci-dessus, chap. I, f. 10 *b*, p. 324.

f. 74 a. *Ont des inclinations diverses.*] Lisez, « ont des degrés divers d'intelligence. »

f. 74 b. *Quatre plantes médicinales.*] Il est peu probable que les noms que le texte donne ici à ces quatre plantes soient des dénominations réelles; ils expriment, selon toute vraisemblance, les idées que les médecins indiens attachaient à de certaines plantes, ayant d'autres noms vulgaires, d'après leurs propriétés réelles ou supposées. Rien n'est plus fréquent, dans les textes buddhiques, que la mention des plantes médicinales : on peut conclure de là que l'application des végétaux au traitement des maladies, était depuis longtemps dans l'Inde l'objet d'une étude spéciale. Cela ne doit pas étonner quand on pense à l'énergie que possèdent plusieurs des plantes qui croissent naturellement dans ce pays. On se servait de toutes les parties des végétaux, racines, tige, écorce, feuilles, fleurs et le reste; c'est ce que nous apprend un texte pâli que Spiegel a changé par des conjectures qui donnent un sens singulier, au lieu de le conserver pour y reconnaître un sens simple et incontestable. Il s'agit d'un médecin qui veut guérir un empoisonnement produit par la morsure d'un serpent, sur quoi le texte s'exprime ainsi : *Tam̃ visatam̃ sappavisam̃ mûlakkhandhatatchapattaputthâdînam aññatarêhi nânâbhêsadjdjêhi sam̃yôdjêtvâ*, ce que Spiegel traduit : « Il ramasse par divers moyens curatifs le poison qui s'est répandu « sur les éléments principaux, la tête, les membres et le dos[2]. » Mais il me paraît évident que le sens véritable est celui-ci : « Ayant ramassé ce venin du serpent déjà répan-« du, en employant divers médicaments pris parmi des racines, des tiges, des écorces, « des feuilles, des fleurs et autres. » Spiegel, pour justifier sa traduction, dit qu'il ne connaît pas pour les mots *patta* et *puttha* de sens qui convienne ici, et alors il change le texte et lit *gatta*, « membre, » et *piṭṭha*, « dos. » Cependant le sens de *feuille* qu'a le premier mot *patta* (sanscr. *patra*), va bien dans un composé où il est déjà question de racines, de tiges et d'écorces; et quant à *puttha*, ce n'est pas trop hasarder que de lire *puppha*, « fleur. » Qui sait si Spiegel n'aura pas confondu les deux groupes singhalais *ttha* et *ppha*?

[1] *Saṅgîti sutta*, dans *Dîgha nikâya*, f. 182 *a*. — [2] Spiegel, *Anecdota pâlica*, p. 87 et 88.

Doués des cinq connaissances surnaturelles.] J'ai dit plus haut, chap. I, f. 1, p. 291, qu'à l'idée de *connaissance* il fallait ajouter celle de *pouvoir* et de *faculté;* il n'en faut pas moins, en traduisant *abhidjñâ*, conserver le mot de *connaissance;* car ces facultés supérieures ne sont pas seulement le résultat d'une science éminente, elles sont encore par elles-mêmes des moyens surnaturels de connaître des choses qui restent cachées au commun des hommes. On en trouvera l'énumération à l'*Appendice* sous le n° XIV. f. 75 *a*.

Où l'on entre par cinq voies.] Nous avons ici un exemple de l'indécision des copistes en ce qui touche les voies de l'existence, dont les uns comptent cinq et les autres six, comme je le montrais tout à l'heure sur le f. 73 *a*, p. 377. Le manuscrit de la Société asiatique a ici *cinq*, et les deux nouveaux manuscrits de M. Hodgson ont *six*. f. 76 *a*.

Une patience miraculeuse dans la loi.] L'expression dont se sert le texte est *anutpattikîn dharmakchântim*. Quand j'ai traduit le *Lotus*, je n'avais aucun moyen d'arriver à une précision plus grande pour l'interprétation de cette expression difficile. J'hésitais même entre cette version et celle-ci : « une patience spontanée dans la loi, une patience qui n'a « pas sa naissance, dont on ne voit pas l'origine. » Aujourd'hui l'examen de l'espèce de glose dont le *Lalita vistara* fait suivre cette locution, me permet d'approcher plus près du sens véritable. Selon le *Lalita vistara*, la patience dite *anutpattika dharma kchânti* est une des portes de la loi, dont voici le résultat : *vyâkaraṇapratilambhâya saṁvartatê*, « elle con- « duit à obtenir une prédiction[1]. » C'est également ce qu'y voit l'interprète tibétain, d'après M. Foucaux[2]; mais quand il traduit le nom de cette patience même par « la « soumission à la loi non encore produite, » il ne nous dit rien de bien clair. Voici comment je m'imagine que cette formule doit être entendue. La prédiction dont il s'agit ici est, selon toute apparence, l'annonce faite à un homme qu'il naîtra un jour dans une condition déterminée d'après la nature des actions dont il est actuellement l'auteur. Avec la signification si étendue que possède le mot *dharma*, il n'y a rien de surprenant à voir nommer ainsi la condition ou l'état quelconque qui fait le sujet de la prédiction. Le terme de *dharma* ne désigne donc pas ici la loi du Buddha, mais une condition, un état, que l'on annonce pour l'avenir à un être auquel on parle. Si c'est dans l'avenir que doit avoir lieu cet état, c'est qu'il n'existe pas encore, qu'il n'est pas encore né; et voilà pourquoi le *Lalita vistara*, faisant rapporter *anutpattika* à *dharma*, désigne une condition qui n'est pas encore produite. La définition de ce livre signifie donc littéralement, « la patience des con- « ditions non encore nées conduit à obtenir une prédiction; » en d'autres termes, celui qui est inébranlable aux craintes comme aux espérances de l'avenir, obtient de s'entendre annoncer dans quelle situation il devra revenir un jour à l'existence. C'est pour l'avenir, ce qu'est pour le présent, la vertu si recommandée chez les Buddhistes, la patience. f. 76 *b*.

Si l'on fait l'application de cette analyse au texte du *Lotus* même, on reconnaîtra que le sens qui en résulte s'applique parfaitement à l'ensemble du passage et aux Bôdhisattvas qui y sont décrits. Il est bien vrai que dans l'expression même du *Lotus*, citée au com-

[1] *Lalita vistara*, f. 23 *b* de mon man. A. — [2] *Rgya tch'er rol pa*, t. II, p. 46.

mencement de cette note, l'épithète de « qui n'est pas né » se rapporte non plus à l'état ou à la condition, mais à la patience. La différence au fond est plus apparente que réelle. Qu'importe en effet que l'on dise « une patience de conditions non encore produite, » ou bien « une patience de conditions non encore produites; » il s'agit toujours, dans l'un comme dans l'autre cas, d'une patience qui ne doit trouver à s'exercer que dans un temps à venir. Si la patience n'est pas née, c'est que les circonstances dans lesquelles elle doit se produire, ne le sont pas encore; et réciproquement, si les circonstances ne sont pas encore produites, la patience ne peut l'être non plus.

Le *Lalita vistara* définit, dans un passage voisin de celui qui précède, une autre sorte de patience dont la désignation offre avec celle dont il vient d'être question, une analogie qui pourrait tromper. Il paraît que le traducteur tibétain a cru cette seconde sorte de patience très-semblable à la première, car il l'a rendue par des termes analogues à ceux qu'il emploie pour représenter l'épithète d'*anutpattika*. Les deux formules sont cependant sensiblement différentes, ainsi qu'on va en juger. Voici le texte même du *Lalita vistara* : *Anutpâdakchântir. . . . . . nirôdhasâkchâtkriyâyâi sañvartatê*[1]. M. Foucaux traduit d'après le tibétain : « La patience de ce qui n'est pas né. . . . conduit à mettre ouvertement obstacle [à la naissance[2]]. » On voit que les Tibétains ont rendu *anutpâda* par « ce qui n'est pas né, » à peu près comme ils avaient rendu *anutpattika* par « non encore produit; » mais on ne sent pas assez que *anutpâda* est un substantif, et *anutpattika* un adjectif, ce qui, dans des formules presque sacramentelles, ne peut être indifférent. Pour moi, gardant au mot *anutpâda* sa valeur de substantif, je propose de l'entendre de « l'absence de naissance, » la non-naissance. Cette formule obscure de « la patience de la non-naissance, » paraît prise au cœur des doctrines les plus nihilistes du Buddhisme; elle doit désigner « l'action de souffrir de ne pas naître, » c'est-à-dire, « l'action de supporter avec patience l'idée qu'on n'a pas à naître, ou plutôt à renaître. » Voilà pourquoi le *Lalita vistara* dit que cette sorte de patience « conduit à voir face à face la cessation, l'arrêt, l'anéantissement » de la naissance, comme l'ajoute M. Foucaux. La seconde formule du *Lalita vistara* devra donc se traduire ainsi littéralement : « La patience de l'absence de naissance. . . conduit à envisager face à face l'anéantissement. » Pour bien sentir la portée d'une telle définition, il faut se rappeler qu'elle était donnée en présence d'un système dont la transmigration était une des croyances fondamentales.

De l'anéantissement de l'ignorance vient celui des conceptions.] Ceci est le résumé de la théorie des *Nidânas* ou de l'évolution successive des douze causes considérées dans leur *nirôdha*, ou destruction. Il y est fait une allusion directe à la fin d'une des notes du *Foe koue ki*, où A. Rémusat rapporte un passage du *Fa houa king*, emprunté au chapitre des *Comparaisons tirées des plantes*[3]. Or le chapitre dont l'explication nous occupe en ce moment a en réalité le titre suivant : *Les plantes médicinales.*

[1] *Lalita vistara*, f. 22 a de mon man. A, et f. 19 a du man. de la Soc. asiat.

[2] *Rgya tch'er rol pa*, t. II, p. 42.

[3] *Foe koue ki*, p. 165 et 166.

Il voit toutes les lois, celles de la cessation de la naissance, etc.] J'ai traduit ce passage de manière à donner, autant que cela est possible, quelque précision à une idée dont tous les termes sont à dessein présentés sous une forme négative; mais comme je puis avoir ou manqué ou dépassé le but, je rapporte ici l'interprétation littérale du texte. « Il voit toutes « les lois, non produites, non anéanties, non enchaînées, non affranchies, non obscures « et ténébreuses, non claires. » La fin du passage est beaucoup plus confuse, et les manuscrits diffèrent ici considérablement les uns des autres. Le sens que j'avais adopté se fondait sur la combinaison du manuscrit de Londres avec celui de la Société asiatique de Paris. Depuis j'ai eu à ma disposition deux nouveaux manuscrits, ceux de M. Hodgson, qui se rapprochent en un point de celui de Londres; et cependant un examen plus attentif du texte me fait douter de l'exactitude de ma première interprétation : après les mots « celui « qui voit ainsi les lois profondes, » un manuscrit de M. Hodgson lit, स पश्यति अपरस्य नयान् सर्वत्रैधातुकपरिपूर्णानन्योन्यसत्त्वाशयविधियुक्तिं ; le second manuscrit donne la même leçon, avec les différences suivantes : le *n* final de *nayân* est uni au *sa* du mot suivant en un groupe : *paripûrṇam* est lu *paripûrnâm*, et *yuktiñ* est remplacé par *yuktañ*. Je n'ai plus sous les yeux le manuscrit de Londres, et je ne puis comparer la leçon qu'il donne à celle de mes manuscrits. Cependant c'est d'après un texte où je trouvais *aparasya nayân*, que j'avais traduit, « à la manière de l'aveugle, » littéralement, « à la manière de l'autre, » supposant que le *n* final de *nayân* était un *t*, lettre qui se confond à tout instant avec le *n*. Mais aujourd'hui l'accord des deux manuscrits de M. Hodgson rend cette supposition inadmissible; et de plus il y a une raison grammaticale qui s'oppose à mon interprétation, c'est que même dans ce sanscrit altéré il faudrait *nayêna*. Je laisse au lecteur exercé le soin de décider si la leçon *paripûrṇâm* ne doit pas être regardée comme une faute pour *paripûrṇân*, attribut de *nayân*, car rien n'est plus commun que la substitution des nasales dans nos manuscrits; mais il me semble que, même avec cette correction, il ne serait pas facile de tirer un sens clair de ce passage : « Celui-là voit les directions d'un autre complètes « dans tous les trois mondes, l'enchaînement et la règle des intentions mutuelles des « êtres. » Encore pour trouver l'idée d'*enchaînement* faut-il lire *yuktim*, car la leçon *yuktañ* de l'autre manuscrit ne donnerait aucun sens. f. 77 *a*.

Voilà pour les deux manuscrits de M. Hodgson; quant au manuscrit de la Société asiatique de Paris, dont j'avais abandonné la leçon pour saisir une dernière allusion à la parabole de l'aveugle de naissance, il gagne, en dernière analyse, à être comparé aux autres manuscrits : voici comment il donne le texte : स पश्यति अपश्यनया स सर्वन्त्रैधातुकम्परिपूर्णानन्योन्यसत्वासयविमुक्तम्पश्यति. Il y a ici deux incorrections dont il est facile de se débarrasser; la leçon *pûrṇâm* n'est pas admissible; il faut de plus tenir compte de la complication des écritures au moyen desquelles ces livres ont dû être transcrits dans l'origine, surtout de celle de la lettre *ṇa*, qui par sa configuration tend à se confondre avec *ṇâ*; de plus *âsaya* est pour *âçaya*. Ces deux points admis, le terme *apaçyanayâ*, que les autres manuscrits remplacent par *aparasya nayân*, peut bien passer pour l'instrumental d'un substantif abstrait *apaçyanâ*, « l'action de ne point voir, l'absence de vue, » dont la formation ne serait pas trop anormale pour le style du *Lotus*. En se reportant aux anciens alphabets indiens usités au Népal et au Tibet vers le VIIe siècle de notre ère, on comprendra sans peine comment de *apaçyanayá* a pu venir *aparasya nayân;* car les lettres sont tellement surchargées de traits et d'angles dans le caractère *Rañdjâ* par exemple, que l'introduction d'un *ra* devant le groupe *çya*, changé en *sya*, et celle d'un *n* devant *sarva*, n'ont rien qui doive surprendre[1]. Une fois admise l'existence d'un mot comme *apaçyanayá*, on traduira naturellement le texte de la Société asiatique, comme il suit : « Celui qui voit ainsi les lois pro« fondes, voit avec absence de vue, (voit comme ne voyant pas;) il voit la réunion des trois « mondes tout entière, débarrassée des idées des êtres les uns à l'égard des autres. » Ce passage obscur s'éclaire, si je ne me trompe, de la comparaison qu'il en faut faire avec la fin de l'exposition versifiée. L'idée qui résulte de cette comparaison, c'est que celui qui voit les lois du monde créé, comme vient de le dire le Buddha, reconnaît leur caractère propre qui est l'identité de non-existence, ou suivant l'expression des Buddhistes, la ressemblance et l'égalité. Et quant à ce qu'on pourrait croire qu'il reste encore dans le monde quelque chose, savoir les pensées des divers êtres, cela même n'existe pas, et la réunion des trois mondes est vide dans son entier.

f. 77 b. St. 48. Il y a au dernier vers de cette stance un mot dont je ne comprends pas ici le sens, c'est celui de *bhârgavaḥ*, ainsi placé, *kurvan bhâṇḍâni bhârgavaḥ*. Le nom de « descendant de Bhrĭgu » n'a, que je sache, rien à faire ici; mais le mot *bhârgavaḥ* devant, selon toute apparence, se rapporter au potier de terre, voudrait-il dire « celui qui fait « cuire ou sécher des vases, » par une extension insolite du sens du radical *bhrasdj*, dont dérive *bhrĭgu*, puis *bhârgava?*

f. 78 b. St. 67. *A bien plus forte raison.*] Le texte dit *prâgêvânyaṁ vidûrataḥ;* cette expression *prâgêva*, pour signifier *à plus forte raison*, est fréquemment employée dans le sanscrit des livres buddhiques. En voici quelques exemples : *Iyaṁtcha mahâpratidjñâ çakrabrahmâdînâmapi duchkarâ prâgêva manuchyabhûtânâm.* « Et cette grande promesse est difficile « à tenir même pour Çakra, Brahmâ et les autres Dêvas, à plus forte raison pour des « hommes[2]. » Et plus bas : *Yatrâmanuchyâḥ pralayaṁ gatchtchhanti prâgêva manuchyâḥ.* « Là « où des êtres n'appartenant pas à l'espèce humaine trouvent la mort, à bien plus forte « raison des hommes[3]. » Cette locution, sous la forme pâlie de *pagêva*, n'est pas moins usitée chez les Buddhistes du Sud. Sumêdha, dans le *Thûpa vaṁsa*, apprend que le Buddha Dîpaṁkara réside non loin du pays où il habite lui-même, et il s'écrie : *Buddhôti khôpanêsaṁ ghôsô dullabhô pagêva Buddhuppâdô.* « Buddha! [la loi! l'assemblée!] le nom « seul de ces êtres se rencontre difficilement, à bien plus forte raison la naissance d'un « Buddha[4]. » Voyez, pour cette dernière idée, ci-dessus, chap. II, f. 24 a, p. 352.

f. 79 a. St. 75. *Les cinq perfections accomplies.*] Le texte dit *pâramitâḥ*, mais j'ignore pourquoi

[1] Hodgson, *Notices of the languages, etc.* dans *Asiat. Res.* t. XVI, p. 417, et les planches; *Remarks on an Inscr. etc.* dans *Journ. as. Soc. of Beng.* t. IV, p. 197.

[2] *Supriya*, dans *Divya avadâna*, f. 51 b.

[3] *Ibid.* f. 52 b.

[4] *Djina alaṁkâra*, f. 2 b et 3 a.

on n'en compte ici que cinq, quand l'énumération la moins développée est composée de six termes, ainsi que je l'ai montré dans une note, à l'*Appendice* n° VII, sur les six perfections.

St. 77. *Les quatre demeures de Brahmâ.*] Voyez ce que j'ai rassemblé touchant ces quatre cieux, et les Dieux qui les habitent, dans mon *Introduction à l'histoire du Buddhisme indien*, t. I, p. 608 et suiv.

St. 78. *La tige du Kadalî.*] Le *Kadalî* est le *Musa sapientum*. Cette plante, de la famille des musacées, n'a pas à proprement parler de tige, mais bien une sorte de bulbe très-allongé qui est formé par la base engainante des feuilles. Les Indiens qui possèdent des arbres d'un bois très-résistant, prennent d'ordinaire le *Kadalî* comme l'image de ce qui n'a pas de solidité. On en voit un exemple, pour les Buddhistes, dans le *Lalita vistara*[1], et pour les Brâhmanes, dans le *Mahâbhârata*, où Vidura s'exprime ainsi : « Le monde « est semblable au *Kadalî*, car on ne lui connaît pas de solidité[2]. »

[1] *Rgya tch'er rol pa*, t. II, p. 173. — [2] *Mahâbhârata*, *Strîparva*, st. 87, t. III, p. 339, éd. Calc.

CHAPITRE VI.

f. 79 b. *Je vais vous témoigner mon affection.*] Lisez, « Je vais vous parler, ô Religieux, » et voyez une note sur cette expression, ci-dessus, chap. III, f. 38 *a*, p. 362.

L'univers nommé Avabhâsa.] Il faut lire, *Avabhâsa prâpta.*

f. 80 a. *D'aspérités.*] Le texte se sert ici d'un mot que je ne trouve pas dans nos dictionnaires, c'est celui de *kaṭhalyam*, suivant le manuscrit de la Société asiatique, et de *kaṭhallam*, suivant les deux manuscrits de M. Hodgson. Je l'ai traduit comme si c'était un dérivé de *kaṭhara*, « rude, dur. » Ce terme se trouve également dans le *Lalita vistara*, au commencement du chap. V, où mon manuscrit l'écrit *kaṭhalya*[1]; M. Foucaux traduit ce mot par *sable*, d'après le tibétain. Je préfère maintenant cette interprétation à celle que j'avais admise, quoique je ne puisse pas déterminer encore avec précision la nuance qui distingue ce mot de celui de *vâlukâ* (ou *bâlukâ*), qui dans les livres sanscrits, comme dans les livres pâlis des Buddhistes, désigne le plus souvent le sable. Quoi qu'il en puisse être, la leçon des deux manuscrits de M. Hodgson est une véritable forme pâlie. Ce n'est cependant pas tout à fait avec cette orthographe que ce terme se rencontre dans les livres du Sud : je le trouve en effet vers la fin du *Sâmañña phala sutta* dont j'ai donné une traduction au n° II de l'*Appendice* : mon manuscrit porte *sakkhara kaṭhalam*, « le gravier et le « sable[2]. » On en verra encore un autre exemple dans des vers pâlis cités sous le n° VIII de l'*Appendice*, à l'occasion du trente-deuxième et dernier des signes caractéristiques d'un grand homme. C'est ce terme même que M. R. Rost a proposé, à tort selon moi, de changer comme fautif dans une citation qu'il a faite du *Manusâra* que possède le British Museum : le manuscrit porte *vâlukaṁ kaṭhalaṅkâraṁ*, que M. Rost propose de lire *vâlukatthalam aṅgâram*, « un tas de sable, des charbons; » la correction d'*aṅkâram* en *aṅgâram* est nécessaire et justifiée par la confusion possible des lettres *ka* et *ga* dans l'écriture barmane ; mais il n'est pas besoin de changer *vâlukaṁ kaṭhala*, si l'on admet, comme cela semble nécessaire, l'authenticité du mot *kaṭhala*[3].

D'ordures et de taches.] J'ai traduit ainsi le mot difficile *apagata gûthôḍillaṁ*, dont la première partie *gûtha* est seule connue, du moins d'après le Dictionnaire de Wilson. Quant à la seconde partie, comme elle a une apparence prâkrite, puisque le double *l*, *lla*, résulte ainsi

[1] *Lalita vistara*, f. 26 *a* de mon man. A.

[2] *Sâmañña phala sutta*, dans *Dîgh. nik.* f. 55 *a*.

[3] R. Rost, dans Weber, *Indische Studien*, t. I, p. 318 et 319.

que nous venons d'en voir une preuve, de *lya*, j'allais jusqu'à supposer que *lya* pouvait être le substitut de *rya*. Le commencement du mot *uḍ* me paraissait la transformation populaire de *ud*, de façon que je ramenais *uḍilla* à *udirya* et *udîrya*, qui pourrait avoir une signification analogue à celle de *utsarga*, « déjection. » Tout cela était sans doute fort hypothétique, mais je n'avais rien de mieux à proposer. Depuis j'ai pu consulter les deux manuscrits de M. Hodgson qui lisent également श्यगतस्यन्दनिकागूथोडिगल्लु, ce qui ajoute à la précision de l'idée qu'on a voulu exprimer par ce composé, car *syandanikâ* peut répondre au sanscrit *syandinî* et signifier « salive. » Quant au dernier mot *uḍigalla*, il ne m'est pas plus connu que *uḍilla* : j'incline à penser qu'il répond au sanscrit *udgâra*, « vomissement, » transformé d'après les lois des dialectes populaires. Les signes de cette transformation sont l'insertion d'un *i* entre les deux consonnes *dg*, la substitution de ड *ḍ* à द *d*, et l'abrégement de l'*â* long devant le groupe *lla* qui n'est sans doute ici que le remplaçant de *lya*.

Là ne paraîtra pas Mâra le pécheur.] Je crains de n'avoir pas traduit assez exactement le texte qui est ainsi conçu : *natcha tatra mâraḥ pâpîyân avatâraṁ lapsyatê*. La difficulté roule sur le mot *avatâra* et la locution *avatâraṁ lapsyatê*. Ce mot se présente dans un grand nombre de passages avec le sens de « occasion de surprendre » dans une mauvaise intention ; et c'est ainsi que j'ai cru pouvoir le traduire plus bas, chap. XXI, f. 210 *a*. Mais je crois que les Buddhistes, forçant un peu cette signification, ont vu dans *avatâra* une signification que ce mot n'a pas, au moins à ma connaissance, chez les Brâhmanes, et qu'on pourrait tout au plus attribuer au mot *avatâraṇa*, « possession par un mauvais génie, » lequel est dérivé de la forme causale de *trï* ; ce sens est celui de *perte, destruction*, que je trouve plus d'une fois dans le livre célèbre intitulé *Achṭasahasrikâ pradjñâ pâramitâ*. Ce livre, dans un passage où Çâkyamuni est représenté soutenant les attaques de Mâra, nous fournit le texte suivant : « Mâra le pécheur ayant réuni l'armée de ses troupes formée de quatre corps, se « rendit au lieu où se trouvait Bhagavat. Alors cette réflexion vint à l'esprit de Çakra, « l'Indra des Dêvas. Voilà Mâra le pécheur qui ayant réuni l'armée de ses troupes formée « de quatre corps, s'est rendu au lieu où se trouve Bhagavat. La masse de l'armée de ces « troupes formée de quatre corps, que Mâra le pécheur a ainsi réunie, rassemblée, est « bien supérieure à la masse de l'armée formée de quatre corps du roi Bimbisâra, à celle « du roi Prasênadjit, à celle des Çâkchâtkrïts, comme à celle des Litchtchhavis. Depuis « longtemps Mâra le pécheur attend la perte de Bhagavat, recherche la perte de Bhagavat, « *dîrgharâtraṁ mâraḥ pâpîyân Bhagavatô 'vatâraprêkchî avatâragavêchî*[1]. » Dans une autre partie de ce traité, Çâkyamuni signalant les avantages qui résultent de la connaissance de la *Pradjñâ pâramitâ*, s'exprime ainsi : « Les fils ou les filles de famille, dont des hommes ou des êtres n'appartenant pas à l'espèce humaine, attendent la perte, désirent la « perte, ces êtres, ô Kâuçika, n'obtiendront pas leur perte ; *tê 'pi têchâṁ kâuçika avatâran* « *na lapsyantê*[2]. » Ici nous trouvons l'expression même du *Lotus* qui donne lieu à cette note, c'est-à-dire *avatâra*, employé avec le radical *labh*, et nous la rencontrons encore au fol. 29 *b* et 34 *a* de la *Pradjñâ pâramitâ*, dans un passage qui a le même sens que ceux

[1] *Achṭasahasrikâ pradjñâ pâramitâ*, f. 49 *b*. — [2] *Ibid.* f. 48 *a*.

que je viens de transcrire. Il semble résulter de ces divers rapprochements qu'on devrait, pour être parfaitement littéral, traduire ainsi la phrase du *Lotus* : « Là Màra ne surpren« dra pas, ou ne perdra pas, » en ajoutant « les êtres. »

f. 82 *a*. St. 17. *Je vais aujourd'hui vous témoigner mon affection.*] Lisez, « Je vais aujourd'hui « vous parler. »

f. 82 *b*. St. 22. *Les six affranchissements.*] Lisez, « les huit affranchissements. » Je ne sais par quelle erreur j'ai pu substituer le mot *six* à celui de *huit:* tous nos manuscrits lisent *achṭâu;* et plus bas, f. 100 *a* et 111 *b*, les moyens d'affranchissement sont dits être au nombre de huit. Ces affranchissements ont été énumérés dans une note spéciale de l'*Appendice*, sous le n° XV.

Je vais vous témoigner mon affection.] Lisez, « Je vais vous parler, » et faites la même correction f. 84 *a*, p. 94.

f. 83 *a*. *Hauts de cent Yôdjanas, ayant une circonférence de cinquante Yôdjanas.*] C'est là la version du manuscrit de la Société asiatique; mais les deux manuscrits de M. Hodgson, avec une amplification beaucoup plus buddhique, disent, « hauts de mille Yôdjanas, avec une cir« conférence de cinq cents Yôdjanas. » Ce doit être la leçon véritable, car c'est exactement celle que suit le manuscrit même de la Société asiatique, pour la prédiction relative à Mahâmâudgalyâyana, prédiction qui est littéralement conçue dans les mêmes termes que celle de Kâtyâyana; voyez ci-dessous, f. 84 *a* et *b*, p. 94.

Des sept substances précieuses.] Voyez ci-dessus, chap. i, f. 9 *a*, p. 319.

f. 83 *b*. *Sa bonne loi subsistera pendant vingt moyens Kalpas.*] Il faut ajouter après ces mots la formule finale : « et l'image de sa bonne loi durera vingt autres moyens Kalpas. » Le manuscrit de la Société asiatique a oublié cette phrase : je la rétablis d'après les manuscrits de M. Hodgson.

f. 84 *b*. St. 30. *Après avoir revêtu un corps humain.*] Pour traduire ainsi, je lisais *âhitva*, sur le seul manuscrit de la Société asiatique; encore étais-je obligé de forcer le sens. Depuis j'ai reconnu que tous les manuscrits lisent *djahitva*, forme altérée du participe en *tvâ* du radical *hâ*. Il faut donc traduire, « après avoir abandonné son corps d'homme, » et entendre ceci comme un synonyme de l'expression « après sa mort. »

CHAPITRE VII.

Un homme la réduisait tout entière en poudre.] J'ai passé ici un mot qu'avec le seul manuscrit de la Société asiatique je ne pouvais comprendre; voici le texte même de ce manuscrit : *puruchaḥ sarvaṁ tchûrṇîkrĭtya machiṁ kuryât.* A ne considérer que le sens donné par Wilson au mot *machi*, il faudrait traduire, « qu'il en fit de l'encre; » mais ce sens ne s'accorde pas très-bien avec celui de l'ensemble. Les deux manuscrits de M. Hodgson lisent *mârchaṁ kuryât;* or en combinant ces deux leçons *machiṁ* et *mârchaṁ*, on est conduit au mot *marchṭi*, « l'action de nettoyer; » de sorte que la fin de notre texte pourrait se traduire « et qu'il nettoie, » peut-être en balayant, pour faire un monceau de toute cette poussière. f. 85 b.

St. 5. *Les Kalpas passés depuis cette époque ne sont pas moins nombreux.*] Il faut traduire plus exactement, « tant sont nombreux les Kalpas écoulés depuis cette époque. » f. 86 b.

Étant entré dans l'intime et excellente essence de l'état de Bôdhi.] Lisez, « s'étant assis sur « l'excellent trône de la Bôdhi. » La même correction doit être répétée deux autres fois sur cette même page, quatre fois sur le folio 87 *b*, une fois au commencement du folio 88 *a* et une fois sur le folio 88 *b*. f. 87 a.

St. 13. *Elles n'entendent jamais la voix des Djinas.*] Il serait plus exact de dire, « elles « n'entendent jamais prononcer le nom de Djina. » f. 89 a.

Pour qu'il fît tourner la roue de loi.] Le texte se sert de l'expression consacrée *dharmatchakra pravartanatâyâi;* je ne vois aucun inconvénient à conserver cette interprétation littérale, comme l'a fait A. Rémusat dans sa traduction du *Foe koue ki.* Il est cependant bon de remarquer que cette expression qui semble revenir uniquement à ce sens, « enseigner la loi, » a chez les Buddhistes de Ceylan une signification légèrement différente, et que M. Turnour, dans sa traduction du *Mahâvaṁsa* pâli, rend les mots *dhammatchakkam pavattayi* par « il proclama la souveraine suprématie de la loi. » Cette traduction qui selon toute vraisemblance est justifiée par les commentaires que M. Turnour a eus à sa disposition, peut aussi l'être par l'étymologie, puisque dans les composés de ce genre, dans *balatchakra*, par exemple, *tchakra* signifie le domaine, le cercle de la puissance, et par extension « la suprématie. » Il résulte de là que le *dharmatchakra* est le cercle sur lequel s'étend la loi, et par suite sa suprématie incontestée, comme *balatchakra* est le cercle sur lequel s'étend l'armée, et par suite son empire. Un Buddha possède la puissance de la première espèce, ce qui le fait appeler aussi « roi de la loi; » un monarque souverain possède la seconde. Et c'est sans doute pour cela qu'à la vue des signes favorables qui faisaient prévoir la grandeur future de *Siddhârtha*, les astrologues annoncèrent au roi *Çuddhôdana* son père, qu'il serait un jour ou un Râdja Tchakravartin, ou un Buddha. Sous ce dernier point de vue on peut consulter le *Lalita vistara*, au commencement du chapitre III[1]. Il ne faut pas non plus omettre les excellentes observations de MM. G. de Humboldt et Lassen sur le titre même de *Tchakravartin*[2]; Lassen en a très-nettement fait ressortir le sens militaire et politique. J'ajouterai seulement que l'idée de représenter l'empire illimité de la loi par l'expression de « faire tourner la roue de la loi, » est un de ces emprunts faits à l'art militaire des Indiens, qui sont très-fréquents dans la langue des Buddhistes[3].

f. 89 *b*. *Et dans les intervalles qui séparent tous ces univers.*] Comme il reste encore quelques doutes sur deux termes qui se trouvent au commencement de cette description, j'ai cru devoir l'examiner en détail dans une note que l'on trouvera sous le n° XVI de l'*Appendice*.

f. 91 *a*. *Parvenu à l'intime et suprême essence de l'état de Bôdhi.*] Lisez, « sur l'excellent siége de « la Bôdhi. »

f. 92 *a*. St. 24. *Enseigne aussi la force de la charité.*] Au lieu de ce sens que confirment les manuscrits de M. Hodgson, la version tibétaine traduit, « enseigne par la force de la charité. »

f. 96 *b*. *Pour tout dire en un mot.*] Il paraît que la répétition fastidieuse de ce récit a fatigué le copiste lui-même; car au lieu de le reproduire tout au long, comme il a fait jusqu'à présent, il ajoute un mot que j'ai remarqué dans un grand nombre de textes, notamment dans les diverses rédactions de la *Pradjñâ pâramitâ*, et qui est employé chaque fois qu'il s'agit d'exprimer l'idée de *comme ci-dessus*. Ce mot est *pêyâlaṁ* que je ne trouve pas dans le sanscrit classique. Dans les textes pâlis, la formule abréviative *comme ci-dessus* est exprimée par le monosyllabe *pê* qui est le commencement de *pêyyâlam;* car c'est ainsi qu'est orthographié ce mot en pâli. J'en trouve un exemple dans l'*Âṭânâṭiya sutta*, qui est ainsi conçu : *sôyêva purimapêyyâlêna vitthârêtabbô*, « il doit être développé avec le pré- « cédent *pêyyâla*[4]. » Je n'ai jusqu'à présent trouvé d'autre manière d'expliquer ce mot que de supposer qu'il dérive de *pê*, abréviation de *pûrvê*, « précédemment, » réuni à *alam*, « assez, » de façon à exprimer cette idée, « la chose a été dite précédemment d'une manière « suffisante. » Je ne donne cependant encore cette explication que comme une conjecture.

[1] *Rgya tch'er rol pa*, t. II, p. 14. Voyez encore *Introd. à l'hist. du Buddh.* t. I, p. 82, note 1; et ci-dessus, chap. 1, f. 2 *b*, p. 299 et 300.

[2] Humboldt, *Ueber die Kawi-Sprache*, t. I, p. 276; Lassen, *Ind. Alterthumsk.* t. I, p. 810, note 2; t. II, p. 76, note 5.

[3] Voyez ci-dessus, chap. 1, f. 10 *a*.

[4] *Dîgha nikâya*, f. 177 *a*.

Au point qui est en haut.] J'avais cru pouvoir substituer le mot de *en haut* à celui de *au-dessous* (*adhô*) que donnent tous les manuscrits. Il me semblait que le seul point de l'espace où les Mahâbrahmâs n'eussent pas encore fait leur recherche, était le zénith, puisqu'il est dit positivement au f. 96 *b*, qu'ils se transportèrent *adhô*, c'est-à-dire *au-dessous*, ou au nadir. Mais l'accord des manuscrits qui sont unanimes en faveur de *adhô*, m'a engagé à examiner de plus près le texte; et j'ai reconnu que puisqu'il s'agissait des Mahâbrahmâs placés au zénith, les seuls dont le voyage n'eût pas encore été décrit, il fallait de toute nécessité que ces Dieux descendissent pour venir voir le Buddha prêchant la loi. Il n'y a donc rien à changer au texte; et je prie le lecteur de substituer à la phrase « étant « parvenus au point qui est en haut » la version suivante : « étant parvenus au point qui est « au-dessous d'eux. » f. 97 *a*

Pour nous témoigner sa compassion.] Le texte se sert ici d'une locution, *anukampâm upâdâya*, qui offrirait quelque difficulté, si l'on ne se rappelait l'observation judicieuse faite par Stenzler sur l'emploi spécial de quelques participes en *tvâ* et en *ya*, qui représentent de véritables adverbes[1]. Le participe adverbial *upâdâya*, qui littéralement interprété signifie *ayant pris, employé*, peut se traduire dans beaucoup de passages par *à partir de, en partant de*. Ainsi je trouve dans le *Vinaya sûtra* le texte suivant : *Tchakrâdînyupâdâya rathâggâni ratham pradjñapyatê*. « En partant des diverses parties d'un char, telles que les roues et « autres, on a la notion d'un char[2]. » Il n'en est pas moins évident que le sens de *cause* se trouve dans ce participe, parce qu'il appartient à la même formation que le substantif *upâdâna*, « cause prochaine et immédiate. » J'en vois la preuve dans le passage suivant de l'*Abhidharma kôça vyâkhyâ*, où le commentateur voulant expliquer cette expression *mahâbhûtâny upâdâya*, ajoute ces paroles : *Mahâbhûtahêtuka ityarthaḥ, yathêndhanam upâdâyâgnir bhavatîtyuktê indhanahêtukô 'gnir iti gamyatê*. « Ayant pour cause les grands éléments : « de même que quand on dit, Ayant pour cause le bois à brûler, le feu existe, on entend « dire que le feu a pour origine le bois à brûler[3]. » De même avec une négation, *anupâdâya* se rencontre dans le sens de « n'ayant pas pris pour cause, sans l'emploi d'aucune « cause. » Si nous revenons maintenant à la locution de notre texte, *anukampâm upâdâya*, nous reconnaîtrons qu'elle signifie littéralement « ayant pris pour cause, ou ayant em-« ployé la compassion, » ce qui revient exactement à dire, *par compassion*. Cette locution est également usitée avec ce même sens par les Buddhistes du Sud, *anukampam upâdâya*, « par compassion[4]. » On trouve de même *kalyâṇakamyatam upâdâya*, « par un désir ver-« tueux, par amour de la vertu[5]. » Dans le *Kammavâkya*, Spiegel traduit *upâdâya* par le latin *inde a*, et il allègue un passage du *Mahâvaṃsa*, où *tad upâdâya* signifie « d'après cela[6]. » Il ne serait sans doute pas impossible de trouver des textes où le sens fondamental de f. 97 *b*.

[1] Stenzler, *Kumâra sambhava*, p. 129; Westergaard, *Rad. sanscr.* p. 267, r. *diç*.

[2] *Vinaya sûtra*, f. 158 *b*.

[3] *Abhidharma kôça vyâkhyâ*, f. 24 *b*, init. Add. f. 21 *b*. de mon man.

[4] *Subha sutta*, dans *Dîgha nikâya*, f. 49 *a*.

[5] *Pâtimôkkha*, man. pâli-barman de la Bibl. nat. f. 20 *a*, et p. 178 de ma copie.

[6] *Kammavâkya*, p. 38; *Mahâvanso*, t. I, ch. XXIII, p. 141, l. 2.

upâdâya s'effacerait presque jusqu'à ne représenter plus que l'idée de « par rapport à, eu « égard à; » j'en alléguerai une preuve empruntée au passage suivant du *Dharma pradîpikâ : Atîtam anâgatam patchtchappannam upâdâya sabbê dhammâ sabbâ kâraṇâ Buddhassa Bhagavatô ñâṇamukhê âpâtham âgatchtchhanti.* « Toutes les conditions, toutes les actions, eu égard « au passé, à l'avenir et au présent, arrivent dans la voie de la science du bienheureux « Buddha[1]. »

f. 99 *a*. *Qui a trois tours et se compose de douze parties constituantes.*] Depuis l'impression de cette traduction, j'avais rencontré l'expression du texte *triparivartan dvâdaçâkâram*, et je croyais l'avoir traduite plus exactement ainsi : « qui en trois tours se présente de douze manières « différentes. » J'avais même essayé dans une note d'expliquer cette expression énigmatique où je voyais une allusion aux quatre vérités sublimes envisagées de trois manières différentes[2]. Depuis lors je crois être arrivé sur ce point à une précision plus grande, et sans tenir pour irréprochable la traduction que j'ai donnée dans le *Lotus*, je la préfère maintenant à celle qui se trouve dans le tome Ier de l'*Introduction à l'histoire du Buddhisme*. En effet, voici, ce me semble, comment on pourrait expliquer les trois tours et les douze parties de la loi. Je pense toujours que les deux expressions sont connexes, et supposant que les douze formes ou parties ne sont autre chose que les douze *Nidânas* ou causes de l'existence, je crois que les trois tours sont les trois manières dont les commentateurs Buddhistes du Sud nous apprennent que Çâkyamuni se les représenta, quand il eut atteint à la science parfaite d'un Buddha. Nous voyons en effet par la glose du *Samanta pâsâdika vinaya*, que Çâkyamuni se représenta l'enchaînement des douze causes ou *Nidânas*, d'abord dans l'ordre direct, qui est celui de leur production, c'est-à-dire *anulôma*; ensuite dans l'ordre inverse, qui est celui de leur destruction, c'est-à-dire *patilôma*; enfin dans l'ordre direct et dans l'ordre inverse à la fois, ce qu'il faut entendre de cette manière, que dans trois portions égales de temps il accomplit la condition de ce triple examen[3]. Les trois tours sont donc relatifs à la méthode, et les douze formes ou parties constituent le fonds même de la doctrine.

Voilà la vérité des Âryas.] Lisez, « c'est là une vérité sublime. » Je prie le lecteur de vouloir bien comparer le morceau qui suit, relatif à l'enchaînement des causes successives de l'existence, avec la version et les explications que j'en ai données, dans mon *Introduction à l'histoire du Buddhisme indien*[4]. Les deux traductions ne diffèrent que par quelques mots, la dernière cependant me paraît la moins imparfaite.

f. 100 *a*. *D'eux-mêmes.*] Le texte dit *anupâdâya*, « sans l'emploi d'aucune cause. » J'ai essayé d'expliquer cette locution ci-dessus, f. 97 *b*, p. 389.

[1] *Dharma pradîpikâ*, f. 14 *a*.
[2] *Introd. à l'hist. du Buddhisme indien*, t. I, p. 82, note 1.
[3] *Samanta pâsâdika vinaya*, fol. 2 *b* et 3 *a* de mon man.
[4] *Introd. à l'hist. du Buddh. indien*, p. 488 et 489.

Huit moyens d'affranchissement.] Voyez f. 82 *b*, st. 22, et la note sur cette stance, p. 386.

Pleins de confiance.] Lisez, « pleins de pénétration. » f. 101 *a*.

Doué de mémoire et de sagesse.] Voyez sur cette locution la note relative au commencement du chap. II, f. 18 *b*, p. 342. f. 102 *a*.

Je vais vous témoigner mon affection.] Lisez, « Je vais vous parler, » ou encore « je vous « annonce. » f. 102 *b*.

A l'orient, dans l'univers Abhirati, etc.] Cette distribution de seize Buddhas disposés deux à deux dans les huit points de l'espace est certainement une de ces inventions fabuleuses des Buddhistes du Nord, qui non contents du caractère d'universalité que les disciples de Çâkya prétendaient assurer à sa doctrine parmi les hommes, ont encore voulu s'emparer de l'espace, et n'ont pas permis qu'il en restât un seul point sans monde et sans Buddha. Je ne crains pas d'affirmer que ces conceptions systématiques sont entièrement étrangères aux *Sûtras* simples, et qu'il n'en est pas prononcé un seul mot dans les livres des Buddhistes du Sud, au moins dans ceux qui sont à ma disposition. L'origine de ces Buddhas est du reste conforme aux données primitives du Buddhisme: comme Çâkyamuni, qui se dit leur contemporain dans le moment même où il les signale, ces quinze Buddhas sont d'anciens Religieux, qui par la pratique de toutes les vertus, et en particulier par suite de l'enseignement qu'ils ont donné du *Lotus de la bonne loi*, ont obtenu de devenir des Buddhas. Il faut donc les distinguer des formes de Tathâgatas que les Buddhas ont, suivant notre *Lotus*, le pouvoir de créer miraculeusement de leur propre corps, et dont il sera parlé plus bas, chap. XI, f. 131 *a*. f. 103 *a*.

La science des Tathâgatas n'obtient pas aisément la confiance des hommes.] Lisez, « la « science des Tathâgatas n'est pas facile à pénétrer. » f. 103 *b*.

Ceux qui dans l'avenir seront Çrâvakas, etc. jusqu'à *Ces êtres, en un mot, etc.*] La ponctuation que j'avais adoptée masque le sens véritable de ce passage, qu'il faut traduire plus exactement : « Et ceux qui dans l'avenir, lorsque je serai entré dans le Nirvâṇa complet, « seront des Çrâvakas et entendront exposer les règles de la conduite des Bôdhisattvas, « sans cependant comprendre qu'ils sont des Bôdhisattvas, ces êtres eux-mêmes, ô Reli- « gieux, ayant tous l'idée du Nirvâṇa complet, entreront dans cet état. » Ceci est, si je ne me trompe, une allusion à ce qui, selon le *Lotus*, se passe dans l'assemblée de Çâkyamuni, où ses auditeurs d'élite, ses Çrâvakas, sont étonnés de la loi qu'il leur expose, et ne peuvent encore comprendre qu'ils doivent être un jour des Buddhas. f. 104 *a*.

St. 60. *Qui était parvenu à l'intime essence de la Bôdhi.*] Lisez, « quand il était assis sur « le trône de la Bôdhi. » f. 106 *a*.

f. 107 a. St. 78. *Qui étaient parvenus à la jeunesse.*] Je n'avais pu tirer un sens satisfaisant de la leçon du manuscrit de la Société asiatique; mais les deux manuscrits de M. Hodgson, qui lisent *tchâilaka bhûta sarvê*, donnent cette version régulière, « tous devenus mendiants. » Le mot de *tchâilaka* est formé de *tchêla*, « haillons, lambeaux de vêtements. » Il est devenu au Népal le nom d'une classe particulière d'ascètes[1]. Je ne suppose pas cependant que le texte désigne ici spécialement cette classe, dont l'origine paraît assez moderne. Nous ne devons pas oublier que la rédaction en vers ne peut faire absolument autorité pour la doctrine, et qu'ici l'auteur voulant dire que ces personnes entrèrent dans la vie religieuse, il a pu se servir d'un mot qui est synonyme de celui de *Bhikchu*, sans prétendre affirmer qu'ils devinrent des mendiants de l'espèce particulière qu'on nomme *Tchâilaka*. J'insiste d'autant plus sur ce point, qu'au commencement du chapitre XIII, ci-dessous f. 148 *b*, nous trouvons les *Tchâilakas*, ou ascètes, rangés au nombre des Religieux dont un Bôdhisattva doit éviter le commerce. C'est probablement leur état de nudité presque complète qui en fait un objet de répulsion pour les Buddhistes, qui attachent, comme on sait, un très-grand prix à la décence[2].

[1] Hodgson, *Sketch of Buddhism*, dans *Transact. of the asiat. Soc. of Great Britain*, t. II, p. 245.

[2] *Introd. à l'hist. du Buddh. indien*, t. I, p. 311 et 312.

CHAPITRE VIII.

Pûrṇa se tint à part.] Je rends ainsi l'expression *êkântê* ou *êkântam*, qui est très-fré- f. 109 *b*.
quemment employée dans le style buddhique, pour dire *d'un côté, de côté*, c'est-à-dire à une des places qui se trouvent dans l'enceinte, soit ouverte, soit fermée, où est assis un Buddha qui enseigne. On la trouve au commencement du *Vadjra tchtchhêdika*, dans cette phrase, *êkântê nyachîdat*, ce que I. J. Schmidt traduit par *setzten sich an einer Seite*[1]; l'expression tibétaine est, *phyogs-gtchig-tu*[2]. Elle ne se représente pas moins fréquemment en pâli, mais toujours à l'accusatif et sous cette forme, *êkam antam*: on en peut voir un exemple dans une des légendes publiées par Spiegel[3]. Quant à la forme, elle est tout à fait d'accord avec l'esprit des dialectes prâkrits, où il est d'usage de résoudre dans leurs éléments les composés où figurent les pronoms; et quant au sens que lui donnent les Buddhistes du Sud, je remarque cette traduction un peu forcée des Barmans, တင် အပ် သော အရပ် ၌, *tang ap so arap hnoik*, « dans un endroit convenable[4]. »

Les diverses connaissances distinctes.] Le texte se sert du terme *pratisaṁvidâ lâbhî*, « pos- f. 110 *a*.
« sesseur des *pratisaṁvidâ*. » On trouvera sur ce terme une note spéciale à l'*Appendice*, n° XVII.

Bhadrakalpa.] C'est ainsi que les Buddhistes nomment le Kalpa ou la période actuelle f. 110 *b*.
de création; ce terme signifie *le Kalpa fortuné* ou *le Kalpa des bienheureux*, parce qu'il doit posséder cinq Buddhas. On peut voir sur cette période une note de Klaproth dans le *Foe koue ki* d'A. Rémusat[5]. Cette notion est commune aux Buddhistes du Sud comme à ceux du Nord; toutefois je n'ai pas trouvé jusqu'ici de preuve positive que les Buddhistes singhalais connussent les mille Buddhas des Chinois et des Tibétains. La meilleure exposition que nous ayons des *Kappas* (Kalpas) d'après les Buddhistes du Sud, est celle qu'on doit à G. Turnour[6].

Ni sexe féminin.] L'expression dont se sert le texte est *mâtrĭgrâma*, littéralement « col- f. 111 *a*.
« lection des mères. » C'est, dans le style buddhique, une locution consacrée à désigner

[1] *Vadjra tchtchhêdika*, f. 3 *a*, comp. avec Schmidt, *Ueber das Mahâyâna*, dans *Mém. de l'Acad. de Saint-Pétersbourg*, t. IV, p. 186.

[2] *Ueber das Mahâyâna*, *ibid.* p. 128, l. 4.

[3] *Anecdota pâlica*, p. 26, l. 7.

[4] *Suvaṇṇasâma djâtaka*, man. pâli-barman de la Bibl. nat. f. 2 *b* et p. 6 de ma copie.

[5] *Foe koue ki*, p. 245 et 246; ajoutez, p. 357.

[6] *Mahâwanso*, introd. p. XXXII et suiv. Cf. Spiegel, *Anecdota pâlica*, p. 62.

la femme en général, ce que d'autres peuples appellent *le sexe*. L'expression est également connue des Buddhistes du Sud, et elle est traduite avec précision par le seul lexicographe de Ceylan qui soit à ma disposition : *mâtugâma* y est synonyme de *femme*[1]. Parmi les textes pâlis, encore en petit nombre, qui ont été publiés jusqu'ici, on peut consulter les *Anecdota pâlica* de Spiegel, où se trouve ce terme[2], mais imprimé fautivement avec un *a* bref, *matu* pour *mâtu*.

f. 111 b. *Tous les êtres y naîtront par des métamorphoses miraculeuses.*] Il faut bien qu'il en soit ainsi, puisqu'il ne doit pas exister de femmes dans ces univers. Le mot dont se sert le texte est *âupapâduka*, adjectif dérivé d'un substantif *upapâda*, que je ne trouve pas dans Wilson, mais qui doit signifier, selon toute apparence, « une naissance autre que le mode de reproduction naturel. » Wilson donne déjà l'adjectif *upapâduka*, qui entre autres significations a celle de *démon, être surhumain*. Clough indique, dans son Dictionnaire singhalais, un mot très-voisin de celui qui nous occupe, *âupapâtika* qu'il traduit ainsi, « un être produit par le hasard, sans aucune cause créatrice, un être existant par lui-même[3]. » Or ce mot qui est régulièrement dérivé de *upapâta*, a son correspondant en pâli où *ôpapâtika* signifie, selon Turnour, *apparitional birth*, « naissance par apparition[4]. » Jusqu'à ce que quelque autorité décisive établisse positivement quelle est la meilleure de ces deux orthographes, *âupapâduka* et *âupapâtika*, je conserve, au moins pour les livres sanscrits du Nord, celle que donne le texte de notre *Lotus*. Outre qu'elle est uniformément confirmée par les trois manuscrits qui sont actuellement sous mes yeux, je la trouve encore dans le texte sanscrit du *Vadjra tchtchhêdika*. Ce terme, qui dans ce dernier livre, comme dans notre *Lotus*, est une épithète de *sattvâḥ*, « les êtres, » signifie, selon I. J. Schmidt, « qui « est produit par le changement. » Mais le texte tibétain, ou plutôt le Dictionnaire de Csoma, fournit une interprétation plus précise, puisque l'expression tibétaine *brdzus-te skyes-pa* signifie « être produit par une transformation miraculeuse[5]; » on peut donc admettre que *âupapâduka* signifie « venu au monde par un miracle. » Enfin ce qui me porte à croire que l'orthographe *âupapâduka* est préférable à celle de *âupapâtika*, en d'autres termes que ce mot vient par dérivation du radical *pad* et non de *pat*, c'est qu'il n'est pas rare de voir, dans les manuscrits pâlis, un *d* étymologiquement nécessaire remplacé par un *t*. Ainsi le mot *uppâda*, « naissance, » est souvent écrit *uppâta* par le copiste auquel est dû mon manuscrit du *Dîgha nikâya*[6]; et ce qui laisse encore moins de doute, les noms propres brâhmaniques de *Pôkkharasâdi* et *Yamadaggi*, pour *Pâuchkarasâdi* et *Djamadagni*, sont souvent écrits *Pôkkharasâti* et *Yamataggi*[7]. J'aurai occasion de revenir sur ces deux derniers noms propres à la fin du n° II de l'*Appendice*.

[1] *Abhidh. ppadip.* l. II, chap. III, st. 5 ; Clough, p. 28.

[2] *Anecdota pâlica*, p. 62, l. 22.

[3] *Singhal. Diction.* t. II, p. 91.

[4] Turnour, *Mahâwanso*, introd. p. XXXIV et XXXV.

[5] Schmidt, *Ueber das Mahâyâna*, dans *Mém. de l'Acad. des sciences de S. Pétersbourg*, t. IV, p. 130 et 187; Csoma, *Tibet. Diction.* p. 121.

[6] *Dîgha nikâya*, f. 22 *b*, 2 fois.

[7] *Ibid.* f. 61 *a*.

Entièrement maîtres des diverses connaissances distinctes.] Voyez relativement à cette expression la note reportée à l'*Appendice*, sous le n° XVII.

Voilà ce que dit Bhagavat.] Le texte se sert pour exprimer cette idée d'une formule sa- f. 113 a.
cramentelle que je retrouve également dans les textes pâlis, et qui donne lieu à des remarques analogues à celles qu'a déjà suggérées à Lassen la célèbre maxime *yê dharmâ hêtuprabhavâḥ*. Cette formule est ainsi conçue : *idam avôtchad Bhagavân idañ viditvâ sugatô, hyathâparam êtad uvâtcha çâstâ*. Les trois manuscrits que j'ai sous les yeux lisent uniformément *viditvâ*, « ayant connu. » Les deux manuscrits de M. Hodgson ont seulement *hyêchâñ*, au lieu de *hyatha;* je crois que la leçon du manuscrit de la Société asiatique est la meilleure, parce qu'elle s'accorde avec celle de la rédaction en pâli qui lit *atha*. Quant à *viditvâ*, si j'ai traduit ce participe par « ayant parlé, » c'est encore sous l'influence de la formule pâlie qui a *vatvâ*, « ayant parlé. » Il est fort possible que l'on ait dit dans le principe *uditvâ*, « ayant parlé, » ou même populairement *vaditvâ*, et que cette forme ait été confondue plus tard avec *viditvâ*, « ayant connu. » Et quant au pâli *vatvâ*, qui pourrait venir de *vad* + *tvâ*, il se sera substitué, comme plus ordinaire et quand le pâli eut atteint sa régularité factice, à la forme moins commune d'*uditvâ*. Ce qu'il y a de certain, c'est qu'en lisant *vaditvâ* dans le texte pâli, au lieu de *vatvâ*, on obtient, pour la fin de la première ligne de la formule pâlie, exactement la même quantité que celle de la première ligne de la formule sanscrite. Voici en effet la phrase en pâli :

Idam avôtcha Bhagavâ idañ vatvâ sugatô athâparam êtad avôtcha satthâ[1],

ce qui, divisé en deux lignes, donne
⏑⏑⏑– | ⏑⏑⏑– | ⏑––– | ⏑⏑–
⏑–⏑⏑ | –⏑⏑– | ⏑–– |

à côté du thème sanscrit
⏑⏑⏑– | –⏑⏑– | ⏑–⏑– | –⏑⏑–
⏑–⏑⏑ | –⏑⏑– | ⏑–– |

On voit que si dans la formule pâlie on lisait *avôtchad* ou *avôtchâ*, on aurait une longue là où elle se trouve dans la formule sanscrite, tout comme *idañ vaditvâ*, à la fin de la première ligne, rétablirait l'uniformité des deux formules; et d'un autre côté, dans la seconde ligne sanscrite on doit lire *hyathâparam* et non *hyêchâm param*, pour avoir la quantité de la formule en pâli. Cette espèce de stance est manifestement formée d'éléments empruntés pour la plus grande partie au genre *Trichṭubh;* cela est surtout reconnaissable dans la seconde partie de la stance où la mesure se rapproche davantage de la régularité classique. Quel que soit du reste le type auquel on doive ramener la première de ces deux lignes, leur ensemble ne pourrait former tout au plus que trois Pâdas, de cette manière :

1 2 3
⏑⏑⏑– | ⏑⏑⏑– || ⏑––– | ⏑⏑– || ⏑–⏑⏑ | –⏑⏑– | ⏑––
|| ⏑–⏑– | –⏑⏑– ||

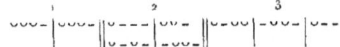

Mais l'examen de la rédaction sanscrite permet d'affirmer que l'on a eu l'habitude de prononcer la stance d'un seul jet; car on ne peut expliquer la présence de la particule

[1] *Dîgha nikâya*, f. 173 *b*.

hi commençant la seconde ligne, que par l'intention qu'on a eue d'éviter un hiatus entre *sugatô* et *athâparam*, dont la rencontre eût entraîné la suppression de l'*a* initial de *atha*. Je ne crois pas que nous ayons ici d'indices suffisants pour nous décider sur la question de l'antériorité relative de ces deux rédactions. Si d'un côté la présence de la conjonction *hi* devant *athâparam* semble un signe de postériorité[1], il faut avouer d'un autre que l'expression *idañ vatvâ* du pâli ne peut être plus ancienne que *vaditvâ* ou encore *uditvâ* de la formule sanscrite. Les deux langues, dans ce texte, ne s'éloignent pas assez l'une de l'autre pour que leur divergence soit décisive; d'ailleurs, ici comme dans le cas de formules très-générales et d'un fréquent usage, les deux phrases ont pu naître et coexister dans le même temps. Je signalerai à la fin de ces notes, sur le fol. 248 *b*, une formule analogue où paraissent également quelques traces de mètre.

f. 114 *a*. St. 23. *Doué de la force d'un Buddha.*] Lisez, « doué des forces d'un Buddha. »

f. 114 *b*. St. 33. *Expose également.*] Il faut dire, « j'expose également, » en suivant les deux manuscrits de M. Hodgson qui mettent avec raison le verbe à la première personne, au lieu de la seconde que donne le manuscrit de la Société asiatique.

f. 115 *a*. *Contents, satisfaits, etc.*] Les expressions dont se sert le texte pour rendre l'idée de contentement et d'allégresse, reviennent toujours les mêmes, et sont comme des formules officielles auxquelles il ne paraît pas que les copistes aient osé porter la main. On retrouve une de ces expressions, celle de *prîtisâumanasyadjâta*, dans les livres pâlis, où elle désigne le plus haut degré de satisfaction auquel les créatures puissent arriver, quand elles entendent la prédication du Buddha. Voici le passage même à la fin duquel les mots en question se rencontrent : *Yadâhi Bhagavâ manussa dêva mâra brahmaparisamadjdjhagatô dhammañ dêsêti tchatavêsâradjdjasamannâgatôyêva hôti; na tassa kôtchi samaṇôvâ brâhmaṇôvâ sakkôvâ dêvôvâ mârôvâ brahmâvâ pativattâ hôti; athakhô bahudêvamanussâ dhammañ sutvâ hatthalômahônti udaggatchittâ pîtisômanassadjâtâ.* « Quand en effet Bhagavat s'étant « présenté devant l'assemblée des hommes, des Dêvas, des Mâras et des Brahmâs, enseigne « la loi, il est doué des quatre confiances. Aucun être, soit Samaṇa (Çramaṇa), soit Brâh- « maṇa, soit Sakka (Çakra), soit Dêva, soit Mâra, soit Brahmâ, n'élève la voix pour le « contredire. Mais alors les nombreux Dêvas et hommes ayant entendu la loi, sentent « leurs poils se hérisser sur tout leur corps; leur esprit s'éveille, ils sont pleins de plaisir « et de satisfaction[2]. »

La science ainsi limitée.] Le mot du texte que je traduis par *limité* est *paritta* pour *paridatta*, formation d'ailleurs régulière et donnée par Pâṇini. Ce sens est confirmé par le pâli, où *paritta* signifie « petit, en petite quantité[3]. »

[1] Bœhtlingk, *Sanskrit Chrestomathie*, p. 446.
[2] *Djina alamkâra*, f. 24 *b*.
[3] *Abhidhâna ppadîpikâ*, l. III, chap. 1, st. 14, et chap. III, st. 252; Clough, p. 95 et 132.

CHAPITRE IX.

Dont les uns étaient Maîtres et les autres ne l'étaient pas.] Voyez, pour cette expression, la note relative au chap. 1, f. 2 *a*, p. 295. f. 117 *a*.

St. 1. *Je vais vous témoigner mon affection.*] Lisez, « je vais vous instruire, ô Religieux « assemblés. » f. 118 *a*.

De même que tu es ici mon fils aîné.] Les Buddhistes croient que les parents de Çâkyamuni, et en général tous ceux qui l'ont approché, s'étaient déjà, pendant le cours de leurs existences antérieures, rencontrés avec lui dans les mêmes rapports, et qu'ils devaient conserver pendant leurs existences futures ces mêmes relations, ou tout au moins des relations analogues; le *Lalita vistara* l'affirme positivement pour le père et pour la mère du jeune Siddhârtha[1]. Le compilateur du *Saddharma puṇḍarîka* se conforme à cette donnée qui repose sur la croyance à la transmigration, en annonçant que *Râhula bhadra*, qui était le fils mortel de Çâkyamuni, sera également dans l'avenir le fils d'un nombre incalculable de Buddhas, avant de parvenir à en être un lui-même. Je suppose, quoique je n'en aie pas la preuve directe, que le nom de *Râhula bhadra*, avec cette addition de *bhadra*, est le nom religieux de celui qui passe pour le fils du Buddha Çâkyamuni, et qu'en cette dernière qualité il se nommait seulement *Râhula*. Selon l'*Abhinichkramaṇa sûtra*, dont M. Foucaux a traduit un fragment d'après la version tibétaine du *Bkah hgyur*, Râhula aurait été ainsi nommé parce qu'il était venu au monde au moment d'une éclipse de lune[2]. La légende elle-même rapporte les doutes qu'on avait conçus touchant la légitimité de cet enfant, doutes qu'un miracle seul put dissiper. Les Buddhistes de toutes les écoles n'en admettent pas moins universellement que Çâkya a eu un fils, et que ce fils est Râhula. Ceux du Nord affirment que Râhula fut le chef d'une des premières sectes qui se formèrent dès la mort de Çâkyamuni, et qui se développèrent dans le cours des temps; c'est à Csoma de Cörös que l'on doit ce renseignement curieux dont j'ai fait usage ailleurs[3]. Depuis j'ai cru retrouver la confirmation de ce fait dans l'inscription de Bhabra : on verra le résultat de mes recherches à cet égard, à l'*Appendice* n° X, sur le mot *Anyatra*. Quoi qu'il en soit, et tout en admettant l'exactitude des renseignements qui assignent à un personnage nommé *Râhula* une influence réelle sur la formation d'une des premières sectes du Buddhisme, il f. 119 *b*.

[1] *Lalita vistara*, f. 19 *a* de mon manuscrit A; *Rgya tch'er rol pa*, t. II, p. 34.

[2] *Rgya tch'er rol pa*, t. II, p. 389, note 1.

[3] *Asiat. Res.* t. XX, p. 298; *Introd. à l'hist. du Buddh. indien*, t. I, p. 446; *Journ. asiat. soc. of Bengal*, t. VII, p. 143.

est permis de concevoir des doutes sur l'existence même d'un fils de Çâkyamuni, nommé *Râhula*. Ce nom par lui-même m'est déjà suspect, à cause de la grande ressemblance qu'il offre avec celui de *Gôtama Râhûgaṇa*, un des chefs des anciennes familles brâhmaniques, auquel sont attribués un certain nombre d'hymnes du *Rĭgvêda*[1]. Les textes qui sont à ma disposition écrivent diversement ce nom de *Râhûgaṇa*, tantôt avec une première longue, comme je viens de le reproduire, tantôt avec une première brève, *Rahûgaṇa*; mais il résulte clairement de la glose de Sâyaṇa que *Rahûgaṇa* est le nom du Rĭchi, père de Gôtama et chef de la famille des *Râhûgaṇas*, ou « descendants de *Rahûgaṇa*. » Or si l'on se rappelle que Çâkyamuni se nommait le Gâutamide, et que son fils, s'il en a eu un, a dû avoir également ce nom patronymique, parce que c'était le nom religieux de la race des Çâkyas, que le Buddha appelait *Gâutamides*, quand il leur adressait la parole[2], n'a-t-on pas lieu d'être surpris de voir ce fils porter un nom qui se rapproche tellement de la première partie du nom du vieux Rĭchi, auteur de la race des Gâutamides? Et n'est-on pas conduit à supposer qu'un membre de cette race, dont le nom *Râhula* rappelait par sa partie radicale celui de son primitif ancêtre *Rahûgaṇa*, a pu être rattaché après coup au fondateur du Buddhisme par une descendance que la légende elle-même qui la donne, rend extrêmement suspecte?

f. 120 *a*. *Dont les uns étaient Maîtres et les autres ne l'étaient pas.*] Voyez, pour cette expression, la note relative au chap. I, f. 2 *a*, p. 295. Ce renvoi doit être également appliqué à la même expression qui est employée plus bas, f. 121 *a*.

[1] Weber, *Ind. Studien*, t. I, p. 179, 180 et 272; *Rĭgvêda*, I, 13, 78, st. 5, Rosen, p. 153; Langlois, *Rĭgvêda*, t. I, p. 148; et surtout Max Müller, *Rĭgvêda*, t. I, p. 645, comp. avec p. 632 init.

[2] Csoma, *Analysis of the Dulva*, dans *Asiat. Res.* t. XX, p. 74.

CHAPITRE X.

Sauf la sublime conception de la loi.] Le mot que je traduis par *sauf* est le participe *sthâpayitvâ*, sur lequel je me suis expliqué plus haut, chap. III, f. 39 *b*, p. 364. f. 123 *a*.

St. 14. Les deux manuscrits de M. Hodgson donnent ici une leçon bien préférable à celle du manuscrit de la Société asiatique ; il en résulte la traduction suivante : f. 124 *b*.

14. Que pendant dix-huit mille fois dix millions de Kalpas un homme rende un culte à ces Buddhas, en leur faisant hommage de sons, de formes, de saveurs, d'odeurs et de touchers divins ;

15. Et qu'ayant rendu un même culte aux livres [sacrés] pendant dix-huit mille fois dix millions de Kalpas, il vienne à entendre ce Sûtra, ne fût-ce qu'une seule fois, ce serait merveille que le grand avantage qu'il retirerait de cette [dernière] action.

Le manuscrit de la Société asiatique lisait dans la stance 14, *pustêchu*, « aux livres, » mot sur l'interprétation duquel je m'étais trompé en le traduisant par *image*, et en y cherchant le sens de « objet fait de métal, de bois ou d'argile. » Le sens de *livre* est manifestement préférable, car il s'agit ici d'entendre le *Sûtra* du *Saddharma puṇḍarîka*, et en outre, de mettre en opposition le culte qu'on rendrait aux livres sacrés et celui dont il faut honorer les Buddhas. Cette opposition disparaît, lorsqu'avec le manuscrit de la Société asiatique on lit *pustêchu* dans la stance 14 aussi bien que dans la stance 15 : elle reparaît au contraire, lorsqu'avec les deux manuscrits de M. Hodgson on lit *buddhêchu* dans la stance 14 et *pustêchu* dans la stance 15. Je prie donc le lecteur de substituer la traduction de cette note à celle que j'avais donnée dans mon texte.

Qu'ensuite cet homme voie le sable humide.] Il n'est pas inutile de reproduire ici le texte du manuscrit de la Société asiatique, sur lequel j'ai traduit ce passage ; les deux manuscrits de M. Hodgson n'en diffèrent que par des variétés orthographiques. *Athâparêṇa sa purucha ârdrapâm̃çum udakasammiçram̃ kardamapaǧkabhûtam udakavindubhiḥ çravadbhir nirvâhyamânam paçyêt, tâm̃çtcha puruchân udapânakhânakân kardamapaǧkadigdhâǧgân ; atha khalu punar bhâichadjyarâdja sa puruchas tat pûrvanimittam drichṭvâ nichkâǧkchô bhavên nirvitchikitsa âsannam idam̃ khalûdakam iti.* f. 126 *a*.

St. 16. *De l'accueillir avec confiance.*] Lisez, « de la comprendre. » f. 128 *a*.

CHAPITRE XI.

f. 129 *a*. *Et ayant une circonférence proportionnée.*] Le texte se sert de l'expression *siṁhâsana pariṇâhêna*, littéralement « avec une circonférence de trône, » c'est-à-dire peut-être, « avec « une circonférence à la base. »

f. 131 *a*. *Les formes de Tathâgata.... créées miraculeusement de leur propre corps.*] Voici les propres paroles du texte: *âtmabhâvanirmitâs tathâgatavigrahâḥ*. Nous avons encore ici une nouvelle espèce de Buddhas, distincts, si je ne me trompe, de ces Buddhas que notre *Lotus* suppose rangés dans les huit points de l'espace, et qu'il fait contemporains, dans d'autres univers, de Çâkyamuni, le Buddha du *Sahâlôkadhâtu*[1]. Il semble que ce soient là les Buddhas qui ont fourni à I. J. Schmidt l'idée de son système sur les *Dhyâni Buddhas* des Népalais, système qui consiste à supposer qu'un Tathâgata n'est pas plutôt parvenu à la perfection absolue qu'il se crée dans le monde céleste une sorte de reflet (*Abglanz*) qui est un Buddha de contemplation, *Dhyâni Buddha*[2]. A. Rémusat a eu parfaitement raison d'hésiter à adopter ce système, et il a pu justement se demander si c'était dans la classe des mythes ou dans celle des idées philosophiques qu'on devait ranger ces nouveaux Buddhas[3]. Le texte du *Lotus de la bonne loi* nous apprend que ce n'est ni dans l'une ni dans l'autre de ces classes, mais bien dans celle des miracles qu'on suppose toujours Buddha capable de faire. Ces apparitions ne sont donc pas essentiellement liées à l'existence d'un Buddha; elles sont accidentelles : seulement elles flattent l'imagination des Buddhistes du Nord, qui aiment à se représenter l'infinité de l'espace peuplée d'un nombre infini de Buddhas. Si le lecteur veut bien se reporter à ce que j'ai dit plus haut, chap. VII, f. 103 *a*, p. 391, des seize Buddhas qui dirigent les mondes placés aux huit points de l'horizon, il verra combien ces Buddhas diffèrent de ceux dont il est question ici au chapitre XI. Les premiers sont en quelque sorte naturels; car si l'on suppose des univers autres que le *Sahâlôkadhâtu* qui est sous la tutelle de Çâkyamuni, ce n'est pas faire un grand effort d'intelligence que d'imaginer quinze autres Buddhas enseignants dans les quinze autres univers supposés. Les Tathâgatas du chap. XI, au contraire, sont des Tathâgatas miraculeusement créés du corps de Çâkyamuni, qui sont comme des apparitions magiques, et qui peuplent l'espace par delà les mondes dont je viens de parler. Comme les premiers, ils sont inconnus aux Buddhistes du Sud.

[1] Ci-dessus, chap. VII, f. 103 *a*, p. 391. — [2] I. J. Schmidt, *Mémoires de l'Acad. des sciences de Saint-Pétersbourg*, t. I, p. 106 et suiv. — [3] A. Rémusat, *Foe koue ki*, p. 118.

Sans ces montagnes que l'on nomme, etc.] Voyez la note à l'*Appendice*, n° XVIII. f. 132 *a*

Chacun de ces arbres avait une hauteur et une circonférence de cinq cents Yôdjanas.] Il faut traduire plus exactement : « Chacun de ces arbres avait une hauteur de cinq cents « Yôdjanas, et une circonférence d'un demi-yôdjana. » Cela nous donne l'idée d'arbres singulièrement élancés, et on pourrait en conclure que le texte est altéré, mais les manuscrits sont unanimes pour lire *ardhayôdjana*. Aurait-on voulu dire « un Yôdjâna et demi? » L'exagération de cette description fabuleuse est augmentée jusqu'à la niaiserie par un des manuscrits de M. Hodgson, qui au lieu de *cinq cents* lit *mille Yôdjanas*. f. 132 *b*.

Ayant les membres desséchés.] J'avais lu par erreur *pariçuchkagâtrô*, préoccupé malgré moi de l'idée de sauver au moins l'apparence du sens commun dans ces exhibitions fantastiques; mais tous les manuscrits donnant *pariçuddhagâtrô*, il faut traduire, « ayant les « membres très-purs, » ou « parfaits, bien conformés, » selon le sens qu'a très-fréquemment *pariçuddha* dans ce livre. f. 135 *a*.

St. 11. *Rugissement du lion.*] Le texte dit *siñhanâda;* c'est une des expressions figurées par lesquelles les Buddhistes désignent l'enseignement de la loi que donne le Buddha. J'ai eu occasion d'en parler dans le premier volume de l'*Histoire du Buddhisme*[1]. Mais ce que j'ai oublié de remarquer alors, c'est que cette expression est, comme bien d'autres du même genre, empruntée à l'art militaire des Indiens. L'*Amarakocha* nous apprend en effet que *siñhanâda*, ou « le rugissement du lion, » désigne le cri de guerre[2]. Le Buddha est comparé à un soldat qui pousse le cri de guerre contre l'armée de Mâra ou du péché; et chacune des phases de sa lutte avec le vice est comparée à un combat acharné. Il se peut que le souvenir de l'origine militaire de Çâkya n'ait pas été sans influence sur l'emploi de cette phraséologie belliqueuse à laquelle j'ai déjà fait allusion[3]. Selon les auteurs chinois, le rugissement du lion sert de point de comparaison, sous onze rapports différents, à la prédication que le Buddha fait de la loi[4]. f. 137 *a*.

St. 29. *Les quatre-vingt-quatre mille corps de la loi.*] Voyez sur cette division fabuleuse des livres fondamentaux des Buddhistes, l'*Introduction à l'histoire du Buddhisme indien*, t. I, p. 34 et 35. f. 137 *b*.

St. 30. *Les cinq connaissances surnaturelles.*] Voyez ci-dessus, chap. I, f. 1, p. 291, et chap. V, f. 75 *a*, p. 379. f. 138 *a*.

St. 32. *Les six connaissances surnaturelles.*] Voyez ci-dessus, chap. III, f. 52 *b*, st. 84, p. 372, et l'*Appendice*, n° XIV.

[1] *Introd. à l'histoire du Buddhisme indien*, t. I, p. 431, note 1.

[2] *Amarakocha*, l. II, chap. II, sect. 2, st. 75, Loiseleur, p. 199; *Bhagavad gîtâ*, p. 156, éd. Lassen.

[3] Ci-dessus, chap. VII, f. 89 *a*, p. 387 et 388.

[4] A. Rémusat, *Foe koue ki*, p. 160.

f. 138 *b*. *Les devoirs des six perfections.*] Voyez ci-dessus, chap. 1, f. 11 *a*, p. 332, et l'*Appendice*, n° VII.

f. 139 *b*. *Comment comprenez-vous cela, ô Religieux?*] Le texte se sert ici d'une formule spéciale qui revient toujours la même, chaque fois que le Buddha veut annoncer que l'histoire qu'il vient de raconter d'un ancien Buddha, d'un ancien roi, ou de tout autre personnage, s'applique à lui-même ou à un de ceux qui l'écoutent. Je la transcris ici telle que la donnent les manuscrits sanscrits du Népal, parce que j'ai été obligé d'en déplacer et d'en développer quelques termes pour la rendre claire en français: *Tat kim manyadhvam bhikchavô 'nyaḥ sa têna kâlêna têna samayêna rĭchir abhût : na khalu punar êvaṁ drachṭavyaṁ; tat kasya hêtôḥ? ayamêva sa dêvadattô bhikchus têna kâlêna têna samayêna rĭchir abhût*, ce qui signifie littéralement: « Que pensez-vous de cela, ô Religieux? — Autre fut ce Rĭchi, en « ce temps-là, à cette époque. — Mais il ne faut pas voir ainsi. Pourquoi cela? C'est que « c'était le Religieux même Dêvadatta qui dans ce temps-là, à cette époque fut ce Rĭchi. » Voici maintenant la même formule en pâli, sauf les trois premiers mots : *Aññô nûna têna samayêna râdjâ mahâsudassanô ahôsîti; na khô panêtaṁ ânanda êvaṁ daṭṭhabbaṁ. ahaṁ têna samayêna râdjâ mahâsudassanô ahôsinti*, littéralement : « Sans doute, diras-tu, en ce temps-« là le roi Mahâsudassana fut un autre; mais certes, Ânanda, cela ne doit pas être vu ainsi; « c'est moi qui en ce temps-là fus le roi Mahâsudassana[1]. » Au reste, ce pouvoir qu'on attribue au Buddha de se rappeler ses existences passées, est une des plus hautes facultés que lui ait reconnues la foi de ses disciples : on en verra la formule tant en sanscrit qu'en pâli au n° XXI de l'*Appendice*, où je compare quelques textes sanscrits du Nord avec les textes pâlis correspondants du Sud.

Les six perfections.] Voyez ci-dessus, chap. 1, f. 11 *a*, p. 332, et l'*Appendice*, n° VII.

f. 140 *a*. *Les trente-deux caractères distinctifs d'un grand homme, les quatre-vingts signes secondaires.*] Voyez ci-dessus, chap. 11, f. 29 *b*, p. 356, et l'*Appendice*, n° VIII.

Les dix forces.] Pour les dix forces, voyez ci-dessus, chap. 111, f. 40 *a*, p. 367, et l'*Appendice*, n° XI.

Les quatre intrépidités.] Cette catégorie qui a déjà été indiquée plus haut, chap. 11, f. 19 *a*, p. 346, doit être examinée maintenant, puisque c'est ici pour la première fois que le texte du *Lotus de la bonne loi* exprime le nombre des termes dont elle se compose. Malheureusement je n'ai jusqu'ici trouvé qu'un seul texte qui nous montre ce qu'on entend par le mot de *vâiçâradya*, « l'intrépidité ou la confiance. » Ce texte est cité par le *Dharma pradîpikâ;* il est un peu bref et quelquefois incorrect; cependant, tel qu'il est, il détermine avec précision celle des deux nuances, *intrépidité* ou *confiance*, qui doit être préférée; c'est évidemment la seconde. Voici ce passage que je reproduis ici avec quelques corrections

[1] *Mahâsudassana sutta*, dans *Dîgha nikâya*, f. 106 *a*.

nécessaires : *Sammâsam̃buddhasa tê paṭidjânatô imê dhammâ anabhisambuddhâti tatra vata mam̃ samaṇôvâ brâhmaṇôvâ dêvôvâ mârôvâ brahmâvâ kôtchi lôkasmim̃ saha dhammêna paṭitchôdêssatîti* (cod. *tchôdêssâmîti*) *nimittam êtam bhikkhavê na samanupassâmi ; êtampaham bhikkhavê nimittam asamanupassattâ khêmappattô abhayappattô vêsâradjdjappattô viharâmi.* « Je n'aperçois pas, ô Religieux, de raison pourquoi un Samaṇa ou un Brâhmane, un « Dêva, un Mâra ou un Brahmâ quelconque dans ce monde viendrait avec juste raison « me gourmander en disant, Arrivé à l'état de Buddha parfaitement accompli, éclairé « comme tu l'es, voici cependant des lois que tu n'as pas pénétrées ; maintenant, parce que « je n'aperçois pas de raison pour cela, je me trouve plein de bonheur, de sécurité et de « confiance. » On voit que *vêsâradjdja* qui dans ce texte pâli représente le sanscrit *vâiçâradya*, ne peut avoir d'autre sens que celui de *confiance ;* c'est donc celui-là qu'il faut rétablir dans ma traduction. Le passage qu'on vient de lire est le premier motif de confiance que le Buddha reconnaisse en lui : ce motif, c'est qu'il a pénétré toutes les lois. Il y en a encore trois autres que je vais reproduire d'après le *Dharma pradîpikâ*, en abrégeant à son exemple la formule commune aux quatre *vêsâradjdja.* Le second motif de confiance est ainsi conçu : *khîṇâsavassa tê paṭidjânatô imê âsavâ aparikkhîṇâti* (cod. *parikkhîṇâti*), « ayant « détruit toutes les souillures du vice, éclairé comme tu l'es, voici cependant des souillures « que tu n'as pas détruites ; » le Buddha ne craignant pas qu'on lui fasse ce reproche, vit dans une entière confiance. Le troisième motif est celui-ci : *yê khô tê pana antarâyikâ dhammâ vuttâ tê paṭisêvatô nâḷam antarâyâti,* « les conditions que tu as dit être un obstacle [à « la contemplation], pratique-les, elles ne seront pas un obstacle. » Je traduis le mot *antarâyika* signifiant « qui apporte un obstacle, » sans qu'on dise à quoi, d'après l'interprétation qu'en donne le commentaire barman du *Pâṭimôkkha : djhân mag phoil eng antarây koiv pru tat sañ sâ lhyañ phratch sô,* « qui est même capable de faire obstacle au fruit de la voie de « la contemplation[1]. » Enfin voici le quatrième motif de confiance : *yassa khôpana tê atthâya dhammô dêsitô sô na nîyyâti nitakkarakka sammâ dukkhâkkhayâyâti,* « la loi que tu as ensei« gnée pour ce but particulier de détruire complétement la douleur, elle ne conduit pas à « ce but celui qui la pratique[2]. » Je m'aide, pour traduire ainsi ce texte qui me paraît altéré, d'un passage analogue du *Têvidjdja sutta* qu'on trouvera vers la fin de l'*Appendice,* n° II, et où, au lieu de *nîyyâti nitakkarakka*, on lit avec un mot de plus, *niyyânikô niyyâti takkarassa*[3]. Le premier mot répond en pâli au sanscrit *nâiryâṇika,* « qui aide à sortir « dehors, » que nous allons voir dans le *Lalita vistara.* Le second, *niyyâti,* doit être en sanscrit *niryâti,* « il sort, » et *takkarassa* est probablement *tatkarasya,* « pour celui qui agit « ainsi. » Mais même sans cette correction, le sens général de la phrase n'est pas douteux : le Buddha ne voyant pas de raison pour qu'on lui adresse plus ce reproche que le précédent, vit dans une entière sécurité. En résumé, les quatre motifs de sa confiance sont : 1° qu'il a pénétré toutes les lois ; 2° qu'il s'est débarrassé de tous les vices ; 3° qu'il a reconnu quels sont les obstacles qui s'opposent à la contemplation ; 4° que sa loi a atteint à son but, celui de détruire complétement la douleur.

[1] *Pâṭimôkkha,* man. pâli-barman, f. 4 *a,* et de ma copie, p. 20.

[2] *Dharma pradîpikâ,* f. 21 *a* et *b.*

[3] *Dîgha nikâya,* f. 60 *b,* l. 9.

Au reste, il paraît que les textes buddhiques sont assez sobres d'explications quand il s'agit des quatre motifs de confiance du Buddha, motifs qu'ils rappellent cependant presqu'à chaque page. En voici une preuve que j'emprunte au *Lalita vistara*, où malgré l'abondance des mots ces quatre motifs sont moins clairement indiqués que dans les quatre phrases pâlies assez courtes que je viens d'expliquer. Parmi les titres qui sont donnés à un Buddha, et qu'on énumère à la fin du xxvie chapitre du *Lalita vistara*, on trouve quatre passages sur la confiance que je vais reproduire et traduire successivement. Le premier motif de confiance est ainsi formulé : *Niravaçêcha sarvadharmâbhisam̃buddha pratidjñârôhaṇa sadêvalôkânabhibhûta pratidjñâ vâiçâradya prâptatvân niravaçêcha sarvadharmâbhisam̃buddha pratidjñârôhaṇa sadêvalôkê 'nabhibhûta pratidjñâ vâiçâradya prâpta ityutchyatê.* « Comme il a acquis la confiance dans l'assurance qu'il a donnée sans être contredit par le monde réuni aux Dêvas, où nul ne s'est élevé contre sa parole, assurance « qui consistait à dire qu'il connaissait les lois, toutes et sans reste, on dit de lui qu'il a « acquis la confiance dans cette assurance. » J'ai traduit de cette formule ce qu'il y a d'essentiel, et je n'en ai pas répété la fin qui consiste à reproduire après le mot « confiance » la phrase même par laquelle débute la formule. Elle revient à ceci, que le Buddha est nommé « plein de confiance dans la connaissance qu'il a de toutes les lois, » par cela même qu'il possède cette confiance. Cela répond au premier article de la définition du *Dharma pradîpikâ* que j'ai donnée plus haut. Le second motif de confiance est ainsi conçu : *Sarvâ sâm̃klêçikântarâyikadharmântarâyakaraṇâ nirvâṇasyêti tatpratidjñârôhaṇa sadêvakê lôkê 'nâtchtchhêdya pratidjñâvâiçâradya prâptatvât sarvâ sâm̃klêçikântarâyikadharmântarâyakaraṇâ nirvâṇasyêti tatpratidjñârôhaṇa sadêvakê lôkê 'nâtchtchhêdya pratidjñâvâiçâradya prâpta ityutchyatê.* « Comme il a acquis la confiance dans l'assurance qu'il a donnée sans « être arrêté par le monde réuni aux Dêvas, où nul ne s'est élevé contre sa parole, quand « il disait, Toutes les conditions du vice qui sont des obstacles, sont des obstacles au Nir- « vâṇa, on dit de lui qu'il a acquis la confiance dans cette assurance. » J'ai reproduit exactement le texte tel que le donnent mes trois manuscrits du *Lalita vistara*; il y a dans la partie de la formule qui exprime cette espèce particulière de confiance, des réunions anormales de mots qui cependant n'en cachent pas la signification véritable; elle répond certainement au troisième article de la définition du *Dharma pradîpikâ*. Le troisième motif de confiance est ainsi conçu d'après le *Lalita* : *Nâiryânikîm pratipadam pratipadyamânô nirvâṇam nârâgayichyatîti pratidjñârôhaṇa sadêvakê lôkê 'pratitchôdya pratidjñâvâiçâradya prâptatvân nâiryânikîm pratipadam pratipadyamânô nirvâṇam nârâgayichyatîti pratidjñârôhaṇa sadêvakê lôkê 'pratitchôdya pratidjñâvâiçâradyaprâpta ityutchyatê.* « Comme il a acquis « la confiance dans l'assurance qu'il a donnée sans être gourmandé par le monde réuni « aux Dêvas, où nul ne s'est élevé contre sa parole pour dire, Arrivé au degré qui est fait « pour conduire hors du monde, non il n'atteindra pas au Nirvâṇa, on dit de lui qu'il a « acquis la confiance dans cette assurance. » Cette formule répond à l'article quatrième de la définition du *Dharma pradîpikâ*, quoiqu'il n'y ait pas entre les deux énoncés autant de ressemblance que pour les formules précédentes. Au lieu de placer dans la bouche des opposants l'opinion que le sage ne parviendra pas au Nirvâṇa, le *Lalita vistara* de la

Société asiatique la présente sous la forme affirmative et la laisse dans la bouche du Buddha, de cette manière : « Nul ne s'est élevé contre sa parole quand il a dit, Arrivé au « degré qui est fait pour conduire hors du monde, oui il arrivera au Nirvâṇa. » Le quatrième motif de confiance est conçu comme il suit : *Sarvâçravakchayaprahâṇa djñânapratidjñârôhaṇa sadêvakê lôkê 'vâivartyapratidjñâ vâiçâradyaprâptatvât sarvâçravakchaya prahâṇa djñânapratidjñârôhaṇa sadêvakê lôkê 'vâivartyapratidjñâ vâiçâradyaprâpta ityutchyatê.* « Comme « il a acquis la confiance dans l'assurance qu'il a donnée sans reculer devant le monde « réuni aux Dêvas, où nul ne s'est élevé contre cette affirmation, qu'il possédait la science « de l'abandon et de l'anéantissement de toutes les souillures du vice, on dit de lui qu'il « a acquis la confiance dans cette assurance[1]. » Cette formule répond au second article de la définition du *Dharma pradîpikâ*. En rapprochant une à une ces quatre formules sanscrites des définitions correspondantes du pâli, on en reconnaît facilement l'objet commun, malgré la différence des termes; je crois cependant que si pour se faire une idée claire de la théorie des quatre motifs de confiance d'un Buddha, on débutait par les énumérations verbeuses du *Lalita vistara*, on n'en aurait pas une notion aussi précise que celle que nous en donne l'exposé plus bref du *Dharma pradîpikâ*.

Les quatre richesses de l'accumulation.] Je n'étais pas sûr d'avoir traduit exactement le nom de cette catégorie, *sag̃graha vastûni*, pour l'intelligence de laquelle je ne possédais aucun secours, car elle ne se présente qu'une seule fois dans tout le *Saddharma puṇḍarîka;* aujourd'hui la lecture du *Lalita vistara* doit lever tous les doutes, puisque nous y trouvons et le titre de la catégorie dite *sag̃graha*, et le nom des éléments qui la composent. Le seul examen de ces éléments prouve que *sag̃graha* doit être pris dans le sens de *propitiating*, « pleasing, » que lui donne Wilson; M. Foucaux, d'après les Tibétains, adopte celui de *réunion*[2]. Il n'est pas facile de trouver une expression française qui représente d'une manière à la fois claire et complète les idées que résume le composé *sag̃graha vastûni*, c'est-à-dire, « les éléments du rapprochement, » les actes par lesquels l'homme se rapproche de son semblable, et lui devient agréable. Cependant, comme il faut traduire, je crois pouvoir m'arrêter à cette version encore un peu vague : « les éléments de la bienveillance. » Ces éléments sont énumérés par le *Lalita vistara* parmi les cent-huit portes de la loi. Ils ont, d'après le texte de cet ouvrage, le résultat suivant : *Sattvasag̃grahâya sambôdhiprâptasyatcha dharma sampratyavêkchaṇatâyâi sam̃vartatê.* « Cela conduit à la faveur des créatures, « et à pénétrer complétement la loi de celui qui a obtenu la science absolue[3]. » Cette sorte de définition que j'ai traduite aussi littéralement qu'il m'a été possible, marque suffisamment la destination des quatre mérites énumérés sous le titre collectif d'*éléments de la bienveillance;* c'est l'ensemble des moyens par lesquels un Buddha se rend les créatures favorables, de manière qu'éclairées par son enseignement, elles se mettent en état de comprendre la loi de celui qui est arrivé à la perfection la plus élevée de l'intelligence. Le

[1] *Lalita vistara*, f. 226 *b* du man. A; f. 225 *a* du man. B; f. 229 *b* du m. Soc. as. Je ne puis renvoyer au *Rgya tch'er rol pa*, où ce passage ne se trouve pas.

[2] *Rgya tch'er rol pa*, t. II, p. 45.

[3] *Lalita vistara*, f. 23 *a* de mon man. A. et 26 *a* du man. B.

premier de ces moyens que le *Lalita vistara* énumère ailleurs [1], est *dânam*, « l'aumône ou « la bienfaisance. » Le second est *priyavatchanam*, « un langage agréable ; » cette qualité n'a pas plus besoin d'explication que la précédente. Le *Vocabulaire pentaglotte*, qui reproduit également l'énumération de ces termes sous la section XVII, a ici *priyavâditâ*, littéralement « la qualité d'avoir un langage agréable. » Le troisième élément est *arthakriyâ*, littéralement « l'exécution de l'avantage, du bien, » c'est-à-dire l'exécution de ce qui doit servir au bien des créatures ; le *Vocabulaire pentaglotte* a ici *arthatcharyâ*, « la pratique du bien, » ce qu'il faut sans aucun doute entendre dans le même sens que *arthakriyâ*. Le quatrième élément est *samânârthatâ*, « la qualité d'avoir un bien commun, » ou selon la version tibétaine, la communauté des biens. Ce mérite ne doit pas être entendu des biens temporels, mais, d'une manière beaucoup plus générale, du bien ou de l'avantage des êtres que le Buddha se donne la mission de sauver. Or il y a entre lui et les créatures communauté de biens ou d'avantages, puisque c'est à la délivrance déjà obtenue par lui-même qu'il cherche à les conduire. Il résulte de ce qui précède que les mérites compris sous le titre commun d'*éléments de la bienveillance* sont des qualités accessoires d'un Buddha, qualités qui résument brièvement l'ensemble de ses rapports extérieurs avec les êtres.

Les dix-huit conditions d'un Buddha dites homogènes.] Voyez ci-dessus, chap. III, f. 37 *a*, p. 362, le renvoi au n° IX de l'*Appendice*, et lisez, « dites indépendantes. »

L'univers nommé Dêvasôppâna.] Les deux manuscrits de M. Hodgson lisent plus correctement *Dêvasôpâna*, ce qui veut dire « escalier des Dêvas. » Cette idée d'un escalier à l'aide duquel on monte aux cieux, se présente, comme on sait, dans la vie même de Çâkyamuni [2].

f. 140 *b*. *Soixante fois cent Yôdjanas de hauteur.*] Les deux manuscrits de M. Hodgson lisent « soixante Yôdjanas, » ce qui est déjà suffisamment merveilleux.

f. 142 *a*. *Ceux de ces Bôdhisattvas qui avaient été anciennement des Çrâvakas.*] Ceci est peut-être inexact ; il faut lire, « ceux de ces Bôdhisattvas qui avaient à leur tête des Çrâvakas ; » c'est du moins ce sens qui me paraît le mieux convenir à cette expression du texte, *yê çrâvakapûrva bôdhisattvâḥ*.

f. 142 *b*. *Elle a saisi et les lettres et le sens des discours des Tathâgatas.*] Le texte se sert de l'expression *tathâgata bhâchita vyañdjanârthôdgrahaṇa*; si l'on n'admet pas la légitimité du sens de *lettre* que j'ai essayé d'attribuer au mot *vyañdjana*, ci-dessus, chap. I, f. 11 *a*, p. 330, on traduira, « elle a saisi les caractères et le sens, etc. »

Douée de la perfection d'une beauté souverainement aimable.] Le texte se sert ici de l'expression *paramayâ çubhavarṇapuchkalatayâ samanvâgatâ*, qui se retrouve presque mot pour mot dans les livres des Buddhistes du Sud. J'en rencontre un exemple dans le *Sôna-*

[1] *Lalita vistara*, chap. V, init. f. 25 *a* du man. A, et f. 28 *a* du man. B. — [2] *Foe koue ki*, p. 124.

daṇḍa sutta, où il est dit : *Sônadaṇḍô abhirûpô dassanîyô pâsâdikô paramâya vaṇṇapôkkharatâya samannâgatô.* « Sônadaṇḍa beau, agréable, gracieux, doué de la perfection d'une « beauté suprême[1]. » Cette expression se trouve également dans un fragment publié par Spiegel, mais malheureusement imprimé avec beaucoup de fautes, et où l'éditeur lit à tort le dernier mot *sêmantâgatô*[2].

St. 49. *Orné des trente-deux signes de beauté.*] Voyez ci-dessus, chap. II, f. 29 *b*, p. 356, et l'*Appendice*, n° VIII; le même renvoi s'applique à la même phrase ci-dessous, f. 144 *a*. f. 143 *a*

Les cinq perfections.] Lisez, « les six perfections, » et voyez ci-dessus, chap. I, f. 11 *a*, p. 332, et l'*Appendice*, n° VII. f. 143 *b*

Supprimant en elle les signes qui indiquaient son sexe.] Je n'arrêterais pas l'attention du lecteur sur cette transformation miraculeuse de la fille de Sâgara, s'il devait être uniquement question ici des développements que la croyance au surnaturel a pu prendre chez les Buddhistes du Nord. Une fois cette croyance admise comme élément religieux, un miracle de plus ou de moins n'est pas un point d'importance : la crédulité ne recule pas plus devant le nombre que devant l'absurdité de ses conceptions. Mais il y a ici quelque chose de plus instructif à remarquer, c'est l'occasion même de ce miracle. Tout en reconnaissant les rares vertus de la fille de Sâgara, le Religieux Çâriputtra lui conteste le pouvoir de jamais devenir un Buddha, par la raison qu'il y a cinq places ou cinq situations qui sont interdites à une femme par le seul fait de son sexe; ces situations sont celles de Brahmâ, de Çakra, de Mahârâdja, de souverain Tchakravartin, et de Bôdhisattva ou Buddha futur. Cette opinion appartient à la plus ancienne tradition buddhique. Il est vrai que je ne l'ai pas encore vue exprimée en des termes aussi positifs chez les auteurs singhalais; mais je n'hésiterais pas à croire qu'on doit l'y trouver, car elle paraît déjà, pour sa partie la plus importante du moins, dans une glose de Buddhaghôsa, qui nous apprend qu'un homme peut seul devenir Buddha[3]. En ce qui touche le rôle de souverain Tchakravartin, nous savons par Fa hian que ce fut également au moyen d'un miracle que la Religieuse *Utpalâ* prit, dit-on, cette forme pour aller la première à la rencontre de Çâkya[4]. Si je comprends bien cette tradition, elle se présente comme une sorte de correctif à l'admission des femmes dans le corps des Religieux. L'histoire moderne de l'Inde nous offre plus d'un exemple de l'influence considérable que des femmes supérieures ont exercée sur les affaires publiques. Qu'y aurait-il d'étonnant à ce que, dans des temps plus anciens, leur habileté, soutenue par le respect qui s'est toujours attaché dans l'Inde à la pratique des devoirs ascétiques, ait pu porter ombrage aux hommes, et donner lieu à l'exclusion qui leur enlève l'espérance d'arriver à la suprématie d'un Buddha? f. 144 *a*

[1] *Dîgha nikâya*, f. 29 *a* et *b*.

[2] Spiegel, *Anecdota pâlica*, p. 72.

[3] Spiegel, *ibid.* p. 62 et 63.

[4] *Foe koue ki*, p. 124.

CHAPITRE XII.

f. 144 b. *Que Bhagavat modère son ardeur.*] Le texte se sert ici de l'expression *alpôtsuka*, qui appartient également aux livres pâlis du Sud, ainsi que je le remarque dans cette phrase du *Thûpa vam̃sa: appôssukatam âpadjdjamânô*, « éprouvant une diminution de zèle. » Les Tibétains n'ont pas traduit assez exactement le terme d'*alpôtsuka*, en le rendant par « peu « de miséricorde. » Lorsque Çâkyamuni parvenu à la science parfaite, hésite s'il la communiquera aux hommes, le *Lalita vistara* s'exprime ainsi : *yannvaham alpôtsukavihârênâiva vihar̤êyam*, ce qui signifie, « si je me contentais de rester avec peu de zèle, » et non « peu « de miséricorde[1]; » et plus bas : *tathâgatasya alpôtsukatâyâi tchittam̃ natam̃ na dharmadêçanâyâm̃*, « l'esprit du Tathâgata incline à avoir peu de zèle, » et non « à enseigner la loi. »

Privés de foi.] Lisez, « privés d'intelligence, n'ayant pas beaucoup de pénétration. »

f. 145 a. *Dont les uns étaient Maîtres.*] Voyez ci-dessus, chap. I, f. 2 *a*, p. 295.

f. 147 b. St. 6. *Les six connaissances surnaturelles.*] J'ai remarqué que notre texte compte tantôt cinq *abhidjñâs*, et tantôt six, dans une note consacrée aux connaissances surnaturelles, ci-dessus, chap. V, f. 75 *a*, p. 379, et *Appendice*, n° XIV. Cette stance et celles qui suivent jusqu'à la fin du chapitre forment un des morceaux les plus caractéristiques de la dernière moitié du *Lotus de la bonne loi.* L'expression de « la fin du Kalpa » qui y revient si souvent, l'annonce des mauvais traitements que doivent souffrir les prédicateurs de la loi, la nécessité où ils se verront d'abandonner leurs monastères, tout cela forme le tableau, peu poétique il faut l'avouer, mais suffisamment expressif des persécutions qu'éprouvèrent les sectateurs du Buddha avant de quitter l'Inde centrale, où nous les trouvons encore nombreux et puissants au IVe siècle de notre ère. Je ne puis croire que cette partie du *Lotus* ait été écrite pendant l'époque la plus florissante du Buddhisme ; au contraire il est naturel de penser qu'elle porte la trace de souvenirs pénibles pour les disciples de Çâkya, et on doit conclure qu'elle a été rédigée hors de l'Inde, ou au moins pendant le temps de la lutte où les Brâhmanes sont restés vainqueurs. De pareilles descriptions des misères qui sont réservées aux Buddhistes après la mort de Çâkya, sont assez fréquentes dans les livres du Nord ; je ne me souviens pas au contraire d'en avoir rencontré de ce genre dans ceux du Sud. Voyez du reste ci-dessus, chap. III, f. 39 *b*, p. 366 et 367.

[1] *Lalita vistara*, f. 204 *b* de mon man. A ; *Rgya tch'er rol pa*, t. II, p. 368.

CHAPITRE XIII.

Les Lôkâyatikas.] Il n'y a pas de raison de croire que ce terme désigne chez les Bud- f. 149 a.
dhistes autre chose que la secte connue chez les Brâhmanes pour se rattacher à la doctrine athéiste des Tchârvâkas. Le pâli pourrait suggérer ici une autre interprétation : comme *lôkâyata* y signifie « histoire fabuleuse, roman [1], » il serait permis de supposer que les *Lôkâyatikas* de notre *Lotus* désignent les auteurs ou les lecteurs de pareils ouvrages, dans lesquels les passions et les affaires du monde forment le sujet principal.

St. 4. *Et que ne pensant qu'aux Arhats.*] La comparaison des manuscrits de M. Hodgson f. 150 a.
avec celui de la Société asiatique me donne le moyen de rectifier cette traduction avec certitude : « et les Religieux estimés des Arhats ; qu'il fuie, etc. »

St. 5. *Et les fidèles connus pour ne pas être fermes dans le devoir.*] Tel est le sens que j'avais cru pouvoir tirer du texte manifestement altéré de la Société asiatique. Mais depuis, un des manuscrits de M. Hodgson m'a fourni une leçon intelligible avec un sens plus satisfaisant; il faut donc substituer à la phrase finale de la stance la traduction qui résulte de cette nouvelle leçon : « et qu'il évite les fidèles assises dans un chariot. »

St. 11. *Les musiciens.*] C'est par conjecture que je donne ce sens au mot du texte f. 150 b.
rĭllaka, que nos trois manuscrits reproduisent de la même manière. Ce mot doit avoir de l'analogie avec celui de *rĭllari* qui désigne certainement un instrument de musique, ci-dessus, chap. II, f. 31 *b*, p. 359. Cependant si la substitution d'un *djha* au *rĭ* initial de ce mot devenait nécessaire, il faudrait lire *djhallaka* et traduire par « joueur de bâton, » du sanscrit *djhalla*.

Qui sont arrivés à l'état de Buddha.] Lisez, « qui sont partis pour l'état de Buddha. » f. 154 b.

Et que, dans son contentement, il donne également.] Le mot que je traduis par *également* f. 155 b.
est *samânaḥ*, pour lequel je suis l'autorité du sanscrit classique, au moins quant au sens spécial de *samâna*, « uniforme, égal. » Mais je doute aujourd'hui de l'exactitude de cette interprétation, et je soupçonne que le *samâna* que nous trouvons ici et qui se répète plusieurs fois dans le cours de cette parabole, est employé comme le même mot en pâli, c'est-à-dire à la place du participe présent *san*, « étant, » dont il serait grammaticalement

[1] *Abhidhâna ppadîpikâ*, l. I, chap. II, sect. 2, st. 8; Clough, p. 13.

la forme moyenne. Je remarque en effet que *samâna* ne se rencontre jamais qu'après des adjectifs, exactement à la place où paraît *san* dans le style des commentateurs brâhmaniques. En voici un exemple très-caractéristique que j'emprunte au *Sâmaññaphala sutta*, dont on trouvera la traduction au n° II de l'*Appendice*. Le roi Adjâtaçatru rappelant que des Brâhmanes réputés savants n'ont pas pu répondre à une question qu'il leur avait proposée, s'exprime ainsi : *Katham̃ hi nâma sandiṭṭhikam̃ sâmaññaphalam̃ puṭṭhô samânô vikkhêpam̃ vyâkarissati.* « Comment étant interrogé sur le résultat général et prévu, exposera-t-il « une doctrine de perplexité[1]? » J'en ajoute ici une seconde preuve : un jeune homme dont les parents sont tombés dans la misère, vient d'entendre de la bouche de Çâkyamuni l'exposition du *Sutta* qui a pour titre *Mâtapôsaka,* « celui qui nourrit sa mère, » et touché de la morale charitable qui en forme le but, il se dit à lui-même : *Idânim̃ pana pabbadjdjitô samânô mâtâpitarô pôsissâmi.* « Mais aujourd'hui étant Religieux, je nourrirai mes pa- « rents[2]. » Ici *samânô* signifie sans aucun doute *étant,* et la glose barmane ne laisse sur ce point aucune incertitude, puisqu'elle remplace ce terme pâli par *phratch lyak,* « si je suis, « étant. » Le doute n'est pas plus possible en ce qui touche l'exemple suivant que j'emprunte au *Sônadaṇḍa sutta : Samaṇô khalu bhô gôtamô daharô samânô susukâlakêsô bhadrêna yôbbaṇêna samannâgatô paṭhamêna vayasâ agârasmâ anagâriyam̃ pâbbadjdjitô.* « Certainement « le Samaṇa Gôtama, étant tout jeune, ayant les cheveux parfaitement noirs, étant doué d'une « jeunesse fortunée, est sorti de la maison dans la fleur de l'âge, pour se faire Religieux[3]. » Il paraît même qu'on rapprochait volontiers *samâna* à la forme moyenne de *santa* à la forme active ; car je trouve dans la curieuse dispute du jeune Ambhaṭṭha, disciple de Pôkkharasâdi, avec Çâkyamuni, la phrase suivante où il reproche aux Çâkyas de ne pas honorer les Brâhmanes : *Ibbhâ santâ ibbhâ samânâ na brâhmaṇô sakkarônti.* « Étant riches, se « trouvant riches, ils ne traitent pas honorablement les Brâhmanes[4]. » Si cette forme curieuse était reconnue authentique, ce serait un fait nouveau à ajouter au chapitre déjà si riche de M. Bopp, sur la théorie des participes dans les langues ariennes[5]. L'*Abhidhâna ppadîpikâ* confirme du reste cette explication de *samâna*, sinon au point de vue grammatical, du moins quant au sens, puisqu'aux significations de *semblable*, *seul,* qu'il assigne à *samâna,* il ajoute celle de *santé* (pour le sanscrit *sati*), « étant, existant[6]. » Il est vrai qu'en comparant l'*Abhidhâna ppadîpikâ* avec l'*Amarakocha,* on pourrait interpréter *santé* par *vertueux*[7] ; cependant Clough ne donne pas ce sens. J'ajouterai pour l'intelligence du dernier exemple cité, que le pâli *ibbha* doit répondre au sanscrit *ibhya,* « riche, opulent, » que Weber a cité d'après le *Tchhândôgya upanichad*[8].

f. 157 b. St. 60. *Il les voit assis sur un trône.*] J'avais suivi la leçon du seul manuscrit que je

[1] *Sâmaññaphala sutta,* dans *Digh. nik.* f. 16 *a.*

[2] *Suvaṇṇasâma djâtaka,* man. Bibl. nat. f. 6 *b,* p. 43 de ma copie.

[3] *Sônadaṇḍa,* dans *Digh. nik.* f. 33 *b.*

[4] *Ambhaṭṭha sutta,* dans *Digh. nik.* f. 24 *b.*

[5] *Vergleich. Grammatik,* p. 1100 et suiv.

[6] *Abhidhâna ppadîpikâ,* l. III, chap. III, st. 138 ; Clough, p. 120.

[7] *Amarakocha,* l. III, chap. IV, sect. 18, st. 130 ; Wilson, *Sanscr. Dict.* au mot *samâna.*

[8] *Tchhând. upanich.* dans Roer, *Bibl. Ind.* t. II, p. 80 ; Weber, *Ind. Stud.* t. I, p. 255 et 476.

pusse consulter, celui de la Société asiatique, qui donne *âtmabhâvân*, « les corps, » au pluriel; mais les deux nouveaux manuscrits de M. Hodgson ont au singulier *âtmabhâvam*, et la comparaison de la stance 60 avec la stance 61 prouve qu'il s'agit du sage qui se voit lui-même en songe occupé à expliquer la loi. Il faut donc maintenant traduire d'après ces manuscrits : « il se voit lui-même assis sur un trône. » Au reste, de ce que je rends ici *âtmabhâva* par « lui-même, » il n'en faudrait pas conclure que les Buddhistes n'emploient ce mot que dans cette acception restreinte. Chez ceux du Nord *âtmabhâva*, comme *attabhâva* chez ceux du Sud, signifie également « le corps. » Le mot se présente avec ce sens dans un très-grand nombre de passages du *Lotus*; il me suffira donc d'en alléguer ici un exemple concluant pris à un autre livre : *Yat tasyâivamrûpa âtmabhâvaḥ syât tad yathâpi-nâma sumêruḥ parvatarâdjaḥ*. « Que s'il avait un corps tel, à savoir comme le *Suméru*, roi « des montagnes[1]. » Quant aux Buddhistes du Sud, il suffirait du témoignage de l'*Abhidhâna ppadîpikâ*, qui compte *attabhâva* parmi les synonymes de *sarîra*, « corps[2]. » C'est dans ce sens que Mahânâma parle de la dernière existence de Çâkyamuni, avant qu'il vînt au monde comme fils du roi Çuddhôdana : *vêssantarattabhâvê ṭhitô*, « quand il était dans le corps de « Vêssantara[3]. » On sait en effet que *Vêssantara* est, chez les Buddhistes de Ceylan, le nom d'un personnage sous la figure duquel l'âme de Çâkyamuni parut au monde. Sous ce nom, qui répond au sanscrit *Vâiçyântara* et qui fait allusion à la caste des Vâiçyas dont il sortait, l'être privilégié qui devait être plus tard un Buddha remplit d'une manière héroïque les devoirs de l'aumône en abandonnant comme offrande religieuse ses trésors, sa femme et ses enfants[4]. Quant à ce qui regarde le mot *âtmabhâva* et *attabhâva*, objet principal de cette note, on le rencontre fréquemment avec cette acception même de *corps*, dans les légendes publiées par Spiegel[5].

[1] *Vadjra tchtchhêdika*, f. 23 a.

[2] *Abhidhâna ppadîpikâ*, l. I, chap. II, sect. 5, st. 7; Clough, p. 17.

[3] *Mahâvaṃsa ṭîkâ*, f. 24 b.

[4] Clough, *Singhalese Diction.* t. II, p. 670 et 674. On trouve une analyse succincte de cette légende qui jouit à Ceylan d'une grande célébrité, dans un petit opuscule intitulé *The miniature of Buddhism*, p. 4 et 5, qui parut à Londres en 1833, et qui avait pour but de décrire un temple buddhique transporté de Ceylan à Londres par quelques Buddhistes de cette île. Les Singhalais qui avaient conçu l'idée de cette spéculation, étaient possesseurs d'un assez grand nombre de manuscrits qu'ils mirent en vente; je fus assez heureux pour en obtenir un petit nombre, mais à des prix singulièrement élevés. Ces manuscrits font la base de ma collection buddhique singhalaise. Le *Vêssantara djâtaka* ne se trouve pas parmi ces ouvrages; mais la Bibliothèque nationale en possède un exemplaire en pâli avec une traduction barmane.

[5] *Anecdota pâlica*, p. 19, 24, 62 et 72.

CHAPITRE XIV.

f. 159 *b*. *Lesquels se trouvant sous cette grande terre.*] La comparaison de ce passage avec une description analogue du même chapitre, ci-dessous, f. 165 *b*, me prouve que j'ai mal traduit le mot *âkâça* par « espace. » Le texte obscur ici, est, au f. 165 *b*, rendu très-clair par l'addition du mot *parigraha*. Il faut donc substituer à ma première interprétation la traduction suivante : « qui habitant l'élément de l'éther au-dessous de cette grande terre. » Ce sens est de plus mis hors de doute par l'énoncé de la stance 40 de la rédaction versifiée.

f. 162 *a*. *Bhagavat n'a-t-il que peu de peine?*] Sur cette expression qui sert de formule de salutation, voyez une note spéciale ci-dessous, chap. XXIII, f. 224 *a*, p. 425. J'y renvoie le lecteur, parce que la formule étant plus développée au chap. XXIII, ce que j'en dirai en cet endroit comprend et dépasse tout ce que j'en pourrais dire ici.

f. 163 *b*. St. 14. *Une suite de Maîtres.*] Lisez, « une suite de disciples. »

f. 166 *b*. *A la suprême et intime essence de l'état de Bôdhi.*] Lisez, « sur le trône éminent de la « Bôdhi. » Je crois inutile de répéter ici ce que nous ont appris A. Rémusat et d'autres sur la ville de Kapilavastu, sur celle de Gayâ, et sur les autres noms rappelés incidemment dans ce passage. On consultera cependant avec fruit les remarques de M. Cunningham sur la partie de l'itinéraire de Fa hian relative à ces localités[1].

f. 167 *b*. *C'est le Tathâgata qui sait cela.*] Il faut détacher cette proposition de la précédente, et la mettre en dehors des paroles que Mâitrêya fait dire à Çâkyamuni; car la particule *iti* qui doit guillemeter ces paroles, est placée dans le texte avant la petite phrase : « c'est le « Tathâgata qui sait cela. » On doit donc traduire cette phrase : « que le Tathâgata le « sache, » en la faisant rapporter à ce qui suit.

Ils seront livrés à des idées d'actes, etc.] Il faut traduire plus exactement, « ils seront livrés « à des idées d'actes dont le résultat sera le malheur de la loi. »

f. 168 *a*. St. 44. *Et tu obtins l'état de Bôdhi.*] Ajoutez, « dans la ville nommée Gayâ. »

[1] *Verification of the itinerary of the Chinese Pilgrim Hwan thsang through Afghanistan and India during the first half of the seventh century*, dans *Journ. as. Soc. of Bengal*, t. XVII, 2e part. p. 29.

CHAPITRES XV ET XVI.

A l'intime et suprême essence de l'état de Bôdhi.] Lisez, « au trône éminent de la Bôdhi. » f. 169 *a*.

Les hommes ordinaires.] Le texte se sert ici d'une expression consacrée dans le style bouddhique, celle de *prĭthagdjana*, littéralement « homme à part, » homme séparé de ceux qui sont sur la voie de parvenir aux perfections les plus élevées. J'ai rassemblé dans l'*Appendice*, n° XIX, divers textes qui prouvent que cette dénomination est aussi familière aux Buddhistes du Sud qu'à ceux du Nord. f. 170 *b*.

D'autres Bôdhisattvas, en nombre égal à celui des atomes d'un univers.] Les deux manuscrits de M. Hodgson lisent ainsi : « en nombre égal à celui des atomes d'un univers formé « d'un grand millier de deux mille mondes. » f. 175 *b*.

St. 4. *Sont arrivés à.*] Lisez, « sont partis pour. » f. 177 *b*.

Ont fait preuve de confiance.] Lisez, « ont fait preuve de pénétration. » Cette correction s'applique également à la fin du fol. 178 *b*. f. 178 *b*.

Et grave bien dans ton esprit.] L'expression dont se sert ici le texte est *sâdhutcha suchṭhutcha manasikuru;* j'en ai forcé un peu le sens pour ne rien omettre des mots *sâdhutcha suchṭhutcha;* car employé seul, le verbe composé *manasikrĭ* signifie seulement « penser. » M. I. J. Schmidt traduisant d'après la version tibétaine le *Vadjra tchtchhêdika* des Tibétains, rend cette expression même de la manière suivante : « garde convenablement dans ta mé« moire ce que tu auras entendu[1]. » Il est à peine besoin d'avertir que du verbe composé *manasikrĭ* on forme le substantif *manasikâra*, « acte de pensée, pensée. » Le verbe et le substantif sont aussi familiers aux Buddhistes du Sud qu'à ceux du Nord. Je les trouve l'un et l'autre employés et parfaitement expliqués dans le passage suivant du *Nidâna vagga* pâli : *Sâdhukaṁ manasikarôthâti manasikârô daḷhakammaṇi yôdjanêna manindriyavikkhêpanivâraṇaṁ.* « Fixez bien dans votre esprit [dit le texte] : le mot *manasikâra* est pris dans le « sens de rendre ferme (affermir); c'est l'action d'empêcher par l'application le dérange« ment de l'organe de l'esprit[2]. »

[1] *Ueber das Mahâyâna*, dans *Mém. de l'Acad. des sciences de S. Pétersbourg*, t. IV, p. 187.

[2] *Nidâna vagga*, f. 3 *b*; conf. Clough, *Singhal. Diction.* t. II, p. 515.

f. 179 b. St. 20. *Des lieux de promenade.*] On sait par les descriptions que plusieurs auteurs ont données des Vihâras, qu'un lieu de promenade est attaché à ces édifices. C'est là un souvenir et une imitation de la promenade philosophique à laquelle se livra Çâkyamuni, auprès de l'arbre Bôdhi, lorsqu'il parvint à l'état suprême de Buddha parfait[1]. Ce lieu de promenade se nomme *tchağkrama sthâna*, et plus ordinairement, *tchağkramaṇa*. On comprend que les Buddhistes du Sud connaissent également ce terme et l'emploient de même dans les légendes de la vie de Çâkya. Ainsi Turnour traduisant un passage de la glose de Buddhaghôsa sur le *Dîgha nikâya*, en donne cette interprétation : « il descendait de la salle « où l'on se promène en méditant, » *peripatetic hall of meditation*[2]. On retrouve ce même terme dans un autre passage de la même glose que M. Turnour traduit ainsi : « Ayant fait « produire un *tchankaman* (un lieu de promenade), il passa sept jours à se promener de « long en large sur ce long *Ratana tchankaman*, lieu de promenade fait de pierres pré- « cieuses[3]. » C'est ce dernier lieu de promenade sur lequel Çâkyamuni médita avant de devenir Buddha, et dont il est parlé dans le *Lalita vistara*. Il est particulièrement célèbre chez les Buddhistes de toutes les écoles, comme l'un des sept endroits dans chacun desquels Çâkyamuni passa sept jours en contemplation. Les Barmans, dans leur prononciation altérée, le nomment *Yatana zengyan*, pour *Ratna tchağkrama*[4]. C'est en effet une particularité de la prononciation barmane, que la consonne *r*, surtout initiale et médiale, soit remplacée par un *y*. M. Latter a signalé ce fait dans sa grammaire barmane[5]; mais les limites dans lesquelles il convient de le restreindre ne sont pas encore déterminées avec précision. Ce qu'il y a de certain, c'est qu'il constitue un des traits distinctifs de la langue des *Myanma* comparée au dialecte des *Rakaing* ou Arracanais. Chez ces derniers la prononciation du *r* est aussi recherchée que celle du *y* chez leurs voisins; et de plus, un *y* même primitif se change en *r*, comme on le voit dans le nom même de *Rakaing*, que l'on dérive avec beaucoup de vraisemblance du pâli *Yakkha*, pour le sanscrit *Yakcha*[6].

f. 180 a. St. 34. *Assis au sein de l'intime essence de l'état de Bôdhi.*] Lisez, « assis sur le trône de « la Bôdhi. » Cette correction s'applique également à la stance 35.

f. 182 b. *Entré dans la pure essence de l'état de Bôdhi.*] Lisez, « parti pour le trône de la Bôdhi. »

[1] *Rgya tch'er rol pa*, t. II, p. 364.

[2] *Examin. of Pâli Buddh. Ann.* dans *Journ. asiat. Soc. of Bengal*, t. VI, p. 517.

[3] *Id. ibid.* t. VII, p. 814.

[4] H. Burney, *Translation of an Inscription in the Burmese language discovered at Buddha Gaya*, dans *Asiat. Res.* t. XX, p. 186.

[5] *Gramm. of the lang. of Burmah*, p. 12.

[6] Phayre, *Hist. of Arakan*, dans *Journ. asiat. Soc of Bengal*, t. XII, p. 24 et 25.

CHAPITRES XVII ET XVIII.

Asaṁkhyêyas.] Ce mot signifie « innumérable. » On trouvera une note sur ce terme à l'*Appendice*, n° XX. f. 185 *a*.

Des Çrôtaâpannas.] Sur ce terme et sur les suivants, voyez l'*Introduction à l'histoire du Buddhisme indien*, t. I, p. 291 et suiv. Sur les huit délivrances ou affranchissements, voyez ci-dessus, chap. VI, f. 82 *b*, p. 386, et *Appendice*, n° XV. f. 185 *b*.

St. 5. *Semblables à un mirage.*] Ajoutez, « et à de l'écume. » f. 188 *a*.

Le chameau.] Un des manuscrits de M. Hodgson lit *l'éléphant;* un autre manuscrit omet le mot. La leçon du manuscrit qui substitue l'éléphant au chameau est la meilleure, parce que le cri du chameau va être indiqué une ligne plus bas. f. 189 *b*.

St. 15. *Les Akanichṭhas et les Dêvas Âbhâsvaras.*] Quant au nom de ces divinités, voyez *Introduction à l'histoire du Buddhisme indien*, t. I, *Appendice*, p. 184 et 616, et de plus, p. 611 et 612. f. 191 *a*.

Du Djâtika.] Lisez, « de la Djâtikâ. » Voici la synonymie de ces noms d'après Wilson. La *Djâtikâ*, qui plus bas, st. 23, est nommée *Djâtîyâ*, est probablement la même plante que la *Djâti* ou le *jasminum grandiflorum*. La *Mallikâ* est le *jasminum zambac* ou jasmin d'Arabie. Le *Tchampaka* est le *Mitchelia tchampaka*. Le *Pâṭala* est la *Bignonia suaveolens*, ou la fleur en trompette. L'*Utpala* est le *nymphæa cærulea*, ou le nymphæa bleu. Le *Padma* est le *nelumbium speciosum*. Le *Kumuda* est le *nymphæa rubra*. Le *Puṇḍarîka* est le lotus blanc, sans doute le *nymphæa alba*. Le *Sâugandhika* est le *nymphæa lotus*, ou lis blanc d'eau. Il faut en outre voir sur ces derniers noms qui désignent des plantes aquatiques, les recherches de M. E. Ariel, qui s'est attaché, dans l'Inde même où il réside, à fixer avec précision la synonymie des noms indiens, et leur rapport avec les végétaux mêmes qu'il avait sous les yeux[1]. En sanscrit *Tchandana* est le *sirium myrtifolium*. Le *Tamâlapatra* est à proprement parler la feuille du Tamâla, qui serait soit le *xanthocymus pictorius*, soit le *laurus cassia*. Le *Tagara* est le *Tabernæmontana coronaria*. L'*Aguru* est l'*aquilaria agalloca* ou l'aloès. f. 191 *b*.

Des fleurs divines du Pâridjâta.] Nous trouvons ici des noms de plantes ou d'arbres qua- f. 192 *a*.

[1] Ariel, *Tchorapantchaçat*, dans *Journ. Asiat.* IV° série, t. XI, p. 531.

lifiés de *divins* ou célestes. A ce compte ils n'auraient pas le droit de nous occuper, parce que nous pouvons ignorer à jamais comment se les représentait l'imagination indienne. Quelques-uns de ces noms ont cependant des synonymies terrestres, et ce sont celles-là qu'il faut relever. Le *Pâridjâta* est l'*Erythrina fulgens* ou l'arbre de corail. Le *Kôvidâra* est le *Bauhinia variegata* ou une espèce d'ébène. Le *Mandârava* nous a déjà occupés ci-dessus, chap. I, f. 4 *a*, p. 306; ce serait, selon Wilson, un autre nom de l'*Erythrina fulgens*. Il en faut dire autant du *Mañdjûchaka* ou du *Mahâmañdjûchaka*, dont le premier, nommé par Wilson *Mañdjûchâ*, désigne la garance du Bengale. Il est aisé de reconnaître que pour se représenter les arbres divins, on a pris les végétaux les plus remarquables par la beauté de leurs fleurs.

f. 194 *b*. *Seront toutes, il faut aussi le savoir, des saveurs divines.*] La comparaison des trois manuscrits qui sont actuellement sous mes yeux me prouve que je n'ai pas rendu ce passage assez exactement; on doit lire ainsi toute la phrase : « produiront toutes, il faut le savoir, « des goûts excellents, et il les percevra ainsi. » Une correction analogue doit être faite à la phrase suivante : « et les saveurs désagréables elles-mêmes, etc.; » cette phrase doit être remplacée par ce qui suit : « et les saveurs désagréables elles-mêmes qui viendront se dé- « poser sur sa langue, produiront des goûts divins. »

f. 195 *b*. *Les rois Balatchakravartins eux-mêmes.*] Après ces mots les deux manuscrits de M. Hodgson ajoutent : « et les rois Tchakravartins; » ces derniers mots doivent être rétablis dans le texte, et leur présence est ici d'autant plus nécessaire, que c'est à eux que se rapporte l'épithète de « possesseurs des sept choses précieuses. » On sait en effet que les Tchakravartins ont seuls le privilége de posséder sept objets de grand prix qui sont énumérés dans beaucoup de livres, et notamment dans le *Lalita vistara*[1]. Je renvoie le lecteur aux remarques que j'ai exposées sur le titre de *Tchakravartin*, ci-dessus, chap. I, f. 4 *b*, p. 307 et 308, et chap. VII, f. 89 *a*, p. 387 et 388.

f. 197 *b*. *Il exposera tout ce qui aura été dit par le Tathâgata.*] Le rapprochement de la phrase suivante prouve qu'il faut faire rapporter le mot *tout* à *Tathâgata*, et traduire ainsi : « il « exposera ce qui aura été dit par tous les Tathâgatas. »

[1] *Rgya tch'er rol pa*, t. II, p. 14 et suiv. Conf. ci-dessus, p. 321, et *Appendice*, n° VIII.

CHAPITRES XIX ET XX.

St. 9. *Cinq cents au moins.*] Lisez, « cinq cents, pas un de moins. » f. 203 *b*.

Leur langue sortit de l'ouverture de leur bouche.] Voilà un exemple des incroyables niaiseries auxquelles peut conduire la passion du surnaturel. Une fois qu'on s'est imaginé qu'un homme a le pouvoir de s'élever au milieu des airs pour aller y ouvrir avec l'index un Stûpa suspendu dans le ciel, il est clair qu'on n'a plus de peine à le croire capable de tout. Mais qu'on se le figure tirant la langue, et que, pour comble de ridicule, on se représente le nombre immense de ceux qui assistent à son enseignement, exécutant devant lui et tous à la fois la même exhibition, c'est là une imagination dont la superstition européenne se ferait difficilement une idée. Il semble que les Buddhistes du Nord aient été punis de leur goût pour le merveilleux par le ridicule de leurs inventions. f. 204 *b*.

Dans le dessein de communiquer cette exposition de la loi.] Le sens du mot *parîndanâ* dont se sert ici le texte et que j'ai traduit par « communiquer, » est plutôt celui de « concession, octroi; » c'est de cette manière même que l'entend I. J. Schmidt au commencement du *Vadjra tchtchhêdika* où se trouve la phrase suivante : *Bôdhisattvâḥ parîndilâḥ paramayâ parîndanayâ*, « Bhagavat a complétement octroyé tant de choses aux Bôdhisattvas par « l'octroi complet de ce qu'il y a de meilleur [1]. » Mais on peut traduire la version tibétaine d'une manière plus conforme à la teneur de l'original sanscrit, en réunissant ensemble deux propositions qui paraissent isolées dans le tibétain : *âçtcharyaṁ Bhagavan yâvad êva tathâgatêna Bôdhisattvâ mahâsattvâḥ parîndilâḥ paramayâ parîndanayâ*, c'est-à-dire littéralement : « C'est une chose merveilleuse, ô Bhagavat, combien l'excellent octroi complet « a été complétement octroyé par le Tathâgata aux Bôdhisattvas Mahâsattvas. » Nous retrouverons plus bas ce mot dans le *Lotus* même (chap. XXII, f. 215 *a*), sous cette forme, *anuparindâmi*, « je confie, » et de plus avec cette double orthographe, *paridâmi* et *parindadâmi*, au chapitre final qui a pour titre *le dépôt* (chap. XXVII, f. 247 *a*). La nasale paraît ajoutée à la proposition *pari* pour compenser la perte qu'éprouve quelquefois le verbe *dadâmi*, privé de son redoublement. f. 206 *a*.

St. 2. *Pour ceux qui sont arrivés à.*] Lisez, « à ceux qui sont partis pour. » f. 207 *a*.

St. 10. *Dans l'intime essence de l'état de Bôdhi.*] Lisez, « sur le trône de la Bôdhi. » f. 207 *b*.

[1] *Ueber das Mahâyâna*, dans *Mém. de l'Acad. des sciences de Saint-Pétersbourg*, t. IV, p. 186.

CHAPITRE XXI.

f. 208 b. *Des formules magiques.*] Quoique ce passage ait trait à une des superstitions les plus misérables du Buddhisme du Nord, c'est-à-dire à cette croyance, que certaines paroles ou formules nommées *Dhâraṇîs* ont une efficacité surnaturelle, et qu'à ce titre on puisse regarder comme à peu près perdu le temps qu'on donnerait à ces formules, j'ai cru cependant nécessaire de rapporter ici les variantes qu'offrent les manuscrits qui sont à ma disposition : le relevé de ces variantes peut être utile plus tard aux savants qui viendraient à rencontrer nos formules chez des peuples Buddhistes étrangers à l'Inde, lesquels se seraient contentés de les transcrire, et auraient pu quelquefois les altérer. Je commence par la version tibétaine qui a reproduit la formule du fol. 208 *b*.

अन्यें । मन्ये । मने ममने । चित्ते चिरते । षमे षमेयिताविं । षान्ते । मुक्ते । मुक्तमे समे । अविषमे समसमे । जये । कायें अकायें । अक्षिणो । षान्ते । षमिते धारणी । आलोकभासे । प्रत्यवेक्षणी । विविरु अभ्यन्त । रनिविष्टे । अभ्यन्तरनिविष्टे अभ्यन्तपारिशुद्धि । उत्कुले । मुत्कुले । अरटे । मरटे । पुकाक्षी असमसमे । बुद्धविलोकिते । धर्मपरीक्षिते । सङ्घनिर्घोषणी । निर्घोषणी । भयाभय । षोधनी मन्त्रमन्त्र । कायते रुतकौशले । अक्षये अक्षवरुहायाविलि । अमन्यनताया ॥

Voici maintenant la version du manuscrit de Londres :

अन्यें मन्ये । अरौ परौ अमने ममने चित्ते चरितें । समे समिता विशान्ते । मुक्ते मुक्ततये । समे अविसमे समसमे । जयें क्षये अक्षये अक्षीणे शान्ते समिते धारणी आलोकभाषे प्रत्यवेक्षणि निधिरुचिचिरु अभ्यन्तरपिविष्टे अभ्यन्तरपारिशुद्धि उत्कले । मुकुले अरडे परडे सुकाक्षि असमसमे बुद्धविलोकिते धर्मपरिक्षिते संघनिर्घसनिनिर्घोषणी भयाभयविशोधनिमन्त्रे मन्त्राक्षयते रुतकौशिल्ये अक्षेये अक्षेयवनताये वक्कुलवलोतवलोक अमन्यनेताये ॥

Voici la leçon de celui des manuscrits de M. Hodgson qui est transcrit en caractères népâlais, f. 168 *b*.

अन्ये मन्ये । अरौ परौ । अमने ममने । चित्ते चरितें । समे समिता विशान्ते । मुक्ते मुक्तये । समे अविसमे समसमे । जये क्षये अक्षये । अक्षीणे । शान्ते समिते । धारणि आलोकभाषे प्रत्यवेक्षणि । निधि रुचि चिरु अभ्यन्तरपरिशुद्धि उकूले । मुकुले । अरडे परडे । सुकाक्षि । असमसमे बुद्धविलोकिते धर्मपरीक्षिते संघनिसंघसनि निर्घोषणि भयाभयविशोधनि मन्त्राक्षयते रुतकौशल्ये अक्षये अक्षये अक्षयवनताये वक्कुलवलात् अमन्यनताये स्वाहा ॥

Le second manuscrit de M. Hodgson, celui qui est transcrit en caractères dêvanâgaris, est tellement semblable au précédent, qu'il suffira d'indiquer le petit nombre de points par où il en diffère. Au lieu de चित्ते, ce manuscrit lit चित्त, et au lieu de अक्षीणे, अक्षीण. La leçon qui résulte de ces deux manuscrits est certainement la plus correcte; la plus fautive au contraire est celle de la traduction tibétaine du *Saddharma puṇḍarîka.*

L'occasion de surprendre.] J'ai déjà parlé de cette expression ci-dessus, chap. vi, f. 80 *a*, p. 385. Si l'on préfère le second sens que j'ai indiqué pour *avatâra*, on devra traduire, « l'occasion de perdre. » f. 209 *a*.

Les paroles suivantes des formules magiques.] Voici la leçon de ces formules magiques d'après la version tibétaine du *Saddharma puṇḍarîka :*

इत्वले महाइवले। उक्के मुक्के। अते अतावति। नृत्योनृटावति। इट्टिनि। विट्टि चिट्टिनि। नृटिनि। नट्टावति स्वाहा ॥

Voici maintenant la version du manuscrit de Londres :

इत्वले महाइवले उक्के मुक्के मुक्के अडे अडावति नृत्ये नृत्यावति इट्टिनि विट्टिनि चिट्टिनि नृत्यनि नृत्यावति स्वाहा ॥

Le premier manuscrit de M. Hodgson ne diffère de ce dernier que dans les points suivants : il lit, comme le manuscrit de la Société asiatique, अते au lieu de अडे, विटिनि au lieu de विट्टिनि, et नृट्टिनि au lieu de नृत्यनि.

Le second manuscrit de M. Hodgson lit aussi अते; इटिनि pour इट्टिनि, विटिनि pour विट्टिनि: il omet चिट्टिनि, qu'il remplace par नृट्टिनि au lieu de नृत्यनि.

Ce seront.] Voici la leçon des formules magiques de Vâiçravaṇa, d'après la version tibétaine : अट्टे। नट्टे तनट्टे। अनते नाति। कुनटि स्वाहा ॥

Les voici, d'après le manuscrit de Londres : अट्टे तट्टे नट्टे वनट्टे अनडे नाडि कुनडि स्वाहा ॥

Le premier manuscrit de M. Hodgson diffère de celui de Londres dans les points suivants : il omet तट्टे, lit तुनट्टे pour नट्टे; il omet वनट्टे; il lit कुटनि pour कुनडि.

Le second manuscrit de M. Hodgson lit à peu près comme le premier : il omet तट्टे, lit तुनट्टे pour वनट्टे, et कुटनि pour कुनडि.

Ce seront.] Voici la leçon des formules de Virûḍhaka, d'après la version tibétaine : f. 209 *b*.
अगणो गणो। गौरि गन्धारि। चण्डालि। मातङ्गि। पुक्कसि। कुले। ब्रुहि। स्वाहा ॥

Voici la version du manuscrit de Londres :

अगणे गणे गौरि गन्धारि चण्डालि मातङ्गि पोक्कसि संकुले ब्रूसलसिसि स्वाहा ॥

Le premier manuscrit de M. Hodgson ne diffère de cette leçon que dans les points suivants : गण pour गणे: चण्डारि pour चण्डालि; मंकुले pour संकुले; कुशालि ब्रूहि pour ब्रूसलसिसि.

Le second manuscrit de M. Hodgson a aussi गण pour गणे; चण्डारि pour चण्डालि; मंकुले pour संकुले, et कुशालि ब्रूहि pour ब्रूसलसिसि.

Les Râkchasîs.] Les noms de ces divinités femelles qui rappellent le système monstrueux des Tantras, si même elles ne lui appartiennent pas exclusivement, sont écrits de la manière suivante d'après le premier manuscrit de M. Hodgson : *Lambâ, Vilambâ, Kuṭadanti, Puchpadantî, Mukuṭadantî, Kêçanî, Analâ, Mâlâdharî, Kunti, Sarvasattvôdjôhârî; Hârîti* est omis. Le second manuscrit de M. Hodgson lit exactement comme le premier tous ces noms féminins, sauf le sixième qui est écrit *Kaçanî;* il omet de même *Hârîti.* On trouvera probablement les noms de ces personnages redoutables dans les Tantras dont Csoma de Cörös nous a fait connaître les titres.

f. 210 *a.* *Des formules magiques.*] Au lieu de स्तुहे, que donne aussi le manuscrit de Londres, les deux manuscrits de M. Hodgson, d'accord avec la leçon de la version tibétaine, lisent हस्ते. Le manuscrit de Londres fait suivre la première formule de la lettre फ, et les trois autres de la syllabe हु, qui se trouve ainsi placée avant l'exclamation finale de स्वाहा.

Un Yakchakrĭtya.] Après ce mot, les deux manuscrits de M. Hodgson lisent « un *Mâ-* « *nuchakrĭtya,* » qu'il faut rétablir à cause du terme qui vient immédiatement après.

f. 210 *b.* *Tritîya, Tchaturthakrĭtya.*] Il faut sous-entendre le mot *krĭtya* après *Tritîya,* comme après *Dvâitîya;* ces termes composés signifient, « un *Krĭtya* au second, au troisième ou au « quatrième degré. » Les deux manuscrits de M. Hodgson lisent plus correctement *Dvâitîyaka, Trâitîyaka* et *Tchâturthika.* Les *Krĭtyas* sont célèbres au Kachemire; ce sont des divinités femelles dont on suppose que le pouvoir est au service des magiciens qu'elles favorisent[1]. Ce nom doit donc s'écrire *Krĭtyâ* et non *Krĭtya.*

St. 1. *La tige du Mardjaka.*] J'ignore à quelle plante s'applique ce nom; il y a tout lieu de croire que ce doit être un végétal analogue au bananier.

St. 3. *Qui expriment par la pression l'huile de la graine de sésame.*] Voilà une perspective peu encourageante pour ceux qui fabriquent l'huile du *tila,* si recherchée des Indiens; mais cette réprobation vient selon toute apparence de ce que ceux qui tirent l'huile de la graine de sésame ne peuvent le faire sans écraser un plus ou moins grand nombre d'êtres animés. On a d'autres preuves du respect que l'exagération d'un bon principe a inspiré de tout temps aux Buddhistes pour la vie des plus petits vermisseaux.

f. 211 *a.* *Des huiles de Tchampaka.*] Il s'agit sans doute ici du parfum extrait des fleurs du *Michelia tchampaka,* que l'on mêle avec de l'huile de cocotier. Je ne sais ce que peut être l'huile de Vârchika, à moins que par *Vârchika* on ne doive entendre, « parfum extrait du *Var-* « *chika* ou de l'aloès. »

[1] Troyer, *Râdjataranginî,* t. I, p. 17 et 367.

CHAPITRE XXII.

Il se forma un nuage de santal de l'espèce dite Kâlânusâri.] J'avais manqué le sens de cette phrase, parce que j'ignorais que *kâlânusârin* désignât le benjoin, et que je faisais de ce mot un synonyme de *kâlîyaka* ou *kâlika*, le santal noir[1]. Voici maintenant le sens littéral que donne le texte : « Il tomba une pluie de santal de l'espèce dite *Uragasâra*, qui « était versée par un nuage de santal et de benjoin. » Au reste, il serait possible que, pour les Buddhistes, le mot *kâlânusârin* ait désigné aussi « le santal noir ; » c'est du moins de cette manière que l'entendent les traducteurs tibétains du *Lalita vistara*. Ainsi dans ce passage : *Bôdhisattvasya pûdjâkarmaṇô kâlânusâryagaruméghạm abhinirmâya uragasâratchandanatchûrṇavarcham abhipravarchanti sma.* « Ayant créé miraculeusement un nuage d'aloès et de « *Kâlânusârin*, ils firent tomber une pluie de poudre de santal *Uragasâra*[2]. » M. Foucaux traduit d'après les Tibétains, « un nuage d'aloès accompagné de santal noir[3]. » Quant au nom du santal *Uragasâra*, « essence ou cœur de serpent, » je puis maintenant ajouter un plus haut degré de précision à la note que j'avais écrite dans mon *Introduction à l'histoire du Buddhisme indien*, à l'occasion du santal *Gôçîrcha*[4]. Je conjecturais que cet *Uragasâra* devait être ainsi nommé, parce que les serpents aiment à se retirer dans les cavités du tronc des santals ; ce point me paraît maintenant hors de doute, et ma conjecture est confirmée par l'existence d'un nom analogue usité en singhalais pour désigner le santal, celui d'*Uraggapriya*, « cher aux serpents. » Cette dernière épithète exprime d'une manière formelle l'idée indiquée un peu plus vaguement par le mot *Uragasâra*, « qui a pour essence ou substance « les serpents. » Schiefner, dans sa vie de Çâkyamuni composée d'après des textes tibétains, cite divers passages où il est question de cette espèce de santal[5]. Le même auteur a su appliquer la notion du santal nommé *Gôçîrcha*, « tête de bœuf ou de vache, » à la correction d'un passage du *Foe koue ki* que A. Rémusat traduisait d'une manière un peu obscure, « il fit sculpter une tête de bœuf en bois de santal, de manière à représenter une image « de *Foe*[6] ; » il est évident qu'il fallait dire, « il fit sculpter une représentation de Foe en « bois de santal de l'espèce dite *tête de bœuf*. » f. 213 a.

Doué de mémoire et de sagesse.] J'ai essayé d'établir ci-dessus, chap. II, f. 18 *b*, p. 342, qu'on pouvait aussi traduire « ayant l'esprit présent, ayant toute sa connaissance. »

[1] Lassen, *Indische Alterthumskunde*, t. I, p. 287, note 1.

[2] *Lalita vistara*, chap. XX, f. 154 *b*, man. A.

[3] *Rgya tch'er rol pa*, t. II, p. 283.

[4] Voy. t. I, p. 619 et 620.

[5] Schiefner, *Eine tibet. Lebensbeschreibung Çâkyamuni's*, p. 93.

[6] *Foe koue ki*, p. 172.

f. 214 b. *De mille billions, etc.*] C'est là un exemple de ces nombres énormes, dont j'ai étudié deux séries, au n° XX de l'*Appendice*, à l'occasion d'un passage du chap. XVII, f. 185 *a*. Les nombres qui figurent ici sont *Kañkara*, *Vimbara* et *Akchôbhya*. Ce sont des termes sanscrits, mais le premier n'est pas, selon Wilson, employé à la désignation d'un nombre dans la langue classique. Le second, *Vimbara*, rappelle le nom d'une plante, le *sinapis dichotoma*, qui par l'abondance et la finesse de ses graines fournit une bonne similitude pour un nombre très-élevé. On sait que cette similitude même est positivement employée dans de nombreux passages des textes buddhiques, et que même, dans ceux de Ceylan, elle sert de base à une fausse étymologie du mot *Kalpa*, « période de création, » que j'ai rapportée plus haut[1]. Le troisième des noms de nombre cités ici est l'*Akchôbhya*, mot qui signifie « immobile, qui ne peut être agité. » Si le lecteur veut bien se reporter à la note que je cite en ce moment, il verra que ces trois noms de nombre *Kañkara*, *Vimbara* et *Akchôbhya* se succèdent dans le même ordre sur la liste que j'ai empruntée au *Lalita vistara*; le *Kañkara* ou *Kağkara* est l'unité suivie de treize zéros ou mille billions; le *Vimbara* ou *Vivara* est l'unité suivie de quinze zéros ou cent mille billions; et l'*Akchôbhya* est l'unité suivie de dix-sept zéros ou cent quadrillions.

A la hauteur de sept empans.] Il vaut mieux prendre, comme les Tibétains[2], *tála* dans le sens de *palmier* que dans celui d'*empan*; une hauteur de sept palmiers peut seule placer le Bôdhisattva de niveau avec un édifice aussi élevé que celui qu'indique le texte.

Au sommet d'une maison à étages élevés.] Le mot que je paraphrase en ces termes est *kûṭâgâra* que Wilson traduit ainsi : « chambre supérieure, appartement placé au sommet d'une « maison, » c'est également la signification que les textes pâlis assignent à ce terme[3]. Il signifie littéralement, « maison, habitation du toit, » comme l'a bien traduit Lassen[4], et *ágâra* y est synonyme de notre mot français *appartement*. Mais les lois de la composition ne s'opposent pas à ce qu'on voie dans ce mot le sens de « maison en pointe; » il paraît même que les Barmans vont plus loin encore, puisqu'ils désignent quelquefois par le composé *Kûṭâgâra* ces pointes ou flèches qui servent d'ornement aux toits des maisons et aux tours des édifices religieux ou royaux[5].

f. 215 a. *Il faudra élever plusieurs milliers de Stûpas.*] On sait que le mot de *stûpa* désigne les masses de pierres en forme de coupole qu'on élève au-dessus des reliques d'un Buddha: j'ai résumé ailleurs ce qu'on connaît de plus positif sur ces monuments qui sont devenus la source de tant de belles découvertes numismatiques[6]. Je me contente d'ajouter ici que, suivant la tradition des Buddhistes du Sud, ce ne sont pas les seules reliques des Buddhas qui ont le privilége d'être conservées sous ces grandes constructions. Je trouve à ce sujet

[1] Ci-dessus, chap. I, f. 10 *b*, p. 324.
[2] *Rgya tch'er rol pa*, t. II, p. 15 et pass.
[3] *Nêmi djâtaka*, f. 40 *a*, man. Bibl. nat. et p. 278 de ma copie.
[4] *Indische Alterthumsk.* t. II, p. 421, note 4.
[5] *Nêmi djâtaka*, f. 43 *a*, et p. 297 de ma copie.
[6] *Introd. à l'hist. du Buddh. indien*, t. I, p. 348 et suiv.

un passage formel dans le *Thûpa vaṁsa* pâli : « Un Tathâgata vénérable, parfaitement et « complétement Buddha a droit à un Stûpa; un Patchtchêkabuddha a droit à un Stûpa; « l'auditeur d'un Tathâgata a droit à un Stûpa; un roi Tchakkavatti a droit à un Stûpa[1]. »

Le grand Océan est le premier de tous les fleuves.] Rien n'est plus commun chez les au- f. 218 *a*.
teurs Buddhistes que ces énumérations d'êtres et d'objets de tout genre qu'on réunit sous un chef commun qui les rassemble et les résume tous. Je citerai à ce sujet un morceau emprunté à l'*Aggguttara*, un des livres canoniques des Buddhistes du Sud, où à l'aide d'une comparaison très-populaire, l'attention, ou comme dit le texte *la non-inattention*, est placée à la tête de tous les préceptes qui enjoignent la pratique des actions vertueuses. « Autant il y a d'êtres sans pieds, ô Religieux, d'êtres à deux pieds, d'êtres à quatre pieds, « à beaucoup de pieds, d'êtres n'ayant pas de forme, d'êtres percevants, d'êtres ne perce- « vant pas, ne concevant pas de notions, le Tathâgata vénérable, parfaitement et complé- « tement Buddha, est appelé le premier de ces êtres; de même, ô Religieux, autant il y a « de préceptes qui imposent la pratique des actions vertueuses, tous ces préceptes ont pour « origine l'attention, ils se résument dans l'attention; de tous ces préceptes l'attention est « appelée le principal. De même, ô Religieux, que les pieds des êtres doués de mouve- « ment se confondent tous dans l'empreinte du pied de l'éléphant, et que le pied de l'élé- « phant est nommé le premier de tous, ainsi, ô Religieux, tous les préceptes quels qu'ils « soient qui imposent la pratique des actions vertueuses, tous ces préceptes ont pour ori- « gine l'attention, ils se résument dans l'attention; de tous ces préceptes l'attention est « appelée le principal[2]. »

Les Kâlaparvatas, les Tchakravâlas.] Voyez sur les noms de ces montagnes, l'*Appendice*, n° XVIII, à l'occasion d'un passage du chap. XI, f. 132 *a*, p. 401.

Qu'ils soient Maîtres ou qu'ils ne le soient pas.] Lisez, « qu'ils soient disciples ou qu'ils ne f. 218 *b*.
« le soient pas. »

Du Sakrĭdâgâmin, etc.] Sur ces noms qui marquent divers degrés de perfection dans la science qui mène au Nirvâṇa, voyez l'*Introduction à l'histoire du Buddhisme indien*, t. I, p. 293 et suiv.

Qui sollicite l'habileté nécessaire pour devenir Roi de la loi.] Je ne sais comment j'ai pu f. 219 *a*.
traduire ainsi un texte dont le sens véritable est le suivant : « c'est le Tathâgata qui ceint « sa tête du bandeau de Roi de la loi. »

Comme une vache, etc.] Il faut lire, « comme un bateau; » les deux manuscrits de M. Hodgson ne laissent aucun doute sur ce point en donnant *nâur iva;* mais le manuscrit de la Société asiatique lisait ce mot avec un *ṇ* cérébral népâlais, lettre qui a quelque res-

[1] *Thûpa vaṁsa*, f. 1, fin. — [2] *Aggguttara*, man. pâli-barman de la Bibl. nat. f. *kho a*.

semblance avec un *g*, et cette ressemblance m'avait induit en erreur. La correction que je propose est ici d'autant plus nécessaire qu'il existe dans le recueil de la Discipline, tel que nous l'a fait connaître Csoma de Cörös d'après les Tibétains, une prescription religieuse qui défend à un Buddhiste de s'attacher à la queue d'une vache pour passer un fleuve, comme le font les Brâhmanes[1].

f. 219 b. *Dont la science même d'un Buddha ne pourrait atteindre le terme.*] Lisez, « dont la science « seule d'un Buddha pourrait atteindre le terme. »

De Navamâlikâ.] Ce nom désigne, selon Wilson, le double jasmin de l'espèce dite *Zambac;* un des manuscrits de M. Hodgson lit *Vanamâlikâ*, qui semble désigner un jasmin des bois. En effet, ce mot a beaucoup de rapport avec celui que donne Wilson, *Vanamalli*, dans le sens de *jasmin sauvage*.

f. 221 a. *A l'intime essence de l'état de Bôdhi.*] Lisez, « au trône de la Bôdhi, arrivé au trône de la « Bôdhi. » La comparaison des deux manuscrits de M. Hodgson avec celui de la Société asiatique permet de traduire plus exactement la suite de ce passage : « Il prendra de « l'herbe, il étendra cette herbe sur le trône de la Bôdhi. » Ce passage est la répétition des pratiques auxquelles se livra Çâkyamuni au moment d'atteindre à l'état sublime de Buddha parfaitement accompli, et dont on trouve la description dans le *Lalita vistara*[2], ainsi que dans les commentaires ou *Atthakathâs* des Buddhistes du Sud[3].

[1] Csoma, *Analysis of the Dulva*, dans *Asiat. Res.* t. XX, p. 60.

[2] *Rgya tch'er rol pa*, t. II, p. 273 et suiv.

[3] Turnour, *Examin. of Pâli Buddh. Annals*, dans *Journ. as. Soc. of Bengal*, t. VII, 2e part. p. 811, d'après le récit de Buddhaghôsa.

CHAPITRE XXIII.

Anilambha.] Le nom de cette méditation ne peut signifier « qui ressemble au vent; » il faudrait *Anilâbha* pour avoir ce sens; *Anilambha* (qu'il vaut mieux écrire avec un *m* qu'avec un *anusvâra*), doit signifier « ce dont il n'y a pas de prise, imprenable. » De même encore *Sarvapuṇyasamutchtchaya* doit signifier « l'accumulation de toutes les vertus. » Au lieu de *Apkrĭtsna*, « eau en totalité, » les deux manuscrits de M. Hodgson lisent *Asakrĭtsamâdhi*, « la méditation répétée, » leçon très-préférable. Les mêmes manuscrits lisent encore *Sûryagarbha*, « celui dont le soleil est la matrice, » au lieu de *Sûryâvarta*. Je cite ces variantes non à cause de leur valeur intrinsèque, mais pour montrer quel arbitraire il y a dans les noms de ces exercices fantastiques de la pensée que les Buddhistes décorent du nom de « méditations, » ou selon une autre explication du mot, « d'empire exercé sur soi-même, » et dont ils se plaisent à imaginer qu'il existe des séries sans fin. f. 223 a.

Kimçaka.] Le *Kimçuka* est le *butea frondosa*, arbre de la famille des papilionacées, qui porte de belles fleurs rouges. Il y a ici dans le manuscrit de la Société asiatique une lacune assez considérable, depuis les mots « de la science émanée du Tathâgata, » jusqu'aux mots « opéra en ce moment un prodige, » p. 256. J'avais déjà comblé cette lacune à l'aide du manuscrit de Londres; les deux manuscrits de M. Hodgson la remplissent exactement de la même manière, sauf quelques mots sans importance. f. 223 b.

Que le Tathâgata consente à nous expliquer par quel prodige, etc.] La comparaison des deux manuscrits nouveaux de M. Hodgson permet de traduire plus exactement : « Que le « Tathâgata veuille bien accomplir un prodige tel que le Bôdhisattva Mahâsattva excité par « ce prodige vienne dans cet univers Sahâ. » La phrase suivante par laquelle Çâkyamuni invite Prabhûtaratna à faire le miracle qui lui a été demandé, prouve que le passage retraduit ici ne peut avoir un autre sens.

A la hauteur de sept empans.] Lisez, « de sept Tâlas. »

Souhaite à Bhagavat peu de douleurs, etc.] Cette phrase exprime en termes spéciaux la manière dont il était d'usage de saluer Çâkyamuni; du moins les mots dont elle se compose sont en quelque sorte stéréotypés dans une formule qui se répète toujours la même dans de nombreux textes, et qui est aussi familière aux Buddhistes du Sud qu'à ceux du Nord; j'ai eu occasion de la signaler déjà au chap. XIV, f. 162 *a*, p. 412. En voici les termes f. 224 a.

54

tels que nous les donne le *Lotus*, et tels qu'on les retrouve dans les *Sûtras* simples du *Divya avadâna : Alpâvâdhatâm paripṛĭtchtchhaty alpâtağkatâñtcha laghusthânatâñtcha* (al. *laghûtthânatâñtcha*) *yâtrâbalam̃* (al. *yâtrâñtcha balañtcha*) *sukhasparçavihâratâñtcha* (al. *sukhañtchânavadyatâñtcha sparçavihâratâñtcha*). Les termes placés entre parenthèses sont empruntés au *Prâtihârya sûtra*[1]; c'est vers la fin seulement qu'ils introduisent quelque changement dans la formule. Je puis proposer maintenant, pour le texte de notre *Lotus*, une version plus littérale que celle que j'avais adoptée d'après le seul manuscrit de la Société asiatique : « Il « souhaite à Bhagavat peu de peines et peu de douleurs, et une position facile; il lui sou« haite la force de la marche et l'habitude des contacts agréables. » Si l'on suit la version du *Prâtihârya sûtra*, il faudra traduire : « Il souhaite à Bhagavat peu de peines et peu de « douleurs, et une exertion facile, et la marche, et la force, et le bonheur, et la considé« ration, et l'habitude des contacts. » On voit sans peine qu'il s'agit ici presque exclusivement d'avantages physiques dont on souhaite que le Buddha soit en possession pour qu'il puisse se livrer plus librement à l'accomplissement de sa mission. C'est ce qu'on reconnaît de suite dans les deux premiers termes *âvâdha* et *âtağka*, qui pour les Buddhistes, comme pour les Brâhmanes, signifient « peine et maladie. »

Le terme suivant n'est pas aussi clair, à cause de la double leçon que présentent les manuscrits. Suivant celle du *Lotus*, *laghusthânatâ* signifiera « l'avantage d'une situation « facile, » soit qu'on désigne ainsi l'avantage de se tenir aisément debout, soit qu'on fasse allusion à ces longues et merveilleuses séances où, selon les *Sûtras* développés, Çâkyamuni restait un temps infini assis sans bouger dans la même position. La leçon du *Prâtihârya sûtra* donne ce sens, « l'avantage d'un effort facile, » ce qui est, je crois, la meilleure interprétation. Mais faut-il attacher une si grande valeur à cette différence d'orthographe, *sthâna* et *utthâna*? ne doivent-elles pas rentrer l'une dans l'autre quant au sens? Et alors s'il n'y a qu'une différence de forme, faudra-t-il attribuer cette différence à une variété de dialecte, comme quand on voit, dans le langage des édits de Piyadasi à Girnar, le mot *usthâna*, « effort, » conserver, selon la remarque de Lassen[2], la forme radicale plus fidèlement que le sanscrit *utthâna*? Ces questions, toutes minutieuses qu'elles paraissent être, reçoivent cependant une certaine importance de leur rapport à une question plus générale, celle de la rédaction des livres primitifs et des livres remaniés, puisqu'il s'agit dans le *Lotus de la bonne loi* d'un *Sûtra* développé, et dans le *Sûtra des miracles* d'un *Sûtra* simple. Quant aux termes suivants, « la force de la marche » ou « la marche et la force, » la première version me paraît préférable; ici la formule des Buddhistes du Sud semble donner l'avantage à la seconde version, puisqu'on n'y voit que *balam*, « la force; » mais il n'y est pas question de *yâtrâ*, omission qui diminue la valeur de son témoignage. Je crois du reste que « la marche » ou « la force de la marche » fait allusion à la double nécessité où est Çâkyamuni, ainsi que tous les Religieux, de recueillir sa nourriture en mendiant, et de marcher de long en large sur la promenade des monastères. Je donne encore l'avantage à la leçon du *Lotus* sur celle du *Prâtihârya*, en ce qui touche les mots suivants, « et l'habitude des contacts agréables. » Outre que la leçon que je

[1] *Divya avadâna*, f. 75 *a* et 76 *b*. — [2] *Indische Alterthumsk.* t. II, p. 256, note 1.

préfère est exactement celle de la formule des Buddhistes méridionaux, la version du *Prâtihârya sûtra* sépare vraisemblablement à tort l'idée exprimée par *anavadyatâm*, « la considé-« ration, le mérite de ne pas donner prise aux reproches, » de cet autre avantage de ne rencontrer que des contacts agréables; et de plus, le terme « les contacts » se trouve isolé sans qualificatif qui le détermine. Voici maintenant la formule en pâli, telle qu'on la trouve fréquemment dans les *Suttas* des Buddhistes de Ceylan : *Subhô mânavô nôdêyyaputtô bhagavantam ânandam appâbâdhaṁ appâtaṅkaṁ lahuṭṭhânaṁ balaṁ phâsuvihâraṁ putchtchhati.* « Le jeune Subha, fils du Nôdêyya, souhaite au bienheureux Ânanda peu de peines, peu « de maux, une situation facile, la force et une existence aisée[1]. » Le mot *lahuṭṭhâna* que je traduis ici par « une situation facile » en le ramenant au sanscrit *laghusthâna*, peut également signifier « un effort facile, » si l'on en fait l'altération de *laghôtthâna*. Au reste, les deux formules sont bien certainement conçues dans le même esprit, et presque dans les mêmes termes; et je crois, sauf erreur, que la plus ancienne des deux n'est pas la plus développée. Ce qui me confirme dans cette opinion, c'est que je trouve une troisième rédaction de cette manière de compliment, très-rapprochée de celle des textes pâlis et plus brève encore, au début même de l'édit en forme de missive, que le roi Piyadasi adresse aux Religieux rassemblés dans le Magadha. On en trouvera l'explication à l'*Appendice* sous le n° X.

De la haine contre les Brâhmanes.] J'ai peut-être traduit trop littéralement le terme *abrâhmaṇya*, qui doit plutôt signifier ici « l'impiété. » f. 224 a.

A celles qui ont, les unes la forme de Yakchas, etc.] Ces formes de Yakchas, d'Asuras et d'autres êtres surhumains ne sont pas seulement celles des créatures auxquelles Gadgadasvara est supposé enseigner la loi; ce sont encore ici celles que Gadgadasvara lui-même revêt pour instruire ces diverses classes de créatures réelles ou imaginaires. Il faut donc traduire de la manière suivante la fin de cette phrase, après les mots *aux créatures* : « tellement qu'il prend pour les unes la forme d'un Yakcha, pour les autres celle d'un « Asura, pour d'autres celle de Garuḍa, pour d'autres enfin celle d'un Mahôraga. » f. 229 a.

[1] *Subha sutta*, dans *Digha nikâya*, f. 49 *a*; *Lôhitchtcha sutta*, *ibid.* f. 58 *b*; *Mahâparinibbâna sutta*, *ibid.* f. 81 *b*.

CHAPITRE XXIV.

f. 226 a. *Avalôkitêçvara.*] Ce chapitre qui est consacré à l'énumération des avantages qu'assure le culte du Bôdhisattva Avalôkitêçvara, ne tient en aucune manière au sujet principal de notre *Lotus*, dont l'objet est de prouver qu'il n'y a au fond qu'un seul moyen de transport pour faire passer les créatures à l'autre rive, comme disent les Buddhistes. On sait que le Bôdhisattva Avalôkitêçvara est le saint le plus vénéré des Buddhistes du Nord, le véritable dieu tutélaire du Tibet; c'est un point que les savants les plus versés dans la lecture des livres buddhistes tibétains, mongols et chinois, avaient établi avant moi. Je ne vois rien à changer aux considérations que l'existence de ce personnage chez les Buddhistes du Nord, et le fait qu'il est entièrement inconnu à ceux du Sud m'ont fournies ailleurs pour la détermination approximative de l'âge des *Sûtras* développés, comparés aux *Sûtras* simples; j'y renvoie donc le lecteur, ainsi qu'aux ouvrages cités à l'appui de ces considérations [1]. Quant au titre du présent chapitre, il donne lieu à une observation particulière. Lorsque je n'avais à ma disposition que le manuscrit de la Société asiatique, le premier qui soit venu entre mes mains, je lisais ce titre *samantasukha;* mais les trois autres manuscrits que j'ai pu consulter plus tard écrivent uniformément *samantamukha*, « Celui dont « la face regarde de tous les côtés. » En consultant de nouveau le manuscrit de la Société asiatique, je vois que ce que je prenais pour un *s* est réellement un *m;* mais l'erreur était facile à commettre à cause de la ressemblance de forme que présentent ces deux lettres, surtout dans ce manuscrit. Le titre du chapitre XXIV doit donc être rétabli ainsi : « Celui « dont la face regarde de tous les côtés. » Le personnage qu'on désigne ainsi est certainement Avalôkitêçvara.

f. 228 b. *L'île des Râkchasîs.*] Si les Buddhistes du Nord ont cru parler d'une île véritable, en la désignant sous ce nom fabuleux, « île des Râkchasîs, » c'est selon toute apparence Ceylan qu'ils ont entendu désigner ainsi; du moins la fable des Râkchasîs qui dévorent les navigateurs abordants à leur île, rappelle les légendes qui servent de préambule aux temps héroïques de l'histoire singhalaise. Cette analogie paraît plus frappante, quand on lit le *Kâraṇḍa vyûha*, l'un des livres du Nord où *Avalôkitêçvara* occupe le plus de place, et où la fable des Râkchasîs, avec la ville de fer qui sert de prison à leurs victimes, est longuement racontée. Mais il faut convenir que les Buddhistes du Nord étaient bien éloignés de Ceylan quand ils compilaient ces légendes, car ils ne consultaient ni la réalité, ni l'histoire. C'est d'ailleurs un point non encore suffisamment éclairci que celui de savoir jus-

[1] *Introd. à l'hist. du Buddh. indien*, t. I, p. 115.

qu'à quel point les livres des Buddhistes du Sud ont été généralement connus des Buddhistes du Tibet; je dis généralement, car il y a des preuves que les métaphysiciens du Nord ont cité les recueils philosophiques de Ceylan. A tout prendre, il est plus prudent de laisser l'île des Râkchasîs dans le domaine de ces légendes de navigateurs, qui pour n'avoir ni date rigoureuse, ni localité précise, n'en reposent pas moins sur des accidents réels conservés depuis des siècles dans la mémoire des hommes. Les mers de l'Inde et celles des archipels qui s'y rattachent ont été de tout temps célèbres sous ce rapport, et la renommée des désastres dont elles ont été le théâtre s'est étendue à des nations plus éloignées que celles qui habitent les vallées de l'Himâlaya.

Aussitôt s'emparant du glaive des meurtriers.] La comparaison des manuscrits de M. Hodgson me permet de traduire plus exactement ainsi : « aussitôt les armes de ces « meurtriers se briseraient dans leurs mains. »

Avalôkitêçvara enseigne la loi aux créatures sous la figure d'un Buddha.] Cet exposé fabuleux des transformations d'Avalôkitêçvara se retrouve presque mot pour mot dans la légende relative à ce Bôdhisattva que A. Rémusat a extraite des auteurs chinois [1]. L'analogie est si grande, que je ne puis me défendre de croire que les deux morceaux ont été puisés à la même source; il est très-probable, à mes yeux du moins, qu'en ce qui regarde le *Saddharma puṇḍarîka*, ce morceau n'y est pas original. f. 230 b.

St. 28. *Après avoir rempli les devoirs de la conduite religieuse.*] Ajoutez après ces mots, « pendant plusieurs centaines de Kalpas. » f. 233 b.

St. 33. La traduction que le *Saddharma puṇḍarîka* tibétain donne de ce distique se rapporte certainement à un autre texte que celui de nos manuscrits de Paris et de Londres; voici, si je ne me trompe, le sens de cette version : « Ce guide du monde n'a pas son « semblable dans les trois régions de l'existence; celui qui entend le nom d'Avalôkitêçvara « ne voit pas diminuer ses mérites. » f. 234 a.

Qui est et n'est pas uniforme.] L'expression du texte *asamasama* doit se traduire plus exactement ainsi : « qui est égal à ce qui n'a pas d'égal; » je crois me rappeler que l'interprète tibétain du *Lalita vistara* l'entend ainsi. C'est une des épithètes propres à un Buddha, et elle est aussi familière aux Buddhistes de Ceylan qu'à ceux du Nord, comme on peut s'en convaincre par l'emploi qu'en fait le *Djina alaṁkâra* [2].

[1] *Foe koue ki*, p. 122. — [2] *Djina alaṁkâra*, fol. 8 a et b.

CHAPITRE XXV.

f. 235 a. *Trente-sept conditions qui constituent l'état de Bôdhi.*] Le texte ne nous apprend pas quelles sont ces trente-sept conditions que l'on nomme *bôdhipakchika*, c'est-à-dire, « qui « sont du côté de la Bôdhi; » je ne pourrais dire non plus si ce sont les trente-sept perfections, *sattatiñsa pâramiyô*, dont parle un texte du *Rasavâhinî* publié par Spiegel[1]; les trente-sept conditions jouent cependant un certain rôle dans l'histoire de la vie ascétique du Buddha Çâkyamuni, puisqu'elles sont rappelées par une légende de la vie de Çâkya dont Klaproth a inséré des fragments étendus dans les notes du *Foe koue ki;* malheureusement Klaproth a rendu ce passage d'une manière peu intelligible, et il ne l'a fait suivre d'aucun éclaircissement[2]. Le nom qu'il donne à ces conditions de l'état de Bôdhi est exprimé ainsi : « les trente-sept classes de doctrine; » ce sont certainement les *Bôdhipakchika dharma* de notre *Lotus*. Ces trente-sept conditions ne paraissent pas former une série continue; elles se composent au contraire de sept catégories dont plusieurs reparaissent ailleurs, et notamment dans le *Lalita vistara* et dans le *Vocabulaire pentaglotte*. Les voici d'après la traduction de Klaproth qui aurait certainement besoin d'être revue : 1° les quatre *stases* d'idées du *mens;* 2° les quatre interruptions du *mens;* 3° les quatre suffisances spirituelles; 4° les cinq racines; 5° les cinq forces; 6° les sept *mens* intelligents; 7° les huit actions droites. On n'a pas de peine à reconnaître les quatre confiances dans les quatre suffisances spirituelles; les cinq *indriyâni* du *Vocabulaire pentaglotte* dans les cinq racines, savoir : *çraddhêndriya*, « l'organe de la foi; » *vîryêndriya*, « l'organe de la vigueur; » *smrĭtîndriya*, » l'or« gane de la mémoire; » *samâdhîndriya*, « l'organe de la méditation; » *pradjñêndriya*, « l'or« gane de la sagesse[3]. » Les cinq forces sont également celles du *Vocabulaire pentaglotte*, c'est-à-dire, *çraddhâbala*, « la force de la foi, » et ainsi de suite comme pour les organes[4]. Les sept *mens* intelligents, comme dit Klaproth, sont les sept *bôdhyaggas* sur lesquels je me suis expliqué ailleurs[5]. Enfin les huit actions droites sont les huit voies de rectitude du *Vocabulaire pentaglotte* qui commencent par *samyagdrĭchṭi*, et qui sont « la vue droite, « la volonté droite, la parole droite, l'action droite, la vie droite, l'application droite, la « mémoire droite et la méditation droite[6]. » Quant aux deux premières catégories qui ouvrent cette série des trente-sept conditions de l'état de Bôdhi, il se peut qu'elles répondent aux sections XXV et XXVI du *Vocabulaire*. La première de ces sections a pour titre, selon la version d'A. Rémusat, « les quatre réflexions sur les trente sept secours de la

[1] *Anecdota pâlica*, p. 25.

[2] *Foe koue ki*, p. 286.

[3] *Vocab. pentagl.* sect. XXVIII.

[4] *Ibid.* sect. XXIX.

[5] *Vocab. pentagl.* sect. XXX, et *Appendice*, n° XII.

[6] *Vocab. pentagl.* sect. XXXI.

« loi. » Mais les quatre termes dont elle est formée sont caractérisés par le mot *upasthâna*, « l'action de se tenir dans, » comme il suit : *kâyasmrĭtyupasthâna*, « l'action de se tenir dans « le souvenir du corps ; » *vêdanâsmrĭtyupasthâna*, « l'action de se tenir dans le souvenir de « la sensation ; » *tchittasmrĭtyupasthâna*, « l'action de se tenir dans le souvenir de la pensée ; » *dharmasmrĭtyupasthâna*, « l'action de se tenir dans le souvenir de la loi. » Le terme exposant d'*upasthâna* est assez bien représenté par la *stase* de Klaproth. Je ne puis être aussi affirmatif en ce qui touche la section XXVI à laquelle A. Rémusat donne ce titre : « Les « quatre efforts ou les quatre sortes d'application. » L'éditeur chinois y a fait dix articles de ce qui n'en doit former que quatre, par suite de la division arbitraire de quelques phrases ; c'est un point sur lequel j'aurai probablement occasion de revenir. Quant à présent, je suis très-porté à admettre que les « quatre interruptions du *mens* » de Klaproth, sont comprises dans la section XXVI du *Vocabulaire pentaglotte*.

A la hauteur de sept empans.] Lisez « de sept Tâlas, » ou de sept palmiers. f. 236 a.

St. 2. *Que le fruit de l'Udumbara.*] Voyez sur cette figure destinée à exprimer la rareté de l'apparition d'un Buddha, la note du chap. II, f. 24 *a*, p. 352 et 353. f. 237 a.

L'introduction du col d'une tortue, etc.] J'avoue que je ne comprends pas encore ce que cette figure veut dire ; voici les paroles mêmes du texte : *mahârṇava yuga tchtchhidra kûrma grîvâ pravêçavat*. C'est une de ces impossibilités comme il paraît que les Buddhistes aiment à s'en représenter, quand ils veulent parler de quelque chose d'absolument inexécutable. Ainsi, dans le *Lalita vistara*, on trouve cette autre impossibilité, *lômnâtcha sâgaradjalañtcha samuddharêd yaḥ*, « celui qui à l'aide d'un poil épuiserait l'eau « de l'Océan[1]. »

Décoré de telles marques de perfection.] J'ai traduit ainsi le *lakchaṇa sampat* du manuscrit de la Société asiatique ; mais les deux manuscrits de M. Hodgson ont *kchaṇa sampat*, de sorte qu'avec cette leçon il faudrait traduire : « une chose extrêmement difficile à rencon- « trer que le bonheur d'un moment si favorable. » C'est là probablement la vraie leçon, car cette idée s'est déjà présentée dans la même circonstance, à la fin de la stance 2. f. 237 b.

L'instruisit complétement, l'éclaira, etc.] Le texte se sert ici d'une formule spéciale que voici : *dharmakathayâ sañdarçayati samâdâpayati samuttêdjayati sampraharchayati*[2] ; à cette formule répond en pâli cette phrase que le *Mahâpadhâna sutta* met dans la bouche de Çâkyamuni : *dhammiyâtcha kathâya sandassêmi samâdapêmi samuttêdjêmi sampahamsêmi*[3]. f. 238 a.

A la hauteur de sept empans.] Lisez, « à la hauteur de sept Tâlas. » f. 238 b.

[1] *Lalita vistara*, f. 175 *b*, man. A.

[2] Conf. *Sahasôdgata avadâna*, dans *Divya avad.* f. 154 *b* ; *Svâgata avad. ibid.* f. 89 *b*.

[3] *Kûṭadanta sutta*, dans *Digha nikâya*, f. 37 *b* ; *Mahâpadhâna sutta*, *ibid.* f. 75 *b* ; *Mahâparinibbâna sutta*, *ibid.* f. 84 *b*, 86 *b*, 89 *a* et 92 *b*.

CHAPITRE XXVI.

f. 242 b. *Ces Bôdhisattvas, ô fils de famille, sont intelligents.*] J'ai traduit d'après mes quatre manuscrits ce passage dont voici le texte original : *udghâṭitadjñâ hi kulaputtra êtê bôdhisattvâ api tvayam̃ saddharmapuṇḍarîkô dharmaparyâyô yad atâsambhinnatathatâ* ; le manuscrit de Londres lit à tort *yad atâsambhinnatathâgatê*. Mais il faut croire que la version tibétaine se rapporte à un texte plus étendu, ou peut-être qu'elle résulte de la combinaison d'un commentaire avec le texte, car elle est certainement plus développée que l'original sanscrit. Le mot *udghâṭitadjña* existe aussi chez les Buddhistes de Ceylan, sous la forme de *uggaṭitaññu*, et il y signifie « intelligent. » Voici un passage du *Nidâna vagga*, qui en indique suffisamment la signification : *Yassa puggalassa saha udâhaṭavêlâya dhammâbhisamayô hôti ayam̃ vutchtchati puggalô ugghaṭitaññu*. « La personne pour laquelle a lieu la compré- « hension de la loi, au moment même où elle est exposée, cette personne se nomme in- « telligente [1]. » A voir le choix qu'a fait le commentateur du mot *udâhaṭa*, qui revient au sanscrit *udâhrĭta*, « exposé, » il semblerait qu'il veut y rattacher étymologiquement *ugghaṭita*, qui cependant vient du sanscrit *udghâṭita*. Je rends le mot *abhisamaya*, comme s'il était synonyme de *samaya*, qui en pâli a le sens de *paṭivêdha*, « pénétration, compré- « hension profonde [2]. » D'après Turnour, ce mot aurait un sens plus religieux, car il le rend par l'expression un peu vague de « l'état de sanctification [3]. » C'est dans un sens analogue, mais avec une netteté préférable que Spiegel rend *dhammâbhisamaya* par « conversion à « la loi [4]. » Ce sens irait très-bien à des passages comme ceux-ci : *dêsanâpariyôsânê anêkêsam̃ pâṇakôṭisatasahassânam̃ dhammâbhisamayô ahôsi*, « quand l'enseignement fut terminé, « plusieurs centaines de mille de Koṭis d'êtres vivants furent converties à la loi [5]. »

f. 243 a. *Vers l'endroit où se promènera.*] Il faut dire plus littéralement, « vers le tournant de sa « promenade, » c'est-à-dire vers le lieu où, touchant au point extrême de l'endroit qu'il parcourt de long en large, il va revenir sur ses pas. C'est là du moins le sens que me paraît avoir le composé *tchaĝkrama kuṭim*. Je le trouve avec cette signification dans les textes de Ceylan, sous la forme du pâli *tchaĝkama kôṭi*, « au bout de la promenade [6]. » Seulement il doit exister entre ces deux mots la nuance suivante : *kuṭi* en sanscrit signifie « courbure, coude, » et *kôṭi*, « pointe, extrémité; » il y a lieu de croire que ces significa-

[1] *Nidâna vagga*, f. 2 b.

[2] *Abhidhâna ppadîpikâ*, l. III, chap. III, st. 2; Clough, p. 106.

[3] Turnour, *Examin. of Pâli Buddh. Annals*, dans *Journ. asiat. Soc. of Bengal*, t. VII, 2e part. p. 799.

[4] Spiegel, *Kammavâkya*, p. 28.

[5] *Mahâvam̃sa ṭîkâ*, f. 30 b.

[6] *Bhûridatta djâtaka*, f. 34 b, man. de Londres.

tions sont passées également en pâli; mais il est déjà certain, d'après l'*Abhidhâna ppadîpikâ*, qu'elles sont réunies dans le mot *kôṭi*[1].

Les paroles de ces formules.] Voici les variantes que présentent les manuscrits comparés à celui de la Société asiatique dont j'ai suivi la leçon, sauf pour les points que je vais indiquer. J'ai admis दपडकुशले, que donnent également les deux manuscrits de M. Hodgson, au lieu de दपडकुपडकुशले; de même सुधार्यति au lieu de सुधारिवति, les deux manuscrits de M. Hodgson lisent sans doute mieux सुधार्पति; de même बुद्धपश्यने au lieu du même mot avec *sya*; c'est également avec cette sifflante que les deux manuscrits de M. Hodgson lisent, en unissant ce mot en composition avec le suivant, बुद्धपश्यनधारिणि. Le manuscrit de Londres lit धारिणी au lieu de धारणी; ceux de M. Hodgson terminent ce mot par un *i* bref, qui doit être plus correct. J'ai eu tort de lire avec le manuscrit de la Société asiatique, सर्वहृत°; le manuscrit de Londres et ceux de M. Hodgson lisent unanimement सर्वसत्त्वहृत°. La traduction tibétaine lit सुदपडा दपडावत्ति au lieu de la première formule qui donne un bon sens : les deux manuscrits de M. Hodgson lisent दपडपत्ति. L'éditeur tibétain répète deux fois श्रावर्तनि, et lit fautivement सङ्गनिर्गसते au lieu de संघनिघातने que donnent tous les manuscrits. Il lit encore सर्वसत्त्वहृते कौशल्यकौशल्यानुगते. Enfin un des manuscrits de M. Hodgson écrit avec un *i* bref, परिक्षिते; tous les deux ont वर्तिनी, au lieu de वर्तनि. f. 244 *a*.

Après avoir honoré cette exposition de la loi.] Les deux manuscrits de M. Hodgson ajoutent « l'écrire. » La suite du texte, ainsi que la teneur de la formule qui se répète dans d'autres passages du présent chapitre, prouve que cette addition est nécessaire. f. 245 *a*.

Doués de la nature propre de la loi.] Il faut traduire plus exactement, « naturellement « maîtres de la loi. » f. 246 *a*.

[1] *Abhidhâna ppadîpikâ*, l. III, chap. III, st. 94; Clough, p. 116.

CHAPITRE XXVII.

f. 248 b. *Voilà ce que dit Bhagavat.*] Le texte se sert ici d'une formule consacrée à la conclusion des *Sûtras* simples ou développés : cette formule est la même dans les livres du Sud que dans ceux du Nord. Mais comme le *Lotus de la bonne loi* est un *Sûtra* développé, la formule est ici surchargée de l'énumération des personnages qui ont assisté à l'enseignement du Buddha, tels que les Tathâgatas, les Bôdhisattvas, les Çrâvakas et autres. Pour en faire apprécier la rédaction primitive, je l'emprunterai à un *Sûtra* simple du *Divya avadâna*, le *Çrôṇa kôṭikarṇa ;* elle y est conçue en ces termes : *Idam avôtchad Bhagavân âttamanasas tê bhikchavô Bhagavatô bhâchitam abhyanandan.* « Bhagavat dit cela, et les « Religieux approuvèrent le discours de Bhagavat[1]. » La voici maintenant en pâli, telle que je la trouve à la suite d'un certain nombre de *Suttas* du *Dîgha nikâya : Idam avôtcha Bhagavâ attamanâ tê bhikkhû Bhagavatô bhâsitam abhinandunti*[2]. Les deux formules sont identiques, sauf la différence du dialecte; le lecteur exercé remarquera de plus qu'elles forment une sorte de *gâthâ* ou de stance libre, du même genre que celle que j'ai signalée plus haut, en examinant la formule par laquelle les textes expriment que Bhagavat ayant terminé un sujet, passe à l'exposition d'une autre idée[3]. Mais la stance qui nous occupe en ce moment est encore moins régulière, sous le rapport de la mesure. La seconde ligne de la rédaction sanscrite est mieux composée que la ligne correspondante de la rédaction pâlie, l'une produisant ⏑⏑⏑–|–⏑⏑–|⏑––, tandis que l'autre donne ⏑⏑⏑–|–⏑⏑⏑|⏑––⏑, ce qui résulte de la leçon *abhinandunti* au lieu de *abhyanandan;* il faudra cependant remarquer que la syllabe *ti,* pour *iti,* ne comptant pas dans la formule, le dernier pied revient à ⏑––. Dans la première ligne, le sanscrit a l'avantage en ce qui touche les trois premiers mots qui donnent cette mesure ⏑⏑⏑–|–⏑⏑–, tandis que le pâli a ⏑⏑⏑–|⏑⏑⏑–, circonstance que j'ai déjà remarquée sur l'autre formule, laquelle commence par les mêmes mots. A la fin de la première ligne, la rédaction sanscrite le cède à la rédaction pâlie, puisqu'elle donne –⏑⏑⏑–|––⏑– au lieu de –⏑⏑–|–––; mais la différence n'est pas en réalité aussi grande qu'elle paraît l'être, les cinq premières syllabes étant accumulées en un seul pied, par suite de cette licence ancienne qui paraît fréquemment dans l'*Anuchṭubh* épique, et dont Gildemeister a rassemblé de nombreux exemples[4].

[1] *Çrôṇa kôṭikarṇa,* dans *Divya avad.* f. 12 *a.*

[2] *Mahâli sutta,* dans *Digh. nik.* f. 39 *b; Djâliya sutta, ibid.* f. 40 *a; Kêvaddha sutta, ibid.* f. 58 *b; Mahâpadhâna sutta,* f. 78 *a; Mahânidâna sutta,* f. 81 *b.*

[3] Ci-dessus, chap. VIII, fol. 112 *a,* p. 395 et 396.

[4] *Zeitschrift für die Kunde des Morgenl.* t. V, p. 269.

APPENDICE.

N° I.

SUR LE TERME DE BHIKCHU SAÑGHA.

(Ci-dessus, chap. I, f. I, p. 287.)

Les Tibétains rendent les mots *Bhikchu sañgha* par *dge-slong-gi hdun*, expression qu'il faudrait traduire, selon Csoma de Cörös, par *le clergé des moines*, et selon Schröter, par *la réunion tout entière des moines ou du clergé*. Il est évident que cette version est l'interprétation du sens extensif qu'a le terme *sañgha*, car il n'y a que le monosyllabe *hdun* qui y représente, à proprement parler, le mot sanscrit; l'addition de *dge* donne à *hdun* le sens d'*assemblée vertueuse*. C'est par une extension de ce genre que les Chinois, selon A. Rémusat, nomment *Seng* les Religieux buddhistes[1]. Le sens que j'assigne ici à *Sañgha* est celui que les Buddhistes de Ceylan attribuent également à ce mot, comme le prouve l'article suivant du Dictionnaire singhalais de Clough : « *Sañgha*, le clergé buddhiste; « convocation de prêtres dont il suffit de réunir cinq pour former un *Sañgha*[2]. »

Les Barmans dont l'autorité est à peu près égale à celle des Singhalais, puisque leurs textes religieux sont les textes pâlis eux-mêmes anciennement transportés et traduits à Ava, entendent aussi *Sañgha* de cette manière. Judson, dans son Dictionnaire barman, le traduit ainsi : « nom général de toute espèce de mendiants Religieux, ou de dévots[3]; » pour être plus exact, il faudrait dire, « assemblée de mendiants religieux, etc. »

N'oublions pas de remarquer que le nom de *Sañgha*, en tant que désignant l'Assemblée des Religieux Buddhistes, paraît déjà dans un monument ancien et d'une grande importance, dans un des édits religieux du roi Piyadasi. Je veux parler de l'inscription découverte par le capitaine J. S. Burt à Bhabra, entre Delhi et Djaypour. Au commencement de cet édit, le monarque s'adresse à l'Assemblée, *sañgham abhivâdêmânam*, « l'Assemblée qu'il salue; » et dans le cours de son édit, il en désigne les membres par le titre de *bhamtê*, qui est celui même dont se servait Çâkyamuni et que répète si souvent le *Kammavâkya*, dans cette expression de *bhamtê sañghô*. Le voici dans un passage dont les Pandits de Calcutta ont manqué la traduction : *Êtâni bhamtê dhammapaliyâyâni*. « Voici, sei-

[1] *Nouv. Journ. asiat.* t. VII, p. 267; *Foe koue ki*, p. 8 et 9.

[2] *Singh. Diction.* t. II, p. 688; *The ritual of the Buddh. Priesthood*, p. 7 et 8, dans *Miscell. translat. from orient. lang.* t. II, n° 4.

[3] *Burman Diction.* p. 362.

« gneurs, les sujets qu'embrasse la loi[1]. » Le nom de l'Assemblée, *Saṁgha*, paraît encore dans deux passages des édits de Piyadasi, une fois sur les colonnes de Delhi et d'Allahabad, une seconde fois vers la fin des deux édits séparés de Dhaulî. Comme ces passages, malgré l'attention avec laquelle ils ont été examinés, offrent encore matière à la critique interprétative, je les ai reproduits et analysés en détail, pour faire voir dans quelle situation le terme de *Saṁgha* s'y présente; le lecteur trouvera le résultat de ces recherches à l'*Appendice* n° X, sur le mot *añyatra.*

C'est ce mot de *Saṁgha* qui figure dans le nom par lequel les Buddhistes chinois désignent le jardin d'une communauté religieuse, *Seng kia lan.* J'avais essayé, il y a déjà longtemps, de retrouver sous cette transcription chinoise le terme *Saṁghâgâram,* « la « maison de l'assemblée[2]. » Mais outre que ce terme ne s'est rencontré depuis dans aucun des textes que j'ai pu lire, j'ai découvert en pâli une expression qui paraît rendre plus directement compte du nom employé par les Buddhistes chinois : c'est le composé *Saṁghârâma,* « le jardin de l'Assemblée. » Voici le passage où paraît ce mot tel que le donne le *Thûpa vaṁsa* pâli : *Piyadassibuddhakâlê Bôdhisattô kassapô nâma mâṇavô tiṇṇaṁ vêdânam pâraṁgatô hutvâ, satthudhammadêsanaṁ sutvâ, kôṭisatasahassadhanaparitchtchâgêna saṁghârâmaṁ kârêtvâ, saraṇêsutcha sîlêsutcha patiṭṭhâsi.* « Au temps du Buddha Piyadassi, « le Bôdhisattva nommé Kassapa, jeune homme qui avait lu entièrement les trois Vêdas, « ayant entendu l'enseignement de la loi fait par le Maître (le Buddha), après avoir fait « construire un *Saṁghârâma* (un jardin enclos pour l'Assemblée), au prix d'une somme « de cent mille Kôṭis, se tint ferme dans les formules de refuge et dans les commande- « ments[3]. » Ajoutons qu'il n'est pas douteux que le mot *ârâma,* « jardin enclos, ermitage « boisé, » ne s'applique par extension au *Vihâra* ou lieu d'habitation des Religieux, parce que les *Vihâras* étaient souvent entourés d'un tel jardin. En voici une preuve empruntée au livre pâli que je citais tout à l'heure : *Puna râdjâçôkârâmaṁ nâma mahâvihâraṁ kârâpêtvâ satthisahassânam bhikkhûnam bhattam paṭṭhapêsi.* « Ensuite le roi ayant fait cons- « truire un grand *Vihâra* nommé *Asôkârâma*, y fit donner le repas à soixante mille Reli- « gieux[4]. » Je ne dois pas oublier de dire que M. Neumann a vu dans le chinois *Seng kia lan* le mot sanscrit *sangâraṇṇa,* qu'il traduit ainsi : « la perle de la réunion des prêtres[5]. » Spiegel a depuis critiqué justement cette interprétation qu'il remplace par celle de *silva multorum*[6]. Le lecteur peut choisir entre ces diverses explications; je dirai seulement que je n'ai jamais rencontré *sangâraṇṇa,* tandis que l'existence de *Saṁghârâma* est positivement établie par un texte pâli d'une certaine autorité.

D'après la définition d'un *Saṁgha,* telle que la donne Clough et que nous l'avons reproduite au commencement de cette note, on voit que le *Saṁgha* est une réunion de Religieux, dont il suffit de rassembler cinq pour former une assemblée régulière. Clough répète lui-même ailleurs cette définition, et y ajoute ceci, que dans les cas ordinaires

[1] J. S. Burt, *Inscription found near Bhabra,* dans *Journ. asiat. Soc. of Bengal,* t. IX, p. 618.

[2] *Foe koue ki,* p. 19.

[3] *Thûpa vaṁsa,* f. 6 *b.*

[4] *Ibid.* f. 16 *b* fin.

[5] *Zeitschrift für die Kunde des Morgenland.* t. III, p. 121.

[6] *Kammavâkya,* p. 34.

vingt Religieux sont nécessaires pour constituer un *Sañgha* légal, mais que cinq suffisent dans les cas extraordinaires[1].

Il ne paraît cependant pas que ce soit là le minimum, au moins d'après Turnour; car dans une de ses traductions du commentaire de Buddhaghôsa, il parle de deux sortes d'Assemblées nommées l'une *Sañgha kamma*, l'autre *Gaṇa kamma*, et il définit la première « une réunion de Religieux rassemblés pour accomplir un acte ou une cérémonie quel« conque, et qui dépasse le nombre de cinq, » tandis que le *Gaṇa kamma* est une réunion de Religieux au-dessous de cinq[2]. Si pour « les actes d'une troupe, » *Gaṇa kamma*, les Religieux peuvent encore se réunir moins de cinq, ce dernier chiffre n'est pas le minimum. Une connaissance plus approfondie des textes relatifs à la discipline peut seule résoudre la difficulté. C'est dans ces ouvrages qu'on apprendra tout ce qui concerne la forme, la composition et la tenue des Assemblées dites *Sañgha*. On comprend que suivant la nature des objets que se proposaient ces réunions, il a pu exister des différences dans le nombre et la qualité des Religieux réunis. Ainsi, pour en donner ici un exemple, je trouve dans la glose barmane du *Pâṭimôkkha* pâli, glose qui, si elle n'est pas la traduction d'un commentaire primitivement écrit en pâli (ce qui cependant me paraît plus que probable), se réfère néanmoins constamment aux meilleures autorités et notamment au *Visuddhi magga* et aux *Atthakathâs*, je trouve, dis-je, qu'une « Assemblée parfaite, » *paramattha sañgha*, est composée de huit Religieux, savoir, de quatre Religieux marchants dans la voie des Arhats, et de quatre autres déjà parvenus aux fruits de cet état supérieur[3].

Il se peut aussi que le terme de *gaṇa* soit pris dans deux ou plusieurs acceptions différentes. Nous venons de voir, d'après Turnour, que *gaṇa* paraît désigner une réunion de Religieux au-dessous de cinq. Ce n'est cependant pas à un nombre aussi restreint que fait penser le mot *gaṇa* qui, dans l'*Amarakocha*, est synonyme de termes signifiant « troupe. « multitude[4]. » L'idée d'un petit nombre de Religieux n'est pas davantage dans le terme de *gaṇâtchârya*, « précepteur d'une troupe, » épithète de ces Bôdhisattvas fabuleux que notre *Lotus de la bonne loi* représente venant assister à l'Assemblée de Çâkya[5]. Il est bien évident que quand on nomme ces Bôdhisattvas « précepteurs d'une troupe, » on n'a pas voulu dire que cette troupe se composait de moins de cinq Religieux : l'exagération même de la description du *Lotus* prouve bien plutôt qu'on a voulu laisser à *gaṇa* sa signification ordinaire. Au reste, il n'est pas sans intérêt de retrouver ce titre de *gaṇâtchârya* sur un des monuments qui attestent de la manière la plus évidente la prédominance du Buddhisme dans les provinces occidentales de l'Inde, pendant les derniers siècles avant et les premiers siècles après notre ère. Je veux parler d'une de ces inscriptions en pâli qu'on a découvertes à l'entrée ou dans l'intérieur des grottes et des cavernes creusées de main d'homme dans diverses localités de ces provinces, et notamment à Djunîr. Celle

[1] *The ritual of the Buddhist Priesthood*, p. 7 et 8, dans *Miscell. translat.* t. II, n° 4.

[2] Turnour, *Examin. of Pâli Buddhistical Annals*, n° 2, dans *Journ. asiat. Soc. of Bengal*, t. VI, 2ᵉ part. p. 732, aux notes.

[3] *Pâṭimôkkha*, f. 2 *a*, man. pâli-barman de la Bibl. nat. et p. 3 de ma copie.

[4] *Amarakocha*, l. II, chap. v, st. 39 et 40; Loiseleur, p. 124.

[5] Chap. xiv, f. 159 *b*, ci-dessus, p. 181.

dont je vais invoquer le témoignage a été publiée en 1847 par le docteur Bird, d'après un dessin de M. Orlebar. Elle se trouve sous le n° VIII de la planche L de la collection du docteur Bird, et est indiquée par ce titre : « Très-belle inscription, en partie enlevée, « en partie enfouie, auprès du porche d'une cellule actuellement enterrée. » Je pourrais me contenter d'emprunter à cette inscription le mot unique de *gaṇâtchârya* qui s'y trouve sous une forme pâlie; mais comme le recueil de M. Bird est assez rare, et que l'inscription d'ailleurs très-courte, où je trouve le mot en question n'est pas absolument claire dans toutes ses parties, je crois indispensable d'en reproduire ici ce que M. Bird nous en a fait connaître, pour qu'on puisse vérifier l'existence du terme qui doit nous occuper, et que de plus habiles soient mis en mesure de compléter mon interprétation.

Voici l'inscription elle-même, reproduite d'après le *fac-simile* de la planche L de M. Bird, et accompagnée de la lecture et de l'interprétation qu'il en a donnée. Sa lecture

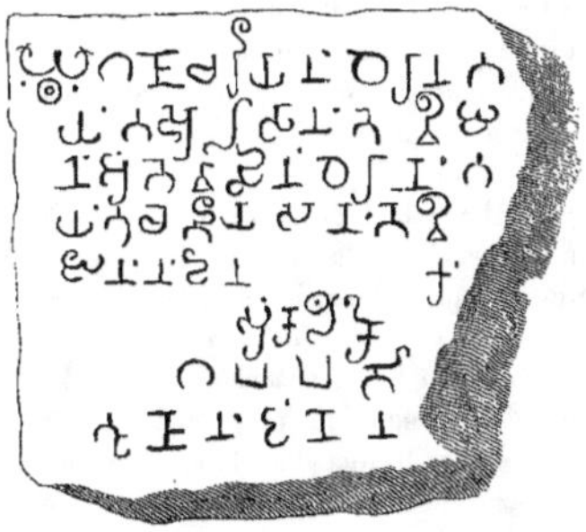

est la suivante : *Ganatchariyanam, vira nathayam, talasanam-tivasunam, ativasunam, vira-nam-tayam, titchâityasanam-tivasanam danam.* Cette lecture fournit à M. Bird la traduction suivante : « Aux guides spirituels de la congrégation, les puissants esprits de l'air, les « Vasus des trois mondes, les Ati-Vasus, les trois puissants, les trois Tchâityas des trois « sages Vasus, [ceci est] un don. » M. Bird fait suivre sa traduction de quelques observations que je vais reproduire intégralement. « La dernière partie de l'inscription est « imparfaite dans l'endroit où la surface du rocher est détruite; mais sur la seule partie « qui en reste, nous pouvons lire à la septième ligne *guha pati,* le maître de la maison, « et de plus à la huitième ligne, *tananam dananam,* don de lieux pour y demeurer, ce « qui est une allusion, à ce qu'il semble par d'autres inscriptions, à la marche du soleil « à travers les signes du zodiaque et les lieux des planètes, dans son rapport avec les « systèmes buddhiques des diagrammes astrologiques et de l'astrologie sidérale. Dans « cette inscription, les Vasus ou les manifestations de l'Être suprême, résidant en toutes « choses et identifié par les Hindus orthodoxes avec Vichṇu, autrement nommé *Vasu-*

« *déva*, sont les objets d'un culte pour les Buddhistes, et sont des preuves de l'intime « connexion et de la ressemblance qui existait entre les idées théologiques des Bâuddhas et « celles des Vâichṇavas. Cette connexion expliquera probablement comment il se fait que, « selon les Purâṇas et le système de l'Hinduisme orthodoxe, Buddha, c'est-à-dire l'Être « suprême, suivant les idées théistes ou athées de ses sectateurs, passe pour être la neu- « vième incarnation de Vichṇu, lequel, dans le *Vichṇu purâṇa*, est nommé *Vasudêva* et « considéré par les sages sous quatre différents rapports, savoir : *Pradhâna*, la matière « primitive ou nue; *Parucha*, l'esprit; *Vyakta*, la substance visible, et *Kâla*, le temps[1]. »

J'ai dû répéter ici l'explication du docteur Bird pour montrer jusqu'où peut entraîner le goût des interprétations mythologiques appliquées sans distinction à toute espèce de monuments, à ceux qui sont manifestement religieux, comme à ceux dont la destination est la plus simple. Quand on aura pu vérifier combien est différent l'objet de cette courte inscription, on ne sera que plus vivement porté à regretter que les Anglais, qui s'occupent dans l'Inde de recueillir et de déchiffrer ce genre de monuments, s'éloignent quelquefois de la méthode de J. Prinsep, qui sans être à proprement parler un philologue, ne s'épargnait cependant aucun effort pour faire concorder ses interprétations non pas seulement avec le sens commun, mais aussi avec les lois de la langue qu'il supposait être celle de ses inscriptions.

Voici d'abord comment je lis le texte; je dirai ensuite les points qui restent encore obscurs ou douteux pour le sens. Après le premier signe, qui représente un diagramme dont je ne connais ni le nom, ni la valeur, je lis : *gaṇâtchariyânaṁ thêrânabha* | *yaṁta-sulisânaṁ têvidjâ* | *naṁ aṁtêvâsinaṁ thêrânaṁ bha* | *yaṁta tchêtiyâsanaṁ têvi* | *djânaṁ naṁdina . . . kaṁ* | . . . *suṁkathaliki* | . . . *gahapati* | . . . *taṇânam diṁṇana . . .* Les deux premiers mots de la première ligne signifient certainement, « pour les Thêras précepteurs « d'une troupe. » Le premier de ces termes dans le système inversif de l'inscription, est celui-là même que nous fournit le *Lotus*, *gaṇâtchâryânâm*, sauf la légère différence introduite par le dialecte pâli; et il est certainement de quelque intérêt de retrouver sur une inscription un titre qu'on ne donnait sans doute qu'aux Religieux qui étaient suivis par un nombre plus qu'ordinaire de disciples, à nous en rapporter du moins au témoignage du texte du *Lotus*, où ce titre s'applique à des Bôdhisattvas accompagnés d'un immense nombre d'auditeurs. Ces maîtres, que suit une foule nombreuse, sont nommés *thêrâna* pour *thêrânaṁ*, l'omission de l'*anusvâra* étant très-fréquente dans les inscriptions pâlies; cela veut dire qu'ils sont vénérés pour leur âge, qu'ils sont des anciens, c'est-à-dire de ceux que l'on nomme en sanscrit *sthaviras*, et en pâli *thêras*. Cette qualité de *thêras* revient encore une fois dans notre inscription, à la fin de la troisième ligne, où elle est écrite *thêrânaṁ*, mais où elle suit un mot que je lis *aṁtêvâsinaṁ*, « des disciples. » Cette classe de personnes est certainement opposée à la première, celle des maîtres ou précepteurs d'une troupe; et l'inscription, du moins dans ce qu'elle offre de lisible et d'intelligible pour moi, se divise ainsi en deux parties : « Pour les Thêras, précepteurs d'une troupe. . . pour les

[1] J. Bird, *Historical Researches on the orig. and principles of the Bauddha and Jaina Relig.* Bombay, 1847, p. 52, et pl. L, n° VIII.

« Thêras, disciples. » Les maîtres et les disciples ont, comme on le voit, une qualité commune, celle d'être également anciens; nous verrons tout à l'heure qu'on leur attribue encore un autre mérite, celui de posséder le même degré dans une des connaissances les plus relevées du Buddhisme.

Ce qui vient ensuite est beaucoup moins clair. C'est d'abord une question de savoir si la première ligne est complète, ou bien s'il manque quelque chose après le signe qui suit *thêrâna*. Les deux traits de forme irrégulière qu'a tracés M. Bird à droite de l'inscription donneraient à croire qu'elle est incomplète de ce côté. Il y a cependant des indices propres à nous faire admettre qu'il n'y a pas ici de lacune. On remarquera en premier lieu que la fin de la troisième ligne qui est identique à la fin de la première, est suivie à la quatrième ligne d'un commencement identique avec le commencement de la seconde ligne; c'est déjà pour nous un engagement à chercher entre la première et la seconde ligne le même mot qu'entre la troisième et la quatrième. En second lieu, l'examen de la seconde et de la quatrième ligne fournit les éléments d'une comparaison analogue. Ainsi les trois derniers caractères de la seconde ligne et le premier de la troisième sont exactement identiques avec les deux dernières lettres de la quatrième ligne et les deux premières de la cinquième; seconde vraisemblance en faveur de l'idée que l'inscription est complète par sa droite comme elle l'est par sa gauche. J'ajoute que les quatre caractères que je viens de signaler confirment cette idée, et lui donnent toute la vraisemblance désirable, car ils fournissent, selon ma lecture, le mot *têvidjânaṁ*, forme pâlie du sanscrit *trâividyânâm*, « pour ceux qui ont la triple science. » C'est là cette seconde épithète que je disais tout à l'heure être commune aux *âtchariyas* et aux *antêvâsins*, c'est-à-dire aux maîtres et aux disciples qui font l'objet de notre inscription.

La lecture et l'interprétation que je propose pour le mot *têvidjânaṁ* nous rend déjà le service d'isoler dans la seconde ligne comme dans la quatrième, d'un côté sept caractères, de l'autre huit qui ne sont malheureusement pas aussi faciles. Je lis à la seconde ligne, en prenant le dernier signe de la première, *bhayaṁtasulisânaṁ*; et à la quatrième ligne, en prenant la dernière lettre de la troisième, *bhayaṁtatchêtiyasanaṁ*; mais je ne puis ici m'exprimer aussi affirmativement que pour ce qui précède. Je trouve d'abord de part et d'autre *bhayaṁta*, ce qui serait un mot pâli régulier signifiant « la fin du danger, » ou « ce qui met un terme au danger. » Est-ce là une dénomination mystique faite pour désigner la montagne percée de cellules et de *Vihâras*, où les Religieux buddhistes vivaient dans la méditation, loin du monde et de ses dangers? Est-ce plutôt un nom militaire appliqué à la montagne sur le sommet de laquelle s'élevait un fort réputé imprenable aux yeux des Indiens? Ce sont là deux hypothèses entre lesquelles je n'ai pas de raison suffisante pour me décider; mais *bhayaṁta*, suivi à la quatrième ligne de *tchêtiya*, se prête assez bien à la désignation d'un lieu, par exemple « le Tchâitya de « *Bhayânta*, » comme on écrirait d'après un texte sanscrit.

En admettant cette interprétation jusqu'à nouvel ordre et comme une simple hypothèse, nous trouvons, après le *bhayaṁta* de la seconde ligne, quatre lettres qui donnent *sulisânaṁ*, dont la transcription la plus directe en sanscrit serait *sûrîçânâm*, « des chefs des

« savants. » Il est difficile de ne pas lire *su* le troisième caractère de la seconde ligne en commençant par la gauche ; mais si un nouvel examen de l'inscription originale permettait de lire *pu* au lieu de *su*, on aurait *pulisânaṁ*, « des hommes, » ce qui donnerait un sens plus naturel peut-être que celui de *sulisânaṁ*. Il faudrait voir encore si le groupe que tout nous porte à lire *su*, ne devrait pas être pris pour *sê*, d'où l'on aurait *sêlisânaṁ*, avec cette traduction, « les chefs de la montagne de *Bhayânta*. » Quoi qu'il en puisse être, et avec les secours que nous avons actuellement à notre disposition, on peut traduire la première partie de l'inscription de la manière suivante : « Pour les précepteurs d'une « troupe, les Thêras, les chefs des sages de *Bhayânta*, qui possèdent la triple science. »

La seconde partie de l'inscription offre avec la première une analogie incontestable dans la disposition des termes. Tous les mots y sont semblables, sauf le terme principal *aṁtêvâsinaṁ*, « pour les disciples, » et le mot *tchêtiyasanaṁ*, qui termine *bhayaṁta*. Je crains que dans ce mot de cinq syllabes, où j'ai déjà reconnu *tchêtiya*, les voyelles ne soient pas distribuées correctement, soit par la faute du graveur indigène, soit par celle du copiste européen. Car en premier lieu, si ce mot est une épithète des disciples désignés par le terme de *aṁtêvâsinaṁ* (et on a tout lieu de le croire, puisqu'il finit par le *naṁ* des génitifs pluriels, forme de tous les titres de notre inscription), l'avant-dernier des cinq signes qui le composent doit se lire *sânaṁ*. Et en second lieu, si l'on admet l'existence du parallélisme que j'ai remarqué dans le commencement de l'inscription, le second mot doit être à la quatrième ligne *isânaṁ*, comme j'ai conjecturé qu'il l'était à la seconde. Je propose donc de lire à la quatrième ligne *bhayaṁta tchêtiyêsânaṁ*, « des propriétaires du « Tchâitya de *Bhayânta*. » Je ne donne cependant ceci que comme une interprétation conjecturale contre laquelle on peut faire cette objection, qu'on ne voit pas pourquoi les disciples seraient, plutôt que leurs maîtres, propriétaires du Tchâitya : toutefois cette disposition a pu résulter de la volonté de celui qui avait fait creuser la grotte où nous apprenons que devait se trouver un Tchâitya, et la fin de l'inscription est trop incomplète et trop obscure pour nous éclairer suffisamment sur ce point. Quant à présent donc, et avec toutes les réserves nécessaires, je traduis la seconde partie de l'inscription comme il suit : « Pour les disciples, les Thêras, les propriétaires du Tchâitya de *Bhayânta*, qui « possèdent la triple science. »

Après le mot *têvidjânaṁ* de la cinquième ligne on trouve trois caractères qui se lisent *naṁdana*, ou encore *naṁdina*, si l'on veut que le grand développement qu'a ici la lettre *da* en fasse la syllabe *di*. Le sens de ce mot est clair, et on doit le rapporter aux termes qui précèdent et que je viens d'expliquer; *naṁdana*, employé substantivement, signifie « plaisir, ce qui rend heureux. » La lacune qui suit ce mot nous empêche de compléter la phrase, mais il est évident que l'idée exprimée par l'auteur de l'inscription a dû être celle-ci : « lieu ou objet de plaisir pour les maîtres d'une troupe, etc. » C'était la définition que le libéral auteur de l'inscription donnait du *Vihâra* ou des cellules qu'il avait fait creuser dans la montagne pour servir de demeure aux maîtres et aux disciples dont il venait de faire l'éloge.

Le mot *naṁdana* est suivi d'une lacune sur la copie lithographiée de M. Bird ; la lacune est-elle antérieure ou postérieure à la gravure de l'inscription? c'est ce que je ne saurais dire. La cinquième ligne étant terminée par la syllabe *kaṁ* qui est parfaitement reconnaissable, on serait tenté de faire rapporter cette syllabe à *naṁdana*, de cette manière, *naṁdanakaṁ*, pour en faire un diminutif de modestie ou d'affection avec le sens de « petit lieu de plaisir, » ou « petit présent destiné à faire plaisir. »

La ligne sixième ne nous offre que cinq caractères qui sont précédés et suivis d'un blanc sur la planche lithographiée, ils paraissent devoir se lire *saṁkathalikî;* mais outre que je ne suis pas certain de la lecture du signe final, je ne sais comment partager ces caractères isolés pour en tirer un sens. Je ne pourrais y reconnaître que *thalikî*, toujours sous la réserve du groupe final qui est peut-être altéré, et *thalikî* donnerait en sanscrit *sthalikî*, signifiant quelque chose comme « relative au lieu ou à la montagne. »

A la ligne septième on lit distinctement *gahapati*, « maître de maison; » ce titre suivait selon toute vraisemblance le nom du donateur. Le mot n'est certainement pas terminé, et il y a ici une lacune qui s'étend jusqu'au commencement de la ligne huitième. Cette ligne a encore six caractères sur la planche de M. Bird; tous sont lisibles, sauf le premier à gauche qui est douteux, en ce qu'on y peut voir, soit *tu*, soit *bhu*. En adoptant la première supposition, on aurait *tuṇâ naṁdaṁṇana;* les deux premières syllabes semblent annoncer un mot à l'instrumental, ce qui conduit à supposer que *naṁdaṁṇana* est peut-être écrit sur le monument même *naṁdanêna*, au même cas. Il se peut même que *tuṇâ* soit la fin de *pitunâ*, « par le père, » et que *naṁdanêna* soit le nom propre *Nandana* qui serait celui de ce père. Mais le nombre et l'étendue des lacunes qui existent à la fin de l'inscription ne permettent pas d'attacher beaucoup d'importance à l'interprétation conjecturale de quelques termes isolés.

Il me suffira maintenant de quelques mots pour terminer l'explication du terme de *bhikchu saṁgha*, dont je viens d'examiner la seconde partie, *saṁgha*. J'ai traduit par « Religieux » et non par « prêtre » le mot *Bhikchu*, qui littéralement désigne un mendiant, pour conserver la plus grande généralité possible à ce terme, qui suivant les autorités népâlaises, conformes en ce point à la plus ancienne doctrine des Buddhistes, désigne tout individu qui après avoir renoncé au monde et à l'état de maître de maison, vit dans un célibat rigoureux, et ne se soutient que par les aumônes qu'il reçoit sans les demander[1]. Les autorités singhalaises sont entièrement d'accord avec cette définition; et Clough qui les suit, explique ainsi le mot *Bhikchu* : « prêtre buddhiste qui se soutient « par la mendicité, ce qui est la seule voie par laquelle il puisse se procurer les moyens « de vivre suivant les règles établies pour le clergé[2]. » Judson, dans son Dictionnaire barman, se contente de traduire le pâli *Bhikkhu* par « prêtre de Buddha[3]; » l'expression de « prêtre » n'est pas suffisamment exacte, en ce qu'elle est trop restreinte. J'ai préféré le mot de *Religieux* par les raisons que j'ai données tout à l'heure. J'aurais même conservé le terme original sanscrit de *Bhikchu*, si je n'avais déjà été forcé de garder dans ma traduction un grand nombre d'autres termes sanscrits dont il ne m'eût pas été facile de

[1] Hodgson, *Sketch of Buddh.* dans *Transact. of the roy. as. Soc.* t. II, p. 245.

[2] *Singhal. Diction.* t. II, p. 494.

[3] *Burman Diction.* p. 264.

trouver l'équivalent en français. L'emploi de la lettre capitale dans le mot *Religieux* avertira le lecteur qu'il s'agit d'un titre spécial et consacré à un usage particulier. On peut voir sur les devoirs extérieurs des Bhikchus une note étendue d'Abel Rémusat, extraite des auteurs chinois[1]; les préceptes qui y sont exposés se retrouvent à peu près tous dans les autorités singhalaises, telles qu'on les connaît par le *Mahâvañsa* de Turnour, par la collection des livres sacrés et historiques singhalais d'Upham, et surtout par les fragments du *Pâṭimôkkha* pâli qu'a reproduits Spiegel dans son *Kammavâkya*[2].

N° II.

SUR LA VALEUR DU MOT KLÊÇA.

(Ci-dessus, chap. 1, f. 1, p. 228.)

J'ai traduit dans mon texte *nichklêçâḥ* par « sauvés de la corruption du mal; » mais c'est là plutôt un commentaire qu'une traduction du terme *nichklêça*, terme composé de *nich*, « sans, » et *klêça*, qui a une très-grande étendue de signification dans le style buddhique, et qui exprime d'une manière générale toutes les imperfections qui naissent du vice ou du mal moral. C'est ce qu'on doit conclure de la manière dont Clough, dans son Dictionnaire singhalais, traduit ce mot de *klêça*, en pâli *kilêsa* : « La corruption de tous les sens « et des facultés intellectuelles de l'homme par le péché. Suivant les doctrines buddhiques, *klêça* est la source de toutes les misères auxquelles est exposée l'existence à quelque degré que ce soit. Tant qu'existe le *klêça* en quelque mesure, soit dans l'homme, soit dans tout autre être sensible, il attache cet être à l'existence, laquelle est considérée comme une calamité. La destruction du *klêça* est donc le seul but de la vie religieuse pour les Buddhistes. De là vient que les lois, les préceptes, les rites et les cérémonies du Buddhisme, sans tenir aucun compte d'un Être suprême, ont pour unique objet l'entier anéantissement du *klêça*. Ce but une fois atteint, l'âme ou la faculté sentante dans l'homme ou dans tout autre ordre d'êtres plus élevé, se débarrasse de l'existence, « et obtient le *Nirvâṇa* ou l'annihilation[3]. »

Il est à tout instant question des *klêças* dans les livres buddhiques du Nord, mais je n'en ai encore rencontré nulle part une énumération vraiment dogmatique. Seulement quand Çâkyamuni attaqué par Mâra, s'apprête à lui résister, il nomme les troupes que le pécheur a réunies sous ses étendards; et ces troupes sont autant de mauvais penchants qui sont rappelés de la manière suivante dans des vers peu poétiques sans doute, mais qui sont cependant des vers, circonstance qui peut avoir introduit quelque trouble dans la liste. La première troupe est celle des *Kâmas*, ou des désirs; la seconde celle de l'*Arati*, ou du mécontentement; la troisième celle de *Kchutpipâsâ*, ou de la faim et de la soif; la quatrième celle de *Tṛichṇâ*, ou de la cupidité; la cinquième celle de *Styâna*, ou de la paresse; la sixième celle de *Bhaya*, ou de la crainte; la septième celle de *Vitchikitsâ*, ou

[1] *Foe koue ki*, p. 60 suiv. et p. 180; voyez encore *Introd. à l'hist. du Buddh. indien*, t. I, p. 275 suiv.

[2] *Kammavâkya*, p. 29, 34 et suiv.

[3] *Singhal. Diction.* t. II, p. 154 et 155.

du doute; la huitième celle de *Krôdha*, ou de la colère. Puis vient, pour terminer cette énumération, une stance où sont réunis en bloc d'autres mauvais penchants, comme l'ambition, la vanité, l'orgueil et la médisance[1]. Je ne prétends pas que ce soit là une liste méthodique des dix formes du *klêça;* cette description cependant présente assez d'analogie avec celle des Buddhistes du Sud pour mériter d'en être rapprochée. Je trouve cette dernière dans le Dictionnaire barman de Judson, avec les noms pâlis qui désignent chacune des divisions du *kilêsa*, comme le nomment les Buddhistes de Ceylan. Ce sont *Lôbha*, la passion, le désir, la cupidité, autrement nommé *Taṇhâ*, pour le sanscrit *trĭchṇâ*, la soif du désir; 2° *Dôsa*, la haine, la méchanceté, la colère; 3° *Môha*, l'erreur, l'ignorance, la folie; 4° *Mâna*, l'orgueil; 5° *Diṭṭhi*, pour *drĭchṭi*, l'hérésie, l'erreur en religion, autrement nommée *mitchtchhâdiṭṭhi*, la fausse vue, la fausse doctrine; 6° *Vitchikitchtchhâ*, le doute, l'incertitude; 7° *Thina*, le manque de respect, l'impudence; 8° *Uddhatchtcha*, l'arrogance, la rudesse; 9° *Ahîrikâ*, l'impudeur, l'absence de modestie; 10° *Anôttappa*, la dureté de cœur, l'absence de repentir[2]. Tous ces termes peuvent facilement se rétablir en sanscrit, et sous leur forme primitive il est aisé de reconnaître le sens que leur assigne Judson. Le mot *thina* est le seul que je croie altéré; je suppose qu'il faut le lire *thîṇa* pour le sanscrit *styâna*, la paresse, du *Lalita vistara* cité tout à l'heure.

Les Buddhistes du Sud reviennent très souvent sur dix espèces d'actions coupables qu'ils nomment *dasâkusala*, « les dix fautes ou actions mauvaises; » ces dix fautes présentent tant d'analogie avec la liste des *Kilêsas*, qu'on peut les regarder pour la plupart comme les effets pratiques des dix mauvais penchants dont le terme collectif de *Kilêsa* exprime la réunion. On les connaît par un grand nombre d'auteurs, comme Fr. Buchanan, Clough, Upham, Klaproth, Burney; mais avant d'alléguer ces témoignages, je crois utile d'en donner une liste authentique empruntée à un texte qui fait autorité, c'est celle que je trouve à la suite du *Pâṭimôkkha*, tel que le reproduit l'exemplaire pâli-barman de la Bibliothèque nationale. Il y a, dit le texte du *Pâṭimôkkha*, dix règles, *sikkhâpadâni*, que doit étudier tout novice; elles sont ainsi nommées *sikkhâ*, parce qu'il a l'obligation de les étudier pour savoir les observer. Ces règles sont 1° *Pâṇâtipâtâ vêramaṇî*, « l'action de « s'abstenir d'ôter la vie à un être vivant; » 2° *Adinnâdânâ vêramaṇî*, « s'abstenir de prendre « ce qui ne nous est pas donné, c'est-à-dire du vol; » 3° *Abrahmatchariyâ vêramaṇî*, « s'abstenir de la violation du vœu de chasteté; » 4° *Musâvâdâ vêramaṇî*, « s'abstenir du « mensonge; » 5° *Surâmêrêyyamadjdjapamâdaṭṭhânâ vêramaṇî*, « s'abstenir de la source de « l'inattention et de l'ivresse qui est l'usage des liqueurs enivrantes; » 6° *Vikâlabhôdjanâ vêramaṇî*, « s'abstenir d'un repas pris hors de saison; » 7° *Natchtchagîtavâditavisûkadassanâ vêramaṇî*, « s'abstenir de la vue des danses, des chants, des instruments de musique, et des « représentations théâtrales; » 8° *Mâlâgandhavilêpanadhâraṇamaṇḍanavibhûsanaṭṭhânâ vêramaṇî*, « s'abstenir de porter comme ornement et comme parure des guirlandes, des par- « fums et des substances onctueuses; » 9° *Utchtchasayanâ mahâsayanâ vêramaṇî*, « s'abstenir « d'un lit élevé, d'un grand lit; » 10° *Djâtarûparadjatapaṭiggahaṇâ vêramaṇî*, « s'abstenir de

[1] *Lalita vistara*, f. 138 *b* de mon man. A; *Rgya tch'er rol pa*, t. II, p. 252; Csoma, *Notices on the life of Shakya*, dans *Asiat. Researches*, t. XX, p. 302.

[2] *Burman Diction.* p. 60.

« recevoir de l'or ou de l'argent[1]. » Il est aisé de reconnaître parmi ces commandements un certain nombre de règles qui s'adressent spécialement aux novices, c'est-à-dire à ceux qui veulent devenir Religieux ; ce sont par exemple la défense de prendre son repas hors de l'heure marquée, l'usage des parfums et d'un lit élevé, injonctions qui ne peuvent s'appliquer à des laïques, et être strictement obligatoires pour eux. Mais il ne faut pas oublier que dans les premiers temps du Buddhisme, le principal objet de l'enseignement était de faire des Religieux, et qu'alors les règles de la morale applicable à tous les hommes se confondaient avec les prescriptions spéciales de la discipline religieuse.

C'est encore aux novices que se rapportent dix autres fautes dont l'effet serait de leur faire perdre leur rang (*nâsêtuṁ*, dit le texte), et dont l'énumération, d'après le passage du *Pâṭimôkkha* qui nous les donne, remonterait jusqu'à l'enseignement même de Çâkyamuni. Plusieurs de ces fautes, notamment les premières, sont les mêmes que celles que je viens de rapporter sous le titre de *véramaṇî*, titre qui, selon l'*Abhidhâna ppadîpikâ*, exprime le sentiment d'aversion qu'on doit éprouver pour de tels péchés[2]. Je crois inutile de reproduire les énoncés pâlis de celles de ces fautes que nous connaissons déjà. Ce sont 1° le meurtre; 2° le vol; 3° la violation du vœu de chasteté; 4° le mensonge; 5° l'usage des boissons enivrantes; 6° *Buddhassa avaṇṇaṁ bhâsati*, « celui qui dit du mal « du Buddha ; » 7° *Dhammassa avaṇṇaṁ bhâsati*, « celui qui dit du mal de la Loi ; » 8° *Saṁghassa avaṇṇaṁ bhâsati*, « celui qui dit du mal de l'Assemblée ; » 9° l'hérétique; 10° *Bhikkhuṇîdûsaka*, « celui qui viole une religieuse[3]. » Quoique placés après les dix *véramaṇîs*, dans le texte du *Pâṭimôkkha*, ces péchés n'en sont pas moins beaucoup plus graves que les précédents, puisqu'on les nomme *Dasa nâsanaǧǧâni*, « les dix éléments de destruc« tion, » ce qui en fait à peu près pour les Buddhistes ce que sont pour nous les péchés mortels.

Cette distinction des dix grands péchés et des péchés inférieurs se trouve parfaitement observée dans une note du colonel H. Burney, relative à une pièce émanée des rapports de l'empire barman avec celui de la Chine, à la fin du dernier siècle[4]. Sauf quelques différences dans les termes, et la substitution de l'adultère à la violation du vœu de chasteté, les dix grands péchés de la note de Burney sont exactement les dix *nâsanaǧǧâni* du *Pâṭimôkkha*. Quant aux péchés inférieurs de cette même note, ils répètent une partie des *véramaṇîs*, mais on y voit vers la fin des différences qui en rendent la reproduction nécessaire ici. Ces fautes inférieures sont : 1° manger après que le soleil a passé midi; 2° écouter ou voir de la musique, des chants, des danses; 3° se parer ou faire usage de parfums; 4° s'asseoir à une place plus élevée ou plus honorable que celle qu'occupe son précepteur spirituel; 5° avoir du plaisir à toucher de l'or ou de l'argent; 6° empêcher par cupidité d'autres Religieux de recevoir des dons charitables; 7° chercher à rendre d'autres Religieux mécontents de façon à les empêcher de rester dans le monastère; 8° empêcher

[1] *Pâṭimôkkha*, f. 61 *b* et suiv. du man. de la Bibl. nat. et p. 585 de ma copie.

[2] *Abhidhâna ppadîpikâ*, l. I, chap. II, sect. 5, st. 16; Clough, p. 19.

[3] *Pâṭimôkkha*, f. 62 *b* suiv. et p. 593 de ma copie.

[4] H. Burney, *Some Account of the war between Burmah and China*, dans *Journ. asiat. Soc. of Bengal*, t. VI, 1re partie, p. 439.

d'autres Religieux d'acquérir de la science et de la vertu ; 9° outrager et censurer d'autres Religieux ; 10° exciter des dissensions et des schismes parmi les Religieux.

Nous pouvons maintenant être plus brefs en ce qui touche les autres listes des dix commandements que rapportent Upham et Klaproth : elles ont cependant pour nous cet intérêt, qu'elles nous font connaître des commandements d'une portée plus générale que celle des listes du *Pâṭimôkkha*. Il est évident que dans ces nouvelles listes dont je n'ai pas du reste les originaux à ma disposition, il ne s'agit plus exclusivement des Religieux, mais bien de tous les hommes en général, en tant que soumis à la loi morale promulguée par le Buddha Çâkyamuni. Voici la liste des Singhalais, telle que la donne Upham : 1° ne pas tuer, 2° ne pas voler, 3° ne pas commettre d'adultère, 4° ne pas mentir, 5° ne pas calomnier, 6° ne pas employer de termes grossiers, 7° ne pas dire de ces paroles qui ne sont faites que pour nuire, 8° ne pas désirer le bien d'autrui, 9° ne pas être envieux, 10° ne pas errer sur la vraie foi, ni croire qu'elle est fausse [1]. Cette liste est, à bien peu de chose près, celle que Fr. Buchanan a reproduite d'après le P. Sangermano, qui la tenait des Barmans. Suivant cet auteur, la morale consiste à observer les cinq commandements et à s'abstenir des dix péchés. Ces péchés sont nommés par les Barmans *Duzzaraik*, ce qui est une transcription populaire du terme pâli *dutchtcharita*, en sanscrit *duçtcharita*, « mauvaise action. » Les trois premiers péchés sont les contraires des trois premiers commandements, 1° ne pas tuer, 2° ne pas voler, 3° ne pas commettre d'adultère. Viennent ensuite : 4° le mensonge, 5° la discorde, 6° l'injure, 7° les vains discours. Une troisième et dernière classe de péchés est formée de trois autres fautes : 8° le désir de s'approprier le bien d'autrui, 9° l'envie, 10° l'hérésie [2]. Klaproth, dans une *Vie de Buddha*, dont le principal défaut est d'être trop courte, a donné d'après les Chinois une énumération des commandements moraux qui est tout à fait semblable à celle des Singhalais et des Barmans ; l'accord de ces trois listes, malgré quelques différences purement verbales, prouve suffisamment leur authenticité commune. Voici l'énumération de Klaproth : 1° ne pas tuer, 2° ne pas voler, 3° être chaste, 4° ne pas porter de faux témoignages, 5° ne pas mentir, 6° ne pas jurer, 7° éviter toute parole impure, 8° être désintéressé, 9° ne pas se venger, 10° ne pas être superstitieux [3].

Il est facile de reconnaître que la liste de Klaproth rentre presque complétement dans celle d'Upham ; il faut seulement tenir compte de quelques différences légères dans les interprétations, lesquelles viennent sans aucun doute de la différence des sources auxquelles ont puisé les divers auteurs dont j'allègue ici le témoignage. Au reste, quelque importante que soit la place occupée dans la morale buddhique par les considérations relatives au *klêça* ou au mal moral, ce n'est pas la liste de ces divers *klêças* qui tient le premier rang dans leur théorie, dont les débuts sont à la fois si humains et si purs. Ce sont les *pâpas* ou *dôchas*, au nombre de cinq, véritables péchés qui s'attachent à la personne morale de leur auteur, décident de sa destinée future, et le suivent à travers les voies de

[1] Upham, *The Mahavansi*, etc. t. III, p. 12.

[2] F. Buchanan, *On the relig. and liter. of the Burmas*, dans *Asiat. Res.* t. VI, p. 271, éd. in-8°.

[3] *Vie de Buddha*, dans *Journ. asiat.* t. IV, p. 77 ; Voyez encore Neumann, *Catechism of the Shamans*, p. 48 suiv. dans *Translat. from the Chinese*, 1831.

la transmigration, jusqu'à ce que le châtiment qu'ils avaient attiré sur lui ait épuisé leur influence. J'en trouve une énumération propre aux Buddhistes du Sud, dans les prières prononcées aux funérailles chez les Barmans, prières qu'a reproduites le lieutenant Foley sur une planche du Journal de Prinsep [1]. Là le nom de chacun des cinq péchés les plus graves aux yeux des Buddhistes est suivi du terme *véramaṇî*, comme pour les dix commandements du *Pâṭimôkkha*. Voici cette énumération : 1° *pâṇâtipâtâ véramaṇî*, « l'aversion « pour le meurtre de tout être vivant (le meurtre); » 2° *adinnâdânâ véramaṇî*, « l'aversion « pour l'acte de prendre ce qui ne nous est pas donné (le vol); » 3° *kâmêsu mitchtchhâtchârâ véramaṇî*, « l'aversion pour la recherche illicite du plaisir (l'adultère); » 4° *musâvâdâ véramaṇî*, « l'aversion pour un langage faux (le mensonge); » 5° *surâmêrayamadjdjhapamâdaṭṭhânâ* (lisez *mêrêyyamadjdja*), « l'aversion pour la source de l'inattention et de l'ivresse « qui est l'usage des liqueurs enivrantes (l'ivresse). »

Cette énumération, qui dans le fragment auquel je l'emprunte, est résumée sous le titre de *dôsa véramaṇî*, et que je trouve également dans la note précitée du colonel H. Burney, jette un jour très-satisfaisant sur un passage d'une note d'Abel Rémusat touchant les actions ou règles de conduite qui procurent à l'homme l'avantage de renaître parmi les Dêvas [2]. Ces règles sont exactement celles que je viens de reproduire, et quand je pense au soin que les Buddhistes prennent de les répéter en toute occasion, je ne doute pas que ce ne soient ces règles mêmes qui sont désignées sous le nom collectif de *çikchâpada*, ou commandements; telles sont en effet les règles fondamentales par lesquelles débute l'enseignement de la morale buddhique. L'interprétation que je propose ici du mot *çikchâpada*, me fournit le moyen de combler une lacune que j'ai laissée dans plusieurs passages de mon *Introduction à l'histoire du Buddhisme indien*, où je n'avais pu définir ce terme, et où je le rendais par « axiomes de l'enseignement [3]. » Aujourd'hui je puis m'appuyer sur l'autorité du *Pâṭimôkkha*, qui nomme *sikkhâpadâni*, en pâli, les dix titres de la liste développée où se retrouvent les cinq titres composant la liste des cinq préceptes. On voit encore une confirmation indirecte de la valeur et de l'application de ce mot de « préceptes ou commandements » que je retrouve maintenant sous le terme de *çikchâpada*, dans une note développée d'Abel Rémusat sur sa traduction du *Foe koue ki*, où sont énumérés successivement, d'abord les cinq préceptes ou les *véramaṇîs* fondamentaux, puis cinq autres préceptes que j'ai signalés comme plus spécialement applicables aux novices et aux Religieux, et qui répondent aux *Sikkhâpadas* de la première liste du *Pâṭimôkkha* [4]. En rapprochant ces listes les unes des autres, il convient de tenir compte de quelques variantes d'expression et de quelques déplacements dans les termes, qui n'influent pas essentiellement sur le fonds du sujet.

Je terminerai cet exposé un peu minutieux par la traduction d'un *Sutta* pâli où sont énumérés les principaux actes pour lesquels un Religieux doit avoir de la répugnance, et dont quelques-uns ont déjà été relevés dans cette note. C'est de cette idée de répugnance

[1] *Journ. of a Tour through the Island of Rambree, with a geological Sketch, etc.* dans *Journ. of the asiat. Soc. of Bengal*, t. IV, p. 92, pl. V.

[2] *Foe koue ki*, p. 147.

[3] Voy. entre autres, t. I, p. 80.

[4] *Foe koue ki*, p. 104.

déjà indiquée plus haut, qu'a été formé le terme de *vêramaṇî* par lequel on dénomme collectivement les fautes dont doit s'abstenir le Religieux. On en trouve l'origine dans les paroles mêmes attribuées au Buddha, quand il dit que le véritable Buddhiste « a de « l'aversion (*virata*) » pour telle ou telle faute. Ce sujet capital pour la morale comme pour la discipline des Religieux occupe, on le comprend sans peine, une place considérable dans ceux des *Suttas* de Ceylan qui paraissent le plus rapprochés de la prédication de Çâkyamuni. Il est répété plusieurs fois, et presqu'en des termes identiques, parmi les *Suttas* qui forment la collection assez considérable du *Dîgha nikâya* des Singhalais. Il paraît d'abord sous une forme assez abrégée dans le *Brahma djâla sutta*, et le *Pôṭṭhapâda sutta*, puis avec de plus grands développements dans le *Sâmañña phala sutta* et dans le *Subha sutta*.

J'ai choisi le *Sâmañña phala*, à cause du cadre au milieu duquel est exposée la doctrine des devoirs religieux : ce *Sutta* passe pour émaner de la prédication même de Çâkyamuni, et il a pour nous cet intérêt qu'il met en scène le roi Adjâtasattu, l'Adjâtaçatru des textes buddhiques du Nord, qui fut contemporain de Çâkya. Le *Subha sutta* ne diffère du *Sâmañña phala* que par le cadre; le maître n'y est plus Çâkya lui-même, c'est Ânanda son cousin germain et son serviteur favori, qui parle au nom et après la mort du Buddha. J'avoue que sans la reproduction presque littérale de ce texte dans plusieurs endroits différents du même manuscrit, il ne m'eût pas été facile d'en donner une traduction suivie, tant les copistes ont transcrit négligemment l'original. Il y a notamment deux passages, l'un sur les jeux, l'autre sur les meubles, que je n'ai pu entendre dans tous leurs détails : j'en ai averti par de courtes notes. J'ai cru aussi que je ferais bien de disposer ma traduction du *Sâmañña phala* de façon qu'elle pût servir à la lecture du *Subha sutta*. A cet effet, j'ai intercalé dans mon texte de courtes phrases du *Subha*, quand elles complètent ou confirment le sens du *Sâmañña*, et je les ai marquées de deux étoiles; quant aux parties plus développées et qui appartiennent en propre au *Subha*, telles que le début et quelques détails du dialogue, je les ai rejetées en note. Le lecteur aura donc ainsi une double exposition des devoirs imposés aux Religieux Buddhistes, l'une attribuée à Çâkya, l'autre à son disciple Ânanda[1].

[1] Voici le début du *Subha sutta*. « Il a été ainsi entendu par moi un certain jour. Le respectable Ânanda se trouvait à Sâvatthi (Çrâvasti), à Djêtavana, dans le jardin d'Anâthapiṇḍika, peu de temps après que le Bienheureux était entré dans le Nibbâna complet. Or, en ce temps-là, le jeune Brâhmane Subha, fils de Nôdêyya, séjournait à Sâvatthi pour une certaine affaire. Alors le jeune Brâhmane Subha, fils de Nôdêyya, appela un certain jeune homme et lui dit : Va, jeune homme, à l'endroit où se trouve le Samaṇa (Çramaṇa) Ânanda, et y étant arrivé, souhaite en mon nom au Samaṇa Ânanda peu d'obstacles, peu de maladies, une position facile, de la force et des contacts agréables, de la manière suivante : Le jeune Brâhmane Subha, fils de Nôdêyya, souhaite au bienheureux Ânanda peu d'obstacles, peu de maladies, une position facile, de la force, des contacts agréables, et parle-lui ainsi : Consens, ô seigneur Ânanda, dans ta miséricorde, à te rendre dans la demeure du jeune Brâhmane Subha, fils de Nôdêyya. Il en sera ainsi, répondit le jeune homme à Subha, fils de Nôdêyya; et s'étant rendu à l'endroit où se trouvait le respectable Ânanda, il échangea avec lui les paroles de l'affection et de la civilité, et s'assit de côté; et une fois assis, il s'adressa en ces termes au respectable Ânanda : Le jeune Brâhmane Subha, fils de Nôdêyya, souhaite au bienheureux Ânanda peu d'obstacles, peu de maladies, une position facile, de la force, des contacts

SÂMAÑÑA PHALA SUTTA.

« Voici ce qui a été entendu par moi un jour. Bhagavat se trouvait à Râdjagaha (Râdjagriha), dans le bois des manguiers de Djîvaka Kômârabhaṇḍa, avec une grande assemblée de Religieux, avec treize cent cinquante Religieux. En ce temps-là le roi du Magadha, Adjâtasattu, fils de Vêdêhî, à l'époque de l'Upôsatha, qui a lieu le quinzième jour (de la lune), pendant la nuit de la pleine lune du mois de Kômudî[1], qui est le qua-

agréables, et il parle ainsi : Consens, ô seigneur Ânanda, dans ta miséricorde, à te rendre dans la demeure du jeune Brâhmane Subha, fils de Nôdêyya. Cela dit, le respectable Ânanda parla ainsi au jeune homme : Jeune homme, ce n'est pas le moment convenable, j'ai pris aujourd'hui quelques médicaments; mais demain je me rendrai à ton invitation, au temps et au moment convenables. Alors le jeune homme s'étant levé de son siége, retourna au lieu où se trouvait Subha, fils de Nôdêyya, et y étant arrivé, il dit au jeune Brâhmane : Nous avons parlé en ton nom au respectable Ânanda, [et il répéta sa commission dans les termes mêmes où elle lui avait été donnée, ainsi que la réponse qu'y avait faite Ânanda;] voilà ce qui s'est passé, dit-il, et pour quelle raison le seigneur Ânanda a pris son temps pour ne venir près de toi que demain.

« Ensuite le respectable Ânanda, quand fut terminée la nuit qui suivit cette journée, s'étant habillé dès le matin, ayant pris son vase et son manteau, accompagné du Religieux Tchêtaka qui lui servait de Samaṇa suivant, se rendit à l'endroit où demeurait le jeune Brâhmane Subha, fils de Nôdêyya; et quand il y fut arrivé, il s'assit sur le siége qui lui avait été préparé. De son côté, Subha, fils de Nôdêyya, se dirigea vers l'endroit où s'était assis le respectable Ânanda, et y étant arrivé, il échangea avec Ânanda les paroles de la bienveillance et de la civilité et s'assit de côté; une fois assis, il lui parla en ces termes : Le seigneur Ânanda a été pendant bien longtemps le serviteur, l'assistant, le compagnon du bienheureux Gôtama; Ânanda doit donc savoir quelles sont les lois dont le bienheureux Gôtama a fait l'éloge, qu'il a fait accepter à la foule du peuple, dans lesquelles il l'a introduite, il l'a établie. Quelles sont donc, ô Ânanda, les lois dont le bienheureux Gôtama a fait l'éloge, qu'il a fait accepter à la foule du peuple, dans lesquelles il l'a introduite, il l'a établie? Il y a, jeune Brâhmane, répondit Ânanda, trois masses (ou collections) dont le Bienheureux a fait l'éloge et qu'il a fait accepter à la foule du peuple, dans lesquelles il l'a introduite, il l'a établie. Quelles sont ces trois masses? Ce sont la masse sublime des actions vertueuses, la masse sublime des méditations, la masse sublime de la sagesse; ce sont là, jeune Brâhmane, les trois masses dont le Bienheureux a fait l'éloge; ce sont elles qu'il a fait accepter à la foule du peuple, dans lesquelles il l'a introduite, il l'a établie. Mais quelle est donc, ô Ânanda, la masse sublime des actions vertueuses dont le Bienheureux a fait l'éloge, qu'il a fait accepter à la foule du peuple, dans lesquelles il l'a introduite, il l'a établie? Ici, jeune Brâhmane, le Tathâgata, etc. comme au texte, en suppléant « jeune Brâhmane » à « grand « roi. » Je remarquerai, en terminant, que le *Nôdêyya* dont on dit au commencement de ce *Sutta* que Subha est le fils, rappelle l'ancien *Nôdhas* le Gotamide, l'un des chantres du Rigvêda. (Weber, *Ind. Studien*, t. I, p. 180.) L'absence du *dh* dans le patronymique *Nôdêyya* peut paraître une objection contre ce rapprochement; cependant la substitution du *d* au *dh* est un fait assez commun dans les manuscrits pâlis; d'ailleurs les copistes généralement modernes de ceux de ces livres que nous possédons à Paris, étaient trop éloignés des temps et des lieux où avaient eu cours ces noms propres brâhmaniques pour être en mesure d'en reproduire exactement l'orthographe.

[1] Le pâli *Kômudi* répond au sanscrit *kâumudî*, qui désigne à la fois la pleine lune du mois de *Kârtika* (octobre-novembre) et celle du mois *Âçvina* (septembre-octobre). Si *Kômudi* est ici le nom d'un mois, et si j'ai raison d'y rapporter l'épithète de *quatrième*, l'année dont le *Kômudi* est le quatrième mois aurait commencé en juin-juillet, c'est-à-dire avec la saison des pluies. Cette donnée est en désaccord avec celle que nous a déjà fournie l'*Abhidharmakôça vyâkhyâ*, suivant lequel la saison froide, *Hêmânta*, était, selon les Buddhistes de toutes les écoles, le commence-

trième [de l'année], le roi, dis-je, étant monté sur sa belle terrasse, était assis environné de ses ministres. Alors ce roi prononça avec enthousiasme ces paroles d'admiration : Certes elle est agréable cette nuit qui nous enveloppe de ses ombres; elle est belle; elle est ravissante; elle est douce; elle est pleine de charme! Pourquoi donc ne témoignerions-nous pas notre respect à un Samaṇa (Çramaṇa) ou à un Brâhmane, pour qu'en retour de ce respect il vienne porter le calme dans notre âme? Cela dit, un certain ministre du roi parla ainsi au roi du Magadha, Adjâtasattu, fils de Vêdêhî : Il y a, ô roi, Pûraṇa Kassapa qui a une Assemblée, qui est à la tête d'une troupe, qui est le maître d'une troupe de disciples [1], qui est connu, illustre, qui est un précepteur religieux, estimé des gens de bien, sachant commander à la foule du peuple, entré depuis longtemps dans la vie d'ascète, parti pour son voyage, arrivé à un âge avancé. Que le roi témoigne son respect à Pûraṇa Kassapa; en effet, si le roi agit ainsi avec Pûraṇa Kassapa, le calme descendra dans son âme. Cela dit, le roi du Magadha, Adjâtasattu, fils de Vêdêhî, garda le silence. Un autre ministre du roi parla ainsi au roi du Magadha, Adjâtasattu, fils de Vêdêhî : Il y a, ô roi, Makkhali Gôsâla qui a une assemblée, [etc. en répétant les mêmes titres.] Un autre dit : Il y a Adjita Kêsakambala qui a une assemblée, etc. Un autre dit : Il y a Pakudha Katchtchâyana qui a une assemblée, etc. Un autre dit : Il y a Sañdjaya, fils de Bêlaṭṭhi, etc. Un autre dit : Il y a Nigaṇṭha, fils de Nâta. Et chacun ajoutait : Que le roi témoigne son respect à ce sage; en effet, si le roi agit ainsi avec ce sage, le calme descendra dans son âme. Cela dit, le roi du Magadha, Adjâtasattu, fils de Vêdêhî, garda le silence.

« Or, en ce moment-là, se trouvait assis non loin du roi, Djîvaka Kômârabhaṇḍa qui gardait le silence. Alors Adjâtasattu, fils de Vêdêhî, lui parla en ces termes : Et toi, ami Djîvaka, pourquoi gardes-tu le silence? — Roi vénérable, [reprit Djîvaka,] le respectable Bhagavat parfaitement et complétement Buddha, réside dans notre bois de manguiers, avec une grande troupe de Religieux, avec treize cent cinquante Religieux. Ce bienheureux Gôtama a rencontré au-devant de lui la voix fortunée de son renom, qui proclamait : Le voici ce bienheureux, respectable, parfaitement et complétement Buddha, doué de science et de conduite [f. 13 *b*], bien venu, connaissant le monde, sans supérieur, domptant l'homme comme un jeune taureau, précepteur des Dêvas et des

ment de l'année. (*Introd. à l'hist. du Buddh. indien*, t. I, p. 569.) Nous retrouvons donc ici, parmi les sectateurs de Çâkya, les mêmes variations que chez les Brâhmanes. Weber a remarqué, en effet, que chez ces derniers l'on commençait anciennement l'année par la saison froide, et que c'est seulement plus tard qu'on l'a commencée par l'automne et par la saison des pluies. (Weber, *Indische Studien*, t. I, p. 88.) Une observation que nous devons au même auteur, c'est que la saison des pluies est un des commencements de l'année admis par le *Çatapatha brâhmaṇa*; or ce recueil est aussi une des annexes du cercle littéraire des Vêdas, que A. Weber regarde comme les moins anciennes; on trouvera même probablement plus tard que plusieurs des parties qui la composent sont contemporaines des premiers temps du Buddhisme. Quant à l'*Upôsatha* dont il est ici question, ce doit être la cérémonie que le *Lalita vistara* désigne par le nom altéré d'*Upôchadha*. (*Lalita vistara*, f. 10 *a* de mon man. A.) Ce nom désigne la confession générale des fautes qui avait lieu chez les Buddhistes à chaque quinzaine, les jours de la nouvelle et de la pleine lune.

[1] Voyez sur cette expression, ci-dessus, p. 437.

hommes, Buddha bienheureux. Que le roi témoigne son respect à Bhagavat; en effet si le roi agit ainsi avec Bhagavat, le calme descendra dans son âme. — Eh bien donc, ami Djîvaka, fais préparer les éléphants et les litières[1]. — Oui, répondit Djîvaka Kômârabhaṇḍa, et ayant fait équiper cinq cents litières portées par des éléphants, et pour le roi le grand éléphant qui lui servait de monture, il revint en avertir le roi, en disant : Les éléphants et les litières sont prêts, ô roi; le roi peut indiquer le moment de ce qu'il veut faire. Alors le roi Adjâtasattu, fils de Vêdêhî, ayant fait monter les eunuques et les femmes dans ces cinq cents litières portées par des éléphants, et étant monté lui-même sur le grand éléphant qui lui servait de monture, sortit de Râdjagaha, à la lueur des torches qu'on portait devant lui, et il se dirigea avec son grand cortége royal vers le bois des manguiers de Djîvaka Kômârabhaṇḍa.

« Il n'était plus très-éloigné du bois, quand il se sentit atteint d'une terreur divine, frappé de stupeur, et que ses poils se hérissèrent sur tout son corps. Alors Adjâtasattu, troublé, frissonnant, s'adressa ainsi à Djîvaka Kômârabhaṇḍa : Est-ce que tu m'aurais trompé, ami Djîvaka? Est-ce que tu m'aurais abusé? Est-ce que tu me livrerais à mes ennemis? Comment se fait-il qu'une aussi grande assemblée de Religieux, de treize cent cinquante Religieux, ne fasse pas entendre une seule voix, ne prononce pas une seule parole, pas un seul mot? — Ne crains rien, grand roi! Je ne te trompe pas, je ne t'abuse pas, je ne te livre pas à tes ennemis; avance, grand roi, avance. Où vont les lumières qui sont dans l'espace qu'embrasse cette enceinte[2]? Alors le roi Adjâtasattu, fils de Vêdêhî, s'étant avancé sur sa monture tant que le terrain fut praticable pour un char et pour son éléphant, en descendit pour continuer à pied sa marche, et se dirigea vers la porte de l'enceinte; et quand il y fut arrivé, il s'adressa ainsi à Djîvaka Kômârabaṇḍa : Ami Djîvaka, où est donc Bhagavat? — Voilà, grand roi, Bhagavat; appuyé sur la colonne du milieu, il est assis la face tournée vers l'Orient, et honoré par l'Assemblée des Religieux. Alors le roi Adjâtasattu, fils de Vêdêhî, se dirigea vers l'endroit où se trouvait Bhagavat, et quand il y fut arrivé, il se tint debout de côté; puis, de l'endroit où il s'était arrêté, ayant promené ses regards sur l'Assemblée des Religieux, qui gardant un profond silence, ressemblait à un lac parfaitement calme, il prononça avec enthousiasme ces paroles d'admiration : Puisse mon fils Udâyi bhadda le prince royal être doué du calme dont est douée maintenant l'Assemblée des Religieux! — Es-tu venu, grand roi, [dit Bhagavat,] attiré par un sentiment d'affection? — Oui, seigneur, Udâyi bhadda le prince royal m'est cher : oui, puisse-t-il être doué du calme dont est douée maintenant l'Assemblée des Religieux! Ensuite le roi Adjâtasattu, fils de Vêdêhî, ayant salué Bhagavat, ayant dirigé ses mains réunies en signe de respect du côté de l'Assemblée des Religieux, s'assit de côté, et une fois assis, il s'adressa en ces termes à Bhagavat : Pourrais-je, seigneur,

[1] Le texte se sert ici des deux mots *hatthiyâna* et *hatthinika*, qui doivent désigner l'espèce de siége à rebords nommé aujourd'hui, d'après les Arabes, *Hauda*, qu'on fixe sur le dos de l'éléphant, et dans lequel s'asseoient les personnes de haut rang qui font usage de ce genre de monture. Le mot *litière* n'en donne qu'une idée imparfaite; il faut l'entendre d'ailleurs de litières portées par des éléphants.

[2] Le ministre veut probablement dire que puisque le roi n'aperçoit aucun mouvement dans les lu-

interroger Bhagavat sur quelques points, si Bhagavat veut bien m'accorder le temps nécessaire pour répondre à mes questions? — Adresse, grand roi, toutes les questions que tu voudras.

« Comme on voit, seigneur, les divers états où s'exercent des industries distinctes, comme par exemple [f. 14 a] l'art de monter les éléphants, celui de monter à cheval, celui de conduire un char, l'état d'archer, celui de jardinier[1], celui des gens qui recueillent les fruits de l'Âmalaka (*Phyllanthus emblica*[2]), le métier de bûcheron, celui de chasseur, l'état de Râdjaputta, celui de soldat d'escalade[3], de *Mahânâga*[4] (de géant), de brave, de soldat couvert d'une cuirasse, celui de fils d'esclave[5], celui de portier, de barbier, de baigneur, de cuisinier, celui de faiseur de guirlandes, de blanchisseur, de domestique, de faiseur de paniers, de potier, celui de calculateur, de devin, comme on voit, dis-je, ces divers états et tant d'autres encore analogues à ceux-là donner dès ce monde-ci à ceux qui les exercent un résultat prévu, qui est de les nourrir, de les rendre heureux et de les satisfaire eux-mêmes, de rendre également heureux et de satisfaire leurs pères et mères, leurs enfants et leurs femmes, leurs amis et leurs conseillers, de leur donner le moyen de présenter aux Samaṇas et aux Brâhmanes une offrande dont l'objet est au-dessus [de ce monde[6]], qui a pour objet le ciel, dont le résultat doit être le bonheur, dont le ciel est le but, ainsi, seigneur, est-il donc possible qu'on leur annonce, dès ce monde-ci, un tel résultat comme prévu et comme le fruit général de

mières, c'est que les Religieux de l'Assemblée sont parfaitement calmes, et qu'il n'a en conséquence aucune trahison à craindre.

[1] Le texte a *vélaka;* mais, en singhalais, on n'est jamais sûr de ces trois lettres *v*, *m* et *tch*.

[2] Voici encore un mot dont je ne suis pas sûr; le manuscrit, p. 14, lit [*â*]*malakâpiṇḍi*, et p. 16, [*â*]*malakâpiṇḍi;* je suppose que l'*â* initial est engagé dans la finale de *vélakâ* qui précède; mais, comme je le disais tout à l'heure, l'*m*, le *v* et le *tch* se confondent ici de manière à ne pouvoir être distingués. Comme l'*âmalaka* donne un fruit dont les Indiens se servent pour tanner le cuir et faire de l'encre, on peut conjecturer que *âmalakâpiṇḍi*, ou peut-être mieux, *âmalakâpiṇḍi*, qui se divise en *âmalaka* et *âpiṇḍi*, signifie « ceux qui écrasent les fruits de l'*â*-« *malaka;* » *âpiṇḍi* serait ou une variété dialectique, ou seulement une faute pour *âpiḍi*.

[3] Je traduis ainsi conjecturalement *pakkhandinô*.

[4] Ces *Mahânâgas* ou « grands Nâgas » rappellent les *Mahânagnas* des légendes du Nord, et en particulier de la légende d'Açôka, où ils paraissent avec le rôle de guerriers qui accomplissent des exploits surnaturels. (*Introd. à l'hist. du Buddh. indien*, t. I, p. 363, note 1.) La véritable orthographe de ce nom doit être plutôt *nagna* (nu) que *nâga* (serpent boa). Il est possible qu'on ait désigné ainsi des hommes remarquables par leur taille et leur courage, qu'on enrôlait parmi les populations barbares du nord de l'Inde et des contrées limitrophes, et qui combattaient nus. Je n'irais cependant pas jusqu'à identifier ces *Nâgas* ou *Nagnas* avec les sauvages *Nâgas* de l'Assam, quoique ce pays ait pu fournir des soldats aux Râdjas de l'Inde; mais le mot paraît être ici plutôt une épithète qu'un ethnique. M. J. Taylor a justement remarqué que Ptolémée connaissait les Nâgas, ainsi que le véritable sens de leur nom : Ναγγωλόγαι, ὅ σημαίνει γυμνῶν κόσμος. (Ptolémée, *Géogr.* l. VII, c. 2, p. 177, éd. Mercator.) Ptolémée avait reçu ce nom avec l'orthographe qu'il a en singhalais, ou plus généralement dans quelques dialectes populaires de l'Inde. (J. Taylor, *Periplus of the Erythr. Sea*, dans *Journ. asiat. Soc. of Bengal*, t. XVI, p. 33.) Le mot de *Nagna* n'est pas inconnu chez les Brâhmanes, et leur ancienne littérature nous a conservé le nom d'un ancien roi du Gandhâra, *Nagnadjit*, qui pourrait bien signifier « le vainqueur des *Nagnas* ou hommes « nus. » (Roth, *Zur Litter. und Geschichte des Weda*, p. 41; Weber, *Ind. Studien*, t. I, p. 218.)

[5] Ou de fils de pêcheur.

[6] Le texte dit *uddhaggikaṁ*, littéralement, « dont « l'extrémité, le but est en haut. »

leur conduite? — Nous avoues-tu, grand roi, [demanda Bhagavat,] que tu as adressé cette question à d'autres Samaṇas ou à d'autres Brâhmanes? — J'avoue, seigneur, que j'ai adressé cette question à d'autres Samaṇas et à d'autres Brâhmanes. — Parle donc, grand roi, conformément à la réponse qu'ils t'ont donnée, si cela n'est pas pénible pour toi. — Il n'y a là, seigneur, rien de pénible pour moi; Bhagavat est assis, Bhagavat, ou celui qui se montre sous sa figure. — Eh bien donc, grand roi, parle.

« Il arriva un jour, seigneur, que je me rendis à l'endroit où se trouvait Pûraṇa Kassapa, et que quand j'y fus arrivé, après avoir échangé avec lui les compliments de la bienveillance et de la civilité, je m'assis de côté, et une fois assis, je m'adressai ainsi à Pûraṇa Kassapa [1] : Comme on voit, seigneur Kassapa, les divers états où s'exercent des industries distinctes, comme par exemple l'art de monter les éléphants, [etc. comme ci-dessus, jusqu'à] comme on voit, dis-je, ces divers états et tant d'autres encore analogues à ceux-là donner dès ce monde-ci à ceux qui les exercent un résultat prévu, qui est de les nourrir, de les rendre heureux et de les satisfaire eux-mêmes, de rendre également heureux et de satisfaire leurs pères et mères, leurs enfants et leurs femmes, leurs amis et leurs conseillers, de leur donner les moyens de présenter aux Samaṇas et aux Brâhmanes une offrande dont l'objet est au-dessus [de ce monde], qui a pour objet le ciel, dont le résultat doit être le bonheur, dont le ciel est le but, ainsi, seigneur Kassapa, est-il donc possible qu'on leur annonce dès ce monde-ci un tel résultat comme prévu et comme le fruit général de leur conduite? Cela dit, seigneur, Pûraṇa Kassapa me parla ainsi : Pour celui qui agit, grand roi, comme pour celui qui fait agir, qui brise ou qui fait briser, qui cuit ou qui fait cuire, qui fait pleurer, qui tourmente, qui répand ou qui fait répandre, qui tue ou qui fait tuer, qui commet un vol, qui coupe par la moitié ou qui enlève un morceau, qui s'impose dans la maison [d'un autre] [2], qui barre le chemin à quelqu'un, qui a commerce avec la femme d'un autre, qui dit des mensonges, pour l'agent de ces diverses actions il n'y a pas de péché qui soit fait par lui. L'homme qui se servant du Tchakra dont le cercle est une lame tranchante, ne ferait qu'un tas, qu'un rebut de chair de tous les êtres vivants qui sont sur cette terre, n'exécuterait pas une chose dont le péché serait la conséquence, une chose de laquelle lui accroîtrait le péché. Quand même il parcourrait la rive droite de la Gangâ tuant ou faisant tuer, coupant ou faisant couper, cuisant ou faisant cuire, ce ne serait pas une chose dont le péché serait la conséquence, une chose de laquelle lui accroîtrait le péché. Maintenant, quand même il parcourrait la rive septentrionale de la Gangâ, donnant des aumônes ou en faisant donner, célébrant des sacrifices, ce ne serait pas là une chose dont la vertu serait la conséquence, une chose de laquelle lui accroîtrait la vertu. Dans l'aumône, dans l'empire qu'on exerce sur soi-même, dans la retenue, dans la véracité [3], il n'y a pas de vertu, il n'y a pas accroissement de

[1] Ce Religieux est certainement celui qui est cité dans les livres du Népal sous le nom de *Pûraṇa Kâçyapa*. (*Introd. à l'hist. du Buddh.* t. I, p. 162.) Son titre de *Kâçyapa*, « le Kaçyapide, » prouve qu'il appartenait à la race de Kaçyapa.

[2] Le texte a *êkâgârikam karôtô*, expression qui est encore obscure pour moi.

[3] Le texte se sert du substantif *satchtchavadjdjêna*, qui doit être un nom abstrait dérivé de *satchtchavâdi*, « véridique. »

vertu. Voilà de quelle manière, seigneur, Pûraṇa Kassapa interrogé par moi sur le résultat général et prévu [des actions humaines], m'a donné une réponse vaine. De même que celui auquel on demanderait ce que c'est qu'une mangue, et qui répondrait, C'est le fruit de la citrouille, ou que celui auquel on demanderait ce que c'est que le fruit de la citrouille, et qui répondrait, C'est une mangue, ainsi, seigneur, Pûraṇa Kassapa interrogé par moi sur le résultat général et prévu [des actions humaines], m'a donné une réponse vaine. Alors, seigneur, cette réflexion me vint à l'esprit : Comment se pourrait-il qu'un prince comme moi songeât à dégrader un Samaṇa ou un Brâhmane [f. 14 b] habitant mes états[1] ? Je n'approuvai, seigneur, pas plus que je ne censurai le discours de Pûraṇa Kassapa. Ne l'approuvant ni ne le censurant, mais non satisfait, ne prononçant aucune parole de mécontentement, réprimant même toute parole, ainsi que toute expression de colère, je me levai de mon siége et je partis.

« Il arriva un jour, seigneur, que je me rendis à l'endroit où se trouvait Makkhali Gôsâla[2], et que quand j'y fus arrivé, après avoir échangé avec lui les compliments de la bienveillance et de la civilité, je m'assis de côté, et une fois assis, je m'adressai ainsi à Makkhali Gôsâla. Comme on voit, seigneur Gôsâla, les divers états où s'exercent des industries distinctes, comme par exemple l'art de monter les éléphants, [etc. comme ci-dessus, jusqu'à] comme on voit, dis-je, ces divers états et tant d'autres analogues à ceux-là donner dès ce monde-ci à ceux qui les exercent un résultat prévu, qui est de les nourrir, de les rendre heureux et de les satisfaire eux-mêmes, de rendre également heureux et de satisfaire leurs pères et mères, leurs enfants et leurs femmes, leurs amis et leurs conseillers, de leur donner le moyen de présenter aux Samaṇas et aux Brâhmanes une offrande dont l'objet est au-dessus [de ce monde], qui a pour objet le ciel, dont le résultat doit être le bonheur, dont le ciel est le but, ainsi, seigneur Gôsâla, est-il donc possible qu'on leur annonce dès ce monde-ci un tel résultat comme prévu et comme le fruit général de leur conduite ? Cela dit, seigneur, Makkhali Gôsâla me parla ainsi : Il n'y a pas, grand roi, de cause, il n'y a pas de raison à l'imperfection des êtres ; les êtres sont imparfaits sans cause ni raison. Il n'y a pas de cause, il n'y a pas de raison à la pureté des êtres; les êtres sont purs sans cause ni raison. Il n'y a pas d'action de notre part, il n'y a pas d'action de la part des autres; il n'y a pas d'action de l'homme[3]. Il n'y a ni force, ni

[1] Voici le texte où paraît une expression qui est déjà connue par un des édits de Piyadasi : *Kathaṁhi nâma mâdisô samaṇaṁvâ brâhmaṇaṁvâ vidjitê vasantaṁ apasâdêtabbaṁ maññêyya.* Le mot *vidjitê* est certainement le *vidjitamhi* de l'inscription de Girnar. (*Journ. of the roy. asiat. Soc.* t. XII, p. 165 et 166.)

[2] Cet ascète est le même que celui qui est cité sous le nom de *Maskarin fils de Gôçâli* dans les livres du Népal. (*Introd. à l'hist. du Buddh. indien*, t. I, p. 162.) La première fois que ce nom paraît au commencement de notre *Sutta*, il est écrit *Gôsâlyé*, mais c'est une faute de copiste, pour *Gôsâlô;* cette faute ne se représente d'ailleurs plus dans le *Sutta*.

[3] S'il fallait avoir une confiance entière dans la leçon du manuscrit unique que j'ai sous les yeux, nous trouverions ici une trace curieuse du dialecte Mâgadhî; voici le texte même : *Natthi attakârê ṇatthi parakârê ṇatthi purisakârê ṇatthi balaṁ.* En coupant les mots comme je viens de le faire, tous les sujets de cette phrase, sauf le dernier, sont des nominatifs en *ê;* mais, d'un autre côté, on remarquera que la négation du verbe *ṇatthi* est écrite avec un *ṇ* cérébral, ce qui semble prouver que le copiste, ne comprenant rien à ce qu'il transcrivait, a cru devoir lire

énergie, ni grandeur humaine, ni triomphe humain ; tous les êtres, toutes les créatures vivantes, toutes les existences, toutes les vies, malgré elles, privées de force, d'énergie, destinées à une existence à laquelle elles vont inévitablement s'unir, éprouvent de la douleur ou du plaisir dans les six voies distinctes. Or il y a quatorze cent mille cent soixante-six matrices principales ; cent cinq agents; cent cinq actes; trois actions et demi-actions ; des situations dans le sein d'une mère autant qu'il y a de Kappas (Kalpas) d'accroissement et de moyens Kappas; six genres de noblesse; huit degrés pour l'homme; quarante-neuf fois cent espèces de moyens d'existence; quarante-neuf fois cent espèces de mendiants; quarante-neuf fois cent espèces d'êtres habitant parmi les Nâgas; vingt fois cent espèces d'êtres de la race des Indras; trente fois cent enfers; trente-six êtres dont l'élément est la passion; sept embryons doués de conscience; sept embryons privés de conscience; sept embryons d'ascètes *Niganṭhis* (Nirgranthin); sept de Dêvas, sept d'hommes, sept de Pisâtchas, sept d'Asuras; sept cents êtres cruels; sept cent sept chutes; sept cent sept songes: il y a enfin quatre-vingt-quatre fois cent mille Mahâkappas que les ignorants et les sages parcourent, à travers lesquels ils transmigrent pour mettre un jour un terme à leurs douleurs[1]. Il n'y a pas lieu dans ce cas de dire : Voici la moralité, voici les pratiques saintes, voici les austérités, voici la conduite religieuse, au moyen desquelles je conduirai à la maturité l'action non encore mûre, et anéantirai en la consumant l'action parvenue à sa maturité. En effet, il n'y a ici-bas ni mesure ni chose mesurée, ni plaisir, ni douleur, ni terme fixe, ni révolution du monde indéfinie; il n'y a ni diminution, ni augmentation; il n'y a ni supériorité, ni infériorité. De même qu'une corde roulée en peloton qui est usée, se brise au moment même où on la déroule, ainsi les ignorants et les sages, après avoir achevé leur course, après avoir transmigré, trouveront un jour le terme de leurs douleurs. Voilà de quelle manière, seigneur, Makkhali Gôsâla interrogé par moi sur le résultat général et prévu [des actions humaines], m'a expliqué l'accomplissement définitif de la transmigration. De même que celui auquel on demanderait ce que c'est qu'une mangue, et qui répondrait, C'est le fruit de la citrouille, ou que celui

en un seul mot et comme un instrumental, *hârêṇa*, leçon qui ne donne aucun sens. Il est bien vrai qu'en Mâgadhî la négation *na* s'écrit *ṇa*, et qu'on peut la retrouver ici ; mais le copiste n'observant pas régulièrement cette orthographe et mettant partout ailleurs *na*, je doute que *ṇa* soit ici la négation.

[1] Tout ce morceau, depuis les mots « il y a quatorze cent mille cent soixante-six matrices principales, » est très-difficile, et je crois que le manuscrit est altéré en plus d'un endroit. On voit bien que cette énumération exprime le système propre à Makkhali Gôsâla touchant la transmigration ; mais plusieurs termes sont obscurs, et rien ne donne la raison des nombres choisis. Je vais indiquer les passages du texte que je n'ai pu traduire sans y apporter quelques changements. Le lecteur compétent voudra bien se rappeler que je n'ai qu'un manuscrit à ma disposition. Au commencement mon manuscrit porte : *tchuddasa khôpanimâni niyônipamukhasatasahassâni* ; je n'ai pu rien faire du *ni* qui suit *imâni*, et je n'en ai pas tenu compte. Au lieu de *âdjîva*, où je vois « moyen d'existence, état, » par opposition à la profession de mendiant qui suit, le texte lit *adjîva*, ce qui signifierait « absence de vie, êtres sans vie. » A partir des mots « sept embryons doués de conscience, » jusqu'à « sept cent sept songes, » il faut peut-être ajouter le mot *cent*, qui ne se trouverait, selon cette supposition, exprimé qu'après le dernier terme. Au lieu de *satasarâ*, dont je ne puis rien faire, je lis *sattasurâ*, à cause du contexte. C'est conjecturalement que je traduis *satta paṭuvâsutâni* par « sept cents êtres cruels. »

auquel on demanderait ce que c'est que le fruit de la citrouille, et qui répondrait, C'est une mangue, ainsi, seigneur, Makkhali Gôsâla interrogé par moi sur le résultat général et prévu [des actions humaines], m'a expliqué l'accomplissement définitif de la transmigration. Alors, seigneur, cette réflexion me vint à l'esprit, [etc. comme ci-dessus, jusqu'à] je me levai de mon siége et je partis.

« Il arriva un jour, seigneur, que je me rendis à l'endroit où se trouvait Adjita Kêsakambali, et que quand j'y fus arrivé, après avoir échangé avec lui les compliments de la bienveillance et de la civilité, je m'assis de côté, et une fois assis, je m'adressai ainsi à Adjita Kêsakambali[1] : Comme on voit, seigneur Adjita, les divers états où s'exercent des industries distinctes [f. 15 *a*], comme par exemple l'art de monter les éléphants, [etc. comme ci-dessus, jusqu'à] comme on voit, dis-je, ces divers états et tant d'autres analogues à ceux-là donner dès ce monde-ci à ceux qui les exercent un résultat prévu, qui est de les nourrir, de les rendre heureux et de les satisfaire eux-mêmes, de rendre également heureux et de satisfaire leurs pères et mères, leurs enfants et leurs femmes, leurs amis et leurs conseillers, de leur donner le moyen de présenter aux Samaṇas et aux Brâhmanes une offrande dont l'objet est au-dessus [de ce monde], qui a pour objet le ciel, dont le résultat doit être le bonheur, dont le ciel est le but; ainsi, seigneur Adjita, est-il donc possible qu'on leur annonce dès ce monde-ci un tel résultat comme prévu et comme le fruit général de leur conduite? Cela dit, seigneur, Adjita Kêsakambali me parla ainsi : Il n'y a, grand roi, ni aumône, ni sacrifice, ni offrande jetée dans le feu; il n'y a pas de résultat, de fruit des bonnes ou des mauvaises actions; ce monde-ci n'existe pas, le monde futur n'existe pas davantage; il n'y a ni mère, ni père; il n'y a pas d'êtres qui soient le produit d'une naissance surnaturelle; il n'y a en ce monde ni Samaṇas ni Brâhmanes arrivés parfaitement à leur but complet, qui après avoir reconnu d'eux-mêmes, après avoir vu face à face ce monde-ci et l'autre monde, les pénètrent entièrement. Quand l'homme, ce composé des quatre grands éléments, a fait son temps, la terre retourne, se rend dans la masse de la terre, l'eau retourne, se rend dans la masse de l'eau, le feu retourne, se rend dans la masse du feu, le vent retourne, se rend dans la masse du vent, les organes des sens remontent dans l'éther; quatre hommes avec la bière, ce qui fait cinq, s'en vont, emportant le mort, aussi loin que l'ordonnent les stances sur le brûlement des cadavres; les os deviennent d'un blanc sale; les offrandes des vivants périssent dans les cendres de leur bûcher; ce qu'il leur a été enjoint de donner, c'est-à-dire leur aumône, est pour eux une chose vaine, un mensonge, une déception. Ceux qui soutiennent l'opinion qu'il existe quelque chose, ignorants et sages, se décomposent, sont anéantis après la séparation du corps, ils n'existent plus après la mort. Voilà de quelle manière, seigneur, Adjita Kêsakambali interrogé par moi sur le résultat général et prévu [des actions humaines], m'a expliqué l'opinion de la dissolution. De même que celui auquel on demanderait ce que c'est qu'une mangue, et qui répondrait, C'est le fruit de la citrouille, ou que celui

[1] Cet ascète est celui qui est nommé dans les livres du Népal *Adjita Kêçakambala.* (*Introd. à l'hist. du Buddh.* t. I, p. 162.) L'orthographe de notre *Sutta* ne diffère de celle du sanscrit que par l'addition du suffixe *in*, « celui qui a une couverture faite « de [ses?] cheveux. »

auquel on demanderait ce que c'est que le fruit de la citrouille, et qui répondrait, C'est une mangue; ainsi, seigneur, Adjita Kêsakambali interrogé par moi sur le résultat général et prévu [des actions humaines], m'a expliqué l'opinion de la dissolution. Alors, seigneur, cette réflexion me vint à l'esprit : [etc. comme-ci-dessus, jusqu'à] je me levai de mon siége et je partis.

« Il arriva un jour, seigneur, que je me rendis à l'endroit où se trouvait Pakudha Katchtchâyana[1], et que quand j'y fus arrivé, après avoir échangé avec lui les compliments de la bienveillance et de la civilité, je m'assis de côté, et une fois assis, je m'adressai ainsi à Pakudha Katchtchâyana. Comme on voit, seigneur Katchtchâyana, les divers états où s'exercent des industries distinctes, comme par exemple l'art de monter les éléphants, [etc. comme ci-dessus, jusqu'à] comme on voit, dis-je, ces divers états et tant d'autres analogues à ceux-là donner dès ce monde-ci à ceux qui les exercent un résultat prévu qui est de les nourrir, de les rendre heureux et de les satisfaire eux-mêmes, de rendre également heureux et de satisfaire leurs pères et mères, leurs enfants et leurs femmes, leurs amis et leurs conseillers, de leur donner le moyen de présenter aux Samaṇas et aux Brâhmanes une offrande dont l'objet est au-dessus [de ce monde], qui a pour objet le ciel, dont le résultat doit être le bonheur, dont le ciel est le but; ainsi, seigneur Katchtchâyana, est-il donc possible qu'on leur annonce, dès ce monde-ci, un tel résultat comme prévu et comme le fruit général de leur conduite? Cela dit, seigneur, Pakudha Katchtchâyana me parla ainsi : Il y a sept corps d'êtres, grand roi, qui sont increés, de l'espèce des choses increées, qui ne sont pas fabriqués, pour lesquels il n'y a pas de fabrication, qui sont stériles, uniformes, immobiles comme des peintures[2], stables; ils ne désirent pas, ils ne se transforment pas, ils ne se font pas mutuellement obstacle; ils ne peuvent rien ni pour leur plaisir, ni pour leur douleur mutuelle. Quels sont ces sept corps? Ce sont le corps de la terre, celui de l'eau, celui du feu, celui du vent, le plaisir, la douleur, la vie; voilà les sept corps d'êtres qui sont increés, de l'espèce des choses increées, qui ne sont pas fabriqués, pour lesquels il n'y a pas de fabrication, qui sont stériles, uniformes, immobiles comme des peintures, stables, qui ne désirent pas, qui ne se transforment pas, qui ne se font pas mutuellement obstacle, qui ne peuvent rien ni pour leur plaisir ni pour leur douleur mutuelle. Il n'y a ici ni meurtrier, ni instigateur de meurtre, ni être écoutant, ni être parlant, ni être connaissant, ni être instruisant. Quand un homme, avec un glaive tranchant, abat une tête, il n'y a pas là un être qui en prive un autre de la vie; c'est seulement dans l'intervalle de ces sept corps que le glaive rencontre un espace vide. Voilà de quelle manière, seigneur, Pakudha Katchtchâyana interrogé par moi sur le résultat général et prévu [des actions humaines], m'a expliqué la doctrine de l'un par l'autre. De même que celui auquel on demanderait ce que c'est qu'une mangue, et qui répondrait, C'est le fruit de la citrouille,

[1] Le nom de ce Religieux est écrit dans les livres du Népal *Kakuda Kâtyâyana* (*Introd. à l'hist. du Buddh. ind.* t. I, p. 162), et je crois que ces derniers nous donnent l'orthographe véritable, d'abord parce que *Kakuda* a en sanscrit un sens, ce que je ne vois pas pour *Pakudha*, ensuite parce que c'est l'orthographe de *Kakuda* qu'ont transcrite les Chinois.

[2] C'est conjecturalement que je traduis ainsi le composé *ésikaṭṭhâyi*, où je prends *ésika* pour le dérivé de *isikâ*, en sanscrit *ichikâ*, « brosse de peintre. »

ou que celui auquel on demanderait ce que c'est que le fruit de la citrouille, et qui répondrait, C'est une mangue; ainsi, seigneur, Pakudha Katchtchâyana interrogé par moi sur le résultat général et prévu [des actions humaines], m'a expliqué la doctrine de l'un par l'autre. Alors, seigneur, cette réflexion me vint à l'esprit : [etc. comme ci-dessus, jusqu'à] je me levai de mon siége et je partis [f. 15 *b*].

« Il arriva un jour, seigneur, que je me rendis à l'endroit où se trouvait Nigaṇṭha Nâtaputta [1], et que quand j'y fus arrivé, après avoir échangé avec lui les compliments de la bienveillance et de la civilité, je m'assis de côté, et une fois assis, je m'adressai ainsi à Nigaṇṭha Nâtaputta. Comme on voit, seigneur Aggivèssâyana, les divers états où s'exercent des industries distinctes, comme par exemple l'art de monter les éléphants, [etc. comme ci-dessus, jusqu'à] comme on voit, dis-je, ces divers états et tant d'autres analogues à ceux-là donner dès ce monde-ci à ceux qui les exercent un résultat prévu qui est de les nourrir, de les rendre heureux et de les satisfaire eux-mêmes, de rendre également heureux et de satisfaire leurs pères et mères, leurs enfants et leurs femmes, leurs amis et leurs conseillers, de leur fournir de quoi présenter aux Samaṇas et aux Brâhmanes une offrande dont l'objet est au-dessus [de ce monde], qui a pour objet le ciel, dont le résultat doit être le bonheur, dont le ciel est le but; ainsi, seigneur Aggivèssâyana, est-il donc possible qu'on leur annonce, dès ce monde-ci, un tel résultat comme prévu et comme le fruit général de leur conduite? Cela dit, seigneur, Nigaṇṭha Nâtaputta me parla ainsi : En ce monde, grand roi, le mendiant Nigaṇṭha est retenu par le frein des quatre abstentions réunies. Et comment, grand roi, le mendiant Nigaṇṭha est-il retenu par le frein des quatre abstentions réunies? En ce monde, grand roi, le mendiant Nigaṇṭha est entièrement retenu par le lien qui enchaîne; il est enveloppé par tous les liens, enlacé par tous les liens, resserré par tous les liens; voilà de quelle manière, grand roi, le mendiant Nigaṇṭha est retenu par le frein des quatre abstentions réunies. Et parce qu'il est ainsi retenu, grand roi, il est nommé *Nigaṇṭha*, c'est-à-dire libre de toute chaîne, pour qui toute chaîne est détruite, qui a secoué toutes les chaînes [2]. Voilà de quelle manière, seigneur, Nigaṇṭha Nâtaputta

[1] Cet ascète est celui qui est nommé dans les livres du Népal *Nirgrantha fils de Djñâti*. (*Introd. à l'hist. du Buddh. ind.* t. I, p. 162.) J'ignore pourquoi le pâli supprime l'*i* de *Djñâti*; serait-ce que le primitif véritable serait *Djñâtrĭ*, et que le *Djñâti* du Nord en serait un *prâkritisme* correspondant à celui du Sud *nâta*, comme *djêta* correspond à *djêtrĭ*? Le surnom qu'on lui donne, *Aggivèssâyana*, prouve qu'il descendait de la famille d'*Agnivâiçya*, dont les Buddhistes du Nord connaissent aussi un membre. (*Introd. à l'hist. du Buddh. ind.* t. I, p. 457, note 1.)

[2] La contradiction qui existe entre le nom du *Nigaṇṭha*, en sanscrit *Nirgrantha*, « qui est affranchi de « toute chaîne, » et la définition qu'en donne le philosophe, s'explique par un jeu de mots qui roule sur le sens de *grantha*. On nomme en effet le Religieux *Nigaṇṭha*, parce qu'il n'a plus aucun attachement pour quoi que ce soit au monde; aucun lien ne le retient donc plus. Mais quand la définition dit qu'il est enlacé dans tous les liens, cela signifie qu'il obéit si complétement aux règles d'une rigoureuse abstention, qu'il semble que tous ses mouvements soient enchaînés dans des liens qui le retiennent captif. Au reste, les mots qui terminent la définition du *Nigaṇṭha* sont obscurs, et il est probable que le manuscrit est altéré en cet endroit. Voici le texte même que j'ai traduit par conjecture : *Ayam̃ vutchtchati mahâra* (l. *mahârâdja*) *nigaṇṭhô ganattô* (l. *gatatantô*) *khayatantô tchaṭhitantô tchâtu*. On sait que dans l'écriture singhalaise le *t* et l'*n* sont si peu distincts, qu'on n'est jamais sûr de lire exactement un mot où figurent ces lettres : ici on peut lire également *nattô* et *nantô*,

interrogé par moi sur le résultat général et prévu [des actions humaines], m'a répondu par le frein des quatre abstentions réunies. De même que celui auquel on demanderait ce que c'est qu'une mangue, et qui répondrait, C'est le fruit de la citrouille, ou que celui auquel on demanderait ce que c'est que le fruit de la citrouille, et qui répondrait, C'est une mangue; ainsi, seigneur, Nigaṇṭha Nâtaputta interrogé par moi sur le résultat général et prévu [des actions humaines], m'a répondu par le frein des quatre abstentions réunies. Alors, seigneur, cette réflexion me vint à l'esprit : [etc. comme ci-dessus, jusqu'à] je me levai de mon siége et je partis.

« Il arriva un jour, seigneur, que je me rendis à l'endroit où se trouvait Sañdjaya, fils de Bêlaṭṭhi[1], et que quand j'y fus arrivé, après avoir échangé avec lui les compliments de la bienveillance et de la civilité, je m'assis de côté, et une fois assis, je m'adressai en ces termes à Sañdjaya, fils de Bêlaṭṭhi : Comme on voit, seigneur Sañdjaya, les divers états où s'exercent des industries distinctes, comme par exemple l'art de monter les éléphants, [etc. comme ci-dessus, jusqu'à] comme on voit, dis-je, ces divers états et tant d'autres analogues à ceux-là donner dès ce monde-ci à ceux qui les exercent un résultat prévu qui est de les nourrir, de les rendre heureux et de les satisfaire eux-mêmes, de rendre également heureux et de satisfaire leurs pères et mères, leurs enfants et leurs femmes, leurs amis et leurs conseillers, de leur fournir le moyen de présenter aux Samaṇas et aux Brâhmanes une offrande dont l'objet est au-dessus [de ce monde], qui a pour objet le ciel, dont le résultat doit être le bonheur, dont le ciel est le but; ainsi, seigneur Sañdjaya, est-il donc possible qu'on leur annonce, dès ce monde-ci, un tel résultat comme prévu et comme le fruit général de leur conduite? Cela dit, seigneur, Sañdjaya, fils de Bêlaṭṭhi, me parla ainsi : Si tu me demandais, L'autre monde existe-t-il, et si j'étais d'opinion que l'autre monde existe, je te répondrais ainsi, Oui, l'autre monde existe; mais mon opinion est : non, il n'est pas ainsi; mon opinion est encore : non, il n'est pas autrement; elle est encore : il n'est pas n'étant pas ainsi; elle est encore : il n'est pas vrai que cela ne soit pas n'étant pas ainsi. Donc l'autre monde existe; l'autre monde n'existe pas; l'autre monde existe et n'existe pas; on ne peut pas dire que l'autre monde n'est pas existant, ni qu'il n'est pas non existant. Il y a des êtres qui sont le produit d'une naissance surnaturelle; il n'y a pas d'êtres qui soient le produit d'une naissance surnaturelle; il y a des êtres et il n'y a pas d'êtres produits d'une naissance surnaturelle; on ne peut pas dire que des êtres de cette sorte ne sont pas existants, ni qu'ils ne sont pas non existants. Le fruit, le résultat des bonnes comme des mauvaises actions existe; le fruit, le résultat des bonnes comme des mauvaises actions n'existe pas; le fruit, le résultat des bonnes comme des mauvaises

tattô et *tantô*. J'ai adopté la dernière lecture à cause de l'ensemble du discours. J'ai omis *tchâtu*, dont je n'ai su rien faire; serait-ce le commencement de *tchâtuyâmasañvarasañvutô*?

[1] Cet ascète est celui dont le nom est écrit dans les livres du Népal *Sañdjayin fils de Vâiraṭṭi*. (*Introd. à l'hist. du Buddh. ind.* t. I p. 162.) La première fois que ce nom paraît dans notre *Sutta*, il est écrit *Bêlaṭṭhu*, ce qui est une faute que le copiste corrige lui-même plus tard. D'après son nom, ce Sañdjaya ou Sañdjayin était fils d'une femme du pays de *Virâṭa* : dans *Bêlaṭṭhi* pour *Vâiraṭṭi* le *ṭ* est doublé, probablement afin de compenser l'abrégement de la voyelle du primitif *Virâṭa*.

actions existe et n'existe pas; on ne peut pas dire que le fruit, le résultat des bonnes comme des mauvaises actions n'est pas existant, ni qu'il n'est pas non existant. Le Tathâgata existe après la mort; le Tathâgata n'existe pas après la mort; le Tathâgata existe et n'existe pas après la mort; le Tathâgata n'est pas plus existant qu'il n'est non existant après la mort. Si tu m'adressais une question sur chacune de ces thèses, et si j'étais d'opinion que le Tathâgata n'est pas plus existant qu'il n'est non existant après la mort, c'est dans ce sens que je te répondrais. C'est ainsi que mon opinion est : non, il n'est pas ainsi; non, il n'est pas autrement; il n'est pas n'étant pas ainsi; il n'est pas vrai que cela ne soit pas n'étant pas ainsi. Voilà de quelle manière, seigneur [f. 16 *a*], Sañdjaya, fils de Bêlaṭṭhi, interrogé par moi sur le résultat général et prévu [des actions humaines], m'a répondu par une doctrine de perplexité. De même que celui auquel on demanderait ce que c'est qu'une mangue, et qui répondrait, C'est le fruit de la citrouille, ou que celui auquel on demanderait ce que c'est que le fruit de la citrouille, et qui répondrait, C'est une mangue; ainsi, seigneur, Sañdjaya, fils de Bêlaṭṭhi, interrogé par moi sur le résultat général et prévu [des actions humaines], m'a répondu par une doctrine de perplexité. Alors, seigneur, cette réflexion me vint à l'esprit : Celui-là est bien le plus ignorant, le plus insensé de tous les Samaṇas et de tous les Brâhmanes. Comment se fait-il qu'interrogé sur le résultat général et prévu [des actions humaines], il aille m'exposer une doctrine de perplexité? Alors cette réflexion me vint encore à l'esprit : [etc. comme ci-dessus, jusqu'à] je me levai de mon siége et je partis.

« Et maintenant, seigneur, j'adresse la même question à Bhagavat. Comme on voit, seigneur, les divers états où s'exercent des industries distinctes, comme par exemple l'art de monter les éléphants, [etc. comme ci-dessus, jusqu'à] comme on voit, dis-je, ces divers états et tant d'autres analogues à ceux-là donner dès ce monde-ci à ceux qui les exercent un résultat prévu qui est de les nourrir, de les rendre heureux et de les satisfaire eux-mêmes, de rendre également heureux et de satisfaire leurs pères et mères, leurs enfants et leurs femmes, leurs amis et leurs conseillers, de leur fournir le moyen de présenter aux Samaṇas et aux Brâhmanes une offrande dont l'objet est au-dessus [de ce monde], qui a pour objet le ciel, dont le résultat doit être le bonheur, dont le ciel est le but; ainsi, seigneur, est-il donc possible qu'on leur annonce, dès ce monde-ci, un tel résultat comme prévu et comme le résultat de leur conduite? — Cela est possible, grand roi, [répondit Bhagavat;] c'est pourquoi, grand roi, je t'interrogerai à mon tour; tu répondras à ma question comme il te plaira.

« Que penses-tu de ceci, grand roi? Supposons que tu aies ici un homme, ton esclave, ton serviteur, qui se tienne debout devant toi, qui se prosterne derrière toi, qui réponde toujours, Que faut-il faire, qui agisse pour t'être agréable, qui ait un doux parler, dont les regards soient toujours fixés sur ton visage, et que cette réflexion lui vienne à l'esprit : C'est certainement une chose surprenante, c'est une chose merveilleuse que la voie des vertus, que la récompense des vertus. Voilà le roi du Magadha, Adjâtasattu, fils de Vêdêhî, qui est un homme, et moi qui suis un homme aussi. Ce roi du Magadha, Adjâtasattu, fils de Vêdêhî, est entouré, est en possession des cinq objets des désirs; le Dêva

(Indra), je crois, veille à sa défense; et moi je suis son esclave, son serviteur, qui me tiens debout devant lui, qui me prosterne derrière lui, qui réponds toujours, Que faut-il faire, qui agis pour lui être agréable, qui ai un doux parler, dont les regards sont toujours fixés sur son visage. Ah! puissé-je accomplir les actes de vertu qu'il a faits! Pourquoi ayant rasé ma chevelure et ma barbe, ayant revêtu des habits de couleur jaune, ne sortirais-je pas de la maison pour entrer dans la vie religieuse? Que cet homme, dans un autre temps, après avoir rasé sa chevelure et sa barbe, et revêtu des habits de couleur jaune, sorte de la maison pour entrer dans la vie religieuse. Qu'une fois devenu mendiant, il vive retenu en son corps, retenu en son langage, retenu en ses pensées, se conformant pour sa nourriture et ses vêtements à la volonté des autres, se plaisant dans la solitude. Que tes gens alors t'annoncent ceci : Apprends, ô Dêva (ô roi), que cet homme qui était ton esclave, ton serviteur, qui se tenait debout devant toi, qui se prosternait derrière toi, qui répondait toujours, Que faut-il faire, qui agissait pour t'être agréable, qui avait un doux parler, dont les regards étaient toujours fixés sur ton visage, que cet homme après avoir rasé sa chevelure et sa barbe, après avoir revêtu des habits de couleur jaune, est sorti de la maison pour entrer dans la vie religieuse, et qu'une fois devenu mendiant, il vit retenu en son corps, retenu en son langage, retenu en ses pensées, se conformant pour sa nourriture et ses vêtements à la volonté des autres, se plaisant dans la solitude. Est-ce que tu dirais alors : Qu'il vienne cet homme qui est à moi; qu'il redevienne de nouveau mon esclave, mon serviteur, se tenant debout devant moi, se prosternant derrière moi, répondant toujours, Que faut-il faire, agissant pour m'être agréable, ayant un doux parler, tenant ses regards toujours fixés sur mon visage? — Non certainement, seigneur [f. 16 *b*]; bien au contraire, je le saluerais moi-même, je me lèverais à son approche, je l'inviterais à prendre un siége, je l'engagerais à recevoir des vêtements, une portion de nourriture, un lit et un siége, des médicaments pour les maladies et d'autres ustensiles nécessaires; j'établirais pour lui une garde, une défense et une protection conforme à la loi. — Comment comprends-tu cela, grand roi? Si les choses sont ainsi, existe-t-il un résultat général et prévu [des actions humaines], ou bien n'en existe-t-il pas? — Certainement, seigneur, puisque les choses sont ainsi, il existe un résultat général et prévu [des actions humaines]. — Voilà donc, grand roi, la première chose que je t'ai apprise, savoir qu'il existe dès ce monde même un résultat général et prévu [des actions humaines]. — Mais est-il donc possible, seigneur, de montrer qu'il existe dès ce monde même encore un autre résultat général et prévu [des actions humaines]? — Cela est possible, grand roi. C'est pourquoi, grand roi, je vais t'adresser là-dessus une question; tu y feras la réponse qu'il te plaira.

« Comment comprends-tu ceci, grand roi? Supposons que tu aies ici un homme, laboureur et maître de maison, chargé de faire rentrer les revenus, d'augmenter la masse de tes biens. Que cette réflexion lui vienne à l'esprit : C'est certainement une chose surprenante, c'est une chose merveilleuse que la voie des vertus, que la récompense des vertus. Voilà le roi du Magadha, Adjâtasattu, fils de Vêdêhî, qui est un homme, et moi qui suis un homme aussi. Ce roi du Magadha, Adjâtasattu, fils de Vêdêhî, est entouré, est en possession des cinq objets des désirs; le Dêva (Indra), je crois, veille à sa défense; et moi je suis son laboureur et son maître de maison, chargé de faire rentrer ses revenus, d'augmenter la masse de ses biens. Ah! puissé-je accomplir les actes de vertu qu'il a faits! [etc. comme ci-dessus, jusqu'à] Que cet homme, dans un autre temps, après avoir abandonné une masse, soit petite, soit grande, de jouissances, un entourage, soit petit, soit grand, de parents, après avoir rasé sa chevelure et sa barbe, et revêtu des habits de couleur jaune, sorte de la maison pour entrer dans la vie religieuse. Qu'une fois devenu mendiant, il vive retenu en son corps, retenu en son langage, retenu en ses pensées, se conformant pour sa nourriture et ses vêtements à la volonté des autres, se plaisant dans la solitude. Que tes gens alors t'annoncent ceci : Apprends, ô Dêva (ô roi), que cet homme qui était ton laboureur et ton maître de maison, chargé de faire rentrer tes revenus, d'augmenter la masse de tes biens, que cet homme après avoir rasé sa chevelure et sa barbe, après avoir revêtu des habits de couleur jaune, est sorti de la maison pour entrer dans la vie religieuse, et qu'une fois devenu mendiant, il vit retenu en son corps, retenu en son langage, retenu en ses pensées, se conformant pour sa nourriture et ses vêtements à la volonté des autres, se plaisant dans la solitude. Est-ce que tu dirais alors : Qu'il vienne cet homme qui est à moi; qu'il redevienne mon laboureur, mon maître de maison, chargé de faire rentrer mes revenus, d'augmenter la masse de mes biens? — Non certainement, seigneur; bien au contraire, je le saluerais moi-même, je me lèverais à son approche, je l'inviterais à prendre un siége, je l'engagerais à recevoir des vêtements, une portion de nourriture, un lit et un siége, des médicaments pour les maladies et d'autres ustensiles nécessaires; j'établirais pour lui une garde, une défense, une protection conforme à la loi. — Comment comprends-tu cela, grand roi? Si les choses sont ainsi, existe-t-il un résultat général et prévu [des actions humaines]? — Certainement, seigneur, puisque les choses sont ainsi, il existe un résultat général et prévu [des actions humaines]. — Voilà donc, grand roi, la chose que je t'ai apprise, savoir qu'il existe dès ce monde même un second résultat général et prévu [des actions humaines]. — Mais est-il donc possible, seigneur, de montrer qu'il existe dès ce monde même encore un autre résultat général et prévu des actions humaines, un résultat plus éminent, plus précieux que ces résultats généraux et prévus dont il a été parlé tout à l'heure? Cela est possible, grand roi. C'est pourquoi écoute, grand roi, et fixe bien dans ton esprit [ce que je dirai]; je vais parler. — Oui, seigneur, répondit à Bhagavat le roi du Magadha, Adjâtasattu, fils de Vêdêhî [f. 17 *a*]. Bhagavat parla ainsi.

« Ici, grand roi, le Tathâgata naît dans le monde, le Tathâgata vénérable, parfaitement et complétement Buddha, doué de science et de conduite, bien venu, connaissant le monde, sans supérieur, domptant l'homme comme un jeune taureau, précepteur des Dêvas et des hommes, Buddha bienheureux. Ayant reconnu par lui-même, ayant vu face à face[1] ce monde avec les Dêvas, les Mâras, les Brahmâs, ainsi que les créatures, y

[1] L'expression dont se sert le texte est *sayañ abhiññâ satchtchhikatvâ*, laquelle répond à l'expression également consacrée dans les livres du Népal, *svayam abhidjñâya sâkchâtkrĭtvâ*. Dans dix passages où elle se rencontre, *abhiññâ* y est écrit de cette manière, au lieu d'*abhiññâya*, qui serait seul régulier. La

compris les Samaṇas et les Brâhmanes, les Dêvas et les hommes, il le pénètre complétement; il enseigne la loi qui est fortunée au commencement, au milieu et à la fin; il l'enseigne entière, complète, achevée, avec son sens et ses caractères; il expose les règles de la conduite religieuse. Cette loi est entendue par le maître de maison, ou par le fils du maître de maison, ou par un homme inférieur né dans une famille quelconque [1]. L'un de ces hommes ayant entendu cette loi, éprouve des sentiments de foi pour le Tathâgata. Doué de ces sentiments de foi, il se répète plusieurs fois à lui-même : C'est un chemin plein d'obstacles [2] que le séjour de la maison ; au contraire, c'est la route royale, c'est l'espace même que l'état de Religieux. Ce n'est pas chose facile pour celui qui habite dans une maison que de pratiquer les devoirs de la vie religieuse d'une manière absolument parfaite, absolument accomplie, entièrement pure [3]. Pourquoi donc, après avoir rasé mes cheveux et ma barbe, et revêtu des habits de couleur jaune, ne sortirais-je pas de la maison pour entrer dans la vie religieuse? Puis, dans un autre temps, cet homme ayant abandonné soit une petite, soit une grande masse de jouissances, ayant abandonné soit un petit, soit un grand entourage de parents, ayant rasé ses cheveux et sa barbe, et revêtu des habits de couleur jaune, sort de la maison pour entrer dans la vie religieuse. Une fois devenu Religieux, il passe sa vie retenu par les défenses que renferme le *Pâṭimôkkha*. En possession du domaine des bonnes pratiques, voyant du danger dans la moindre des choses qu'on doit éviter, il s'instruit, après les avoir reçus, dans les préceptes de la morale, soutenant sa vie par des moyens parfaitement purs, plein de moralité, tenant fermée la porte de ses sens, doué de souvenir et de conscience, satisfait de tout ce qui se présente, * tel est le Religieux doué de moralité. *

« Et comment, grand roi, le Religieux est-il doué de moralité? Ici-bas, grand roi, le Religieux ayant renoncé à ôter la vie à rien de ce qui a vie, a de l'aversion pour toute idée de meurtre. Il dépose le bâton, il dépose le glaive, il est plein de modestie et de pitié; il est compatissant et bon pour toute vie et toute créature [4]. * Quand le Religieux

constance de cette suppression de la syllabe finale *ya* prouve que cette licence est autorisée, au moins pour les participes adverbiaux en *ya*; et, dans le fait, Clough la signale au commencement de sa Grammaire pâlie, en l'attribuant au besoin de faciliter la prononciation : l'exemple qu'il cite est *paṭisaṁkhâ* pour *paṭisaṁkhâya*, « ayant réfléchi. » (Clough, *Pali Gramm.* p. 16.)

[1] Le texte dit, *aññatarasmiñvâ kulê patchtchhâdjâtô*; je traduis le dernier mot dans le sens du singhalais *patchhayâ*, « homme de basse caste. »

[2] Je lis *saṁbâdhô*, au lieu de *sabbâdhô* que donne le texte.

[3] Le texte du *Subha sutta* donne *saṁkhalikhitaṁ*, ce qui rappelle le nom des deux législateurs brâhmaniques *Saṁkha* et *Likhita*. (Stenzler, *Indische Studien*, t. I, p. 240.) Mais telle ne doit pas être la véritable leçon; car outre que ces deux législateurs ne paraissent avoir rien à faire ici, si on les avait cités comme ayant quelque rapport avec la conduite religieuse, *brahmatchariyam*, leur nom serait employé en manière d'adjectif, avec une forme quelconque de dérivation. D'ailleurs ce même morceau, à la place où il se présente dans le *Sâmañña phala sutta*, p. 17 *a* de mon manuscrit, donne cette autre leçon, *saṅkhalitaṁ* au lieu de *saṅkhalikhitaṁ*. Je suppose que *saṁkhalita* vient du sanscrit *kchal*, « laver. »

* Les phrases renfermées entre deux étoiles appartiennent au *Subha sutta*, ainsi que je l'ai dit en commençant, ci-dessus, p. 448.

[4] A partir de cette phrase jusqu'au paragraphe sur les rois Kchattriyas (p. 471), le texte de ce *Sutta* ne fait guère que reproduire celui du *Brahma djâla sutta*. (*Dîgha nikâya*, f. 1 *b* fin. jusqu'à f. 4 *a*.)

ayant renoncé à ôter la vie à rien de ce qui a vie, a de l'aversion pour toute idée de meurtre, qu'il ne se sert ni du bâton ni du glaive, qu'il est doué de modestie et de pitié, qu'il est compatissant et bon pour toute vie et toute créature, ' cela même lui est compté comme vertu. '

« Ayant renoncé à prendre ce qu'on ne lui donne pas, il a de l'aversion pour toute idée de vol; recevant à titre de don tout ce qu'on lui donne, désirant ce qu'on lui donne, il vit avec un cœur ainsi purifié. ' Quand le Religieux a ce mérite, [le texte répète mot pour mot la phrase précédente,] ' cela même lui est compté comme vertu.

« Ayant renoncé à l'incontinence, il est chaste; il a de l'aversion pour la loi grossière de l'union des sexes; cela même lui est compté comme vertu.

« Ayant renoncé au mensonge, il a de l'aversion pour toute parole menteuse; il dit la vérité, il est tout à la vérité, il est sûr, digne de confiance, ennemi de la fausseté dans ses rapports avec les hommes; cela même lui est compté comme vertu.

« Ayant renoncé à tout langage médisant, il a de l'aversion pour la médisance. Il ne va pas répéter ce qu'il a entendu ici pour brouiller ceux-là, ou ce qu'il a entendu là-bas pour brouiller ceux-ci; il réconcilie ceux qui sont divisés; il ne sépare pas ceux qui sont unis; il se plaît dans la conciliation, il l'aime, il est passionné pour elle, il tient un langage capable de la produire; cela même lui est compté comme vertu.

« Ayant renoncé à tout langage grossier, il a de l'aversion pour un tel langage. Tout langage doux, agréable aux oreilles, affectueux, allant au cœur, poli[1], aimé de beaucoup de gens, gracieux pour beaucoup de gens, c'est ce langage qu'il emploie; cela même lui est compté comme vertu.

« Ayant renoncé aux discours frivoles, il éprouve de l'aversion pour tout langage de ce genre. Parlant à propos, d'après ce qui est, d'une manière sensée, selon la loi, selon la discipline, il tient un langage plein de choses, un langage qui, selon l'occasion, se cache sous des figures, qui a une mesure convenable et qui a un objet. Cela même lui est compté comme vertu.

« Il a de l'aversion pour détruire quoi que ce soit de la collection des graines ou de celle des créatures; il ne prend qu'un repas; il s'abstient [de manger] la nuit; il n'aime pas à manger hors de saison; il n'aime pas à voir les danses, les chants, les concerts, les représentations dramatiques.

« Il a de l'aversion pour les actes qui consistent à se couvrir, à se parer et à s'orner de guirlandes, de parfums, de substances onctueuses. Il n'aime pas un lit élevé ni un grand lit. Il a de l'aversion pour recevoir de l'or ou de l'argent, du grain qui n'est pas encore mûr, [f. 17 *b*] de la viande crue, une femme ou une jeune fille, un esclave de l'un ou de l'autre sexe, un bouc, un bélier, un coq, un porc, un éléphant, un bœuf, un cheval, une jument. Il a de l'aversion pour recevoir un champ cultivé ou une propriété. Il n'aime pas à remplir les commissions inférieures dont on charge un messager. Il a de l'aversion pour le négoce. Il a de l'aversion pour frauder sur les poids et sur les mesures de capa-

[1] Le texte se sert du mot *pôri*, que je prends pour un dérivé de *pura*, et qui doit signifier « qui appartient « aux villes, langage des villes. »

cité et de longueur. Il éprouve de l'aversion à pratiquer les voies tortueuses, la fraude, la ruse et les actions blâmables. Il n'aime pas à trancher, à frapper, à serrer dans des liens, à gratter, à couper, à faire des actes de violence[1].

« 'Quand le Religieux, jeune Brâhmane, n'aime pas à trancher, à frapper, à serrer dans des liens, à gratter, à couper, à faire des actes de violence, cela même lui est compté comme vertu.'

« Comme on voit de respectables Samaṇas ou Brâhmanes, qui après avoir pris des aliments dignes de confiance, s'occupent à détruire quelque chose de ce qui appartient à la collection des germes ou à celle des êtres, par exemple un germe de racine, un germe de tige, un germe de rejeton, un germe de tête, un germe de graine, ce qui forme la cinquième espèce de germe; lui au contraire il a de l'aversion pour détruire ainsi quelque chose de ce qui appartient à la collection des germes ou à celle des êtres; cela même lui est compté comme vertu.

« Comme on voit de respectables Samaṇas ou Brâhmanes, qui après avoir pris des aliments dignes de confiance, s'appliquent à jouir de la présence des choses qui suivent, par exemple de la présence d'aliments, de celle de boissons, de vêtements, de chars, de lits, ' de parfums, ' de viandes; lui au contraire il a de l'aversion pour jouir de la présence de pareilles choses. Cela même lui est compté comme vertu.

« Comme on voit de respectables Samaṇas ou Brâhmanes, qui après avoir pris des aliments dignes de confiance, s'appliquent à aller voir de tels spectacles[2], par exemple des danses, des chants, des concerts, des représentations dramatiques, des récits, de la musique jouée avec les mains, des bardes, des poteaux et des jarres[3], des Tchaṇḍâlas qui font des tours d'adresse[4], des joueurs de bâton[5], des combats d'éléphants, de chevaux,

[1] Dans le *Brahma djâla sutta*, cette partie du texte a le titre de « Fin des règles fondamentales de moralité, » *Mûlasîlaṁ niṭṭhitaṁ.*

[2] Je traduis ainsi *visûkadassanaṁ*, d'après le sens qu'a en singhalais *visûka*, « représentation dramatique » (Clough, *Singhal. Diction.* t. II, p. 665, et ci-dessus, p. 444); mais je dois avertir que l'interprète barman du *Pâṭimôkkha* entend tout autrement ce terme et le traduit ainsi : « la vue de ce qui est comme les épines « de la sainte loi, savoir, la danse, etc. » (*Pâṭimôkkha*, f. 62 *a* du man. de la Biblioth. nat. et p. 588 de ma copie.) C'est là du moins la seule manière dont je puisse comprendre cette glose où le terme *ngróng* (*épine*, selon Judson), a peut-être un autre sens. La valeur de « représentation dramatique » sort assez bien de celle du radical *sûtch*, « indiquer, exprimer; » *visûka* revient à dire « ce par quoi on exprime, on ma« nifeste des sentiments. »

[3] Ici encore le texte est obscur pour moi; *kumbhathûnaṁ* donne littéralement le sens que j'ai adopté; mais ce sens ne nous apprend rien sur la nature de la représentation dont il s'agit; faut-il traduire, « des poteaux surmontés de jarres, » peut-être pour servir de but, ou prendre *kumbha* dans le sens du singhalais *kumba*, « mât, » et dire, « des poteaux « dressés comme des mâts? »

[4] Ce sens est fort douteux, parce qu'au lieu de lire comme le *Sâmaññaphala* le fait, *sôbhanakarakam*, qui semble se rapporter au mot suivant *tchaṇḍâlaṁ*, le *Brahma djâla* lit en cet endroit *sôbhanagarakaṁ*. Ce dernier composé rappelle le mot de *nagarasôbhinî*, « la belle de la ville, » ou « la courtisane, » comme on sait qu'il en existait dans les grandes villes de l'Inde et notamment à Vâiçâlî, du temps de Çâkya. Le *sôbhanagaraka* du *Brahma djâla*, malgré le déplacement des termes *sôbha* et *nagaraka* dont il se compose, se prête peut-être à la même explication. D'après cette supposition, il faudrait traduire : « les « beautés de la ville, les Tchaṇḍâlas. »

[5] Je ne suis pas certain de la véritable signification de ce terme *vaṁçadhôvanaṁ*; en tirant *dhôvana* de *dhû*, on traduira : « l'action d'agiter un bam-

de buffles, de taureaux, de boucs, de béliers, de perdrix[1], des combats au bâton ou à coups de poings, une armée qui sort de ses retranchements, une armée qui s'avance pour combattre, une réunion de troupes, une armée rangée en bataille, des bataillons réunis[2]; lui au contraire il a de l'aversion pour aller voir de tels spectacles. Cela même lui est compté comme vertu.

« Comme on voit de respectables Samaṇas ou Brâhmanes, qui après avoir pris des aliments dignes de confiance, se livrent à la pratique d'un acte aussi fait pour troubler l'esprit que le jeu, comme par exemple l'*aṭṭhapada* (le jeu des huit parties), le *dasapada* (le jeu des dix parties), l'*âkâsa*, le *parihârapatha*, le *santika*, le *balika*[3], le *ghaṭika* (le jeu du pot), le *salâkahattha* (le jeu des baguettes dans la main), l'*akkha* (le jeu de dés),

« bou, » c'est-à-dire « le jeu du bambou, » ou plus clairement « le jeu du bâton. » Mais si *dhôvanam* (qui serait mieux alors *dhâvanam*) signifiait « l'action de « courir, » on traduirait, soit « la course avec un bam- « bou, » soit « la course sur un bambou, » et ce dernier jeu pourrait n'être qu'un synonyme du métier de danseur de corde. Chez les commentateurs brâhmaniques, *vaṁçanartin* est expliqué par *vaṁçêna nartanaçîla*, « celui qui sait danser avec un bambou. » (Weber, *Ind. Studien*, t. I, p. 157.) Au reste, ce terme est écrit assez diversement dans mon manuscrit, où on lit tantôt *vaṁsaṁdhôvanaṁ*, et tantôt *vâsandhôvanaṁ*. On ne peut guère songer au sens de « laveur « de vêtements, » sens auquel ferait penser la leçon de *vâsan*, et celle de *dhôvana*, pris dans l'acception qu'il a en singhalais. Peut-être que *vaṁsaṁdhôvanaṁ*, réuni en un composé imparfait, signifie l'action de laver un bambou et fait allusion à quelque cérémonie, comme serait celle de dresser un bambou et de l'arroser d'eau en vue d'un certain résultat.

[1] Le manuscrit lit en un endroit *vaddhaka*, et dans l'autre *vaṭṭaka*; j'en fais le sanscrit *vartaka*.

[2] Le texte a ici *nibbuddhaṁ uyyôdhikaṁ balaggaṁ sênâvyûhaṁ anîkadassanaṁ*; ce passage présente quelque ambiguïté, parce qu'on ne sait pas si tous ces mots sont indépendants les uns des autres, ou s'il faut les grouper autour de certains substantifs auxquels ils se rapporteraient, comme *balaggaṁ*, « le « front des troupes, » ou *sênâvyûhaṁ*, « l'armée en ba- « taille. » Heureusement que le *Pâṭimôkkha*, et surtout le commentaire barman qui l'accompagne dans le manuscrit de la Bibliothèque nationale, vient ici à notre secours. Voici comment ces termes y sont successivement interprétés. D'abord, ils sont tous détachés les uns des autres et subordonnés seulement à l'idée de voir, de regarder; car il s'agit de spectacles dont le Religieux doit s'interdire la vue. Le premier *nibbuddhaṁ* est lu *uyyuttaṁ* par le *Pâṭimôkkha*, leçon qui parait au premier abord très-éloignée de celle de notre *Sutta*, mais que je crois être plus correcte par les raisons suivantes. Mon manuscrit du *Dîgha nikâya* a en effet, en un endroit, *niyyuddhaṁ*, mot où reparaît le *y* nécessaire; je remarque ensuite que les copistes singhalais confondent souvent *ddha* avec *tta*: cela a lieu surtout pour le nom de la perdrix *vattaka* (en sanscrit *vartaka*), qu'ils écrivent constamment *vaddhaka*. Cette remarque nous donne *niyyuttaṁ*, pour le sanscrit *niryuktaṁ*, ce qui revient, sauf le préfixe, à *uyyuttaṁ* du *Pâṭimôkkha*, pour le sanscrit *udyuktaṁ*. Le premier de ces participes signifierait bien *lancé dehors*, comme le second veut dire *alerte*, *actif*. Le commentaire barman du *Pâṭimôkkha*, faisant rapporter le dernier adjectif à *sênam*, qui manque dans notre *Sutta*, traduit *uyyuttam* par « une armée « sortie de la forteresse » (*mroiv mha thrak so tchatch saṅ*). L'explication des termes suivants ajoute, comme on va le voir, à la vraisemblance de cette interprétation. La glose barmane traduit *uyyôdhikaṁ*, « le « lieu où une armée s'est avancée pour combattre, « le champ de bataille » (*tak rhve tak rhve tchatch thoiv rà arap*). Le mot suivant *balaggaṁ*, qui semblerait devoir signifier « le bout, le front de l'armée, » est traduit par la même glose : « le lieu de réunion des « troupes » (*boil tcha rà arap*). Il n'y a pas de doute sur *sênâvyûhaṁ*, qui signifie bien « une armée en ba- « taille, » selon la glose, « le lieu où l'armée est rangée « en bataille » (*tchatch tchhang rà arap*). Enfin *anîkadassanaṁ* signifie « la vue des bataillons, » selon la glose « la vue des groupes d'éléphants, etc. » (*tchhang apòng tcha saṅ koi cha khrang*.)

[3] Le manuscrit du *Sabha* a, en un endroit, *sannibalika*.

le *paǧgatchîra,* le *vaǧkaka* (le jeu crochu), le *môkkha* (le jeu de la délivrance), le *tchika*[1], le *tchiǧgulaka,* le *pattâḷhaka* (le boisseau de feuilles), le *rathaka* (le jeu du char), le *dhanuka* (le jeu de l'arc), l'*akkharika* (le jeu des lettres), le *manôsika* (le jeu de penser), le *yathâvadjdja* (le jeu selon ce qu'on exclut); lui au contraire il a de l'aversion pour se livrer à la pratique d'un acte aussi fait pour troubler l'esprit que le jeu. Cela même lui est compté comme vertu.

« Comme on voit de respectables Samaṇas ou Brâhmanes, qui après avoir pris des aliments dignes de confiance, recherchent un lit élevé, un grand lit, par exemple une chaise longue, un bois de lit, une couverture de laine, une couverture de couleurs bariolées, une couverture de laine blanche, une couverture de laine à fleurs, une couverture de coton, un tapis de laine avec figures d'animaux[2], une couverture à poils des deux côtés, une couverture à poils d'un seul côté, une couverture de soie, un tapis de soie, un tapis de laine assez large pour seize danseuses, une housse d'éléphant, une housse de cheval, un tapis pour un char, une housse faite d'une peau d'antilope, une couverture et un tapis faits de la peau de la gazelle *kâdalî*, enfin un lit muni de tentures extérieures et d'un oreiller rouge des deux côtés[3]; lui au contraire il a de l'aversion pour un lit élevé, pour un grand lit. Cela même lui est compté comme vertu.

« Comme on voit de respectables Samaṇas ou Brâhmanes, qui après avoir pris des aliments dignes de confiance, aiment à se livrer au soin de se parer et de s'orner de la manière suivante, par exemple en se parfumant, en se frottant de substances onctueuses, en se baignant, en se faisant masser[4], en se servant du miroir, de collyres, ' de collyres pour chaque membre, ' de guirlandes, d'onguents, de poudres odoriférantes pour la bouche, de liniments pour la bouche, de bandages pour les mains, en se liant les cheveux en forme de crête, en portant un bâton, un nymphæa, un poignard, un parasol, des chaussures bariolées, un turban, une pierre précieuse, un chasse-mouche, des vêtements blancs et ornés de longues franges; lui au contraire il a de l'aversion pour se livrer au soin de se parer et de s'orner de cette manière [f. 18 *a*]. Cela même lui est compté comme vertu.

« Comme on voit de respectables Samaṇas ou Brâhmanes, qui après avoir pris des aliments dignes de confiance, se livrent à des entretiens grossiers, comme des conversations sur le roi, les voleurs, les grands ministres, l'armée, les dangers, les combats, les aliments, les boissons, les vêtements, les lits, les guirlandes, les odeurs, la parenté, les chars, les villages, les bourgs, les villes, les provinces, les femmes, les héros[5], les outils de labour, l'endroit où sont les jarres, les anciens trépassés, des sujets divers, les dé-

[1] Ou *môkkhatchika*, et ailleurs *mêkkhatchika*.

[2] Ce terme est, dans le texte, *vikatikaṁ*, accus. de *vikatikâ*, qui, selon Clough (*Abhidh. ppadip.* l. II, chap. III, sect. 3, st. 31, p. 40), signifie « *woollen carpet worked with the figures of lions, tigers*, etc. C'est par conjecture que je traduis par *couverture de coton*, le mot *tûlikatikaṁ*, écrit ailleurs *tûlikaṁ*.

[3] Le manuscrit a, dans un autre endroit, *abhatôlôhitaṁ kûṭapadhânaṁ*.

[4] Cette traduction est toute conjecturale; le manuscrit a dans un endroit *sambâǧgaṇaṁ*, et dans un autre *sabbâhanaṁ*, où je vois le sanscrit *saṁvâhana*.

[5] Le manuscrit donne en un endroit *sûra kathaṁ* et dans un autre *.ûkara kathaṁ*, « les porcs. »

sastres arrivés dans le monde, les accidents de mer, les choses qui sont et celles qui ne sont pas; lui au contraire il a de l'aversion pour se livrer à des entretiens grossiers de ce genre. Cela même lui est compté comme vertu.

« Comme on voit de respectables Samaṇas ou Brâhmanes, qui après avoir pris des aliments dignes de confiance, aiment à se livrer à des conversations malveillantes, qui disent par exemple : Toi, tu ne connais pas la Discipline de la loi; moi je la connais; comment pourras-tu connaître la Discipline de la loi? tu suis de fausses pratiques; moi je suis les véritables pratiques; j'ai souffert, moi; toi, tu n'as pas souffert; tu as dit après ce qu'il fallait dire avant, et dit avant ce qu'il fallait dire après [1]; tu n'as pas surmonté l'obstacle; tu as reculé en arrière; tu as produit un schisme; tu es exclu; ou bien, pour t'affranchir des opinions flottantes, débrouille-toi si tu peux; lui au contraire il a de l'aversion pour des conversations malveillantes de ce genre. Cela même lui est compté comme vertu.

« Comme on voit de respectables Samaṇas ou Brâhmanes, qui après avoir pris des aliments dignes de confiance, aiment à remplir les commissions inférieures dont on charge un messager, par exemple les commissions que donnent des rois, des grands conseillers royaux, des Kchattriyas, des Brâhmanes, des maîtres de maison, des jeunes gens qui disent : Viens ici, va là-bas; prends ceci; porte ceci là-bas; lui au contraire il n'aime pas à remplir les commissions inférieures dont on charge un messager. Cela même lui est compté comme vertu.

« Comme on voit de respectables Samaṇas ou Brâhmanes, qui après avoir pris des aliments dignes de confiance, font le métier de jongleurs, de devins, d'astrologues, d'enchanteurs, et qui n'ont d'émulation que pour le gain; lui au contraire il a de l'aversion pour ce langage de tromperie. Cela même lui est compté comme vertu [2].

« Comme on voit de respectables Samaṇas ou Brâhmanes, qui après avoir pris des aliments dignes de confiance, se font des moyens d'existence [f. 51 *a* [3]] à l'aide d'une science grossière et par une vie de mensonge, par exemple par les signes des membres, par la naissance, les songes, les marques de ce qui est rongé par les rats [4], et aussi par le Hôma du feu, le Hôma de la cuillère, le Hôma de la paille, le Hôma du grain, le Hôma du riz vanné, le Hôma du beurre clarifié, le Hôma de l'huile de sésame, le Hôma de la bouche, le Hôma du sang, la connaissance des Aggas, celle de l'architecture, celle des champs, celle du bonheur, celle des êtres (ou des Bhûtas), celle des serpents, des poisons, des scorpions, des rats, des faucons, des corbeaux, comme aussi par la considération des ailes, l'art de garantir des flèches, la connaissance des cercles des gazelles; lui au contraire il a de l'aversion pour se faire de tels moyens d'existence à l'aide d'une science grossière et par une vie de mensonge. Cela même lui est compté comme vertu.

« Comme on voit de respectables Samaṇas ou Brâhmanes, qui après avoir pris des

[1] Le texte, dans deux endroits, dit à tort, *avatchaniyaṁ*, « ce qu'il ne fallait pas dire. »

[2] Dans le *Brahma djâla*, cette partie du texte se termine ainsi : « Fin de la moralité moyenne, » *Madjdjhimaçîlaṁ niṭṭhitaṁ*.

[3] Ce chiffre et ceux qui le suivront à partir de f. 51 *a*, indiquent la page du *Subha sutta* dans mon manuscrit du *Dîgha nikâya*.

[4] L'expression du texte est *mûsikâtchtchhinna*, « coupé par les rats. »

aliments dignes de confiance, se font des moyens d'existence à l'aide d'une science grossière et par une vie de mensonge, par exemple par la connaissance des signes des joyaux, des signes des bâtons, des signes des étoffes, des signes des glaives, des signes des flèches (*usu*), des signes des arcs, des signes des armes, des signes des femmes, des hommes, des jeunes gens, des jeunes filles, des esclaves, des femmes esclaves, des signes des éléphants, des chevaux, des buffles, des taureaux [f. 18 *b*], des vaches, des chèvres, des boucs, des coqs, des perdrix, des ichneumons, des *Karṇikâs*[1], des tortues, des gazelles; lui au contraire il a de l'aversion pour se faire des moyens de vivre à l'aide d'une science grossière et par une vie de mensonge. Cela même lui est compté comme vertu.

« Comme on voit de respectables Samaṇas ou Brâhmanes, qui après avoir pris des aliments dignes de confiance, se font des moyens d'existence à l'aide d'une science grossière et par une vie de mensonge, par exemple en disant : Il y aura une sortie de Râdjas; il y aura une invasion de Râdjas; il y aura attaque des Râdjas de l'intérieur; il y aura fuite des Râdjas de l'extérieur; il y aura attaque des Râdjas de l'extérieur; il y aura fuite des Râdjas de l'intérieur; il y aura victoire des Râdjas de l'intérieur; il y aura défaite des Râdjas de l'extérieur; il y aura victoire de celui-ci, défaite de celui-là; lui au contraire il a de l'aversion pour se faire des moyens d'existence à l'aide d'une science grossière de ce genre et par une vie de mensonge. Cela même lui est compté comme vertu.

« Comme on voit de respectables Samaṇas ou Brâhmanes, qui après avoir pris des aliments dignes de confiance, se font des moyens d'existence à l'aide d'une science grossière et par une vie de mensonge, par exemple en disant : Il y aura éclipse de lune; il y aura éclipse de soleil; il y aura éclipse d'une constellation; le soleil et la lune marcheront dans leur route; le soleil et la lune s'écarteront de leur route; les constellations suivront leur route; les constellations s'écarteront de leur route; il y aura chute d'un météore; il y aura incendie des points de l'horizon; il y aura tremblement de terre; on entendra les timbales des Dêvas; il y aura ascension, retraite, travail ou disparition des constellations devant le soleil ou la lune; l'éclipse de lune, l'éclipse de soleil, l'éclipse des constellations auront tel et tel résultat; si le soleil et la lune suivent leur route, s'ils s'écartent de leur route, si les constellations suivent leur route, si elles s'écartent de leur route, s'il tombe un météore, si les points de l'horizon sont enflammés, s'il y a un tremblement de terre, si l'on entend les timbales des Dêvas, s'il y a ascension, retraite, travail ou disparition des constellations devant le soleil et la lune, ces divers phénomènes auront tel et tel résultat; lui au contraire il a de l'aversion pour se faire des moyens d'existence à l'aide d'une science grossière de ce genre et par une vie de mensonge. Cela même lui est compté comme vertu[2].

[1] Ce mot doit désigner un animal à longues oreilles, mais je ne sais lequel.

[2] Cette énumération de prodiges, ainsi que celles qui précèdent et qui suivent, rappellent les énoncés analogues de l'*Adbhuta brâhmaṇa* du Sâmavêda, que vient de nous faire connaître Weber. (*Indische Studien*, t. I, p. 39 et suiv.) On comparera avec intérêt l'exposé du *Brâhmaṇa* à celui de notre *Sutta*; non que les termes en soient identiquement les mêmes, mais parce que ces termes portent de part et d'autre sur les mêmes phénomènes, les tremblements de terre, les météores, les prodiges, etc. Il importe d'ailleurs

« Comme on voit de respectables Samaṇas ou Brâhmanes, qui après avoir pris des aliments dignes de confiance, se font des moyens d'existence à l'aide d'une science grossière et par une vie de mensonge, par exemple en disant : Il y aura grande abondance de pluie; il y aura grande rareté de pluie; il y aura bonne récolte; il y aura disette; il y aura prospérité; il y aura calamité; il y aura maladie; il y aura santé; ou par l'annonce de l'avenir à l'aide du calcul des diagrammes; ou encore par la connaissance de la poésie et par la doctrine des Lôkâyatas; lui au contraire il a de l'aversion pour se faire des moyens d'existence à l'aide d'une science grossière et par une vie de mensonge. Cela même lui est compté comme vertu.

« Comme on voit [f. 51 *b*] de respectables [f. 19 *a*] Samaṇas ou Brâhmanes, qui après avoir pris des aliments dignes de confiance, se font des moyens d'existence à l'aide d'une science grossière et par une vie de mensonge, par exemple en faisant des conjurations, en détournant des conjurations, en employant des charmes, en détruisant des charmes [1], en jetant des sorts, en détournant des sorts, en produisant le bonheur, en produisant le malheur, en causant la stérilité [chez les femmes], en rendant la langue muette, en frappant la joue, en murmurant des paroles sur les mains, en murmurant des mots à l'oreille, en interrogeant un miroir [2], en interrogeant les jeunes filles et les Dêvas, en rendant un culte au soleil, en servant les grands, en portant de la lumière devant quelqu'un, en faisant des invocations sur la tête d'un autre; lui au contraire il a de l'aversion pour se faire des moyens d'existence à l'aide d'une science grossière de ce genre et par une vie de mensonge. Cela même lui est compté comme vertu.

« Comme on voit de respectables Samaṇas ou Brâhmanes, qui après avoir pris des aliments dignes de confiance, se font des moyens d'existence à l'aide d'une science grossière et par une vie de mensonge, par exemple en pratiquant les cérémonies propitiatoires, la consécration, la cérémonie qui assure le succès, le *Bhûrikamma* [3], l'acte du *Vassa* (*Vachat*), du *Vôssa* (*Vâuchat*), la cérémonie des substances, la préparation des substances [4],

de signaler les points par lesquels la rédaction des anciens traités buddhiques, si différente à bien des égards de celle des livres brâhmaniques antérieurs à notre ère, s'en rapproche cependant et annonce une méthode et des procédés analogues.

[1] Les mots du texte sont *âvâhaṇaṁ vivâhaṇaṁ saṁvadanaṁ vivadanaṁ;* comme tout ce morceau a trait aux pratiques des sorciers, je me suis appuyé sur le sens de *saṁvadana* et de *âvâhaṇa* pour traduire comme je l'ai fait. Il est évident que ces quatre termes sont opposés deux à deux l'un à l'autre. Si *saṁvadana* exprime l'action de soumettre quelqu'un à l'aide d'incantations, *vivadana* doit exprimer l'action d'éloigner l'effet de pareilles pratiques. La version que je donne de *âvâhaṇa* et de *vivâhaṇa* est plus conjecturale. On pourrait y voir « l'action d'inviter les parties pour un « mariage, et celle de le conclure; » mais *âvâhana*, en sanscrit, désigne déjà, d'après Wilson, une certaine position des mains et des pouces qui a sans doute rapport à la magie : j'ai traduit *âvâhaṇa* dans le sens de « l'action d'amener sur, » sens que ce mot peut avoir étymologiquement.

[2] Le texte a en un endroit *âdâsadjappanaṁ*, « l'ac« tion de s'entretenir avec un miroir, » et dans un autre *âdâsapañhaṁ;* c'est d'après cette dernière leçon que j'ai traduit.

[3] Le terme de *Bhûrikamma* n'est peut-être qu'une allusion à la fameuse formule brâhmanique *bhûr bhuvaḥ svar;* les termes qui viennent ensuite et de l'interprétation desquels je suis plus sûr, le donneraient à penser.

[4] Le texte du *Subha sutta* lit *paṭikiraṇaṁ*, ce qui signifie probablement « l'action de répandre en dis« tribuant, ou l'aspersion. »

le rincement de la bouche, le bain, l'acte de traire la vache, de faire vomir, de purger, de purger par le haut, de purger par le bas, de purger la tête, d'oindre les oreilles d'huile, de baigner les yeux, de faire éternuer, d'appliquer du collyre aux yeux, d'appliquer les collyres particuliers [à chaque membre], d'employer le morceau de bois [à nettoyer les dents], de faire usage de la lancette, de soigner les enfants, d'employer des médicaments faits avec des racines, d'attacher des herbes médicinales [au corps d'un malade[1]]; lui au contraire il a de l'aversion pour se faire des moyens d'existence à l'aide d'une science grossière de ce genre et par une vie de mensonge. Cela même lui est compté comme vertu.

« Le Religieux, grand roi, qui est ainsi doué de ces vertus, n'aperçoit de quelque côté que ce soit aucun sujet de crainte, comme serait la crainte venant des restrictions de la morale. Tout de même, grand roi, qu'un monarque de race Kchattriya, consacré par l'aspersion royale, qui a détruit ses adversaires, n'aperçoit de quelque côté que ce soit aucun sujet de crainte, comme serait le danger venant d'un adversaire, de la même manière, grand roi, le Religieux qui est ainsi doué de ces vertus, n'aperçoit de quelque côté que ce soit aucun sujet de crainte, comme serait la crainte venant des restrictions morales. Doué de cette masse sublime de vertus, il ressent un plaisir intérieur que rien ne peut altérer. C'est de cette manière, grand roi, qu'un Religieux est doué de vertu[2].

« Et comment, grand roi, le Religieux ferme-t-il la porte de ses sens? Ici-bas, grand roi, le Religieux ayant vu la forme avec sa vue, n'en saisit pas le signe, n'en saisit pas le caractère. En effet, voici le sujet de ses réflexions : Si l'organe de la vue n'est pas retenu, s'il se disperse de côté et d'autre, de violents désirs, le désespoir, le péché et les conditions coupables se répandront à sa suite[3]. Alors il parvient à le contenir; il le surveille; il arrive à mettre un frein sur l'organe de la vue. De la même manière, ayant entendu le son avec l'ouïe, flairé l'odeur avec l'odorat, goûté la saveur avec le goût, perçu l'attribut tangible avec le corps (le toucher répandu dans tout le corps), connu la loi (ou l'in-

[1] Dans la partie du *Digha nikâya* qui renferme le *Brahma djâla*, ce morceau est terminé par les mots *Mahâsîlaṁ niṭṭhitaṁ*, « Fin de la grande moralité. »

[2] Après cet exposé, le *Subha sutta* continue ainsi : « C'est là, jeune Brâhmane, la masse sublime des vertus dont Bhagavat a fait l'éloge, qu'il a fait accepter à la foule du peuple, dans laquelle il l'a introduite, dans laquelle il l'a établie. — Y a-t-il pour moi ici quelque chose de plus à faire? C'est une chose surprenante, ô Ânanda [reprit le jeune Brâhmane], c'est une chose merveilleuse, c'est un puissant moyen de succès que cette sublime masse de vertus qui est achevée et non inachevée. Je n'aperçois pas, ô Ânanda, hors d'ici, dans les autres Samaṇas ou Brâhmanes, une masse sublime de vertus aussi achevée; et si les autres Samaṇas ou Brâhmanes pouvaient voir hors d'ici en eux-mêmes une masse de vertus aussi achevée, ils n'en seraient cependant satisfaits en aucune manière. C'est assez de cette exposition; par cette exposition se trouve atteint pour nous le résultat général. — Il n'y a donc pour nous rien de plus à faire ici? — Cependant, respectable Ânanda, tu t'es exprimé ainsi : Y a-t-il pour moi ici quelque chose de plus à faire? Quelle est donc, ô Ânanda, la masse sublime de méditations dont le bienheureux Gôtama a fait l'éloge, qu'il a fait accepter à la foule du peuple, dans laquelle il l'a introduite, il l'a établie? »

[3] Le texte se sert, pour exprimer cette idée, du verbe *anvâssavêyyuṁ*, « ils s'écouleraient à la suite; » je note ici en passant, parce que j'y reviendrai plus tard, le rapport de ce verbe avec le terme d'*âçrava*, en pâli *âsava*, « péché, faute, » qui en dérive. (Voy. ci-dessus, p. 288, et plus bas, *Appendice*, n° XIV.)

dividu) avec l'esprit, il n'en saisit pas le signe, il n'en saisit pas le caractère. Voici le sujet de ses réflexions : Si l'organe de l'esprit (*manindriya*) n'est pas retenu, s'il se disperse de côté et d'autre, de violents désirs, le désespoir, le péché et les conditions coupables se répandront à sa suite. Alors il parvient à le contenir; il le surveille; il arrive à mettre un frein sur l'organe de l'esprit. Celui qui est doué de ce sublime empire sur ses sens, ressent un plaisir intérieur que rien ne peut altérer. C'est de cette manière, grand roi, que le Religieux ferme la porte de ses sens.

« Et de quelle manière, grand roi, le Religieux est-il doué de mémoire et de connaissance? Ici-bas, grand roi, le Religieux garde sa connaissance, quand il s'avance vers quelqu'un, et quand on s'avance vers lui; quand il regarde en avant et qu'il examine avec attention; il la garde, quand il se ramasse sur lui-même et quand il s'allonge[1]; quand il prend son manteau, son vase, son vêtement, quand il mange, quand il boit, quand il goûte, quand il se couche, quand il satisfait aux besoins naturels, quand il marche, quand il s'arrête, quand il s'assied, quand il dort, quand il se réveille, quand il parle, quand il garde le silence; c'est de cette manière, grand roi, que le Religieux est doué de mémoire et de connaissance.

« Et comment, grand roi, le Religieux [f. 19 *b*] est-il satisfait? Ici-bas, grand roi, le Religieux est satisfait du vêtement qui entoure son corps et de la portion de nourriture qui remplit son ventre. Le Religieux, en quelque endroit qu'il aille, y va ramassant toujours; de la même manière, grand roi, que le faucon aux grandes ailes, quand il s'en va déchirant de côté et d'autre, le fait toujours en emportant ce qu'il a ramassé, de même, grand roi, le Religieux est satisfait du vêtement qui entoure son corps, et de la portion de nourriture qui remplit son ventre; en quelque endroit qu'il aille, il y va ramassant toujours. C'est ainsi, grand roi, que le Religieux est satisfait.

« Le Religieux doué de cette masse sublime de vertus et de ce sublime empire sur ses sens, ainsi que de cette mémoire et de cette connaissance sublimes, et de cette sublime satisfaction, recherche un lit et un siége isolé, le désert, le tronc des arbres, le creux des rochers, les cavernes des montagnes, les cimetières, les clairières des bois, l'étendue du ciel, un tas de branchages. Revenu de la récolte des aumônes, il s'assied après le repas les jambes croisées, tenant son corps droit, rappelant devant lui sa mémoire. Alors ayant abandonné toute cupidité pour le monde, il reste avec son esprit libre de toute cupidité, il purifie son esprit de toute cupidité; ayant renoncé au vice de méchanceté, il reste avec son esprit exempt du vice de méchanceté; plein de miséricorde et de bonté pour toute créature et tout être, il purifie son esprit du vice de méchanceté. Ayant renoncé à la paresse et à l'indolence, il reste avec son esprit exempt de ces défauts. Ayant conscience de son regard, plein de mémoire, ayant toute sa connaissance, il purifie son esprit de l'indolence et de la paresse. Ayant renoncé à l'orgueil et aux mauvaises actions, il reste avec son esprit exempt de ces vices; sentant au dedans de lui son esprit calme, il le purifie de l'orgueil et des mauvaises actions. Ayant renoncé au doute, il demeure affranchi de tous

[1] Le texte se sert des mots *sammiñdjité* et *pasârité* que j'ai examinés plus haut, f. 4 *a*, p. 305 et 306.

les doutes; ne faisant plus de questions ni de demandes touchant les conditions vertueuses, il purifie son esprit de tout doute.

« De même, grand roi, qu'un homme qui après avoir contracté une dette, en consacrerait l'argent à des affaires de commerce, verrait réussir ses entreprises, éteindrait alors ses anciennes dettes, et trouverait qu'il lui reste après de quoi soutenir une femme; puis qui se dirait alors : Après avoir autrefois contracté une dette, j'en ai consacré l'argent à des affaires de commerce; ces entreprises m'ont réussi; j'ai pu éteindre mes anciennes dettes, et voilà qu'il me reste encore après de quoi soutenir une femme; un tel homme certainement retirerait de cette situation du contentement, il éprouverait de la satisfaction.

« De même, grand roi, qu'un homme affligé d'une maladie, souffrant, en proie à un mal violent, auquel la nourriture ne profiterait pas, qui n'aurait pas dans le corps la moindre force, et qui dans un autre temps serait délivré de cette grande maladie, verrait la nourriture lui profiter, et sentirait de la force dans son corps; puis qui se dirait alors : Autrefois j'étais affligé de maladie, souffrant, en proie à un mal violent, la nourriture ne me profitait pas et je n'avais pas dans le corps la moindre force, et voilà qu'aujourd'hui je suis délivré de cette grande maladie, que la nourriture me profite, que je me sens de la force dans le corps; un tel homme certainement retirerait de cette situation du contentement, il éprouverait de la satisfaction.

« De même, grand roi, qu'un homme qui serait enchaîné dans une prison, et qui dans un autre temps viendrait à être délivré de ses liens, serait sain et sauf, sans dommage, et ne manquerait d'aucun objet de jouissance; puis qui se dirait alors : Autrefois j'étais enchaîné dans une prison, et voilà qu'aujourd'hui je suis délivré de ces liens, que je suis sain et sauf, sans dommage, et qu'il ne me manque aucun objet de jouissance; un tel homme certainement retirerait de cette situation du contentement, il éprouverait de la satisfaction.

« De même, grand roi [f. 52 *b*], qu'un homme qui serait esclave, qui ne serait pas son maître, qui dépendrait d'un autre, qui ne pourrait aller où il voudrait, et qui dans un autre temps viendrait à être délivré de cet esclavage, qui serait son maître, qui ne dépendrait plus d'un autre, qui serait indépendant et qui pourrait aller où il voudrait; puis qui se dirait alors : Autrefois j'étais esclave, je n'étais pas mon maître, je dépendais d'un autre, je ne pouvais aller où je voulais, et voilà qu'aujourd'hui je suis délivré de cet esclavage, je suis mon maître, je ne dépends plus de personne, je suis indépendant et je puis aller où je veux; un tel homme certainement retirerait de cette situation du contentement, il éprouverait de la satisfaction.

« De même, grand roi, qu'un homme riche, opulent, qui serait tombé dans un chemin difficile, qui trouverait difficilement de quoi se nourrir et non sans danger, et qui dans un autre temps franchirait ce chemin difficile, sain et sauf, et arriverait à l'extrémité d'un village en sûreté, sans crainte; puis qui se dirait alors : Moi qui autrefois [f. 20 *a*] étant riche, opulent, suis tombé dans un chemin difficile, où je trouvais difficilement de quoi me nourrir et non sans danger, voilà qu'aujourd'hui j'ai franchi ce chemin difficile, sain et sauf, et que je suis arrivé à l'extrémité d'un village en sûreté, à l'abri de la crainte;

un tel homme certainement retirerait de cette situation du contentement, il éprouverait de la satisfaction.

« De la même manière, grand roi, le Religieux reconnaît que les cinq obstacles qui sont comme une dette, comme la maladie, comme la prison, comme l'esclavage, comme le passage dans un chemin difficile, que ces cinq obstacles, dis-je, ne sont pas détruits en lui-même; puis il s'aperçoit ensuite que les cinq obstacles sont détruits au dedans de lui, comme fait celui qui se sent exempt de dettes, de maladie, qui se sent délivré de la captivité, qui se sent indépendant, qui se sent sur un terrain sûr; et quand il voit ces cinq obstacles détruits au dedans de lui, le contentement naît dans son cœur; et après le contentement la satisfaction; une fois que son cœur éprouve de la satisfaction, la confiance descend dans son corps; une fois son corps rempli de confiance, il ressent du plaisir; une fois qu'il ressent du plaisir, son esprit médite (se renferme en lui-même[1]); s'étant détaché des objets du désir, s'étant détaché des conditions coupables, étant arrivé à la première contemplation qui est le plaisir de la satisfaction, né de la distinction et accompagné de raisonnement et de jugement, il s'y arrête. Il baigne, il inonde, il remplit, il comble son corps du plaisir de la satisfaction né de la distinction; il n'y a pas dans tout son corps un point qui ne soit en contact avec ce plaisir. De même, grand roi, que si un habile baigneur, ou si l'aide habile d'un baigneur, après avoir versé dans un bassin de cuivre des poudres odorantes pour le bain, les rassemblait en boule en les humectant avec de l'eau, cette boule destinée au bain serait enduite d'une substance onctueuse, pénétrée de cette substance, imprégnée au dedans et au dehors et toute ruisselante de cette substance[2], de même, grand roi, le Religieux baigne, inonde, remplit, comble son corps du plaisir de la satisfaction né de la distinction, et il n'y a pas dans tout son corps un point qui ne soit en contact avec ce plaisir.

« ' Lorsque le Religieux après s'être détaché des objets du désir, s'être détaché des conditions coupables, est arrivé à la première contemplation qui est le bonheur de la satisfaction né de la distinction et accompagné de raisonnement et de jugement, qu'il baigne [etc. comme ci-dessus, jusqu'à] son corps du plaisir de la satisfaction né de la distinction, cela même lui est compté comme méditation. ' C'est là, grand roi, le résultat général et prévu qui est et plus éminent et plus précieux que les autres résultats généraux et prévus dont il a été parlé précédemment.

« Encore autre chose, grand roi. Le Religieux après avoir atteint par l'anéantissement du raisonnement et du jugement à la seconde contemplation qui est le plaisir de la satisfaction né de la méditation, affranchi du raisonnement et du jugement, et où domine

[1] Dans un autre fragment du *Dîgha nikâya*, où la plus grande partie de ce *Sutta* est répétée, le monosyllabe *pé* annonce une abréviation, c'est-à-dire que le passage qui suit dans le *Sâmañña*, est supprimé; mais la reprise n'est plus la même, et elle se fait par un morceau sur la charité. (*Dîgh. nik.* f. 66 *a*.)

[2] Le mot que je traduis par *ruisselante* est *paggharaṇi* qui doit signifier *aspergé, couvert*, du radical *ghrî*; ce sens se trouve confirmé par une glose empruntée à un commentaire pâli, composé pour un ouvrage dont je n'ai pu encore découvrir le titre : l'adjectif *lôhitakaṁ*, « couvert de sang, » y est expliqué par *lôhitapaggharaṇakaṁ*, « aspergé de sang. » (*Purâṇa ṭîkâ saggaha*, f. 5 *a* de mon manuscrit.)

l'unité de l'esprit qui est le calme intérieur, le Religieux, dis-je, s'arrête dans cette contemplation. Alors il baigne, inonde, remplit, comble son corps du plaisir de la satisfaction né de la méditation, et il n'y a pas dans tout son corps un point qui ne soit en contact avec ce plaisir. C'est, grand roi, comme un étang dont l'eau déborde, et dans lequel l'eau n'a entrée ni du côté de l'Est, ni du côté de l'Ouest, ni du côté du Nord, ni du côté du Sud; si le Dêva (Indra) y faisait tomber de temps en temps de fortes averses, de manière que la pluie d'eau froide, en débordant hors de l'étang, le baignât de son eau, l'en inondât, l'en remplît, l'en comblât, alors il n'y aurait pas dans l'étang un point qui ne fût en contact avec cette eau froide. De la même manière, grand roi, le Religieux baigne, inonde, remplit, comble son corps du plaisir de la satisfaction né de la méditation, et il n'y a pas dans tout son corps un point qui ne soit en contact avec ce plaisir. ' Lorsque le Religieux baigne [etc. comme ci-dessus, jusqu'à] son corps du plaisir de la satisfaction né de la méditation, cela même lui est compté comme méditation. ' C'est là, grand roi, un résultat général et prévu qui est et plus éminent et plus précieux que les autres résultats généraux et prévus dont il a été parlé précédemment.

« Encore autre chose, grand roi [f. 53 *a*]. Le Religieux, par suite de la satisfaction et du détachement, reste indifférent, conservant sa mémoire et sa connaissance, et il éprouve du plaisir en son corps. Indifférent, plein de mémoire, s'arrêtant au sein du bonheur, ainsi que le définissent les Ariyas, après avoir atteint à la troisième contemplation, il s'y arrête. Alors il baigne, inonde, remplit, comble son corps d'un plaisir exempt de satisfaction, et il n'y a pas dans tout son corps un point [f. 20 *b*] qui ne soit en contact avec ce plaisir. De même, grand roi, que dans un étang plein de nymphæas bleus, de nymphæas rouges, de nymphæas blancs, les bleus, les rouges et les blancs nés dans l'eau, développés dans l'eau, sortis de l'eau, vivants dans l'eau où ils sont plongés, sont tous, depuis l'extrémité de la tige jusqu'à la racine, baignés, inondés, entourés, enveloppés par l'eau froide, et qu'il n'y a pas, dans tous ces nymphæas bleus, rouges et blancs, un point qui ne soit en contact avec cette eau froide; de la même manière, grand roi, le Religieux baigne, inonde, remplit, comble son corps d'un plaisir exempt de satisfaction, et il n'y a pas dans tout son corps un point qui ne soit en contact avec ce plaisir. ' Lorsque le Religieux baigne [etc. comme ci-dessus, jusqu'à] son corps d'un plaisir exempt de satisfaction, cela même lui est compté comme méditation. ' C'est là, grand roi, un résultat général et prévu qui est et plus éminent et plus précieux que les autres résultats généraux et prévus dont il a été parlé précédemment.

« Encore autre chose, grand roi. Quand, par l'abandon du plaisir, par l'abandon de la douleur, les impressions antérieures de joie et de tristesse ont disparu, le Religieux après avoir atteint à la quatrième contemplation qui est la perfection de la mémoire et de l'indifférence dans l'absence de toute douleur et de tout plaisir, le Religieux, dis-je, s'y arrête. Alors ayant touché son corps même avec son esprit perfectionné, purifié d'une manière parfaite, il reste assis; et il n'y a pas dans tout son corps un point qui ne soit en contact avec cet esprit perfectionné, purifié d'une manière parfaite. De même, grand roi, que si un homme s'étant enveloppé le corps et la tête d'un vêtement blanc venait à s'asseoir, il n'y aurait pas sur tout son corps un point qui ne fût en contact avec ce vêtement blanc; de même, grand roi, le Religieux ayant touché son corps même avec son esprit perfectionné, purifié d'une manière parfaite, reste assis, et il n'y a pas dans tout son corps un point qui ne soit en contact avec cet esprit perfectionné, purifié d'une manière parfaite. C'est là, grand roi, un résultat général et prévu qui est et plus éminent et plus précieux que les autres résultats généraux et prévus dont il a été parlé précédemment. Et quand, par l'abandon du plaisir et par l'abandon de la douleur, les impressions antérieures de joie et de tristesse ayant disparu, le Religieux après avoir atteint à la quatrième contemplation, qui est la perfection de la mémoire et de l'indifférence dans l'absence de toute douleur et de tout plaisir, le Religieux, dis-je, s'y arrête, et quand ayant touché son corps même avec son esprit perfectionné, purifié d'une manière parfaite, il reste assis, et qu'il n'y a pas dans tout son corps un point qui ne soit en contact avec cet esprit ainsi perfectionné; cela même lui est compté comme méditation[1].

« Le Religieux voyant son esprit ainsi recueilli, perfectionné, purifié, exempt de souillure, débarrassé de tout vice, devenu souple, propre à tout acte, stable, arrivé à l'impassibilité, le Religieux, dis-je, dirige son esprit, tourne son esprit vers la vue de la science. Or, voici comment il sait : Ce corps qui m'appartient a une forme; il est composé des quatre grands éléments, produit de l'union de mon père et de ma mère, soutenu par des aliments tels que le riz et le gruau; il est passager, sujet à être écorché, frotté, coupé, anéanti; et cette intelligence (*vidjñâna*) qui m'appartient y est attachée, y est enchaînée. De même, grand roi, qu'un morceau de lapis-lazuli, beau, de belle espèce, à huit faces, bien travaillé, transparent, parfaitement pur, accompli sous tous les rapports, serait enveloppé d'un cordon soit bleu, soit jaune, soit rouge, soit blanc, soit jaune pâle; si un homme jouissant de la vue, l'ayant mis dans sa main, venait à le considérer et disait : Voilà un morceau de lapis-lazuli, beau, de belle espèce, à huit faces, bien travaillé, transparent, parfaitement pur, accompli sous tous les rapports, et voici qui l'enveloppe un cordon soit bleu, soit jaune, soit rouge, soit blanc, soit jaune pâle [f. 53 *b*]; de même, grand roi, le Religieux voyant son esprit ainsi recueilli, perfectionné, purifié, exempt de souillure, débarrassé de tout vice, devenu souple, propre à tout acte, stable, arrivé à l'impassibilité,

[1] Le *Subha sutta* ajoute le passage suivant : « C'est là, jeune Brâhmane, la masse sublime de méditations dont le Bienheureux a fait l'éloge, qu'il a fait accepter à la foule du peuple, dans laquelle il l'a introduite, dans laquelle il l'a établie. Y a-t-il pour moi ici quelque chose de plus à faire ? C'est une chose surprenante, ô Ânanda, [reprit le jeune Brâhmane,] c'est une chose merveilleuse, ô Ânanda, c'est un puissant moyen de succès que cette sublime masse de méditations, qui est achevée et non inachevée. Je n'aperçois pas, ô Ânanda, hors d'ici, dans les autres Samaṇas ou Brâhmanes, une masse sublime de méditations aussi achevée; et si les autres Samaṇas ou Brâhmanes pouvaient voir, hors d'ici en eux-mêmes, une masse aussi achevée de méditations, ils n'en seraient cependant satisfaits en aucune manière. C'est assez de cette exposition; par cette exposition se trouve atteint pour nous le résultat général. — Il n'y a donc pour nous rien de plus à faire ici ? — Cependant, respectable Ânanda, tu t'es exprimé ainsi : Y a-t-il pour moi ici quelque chose de plus à faire ? Quelle est donc, ô Ânanda, la masse sublime de sagesse dont le bienheureux Gôtama a fait l'éloge, qu'il a fait accepter à la foule du peuple, dans laquelle il l'a introduite, dans laquelle il l'a établie ? » On a vu qu'un pareil résumé revenait à la fin de chacun des articles du *Subha*.

le Religieux, dis-je, dirige son esprit, tourne son esprit vers la vue de la science, et voici comment il sait : Ce corps qui m'appartient a une forme, il est composé des quatre grands éléments, produit de l'union de mon père et de ma mère, soutenu par des aliments tels que le riz et le gruau, passager, sujet à être écorché, frotté, coupé, détruit. Et cette intelligence qui m'appartient y est attachée, y est enchaînée. ' Lorsque le Religieux voyant son esprit ainsi recueilli, perfectionné, purifié, exempt de souillure, débarrassé de tout vice, [etc. comme ci-dessus, jusqu'à] et cette intelligence qui m'appartient y est attachée, y est enchaînée, cela même lui est compté comme sagesse. ' C'est là, grand roi, un résultat général et prévu qui est et plus éminent et plus précieux que les autres résultats généraux et prévus dont il a été parlé précédemment.

« Le Religieux voyant son esprit ainsi recueilli, [f. 21 *a*, etc. comme ci-dessus, jusqu'à] arrivé à l'impassibilité, dirige son esprit, tourne son esprit vers l'action de créer [en quelque façon] sous ses yeux le *Manas* (l'organe de l'intelligence). Il se représente par la pensée un autre corps créé de ce corps [matériel], corps ayant une forme, consistant dans le *Manas*, ayant tous et chacun de ses membres, ayant des organes dirigés vers l'action. De même, grand roi, qu'un homme tirerait une flèche d'une tige de Muñdja (*saccharum mundja*), et ferait cette réflexion : Voici le Muñdja et voici la flèche; autre est la tige de Muñdja, autre la flèche; mais c'est de la tige seule du Muñdja que la flèche est sortie; de même, grand roi, qu'un homme tirerait un glaive du fourreau, et ferait cette réflexion : Voici le glaive, voici le fourreau; autre est le glaive, autre le fourreau; mais c'est du fourreau seul que le glaive est sorti; de même, grand roi, qu'un homme tirerait un serpent d'un panier, et ferait cette réflexion : Voici le serpent, et voici le panier; autre est le serpent, autre le panier; mais c'est du panier seul qu'a été tiré le serpent; de la même manière, grand roi, le Religieux voyant son esprit ainsi recueilli, perfectionné, purifié, exempt de souillure, débarrassé de tout vice, devenu souple, propre à tout acte, stable, arrivé à l'impassibilité, le Religieux, dis-je, dirige son esprit, tourne son esprit vers l'action de créer [en quelque façon] sous ses yeux le *Manas;* il se représente par la pensée un autre corps créé de ce corps [matériel], corps ayant une forme, consistant dans le *Manas,* ayant tous et chacun de ses membres, ayant des organes dirigés vers l'action. ' Cela même lui est compté comme sagesse. ' C'est là, grand roi, un résultat général et prévu qui est et plus éminent et plus précieux que les autres résultats généraux et prévus dont il a été parlé précédemment.

« Le Religieux voyant son esprit ainsi recueilli, perfectionné, purifié, exempt de souillure, débarrassé de tout vice, [etc. jusqu'à] arrivé à l'impassibilité, le Religieux, dis-je, dirige son esprit, tourne son esprit vers la mise en action des facultés magiques. Il tente la pratique des facultés surnaturelles dont les effets sont divers; quoique unique, il se multiplie sous plusieurs formes; quoique s'étant multiplié, il devient unique; il apparaît; il disparaît; il passe sans être arrêté au travers d'un mur, d'un rempart, d'une montagne, comme il ferait dans l'air; il plonge et replonge dans la terre, comme il ferait dans l'eau; il marche sur l'eau sans enfoncer, comme il ferait sur la terre; il s'avance à travers les airs, les jambes ramenées sous son corps, comme ferait un faucon aux grandes ailes; il atteint et touche de la main les deux astres du soleil et de la lune si puissants, si énergiques; il atteint avec son corps même jusqu'au monde de Brahmâ.

« De même, grand roi, qu'un habile potier, ou que l'aide habile d'un potier, qui, une fois son argile préparée convenablement, saurait en faire tel ou tel vase qu'il voudrait; ou encore de même qu'un habile ouvrier en ivoire, ou l'aide habile de cet ouvrier, une fois son ivoire préparé convenablement, saurait lui donner telle forme qu'il désirerait; de même qu'un habile orfévre, ou que l'aide habile d'un orfévre, une fois son or préparé convenablement, saurait lui donner telle forme qu'il désirerait; de la même manière, grand roi, le Religieux voyant son esprit ainsi recueilli, [etc. comme ci-dessus, jusqu'à] arrivé à l'impassibilité, dirige son esprit, tourne son esprit vers la mise en action des facultés magiques, [etc. comme ci-dessus, jusqu'à] il atteint avec son corps même [f. 21 *b*] jusqu'au monde de Brahmâ.' Cela même lui est compté comme sagesse.' C'est là, grand roi, un résultat général et prévu qui est et plus éminent et plus précieux que les autres résultats généraux et prévus dont il a été parlé précédemment.

« Le Religieux voyant son esprit ainsi recueilli, [etc. comme ci-dessus, jusqu'à] arrivé à l'impassibilité [f. 54 *a*], dirige son esprit, tourne son esprit vers l'élément de l'ouïe divine. Avec cet élément de l'ouïe divine parfaitement pure, qui surpasse l'ouïe humaine, il entend ces deux espèces de sons, les sons divins et les sons humains, ceux qui sont éloignés comme ceux qui sont rapprochés. De même, grand roi, qu'un homme qui serait en route entendrait le son du tambour, celui du tambourin d'argile, celui de la conque, du tambour de guerre, du Dêṇḍima[1], et ferait cette réflexion : Voici le son du tambour, voici celui du tambourin d'argile, voici celui de la conque, du tambour de guerre, du Dêṇḍima; de la même manière, grand roi, le Religieux voyant son esprit ainsi recueilli, [etc. comme ci-dessus, jusqu'à] entend ces deux espèces de sons, les sons divins et les sons humains, ceux qui sont éloignés, comme ceux qui sont rapprochés.' Cela même lui est compté comme sagesse.' C'est là, grand roi, un résultat général et prévu qui est et plus éminent et plus précieux que les autres résultats généraux et prévus dont il a été parlé précédemment.

« Le Religieux voyant son esprit ainsi recueilli, [etc. comme ci-dessus, jusqu'à] arrivé à l'impassibilité, dirige son esprit, tourne son esprit vers la connaissance de l'esprit des autres. Pénétrant avec son esprit l'esprit des autres êtres, des autres individus, il le connaît, qu'il soit passionné, et il se dit : Voilà un esprit passionné; ou bien qu'il soit exempt de passion, et il se dit : Voilà un esprit exempt de passion; qu'il soit entaché de péché ou exempt de péché, livré à l'erreur ou libre d'erreur, concentré ou dispersé, ayant un grand but ou n'ayant pas un grand but, inférieur ou supérieur [f. 22 *a*], recueilli ou non recueilli, affranchi, et il se dit : Voilà un esprit affranchi; ou non affranchi, et il se dit : Voilà un esprit non affranchi. De même, grand roi, qu'une femme ou un homme encore enfant, encore jeune, dans l'âge où l'on aime à se parer, qui verrait son visage soit dans un miroir

[1] Le *Dêṇḍima* est-il un autre nom du sanscrit *dundubhi*, « espèce de grande timbale, ou de tam-tam, » comme le *mutiğga*, « tambourin, » est le classique *mrĭdañga*? On sait qu'en singhalais *dêṇḍima* serait le nom verbal de la racine qui signifie *parler* : mais ce sens n'a rien à faire ici.

pur et brillant, soit dans un vase plein d'une eau transparente, et qui reconnaissant qu'il a ses boucles d'oreilles, se dirait : J'ai mes boucles d'oreilles; ou qui voyant qu'il ne les a pas, se dirait : Je n'ai pas mes boucles d'oreilles; de la même manière, grand roi, le Religieux voyant son esprit ainsi recueilli, [etc. comme ci-dessus, jusqu'à] se dit : Voilà un esprit non affranchi.' Cela même lui est compté comme sagesse.' C'est là, grand roi, un résultat général et prévu qui est et plus éminent et plus précieux que les autres résultats généraux et prévus doit il a été parlé précédemment.

« Le Religieux voyant son esprit ainsi recueilli, [etc. comme ci-dessus, jusqu'à] arrivé à l'impassibilité, dirige son esprit, tourne son esprit vers la connaissance distincte et le souvenir de ses anciennes demeures. Il se rappelle ses anciennes demeures qui ont été nombreuses; par exemple une existence, deux existences, trois existences, cinq, dix, vingt, trente, quarante, cinquante, cent, mille, cent mille existences, des existences en nombre égal à plusieurs périodes de destruction (*saṁvaṭṭa kappa*), à plusieurs périodes de reproduction (*vivaṭṭa kappa*), à plusieurs périodes de destruction et de reproduction : j'étais là, j'avais un tel nom, j'étais d'une telle famille, d'une telle caste, je prenais tels aliments, j'éprouvais tel plaisir et telle peine; ma vie eut une telle durée; sorti de ce monde par la mort, je naquis de nouveau en tel endroit; je fus là, ayant tel nom, telle famille, telle caste, prenant tels aliments, éprouvant tel plaisir et telle peine, ayant une existence de telle durée; sorti par la mort de cette situation, je naquis de nouveau en tel endroit : c'est ainsi qu'il se rappelle ses anciennes demeures qui ont été nombreuses, avec leurs caractères et leurs particularités. De même, grand roi, qu'un homme qui de son village irait dans un autre village, de ce dernier village dans un autre encore, puis qui du dernier village reviendrait dans le sien, et ferait cette réflexion : De mon village je suis allé dans cet autre village; je m'y suis arrêté ainsi; je m'y suis assis de cette manière; j'y ai parlé ainsi; j'y ai gardé le silence en telle occasion; de ce village je suis allé dans cet autre; là aussi je me suis arrêté ainsi; je m'y suis assis de cette manière; j'y ai parlé ainsi; j'y ai gardé le silence en telle occasion; maintenant je suis revenu de ce village dans le mien [f. 54 *b*]; de la même manière, grand roi, le Religieux voyant son esprit ainsi recueilli, [etc. comme ci-dessus, jusqu'à] se rappelle ainsi ses anciennes demeures [f. 22 *b*] qui ont été nombreuses, avec leurs caractères et leurs particularités.' Cela même lui est compté comme sagesse.' C'est là, grand roi, un résultat général et prévu qui est et plus éminent et plus précieux que les autres résultats généraux et prévus dont il a été parlé précédemment.

« Le Religieux voyant son esprit ainsi recueilli, [etc. comme ci-dessus, jusqu'à] arrivé à l'impassibilité, dirige son esprit, tourne son esprit vers la connaissance de la mort et de la naissance des créatures. Avec sa vue divine, pure, surpassant la vue humaine, il voit les êtres mourants ou naissants, misérables ou éminents, beaux ou laids de couleur, marchants dans la bonne ou dans la mauvaise voie, suivant la destinée de leurs œuvres. Ces êtres-ci, se dit-il, pleins des fautes qu'ils commettent en action, en parole et en pensée, qui injurient les Ariyas (Âryas), qui suivent des doctrines de mensonge, qui agissent conformément à ces doctrines de mensonge, ces êtres, les voilà qui après la dissolution du corps, après la mort, sont nés dans les existences misérables, dans la mauvaise voie, dans un état de déchéance, dans l'enfer. Ces êtres-là, d'un autre côté, doués des bonnes œuvres qu'ils accomplissent en action, en parole, en pensée, qui n'injurient pas les Ariyas, qui suivent la bonne doctrine, qui agissent conformément à la bonne doctrine, ces êtres, les voilà qui après la dissolution du corps, après la mort, sont nés dans la bonne voie, dans le monde du ciel; c'est ainsi qu'avec sa vue divine surpassant la vue humaine, il voit les êtres mourants, naissants, misérables ou éminents, beaux ou laids de couleur, marchants dans la bonne ou dans la mauvaise voie, suivant la destinée de leurs œuvres. De même, grand roi, que s'il se trouvait un palais élevé au milieu d'un carrefour[1], et que sur ce palais se tînt debout un homme doué de vue, et qu'il vît les gens entrants dans leurs maisons, ou en sortants, ou marchants sur la grande route et dans la rue, ou assis au milieu du carrefour, et qu'il fît cette réflexion : Voici des hommes qui entrent dans leur maison; en voici qui en sortent; en voici d'autres qui marchent sur la grande route et dans la rue, ceux-ci enfin sont assis au milieu du carrefour; de la même manière, grand roi, le Religieux voyant son esprit ainsi recueilli, [etc. comme ci-dessus, jusqu'à] voit les êtres mourants, naissants, misérables ou éminents, beaux ou laids de couleur, marchants dans la bonne ou dans la mauvaise voie, suivant la destinée de leurs œuvres.' Cela même lui est compté comme sagesse.' C'est là, grand roi, un résultat général et prévu qui est et plus éminent et plus précieux que les autres résultats généraux et prévus dont il a été parlé précédemment.

« Le Religieux voyant son esprit ainsi recueilli, [etc. comme ci-dessus, jusqu'à] arrivé à l'impassibilité, dirige son esprit, tourne son esprit vers la science [f. 55 *a*] de la destruction des souillures du vice; il connaît telle qu'elle est la douleur, et il se dit : Voici la douleur; ceci est la production de la douleur; ceci est la cessation de la douleur [f. 23 *a*]; ceci est le degré qui conduit à la destruction de la douleur[2]; il connaît, telles qu'elles sont, les souillures du vice, et il se dit : Voici les souillures du vice; ceci est la production des souillures du vice; voici la cessation des souillures du vice; voici la voie qui conduit à la cessation des souillures du vice. Quand il voit ainsi, quand il connaît ainsi, son esprit est délivré des souillures du désir, de celles de l'existence, de celles de l'ignorance. Une fois que son esprit est délivré, sa science est celle-ci : l'existence est épuisée [pour moi]; les devoirs de la vie religieuse sont accomplis; ce qui était à faire est fait; il n'y a plus lieu à revenir ici-bas[3]. De même, grand roi, que s'il se trouvait dans une gorge de mon-

[1] Le texte écrit avec un *gh*, *siñghâṭaka*, le mot que Wilson donne avec un *ga*, *çriñgâṭaka*.

[2] Le texte se sert d'une expression consacrée qui revient toujours chaque fois qu'il s'agit de cette notion, *ayañ dukkha nirôdha gâminî paṭipadâ*; le terme de *paṭipadâ* est le sanscrit *pratipat*; nous savons par Turnour qu'il est compris sous un autre terme plus général, celui de *mârga*, « la voie, » lequel désigne le chemin qui mène à la science supérieure. On voit qu'on peut traduire *paṭipadâ* par « les degrés » que l'on franchit quand on marche dans cette voie. D'un autre côté, *paṭipadâ* signifie également « place, situation, « dignité, » quand on envisage l'homme comme arrivé ou arrêté à un point qui est plus élevé qu'un autre point précédemment franchi.

[3] L'expression dont se sert le texte est *nâparañ itthattâya*, littéralement, « il n'y a plus autre chose « pour l'état d'être ici, » ou « pour l'état d'être ainsi. » Le substantif abstrait *itthatta*, de *ittha*, « ici ou ainsi, » est très-fréquemment employé dans les textes pâlis pour désigner la condition de l'homme en ce monde. En parlant d'un Religieux qui, comme Çâkyamuni,

tagne un lac plein d'une eau transparente, pure et limpide, et qu'un homme doué de vue et debout sur ses bords y vît les vers et les coquilles, le sable et le gravier, les bandes de poissons qui s'y meuvent, ou qui y sont arrêtées, et qu'il fît cette réflexion : Voici un lac plein d'une eau transparente, pure et limpide; voici les vers et les coquilles, le sable et le gravier, et les bandes de poissons qui s'y meuvent, ou qui y sont arrêtées; de la même manière, grand roi, le Religieux voyant son esprit ainsi recueilli, [etc. comme ci-dessus, jusqu'à] il n'y a plus lieu à revenir ici-bas.* Lorsque le Religieux voyant son esprit ainsi recueilli, [etc. comme ci-dessus, jusqu'à] il n'y a plus lieu à revenir ici-bas, cela même lui est compté comme sagesse.* C'est là, grand roi, un résultat général et prévu qui est et plus éminent et plus précieux que les autres résultats généraux et prévus dont il a été parlé précédemment[1]. Il n'y a pas, grand roi, un autre résultat général et prévu qui soit et plus élevé et plus précieux que le résultat que tu viens d'entendre.

« Cela dit, le roi du Magadha, Adjâtasattu, fils de Vêdêhî, parla ainsi à Bhagavat : Éminent, seigneur, éminent, en effet! De même, seigneur, que si l'on redressait un objet renversé sens dessus dessous, si l'on découvrait une chose cachée, si l'on indiquait le chemin à un homme égaré, si l'on portait au milieu de l'obscurité une lampe à huile, et que les hommes qui ont des yeux vissent les formes, de même la loi m'a été expliquée par Bhagavat de plusieurs manières différentes. Aussi me réfugié-je auprès de Bhagavat, auprès de la Loi, auprès de l'Assemblée. Consens, ô Bhagavat, à me recevoir comme fidèle, aujourd'hui que je suis arrivé devant toi, que je suis venu chercher un asile auprès de toi. Un crime m'a fait transgresser la loi, seigneur, comme à un ignorant, comme à un insensé, comme à un criminel. J'ai pu, pour obtenir le pouvoir suprême, priver de la vie mon père, cet homme juste, ce roi juste. Que Bhagavat daigne recevoir de ma bouche l'aveu que je fais de ce crime, afin de m'imposer pour l'avenir le frein de la règle. — Il est donc vrai, grand roi! un crime t'a fait transgresser la loi, comme à un ignorant, comme à un insensé, comme à un criminel, toi qui as pu, pour obtenir le pouvoir suprême, priver

après avoir gagné le ciel pour prix de ses vertus antérieures, revient en ce monde, un texte du *Dígha nikâya* s'exprime ainsi : *Số tatô tchutô itthattam âgatô samânô imaṁ mahâpurisalakkhaṇaṁ paṭilabhati.* « Descendu de ce monde et étant arrivé ici-bas, il revêt « ce signe extérieur d'un grand homme. » (*Lakkhaṇa sutta*, dans *Dígh. nik.* f. 167 *a*.) Ce passage ne laisse aucun doute sur le véritable sens du mot *itthattaṁ*, « l'état d'être ici; » on y remarquera en outre le participe *samânô*; c'est un exemple de plus à ajouter à ceux que j'ai déjà cités plus haut (p. 409), pour prouver l'emploi d'un participe moyen du radical *as* en pâli.

[1] Après la phrase placée entre deux étoiles, le *Subha sutta* ajoute le morceau suivant par lequel il se termine dans mon manuscrit. « C'est là, jeune Brâhmane, la masse sublime de sagesse dont le Bienheureux [f. 55 *b*] a fait l'éloge, qu'il a fait accepter à la foule du peuple, dans laquelle il l'a introduite, dans laquelle il l'a établie. Y a-t-il pour moi ici quelque chose de plus à faire? C'est une chose surprenante, ô Ânanda [reprit le jeune Brâhmane]; c'est une chose merveilleuse, ô Ânanda, c'est un puissant moyen de succès, que cette sublime masse de sagesse qui est achevée et non inachevée. Je n'aperçois pas, ô Ânanda, hors d'ici, dans les autres Samaṇas ou Brâhmanes, une masse sublime de sagesse aussi achevée. — Il n'y a donc pour nous rien de plus à faire ici? — Cela est éminent, ô Ânanda. De même, ô Ânanda, que si l'on redressait un objet renversé sens dessus dessous, si l'on découvrait une chose cachée, si l'on indiquait le chemin à un homme égaré, [etc. comme au texte, jusqu'à] je suis venu chercher un asile auprès de toi. »

de la vie ton père, cet homme juste, ce roi juste. Et parce qu'ayant déclaré, grand roi, ta faute à cause de cette faute même, tu en fais l'expiation conformément à la loi, nous acceptons cet aveu de ta part; car c'est là un progrès, grand roi, dans la discipline d'un Ariya; l'Ariya ayant déclaré sa faute à cause de cette faute même, en fait l'expiation conformément à la loi; il s'impose pour l'avenir le frein de la règle.

« Cela dit, le roi du Magadha, Adjâtasattu, fils de Vêdêhî, parla ainsi à Bhagavat : Eh bien! maintenant, seigneur, nous nous retirons : nous avons beaucoup d'affaires, beaucoup de devoirs à remplir. — Va donc, grand roi, aux affaires dont tu penses que le temps est venu pour toi. Alors le roi du Magadha ayant accueilli avec plaisir, avec satisfaction ce que Bhagavat avait dit, se leva de son siége, et après avoir salué Bhagavat [f. 23 *b*] et avoir tourné autour de lui en signe de respect, il se retira. Ensuite Bhagavat, quelques instants après que le roi du Magadha, Adjâtasattu, fils de Vêdêhî, se fut retiré, s'adressa ainsi aux Religieux : Il est blessé, ô Religieux, ce roi, il est atteint. Quelle rencontre, ô Religieux, que ce roi ait privé de la vie son père, cet homme juste, ce roi juste, et qu'il soit venu dans cet endroit même obtenir la vue claire et pure de la loi! Voilà ce que dit Bhagavat; les Religieux, satisfaits, accueillirent avec joie ce que Bhagavat avait dit. »

Avant de terminer, je dois faire quelques observations sur diverses particularités de ce *Sutta*. Ces observations porteront d'abord sur le cadre et sur le nom du roi et du fils du roi qui y figurent, puis sur la doctrine en général qui est exposée par Çâkyamuni. Le roi est Adjâtasattu, fils de Bimbisâra et de Vêdêhî : il est bon de remarquer qu'Adjâtasattu n'est désigné ici que par le nom de sa mère. Serait-ce à cause du parricide dont il s'était rendu coupable et qui est rappelé à la fin du *Sutta*, ou bien cette désignation spéciale viendrait-elle de ce que Bimbisâra ayant eu plus d'une femme, les fils issus de ces divers mariages ne pouvaient être mieux distingués que par le nom de leur mère? C'est un point que je ne saurais décider, quoique la seconde supposition me paraisse plus vraisemblable. Du reste, l'usage de cette épithète « fils de Vêdêhî » est aussi familier aux Buddhistes du Nord qu'à ceux du Sud : notre *Lotus*, ainsi qu'on l'a vu au commencement, la joint également au nom du roi Adjâtaçatru [1]. Le manuscrit du *Dîgha nikâya*, auquel appartient le précédent *Sutta*, écrit toujours avec une finale brève le nom de *Vêdêhi*, pour *Vâidêhî* en sanscrit; on n'aurait pas besoin, pour expliquer cet abrégement irrégulier de la voyelle, d'alléguer l'incorrection des manuscrits, puisqu'on sait qu'en sanscrit même une règle autorise l'abrégement d'un certain nombre de féminins en composition. J'ai déjà remarqué que les manuscrits sanscrits du Népal écrivent correctement *Vâidêhî putta*, « le fils de « la Vidéhenne, » c'est-à-dire de la femme née dans le pays de *Vidêha*; cette femme était Çrîbhadrâ : nous y reviendrons tout à l'heure.

Le nom que notre *Sutta* donne au prince royal fils d'Adjâtasattu, mérite une certaine attention, parce qu'il nous fournit une autorité de plus en faveur de l'opinion des Buddhistes du Sud qui regardent Udâyi bhadda comme fils et successeur d'Adjâtasattu, roi du Magadha. Nous n'avions jusqu'ici que le *Mahâvaṁsa*, où ce prince est nommé *Udâyi*

[1] Ci-dessus, f. 4 *a*, et p. 304.

bhadda[1], et que la célèbre inscription barmane de Buddha gayâ, où il a le nom d'*Udaya bhadda*[2]. Il nous est maintenant possible de faire remonter le témoignage des chroniques singhalaises beaucoup plus haut que l'époque de Mahânâma qui a compilé son *Mahâvaṃsa* d'après ces chroniques mêmes, puisque les *Suttas* du *Dîgha nikâya* appartiennent sans aucun doute aux plus anciens matériaux qu'il ait eus à sa disposition. C'est donc un point désormais établi, que les Buddhistes du Sud donnent Udâyi bhadda pour fils et pour successeur d'Adjâtasattu. Le vœu que notre *Sutta* met dans la bouche du roi, au moment où il admire le calme profond qui règne au sein de l'Assemblée, donne à croire que le prince Udâyi bhadda n'était pas toujours maître de ses passions; autrement son père ne lui aurait pas souhaité le calme (*upasama*) qu'il voit régner parmi les Religieux réunis autour du Buddha. Il est curieux de remarquer quels soupçons ces paroles du roi inspirent à Çâkyamuni : connaissant la violence d'Adjâtasattu, le Religieux lui demande s'il est venu avec des pensées de bienveillance; à quoi Adjâtasattu répond que le prince royal n'a pas cessé de lui être cher. On sait qu'Udâyi bhadda, se conformant moins au langage de son père qu'à ses exemples, devint à son tour parricide comme lui.

Un autre point sur lequel je désire appeler l'attention du lecteur, c'est la détermination précise de l'accord qui paraît exister entre les Buddhistes de Ceylan et ceux du Népal, relativement au rang de ce prince dans la liste des successeurs d'Adjâtasattu et à la forme véritable de son nom. J'ai donné ailleurs une liste des successeurs de ce monarque d'après l'*Açôka avadâna*, et j'ai constaté que le manuscrit auquel je l'empruntais nous fournissait pour le nom de ce prince deux variantes que, par une singulière inattention, le copiste n'avait pas hésité à placer l'une auprès de l'autre pour désigner le même personnage : la première est *Udjâyin*, la seconde *Udayi bhadra*[3]. M'autorisant du témoignage du *Mahâvaṃsa*, j'ai condamné sans hésitation la première variante, pour m'en tenir à celle qui se rapproche le plus de l'orthographe pâlie, *Udâyi bhadda*. Mais aujourd'hui que les recherches que j'ai entreprises sur les livres des Buddhistes du Sud m'ont familiarisé davantage avec diverses particularités du dialecte dans lequel ces livres sont écrits, j'ai entrevu la possibilité de concilier les deux leçons *Udjâyin* et *Udâyi bhadda*, et d'établir, au moins par conjecture, l'unité de ces deux témoignages assez différents en apparence, celui des Buddhistes du Népal et celui des Buddhistes de Ceylan.

On remarquera d'abord que l'adjectif *bhadda*, en sanscrit *bhadra*, peut être laissé de côté sans inconvénient; c'est une épithète qui est ici ajoutée au nom propre, et qui peut manquer sans que le nom en soit altéré : ainsi, dans les livres du Nord, on rencontre aussi souvent *Râhula* que *Râhula bhadra*. L'usage le plus répandu chez les Buddhistes, comme chez les Brâhmanes, est cependant de désigner les personnages qu'on respecte par deux noms, d'abord par celui qu'ils ont reçu au moment de leur naissance, ensuite par un nom patronymique ou par une épithète. Un commentateur Buddhiste d'une grande autorité, celui de l'*Abhidharma kôça*, parlant de l'épithète de *Bhagavat* qu'on ajoute au titre

[1] Turnour, *Mahâwanso*, t. I, chap. IV, p. 15.

[2] H. Burney, *Translat. of an Inscript. in the Burm. language*, dans *Asiat. Res.* t. XX, p. 170; *Burmese chronolog. table*, dans Crawfurd, *Journ. of an Embassy to Ava*, Append. p. 31; Lassen, *Ind. Alterth.* t. II, p. 63.

[3] *Introd. à l'hist. du Buddh. indien*, t. I, p. 358.

de *Buddha*, pour désigner « le Buddha bienheureux, » s'exprime ainsi : « On emploie ce « second titre de *Bhagavat* pour empêcher qu'on ne conçoive aucune idée irrespectueuse; « car, dans le monde, l'absence de respect se marque par l'emploi d'un nom propre non « suivi d'un terme subordonné (*anupapada*), comme quand on dit simplement *Dêvadatta*[1]. »

Maintenant, le nom qui nous reste après la suppression de *Bhadra*, a les orthographes suivantes, chez les Buddhistes du Sud, *Udâyi* et *Udaya*, chez les Buddhistes du Nord, *Udayin* et *Udjâyin*. De ces diverses orthographes, *Udaya* est, actuellement du moins, la plus rare; je ne la trouve que dans l'inscription barmane de Buddha gayâ, et dans la copie que je possède du commentaire de Mahânâma sur le *Mahâvaṁsa*[2]. Elle donne cependant pour le nom du fils d'Adjâtasattu, les sens de « lever, splendeur, prospérité, » sens qui conviennent très-bien au fils d'un monarque aussi puissant qu'était le roi du Magadha. J'ajoute que la réunion des deux mots *Udaya bhadra*, soit qu'on les traduise par « heureux « par sa fortune, » soit qu'en les rapprochant en un composé possessif, on y voie le sens de « celui qui a le bonheur de la prospérité, » rappelle d'une manière bien frappante le nom de *Çrîbhadrâ*, grand'mère de ce prince, nom qui peut se traduire « fortunée par Çrî, » ou « celle qui a le bonheur de Çrî. » Le nom de la grand'mère et celui du petit-fils sont donc dans une relation apparente, et l'on comprend que le roi Adjâtaçatru ait désigné son fils d'après le nom de celle des femmes de Bimbisâra dont il était le fils lui-même, plutôt que d'après le nom de ce prince qu'il respectait assez peu pour attenter plus tard à ses jours. J'ajoute que comme le nom d'*Udaya bhadra* se présente trois fois sur quatre avec la désinence *i* qui n'est que le reste du suffixe *in*, on pourrait lire *Udayi* pour *Udayin*, épithète à laquelle Wilson attribue justement la signification de *florissant, prospère;* mais peut-être alors devrait-on supprimer *Bhadra*.

Nous pourrions nous arrêter ici et tenir pour authentique le nom d'*Udaya bhadra* ou d'*Udayi bhadra*, tout en remarquant que, dans des textes plus corrects que ceux du Népal, il faudrait donner séparément à *Udayi* et à *bhadra* leurs diverses désinences, ce qui formerait un nom propre moins régulier qu'*Udaya bhadra;* mais il nous reste encore à examiner, d'abord l'orthographe constante des Singhalais, qui donnent un *â* long à ce mot *Udâyi*, et de plus l'orthographe de l'*Açôka avadâna*, qui lit *Udjâyin*. En admettant que ces deux dernières leçons doivent exprimer le même sens que celles d'*Udaya* et *Udayin*, on est naturellement conduit à cette supposition, que l'*Udjâyin* du Nord est le *prâkritisme* d'un primitif *Udyâyin*, épithète qui serait sans doute moins commune que celle d'*Udayin*, mais qui peut être également authentique. J'ajoute que l'orthographe d'*Udjâyin* avec un seul *dj* au lieu de deux, si elle ne vient pas du fait des copistes, peut tenir à quelque particularité de dialecte, comme quand on voit, dans les inscriptions de Piyadasi, une double consonne céder la place à une consonne simple.

Que ferons-nous maintenant de la leçon *Udâyi* que nous voyons répétée fréquemment dans les textes pâlis? — Une altération du prâkrit *Udjâyin*, analogue à celle qui a transformé en *Pasênadi* le Prasênadjit, roi du Kôçala, des Buddhistes du Nord; car l'orthographe de *Pasênadi* est beaucoup plus commune dans les *Suttas* du *Dîgha nikâya* que

[1] *Abhidharma kôça vyâkhyâ*, f. 2 *b* de mon manuscrit. — [2] *Mahâvaṁsa ṭîkâ*, f. 54 *b*.

celle de *Pasênadji*, si même cette dernière y est jamais usitée. Et quant à la cause qui a substitué un *d* au *dj* étymologique, je n'hésite pas à la chercher dans l'influence de quelque prononciation populaire analogue à celle que le singhalais, notamment sous sa forme la plus nationale, celle de l'*Elu*, applique à la reproduction d'un grand nombre de mots sanscrits et pâlis. C'est ainsi qu'on trouve *dapa* pour le sanscrit *djapa*, « récitation à « voix basse, » *Dambadiva* pour *Djambudvîpa* et d'autres encore. J'essayerai même d'établir plus bas que cette transformation du *dj* en *d* existait déjà dans l'Inde au temps des Buddhistes. Notons d'ailleurs que l'existence bien connue du mot *Udaya* a dû faciliter la transformation d'*Udjâyi* en *Udâyi*. Ainsi, en résumé, il est fort possible que nous n'ayons ici que deux orthographes d'un même nom propre, ayant toutes deux le même sens : *Udayi*, la forme la plus commune, et *Udyâyin*, forme supposée, mais qui donne naissance au prâkrit *Udjâyi*, duquel vient ensuite le singhalais *Udâyi*.

Arrivés à ce point, il nous faudrait examiner une question beaucoup plus intéressante, non-seulement pour le Buddhisme, mais aussi pour quelques textes brâhmaniques dont l'antiquité, d'ailleurs incontestable, n'est cependant pas encore fixée avec la précision nécessaire. C'est celle de savoir si l'*Udâyi bhadda*, fils d'*Adjâtasattu*, des Buddhistes singhalais, qui est dans le Nord *Udyâyi bhadra*, ne serait pas, sous un autre nom, le même personnage que *Bhadra sêna* qui, selon le *Çatapatha Brâhmaṇa*, est fils d'Adjâtaçatru [1]. Voici par quelle suite de suppositions je me figure qu'on pourrait arriver à ce rapprochement. Le *Bhadra sêna*, fils d'Adjâtaçatru, du *Çatapatha*, avec son nom signifiant « celui qui a une « armée heureuse, » nous rappelle l'*Udayâçva*, petit-fils d'Adjâtaçatru, des listes brâhmaniques [2], dont le nom veut dire, « celui qui a les chevaux de la prospérité. » Que cet *Udayâçva*, petit-fils d'Adjâtaçatru, puisse être identifié avec *Udâyi bhadda*, fils du même roi, au moins quant au nom, c'est une supposition qui me paraît parfaitement justifiée par les variantes qu'a rassemblées Lassen pour le nom d'*Udayâçva*, qui est lu ailleurs *Udibhi* et *Udâsin*. Maintenant, si l'on rapproche les unes des autres ces trois séries de noms : 1° *Bhadra sêna* des anciens *Brâhmaṇas*, 2° *Udâyi bhadda* des *Suttas* pâlis, 3° *Udibhi*, *Udâsin* et *Udayâçva* des listes royales indiennes, on reconnaîtra qu'entre le n° 1 et le n° 2 il y a la communauté de l'épithète *Bhadra*; qu'entre le n° 1 et le n° 3 il y a l'analogie de l'idée d'*armée* et de celle de *chevaux*; qu'enfin entre le n° 2 et le n° 3 il y a communauté de nom, *Udâyin* et *Udaya*. Ainsi le fils d'Adjâtaçatru, selon les *Brâhmaṇas*, est caractérisé par la même épithète que le fils du même Adjâtasattu, selon les *Suttas* pâlis; en même temps que le petit-fils d'Adjâtaçatru, selon les listes royales, rappelle par son épithète le fils du même roi, d'après les *Brâhmaṇas*, et par son nom ce même fils, d'après les *Suttas*. D'où l'on peut conclure que *Bhadra sêna* est comme le rendez-vous ou la moyenne d'*Udâyi bhadda* et d'*Udayâçva*.

Mais, il faut bien l'avouer, ces rapprochements de noms ne suffisent pas pour faire admettre définitivement l'identité de *Bhadra sêna* et d'*Udâyi bhadda*, identité qui ajouterait un si grand poids à l'opinion de Lassen touchant celle de l'Adjâtaçatru de deux *Upani-*

[1] Weber, *Indische Studien*, t. I, p. 213. — [2] Lassen, *Ind. Alterth.* t. I, Anh. p. XXXIII; Prinsep, *Useful Tab.* 2° part. p. 99.

chads brâhmaniques avec l'Adjâtasattu contemporain de Çâkyamuni[1]. Si je ne pousse pas plus loin en ce moment cette recherche curieuse, ce n'est pas que je me rende aux arguments par lesquels M. Weber croit l'avoir terminée, quand il dit 1° que l'Adjâtaçatru des *Brâhmaṇas* est roi de Kâçi (plus tard Bénarès), tandis que l'Adjâtasattu des *Suttas* l'est de Râdjagrĭha; 2° qu'on ne voit pas de raison pour qu'il n'ait pas existé deux rois distincts du nom d'*Adjâtaçatru*[2]. A mes yeux l'objection géographique n'est pas très-forte, parce que dès le temps de Bimbisâra, père d'Adjâtaçatru, le royaume de Magadha avait pris dans l'Inde centrale une prépondérance considérable, à laquelle n'avait sans doute pu résister la population de Kâçi. Quant à la seconde objection, elle n'a guère plus de valeur que toute autre supposition du même ordre. Il vaut mieux renoncer à un argument de ce genre, et dire que les preuves de l'identité de l'Adjâtasattu des *Suttas* et de l'Adjâtaçatru des *Brâhmaṇas* ne sont ni assez nombreuses ni assez convaincantes pour la faire admettre définitivement. Mais c'est seulement sous cette réserve que je ne l'adopte pas dès aujourd'hui, et j'ai l'espérance qu'une lecture plus avancée des textes du Sud devra donner quelque lumière nouvelle sur ce sujet intéressant.

Je passe à un autre ordre de noms qui nous étaient déjà connus par les légendes du Nord : je veux parler des six ascètes dont les opinions philosophiques sont brièvement et quelquefois obscurément rappelées par le roi Adjâtasattu. De courtes notes ont signalé à mesure qu'ils se présentaient, la forme primitive de ces noms en sanscrit; il en est un cependant sur lequel les *Suttas* du Sud nous donnent un détail de plus que ceux que nous trouvons dans le *Sâmañña phala.* C'est *Nigaṇṭha Nâtaputta,* « Nigaṇṭha, fils de Nâta, » et, selon les Buddhistes du Nord, « Nirgrantha, fils de Djñâti. » Le *Sağgîti sutta,* l'avant-dernier des trente-trois *Suttas* que renferme mon exemplaire du *Dîgha nikâya,* nous apprend qu'au temps où Çâkyamuni se trouvait à Pâvâ chez les Mallas, qui sont désignés dans le texte sous le nom de *Pâvêyyakâ Mallâ,* « les Mallas de Pâvâ, » et appelés par le Buddha *Vâsêṭṭhâ* ou Vasichṭhides, Nigaṇṭha, fils de Nâta, venait de mourir, et que la discorde s'était introduite parmi ses disciples[3]. Rien, dans le *Sâmañña phala,* ne nous dit qu'il fût encore vivant, lorsque le roi Adjâtasattu fait part au Buddha de l'entretien philosophique qu'il avait eu avec lui; mais rien ne nous apprend non plus qu'il fût mort à cette époque, et il y a quelque vraisemblance qu'il ne l'était pas, à moins qu'on ne regarde le préambule du *Sâmañña phala* comme tout à fait arbitraire et composé après coup et sans autre intention que de faire figurer les six philosophes adversaires de Gôtama Buddha dans une exposition où l'avantage devait rester à ce dernier. Si l'on suppose qu'il vivait au temps où nous reporte le *Sâmañña phala,* on en devra conclure que le *Sağgîti sutta* est postérieur, je ne dis pas pour la rédaction, mais pour le fond, au *Sâmañña phala,* puis-

[1] Lassen, *Ind. Alterth.* t. I, p. 710, 742, et t. II, p. 77 et 510.

[2] Weber, *Ind. Stud.* t. I, p. 213.

[3] *Sağgîti sutta,* dans *Dîgh. nik.* f. 177 *b.* Il importe de remarquer que la ville de Pâvâ dont il est question quand on parle de la tribu des Mallas, était située dans le pays dont *Kusinârâ* passe pour la capitale; Pâvâ n'était éloignée de cette dernière ville que de trois *gavutâni,* environ douze milles anglais. (Turnour, *Examin. of pâli Buddh. Annals,* dans *Journ. as. Soc. of Bengal,* t. VI, p. 513, et t. VII, p. 1005.) Le pâli *gavuta* répond au sanscrit *gavyûti.*

qu'il se rapporte à un pèlerinage de Çâkya chez les Mallas, pèlerinage qui est contemporain de la mort de Nigaṇṭha, fils de Nâta. Je fais ces remarques pour montrer de quelle manière on pourrait tenter une classification des *Suttas* des Singhalais d'après les noms et les choses qu'ils rappellent incidemment. Quel que doive être le résultat d'une tentative de ce genre, elle sera toujours d'un grand intérêt pour l'histoire des *Suttas* du Sud; car si les circonstances que relatent ces livres sont l'expression de la vérité, on le reconnaîtra bien à leur accord mutuel, comme aussi leur discordance nous fera clairement voir si elles ont été rassemblées au hasard et par suite d'un respect apparent plutôt que réel pour la tradition. Ainsi, en nous en tenant aux deux *Suttas* dont il vient d'être question, le *Saġgîti* serait postérieur au *Sâmañña phala*, ce qui le placerait dans l'une des dernières années de la vie de Çâkyamuni, c'est-à-dire de 551 à 543 avant notre ère, puisque nous savons par les Buddhistes du Sud, ou plus positivement par le témoignage du *Mahâvaṁsa*, que Çâkya mourut la huitième année du règne d'Adjâtasattu, et que le *Sâmañña phala*, où Adjâtasattu figure déjà comme roi, ne peut pas être antérieur à ces huit dernières années de la prédication et de la vie de Çâkya.

Un intérêt plus général encore s'attache à quelques-uns des noms qui figurent dans ce *Sutta*, comme aussi à d'autres noms propres qui paraissent dans plusieurs traités du même genre. Si le retour des mêmes personnages dans les livres du Nord et dans ceux du Sud, sert à établir l'origine commune de ces deux ordres de livres et en assure également l'authenticité, il sera permis de tirer des inductions analogues de la présence de quelques noms brâhmaniques dans les livres qui font autorité chez les Buddhistes. C'est là, sans doute, un genre d'argument qu'il ne faut pas trop presser; cependant, si les livres relatifs à la prédication de Çâkyamuni, et qui, par les détails qu'ils renferment, remontent jusqu'à son temps, nous parlaient de rois, de Brâhmanes, de Religieux célèbres dans la tradition brâhmanique et cités par des ouvrages réputés anciens, il faudrait bien admettre que ces ouvrages brâhmaniques seraient, sinon absolument contemporains, du moins très-rapprochés du temps de la prédication de Çâkya. On voit, sans que j'y insiste davantage, ce qu'on pourra gagner par de tels rapprochements; les *Sûtras* des Buddhistes devront, dans certains cas, servir à dater quelques portions des livres des Brâhmanes. Il est à peine besoin de dire que la valeur de ces rapprochements sera d'autant plus grande qu'ils seront plus nombreux, et surtout qu'ils formeront des groupes unis, dans l'une et dans l'autre classe de livres, par le même genre de lien.

Nous ne possédons pas encore un assez grand nombre de *Sûtras*, tant du Népal que de Ceylan, et ceux que nous connaissons n'ont pas encore été examinés sous ce point de vue avec assez d'attention pour qu'on puisse établir définitivement comme démontrés tous les rapprochements qu'il est déjà possible de signaler. Il y a cependant plusieurs années déjà que j'en ai fait pressentir quelques-uns, en relevant, dans les notes de mon *Introduction à l'histoire du Buddhisme*, ceux des noms propres brâhmaniques qui figuraient dans les traités ou fragments buddhiques dont je faisais usage. Cette recherche devient de jour en jour plus facile, maintenant que le zèle d'une génération de savants pleins d'ardeur s'attache à nous faire connaître les plus anciens monuments de la littérature brâhmanique par des éditions de textes, par des traductions, par des analyses et des extraits critiques. Donnons-en donc ici brièvement quelques exemples.

Parmi les ascètes brâhmaniques interrogés par le roi Adjâtasattu, nous en avons vu un nommé *Nigaṇṭha Nâtaputta*, qu'on désigne dans le cours du dialogue par le nom patronymique de *Aggivêssâyana*. Ce titre serait en sanscrit *Agnivâiçyâyana*, et signifierait « le « descendant d'*Agnivâiçya*. » J'avais déjà trouvé le nom de *Agnivâiçyâyana* appliqué au Brâhmane *Dîrghanakha*, dans une des légendes buddhiques du *Divya avadâna*[1]. Or ce patronymique de *Agnivâiçyâyana* est un nom de famille connu dans la littérature védique. Ainsi Roth a trouvé dans les *Prâtiçâkhya sûtras* un *Agnivêçyâyana* et un *Agnivêçya*, du nom duquel dérive le titre de famille qui nous occupe[2]. Depuis, Weber a constaté l'existence de ce même nom dans des textes qui se rattachent au *Yadjurvéda*[3]. Nous connaissons donc déjà, par les livres des Buddhistes, deux Brâhmanes issus de l'ancienne famille d'*Agnivâiçya*, qui sont donnés comme contemporains de Çâkyamuni. Sont-ce ces Brâhmanes, ou seulement l'un d'eux, que l'on retrouve dans les *Brâhmaṇas* du *Yadjus* et dans les *Prâtiçâkhya sûtras?* c'est ce que je ne prétends en aucune manière affirmer : j'établis uniquement ce point, qu'au temps de Çâkya il existait un certain nombre de Brâhmanes qui se rattachaient à la race d'*Agnivâiçya*, et que des Brâhmanes de cette même famille sont cités également dans des livres appartenants à la littérature sacrée des *Brâhmaṇas*.

Trois personnages issus de l'ancienne race de *Kata* ou plutôt de *Kâtya* ont été signalés par Weber dans ses recherches sur le *Çatapatha Brâhmaṇa* du *Yadjurvéda*[4]. Il serait actuellement bien difficile de distinguer avec sûreté les uns des autres les divers personnages qui ont porté ce nom patronymique de « descendant de la race des *Kâtyas*, » et de rapporter à son véritable auteur telle ou telle partie du rôle religieux et littéraire qu'on attribue sans distinction à celui qu'on nomme *Kâtyâyana*. Cette question très-compliquée ne pourrait être traitée ici que d'une manière incidente, et je me contente, quant à présent, de renvoyer aux recherches de Lassen et de Weber[5]. Je constate seulement l'existence d'un *Kâtyâyana* surnommé *Mahâ*, « le grand, » parmi les premiers disciples de Çâkya, et d'un autre *Kâtyâyana* nommé *Kakuda*, qui figure parmi les six Brâhmanes, adversaires obstinés de Çâkyamuni. Que le premier de ces deux *Kâtyâyanas* ait été un des plus célèbres disciples du Buddha, c'est un point qui ne me paraît pas pouvoir faire de doute; il est très-souvent cité en cette qualité au commencement des *Sûtras* du Nord, où figure une énumération des premiers auditeurs de Çâkya. Que le second soit un Brâhmane adversaire de Çâkya, c'est ce qui est également établi par le témoignage unanime des *Sûtras* du Nord et du Sud. Mais ce qu'il serait curieux de voir se confirmer, c'est la conjecture de Weber, qui comparant le *Kabandhin Kâtyâyana* de l'un des *Upanichads* de l'*Atharvavéda* au *Kakuda Kâtyâyana* des livres buddhiques, remarque que les noms de *Kabandhin*

[1] *Introd. à l'hist. du Buddh. ind.* t. I, p. 457.

[2] *Zur Litt. und Geschichte des Weda*, p. 65.

[3] *Indische Studien*, t. I, p. 484.

[4] Weber, *Ibid.* p. 227 et 228, p. 440 et 441, et p. 484.

[5] *Indische Alterthumskunde*, t. II, p. 482 et suiv. Weber, *Ind. Stud.* t. I, p. 228, note. Je répugne cependant à croire que l'auteur du *Sarvânukrama* du *Rigvéda* (Mueller, *Rigveda sanhitâ*, préf. p. xxv), soit le grand disciple de Çâkya.

et de *Kakuda* sont des mots voisins par le sens l'un de l'autre [1]. De ce rapprochement sur l'analogie des noms, à l'identification des deux personnages, il n'y aurait certainement qu'un pas; toutefois cette analogie ne me paraît pas encore assez forte pour autoriser suffisamment la conclusion qu'on en voudrait tirer.

Le nom de *Kâuṇḍinya* donne lieu à des remarques analogues. Nous connaissons par les livres du Népal deux Brâhmanes de ce nom, l'un qui est *Âdjnâta Kâuṇḍinya* [2], et l'autre qu'on appelle *Vyâkaraṇa Kâuṇḍinya* [3]. Comme *Âdjnâta* signifie « le savant, » il se pourrait bien que ce personnage eût été ainsi nommé à cause de ses connaissances en grammaire, et que les deux *Kâuṇḍinyas* des légendes buddhiques ne fussent au fond qu'un seul et même personnage. Maintenant, parmi les anciens grammairiens cités dans les *Prâtiçâkhya sûtras* des Brâhmanes, Roth a trouvé un *Kâuṇḍinya* [4] qui a pour seul nom cet ethnique ou ce patronymique, selon que *Kâuṇḍinya* devra s'interpréter, soit par « celui qui est né à Kuṇḍina, » l'ancienne capitale du Vidarbha (le Bérar actuel), soit par « le descendant de la race de Kuṇḍina, » ou peut-être même « le descendant d'une *Kuṇḍinî* « ou fille bâtarde [5]. » De toute manière le *Kâuṇḍinya*, dit le grammairien, des Buddhistes pourrait bien n'être qu'un seul et même personnage avec le *Kauṇḍinya* des *Prâtiçâkhyas* brâhmaniques. Weber, qui a remarqué le rôle commun de ces deux Brâhmanes, n'en a pas, je l'avoue, conclu à leur identité, mais il a donné tous les moyens d'arriver à cette conclusion [6].

Weber a signalé encore l'existence d'un ou deux autres noms communs aux textes brâhmaniques et aux textes buddhiques, comme par exemple un Pûrṇa qui est surnommé *Mâitrâyaṇî puttra* chez les Buddhistes [7], tandis que, chez les Brâhmanes, *Mâitrâyaṇî* est un nom bien connu qui est devenu le titre d'un des *Upanichads* appartenants au *Yadjus* noir [8], et le nom des *Vâtsîputtrîyas*, qu'il rapproche du *Vâtsîputtra* de la généalogie du *Vrïhadâraṇyaka* [9]. On en trouvera certainement beaucoup d'autres, indépendamment des noms isolés comme celui de *Pâuchkarasâdi* [10], qu'on dit contemporain de Çâkya et que Roth a

[1] *Indische Studien*, t. I, p. 441 et 484.

[2] *Introd. à l'hist. du Buddh. indien*, t. I, p. 156, note 2; *le Lotus de la bonne loi*, ci-dessus, p. 292.

[3] *Introd. à l'hist. du Buddh. ind.* t. I, p. 530.

[4] *Zur Litter. und Geschichte des Weda*, p. 66.

[5] Voy. *Kuṇḍinî*, dans le *Gaṇa Garga*, Pâṇini, t. II, p. xcII, éd. Boehtlingk.

[6] Weber, *Ind. Stud.* t. I, p. 71, et surtout p. 441, note 1.

[7] *Introd. à l'hist. du Buddh. ind.* t. I, p. 479.

[8] Weber, *Ind. Stud.* t. I, p. 273 et 275.

[9] *Vrïhadâraṇyakam*, éd. Poley, p. 98; Weber, *Ind. Stud.* t. I, p. 484.

[10] *Introd. à l'hist. du Buddh. ind.* t. I, p. 208. En pâli ce nom s'écrit *Pôkkharasâdi* ou *sâti;* c'est un dérivé patronymique de *Puchkarasâd*, « qui se repose sur l'eau ou sur l'étang, » probablement pour dire *lotus*. Il paraîtrait que les interprètes tibétains des livres sanscrits buddhiques ont eu sous les yeux une autre orthographe de ce nom propre, à en juger d'après la traduction qu'ils en ont donnée. J'ai en effet lieu de croire que le Brâhmane nommé par eux *Padma sñing-po* doit être le même que *Pâuchkarasâdi*. (Csoma, *Analysis of the Dulva*, dans *Asiat. Res.* t. XX, p. 63 et 91.) Il semble, en effet, qu'ils ont employé *padma* comme synonyme de *pâuchkara*, qui pris à part peut désigner le lotus, en tant que produit d'un étang. D'un autre côté, comme *sñing-po* signifie « qui possède le cœur ou l'essence, » cette expression doit répondre non plus à *sâdi*, mais à *sârin*. Il est donc très-probable que, dans l'opinion des interprètes tibétains, le nom sanscrit de ce Brâhmane était *Pâuchkarasârin*. Je pense de même que le nom du village brâhmanique du pays des

trouvé dans les *Prâtiçâkhyas* [1], et celui de *Mâudgalyâyana*, ou encore comme les noms généraux des familles brâhmaniques, telles que les Vâsichṭhides, les Gâutamides, les Bhâradjvâdides, les Kâçyapides, qui au temps de Çâkyamuni jouaient un rôle important dans le Nord et dans l'Est de l'Inde. Je rappelle ces noms, qui sont célèbres dans les plus anciennes traditions indiennes, pour indiquer par un seul trait au milieu de quels personnages les livres buddhiques nous montrent Çâkyamuni cherchant des disciples et répandant ses prédications. Or ces personnages sont exactement ceux qui paraissent le plus souvent dans les *Brâhmaṇas* des Vêdas et dans les *Upanichads* qui s'y rattachent, soit que ces derniers livres reproduisent des extraits des *Brâhmaṇas*, soit qu'ils en imitent la forme ou en développent les théories.

J'ai donc pu dire avec raison, il y a quelques années et quand les matériaux qui s'accumulent autour de nous étaient à peine connus, que Çâkyamuni a paru dans l'Inde à un moment des croyances brâhmaniques beaucoup plus rapproché de l'âge des Vêdas que de celui des Purâṇas [2]. Ce résultat, j'en ai la conviction, acquerra d'autant plus de solidité que les *Sûtras* des Buddhistes et les *Brâhmaṇas* des Brâhmanes seront mieux connus; il deviendra même un critérium sûr pour déterminer d'une manière approximative la date de plusieurs traités buddhiques admis dans le Nord de l'Inde parmi les écritures authentiques, mais dont le fonds, comme le cadre, nous permettent de suspecter l'antiquité. Sur ces points intéressants de critique et d'histoire, ainsi que sur la nature des doctrines, les textes traduits ou extraits avec soin nous en apprendront plus que les conjectures et les combinaisons auxquelles on pourrait se livrer d'avance avec le petit nombre de faits qui sont actuellement entre nos mains. Et pour terminer ces remarques par une preuve de cette dernière assertion, je donnerai ici le commencement d'un des *Suttas* du *Dîgha nikâya*, où Çâkyamuni nous apparaît exactement placé dans la situation que j'indiquais tout à l'heure, c'est-à-dire dans un temps, selon toute vraisemblance, très-postérieur à l'âge de l'hymnologie vêdique, mais contemporain de l'époque de discussions philosophiques et de travail intellectuel qui a dû commencer pour l'Inde vers le VIIIe siècle au moins avant notre ère [3].

« Voici ce que j'ai entendu un jour [4] : Bhagavat parcourant le pays des Kôsalas, arriva avec une grande assemblée de Religieux, avec cinq cents Religieux, à l'endroit où se trouve le village de Brâhmanes du pays des Kôsalas, nommé *Manasâkaṭa*. Bhagavat s'ar-

Kôçalas où Pâuchkarasâdi passe pour avoir résidé, village que Csoma, d'après les Tibétains, désigne ainsi, *Hdod-pa-hthun-pa* (*Analysis of the Dulva*, etc. p. 91), doit être le lieu dit *Ichtchhânaṁ kâlaṁ* du *Sutta* pâli, intitulé *Ambaṭṭha sutta*, du *Dîgha nikâya*. Ce nom de lieu doit signifier « l'endroit où l'on ramasse tous les désirs, tout ce qu'on désire. »

[1] *Zur Litt. und Geschichte des Weda*, p. 66.

[2] Ce point de vue est aussi celui de M. R. Roth, qui a porté dans ces délicates questions de critique un savoir très-solide et la clarté d'un esprit parfaitement droit. J'ose présenter sa dissertation sur les Vêdas et sa préface au *Nirukta* comme des modèles en ce genre de recherches, dans un moment surtout où quelques esprits vigoureux, mais trop peu réglés peut-être, semblent se livrer avec une sorte d'intempérance à l'enivrement produit par l'abondance des matériaux précieux que leur zèle amène chaque jour, je dirais volontiers à la lumière, s'ils consentaient à se rendre un peu plus faciles à lire.

[3] Roth, *Jâska's Nirukta*, introd. p. LIII.

[4] *Têvidjdja sutta*, dans *Digh. nik.* f. 60 *b* et suiv.

rèta au nord de ce village, sur le bord de la rivière Atchiravatî, dans un bois de manguiers [1]. Or, en ce temps-là, il résidait à Mânasâkaṭa un grand nombre de riches [2] Brâh-

[1] Je ne trouve sur les cartes modernes de la partie septentrionale de l'Inde, où nous devons chercher l'ancien pays des Kôçalas, aucune des dénominations géographiques qui figurent au début de cette légende. Cela ne doit pas surprendre pour un simple village comme *Manasâkaṭa*, qui serait sans doute en sanscrit *Manasâkrĭta*, «fait par un simple acte de volonté.» Mais on aimerait à découvrir la rivière *Atchiravatî* parmi les nombreux cours d'eau qui arrosent les provinces actuelles de Baraitch, Gorakpour et Aoude. Je serais tenté de supposer que la *Rapti* actuelle (nom qui est donné d'ailleurs à deux rivières qui sont déjà réunies à Gorakpour et qui se jettent dans la Dévah), a pu se nommer anciennement *Atchiravatî*. Dans cette hypothèse, le mot de *Raptî* serait la fin altérée de *Atchi-ravatî*; peut-être même a-t-on dit *Irâvatî* au lieu d'*Atchiravatî*, mot un peu développé pour subsister longtemps dans la prononciation populaire, et de *Irâvatî* on aura fait aisément *Raptî*. Ce qui confirmerait cette conjecture et la changerait presque en certitude, c'est que sur la carte du district de Gorakpour qui est annexée à la topographie de l'Inde orientale publiée par Montgomery Martin, d'après les papiers manuscrits du docteur Francis Buchanan, la Raptî porte aussi le nom de *Airâvatî*, ce qui est à peu de chose près le nom même dont je supposais tout à l'heure l'existence. (*History, Topography, etc. of Eastern India*, t. II, carte, p. 291 et 306.) Je ne dois pas cependant omettre de remarquer que des orientalistes d'une autorité imposante, comme Klaproth, Wilson et Cunningham, ont reporté l'*Atchiravatî* un peu plus à l'est, en l'identifiant avec la Gandakî moderne. Cette détermination repose à peu près entièrement sur la position que ces auteurs assignent à la ville célèbre de *Kuçinârâ*. Selon le voyageur chinois Hiuan thsang, autant qu'on le connaît par l'analyse de Klaproth (*Foe koue ki*, p. 237), la ville de *Kiu chi na kie lo* était située non loin du bord oriental de la rivière *A chi to fa ti*, dont Hiuan thsang donne cette autre orthographe, *A li lo pho ti*, tout en la critiquant à ce qu'il paraît; en effet, la vraie leçon se trouverait probablement dans la combinaison des deux orthographes, *A chi lo fa ti*, ce qui reviendrait exactement à celle de notre *Sutta* pâli, *Atchiravatî*, et non *Adjitapati*, comme l'écrit Csoma, d'après les Tibétains. (*Analysis of the Dulva*, dans *Asiat. Res.* t. XX, p. 59.) Il paraît que cette rivière s'était appelée antérieurement *Chi lai na fa ti*, mot dans lequel Klaproth retrouve le sanscrit *Svarṇavatî*, «qui «charrie de l'or;» cette conjecture lui donne l'explication du nom de *Hi lian*, en sanscrit *Hiraṇya*, «or,» par lequel on désignait la rivière auprès de laquelle était située la ville de *Ku si na kie*, selon le témoignage de Fa hian. (*Foe koue ki*, p. 235 et 236.) Or Klaproth pense que la rivière nommée par Hiuan thsang *A chi to fa ti* est la Gandakî, sans distinguer toutefois entre la grande et la petite rivière de ce nom. Le capitaine Cunningham, faisant usage de renseignements pris sur les lieux, se décide positivement pour la Tchôta Gandakî, «la petite Gan«dakî;» et plaçant la ville de *Kiu si na kie lo* au lieu nommé *Kusia*, dont les ruines ont été décrites par M. Liston (*Journ. asiat. Soc. of Bengal*, t. VI, p. 477), il suppose que la forêt de Çâlas, indiquée par Hiuan thsang sur la rive occidentale de l'*A chi to fa ti*, se retrouve sur la carte de Rennell, dans la grande forêt de Çâlas, qui s'étend entre la Raptî et la petite Gandakî, à l'occident de cette dernière. (*Journ. asiat. Soc. of Bengal*, t. XVII, 1re partie, p. 30.) Je dois dire que l'argument tiré des curieuses ruines de Kusia avait déjà été employé par M. Wilson. (*Journ. roy. asiat. Soc.* t. V, p. 126.) L'enchaînement de ces données conduit donc à ce résultat, que Kusia est l'ancienne ville de *Kuçinârâ*, et que la rivière *A chi to fa ti*, ou notre *Atchiravatî*, est la petite Gandakî. Tout en reconnaissant la force de cette conclusion, je remarquerai que la Raptî et la petite Gandakî sont assez voisines l'une de l'autre pour avoir pu anciennement ou porter le même nom ou échanger leurs noms entre elles, surtout dans un pays extrêmement arrosé, et où nous savons que les rivières changent souvent plusieurs fois de dénominations dans diverses parties de leur cours, indépendamment de ce qu'elles tendent fréquemment à se confondre les unes avec les autres par des ébranchements que le docteur Fr. Hamilton a ingénieusement comparés à des espèces d'anastomoses. (*Histor. Topogr. etc.* t. II, p. 321.) Au reste, j'aurai occasion de revenir sur ce sujet en examinant le dernier voyage que fit Çâkya de Râdjagrĭha à Kuçinârâ.

[2] Le mot que je traduis par *riche* est *mahâsâla*, qui est d'un fréquent usage dans les textes buddhi-

manes très-savants, comme par exemple le Brâhmane Tchaǧki, le Brâhmane Târukkha, le Brâhmane Pôkkharasâdi, le Brâhmane Djânussôṇi, le Brâhmane Nôdêyya [1], et d'autres riches Brâhmanes très-savants. Il advint qu'une discussion s'éleva entre des Vâsêṭṭhas et des Bhâradvâdjas (des Vâsichṭhides et des Bhâradvâdjides) qui se promenaient dans le Vihâra de Djaǧghâ [2], au sujet de ce qui est la voie et de ce qui ne l'est pas. Un jeune Brâhmane Vâsêṭṭha parla ainsi : C'est là seulement la droite voie, c'est là seulement la véritable route, la route de la délivrance qui conduit celui qui la pratique à s'unir avec Brahmâ [3]; cette voie a été enseignée par le Brâhmane Pôkkharasâdi. Un jeune Brâhmane Bhâradvâdja parla ainsi : C'est là seulement la droite voie, c'est là seulement la véritable route, la route de la délivrance qui conduit celui qui la pratique à s'unir avec Brahmâ; cette voie a été enseignée par le Brâhmane Târukkha. Mais le Brâhmane Vâsêṭṭha ne put convaincre le Bhâradvâdja, et le Brâhmane Bhâradvâdja, à son tour, ne put convaincre le Vâsêṭṭha. Alors le Brâhmane Vâsêṭṭha dit au Bhâradvâdja : Fils de Bharadvâdja, Gôtama le Samaṇa, fils des Çâkyas, qui est sorti de la maison des Çâkyas pour se faire mendiant, se trouve en ce moment à Manasâkaṭa, au nord de ce village, sur le bord de la rivière Atchiravatî, dans un bois de manguiers. Le Bienheureux Gôtama a été ainsi précédé par le renom fortuné de sa gloire : Le voilà ce Bienheureux, vénérable, parfaitement et complétement Buddha, doué de science et de conduite, bien venu, connaissant le monde, sans supérieur, domptant l'homme comme un jeune taureau, précepteur des Dêvas et des hommes, Buddha bienheureux. Allons donc, fils de Bharadvâdja, à l'endroit où s'est rendu le Samaṇa Gôtama; et quand nous y serons arrivés, nous l'interrogerons sur le sujet qui nous divise; et selon qu'il nous répondra, nous tiendrons sa réponse pour la vérité. Qu'il soit ainsi, répondit le Brâhmane Bhâradvâdja au Brâhmane Vâsêṭṭha.

« Ensuite les deux jeunes gens se rendirent au lieu où se trouvait Bhagavat; et quand ils y furent arrivés, après avoir échangé avec lui les paroles de la bienveillance et de la civilité, ils s'assirent de côté; puis le jeune descendant de Vasiṭṭha parla ainsi de sa place

ques de toutes les écoles, et qu'on retrouve assez fréquemment aussi dans les *Brâhmaṇas* des Vêdas. J'y reviendrai au n° XXI de l'*Appendice*.

[1] Le nom de *Nôdêyya* est un patronymique qui rappelle celui de l'ancien Rĭchi Nôdhas, auquel est attribuée la composition de plusieurs hymnes du Rĭgvêda, lesquels forment une section entière dans le premier *Maṇḍala* de ce Vêda. (Mueller, *Rigveda sanhitâ*, t. I, p. 525 sqq. Wilson, *Rigveda sanhitâ*, t. I, p. 334.)

[2] L'expression dont se sert le texte est *djaǧghâvihâram anutchaǧkamantânaṁ*; j'ai traduit littéralement comme s'il existait un *Djaǧghâ vihâra*. Mais outre que l'existence d'un *vihâra* pour des ascètes brâhmaniques a quelque chose d'inattendu, il se pourrait bien que la phrase du texte signifiât simplement « faisant « une promenade sur leurs jambes. » Le mot *anutchaǧkaman*, qui signifie « se promenant de long en large, » rend ce sens très-probable.

[3] Je dois avertir que le mot *Brahmâ* étant, dans le texte, en composition, on ne peut reconnaître si l'auteur veut parler du *Brahmâ* masculin ou du *Brahma* neutre. Plus bas, le mot étant employé au nominatif, c'est *Brahmâ* que lit le texte. On aurait probablement tort de demander au rédacteur de ce *Sutta*, quel qu'il ait été, une précision rigoureuse sur ce point, qui a cependant son importance pour l'histoire de la religion brâhmanique. La précision a pu même exister dans les premiers temps du Buddhisme; mais il est facile de comprendre qu'on s'en soit peu à peu relâché, et qu'elle ait déjà disparu quand les *Suttas* ont été rédigés par écrit.

à Bhagavat : Pendant que nous nous promenions, ô Gôtama, pendant que nous marchions dans le Vihâra de Djag̃ghâ, une discussion s'est élevée entre nous sur ce qui est la voie et sur ce qui ne l'est pas. Moi je disais : C'est là seulement la droite voie, c'est là seulement la véritable route, la route de la délivrance qui conduit celui qui la pratique à s'unir avec Brahmâ; cette voie a été enseignée par le Brâhmane Pôkkharasâdi. Ce Brâhmane, descendant de Bharadvâdja, parlait ainsi : C'est là seulement la droite voie, c'est là seulement la véritable route, la route de la délivrance qui conduit celui qui la pratique à s'unir avec Brahmâ; cette voie a été enseignée par le Brâhmane Târukkha. Alors, ô Gôtama, il s'est élevé là-dessus une discussion, une dispute, une querelle. Il est donc vrai, [dit Bhagavat,] ô descendant de Vasiṭṭha, que tu parles ainsi : C'est là seulement la droite voie, c'est là seulement la véritable route, la route de la délivrance qui conduit celui qui la pratique à s'unir avec Brahmâ; cette voie a été enseignée par le Brâhmane Pôkkharasâdi, et que le descendant de Bharadvâdja parle ainsi : C'est là seulement la droite voie, c'est là seulement la véritable route, la route de la délivrance qui conduit celui qui la pratique à s'unir avec Brahmâ; cette voie a été enseignée par le Brâhmane Târukkha. Mais, ô descendant de Vasiṭṭha, sur quel point s'est élevée entre vous cette discussion, cette dispute, cette querelle? — Sur la voie et sur ce qui n'est pas la voie, ô Gôtama. Est-ce qu'on ne nomme pas, ô Gôtama, les Brâhmanes d'après les voies diverses qu'ils suivent, comme les Brâhmanes *Addhariya* (*Adhvaryu*), les Brâhmanes *Tittiriya* (*Tâittirîya*), les Brâhmanes *Tchhandôka* (*Tchhaṇḍôga*), les Brâhmanes *Tchhandava*[1], les Brâhmanes *Brahmatchâriya* (Brahmatchârin)? Ce sont là autant de routes de la délivrance qui conduisent celui qui les pratique à s'unir avec Brahmâ. C'est, ô Gôtama, comme s'il y avait, non loin d'un village ou d'un bourg, beaucoup de routes diverses, et que ces routes vinssent toutes aboutir à ce village; de la même manière, ô Gôtama, est-ce qu'on ne nomme pas les Brâhmanes par les voies diverses qu'ils suivent, comme les Brâhmanes Addhariya, Tittiriya, Tchhandôka, Tchhandava, Brahmatchâriya? ce sont là autant de routes de la délivrance qui conduisent celui qui les pratique à s'unir avec Brahmâ. — Tu dis qu'elles conduisent là, ô descendant de Vasiṭṭha? — Oui, Gôtama, je dis qu'elles conduisent là même. — Tu le dis, descendant de Vasiṭṭha? — Oui, Gôtama, je le dis. — Mais, ô descendant de Vasiṭṭha, est-il un seul Brâhmane parmi ceux qui possèdent la triple science (les trois Vêdas), qui ait vu Brahmâ face à face? — Non certes, Gôtama. — Mais, ô descendant de Vasiṭṭha, est-il un seul maître de ces Brâhmanes possédant la triple science qui ait vu Brahmâ face à face? — Non certes, Gôtama. — Mais, descendant de Vasiṭṭha, est-il un maître d'un seul maître de ces Brâhmanes possédant la triple science qui ait vu Brahmâ face à face? — Non certes, Gôtama. — Mais, ô descendant de Vasiṭṭha, y a-t-il, dans un grand cycle formé de sept générations de maîtres[2], un seul maître de ces

[1] Peut-être est-ce une altération de *Tâṇḍava*.

[2] Je ne suis pas sûr d'avoir traduit exactement l'expression du texte *yâvasattamâ âtchariyamahâyugâ*. Il est certain qu'on ne peut pas penser ici au *Mahâyuga* ou au grand Yuga des Purâṇistes, car je n'ai jamais rencontré dans les anciens *Suttas* la mention de cette période ou des divisions dont elle se compose; mais *yuga* (dans le *mahâyuga* du texte) peut signifier *couple* : ce sens, toutefois, ne paraît pas convenir ici aussi bien que celui d'*âge*, *cycle*.

Brâhmanes possédant la triple science qui ait vu Brahmâ face à face? — Non certes, Gôtama. — Eh bien! descendant de Vasiṭṭha, les anciens Isis (Rĭchis) des Brâhmanes qui possèdent la triple science, ces sages auteurs des Mantas (Mantras), chantres des Mantas, dont les Brâhmanes d'aujourd'hui, qui possèdent la triple science, répètent d'après eux les anciens vers lyriques produits sous forme de chants et composés par eux, chantant ce qui a été chanté, prononçant ce qui a été prononcé, parlant ce qui a été parlé, ces Rĭchis, dis-je, comme Aṭṭhaka (ou Aḍḍhaka), Vâmaka, Vâmadêva, Vêssâmitta, Yamataggi, Aggirasa, Bharadvâdja, Vasiṭṭha, Kassapa, Bhagu [1], est-ce qu'ils ont parlé ainsi : Oui, nous savons, oui, nous voyons où est Brahmâ, en quel lieu est Brahmâ, en quel endroit est Brahmâ [f. 61 b]? — Non certes, Gôtama. — Ainsi donc, ô descendant de Vasiṭṭha, il n'y a pas un seul Brâhmane parmi ceux qui possèdent la triple science, il n'y a pas un seul maître de ces Brâhmanes, il n'y a pas un maître d'un seul maître de ces Brâhmanes, il n'y a pas un seul maître dans un grand cycle de sept générations, qui ait vu Brahmâ face à face; et les anciens Rĭchis, [etc. comme ci-dessus, jusqu'à] Kassapa, Bhagu, n'ont pas parlé ainsi : Oui, nous savons, oui, nous voyons où est Brahmâ, en quel lieu est Brahmâ, en quel endroit est Brahmâ. Mais, ô descendant de Vasiṭṭha, voici ce qu'ont dit ces Brâhmanes possédant la triple science : Celui que nous ne connaissons pas, que nous ne voyons pas, nous enseignons la voie pour s'unir à lui; voici la droite voie, voici la route véritable, la route de la délivrance qui conduit celui qui la pratique à s'unir avec Brahmâ. Que penses-tu de cela, ô descendant de Vasiṭṭha? Si, les choses étant ainsi, ces Brâhmanes qui possèdent la triple science disent : Nous enseignons la voie, [etc. comme ci-dessus, jusqu'à] qui conduit celui qui la pratique à s'unir avec Brahmâ [2], qu'en penses-tu? Les choses étant ainsi, n'est-ce pas de la part de ces Brâhmanes qui possèdent la triple science un acte de jonglerie? — Oui, Gôtama, les choses étant ainsi, le langage de ces Brâhmanes qui possèdent la triple science est un acte de jonglerie. — Ainsi, descendant de Vasiṭṭha, le langage de ces Brâhmanes qui possèdent la triple science ressemble uniquement aux bâtons des aveugles : le premier ne voit pas, celui du milieu ne voit pas, le dernier ne voit pas davantage. Leur langage n'est que ridicule, ce ne sont que des mots, c'est chose vide, c'est chose vaine. »

Et maintenant, si m'appuyant sur des textes de ce genre, j'ai raison de placer Çâkyamuni au milieu du mouvement intellectuel si puissant et si original qui a donné naissance, sinon à la composition première, du moins à la réunion d'une partie des *Brâhmaṇas*, s'étonnera-t-on que le Buddhisme, qui s'adressait à la partie la plus populaire de la

[1] Sur ces noms, voy. Roth, *Zur Litt. und Gesch. des Weda*, p. 13. Ici *Bhagu* est pour le sanscrit *Bhrĭgu*. Quant à celui qui ouvre cette liste, et qui est écrit tantôt *Aṭṭhaka*, tantôt *Aḍḍhaka*, je ne connais pas de nom brâhmanique qui y réponde; mais il rappelle la division du *Rĭgvêda* en *achṭakas* ou huitains. Le rédacteur ou le copiste de notre *Sutta* aurait-il confondu une division de livre avec un nom d'auteur? D'un autre côté, l'écriture singhalaise est si confuse et si imparfaite que l'on pourrait également lire *aṇḍaka*, nom qui signifierait peut-être « né « d'un œuf » et serait synonyme de *Hiraṇyagarbha*, ou de Pradjâpati, auquel on attribue quelques hymnes du *Rĭgvêda* dont on ignore les véritables auteurs. (Colebrooke, *On the Vedas*, dans *Misc. Ess.* t. I, p. 33.)

[2] J'ai tiré le sens le plus vraisemblable du texte qui est ici confus, et où il y a probablement à la fois lacune et répétition.

nation indienne, ait profité de l'agitation des esprits pour mettre à la portée de la masse du peuple des questions dont tout nous engage à croire que les classes élevées des Brâhmanes et des Kchattriyas se réservaient le plus souvent l'examen?

Après ces observations générales, qui m'ont été suggérées par le cadre du *Sâmañña phala*, je dois examiner sommairement la doctrine qui y est contenue. Cette doctrine est comprise sous trois chefs principaux : la vertu ou la morale (*Sîla*), la méditation (*Samâdhi*), et la sagesse (*Paññâ*). La morale comprend, en premier lieu, les préceptes relatifs aux actes dont il faut se détourner avec aversion, c'est-à-dire le meurtre, le vol, l'incontinence, le mensonge, la médisance, la grossièreté de langage, les discours frivoles, la destruction des végétaux ou des animaux, la vue des représentations dramatiques, le goût de la parure, celui d'un grand lit, l'amour de l'or et de l'argent, ainsi que de beaucoup d'autres choses qu'il ne convient pas à un Religieux de recevoir, la profession de messager, le négoce, la fraude, la ruse, et la violence qui se manifeste par de mauvais traitements. Chacun de ces articles est développé quelquefois amplement, souvent avec d'intéressants détails : la morale y paraît sous des formes simples et pratiques; on ne remarque encore ici d'autre classification que celle qui est absolument nécessaire pour l'ordre de l'exposition. Cependant l'importance de cette partie de la doctrine paraît dans le titre que le *Brahma djâla sûtta* donne à ce passage, qui dans mon manuscrit est terminé par les mots *Mûlasîlam*, « moralité fondamentale ou fondement de la morale. » Si on le compare, en effet, avec les énumérations que j'ai données des règles du *Sîla*, d'après les diverses sources que j'ai indiquées plus haut, on y retrouvera, moins la forme dogmatique, tous les préceptes de ces énumérations mêmes.

Ces règles fondamentales de la moralité pour le Religieux Buddhiste sont suivies de dix autres paragraphes, qui dans le manuscrit du *Brahma djâla sutta* ont le titre de « moralité moyenne, » *Madjdjhima sîlaṁ*. Ces paragraphes ont cela de commun avec les préceptes précédents, qu'ils sont également présentés sous une forme négative, et de plus, qu'ils répètent plusieurs des avertissements qui composent les derniers articles des règles fondamentales. Mais ils en diffèrent d'une manière sensible, et par le développement, et par les exemples qui les élucident. Ces dix paragraphes sont une véritable critique des habitudes et des mœurs des ascètes et des Brâhmanes contemporains des premiers temps du Buddhisme. Il s'y trouve des détails curieux, dont quelques-uns sont obscurs, soit par la faute du copiste, soit à cause de l'absence d'un dictionnaire. Çâkyamuni y condamne l'un après l'autre le goût de la destruction, celui du luxe, des représentations dramatiques, du jeu, des lits somptueux, de la parure, des entretiens vulgaires, du dénigrement, puis l'état de messager, et enfin celui de jongleur et d'astrologue.

Les préceptes de « la moralité moyenne » sont suivis de sept articles, auxquels le manuscrit du *Brahma djâla* donne le titre de « la grande moralité, » *Mahâsîlam*. Ces articles portent tous exclusivement sur les moyens de vivre que doit s'interdire un Religieux, et ils se composent de longues énumérations de professions et de pratiques faites pour donner du profit à ceux qui s'y livrent. Ces articles sont, pour la plupart, peu différents les uns des autres. Ainsi, dans le premier, figure la connaissance des signes, celle de certains animaux, et la pratique de plusieurs modes de sacrifices usités chez les Brâhmanes. Le second article continue le même sujet, sauf celui des sacrifices; le troisième, le quatrième et le cinquième énumèrent les divers objets sur lesquels s'exerce l'art trompeur de la divination : on voit que, pour dire le vrai, ces trois articles n'en devraient former qu'un seul. A la divination succède la sorcellerie; puis viennent, dans le septième et dernier paragraphe, la pratique de diverses cérémonies religieuses essentiellement brâhmaniques et l'exercice de la médecine. Il y a dans ces énumérations faites avec assez peu de méthode quelques points obscurs; mais ces points sont en petit nombre, et le but de l'ensemble n'en reste pas moins parfaitement intelligible. Il s'agit là des moyens de vivre que Çâkyamuni veut interdire à ses Religieux; et le titre de « grande moralité » donné à cette section du *Sîla*, en indique, selon toute apparence, l'importance relative plutôt que la valeur absolue : nous ne devons pas oublier qu'il s'agit ici de Religieux, qui après avoir obéi aux prescriptions des deux sections précédentes, doivent mettre le sceau à leur vertu, en respectant avec le même soin les commandements de la troisième. C'est là, ainsi que le dit notre texte même, « la masse de la morale » dont ils doivent être doués; c'est le *Sîlakkhandha* que Çâkyamuni s'est donné pour mission de célébrer devant la foule du peuple.

J'ai dit tout à l'heure que cette exposition du *Sîla* ou des devoirs moraux n'offrait d'autre trace de classification que celle qui était absolument nécessaire pour la connaissance du sujet. Cette observation n'est pas sans importance, en ce qu'elle signale le *Sâmañña phala* comme un des *Suttas* dans lesquels la théorie des devoirs moraux en est encore à ses premiers débuts. Elle acquiert une plus grande valeur de la comparaison qu'on peut faire de notre *Sutta* avec d'autres traités du même genre, que j'appellerais *Suttas* de classification. J'en trouve deux dans la collection du *Dîgha nikâya*, qui sont les deux derniers du recueil, et qui portent les titres de *Saggîti* et de *Dasuttara*. Il semble qu'ils aient été placés à la fin du *Dîgha nikâya* pour lui servir comme de table de matières; ils ne se composent guère, en effet, que de listes ou de catégories, dont plusieurs reviennent avec des développements plus ou moins considérables dans les *Suttas* très-inégalement développés de cette collection. Ainsi, et pour nous en tenir à notre *Sâmañña phala*, on trouve dans le *Saggîti sutta* deux catégories, celle des *Dasa akusala kamma pathâ*, ou « les dix voies « des actions vicieuses, » et celle des *Dasa kusala kamma pathâ*, ou « les dix voies des actions « vertueuses. » La première catégorie se compose des termes suivants : le meurtre, le vol, l'adultère, le mensonge, la médisance, la grossièreté de langage, les vains discours, la cupidité, la méchanceté, l'hérésie. La seconde catégorie se compose des termes contraires aux précédents, c'est-à-dire de l'aversion pour le meurtre, pour le vol, et ainsi des autres; ce sont là les dix *Vêramaṇîs* dont j'ai parlé plusieurs fois dans cette note[1]. Le lecteur reconnaîtra ici, non-seulement une des énumérations des actions coupables que j'ai eu occasion d'exposer d'après les auteurs qui avaient touché à ce sujet avant moi, mais un résumé et comme une table des matières de la première partie du *Sîla*, d'après le *Sâmañña phala*, partie à laquelle un manuscrit donne le titre de « fondements de la morale. » Ainsi, dans une exposition dogmatique de la morale buddhique, il faudrait faire précéder la

[1] *Saggîti sutta*, dans *Dîgha nikâya*, f. 190 b; ci-dessus, p. 444 et suiv.

première partie de notre *Sâmañña phala* de ce double titre : « Les Dix voies des actions « vicieuses, et les Dix voies des actions vertueuses, » comme le fait le *Saǵǵîti,* sans nous apprendre autre chose, sur ces deux catégories, que le nom seul des termes dont elles se composent. Dans le même recueil, celui du *Saǵǵîti,* on distingue parmi les dix *Kusala kamma pathâ,* ou voies des actions vertueuses, quatre *ariya vôhârâ,* c'est-à-dire « quatre « pratiques ou habitudes respectables, » qui sont l'aversion pour le mensonge, pour la médisance, pour un langage grossier, pour les vains discours. D'un autre côté on compte quatre pratiques ou habitudes non respectables, *anariya vôhârâ,* qui sont l'action de dire qu'on a vu ce qu'on n'a pas vu, celle de dire qu'on a entendu ce qu'on n'a pas entendu, qu'on a pensé à ce à quoi on n'a pas pensé, qu'on a compris ce que l'on n'a pas compris. A ces quatre pratiques condamnables on en oppose quatre nouvelles, qu'on nomme *ariya vôhârâ,* « les quatre pratiques respectables, » savoir, l'action de ne pas dire qu'on a vu ce qu'on n'a pas vu, qu'on a entendu ce qu'on n'a pas entendu, qu'on a pensé à ce à quoi on n'a pas pensé, qu'on a compris ce qu'on n'a pas compris. Ces deux énumérations opposées sont suivies de quatre nouvelles pratiques non respectables, savoir, l'action de dire qu'on n'a pas vu ce qu'on a vu, et ainsi des autres pratiques auxquelles répondent quatre autres habitudes respectables ou *Ariya,* qui consistent à dire qu'on a vu ce qu'on a vu, et ainsi de suite. Il est clair que ces énumérations sont des développements scolastiques de la double catégorie du mensonge et de la véracité.

De ces diverses comparaisons il faut conclure que ces énumérations si nombreuses d'attributs moraux et intellectuels qui constituent un des caractères du Buddhisme, se trouvent à des degrés de développement plus ou moins élevés dans les livres qui passent pour les plus rapprochés de la prédication de Çâkyamuni. Tantôt le fond emporte la forme, et les objets qui plus tard devront se classer sous des catégories distinctes, sont exposés un peu confusément; c'est ce qui arrive pour l'indication des vertus morales qui forme l'un des trois éléments du *Sâmañña phala.* Tantôt la forme prend le dessus, et la classification paraissant en relief, laisse dans l'ombre le fond, sans doute parce que l'on sait qu'il est connu d'ailleurs; c'est ce qui arrive pour les énumérations du *Saǵǵîti,* qui, à quelques exceptions près, ne nous donnent rien de plus que les termes mêmes dont elles se composent. Cela se comprend sans peine, surtout pour ce qui touche ce dernier *Sutta,* où l'orateur, Çâriputta, a le dessein formel d'énumérer sommairement en présence des Religieux la série des devoirs sur lesquels il n'est pas possible qu'il y ait parmi eux le moindre dissentiment. Mais quelque simple que ce fait paraisse, il avait besoin d'être signalé, parce qu'il explique, en partie du moins, l'origine de ces catalogues d'étendue diverse, dont on a un modèle dans le *Vocabulaire pentaglotte* des Chinois. Ce n'est pas assez dire que d'attribuer ces catalogues et au besoin d'imiter les recueils disposés par ordre de matières qui sont les bases les plus anciennes et les plus authentiques de la lexicographie indienne, et à la nécessité de réunir en un même corps d'ouvrage des listes de nature très-diverse, afin de pouvoir les retrouver aisément à un moment donné. Il est certain maintenant que les prédicateurs buddhistes avaient de bonne heure rassemblé de pareilles listes, qui se trouvaient naturellement extraites de l'enseignement plus développé et moins systématique du Maître. Pour des doctrines qui ne furent conservées pendant longtemps que par la tradition orale, de telles catégories étaient un précieux secours; elles résumaient, en quelques mots faciles à retenir par le chiffre auquel on les rattachait, des développements dont l'étendue eût pu échapper à la mémoire des auditeurs; et réciproquement pour nous, dans l'ignorance où nous sommes touchant la forme primitive des plus anciennes autorités écrites du Buddhisme, la présence de ces listes au milieu de traités reçus pour canoniques, doit nous porter à croire que ces traités se transmirent pendant longtemps d'un maître à l'autre par l'enseignement oral, avant d'être fixés définitivement par l'écriture.

Je serai plus bref sur les deux dernières sections dont se compose le *Sâmañña phala sutta*, savoir, la *Samâdhi* ou la méditation, et la *Paññâ* ou la sagesse. En effet ces deux sujets appartiennent à une partie différente de la doctrine de Çâkya, et j'aurai occasion de les examiner en détail dans deux autres notes de cet *Appendice*, dans celles qui portent sur les *Dhyânas* ou degrés de contemplation et sur les *Vimôkkhas* ou moyens d'affranchissement. Je remarquerai seulement ici que ces sujets plus relevés sont généralement traités ainsi à la suite de la morale; il est rare, au moins dans les *Suttas* des Singhalais, de les voir séparés de la pratique des vertus qui en forment comme le premier degré.

N° III.

SUR LE BÔDHISATTVA MAÑDJUÇRÎ.

(Ci-dessus, chap. 1, f. 2 *b*, p. 301.)

Je vais résumer ici, comme je m'y suis engagé dans la note de la page 301, ce que la tradition népâlaise nous apprend de ce personnage si célèbre chez les Buddhistes du Nord, et particulièrement chez les Népâlais. En comparant avec soin les renseignements relatifs au Bôdhisattva Mañdjuçrî qui ont été publiés jusqu'à ce jour d'après les sources mongoles, tibétaines, chinoises et népâlaises, il est aisé de reconnaître que Mañdjuçrî s'y montre sous un double caractère, celui d'un personnage divin, ou plus exactement, mythologique, et celui d'un Religieux ou d'un chef qui a pu réellement exister dans le Nord-Est de l'Inde, où il paraît avoir exercé une influence considérable sur la propagation du Buddhisme. Mais il n'est pas également facile de séparer nettement ces deux caractères, c'est-à-dire de faire voir s'ils se sont développés successivement l'un de l'autre, ou s'ils doivent leur existence à deux traditions primitivement indépendantes qui se seraient réunies plus tard.

Quand on étudie, par exemple, les documents rassemblés par I. J. Schmidt d'après les auteurs mongols, le rôle mythologique de Mañdjuçrî se trouve si mêlé à son rôle d'instituteur religieux, qu'il est malaisé de dire où cesse la réalité et où commence la fable. Ainsi Mandjuçrî est invoqué en qualité de *Guru*, c'est-à-dire de précepteur spirituel, sous le nom de *Mañdjughôcha*, au commencement de l'histoire des Mongols de Sanang

Setzen [1], ce qui convient très-bien à un personnage religieux; et en même temps Schmidt nous apprend qu'il reçoit chez les Buddhistes des honneurs divins, qu'il est honoré comme la source de l'inspiration céleste [2], qu'il est le symbole de la sagesse divine [3], ce qui nous transporte dans le monde des phénomènes surnaturels. Ce personnage est même si divin, qu'il passe pour s'être incarné dans la personne de plusieurs rois du Tibet [4] et dans celle de Thonmi Sambodha, l'inventeur de l'écriture tibétaine [5].

Le même mélange se remarque dans les détails que Csoma de Cörös a rassemblés sur Mañdjuçrî. Nous le voyons placé dans une liste chronologique comprenant les événements principaux du Buddhisme depuis Çâkya, à la date fabuleuse de 838 ans avant notre ère et avec cette légende : « Naissance du maître révéré Mañdjughôcha (autre nom de Mañ« djuçrî) à la Chine, de l'arbre Triks'ha [6]. » On le dit antérieur de plus de quatre siècles au grand philosophe Nâgârdjuna, et en même temps, par une de ces confusions auxquelles donne trop aisément lieu l'absurde système des incarnations, on fait de Nâgârdjuna son fils spirituel [7]. Je reviendrai plus bas sur le nom de *Triks'ha*, cité à l'occasion de la patrie supposée de Mañdjuçrî; quant à présent, ayant à cœur de montrer comment les Tibétains confondent ici l'humain avec le divin, je dois ajouter ce que nous apprend Csoma d'après ses propres lectures. « C'est, dit-il, un personnage métaphysique, patron « et beau idéal de la sagesse; de plus c'est un fils spirituel de Çâkya [8]. » Tout ce que nous disent les Mongols de son action comme source de l'inspiration divine, se retrouve naturellement au Tibet, puisque c'est de ce pays qu'ils en tiennent la connaissance. Ainsi c'est Mañdjuçrî qui inspirait Thonmi Sambodha, lorsque, vers le milieu du VIIe siècle de notre ère, il vint au Tibet apporter la fameuse formule, *Ôm maṇi padmê huṁ* [9].

Les auteurs chinois, si curieux de tout ce qui se rapporte au Buddhisme, nous montrent Mañdjuçrî sous les mêmes traits; et leur *Wen tchu che li*, ainsi qu'on transcrit d'après eux le nom indien, paraît avec le caractère mixte qu'il a chez les peuples buddhistes dont je viens de parler [10]. Toutefois en en faisant une incarnation du Buddha Çâkyamuni [11], ils nous conduisent à chercher dans Mañdjuçrî un personnage réel; car qui dit incarnation, entend parler d'un être humain en qui une divinité est descendue pour s'y rendre visible. Nous constaterons tout à l'heure que les Chinois ont gardé le souvenir d'une tradition analogue à celle des Tibétains, où l'existence réelle de Mañdjuçrî est affirmée plus positivement encore; mais comme cette tradition offre quelque ressemblance avec celle des Népâlais, je me réserve de l'examiner à l'endroit où je résumerai l'opinion des Népâlais touchant le rôle mortel de Mañdjuçrî.

[1] Schmidt, *Geschichte der Ost-Mongol.* p. 3 et 300.
[2] *Id. ibid.* p. 300, 392, 398.
[3] *Mém. de l'Acad. des sciences de St Pétersb.* t. I, p. 100.
[4] *Geschichte der Ost-Mongol.* p. 47 et 344.
[5] *Ibid.* p. 326 et 327.
[6] Csoma, *Tibet. Gram.* p. 182.
[7] *Id. ibid.* p. 182 et 194.
[8] *Id. ibid.* p. 193.
[9] Klaproth, *Nouv. Journ. asiat.* t. VII, p. 189; Cf. Hodgson, *Journ. as. Soc. of Bengal*, t. IV, p. 196. Cependant, d'après d'autres autorités, cette formule aurait été antérieurement portée au Tibet, sous Lha to tori, qui passe pour l'avoir reçue du ciel en 367 de notre ère. (Rémusat, *Observ. sur l'hist. des Mongols*, dans *Nouv. Journ. asiat.* t. IX, p. 34.)
[10] *Foe koue ki*, p. 101 et suiv.
[11] Schott, *Ueber den Buddh. in China* p. 18.

Quelque bref que soit le résumé que je viens de présenter des opinions des Mongols, des Tibétains et des Chinois sur Mañdjuçrî, je ne pouvais me dispenser de le placer comme une sorte de préambule à la discussion des documents plus précis que les Népâlais nous fournissent touchant ce personnage énigmatique. Il importe sans doute à l'exécution du plan que je me suis tracé, que je m'en tienne rigoureusement aux matériaux indiens pour traiter une question indienne. Et outre que je n'ai pas le moindre goût à faire parade devant le public d'un savoir qui ne m'appartient pas, comme je n'ai pas directement accès aux textes originaux des Mongols, des Tibétains et des Chinois, je ne pourrais, sous ce rapport, offrir au lecteur que des résultats qui lui auraient été déjà présentés par des critiques plus compétents. Cependant en ce qui regarde Mañdjuçrî, je devais m'éloigner de la règle qui me dirige dans ces études. Je tenais à établir que les peuples chez lesquels s'est répandu le Buddhisme, voient d'un commun accord, dans ce personnage, le double caractère d'un Religieux à l'existence duquel on croit comme à quelque chose de réel, puisqu'on essaye de fixer la date de sa naissance, et d'une intelligence supérieure qu'on reporte dans les régions immatérielles de l'abstraction et de la mythologie. Or si c'est également de ce point de vue que l'envisagent les Népâlais, ainsi qu'on va le reconnaître bientôt, je pourrai déjà tirer de mon résumé, tout bref qu'il est, cette conséquence historique, savoir, que les peuples étrangers à l'Inde qui ont fait de Mañdjuçrî un des objets de leur culte, suivent en ce point la tradition népâlaise. Peut-être pensera-t-on que cette conséquence ne valait pas la peine de prendre place ici, puisque, de l'aveu de tout le monde, le Buddhisme de ces peuples a sa source dans le Buddhisme indien. Mais si nous arrivons à l'aide des documents népâlais eux-mêmes, à conjecturer que Mañdjuçrî est originairement étranger au Népâl, on sentira qu'il n'était pas inutile de montrer que c'est cependant du Népâl que semblent être sorties les opinions que les peuples convertis au Buddhisme se sont faites sur la mission religieuse de ce grand Bôdhisattva.

Au Népâl comme au Tibet, chez les Mongols et chez les Chinois, Mañdjuçrî est un Bôdhisattva, c'est-à-dire une de ces intelligences supérieures qui sont prédestinées à devenir des Buddhas, et qui n'ont plus qu'une existence mortelle à passer ici-bas avant de remplir cette glorieuse mission. Mais la tendance théiste que manifeste le Buddhisme népâlais a influé sur cette conception. Ainsi un court traité sanscrit qui a pour titre, *Nâipâlîya dêvatâ kalyâṇa pañtchaviṁçatikâ*, ou « Vingt-cinq stances pour invoquer la faveur « des divinités du Népâl, » traduit par M. Wilson d'après un manuscrit envoyé par M. Hodgson à Calcutta [1], et retraduit plus tard par M. Hodgson lui-même [2], dit que Mañdjuçrî, ou, selon le texte du traité, *Mañdjunâtha*, est l'un des deux fils du Buddha céleste Akchôbhya. De même que les huit autres Bôdhisattvas célestes, réputés tous fils de Buddhas surhumains, Mañdjunâtha est représenté aux yeux du peuple par un de ces objets visibles, mais inanimés, qui passent pour une portion manifestée de leur substance, et qui portent le nom de *Vîtarâga*, « celui qui est exempt de passion, » ou « celui par

[1] *Notice of three Tracts, etc.* dans *Asiat. Res.* t. XVI, p. 459, note 5.

[2] *Translat. of the Nâipâlîya dêvatâ kalyâṇa*, dans *Journ. as. Soc. of Bengal*, t. XII, 1re part. p. 402.

« lequel on est exempt de passion. » Le *Vîtarâga* de Mañdjunâtha est un *Tchâurî* ou un chasse-mouche fait avec la queue d'un Yak, symbole tout à fait himâlayen[1]. Il est vrai que par une inconséquence qu'a signalée M. Wilson, mais qui n'est pas encore expliquée, le *Vîtarâga* ou symbole de *Mañdjudêva*, comme on appelle en cet endroit Mañdjuçrî, n'est plus un *Tchâurî*, mais ce que le texte nomme *Garttêça*, « le seigneur de la cavité[2]. » Un texte ou moins obscur, ou plus correct que celui que M. Wilson a eu entre les mains, donnerait peut-être le moyen de concilier ces deux énoncés discordants d'un même ouvrage. Quant à présent, il me suffit de constater le fait, que Mañdjuçrî est, et par son titre de *Bôdhisattva*, et par l'attribution qu'on lui fait d'un *Vîtarâga*, placé exactement sur la même ligne que les autres Bôdhisattvas fabuleux qu'on dit issus de Buddhas qui ne le sont pas moins. C'est ce qu'indique positivement le petit traité sur les divinités népâlaises dont je parlais tout à l'heure, lorsqu'à la stance 4 il cite *Mañdjunâtha* (autre nom de Mañdjuçrî), en compagnie d'autres Bôdhisattvas plus ou moins imaginaires, comme Mâitrêya, Vadjrapâṇi, Avalôkitêçvara, et qu'il le désigne ainsi, « le grand chef « Mañdjunâtha[3]. »

A cette qualité de fils de l'un des Buddhas surhumains, la mythologie népâlaise en a joint une autre qui est également caractéristique; c'est celle d'architecte de l'univers et des nombreux étages dont le monde se compose. Mañdjuçrî est donc, quant à la partie matérielle de l'univers, un véritable Démiurge; et à ce point de vue M. Hodgson a eu parfaitement raison de le comparer au Viçvakarman ou à l'architecte céleste de la mythologie purâṇique[4]. En même temps, et comme par un souvenir de son rôle humain, il passe pour l'auteur des soixante-quatre *Vidyâs* ou sciences technologiques.

Les renseignements qu'ajoutent à ce qui précède les traités népâlais traduits par MM. Wilson et Hodgson, et surtout les notes instructives que Wilson y a jointes d'après les communications de Hodgson, dirigent nos recherches d'un autre côté, et en leur assignant un objet plus positif, leur assurent un plus haut degré d'intérêt. Suivant un de ces traités, Mañdjuçrî paraît au Népâl avec le même caractère qu'Avalôkitêçvara au Tibet. « Dans le « royaume que protége la fortune de Mañdjuçrî, » dit ce texte, faisant de Mañdjuçrî le saint tutélaire du Népâl[5]. Deux stances du *Pañtchaviñçatikâ* nous donnent le moyen d'expliquer la place élevée qu'occupe Mañdjuçrî chez les Népâlais. Je reproduis ici ces stances d'après la version qu'en a publiée M. Wilson, pour mettre le lecteur en mesure de vérifier par lui-même la justesse des remarques qu'elles ont suggérées à ce savant. Voici d'abord la stance onzième : « Puisse *Garttêça*, la forme répandant tous les biens, qu'a prise Mañdjudêva pour une portion de lui-même, afin d'éveiller l'ignorant, le paresseux et le « sensuel Mañdjugartta, et d'en faire en le convertissant un sage savant et profond, vous « être propice[6]! » Voici maintenant la stance vingt-quatrième : « Puisse Mañdjunâtha, qui

[1] *Notice of three Tracts*, dans *Asiat. Res.* t. XVI, p. 460, note 8, et p. 462, note 18.

[2] *Notice, etc.* st. 11, p. 462; *Journ. asiat. Soc. of Bengal*, t. XII, 1re part. p. 404.

[3] *Notice, etc.* dans *Asiat. Res.* t. XVI, p. 473; *Journ. of the asiat. Soc. of Bengal*, t. XII, 1re part. p. 401.

[4] *Transact. of the roy. asiat. Soc. of Great-Britain*, t. II, p. 234.

[5] *Notice, etc.* dans *As. Res.* t. XVI, p. 473.

[6] *Ibid.* dans *As. Res.* t. XVI, p. 462, st. 11, note 19;

« étant venu de *Sirsha* avec ses disciples, sépara la montagne d'un coup de son cimeterre, « et sur le lac du péché éleva une ville, agréable résidence des hommes qui honorent la « divinité assise sur le Lotus élémentaire, vous être propice [1] ! » ou, selon la version de M. Hodgson : « Puisse Mañdjudêva, qui étant venu du mont *Sirsha* avec ses femmes et « deux Dêvis, sépara la montagne du Sud avec son cimeterre, bâtit la ville de *Mañdja-* « *patan* pour servir d'habitation agréable à la race humaine, et rendit un culte à la divi- « nité assise sur le lotus, nous être propice à nous tous [2] ! »

Examinons ces deux stances, non plus dans l'ordre où nous les présente le texte, mais dans celui des faits qu'elles rappellent d'une manière abrégée. Selon la stance 24, Mañdjuçrî est un instituteur religieux, car il a des disciples; il est vrai que, selon M. Hodgson, ses disciples sont des femmes, ce qui nous le montre sous un autre aspect. Il est étranger au Népâl, car il vient de *Sirsha*, ou plus exactement de *Çîrcha*, « la tête, » lieu que le *Svayambhû purâṇa* et le commentaire Newari du traité en vingt-cinq stances signalent comme une montagne de Mahâtchin, sans aucun doute *Mahâtchîna*, « le pays des grands Tchînas [3]. » Arrivé dans le Népâl, il rend à cette vallée le service de la débarrasser des eaux qui la couvraient; il en facilite l'écoulement en fendant la montagne d'un coup de son cimeterre [4]. Suivant l'autre stance, Mañdjuçrî est encore un instituteur religieux qui rend sage l'ignorant Mañdjugartta; mais par une singularité que je n'ai pas plus que M. Wilson le moyen d'expliquer, Mañdjuçrî est ici invoqué sous la figure de son symbole, lequel, ainsi que je l'ai dit tout à l'heure, n'est plus le *Tchâurî*, mais *Garttêça*, « le seigneur de la cavité. » N'ayant pas sous les yeux le texte de cette stance obscure, je me garderai de toute conjecture hasardée. Si cependant *Garttêça* était non pas le symbole matériel de Mañdjuçrî, mais une de ses transformations ou seulement une de ses épithètes, la stance serait plus claire en ce qu'elle nous montrerait Mañdjuçrî Garttêça, « le seigneur de la cavité ou de la vallée, » venant convertir le pays désigné figurativement, comme semble l'indiquer le commentaire, sous le nom de *Mañdjugartta*, « la vallée de Mañdju (*Mañdjanâtha*); » et par là serait corroborée la conjecture de M. Wilson, qui « au sage profond et savant » dont parle la stance, propose de substituer le mot de *région* [5].

J'ajouterai que le *Svayambhû purâṇa*, livre d'une autorité considérable chez les Népâlais, associe dans une tradition identique le double rôle de Mañdjuçrî, celui de civilisateur et celui d'instituteur des croyances buddhiques au Népâl. Voici un texte de ce livre dont on doit la connaissance à M. Hodgson : « Lorsque Mañdjunâtha eut fait écouler les eaux, la « forme lumineuse de Buddha apparut. Mañdjunâtha résolut d'élever un temple au-dessus « d'elle; mais l'eau sortit de terre en bouillonnant avec tant de violence, qu'il ne put trou- « ver le fond. Après qu'il eut eu recours à la prière, la déesse *Guhyêçvarî* lui apparut, « et l'eau se retira [6]. » Cette déesse du mystère est, sous un autre nom, la *Pradjñâ*, c'est-à-

Journal of the asiat. Society of Bengal, t. XII, 1re part. p. 404.

[1] *Notice, etc.* dans *As. Res.* t. XVI, p. 467.

[2] *Journ. of the as. Soc. of Beng.* t. XII, 1re p. p. 408.

[3] *Notice, etc.* dans *Asiat. Res.* t. XVI, p. 470; Hodgson, *Journ. asiat. Soc. of Bengal*, t. XII, 1re part. p. 408.

[4] *Notice, etc.* dans *As. Res.* t. XVI, p. 469.

[5] *Ibid.* p. 462, st. 11, note 19.

[6] *Ibid.* p. 460, note 7; *Transact. of the roy. asiat.*

dire l'énergie femelle de l'Âdibuddha des théistes népâlais[1]; et cette circonstance nous apprend qu'à leurs yeux, Mañdjuçrî dut prendre part à l'institution du culte d'Âdibuddha. Mais ne serait-il pas possible qu'il y ait dans ce rapprochement de Mañdjunâtha et d'Âdibuddha quelque anachronisme, comme il pourrait bien en exister un dans le nom de *Guhyêçvarî*, apparemment emprunté aux Çâktas çivaïtes, nom que le traité que nous suivons ici assigne à la *Pradjñâ* ou à la Sagesse divinisée? Déjà M. Hodgson a signalé comme une pure invention de la superstition moderne, l'idée de faire de Mañdjucrî un Bôdhisattva céleste[2]; il n'y a probablement là rien autre chose que la divinisation d'un personnage humain. Quoi qu'il en soit, c'est un point sur lequel j'appelle des recherches futures appuyées d'un plus grand nombre d'autorités que celles qui nous sont accessibles. Pour le moment il me suffit de signaler (car cela résulte clairement des deux stances citées tout à l'heure) la part considérable que Mañdjuçrì a dû prendre, selon la légende, à l'assainissement de la vallée du Népâl, et à la propagation d'une forme quelconque du Buddhisme parmi ses habitants.

Les faits qui précèdent sont empruntés à des sources de divers genres, et on pourrait supposer que je les ai rapprochés un peu arbitrairement, pour mettre en relief le double caractère de la mission de Mañdjuçrî. Heureusement pour nous M. Hodgson leur a donné une base solide, et nous a mis à même d'en voir l'enchaînement selon les idées des Népâlais, dans son Mémoire sur la classification des aborigènes du Népâl et sur l'histoire primitive de cette race[3]. Je ne pourrais, sans trop allonger cette note, traduire intégralement ce morceau curieux; mais j'en analyserai la substance de manière à n'omettre aucun trait important. La tradition qu'expose M. Hodgson est empruntée au *Svayambhû purâṇa*, recueil des légendes locales et religieuses du Népâl. Quelque variés que soient les éléments dont cette tradition nous a gardé le souvenir, le lecteur reconnaîtra qu'ils sont groupés d'après des idées purement buddhiques, et qu'on les a certainement subordonnés à ces idées. C'est à des recherches ultérieures qu'il appartiendra de déterminer les modifications que ces idées ont pu faire subir à la tradition primitive.

Le *Svayambhû purâṇa* raconte que primitivement la vallée du Népâl était un lac de forme circulaire, rempli d'une eau très-profonde et nommé *Nâgavâsa*, « l'habitation des « Nâgas. » Toutes sortes de plantes aquatiques croissaient dans ce lac, sauf le nymphæa. L'ancien Buddha Vipaçyin étant venu de l'Inde centrale sur les bords de ce lac, pendant une de ses excursions religieuses, y jeta une racine de lotus, en prononçant ces paroles : « Dans le temps que cette racine produira une fleur, alors de cette fleur sortira Svayambhû « sous la forme d'une flamme, et le lac deviendra un pays peuplé et cultivé. » Après Vipaçyin vint le Buddha Çikhin avec une nombreuse suite formée de Râdjas et d'individus des quatre castes. Il n'eut pas plutôt vu Djyôtîrûpa Svayambhû, « Svayambhû sous forme « de lumière, » qu'il lui rendit hommage, en annonçant que par la bénédiction de cet être

Soc. of Great-Britain, t. II, p. 255; Hodgson, dans *Journ. asiat. Soc. of Bengal*, t. XII, 1re part. p. 402.

[1] *Notice, etc.* dans *As. Res.* t. XVI, p. 460; *Journ. of the asiat. Soc. of Bengal*, t. XII, 1re part. p. 402.

[2] *Journ. asiat. Soc. of Beng.* t. XII, 1re part. p. 408.

[3] *Classification of the Néwârs*, dans *Journ. as. Soc. of Bengal*, t. III, p. 215 et suiv.

supérieur le lac deviendrait un séjour de délices pour ceux qui pourraient un jour s'y établir, ainsi que pour les pèlerins et pour ceux qui le traverseraient. Cela dit, Çikhin se précipita dans les eaux du lac de Nâgavâsa, et saisissant la tige du lotus, il fut absorbé dans l'essence de Svayambhû. Viçvabhû fut le troisième Buddha qui, dans le Trêtâyuga, vint de l'Inde centrale reconnaître le lac Nâgavâsa; sa visite eut lieu longtemps après celle de Çikhin, et comme son prédécesseur, il amenait avec lui de l'Inde une foule nombreuse de disciples, de Religieux, de Râdjas et de cultivateurs. Ayant répété les louanges de Djyôtîrûpa Svayambhû, il fit cette prédiction : « Dans ce lac sera produite Pradjñâ-« surûpâ Guhyêçvarî[1]; c'est un Bôdhisattva qui la fera sortir du sein des eaux, et le pays se « remplira de villages, de villes, de lieux sacrés et d'habitants de diverses tribus. » Le Bôdhisattva ainsi annoncé est Mañdjuçrî, dont la patrie, qui est reportée bien loin dans le Nord, est nommée *Pañtchaçîrcha parvata*, montagne située, d'après le commentateur du *Svayambhû*, dans le *Mahâtchîna dêça*. Un jour, dans le même Yuga, et immédiatement après l'arrivée du Buddha Viçvabhû à Nâgavâsa, Mañdjuçrî découvrit, par le moyen de sa science divine, que Djyôtîrûpa Svayambhû avait apparu au centre d'un lotus croissant dans le lac. Ayant reconnu que s'il visitait ce lieu sacré, son nom serait à jamais célèbre dans le monde, il rassembla ses disciples, les habitants du pays et un roi nommé *Dharmakâra*, et prenant la forme du dieu Viçvakarman, il partit avec ses deux Dêvis ou reines pour le long voyage de Pañtchaçîrcha parvata à Nâgavâsa. Arrivé près du lac, il se mit à en faire le tour, invoquant l'appui de Svayambhû. Au second tour, ayant atteint le centre de la chaîne de montagnes qui est au sud, il reconnut que c'était là le point d'où les eaux du lac pouvaient le plus facilement s'écouler. Aussitôt il fendit la montagne d'un coup de son cimeterre; les eaux s'échappèrent par l'ouverture qu'il avait faite, et le fond du lac fut mis à sec. Il descendit de la montagne, et parcourut la vallée dans toutes les directions. Arrivé auprès de Guhyêçvarî, il vit l'eau qui sortait de terre en bouillonnant avec violence, et il se dévoua avec un zèle pieux à la tâche de l'arrêter. A peine eut-il commencé que l'ébullition cessa graduellement; il put ainsi élever au-dessus de la source une construction de pierres et de briques qu'il nomma *Satyagiri*. Cet ouvrage achevé, Mañdjuçrî chercha un endroit où il pût résider, et à cet effet il fit paraître une petite montagne à laquelle il donna le nom de *Mañdjuçrî parvata*. Il assigna ensuite à la vallée desséchée le nom de *Nêpâla*, *nê* signifiant « celui qui conduit au ciel, » c'est-à-dire Svayambhû, et *pâla*, « protecteur, » pour dire que le génie protecteur de la vallée était Svayambhû, c'est-à-dire Âdibuddha; telle est l'origine du nom de *Nêpâla*. Et comme un grand nombre d'émigrants étaient venus avec lui du mont Çîrcha ou de la Chine, il bâtit, pour servir de résidence au roi Dharmakâra et à sa suite, une grande ville nommée *Mañdjupattana*, à moitié chemin entre le mont Svayambhû et Guhyêçvarî.

Il est facile de reconnaître dans cette tradition un syncrétisme assez grossier résultant d'éléments hétérogènes pris à des sources très-diverses. Le Brâhmanisme des Purâṇas y a fourni le nom de *Svayambhû* et la donnée d'un être existant par lui-même, supérieur à tous les autres personnages de la légende, même aux grands Buddhas du passé, tels que

[1] Ne faudrait-il pas plutôt lire *Pradjñâsvarûpâ*, « dont la propre forme est la sagesse? »

Vipaçyin, Çikhin, Viçvabhû et autres. C'est vraisemblablement encore au Brâhmanisme qu'est empruntée l'idée de placer la venue de Mañdjuçrî dans le Trêtâyuga; car outre qu'il n'est pas certain que les Buddhistes aient anciennement adopté le système des Yugas purâniques avec leurs dénominations, la distribution des sept Buddhas dans l'espace de temps qu'embrassent ces Yugas est manifestement le résultat d'un mélange d'idées qui ne peut être ancien. Il faut reconnaître encore un emprunt fait aux Purâṇas dans cette supposition, que Mañdjuçrî apparut sous la figure du Viçvakarman brâhmanique. On saisit ici une trace très-visible de l'influence désastreuse de la mythologie sur l'histoire. Si cette légende a quelque valeur, c'est dans ce qu'elle nous apprend du rôle civilisateur ou religieux de Mañdjuçrî, rôle que j'ai signalé plus haut d'après d'autres textes. Eh bien, la légende ne peut indiquer ce rôle réel ou supposé, sans en faire l'œuvre d'un être divin; et il faut, pour satisfaire à ce déplorable goût du merveilleux qui passionne tous les légendaires, que Mañdjuçrî devienne non le civilisateur, mais l'architecte du pays, un véritable démiurge local qui crée des montagnes et constitue le sol en desséchant un grand lac.

Les autres détails de la légende viennent du Buddhisme, mais d'un Buddhisme très-peu homogène et qui porte l'empreinte d'époques diverses. D'un côté on voit les six Buddhas prédécesseurs de Çâkyamuni mis successivement en rapport avec l'histoire de la vallée du Népâl, d'après une théorie purement buddhique qui consiste à suivre les personnes, les choses et les lieux à travers les périodes d'un passé qu'on divise selon la succession des sept derniers Buddhas humains. De l'autre on voit Svayambhû, qui est le même que l'Âdibuddha des théistes, placé au rang le plus élevé et invoqué comme la divinité tutélaire du Népâl; conception purement mythologique, et dont la date, au moins d'après ce que nous apprend Csoma du *Kâlatchakra*, ne doit pas être de beaucoup antérieure au xe siècle de notre ère.

Une fois dégagée de ces éléments religieux, la tradition relative à Mañdjuçrî peut être envisagée de plus près dans ses données réelles. Elle nous le montre comme le civilisateur de la vallée du Népâl et comme l'instituteur religieux du pays. C'est en qualité de civilisateur qu'il fait écouler les eaux qui couvraient le fond de la vallée. Or ici le témoignage des textes cités plus haut est confirmé en partie par l'aspect des lieux. Deux voyageurs éclairés et attentifs, Kirkpatrick et Fr. Hamilton, rappelant la légende qui représente Mañdjuçrî desséchant la vallée du Népâl, se montrent persuadés que cette légende repose sur ce fait naturel, que la vallée a dû être jadis un lac étendu [1]. Fr. Hamilton, qui rapporte le phénomène de l'écoulement des eaux à la vallée du Népâl proprement dite, c'est-à-dire à celle que forment les nombreuses branches de la Vagmatî, le renferme dans des limites assez restreintes, et en augmente ainsi la vraisemblance [2]. La tradition népâlaise assigne donc à Mañdjuçrî exactement le même rôle que la tradition kachemirienne assignait déjà au sage Kaçyapa dans le bassin inondé du Kachemire [3]. La ville que Mañdjuçrî passe

[1] Kirkpatrick, *Account of Nepal*, p. 169, 170 et 255.

[2] Fr. Hamilton, *Account of the Kingdom of Nepal*, p. 205 et 206; Ritter, *Erdkunde*, t. IV, p. 60, 65 et 66.

[3] Troyer, *Râdjatarangini*, t. I, p. 26; Lassen, *Indische Alterthumsk.* t. I, p. 42, note 3.

pour avoir fondée, et qui se nommait d'après lui *Mañdjupattan*, n'existe plus aujourd'hui; mais la tradition populaire en marque l'emplacement entre le mont Sambhu et la forêt de Paçupati, à peu près à moitié chemin, à un endroit où l'on trouve, en fouillant la terre, des restes de constructions[1]. Le souvenir de Mañdjuçrî reparaît encore dans le nom de la montagne de *Çrîmañdju*, qui est citée par le *Pañtchaviṁçatikâ*, plusieurs fois allégué dans la présente note, et où se lisent ces paroles : « le Tchâitya de la montagne Çrîmañ-« dju élevé par ses disciples[2]; » sur quoi M. Wilson ajoute, sans doute d'après M. Hodgson, que la montagne de Çrîmañdju est la partie occidentale du mont Sambhu, lequel est détaché du Çrîmañdju par une simple cavité, et non par une séparation véritable.

L'origine étrangère de Mañdjuçrî est également indiquée par la tradition populaire. M. Hodgson nous apprend que, suivant les Népâlais, Mañdjuçrî naquit au nord du Népâl, en un lieu nommé *Pantcha çîrcha parvata*, « la montagne aux cinq têtes, » dans le Mahâtchîna[3]. Ceci s'accorde avec la stance 24 du *Pañtchaviṁçatikâ*, en ce qui regarde la montagne qu'on assigne pour lieu de naissance à Mañdjuçrî. Cette assertion repose également sur l'autorité du *Svayambhû purâṇa* cité tout à l'heure[4]; elle donne peut-être l'explication de la tradition tibétaine et de cet énoncé si obscur de Csoma, qui fait naître Mañdjuçrî à la Chine, *de l'arbre Triks'ha*. Je ne saurais cependant dire si ces derniers mots sont une traduction imparfaite du mot *çîrcha*, « tête, » qui figure dans le nom de *Pañtcha-çîrcha*, « la montagne aux cinq têtes, » ou bien si « l'arbre *Triks'ha* » est une allusion au *çirîcha* indien, qui pour les botanistes est l'*acacia sirisa*. On pourrait s'étonner de voir dans le *Mahâtchîna dêça*, c'est-à-dire dans la contrée des Mahâtchînas, une montagne qui porte un nom sanscrit; mais si la tradition repose sur quelque chose de réel, il est probable qu'on aura traduit en sanscrit le nom indigène de la montagne aux cinq têtes, comme on avait déjà *sanscritisé* le nom des grands Tchînas et celui du Népâla.

Ici l'ethnographie vient prêter son appui à la légende, comme l'a fait tout à l'heure, dans une certaine mesure, l'examen géologique des lieux. Le lecteur aura remarqué que le récit du *Svayambhû purâṇa*, qui attribue à Mañdjuçrî l'écoulement des eaux remplissant le bassin de la Vagmatî, le représente en même temps comme l'introducteur de la population primitive du Népâl. Cette population venait, ainsi que son chef, du pays des Mahâtchînas ou de la grande Chine; elle était donc très-probablement de race mongole. Or après de sérieuses études sur l'origine des populations himâlayennes, le juge le plus compétent dans ces matières, M. Hodgson, arrive à ce résultat, que le fonds premier des peuplades dispersées le long de la grande chaîne de l'Himâlaya, appartient à celle des familles humaines qu'on appelle *mongole*. Il est curieux que la légende ait conservé aussi fidèlement le souvenir de l'origine véritable des Népâlais. Mais ce qui s'y trouve de vérité ethnographique ne prouve rien pour la réalité de la partie historique du récit. De ce que

[1] Wilson, *Notice, etc.* p. 470; Hodgson, dans *Journ. as. Soc. of Bengal*, t. XII, 1re part. p. 408.

[2] *Asiat. Res.* t. XVI, p. 466, st. 21 et note 36; *Journ. as. Soc. of Bengal*, t. XII, 1re part. p. 407.

[3] Hodgson, *Classific. of the Newars of Nepal*, dans *Journ. as. Soc. of Bengal*, t. III, p. 216; *Translat. of the Nâipâl. dévat. kalyâṇ.* dans *Journ. as. Soc. of Bengal*, t. XII, 1re part. p. 408.

[4] Hodgson, *Transact. of the roy. asiat. Society of Great-Britain*, t. II, p. 255.

les premiers colonisateurs du Népâl (il serait peut-être plus juste de dire les premiers habitants) sont originaires d'un pays peuplé par la race mongole, cela ne prouve pas que Mañdjuçrî, qu'on fait venir de ce pays, ait été le chef de la colonisation. Il y a contradiction manifeste entre les deux parties de la légende, dont l'une fait de Mañdjuçrî le premier civilisateur du Népâl, et dont l'autre le regarde comme l'introducteur du culte d'Âdibuddha. Cela est historiquement de toute impossibilité, puisque le culte d'Âdibuddha est un des derniers développements du Buddhisme septentrional. Le *Svayambhû purâṇa*, il est vrai, se tire de cette difficulté capitale en reportant et l'arrivée de Mañdjuçrî et l'établissement du culte dont on le fait l'auteur, à l'époque fabuleuse du troisième des anciens Buddhas qui ont précédé Çâkyamuni. Mais cette solution est plus commode que sérieuse; loin de nous satisfaire, elle doit éveiller notre attention sur la façon tout arbitraire avec laquelle ont été disposés les éléments de la tradition relative à Mañdjuçrî.

Suivant l'extrait précité du *Svayambhû purâṇa*, ce Religieux vint dans le Népâl à la suite du roi *Dharmakar* ou *Dharmakâra*, qui était originaire de Tchîna [1]. Ce dernier détail mérite attention, en ce qu'il subordonne Mañdjuçrî à un personnage politique dont le nom n'est pas prononcé dans le *Pañtchaviṁçatikâ* des Népâlais. Il ne l'est pas davantage dans la liste des Râdjas du Népâl, que Prinsep a empruntée à l'ouvrage de Kirkpatrick [2]. Mais il importe de remarquer que *Dharmakâra* peut bien n'être qu'un titre religieux qui se serait ajouté ou substitué à quelque nom plus historique. Le mot de *dharma*, « la loi, » fait naître par lui-même cette conjecture; nous trouvons même dans un pays voisin, le Bhotan, un emploi analogue du mot *dharma*, c'est le titre de *Dharma Râdja* qu'on donne au chef spirituel du pays [3]. Toutefois cette conjecture même, en supposant qu'elle soit fondée, ne nous apprend rien sur le nom du chef militaire qu'il faudrait rattacher à la mission religieuse et civilisatrice de Mañdjuçrî. Si l'on devait s'en rapporter à un extrait de l'historien chinois Ma touan lin, inséré dans les journaux des Sociétés asiatiques de Londres, de Paris et de Calcutta, les Chinois auraient gardé dans leurs annales le souvenir d'une tradition qui est analogue à celle des Népâlais, malgré plusieurs différences essentielles. Mañdjuçrî y est dit fils d'un roi de l'Inde qui régnait vers l'an 968 de notre ère. Il se rendit à la Chine en qualité de Religieux, et y fut accueilli avec bienveillance; mais les intrigues de quelques autres prêtres buddhistes le forcèrent à quitter le pays [4].

Je ne puis malheureusement ajouter aucun détail à ceux que je viens de reproduire d'après l'historien chinois. Il m'est également impossible de tenter la conciliation de cet extrait avec les traditions recueillies dans ces derniers temps au Népâl par M. Hodgson. Les seuls points que je croie devoir signaler à l'attention du lecteur sont les suivants.

[1] Hodgson, *Classific. of the Newars*, dans *Journ. as. Soc. of Bengal*, t. III, p. 216 et 217; *Transact. of the roy. as. Soc. of Great-Britain*, t. II, p. 256.

[2] *Useful Tables*, p. 114 et 115.

[3] Fr. Hamilton, *Account of Nepal*, p. 56 et 57.

[4] *Chinese accounts of India*, dans *Journ. as. Soc. of Bengal*, t. VI, p. 72, extrait de l'*Asiat. Journ.* de Londres, juillet et août 1836; *Nouv. Journ. asiat.* IIIe série, t. VIII, p. 416; mais surtout *Notices sur les pays et les peuples étrangers*, dans *Nouv. Journ. as.* IVe série, t. X, p. 118. C'est cette dernière traduction, qui est due à mon savant confrère, M. Stanislas Julien, que je suis dans mon extrait de ce que les Chinois nous apprennent sur Mañdjuçrî.

Si le récit de Ma touan lin est fondé, et l'exactitude connue de cet annaliste est une présomption en sa faveur, il sert à expliquer d'une manière satisfaisante ces deux opinions des Népâlais, que Mañdjuçrî était étranger au Népâl, et qu'il avait quitté la Chine pour venir s'établir dans le nord de l'Inde. En effet Mañdjuçrî, Indien d'origine selon les Chinois, n'avait fait à la Chine qu'un séjour dont on ne fixe pas la durée, et il était retourné de là dans l'Occident. La circonstance qu'il était fils de roi, rapportée par Ma touan lin, serait très-heureusement confirmée par le titre de *Kumâra*, « prince royal, » qu'on lui donne non-seulement dans les grands Sûtras des Népâlais, mais aussi dans le recueil lexicographique sanscrit connu sous le titre de *Trikâṇḍa çêcha*. Il faudrait, en outre, s'assurer positivement si c'est bien en 968 que les Chinois font régner dans l'Inde le roi qu'on dit père de Mañdjuçrî; car cette date s'accorde assez avec celle du xe ou xı^e siècle de notre ère, époque à laquelle Wilson place la rédaction du *Trikâṇḍa çêcha*, où Mañdjuçrî est déjà nommé[1]. Mais elle diffère considérablement de celle que Csoma a trouvée dans la table chronologique des événements les plus intéressants du Buddhisme, d'après les Tibétains; Mañdjuçrî y est placé l'an 837 avant notre ère! En supposant même qu'on doive ramener cette table au comput des Buddhistes du Sud, en abaissant l'époque de la mort de Çâkya de huit cent quatre-vingt-deux à cinq cent quarante-trois ans avant Jésus-Christ, on ne trouverait encore, pour l'époque de la naissance de Mañdjuçrî, que l'an 498 avant Jésus-Christ; résultat qui contredit toutes les vraisemblances, et qui infirme grandement à mes yeux l'autorité de la table tibétaine. Cette date de 968 est de plus en contradiction formelle avec une autre date fournie par les Chinois eux-mêmes, et dont je dois la connaissance à une communication de M. Stanislas Julien. Elle est donnée par la chronologie chinoise nommée *Fo tsou thong ki*, d'après laquelle Mañdjuçrî parut deux cent cinquante ans après le Nirvâṇa du Buddha. Si nous adoptons le comput singhalais, l'an 250 après la mort de Çâkyamuni répondra à l'an 293 avant notre ère.

Le voyage de Fa hian nous fournit encore une objection très-considérable contre la date de 968 qu'on attribue à Mañdjuçrî. Si ce religieux est le fils d'un roi qui n'a régné que vers la fin du xe siècle, comment se fait-il que Fa hian ait trouvé dans l'Inde, au ıv^e siècle de notre ère, des preuves publiques du respect dont la mémoire de Mañdjuçrî était l'objet[2]? Comment ce nom de *Mañdjuçrî* était-il déjà devenu celui de savants Brâhmanes, si toutefois Klaproth a traduit ici exactement le texte du Foe koue ki[3]? Comment ensuite comprendre que les Népâlais puissent attribuer à un personnage aussi moderne le dessèchement de leur vallée, quand on les voit placer au ve siècle de notre ère l'arrivée de Padmapâṇi, qu'ils font de beaucoup postérieur à Mañdjuçrî[4]? Je ne regarderais pas comme une difficulté insurmontable la présence du nom de *Mañdjuçrî* dans les grands *Sûtras*, tels que le *Lotus de la bonne loi*, qui sont de toute évidence bien antérieurs au xe siècle de notre ère; car on pourrait toujours supposer que ce nom de *Mañdjuçrî* a été introduit après coup dans des livres antérieurs à ce personnage. Mais le témoignage positif de Fa hian reste comme

[1] *Sanscrit Diction.* préface, p. xxvii, 1re éd.

[2] *Foe koue ki*, p. 101; *Introd. à l'hist. du Buddh. indien*, t. I, p. 113.

[3] *Foe koue ki*, p. 254 et 260.

[4] Hodgson, *Classification of the Newars*, dans *Journ. asiat. Soc. of Bengal*, t. III, p. 221.

une objection considérable en face de l'opinion de l'annaliste chinois. Au reste, le temps n'est probablement pas éloigné où cette question et d'autres du même genre pourront être traitées avec plus d'avantage d'après des matériaux plus complets. Les travaux étendus que mon savant confrère, M. Stanislas Julien, a entrepris sur la relation du voyageur buddhiste Yuen thsang, ne tarderont sans doute pas à paraître, et l'on pourra dès lors se servir en toute assurance du témoignage des auteurs chinois, dont on aura la fidèle reproduction.

Dans le cours du petit traité népâlais souvent cité sous le titre abrégé de *Pañtchaviñçatikâ*, on a pu voir que Mañdjuçrî était ordinairement rappelé sous les noms de *Mañdjunâtha* et *Mañdjudêva*. Le *Trikâṇḍa çêcha*, ainsi que l'a déjà fait remarquer M. Wilson, donne une liste beaucoup plus nombreuse de synonymes et d'épithètes du nom de Mañdjuçrî[1]. Je commence par celles dont l'adjectif *mañdju*, « beau, » forme l'élément principal. Le *Trikâṇḍa çêcha* ne cite ni *Mañdjunâtha*, ni *Mañdjudêva*; mais il donne *Mañdjubhadra* et *Mañdjughôcha* : ce dernier nom, qui est d'un fréquent usage, est cité dans notre *Lotus* même[2]. Ces cinq désignations, qui peuvent passer pour autant de noms de *Mañdjuçrî* (mot qui forme le sixième nom où figure *mañdju*), font vraisemblablement allusion à la beauté physique de ce personnage; une seule exprime l'agrément de sa voix, c'est celle de *Mañdjughôcha;* notre *Lotus* en connaît cependant une autre, *Mañdjusvara*, qui a le même sens. Les titres de *Mañdjunâtha* et *Mañdjudêva*, quoique manquant dans le *Trikâṇḍa çêcha*, n'en sont pas moins parfaitement authentiques : ce sont des épithètes tout à fait d'accord avec le rang de *prince royal*, que le *Trikâṇḍa* lui reconnaît en le nommant *Kumâra*, comme fait régulièrement notre *Lotus*[3]. C'est au même ordre d'idées qu'appartient le titre de *Mahârâdja*, donné par le *Trikâṇḍa çêcha*. Une épithète qu'il ne faut pas oublier ici est celle de *nîla*, qui doit signifier « le noir » ou « le bleu foncé; » ce titre semblerait annoncer une origine un peu méridionale. Cinq épithètes rappellent les armes que Mañdjuçrî portait : ce sont *Khaḍgin*, « celui qui a un glaive; » *Daṇḍin*, « celui qui porte un « bâton; » *Achṭâratchakravat*, « celui qui porte le Tchakra ou la roue aux huit rayons ; » *Sthiratchakra*, « celui dont le Tchakra ou la roue est solide, » épithète dont je ne saisis pas bien la vraie portée; *Vadjradhara*, « celui qui porte la foudre. »

D'autres épithètes désignent son costume et sa monture; ainsi on le représente comme *Çikhâdhara*, « portant une mèche de cheveux sur le sommet de la tête; » *Pañtchatchîra*, « ayant un vêtement formé de cinq lambeaux d'étoffe, » ce qui rappelle le vêtement rapiécé des Religieux buddhistes; *Nîlôtpalin*, « tenant un nymphæa bleu ; » *Vibhûchaṇa*, « paré d'or-« nements, » sans doute quand on se le figure sous son costume de prince royal; *Çârdûlavâhana*, « ayant un tigre pour monture, » et *Siñhakêli*, « jouant avec un lion. » Deux épithètes très remarquables semblent faire allusion à son état antérieur, soit dans une existence passée, soit avant qu'il se présentât comme l'instituteur religieux du Népâl : on le nomme *Pûrvayakcha*, « autrefois *Yakcha*, » peut-être par allusion à son séjour dans une contrée où la superstition populaire plaçait des Yakchas; et *Pûrvadjina*, « autrefois *Djina*. »

[1] *Notice, etc.* dans *Asiat. Res.* t. XVI, p. 470; *Trikâṇḍa çêcha*, chap. I, sect. I, st. 20, 21, 22.

[2] Voyez ci-dessus, p. 301.

[3] Voyez ci-dessus, p. 300.

très-probablement par allusion à la croyance qui en fait une incarnation de Çâkyamuni Buddha.

Une seule épithète paraît se rapporter au desséchement de la vallée du Népâl qu'on lui attribue; c'est celle de *Djalêndra*, « l'Indra ou le chef des eaux. » Tous les autres titres, au nombre de cinq, indiquent par divers caractères sa supériorité comme instituteur religieux. On le nomme *Vâdirâdj*, « le roi de ceux qui soutiennent des controverses; » *Pradjñâkâya*, « celui dont la sagesse est le corps; » *Djñânadarpaṇa*, « le miroir de la connaissance; » *Dhiyâmpati*, « le maître des pensées; » *Balavrata*, « celui qui a une dévotion « forte. » On peut conclure sans hésiter, de l'analyse comparée de ces nombreuses épithètes, que Mañdjuçrî passait, au temps de la compilation du *Trikâṇḍa çêcha*, pour un prince de sang royal, pour un guerrier armé, pour un Religieux vainqueur dans les controverses et reconnaissable à sa beauté extérieure, au charme de sa voix, à son teint noir et à diverses particularités du costume des Religieux; mais parmi ces épithètes, on n'en trouve qu'une qui se rapporte à son rôle de civilisateur, si toutefois, comme je le remarquais en commençant, il est permis de donner cette extension à l'épithète de *Djalêndra*; rien autre chose ne le rattache positivement au Népâl.

Les textes nous manquent encore pour pousser plus loin la monographie de ce personnage, qui joue un rôle important dans les grands *Sûtras* sanscrits du Népâl et du Tibet. Résumons seulement en quelques mots les points par lesquels Mañdjuçrî se rattache à l'histoire du Buddhisme; c'est, on le comprendra, bien moins pour tirer de ces éléments encore trop incomplets des conséquences historiques, que pour les signaler à des recherches ultérieures.

Une chronologie tibétaine compilée en 1686 de notre ère place la naissance de Mâñdjughôcha à l'an 2523 avant cette date; ce qui la reporte à l'an 837 avant Jésus-Christ. Cette même chronologie le fait antérieur de trois cent cinquante-six ans au célèbre Nâgârdjuna.

Une chronologie chinoise des événements les plus importants du Buddhisme fait naître Mañdjuçrî deux cent cinquante ans après la mort de Çâkya; ce qui, d'après le calcul des Buddhistes de Ceylan, le place en 293 avant notre ère.

Le voyageur chinois Fa hian trouve, au IVe siècle de notre ère, la mémoire de Mañdjuçrî honorée dans l'Inde centrale.

Son nom est cité, avec ses titres religieux et militaires, par le *Trikâṇḍa çêcha*, vocabulaire sanscrit rédigé entre le Xe et le XIe siècle de notre ère.

Enfin un fragment de Ma touan lin le dit fils d'un roi de l'Inde qui vivait en 968 de notre ère.

J'ai montré plus haut combien ces diverses données étaient peu conciliables entre elles. Je répète seulement que si d'un côté Mañdjuçrî ne peut être aussi ancien que le IXe siècle avant notre ère, il est bien difficile qu'il soit aussi moderne que le Xe siècle après. Je remarque en passant cette circonstance singulière, que la chronologie tibétaine le fait à peu près autant remonter que le fait descendre le fragment de Ma touan lin. Admettons par hypothèse que la table tibétaine, qui offre plus d'un côté faible, ne mérite, quant à cette date, aucun crédit, et ne lui empruntons que ce seul renseignement, savoir, que Mañdjuçrî passe pour avoir vécu avant Nâgârdjuna. Si, comme on l'admet généralement, Nâgârdjuna est postérieur d'un peu plus de quatre siècles à Çâkyamuni, nous devrons chercher Mañdjuçrî vers le commencement du 1er siècle avant notre ère, et nous ne serons plus surpris de le voir cité dans Fa hian et le *Trikâṇḍa çêcha*. Restera la date de 968 après Jésus-Christ, qui n'est pas plus aisée à comprendre que celle de 837 avant. Mais ici se présenteront deux solutions possibles : ou le Mañdjuçrî de la fin du xe siècle sera un autre personnage que Mañdjuçrî le philosophe et le Bôdhisattva antérieur à Nâgârdjuna ; ou abusant du système facile des incarnations, la tradition népâlaise aura fait du personnage religieux et militaire du xe siècle la personnification d'un sage connu déjà et vénéré depuis plusieurs siècles. C'est à une connaissance plus étendue des textes qu'il appartiendra de déterminer ce qu'il peut y avoir de fondé dans ces hypothèses. Quant à présent il nous est déjà possible d'affirmer qu'on a chargé Mañdjuçrî de deux rôles inconciliables, celui de chef de la colonie d'origine mongole qui a formé anciennement le fonds premier de la population du Népâl, et celui d'instituteur religieux et de fondateur du culte d'Âdibuddha.

N° IV.

SUR LE MOT *DHÂTU*.

(Ci-dessus, chap. I, f. 7 *a*, p. 315.)

J'ai dit plus haut, après avoir expliqué le terme de *lôkadhâtu*, qu'il fallait distinguer ce mot d'un autre composé *dhâtulôka*, sur lequel j'ai promis de revenir. Je trouve, en effet, ce composé de *dhâtulôka* dans un passage du *Djina alañkâra*, où il est employé pour désigner l'ensemble de tous les objets que l'on nomme *dhâtus*. Le mot *dhâtulôka* signifie donc, « le monde des *Dhâtus* ou éléments, » dans un sens analogue à celui dans lequel on emploie certaines expressions philosophiques comme « le monde de l'intelligence, le « monde de la sensation. » Le lecteur ne sera peut-être pas fâché de voir ce que le *Djina alañkâra* entend par « le monde des *Dhâtus;* » il y reconnaîtra une théorie qui s'accorde complétement, et en des points fort remarquables, avec une partie importante de la métaphysique des Buddhistes du Nord, sur laquelle je suis entré ailleurs dans quelques éclaircissements[1].

L'énumération que donne le *Djina alañkâra* des parties composant le monde des *Dhâtus*, commence par celle des dix-huit *Dhâtus* ou éléments, qui ne sont autres que les six organes des sens, les six qualités sensibles, et les six perceptions ou connaissances qui en résultent. Les voici tels que les énumère le texte pâli : *Tchakkhu dhâtu, rûpa dhâtu, tchakkhu viññâṇa dhâtu; sôta dhâtu, sadda dhâtu, sôta viññâṇa dhâtu; ghâṇa dhâtu, gandha dhâtu, ghâṇa viññâṇa dhâtu; djihvâ dhâtu, rasa dhâtu, djihvâ viññâṇa dhâtu; kâya dhâtu, pôṭṭhabba dhâtu, kâya viññâṇa dhâtu; manô dhâtu, dhamma dhâtu, manô viññâṇa dhâtu.* « L'élément « dit de la vue, celui de la forme, celui de la notion acquise par la vue; l'élément dit de

[1] *Introd. à l'hist. du Budd. ind.* t. I, p. 634.

« l'ouïe, celui du son, celui de la notion acquise par l'ouïe; l'élément dit de l'odorat, « celui de l'odeur, celui de la notion acquise par l'odorat; l'élément dit de la langue (ou « du goût), celui du goût, celui de la notion acquise par la langue; l'élément dit du corps « (ou de la peau), celui du toucher, celui de la notion acquise par le corps; l'élément dit « du *manas* (de l'esprit ou du cœur), celui du mérite moral (ou de l'être), celui de la no- « tion acquise par le *manas*. »

Les Buddhistes du Nord connaissent également cette classification, et le commentaire philosophique intitulé *Abhidharma kôça vyâkhyâ* nous apprend que, dans de tels composés, le mot *dhâtu* n'a en aucune manière la signification d'*élément matériel*, et qu'il ne le faut pas prendre au sens où on l'emploie en disant, *prĭthivî dhâtu*, « l'élément matériel dit la « terre. » Ici, c'est-à-dire dans l'énumération précédente, le sens de *dhâtu* est à peu près celui de *gôtra*, « famille, genre. » L'*Abhidharma kôça vyâkhyâ* ajoute que les dix-huit *Dhâtus* énumérés sont nommés ainsi, parce qu'ils contiennent des caractères qui leur sont communs à tous. C'est, comme on voit, rapporter encore cette acception du mot *dhâtu* à l'idée de contenance. Ils sont ainsi nommés, dit la même autorité, parce que constitués par les éléments propres qui distinguent chacun d'eux, ils ont de plus la forme qui leur appartient en commun. J'ai déjà touché à ce sujet dans la partie métaphysique de mon *Introduction à l'histoire du Buddhisme indien*[1]; mais plutôt que d'y renvoyer simplement le lecteur, je crois préférable de donner ici la traduction du passage relatif au dix-huit *Dhâtus* qui relie entre eux les divers fragments que j'ai déjà introduits dans l'ouvrage précité.

« La connaissance ou la notion acquise par la vue se nomme *tchakchur vidjñâna dhâtu*, « ou l'élément de la notion acquise par la vue, et ainsi de suite pour les autres sens, jusques « et y compris la notion acquise par le *manas* ou l'intellect, qui est *manô vidjñâna dhâtu*, « l'élément de la notion acquise par le *manas*. Or il faut savoir que ces six notions réunies « sont le *manô dhâtu*, ou l'élément dit *manas*, ou l'intellect; car le *manas* n'est pas autre « chose que la connaissance qui a été acquise sans intermédiaire par les six organes des « sens. Dans le texte, *les six organes des sens* sont au génitif qu'on emploie avec le sens de « compréhension, pour dire qu'il n'y a rien d'autre parmi eux.

« L'expression *sans intermédiaire* a pour objet d'exclure l'intervention d'une autre notion. « En effet l'objet contigu à une notion, c'est-à-dire qui n'en est pas séparé par une autre « notion, est le réceptacle de cette notion; mais si quelque chose intervient, alors l'objet « n'est plus le réceptacle de la notion. Cependant si ce même réceptacle est celui d'une « autre notion, il n'y a pas là intervention d'un intermédiaire; ainsi, par exemple, dans « l'état de réflexion, la pensée fortement appliquée à l'acquisition de quelque chose devient « le réceptacle de la pensée d'un obstacle; il n'y a pas là intervention d'une autre notion.

« L'expression *acquise* (le texte dit proprement *atîta*, passé), a pour objet d'exclure « l'idée du présent. En effet la notion que donne le *manas*, quand il est à l'état de contact « avec son réceptacle, est une notion présente : voilà pourquoi le texte définit comme « acquise (passée) la connaissance dont il parle; aussi dit-il : [Si le mot *manas* est pris en ce « sens,] c'est pour faire connaître le sixième réceptacle.

[1] Voy. t. I, p. 449.

« L'expression de *vidjñâna*, ou la connaissance, la notion, a pour objet d'exclure les « autres choses acquises sans intermédiaire, comme la sensation, etc. Ici le mot *manas*, « intellect ou cœur, est une désignation de genre, et non un terme distributif; mais quand « on l'explique avec l'intention d'en faire connaître le sens comme nom de chose, on l'em- « ploie distributivement; ainsi chacune des notions acquises sans intermédiaire est ce « qu'on nomme *manô dhâtu*, l'élément dit du *manas*.

« Le texte ajoute ce développement : Tout de même que celui qui est fils prend le nom « de père d'un autre, et que le fruit d'une plante prend le nom de semence d'une autre « plante, de la même manière l'élément dit la notion acquise par la vue et par les autres « sens, devenant le réceptacle d'une autre notion, prend le nom de *manô dhâtu*, c'est-à- « dire d'élément dit du *manas*.

« On demande s'il y a dix-sept éléments, ou bien douze. [Voici la réponse :] Les six « éléments dits la connaissance, c'est là l'élément dit *manas*; et l'élément dit *manas*, c'est « les six éléments dits la connaissance. Comme ces deux énoncés se contiennent mutuelle- « ment, si l'on admet les six éléments de la connaissance, la question n'a pas de sens; car « du texte qui dit *par l'absence d'un élément*, il résulte qu'il ne peut exister seulement dix- « sept éléments. Si l'on admet l'élément du *manas*, la question n'a pas plus de sens; car du « texte qui dit *au moyen des six éléments de la connaissance*, il résulte certainement qu'il « y a dix-huit élements.

« Le texte dit : *C'est pour faire connaître le sixième réceptacle*. Il ne peut être question de « faire connaître les réceptacles des cinq éléments dits de la connaissance, parce que la « vue et les autres sens ont leur réceptacle connu. Mais comme on a dit qu'il n'y a pas de « réceptacle pour l'élément du *manas*, on établit l'élément du *manas*, afin de faire con- « naître son réceptacle. Or une fois qu'on a établi l'existence de six réceptacles, on trouve « qu'il y a dix-huit *Dhâtus*, éléments, ou contenants. Il y a un groupe de six réceptacles, dont « le premier terme est la vue, et le dernier le *manas*. Il y a un second groupe de six ré- « ceptacles, dont le premier terme est la connaissance acquise par la vue, et le dernier la « connaissance acquise par le *manas*. Il y a un groupe de six supports (*âlambana*), dont le « premier terme est la forme, et le dernier le *dharma* (le mérite moral ou l'être). Cepen- « dant, selon la doctrine des *Yôgâtchâras*, il y a un élément du *manas* (*manô dhâtu*) qui est « distinct des six connaissances. Les Tâmraparṇîyas, de leur côté, se représentent la subs- « tance du cœur comme le réceptacle de l'élément dit la connaissance acquise par le « *manas*[1]. Ils s'expriment ainsi : Et cela a lieu même pour l'élément de la forme. Quand ils « disent *pour l'élément de la forme* (*ârûpyadhâtâu*), ces mots signifient pour eux *rûpa*, la « forme; dans *ârûpya*, la préposition est prise au sens de *un peu*, *presque*, comme quand « on dit *âpiĝgala* (brunâtre)[2]. » Le mot que j'ai traduit par *élément* est *dhâtu*; on voit qu'on le traduirait plus exactement encore par *contenant*; mais on conviendra aussi qu'on don- nerait à cette exposition de la place qu'occupe le *manas* dans le fait de la connaissance,

[1] Cette phrase relative à l'opinion des Tâmraparṇîyas ou Buddhistes de Ceylan, est traduite ici plus exactement que dans l'*Introduction à l'histoire du Buddhisme indien*, p. 569, où j'ai eu occasion de l'insérer.

[2] *Abhidharma kôça vyâkhyâ*, fol. 28 *a* et suiv. de mon man.

une marche beaucoup plus dégagée et une expression plus claire, si l'on se débarrassait complétement de ce terme purement collectif.

Je reviens maintenant à la seconde signification que le *Djina alaṁkâra* assigne au mot *dhâtu*. Après l'énumération des dix-huit *Dhâtus*, ou des dix-huit éléments ou contenants de la connaissance au point de vue buddhique, le *Djina alaṁkâra* expose les six éléments, dont cinq sont matériels, et un est immatériel. Ce sont *pathavî dhâtu, âpô dhâtu, tédjô dhâtu, vâyô dhâtu, âkâsa dhâtu, viññâṇa dhâtu*, « l'élément dit de la terre, celui des eaux, celui « du feu, celui du vent, celui de l'éther, celui de la connaissance ou de l'intelligence. » Cette énumération est exactement celle des Buddhistes du Nord, sur laquelle je suis entré dans quelques détails, à l'occasion d'un curieux fragment mongol, traduit par I. J. Schmidt[1]. Je renvoie le lecteur à ces détails, en les modifiant toutefois sur un point important. J'avais pensé, à une époque où j'ignorais que cette classification fût familière aux Buddhistes du Sud, que l'élément purement intellectuel du *Vidjñâna* ou de l'intelligence était une conception relativement moderne de la philosophie buddhique; et sans prétendre qu'elle appartînt exclusivement à l'école du Nord, j'avais élevé quelques doutes sur l'ancienneté de cette notion, parce que je ne l'avais pas encore trouvée dans les anciens *Suttas* pâlis, ou dans ceux que je crois pouvoir regarder comme tels. Aujourd'hui l'énumération du *Djina alaṁkâra* ne laisse plus de place au doute. Les Buddhistes de Ceylan admettent en réalité, comme ceux du Népâl, ou pour mieux dire, de l'Inde septentrionale, un sixième élément purement immatériel, nommé *Vidjñâna*, dont les mots *connaissance, conscience* et *intelligence* ne donneraient, si je ne me trompe, une idée complète que s'ils pouvaient se réunir en une expression unique. En effet, considéré comme élément, le *Vidjñâna* est en quelque façon la base de tout ce qui est intelligible, et de tout ce qui est intelligent; il se peut même que ce ne soit primitivement pour les Buddhistes rien autre chose que la somme des idées abstraites, comme aussi des idées concrètes que donne la sensation mise en jeu par les éléments grossiers.

Au reste, pour ajouter à l'autorité du *Djina alaṁkâra*, qui n'est qu'une compilation semi-poétique faite à l'aide de matériaux dont la source n'est presque jamais indiquée, quoiqu'elle soit, selon moi, en général très-authentique, je terminerai ces remarques par un passage emprunté à un *Sutta* pâli du *Dîgha nikâya*, où le *Vidjñâna* est en réalité indiqué comme un élément singulièrement élevé. Un Religieux qui a vainement sollicité Çâkyamuni d'opérer des miracles, après avoir demandé à tous les Dêvas de lui expliquer comment a lieu l'anéantissement et l'absorption des éléments, s'adresse à Çâkya, qui après diverses observations lui répond en ces termes : *Nakhô sô bhikkhu pañhô êvaṁ putchtchhitabbô kattha nukhô bhantê imê tchattârô mahâbhûtâ aparisêsâ nirudjdjhanti sêyyathîdaṁ pathavidhâtu âpôdhâtu tédjôdhâtu vâyôdhâtûti êvañtcha khô êsô bhikkhu pañhô putchtchhitabbô :*

Kattha âpôtcha pathavîtcha tédjô vâyô nigâdhati
Kattha dîghañtcha rassañtcha anuṁ thûlaṁ subhâsubhaṁ
Kattha nâmañtcha rûpañtcha asêsaṁ uparudjdjhantîti.

[1] *Introduction à l'histoire du Buddhisme indien*, t. I, p. 636.

Tatra vêyyâkaraṇam bhavati
Viññâṇaṁ atidassanaṁ anantaṁ sabbatô pabhaṁ
Tattha âpôtcha pathavîtcha têdjôtcha vâyo nigâdhati
Êttha dîghañtcha rassañtcha anuṁ thûlaṁ subhâsubhaṁ
Êttha nâmañtcha rûpañtcha asêsaṁ uparudjdjhati
Viññâṇassa nirôdhêna êtthêtaṁ uparudjdjhantîti.

« Il ne faut pas, ô Religieux, poser ainsi cette question : Dans quoi, seigneur, ces quatre « grands éléments sont-ils anéantis sans qu'il en reste rien, à savoir, l'élément de la terre, « celui de l'eau, celui du feu, celui du vent? Mais voici comment doit être posée la ques- « tion : Dans quoi l'eau et la terre, le feu et le vent vont-ils s'anéantir? Dans quoi le long « et le court, le subtil et le solide, le bien et le mal, dans quoi le nom et la forme s'anéan- « tissent-ils sans qu'il en reste rien? A cette question il est fait la réponse suivante : L'in- « telligence échappe à la vue, elle est sans bornes; elle est lumineuse de toutes parts : c'est « en elle que vont s'anéantir et les eaux et la terre, et le feu et le vent. C'est là que le long « et le court, le subtil et le solide, le bien et le mal, c'est là que le nom et la forme s'a- « néantissent sans qu'il en reste rien. Par la cessation de l'intelligence tout cela cesse « d'exister[1]. »

On remarquera qu'il n'est pas question dans ce passage de l'*âkâça* ou de l'éther qu'é- numère le *Djina alaṁkâra*, à l'exemple d'autres textes. Cette omission n'est sans doute pas accidentelle, et nous avons probablement ici un état ancien des opinions des Buddhistes sur le nombre et la forme primitive des éléments matériels. Dans leur polémique contre les doctrines des Bâuddhas, les Brâhmanes sectateurs de la Nyâya taxent les Buddhistes de ne pas reconnaître l'existence de l'éther[2]; ces doctrines ont donc varié sur ce point, puisque voici d'un côté un texte pâli de Ceylan qui n'en parle pas, et qui confirme ainsi le dire des Nyâyistes, tandis que, d'un autre côté, un texte sanscrit du Nord admet la réalité de l'éther, contrairement à ce dire même. C'est, du reste, une question que nous serons mieux en mesure de traiter lorsque nous aurons rassemblé un plus grand nombre de textes. Quant à présent je me contenterai de renvoyer le lecteur à un passage de l'*Abhidharma kôça vyâkhyâ*, que j'ai traduit dans mon *Histoire du Buddhisme*[3], d'après lequel l'*âkâça* ou l'espace est donné comme cinquième élément. Je remarquerai en outre que le passage du *Sutta* pâli que je viens de reproduire est conforme dans ses points principaux à ce que nous apprennent les livres buddhiques du Nord sur le *Vidjnâna*. Ainsi cet attribut est de part et d'autre un sixième élément : c'est même, suivant un *Sûtra* intitulé *Garbha avakrânti*, « la descente au sein d'un fœtus, » l'élément générateur qu'on semble identifier à la fois avec la connaissance et la conscience, et qui est pour l'homme la cause de la prise d'un nouveau corps[4]. Et quant à cette opinion particulière, que le nom et la forme, ainsi que quelques autres attributs abstraits, se résolvent et s'anéantissent dans le

[1] *Kêvaddha sutta*, dans *Dîgh. nik.* fol. 58 *a* et *b*.

[2] Wilson, *Analysis of the Kah-gyur*, dans *Journ. as. Soc. of Bengal*, t. I, p. 377, note †.

[3] *Introd. à l'hist. du Buddh. indien*, t. I, p. 496 et 497.

[4] *Ibid.* t. I, p. 497.

Vidjñâna, « la connaissance, » elle n'est pas exclusivement propre au texte pâli précité; elle répond en effet exactement à la place qu'occupe le *Vidjñâna* à l'égard du *Nâmarûpa*, « le « nom et la forme, » dans l'évolution des douze causes de l'existence[1]. Car dire que le nom et la forme ont pour origine la connaissance, c'est dire la réciproque de ceci : le nom et la forme retournent dans la connaissance. Il n'est pas non plus sans intérêt de remarquer la formule par laquelle Çâkyamuni est représenté exposant son opinion sur le *Vidjñâna* et les quatre éléments : il est clair qu'il entend substituer une théorie nouvelle sur le mode et le terme de l'absorption des éléments matériels à la théorie des Brâhmanes qui les faisaient rentrer successivement dans leur *Paramâtman*, ou esprit universel.

Après l'énumération des six éléments qui vient de donner lieu aux précédentes remarques, le *Djina alam̃kâra* en expose une autre, également composée de six termes, lesquels sont tous des qualités morales. Ce sont *kâma dhâtu, vyâpâda dhâtu, him̃sâ dhâtu, nêkkamma dhâtu, avyâpâda dhâtu, avihim̃sâ dhâtu*, « l'élément dit du désir, celui de la méchan- « ceté, celui de la cruauté, celui de l'inaction, celui de l'absence de méchanceté, celui « de l'absence de cruauté. » Les trois derniers termes sont, on le voit, opposés aux trois premiers; l'inaction est le contraire du désir, lequel est la cause première de l'activité humaine.

La catégorie qui vient ensuite et qui est également composée de six termes, a pour base les deux accidents opposés de la douleur et du plaisir; ce sont *dukkha dhâtu, dômanassa dhâtu, avidjdjâ dhâtu, sukha dhâtu, sômanassa dhâtu, upêkkhâ dhâtu*, « l'élément dit « de la douleur, celui du désespoir, celui de l'ignorance, celui du plaisir, celui du conten- « tement, celui de l'indifférence. »

A cette catégorie, qui est suffisamment claire par elle-même, succède celle des trois régions dont j'ai parlé ailleurs, *kâma dhâtu, rûpa dhâtu, arûpa dhâtu*, « la région du désir, « la région de la forme, la région de l'absence de forme. » Il est bien certain que s'il faut ici donner un sens au mot *dhâtu*, c'est celui de *région*, plutôt que celui d'*élément;* mais en même temps le sens général de *classe*, de *genre*, réclamé par l'auteur de l'*Abhidharma kôça vyâkhyâ*, ne convient pas moins bien à cette catégorie qu'aux précédentes.

La dernière de ces listes est composée aussi de trois termes qui touchent aux points les plus élevés de la doctrine buddhique, ce sont : *nirôdha dhâtu, sam̃khâra dhâtu, nibbâna dhâtu*, « l'élément dit de la cessation, celui de la conception, celui du *Nibbâna* ou de « l'anéan- « tissement. » J'ai montré ailleurs combien il était difficile de traduire d'une manière uniforme, dans tous les passages où il se présente, le terme de *sam̃khâra* pour *sam̃skâra*[2]. Ici ce terme me paraît être opposé à celui de *nirôdha*, et celui de *nirôdha* à son tour est donné comme moyen de parvenir au dernier des trois, ou au *Nibbâna*, en sanscrit *Nirvâṇa*. En effet le *sam̃skâra* étant, dans la série des causes de l'existence individuelle, le premier terme après *avidyâ* ou l'ignorance, de façon que c'est du *sam̃skâra* que part toute l'évolution de ces causes, du moment qu'il est supprimé, ou frappé de *nirôdha*, le *Nirvâṇa* ou l'anéantissement a lieu. Et si l'on demandait pourquoi le terme de *nirôdha* ou la cessation est placé ici avant ce qui doit cesser, c'est-à-dire le *sam̃skâra* ou la conception, peut-être

[1] *Introd. à l'hist. du Buddh. indien*, t. I, p. 502. — [2] *Ibid.* p. 503 et suiv.

en trouverait-on le motif dans cette distribution particulière aux deux avant-dernières séries des termes nommés *dhâtu*, suivant laquelle les termes négatifs précèdent les termes positifs. Quoi qu'il en puisse être de cette explication, le caractère général du dénominateur commun *dhâtu* ne peut être méconnu. On le traduira sans doute de diverses manières suivant la nature des objets auxquels on le trouve joint, tantôt par *élément*, tantôt par *région*, tantôt enfin par *classe*. Mais entre tous ces sens le plus général sera le meilleur : ce sera celui qui ajoutera le moins au sens particulier des termes modifiés par *dhâtu*, puisqu'on pourrait énumérer ces termes en passant *dhâtu* sous silence, sans pour cela en altérer en rien le sens. C'est bien ce qu'entend l'auteur de l'*Abhidharma kôça vyâkhyâ*, quand il veut qu'on prenne *dhâtu* pour un synonyme de *classe*.

N° V.

SUR LES QUATRE VÉRITÉS SUBLIMES.

(Ci-dessus, chap. I, f. 11 *a*, p. 332.)

La théorie des quatre vérités sublimes, *âryâni satyâni*, et en pâli *ariyâni satchtchâni*, est une des plus anciennes doctrines du Buddhisme, une de celles qui reparaît le plus souvent dans les livres du Nord. On la trouve suffisamment développée dans le *Lalita vistara* [1]. Exprimées de la manière la plus précise, les quatre vérités sont : 1° la douleur, condition nécessaire de toute existence; 2° la production de l'existence, causée par les passions; 3° la cessation des passions; 4° le moyen d'arriver à cette cessation. Le *Mahâvastu*, l'un des livres les plus estimés des Buddhistes du Nord, en donne une énumération qui est presque mot pour mot celle du *Lalita vistara* [2]. Je ne la reproduis pas ici, parce qu'on peut la voir en quelque sorte traduite dans le *Rgya tch'er rol pa* de M. Foucaux; je fais seulement la remarque que les deux énumérations sont identiques, parce que ce fait éclaire en un point l'authenticité du *Lalita vistara*. Car comme je suis intimement convaincu que le *Mahâvastu* est un livre antérieur au *Lalita*, l'identité de ces deux ouvrages sur ce point important est un argument de plus en faveur de l'opinion que j'ai exposée ailleurs sur la formation de la collection canonique du Nord [3].

Les quatre vérités sublimes paraissent au premier rang dans les exposés, même les moins développés, que nous possédons de la doctrine morale de Çâkya. Klaproth, dans son abrégé de la vie du dernier Buddha, ne pouvait les oublier [4]; on les retrouve également dans un fragment d'une vie de Çâkya publié par lui d'après une traduction faite sur le mongol; voici comment elles sont énoncées : « L'existence de l'état de misère est la « première vérité; la seconde est que cette misère immense répand son empire partout; la « délivrance finale de cette misère est la troisième; enfin la quatrième est l'existence des « obstacles infinis qui s'opposent à cette délivrance [5]. » Csoma de Cörös en donne, comme

[1] *Rgya tch'er rol pa*, t. II, p. 121, 392 et suiv.
[2] *Mahâvastu*, fol. 357 *a*.
[3] *Introd. à l'hist. du Buddh. ind.* t. I, p. 579 et suiv.
[4] *Journ. asiat.* t. IV, p. 69.
[5] *Table chronologique des Patriarches*, etc. dans *Nouv. Journ. asiat.* t. VII, p. 185.

il suit, la définition d'après les Tibétains : « Il y a du chagrin ou de la misère dans la vie; « il en sera ainsi dans chaque naissance; mais cela peut être arrêté; enfin la quatrième « vérité est la voie ou la manière de mettre un terme à toutes les misères [1]. » Je ne dois pas oublier de rappeler qu'A. Rémusat est revenu plusieurs fois sur cette doctrine dans ses notes à la suite du *Foe koue ki*, sans cependant l'éclaircir par des détails suffisants [2].

Mais de tous les auteurs qui avant ces derniers temps avaient eu occasion de toucher à ce point capital, le savant qui en a peut-être marqué le mieux la véritable origine est Deshauterayes, dans la dissertation duquel nous trouvons ce passage : « Quand Çâkya vi- « sita les ascètes brâhmaniques, il leur demanda quels moyens ils employaient contre la « nécessité de naître, de vieillir, de devenir malade et de mourir [3]. » C'est en effet la considération des misères de l'existence de l'homme ici-bas, qui a été le point de départ de la doctrine de Çâkya; et ces misères le frappèrent si profondément, qu'il appela *vérité* la certitude qu'il avait acquise qu'elles étaient inévitables.

On trouve chez les Buddhistes du Sud, auxquels cette théorie des quatre vérités sublimes n'est pas moins familière qu'à ceux du Nord, de précieux développements qu'il importe de résumer ici, pour montrer par un exemple frappant l'identité fondamentale de la doctrine professée par les deux écoles indiennes, celle du Népâl ou du Tibet, et celle de Ceylan. On en doit la connaissance à un court mais très-bon mémoire de M. le colonel H. Burney, Résident anglais à Ava, qui a enrichi le Journal asiatique du Bengale de dissertations malheureusement trop peu nombreuses, mais toutes portant la marque d'un savoir très-étendu et d'une grande intelligence [4]. Il y a, selon les Buddhistes d'Ava (nous dirions selon les Buddhistes de tous les pays), quatre vérités fondamentales, ou lois morales de l'univers, à la connaissance desquelles Çâkyamuni parvint intuitivement, le matin même du jour où il atteignit au rang suprême de Buddha parfait. Ces quatre vérités sont nommées *dukkha* pour *duḥkha*, la douleur; *samudaya*, la production; *nirôdha*, la cessation ou l'arrêt; et *magga* pour *mârga*, la voie. La première vérité, celle de la douleur, exprime la nécessité d'exister et de souffrir tout ensemble, à laquelle tous les êtres sensibles sont soumis, pendant que, sous l'influence de leur bonne ou de leur mauvaise conduite antérieure, ils passent successivement dans les trois états différents d'existence, celui de Dieu, d'homme ou d'animal. Nous avons vu plus haut qu'il y a, outre ces trois modes d'existence, trois autres destinées qui sont comprises sous la dénomination collective des trois états misérables ou de châtiment, lesquelles réunies aux trois premiers modes, forment l'ensemble de ce qu'on nomme les six *gatis* ou voies de l'existence [5]. La seconde vérité, celle de la production, indique l'inévitable sujétion des êtres aux passions et aux désirs sensuels qui les attachent fatalement à l'existence. La troisième vérité, celle de la cessation ou de l'arrêt, indique le terme de l'action des deux lois précédentes, ou plus directement, l'anéantissement de celle qui précède immédiatement, c'est-à-dire la pro-

[1] *Notices on the life of Shakya*, dans *As. Res.* t. XX, p. 294 et 301.

[2] *Foe koue ki*, p. 9, 10 et 312.

[3] *Journ. asiat.* t. VII, p. 163.

[4] *Discovery of Buddhist Images with Deva-nâgarî Inscriptions at Tagoung*, etc. dans *Journ. asiat. Soc. of Bengal*, t. V, p. 157 sqq.

[5] Ci-dessus, fol. 4 b, p. 309 et 356.

duction. Par la loi de la cessation, l'homme doit s'affranchir des misères de l'existence et parvenir à un état de repos et de quiétude qui est le *Nirvâṇa* (*Nibbâna*). Enfin la quatrième vérité, celle de la voie, exprime l'ensemble des moyens par lesquels on arrive à ce dernier état, où, comme le dit Clough dans son Dictionnaire singhalais, « les pas« sions sont toutes subjuguées, et tout attachement à une continuation de l'existence est « anéanti [1]. »

Il paraît qu'il y a, chez les Barmans, deux opinions touchant les moyens qu'on résume sous le titre collectif de *magga*. Les uns entendent par là les huit bonnes pratiques, dont nous avons deux énumérations semblables dans le *Lalita vistara* et dans le *Vocabulaire pentaglotte* buddhique [2]. Elles ne sont pas moins connues des Buddhistes de Ceylan, qui les désignent collectivement sous le titre de *aṭṭhağgamagga*, « la voie aux huit parties: » et on les trouve chacune sous leur forme sanscrite et pâlie, à leur ordre alphabétique, dans le Dictionnaire singhalais de Clough [3]. J'en donne ici l'énumération, plaçant d'abord le terme sanscrit et ensuite le terme pâli : 1° *Samyagdrĭchṭi* et *sammâdiṭṭhi*, « la vue droite: » c'est pour un Buddhiste l'orthodoxie. 2° *Samyaksañkalpa* et *sammâsañkappa*, « la volonté « droite » ou la pureté d'intention ; cela doit s'entendre encore au sens religieux, car le *Lalita vistara* ajoute que cette pratique conduit à l'abandon de tous les doutes, de toutes les incertitudes et de toutes les hésitations. 3° *Samyagvâk* et *sammâvâtchâ*, « le langage droit » ou l'exactitude à reproduire fidèlement comme un écho tous les sons et toutes les voix qu'on a entendus. 4° *Samyakkarmânta* et *sammâkammanta*, « la fin de l'action droite, » c'est-à-dire une conduite régulière et honnête; le *Lalita*, dans son style figuré, dit que cette vertu conduit à ne pas mûrir ce qui n'est pas une œuvre, c'est-à-dire à ne pas conduire à leur achèvement des actions qui ne seraient pas admissibles, des actions irrégulières et coupables. 5° *Samyagâdjîva* et *sammââdjîva*, « le moyen d'existence droit, » c'est-à-dire une profession honnête qui ne soit pas entachée de péché, avantage qui, selon le *Lalita vistara*, rend l'homme indifférent à toute espèce d'ambition. 6° *Samyagvyâyâma* et *sammâvâyâma*, « l'application « droite, » vertu qui, d'après le *Lalita*, conduit l'homme à la rive opposée où il veut atteindre. 7° *Samyaksmrĭti* et *sammâsati*, « la mémoire droite, » qui, dans le *Lalita vistara*, conduit à fixer fortement dans son esprit ce qui ne doit pas être oublié. Enfin 8° *samyaksamâdhi* et *sammâsamâdhi*, « la méditation droite, » qui, selon le *Lalita*, fait obtenir à l'homme la méditation d'un esprit incapable d'être ébranlé; c'est encore, selon Clough, une sainte tranquillité d'esprit; car il ne faut pas oublier que, dans l'opinion des Buddhistes, *samâdhi* exprime bien moins la méditation toute seule et prise au sens philosophique, que ce calme méditatif auquel on n'arrive qu'en se rendant absolument maître de soi-même. Et voilà pourquoi Clough a traduit par *paix de l'esprit* le terme de *samâdhi*, qui s'il est synonyme de *samatha*, « calme, » l'est également de *êkaggatâ*, « attention dirigée sur un point « unique, » et de *avikkhêpa*, « absence de trouble [4]. »

[1] *Singhal. Diction.* t. II, p. 194.

[2] *Lalita vistara*, f. 22 *b* de mon man. A; *Vocabulaire pentaglotte*, sect. XXXI; *Rgya tch'er rol pa*, t. II, p. 44.

[3] *Singhal. Diction.* t. II, p. 15

[4] *Abhidh. ppadip.* liv. I, chap. II, sect. 5, st. 11. Voyez encore *Appendice* n° XIII. *Sur les quatre degrés du Dhyâna.*

Telle est la première opinion des Buddhistes barmans sur ce qu'il faut entendre par la voie qui conduit au *Nibbâna*. Mais le colonel H. Burney nous apprend que d'autres entendent par *magga*, « voie, » les quatre grandes routes, en d'autres termes les quatre grands ordres de saints personnages nommés *Âryas*, et en pâli *Ariyas*, qui jouent un rôle aussi considérable au moins dans le Buddhisme de Ceylan que dans celui du Nord. Ces routes sont subdivisées chacune en deux classes; ce qui donne un total de huit ordres formés par les *Ariyas*, ou les saints supérieurs qui par l'empire absolu qu'ils exercent sur leurs passions, et par la perfection de vertu qu'ils ont acquise, se sont mis en possession d'une puissance surnaturelle[1]. Nous savons déjà que ces quatre ordres sont les *Çrôtaäpannas*, les *Sakrĭdâgâmins*, les *Anâgâmins* et les *Arhats;* chacun d'eux est divisé en deux classes, selon que les personnages qui les composent sont encore dans la voie où ils marchent, ou ont déjà obtenu les fruits du voyage qu'ils ont entrepris; ce sont des points sur lesquels j'ai donné ailleurs d'amples détails ; il me suffira d'y renvoyer le lecteur[2]. Ajoutons, pour terminer ce que nous trouvons à dire sur le mot *magga*, quelque commentaire qu'on en donne d'ailleurs, que suivant une définition rapportée par Turnour, le *magga* renferme une sous-division que l'on nomme *paṭipadâ*, en sanscrit *pratipad*. Le *magga*, dit Turnour, est la voie qui conduit au *Nibbâna;* la *paṭipadâ*, littéralement « la marche pas à pas, ou le « degré, » est la vie de rectitude qu'on doit suivre, quand on marche dans la voie du *magga*[3].

La différence qui distingue les deux interprétations du *magga* ou de la quatrième vérité sublime que je viens d'exposer, constitue-t-elle une différence d'opinion chez les Buddhistes du Sud, ou bien indique-t-elle une différence d'époque, de telle sorte que l'interprétation la plus simple, celle qui exige le moins d'efforts de savoir et de vertu, serait, soit plus ancienne, soit plus moderne que la seconde qui n'ouvre la voie du *Nibbâna* qu'aux saints de l'ordre le plus relevé? Ce sont là des points que ne touche pas le colonel Burney, et sur lesquels j'avoue n'avoir pas moi-même de raisons suffisantes pour prendre un parti. Lorsque nous connaîtrons mieux dans tous leurs détails les commencements de la doctrine morale et métaphysique du Buddhisme, nous serons mieux préparés à traiter ces questions délicates; quant à présent nous décrivons plutôt que nous ne jugeons.

Or pour revenir aux résultats obtenus par le colonel Burney, la doctrine du dernier Buddha établit, en ce qui regarde les quatre vérités sublimes, les points suivants. La première vérité, celle de la *douleur*, est l'effet dont la cause est la seconde vérité, celle de la *production;* la troisième vérité, celle de la *cessation*, peut seule délivrer l'homme des souffrances et de la tyrannie des deux premières; et l'effet libérateur de la troisième vérité peut seulement être obtenu par la possession de la quatrième, qui est la *voie*. Cette manière d'envisager le mutuel enchaînement des quatre vérités est tout à fait dans l'esprit du Buddhisme; et le colonel Burney ne l'aurait pas empruntée à des sources écrites, qu'on ne devrait pas pour cela hésiter à en reconnaître la parfaite exactitude. Les quatre vérités

[1] *Journ. asiat. Soc. of Bengal*, t. V, p. 159. Voyez *Appendice* n° XIV, *Sur les cinq Abhidjñâs.*

[2] *Introd. à l'hist. du Buddh.* t. I, p. 290 et suiv.

[3] Turnour, *Examination of Pâli Buddhistical Annals*, dans *Journ. of the asiat. Soc. of Bengal*, t. VII, p. 1007, note †.

sont donc disposées dans un ordre analogue à celui des douze *Nidânas*, qui sont successivement effets et causes les uns des autres[1], et qu'on enlace entre eux de façon qu'un effet étant posé le premier, on indique à quelle cause il est dû; puis on passe à un second effet, auquel on assigne pour cause le terme qui dans l'énoncé précédent était l'effet, et ainsi de suite, de façon que cet entrelacement devrait s'exprimer par la disposition suivante :

EFFETS.		CAUSES.
B	de	A
C	de	B
D	de	C
E	de	D
F	de	E, et ainsi de suite jusqu'à douze.

Les vérités sublimes ne comprenant que quatre termes, et l'entrelacement de ces termes n'étant pas indiqué, comme on l'a fait pour les *Nidânas*, on ne peut avoir deux séries, l'une des causes, l'autre des effets; d'ailleurs ces quatre termes ne se développent, comme effets et causes l'un de l'autre, que de deux en deux, de cette manière : *la douleur*, [qui est l'effet de] *la production*, [qui est anéantie par] *la cessation*, [qui est obtenue par] *la voie* de l'anéantissement. Il n'en reste pas moins établi que les deux énumérations ont cela de commun, qu'elles commencent par l'effet, pour de là passer à la cause. Cette disposition est surtout frappante dans la série des quatre vérités. En général les Buddhistes ne procèdent pas autrement; de l'effet qui les frappe, ils remontent à la cause qui leur est cachée; et ce n'est que quand ils ont terminé dans ce sens leur recherche, avec une rigueur plus apparente que réelle, qu'ils redescendent en sens contraire de la cause à l'effet. Jusque dans l'énoncé de leurs thèses ils mettent à profit la faculté d'inversion que possèdent les langues indiennes; et un commentateur, exposant le premier des *Nidânas*, *avidjdjâpatchtchayâ sañkhârâ*, « les concepts sont le produit de l'ignorance, » le fait précéder de cette remarque : « De même qu'un homme voulant parler du père d'un « individu, commence par nommer d'abord le fils, de cette manière, *Tissassa pitâ, Sônassa pitâ*, de Tissa le père, de Sôna le père, ainsi Bhagavat voulant énumérer les « causes, commence par ce qui est le produit des causes, de cette façon, *avidjdjâpatchtchayâ sañkhârâ*[2]. »

Les quatre vérités sublimes sont donc, ainsi que j'ai essayé de le montrer, le point de départ à la fois et le résumé de la doctrine buddhique, puisque de la considération de la douleur, qui est la première vérité, on s'élève successivement jusqu'à la cessation de la douleur, qui est la troisième vérité, laquelle à son tour se rattache à la quatrième, qui est la voie la plus propre à conduire l'homme au terme désiré, la cessation même de la douleur. Cette doctrine, suivant M. Burney, a été résumée dans une stance qu'aucun Buddhiste n'ignore et que les Religieux ont perpétuellement à la bouche, soit au Népâl, soit à Ceylan; je la reproduis ici sous trois formes, dont deux sont sanscrites, et une pâlie.

[1] *Introd. à l'hist. du Buddh. indien*, t. I, p. 485 et suiv. — [2] *Nidâna vagga*, f. 4 *a*.

La première est prise sur le piédestal d'une statue buddhique de Bakhra, la seconde sur une plaque de pierre extraite du Tope de Sârnâth près de Bénârès et dans les manuscrits népâlais du *Saddharma puṇḍarîka*, la troisième enfin est due au Buddhiste converti Ratnapâla qui l'a donnée de mémoire à J. Prinsep.

1° *Yê dharmâ hêtuprabhavâs têchâm̃ hêtum̃ Tathâgata uvâtcha*
têchâm̃ tcha yô nirôdha êvam̃ vâdî mahâçramaṇaḥ.

2° *Yê dharmâ hêtuprabhavâ hêtum̃ têchâm̃ Tathâgatô hyavadat*
têchâm̃ tcha yô nirôdha êvam̃ vâdî mahâçramaṇaḥ.

3° *Yê dhammâ hêtuppabhavâ têsam̃ hêtun Tathâgatô âha*
têsam̃ tcha yô nirôdha êvam̃ vâdi mahâsamaṇa,

ou mieux pour la seconde ligne,

têsam̃ tcha yô nirôdhô êvam̃vâdî mahâsamaṇô.

Cette stance, indépendamment de son rapport direct au sujet qui nous occupe, mérite que nous nous arrêtions quelques instants à l'examiner, et parce qu'elle offre, sous sa rédaction sanscrite, le premier texte original buddhique qu'on ait découvert dans l'Inde sur des monuments religieux, et parce qu'elle est devenue de bonne heure l'occasion de recherches intéressantes de la part de nombreux orientalistes. Elle fut lue pour la première fois en 1835, sur le piédestal d'une statue mutilée du Buddha, découverte dans les ruines d'une ancienne cité près de Bakhra[1], et bientôt après sur une pierre extraite des fouilles entreprises pour l'exploration du *Stûpa* de Sârnâth près de Bénârès[2]. Ces deux localités, pour le dire en passant, appartiennent à des provinces où le Buddhisme avait, comme on sait, jeté de profondes racines. On en peut dire autant des contrées où, à partir de 1835, furent trouvées de nombreuses statuettes du Buddha portant cette formule sur laquelle s'était dirigée l'attention des voyageurs et des amis des antiquités indiennes. La formule était rédigée en sanscrit; le premier essai d'explication qu'on en tenta sortit de la plume de J. Prinsep, qui y donna une des premières et des plus remarquables preuves de cette sagacité de déchiffrement qui a entouré d'un si juste renom les dernières années de sa brillante carrière[3]. Après quelques tâtonnements, causés par la nouveauté des caractères, elle fut lue comme il suit :

Yê dharmâ hêtuprabhavâs têchâm̃ hêtum̃ Tathâgata uvâtcha
têchâm̃ tcha yô nirôdha êvam̃ vâdî mahâçramaṇaḥ.

Csoma de Cörös, qui à la nouvelle de cette découverte se rappela qu'il avait fréquemment rencontré cette stance dans les livres tibétains[4], proposa d'y réunir le distique sui-

[1] J. Stephenson, *Excursion to the ruins and site of an ancient City near Bakhra*, dans *Journ. asiat. Soc. of Bengal*, t. IV, p. 131 et suiv.

[2] *Ibid.* p. 132.

[3] J. Prinsep, *Note on Stephenson's Account of the Bakhra column*, dans *Journ. as. Soc. of Bengal*, t. IV, p. 131-138.

[4] *Ibid.* p. 135.

vant qu'il y avait trouvé joint dans ces mêmes livres, et dont il avait déjà publié le texte tibétain [1] :

Sarvapâpasyâkaraṇaṁ kuçalasyôpasampradam
svatchittaparidamanum êtad Buddhânuçâsanam,

et il donna des deux stances réunies l'interprétation suivante, d'après la version tibétaine: *Whatever moral (or human) actions arise from some cause, the cause of them has been declared by Tathâgata : what is the Check to these actions, is thus set forth by the great Çramana. No vice is to be committed : every virtue must be perfectly practised : the mind must be brought under entire subjection : this is the commandment of Buddha.* Le docteur Mill contesta la légitimité de cette réunion des deux stances, et montra qu'il n'était pas prouvé que la première eût besoin d'être rapprochée de la seconde pour être comprise; il remplaça dans la seconde *upasampradam*, qui ne donne pas de sens, par *upasampadaḥ*, et lisant *akaraṇê* pour *akaraṇaṁ*, il rendit le tout ainsi : « Quæquæ officia *extant in* causa *quavis* « originem *habentia*, causam eorum SIC PROFECTUS *ille* (Buddhas) quidem declaravit; eorum« que quod obstaculum *extat*, ita *quoque* dicens MAGNUS ASCETICUS. Omnis peccati renun« ciatio, sanctitatis profectus, proprii intellectus subjugatio, hæc est Buddhæ disciplina [2]. »

Dans le même temps un Buddhiste converti au christianisme, Ratnapâla, récitait ainsi de mémoire ces deux stances sous leur forme pâlie :

Yê dhammâ hêtuppabhavâ têsaṁ hêtun Tathâgatô
âha têsañtcha yô nirôdha êvaṁvâdi mahâsamana.
Sabbapâpassa akaraṇaṁ kusalassa upasampadâ
satchittaparidamanaṁ êtaṁ Buddhânusâsanaṁ.

Mais il ajoutait que la seconde stance n'était pas nécessairement liée à la première. C'était confirmer le soupçon qu'avait très-judicieusement exprimé le docteur Mill [3].

Il était réservé à M. Hodgson de donner une interprétation réellement buddhique de cette formule, et d'en reproduire le sens d'une manière bien plus exacte que ses devanciers [4]. Approuvant M. Mill d'avoir séparé les deux stances, parce que la première se trouve à tout instant seule dans les livres sanscrits du Népâl qu'elle termine d'ordinaire, il nomma cette première stance, *Yê dharmâ, etc.*, une véritable profession de foi philosophique et religieuse, et la traduisit ainsi avec le secours des interprètes népâlais :

« De tous les êtres qui procèdent d'une cause,
« C'est le Tathâgata qui en a dit les causes;
« Et ce qui est la cessation de ces êtres,
« Le grand Çramaṇa l'a dit également. »

M. Hodgson fit suivre cette version d'observations excellentes qu'il résuma en ces termes : « Les points en question sont l'existence dans le monde versatile, et la cessation de cette

[1] *Journ. of the asiat. Soc. of Bengal*, t. III, p. 61.
[2] *Ibid.* t. IV, p. 136 et suiv.
[3] *Journ. asiat. Soc. of Bengal*, t. IV, p. 138.
[4] *Ibid.* t. IV, p. 211 et suiv.

« existence, quand on passe dans le monde du *Nirvrïti*. Le mot *nirôdha* signifie généralement *extinction* ou cessation totale de l'existence versatile. » Et il insista pour traduire *dharmâ* par *les êtres*, les existences, les entités, tant inanimées qu'animées. J'omets, pour abréger, les corrections qu'avait successivement subies cette interprétation, et dont le savant orientaliste Dr Mill avait fourni sa bonne part; mais je ne dois pas oublier l'appréciation exacte qu'il avait faite de la formule, en en signalant le caractère athéiste, et en la rapprochant du vers célèbre de Virgile :

. . . . . . qui potuit rerum cognoscere causas [1].

Enfin le colonel H. Burney vint apporter à ces explications successives le dernier trait de précision, en montrant le lien qui rattachait cette maxime sacramentelle à la doctrine authentique des Buddhistes du Sud, et nous pouvons ajouter aussi de ceux du Nord [2]. Il fit voir que les Barmans rapprochent la formule *Yé dhammâ* des quatre vérités dites *ariyas*, c'est-à-dire sublimes ou respectables, savoir que tous les êtres existants sont condamnés à la souffrance, que l'accumulation des désirs auxquels sont en proie tous les êtres est la cause de l'existence, qu'il y a un terme aux désirs et à l'existence même, et que ce terme est le *Nibbâna*, enfin qu'il y a une voie pour parvenir à ce terme. Or, de ces quatre vérités, les Barmans disent que la première est l'effet de la seconde, que la troisième seule peut nous affranchir des deux premières, et que la quatrième donne le moyen d'obtenir la troisième. Et conséquemment à cette explication ils traduisent ainsi la formule : « Les lois (de l'être « et de la douleur) procèdent d'une cause, et cette cause (qui est la loi des mauvais désirs « et des passions), le Tathâgata l'a exposée. Et ce qui est la destruction de ces deux lois, « le grand *Samaṇa* l'a dit également. » On voit qu'ici, comme le fait remarquer le colonel Burney, *dhammâ* (*dharmâḥ*) ne signifie pas seulement les actions humaines, ou toutes les existences sensibles, mais les lois qui les gouvernent et les affectent, les lois fondamentales du monde moral. C'est, à bien peu de chose près, le sens auquel arriva de son côté Lassen, en traduisant *dharmâḥ* par « lois propres à chaque être particulier [3]. » Au reste le mérite des observations du colonel Burney est bien moins dans sa traduction qui ressemble plutôt à une glose, que dans le rapport qu'il a établi, justement selon moi, entre la formule *Yé dhammâ* et les quatre vérités sublimes. Si l'on traduit, en effet, en modifiant très-peu et seulement pour un mot la version de M. Hodgson, « les lois (ou les êtres) qui « procèdent d'une cause, c'est le Tathâgata qui en a dit la cause; et ce qui est la cessation « de ces lois (ou de ces êtres), le grand *Samaṇa* l'a dit également, » on reconnaîtra que les Barmans ont eu raison de rattacher aux *ariya satchtchâni* les termes de la formule qui se succèdent dans l'ordre propre à l'exposition buddhique, l'effet d'abord et la cause ensuite : 1° les *dhammâ*, les lois, c'est-à-dire la douleur et l'existence, répondantes à la douleur; 2° *hêtu*, la cause, c'est-à-dire la production de la douleur, répondante à la production de l'existence; 3° *nirôdha*, la cessation, c'est-à-dire la cessation des passions et de l'existence, répondante au *Nibbâna* ou à l'anéantissement; et j'ajoute enfin pour le quatrième

[1] Dr Mill, dans *Journ. of the asiat. Soc. of Bengal*, t. IV, p. 215.

[2] *Journ. as. Soc. of Bengal*, t. V, p. 159.

[3] *Zeitschrift für die Kunde des Morgenl.* t. I, p. 229.

terme, les déclarations ou l'enseignement du Tathâgata ou du grand *Samaṇa*, ce qui répond à *magga*, la voie ou le moyen d'arriver à l'anéantissement.

Il restait à examiner une dernière question, qui pour ne toucher qu'à la forme la plus extérieure, n'en intéresse cependant pas moins l'origine et l'histoire de cette formule si populaire. Il s'agissait d'examiner s'il était possible de déterminer, d'après le mètre de cette stance, laquelle était la forme originale de la rédaction sanscrite ou de la rédaction pâlie. Un savant à la sagacité duquel rien n'échappe, M. Lassen, s'est chargé de ce soin, et il a prouvé que sauf deux points encore douteux, la version pâlie se laissait ramener au mètre *âryâ*, tandis que la rédaction sanscrite en reste beaucoup plus éloignée, le premier hémistiche n'appartenant à aucun mètre, pas plus à l'*âryâ* qu'à un autre[1]. Il a remarqué que si la syllabe radicale de *hêtu*, la première fois qu'elle se présente dans le premier hémistiche pâli, pouvait devenir brève, ainsi que *tu* devant *pabhavâ* pour *ppabhavâ*, et si dans le second hémistiche on pouvait lire *vâdî* au lieu de *vâdi*, la stance rapportée par Ratnapâla appartiendrait au mètre *âryâ*. Cette remarque est parfaitement fondée, si l'on apporte à la leçon de Ratnapâla de légères corrections, qui ne font à mes yeux l'objet d'aucun doute; ainsi il faut lire à la fin du premier hémistiche *âhâ*, avec un allongement de la voyelle finale analogue à celui que nous remarquons si fréquemment dans le dialecte des inscriptions de Piyadasi. Dans le second hémistiche il est également indispensable de remplacer *nirôdha* par *nirôdhô* au nominatif, et *mahâsamaṇa* par *mahâsamaṇô* au même cas. Quant aux corrections plus fortes qui portent sur le mètre, savoir, *hêtuppabhavâ*, qui doit donner ⏑⏑ | ⏑⏑–, et *êvaṁvâdi*, qui doit donner –– | ––, elles me semblent parfaitement légitimes. La première me paraît autorisée par l'état flottant de la quantité des voyelles en pâli, où l'*ê* s'abrége devant une consonne double. Quant au fait que le mot *pabhavâ* aurait représenté le sanscrit *prabhavâ* et le pâli *ppabhavâ*, il offre encore moins de difficulté, si l'on croit la stance rédigée antérieurement à la régularisation systématique de l'orthographe du pâli, et conçue dans l'esprit de l'orthographe du dialecte mâgadhî. En pâli même ne voyons-nous pas encore des groupes de consonnes doubles, dans *vimôkkha* et *sêkkha*, par exemple, perdre un de leurs éléments, d'après une habitude propre au dialecte du Magadha? Je serai encore plus affirmatif en ce qui regarde la lecture de *vâdî* pour *vâdi* que donne la leçon de Ratnapâla. Ce mot est selon moi composé avec *êvaṁ*, de cette manière, *êvaṁvâdî*, « celui qui parle ainsi. » Cette forme, qui consiste à employer un composé adjectif à la place d'un verbe, est peut-être peu classique, mais on pourrait la justifier par les licences d'un dialecte populaire.

Passons maintenant à la rédaction sanscrite de la formule. Les corrections que nous nous permettons de faire à la stance pâlie, ne sont plus ici de mise. Le second hémistiche seul rappelle bien le second vers d'un *âryâ*; cependant il faudrait lire *nirôdhô* devant *êvaṁ*, ce qui ne serait plus conforme à l'orthographe sanscrite. Encore faudrait-il faire une correction plus considérable, qui consisterait à reporter *hyavadat* à la fin du premier hémistiche, au lieu de le mettre en tête du second, comme le font les copistes du Népâl, du moins dans les manuscrits que j'ai sous les yeux. On voit cependant que la rédaction sanscrite

[1] *Zeitschrift für die Kunde des Morgenlandes*, t. I, p. 229.

conserve quelques traces d'un hémistiche *âryâ;* mais il est aisé de reconnaître que ce sont les nécessités de la langue sanscrite qui ont fait violence au mètre. L'addition de la conjonction *hi* devant *avadat* est surtout suspecte à mes yeux; elle semble introduite à cette place pour produire une longue par le changement de *Tathâgataḥ* en *Tathâgatô* que voudrait le mètre. C'est aussi la leçon que donne un des manuscrits du *Saddharma* de M. Hodgson, qui reproduisant la stance en une seule ligne, en écrit ainsi le milieu, *Tathâgatô hêvada.* Au reste, pour que le lecteur puisse mieux juger de la différence de la rédaction pâlie et des deux rédactions sanscrites, j'en donne ici la métrique, en suivant l'ordre des trois rédactions exposées au commencement de cette note; seulement j'appliquerai à la stance pâlie les indications prosodiques de Lassen, et les corrections grammaticales que je viens de signaler comme indispensables.

1° – – | – – | – ◡ ◡ | – – | – – | – ◡ – | ◡ | ◡ ◡ – | ◡
– – | ◡ – ◡ | – ◡ | – – | – – | ◡ | – ◡ ◡ | ◡

2° – – | – – | – ◡ ◡ | – – | – – | – ◡ – | ◡ | – ◡ ◡ | ◡
– – | ◡ – ◡ | – ◡ | – – | – – | ◡ | – ◡ ◡ | ◡

3° – – | – ◡ ◡ | ◡ ◡ – | – – | – – | ◡ – ◡ | – – | –
– – | ◡ – ◡ | – – | – – | – – | ◡ | – ◡ ◡ | –

On voit par là que la rédaction pâlie nous donne une stance *âryâ,* et qu'au contraire la rédaction sanscrite s'éloigne de ce type en plusieurs points importants; en même temps il est facile de reconnaître que cette dernière rédaction y reviendrait au moyen de quelques corrections, mais que ces corrections, autorisées pour le pâli, ne sauraient être admises pour le sanscrit.

En résumé, je ne puis croire que la rédaction sanscrite soit antérieure à la rédaction pâlie que la tradition nous a conservée, ou en d'autres termes, que la stance pâlie soit une dégradation de la forme sanscrite. Il se peut que les deux stances soient contemporaines, ou peu éloignées l'une de l'autre quant à leur origine; mais la priorité appartient sans aucun doute à la formule des Buddhistes du Sud. Après cela, je ne veux pas prétendre que cette dernière formule soit celle-là même qui dut avoir cours dans l'Inde parmi les premiers sectateurs du Buddha; déjà en effet nous avons eu recours au dialecte mâgadhî pour en rétablir le mètre en un point important. Mais il est bien démontré que la rédaction des Buddhistes népâlais a encore moins de droits à passer pour originale; si elle eût été en effet conçue primitivement en sanscrit, les lois de la métrique y eussent été certainement plus respectées. Au contraire on s'explique très-aisément comment un axiome de ce genre a pu être rédigé d'abord dans un dialecte populaire, pour ensuite revêtir une forme plus classique, quand la doctrine dont elle exprimait le résumé commença à se répandre parmi les classes de la société auxquelles était familier le langage savant consacré à la religion et aux lois.

Je terminerai cette note par quelques mots sur la seconde stance que j'ai laissée de côté jusqu'ici, parce que, suivant la remarque de MM. Mill et Hodgson, elle ne se rattache en aucune manière à celle que je viens d'examiner. Elle mérite cependant notre attention, à cause de son rapport avec les matières qui forment le fonds de l'enseignement du Buddha. Je la ferai suivre d'autres stances morales relatives à la nécessité de la conversion et du changement de vie.

Nous connaissons déjà, par la discussion précédente, deux rédactions de la seconde stance, l'une en sanscrit, l'autre en pâli. La première nous vient de Csoma, qui avait proposé de la joindre à la stance relative aux causes de l'existence, et qui la lisait :

Sarvapâpasyâkaraṇam kuçalasyôpasampradam
Svatchittaparidamanam êtad Buddhânusâsanaṁ[1].

J'ai donné plus haut la traduction de cette stance d'après Csoma et Mill; le tout n'offre aucune difficulté : il importe cependant de remarquer que le mot *upasampadaḥ*, que le docteur Mill substitue à *upasampradaṁ* de Csoma, n'est pas d'un sanscrit correct; car il n'existe, à ma connaissance, en sanscrit, que le substantif féminin *sampat*, « avancement « dans la vertu, achèvement heureux, » qui puisse convenir à la pensée qu'exprime le second *pâda* de cet *anuchṭubh*. Et il est si vrai que c'est ce terme qu'ont voulu employer les rédacteurs de la stance, que dans la version pâlie que nous en possédons, *upasampadâ* occupe la place de l'*upasampadaḥ* sanscrit. Or on sait qu'en pâli les mots sanscrits féminins terminés par une dentale comme *sampat*, *parichat* et autres, sont passés dans la déclinaison des thèmes en *a*, par l'addition du suffixe féminin *â*, et sont devenus *sampadâ* et *parisâ*. Il est facile de voir pourquoi il a fallu allonger d'une syllabe le mot *sampat*; c'est qu'autrement le vers eût été trop court de cette syllabe manquante. On pourrait dire, il est vrai, que tout serait remis en ordre, si on lisait *kuçalasyôpasampadâ*, pour traduire les deux premiers vers ainsi : « La non-exécution de tout péché par l'accomplissement « parfait de la vertu; » mais je n'admettrais pas volontiers cette supposition, parce que le parallélisme visiblement cherché dans les trois premiers vers serait détruit. J'aime mieux supposer que la stance, composée de trois vers indiquant chacun une vertu, et terminée par un quatrième vers qui déclare que ces vertus forment l'enseignement du Buddha, a été primitivement rédigée dans un dialecte populaire, où il était permis de dire *sampadâ* au lieu de *sampat*; et que quand on a voulu réciter cette stance en sanscrit, on a mieux aimé violer la langue que la mesure : car la mesure dans ces sortes de maximes qui sont bien longtemps répétées de mémoire avant d'être écrites, a certainement une importance supérieure à celle de la langue.

La rédaction pâlie a donc ici l'avantage de l'originalité sur la rédaction sanscrite; cependant cette rédaction même, telle qu'on la tient de Ratnapâla, ou telle que je la trouve dans mon exemplaire du *Dîgha nikâya*, n'est pas encore tout à fait correcte. Ratnapâla, comme on l'a vu plus haut, la lit ainsi :

Sabbapâpassa akaraṇaṁ kusalassa upasampadâ
Satchittaparidamanaṁ êtaṁ buddhânusâsanaṁ.

Les deux derniers *pâdas* sont les seuls réguliers; les deux premiers au contraire ont une

[1] *Journ. as. Soc. of Bengal*, t. IV, p. 135; *Analysis of the Dulva*, dans *Asiat. Res.* t. XX, p. 79.

syllabe de trop, ce qui résulte de l'hiatus causé par la voyelle *a*, une fois devant *a*, et une seconde fois devant *u*. Suivant les règles du pâli, il faudrait les écrire ainsi :

Sabbapâpassakaraṇam kusalassupasampadâ.

Mais on comprend sans peine que pour éviter l'amphibologie du premier vers, qui peut signifier « l'accomplissement de tout péché, » on ait prononcé, comme fait Ratnapâla, *akaraṇam*, détaché de *sabbapâpassa;* dans le second *pâda* au contraire la contraction de *kusalassa* et *upasampadâ* en un seul mot est indispensable, et elle ne cause aucune obscurité. La version de Ratnapâla n'en est cependant pas moins justifiée par des autorités écrites, car je la trouve dans un des Suttas du *Dîgha nikâya*. Voici comment elle est rapportée par le *Mahâpadhâna sutta :*

Sabbapâpassa akaraṇaṁ kusalassa upasampadâ
Satchittapariyôdapanaṁ êtaṁ Buddhânusâsanaṁ [1].

Il est probable que, dans le troisième vers, *pariyôdapanam* est une faute pour *paridamanam* que donnent d'un commun accord et Ratnapâla, et Csoma de Cörös. Mais la concordance de mon manuscrit du *Dîgha nikâya* avec les souvenirs de Ratnapâla, nous prouve que dans cette stance populaire on a cherché plutôt le balancement des propositions que la parfaite régularité du mètre.

Le lecteur a pu se convaincre par ce qui précède combien était fondée l'opinion des savants de Calcutta, quand ils prétendaient, contre le sentiment de Csoma de Cörös, que la stance morale expliquée tout à l'heure ne tenait pas nécessairement à la formule beaucoup plus générale de *Yê dharmâh*. Une inscription qui a, dès le temps de Prinsep, excité une assez grande attention à Calcutta, et dont le Journal de la Société asiatique du Bengale a donné, depuis sa mort, une copie exécutée avec soin par le lieutenant-colonel Low, le monument de Keddah chez les Malais, nous fournit une preuve palpable de l'exactitude de leur appréciation [2]. La formule *Yê dharmâḥ* y est en effet suivie d'une sentence sur la nécessité d'échapper aux œuvres, que M. Laidley (si j'interprète bien les initiales J. W. L.) propose de lire :

Pâpmanôtchtchîyatê karma djanmanâm karma kâraṇam
djñânânna kriyatê karma karma bhâvana lîyatê,

et qu'il traduit : « C'est le vice qui produit l'action, et l'action est la cause de la transmi« gration. Celui qui, par l'effet de la science, ne se livre pas à l'action, n'est pas soumis

[1] *Mahâpadhâna sutta*, dans *Dîgh. nik.* f. 77*a*.

[2] *Journ. asiat. Soc. of Bengal*, t. XVIII, p. 247. Voyez touchant l'histoire de la découverte de cette inscription et l'exposé des tentatives qu'on a faites pour la lire et l'expliquer, J. Low, *Account of several Inscriptions found in province Wellesley on the Peninsula of Malacca*, dans *Journ. asiat. Soc. of Bengal*, t. XVII, 2ᵉ part. p. 62 et suiv. Voyez encore même recueil, t. VI, p. 680, et t. XVII, 1ʳᵉ part. p. 154. Dans le numéro de juillet 1848, p. 71, et pl. IV, n° 10, on trouve lithographié le premier vers de cette formule, avec la seule différence de *djanmanaḥ* pour *djanmanâm*. Je lis au commencement de la seconde ligne, *adjñânâtch tchîyatê karma*, au lieu de *radjônarmayânikarma* que propose *Râdjêndra lâl mitra*. Cette dernière lecture ne donne qu'un sens forcé.

« à ses effets. » Il y a cependant ici une expression, celle de la fin du second vers, qui n'est pas correcte, et un mot au commencement du premier vers, qui ne me paraît pas exactement lu. Au lieu de *pâpmanôtchtchîyatê* je vois distinctement *adjñânâtch tchîyatê*, et au lieu de *karma bhâvana lîyatê* je vois *karmâbhâvâna djâyatê* pour *karmâbhâvân na djâyatê*, avec la seule omission d'un *n*; ce qui n'est pas très-fautif pour un texte dont les caractères sont tracés, à en juger par le *fac-simile* du Journal de Calcutta, d'une main assez barbare. Je lis donc ainsi qu'il suit la stance tout entière, que je fais suivre de cette traduction littérale :

Adjñânâtch tchîyatê karma djanmanâm karma kâraṇaṁ
djñânân na kriyatê karma karmâbhâvân na djâyatê.

« C'est par l'ignorance que l'action s'accumule; l'action est la cause des renaissances suc« cessives; par la science l'action ne s'accomplit pas; l'action n'existant pas, l'homme ne « renaît plus. »

Les stances qui renferment une invitation à embrasser la loi du Buddha sont fréquemment citées chez les Buddhistes du Népâl; je les trouve dans deux *Sûtras* du grand recueil du *Divya avadâna*, où elles sont écrites de la manière suivante :

Ârabhadhvaṁ nichkramata yudjyadhvaṁ Buddhaçâsanê
dhunîta mrĭtyunaḥ sâinyaṁ naḍâgâram iva kuñdjaraḥ;
yô hyasmin dharmavinayê apramattaç tcharichyati
prahâya djâtisaṁsâran duḥkhasyântaṁ karichyati[1].

« Commencez, sortez (de la maison), appliquez-vous à la loi du Buddha; renversez l'ar« mée de la mort, comme un éléphant renverse une hutte de roseaux. Celui qui marchera « sans distraction dans cette discipline de la loi, ayant échappé à la révolution des nais« sances, mettra un terme à la douleur. »

Ces deux stances sont si populaires chez les Buddhistes du Nord, que Csoma en a publié une version tibétaine qui a cours parmi les Lotsavas du Tibet. Voici comment il traduisit en anglais cette version même : *Arise, commence a new course of life; turn to the religion of Buddha. Conquer the host of the lord of Death (the passions), that are like an elephant in this mud-house (the body), (or conquer your passions like as an elephant subdues every thing under his feet in a muddy lake.) Who ever has lived a pure or chaste life, according to the precepts of this Dulva, shall be free from transmigration, and shall put an end to all his miseries*[2]. Le lecteur exercé reconnaîtra que la traduction anglaise de Csoma a manqué le sens de *naḍâgâram*; il remarquera de même que le génitif *mrĭtyunaḥ* est une forme tout à fait irrégulière, imitée sans doute de la forme populaire *matchtchunô*, et adoptée à cause du mètre; enfin il trouvera une syllabe de trop dans le quatrième *pâda* de cet *Anuchṭubh*, *naḍâgâram iva kuñdjaraḥ*.

Cette double irrégularité n'existe plus dans la rédaction pâlie de cette stance, qui paraît

[1] *Brâhmaṇa dârikâ*, dans *Divya avad.* f. 33 *a*; *Djyôtichka*, *ibid.* f. 133 *a*.

[2] Csoma, *Analysis of the Dulva*, dans *Asiat. Res.* t. XX, p. 79.

aussi répandue à Ceylan qu'au Népâl. Je la rencontre dans le *Milinda praçna* singhalais dont je possède un exemplaire ; elle est ainsi conçue :

Árabhatha nikkhamatha yuñdjatha Buddhasâsanê
dhunâtha matchtchunô sênaṁ nalâgâraṁva kuñdjarô [1].

Ici tout est en règle ; *matchtchunô* est le génitif de *matchtchu*, « la mort, » pour le sanscrit *mrĭtyu*, et *nalâgâraṁva*, pour *nalâgâraṁ iva*, nous offre un exemple de la suppression permise d'une voyelle après l'*anusvâra*, que le dialecte pâli traite fréquemment comme une voyelle devant une lettre de même nature. Ici encore la comparaison des deux stances, l'une en sanscrit, l'autre en pâli, m'autorise à penser que la stance pâlie est originale, que la stance sanscrite n'en est qu'une imitation, la maxime s'étant produite d'abord sous une forme populaire avant de passer dans la langue scientifique, où elle a conservé encore deux traces ineffaçables de sa véritable origine.

Je n'ai donné que la version pâlie de la première des deux stances sanscrites que je viens d'examiner, parce que je n'ai pas encore trouvé la seconde dans un texte pâli. Il est fort probable cependant qu'elle doit s'y rencontrer ; peut-être m'a-t-elle échappé à cause de sa vulgarité même, et dans un temps où mon attention n'était pas encore dirigée sur ces formules populaires et un peu banales. Je suppose qu'elle s'écrirait ainsi :

Yô asmiṁ dhammavinayê appamattô tcharissati
pahâya djâtisaṁsâraṁ dukkhassantaṁ karissati.

Comparée à la rédaction sanscrite, cette stance n'offrirait pas de caractère décisif propre à montrer qu'elle est antérieure ; cependant nous trouvons dans la stance sanscrite la conjonction *hi*, qui est peut-être introduite ici plutôt pour sauver le mètre que pour ajouter quelque trait indispensable à l'expression de l'idée.

N° VI.

SUR L'ENCHAÎNEMENT MUTUEL DES CAUSES.

(Ci-dessus, chap. I, f. 11 *a*, p. 332.)

L'expression que je traduisais ainsi au commencement de mes études sur les textes buddhiques, et que j'ai rendue plus tard par « la production des causes successives de l'existence, » est *pratîtya samutpâda*, littéralement « la production connexe des causes réciproques. » J'en ai donné une explication étymologique à la fin de mon *Introduction à l'histoire du Buddhisme* [2] ; ce que j'ai trouvé depuis dans d'autres livres du Népâl tend plutôt à confirmer qu'à modifier cette interprétation que j'avais empruntée au commentateur Çrîlâbha. L'auteur ou le commentateur du livre intitulé *Vinaya sûtra*, interprétant la première stance d'un traité philosophique attribué à Nâgârdjuna et relatif au *pratîtya*

[1] *Milinda praçna*, f. ḍâi r°. — [2] Tom. I, p. 623.

samutpâda, donne de ce terme l'explication étymologique suivante : « Le mot *pratîtya* em« ployé dans ce composé et terminé par le suffixe *ab*, est pris dans le sens d'*arrivée*, de « *rapport;* le radical *pad* précédé des préfixes *sam* et *ut*, a le sens de *production*. Le mot « *samutpâda* est pris dans le sens d'*apparition;* d'où il résulte que la production des [divers] « états de l'existence, considérés comme origine et comme causes réciproques, est le sens « exprimé par le mot *pratîtya samutpâda* [1]. » Cette explication n'est cependant pas si généralement admise, que l'auteur n'en rapporte, tout en la critiquant, une autre qui est ainsi conçue : « Mais d'autres commentent ainsi ce composé : le mot *iti* signifie l'*action d'aller*, « *le départ, la destruction;* les choses faites pour la destruction se nomment *ityâḥ;* expliquant « le mot *îtya* comme terminé par *dvina* (?) et par *ab*, ils disent que le composé *pratîtya* « *samutpâda* signifie la production des choses qui s'en vont incessamment, qui sont in« cessamment périssables [2]. » Cette explication qui roule principalement sur la valeur de la préposition *prati* et sur la catégorie grammaticale du mot *itya*, qui devient ainsi plutôt un adjectif qu'un substantif, n'ôte pas à *pratîtya* son caractère véritable qui ressort encore plus clairement de ces paroles du commentateur : « le mot *pratîtya* n'est pas indéclinable. » Cette dernière remarque paraît lui être inspirée par un scrupule de grammairien : en effet l'explication la plus naturelle qui se présente à la vue de *pratîtya*, c'est que ce mot est le participe adverbial de la racine *i*, « aller, » précédé du préfixe *prati;* régulièrement *pratîtya* devrait signifier, « étant allé de nouveau, ou étant revenu. » Qui sait même s'il n'en a pas été ainsi dans le principe, et si, par une de ces irrégularités que se permettent les dialectes populaires, on n'a pas employé en composition le participe adverbial *pratîtya* et en pâli *paṭitchtcha* tout infléchi, pour résumer des locutions comme celles que je signalerai plus bas : *vêdanaṁ paṭitchtcha taṇhâ*, littéralement : « Le désir [existe] ayant « suivi, ou ayant eu pour cause la sensation [3]? » Ce qui semblerait confirmer cette manière de voir, c'est qu'on ne rencontre pas à part le mot *pratîtya*, ni le pâli *paṭitchtcha;* pour exprimer l'idée de cause, on se sert toujours de *pratyaya*, et en pâli *patchtchaya*.

Mais l'idée de faire de *pratîtya* un substantif n'est pas particulière aux Buddhistes du Nord; on la trouve également chez ceux du Sud, comme le prouvent et le témoignage de Clough, et celui d'un texte pâli que je citerai tout à l'heure. Clough divise en deux mots, *pratîtya samutpâda*, le composé même que nous expliquons en ce moment; puis il donne à part le mot *pratîtya* avec le sens de « cause, cause productrice, origine; » d'où il résulte qu'à ses yeux c'est un substantif formé de la préposition *prati*, indiquant la réciprocité ou le retour, et un synonyme de *pratyaya*, lequel est très-communément employé dans le sens de *cause efficiente*. Ajoutons ici, avant de passer outre, l'exposé succinct qu'a présenté Clough de la théorie que résume brièvement l'expression de *pratîtya samutpâda*. « C'est, « dit-il, la source de l'animation, l'origine de la vie, ce qui a donné naissance aux êtres « sensibles. Cette recherche occupa les méditations profondes du Buddha, le premier jour « qu'il atteignit à l'état de Bôdhi. J'existe, se dit-il; d'autres êtres ont existé avant moi; il y « a eu une période où il n'existait pas d'êtres vivants. Il se représenta ensuite la totalité du « monde animé arrivant à l'existence de la manière suivante : de l'ignorance procéda la

[1] *Vinaya sûtra*, man. de la Soc. asiat. f. 2 *a*. — [2] *Ibid.* — [3] Ci-dessous, p. 536.

« faculté de la réflexion; de la faculté de la réflexion procéda la connaissance; de la con- « naissance procéda l'union de l'esprit et de la matière, ou de l'âme et du corps; de cette « union procédèrent les six sens; des six sens procéda la faculté de la perception; de la « perception procéda la jouissance; de la jouissance procéda le désir ardent; du désir pro- « céda la faculté de la génération; de cette faculté procédèrent les divers états de l'exis- « tence, depuis les Dieux jusqu'aux plus petits reptiles. De l'existence procédèrent tous « les accidents de la vie, et les accidents naturels comme la décrépitude, le chagrin, la « maladie, la mort, la transmigration, etc.[1] » Chacun de ces articles mériterait sans doute un examen spécial; je me contente, pour le moment, de renvoyer le lecteur aux explications que j'ai données des douze termes de cette énumération dans l'*Introduction à l'histoire du Buddhisme*[2]. Ce que je voulais uniquement établir ici, c'est que par le terme de *pratîtya samutpâda* les Buddhistes de Ceylan entendent exactement la même chose que ceux du Népâl. Enfin ce qui résulte de la comparaison du commentaire de Clough avec l'étymologie qu'il donne de *pratîtya samutpâda*, c'est que ce composé a, selon les Singhalais, la signification suivante : « la production complète de ce qui vient tour à tour, c'est-à-dire de « ce qui se succède comme cause et effet, l'effet devenant cause à son tour. »

Le second témoignage que j'ai promis d'alléguer en faveur de cette opinion, que les Buddhistes du Sud envisagent le mot *pratîtya* de la même manière que ceux du Nord, m'est fourni par un passage du *Nidâna vagga vaṇṇanâ*, « Commentaire sur la section des « Nidânas ou causes. » Ce commentaire précieux s'ouvre par un *Sutta* où figure le mot *paṭitchtcha samuppâda*, qui est, sous une forme pâlie, le terme même qui nous occupe. Voici comment le définit la glose pâlie qui accompagne le texte : *Paṭitchtcha samuppâdanti patchtchayâkâraṁ : patchtchayâkârôhi aññamaññaṁ paṭitchtcha sahitê dhammê uppâdêti; tasmâ paṭitchtcha samuppâdôti vutchtchati.* « Le terme de *paṭitchtcha samuppâda* signifie formation « des causes prochaines; en effet la formation des causes prochaines produit des condi- « tions qui sont mutuellement accompagnées de la cause prochaine l'une de l'autre; c'est « pour cela qu'on la nomme production de conditions qui sont successivement causes[3]. »

On comprend maintenant comment il est possible de traduire ce terme par « produc- « tion des causes successives de l'existence. » L'idée de production est dans *samutpâda*; celle de succession, et il faudrait ajouter celle de réciprocité, est dans *pratîtya*. Quant à la notion d'existence, elle est implicitement contenue dans le composé; il me paraît nécessaire de l'exprimer d'une manière positive, car ces causes successives, ou, en termes plus généraux, ces conditions qui sont successivement et réciproquement effet et cause l'une de l'autre, sont, suivant la pensée des Buddhistes, l'origine unique et incessante de la situation des êtres vivants dans ce monde et dans l'autre, tant que ces êtres ne sont pas parvenus à s'affranchir par la science absolue et à obtenir le Nirvâṇa. C'est là, si je ne me trompe, le sens le plus général de cette expression; et si tous les dogmes du Buddhisme étaient formulés sous des termes aussi clairs, nous posséderions bientôt l'intelligence complète de ce système à la fois vague et compliqué.

[1] Clough, *Singhal. Diction.* t. II, p. 435 et 436. — [2] Tom. I, p. 491 et suiv. — [3] *Nidâna vagga*, f. 3 a fin. de mon man.

Je ne dois cependant pas omettre d'indiquer une autre explication qu'il serait possible de proposer pour le composé *pratîtya samutpâda*. Au premier abord on serait tenté d'y voir le mot *pratîti*, « notion, croyance, » pris en ce sens, que la croyance dont il s'agit est fausse, ou seulement admise par l'esprit, sans que pour cela l'existence de la réalité sur laquelle porte cette croyance soit aucunement prouvée. On couperait donc le composé de cette manière, *pratîti asamutpâda;* et alors *asamutpâda* signifierait « la non-production. » Mais comme il ne peut y avoir de négation ici, il faut bien admettre avec les Buddhistes du Népâl et ceux de Ceylan que *pratîtya*, et non *pratîti*, forme la première partie du composé. Toutefois, ici encore, le sens généralement admis pour *pratîti* pourrait, ce me semble, s'appliquer à *pratîtya;* et rien n'empêcherait qu'on ne traduisît l'expression *pratîtya samutpâda* de cette manière, « la production complète de ce qui a pour origine l'opinion, » c'est-à-dire la croyance erronée à la réalité des choses. C'est dans ce sens que paraît l'avoir entendu l'un des commentateurs de la *Rakchâ bhagavatî* des Népâlais, cité par M. Hodgson au nombre des autorités alléguées par lui en faveur de son exposé du Buddhisme; voici les propres termes dont il se sert : *The being of all things is derived from belief, reliance* (*pratyaya*), *in this order : from false knowledge, delusive impression, etc.* [1] La suite donne l'énumération des douze causes citées plus haut d'après Clough, et sur lesquelles je vais rapporter un texte original. Ce qu'il importe de constater en ce moment, c'est que si le commentateur Népâlais qu'a cité M. Hodgson n'emploie pas le mot *pratîtya*, il s'est servi d'un terme qui en est bien voisin, je veux dire de *pratyaya*, qui a la même origine, c'est-à-dire qui vient comme *pratîtya* de la préposition *prati* jointe à un radical signifiant *aller*. Or si *pratyaya*, qui signifie *cause prochaine*, *origine*, a aussi le sens de *croyance*, *opinion*, *confiance*, ce dernier groupe de significations peut également appartenir au mot *pratîtya*, auquel il semble bien difficile de refuser le sens de *cause*.

De toute manière cette dernière interprétation ne modifierait que très-peu la valeur de l'expression *pratîtya samutpâda*. Elle diffère de la première en ce sens seulement, que le *pratîtya*, et suivant le commentateur de M. Hodgson, le *pratyaya*, c'est-à-dire, « l'opinion, « la croyance, la confiance, » en d'autres termes, la croyance à la réalité du monde, est la cause première du développement des douze conditions de l'énumération, tandis que, d'après la première explication, le *pratyaya* ou plutôt les *pratyayas* sont la dénomination commune de chacune de ces douze conditions, considérées comme effets et comme causes successives les unes des autres.

Je terminerai cette note par la traduction d'un *sutta* pâli du *Dîgha nikâya*, qui fera voir de quelle manière les Buddhistes du Sud se figurent que Çâkyamuni enseignait la doctrine de l'enchaînement successif des causes de l'existence. Il est intitulé dans mon manuscrit *Mahânidâna sutta*, « Le *Sutta* des grands *nidânas* ou causes [2]. » Je le donne dans son entier, et sans rien retrancher des répétitions qui, selon les habitudes de notre exposition européenne, en ralentissent singulièrement la marche : il m'a semblé que le lecteur ne serait pas fâché de juger par un exemple de plus de la méthode attribuée au fondateur du Buddhisme par ses premiers disciples.

[1] Hodgson, *Quotat.* dans *Journ. as. Soc. of Beng. etc.* t. V, p. 78. — [2] *Dîgha nikâya*, f. 78 *a* et suiv.

MAHÂNIDÂNA SUTTA.

« Voici ce qui a été entendu par moi un certain jour. Bhagavat se trouvait chez les Kurus, au village des Kurus nommé *Kammâssa dhammañ*[1]. Alors le respectable Ânanda se rendit à l'endroit où se trouvait Bhagavat, et quand il y fut arrivé, ayant salué Bhagavat avec respect, il s'assit de côté. Quand le respectable Ânanda fut assis, il parla ainsi à Bhagavat : Il est étonnant, seigneur, il est merveilleux, combien c'est une doctrine profonde que le *Patitchtcha samuppâda,* c'est-à-dire la production des causes successives de l'existence, combien cette doctrine paraît profonde! C'est comme un abîme sans fond qui se creuse devant moi. — Ne parle pas ainsi, ô Ânanda, [reprit Bhagavat,] non, ne dis pas ainsi : C'est une doctrine profonde que la production des causes successives de l'existence, c'est une doctrine qui paraît profonde; car c'est pour ne pas comprendre cette doctrine, ô Ânanda, pour ne pas la pénétrer, que les hommes nés d'une bonne famille qui l'ignorent, renaissent, par la loi de la transmigration, couverts de petite-vérole, ou changés en tiges de Muñdja (*saccharum Mundja*) ou de Babbadja (*Eleusine Indica*), ou qu'ils tombent dans les lieux de châtiments, dans les mauvaises voies, et dans des existences misérables.

« Si quelqu'un vient à demander : La vieillesse et la mort ont-elles une cause connue? il faut, ô Ânanda, répondre à cette question : Oui, elles en ont une; et si l'on demande : Quelle cause ont la vieillesse et la mort? il faut répondre : La vieillesse et la mort ont pour cause la naissance. Si cet homme demande : La naissance a-t-elle une cause connue? il faut, ô Ânanda, lui répondre : Oui, elle en a une; et s'il demande : Quelle cause a la naissance? il faut lui répondre : La naissance a pour cause l'existence. Si cet homme demande : L'existence a-t-elle une cause connue? il faut, ô Ânanda, lui répondre : Oui, elle en a une; et s'il demande : Quelle cause a l'existence? il faut lui répondre : L'existence a pour cause la conception. Si cet homme demande : La conception a-t-elle une cause connue? il faut, ô Ânanda, lui répondre : Oui, elle en a une; et s'il demande : Quelle cause a la conception? il faut lui répondre : La conception a pour cause le désir. Si cet homme demande : Le désir a-t-il une cause connue? il faut, ô Ânanda, lui répondre : Oui, il en a une; et s'il demande : Quelle cause a le désir? il faut lui répondre : Le désir a pour cause la sensation. Si cet homme demande : La sensation a-t-elle une cause connue? il faut, ô Ânanda, lui répondre : Oui,

[1] Le nom de ce village ou grand bourg (*gâma*) est remarquable sous un double rapport. Premièrement, il est formé d'après une méthode qui n'est pas commune en sanscrit, tandis qu'elle se rencontre à tout instant chez les peuples sémitiques; il se compose en effet de trois mots, *Kamma assa dhammañ,* qui doivent signifier « l'action serait légale, » ou bien « son action est légale. » En second lieu, ce nom rappelle d'une manière frappante la dénomination célèbre chez les Brâhmanes de *Dharma kchêtra,* « la plaine « ou le pays de la loi, » qui passe pour un autre nom du *Kurukchêtra,* « la plaine des Kurus. » On peut voir dans Lassen (*Indische Alterth.* t. I, p. 91 et 92, note; *Zeitschrift für die Kunde des Morgenl.* t. III, p. 200) ce que les auteurs brâhmaniques nous apprennent sur ces lieux anciennement révérés. Si le rapprochement que je propose d'établir entre le *Kammâssa dhammam* du *Sutta* buddhique et le *Dharma kchêtra* des Brâhmanes est fondé, on devra admettre que la sainteté de ce village des Kurus était reconnue déjà du temps de Çâkyamuni, c'est-à-dire dès le VI° siècle au moins avant notre ère.

elle en a une; et s'il demande : Quelle cause a la sensation? il faut lui répondre : La sensation a pour cause le contact. Si cet homme demande : Le contact a-t-il une cause connue? il faut, ô Ânanda, lui répondre : Oui, il en a une; et s'il demande : Quelle cause a le contact? il faut lui répondre : Le contact a pour cause le nom et la forme. Si cet homme demande : Le nom et la forme ont-ils une cause connue? il faut, ô Ânanda, lui répondre: Oui, ils en ont une; et s'il demande : Quelle cause ont le nom et la forme? il faut lui répondre : Le nom et la forme ont pour cause l'intelligence (*viññâna*). Si cet homme demande : L'intelligence a-t-elle une cause connue? il faut, ô Ânanda, lui répondre : Oui, elle en a une; et s'il demande : Quelle cause a l'intelligence? il faut lui répondre : L'intelligence a pour cause le nom et la forme. C'est qu'en effet, ô Ânanda, l'intelligence a pour cause le nom et la forme, et que le nom et la forme ont pour cause l'intelligence. Les six siéges [des sens] ont pour cause le nom et la forme; le contact a pour cause les six siéges [des sens]; la sensation a pour cause le contact; le désir a pour cause la sensation; la conception a pour cause le désir; l'existence a pour cause la conception; la naissance a pour cause l'existence; la vieillesse et la mort ont pour cause la naissance. Alors ont lieu les peines, les lamentations, la douleur, le chagrin, le désespoir; c'est ainsi qu'a lieu la production de ce qui n'est qu'une grande masse de maux.

« Il a été dit, ô Ânanda, la vieillesse et la mort ont pour cause la naissance : voici maintenant, ô Ânanda, de quelle manière il faut entendre cette vérité. C'est que, ô Ânanda, si la naissance n'existait pas, aucunement, nullement, en aucune manière, absolument pas, pour personne, ni quelque part que ce fût, ni pour les Dêvas afin qu'ils deviennent Dêvas, ni pour les Gandharvas afin qu'ils deviennent Gandharvas, ni pour les Yakchas afin qu'ils deviennent Yakchas, ni pour les Bhûtas afin qu'ils deviennent Bhûtas, ni pour les hommes afin qu'ils deviennent hommes, ni pour les quadrupèdes afin qu'ils deviennent quadrupèdes, ni pour les oiseaux afin qu'ils deviennent oiseaux, ni pour les animaux rampants afin qu'ils deviennent animaux rampants, car, ô Ânanda, il faut pour l'individualité de chacun de ces êtres que la naissance existe; si, dis-je, la naissance n'existait pas, alors, par suite de l'anéantissement de cette condition, connaîtrait-on la vieillesse et la mort? — Non, seigneur, [répondit Ânanda.] — C'est pour cela, ô Ânanda, qu'en ce monde la cause, l'origine, le motif et la raison de la vieillesse et de la mort, c'est la naissance.

« Il a été dit, ô Ânanda, la naissance a pour cause l'existence: voici maintenant, ô Ânanda, de quelle manière il faut entendre cette vérité. C'est que, ô Ânanda, si l'existence n'existait pas, aucunement, nullement, en aucune manière, absolument pas, pour personne, ni quelque part que ce fût, si, par exemple, il n'y avait ni existence du désir, ni existence de la forme, ni existence de l'absence de forme, l'existence n'existant absolument pas, alors, par suite de l'anéantissement de cette condition, connaîtrait-on la naissance? — Non, seigneur, [répondit Ânanda.] — C'est pour cela, ô Ânanda, qu'en ce monde la cause, l'origine, le motif et la raison de la naissance, c'est l'existence.

« Il a été dit, ô Ânanda, l'existence a pour cause la conception : voici maintenant, ô Ânanda, de quelle manière il faut entendre cette vérité. C'est que, ô Ânanda, si la conception n'existait pas, aucunement, nullement, en aucune manière, absolument pas, pour personne, ni quelque part que ce fût, par exemple, s'il n'existait ni conception du désir, ni conception des fausses doctrines, ni conception de l'éloignement de toute vertu, ni conception des discussions, la conception n'existant absolument pas, alors, par suite de l'anéantissement de cette condition, connaîtrait-on l'existence? — Non, seigneur, [répondit Ânanda.] — C'est pour cela, ô Ânanda, qu'en ce monde la cause, l'origine, le motif et la raison de l'existence, c'est la conception.

« Il a été dit, ô Ânanda, la conception a pour cause le désir: voici maintenant, ô Ânanda, de quelle manière il faut entendre cette vérité. C'est que si le désir n'existait pas, aucunement, nullement, en aucune manière, absolument pas, pour personne, ni quelque part que ce fût, par exemple, s'il n'existait ni désir de la forme, ni désir du son, ni désir de l'odeur, ni désir de la saveur, ni désir de l'attribut tangible, ni désir de la vertu, le désir n'existant absolument pas, alors, par suite de l'anéantissement de cette condition, connaîtrait-on la conception? — Non, seigneur, [répondit Ânanda.] — C'est pour cela, ô Ânanda, qu'en ce monde la cause, l'origine, le motif et la raison de la conception, c'est le désir.

« Il a été dit, le désir a pour cause la sensation: voici maintenant, ô Ânanda, de quelle manière il faut entendre cette vérité. C'est que si la sensation n'existait pas, aucunement, nullement, en aucune manière, absolument pas, pour personne, ni quelque part que ce fût, par exemple, s'il n'existait ni sensation produite par le contact de la vue [avec un objet extérieur], ni sensation produite par le contact de l'ouïe, ni sensation produite par le contact de l'odorat, ni sensation produite par le contact du goût, ni sensation produite par le contact du corps (siége du toucher), ni sensation produite par le contact de l'esprit (ou du cœur, *manas*), la sensation n'existant absolument pas, alors, par suite de l'anéantissement de cette condition, connaîtrait-on le désir? — Non, seigneur [répondit Ânanda.] — C'est pour cela, ô Ânanda, qu'en ce monde la cause, l'origine, le motif et la raison du désir, c'est la sensation.

« Oui certainement, ô Ânanda, le désir a pour cause la sensation [1]; la recherche a pour cause le désir; l'acquisition a pour cause la recherche; la détermination a pour cause l'acquisition; la passion et l'attachement ont pour cause la détermination; l'application a pour cause la passion et l'attachement; la possession a pour cause l'application; l'avarice a pour cause la possession; la conservation a pour cause l'avarice; le droit a pour cause la conservation; et de là naissent une foule d'accidents coupables et pleins de péché, comme les coups de bâton, les coups d'épée, les querelles, les disputes, les discussions, les débats sur le mien et le tien, les injures et les mensonges.

« Ce sont là autant de vérités qui ont été dites; voici maintenant, ô Ânanda, comment il faut entendre que le droit vient de la conservation, et du droit tous les accidents coupables qui viennent d'être énumérés. C'est que, ô Ânanda, si la conservation n'existait pas, aucunement, nullement, en aucune manière, absolument pas, pour personne, ni quelque part que ce fût, la conservation n'existant absolument pas, alors, par suite de

[1] C'est en cet endroit que le texte se sert de *paṭitchtcha*, employé comme participe *védanaṁ paṭitchtcha taṇhâ;* j'en ai fait la remarque un peu plus haut, p. 531.

l'anéantissement de cette condition, connaîtrait-on cette foule d'accidents coupables et pleins de péché, comme les coups de bâton, les coups d'épée, les querelles, les disputes, les discussions, les débats sur le mien et le tien, les injures et les mensonges? — Non, seigneur, [répondit Ânanda.] — C'est pour cela, ô Ânanda, qu'en ce monde la cause, l'origine, le motif et la raison de tous ces maux, c'est la conservation.

« Il a été dit, la conservation a pour cause l'avarice : voici maintenant, ô Ânanda, de quelle manière il faut entendre cette vérité. C'est que, ô Ânanda, si l'avarice n'existait pas, aucunement, nullement, en aucune manière, absolument pas, pour personne, ni quelque part que ce fût, l'avarice n'existant absolument pas, alors, par suite de l'anéantissement de cette condition, connaîtrait-on la conservation? — Non, seigneur, [répondit Ânanda.] — C'est pour cela, ô Ânanda, qu'en ce monde la cause, l'origine, le motif et la raison de la conservation, c'est l'avarice.

« Il a été dit, l'avarice a pour cause la possession : voici maintenant, ô Ânanda, de quelle manière il faut entendre cette vérité. C'est que, ô Ânanda, si la possession n'existait pas, aucunement, nullement, en aucune manière, absolument pas, pour personne, ni quelque part que ce fût, la possession n'existant absolument pas, alors, par suite de l'anéantissement de cette condition, connaîtrait-on l'avarice? — Non, seigneur, [répondit Ânanda.] — C'est pour cela, ô Ânanda, que la cause, l'origine, le motif et la raison de l'avarice, c'est la possession.

« Il a été dit, la possession a pour cause l'application : voici maintenant, ô Ânanda, de quelle manière il faut entendre cette vérité. C'est que, ô Ânanda, si l'application n'existait pas, aucunement, nullement, en aucune manière, absolument pas, pour personne, ni quelque part que ce fût, l'application n'existant absolument pas, alors, par suite de l'anéantissement de cette condition, connaîtrait-on la possession? — Non, seigneur, [répondit Ânanda.] — C'est pour cela, ô Ânanda, qu'en ce monde la cause, l'origine, le motif et la raison de la possession, c'est l'application.

« Il a été dit, l'application a pour cause la passion et l'attachement : voici maintenant, ô Ânanda, comment il faut entendre cette vérité. C'est que, ô Ânanda, si la passion et l'attachement n'existaient pas, aucunement, nullement, en aucune manière, absolument pas, pour personne, ni quelque part que ce fût, la passion et l'attachement n'existant absolument pas, alors, par suite de l'anéantissement de cette condition, connaîtrait-on l'application? — Non, seigneur, [répondit Ânanda.] — C'est pour cela, ô Ânanda, que la cause, l'origine, le motif et la raison de l'application, c'est la passion et l'attachement.

« Il a été dit, la passion et l'attachement ont pour cause la détermination : voici maintenant, ô Ânanda, comment il faut entendre cette vérité. C'est que, ô Ânanda, si la détermination n'existait pas, aucunement, nullement, en aucune manière, absolument pas, pour personne, ni quelque part que ce fût, la détermination n'existant absolument pas, alors, par suite de l'anéantissement de cette condition, connaîtrait-on la passion et l'attachement? — Non, seigneur, [répondit Ânanda.] — C'est pour cela, ô Ânanda, que la cause, l'origine, le motif et la raison de la passion et de l'attachement, c'est la détermination.

« Il a été dit, la détermination a pour cause l'acquisition : voici maintenant, ô Ânanda, comment il faut entendre cette vérité. C'est que, ô Ânanda, si l'acquisition n'existait pas, aucunement, nullement, en aucune manière, absolument pas, pour personne, ni quelque part que ce fût, l'acquisition n'existant absolument pas, alors, par suite de l'anéantissement de cette condition, connaîtrait-on la détermination? — Non, seigneur, [répondit Ânanda.] — C'est pour cela, ô Ânanda, qu'en ce monde la cause, l'origine, le motif et la raison de la détermination, c'est l'acquisition.

« Il a été dit, l'acquisition a pour cause la recherche : voici maintenant, ô Ânanda, comment il faut entendre cette vérité. C'est que, ô Ânanda, si la recherche n'existait pas, aucunement, nullement, en aucune manière, absolument pas, pour personne, ni quelque part que ce fût, la recherche n'existant absolument pas, alors, par suite de l'anéantissement de cette condition, connaîtrait-on l'acquisition? — Non, seigneur, [répondit Ânanda.] — C'est pour cela, ô Ânanda, qu'en ce monde la cause, l'origine, le motif et la raison de l'acquisition, c'est la recherche.

« Il a été dit, la recherche a pour cause le désir : voici maintenant, ô Ânanda, comment il faut entendre cette vérité. C'est que, ô Ânanda, si le désir n'existait pas, aucunement, nullement, en aucune manière, absolument pas, pour personne, ni quelque part que ce fût, par exemple, s'il n'existait ni désir des plaisirs[1], ni désir de l'existence, ni désir d'être affranchi de l'existence, le désir n'existant absolument pas, alors, par suite de l'anéantissement de cette condition, connaîtrait-on la recherche? — Non, seigneur, [répondit Ânanda.] — C'est pour cela, ô Ânanda, qu'en ce monde la cause, l'origine, le motif et la raison de la recherche, c'est le désir. Or ces deux conditions (le désir et la recherche) qui forment un couple, vont, ô Ânanda, se réunir dans la sensation qui en est la cause commune.

« Il a été dit, la sensation a pour cause le contact : voici maintenant, ô Ânanda, comment il faut entendre cette vérité. C'est que, ô Ânanda, si le contact n'existait pas, aucunement, nullement, en aucune manière, absolument pas, pour personne, ni quelque part que ce fût, par exemple, s'il n'existait ni contact de la vue [avec un objet extérieur], ni contact de l'ouïe, ni contact de l'odorat, ni contact du goût, ni contact de la peau, ni contact de l'esprit (ou du cœur, *manas*), le contact n'existant absolument pas, alors, par suite de l'anéantissement de cette condition, connaîtrait-on la sensation? — Non, seigneur, [répondit Ânanda.] — C'est pour cela, ô Ânanda, que la cause, l'origine, le motif et la raison de la sensation, c'est le contact.

« Il a été dit, le contact a pour cause le nom et la forme : voici maintenant, ô Ânanda, comment il faut entendre cette vérité. C'est que, ô Ânanda, si les caractères, les attributs, les signes, les marques à l'aide desquelles a lieu la connaissance du corps des noms n'existaient pas, alors connaîtrait-on le contact des dénominations usitées pour le corps des noms? — Aucunement, seigneur, [répondit Ânanda.] — Si les caractères, ô Ânanda, si les attributs, les signes, les marques à l'aide desquelles a lieu la connaissance du corps des formes n'existaient pas, connaîtrait-on alors le contact des chocs qui existent pour le corps des formes? — Aucunement, seigneur, [répondit Ânanda.] — Si les caractères, ô

[1] Ou bien, « ni soif du désir, » *Kâmataṇhâ*.

Ânanda, si les attributs, les signes, les marques à l'aide desquelles a lieu la connaissance du corps des noms et du corps des formes n'existaient pas, connaîtrait-on alors soit le contact produit par la dénomination, soit le contact produit par le choc? — Aucunement, seigneur, [répondit Ânanda.] — Si les caractères, ô Ânanda, si les attributs, les signes, les marques à l'aide desquelles a lieu la connaissance du nom et de la forme n'existaient pas, connaîtrait-on alors le contact? — Aucunement, seigneur, [répondit Ânanda.] — C'est pour cela, ô Ânanda, qu'en ce monde la cause, l'origine, le motif et la raison du contact, c'est le nom et la forme.

« Il a été dit, le nom et la forme ont pour cause l'intelligence (la connaissance ou la conscience) : voici maintenant, ô Ânanda, de quelle manière il faut entendre cette vérité. C'est que, ô Ânanda, si l'intelligence ne descendait pas dans le sein de la mère, est-ce que le nom et la forme viendraient s'y ajouter comme ils font ici-bas? — Non, seigneur, [répondit Ânanda.] — Si l'intelligence, ô Ânanda, venait à être séparée d'une créature, homme ou femme, soit jeune, soit déjà formée, est-ce qu'alors le nom et la forme prendraient de la croissance, de l'augmentation, du développement? — Non, seigneur, [répondit Ânanda.] — C'est pour cela, ô Ânanda, qu'en ce monde la cause, l'origine, le motif et la raison du nom et de la forme, c'est l'intelligence.

« Il a été dit, l'intelligence a pour cause le nom et la forme : voici maintenant, ô Ânanda, de quelle manière il faut entendre cette vérité. C'est que, ô Ânanda, si l'intelligence ne prenait pas pied dans le nom et dans la forme, est-ce qu'alors on connaîtrait jamais la naissance, la vieillesse, la mort, la production, l'accumulation des douleurs? — Non, seigneur, [répondit Ânanda.] — C'est pour cela, ô Ânanda, qu'en ce monde la cause, l'origine, le motif et la raison de l'intelligence, c'est le nom et la forme. C'est le nom et la forme, ô Ânanda, qui ouvre pour un être, qu'il soit engendré, qu'il naisse, qu'il meure, qu'il quitte ce monde, qu'il renaisse autre part, qui ouvre, dis-je, la voie de la dénomination, qui ouvre celle de la désignation, qui ouvre celle de l'indication. C'est du nom et de la forme que résulte pour un être la connaissance qu'on en possède, la notion qu'on a de lui. Ce qui pour un être fait qu'il arrive à se connaître tel qu'il est, c'est le nom et la forme avec l'intelligence. En un mot, ô Ânanda, c'est le nom qui fait que l'individu se connaît lui-même. S'agit-il, en effet, ô Ânanda, d'un être doué de forme et petit, le nom lui révélant sa personnalité, lui donne cette notion : J'ai une personnalité douée de forme et petite. S'agit-il, ô Ânanda, d'un être doué de forme et éternel, le nom lui révélant sa personnalité, lui donne cette notion : J'ai une personnalité douée de forme et éternelle. S'agit-il, ô Ânanda, d'un être n'ayant pas de forme et petit, le nom lui révélant sa personnalité lui donne cette notion : J'ai une personnalité n'ayant pas de forme et petite. S'agit-il, ô Ânanda, d'un être n'ayant pas de forme et éternel, le nom lui révélant sa personnalité, lui donne cette notion : J'ai une personnalité n'ayant pas de forme et éternelle. Dans ce cas, ô Ânanda, celui qui déclare qu'il a une personnalité douée de forme et petite, ou bien fait cette déclaration pour le moment présent, ou bien la fait pour l'avenir, ou bien encore il fait cette réflexion : Je façonnerai ce qui n'est pas ainsi à devenir ainsi; et alors tel qu'il est, ô Ânanda, il poursuit avec persévérance l'idée d'un état doué de forme et petit : c'en est assez sur ce point. Dans ce cas, ô Ânanda, celui qui déclare qu'il a une personnalité douée de forme et éternelle, ou bien fait cette déclaration pour le moment présent, ou bien la fait pour l'avenir, ou bien encore il fait cette réflexion : Je façonnerai ce qui n'est pas ainsi à devenir ainsi; et tel qu'il est, ô Ânanda, il poursuit avec persévérance l'idée d'un état doué de forme et éternel : c'en est assez sur ce point. Dans ce cas, ô Ânanda, celui qui déclare qu'il a une personnalité n'ayant pas de forme et petite, ou bien fait cette déclaration pour le moment présent, ou bien la fait pour l'avenir, ou bien encore il fait cette réflexion : Je façonnerai ce qui n'est pas ainsi à devenir ainsi; et alors tel qu'il est, ô Ânanda, il poursuit avec persévérance l'idée d'un état privé de forme et petit : c'en est assez sur ce point. Dans ce cas, ô Ânanda, celui qui déclare qu'il a une personnalité n'ayant pas de forme et éternelle, ou bien fait cette déclaration pour le moment présent, ou bien la fait pour l'avenir, ou bien encore il fait cette réflexion : Je façonnerai ce qui n'est pas ainsi à devenir ainsi; et alors tel qu'il est, ô Ânanda, il poursuit avec persévérance l'idée d'un état privé de forme et éternel : c'en est assez sur ce point. Eh bien, Ânanda, ce sont là autant de moyens par lesquels il fait connaître sa personnalité.

« Et par combien de moyens, ô Ânanda, ne fait-il pas connaître sa personnalité? C'est, ô Ânanda, quand il ne déclare pas ou qu'il a une forme et qu'il est petit; ou qu'il a une forme et qu'il est éternel; ou qu'il n'a pas de forme et qu'il est petit; ou qu'il n'a pas de forme et qu'il est éternel. Dans ce cas, ô Ânanda, il ne fait pas ces déclarations soit pour le moment présent, soit pour l'avenir, soit avec l'intention de façonner ce qui n'est pas ainsi à devenir ainsi, et en poursuivant avec persévérance cette idée: c'en est assez sur ce point. Eh bien, ô Ânanda, ce sont là autant de moyens par lesquels il ne fait pas connaître sa personnalité.

« De combien de manières, ô Ânanda, se considérant lui-même, reconnaît-il sa personnalité? Se considérant dans la sensation, ô Ânanda, il se reconnaît ainsi [f. 80 *b*] : La sensation est ma personne même; ou bien il dit : La sensation n'est pas ma personne même; ou encore : Ma personne même est inaccessible à la sensation. Ou bien, ô Ânanda, se considérant lui-même, il se reconnaît ainsi : La sensation n'est pas ma personne même; mais il n'est pas vrai que ma personne soit inaccessible à la sensation; c'est ma personne qui éprouve la sensation, car la condition de ma personne est d'être sensible : c'est de cette manière, ô Ânanda, que se considérant lui-même, il reconnaît sa personnalité. Dans ce cas, ô Ânanda, à celui qui a dit : La sensation est ma personne même, il faudra dire : Il existe, ami, trois espèces de sensations, la sensation agréable, la sensation désagréable, la sensation qui n'est ni agréable ni désagréable; dans laquelle de ces trois sensations reconnais-tu ta personnalité? Dans le moment où il éprouve une sensation agréable, dans ce moment même, ô Ânanda, il n'éprouve ni une sensation désagréable, ni une sensation qui n'est ni agréable ni désagréable; il n'éprouve en ce moment qu'une sensation agréable. Dans le moment où il éprouve une sensation désagréable, dans ce moment même, ô Ânanda, il n'éprouve ni une sensation agréable, ni une sensation qui n'est ni agréable ni désagréable; il n'éprouve en ce moment qu'une sensation désagréable. Dans le moment où il éprouve une sensation qui n'est ni agréable ni désagréable, dans ce moment même, ô Ânanda, il n'éprouve ni une sensation agréable, ni une sensation désagréable; il n'éprouve en ce moment qu'une sensation qui n'est ni agréable ni désagréable. Or la sensation agréable elle-même, ô Ânanda, est dite passagère, née d'une cause, sujette à périr, sujette à passer, ayant pour condition le détachement, pour condition l'anéantissement. La sensation désagréable elle-même, ô Ânanda, a les mêmes caractères. La sensation qui n'est ni agréable ni désagréable, ô Ânanda, a les mêmes caractères. Si, quand l'homme éprouve une sensation agréable, il dit : Cela est ma personne même, alors il doit dire : Ma personne périt par l'anéantissement de cette sensation agréable même. Si, quand il éprouve une sensation désagréable, il dit : Cela est ma personne même, alors il doit dire : Ma personne périt par l'anéantissement de cette sensation désagréable même. Si, quand il éprouve une sensation qui n'est ni agréable ni désagréable, il dit : Cela est ma personne même, alors il doit dire : Ma personne périt par l'anéantissement de cette sensation qui n'est ni agréable ni désagréable. C'est ainsi que se considérant lui-même, il se reconnaît même en ce monde comme passager, comme étant du plaisir, de la douleur, ou du mélange de l'un et de l'autre, comme sujet à naître et à périr.

« Quant à celui qui a dit : La sensation est ma personne même, je viens de donner la raison pour laquelle il ne convient pas en ce monde de penser avec lui : La sensation est ma personne même.

« Quant à celui qui a dit : La sensation n'est pas ma personne même, ma personne est inaccessible à la sensation, voici comment il faudra lui parler : Là où il n'existerait, ami, aucune impression sensible, dirais-tu alors : Je suis? — Certainement non, seigneur. — Voilà pourquoi, ô Ânanda, il ne convient pas en ce monde de penser avec lui : La sensation n'est pas ma personne même, ma personne est inaccessible à la sensation.

« Quant à celui qui a dit : La sensation n'est pas ma personne même, mais il n'est pas vrai que ma personne soit inaccessible à la sensation; c'est ma personne qui éprouve la sensation, car la condition de ma personne est d'être sensible, voici comment il faudra lui parler : Si les sensations, ami, venaient à être anéanties entièrement, complétement, absolument, tout à fait, sans laisser de trace après elles, la sensation n'existant absolument pas, alors, par suite de l'anéantissement de la sensation, est-ce que tu dirais : Je suis? — Certainement non, seigneur. — Voilà pourquoi, ô Ânanda, il ne convient pas en ce monde de penser avec lui : La sensation n'est pas ma personne même, mais il n'est pas vrai que ma personne soit inaccessible à la sensation; c'est ma personne qui éprouve la sensation, car la condition de ma personne est d'être sensible.

« Et parce que le Religieux, ô Ânanda, ne se reconnaît pas lui-même dans la sensation, qu'il ne pense pas, Ma personne est inaccessible à la sensation; qu'il ne pense pas davantage, C'est ma personne qui éprouve la sensation, car la condition de ma personne est d'être sensible, en un mot parce qu'il n'adopte aucune de ces vues, il ne reçoit absolument rien dans ce monde; ne recevant rien, il n'éprouve pas de crainte; n'éprouvant pas de crainte, il finit à son terme par entrer dans le Nibbâna complet; il sait ceci : La naissance est anéantie; les devoirs de la vie religieuse sont remplis; ce qui devrait être fait est fait; il n'y a plus lieu à revenir en cet état.

« Qu'un Religieux, ô Ânanda, dont l'esprit est affranchi de cette manière, dise : C'est une hérésie que de prétendre que le Tathâgata existe après la mort, voilà qui est impossible. Qu'il dise : C'est une hérésie que de prétendre que le Tathâgata n'existe pas après la mort, voilà qui est impossible. Qu'il dise : C'est une hérésie que de prétendre que le Tathâgata existe et n'existe pas après la mort, voilà qui est impossible. Qu'il dise : C'est une hérésie que de prétendre que le Tathâgata n'existe pas plus qu'il n'est non existant après la mort, voilà qui est impossible. Pourquoi cela ? C'est qu'un Religieux, ô Ânanda, affranchi par la connaissance de tout ce qu'embrassent la dénomination et la voie de la dénomination, de tout ce qu'embrassent l'indication et la voie de l'indication, de tout ce qu'embrassent la désignation et la voie de la désignation, de tout ce qu'embrassent la sagesse et le champ de la sagesse, de tout ce qu'embrassent la pratique et le domaine de la pratique [f. 81 *a*], ne connaît pas, ne voit pas un Religieux affranchi par cette espèce de connaissance; qu'il dise : Ceci est une hérésie, voilà ce qui est impossible.

« Voici, ô Ânanda, quelles sont les sept places de l'intelligence, et les deux régions. Quelles sont ces sept places[1] ? Il y a des êtres, ô Ânanda, qui ont diversité de corps et diversité d'idées, comme par exemple, les uns qui sont hommes, les autres qui sont Dêvas, égalements sujets à périr; c'est là la première place de l'intelligence. Il y a des êtres, ô Ânanda, qui ont diversité de corps et unité d'idées, comme par exemple, les Dêvas Brahmakâyikas, ce sont les premiers transformés[2]; c'est là la seconde place de l'intelligence. Il y a des êtres, ô Ânanda, qui ont unité de corps et diversité d'idées, comme par exemple, les Dêvas Âbhassaras; c'est là la troisième place de l'intelligence. Il y a des êtres, ô Ânanda, qui ont unité de corps et unité d'idées, comme par exemple, les Dêvas Subhakiṇṇas; c'est là la quatrième place de l'intelligence. Il y a des êtres, ô Ânanda, qui s'étant élevés complétement au-dessus de l'idée de forme, l'idée de résistance ayant disparu pour eux, ne concevant plus l'idée de diversité, se disent, L'espace est infini, parce qu'ils ont atteint à la région de l'infinité en espace; c'est là la cinquième place de l'intelligence. Il y a des êtres, ô Ânanda, qui s'étant élevés complétement au-dessus de la région de l'infinité en espace, se disent, L'intelligence est infinie, parce qu'ils ont atteint à la région de l'infinité en intelligence; c'est là la sixième place de l'intelligence. Il y a des êtres, ô Ânanda, qui s'étant élevés complétement au-dessus de la région de l'infinité en intelligence, se disent, Il n'existe absolument rien, parce qu'ils ont atteint à la région où il n'existe absolument rien; c'est là la septième place de l'intelligence. Il y a la région des êtres qui n'ont pas d'idées; il y a la région où il n'y a ni idées, ni absence d'idées; c'est la seconde région.

[1] Cela veut dire les êtres où prend place l'intelligence, qui sont doués d'intelligence.

[2] La phrase du texte est *paṭhamâ hi nibbattâ;* cette expression doit s'entendre en ce sens, que le texte rappelle que les Brahmakâyikas occupent le premier des cieux dans lequel renaissent les êtres qui sortant de ce monde, ont mérité de revenir à l'existence parmi les Dêvas. Lorsque Mahânâma raconte qu'après avoir rempli en ce monde, sous le nom de *Vêssantara*, tous les devoirs imposés à un Bôdhisattva, Çâkyamuni reparut dans le ciel des Tusitas, il se sert de cette expression : *âyupariyôsânê tusitapurê nibbatti,* « au terme de son existence il naquit « de nouveau dans la ville des Tusitas. » (*Mahâvaṁsa ṭîkâ*, f. 24 *b*.) Voyez d'ailleurs touchant cette classe de Dêvas, l'*Introd. à l'hist. du Buddh. indien*, t. I, p. 609.

« Or ici, ô Ânanda, cette première place de l'intelligence qu'occupent les êtres ayant diversité de corps et diversité d'intelligence, comme par exemple, les uns qui sont des Dêvas, les autres qui sont des hommes, également sujets à périr, celui, ô Ânanda, qui la connaît, qui en connaît la naissance, qui en connaît la fin, qui en connaît le bonheur, qui en connaît la misère, qui en connaît l'issue, est-il donc possible qu'il s'y complaise? — Non certainement, seigneur.

[Ici une abréviation indique dans le manuscrit qu'il faut répéter cette formule, jusqu'à la septième place de l'intelligence exclusivement.]

« Or ici, ô Ânanda, cette septième place de l'intelligence qu'occupent ceux qui s'étant élevés complétement au-dessus de la région de l'infinité en intelligence, se disent, Il n'existe absolument rien, parce qu'ils ont atteint à la région où il n'existe absolument rien, celui, ô Ânanda, qui la connaît, qui en connaît la naissance, qui en connaît la fin, qui en connaît le bonheur, qui en connaît la misère, qui en connaît l'issue, est-il donc possible qu'il s'y complaise? — Non certainement, seigneur.

« Or ici, ô Ânanda, cette région des êtres qui n'ont pas d'idées, celui, ô Ânanda, qui la connaît, qui en connaît la naissance, qui en connaît la misère, qui en connaît l'issue, est-il donc possible qu'il s'y complaise? — Non certainement, seigneur.

« Or ici, ô Ânanda, cette région où il n'y a ni idées, ni absence d'idées, celui, ô Ânanda, qui la connaît, qui en connaît la naissance, qui en connaît la fin, qui en connaît le bonheur, qui en connaît la misère, qui en connaît l'issue, est-il donc possible qu'il s'y complaise? — Non certainement, seigneur.

« Maintenant, ô Ânanda, parce qu'un Religieux connaissant telles qu'elles sont et la naissance, et la fin, et le bonheur, et la misère, et l'issue de ces sept places de l'intelligence et de ces deux régions, est affranchi de toute acceptation, il est, à cause de cela, nommé Religieux affranchi par la sagesse.

« Voici, ô Ânanda, les huit affranchissements. Quels sont-ils? Doué de forme, il voit des formes; voilà le premier affranchissement. Ayant à l'intérieur l'idée de l'absence de forme, il voit à l'extérieur des formes; voilà le second affranchissement. Par le seul effet de sa nature lumineuse il est intelligent; voilà le troisième affranchissement. S'étant complétement élevé au-dessus de toute idée de forme, l'idée de résistance ayant disparu pour lui, ne concevant plus l'idée de la diversité, se disant, L'espace est infini, parce qu'il a atteint à la région de l'infinité en espace, il s'y arrête; voilà le quatrième affranchissement. S'étant complétement élevé au-dessus de la région de l'infinité en espace, se disant, L'intelligence est infinie, parce qu'il a atteint à la région de l'infinité en intelligence, il s'y arrête; voilà le cinquième affranchissement. S'étant complétement élevé au-dessus de la région de l'infinité en intelligence, se disant, Il n'existe rien, parce qu'il a atteint à la région où il n'existe absolument rien, il s'y arrête; voilà le sixième affranchissement. S'étant complétement élevé au-dessus de la région où il n'existe absolument rien, ayant atteint à la région où il n'y a ni idées, ni absence d'idées, il s'y arrête; voilà le septième affranchissement. S'étant complétement élevé au-dessus de la région où il n'y a ni idées, ni absence d'idées, ayant atteint à l'anéantissement des idées et des sensations, il s'y arrête; voilà le huitième affranchissement [f. 81 *a*]. Ce sont là, ô Ânanda, les huit affranchissements. Le Religieux, ô Ânanda, obtient ces affranchissements en suivant l'ordre direct; il les obtient en suivant l'ordre inverse; il les obtient en suivant l'ordre direct et l'ordre inverse à la fois. Les ayant obtenus comme il le désire et autant qu'il le désire, il est indépendant. Puis, par l'anéantissement des corruptions du vice, ayant reconnu par lui-même, ayant vu face à face, ayant atteint, dès ce monde même, l'affranchissement de la pensée et l'affranchissement de la sagesse qui sont également exempts de vice, il est appelé, ô Ânanda, le Religieux affranchi des deux côtés. Et il n'existe pas, ô Ânanda, un autre affranchissement des deux côtés qui soit ou plus élevé, ou plus éminent que celui-là.

« Voilà ce que dit Bhagavat; transporté de joie, le respectable Ânanda approuva ce que Bhagavat avait dit. »

J'aurai occasion de revenir plus bas sur les diverses régions et sur les huit places de l'intelligence dont il est donné une énumération à la fin de ce *Sutta*.

N° VII.

SUR LES SIX PERFECTIONS.

(Ci-dessus, chap. 1, f. 11 *a*, p. 332.)

Je me propose d'examiner ici ce qu'on entend par les six perfections, et quels sont ces attributs dont le texte du *Lotus de la bonne loi* accorde la jouissance à certains êtres privilégiés, ainsi que nous l'avons vu plus haut[1]. Le mot que je traduis peut-être imparfaitement par *perfection* est *pâramitâ;* on le rendrait d'une manière plus conforme à sa signification générale, par « vertu transcendante, » ainsi que l'ont déjà proposé Wilson et Csoma de Cörös[2]. J'ai montré ailleurs que ce terme se présentait comme le féminin d'un participe, *pâramita,* « celui qui est parvenu à l'autre rive; » et j'ai proposé de sous-entendre un substantif comme *buddhi,* « l'intelligence, » de façon que la plus haute et dernière perfection *pradjñâ pâramitâ* signifierait, « l'intelligence arrivée à la perfection de la sagesse[3]. » J'ai vainement essayé de concilier la forme de ce mot avec les règles de la grammaire sanscrite; mais aujourd'hui je suis moins frappé de la nécessité de cette conciliation, et je suis bien près d'admettre que le terme de *pâramitâ* a pu être formé d'une manière populaire, et sans égard pour les lois de la langue classique, au moyen de *pâram,* « à l'autre rive, » et *itâ,* « l'action d'être allé. »

Ce qui donne quelque vraisemblance à cette opinion, c'est que le second des mots par lesquels les Buddhistes du Sud désignent les vertus transcendantes n'est pas plus régulièrement formé, ni plus grammaticalement explicable que celui qui nous occupe. On peut voir, en effet, en parcourant le *Mahâwansô* de Turnour, que les Buddhistes du Sud em-

[1] Ci-dessus, chap. I, f. 11 *b*, et la note, p. 332.

[2] Wilson, *Analysis of the Kah-gyur,* dans *Journ. asiat. Soc. of Bengal,* t. I, p. 375; Csoma, *Analysis of the Sher-Chin,* dans *Asiat. Res.* t. XX, p. 393 et suiv.

[3] *Intr. à l'hist. du Buddh. ind.* t. I, p. 463, et note 2.

ploient à la fois le terme de *pâramitâ*, comme les Buddhistes du Nord, et celui de *pâramî*, que je ne me souviens pas d'avoir vu dans les livres du Népâl, excepté dans les portions versifiées de ces livres. C'est ainsi qu'il se présente dans les deux passages suivants de notre *Lotus : riddhibalapâramiṁ gatô*, « arrivé à la perfection de la puissance magique[1], » et *sarvaguṇapâramiṁ gatô*, « arrivé à la perfection de toutes les qualités[2]. » Les textes pâlis de Ceylan, au contraire, se servent à peu près indifféremment des deux termes de *pâramitâ* et de *pâramî*. J'ai cependant cru remarquer que Mahânâma, dans le commentaire qu'il a écrit lui-même sur son *Mahâvaṁsa*, employait plutôt *pâramitâ* que *pâramî* : dans les ouvrages versifiés c'est naturellement le besoin du vers qui décide de la préférence.

Nous trouvons au commencement du *Djina alaṁkâra* l'étymologie suivante du terme de *pâramî*, qui se présente comme un substantif féminin : *pâramiyôti pâraṁ nibbânam inti gatchtchhanti pavattantîti*, « les *Pâramî*, c'est-à-dire [les perfections] qui vont, atteignent, « c'est-à-dire produisent l'autre rive [qui est] le *Nibbâna*[3]. » Il est certain qu'il n'est pas plus régulier de faire de *î* un substantif signifiant *l'action d'aller*, que de faire de *itâ* un autre substantif exprimant *la qualité d'être allé*. En résumé, il me semble qu'il vaut mieux renoncer aux explications classiques de ces termes et y voir des expressions inventées par des Religieux et des prédicateurs, moins familiers avec la grammaire sanscrite que désireux de se faire entendre du peuple auquel ils avaient intérêt à s'adresser.

Un point plus important est la détermination de la valeur propre de ces deux termes, *pâramitâ* et *pâramî*. Nous venons de dire que, selon le *Djina alaṁkâra*, les Buddhistes du Sud leur donnent ce sens : « ce qui atteint à l'autre rive, c'est-à-dire au *Nirvâṇa*. » Les Buddhistes chinois, d'après le témoignage de M. Rémusat, n'entendent pas autrement ce mot : ce savant auteur l'a expliqué de même dans ses *Observations* sur les travaux buddhiques de M. de Guignes[4]. Et comme il y a plus d'une de ces *pâramitâs* ou vertus transcendantes, dont quelques-uns comptent six et d'autres dix, ces vertus reçoivent le nom collectif de *pâramitâ*, parce qu'elles font passer l'homme sur l'autre rive, ou, comme le dit M. Rémusat, qu'elles le conduisent au port.

Cependant, quelque appuyée et même quelque vraisemblable que soit cette interprétation, elle laisse encore place à quelques doutes, et il est possible qu'elle n'ait été inventée qu'après coup. Comme les vertus transcendantes sont l'attribut le plus élevé d'un Buddha, et qu'un Buddha est réellement, dans l'opinion de ses adeptes, *passé à l'autre rive*, il se comprend sans peine que ses hautes et sublimes vertus soient appelées des moyens d'atteindre la rive de l'affranchissement. Mais alors *pâramitâ* ne sera plus guère qu'un synonyme de *yâna*, et l'on ne s'expliquera pas aisément pourquoi ce terme de *yâna* ou *véhicule* n'aurait pas été choisi pour désigner les six ou les dix vertus transcendantes. Si au contraire nous laissons au terme de *pâramitâ* le sens de *perfection* ou de *vertu parfaite*, il sera facile d'interpréter, sans forcer aucunement les règles des composés, chacun des titres désignant les six vertus. Ainsi celle qui est la première dans toutes les classifications et toutes les écoles, la *dâna*

[1] *Saddharma puṇḍarîka*, chap. XXIV, st. 18.

[2] *Ibid.* chap. XXIV, st. 26.

[3] *Djina alaṁkâra*, f. 3 *b* init.

[4] A. Rémusat, *Observations sur trois Mémoires de M. de Guignes*, dans *Nouv. Journ. asiat.* t. VII, p. 249 et 250 ; *Foe koue ki*, p. 5, 6, 25 et 109.

pâramitâ, ou « la perfection de l'aumône, » signifiera « l'action d'être parvenu à l'autre rive « de l'aumône, » c'est-à-dire d'avoir franchi les obstacles qui empêchent l'homme de s'élever à la libéralité la plus haute, à une libéralité telle qu'un Buddha seul la conçoit et la pratique. Alors *dâna pâramitâ* n'aura pas trait directement au *Nirvâṇa*, mais seulement à l'aumône; la rive à laquelle il s'agit d'atteindre sera celle de la libéralité, de l'aumône, et non celle de l'anéantissement. Il me semble que les Tibétains l'ont entendu ainsi lorsque, selon M. Foucaux, ils traduisent *dâna pâramitâ* par « l'abord à l'autre rive de l'aumône[1]. » On croirait même que les Chinois se sont fait de ce terme la même idée, quand on voit un commentateur de cette nation, parlant de la *dâna pâramitâ*, s'exprimer ainsi : « Celui « qui sait pratiquer la bienfaisance, franchit la mer de la pauvreté[2]. » Et le lecteur reconnaîtra plus bas, quand j'analyserai en détail chacune des *pâramitâs*, qu'on peut concilier avec cette interprétation celle d'*épreuve* (*probationary course*) qu'y voyait Turnour dans son *Mahâwanso*[3]. Je pense donc que *pâramitâ* est le titre collectif des vertus qui pratiquées de la manière la plus complète et dans une perfection à laquelle les hommes ordinaires ne peuvent atteindre, forment l'apanage le plus élevé d'un Bôdhisattva, c'est-à-dire de celui qui doit être un jour un Buddha.

Le texte qui donne lieu à cette note compte six *pâramitâs*, ou vertus transcendantes; or ce nombre de six est également celui du *Lalita vistara*. C'est donc cet ouvrage qui doit nous servir de guide dans l'analyse que j'en vais donner ici : j'indiquerai d'ailleurs, à la fin de cette note, une autre énumération comprenant un plus grand nombre de termes. La liste du *Lalita vistara* a de plus l'avantage d'être accompagnée de quelques explications qui jettent du jour sur la valeur et la destination de plusieurs de ces vertus[4].

La première *perfection* ou vertu transcendante est la *dâna pâramitâ*, ou « la perfection de « l'aumône; » cette vertu ne serait pas parfaitement comprise dans le sens buddhique, si l'on n'y voyait qu'une libéralité humaine, si grande qu'on la suppose; il faut se figurer quelque chose de plus encore, et se rappeler les légendes où l'être qui doit un jour devenir un Buddha, donne tout ce qu'il possède, et distribue, sous forme d'aumône, les parties de son corps et jusqu'à son corps même. Nous n'avons, pour en donner un exemple, qu'à renvoyer le lecteur au passage du *Lalita vistara* où, voulant exciter Çâkyamuni à quitter le monde pour se faire Religieux, les Dieux lui rappellent les innombrables aumônes qu'il a répandues dans ses existences antérieures[5]. Cette observation seule rend intelligible le texte du *Lalita vistara* où est marquée la destination de la perfection de l'aumône; voici ce passage : *Lakchaṇânuvyañdjana Buddha kchêtra pariçuddhyâi matsari sattva paripâtchanatâyâi sam̃vartatê*. « Elle conduit à la maturité parfaite d'un être égoïste, à perfectionner [pour lui] les signes « de beauté, les caractères secondaires et la terre d'un Buddha. » Cela doit s'entendre au sens propre du Buddhisme, et il faut y voir le premier degré, pour ainsi dire, de la formation d'un Buddha. Selon les vues de toutes les écoles, un Buddha, quoique essentiellement

[1] *Rgya tch'er rol pa*, t. II, p. 45, et la note 1.

[2] *Foe koue ki*, p. 6.

[3] *Mahâwanso*, t. I, p. 2.

[4] *Lalita vistara*, f. 23 *a* de mon manuscrit A : f. 20 *a* du manuscrit de la Soc. asiat. et *Rgya tch'er rol pa*, t. II, p. 45.

[5] *Rgya tch'er rol pa*, t. II, p. 166 et suiv. et *Lalita vistara*, f. 91 de mon man. A.

humain, ne se crée pas spontanément pendant cette vie; il a été éprouvé par des siècles de lutte, et préparé durant de nombreuses existences au rôle élevé que son titre exprime. En un mot, il a transmigré pendant bien des âges, et dans le cours de ses transmigrations il a pratiqué les vertus transcendantes qui sont pour lui comme la consécration de sa future destinée. Or s'il a poussé l'aumône jusqu'à ses dernières limites, s'il a donné tout ce qui lui appartient et sa personne même, il a acquis des droits à devenir un Buddha. Voilà ce que veut dire le *Lalita vistara;* mais il le dit en termes figurés et presque mythologiques, quand, après avoir montré que la perfection de l'aumône mûrit un être égoïste, c'est-à-dire lui enlève jusqu'au dernier sentiment de l'égoïsme le plus légitime, le texte ajoute que cette vertu contribue à parachever en sa personne la possession des signes de beauté, des caractères secondaires de perfection et d'une terre de Buddha. C'est dire, d'une autre manière, que la perfection de l'aumône conduit celui qui la possède à devenir un jour un Buddha, puisqu'un Buddha seul a pour attributs extérieurs les signes de beauté, les caractères secondaires, et une terre de Buddha, c'est-à-dire un monde où il exerce son ministère libérateur. En résumé, la perfection de l'aumône est, pour un Buddha, une des vertus de son passé; il y est parvenu avant d'arriver à ce titre même de Buddha qui est le plus élevé de tous ceux qu'il porte.

La seconde perfection est la *çîla pâramitâ,* ou « la perfection de la vertu, » de la moralité, des bonnes mœurs, de la bonne conduite; car le terme de *çîla,* chez les Buddhistes, embrasse un grand nombre d'idées qu'on peut résumer sous les noms de *vertu* ou de *moralité.* Le *Lalita vistara* exprime ainsi le résultat auquel aboutit la possession de cette vertu : *Sarvâkchaṇâpâya samatikramâya duḥçîlasattva paripâtchanatâyâi sam̃vartatê.* « Elle conduit à la maturité parfaite d'un être vicieux, à lui faire franchir les régions ténébreuses « et les existences misérables. » Le mot *akchaṇa,* « ce qui ne vient pas à son moment, » n'est pas ici suffisamment précis. On peut l'entendre de ces catastrophes inopinées qui interrompent soudainement l'existence de l'homme, comme la mort violente, les supplices, etc. On y peut voir aussi une désignation abrégée de ces régions ténébreuses qui sont situées dans l'intervalle des mondes, et sur lesquelles je reviendrai dans une note spéciale de cet *Appendice* [1]. Quant au mot *apâya,* on sait qu'il désigne les quatre états d'existence, embrassant les peines réservées après cette vie aux hommes vicieux, savoir, l'existence dans l'Enfer, l'existence dans un corps d'animal, la condition de Prêta et celle d'Asura. Au reste, après ce que je viens de dire de « la perfection de l'aumône, » celle de la vertu ne présente aucune difficulté : c'est encore un mérite qui appartient au passé de celui qui doit être un jour un Buddha. Qu'un homme atteigne à la perfection de la moralité, alors exempt de tout vice, il échappera aux châtiments qui attendent après cette vie l'homme pervers.

La troisième perfection est la *kchânti pâramitâ,* ou « la perfection de la patience. » Voici, selon le *Lalita vistara,* le résultat auquel elle aboutit : *Sarvavyâpâda khila dôcha mâna mada darpa prahâṇâya vyâpannatchitta sattva paripâtchanatâyâi sam̃vartatê.* « Elle conduit à la maturité parfaite d'un être dont l'esprit est vicié par la méchanceté, à détruire en lui toute « espèce de méchanceté, de désir de nuire, d'orgueil, d'enivrement, d'arrogance. » J'ai

[1] Ci-dessous, n° XVI, *Sur les ténèbres des Lôhântarikas.*

laissé de côté le mot *khila*, qu'un des manuscrits du *Lalita vistara* lit *kchila;* M. Foucaux traduisant d'après le tibétain, donne *malice*, sens qui irait fort bien ici; mais je ne connais à *khila* que la signification de *vide :* au reste ceci ne compromet en rien le sens général. On voit très-bien ce que c'est que la perfection de la patience; le commentaire du *Lalita vistara* peut même nous conduire jusqu'à y reconnaître l'humilité. Et pour ne laisser aucun doute sur la place de cette vertu, l'expression de *maturité parfaite* qui l'accompagne, comme elle accompagne toutes les autres *pâramitâs*, nous apprend qu'il s'agit encore là d'une vertu portée à son comble par un être qui sera un jour un Buddha.

La quatrième perfection est la *vîrya pâramitâ*, ou « la perfection de l'énergie, » ou de l'effort. Le *Lalita vistara* détermine ainsi le résultat auquel elle aboutit : *Sarvakuçalamûla dharmâraǧgôttâraṇâya kuçîdasattva paripâtchanatâyâi sam̃vartatê.* « Elle conduit à la maturité « parfaite d'un être indolent, à [lui] faire traverser ce qui n'est pas le théâtre de tous les « devoirs et de toutes les racines de vertu. » Ceci, je l'avoue, n'est pas clair, et *dharmâraǧga* a probablement un sens spécial que je n'ai pas saisi. La version tibétaine a fourni à M. Foucaux une traduction beaucoup plus nette, et qui va mieux à la nature de la vertu dont il est question ici : « L'application qui s'emparant de toutes les semences languissantes « de vertu, conduit à une maturité parfaite les êtres indolents[1]. » Malheureusement je ne puis retrouver cette interprétation dans le texte sanscrit. Au lieu de *dharmâraǧga* faut-il lire *dharmâraṇya*, et se représenter le texte comme donnant l'image d'un être énergique traversant les déserts, les landes stériles, vides de tout mérite et de toute racine de vertu? L'image serait sans doute un peu forte, mais elle rentrerait assez dans le goût du style chargé des grands *Sûtras*. Malgré ce qui reste encore d'obscur sur ce point, on voit clairement comment doit être entendue « la perfection de l'énergie : » c'est l'effort qui cultive les germes de vertu que la pratique du devoir a déposés au sein d'un être doué de moralité. C'est là encore une vertu appartenante au passé d'un Buddha.

La cinquième perfection est la *dhyâna pâramitâ*, ou « la perfection de la contemplation. » Le *Lalita vistara* marque ainsi le but de cette vertu transcendante : *Sarvadjñânâbhidjñôtpâdâya vikchiptatchitta sattva paripâtchanatâyâi sam̃vartatê.* « Elle conduit à la maturité parfaite « d'un être dont l'esprit est inattentif, à produire en lui toutes les sciences et les connais- « sances surnaturelles. » Il n'y a ici matière à aucun doute : l'efficacité supérieure de la contemplation était aussi généralement reconnue chez les Buddhistes que chez les ascètes brâhmaniques, et la croyance aux effets miraculeux d'une méditation intense était le patrimoine commun de toutes les sectes indiennes. Il faut sans doute admettre que par *abhidjñâ* on doit entendre ces facultés surnaturelles, origine de connaissances qui ne le sont pas moins, qui ont été indiquées plus haut et dont j'ai traité dans une note spéciale[2]. Cette perfection appartient, comme les précédentes, au passé d'un Buddha, puisque les connaissances surnaturelles peuvent être possédées par un *Çrâvaka* ou auditeur exercé.

La sixième perfection est la *pradjñâ pâramitâ*, ou « la perfection de la sagesse. » Le *Lalita vistara* exprime en ces termes le résultat de cette vertu transcendante : *Avidyâ môha tamô 'ndhakârôpalambha drĭchṭi prahâṇâya duchpradjñasattva paripâtchanatâyâi sam̃vartatê.* « Elle

[1] *Rgya tch'er rol pa*, t. II, p. 45. — [2] Chap. I, f. 1 et 52 *b*, et *Appendice*, n° XIV.

« conduit à la maturité complète d'un être qui a une fausse science, à lui faire abandonner « les doctrines hétérodoxes, les préjugés, les ténèbres, l'obscurité, l'erreur et l'ignorance. » Le caractère véritable de cette vertu est aussi facile à comprendre que celui des cinq autres. La perfection de la sagesse occupe une place si considérable dans la partie spéculative du Buddhisme, qu'elle a donné son nom à une classe de livres très-célèbres chez les Buddhistes du Nord, mais inconnus, autant que je l'ai pu constater jusqu'ici, chez les Buddhistes de Ceylan. Il est bien naturel de voir la sagesse couronner les vertus dont on demande l'accomplissement héroïque à l'homme qui doit un jour arriver à la perfection d'un Buddha. En résumé, les six vertus transcendantes ou *pâramitâs* qu'indique, sans les nommer, le texte du *Saddharma puṇḍarîka*, et que le *Lalita vistara* énumère en les accompagnant d'une courte explication, sont quatre qualités morales ou vertus, suivies de deux attributs intellectuels, savoir, la libéralité, la moralité, la patience, l'énergie, auxquelles viennent s'ajouter la contemplation et la sagesse.

Je dois maintenant dire quelques mots d'une autre énumération que j'ai annoncée au commencement de cette note. Elle se compose de dix termes, et paraît être en usage chez les Buddhistes de toutes les écoles; car on la trouve indiquée au Népâl[1], chez les Chinois, les Tibétains, les Mongols et les Singhalais. Elle se rencontre à la fois dans le *Vocabulaire pentaglotte* buddhique, dans la *Pradjñâ pâramitâ* des Tibétains, dans un Mémoire de Schmidt rédigé d'après des matériaux mongols, dans le *Mahâvaṃsa ṭîkâ* de Mahânâma et dans le *Dictionnaire singhalais* de Clough; j'ajoute qu'une des qualités que cette énumération joint à la liste des six perfections, reparaît dans le *Lalita vistara*, ce qui nous fournit et un terme de comparaison de plus, et un moyen utile d'interprétation.

Voici d'abord l'énumération du *Vocabulaire pentaglotte* : après la sixième perfection, qui est la *pradjñâ*, ou « la sagesse, » viennent *upâya*, « le moyen, » *praṇidhâna*, « la prière, » *bala*, « la force, » et *djñâna*, « la science[2]. » Nous examinerons de plus près tout à l'heure chacune de ces quatre perfections nouvelles; auparavant il faut indiquer les autres autorités du Nord qui nous les font connaître. Cette énumération est également familière aux auteurs de la *Pradjñâ pâramitâ*, puisque Csoma de Cörös l'expose exactement dans les mêmes termes que le *Vocabulaire pentaglotte*. Csoma constate d'ailleurs l'existence de deux listes, l'une de six termes, c'est celle que nous venons d'analyser; et l'autre de dix termes, formée de la précédente par l'addition de quatre autres vertus. Il les traduit ainsi, d'après les textes tibétains : *upâya*, « la méthode ou la manière; » *praṇidhâna*, « le dé- « sir ou la prière; » *bala*, « le courage, » et *dhyâna* (il faut lire *djñâna*), « la prescience ou la « science[3]. » La disposition de la liste mongole est la même que celle des Tibétains; ainsi Schmidt nous apprend qu'après la sagesse, qui termine la liste des six perfections, vient une septième perfection qu'il traduit ou plutôt qu'il commente ainsi : « la connaissance « du développement de la nature; » c'est l'*upâya* : puis une huitième, « la connaissance « de la conséquence des actions; » c'est le *praṇidhâna* : puis une neuvième, « la force; »

[1] Hodgson, *Quotations from origin. Author.* dans *Journ. as. Soc. of Bengal*, t. V, p. 92.

[2] *Vocab. pentagl.* sect. XII.

[3] Csoma, *Analysis of the Sher-Chin*, dans *Asiat. Res.* t. XX, p. 399; *Journ. asiat. Soc. of Bengal*, t. I, p. 377.

c'est *bala :* enfin une dixième, « la sagesse ; » c'est *djñâna*[1]. Cette traduction aurait besoin de quelques explications, en ce qu'elle donne une interprétation approximative plutôt que littérale de ces quatre nouvelles *pâramitâs;* quelques mots suffiront pour en déterminer la valeur avec plus de précision. Je ne dois pas oublier de dire que la liste népâlaise de M. Hodgson ne diffère des précédentes qu'en ce qu'elle place *bala* immédiatement après *upâya.*

Le premier de ces quatre termes, *upâya,* « le moyen, » se trouve dans le *Lalita vistara,* sous une forme beaucoup plus fréquemment employée par les textes ; c'est celle de *upâya kâuçalya,* « l'habileté dans l'emploi des moyens, » dont il est si souvent question dans le *Lotus de la bonne loi.* Voici à quel résultat conduit la possession de cette perfection, d'après le *Lalita vistara : Yâthâdhimukta sattvêryâpatha saṁdarçanâya sarvabuddha dharmâvidhamanatâyâi saṁvartatê.* « Elle conduit à empêcher la dispersion d'aucune des lois d'un Buddha, « à donner aux êtres, selon leurs facultés, le spectacle des positions décentes[2]. » Cette traduction littérale, que j'éclaircirai tout à l'heure par quelques détails, se retrouve à peu près chez les interprètes tibétains du *Lalita vistara,* mais avec un déplacement des termes et une variante qui en change totalement le sens. Voici la version française qu'en donne M. Foucaux : « La science des moyens qui, montrant au gré du désir la voie es- « timable des êtres, conduit à obtenir toutes les lois du Buddha[3]. » Il y a ici quelques points qui, avec la connaissance que nous avons actuellement du sanscrit buddhique, me paraissent difficiles à admettre. En premier lieu, *yâthâdhimukta* ne peut signifier « selon le désir; » en admettant qu'*adhimukti* veuille dire « désir, » ce que je ne contesterais pas dans certains cas, il est clair que pour avoir le sens de « selon le désir, » il faudrait que le texte eût écrit *yathâdhimukti;* ce serait alors un mot indéclinable, un adverbe, qui serait en dehors du composé. L'interprète tibétain avait peut-être cette leçon sous les yeux; ou bien il n'aura pas fait attention que le terme de *yâthâdhimukta,* avec sa première voyelle longue, est un adjectif se rapportant au substantif suivant *sattva,* « être, » et signifiant, « selon les facultés qu'il a ou qu'ils ont; » c'est un point qui ne me semble pas douteux. Les deux premiers mots de notre terme composé signifient donc, « les êtres « selon les facultés qu'ils ont. » Les remarques qui suivent paraîtront peut-être moins concluantes; cependant je ne les en crois pas moins fondées. Ce n'est pas de « la voie estimable « des êtres » qu'il doit être ici question dans le mot *sattvêryâpatha:* car premièrement *sattva* est subordonné à *saṁdarçanâya,* « pour faire voir aux êtres; » ensuite, *iryâpatha* ne signifie pas « la voie estimable, » car alors on ne distinguerait plus ce terme de *mârga,* « la voie, » à proprement parler. On sait qu'*iryâpatha* désigne collectivement les quatre postures décentes que doit toujours garder un Religieux et à plus forte raison un Buddha; c'est un point que je crois avoir définitivement établi ailleurs. Le premier terme composé faisant partie de la définition de l'*upâya* doit donc se traduire : « pour l'action de montrer aux « êtres, selon leurs facultés, les postures décentes. » Je n'insiste pas sur la fin de la version empruntée aux Tibétains qui n'est que très-légèrement inexacte.

[1] *Mém. de l'Acad. des sciences de Saint-Pétersbourg,* t. II, p. 14.

[2] *Lalita vistara,* f. 23 *a* de mon manuscrit A.

[3] *Rgya tch'er rol pa,* t. II, p. 45.

L'interprétation que je propose resterait cependant trop vague, si je ne la plaçais pas à son véritable point de vue. Le *Lalita vistara* me semble vouloir dire que l'habileté dans l'emploi des moyens, *upâya kâuçalya*, ou seulement « les moyens, » et plus généralement la méthode, *upâya*, conduit celui qui la connaît et la pratique à ne laisser échapper aucune des lois, aucune des conditions d'un Buddha. La méthode a un but qu'on pourrait dire unique, c'est la conversion des êtres à la loi; mais les moyens qu'elle emploie sont nombreux. Le plus général est la parole; cependant ce moyen n'exclut pas les autres procédés plus extérieurs, et quelquefois également persuasifs, qui sont une apparence convenable, une posture décente. Voilà ce que doit exprimer la définition du *Lalita vistara* : si elle donne pour exemple des moyens que sait employer un Buddha, quelque chose d'aussi peu important en apparence que la recherche d'une posture décente, c'est pour dire qu'on ne doit rien négliger de ce qui peut contribuer à la conversion des êtres. Maintenant, comment concilier cette interprétation avec celle de I. J. Schmidt qui traduit, d'après les Mongols, « la connaissance du développement de la nature, » c'est ce que je ne saurais dire. Veut-on faire entendre que parmi les moyens employés par un Buddha pour accomplir sa mission libératrice, on doit compter la connaissance du développement de la nature? Alors la version des Mongols pourra se soutenir; mais il faudra convenir aussi qu'elle ne sort pas directement des termes de la définition du *Lalita*.

Les trois *Pâramitâs* qui suivent, et qui terminent la seconde liste des dix perfections, exigeront moins de développements. La huitième est *praṇidhâna*, « la prière, » ou « le désir, « le vœu; » c'est la demande que l'homme qui aspire à devenir Buddha adresse à un Buddha, pour obtenir sa bénédiction, à l'effet de devenir un jour lui-même un Buddha sauveur des hommes. Le mot signifie également, d'une manière plus générale, le vœu que l'on fait soi-même de ne rien négliger pour arriver à cet état de perfection; il a pour synonyme *praṇidhi*, qu'on rencontre souvent, sous la forme de *paṇidhi*, dans les textes pâlis[1]. La neuvième perfection est *bala*, « la vigueur, » et la dixième *djñâna*, « la science. »

En résumé, la seconde liste des *Pâramitâs* ajoute à la première l'habileté dans l'emploi des moyens, le vœu, la force et la science. Je dis ajoute, car il n'est pas douteux pour moi que ces quatre derniers termes ne se soient développés postérieurement à l'invention des six premiers. Ainsi la *force* et la *science* rentrent déjà dans l'*énergie* et la *sagesse* de la première liste; quant aux deux autres vertus, la connaissance des moyens et le vœu, ce sont certainement des vertus secondaires comparées aux grandes et importantes vertus de la liste des six perfections transcendantes.

Mais quand je dis que la seconde liste des dix perfections me paraît postérieure à la première, je ne veux pas prétendre par là qu'elle soit moderne. Il est certain qu'elle était déjà vulgaire au ve siècle de notre ère, puisque Mahânâma en parle comme de quelque chose de connu dans son commentaire sur le *Mahâvaṃsa*. Après avoir rappelé que Çâkyamuni, pour arriver un jour à l'état de Buddha, avait entendu de la bouche de vingt-quatre de ses prédécesseurs l'annonce de ses futures destinées, il ajoute qu'il pratiqua également toutes les vertus, et entre autres : *dasa pâramiyô, dasa upapâramiyô, dasa para-*

[1] Spiegel, *Anecdota pâlica*, p. 62 et 63.

matthapâramiyôti samatiñsa pâramiyô pûrêtvâ : « ayant accompli les dix *Pâramîs*, les dix « *Pâramîs* secondaires, et les dix *Pâramîs* supérieurs[1]. » Pour comprendre ce qu'il faut entendre par cette triple série de perfections, savoir, les perfections, les perfections secondaires et les perfections supérieures, nous devons recourir au Dictionnaire singhalais de Clough, où l'on en trouve l'explication suivante.

Chacune des dix vertus transcendantes donne lieu à deux subdivisions nouvelles, de deux termes chacune, qu'on obtient par l'addition du mot *upa*, « secondaire, » et *paramattha* (pour *paramârtha*), « supérieur, » de façon que la réunion des trois séries forme ce que l'on nomme collectivement en singhalais *samatiñsâ pâramitâ*, « les trente vertus transcen- « dantes; » dénomination également admise par les Buddhistes barmans, comme on peut le voir au commencement de l'inscription de la grande cloche de Rangoun, traduite par M. Hough[2]. Dans la série où le terme de *pâramitâ* reste sans être modifié par aucune addition, chaque terme exprime une perfection de mérite envisagée d'une manière absolue. Ainsi, pour prendre un exemple, le terme de *dâna pâramitâ* indique « la perfection de la « libéralité, » absolument parlant et sans égard à la valeur ou au mérite des aumônes que cette libéralité dispense. Avec *upa*, le terme de *dânupapâramitâ* désigne la perfection de l'aumône, quand on distribue des choses d'une valeur relativement secondaire, comme de l'or, de l'argent, des trésors, des vêtements. Mais avec *paramattha*, le terme *dâna paramattha pâramitâ* exprime la perfection d'une libéralité où les aumônes sont de l'ordre le plus relevé, comme le don que l'on fait de sa femme, de ses enfants, de ses membres, de son propre corps.

Avec ces explications Clough a donné l'énumération suivante de ce qu'il appelle les dix principales *Pâramitâs* ou vertus transcendantes : ce sont *dâna*, « l'aumône; » *sîla*, « la « morale; » *niskrama*, « la sortie; » *pradjñâ*, « la sagesse; » *vîrya*, « l'énergie; » *kchânti*, « la pa- « tience; » *satya*, « la vérité; » *adhichṭhâna*, « la détermination; » *mâitrî*, « la charité; » *upêkchâ*, « l'indifférence[3]. » Cette liste diffère sensiblement, comme on voit, de celles du *Lalita vistara* et du *Vocabulaire pentaglotte;* elle procède moins par additions que par substitutions et déplacements. Ainsi, après la perfection de l'aumône et celle de la vertu, Clough insère la perfection dite *niskrama*, qui signifierait « la sortie » du monde, si le mot répondait au sanscrit *nichkrama,* mais qui doit plutôt représenter le sanscrit *nâichkarmya*, « l'i- « naction, l'abstention des œuvres. » Ce qui me confirme dans cette explication, c'est que ce terme, qui ne se trouve pas dans la liste des Buddhistes du Nord, y remplace le terme de *dhyâna,* « la contemplation, » qui manque dans celle du Sud; le *niskrama* de Clough représente donc le *dhyâna* des autres listes, et conséquemment il doit se lire *nâichkarmya.* Seulement il y a changement d'ordre, puisque ce terme est, chez Clough, au troisième rang, tandis qu'il n'est qu'au cinquième dans le *Lalita vistara.* J'en dirai autant de la sagesse, qui est au quatrième rang chez Clough, et au sixième dans le *Lalita;* de l'énergie, qui est au cinquième chez Clough, et au quatrième dans le *Lalita;* de la patience, qui est au sixième chez Clough, et au troisième dans le *Lalita.* Le septième rang est occupé, dans

[1] *Mahâvañsa ṭîkâ*, f. 24 b.

[2] Hough, *Translat. of an Inscript. on the great Bell of Rangoon*, dans *Asiat. Res.* t. XVI, p. 270 et suiv.

[3] Clough, *Singhal. Diction.* t. II, p. 387 et 388.

Clough, par une perfection nouvelle, la vérité, qui ne paraît pas bien répondre à la méthode ou à l'*upâya*. Mais la détermination, qui est la huitième perfection de la liste de Clough, n'est qu'une autre face de la prière, qui est également la huitième dans la liste du *Vocabulaire pentaglotte*. L'une et l'autre expriment le désir ardent, le vœu passionné que forme un être qui aspire à devenir un Buddha. Je ne vois pas le rapport du neuvième terme, la charité, avec le neuvième de la liste du *Vocabulaire pentaglotte*, la force; j'avoue que je préférerais ici les autorités sur lesquelles s'appuie Clough, parce que *bala*, « la « force, » rentre trop dans la quatrième perfection, qui est l'énergie. On en peut dire autant de la dixième, l'indifférence, qui répond à la science du *Vocabulaire*. Ces deux termes ne sont pas si éloignés l'un de l'autre qu'ils le paraissent, puisque la science dont il doit être question ici est, selon toute probabilité, le résultat de l'indifférence acquise par la méditation. Il n'en est pas moins vraisemblable que l'énumération qui donne le plus de termes différents devrait avoir la préférence.

N° VIII.

SUR LES TRENTE-DEUX SIGNES CARACTÉRISTIQUES D'UN GRAND HOMME.

(Ci-dessus, chap. II, f. 29 *b*, p. 356.)

Comme le sujet dont j'ai traité dans la présente note est assez varié, j'ai cru nécessaire, pour faciliter les recherches du lecteur, de diviser cette note en sections distinctes où se trouveront réunies les matières de même nature. J'examinerai donc, dans une première section, les trente-deux signes caractéristiques d'un grand homme; dans une seconde, les quatre-vingts signes secondaires; dans une troisième section, je donnerai un court résumé des deux sections précédentes; et enfin dans une quatrième, j'examinerai ce que nous apprennent les Buddhistes sur l'empreinte du pied de Buddha, qu'on dit exister à Ceylan et dans d'autres contrées de l'Inde transgangétique.

SECTION Ire.

DES TRENTE-DEUX SIGNES CARACTÉRISTIQUES.

Il est fréquemment question chez les Buddhistes de ce qu'on nomme les trente-deux *Mahâpurucha lakchaṇâni*, ou « signes caractéristiques d'un grand homme, » et les Buddhistes du Sud comme ceux du Nord les rappellent à tout instant. Ce sont des caractères extérieurs et des particularités de conformation qui constituent la supériorité physique et la beauté d'un Buddha. Il y a déjà bien des années, et lorsque l'étude du Buddhisme commençait à peine, l'attention des orientalistes fut attirée sur un de ces caractères, sur celui qu'offre la chevelure frisée des statues du Buddha, que l'on connaissait par les Singhalais, les Barmans, les Chinois et les Mongols. Privés, comme les érudits l'étaient alors, de la connaissance des textes originaux, et n'ayant pas le moyen de vérifier le degré de confiance qu'il était permis d'accorder aux exposés de Deshauterayes, de Pallas et d'autres voyageurs, les orientalistes se trouvaient naturellement portés à chercher dans l'étude des caractères extérieurs qui distinguent ces statues, la solution des questions relatives à la race et à la patrie de celui dont elles représentent l'image. Mais nous pouvons déjà dire qu'ils eurent tort de s'en tenir uniquement à cet ordre de considérations, et que c'était trop se hâter que d'en conclure si vite que le fondateur du Buddhisme appartenait à la race nègre [1].

Les premières objections qu'on fit contre cette hypothèse furent empruntées à l'ordre de considérations mêmes sur lesquelles elle s'était appuyée; c'était à l'aide d'un caractère physique constaté sur les statues du Buddha qu'on avait cru pouvoir établir son origine africaine; ce fut également par l'énumération des signes caractéristiques d'un Buddha qu'on répondit qu'il devait être Indien. On verra plus bas jusqu'à quel point il est possible de porter ici la précision, si l'on veut arriver à des conclusions qui puissent être acceptées par l'ethnographie. En ce moment il me suffit de rappeler comment on fut conduit à faire de l'étude des caractères physiques d'un Buddha une question de premier ordre, au début des recherches dont le Buddhisme était devenu l'objet dès le commencement de notre siècle.

Ce fut M. A. Rémusat qui insista avec le plus de force sur la nécessité de cette étude, et qui contribua le plus efficacement à ruiner l'hypothèse africaine dans son Mémoire sur les signes caractéristiques d'un Buddha [2]. Il avait trouvé ces signes dans le *Vocabulaire pentaglotte* buddhique, recueil de catégories ou de termes philosophiques et religieux, dont la base est un catalogue par ordre de matières conçu d'après le plan des lexiques indiens [3]. Il traduisit les deux sections de cet ouvrage, qui énumèrent les trente-deux signes caractéristiques d'un grand homme et les quatre-vingts signes secondaires; puis analysant d'une manière habile un grand nombre des articles de cette double énumération, il s'efforça de montrer qu'aucun d'eux ne pouvait s'appliquer au type africain. Plus récemment la question vient d'être reprise, mais d'une manière plus générale, par un des ethnographes les plus accrédités le Dr J. C. Prichard, qui dans une dissertation approfondie sur les diverses races de l'Inde, a définitivement démontré qu'aucune d'elles n'avait une origine africaine [4]. Ses conclusions méritent en ce point d'autant plus d'attention, qu'au commencement de ses recherches il inclinait vers ce sentiment, que les aborigènes de l'Inde étaient une race de nègres ou un peuple caractérisé par une chevelure laineuse et par les traits que l'on rapporte généralement au type africain. Après un examen consciencieux des arguments qu'on pourrait faire valoir en faveur de cette hypothèse, il se décide formellement pour la négative. Selon lui, non-seulement la race indo-arienne pure ne peut en aucune façon être ramenée au type du nègre, mais ces tribus presque barbares ellesmêmes, qui dispersées dans les districts montagneux de l'Hindoustan, passent à bon droit pour les restes de la population primitive, ne peuvent davantage être ramenées à ce type,

[1] W. Jones, *The third Discourse on the Hindus*, dans *Asiat. Res.* t. I, p. 428, éd. Lond. in-8°.

[2] A. Rémusat, *Mélanges asiatiques* t. I, p. 101 et suiv. 168 et suiv.

[3] *Ibid.* t. I, p. 164; *Vocab. pentagl.* sect. III et IV.

[4] J. C. Prichard, *Research. into the physic. Hist. of Mankind*, t. IV, chap. X, sect. VII, § 1, p. 228 et suiv. 3° édit. 1844.

parce qu'elles ne possèdent aucun des traits qui caractérisent le nègre africain. Appliquée à la question spéciale qui doit seule nous occuper ici, celle des caractères physiques du Buddha, la solution générale donnée par J. C. Prichard nous autorise à dire que quelle que soit la race à laquelle ait appartenu Çâkyamuni, qu'il soit sorti d'une tribu ario-indienne pure ou d'une famille d'aborigènes, il ne doit pas plus dans un cas que dans l'autre être considéré comme un Africain.

Il ne m'appartient pas d'insister davantage sur le côté physique de la question, et je dois me hâter de reprendre le sujet spécial de cette note, qui est de montrer ce que nous apprennent les textes buddhiques sur ces deux énumérations des caractères extérieurs d'un Buddha dont l'ensemble monte à cent douze. J'ai dit tout à l'heure que c'est au *Vocabulaire pentaglotte* des Chinois que M. Rémusat les avait empruntés; leur authenticité n'eut donc d'abord d'autre garantie que celle de ce recueil même. J'avouerai volontiers avec I. J. Schmidt que M. Rémusat s'exagéra quelquefois à ses propres yeux l'importance de ce recueil, et qu'il céda même, involontairement sans doute, à la tentation de faire croire qu'on y trouvait plus qu'il ne donne en réalité. Mais il faut être juste aussi et tenir compte des temps et des faibles secours qui étaient alors entre les mains des érudits. Quelle ne devait pas être la satisfaction de M. Rémusat, lorsque convaincu comme il l'était de l'origine purement indienne du Buddhisme, il découvrait une liste considérable de termes sanscrits relatifs à cette doctrine, et restituait ainsi aux idées qu'il ne pouvait apercevoir qu'à travers une interprétation étrangère, leur forme et leur expression originales! Personne alors ne pouvait pressentir les belles découvertes de M. Hodgson; rien ne donnait lieu de prévoir que la plus grande partie des écritures buddhiques originales dût être un jour retrouvée en sanscrit et en pâli. L'obscurité où restaient encore ensevelis ces monuments littéraires faisait en réalité la plus grande partie de la valeur du *Vocabulaire pentaglotte*. Aujourd'hui qu'ils sont plus accessibles, cette valeur est, il faut le reconnaître, singulièrement diminuée. Le *Vocabulaire pentaglotte* n'est plus qu'une compilation moderne, exécutée dans la seconde moitié du dernier siècle[1], d'après des matériaux plus anciens; et son autorité repose uniquement sur la plus ou moins grande conformité qu'il offre avec ces matériaux, dont la source, en ce qui regarde l'Inde, doit être cherchée plutôt dans les livres sanscrits du Népâl, que dans les livres pâlis de Ceylan. Ajoutons que le copiste auquel est due la partie sanscrite de ce vocabulaire ignorait complétement non-seulement le sanscrit, mais même les règles les plus vulgaires de l'orthographe indienne, que même il n'est pas certain qu'il ait su lire parfaitement les listes originales qu'il était chargé de transcrire; ou bien que s'il les a exactement lues, c'est jusqu'à ces listes elles-mêmes qu'il faut faire remonter le reproche de négligence et d'inexactitude.

La valeur du *Vocabulaire pentaglotte* est encore diminuée davantage par la connaissance que nous avons aujourd'hui du grand Dictionnaire sanscrit-tibétain buddhique, dont mon savant confrère, M. Stanislas Julien, a obtenu la communication de l'Académie de Saint-Pétersbourg, et dont M. Foucaux a exécuté une belle et exacte copie pour la Bibliothèque nationale. Ce recueil surpasse beaucoup en étendue le *Vocabulaire pentaglotte*; et quoiqu'il

[1] *Mélanges asiatiques*, t. I, p. 154.

ne soit pas exempt d'erreurs, et d'erreurs quelquefois assez graves, la variété et l'abondance des matériaux qu'il renferme en rachètent en partie les imperfections.

Après ces observations, le lecteur sera moins surpris de me voir critiquer si fréquemment les phrases sanscrites du *Vocabulaire pentaglotte*, quoique je continue de reconnaître que c'est ce recueil qui donna le premier aux orientalistes le moyen d'étudier ce que les sectateurs du Buddha Çâkyamuni ont entendu exprimer anciennement par les signes caractéristiques d'un grand homme, et spécialement d'un monarque souverain et d'un Buddha. Longtemps après la publication qu'A. Rémusat avait faite de ces signes, d'après cette compilation trop souvent fautive, M. Hodgson en donna de nouveau la liste en caractères dévanâgaris; il l'avait empruntée à un ouvrage découvert par lui au Népâl et intitulé *Dharma sağgraha*, sorte de catalogue raisonné de la terminologie religieuse et philosophique des Buddhistes népâlais. Cette liste fut insérée par M. Hodgson dans deux recueils anglais, le Journal de la Société asiatique de Londres[1], et plus tard dans le Journal de la Société asiatique du Bengale[2]. C'est à ces deux recueils que j'emprunterai les termes dont je vais m'occuper tout à l'heure.

Les trente-deux caractères de beauté sont encore énumérés par le *Lalita vistara*, ouvrage dont nous possédons à Paris plusieurs exemplaires manuscrits, sans compter la version tibétaine, dont M. Foucaux a publié récemment une traduction française. Cette circonstance est intéressante pour la question qui nous occupe. Elle nous prouve que la liste en question est admise par les livres canoniques eux-mêmes, qu'elle en partage l'autorité, qu'elle est conséquemment plus qu'une de ces énumérations populaires qu'on rencontre dans quelques parties de la littérature brâhmanique, sans en pouvoir retrouver l'origine ni en vérifier rigoureusement l'authenticité. On verra par les observations qui vont suivre le genre de secours que m'a fourni l'étude de l'énumération que j'ai empruntée au chapitre VII du *Lalita vistara*[3].

Ce n'est pas tout encore : à ces documents que nous devons aux Buddhistes népâlais et tibétains, il nous est possible d'en joindre d'aussi nombreux et de non moins authentiques puisés aux sources singhalaises. Ce fait est déjà par lui-même très-digne d'attention; il nous apprend qu'il n'existe parmi les Buddhistes de toutes les écoles, parmi ceux du Nord comme parmi ceux du Sud, qu'une seule et même manière d'envisager les caractères physiques du fondateur et du chef de la doctrine. S'il se présente quelques différences dans les descriptions des Buddhistes de Ceylan, comparées avec celles des Buddhistes du Népâl, il nous faudra sans doute en tenir compte, et les apprécier, s'il se peut, à leur véritable valeur. Mais si ces deux ordres de descriptions s'accordent complétement, ou seulement dans leurs traits vraiment caractéristiques, il en devra résulter que le type physique du Buddha n'a pas été tracé arbitrairement, au Nord sur le modèle de la nature tibétaine, au Sud sur celui de la nature singhalaise; mais que les Buddhistes tibétains, comme les Singhalais, ont conservé le souvenir et la description d'un type unique, observé et repro-

[1] *Journ. of the roy. asiat. Soc. of Great-Britain*, t. II, p. 314 et suiv.

[2] *Journ. as. Soc. of Bengal*, t. V, p. 91.

[3] *Lalita vistara*, f. 61 *a* de mon manuscrit A, f. 58 *a* du manuscrit de la Soc. asiat. et *Rgya tch'er rol pa*, t. II, p. 107.

duit par l'art et le langage, antérieurement aux événements qui ont partagé le Buddhisme en deux écoles, celle du Nord et celle du Sud.

Les descriptions des caractères physiques du Buddha sont fréquentes dans les livres de Ceylan, et elles nous sont données par des traités d'une authenticité au moins égale et d'une antiquité probablement supérieure à celles du *Lalita vistara*. Premièrement, un *Sutta* du recueil intitulé *Dîgha nikâya*, le *Lakkhaṇa sutta*, est consacré tout entier à l'énumération des trente-deux signes de beauté, et à l'indication des vertus qui en assurent la possession à l'homme ami de la morale et du devoir[1]. Cette énumération se retrouve, quoique avec moins de développement, vers la fin du *Mahâpadhâna sutta* de la même collection[2]. Enfin elle paraît au commencement du *Dharma pradîpikâ*, ouvrage composé en singhalais vulgaire, mais entremêlé de textes empruntés à des ouvrages religieux écrits en pâli[3]. Voilà les six sources, dont trois sont sanscrites et trois pâlies, mais qui toutes six sont indiennes, auxquelles j'emprunterai les éléments des analyses qui vont suivre. Je dis six sources d'après les livres où paraissent les listes des caractères; mais je puis, en réalité, comparer entre elles sept de ces listes, parce que le *Lakkhaṇa sutta* nous en offre à lui seul deux qui diffèrent et par l'ordre, et par le développement. La première de ces deux listes énumère les trente-deux caractères d'un Buddha, à la suite les uns des autres et d'ordinaire sans aucun développement. La seconde liste, au contraire, en nous indiquant à la pratique de quelles vertus est due la possession de ces caractères, les développe quelquefois par une sorte de glose, les groupe souvent deux par deux ou trois par trois, et les dispose dans un ordre un peu différent de celui de la première liste. Ces différences n'ont pas toujours une grande importance; je les noterai cependant chaque fois qu'elles se présenteront, parce qu'il pourra être de quelque intérêt plus tard de constater lequel de ces divers ordres ont suivi les Buddhistes étrangers à l'Inde, comme les Chinois, les Tibétains et les Mongols. Je n'omettrai pas davantage les différences que présente la classification des listes du Sud, comparée à celle des listes du Nord, prises les unes et les autres dans leur ensemble. Ces remarques me fourniront enfin les éléments d'un tableau comparatif et d'un résumé qui mettra le lecteur à même d'apprécier la valeur relative de ces diverses classifications.

Je commencerai par la liste du *Lalita vistara*, non pas que je la croie en elle-même ou plus ancienne ou plus régulière que la classification des livres de Ceylan, mais parce qu'elle est empruntée à un livre qui jouit d'une autorité considérable parmi les Buddhistes du Nord, qu'elle est écrite en sanscrit, circonstance qui nous garantit une plus grande exactitude pour ce qui regarde la composition et l'orthographe des termes, enfin parce que vérifiable sur trois manuscrits et comparable à une traduction tibétaine, elle est beaucoup plus correcte que la liste du *Vocabulaire pentaglotte* et même que celle du *Dharma saggraha* qu'a extraite M. Hodgson. Un numéro placé à gauche de chaque terme marquera l'ordre de ce terme dans cette liste; pour les six autres listes, j'emploierai les abréviations suivantes : les numéros 1, 2, 3, 4, etc. précédés d'un V, de cette manière, V1, V2, V3, etc.

[1] *Lakkhaṇa sutta*, dans *Digh. nik.* f. 166 *b*. — [2] *Mahâpadhâna sutta*, f. 70 *a*. — [3] *Dharma pradîpikâ*, f. 2 *a*.

indiqueront le *Vocabulaire pentaglotte;* d'un H, de cette manière, H1, H2, H3, etc. la liste de M. Hodgson; d'un Lc, de cette manière, Lc1, Lc2, Lc3, etc. la liste commentée du *Lakkhaṇa sutta* pâli; d'un L, de cette manière, L1, L2, L3, etc. la liste non commentée du même ouvrage; d'un M, de cette manière, M1, M2, M3, etc. la liste du *Mahâpadhâna sutta;* d'un D, de cette manière, D1, D2, D3, etc. la liste du *Dharma pradîpikâ* singhalais.

1. *Uchṇîchaçîrchaḥ;* V1, H23, *uchṇîchaçiraskatâ;* Lc23, L32, M31, D32 *uṇhîsasîsô.* Malgré l'apparente clarté des termes dont se compose ce premier caractère, il n'est pas facile de déterminer ce qu'il y faut voir en réalité. Selon Wilson, *uchṇîcha* signifie 1° « un turban, » puis 2° « les cheveux frisés avec lesquels un Buddha vient au monde et qui indiquent sa « sainteté future[1]. » Nous aurions donc dès l'abord le choix entre ces deux interprétations, « il a un turban sur la tête, » ou « il a sur la tête une chevelure frisée. » Mais il n'y a aucun doute que la première interprétation ne doive être abandonnée, parce qu'à ma connaissance il n'existe aucune statue ni représentation graphique de Çâkyamuni Buddha qui nous le montre portant une coiffure quelconque; on le voit, au contraire, la tête abondamment pourvue de cheveux qui sont disposés d'une manière caractéristique, ainsi que je le dirai plus bas. On devrait donc s'en tenir au sens indiqué par Wilson et dire : « Sa « tête est couverte d'une chevelure frisée; » mais les Tibétains nous en suggèrent un autre qui est préféré par les Buddhistes, en même temps qu'il semble confirmé par les statues et les images du Buddha. Ce sens est exprimé ainsi par M. Foucaux, d'après le *Lalita vistara* tibétain : « Il a une excroissance qui couronne sa tête[2]. » Enfin M. A. Rémusat donne une traduction de ce caractère, qui conforme en partie à celle des Tibétains, y ajoute un détail relatif à la disposition de la chevelure : « Il a les cheveux rassemblés en nœud sur « un tubercule charnu placé au sommet de la tête[3]. »

Du rapprochement de ces diverses interprétations il résulte, ou bien que le terme d'*uchṇîcha* désigne des cheveux frisés; c'est le sens déduit du Dictionnaire de Wilson : ou bien que gardant en partie sa signification première de « coiffure en forme de turban, » il désigne une manière de tourner en rond et de ramasser les cheveux sur le sommet de la tête; c'est une portion du sens donné par A. Rémusat : ou bien encore que prenant une signification nouvelle, il désigne une protubérance du crâne; c'est le sens des Tibétains et en partie celui de Rémusat. Que la traduction de *cheveux frisés* ne puisse convenir ici, c'est ce qui résultera clairement de l'examen d'un autre caractère, où sont décrits les cheveux disposés en boucles régulières. Restent donc les deux autres interprétations entre lesquelles nous avons à choisir, savoir, celle de « tubercule charnu placé au sommet de la « tête, » et celle de « chevelure rassemblée en nœud sur le sommet du crâne. » Dans l'état où nous sont parvenues les statues et les représentations du Buddha, il n'est pas toujours facile d'invoquer leur témoignage avec quelque confiance en faveur de l'une plutôt que de l'autre interprétation. Le tubercule qui se montre en réalité sur le sommet de la tête des Buddhas est-il l'effet du rassemblement de la chevelure ou d'une protubérance du

[1] Wilson, *Sanscrit Diction.* v. *Uchṇîcha,* 2e édit. — [2] *Rgya tch'er rol pa,* t. I, p. 98, t. II, p. 107. — [3] A. Rémusat, *Mél. asiat.* t. I, p. 168.

crâne? c'est là un point que je ne me chargerais pas de décider aujourd'hui, quoique la vraisemblance soit en faveur de la seconde supposition. Faut-il au contraire, avec M. Rémusat, réunir en un seul ces deux caractères, et admettre que *uchṇîcha* désigne à la fois et la chevelure ramassée en nœud, et la protubérance qui couronne le crâne? j'avoue que cela me paraît bien difficile, et que rien à mes yeux n'autorise cette extension du sens attribué au terme indien primitif.

Sur les statues barmanes et singhalaises, telles que nous les représentent les voyageurs anglais, les cheveux frisés en boucles parfaitement régulières paraissent trop courts pour autoriser la supposition qu'on aurait pu les rassembler en nœud sur le sommet de la tête. Or comme ces statues sont couronnées par une éminence très-reconnaissable, cette éminence doit donc appartenir au crâne même. Sur les représentations coloriées des Buddhas népâlais, dont M. Hodgson a eu la bonté de m'envoyer quelques spécimens exécutés avec un grand soin dans les détails, le caractère qui nous occupe paraît exagéré et en quelque façon doublé. La chevelure d'un noir bleu couvre exactement la tête, et descend symétriquement des deux côtés jusqu'aux oreilles. La tête est couronnée d'abord d'une espèce de calotte assez haute qui en occupe la partie supérieure; cette calotte, noire comme le reste de la chevelure, est, selon toute apparence, l'effet exagéré d'un renflement du crâne; je ne crois pas qu'on y puisse voir un produit de la chevelure qui serait réunie et tournée en rond. Enfin au sommet et dans la partie centrale de cette calotte paraît un demi-cercle destiné à soutenir ou plutôt à accompagner une boule qui se termine par en haut en une forme un peu ovale, et qui doit figurer une flamme. Le demi-cercle et la boule sont l'un et l'autre de couleur d'or. Cette flamme, qui semble être la représentation de l'intelligence plus qu'humaine attribuée à un Buddha, paraît également sur un bon nombre de statues singhalaises où elle a la figure d'une sorte de lyre ou de trident à divisions très-rapprochées l'une de l'autre. Elle prend quelquefois même des proportions assez considérables; et Joinville nous apprend que sur les grandes statues de dix-huit coudées qu'on rencontre assez souvent dans les Vihâras singhalais, elle n'a pas moins de trois pieds deux ou trois pouces anglais [1].

Il est facile de reconnaître ici un type façonné et exagéré d'après des idées conventionnelles; on peut même déterminer en partie du moins ce que ce type essentiellement arbitraire a dû ajouter à la nature; la flamme est certainement une de ces additions. Je suis même convaincu que cette dernière est assez moderne, car je ne la remarque pas sur la tête des statues ou représentations de Çâkyamuni qu'on a découvertes de nos jours dans les cavernes de l'ouest de l'Inde. Il faut en effet tenir compte de la distance considérable qui nous sépare de l'époque où l'on a pour la première fois tracé l'image du Buddha; et ce serait sans doute trop accorder au sentiment de respect avec lequel les Buddhistes ont dû conserver la tradition de cette première image, que de croire que nous l'avons actuellement sous les yeux. Il suffit de l'examen le plus rapide pour se convaincre que la plupart des traits propres à caractériser un personnage réel se sont effacés sous les efforts

[1] Joinville, *On the Relig. and Manners of the people of Ceylon*, dans *Asiat. Res.* t. VII, p. 424, éd. Calcutta.

qu'a faits l'artiste pour exprimer par la simplicité, et je dirais presque la nudité des lignes, le plus haut degré de quiétude où un homme puisse être absorbé. Le témoignage des représentations figurées est donc ici inférieur à celui des descriptions écrites, et il ne peut être adopté sûrement qu'en tant qu'il s'accorde avec ces descriptions mêmes. Or ce qu'il y a de commun entre la description écrite et la représentation figurée, c'est l'indication d'un renflement de la partie supérieure de la tête; ce qu'il y a de dissemblable, c'est que ce renflement appartient au crâne, selon l'interprétation tibétaine appuyée par le témoignage des représentations figurées, tandis que la valeur de l'expression originale sanscrite ne nous autorise à y voir qu'une disposition particulière de la coiffure. Ce dernier témoignage est à mon avis de beaucoup inférieur à celui que nous apportent l'interprétation tibétaine réunie à l'apparence que nous offrent les représentations figurées. Il ne peut donc exister qu'un seul moyen de concilier avec ces témoignages si parlants la signification classique du mot *uchṇîcha;* c'est d'admettre que ce mot a reçu chez les Buddhistes une acception particulière, et que signifiant dans le principe une coiffure de tête, et selon toute apparence une coiffure destinée à garantir la tête contre les effets redoutables du soleil de l'Inde, il a fini par désigner, chez les Buddhistes, cette protubérance du crâne que leurs statues de Buddha représentent avec une exagération marquée. Du reste quelle que puisse être l'origine de la signification spéciale donnée ainsi à *uchṇîcha,* il est à peu près certain qu'elle appartient en propre au Buddhisme et qu'elle est déjà ancienne. Je propose donc de traduire le premier des signes caractéristiques d'un grand homme comme le font les Tibétains[1], et comme le veulent les monuments figurés : « Sa tête est couronnée « par une protubérance [du crâne]. »

2. *Bhinnâñdjana mayûrakalâpâbhinîla vallita pradakchiṇâvarta kêçah;* V2 *pradakchiṇyavattâkêçaḥ.* Ce second caractère, tel qu'il est défini par le *Lalita vistara,* doit s'exprimer ainsi : « Ses cheveux qui tournent vers la droite sont bouclés, d'un noir foncé, et brillent « comme la queue du paon ou le collyre aux reflets variés. » Les Tibétains traduisent avec un peu plus de liberté, mais à peu près dans le même sens : « Sa chevelure brillante « de reflets azurés comme le cou des paons, tressée et nattée, est rassemblée à droite. » M. Foucaux a justement fait remarquer que les Tibétains avaient substitué le cou à la queue du paon que donne le texte[1]. J'ajouterai, quelque mince que paraisse au premier coup d'œil cette remarque, qu'en préférant le mot *chevelure* à celui de *cheveux,* on modifie ce caractère d'une manière essentielle. Si, en effet, il faut voir ici la masse de la chevelure tressée et nattée, qui serait rassemblée à droite, nous devrons nous représenter le Buddha portant sur la partie droite de la tête quelque marque de la présence de cette chevelure ainsi ramassée; or cela ne se reconnaît sur aucune de ses images. Je montrerai plus bas, en traitant du 79ᵉ des caractères secondaires lequel est relatif aux cheveux bouclés, qu'il n'est pas permis de trouver ici des cheveux nattés, comme semblent le vouloir les Tibétains. Ensuite, il est également impossible que *pradakchiṇâvarta* signifie « rassem- « blé à droite; » cette épithète signifie seulement « tourné vers la droite. »

[1] *Rgya tch'er rol pa,* t. II, p. 107.

La définition du *Lalita* répond parfaitement à l'apparence des images et statuettes jusqu'ici connues des Buddhas; elle décrit les boucles de cheveux que ces images portent sur la tête, et elle les décrit fidèlement; car le mot *vallita*, que deux de nos manuscrits lisent à tort *vatnita*, doit signifier, « qui est en manière de liane, qui tourne comme une liane; » et il est également facile de voir sur les statues mêmes, que ces petites boucles si régulières partent de la gauche pour se diriger vers la droite. La version tibétaine est du reste complétement d'accord avec le texte sanscrit en ce qui touche la couleur des cheveux; ils sont d'un noir foncé, et offrent des reflets comme la queue ou le col du paon, ou comme le collyre noir composé d'antimoine dont les Indiens se servent pour teindre leurs sourcils et leurs paupières. Le sens que j'attribue ici à *bhinna* en composition avec *añdjana* ne sera probablement pas accepté par tous les indianistes; car on sait que M. Gildemeister a essayé d'établir par une discussion étendue, que *bhinna añdjana* désignait « du collyre séparé qui « s'en va par parties, » comme les nuages noirs que la violence du vent sépare et déchiquète en masses irrégulières[1]. Je ne crois cependant pas m'éloigner davantage du sens primitif de *bhinna*, en le traduisant par « du collyre à la couleur changeante; » car Westergaard, qui est généralement une autorité très-sûre pour le sens propre des racines indiennes, le rend par *diversus, dispar, varius*[2]. La mention de la queue ou du col du paon, à laquelle se rapporte aussi l'épithète de *bhinna*, montre évidemment qu'il s'agit ici de reflets; les interprètes tibétains le disent en termes positifs : il y a donc toutes sortes de raisons pour croire que *bhinnâñdjana* signifie « du collyre changeant, » c'est-à-dire du collyre noir, sur la surface duquel la lumière fait apparaître des reflets changeants.

Les observations précédentes portent uniquement sur le n° 2 de la liste du *Lalita;* il est temps de signaler les ressemblances et les différences des autres listes. On remarquera que le *Vocabulaire pentaglotte* ne saisit dans ce caractère que la direction des cheveux, quand il dit que « le Buddha a les cheveux tournés vers la droite; » son énoncé est d'ailleurs une altération barbare d'un mot qui devrait se lire *pradakchiṇâvartakêçaḥ*. Il est assez singulier que la liste népâlaise, ainsi que les quatre listes de Ceylan, omettent ce caractère; il est probable qu'ils l'ont cru identique avec le signe défini au n° 22 du *Lalita vistara*. Cela est en effet assez naturel, et nous verrons, en résumant plus bas ces remarques, ce qui doit résulter de cette identification pour le nombre total des caractères composant ces diverses listes.

Nous sommes actuellement en mesure d'apprécier la justesse des inductions que quelques savants, au commencement de ce siècle, tiraient de l'apparence des cheveux tracés sur les statues des Buddhas. Ces statues, pas plus que les autorités écrites qui les décrivent, ne nous parlent de cheveux crépus, mais bien de cheveux bouclés, deux choses qui sont assez dissemblables pour ne pas être confondues. J'ignore si les savants qui ont vu dans la chevelure d'un Buddha une véritable chevelure d'Africain, avaient sur les caractères distinctifs des races humaines des connaissances plus approfondies que celles qu'un lecteur intelligent peut puiser dans l'étude des livres spéciaux; à en croire A. Rémusat, les

[1] J. Gildemeister, *Die falsche Sanscrit Philologie*, p. 8 et suiv. — [2] *Radices ling. sanscrit.* p. 170.

faits sur lesquels s'appuyait W. Jones n'auraient pas tous été admis par les physiologistes[1]. Quant à moi, mon dessein n'est pas de m'aventurer à leur suite sur ce terrain difficile, et je m'en tiens jusqu'à présent à l'opinion de Pritchard que j'ai rappelée au commencement de ces recherches. C'est au lecteur compétent de décider s'il lui semble que la frisure des cheveux d'un Buddha soit la représentation idéalisée d'une chevelure africaine, ou seulement l'exagération d'une de ces chevelures bouclées comme celle que les poëtes aiment à célébrer dans l'Indien Krichṇa, ou comme celle qui a fait donner au guerrier Ardjuna le nom de *Guḍâkêça*, « celui dont les cheveux sont ramassés en boule[2]. »

Je n'examinerai pas davantage la question de savoir si lorsque des cheveux plats dans l'origine ont été arrachés, ils ne peuvent repousser qu'en formant de petites boucles semblables à celles que nous voyons sur la tête des Buddhas. Cette explication qui s'est présentée à un voyageur embarrassé de l'apparence africaine de la chevelure de Çâkyamuni[3], ne me paraît pas ici parfaitement à sa place; car aucun texte ne nous apprend que ce sage se soit jamais épilé la tête, comme on dit que le font les Djâinas. Les meilleures autorités, au contraire, nous montrent que quand il quitta le palais de son père pour entrer dans la vie religieuse, il se coupa la chevelure avec son glaive; et elles désignent cette chevelure par le nom indien de *tchûḍâ*, qui signifie à proprement parler la mèche de cheveux qu'on laisse sur le vertex, au moment où se célèbre la cérémonie de la tonsure légale[4]. Comment concilier, dit Çâkya, cette mèche de cheveux avec l'état de Religieux mendiant? C'est de cet événement que date la règle de discipline qui ordonne aux néophytes de couper leurs cheveux et leur barbe, quand ils veulent devenir Religieux. Nulle part, je le répète, il n'est dit ou que Çâkyamuni se soit jamais arraché les cheveux, ou qu'aucun de ses disciples se soit astreint à cette pratique. Il est vrai que la règle de la discipline, en faisant au Religieux une injonction de la nécessité de se raser la tête, donne lieu à une difficulté nouvelle, celle de savoir comment il se fait que Çâkyamuni ne soit pas représenté le crâne parfaitement nu, comme le sont ses principaux disciples, au moins sur les peintures népâlaises. Je suis porté à croire que dans le principe les règles relatives à la chevelure ordonnaient seulement aux Religieux de ne pas la laisser pousser à la manière des laïques, et que l'usage de tenir constamment la tête rasée ne se sera introduit que peu à peu. Peut-être même a-t-on voulu, en le généralisant, effacer un des traits les plus apparents par lesquels pouvaient se distinguer entre eux les Religieux sortis de toutes les castes, des plus infimes comme des plus élevées, les uns ayant des cheveux rudes et mêlés, les autres portant la chevelure fine et lisse des Brâhmanes. Ce qu'il y a de certain, c'est que Çâkyamuni dut, pendant la durée de sa longue prédication, conserver des cheveux, puisque diverses légendes parlent de ceux qu'il distribua en présent à quelques dévots. Et il ne paraît pas que les Buddhistes de Ceylan soient embarrassés de la circonstance des cheveux bouclés qui paraissent sur les statues et les images peintes du Buddha; car quand,

[1] *Mél. asiat.* t. I, p. 102.

[2] Voy. ci-dessous, le 79e des caractères secondaires. Sur la signification de *Guḍâkêça*, voy. Lassen, dans la *Bhagavadgîtâ*, p. 265, 2e édit.

[3] C. Mackenzie, dans *Asiat. Res.* t. IX, p. 249, éd. Calc. comp. avec *Asiat. Res.* t. VI, p. 452, éd. Lond. in-4°.

[4] *Lalita vistara*, f. 120 *a* de mon manuscrit A.

en 1797, le colonel C. Mackenzie leur demanda si l'on n'avait pas eu dessein de représenter ainsi la chevelure d'un Africain, ils rejetèrent avec horreur cette supposition, et rappelant la légende qui fait de Çâkya le fils d'un roi indien, ils ajoutèrent que le jeune prince, au moment où il quittait le monde, abattit sa chevelure d'un coup de son glaive, et que c'est le reste de cette chevelure ainsi écourtée que l'artiste a eu l'intention de figurer sur les images qui le représentent[1].

3. *Samavipulalalâṭaḥ*, « Il a le front large et uni. » Ce caractère ne se présente dans aucune des autres listes qui sont entre mes mains; mais il fait partie des quatre-vingt-quatre signes secondaires dont nous nous occuperons plus bas, à l'occasion du n° 70. Il est très-probable que ce signe aura été placé ici par une erreur des copistes du *Lalita vistara*, toutefois l'erreur doit être ancienne, puisqu'elle se trouve également dans la version tibétaine de cet ouvrage.

4. *Ûrṇâ bhruvôr madhyê djâtâ himaradjataprakâçâ;* V4 *djarṇya kêça ûrṇya;* H17 *ûrṇâlaṅkrĭtamukhatâ;* Lc25, L31, M30, D31, *uṇṇâ bhamukantarê djâtâ hôti ôdâtâ mudutûlasannibhâ.* Ce caractère signifie littéralement, « Une laine est née entre ses sourcils, ayant « l'éclat de la neige ou de l'argent. » Les Tibétains le traduisent fort exactement par cette phrase : « Entre ses sourcils est né un cercle de poils de la couleur de la neige et de l'ar- « gent. » Il n'y a aucun doute sur la signification littérale ni sur la valeur religieuse de ce caractère chez les Buddhistes de toutes les écoles. Le Dictionnaire de Wilson nous apprend que le mot *ûrṇâ*, outre son sens de *laine*, a également celui de « cercle de poils « qui pousse entre les deux sourcils, et qui est le signe d'une grandeur future. » Tous les Buddhistes sont d'accord sur ce caractère; seulement il ne faut pas s'arrêter à la manière barbare dont le représente le *Vocabulaire pentaglotte*. La liste népâlaise de M. Hodgson, qui exprime les trente-deux signes d'une manière abstraite, définit celui-ci en ces termes : « L'état d'avoir la face ornée par le cercle de poils nommé *ûrṇâ*, » c'est-à-dire *duvet laineux*. Les quatre listes de Ceylan l'expriment ainsi : « Dans l'intervalle qui sépare ses « sourcils est poussé un cercle de poils blancs, semblables à du coton doux. » Et une de ces listes, celle qui a le plus de développement, ajoute ce vers :

Sêtâ susukkâ mudutûlasannibhâ uṇṇâssa djâtâ bhamukantarê ahu.

« Entre ses deux sourcils naquit un cercle de poils blancs, très-purs, semblables à un « doux coton. » Ce cercle de poils joue, comme on sait, un rôle très-important dans les légendes et dans les *Sûtras* du Nord. C'est de sa partie centrale que s'échappent les rayons miraculeux qui vont éclairer les mondes à de prodigieuses distances; nous en avons un exemple au commencement du *Lotus de la bonne loi*[2].

Je crois même le reconnaître sur les statues des Buddhas, et notamment sur celles qui décorent le grand temple de Boro Budor à Java. Sur le front de ces statues, exactement au-dessus du nez, on aperçoit un signe qui figure un rond ou un cercle. Il n'est pas creusé

[1] *As. Res.* t. VI, p. 453, éd. Lond. in-4°. — [2] Ci-dessus, chap. I, f. 13 *a*, p. 13 de ce volume.

dans la pierre, mais il fait saillie à la base du front en formant une élévation circulaire sur sa surface; c'est ce qu'indique clairement l'examen du profil reproduit dans un des dessins de Raffles[1]. M. G. de Humboldt, qui s'est livré sur ce sujet à une discussion conduite avec sa sagacité et sa circonspection habituelles, ne pouvait méconnaître la signification élevée de ce caractère; en effet, quand il s'agit de représentations aussi peu ornées que le sont celles des Buddhas, le moindre signe peut avoir une valeur considérable[2]. Rapprochant de ce caractère signalé sur les statues javanaises la représentation d'un Tchâitya népâlais, à la base duquel sont les linéaments d'un visage humain[3], et où il croit retrouver la figure de ce célèbre cheveu de Çâkya, qui joue un si grand rôle dans les légendes, M. de Humboldt pense que le cercle frontal des statues de Buddha pourrait bien n'être que l'image de ce cheveu lui-même. Dans la représentation de signes de ce genre, où tout est à peu près conventionnel, l'apparence extérieure est d'une importance secondaire pour l'appréciation de l'objet réel qu'on a voulu figurer. On doit cependant convenir que le trait dessiné entre les yeux du Tchâitya n'est pas sans analogie avec la forme d'un cheveu s'enroulant à son extrémité supérieure. Mais que ce signe soit à cause de cela identique avec le rond ou le cercle qui distingue le front des statues de Java, c'est un point qui ne me paraît pas également démontré. Je remarque en outre que parmi les trente-deux signes de la grandeur humaine que nous étudions en ce moment, le cheveu si vanté n'est pas nommé une seule fois. Il n'en est pas de même du cercle de poils doux et blancs dont toutes les énumérations reconnaissent également l'existence. Cette circonstance me décide à le voir sur les statues javanaises; cependant je me garderai bien d'être tout à fait affirmatif en ce point, et parce que je ne connais ces statues que par des dessins considérablement réduits, et parce que j'hésite toujours à m'éloigner du sentiment de M. de Humboldt, quand il s'agit d'un sujet sur lequel il a porté la lumière de son esprit pénétrant.

5. *Gôpakchmanêtraḥ;* V6 *gôpakcha;* Lc22, L30, M29, D30 *gôpakhumô*. Ce caractère signifie, « Il a les cils comme ceux de la génisse. » C'est exactement de cette manière que l'entendent les Tibétains. Le *Vocabulaire pentaglotte* l'écrit d'une façon très-fautive, et qui ne pourrait signifier que ceci, « Il est du parti de la génisse. » M. A. Rémusat le traduisait par, « les paupières comme le roi des éléphants, » j'ignore sur quelle autorité[4]. Les quatre listes pâlies de Ceylan sont ici, comme dans le plus grand nombre de cas, d'accord pour l'orthographe comme pour la place de ce caractère : *gôpakhumô* est exactement le pâli du sanscrit *gôpakchman*.

6. *Abhinîlanêtraḥ;* V5 *abhinîlanêtra;* H32 *abhinîlanêtratâ;* Lc21, L29, M28, D29 *abhinîlanêttô*. Ce caractère signifie, « Il a l'œil d'un noir foncé. » Les Tibétains l'exagèrent un peu en traduisant, « Il a l'œil grand, blanc et noir ; » A. Rémusat le reproduisait avec plus

[1] *History of Java*, t. II, p. 56 et suiv. et Humboldt, *Ueber die Kawi-Sprache*, t. I, p. 128.

[2] *Ueber die Kawi-Sprache*, t. I, p. 128 et 129.

[3] Hodgson, dans *Transact. of the Roy. asiat. Soc. of Great-Britain*, t. II, pl. III.

[4] *Mél. asiat.* t. I, p. 169.

d'exactitude en disant, « Les yeux de la couleur d'un métal bleu noirâtre[1]. » Les listes du Sud sont ici parfaitement d'accord entre elles et avec celles du Nord.

7. *Samatchatvârimçaddantaḥ*; V7 *tchatvârimaçadantaḥ*; H31 *samatchatvârîmçaddantatâ*; Lc26, L23 *tchattâriçadantô*; M22, D23 *tchattâlisadanto*. Ce caractère signifie, « Il a quarante dents égales; » c'est ce que comprennent également les interprètes tibétains. La comparaison de l'énoncé du *Lalita vistara* et de la liste népâlaise avec celui du *Vocabulaire pentaglotte* et des listes de Ceylan permet de supposer que le *Lalita vistara* réunit avec raison en un article deux caractères très-voisins, le nombre des dents et leur égalité, caractères dont les listes du Sud font deux articles à part. C'est ce que je montrerai plus bas dans mon résumé.

8. *Aviraladantaḥ*; V9 *aviraladantaḥ*; H30 *aviraladantatâ*; Lc27, L25, M24, D25 *avivaradantô*. Ce caractère signifie, « Il a les dents serrées, » littéralement, « sans interstices. » Les Tibétains disent, « Il a les dents solides. » Cette traduction est exacte sans doute, puisque *avirala* signifie *épais, gros, solide*; cependant ce sens n'est que secondaire, car *avirala* veut dire proprement « sans interstices. » Les listes du Sud écrivent *avivaradantô*, ce qui signifie uniquement « qui a les dents sans interstices; » c'est, on le voit, dans ce dernier sens qu'il faut entendre *avirala* du *Lalita vistara*. Le *Vocabulaire pentaglotte* est ici correct.

9. *Çukradantaḥ*; V10 *suçukladantaḥ*; Lc32, L26, M25, D26 *susukkadâṭhô*. Ce caractère signifie, « Il a les dents parfaitement blanches. » Les interprètes tibétains l'entendent exactement de même. Toutes les listes sont ici unanimes, sauf celle des Népâlais, où ne paraît pas ce caractère; mais il est fort probable que le n° 27 de la liste népâlaise *çuklahanutâ*, « la qualité d'avoir la mâchoire ou la joue blanche, » n'est qu'une mauvaise transcription de *çukladantatâ*. On sait que, dans les anciennes formes du dêvanâgari, le द *da* peut quelquefois être confondu avec le ह *ha*, et surtout le न्त *nta* avec le नु *nu*; *hanutâ* peut donc se ramener à *dantatâ*. De plus ce caractère tiré des joues ou de la mâchoire ne se retrouve dans aucune autre de nos listes. Les textes pâlis, en employant le mot *dâṭhâ* au lieu de *danta*, entendent par là désigner les œillères et les canines; nous reviendrons sur cette distinction en parlant des caractères secondaires.

10. *Brahmasvaraḥ*; V14 *Brahmasvaraḥ*; Lc29, L28, M27, D28 *Brahmassarô*. Ce caractère signifie, « Il a le son de voix de Brahmâ, » exactement comme l'ont entendu les Tibétains. Il manque dans la liste népâlaise, mais je soupçonne ici encore quelque faute venant du copiste népâlais; car je trouve dans sa liste, sous le n° 25, un attribut dont je ne rencontre le correspondant nulle part, et qui est écrit *prastamvaratâ*; la confusion de *bra* avec *pra*, de *hma* avec *sta* et de *mva* avec *sva* aura transformé *Brahmasvaratâ* en *prastamvaratâ*, qui d'ailleurs ne donne aucun sens. Les listes de Ceylan augmentent ce caractère d'une addition justifiée par les textes; c'est celle de *karavîkabhânî*, « qui a la voix du

[1] *Mélanges asiatiques*, t. I, p. 169.

« *Karavîka.* » Les Buddhistes du Nord connaissent également ce caractère, et je le trouve formellement exprimé dans deux autres passages du *Lalita vistara*, dont l'un est ainsi conçu : *Kalaviğkaghôchasvaraḥ*, « qui a le son de voix du *Kalaviğka*[1]. » Wilson donne à *kalavîğka* la signification de *moineau*; le pâli *kalavîka*, qui n'en diffère que par la suppression d'une nasale laquelle est compensée par l'allongement de la voyelle, a probablement le même sens. Je dois avertir cependant que l'énumération du *Dharma pradîpikâ* lit *Karavabhâṇî*, « ayant la voix du corbeau, » au lieu de *karavîka*; c'est là une faute évidente. De plus le compilateur singhalais du recueil que je viens de citer explique ainsi ce second caractère, « il a la voix du Kôkila indien ; » mais il lit *kuravîka*, qui en singhalais désigne le *cuculus melanoleucus*. Quand nous serons plus avancés dans la connaissance de ce dernier dialecte et surtout dans la synonymie des noms désignant les êtres naturels, nous aurons peut-être le moyen de décider si *karavîka* et *kuravîka* ne sont pas un seul et même mot désignant le même oiseau, et si cet oiseau n'est pas le *cuculus melanoleucus* des Indiens. Quoi qu'il en soit, le *Lalita vistara* indique dans un autre passage le caractère de ces deux sons de voix, celle de Brahmâ, et celle du *Kalaviğka*, comme l'écrit le texte : la voix de Brahmâ est ainsi nommée, parce qu'elle domine toutes les voix ; et celle du *Kalaviğka*, *kâyatchittôdvilyakaraṇatayâ*, « parce qu'elle remplit de satisfaction le corps et l'esprit[2]. » Nous retrouvons ici, pour le dire en passant, le mot *udvilya*, dont j'ai déjà essayé de déterminer les significations diverses[3]. Dans un autre passage du *Dharma pradîpikâ*, je remarque la citation d'un texte pâli sur la perfection de la voix d'un Buddha, texte que je dois rapporter ici, parce qu'il forme un véritable commentaire à l'article qui nous occupe. *Aṭṭhağgasamannâgatô khô panassa Bhagavatô mukhatô ghôsô nitchtcharati vissaṭṭhôtcha viññêyôtcha mañdjutcha savanîyôtcha viññutcha avisârîtcha gambhîrôtcha ninnâdîtcha. Yathâ parisaṁ khôpana sô Bhagavâ sarêna viññâpêti navassa bahiddhâ parisâyaṁ ghôsô nitchtcharati Brahmassarô khôpana sô Bhagavâ karavîkabhâṇî.* « De la bouche de Bhagavat sort une voix qui est douée de huit « caractères : elle inspire la confiance; elle est intelligible ; elle est belle ; elle est agréable ; « elle est savante ; elle ne se disperse pas ; elle est profonde ; elle est retentissante. Lorsque « Bhagavat instruit l'Assemblée avec sa voix, le son n'en sort pas hors de l'Assemblée ; c'est « que Bhagavat a le son de voix de Brahmâ, qu'il a la voix du passereau. » Voici encore un autre passage où paraissent ces deux caractères réunis : *Karavîkamañdjunâ kaṇṇasukhêna paṇḍitadjanahadayânaṁ amatâbhisêkasadisêna Brahmasarêna bhâsatô Bhagavatô vatchanam abhinandiṁsu anumôdiṁsutcha.* « Ils accueillirent avec satisfaction et assentiment le « discours de Bhagavat qui parlait avec sa voix de Brahmâ, douce comme celle du passe« reau, agréable à l'oreille, et qui était pour le cœur des hommes sages comme une pluie « d'ambroisie[4]. »

11. *Rasarasâgravân;* V11 *raparapâgratâ;* H21 *rasarasâgratâ;* Lc20, L21, M20, D21 *rasaggasaggî*. Ce caractère semble signifier, « Il a le sens du goût excellent, » littéralement,

[1] *Lalita vistara*, chap. XV, f. 117 *b* de mon man. A, et *Rgya tch'er rol pa*, t. II, p. 211.

[2] *Lalita vistara*, chap. XXVII, f. 230 *a* de mon manuscrit A, et *Rgya tch'er rol pa*, t. II, p. 402.

[3] Ci-dessus, chap. 1, f. 4 *b*, p. 308.

[4] *Nidâna vagga*, f. 4 *b* init.

« il a la supériorité du goût des saveurs; » c'est du moins de cette manière que l'entendent les interprètes tibétains. L'orthographe barbare du *Vocabulaire pentaglotte* s'explique par la confusion qu'aura faite le copiste des deux lettres tibétaines པ *pa* et ས *sa*. Mais quelle confiance pourrait-on avoir en ce recueil, si l'on était uniquement réduit aux indications fautives dont il est rempli? A. Rémusat traduit ainsi ce caractère, « salive de haut goût; » ce qui donne un sens singulier et qu'il ne me paraît pas facile de comprendre. Les quatre listes de Ceylan, qui sont unanimes, peuvent s'accorder avec le sens tibétain, mais en substituant un autre terme; en effet, le mot *rasaggasaggî* doit être en sanscrit *rasagrasâgrî*, littéralement, « il a l'extrémité ou la supériorité de l'organe qui saisit les saveurs, » c'est-à-dire, « il a le sens du goût excellent. » Le compilateur singhalais du *Dharma pradîpikâ* représente cet article par *Rasa grâsa agra*. Mais une des listes du *Lakkhaṇa sutta* le fait suivre d'une glose qui n'est pas parfaitement claire pour moi, et où il semble que le terme final, *agga*, conserve son sens physique, au lieu de prendre le sens figuré que lui attribuent les Tibétains. Voici cette glose : *uddhaggassa rasaharaṇiyô gîvâya djâtâ hônti samabhivâhiniyô*. Cela veut-il dire que les sécrétions qui saisissent et entraînent les saveurs, naissent chez lui à l'extrémité supérieure de la langue, au fond de la gorge même? Cela est possible; mais alors l'énoncé du caractère *rasaggasaggî* est d'une concision un peu obscure, car il signifie seulement, si *aggî* garde sa valeur physique, « il a l'extrémité de « ce qui perçoit les saveurs, » ou encore, « il a une extrémité qui saisit les saveurs. » Quoi qu'il en soit de cette difficulté de détail, le résultat de cette glose pâlie ne nous éloigne pas sensiblement de celui de la version tibétaine; car un être assez heureusement doué pour percevoir les saveurs au delà du point où s'opère chez les autres hommes l'action du goût, a vraisemblablement le sens du goût excellent. C'est jusqu'ici la seule conciliation que j'aie pu trouver entre la version tibétaine et la glose pâlie.

12. *Prabhûtatanudjihvaḥ;* V13 *prabhûtatanudjihvaḥ;* H24 *prabhûtadjihvatâ;* Lc28, L27, M26, D27 *pahûtadjivhô*. Ce caractère signifie, « Il a la langue large et mince; » les Tibétains le traduisent, « il a la langue longue et effilée. » Clough, dans son *Dictionnaire singhalais*, donne à l'énoncé pâli, pour lequel nos quatre listes sont unanimes, le sens que j'ai préféré. Les Buddhistes du Sud s'accordent ici encore avec ceux du Nord, sauf qu'ils suppriment l'épithète de *tanu*, « mince. »

13. *Siṁhahanuḥ;* V12 *siṁhahanu;* H26 *siṁhahanutâ;* Lc30, L22, M21, D22 *sîhahanu*. Ce caractère signifie, « Il a la mâchoire du lion; » les Tibétains ne l'entendent pas autrement. Ici encore les Buddhistes de Ceylan sont d'accord avec ceux du Népâl. Le lion, considéré comme le symbole de la plus grande force physique parmi les animaux, donne, ainsi qu'on le verra, plus d'un caractère à cette énumération des perfections d'un homme supérieur. On sait que le grand-père de Çâkya se nommait *Siṁhahanu*.

14. *Susaṁvrĭtaskandhaḥ;* V15 *supaṁvrĭttakandhaḥ;* H19 *susaṁbhrĭtaskandhatâ;* Lc19, L20, M19, D20 *samavattakkhandhô*. Littéralement interprété, ce caractère signifierait,

« Il a les épaules parfaitement arrondies; » mais A. Rémusat traduit déjà cet article par, « les bras arrondis et pleins, » et il se peut que *skandha* ait désigné la partie supérieure du bras. C'est dans ce sens que je traduirais l'énoncé du *Lalita*, « il a le bras bien ar- « rondi. » Les trois listes du Nord s'accordent à exprimer ainsi ce caractère, y compris le *Vocabulaire pentaglotte*, malgré la barbarie de son orthographe. Les quatre listes du Sud, unanimes ici comme dans le plus grand nombre de cas, ajoutent l'idée de *sama*, « égal; » ce qui donne ce sens, « il a les bras égaux et ronds. »

15. *Saptôtsadaḥ;* V16 *saptôdapadaḥ;* H5 *saptôtchhandatâ;* Lc6, L16, M15, D16. Ce caractère signifie proprement, « Il a les sept protubérances, » comme nous l'apprennent les interprètes tibétains. Mais quelles sont ces sept protubérances, c'est ce que je n'ai pas trouvé jusqu'ici dans les livres buddhiques sanscrits que j'ai pu consulter. A. Rémusat exprime ainsi ce caractère, « les sept lieux pleins [1]. » Cette version, encore obscure, offre cependant déjà quelque analogie avec la glose que donne le compilateur singhalais du *Dharma pradîpikâ;* il remplace en effet *sattussada* par *saptasthâna*, « les sept places; » seulement il ne dit pas quelles sont ces sept places. En employant le participe *utsanna*, il ne nous permet pas de douter que le pâli *ussada* ne réponde au sanscrit *utsâda*, pris dans le sens d'*élévation*. Le *Vocabulaire pentaglotte* est ici très-incorrect et à peine intelligible; quant à l'orthographe de la liste népâlaise, elle nous offre le provincialisme de *tchha* pour *tsa*. La combinaison des éléments que je viens de rappeler donne cette traduction, « il a les sept parties rebondies. » Enfin le texte pâli du *Lakkhaṇa sutta* énumère ces parties sur lesquelles doivent apparaître des élévations : « Les protubérances « des sept [membres] sont celles-ci : sur les deux mains, il y a des protubérances; il y « en a sur les deux pieds, sur les deux épaules; il y en a sur les bras. » A ce compte, il semble qu'on devrait trouver huit membres marqués par des élévations ou protubérances; mais le texte ne disant pas les deux bras, tandis qu'il se sert positivement du nombre deux en parlant des autres parties du corps, il est probable que les bras sont envisagés ici collectivement et comme un seul tout.

16. *Tchitântarâm̃çaḥ;* V17 *tchitântaram̃pa;* H20 *tchitântarâĝgatâ;* Lc18, M17, D18 *tchitantaram̃sô,* L18 *tchittataram̃sô.* Ce caractère paraît signifier, « Il a l'entre-deux des « épaules couvert. » Je ne m'explique pas la version tibétaine, « il a le dessus de la main « large, » à moins de supposer que les interprètes ont eu sous les yeux un texte différent du nôtre. A. Rémusat, dans sa version inédite du *Vocabulaire pentaglotte*, qui est fautif ici encore, traduisait, « les deux épaules arrondies et pleines [2]. » Les listes singhalaises sont ici d'accord avec les Népâlais et les Tibétains; une seule de ces listes a *tchittataram̃sô*, ce qui est une faute de copiste.

17. *Sûkchmasuvarṇatchtchhaviḥ;* V18 *sûkchmatchaviḥ;* H15 *çuklatchhavitâ;* Lc12, L13, M11, D12 *sukhumatchhavi.* Ce caractère signifie littéralement, « Il a le lustre [d'une

[1] *Mélanges asiat.* t. I, p. 169. — [2] *Ibid.*

« peau] fine et dorée, » ce que les Tibétains rendent exactement par « la peau fine et de « la couleur de l'or. » Il manque cependant à cette version l'idée de *lustre* qui est fondamentale ici; car il est certainement question en cet endroit moins de la peau que de son poli, de son lustre, qualités qui proviennent de sa finesse. C'est ce qui résulte de ces deux remarques, la première, que la couleur d'or de la peau fera plus tard l'objet d'un caractère spécial, comme je le montrerai dans mon résumé; la seconde, que trois listes singhalaises accompagnent cet article de l'explication suivante : *Sukhumattâ tchhaviyâ radjô djallaṁ kâyê na upalippati.* « Par suite du poli qui résulte de la finesse [de sa peau], la « poussière mêlée à l'eau ne forme pas d'enduit sur son corps. »

18. *Sthitô'navanatapralambabâhuḥ;* Lc16, L10, M8, D9 *ṭhitakôva anônamantô ubhôhi pâṇitalêhi djannukâni parimasati parimadjdjati.* Ce caractère signifie : « Debout et sans qu'il « se baisse, ses bras lui descendent jusqu'aux genoux. » C'est ce qu'exprime également bien la version tibétaine : « Quand il est debout et sans qu'il se penche, sa main arrive à « son genou. » Si ce caractère ne manque pas à la liste népâlaise, il y est singulièrement altéré sous le n° 12, *paturuvâhutâ. Paturu* est-il quelque mot népâlais qui aurait le sens de *pendant?* est-ce seulement une altération, par le fait du copiste, de *pralamba?* Je ne pourrais le décider absolument, mais la dernière supposition me paraît la plus probable. Cet attribut ne se trouve pas davantage dans le *Vocabulaire pentaglotte;* cependant ce recueil ne l'omet pas absolument, puisqu'il le place sous le n° 41 des quatre vingts signes secondaires de beauté, ainsi que nous le verrons plus bas. Il y est incorrectement écrit *sthitâdjñanavanatapralambahutâḥ ;* il faudrait lire *sthita êvânavanatapralambabâhutâ*, « la « qualité d'avoir les bras pendants jusqu'aux genoux, étant debout et sans se baisser. » C'est exactement à cela que revient la définition des listes singhalaises, dont le sens est : « Tout « en restant debout, et sans se baisser, il touche et frotte ses genoux de la paume de ses « deux mains. » On sait que ce mérite est un de ceux dont les poëtes brâhmaniques aiment le plus à faire honneur aux héros indiens.

19. *Siṁhapûrvârdhakâyaḥ ;* V20 *sidhasûrvârdhakâyaḥ ;* H18 *siṁhapûrvârdhakâyatâ ;* Lc17, L17, M16, D17 *sîhapubbaddhakâyô.* Ce caractère signifie : « Il a la partie antérieure du « corps semblable à celle du lion; » c'est exactement de cette manière que l'entendent les interprètes tibétains. Il est évident que par cet énoncé on désigne la poitrine de l'homme privilégié dont on parle. Le compilateur singhalais du *Dharma pradîpikâ* cite, à l'occasion de ce caractère, un passage qui est très-probablement emprunté à un livre canonique; je le rapporte ici à cause de l'idée curieuse qu'il renferme : *Manâpiyêva khô bhikkhavê kammavipâkê patchtchupaṭṭhitê yêhi aggêhi dîghêhi sôbhati tâni aggâni dîghâni saṇṭhihanti; yêhi aggêhi rassêhi sôbhati tâni aggâni rassâni saṇṭhihanti; yêhi aggêhi thûlêhi sôbhati tâni aggâni thûlâni saṇṭhihanti; yêhi aggêhi kisêhi sôbhati tâni aggâni kisâni saṇṭhihanti; yêhi aggêhi puthulêhi sôbhati tâni aggâni puthulâni saṇṭhihanti; yêhi aggêhi mandêhi sôbhati tâni aggâni mandâni saṇṭhihanti*[1]. Ce texte formé par la répétition de six courtes phrases, répéti-

[1] *Dharma pradîpikâ*, f. 5 *a*.

tion qui est tout à fait conforme au génie antique, signifie : « Quand la rétribution des « œuvres, ô Religieux, amène un résultat favorable, l'homme conserve les parties de son « corps telles qu'elles étaient auparavant, qu'elles fussent longues ou courtes, pleines ou « maigres, larges ou étroites; » c'est-à-dire que, quand après une vie de bonnes œuvres l'homme passe dans une autre existence pour y être récompensé, il y conserve son corps tel qu'il était auparavant. Le seul mot qui me laisse des doutes est *mandâni*, que je ne suis pas sûr de bien lire, et que je traduis comme l'opposé de *puthulâni*.

20. *Nyagrôdhaparimaṇḍalaḥ;* V21 *nyagrôdhaparimaṇḍala;* H22 *nyagrôdhaparimaṇḍalatâ;* Lc15, L19, M18, D19 *nigrôdhaparimaṇḍalô*. Ce caractère signifie littéralement : « Il a la « taille d'un *Nyagrôdha;* » mais comme le sanscrit *nyagrôdha* signifie à la fois *brasse* et *figuier* (le *ficus Indica*), on n'aperçoit pas du premier coup ce que les Buddhistes ont voulu exprimer par ce caractère. Les Tibétains, qui l'appliquent à la taille de l'homme supérieur, y voient le nom du *figuier indien*, et traduisent : « il a le corps arrondi comme la « tige du *nyagrôdha*. » Toute idée d'arbre a disparu de la traduction que proposait, il y a déjà longtemps, A. Rémusat, « majesté pleine et suffisante; » mais cette idée reparaît dans les versions mongoles et mantchoues, « corps tranquille et majestueux comme l'arbre « *Nyagrôdha*[1]. » Cette dernière traduction est, à proprement parler, un commentaire; elle nous montre cependant que les Mongols sont d'accord avec les Tibétains pour entendre par le mot de *nyagrôdha* l'arbre si commun dans l'Inde, et que nos botanistes appellent *ficus Indica*. C'est à cette opinion que je crois également devoir m'arrêter; mais sans rien préciser positivement sur les caractères à l'aide desquels on peut assimiler la taille d'un homme au figuier dit *nyagrôdha*, je crois cependant nécessaire d'ajouter le mot de *tige;* car c'est sur la rondeur, ou la direction parfaitement droite de cette tige, que doit reposer l'assimilation exprimée ici. Je traduis donc : « il a la taille comme [la tige de] l'arbre *Nyagrôdha*. » D'un autre côté, les Buddhistes singhalais préfèrent donner à *nyagrôdha* la signification de *brasse*, comme on peut le voir par la glose que reproduisent trois de nos listes : *Yâvatakvassa kâyô tâvatakvassa vyâmô yâvatakvassa vyâmô tâvatakvassa kâyô*. « Quel est son « corps, telle est une brasse; quelle est une brasse, tel est son corps. » Voilà une définition qui nous donne une idée suffisante du volume d'un homme éminent, selon les idées buddhiques, et aussi selon les idées indiennes qui comptent l'ampleur de la taille parmi les mérites d'un souverain. La traduction d'A. Rémusat, dont je ne puis d'ailleurs garantir l'exactitude, ne parle ni de volume, comme les Singhalais, ni de rondeur, comme les Tibétains; mais cette idée de « majesté pleine et suffisante » nous rapproche cependant un peu de l'interprétation des Buddhistes du Sud, puisque chez les Indiens l'ampleur de la taille est un des signes essentiels de la majesté. Je dois cependant avertir que ce caractère ainsi entendu ne se retrouve pas sur les statues ou représentations figurées des Buddhas qui nous sont actuellement connues; ces statues les représentent avec une taille droite et très-mince. Le seul moyen qu'on aurait de concilier la définition des Singhalais avec les représentations de l'art, serait d'admettre que cette circonférence d'une brasse est

[1] *Mélanges asiat.* t. I, p. 169.

proportionnelle à la hauteur totale du corps, qui dans cette supposition serait celui d'un géant. Quand on songe qu'il s'agit ici de décrire les perfections d'un être qui sera ou un Buddha, ou un monarque souverain des quatre continents fabuleux, il est moins surprenant qu'on lui ait attribué une taille plus qu'humaine. On remarquera de plus, que lorsque une statue du Buddha Çâkyamuni, soit assis, soit couché, se trouve dans un temple ou un *vihâra* de Ceylan, entourée de scènes représentant les actions de sa vie mortelle, scènes ordinairement figurées sur les murs de ces temples, cette statue est toujours d'une grandeur démesurée, et généralement du double ou du triple au moins de la hauteur des autres personnages.

21. *Ekâikarômâ;* V22 *ĕkâikarômapradakchiṇyavartaḥ;* H16 *pradakchiṇâvartâikarômatâ;* Lc24, L14, M12, D13 *ĕkĕkalômô.* Ce caractère signifie : « Ses poils naissent un à un, » ainsi que l'ont bien rendu les interprètes tibétains. Les leçons du *Vocabulaire pentaglotte* et de la liste népâlaise, qui ajoutent ici l'idée de la direction des poils, de cette manière, « ses poils naissent un à un et sont tournés à droite, » réunissent ensemble deux caractères qui dans le *Lalita vistara* et dans les listes singhalaises sont nettement séparés, ainsi qu'on va le voir immédiatement. Ces dernières listes donnent, pour plus de clarté, cette courte glose : *ĕkĕkâni lômâni lômakûpĕsu djâtâni,* et *na lômakûpĕsu dvĕ adjâyiṁsu,* « les poils « naissent un à un dans ses pores, » et « dans ses pores il ne naît jamais deux poils à la « fois. » Voilà un caractère en apparence peu significatif; mais on en comprendra mieux la valeur, si l'on pense qu'il s'agit ici d'un homme né sous le climat de l'Inde, où la chaleur stimule énergiquement l'action des tissus placés à la surface du corps, et peut donner lieu au développement exagéré des poils.

22. *Ûrdhâgrâbhipradakchiṇâvartarômâ;* V23 *ûrdhaǵgarôma;* H10 *ûrdhvâǵgarômatâ;* Lc10, L15, M13, D14 *uddhaggalômô.* Ce caractère signifie : « Ses poils sont tournés vers la droite « à leur extrémité supérieure. » La version tibétaine a donné à M. Foucaux la traduction suivante : « Les poils de ses membres supérieurs sont tournés de droite en haut. » Il me semble que cette interprétation est peu exacte; du moins elle n'est pas justifiée par les leçons des autres listes. Celle du *Vocabulaire pentaglotte* et des Népâlais peut sans doute se traduire, « il a des poils à la partie supérieure du corps; » mais quand on pense à la facilité avec laquelle peuvent se confondre *nga* (*ǵga*) et *gga,* il est à peine permis de douter que la vraie leçon soit *agra,* en pâli *agga,* et non *aǵga.* Or, de cette leçon résultera cette version exacte : « ses poils ont la pointe en haut, » ou « ses poils sont dressés. » Le *Mahâpadhâna sutta* développe ainsi ce caractère : *uddhaggâni lômâni djâtâni nîlâni añdjana vaṇṇâni kuṇḍalavattâni padakkhiṇavattâni djâtâni;* le *Lakkhaṇa sutta* et le *Dharma pradîpikâ* ont à peu près la même formule, sauf quelques modifications, dont la plus importante est l'omission de *kuṇḍalavattâni.* Cette formule signifie : « Ses poils, une fois nés, « ont la pointe dressée, sont noirs, de la couleur du collyre, tournés en forme d'anneau, « se dirigeant vers la droite. » On voit que la description des Buddhistes du Sud, en ce qui touche aux *lômans,* est identique avec celle du *Lalita vistara,* placée sous le n° 2 de

la présente liste. Cela doit être, si l'une se rapporte aux poils en général, y compris les cheveux, et l'autre aux cheveux en particulier. Cela peut être encore, si l'on veut que l'une ne parle que des poils, et l'autre que des cheveux; car ces deux produits de la peau doivent présenter des caractères analogues, sur quelque partie du corps qu'ils prennent naissance.

23. *Kôçôpagatavastiguhyaḥ*; V24 *kôchôgatavastiguhyaḥ*; H13 *kôchagatavastigahyatâ*; Lc14, L11, D10 *kôsôhitavatthaguyhô*; M9 *kôsôhitavatthiguyhô*. Ce caractère signifie : « L'organe secret de la région pubienne est rentré dans son étui, » ou, comme le disent les interprètes tibétains : « Ce qu'il faut cacher est rentré et caché. » Les listes du Nord suivent uniformément la même leçon, où le trait fondamental est *vasti*, « le bas-ventre, la région « hypogastrique, » car *guhya* désigne seulement d'une manière générale « ce qui doit être « caché. » Une seule des quatre listes singhalaises a ce mot, qui est en pâli *vatthi*. Les trois autres listes ont *vattha*, ce qui donne ce sens : « il a ce qui doit être caché par le vê« tement rentré dans son étui; » et le texte singhalais du *Dharma pradîpikâ* appuie cette leçon en lisant *vastra*. A. Rémusat avouait ne pas comprendre ce caractère, à cause du peu de secours qu'il avait entre les mains.

24. *Suvartitôruḥ*; V25 *suvaratitôru*. Ce caractère, qui signifie : « Il a les cuisses parfai« tement rondes, » manque dans cinq listes, celle des Népâlais pour le Nord, et les quatre listes pâlies pour le Sud; il est probable qu'on le confondait avec le caractère suivant. Nous en retrouverons d'ailleurs bientôt l'analogue dans la liste des quatre-vingts signes secondaires.

25. *Âiṇêyamrĭgarâdjadjaṅghaḥ*; V32 *êṇêyañdjaṅghaḥ*; H11 *âiṇêyadjaṅgatâ*; Lc11, L9, D8 *êṇidjaṅghô*. Ce caractère signifie : « Il a la jambe du roi des gazelles ou de l'antilope « femelle. » Les Tibétains ont traduit : « sa jambe est comme celle de l'*Âinaya*, roi des « gazelles. » Mais je crois que le *Lalita vistara* prend ici deux animaux distincts pour terme de comparaison; car, à s'en tenir au sanscrit classique, *âiṇêya* signifie « qui appartient « à l'*êṇi* ou à l'antilope femelle. » Cette interprétation est appuyée par les trois listes singhalaises qui ont *êṇidjaṅghô*, « il a la jambe d'une *êṇî*, » c'est-à-dire d'une femelle d'antilope. Il n'est pas probable qu'on ait appelé cette antilope « le roi des gazelles. » Ensuite, *mrĭgarâdja* désigne plus souvent le lion que tout autre animal sauvage; de sorte que s'il s'agissait d'un sanscrit régulier, on devrait traduire cet article ainsi : « il a la jambe du lion « ou de l'antilope femelle. » Je remarque que ce caractère manque dans la liste du *Mahâpadhâna*; mais ce doit être une omission du copiste.

26. *Dîrghâṅguliḥ*; V3 *dîrghaṅguli*; H6 *dîrghâṅgulitâ*; Lc4, L4, M4, D4 *dîghaṅguli*. Ce caractère signifie : « Il a les doigts longs, » comme l'entendent exactement les Tibétains. Toutes les listes sont d'accord sur cet article, sauf les incorrections du *Vocabulaire pentaglotte*. Il est très-probable qu'il s'agit ici des doigts des pieds.

27. *Âyatapârchṇipâdaḥ;* V31 *âyatapâdapârchiḥ;* H7 *âyatapârchṇitâ;* Lc3, L3, M3, D3 *âyatapaṇhi.* Ce caractère signifie : « Ses pieds ont le talon développé ; » les Tibétains le rendent de la même manière. La leçon des listes de Ceylan donne la même version, et deux de ces listes font suivre ce caractère de cette courte glose, *vipuladîghapâṇikô,* « il a le « talon large et long. » La traduction que proposait A. Rémusat, « la plante des pieds suf- « fisamment remplie, » ne doit pas être exacte.

28. *Utsaĝgapâdaḥ;* V26 *utchtchhaṁkhapâdaḥ;* H9 *utsaṁgapâdatâ;* Lc9, L8, M7, D7 *ussaṁkhapâdô.* Ce caractère me paraît signifier : « Il a le cou-de-pied saillant. » Les Tibétains traduisent cette définition un peu plus vaguement, de cette manière : « il a le dessus du « pied relevé. » A. Rémusat proposait de dire : « il a l'os du genou agréablement arrondi. » Je ne crois pas que cette dernière traduction puisse être admise. On remarquera que nos listes se partagent en deux leçons, selon l'orthographe qu'elles adoptent pour le premier terme du composé; le *Lalita* et la liste népâlaise ont *utsaĝga;* les quatre listes de Ceylan et le *Vocabulaire pentaglotte* ont *utchtchhaṁkha,* et en pâli *ussaṁkha.* En sanscrit *utsaĝga* désigne la hanche, et la pente ou la descente d'une montagne; l'autre mot, *utchtchhaṁkha,* qui ne se trouve pas, mais qui est composé de *ut* et de *çaĝkha,* devrait signifier, « qui a l'os du front saillant. » On voit que la définition du caractère qui nous occupe applique à la description du pied deux termes déjà employés dans la langue pour désigner d'autres parties du corps. Cela nous prouve que ces termes doivent être pris ici dans leur sens étymologique et avec une certaine latitude d'application. Ainsi, que l'on préfère la leçon *utsaĝga,* « pente d'une montagne, » et l'on en déduira naturellement cette traduction « son pied a une pente, » c'est-à-dire que son pied a un point élevé d'où il descend en pente, en d'autres termes, « il a le cou-de-pied haut. » Au contraire, que l'on choisisse *utchtchhaĝkha,* et l'on aura cette interprétation, « son pied a un os saillant comme est « l'os du front, » ce qui semble nous conduire plus directement à la cheville qu'à toute autre partie du pied. C'est même le sens que j'aurais préféré, si nous ne trouvions pas au n° 8 des attributs secondaires un caractère tout à fait contradictoire, celui de la cheville cachée. Je ne crois donc pas pouvoir m'éloigner du sens donné par les Tibétains au terme de *utsaĝga,* où je propose de voir la signification de « cou-de-pied élevé. »

29. *Mrĭdutaruṇahastapâdaḥ;* V27 *mrĭdutaṇahastapâdatala;* H4 *mrĭdutaruṇahastapâdatalatâ;* Lc7, L6, M5, D5 *mudutaluṇahatthapâdô.* Ce caractère signifie : « Il a les pieds et « les mains douces et délicates. » Il y a unanimité entre les listes sur cet article; cependant le *Vocabulaire pentaglotte* et la liste népâlaise lui donnent un peu plus de précision en le terminant par *tala,* « la paume de la main, et la plante du pied. » Cela n'est certainement pas une preuve que cette leçon soit plus ancienne que l'autre; elle se trouve cependant déjà dans la version tibétaine.

30. *Djâlaĝgulihastapâdaḥ;* V28 *djâlâbandhahastapâta;* H3 *djâlâvaddhavadjrâĝgulipâṇipâdatalatâ;* Lc8, L7, M6, D6 *djâlahatthapâdô.* Ce caractère signifie : « Les doigts de ses pieds

« et de ses mains sont marqués de réseaux, » littéralement, « Il a des pieds et des mains « dont les doigts ont des réseaux. » Les quatre listes de Ceylan ne parlent pas des doigts, et donnent uniquement ce détail : « Ses pieds et ses mains ont des réseaux. » Quant à ce qu'il faut entendre par « des pieds, des mains, des doigts qui ont des réseaux, » le *Vocabulaire pentaglotte* et la liste népâlaise ajoutent à leur définition un terme qui ne permet pas le moindre doute; c'est le mot *âbandha*, ou plus correctement *âbaddha*, signifiant, « attaché à, attaché sur. » Les leçons de ces deux autorités doivent donc se traduire littéralement, celle du *Vocabulaire pentaglotte*, « il a des pieds et des mains sur lesquelles sont « attachés des réseaux; » et celle de la liste népâlaise, « la qualité d'avoir sur la plante de « ses pieds, sur la paume de ses mains, sur ses doigts précieux des réseaux attachés. » Il me paraît évident qu'il ne peut être ici question de réseaux qu'on aurait attachés aux mains et aux doigts de l'homme dont on entend décrire les perfections physiques, mais qu'on exprime ainsi figurativement les lignes qui se croisent sur les mains et les doigts potelés des personnes corpulentes et un peu âgées. C'est un caractère assez singulier sur lequel je ne manquerai pas de revenir, quand j'apprécierai la valeur ethnographique et historique de cette double énumération des trente-deux signes de beauté et des quatre-vingts attributs secondaires.

La version tibétaine a cependant fourni à M. Foucaux une interprétation très-différente de celle que je viens d'exposer, et qui, je l'avoue, me paraît assez inattendue; la voici : « Les doigts de ses pieds et de ses mains sont réunis par une membrane. » Veut-on dire par là que les doigts du Buddha laissent voir à leur base une peau, ou si l'on veut, une membrane lâche destinée à les réunir sans en gêner l'écartement? cela n'aurait rien d'extraordinaire, et je doute qu'il valût la peine de le remarquer. Veut-on dire au contraire positivement la chose même qu'expriment ces termes si précis, « sont réunis par « une membrane, » savoir qu'une membrane rattache les uns aux autres les doigts des mains et des pieds dans toute leur étendue ou seulement en partie? alors cela ne va à rien moins qu'à faire passer celui qu'on représente comme le modèle de l'humanité dans la classe des palmipèdes, ce qu'aucune nation buddhiste à ma connaissance, au Tibet ou ailleurs, n'a certainement pu vouloir dire. Le système de littéralité absolue que suivent les Tibétains est probablement la cause de cette équivoque. En sanscrit elle n'est pas possible, car *djâla* n'y signifie jamais *membrane*. Outre sa signification primitive en tant que dérivé de *djala*, « eau, » le mot *djâla* désigne un *filet*, un *réseau*, puis un *treillage*, comme ceux qu'on place aux fenêtres et dont on voit la figure sur les monuments et les peintures indiennes. Il ne m'appartient pas de décider si le terme tibétain *dra ba*, par lequel l'interprète du *Lalita vistara* remplace le sanscrit *djâla*, signifie à la fois *réseau* et *membrane*; mais quand cela serait, je ne verrais pas de raison de préférer à la première acception, qui donne un sens raisonnable, la seconde, d'où résulte une interprétation que ne justifient d'aucune façon les peintures ni les statues de Çâkya, où les doigts longs et parfaitement détachés les uns des autres n'offrent aucune trace de membrane qui les unisse. J'ajouterai que les textes buddhiques du Nord qui sont à ma disposition ne m'ont pas jusqu'à présent fourni le moyen de décider définitivement entre mon interprétation et celle des Tibétains. Ainsi j'avais cru pouvoir trouver quelques lumières dans le *Lalita vistara* à l'endroit où il énumère les causes qui font qu'un Buddha est doué des plus hautes qualités intellectuelles. Mais est-ce bien sérieusement que les Buddhistes ont pu dire qu'un Buddha est *djâlagguli-hastapâda*, parce que pendant un très-long temps il a fatigué son corps et ses mains à servir, à baigner et à frotter de substances onctueuses son père, sa mère et d'autres personnages respectables [1] ?

31. *Adhaḥ kramatalayôç tchakrê djâtê tchitrê artchichmatî prabhâsvarê 'sitê sahasrârê sanêmikê sanâbhikê;* V29 *tchakrâṁkitahastapâdatala;* H1 *tchakrâġkitapâṇipâdatalatâ;* Lc2, L2, M2, D2 *heṭṭhâpâdatalêsu tchakkâni djâtâni hônti sahassarâṇi sanêmikâni sanâbhikâni sabbâkâraparipûrâṇi suvibhattantarâni.* Ce caractère, qui est ici développé avec tant de mots, signifie : « Sous la plante de ses deux pieds sont nées deux roues belles, lumineuses, brillantes, blanches, ayant mille rais retenus dans une jante et dans un moyeu. » C'est aussi là le sens que donne la version tibétaine. Les quatre listes de Ceylan, qui sont unanimes, sauf de très-légères variantes qui n'altèrent pas le sens, expriment aussi ce caractère presque dans les mêmes termes : « Sous la plante de ses pieds sont nées deux roues aux mille rais, ayant une jante, un moyeu, accomplies de tout point, et dont les intervalles sont régulièrement partagés. » Ce caractère est un de ceux auxquels les Buddhistes de toutes les contrées attachent le plus de prix ; on en aperçoit la trace sur la plante des pieds d'un grand nombre de Buddhas assis ; enfin il occupe le premier rang parmi les signes qui, dans l'opinion des Buddhistes, apparaissent sur les empreintes célèbres du pied fortuné, ou du pied de Çâkyamuni, que plusieurs nations voisines de l'Inde se vantent de posséder : c'est ce que nous verrons bientôt dans la quatrième section de la présente note. On remarquera que le *Vocabulaire pentaglotte* et la liste du *Dharma saġgraha* donnent ce caractère avec la concision d'une énumération dogmatique et sans aucun des développements des autres listes.

32. *Supratisthitasamapâdaḥ;* V30 *supratichṭhatapâda;* H2 *supratichṭhitapâṇipâdatalatâ;* Lc1, L1, M1, D1 *suppatiṭṭhitapâdô.* Ce caractère signifie : « Il a les pieds unis et bien posés ; » les Tibétains le traduisent d'une manière analogue, d'après M. Foucaux : « Il se tient parfaitement droit sur ses pieds égaux. » Le *Vocabulaire pentaglotte* est, comme à l'ordinaire, extrêmement incorrect. La liste du *Dharma saġgraha* extraite par M. Hodgson ajoute à la description des pieds celle des mains, de cette manière : « La propriété d'avoir la plante des pieds et [la paume] des mains bien établie, bien dressée. » Cet énoncé doit être fautif, car outre que les mains n'ont rien à faire en cet endroit, le mot *sama*, « uni, » qui est indispensable à la description, manque complétement ; or ce que la description veut dire ici, c'est que l'homme dont il est question est parfaitement droit sur ses jambes, et que ses pieds sont unis. Les quatre listes du Sud, unanimes comme dans le plus grand nombre de cas, donnent exactement la même interprétation que celle du *Lalita vistara*. Celle que pro-

[1] *Lalita vistara*, f. 223 *a* de mon man. A. Ce morceau manque dans la version française du *Lalita vistara* tibétain.

posait A. Rémusat, « le dessous du pied plein et rempli[1], » n'est pas aussi éloignée de l'interprétation littérale qu'on pourrait le croire au premier coup d'œil; elle veut dire qu'il n'y a pas de vide sous la plante de ses pieds; or c'est exactement ce qu'on trouve dans la glose singhalaise du *Dharma pradîpikâ* qui accompagne le caractère qui nous occupe. Cette glose rapporte encore quelques textes pâlis en vers qu'on est vraisemblablement dans l'usage de citer à l'occasion de ce caractère; je crois utile de les reproduire ici, quoique je ne puisse encore dire à quel ouvrage ils appartiennent.

Ninnam̃ ṭhânam̃ unnamati gatchtchhantê lôkanâyakê
Unnatañtcha samam̃ hôti paṭhavîtcha atchêtanâ
Pâsânâ sakkharâtchêva kaṭhalâ khânukaṇṭhakâ
Sabbê sammaggâ vidjdjanti gatchtchhantê lôkanâyakê
Gatchtchhatô Buddhasêṭṭhassa hêṭṭhâ pâdatalam̃ mudu
Samam̃ samphusatê bhûmim̃ radjasânupalimpati
Nâgavikkantavârô sô gamanê sôbhatî djinô
Pâram̃ gatchtchhati lôkaggô bhâsayantô sadêvakam̃[2].

« Là où s'avance le chef du monde, les lieux bas se relèvent, et les endroits élevés de-« viennent unis, ainsi que la terre insensible. Les pierres, le gravier, le sable, les trous, « les endroits raboteux, tout devient un bon chemin, là où s'avance le chef du monde. « Quand marche le plus parfait des Buddhas, la plante de ses pieds qui est douce, est par « tous les points également en contact avec la terre, et n'est pas souillée par la poussière. « Avec le pas balancé d'un éléphant, le Djina brille par sa démarche; le chef du monde « atteint l'autre rive, le remplissant de splendeur, ainsi que les Dêvas. »

Ces vers expriment avec un peu de diffusion l'idée indiquée par le trente-deuxième caractère de la liste du *Lalita vistara*, « La plante des pieds du Buddha est unie; » et cette perfection recherchée est chez lui si grande, qu'elle se communique aux surfaces inégales qu'il vient à rencontrer dans sa marche.

Dans le cours des analyses qui précèdent, j'ai signalé les nombreuses ressemblances qui existent entre les sept listes des caractères distinctifs d'un grand homme. Ces ressemblances sont telles, et par leur nombre, et par la nature des signes sur lesquels elles portent, qu'on en doit hardiment conclure que toutes ces listes partent d'un fonds primitivement identique. Quant aux différences, elles ont été également indiquées, et l'on a dû apprécier combien peu elles sont importantes. Il en est cependant plusieurs sur lesquelles il est nécessaire de revenir, parce que voulant grouper autour de la liste du *Lalita vistara* tous les caractères analogues qui se trouvent dans les autres listes, je n'ai pu toujours indiquer comment était exprimé dans ces listes mêmes un caractère manquant au *Lalita*. Il faut donc donner ici en quelques mots le résumé de toute cette recherche, pour qu'on puisse mesurer d'un coup d'œil les ressemblances et les différences qu'on remarque dans les diverses autorités qui sont à ma disposition.

[1] *Mélanges asiat.* t. I, p. 170. — [2] *Dharma pradîpikâ*, f. 2 *b* et 3 *a*.

Je présenterai d'abord en un tableau l'ordre selon lequel sont disposés, dans chacune des sept listes, les caractères qui leur sont communs à toutes. Dans ce tableau les chiffres placés entre crochets désignent les caractères appartenants en propre aux six dernières listes, et ne se trouvant pas dans le *Lalita vistara.*

LALITA VISTARA.	VOCABULAIRE PENTAGLOTTE.	DHARMA SANGGRAHA.	LAKCHANA SUTTA C.	LAKCHANA SUTTA.	MAHÂPADHÂNA SUTTA.	DHARMA PRADÎPIKÂ.
1	1	23	23	32	31	32
2	2	[28]	[31]	[24]	[23]	[24]
3	[8]	[14]	[13]	[12]	[10]	[11]
4	4	17	25	31	30	31
5	6	[29]	22	30	29	30
6	5	32	21	29	28	29
7	7	31	26	23	22	23
8	9	30	27	25	24	25
9	10	27	32	26	25	26
10	14	25	29	28	27	28
11	11	21	20	21	20	21
12	13	24	28	27	26	27
13	12	26	30	22	21	22
14	15	19	19	20	19	20
15	16	5	6	16	15	16
16	17	20	18	18	17	18
17	18	15	12	13	11	12
18	[19]	[12]	16	10	8	9
19	20	18	17	17	16	17
20	21	22	15	19	18	19
21	22	16	24	14	12	13
22	23	10	10	15	13	14
23	24	13	14	11	9	10
24	25	[8]	[5]	[5]	[14]	[15]
25	32	11	11	9	[0]	8
26	3	6	4	4	4	4
27	31	7	3	3	3	3
28	26	9	9	8	7	7
20	27	4	7	6	5	5
30	28	3	8	7	6	6
31	29	1	2	2	2	2
32	30	2	1	1	1	1

On voit maintenant de quelle nature sont les ressemblances et les différences, quant à la disposition des caractères dans ces diverses listes comparées entre elles. Les trois premières listes sont empruntées à des ouvrages rédigés en sanscrit; les quatre autres, qui paraissent ici pour la première fois, le sont à des livres faisant autorité chez les Buddhistes de Ceylan, livres rédigés en pâli, et dont deux sont des *Suttas*. De ces sept listes, les quatre dernières se suivent avec une régularité presque parfaite; sauf un seul caractère omis vraisemblablement par le copiste du *Mahâpadhâna sutta*, et que j'ai indiqué par un zéro, ces quatre listes peuvent passer pour émanées d'un même original. Comparées aux trois autres listes, à celles du Nord, qui ont été écrites en sanscrit, elles offrent des ressemblances et des différences qu'il importe de noter. Les ressemblances sont frappantes entre les listes de Ceylan et celle du *Dharma saggraha* qu'a publiée M. Hodgson. Ainsi ces listes commencent toutes également par la description des parties inférieures du corps, et c'est aussi de cette manière que commence l'énumération de M. Hodgson. Malgré quelques déplacements, cette liste marche de pair avec celles du Sud; et ce qu'il faut surtout remarquer, c'est que là où les listes du Sud diffèrent de la liste du *Lalita vistara* par la substitution d'un caractère, l'énumération de M. Hodgson en diffère aussi de la même façon. Une fois cette énumération mise de côté et ramenée au type des listes de Ceylan, les différences ne subsistent plus qu'entre ces listes d'un côté et le *Lalita vistara* et le *Vocabulaire pentaglotte* de l'autre. J'attache, je l'avouerai, beaucoup moins d'importance au *Vocabulaire pentaglotte* qu'au *Lalita vistara* : quoi qu'on ait pu dire de ce recueil, ce n'est qu'une compilation extrêmement fautive; et un ouvrage de ce genre ne peut balancer l'autorité des textes originaux, soit sanscrits, soit pâlis. Reste donc le *Lalita vistara*, qui diffère des listes du Sud et par la disposition générale des caractères, en ce qu'il place au premier rang les parties supérieures du corps, et par l'adoption de quelques caractères qui dans les listes du Sud, sont représentés par d'autres attributs. Cela se remarque aux n°s 2 et 3, ainsi qu'au n° 24 du *Lalita;* de son côté le *Vocabulaire pentaglotte* se tient assez près du *Lalita*, puisqu'il ne s'en éloigne qu'au n° 3 et au n° 18. Quelques mots feront voir de quelle nature sont ces divergences.

En analysant le n° 2 du *Lalita*, j'ai montré que le caractère qu'il exprime, savoir : « ses « cheveux qui tournent vers la droite sont bouclés, d'un noir foncé, » quoique manquant aux quatre listes pâlies et à celle du *Dharma saggraha*, ne devait pas être considéré comme réellement absent de ces listes, puisque, sauf la substitution du mot *poils* au mot *cheveux*, il se retrouve dans les articles des autres listes qui sont analogues au n° 22 du *Lalita vistara*. Il résulte de cette observation, que le *Lalita vistara* et aussi le *Vocabulaire pentaglotte* qui l'imite, dédoublant un caractère qui pour les cinq autres listes reste unique, il y a lacune d'un caractère, non pas pour ces cinq listes, mais pour le *Lalita vistara* et pour le *Vocabulaire pentaglotte*.

Au n° 3 du *Lalita vistara*, « Il a le front large et uni, » correspond un autre caractère dans les six autres listes; cependant ici encore la lacune ne doit pas être imputée à ces listes, mais bien au *Lalita vistara*, qui place parmi les trente-deux signes de la supériorité physique, un caractère appartenant aux quatre-vingts marques secondaires nommées *anuvyañdjana;* c'est ce que nous reconnaîtrons tout à l'heure sous le n° 70, en passant en revue ces caractères. Nous constatons donc une seconde lacune dans la liste du *Lalita vistara*.

On n'en peut plus dire autant du n° 24 du *Lalita vistara*, que suit le *Vocabulaire pentaglotte*, savoir : « Il a les cuisses parfaitement rondes; » j'ai conjecturé que ce caractère devait avoir été confondu par les autres listes avec le caractère suivant, qui assimile les jambes d'un homme supérieur à celles de l'antilope femelle[1]. Ainsi le *Lalita vistara* et le *Vocabulaire pentaglotte* donnant un caractère qui manque dans les autres listes, constatent pour ces listes la lacune d'un caractère.

En résumé, quand on compare la liste du *Lalita vistara* avec les cinq autres listes, celles des Népâlais et des Singhalais (car je laisse à dessein de côté le *Vocabulaire pentaglotte* qui se range auprès du *Lalita*), on trouve que la plus grande différence qui existe entre le *Lalita* et ces listes, c'est l'omission de deux caractères qui manquent dans le *Lalita*, tandis que ces listes les possèdent, et l'omission dans ces listes d'un caractère par la confusion de deux attributs en un seul.

Ainsi la liste du *Dharma saggraha* donne sous le n° 8, *Rĭdjugâtratâ*, caractère qui dans les autres listes se trouve sous la forme suivante : Lc5, L5, M 14, D15 *Brahmudjdjugattô*. Ce caractère doit signifier : « Il a les membres droits comme Brahmâ. » La liste de M. Hodgson se contente de dire : « Il a les membres droits. » Le *Lakkhaṇa sutta* ajoute quelques mots pour éclaircir cet article : *Brahmaviyudjdju subhô sudjâtigattô*. « Comme « Brahmâ, il est droit, beau, il a les membres bien formés. » L'accord des listes de Ceylan avec le *Dharma saggraha* prouve la parfaite authenticité de ce caractère ; il doit donc être rétabli dans la liste générale. Et quant à la divergence qu'offrent ici le *Lalita vistara* et le *Vocabulaire pentaglotte*, elle s'explique vraisemblablement pour le second recueil par le peu de soin avec lequel il a été exécuté, et pour le premier, parce que quand il parle des trente-deux caractères, il n'en donne pas, comme je l'ai cru remarquer, une énumération technique, mais seulement un exposé général et presque oratoire, qui vient à l'occasion de la naissance du Buddha.

Au n° 14 de la liste du *Dharma saggraha* nous trouvons *suvarṇavarṇatâ*; à cet article répondent, dans les listes suivantes, V19 *suvarṇṇatchtchhaviḥ*, Lc13, L12, M10, D11 *suvaṇṇavaṇṇô*. Ce caractère signifie : « Il a la couleur de l'or » ou « l'éclat de l'or. » Le *Lakkhaṇa sutta* ajoute quelques mots pour donner plus de précision à ce caractère : *Kañtchanasannibhattatchô kanakatananibhô*. « Sa peau a l'éclat de l'or, il ressemble à un corps d'or. » J'ai montré, en analysant le n° 17 du *Lalita vistara*[2], que ce dernier ouvrage n'avait pas omis entièrement ce signe, puisqu'il l'avait confondu avec l'article relatif au lustre de la peau. Il est certain qu'on n'en comprendrait pas aisément l'omission, car il est de première importance, sous le rapport ethnographique et religieux à la fois. Déjà M. Rémusat avait montré combien cette définition d'une peau de couleur d'or convenait au teint des Hindous en général, et c'était un de ses meilleurs arguments contre l'hypothèse africaine[3]. Aujourd'hui nous pouvons ajouter que les artistes sectateurs de Çâkyamuni ont pris au propre cette description, et que les statues et les représentations graphiques des Buddhas sont positivement dorées, tant dans les pays voisins de l'Inde septentrionale, qu'à Ceylan et dans l'Inde transgangétique. C'est ce qui explique la dénomination de *l'homme d'or*, qui

[1] Voy. ci-dessus, p. 572. — [2] Voy. ci-dessus, p. 568. — [3] *Mélanges asiat.* t. I, p. 104.

joue un rôle très-important dans l'histoire des premières communications des Religieux indiens avec la Chine.

J'ai dit tout à l'heure qu'en ce qui regarde les listes du Sud, je supposais que le n° 24 du *Lalita vistara* y était omis; de sorte qu'en résumé, et pour en finir avec ces détails qui ont pu fatiguer l'attention du lecteur, il y aura un caractère à réintroduire dans les listes du Sud, et deux à replacer dans les listes du *Lalita* et du *Vocabulaire pentaglotte*. Pour les listes du Sud, on trouvera la place nécessaire en réunissant en un seul attribut les n°s 23 et 24 de L, 26 et 31 de Lc, 22 et 23 de M, etc. Pour l'énumération du *Lalita vistara*, on supprimera le n° 3 qui appartient aux signes secondaires dits *Anuvyañdjana*, ce qui fera une place; et en réunissant en un seul article les n°s 2 et 22, on aura la seconde place nécessaire. Quoique ces légers changements ne soient que des conjectures, je suis porté à croire qu'ils nous conduisent bien près de la vérité.

Les trente-deux *Lakchaṇas*, ou signes caractéristiques d'un grand homme, que nous venons d'examiner, occupent une place considérable dans le système religieux du Buddhisme primitif, puisqu'en les reconnaissant sur la personne de leur maître, les disciples de Çâkya en ont fait comme le présage et la condition de sa grandeur. Il existe, à cet égard, un texte classique annonçant la destinée promise à l'homme assez heureux pour porter ces précieuses marques. Ce texte est vulgaire dans les deux écoles, dans celle du Nord comme dans celle du Sud, et de plus il est ancien, puisqu'il ne peut se trouver à la fois dans l'une et dans l'autre, sans être antérieur à l'époque de leur séparation. Il tient si intimement à l'énumération des trente-deux signes caractéristiques de la supériorité humaine, qu'il n'en peut être séparé; il en marque, en quelque façon, le terme et le but.

Au chapitre troisième du *Lalita vistara*, à l'endroit où il est question de la naissance future du Bôdhisattva, le narrateur annonce que le Bôdhisattva sera doué des trente-deux signes caractéristiques d'un grand homme, et qu'en conséquence sa destinée sera double. Voici ce texte même, d'après nos manuscrits : *Sa dvâtriñçatâ mahâpuruchalakchaṇâiḥ samanvâgatô bhavati yâiḥ samanvâgatasya dvê gatî bhavatô na tr̃itîyâ. Sa tchêd agâram adhyâvasati râdjâ bhavati tchakravartî tchaturaggô vidjitavân dhârmikô dharmarâdjaḥ saptaratnasamanvâgataḥ; tasyêmâni saptaratnâni bhavanti; tadyathâ tchakraratnañ hastiratnam açvaratnañ strîratnam maṇiratnañ gr̃ihapatiratnam pariṇâyakaratnam êva saptamam*[1]. « Il est doué des « trente-deux signes caractéristiques d'un grand homme; or, pour celui qui est doué de « ces signes, s'ouvrent deux voies et non trois. S'il préfère le séjour de la maison, il de- « vient un roi Tchakravartin, ayant une armée composée de quatre corps, victorieux, juste, « roi de justice, possesseur des sept joyaux. Voici maintenant quels sont les sept joyaux « qu'il possède; ce sont : Le joyau de la roue, le joyau de l'éléphant, le joyau du cheval, « le joyau de la femme, le joyau de la pierre précieuse, le joyau du maître de maison, « et le joyau du général, qui fait le septième. » Le *Lalita vistara* expose ensuite ce qui se rapporte à chacun de ces objets précieux formant le trésor d'un roi Tchakravartin : j'omets à dessein ce développement, que le lecteur trouvera dans la traduction française de

[1] *Lalita vistara*, f. 9 *b* et 10 *a* du manuscrit A, et *Rgya tch'er rol pa*, t. II, p. 14.

M. Foucaux; je me contente d'en extraire le détail relatif aux fils du roi Tchakravartin, parce qu'il se retrouve presque mot pour mot dans la rédaction des Buddhistes du Sud: *Êbhiḥ saptaratnâiḥ samanvâgatô bhavichyati tchâsya putrasahasram bhavati sûrâṇâm̃ vîrâṇâm varâğgarûpiṇâm parasâinyapramardakânâm̃; sa imâm̃ mahâprĭthivîm̃ sasâgaraparyantâm akhilâm̃ akaṇṭhakâm adaṇḍênâçastrêṇâbhinirdjityâdhyâvasati*[1]. « Ce sont là les sept joyaux dont « il est doué; et il aura mille fils, braves, héros, ayant une forme et des membres parfaits, « sachant écraser les armées de leurs ennemis. Pour lui, il réside [dans la maison], après « avoir soumis la grande terre dans sa totalité jusqu'aux limites de l'Océan, sans y laisser « d'épine, et en n'employant ni le châtiment, ni le glaive. » Si au contraire il renonce à la vie du monde, voici la destinée qui lui est promise: *Sa tchêd agârâd anagârikâm pravradjichyati vântatchhandarâgô nêtâ ananyadêvaḥ çâstâ dêvânâñtcha manuchyâṇâñtcha*[2]. « Mais s'il sort de la maison pour se faire mendiant, alors vide de passions et de désirs, « devenu le guide [du monde], ne reconnaissant pas les autres Dieux, il sera le précepteur « des Dieux et des hommes. » Le lecteur exercé reconnaîtra ici autant d'expressions consacrées qui reviennent toujours les mêmes quand il est question de ce sujet.

Voici maintenant de quelle manière les *Suttas* pâlis expriment ces mêmes idées; on les retrouve plusieurs fois répétées dans le *Dîgha nikâya*, notamment dans l'*Ambhaṭṭha sutta*, et dans le *Lakkhaṇa sutta*, c'est-à-dire dans le *Sutta* relatif aux signes mêmes qui nous ont occupés et dont il s'agit d'exposer l'effet. Ce dernier texte est ainsi conçu: *Dvattim̃sa bhikkhavê mahâpurisassa lakkhaṇâni yêhi samannâgatassa mahâpurisassa dvê gatiyô bhavanti anaññâ; satchê agâram adjdjhâvasati râdjâ hôti tchakkavattî dhammikô dhammarâdjâ tchâturantô vidjitâvî djanapadatthâvariyappattô sattaratanasamannâgatô. Tassimâni satta ratanâni bhavanti sêyyathîdam̃ tchakkaratanam̃ hatthiratanam assaratanam maṇiratanam itthiratanam gahapatiratanam pariṇâyakaratanam êva sattamam. Parôsahassam̃ khôpanassa puttâ bhavanti sûrâ vîrağgarûpâ parasênappamaddanâ. Sô imam̃ pathavim̃ sâgarapariyantam adaṇḍêna asaṭṭhêna dhammêna abhividjîya adjdjhâvasati. Satchê khôpanâgârasmâ anagâriyam pabbadjdjati araham̃ hôti sammâsambuddhô lôkê vivattatchtchhaddô*[3]. « Il y a, ô Religieux, trente-deux signes ca- « ractéristiques d'un grand homme; le grand homme qui en est doué voit s'ouvrir devant « lui deux voies et non une autre. S'il préfère le séjour de la maison, il devient un roi « Tchakkavatti, juste, roi de justice, maître des quatre points de l'horizon, victorieux, « ayant acquis la propriété des campagnes, possesseur des sept joyaux. Voici maintenant « quels sont les sept joyaux qu'il possède; ce sont: le joyau de la roue, le joyau de l'élé- « phant, le joyau du cheval, le joyau de la pierre précieuse, le joyau de la femme, le joyau « du maître de maison, le joyau du général, qui fait le septième. Il a plus de mille fils, « braves, ayant la forme et les membres des héros, sachant écraser les armées de leurs « ennemis. Pour lui, il réside [dans la maison], après avoir soumis cette terre jusqu'aux « limites de l'Océan, en n'employant ni le châtiment, ni le glaive, et par la justice seule.

[1] *Lalita vistara*, f. 12 *b* du man. A; man. Soc. asiat. f. 11 *a*; *Rgya tch'er rol pa*, t. II, p. 20.

[2] *Lalita vistara*, f. 12 *b* du man. A; f. 11 *a* du man. Soc. asiat. et *Rgya tch'er rol pa*, t. II, p. 20.

[3] *Lakkhaṇa sutta*, dans *Dîgh. nik.* f. 166 *b*; *Ambaṭṭha sutta*, *ibid.* p. 24 *a*; *Mahâpadhâna sutta*, *ibid.* f. 69 *b* et 70 *a*. On voit, par l'identité des expressions, qu'il s'agit ici d'un type conventionnel.

« Si au contraire il sort de la maison pour se faire mendiant, alors il devient *Arhat*, « parfaitement et complétement Buddha, n'ayant que du dégoût pour le monde. »

Il est impossible de méconnaître l'identité fondamentale de ces deux exposés; il est évident qu'ils partent tous deux d'un même original. Les différences de rédaction que l'on remarque entre la formule sanscrite et la formule pâlie s'expliquent aisément par la différence des temps et des lieux; elles ne portent pas d'ailleurs sur des points importants. Si même nous possédions des manuscrits plus anciens, il est quelques-unes de ces différences dont on pourrait découvrir directement l'origine. Passons-les rapidement en revue. Dans la rédaction sanscrite, parmi les épithètes du roi Tchakravartin, nous trouvons le titre de *tchaturağga*, auquel on ne peut guère assigner d'autre sens que celui de « ayant les quatre » corps d'armée. » Dans la rédaction pâlie, au contraire, on lit *tchâturanta*, mot où l'allongement de la voyelle, marque de dérivation, semble annoncer un adjectif d'une composition plus perfectionnée que le *tchaturağga* sanscrit; littéralement cette épithète signifie seulement ceci : « celui qui a les quatre extrémités, » c'est-à-dire, comme le disent les Brâhmanes avec d'autres mots, « celui qui est vainqueur de l'univers jusqu'aux quatre coins de » l'horizon. » Les deux expressions ne sont pas grandement éloignées l'une de l'autre; car il faut que le monarque souverain soit à la tête d'une armée composée, selon les idées indiennes, de quatre corps de troupes, pour porter la victoire jusqu'aux limites de l'univers. Eh bien, je ne doute pas que cette différence elle-même ne disparût dans quelqu'une de ces anciennes écritures que la sagacité de J. Prinsep a si heureusement déchiffrées. Si le lecteur exercé veut bien se remettre sous les yeux la forme du *t* et celle du *g* dans les inscriptions de Piyadasi et dans celles des cavernes de l'ouest de l'Inde, il reconnaîtra qu'il n'y a rien de si facile à confondre que ces deux consonnes, surtout lorsqu'elles forment la seconde partie d'un groupe. On a donc pu lire très-facilement *tchâturanta* pour *tchaturağga*, et réciproquement. Quant à moi, je crois que la leçon la meilleure et la plus authentique doit être celle de *tchaturağga*.

Dans la rédaction sanscrite nous ne voyons pas de trace de cette épithète curieuse de *djanapadatthâvariyappatta*, qui veut dire littéralement, « qui a acquis la propriété immobi- « lière des campagnes. » Serait-ce que cette épithète aurait été ajoutée plus tard, à Ceylan peut-être, et sous l'influence d'un système qui attribuait aux rois la propriété exclusive des terres?

Parmi les épithètes des mille fils du monarque souverain, nous trouvons dans la rédaction sanscrite *vîrâṇâm varâğgarûpiṇâm*, « héros, ayant une forme et des membres par- « faits, » et dans la rédaction pâlie, *vîrağgarûpâ*, « ayant la forme et les membres des héros. » Il est bien évident que ces deux leçons sortent l'une de l'autre, soit par développement, soit par contraction. La seconde supposition me paraît la plus vraisemblable, et j'aime mieux croire que *vîrağgarûpâ* est une contraction plus ou moins factice de *vîrâ varâğgarûpiṇaḥ*, que d'admettre que cette seconde leçon s'est développée postérieurement à la première.

Enfin la dernière et peut-être la plus singulière des différences que présentent nos deux textes, c'est que la version pâlie a *tchhadda* au lieu de *tchhanda*, c'est-à-dire *vomissement* au lieu de *désir*. Lorsque l'homme prédestiné à l'une des deux destinées supérieures dont il a été parlé, devient Buddha, le *Lalita vistara* le désigne par cette épithète *vântatchhandarâga*, qui signifie littéralement, « celui qui a vomi tout désir et toute passion. » Cette image un peu crue, mais familière aux Indiens, a laissé sa trace dans la rédaction pâlie; toutefois elle s'y est transformée d'une manière bizarre : les termes que j'ai traduits par « n'ayant que du dégoût pour le monde, » *lôkê vivattatchhaddô*, signifient mot pour mot, « *cui vomitus excitus erga mundum.* » Ici encore, il semble que la version pâlie résulte du texte sanscrit, ou mal lu, ou bouleversé dans ses termes : de *vânta* vient *vivatta*; de *tchhanda*, *tchhadda*; et peut-être *lôkê* n'est-il que la transformation de *râga*. Le sens qui résulte de cette nouvelle rédaction du texte n'est pas fort éloigné de celui que donne la version sanscrite; mais il en diffère en ce qu'il est obtenu d'une manière indirecte et au moyen d'une expression tourmentée, tandis que la version du *Lalita vistara* est aussi simple pour le fond que pour la forme. Il se peut qu'ici encore on doive recourir à une cause première aussi peu importante que la figure des lettres. Le double *dda* et le *nda* se ressemblent considérablement dans l'écriture singhalaise; on en doit dire autant du double *tta* et du *nta*. Il ne serait donc pas impossible que la rédaction du texte pâli, tel que nous le possédons actuellement, n'eût eu lieu que postérieurement à l'arrivée des écritures canoniques à Ceylan, et que consignée d'abord dans un caractère bien moins arrêté que le sanscrit de nos jours, elle eût subi plus tard, par le fait des copistes ou des lecteurs, les modifications que je crois pouvoir rapporter à la confusion de quelques signes plutôt qu'à la différence des écoles.

SECTION II.

DES QUATRE-VINGTS SIGNES SECONDAIRES.

Outre les trente-deux *Lakchaṇas* ou signes caractéristiques d'un grand homme dont on vient de voir les nobles effets, les Buddhistes connaissent encore quatre-vingts signes secondaires dits *Anuvyañdjana* ou marques de beauté, auxquels j'ai déjà fait plus d'une allusion, et qu'il nous faut examiner pour avoir une idée complète du type de perfection physique qu'ils cherchent dans leur sage ou dans les fabuleux monarques nommés « Rois « qui font tourner la roue. » J'en connais jusqu'ici quatre listes puisées à quatre sources diverses : la première est donnée par le *Lalita vistara*, à la suite des trente-deux signes dits *Lakchaṇas*; la seconde forme la section quatrième du *Vocabulaire pentaglotte*; la troisième a été publiée par M. Hodgson, d'après le *Dharma saṅgraha*; la quatrième et dernière est empruntée au *Dharma pradîpikâ* singhalais[1]. Les trois premières sont rédigées en sanscrit, la dernière l'est en pâli; c'est la seule de ce genre que j'aie rencontrée jusqu'ici, car à la différence des trente-deux *Lakchaṇas*, les quatre-vingts signes secondaires ne se trouvent ni dans le *Lakkhaṇa sutta* ni dans le *Mahâpadhâna sutta* pâlis. Comme les

[1] *Lalita vistara*, f. 61 *b* du manuscrit A; f. 58 *b*, man. Soc. asiat. comparé au *Rgya tch'er rol pa*, t. II, p. 108; Hodgson, *Journ. asiat. Soc. of Bengal*, t. V, p. 91; *Journ. as. Soc. of Great-Britain*, t. II, p. 315; *Dharma pradîpikâ*, f. 7 *b*; *Vocabul. pentagl.* sect. IV; A. Rémusat, *Mélanges asiat.* t. I, p. 170 et suiv.

livres qui m'ont fourni ces quatre listes sont les mêmes que ceux auxquels j'ai emprunté tout à l'heure l'énumération des trente-deux signes de perfection, je continuerai à les désigner par les mêmes lettres : ainsi l'expression qui suivra le premier chiffre étant celle du *Lalita vistara*, V désignera le *Vocabulaire pentaglotte*, H la liste du *Dharma saǧgraha* publiée par M. Hodgson, et D celle du *Dharma pradîpikâ* singhalais. De plus je suivrai, pour l'examen des signes secondaires, la méthode que j'ai appliquée aux marques de la beauté.

1. *Tuǧganakhaḥ;* V3 *tumraganakhaḥ;* H3, D5 *tuǧganakhatâ*. Ce caractère signifie, « Il a « les ongles bombés; » suivant les interprètes tibétains, *relevés*. La leçon du *Vocabulaire pentaglotte* est très-fautive; mais on peut l'expliquer en partie en supposant que le groupe *nga* ङ्ग aura été lu à tort *rga* र्ग; l'écriture *Rañdjâ* donnerait aisément lieu à une confusion de ce genre. Quoi qu'il en soit, on remarquera ici deux choses : la première, que deux de nos listes sont unanimes quant à la place de ce caractère; la seconde, que la liste pâlie du *Dharma pradîpikâ* le présente sous la forme d'un terme abstrait, comme fait la liste de Hodgson, de cette manière : « la qualité d'avoir les ongles bombés. » Cet accord se continuera généralement dans la suite des deux listes; je le signale au début de cette analyse comme un des traits les plus frappants de l'analogie des autorités népâlaises et des textes singhalais en ce qui touche ce point important de la doctrine.

2. *Tâmranakhaḥ;* V1 *âtamranakhaḥ;* H1 *âtâmranakhatâ;* D4 *tambanakhatâ*. Ce caractère signifie : « Il a les ongles de la couleur du cuivre rouge. » Les Tibétains ne l'entendent pas autrement. Le *Vocabulaire pentaglotte* n'est ici fautif que par l'abrégement de la seconde voyelle. Du reste il s'accorde avec la liste de M. Hodgson pour faire précéder le mot *tâmra*, « cuivre, » de la préposition *â* qui ajoute ici l'idée de « analogue à, tirant sur. » La liste singhalaise se rapporte ici à celle du *Lalita vistara*. En résumé, nos quatre listes se divisent en deux groupes, dont l'un exprime ainsi ce caractère tiré des ongles, « il a « les ongles couleur de cuivre rouge, » et dont l'autre le rend avec une nuance légère, « il « a les ongles tirant sur la couleur du cuivre rouge. »

3. *Snigdhanakhaḥ;* V2 *snigdhanakhaḥ;* H2 *snigdhanakhatâ;* D6 *siniddhanakhatâ*. Ce caractère signifie, « Il a les ongles lisses; » les Tibétains l'entendent de la même manière. Dans la liste du *Dharma pradîpikâ*, le mot *siniddha* est l'altération pâlie du sanscrit *snigdha*, « lisse, poli, luisant. » Cette liste recule ce caractère un peu plus bas que les autres autorités qui sont entre mes mains; cela vient de ce qu'elle débute par la description des doigts, avec laquelle elle mêle celle des ongles. Malgré ces différences, il n'en est pas moins évident que nos quatre listes commencent par des caractères très-voisins les uns des autres, à la différence des listes des *Lakchaṇas*, qui, comme nous l'avons vu, montrent en ce point de notables divergences.

4. *Vrittâǧguliḥ;* V4 *vintâǧguliḥ;* D3 *vaṭṭaǧgulitâ*. Ce caractère signifie, « Il a les doigts « arrondis, » comme l'entendent les Tibétains. Il est reproduit d'une manière fautive par

le *Vocabulaire pentaglotte*, et manque dans la liste du *Dharma saggraha* népâlais, peut-être par un oubli du copiste.

5. *Tchitrâggulih*; V6 *pariaggulih*; H4 *tchhatrâggulitâ*; D1 *tchitâggulitâ*. Ce caractère signifie, « Il a les doigts beaux ; » mais la variété des leçons que présentent nos quatre listes me laisse dans l'incertitude sur le sens véritable. Le *Lalita vistara* a *tchitra aggulih*, composé qui n'est guère susceptible d'un autre sens que de celui que je propose. Cependant les Tibétains, d'après la traduction de M. Foucaux, y voient le sens de *long*, pour lequel on attendrait *dîrgha*. La leçon du *Dharma pradîpikâ* singhalais donne lieu à cette incertitude particulière, que si *tchita* est le substitut de *tchitra*, c'est *tchitta* qu'on devrait écrire; et qu'au contraire, si *tchita* est la leçon régulière, on pourrait le traduire par *couvert, plein*, comme j'ai proposé de le faire pour le n° 16 des signes dits *Lakchaṇas* qui se rapporte aux épaules[1], de cette manière, « il a les doigts pleins; » mais je crains qu'on n'objecte que ce sens rentre presque complétement dans la définition des doigts arrondis du n° 4. J'avoue que je ne puis rien faire de la leçon de la liste népâlaise *tchhatrâggulih*, « il a les doigts en forme de parasol. » Faut-il voir ici une allusion à ces doigts réunis par une sorte de membrane, dont il semble que parlent les Tibétains, mais dont j'ai suspecté plus haut la réalité? Je ne le pense pas, et j'aime mieux supposer que *tchhatra* est une faute de copiste pour *tchitra*. Enfin que devra-t-on faire du *pariaggulih* du *Vocabulaire pentaglotte*, que Rémusat proposait de traduire par « doigts ronds[2]? » C'est uniquement par conjecture que je place ici cet énoncé; mais le *Vocabulaire pentaglotte* s'accordant sur les autres caractères tirés de cette partie du corps avec les trois listes collatérales, *pariaggulih* doit remplir la place vacante de *tchitrâggulih*.

6. *Anupûrvatchitrâggulih*; V5 *anupûrvaggulih*; H5 *anupûrvâggulitâ*; D2 *anupubbaggulitâ*. Ce caractère signifie, « Il a les doigts effilés, » comme l'ont bien vu les Tibétains; mais en traduisant ainsi, j'omets le mot *tchitra*, qui suit *anupûrva* et qui fait répétition avec le n° 5, lequel, ainsi qu'on l'a vu, donne lieu à quelques difficultés. Pour traduire exactement le n° 6 du *Lalita vistara*, il faudrait dire : « Il a les doigts beaux et effilés. » Cependant, comme le *Lalita vistara* est seul à répéter le mot *tchitra*, je crois qu'il est nécessaire de l'omettre dans une traduction destinée à reproduire systématiquement l'ensemble des caractères secondaires dits *Anuvyañdjana*. Et à ce sujet je dirai que cette répétition du mot *tchitra* ne doit pas étonner en ce qui touche le *Lalita vistara*, qui est moins une énumération systématique des quatre-vingts signes secondaires de beauté, que la description suivie et jusqu'à un certain point oratoire de l'homme qui possède ces caractères. C'est là une remarque qu'il ne faut pas perdre de vue, parce que c'est ainsi qu'a dû commencer l'énumération de ces caractères : on en a parlé longtemps par tradition avant de les cataloguer d'une manière régulière; et des listes comme celles du *Dharma saggraha* et du *Dharma pradîpikâ* sont certainement postérieures à des textes comme ceux du *Lalita vistara*. On comprend alors que les répétitions qui pouvaient s'être glissées dans les textes ont dû néces-

[1] Voy. ci-dessus, p. 568. — [2] *Mélanges asiat.* t. I, p. 170.

sairement disparaître des listes. Quant au sens du seul élément qui doive subsister, celui d'*anupûrva*, il doit être exactement rendu par *effilé*, puisque *anupûrva* s'applique à tout ce qui se développe successivement dans un ordre régulier.

7. *Gûḍhaçiraḥ;* V7 *nighûdhapiraḥ;* H6 *gûḍhaçiratâ;* D49 *niğgulhasirasatâ*. Ce caractère signifie, « Il a les veines cachées, » comme l'entendent les Tibétains; c'est évidemment un effet de la rondeur et de la plénitude de formes rebondies. Aussi A. Rémusat le commentait-il fort bien par ces mots : « veines profondes qui ne font point saillie au dehors [1]. » On reconnaît aisément en quoi est fautif le *Vocabulaire pentaglotte*, qui confond d'ordinaire *s* ou *ç* avec *p*. Ce caractère est exprimé dans le *Dharma pradîpikâ* avec une particularité d'orthographe qui ne peut cependant faire difficulté; il s'agit de l'addition d'une nasale *ğ* après la préposition *ni*, addition qui est dans l'esprit du singhalais : *niğgulha* revient donc au pâli *nigulha*, qui est lui-même le sanscrit *nigûḍha*.

8. *Gûḍhagulphaḥ;* V9 *gûdhagulphaḥ;* H8 *gûḍhagulphatâ;* D7 *nigulhagôpphakatâ*. Ce caractère signifie, « Il a la cheville cachée » ou couverte, comme l'entendent les Tibétains. Le *Vocabulaire pentaglotte* est encore ici incorrect; les autres listes s'accordent entre elles, sauf celle des Singhalais, qui lit *nigulha* au lieu de *gûḍha*. Le *Vocabulaire pentaglotte* omet ici la préposition *ni* qu'il avait admise pour l'article précédent; en ce point il est correct, sauf toutefois la mauvaise orthographe de *dh* pour *ḍh*.

9. *Ghanasandhiḥ;* V8 *nirgraṁthipiraḥ;* H7 *nigranthiçiratâ*. Ce caractère signifie : « Il a les « articulations solides. » Cependant les interprètes tibétains le traduisent, d'après M. Foucaux, par « les articulations invisibles; » ce qui semble indiquer que *ghana* a été pris par eux dans le sens d'*impénétrable*, pour dire que les articulations sont engagées dans un corps si plein et si charnu qu'elles ne sont pas apparentes. Quant à la leçon de la liste népâlaise, et aussi à celle du *Vocabulaire pentaglotte* (sauf la faute déjà signalée qui la termine), elle s'éloigne au premier abord sensiblement de la version du *Lalita vistara;* elle signifie : « Il a « les veines ou les muscles sans nœuds. » Cette divergence n'est cependant pas aussi considérable qu'on le pourrait croire; car dire d'un homme que les muscles de ses membres n'ont pas de nœuds, c'est dire quelque chose de bien semblable à ceci, que « ses articula- « tions ne sont pas apparentes. » On sait le vague qui existe sur la signification propre du mot *çira*, qu'on prend dans les diverses acceptions de « veine, nerf, muscle, tendon; » et l'on conçoit de même que les points où les membres s'attachent, c'est-à-dire les points de *sandhi*, puissent être attribués à la rencontre des *çira*. Je n'ai donc pas hésité à mettre sur le même rang nos trois listes; il eût fallu sans cela constater une lacune, soit dans le *Lalita vistara*, soit dans le *Vocabulaire pentaglotte* et le *Dharma saǧgraha* réunis. Je n'ai pas indiqué la présence de cet attribut pour la liste singhalaise; il y doit cependant exister, car je trouve, sous le n° 48, un caractère ainsi conçu, *sirasatâ*, caractère incomplet que le copiste de mon exemplaire du *Dharma pradîpikâ* n'avait sans doute pu lire en entier

[1] *Mélanges asiat.* t. I, p. 170.

sur son original, ou qu'il n'y avait pas trouvé, car il a laissé à gauche de *sirasatá* un blanc destiné à marquer la lacune d'un mot. Le *Dharma pradîpikâ* ayant donné, sous le n° 49, un caractère correspondant au n° 7 du *Lalita vistara*, il est très-probable que nous devrions trouver ici l'analogue du n° 7 de la liste népâlaise.

10. *Avichamasamapâdaḥ;* V10 *avisamapâdaḥ;* H9 *avichamapâdatâ;* D8 *samapâdatâ.* Ce caractère signifie, « Il a les pieds égaux et non inégaux; » et les Tibétains l'entendent exactement de la même manière. Les trois autres listes s'accordent pour ce sens, les unes disant, « Il a les pieds non inégaux, » et la dernière, « La qualité d'avoir les pieds égaux. » Ici encore nous trouvons dans l'énoncé du *Lalita vistara* la trace d'un développement qui a disparu des autres listes qui sont des énumérations plus techniques. Et ce développement qui consiste à joindre à l'affirmation du positif celle de l'absence du négatif, est tout à fait dans l'esprit du Buddhisme; on en rencontre d'aussi fréquents exemples dans les livres du Sud que dans ceux du Nord.

11. *Âyatapâdapârchṇiḥ.* Ce caractère, qui manque dans les trois autres listes, signifie, « Il a le talon large, » ou « gros, » suivant les Tibétains.

12. *Snigdhapâṇilêkhaḥ;* V45 *snigvapâṇilêkhaḥ;* H44 *snigdhapâṇilêkhita;* D40 *rutchirasaṇṭhânalêkhatâ.* Ce caractère signifie, « Il a les lignes de la main lisses, » ou, comme disent les Tibétains, « brillantes. » Le *Lalita vistara*, qui a suivi jusqu'à présent avec assez de régularité l'ordre des trois autres listes, s'en écarte considérablement ici, en passant de la description des pieds à celle des mains. On reconnaît sans peine la cause de la mauvaise leçon du *Vocabulaire pentaglotte;* le copiste a confondu les groupes *dha* et *gva.* Dans l'énoncé de la liste népâlaise il faut lire *lêkhatâ* au lieu de *lêkhita.* Quant à celui de la liste du *Dharma pradîpikâ* singhalais, il doit se traduire ainsi : « Il a les lignes belles et « semblables; » il faut entendre par là les lignes de la main, car dans cette liste ce caractère vient le dernier de tous ceux qui se rapportent à la main. Je crois que nous trouvons ici réunis sous un même article deux caractères que le *Lalita vistara* sépare en deux numéros. Les lignes dites *rutchira* ou *belles* répondent aux lignes *snigdha* ou *lisses* des autres énumérations; et les lignes de la main *saṇṭhâna* ou *semblables* répondent aux *tulya,* « semblables ou égales, » du *Lalita,* que nous allons voir sous le numéro suivant.

13. *Tulyapâṇilêkhaḥ.* Ce caractère signifie, « Il a les lignes de la main semblables, » ou, comme disent les Tibétains, « régulières. » Cet attribut manque dans les autres listes, sauf dans celle des Singhalais, où, comme je le disais tout à l'heure, il est réuni au caractère des lignes belles ou lisses. Toutefois je trouve dans le *Vocabulaire pentaglotte* un énoncé très-fautif et même incomplet, qui, s'il ne représente pas directement ce caractère, en doit être ou la transformation altérée, ou, si on l'aime mieux, l'analogue et la substitution. Il est placé sous le n° 44 et ainsi conçu, « *Kulapatrîçasu,* » c'est-à-dire, selon l'interprétation d'A. Rémusat, « mains délicates comme un tissu de *Kieou-lo,* » ou, selon le mandchou,

« comme le coton [1]. » Pour retrouver ce sens, il suffirait de lire *tûla*, « coton, » au lieu de *kula*, et *sadrîça* au lieu de *patrîça*; mais il resterait une lacune plus ou moins considérable à la fin du composé, car je n'oserais substituer le mot *pâṇi*, « main, » à la syllabe *su*. Quoi qu'il en soit, deux points me paraissent évidents ici : l'un, qu'il n'est pas impossible de retrouver dans l'énoncé sanscrit le sens que les Chinois lui assignent; l'autre, que si cet énoncé a sa place quelque part dans cette énumération des caractères secondaires, ce doit être auprès de notre n° 13, dont il diffère par le sens, mais dont il est l'analogue par suite de la ressemblance qu'ont les deux mots *tulya* et *tûla*. Je n'hésite pas davantage à ramener ici, quoique je ne l'entende pas entièrement, le n° 43 de la liste népâlaise, *gandhasadrîçasukumârapâṇitâ*, « la qualité d'avoir les mains très-douces et semblables au « *gandha*. » Quelle substance ou quel objet entend-on désigner par le *gandha?* est-ce le soufre, ou le bouton de quelque fleur? c'est ce que je ne saurais dire. Ce doit être, selon toute apparence, un objet remarquable par sa douceur, comme est le coton, qui sert de point de comparaison dans le *Vocabulaire pentaglotte*.

14. *Gambhîrapâṇilêkhaḥ*; V46 *gambhîrapâṇilêkha*; H45 *gambhîrapâṇilêkhitâ*; D37 *gambhîrapâṇilêkhatâ*. Ce caractère signifie, « Il a les lignes de la main profondes, » comme l'entendent les Tibétains. Nos quatre listes sont unanimes sur ce point.

15. *Adjihmapâṇilêkhaḥ*; D39 *udjukalêkhatâ*. Ce caractère signifie, « Il a les lignes de la « main non tortueuses, » comme l'entendent les Tibétains, ou « droites, » comme le disent les Singhalais. Ce caractère manque dans le *Vocabulaire pentaglotte* et dans le *Dharma saggraha* népâlais.

16. *Anupûrvapâṇilêkhaḥ*; V47 *ayatapâṇilêkhaḥ*; H46 *âyatapâṇilêkhitâ*; D38 *âyatalêkhatâ*. Ce caractère signifie, « Il a les lignes de la main allongées, » ou, suivant les Tibétains, « très-régulières. » Je crois que la première traduction est préférable, parce qu'elle est appuyée par la leçon des autres listes, *âyata*, « étendu, prolongé. » On ne fera pas difficulté de donner ici le sens d'*allongé* à l'adjectif *anupûrva*, puisque nous l'avons traduit déjà par *effilé*, en parlant des doigts, ci-dessus sous le n° 6. Il en doit être de même des lignes de la main qui se prolongent en s'amincissant jusqu'au point où elles disparaissent.

17. *Vimbôchṭhaḥ*; V49 *bimpaprativimba*; H48 *bimbapratibimbôchṭhatâ*; D35 *rattôṭṭhatâ*. Ce caractère signifie, « Il a les lèvres comme le fruit du Vimba, » à quoi les Tibétains ajoutent, « rouges comme le fruit du Vimba; » on sait que le Vimba ou Bimba est le fruit rouge du *momordica monadelpha*, auquel les poëtes comparent les lèvres rougies par l'usage du bétel et de l'arec. Le *Vocabulaire pentaglotte* oublie ici le mot *ôchṭha*, « lèvre; » mais il fait suivre *vimba* de *prativimba*, « image, ressemblance, » comme le fait aussi la liste népâlaise. Les Singhalais se contentent de dire : « La qualité d'avoir les lèvres rouges. »

[1] *Mélanges asiat.* t. I, p. 172.

18. *Nôtchtchaçabdavatchanaḥ*; V48 *nâtyâyatamadnaḥ*; H47 *nâtyâyatavatchanatâ*; D36 *âyatavadanatâ*. Ce caractère signifie, « Il a une voix dont le son n'est pas trop élevé, » ou, comme disent les Tibétains, « Le son de sa voix est sans rudesse, » ce qui ne me paraît pas une traduction suffisamment exacte. Nos trois autres listes diffèrent sensiblement de la définition du *Lalita vistara*. Ainsi le *Vocabulaire pentaglotte*, qui est très-fautif, puisqu'il lit *madnaḥ* au lieu de *vadanaḥ*, veut dire de deux choses l'une, ou : « Sa bouche n'est pas « trop grande, » ou « Son visage n'est pas trop allongé ; » c'est ce dernier sens que proposait Rémusat, quand il traduisait : « visage plein et arrondi. » La liste singhalaise dit exactement le contraire : « La qualité d'avoir la bouche grande ou le visage allongé ; » mais il y a certainement ici une faute qui consiste dans l'omission de la négation. De toute façon il n'est question, d'après ces deux listes, que de bouche ou de visage, mais non de voix ni de parole. Ce dernier sens paraît dans la liste népâlaise : « Sa voix n'est pas trop élevée ; » mais il n'est exprimé nettement que dans le *Lalita vistara*. Entre ces sens divers, nous n'avons pour nous décider que la vraisemblance ; or la vraisemblance est, à mon avis du moins, en faveur de la liste singhalaise et du *Vocabulaire pentaglotte* corrigés l'un et l'autre. Le caractère dont il s'agit ici doit être tiré du visage ou de la bouche, par cela seul que toutes nos listes s'accordent à le placer auprès du caractère tiré des lèvres. Entre la face et la bouche, j'inclinerais pour cette dernière partie, parce qu'il est plus facile d'arriver à la voix en partant de la bouche qu'en partant du visage. Aussi pensé-je qu'on a, dans l'origine, entendu dire : « Il n'a pas la bouche trop grande ; » et qu'ensuite confondant *vadana*, « la bouche, » avec *vatchana*, « la parole, » quelque copiste aura cru qu'il s'agissait de la voix, dont il sera parlé plus bas, et qu'une fois cette opinion entrée dans son esprit, il aura substitué à *nâtyâyata*, « pas trop long, » le mot *nôtchtcha*, « pas élevé. » Cette dernière substitution serait fort aisée à comprendre, si l'on supposait que le mot *nâtyâyata* s'est présenté dans le principe sous une forme populaire, comme celle qu'il aurait en pâli, *nâtchtchâyata*.

19. *Mrïdutaruṇatâmradjihvaḥ*; V50, 51, 52 *mrïtudjihvaḥ*, *tanudjihvaḥ*, *raktadjihvaḥ*; H49, 50, 52 *mrïdudjihvatâ*, *tanudjihvatâ*, *raktadjihvatâ*; D46 *mudutanutarattadjihvatâ*. Ce caractère signifie : « Il a la langue douce, délicate et couleur de cuivre rouge. » Les Tibétains, au lieu de *délicate*, disent *souple*, ce qui est une traduction incomplète de *tanu* et un peu libre de *taruṇa* ; cette dernière leçon, d'ailleurs, me paraît devoir être abandonnée en présence du témoignage unanime des trois autres listes qui ont *tanu*, tout en l'écrivant deux fois fautivement *tana* et *tanuta*, et surtout parce que nous trouvons sous le n° 12 des *Lakchaṇas* ce caractère d'une langue mince déjà positivement exprimé. Il arrive cependant plus d'une fois que les caractères secondaires ne sont que la répétition d'un des trente-deux signes ou *Lakchaṇas*, ou qu'ils n'y ajoutent que des traits de peu d'importance : l'addition ici consisterait uniquement dans le terme de *tâmra*, « couleur de cuivre rouge, » que nos trois autres listes remplacent par *rakta*, ou *ratta*, « rouge. » On remarquera de plus que ces listes font trois articles de ces attributs relatifs à la langue, attributs que le *Lalita vistara* exprime en un seul terme composé. Cette circonstance vient encore à l'appui de

l'observation que j'ai déjà faite et plusieurs fois répétée sur le caractère peu systématique de l'exposé du *Lalita vistara*[1].

20. *Gadjagardjitâbhistanitamêghasvara madhura mañdju ghôcha;* V53 et 54 *djvamutaghôchaḥ, tchârusvaraḥ;* H51 et 53 *mêghagardjitaghôchatâ, madhuratchârumañdjusvaratâ.* Ce caractère signifie : « Sa voix douce et belle a le son du cri de l'éléphant ou du nuage « qui tonne. » M. Foucaux traduit également dans ce sens d'après le *Lalita vistara* tibétain. Nos deux autres listes disent la même chose avec un peu plus de précision et aussi plus de netteté. De ce caractère unique elles font deux attributs, de cette manière : « L'état « d'avoir la voix semblable au grondement du nuage; l'état d'avoir une voix douce, agréable « et belle; » la vraisemblance veut en effet que ces attributs soient distingués les uns des autres. Le *Vocabulaire pentaglotte* nous donne l'expression la plus concise; seulement il est singulièrement incorrect en lisant *djvamuta*, au lieu de *djîmûta*, « nuage. » La liste singhalaise omet ces deux caractères.

21. *Paripûrṇavyañdjanaḥ;* V24 *paripûrṇavyañdjanaḥ;* H23 *paripûrṇavyañdjanatâ;* D15 *paripuṇṇapurchavyañdjanatâ.* Ce caractère signifie : « Il a les organes sexuels complets. » Les Tibétains traduisent : « Il a les marques secondaires parfaites et accomplies[2]. » Mais ce qui prouve que *vyañdjana* ne peut avoir ici le sens de *anuvyañdjana*, « marque secondaire, » c'est la leçon de la liste singhalaise qui ajoute *purcha* pour *purucha*, « les organes du sexe « masculin. »

22. *Pralambabâhuḥ;* V41 *sthitâdjñanavanatapralambahutâḥ.* Ce caractère signifie : « Il a « les bras longs; » le *Vocabulaire pentaglotte* le développe et l'explique de cette manière : « Debout et sans qu'il se baisse, ses bras touchent à ses genoux. » Je n'hésite pas à reconnaître dans le texte confus et fautif du *Vocabulaire pentaglotte*, l'expression même qui forme le dix-huitième des signes caractéristiques d'un grand homme. J'ai déjà fait plus haut ce rapprochement[3], et j'ai montré que le *Vocabulaire pentaglotte* avait rejeté parmi les quatre-vingts *Anuvyandjanas* l'un des trente-deux *Lakchaṇas*. Cette conjecture est pleinement confirmée, aujourd'hui que nous voyons la liste népâlaise et celle des Singhalais omettre de l'énumération des *Anuvyañdjanas* un attribut que le *Lalita* et le *Vocabulaire* y placent à tort.

23. *Çutchigâtraḥ vastusampannaḥ;* V21 *sûtchigâtraḥ;* H20 *çutchigâtratâ;* D60 *vimalagattatâ.* Ce caractère signifie, « Ses membres brillants sont vêtus; » suivant les Tibétains, « Tous les vêtements de son corps sont purs. » La manière dont se présente ici le texte du *Lalita vistara* annonce deux articles qu'il faudrait traduire ainsi : « Il a les membres brillants; « il est couvert de vêtements : » en effet, dans le texte même de nos manuscrits, chacun des quatre-vingts caractères est suivi de la conjonction *tcha;* or cette conjonction est répétée ici après le premier comme après le second terme. Mais outre que les interprètes tibétains ne

[1] Voy. ci-dessus, p. 585. — [2] *Rgya tch'er rol pa*, t. II, p. 109. — [3] Ci-dessus, n° 18, p. 569.

voient ici qu'un attribut unique, qu'ils rapportent, à tort selon moi, plutôt au vêtement qu'au corps, il est clair que l'idée principale est celle de l'éclat des membres, comme le prouve le témoignage du *Vocabulaire pentaglotte* et de la liste népâlaise. En effet ces deux dernières autorités ne parlent pas du vêtement, ni dans cet article, ni dans aucun autre; c'est là une addition propre au *Lalita vistara*, et qui tient au caractère plus développé de son exposition. L'addition d'ailleurs est tout à fait conforme aux idées des Buddhistes sur l'indécence de la nudité; et il est aisé de comprendre comment un Religieux, en parlant pour la première fois des membres de l'homme supérieur qu'il décrit, n'ait pu se le figurer que couvert de vêtements. Je dis *vêtements*, quoique je reste encore dans le doute sur la lecture et la signification du mot que je transcris *vastu*, et que nos trois manuscrits lisent *vamtu;* pour trouver ici le sens de *vêtement*, il faut substituer *vastra* à ce terme obscur; peut-être même résulte-t-il de la confusion des groupes *tu* et *tra*. On remarquera la variante de la liste singhalaise, qui substitue l'idée de *pur* à celle de *brillant*, à cause de l'analogie de signification qu'offrent les mots *çutchi* et *vimala*.

24. *Mrĭdugâtraḥ;* V22 *mrĭdugâtraḥ;* H21 *mrĭdugâtratâ;* D61 *kômalagattatâ*. Ce caractère signifie: « Il a les membres doux. » Les Tibétains disent: « Son corps est beau; » j'ignore la raison de cette divergence. Je vois d'autant moins de motifs pour modifier ici la signification primitive de *mrĭdu*, que deux autres listes reproduisent également ce même mot, et que les Singhalais le remplacent par un synonyme, *kômala*, qui en détermine nettement le sens[1]. On sait d'ailleurs que le mérite d'une peau douce est très-recherché des Indiens; la légende d'*Açôka*, qui n'était pas aimé de ses femmes à cause de la rudesse de sa peau, en offre une curieuse preuve[2].

25. *Viçâlagâtraḥ;* V23 *viçuddhagâtraḥ;* H22 *viçuddhagâtratâ;* D27 *visuddhagattatâ*. Ce caractère signifie, « Il a les membres larges; » mais ici les Tibétains s'éloignent considérablement de l'interprétation littérale, en traduisant: « Son corps est insensible à la crainte. » Auraient-ils eu sous les yeux, pour adopter ce sens, un mot comme *viçârada?* c'est ce que je ne saurais dire: ce qui me paraît très-probable, c'est que nous n'avons pas là l'expression véritable et primitive de ce caractère. Je doute même que la leçon du *Lalita vistara*, telle que la donnent nos trois manuscrits, soit préférable à celle des trois autres listes, qui lisent *viçuddha*, « pur ou parfait. » De *viçuddha* à *viçâla* il n'y a pas assez loin pour qu'on ne puisse croire à quelque confusion de ces deux termes. Et si l'on admet que *viçuddha* ait exprimé plutôt l'idée de *parfait, accompli*, que celle de *pur*, on comprend sans peine comment de l'idée de perfection un Indien a passé à celle de largeur et de développement, idée qui dans l'Inde exprime un des attributs les moins contestés de la perfection physique. Ainsi, malgré l'apparente divergence de ces deux caractères, « Il a les membres larges, » et « Il a les membres parfaits, » je n'hésite pas à les placer dans le même article, et par suite à donner la préférence au second.

[1] *Amarakocha*, liv. III, chap. II, st. 27, p. 257, éd. Loiseleur.

[2] *Introduction à l'histoire du Buddhisme indien*, t. I, p. 360 et 365.

26. *Adînagâtraḥ*; V29 *adâm̃bagâtraḥ*; H28 *adînagâtratâ*; D24 *atchînagattatâ*. Ce caractère signifie, « Ses membres ne sont pas pauvres, » ou, comme le disent les Tibétains, « Son « corps est exempt d'abattement. » Les listes du Népâl et de Ceylan sont d'accord sur la valeur de cet attribut; car la leçon *atchîna* est, selon toute apparence, une faute pour *adîna*, et je m'aperçois même que dans mon manuscrit le signe du *tchî* est surchargé et peu lisible. Le *Vocabulaire pentaglotte* est plus gravement incorrect, et la traduction que proposait A. Rémusat pour cet article, « membres sans courbure, » donnerait à supposer qu'il faut trouver *adambha* dans *adâm̃ba*; mais, correction pour correction, je préfère encore supposer que le copiste du *Vocabulaire pentaglotte* a eu sous les yeux et a mal transcrit *adîna*, le même terme que les autres listes. Je ne crois pas d'ailleurs que *adambha* puisse être employé au sens physique.

27. *Anunnatagâtraḥ*; V30 *utsadagâtraḥ*; H29 *utsâhagâtratâ*; D23 *anussannâsannasabbagattatâ*. Ce caractère signifie : « Ses membres n'offrent pas de saillie. » Les Tibétains disent, « Son corps est bien régulier, » ce qui me paraît un peu trop vague. Cet article d'ailleurs exige une attention particulière à cause de la divergence que présentent les énoncés des diverses listes. La traduction que je viens de donner se rapporte au texte du *Lalita vistara*; mais elle serait inexacte pour les trois autres définitions. Ainsi celle du *Vocabulaire pentaglotte* ne peut signifier autre chose que, « Il a les membres rebondis, » et c'est à peu près de cette manière que l'entendait A. Rémusat, quand il traduisait : « corps d'un embon« point suffisant et agréable [1]. » La leçon de la liste népâlaise est certainement moins satisfaisante; « la qualité d'avoir les membres de l'effort, » sans doute pour dire, « des membres « vigoureux, » nous éloigne trop de l'idée que nous devons chercher dans ce caractère; mais de plus *utsâha* paraît n'être qu'une faute pour *utsada*. Enfin l'énoncé des Singhalais reproduit en partie celui du *Lalita vistara* avec un degré de précision de plus, car il signifie : « Tous ses membres sont sans saillie et sans dépression. » Le composé *anussannasanna*, que je divise ainsi, *anussanna âsanna*, est pour moi synonyme du composé sanscrit *unnatânata*, « inégal, onduleux [2], » composé dont la leçon du *Lalita vistara* nous offre la première partie. La leçon des Singhalais me paraît même si satisfaisante, que j'irais jusqu'à supposer que celle du *Lalita vistara* n'en est qu'une sorte de fractionnement, et qu'on rétablirait l'énoncé primitif en lisant *anunnatânatagâtraḥ*, « celui dont les membres sont « sans saillie et sans dépression. » Quant au *Vocabulaire pentaglotte* et à la liste népâlaise je crois leurs leçons fautives, en présence de celles du *Dharma pradîpikâ* singhalais et même du *Lalita vistara* tibétain; il est certainement question ici d'un mérite exprimé sous la forme de la négation d'un défaut.

28. *Susamâhitagâtraḥ*; V31 *susam̃hatagâtraḥ*; D28 *kôṭisahassahatthibaladhâraṇatâ*. Ce caractère signifie, « Ses membres sont parfaitement achevés; » et, suivant les Tibétains, « Son corps est remarquable par sa vigueur. » Il est évident que, pour traduire ainsi, ils avaient sous les yeux une autre leçon que *susamâhita*; et cette autre leçon devait être

[1] *Mélanges asiat.* t. I, p. 171. — [2] *Amarakocha*, liv. III, chap. II, st. 19, p. 255, éd. Loiseleur.

susaṁhata, c'est-à-dire celle du *Vocabulaire pentaglotte*, qui signifie littéralement : « Ses « membres sont parfaitement solides. » Cette solidité des membres fait la vigueur du corps, et c'est ce dernier caractère, effet naturel du premier, qu'ont exprimé les Tibétains. Rémusat l'entendait exactement de même en traduisant cet article par « corps robuste. » La liste singhalaise pousse cet énoncé jusqu'à l'exagération, en disant : « la faculté de « posséder la force d'un millier de Kôṭis d'éléphants. » Malgré cette différence de leçon, c'est bien à cet article que se rapporte le n° 28 du *Dharma pradîpikâ*. J'ajoute que la conséquence de tout ceci, c'est qu'on devrait substituer dans nos manuscrits du *Lalita* le mot *susaṁhata* à *susamâhita*. Quant à la liste des Népâlais, je n'y ai rien trouvé qui réponde à ce caractère.

29. *Suvibhaktagâtraḥ ;* V32 *suvibhagtaggasratyagga ;* H32 *suvibhaktâggapratyagga ;* D20 *suvibhattagattatâ*. Ce caractère signifie, « Il a les membres bien proportionnés, » ainsi que l'entendent les Tibétains qui disent, « Son corps est bien proportionné. » A. Rémusat en a donné une interprétation assez singulière, « les extrémités des os comme un cadenas crochu, » ou, suivant la version mandchoue, « les articulations des membres très-distinctes. » Ces traductions ont été exécutées sur un texte où on lisait *aggapratyagga* au lieu de *gâtra*, ainsi que font le *Dharma saggraha* des Népâlais et le *Vocabulaire pentaglotte*, malgré les fautes grossières qui défigurent son énoncé, comme *gta* pour *kta*, et *sra* pour *pra*. Elles donneraient à croire que les Buddhistes attribuaient à *pratyagga* le sens d'*articulation*. Telle n'est cependant pas l'explication que Wilson nous fournit, car il traduit *pratyagga* par « membre « inférieur du corps. » Jusqu'à ce que l'interprétation des Buddhistes soit prouvée par un plus grand nombre de textes, je continuerais à traduire ainsi l'énoncé le plus développé de nos quatre listes : « Son corps et les parties de son corps sont bien proportionnés. » Cela revient à la définition du *Lalita vistara*.

30. *Prĭthuvipulasuparipûrṇadjânumaṇḍalaḥ ;* V25 *prithutcharumaṇḍalagâtraḥ ;* H24 *prĭthutchârumaṇḍalagâtratâ ;* D14 *samantatôtchârudjânumaṇḍalatâ*. Ce caractère signifie : « Il a « la rotule du genou large, développée et parfaitement pleine. » C'est exactement de cette manière que l'entendent les interprètes tibétains; d'où l'on doit conclure qu'ils ont eu sous les yeux un texte comme celui du *Lalita vistara*, auquel celui de la liste singhalaise se rapporte dans sa partie la plus essentielle. Ils n'auraient pu traduire de cette manière s'ils n'avaient eu à leur disposition que l'énoncé du *Vocabulaire pentaglotte* ou de la liste népâlaise, où ne paraît pas l'idée du genou, et qui signifient seulement, « ses membres « ont un contour beau et large, » si tant est que *maṇḍala* puisse se prêter au sens de *contour*. Je n'hésite pas à penser que ce dernier énoncé est inexact, et que le véritable est l'un de ces deux-ci, soit celui du *Lalita vistara* que je viens de traduire, soit celui du *Dharma pradîpikâ* singhalais, dont voici la traduction : « La qualité d'avoir la rotule du genou com- « plétement belle. » L'omission du mot *djânu* dans les énoncés du *Vocabulaire pentaglotte* et de la liste népâlaise vient probablement de l'assonance des deux mots *tchâru* et *djânu*, dont le premier aura été substitué au second, ou, si on l'aime mieux, dont le second aura

disparu, en supposant qu'ils aient été placés primitivement l'un auprès de l'autre dans le même composé.

31. *Vrĭttagâtraḥ;* V18 *prĭttagâtraḥ;* H17 *vrĭttagâtratâ.* Ce caractère signifie, « Ses membres sont arrondis, » ainsi que l'entendent les Tibétains, qui ici comme dans les autres composés analogues substituent l'idée de *corps* à celle de *membre.* Je ne trouve pas cet attribut dans la liste singhalaise; il aura probablement été confondu avec celui du n° 33, *anupubbagattatâ,* « la qualité d'avoir des membres réguliers, » c'est-à-dire qui vont en s'amincissant d'une manière régulière, comme les bras, les cuisses, les jambes. Ce qui me ferait croire qu'il y a ici une confusion qui est du fait de la liste singhalaise, c'est 1° que ce caractère des membres réguliers reparaîtra tout à l'heure au n° 26 de cette même liste, avec l'addition du mot *beau;* 2° que l'attribut qui nous occupe est placé dans cette liste au n° 21, immédiatement après l'attribut des membres bien proportionnés, ce qui est aussi, à peu de chose près, la disposition des autres listes, où l'attribut des membres arrondis n'est pas très-éloigné de celui des membres proportionnés.

32. *Suparimrĭchṭagâtraḥ;* V19 *mrĭchṭagâtraḥ;* H18 *mrĭchṭagâtratâ;* D22 *maṭṭhagattatâ.* Ce caractère signifie, « Ses membres sont parfaitement polis, » ou, suivant les Tibétains, « Son corps est très-gracieux. » Je ne crois pas que cette traduction soit suffisamment exacte; il semble qu'il doit être question ici des membres sur lesquels ne paraît aucune souillure, rien n'y adhérant par suite de l'extrême poli d'une peau que soutiennent des chairs nourries par la plénitude de la santé. C'est en ce point que je séparerais le caractère du présent article de celui qu'exprime l'article 23. Que l'on traduise, en effet, l'épithète *çutchi* de ce dernier article par *brillant* ou par *pur,* cette épithète se distinguera toujours du *mrĭchṭa* de notre n° 32; car *çutchi* représentera ou l'éclat, ou la pureté naturelle et constitutive, celle qui consiste dans l'absence de taches de quelque espèce que ce soit, tandis que *mrĭchṭa* sera le poli qui résulte de la finesse et de la pureté d'une peau sur laquelle le passage de la main ne signale aucune aspérité.

33. *Adjihmavrĭchabhagâtraḥ, anupûrvagâtraḥ;* V20 *anupûrvagatra;* H19 *anupûrvagâtratâ;* D26 *anupubbarutchiragattatâ.* Le premier de ces énoncés, celui du *Lalita vistara,* se compose de deux termes et signifie, « Ses membres, semblables à ceux d'un taureau, ne sont « pas de travers, ses membres sont réguliers; » ou, suivant les Tibétains, « Son corps est « sans imperfection, développé avec symétrie. » Le *Lalita vistara* est seul à détailler ainsi ce caractère, que nos trois autres listes traduisent uniformément : « Ses membres sont ré- « guliers, » ou « la qualité d'avoir des membres beaux et réguliers. » Le témoignage de ces listes prouve que l'addition du premier terme appartient en propre au *Lalita vistara,* et que ce terme n'a pas dû se trouver dans la liste primitive quelle qu'elle soit, d'où dérivent toutes celles que nous possédons aujourd'hui. Il faut donc l'en retrancher, d'autant plus que le nombre total des *Anuvyañdjanas,* en suivant à la lettre l'énumération actuelle du *Lalita vistara,* serait de quatre-vingt-trois, et non de quatre-vingts, comme il doit l'être, et

comme il le devient en réalité, lorsque l'on fait rentrer les uns dans les autres quelques caractères dédoublés, ainsi que je l'ai proposé déjà une fois plus haut à l'occasion du n° 23, et comme je le propose en ce moment. Peut-être même trouverait-on la cause de ce dédoublement dans l'influence qu'a pu exercer sur le rédacteur du *Lalita vistara* le souvenir de quelques caractères voisins. Ainsi l'idée de *taureau* est probablement empruntée au n° 41, où la marche de l'homme accompli est comparée à celle du taureau; cette idée d'ailleurs manque à la leçon du manuscrit de la Société asiatique. L'autre idée, celle de *non tortu, droit,* va se représenter dans des caractères voisins. Tout nous invite donc à supprimer de la liste primitive la première partie du n° 33 du *Lalita vistara*.

34. *Gambhîranâbhiḥ*; V38 *gambhîranâbhiḥ*; H38 *gambhîranâbhitâ*. Ce caractère signifie, « Il a le nombril profond, » comme le disent exactement les Tibétains. Les Singhalais semblent le remplacer par l'un des deux énoncés du numéro suivant.

35. *Adjihmanâbhiḥ, anupûrvanâbhiḥ*; V39 *pradakchiṇavartinâbhiḥ*; H39 *pradakchiṇâvartanâbhitâ*; D16 *atchtchhiddanâbhitâ*; D18 *dakkhiṇâvattanâbhitâ*. Les deux termes dont se compose cet article du *Lalita vistara* signifient, « Son nombril n'est pas de travers, son « nombril est régulier; » ou, suivant les Tibétains, « Son nombril est sans difformité et ré-« gulier. » La liste singhalaise, quoique différente dans les termes, rentre complétement dans la définition du *Lalita vistara;* car elle a aussi deux énoncés, l'un sous le n° 16 et qui signifie « La qualité d'avoir un nombril sans défaut, » l'autre sous le n° 18, « La qua-« lité d'avoir le nombril tournant vers la droite. » Les deux autres listes s'éloignent de cet énoncé, en ce qu'elles n'en adoptent que la dernière partie, « Son nombril tourne vers la « droite; » mais cette différence n'est pas, en réalité, aussi considérable qu'on le pourrait croire au premier coup d'œil. Le *Lalita* dit d'une manière générale ce que les autres listes expriment techniquement par un caractère spécial; car on sait que pour les Buddhistes la perfection des corps ou des objets qui décrivent un mouvement circulaire consiste en ce que ce mouvement parte de la gauche pour se diriger vers la droite. J'incline donc à croire que le véritable énoncé de ce caractère se trouve dans nos trois dernières listes plutôt que dans l'énumération du *Lalita vistara;* et je profite de cette divergence pour ramener sous un seul numéro les deux énoncés de cet ouvrage, ce qui me permet de réduire à quatre-vingts le nombre des *Anuvyañdjanas,* qui d'après le *Lalita vistara* serait trop élevé de trois.

36. *Çutchyâtchâraḥ*; V42 *çutchipamâtcharaḥ*; H41 *çutchisamudâtchâratâ*; D33 *viçuddhindriyatâ*. Ce caractère signifie, « Il a une conduite pure, » et, selon les Tibétains, « Il fait « des œuvres pures. » M. Foucaux a joint à ce caractère une note dont je ne saisis pas bien la portée; il semble croire que ces mots, « Il fait des œuvres pures, » ne se trouvent pas dans le texte sanscrit [1]; cependant je puis affirmer que les trois exemplaires du *Lalita vistara* que j'ai sous les yeux ont certainement *çutchyâtchâraḥ;* seulement le second des ma-

[1] *Rgya tch'er rol pa*, t. II, p. 109.

nuscrits de M. Hodgson a fautivement *çutchyâpâraḥ*. Quant à la phrase que M. Foucaux croit être substituée à ce caractère par le texte sanscrit, j'y reviendrai dans l'article suivant. Les listes du *Vocabulaire pentaglotte* et du *Dharma sağgraha* népâlais emploient, au lieu du terme *âtchâra*, deux mots analogues qui expriment deux nuances légèrement différentes. Pris au propre, *âtchâra* signifie « usage, pratique[1]; » de sorte que *çutchyâtchâraḥ* est un composé possessif signifiant, « celui qui suit des pratiques pures. » La leçon fautive du *Vocabulaire pentaglotte*, qu'il faut remplacer par *çutchisamâtchâraḥ*, donne *samâtchâraḥ*, dont le sens exact est *conduite*, de façon que l'énoncé du *Vocabulaire* devra se traduire : « celui qui a une conduite pure. » Enfin le *samudâtchâra* de la liste de M. Hodgson signifie « disposition, intention, » d'où il faudra traduire le composé par « celui qui a des disposi- « tions pures. » Quant à l'énoncé du *Dharma pradîpikâ* singhalais, c'est uniquement par conjecture que je le ramène sous le présent article, car il ne signifie que « la qualité d'a- « voir des sens parfaitement purs. » Mais dans cette liste singhalaise, qui présente de si notables divergences avec les autres énumérations, je ne trouve pas de terme plus approchant de celui de « la conduite pure, » pas plus que je ne trouve, dans les trois premières listes, d'énoncé plus analogue à celui de « la pureté des sens. »

37. *Richabhavatsamantaprâsâdikaḥ*; V40 *samantapraçâdikaḥ*; H40 *samantaprâsâdikatâ*. Ce caractère signifie, « Comme le bœuf, il est tout aimable, » à peu près comme l'entendent les Tibétains, « Il est agréable de tous points. » Il paraît, d'après une note de M. Foucaux, que les interprètes du Tibet auraient lu *richivat*, « comme un Richi, » et qu'ils auraient fait rapporter ce terme de comparaison au numéro précédent, de cette manière : « Comme un Richi, il fait des œuvres pures. » Il est possible qu'ils aient eu sous les yeux un texte différent de celui que nous connaissons aujourd'hui; tel que le donnent les manuscrits de M. Hodgson, ce texte ne se prête pas à l'interprétation tibétaine. Il ne me paraît pas conduire davantage à la traduction proposée par M. Foucaux, « Il est fier « comme un jeune taureau; » car si l'on divise ainsi le composé *richabhavatsa*, « petit d'un « taureau, » que fera-t-on de *mantaprâsâdikaḥ*? Mais il se peut que *richabhavat* n'ait pas existé dans la liste primitive, puisqu'il manque dans celle du *Vocabulaire pentaglotte* et dans celle du *Dharma sağgraha* népâlais. Toutefois, du moment qu'il est exprimé comme dans le *Lalita vistara*, il ne peut se rapporter qu'au présent article et non au précédent. Je regrette de ne l'avoir pu découvrir dans l'énumération du *Dharma pradîpikâ* singhalais.

38. *Paramasuviçuddhavitimirâlôkasamantaprabhaḥ*; V33 *vitimiraviçuddhalôkaḥ*; H33 *vitimiraçuddhâlôkatâ*; D41 *parimaṇḍalakâyappabhâvattatâ*. Ce caractère signifie : « Il répand « autour de lui l'éclat d'une lumière supérieure, parfaitement pure, qui dissipe les ténèbres; » c'est à peu près en ces termes que M. Foucaux rend la version tibétaine de cet article. Les énoncés des autres listes reviennent également à ce sens, mais avec moins de mots; au lieu de *lôkaḥ* du *Vocabulaire pentaglotte*, il faut lire *âlôkaḥ* et traduire : « Il répand une lu- « mière qui dissipe les ténèbres et est parfaitement pure; » c'est, sauf la forme abstraite

[1] *Amarakocha*, liv. III, chap. IV, sect. 23, st. 141, p. 318, éd. Loiseleur.

et l'emploi de la préposition *vi*, l'énoncé même de la liste népâlaise. Quant à la leçon des Singhalais, elle diffère un peu plus par les termes. Il faut d'abord corriger une faute qui altère la fin du mot et lire *ppabhâvattâ*, « la qualité d'avoir une lumière; » alors on obtient la traduction suivante : « La qualité d'avoir une lumière qui s'échappe de son corps et se « répand autour de lui, » ou plus simplement, « La splendeur de son corps se répand au- « tour de lui. » Ce caractère s'applique dans les légendes au Buddha Çâkyamuni, dont le corps était environné d'une splendeur qui s'étendait à la distance d'une brasse; et cette splendeur est figurée sur des peintures népâlaises par un vaste cercle ou halo qui enveloppe l'image tout entière du Buddha, et qui est souvent traversé de lignes d'or qui ondulent. Je ne pense pas qu'il puisse exister le moindre doute sur la valeur de ce caractère, où A. Rémusat proposait de voir ce sens : « yeux sortants de leurs antres (orbites) et res- « plendissants de lumière[1]. »

39. *Nâgavilambitagatiḥ* ; V 12 *nâgavikrântagâmi* ; H 11 *nâgavikrântagâmitâ* ; D 9 *gadjasamânakkamatâ*. Ce caractère signifie : « Il a la démarche lente de l'éléphant. » Nos trois listes sont d'accord, sauf qu'au lieu de *vilambita* elles donnent les unes *vikrânta*, et la dernière *samâna*, ce qui nous fournit cette double traduction : « Il a la démarche héroïque de l'é- « léphant, » et « Sa démarche est semblable à celle de l'éléphant. » Les Tibétains ont adopté le sens de *majestueux*; ce qui semble prouver qu'ils traduisaient sur un texte qui lisait *vikrânta*, leçon certainement préférable à celle de nos manuscrits actuels.

40. *Siṁhavikrântagatiḥ* ; V 11 *sigghavikrântagâmi* ; H 10 *siṁhavikrântagâmitâ* ; D 10 *sîhasamânakkamatâ*. Ce caractère signifie, « Il a la démarche héroïque du lion; » je ne sais sur quel fondement les Tibétains ajoutent, « les manières (et la démarche du lion). » L'unanimité de nos quatre listes ne permet aucun doute sur la valeur de cet article.

41. *Vrĭchabhavikrântagatiḥ* ; V 14 *vrĭchabhavikrantagâmi* ; H 13 *vrĭchabhavikrântagâmitâ* ; D 12 *usabhasamânakkamatâ*. Ce caractère signifie : « Il a la démarche héroïque du taureau; » ici encore les Tibétains traduisent : « les manières et la démarche. » Nos trois listes sont unanimes, sauf les deux fautes du *Vocabulaire pentaglotte* qu'il faut corriger ainsi, *vikrântagâmi*.

42. *Haṁsavikrântaḥ* ; V 13 *hansavikrântagâmi* ; H 12 *haṁsavikrântagâmitâ* ; D 11 *haṁsasamânakkamatâ*. Ce caractère signifie, « Il a la démarche de l'oie, » ou du cygne, comme le veulent les interprètes tibétains. La liste singhalaise dit très-explicitement : « La qualité d'a- « voir la démarche semblable à celle de l'oie, » ce qui, comme on sait, passe chez les Indiens pour un mérite. De la comparaison de cet énoncé avec celui du *Lalita vistara*, et surtout de ce que le mot *gati*, « marche, » manque à ce dernier, je crois pouvoir conclure que l'adjectif *vikrânta* n'y signifie pas *héroïque* ou *majestueux*, comme dans les énoncés précédents, mais qu'il faut le prendre dans le sens de « pas, enjambée, marche. » Si l'on admet-

[1] *Mélanges asiat.* t. I, p. 172.

tait ce point, il faudrait reconnaître que les définitions du *Vocabulaire pentaglotte* et de la liste népâlaise sont ici moins correctes que celles des Tibétains et des Singhalais.

43. *Abhipradakchiṇâvartagatiḥ*; V15 *pradakchiṇyavartagâmî*; H14 *pradakchiṇagâmitâ*; D13 *dakkhiṇâvattagatitâ*. Ce caractère signifie, « Il marche en se tournant vers la droite, » et, suivant les Tibétains, « le port agréablement incliné du côté droit. » Les trois autres listes donnent exactement la même interprétation, sauf les variantes peu importantes qui résultent de la suppression d'*abhi*, de *pra* ou d'*âvarta*. Le *Vocabulaire pentaglotte* est ici fautif, comme cela lui est le plus ordinaire.

44. *Vrĭttakukchiḥ*; V34 *vrĭttakukchiḥ*; H34 *vrĭttumgakukchitâ*. Ce caractère signifie, « Il a les flancs arrondis, » comme l'entendent les Tibétains. L'énoncé des Népâlais est très-fautif, et la liste singhalaise omet entièrement cet attribut.

45. *Mrĭchṭakukchiḥ*; V35 *mrĭchâkukchiḥ*; H35 *mrĭchṭakukchitâ*. Ce caractère signifie, « Il a les flancs polis, » ou, suivant les Tibétains, « le côté bien fait. » L'accord de nos trois listes ne laisse ici place à aucune observation particulière; je remarque seulement que ce caractère manque encore dans la liste des Singhalais.

46. *Adjihmakukchiḥ*; V36 *abhugnakukchiḥ*; H36 *abhayakukchitâ*. Ce caractère signifie, « Ses flancs ne sont pas de travers, » ou, selon les Tibétains, « Il a le côté sans défaut. » Cet attribut revient à dire que sa taille, à en juger par ses flancs, ne dévie pas de la ligne droite. Le *Vocabulaire pentaglotte* donne exactement la même interprétation, mais avec un autre qualificatif, *abhugna*, « non courbé, non infléchi. » Cette variante a de l'intérêt, en ce qu'elle me donne le moyen d'expliquer la leçon de la liste népâlaise, qui sans ce secours serait à peu près inintelligible, car *abhayakukchitâ* ne donne que ce sens bizarre, « la qualité d'avoir les flancs libres de crainte; » mais en rapprochant *abhaya* d'*abhugna*, il est facile de reconnaître que la première leçon est une altération de la seconde. Ce caractère manque encore dans la liste singhalaise.

47. *Tchâpôdaraḥ*; V37 *kchâmôdaraḥ*; H37 *akchôbhakukchitâ*. Ce caractère signifie, « Il « a le ventre en forme d'arc, » ou, comme disent les interprètes tibétains, « arrondi en « arc. » L'énoncé du *Vocabulaire pentaglotte* est certainement fautif; il y faut lire *tchâpa* au lieu de *kchâma*. Quant à celui de la liste népâlaise, je ne saurais être aussi affirmatif: car *akchôbhakukchitâ* donne ce sens, « la qualité d'avoir un ventre qui n'est pas ébranlé, » sans doute pour dire, « qui est immobile, » par suite de sa fermeté. Il se pourrait cependant que cette leçon ne fût qu'une faute pour *ichvâsakukchitâ*, ce qui nous ramènerait à l'idée de « ventre arrondi en arc » des autres énumérations. Cet attribut manque à la liste singhalaise.

48. *Vyapagatatchtchhavidôchanîlakâduchṭaçarîraḥ*; V43 *vyapagatatikâlakagâtraḥ*; H42 *vya-*

pagatâilakâlagâtratâ; D25 *tilakâdirahitagattatâ.* Ce caractère signifie : « Son corps est exempt « de tout ce qui peut en altérer l'éclat, et de toutes les taches noires qui pourraient le dé- « parer; » les Tibétains disent plus brièvement, mais moins littéralement : « Son corps est « exempt de taches bleues ou noires, » à peu près comme les Chinois, « corps sans taches de « différentes couleurs. » Il ne peut exister le moindre doute sur le sens de l'énoncé du *Lalita vistara,* tel que je viens de le reproduire; on doit remarquer seulement que, d'après Wilson, il faudrait lire *nîlika,* au lieu de *nîlaka* que donnent nos trois manuscrits. Ce point n'est d'ailleurs pas d'une grande importance, les deux orthographes de ce mot, dont le sens n'est pas douteux, ayant pu coexister à la fois. Quoique moins développé et très-certainement fautif, l'énoncé du *Vocabulaire pentaglotte* nous conduit sans aucun doute au même sens. Il y manque, il est vrai, *tchtchhavidôcha,* « imperfection qui altère l'éclat; » mais les quatre syllabes *tikâlaka,* qui, telles qu'elles sont ici, ne donnent pas de sens, doivent cacher soit le *nîlaka,* « taches noires » du *Lalita vistara,* soit le *tilaka* de la liste singhalaise, qui revient à peu près au même. La liste népâlaise est, selon toute apparence, fautive aussi; quant à celle des Singhalais, elle se traduit très-littéralement et tout à fait d'accord avec le *Lalita vistara* par : « la qualité d'avoir les membres exempts de taches ou « de toute autre imperfection. »

49. *Vrïttadamchṭraḥ;* V55 *vrïttadamchṭaḥ;* H54 *vrïttadamchṭratâ;* D34 *vaṭṭadâṭhatâ.* Ce caractère signifie, « Il a les dents canines arrondies, » comme disent les Tibétains, qui cependant ne distinguent pas ici *damchṭrâ* de *danta,* comme cela serait nécessaire. L'unanimité de nos trois autres listes nous dispense de toute observation; on remarquera seulement que le *Vocabulaire pentaglotte* est ici fautif, comme presque toujours. J'ajoute ici, une fois pour toutes, la preuve que les lexicographes indiens ne confondent pas *damchṭrâ* avec *danta.* Le plus récent de tous, Râdhâ Kânta Dêva, dans son Trésor de la langue sanscrite, donne sur le mot *damchṭrâ* cette définition, *dantaviçêchaḥ,* « c'est une espèce particulière de dent[1], » et il renvoie au Vocabulaire de Hêmatchandra, où nous trouvons ces trois mots *dâḍhâ, damchṭrâ, djambhaḥ,* exactement traduits dans Boehtling par le mot *œillère*[2]. Il est probable que *damchṭrâ* désigne non-seulement les œillères, mais aussi les quatre canines en général; car *damchṭrâ* signifie également les défenses du sanglier, les dents de l'éléphant. Quoi qu'il en soit, *damchṭrâ* ne peut être confondu avec *danta.* Je remarque encore l'analogie que l'un des synonymes donné par Hêmatchandra, *dâḍhâ,* offre avec le pâli *dâṭhâ,* qui correspond au sanscrit *damchṭrâ;* on ne peut méconnaître dans *dâḍhâ* l'influence très-visible du prâkrit ou du pâli.

50. *Tîkchṇadamchṭraḥ;* V56 *tikchṇadamchṭaḥ;* H55 *tîkchṇadamchṭratâ.* Ce caractère signifie, « Il a les canines pointues; » les Tibétains disent moins exactement, « Il a les dents in- « cisives. » Les deux autres listes sont d'accord sur cet attribut qui manque dans la liste singhalaise. L'énoncé du *Vocabulaire* est très-fautif; il faut le corriger par celui du *Lalita vistara.*

[1] Râdhâ Kânta Dêva, *Çabda kalpadruma,* t. II, p. 1293 et 1345.

[2] *Abhidhâna tchintâmaṇi,* st. 583, p. 106, éd. Boehtl. et Rieu.

51. *Anupûrvadamchṭraḥ*; V59 *anupûrvadamchṭraḥ*; H58 *anupûrvadamchṭratâ*. Ce caractère signifie, « Il a les canines régulières, » comme disent les Tibétains, sauf la confusion de *damchtrâ* avec *danta*. Cet attribut ne peut signifier « les dents minces, » comme le proposait A. Rémusat; il manque d'ailleurs à la liste singhalaise.

52. *Tuñganâsaḥ*; V60 *tuñganâsaḥ*; H59 *tuñganâsikatâ*; D29 *tuñganâsatâ*. Ce caractère signifie, « Il a le nez proéminent, » ou, comme disent les Tibétains, « Il a le nez élevé avec « grâce. » Cet attribut, sur lequel nos quatre listes sont unanimes, est un de ceux dont s'autorisait avec le plus de confiance A. Rémusat pour contester l'origine nègre du Buddha Çâkyâmuni[1]; mais depuis qu'il est prouvé qu'il existe des nègres au nez aquilin, cet argument a beaucoup perdu de sa valeur.

53. *Çutchinayanaḥ*; V61 *çutchinâsaḥ*; H60 *çutchinâsikatâ*. Ce caractère signifie, « Il a « les yeux brillants, » et c'est bien ainsi que l'entendent les Tibétains; mais nos deux autres listes, celle du *Vocabulaire pentaglotte* et celle des Népâlais, donnent ici une leçon toute différente et qui signifie, « Il a le nez beau. » Il se peut que le voisinage du présent article et du précédent, lesquels sont immédiatement rapprochés l'un de l'autre dans nos trois listes, ait entraîné le compilateur des listes népâlaise et chinoise à substituer *nâsa*, « le « nez, » à *nayana*, « l'œil. » Quant à présent, il ne me paraît pas que l'accord de ces deux dernières énumérations, dont l'une est très-moderne, doive prévaloir contre l'autorité du *Lalita vistara*. Nous ne pouvons malheureusement pas invoquer ici le témoignage de la liste singhalaise, où manquent également ces deux énoncés.

54. *Vimalanayanaḥ*; V62 *viçuddhanâitraḥ*; V27 *çuddhanêtraḥ*; H26 *viçuddhanêtratâ*. Ce caractère signifie, « Il a l'œil pur, » ou, comme disent les Tibétains, « l'œil sans tache. » Nos trois listes sont unanimes; mais cet attribut manque encore à la liste singhalaise. Dans le *Vocabulaire pentaglotte* il paraît dédoublé en deux articles.

55. *Prahasitanayanaḥ*; D44 *pañtchappasâdavattanêttatâ*. Ce caractère signifie, « Il a les « yeux souriants, » comme le disent les Tibétains. Je ne le trouve ni dans le *Vocabulaire pentaglotte*, ni dans la liste népâlaise. Chez les Singhalais il paraît sous une forme très-différente de celle du *Lalita vistara*, et qui serait à peu près inintelligible sans le Dictionnaire singhalais de Clough. Selon cet auteur, on entend par *pañtchaprasâda*, la joie à ses cinq degrés, depuis le sentiment ordinaire de la satisfaction, jusqu'à la manifestation la plus exaltée du plaisir[2]. C'est là certainement le terme sanscrit qui est devenu en pâli *pañtchappasâda*, et qui figure dans l'énoncé de la liste singhalaise, dont le sens doit être, « la « qualité d'avoir des yeux qui expriment les cinq degrés de la joie, » ou encore « de la bien-« veillance. »

56. *Âyatanayanaḥ*; D43 *âyatavisâlanêttatâ*. Ce caractère signifie, « Il a les yeux allon-

[1] *Mélanges asiat.* t. I, p. 106. — [2] Clough, *Singhal. Diction.* t. II, p. 348.

« gés, » comme disent les Tibétains; il manque dans le *Vocabulaire pentaglotte* et dans la liste népâlaise, sans doute parce qu'on l'a réuni au caractère que nous allons voir sous le numéro suivant, comme le veut la liste singhalaise, qui ici même ne fait qu'un seul attribut de « la qualité d'avoir des yeux allongés et grands. » Dans l'état où sont actuellement nos listes, il est bien difficile de dire si c'est le *Lalita vistara* qui a raison de voir ici deux attributs distincts, ou si ce sont les Singhalais qui font bien de réunir ces attributs en un seul article.

57. *Viçâlanayanaḥ;* V63 *viçalanêtraḥ;* H61 *viçâlanêtratâ;* D43 *âyatavisâlanêttatâ.* Ce caractère signifie, « Il a l'œil grand. » Nous avons ici, en faveur de l'énoncé du *Lalita vistara*, le témoignage du *Vocabulaire pentaglotte;* je n'en ai pas moins cru nécessaire de répéter ici la définition de la liste singhalaise, qui a été examinée tout à l'heure sur l'article précédent.

58. *Nîlakuvalayadalasadrïçanayanaḥ;* V65 *çitâçitakamaladalabakalanayanaḥ;* H63 *sitâsitakamaladalanêtratâ.* Ce caractère signifie, « Il a l'œil semblable au pétale d'un nymphæa bleu, » ainsi que l'entendent les Tibétains. C'est également à ce sens que reviennent les énoncés de nos deux autres listes; car cet attribut manque à la liste singhalaise. Il faut cependant noter la variante suivante de la liste de M. Hodgson, *Sitâsitakamaladala,* « les « pétales d'un nymphæa blanc et d'un nymphæa bleu; » cela veut dire, ce me semble, que le noir de la prunelle, opposé au blanc du globe de l'œil, ressemble au pétale d'un lotus bleu rapproché du pétale d'un lotus blanc. Le *Vocabulaire pentaglotte* est ici encore manifestement fautif surtout pour la fin du mot. Je n'ai pas besoin de faire remarquer combien les six derniers caractères que nous venons de passer en revue, conviennent au type reconnu de la beauté indienne.

59. *Sahitabhrûḥ;* D52 *susaṇṭhânabhamukatâ.* Ce caractère me paraît signifier, « Il a « les sourcils égaux; » Les Tibétains le traduisent ainsi : « Il a le poil des sourcils égal. » L'idée d'égalité ou de ressemblance paraît dans cette version comme dans la mienne; il semblerait toutefois que cette interprétation s'applique mieux à un énoncé comme le n° 68 du *Vocabulaire pentaglotte, samarômabhrûḥ,* « Il a des sourcils dont les poils sont « égaux. » Quoi qu'il en puisse être, *sahita* doit avoir ici le sens de « qui est en compagnie « de, qui va de pair, qui est appareillé; » or des sourcils appareillés sont des sourcils égaux ou semblables. Je me trouve confirmé dans cette interprétation par la leçon de la liste singhalaise qui signifie « la qualité d'avoir des sourcils parfaitement semblables; » car il ne faut pas oublier que l'idée d'*association*, de *concomitance* se trouve aussi bien dans *saṇṭhâna*, pour le sanscrit *saṁsthâna*, que dans *sahita*. Ajoutons que l'énoncé pâli que je traduis ainsi, occupe dans la liste singhalaise exactement la même place que *sahitabhrûḥ* dans le *Lalita vistara*. De part et d'autre ce caractère est le premier de ceux qui se rapportent aux sourcils. Je constate qu'il manque dans le *Vocabulaire pentaglotte* et dans la liste népâlaise de M. Hodgson.

60. *Tchitrabhrûḥ*; H66 *susnigdhabhrûkatâ*. Ce caractère signifie, « Il a les sourcils beaux, » et suivant la liste népâlaise, « La qualité d'avoir les sourcils bien luisants. » Le *Vocabulaire pentaglotte*, pas plus que la liste singhalaise, ne donne cet attribut. Aussi douté-je fort de la parfaite exactitude de la relation que j'établis entre le *Lalita vistara* et la liste népâlaise. Les caractères tirés des sourcils sont entre les plus variables de ceux dont se composent nos quatre énumérations.

61. *Saṅgatabhrûḥ*; D55 *mahantabhâmukatâ*. Ce caractère signifie, « Il a les sourcils « réunis, » ou, comme le disent les interprètes tibétains, « les sourcils toujours joints. » Il ne se trouve que dans le *Lalita vistara*, et c'est par conjecture que j'y joins ce caractère de la liste singhalaise, « La qualité d'avoir les sourcils grands. » On pourrait encore rapprocher de l'attribut des sourcils réunis celui des sourcils allongés, que j'ai placé sous le n° 63. De toute façon il est aisé de voir quelle confusion règne dans cette partie de l'énumération des signes de la beauté.

62. *Anupûrvabhrûḥ*; V68 *samarômabhrûḥ*; D54 *anulômabhâmukatâ*. Ce caractère signifie, « Il a les sourcils réguliers, » ou, comme disent les Tibétains, « bien dessinés. » L'énoncé de la liste singhalaise donne à croire que la régularité des sourcils consiste en ce que les poils qui les forment se suivent régulièrement sans se hérisser en désordre. C'est aussi à cela que revient la leçon du *Vocabulaire pentaglotte*, « Il a des sourcils dont les poils sont « égaux, » leçon que semblent avoir eue sous les yeux les interprètes tibétains, quand ils ont traduit par « Il a le poil des sourcils égal, » le premier des caractères relatifs à ce trait du visage.

63. *Asitabhrûḥ*. Ce caractère signifie, « Il a les sourcils noirs. » Je ne trouve rien dans nos autres listes qui y réponde. L'isolement de cet attribut pourrait nous engager à le retrancher, et même à croire qu'il n'a jamais fait partie de l'énumération primitive; mais alors la liste du *Lalita vistara* deviendrait incomplète d'un attribut. J'aime mieux supposer qu'il se trouve dans nos autres listes, mais sous une forme différente. Ainsi on pourrait se fonder sur la ressemblance extérieure des mots *asita* et *âyata*, pour ramener ici le caractère suivant de nos trois autres listes, V66 *âyatabhrûḥ*, H64 *âyatakrîkatâ*, D56 *âyatabhamukatâ*, ce qui signifie : « Il a les sourcils allongés, et la qualité d'avoir les sourcils « allongés. » Je remarque en passant que, dans l'énoncé de la liste népâlaise, *krîkatâ* est une pure faute typographique pour *bhrûkatâ*.

L'analyse que je viens de donner des cinq articles du *Lalita vistara* qui se rapportent aux sourcils d'un grand homme, ne ferait pas connaître complétement les idées des Buddhistes à cet égard, si je n'y joignais l'indication des énoncés qu'on trouve dans les autres listes. Ainsi le *Vocabulaire pentaglotte*, outre les n°s 66 et 68 dont j'ai parlé sous les n°s 62 et 63 du *Lalita vistara*, donne sous le n° 67 *çlakchṇabhrûḥ*, qui signifie, « Il a les « sourcils minces. » A ce caractère répond le n° 53 de la liste singhalaise, *saṅhabhamukatâ*, « La qualité d'avoir des sourcils minces. » La liste du Népâl a de son côté, sous le n° 65, *çuklabhrûkatâ*, « La qualité d'avoir des sourcils blancs ; » mais je crois cet énoncé fautif : *çukla*, « blanc, » aura été écrit par erreur au lieu de *çlakchṇa*, « délié, mince. »

Je termine cette analyse en réunissant sous un seul point de vue les quatre listes qui m'ont fourni les remarques précédentes ; je les placerai les unes auprès des autres, d'après le nombre des attributs qu'elles énumèrent.

LALITA VISTARA.	LISTE SINGHALAISE.	VOCABUL. PENTAGLOTTE.	LISTE NÉPÂLAISE.
59. Il a les sourcils égaux.	52. Sourcils parfaitement semblables.	66. Il a les sourcils allongés.	64. Sourcils allongés.
60. Il a les sourcils beaux.	53. Sourcils minces.	67. Il a les sourcils minces.	65. Sourcils minces.
61. Il a les sourcils réunis.	54. Sourcils réguliers.	68. Les poils de ses sourcils sont égaux.	66. Sourcils lisses.
62. Il a les sourcils réguliers.	55. Sourcils grands.		
63. Il a les sourcils noirs.	56. Sourcils allongés.		

64. *Pînagaṇḍah;* D42 *paripuṇṇakapôlatâ*. Ce caractère signifie, « Il a les joues pleines ; » les Tibétains disent, « Il a le cou gros ; » d'où l'on peut conclure qu'ils avaient sous les yeux un texte différent du nôtre, peut-être un texte où on lisait *ghâṭâ*, « le derrière du col, la « nuque. » La liste singhalaise est la seule qui reproduise cet attribut, et en des termes qui ne permettent aucun doute sur sa valeur, « La qualité d'avoir les joues parfaitement « pleines. »

65. *Avichamagaṇḍaḥ*. Ce caractère signifie, « Ses joues ne sont pas inégales. » Ici encore les Tibétains disent *le cou*, comme à l'article précédent. Je ne trouve ce caractère dans aucune de nos autres listes.

66. *Vyapagatagaṇḍadôchaḥ*. Ce caractère signifie, « Ses joues ne présentent aucune im- « perfection. » Les Tibétains voient encore ici le cou ; ce caractère ne se trouve d'ailleurs pas plus que le précédent dans mes trois autres listes.

67. *Anupahatakruchṭaḥ*. Ce caractère signifie, « Il est à l'abri de l'injure et du blâme. » Les Tibétains disent d'une manière différente : « Son aspect n'annonce ni la menace ni la « colère ; » ou ils ont eu un texte qui ne ressemblait pas au nôtre, ou ils ont admis un changement de sens un peu fort, en traduisant *anupahata* par « celui auprès duquel on ne « trouve pas la menace, » et *anupakruchṭa* par « celui auprès duquel on ne rencontre pas la « colère. » Notre texte se prête à une interprétation plus littérale qui revient à dire que l'irréprochable perfection de sa personne le met à l'abri de ces injures et de ces outrages auxquels sont exposés les hommes qui ont quelque défaut corporel. Je ne trouve ce caractère dans aucune de nos autres listes. Je remarque seulement dans la liste népâlaise, sous le n° 69, un terme commençant par *anupahata*, et ainsi conçu, *anupahatakarṇêndriyatâ*, « la qualité d'avoir l'organe de l'oreille sans aucun défaut. » C'est l'énoncé que le *Vocabulaire pentaglotte* lit fautivement, sous le n° 71, *anupahatakarṇintrayaḥ*. Ne serait-il pas pos-

sible que les deux rédactions *anupahatakruchṭa* et *anupahatakarṇêndriya* aient eu pour base première un même original? Je ne saurais dire cependant quel il a dû être, quoique j'incline ici en faveur de la liste népâlaise et du *Vocabulaire pentaglotte*. On voit que nous aurions besoin d'un plus grand nombre de manuscrits pour nous fixer sur cet article.

68. *Suviditêndriyaḥ*. Ce caractère signifie, « Ses organes sont parfaitement éclairés, » c'est-à-dire que ses organes, dont l'action n'est viciée par aucune imperfection, lui donnent une instruction sûre et positive. Les Tibétains traduisent, « Il a les sens parfaitement « domptés; » ce qui est peut-être un peu moins exact, mais ce qui suppose pour original *suvinîtêndriyaḥ* : qui sait même si ce n'est pas la meilleure leçon?

69. *Suparipûrṇêndriyaḥ*. Ce caractère signifie, « Ses organes sont parfaitement accom- « plis. » Les Tibétains, d'après M. Foucaux, en donnent une interprétation qui prouverait qu'ils ont eu sous les yeux un texte très-différent de celui de nos trois manuscrits : « Il « porte vraiment sur le front le cheveu parfaitement accompli; » sur quoi M. Foucaux ajoute en note : « Sanscrit *ûrṇâ*, cheveu au milieu du front des Buddhas, annonçant la « puissance et la grandeur [1]. » J'avoue que je ne trouve dans nos manuscrits du *Lalita vistara* ni les éléments de ce sens, ni ceux de la note qui l'accompagne. Ce n'est pas le substantif *ûrṇâ* qui paraît dans ces manuscrits, mais l'adjectif *paripûrṇa*, « accompli, complet; » cela ne peut faire l'objet d'un doute. Puis *ûrṇâ*, en supposant qu'il en fût question ici, ne désignerait pas le cheveu placé au milieu du front dont il est parlé dans quelques légendes; c'est, comme l'indique le sens ordinaire du mot, un duvet laineux qui croît, non au milieu, mais au bas du front, entre les deux sourcils : c'est en un mot ce cercle de poils dont les Tibétains eux-mêmes reconnaissent l'existence parmi les trente-deux *Lakchaṇas*, ou caractères d'un grand homme [2]. Appeler ce cercle de poils un cheveu placé au milieu du front, c'est prendre l'un pour l'autre deux caractères très-différents; et l'on a peine à comprendre comment les interprètes tibétains ont pu tomber dans une telle confusion. Quant au caractère même qui fait l'objet de cet article, il ne reparaît dans aucune de nos trois autres listes.

70. *Saggatamukhalalâṭaḥ*. Ce caractère signifie, « Il a la face et le front en harmonie « l'un avec l'autre; » ou, comme le disent les Tibétains, « Son visage et son front s'accordent « bien ensemble. » Je ne rencontre pas cet attribut dans nos autres listes; cependant on y trouve un ou plusieurs caractères tirés du front. Ainsi la liste singhalaise en a un qui est placé sous le n° 51, *âyataputhulalâṭasôbhatâ*, « la beauté d'un front grand et large; » c'est le n° 73 du *Vocabulaire pentaglotte : srĭtulalâṭaḥ* pour *prĭthulalâṭaḥ*, « il a le front large, » et le n° 71 de la liste népâlaise, *prĭthulalâṭatâ*, « la qualité d'avoir un front large. » Outre ce caractère, nous avons encore dans le *Vocabulaire pentaglotte*, sous le n° 72, *suparinatalalâṭaḥ*, « Il a le front bien arrondi, » à quoi correspond le n° 70 de la liste népâlaise, *aparisthanalalâṭatâ*, mais ce dernier énoncé doit être fautif; du moins il m'est impossible de

[1] *Rgya tch'er rol pa*, t. II, p. 109. — [2] *Ibid.* t. II, p. 171, et ci-dessus, p. 563, n° 4.

rien faire de *a-paristhana-lalâṭatâ*. Cette leçon est très-probablement une faute pour *suparinata*, que je viens d'expliquer. On a vu plus haut que le *Lalita vistara* avait placé un caractère analogue au nombre des trente-deux *Lakchaṇas* et sous le n° 3 [1].

71. *Paripûrṇôttamâĝgaḥ*; V74 *Suparipûrṇôttamâñgaḥ*; H72 *Suparipûrṇôttamâñgatâ*; D50 *tchhattanibhatchârusirasatâ*. Ce caractère signifie, « Il a la tête bien développée, » comme l'ont exactement vu les interprètes tibétains. Il faut qu'il se soit introduit quelque déplacement dans la version chinoise du *Vocabulaire pentaglotte*, pour qu'Abel Rémusat ait traduit ainsi cet attribut : « cheveux d'un noir bleuâtre comme la pierre d'azur [2]. » Deux listes sur trois reproduisent unanimement ce caractère; l'énumération singhalaise en donne seule une approximation assez éloignée : « La qualité d'avoir la tête belle et semblable à un parasol. »

72. *Asitakêçaḥ*; H73 *bhramarasadrîçakêçatâ*; D72 *sunîlakêsatâ*. Ce caractère signifie, « Il a les cheveux noirs, » comme l'ont entendu les Tibétains. Il manque dans le *Vocabulaire pentaglotte*, et les autres listes en donnent des équivalents qui diffèrent dans les termes, mais qui ont en définitive la même valeur. La liste népâlaise signifie, « La qualité d'avoir « les cheveux semblables à l'abeille (noire); » et la liste singhalaise doit se traduire, « La « qualité d'avoir les cheveux très-noirs. »

73. *Sahitakêçaḥ*; D74 *susaṇṭhânakêsatâ*. Ce caractère signifie, « Il a les cheveux égaux, » ou, comme le disent les Tibétains, « Sa chevelure est égale. » Il manque dans le *Vocabulaire pentaglotte* et chez les Népâlais; mais les Singhalais le reproduisent avec cette variante dans l'adjectif que j'ai signalée plus haut sur le premier des articles, le n° 59, qui est relatif à l'égalité des sourcils. C'est là que j'ai montré comment *sahita* devait signifier « appareillé, » surtout quand il est remplacé par un mot signifiant « parfaitement égal. » Au reste, l'égalité dont il s'agit ici doit porter plutôt sur la chevelure en général que sur les cheveux en particulier; elle doit exprimer cette circonstance, que les cheveux sont également et symétriquement répartis sur la tête, comme on le remarque sur les statues et les images peintes du Buddha. Voilà pourquoi j'ai rapproché de ce caractère le *susaṇṭhânakêsa* de la liste singhalaise, et non le *samakêsa* de la même liste, que j'ai placé plus bas sous le n° 78.

74. *Susaĝgatakêçaḥ*; V75 *tchitrakêçaḥ*; H74 *tchitrakêçatâ*; D73 *dakkhiṇâvattakêsatâ*. Ce caractère signifie, « Il a les cheveux bien arrangés. » Je n'en trouve pas la traduction littérale chez les interprètes tibétains, à moins que ce ne soit là le caractère qu'ils rendent par « chevelure bien en ordre. » Le *Vocabulaire pentaglotte* et la liste népâlaise ont ici, « Il « a les cheveux beaux, » et la liste singhalaise, « La qualité d'avoir les cheveux tournés à « droite. » Ce caractère se rapproche beaucoup de celui que nous rencontrerons tout à l'heure, sous le n° 78, et qui est relatif aux cheveux réguliers.

[1] Ci-dessus, même note, p. 563, n° 3. — [2] *Mélanges asiatiques*, t. I, p. 173.

75. *Surabhikêçaḥ*; V79 *surabhikêçaḥ*; H78 *surabhikêçatâ*; D71 *sugandhamuddhantâ*. Ce caractère signifie, « Il a la chevelure parfumée, » comme l'entendent les Tibétains. Toutes nos listes sont unanimes sur cet attribut, sauf celle des Singhalais qui lit *sugandhamuddhantâ*, leçon dont je ne puis rien faire qu'en lisant *sugandhamuddhatâ*, ce qui donne pour sens « La qualité d'avoir la tête parfumée. »

76. *Aparuchakêçaḥ*; V78 *apatuçâkêçaḥ*; H77 *aparuchakêçatâ*; D79 *kômalakêsatâ*. Ce caractère signifie, « Ses cheveux ne sont pas rudes. » Je ne vois pas de trace de cet attribut dans la version tibétaine du *Lalita vistara*. Cependant nos quatre listes sont unanimes à le reproduire, et il n'est pas possible de douter de sa valeur. Le *Vocabulaire pentaglotte* l'écrit fautivement avec un *t* et le troisième *a* long; quant à la liste singhalaise, elle le représente par une expression synonyme dont la signification est positive, de cette manière : « Il a les cheveux doux. »

77. *Anâkulakêçaḥ*; V77 *apaṁluṭitakêçaḥ*; H76 *asaṁguṇitakêçatâ*; D77 *alulitakêsatâ*. Ce caractère signifie, « Ses cheveux ne sont pas mêlés, » comme l'entendent aussi les Tibétains. Nos listes offrent ici d'assez grandes divergences; mais, sauf un mot, ce ne sont là que des variantes d'orthographe, ou même des fautes qu'on peut corriger par la comparaison des divers énoncés entre eux. Au lieu du mot *anâkula*, « non confus, » les Singhalais disent *alulita*, « non brouillé, non mêlé; » ce qui est la variante la plus forte, mais ce qui donne le même sens. Ce mot *alulita* permet de corriger l'énoncé si fautif du *Vocabulaire pentaglotte*, *apaṁluṭita*, qu'on doit certainement lire *asaṁlulita*, « qui n'est pas mêlé. » Quant à l'énoncé de la liste népâlaise, il n'est pas certain qu'elle ne cache pas un mot nouveau, comme *asaṁguḍita*, « qui n'est pas en boule, en masse; » de sorte que l'attribut qui nous occupe devrait se traduire, « Ses cheveux ne forment pas une masse. » Dans le Journal de la Société asiatique de Londres ce terme est lu *asammuṇita*; la leçon que j'ai reproduite précédemment est celle de la Société asiatique du Bengale. Cette divergence laisse planer du doute sur l'exactitude parfaite de l'un et de l'autre énoncé. Aussi se pourrait-il qu'il ne fallût pas aller chercher si loin la correction, et qu'on dût prendre *asaṁguṇita* pour une altération de *asaṁlulita*.

78. *Anupûrvakêçaḥ*; D78 *samakêsatâ*. Ce caractère signifie, « Il a les cheveux réguliers, » ou selon les Tibétains, « bien en ordre; » mais cette traduction littérale ne fait pas suffisamment saisir ce qu'on doit entendre par cet attribut. J'y vois l'analogue du caractère précédent, « ses cheveux ne sont pas mêlés; » c'est-à-dire que le n° 78 représente des cheveux qui se suivent dans un sens naturel, au lieu de se hérisser dans des directions divergentes. Il n'y a pas là proprement de répétition; car après avoir montré dans l'article 77 que les cheveux de l'homme accompli ne sont pas mêlés, la description ne nous apprend pas si ces cheveux sont réguliers ou irréguliers, les uns longs et les autres courts, s'ils sont même bien ou mal plantés. Le n° 78 me paraît répondre à la première de ces questions, et c'est pour cela que j'y ai ramené l'énoncé de la liste singhalaise, « La qualité

« d'avoir les cheveux égaux. » Je ne pense pas qu'il soit ici question d'une disposition artificielle, ni comme je l'ai conjecturé au n° 74, d'une disposition générale de la masse de la chevelure répartie des deux côtés de la tête. Ce caractère ne paraît ni dans le *Vocabulaire pentaglotte*, ni dans la liste népâlaise. Je trouve seulement dans la première de ces deux listes, sous le n° 76, un attribut que l'on ne peut éloigner beaucoup de celui que nous examinons, *çlakchṇakêçaḥ*, « Il a les cheveux fins, » caractère qui paraît aussi dans la liste singhalaise, sous le n° 76, *saṇhakêsatâ*, « La qualité d'avoir les cheveux fins. » La finesse des cheveux est un attribut dont ne parlent ni le *Lalita* ni la liste népâlaise, et c'est un des traits de différence qui distinguent les unes des autres nos quatre listes qui sont en grand désaccord sur le caractère des cheveux. A cet attribut la liste singhalaise en joint un autre sous le n° 75, *siniddhakêsatâ*, « La qualité d'avoir les cheveux lisses. » On comprend que ce mérite soit un accessoire des cheveux fins; il n'en est cependant pas parlé ailleurs que dans le *Dharma pradîpikâ* singhalais, sans doute à cause de son peu d'importance.

79. *Saṁkutchitakêçaḥ;* 1175 *guhyakêçatâ.* Ce caractère signifie, « Il a les cheveux bouclés; » car c'est seulement ainsi que je puis entendre le mot *saṁkutchita*, dont le sens propre est « ramassé, resserré ensemble. » Il me paraît évident que cet attribut exprime cette apparence des cheveux réunis en boucles régulières qu'on remarque sur les statues et les images du Buddha Çâkyamuni, et qu'on a prise longtemps pour la représentation d'une chevelure crépue. Ce qui m'étonne, c'est que les Tibétains aient pu voir ici des cheveux nattés [1]; on a peine à comprendre comment des interprètes qui devaient avoir sans cesse sous les yeux des statues et des images du Buddha, et auxquels aucune particularité de sa personne mortelle n'avait pu rester inconnue, aient cru devoir renoncer au témoignage de leurs propres yeux pour appeler nattée une chevelure bouclée. Cette divergence entre leur traduction et la réalité est d'autant plus singulière, que pour arriver à ce sens il leur a fallu méconnaître la tradition buddhique la mieux accréditée, tradition selon laquelle le jeune *Siddhârtha* coupa la mèche de cheveux qui couronnait sa tête, au moment où il embrassait la vie religieuse, et s'ôta ainsi le moyen de pouvoir désormais natter ses cheveux. Ajoutons qu'en attribuant des cheveux nattés à leur grand homme, ils lui donneraient tout simplement la coiffure de ses adversaires religieux, de ces Brâhmanes *djaṭilas* ou à la chevelure nattée, comme les nomment toutes les légendes. Le *Vocabulaire pentaglotte*, pas plus que la liste singhalaise, ne reproduisent cet attribut qui est cependant essentiel, et c'est seulement par conjecture que j'en rapproche l'énoncé de la liste népâlaise, lequel est par lui-même obscur. Je n'ai même d'autre moyen d'entendre *guhyakêçatâ* qu'en supposant que cette leçon a été introduite par erreur pour *guḍâkêçatâ*, « la qualité d'avoir les cheveux réunis en forme de boules, » ainsi que Lassen propose d'expliquer cette épithète, qui dans la littérature épique des Indiens désigne, comme on sait, le guerrier Ardjuna [2]. Dans cette hypothèse, le héros religieux des Buddhistes porterait un titre illustré déjà par un des guerriers les plus célèbres de l'Inde ancienne; d'où

[1] *Rgya tch'er rol pa*, t. II, p. 110. — [2] *Bhagavad gîtâ*, p. 265, éd. Lassen. 846.

l'on devrait conclure que le caractère que ce titre exprime, celui de cheveux ramassés en boules ou en boucles, aurait été déjà remarqué dans le nord de l'Inde sur un autre personnage que le Buddha, et selon toute apparence antérieurement à sa venue.

Les divergences que j'ai signalées entre nos quatre listes touchant les caractères tirés des cheveux, rendent ici nécessaire un résumé semblable à celui que j'ai donné plus haut sur les sourcils. Je vais le présenter sans rien changer à l'ordre que les divers énoncés occupent dans chacune de nos listes.

LALITA VISTARA.	LISTE SINGHALAISE.	VOCABUL. PENTAGLOTTE.	LISTE NÉPÂLAISE.
72. Il a les cheveux noirs.	72. Cheveux très-noirs.	75. Il a les cheveux beaux.	73. Cheveux semblables à l'abeille.
73. Il a les cheveux égaux.	73. Cheveux tournés à droite.	76. Il a les cheveux fins.	74. Cheveux beaux.
74. Il a les cheveux bien arrangés.	74. Cheveux bien égaux.	77. Il a les cheveux non mêlés.	75. Cheveux en boules.
75. Il a les cheveux parfumés.	75. Cheveux lisses.	78. Ses cheveux ne sont pas rudes.	76. Cheveux non mêlés.
76. Ses cheveux ne sont pas rudes.	76. Cheveux fins.	79. Ses cheveux sont parfumés.	77. Cheveux non rudes.
77. Ses cheveux ne sont pas mêlés.	77. Cheveux non mêlés.		78. Cheveux parfumés.
78. Il a les cheveux réguliers.	78. Cheveux réguliers.		
79. Il a les cheveux bouclés.	79. Cheveux doux.		

En réunissant à ces divers attributs le second des *Lakchaṇas* que j'ai examinés plus haut en détail [1], on aura l'idée la plus complète qu'on puisse se faire quant à présent des perfections que les Buddhistes recherchent dans la chevelure d'un homme supérieur et prédestiné à la dignité sublime de Buddha. Je ne reviendrai pas sur ce que j'ai dit à l'occasion du second des trente-deux caractères : le résumé des attributs secondaires que je viens de présenter nous éloigne beaucoup plus encore de la description d'une chevelure laineuse. Je ne puis mieux faire que de renvoyer aux remarques que la plupart de ces traits ont suggérées à M. Rémusat [2]. Il est hors de doute que cette description de la chevelure d'un Buddha s'applique, dans tous ses détails, au type indien envisagé de la manière la plus générale.

80. *Çrîvatsasvastikanandyâvartavardhamânasaṁsthânakêçaḥ*; V80 *çrivarpasvâstikanatyâvarttalalitapâṇipâdaḥ*; H79 et 80 *çrîvatsamuktikanaṁdyâvarttulatchihnitapâṇipâdatalatâ*, D80 *kêtumâlâratanaraṅdjitatâ*. Ce caractère signifie, « Ses cheveux représentent la figure « du *Çrîvatsa*, du *Svastika*, du *Nandyâvarta* et du *Vardhamâna*. » Les Tibétains disent : « Il « a au milieu de la chevelure un Çrîvatsa, etc. » Nos listes offrent ici des divergences considérables, non sur les figures plus ou moins mystiques exprimées par les noms de *Çrî-*

[1] Ci-dessus, même note, p. 560 et suiv. — [2] *Mélanges asiatiques*, t. I, p. 106.

vatsa, Svastika et autres, mais sur les parties du corps où l'on croit en apercevoir l'image. L'énoncé en est fautif dans le *Vocabulaire pentaglotte* et dans la liste népâlaise; cependant, en remplaçant *muktika* par *svastika*, en lisant *âvarta* au lieu de *âvarttula*, on a ce sens : « la qualité d'avoir la paume de la main et la plante des pieds marquées du *Çrîvatsa*, du « *Svastika* et du *Nandyâvarta*. » C'est également sur ces parties du corps que le *Vocabulaire pentaglotte* place ces signes fortunés; en lisant *çrîvatsa* au lieu de *çrivarpa*, *svastika* au lieu de *svâstika*, *nandyâvarta* au lieu de *natyâvartta*, *tchihnita* au lieu de *lalita*, on traduira : « Il a les pieds et les mains marqués du *Çrîvatsa*, etc. » Il n'est pas facile de déterminer actuellement laquelle est la meilleure leçon de celle du *Lalita vistara* ou de celle du *Vocabulaire pentaglotte*. La place où paraît le quatre-vingtième et dernier attribut secondaire, à la suite des attributs tirés de la chevelure, milite au premier abord en faveur du *Lalita*; mais deux listes, celle des Népâlais et celle des Chinois, donnent l'avantage à l'autre énumération. Je remarque en outre que la description qu'on donne chez les Buddhistes siamois et singhalais de l'empreinte du pied de Çâkyamuni Buddha, commence justement, ainsi qu'on le verra plus bas dans la section IV, par ces quatre figures plus ou moins imaginaires; or, pour que ces figures occupent la première place dans l'énumération des images qu'on croit reconnaître sur cette empreinte, il faut qu'on ait été accoutumé à les chercher sur le pied lui-même. Dans l'hypothèse que j'expose, le quatre-vingtième et dernier caractère qui se rattache au trente et unième *Lakchaṇa* analysé plus haut, aurait servi de transition pour passer à la description de l'empreinte du pied fortuné.

Reste le dernier numéro de la liste singhalaise, qui, je l'avoue, offre quelque difficulté. Si au lieu de *Kêtumâlâ* le texte donnait *Kêtumâla*, on traduirait : « la qualité d'avoir la « couleur des joyaux du *Kêtumâla*. » Mais que faudrait-il entendre par les joyaux du *Kêtumâla*? Ce dernier nom est celui d'une des divisions mythologiques du continent indien : mais je ne trouve pas dans l'indication qu'en donne le *Vichṇu purâṇa*, que cette terre soit remarquable par ses pierres précieuses. D'ailleurs c'est bien *Kêtumâlâ* que porte la liste singhalaise, et nous allons bientôt reconnaître que telle est la véritable orthographe. En effet, ce mot, que je ne trouve dans aucun des dictionnaires qui sont à ma disposition, est employé par le *Mahâvaṁsa*, et cela à l'occasion d'une représentation de Çâkyamuni qui apparut au roi Açôka. Voici au milieu de quels termes est placé ce mot :

Dvattiṁsalakkhaṇûpêtaṁ asîtibyañdjanudjdjalaṁ
byâmappabhâparikkhittaṁ kêtumâlâbhisôbhitaṁ [1] ;

ce qui doit se traduire, sauf le dernier mot : « revêtu des trente-deux caractères, brillant « de l'éclat des quatre-vingts signes, enveloppé d'une auréole qui s'étendait à la distance « d'une brasse et orné des *Kêtumâlâs*. » Je dis *Kêtumâlâs*, au pluriel, sur l'autorité de *Mahânâma*, qui, dans son commentaire du *Mahâvaṁsa*, représente *Kêtumâlâbhisôbhitaṁ* par *Kêtumâlâhi abhisôbhitam* [2]. Il n'explique malheureusement pas davantage ce terme, qui doit exprimer un trait des perfections physiques du Buddha; mais Turnour le rend ainsi : « surmonted by the lambent flame of sanctity. » Turnour entend certainement par là cette

[1] *Mahâwanso*, t. I, chap. v, p. 27, l. 11. — [2] *Mahâvaṁsa ṭîkâ*, f. 75 *a*.

flamme, unique selon les Tibétains, et divisée en forme de trident selon les Singhalais, qui surmonte la tête des statues du Buddha. C'est le signe que j'ai déjà indiqué plus haut, en traitant de la protubérance du vertex de ces statues[1]. Le *Mahâvañsa* est jusqu'ici le seul ouvrage où j'aie rencontré le nom de cet indice singulier. Quant à cette circonstance, que ce signe n'est mentionné que dans la liste singhalaise, je serais tenté d'en inférer que cette liste a été rédigée, ainsi que la description précitée du *Mahâvañsa*, d'après une statue, plutôt que d'après le souvenir du Buddha vivant.

Le lecteur qui aura eu la patience de suivre les analyses qui précèdent, aura remarqué que nos listes offrent entre elles des divergences assez considérables, lesquelles résultent de ce que certains caractères admis par le *Lalita vistara* manquent aux autres listes. Je ne parle ici que des lacunes véritables; car toutes les fois que nos listes donnent un attribut analogue à l'un de ceux du *Lalita*, j'ai noté cet attribut, ou comme synonyme, ou comme substitut probable. Réduites de cette manière, les lacunes réelles de nos trois listes, comparées à celle du *Lalita vistara*, sont pour le *Vocabulaire pentaglotte* de dix-huit, pour la liste népâlaise de dix-huit, pour la liste singhalaise de vingt-deux. Je crois inutile de revenir sur ces lacunes en énumérant les caractères dont elles entraînent l'omission; mais il est indispensable d'indiquer rapidement les articles que ces trois listes possèdent, soit chacune en propre, soit toutes en commun, parce que ces articles, manquant au *Lalita vistara*, n'ont pu figurer dans l'analyse que j'ai faite tout à l'heure de la liste empruntée à ce livre. Je vais donc passer en revue ces articles, en commençant par le *Vocabulaire pentaglotte* qui se rapproche le plus du *Lalita vistara;* mais, quoique donnant le pas au *Vocabulaire pentaglotte* sur les deux autres listes à cause de son analogie avec le *Lalita*, j'aurai soin d'indiquer ceux des articles de ces deux listes qui se retrouveront dans le *Vocabulaire*.

Le *Vocabulaire pentaglotte* termine les articles par lesquels on définit la marche de l'homme supérieur, en y ajoutant deux énoncés, le n° 16, *tcharugâmî*, et le n° 17, *avakragâmî*, dont le premier (qui doit se lire *tchârugâmî*) signifie, « il a une démarche élégante, » et le second, « sa démarche n'est pas tortueuse. » Je retrouve ces deux énoncés sous les n°s 15 et 16 de la liste de M. Hodgson, avec cette forme, *tchârugâmitâ*, *avakragâmitâ*, « la « qualité d'avoir une démarche élégante, une démarche qui n'est pas tortueuse. » D'un autre côté, ces deux caractères manquent dans la liste singhalaise ainsi que dans le *Lalita*. Cette circonstance semble indiquer que les Népâlais rédacteurs du *Dharma sañgraha*, et les Chinois rédacteurs du *Vocabulaire pentaglotte*, ont puisé à une même source, tandis que le *Lalita vistara* et le *Dharma pradîpikâ* ont eu sous les yeux, sinon un même original, du moins deux listes qui avaient entre elles d'assez grandes analogies.

Aux caractères dont je viens de signaler l'existence dans le *Vocabulaire pentaglotte* et dans la liste népâlaise, le *Vocabulaire* en ajoute un troisième de même ordre, qui est placé sous le n° 26, *samakramaḥ*, « sa marche est égale. » Ici encore la liste népâlaise est d'accord avec le *Vocabulaire*, car nous trouvons sous le n° 25 de cette liste l'énoncé suivant : *samakramatâ*, « la qualité d'avoir une marche égale. » Ce qui ajoute ici à l'analogie qu'offrent nos deux listes, c'est la place même qu'occupe ce caractère dans chacune d'elles; au con-

[1] Voyez ci-dessus, p. 559.

traire, dans le *Vocabulaire pentaglotte* comme dans le *Dharma saṅgraha*, il est assez singulièrement placé au milieu d'attributs relatifs à la beauté et à la perfection des membres en général, de façon qu'il se trouve éloigné, on ne sait trop pourquoi, des autres attributs relatifs à la marche, dont nous avons vu que nos listes offrent déjà un assez bon nombre, indépendamment des deux que je viens de relever. Il est bon d'ajouter que ce caractère ne se trouve pas plus que les précédents chez les Singhalais.

En tête des caractères relatifs aux membres en général, le *Vocabulaire pentaglotte* place cet attribut, *sukumâragâtraḥ*, « ses membres sont parfaitement jeunes, » ou « il a les membres « d'un homme très-jeune. » Il se trouve sous le n° 27 de la liste népâlaise, *sukumâragâtratâ*, et sous le n° 57 de la liste singhalaise avec une faute d'orthographe, *sukhumâlagattatâ*, au lieu de *sukumâla*. L'unanimité de nos trois listes semble donner à ce caractère une plus grande importance que celle qu'on serait tenté d'attribuer aux qualités tirées de la démarche que j'ai signalées tout à l'heure. Il est naturel en effet que les Buddhistes aient donné à leur héros la beauté de la jeunesse pendant laquelle le corps brille de tout son éclat. La traduction que proposait A. Rémusat pour cet attribut confirme l'interprétation que j'expose, avec une nuance cependant qu'il importe de noter : « face rem« plie d'une majesté prodigieuse et donnant l'air d'une éternelle jeunesse [1]. » C'est là en réalité un commentaire plutôt qu'une traduction : on n'y voit du reste que plus complétement la pensée de l'interprète; l'idée d'une jeunesse éternelle est sans doute exagérée, mais le point curieux à remarquer, c'est que la jeunesse est attribuée, non aux parties qui composent le corps en général, mais à la figure en particulier. Or comment un changement aussi considérable dans le sens a-t-il pu avoir lieu, si ce n'est par la substitution d'un mot désignant la face à un mot désignant les membres? Il est fort possible que les premiers traducteurs chinois aient eu sous les yeux un énoncé ainsi conçu : *sukumâragaṇḍaḥ*, « il a les joues d'un homme très-jeune, » au lieu de *sukumâragâtraḥ*. Je ne propose cependant pas de faire cette correction à la leçon de nos trois listes, premièrement à cause de leur unanimité qui les protége contre tout changement arbitraire; secondement parce qu'on ne comprendrait pas pourquoi ce caractère, tiré de la beauté et de la jeunesse du visage, serait ainsi éloigné des autres caractères analogues tirés de l'éclat des joues.

Les caractères relatifs aux dents reçoivent, dans le *Vocabulaire pentaglotte*, l'addition des n°s 57, *çukladaṁchṭaḥ*, « il a les canines blanches, » et 58, *samadaṁchṭaḥ*, « il a les « canines égales. » Ces caractères se retrouvent également dans la liste népâlaise et dans cet ordre : n° 56, *çukladaṁchṭratâ*, et n° 57, *samadaṁchṭratâ*; le mot *daṁchṭrâ* y est, comme on voit, plus correctement écrit que dans le *Vocabulaire pentaglotte*. La liste singhalaise a aussi deux articles relatifs aux dents, mais ils diffèrent sensiblement de ceux qui précèdent; ce sont le n° 31, *suddhadantatâ*, et le n° 32, *siniddhadantatâ*, c'est-à-dire, « la qualité « d'avoir les dents blanches et lisses. » La différence porte ici sur l'emploi du mot *danta*, « dent, » en général, au lieu de *daṁchṭrâ*, « œillère ou canine. » En lisant *daṁchṭrâ*, comme font le *Vocabulaire pentaglotte* et la liste népâlaise, on évitera la répétition qu'offriraient ces deux énoncés avec les n°s 7 et 9 de la liste des trente-deux signes de beauté.

[1] *Mélanges asiatiques*, t. I, p. 171.

Aux caractères qui portent sur les yeux, le *Vocabulaire pentaglotte* en ajoute un autre sous le n° 64, qui est ainsi conçu : *tchitapakchmâpadjmô*. Cet énoncé serait bien obscur, sans la comparaison qu'on en peut faire avec le n° 62 de la liste népâlaise, *tchitrapakchmatâ*, « la qualité d'avoir de beaux cils. » On voit combien est fautive l'orthographe du *Vocabulaire pentaglotte;* la fin du mot *padjmô* offre cette singularité, qu'elle semble être la répétition du terme précédent *pakchmâ*, qui seul est correct; on remettrait donc toutes choses en ordre en lisant *tchitrapakchmâ*, sans *padjmô*. La liste singhalaise nous fournit, sous le n° 45, un caractère analogue qui est ainsi conçu : *akuñtchitaggapakhumatâ*, « la « qualité d'avoir des cils dont l'extrémité n'est pas recourbée, » c'est-à-dire, des cils droits; c'est, en d'autres mots et avec un peu plus de détails, ce que les deux autres listes nomment de beaux cils.

Je rappelle seulement pour mémoire l'énoncé du *Vocabulaire pentaglotte* placé sous le n° 67, *çlakchṇabhrûḥ*, « il a les sourcils minces, » parce que j'en ai parlé plus haut dans le résumé qui termine le n° 63 du *Lalita vistara;* j'ai montré que cet attribut devait se trouver sous le n° 65 de la liste népâlaise, et qu'il paraissait réellement sous le n° 53 des Singhalais.

Le *Vocabulaire pentaglotte* a trois articles sur la perfection des oreilles qui méritent d'être remarqués; le premier, qui porte le n° 69, est ainsi conçu : *pînâyatakarṇaḥ*, « il « a les oreilles pleines et grandes. » Ce caractère ne se retrouve que dans une seule de nos autres listes, celle des Singhalais, sous le n° 47, *âyatarutchirakaṇṇatâ*, « la qualité d'avoir « les oreilles grandes et belles. » On a lieu d'être surpris de ce que ce caractère, qui répond si bien à l'apparence que présentent les oreilles sur les statues et les dessins figurés des Buddhas, ne soit pas plus unanimement reproduit par nos listes. Serait-ce que cette particularité qui nous frappe tellement qu'elle nous semble être une monstruosité, aurait été omise par les premiers rédacteurs de nos listes à cause de sa vulgarité même, et parce qu'elle leur aurait paru trop ordinaire pour constituer un caractère distinctif? Ou bien serait-ce que les oreilles n'auraient pas été dans le principe aussi développées qu'elles le sont devenues depuis, surtout chez les Tibétains et les Mongols, et que le caractère qui nous occupe aurait été ajouté plus tard à la liste qui primitivement ne le connaissait pas? Ce sont là deux explications entre lesquelles il serait quant à présent malaisé de se prononcer. Je dois cependant remarquer que sur les images du Buddha, dessinées et publiées par M. J. Bird, d'après des originaux découverts dans les cavernes de l'ouest de l'Inde, le développement des oreilles n'a rien de trop exagéré, et que quand on y trouve un Buddha avec des oreilles pendantes, il est facile de reconnaître la présence d'un anneau très-volumineux qui est la véritable cause de ce développement apparent[1]. En attendant qu'un plus grand nombre de listes nous permette de nous décider sur ce point, je constate que le caractère relatif à l'allongement des oreilles n'est donné que par le *Vocabulaire pentaglotte* et la liste singhalaise.

[1] J. Bird, *Historical Researches on the Origin and principles of the Buddha and Jaina religions, illustrated by descriptive accounts of the sculptures in the Caves of western India, with translations of the inscriptions from Kanari, Karli, Ajanta, Ellora, Nasik, etc.* pl. I, II, III, VI, VII, VIII; Bombay, 1847, in-folio.

Il en faut dire autant du n° 70 du même *Vocabulaire*, *samakarṇaḥ*, « il a les oreilles « égales; » sauf cette remarque, que cet attribut paraît dans la liste népâlaise sous le n° 68, *samakarṇatâ*, « la qualité d'avoir les oreilles égales. » C'est un nouveau trait de ressemblance entre le *Vocabulaire pentaglotte* des Chinois et le *Dharma sañgraha* des Népâlais; car la liste singhalaise ne le donne pas plus que le *Lalita vistara*.

Quant au troisième caractère relatif à la beauté des oreilles, dont j'indiquais tout à l'heure l'existence, j'en ai signalé plus haut la présence sous le n° 67 du *Lalita vistara*. C'est le n° 71 du *Vocabulaire pentaglotte*, « il a l'organe de l'ouïe sans défaut, » et le n° 69 de la liste népâlaise. Je crois pouvoir renvoyer le lecteur à ce que j'en ai dit à l'occasion du *Lalita vistara*, qui n'a certainement pas cet attribut, quoique la leçon qu'il adopte puisse passer pour en être dérivée.

J'ai encore noté plus haut, en analysant le n° 70 du *Lalita vistara*, l'existence de deux caractères relatifs à la forme du front qui sont admis par le *Vocabulaire pentaglotte*, sous les n°s 72 et 73, « il a le front bien arrondi et il a le front large. » On a vu que le premier de ces attributs se trouvait sous le n° 70, et le second sous le n° 71 de la liste népâlaise et sous le n° 51 de la liste des Singhalais. Je renvoie encore ici à ce que j'en ai dit plus haut sous le rapport du sens et de l'orthographe, tout en convenant que le premier de ces articles constitue moins une lacune qu'un synonyme du *Lalita vistara*.

Les cheveux m'ont également fourni des remarques analogues que j'ai résumées sous le n° 79 du *Lalita vistara*. Le *Vocabulaire pentaglotte*, au n° 76, donne au Buddha « des che- « veux fins; » j'ai montré, sur le n° 78 du *Lalita*, que cet attribut se retrouvait dans le n° 76 de la liste singhalaise.

Après ce résumé des attributs que le *Vocabulaire pentaglotte* possède indépendamment du *Lalita vistara*, je passerai à l'énumération de ceux que la liste népâlaise possède également en propre. Déjà on en a reconnu plusieurs qui lui sont communs avec le *Vocabulaire pentaglotte*; je ne les relèverai pas de nouveau, mais je dois signaler ceux qui ne se présentant ni dans le *Lalita* ni dans le *Vocabulaire*, paraissent soit dans la liste népâlaise seule, soit dans cette liste et dans celle des Singhalais à la fois.

A la suite des caractères relatifs aux membres en général, la liste népâlaise place deux caractères sous les n°s 30 et 31. Le premier est *gambhîrakukchitâ*, « la qualité d'avoir les « flancs profonds, » et le second, *prasannagâtratâ*, « la qualité d'avoir les membres gra- « cieux. » Ces deux attributs ne se retrouvent dans aucune de nos trois autres listes.

La liste népâlaise place à la suite des caractères tirés des sourcils l'énoncé suivant qui porte le n° 67 : *pînâyatabhudjalatatâ*, « la qualité d'avoir des bras pleins et longs. » Le texte dit positivement : « la liane des bras, » d'après un système de comparaison familier aux Indiens. Il faut rapprocher de ce signe, non pas un synonyme, mais un analogue que donne la liste singhalaise sous le n° 19, *dviradakarasadisa ûrubhudjatâ*, « la qualité d'avoir les « bras et les cuisses comme la trompe de l'éléphant. » C'est là encore une comparaison tout indienne; elle porte uniquement sur la rondeur parfaite de ces membres.

C'est à ce petit nombre de points que se réduisent les divergences qui existent entre la liste népâlaise et le *Vocabulaire pentaglotte*; car pour les différences qui séparent cette liste de celle du *Lalita vistara*, je les ai notées tout à l'heure en examinant l'énumération du *Vocabulaire*. Il ne nous reste donc plus qu'à relever les différences qu'offre la liste du *Dharma pradîpikâ* singhalais comparée avec celles que nous avons étudiées jusqu'ici. On verra qu'il n'est aucune de ces listes qui s'accorde aussi peu avec le *Lalita vistara;* mais je crois aussi qu'on restera convaincu par la nature même de ces différences, que l'autorité du *Lalita vistara*, appuyée comme elle l'est par l'accord presque complet de la liste népâlaise et du *Vocabulaire pentaglotte*, n'en doit être en aucune manière ébranlée. Ces différences donnent lieu ou à des répétitions assez difficiles à expliquer, ou à des détails très-minutieux et peu caractéristiques. Aussi serais-je porté à croire que nous n'avons pas ici la liste des quatre-vingts caractères tels que se les représentent les Buddhistes du Sud, sous sa forme véritable et primitive; le *Dharma pradîpikâ* singhalais n'est d'ailleurs pas un livre d'une assez grande ancienneté pour assurer à la liste qu'il renferme toute l'autorité désirable.

La première des différences à signaler dans la liste singhalaise se trouve sous le n° 30 et est ainsi conçue : *surattadidjamam̃satâ*, c'est-à-dire, « la qualité d'avoir la chair des « dents très-rouge, » ou autrement, « les gencives très-rouges. » Ce caractère est en effet placé en avant des deux attributs relatifs à la blancheur et au poli des dents que j'ai signalés tout à l'heure dans la liste singhalaise.

Les caractères tirés des membres ont reçu dans la liste singhalaise l'addition de deux numéros ainsi conçus : n° 58 *ativiyasômmagattatâ*, « la qualité d'avoir les membres extrê- « mement beaux, » et n° 59 *ativiyaudjdjalitagattatâ*, « la qualité d'avoir les membres « extrêmement brillants. » Un peu plus bas nous trouvons une nouvelle définition du même genre sous le n° 62, *siniddhagattatâ*, « la qualité d'avoir les membres lisses. » Cet attribut ouvre une nouvelle série de huit autres caractères que je vais énumérer dans l'ordre où le manuscrit nous les présente.

N° 63. *Sugandhatanutâ*, « la qualité d'avoir un corps qui répand une bonne odeur. »

N° 64. *Samalômatâ*, « la qualité d'avoir les poils égaux. »

N° 65. *Kômalalômatâ*, « la qualité d'avoir les poils doux. »

N° 66. *Dakkhiṇâvattalômatâ*, « la qualité d'avoir les poils tournants vers la droite. »

N° 67. *Bhinnañdjanakasadisanîlalômatâ*, « la qualité d'avoir des poils noirs dont la cou- « leur ressemble à celle du collyre aux reflets changeants. »

N° 68. *Siniddhalômatâ*, « la qualité d'avoir les poils lisses. »

N° 69. *Atisukhumaassâsapassâsadhâraṇatâ*, « la faculté de pouvoir retenir son souffle, qui inhalé ou expiré est extrêmement faible. »

N° 70. *Sugandhamukhatâ*, « la qualité d'exhaler une bonne odeur par la bouche. »

Telles sont les additions par lesquelles la liste des Singhalais se distingue des trois autres énumérations que j'ai précédemment examinées. Il va sans dire que ces additions ne portent pas le total des caractères secondaires à un chiffre plus élevé que celui de quatre-vingts auquel s'arrêtent les autres listes. Les additions du *Dharma pradîpikâ* singhalais sont donc compensées par des lacunes; je dis compensées numériquement, car quant à la valeur des caractères, je ne crois pas que la liste générale gagnât beaucoup à recevoir ces additions singhalaises au lieu et place des définitions des autres listes. Ce qui doit nous guider ici, c'est l'unanimité des listes : un caractère qui se trouve à la fois dans quatre énumérations recueillies, l'une dans un livre sanscrit reconnu comme canonique au Népâl et au Tibet, celle-ci chez les Népâlais, celle-là chez les Chinois, la dernière enfin chez les Singhalais, a selon moi une autorité inattaquable; nous devons l'admettre et le tenir pour ancien. Mais cette autorité et vraisemblablement aussi cette ancienneté décroissent avec le nombre des listes; de telle sorte qu'un caractère qui n'a plus pour lui qu'une liste, doit de toute nécessité être placé au dernier rang. A ce point de vue l'énumération du *Dharma pradîpikâ* des Singhalais a une autorité moins grande qu'une liste qui résulterait de la combinaison de celle du *Lalita vistara* avec l'énumération des Népâlais et du *Vocabulaire pentaglotte.*

SECTION III.

CONCLUSIONS TIRÉES DES DEUX SECTIONS PRÉCÉDENTES.

Il est temps d'examiner le rapport que doivent avoir l'une avec l'autre l'énumération des trente-deux signes caractéristiques d'un grand homme et celle des quatre-vingts signes secondaires. Il faut aussi tirer quelques conséquences qui semblent résulter de l'examen attentif que je viens de faire de ces cent douze attributs d'un Buddha.

Quant au rapport qu'offre la liste des quatre-vingts signes secondaires avec celle des trente-deux attributs caractéristiques d'un grand homme, il me paraît donner lieu aux questions suivantes. Ces deux listes doivent-elles être reconnues comme contemporaines; et si l'on vient à constater qu'elles ne le sont pas, quelle est celle qui doit passer pour la plus ancienne? Dans l'état où elles nous sont parvenues toutes deux, conservées comme elles le sont dans des livres en apparence de même âge, la vraisemblance est pour l'opinion qu'elles sont contemporaines; et cette opinion peut, sans grand inconvénient pour la critique, subsister jusqu'à preuve du contraire. Cependant il est permis de se demander pourquoi, en traçant ce portrait des perfections physiques d'un grand homme, on a fait deux listes plutôt qu'une seule des définitions qui les expriment. Serait-ce que les caractères dits secondaires sont en réalité, soit sous le rapport physiologique, soit sous le rapport de l'art, secondaires et moins importants que les trente-deux signes de la supériorité d'un grand homme? Je laisse à de plus habiles la solution de cette question; mais en admettant même que les trente-deux définitions dites *Lakchaṇas* doivent passer pour fondamentales à l'égard des quatre-vingts signes dits *Anuvyañdjanas* qui n'en seraient que des développements, la question relative à l'âge de ces deux listes n'en est pas pour cela décidée, puisque l'idée de développer et de compléter les trente-deux caractères par l'addition des quatre-vingts signes de second ordre peut bien n'avoir pris naissance et ne s'être réalisée que postérieurement à la rédaction du catalogue des trente-deux signes principaux. Je crois même qu'à raisonner uniquement sur les apparences, et sans tenir compte de la présence simultanée de nos deux listes dans les mêmes monuments, le fait seul que l'une de ces listes n'est que le développement de l'autre est déjà un assez fort argument en faveur de cette opinion, que la liste de développement est en réalité la liste la plus moderne. Je ne veux pas cependant pousser ici trop loin l'emploi de la dialectique; il suffit que l'esprit du lecteur soit éveillé sur cette question. Il est plus prudent de nous en tenir au témoignage apparent des textes jusqu'ici connus. Quand nous les aurons mieux étudiés, et surtout que nous en connaîtrons un plus grand nombre, il sera temps de reprendre cette question, que dans l'état de nos connaissances il nous serait bien difficile de résoudre actuellement.

Pour que le lecteur puisse embrasser dans son ensemble les trente-deux caractères d'un homme supérieur, avec les signes secondaires qu'on y a rattachés, j'ai cru nécessaire d'en présenter ici la traduction suivie, telle qu'elle résulte pour moi des analyses précédentes. C'est, avec la version de la section IVe du *Vocabulaire pentaglotte*, publiée il y a déjà longtemps par M. Abel Rémusat, et avec le passage correspondant du *Rgya tch'er rol pa* tibétain traduit par M. Foucaux, la seule traduction et aussi la première qui ait été exécutée sur les originaux sanscrits et pâlis. Aussi, dans le résumé qui va suivre, ai-je cru nécessaire de conserver l'ordre du *Lalita* et les numéros qui constatent cet ordre : le lecteur curieux qui aura quelque doute sur la justesse du sens proposé, pourra ainsi remonter au texte et à la discussion critique dont ce texte a été l'objet.

TRADUCTION DES TRENTE-DEUX *LAKCHANAS*.

« 1. Sa tête est couronnée par une protubérance [du crâne]; 2. ses cheveux qui tournent vers la droite sont bouclés, d'un noir foncé, et brillent comme la queue du paon ou le collyre aux reflets changeants; 3. il a le front large et uni; 4. entre ses sourcils il existe un cercle de duvet ayant l'éclat de la neige ou de l'argent; 5. ses cils ressemblent à ceux de la génisse; 6. il a l'œil d'un noir foncé; 7. il a quarante dents toutes égales, 8. serrées, 9. et blanches; 10. il a le son de voix de Brahmâ (ou suivant d'autres, il a la voix du passereau); 11. il a le sens du goût excellent, 12. la langue large et mince, 13. la mâchoire du lion; 14. il a les épaules parfaitement arrondies; 15. il a sept parties du corps rebondies, 16. l'entre-deux des épaules couvert; 17. il a le lustre et le poli de l'or (ou la couleur de l'or); 18. debout et sans qu'il se baisse, ses bras lui descendent jusqu'aux genoux; 19. il a la partie antérieure du corps semblable à celle du lion, 20. la taille comme la tige de l'arbre *Nyagrôdha*, le figuier indien; 21. ses poils naissent un à un; 22. ils sont tournés vers la droite à leur extrémité supérieure; 23. l'organe de la génération est rentré dans son étui; 24. il a les cuisses parfaitement rondes, 25. la jambe semblable à celle du roi des gazelles, 26. les doigts [des pieds] longs, 27. le talon large, 28. le cou-de-pied saillant, 29. les pieds et les mains douces et délicates, 30. les doigts des pieds et des mains marqués de lignes en forme de réseaux; 31. sous la plante de ses pieds sont tracées deux roues belles, lumineuses, brillantes, blanches, ayant mille rais retenus par une jante et dans un moyeu; 32. il a les pieds unis et bien posés. »

A ces caractères il faut joindre l'attribut suivant que signale la divergence des listes : « Il a les membres droits comme Brahmâ. » Je passe maintenant à l'énumération des quatre-vingts signes secondaires dits *Anuvyañdjana*, en suivant la marche que j'ai indiquée tout à l'heure pour les *Lakchaṇas*.

TRADUCTION DES QUATRE-VINGTS *ANUVYANDJANAS*.

« 1. Il a les ongles bombés, 2. tirants sur la couleur du cuivre rouge, 3. lisses; 4. il a les doigts arrondis, 5. beaux, 6. effilés; 7. il a les veines cachées, 8. la cheville couverte, 9. les articulations solides, 10. les pieds égaux, 11. le talon large, 12. les lignes de la main lisses, 13. semblables, 14. profondes, 15. non tortueuses, 16. allongées; 17. il a les lèvres comme le fruit du *Vimba;* 18. le son de sa voix n'est pas trop élevé (ou suivant d'autres, il n'a pas la bouche trop grande); 19. il a la langue douce, délicate et couleur de cuivre rouge; 20. sa voix douce et belle a le son du cri de l'éléphant ou du nuage qui tonne; 21. il a les organes sexuels complets, 22. les bras longs; 23. ses membres brillants sont vêtus (ou suivant d'autres, ses membres sont brillants); 24. ses membres sont doux, 25. larges (ou suivant d'autres, parfaits); 26. ils ne présentent pas de pauvretés, 27. n'offrent pas de saillie, 28. sont parfaitement achevés (ou suivant d'autres, parfaitement solides), 29. bien proportionnés; 30. il a la rotule du genou large, développée et parfaitement pleine; 31. ses membres sont arrondis, 32. parfaitement polis; 33. ses membres sont semblables à ceux du taureau, ne sont pas de travers; ils sont réguliers (ou suivant d'autres, ses membres sont réguliers); 34. il a le nombril profond, 35. sans difformité, régulier (ou suivant d'autres, tournant à droite); 36. il a une conduite pure; 37. il est tout aimable comme le bœuf; 38. il répand autour de lui l'éclat d'une lumière supérieure, parfaitement pure, qui dissipe les ténèbres; 39. il a la démarche lente de l'éléphant, 40. la démarche héroïque du lion, 41. la démarche héroïque du taureau, 42. la démarche du cygne; 43. il marche en se tournant vers la droite; 44. il a les flancs arrondis, 45. polis; 46. ses flancs ne sont pas de travers; 47. il a le ventre en forme d'arc; 48. son corps est exempt de tout ce qui peut en ternir l'éclat, et de toutes les taches noires qui pourraient le déparer; 49. il a les canines arrondies, 50. pointues, 51. bien placées; 52. il a le nez proéminent; 53. il a les yeux brillants (ou suivant d'autres, il a le nez beau); 54. ses yeux sont purs, 55. souriants, 56. allongés, 57. grands, 58. semblables aux pétales d'un nymphæa bleu; 59. il a les sourcils égaux, 60. beaux, 61. réunis, 62. réguliers, 63. noirs (et suivant d'autres, allongés); 64. il a les joues pleines, 65. égales, 66. sans imperfection; 67. il est à l'abri de l'injure et du blâme (ou suivant d'autres, il a l'organe de l'ouïe sans défaut); 68. ses organes l'éclairent parfaitement; 69. ses organes sont parfaitement accomplis; 70. il a le front et la face en harmonie l'un avec l'autre, 71. la tête bien développée, 72. les cheveux noirs, 73. également répartis sur la tête, 74. bien arrangés, 75. parfumés; 76. ses cheveux ne sont ni rudes, 77. ni mêlés; 78. ils sont réguliers, 79. bouclés, 80. et représentent les figures du *Çrîvatsa*, du *Svastika*, du *Nandyâvarta* et du *Vardhamâna* (ou suivant d'autres, la paume de sa main et la plante de ses pieds sont marqués de ces signes). »

A ces caractères il faut joindre les suivants qui résultent des variantes de nos listes : « Il a la démarche élégante; sa démarche n'est pas tortueuse; sa marche est régulière; il a les membres d'un homme très-jeune; il a les canines blanches et égales (ou suivant d'autres, les dents blanches et lisses); il a les cils beaux (ou suivant d'autres, l'extrémité de ses cils n'est pas recourbée); il a les sourcils minces, les oreilles pleines, grandes et égales; il a l'organe de l'ouïe sans défaut; il a le front bien arrondi et large; il a les cheveux fins; il a les flancs profonds, les membres gracieux, les bras pleins et longs (ou suivant d'autres, il a les bras et les cuisses semblables à la trompe de l'éléphant). »

Enfin la liste singhalaise possède seule les caractères suivants : « Il a les gencives très-rouges; il a les membres extrêmement beaux, très-brillants, lisses; son corps répand une bonne odeur; ses poils sont égaux, doux, tournants vers la droite, noirs et brillants comme le collyre aux reflets changeants, lisses; il peut retenir son souffle qui inhalé ou expiré est extrêmement faible; sa bouche exhale une bonne odeur. »

Après la lecture de ces deux descriptions, il me paraît difficile qu'on hésite sur le jugement qu'il convient d'en porter. C'est bien le type indien qu'elles reproduisent dans ses traits les plus généraux, et spécialement dans ceux de ces traits qui font l'objet ordinaire des louanges des poëtes. Le lecteur familiarisé avec les principales productions de la littérature brâhmanique, reconnaîtra ici du premier coup le genre de beauté que les Indiens attribuent à leurs héros. Ainsi la longueur des bras donne lieu dans le *Mahâbhârata* à une des épithètes qui paraît le plus fréquemment pour désigner un héros remarquable par sa vigueur corporelle; leur forme et leur rondeur les font aussi comparer à la trompe de l'éléphant. L'ampleur de la poitrine, la finesse de la taille, l'élégance de la jambe, l'absence d'une cavité sous la plante du pied, la beauté des membres dont la perfection consiste à ce que les os et les muscles n'y fassent pas de saillies, la délicatesse des mains, le développement de la tête, la largeur du front, la forme proéminente du nez, la régularité des dents qui doivent être rapprochées les unes des autres, la grandeur et la couleur de l'œil qui doit ressembler aux pétales du nymphæa bleu, la finesse des cheveux qui sont lisses, bouclés et noirs, la douceur et le poli de la peau, ce sont là autant de traits qu'on trouve à chaque page célébrés dans les compositions épiques et lyriques de l'Inde ancienne, et dont plusieurs, quoique appartenant à la beauté féminine, sont également attribués à l'homme considéré pendant l'âge florissant de la jeunesse[1]. Il y a là un mélange de caractères appartenant aux deux sexes qui peut nous paraître choquant, mais qui n'est pas sensible pour les auteurs indiens, parce qu'ils le trouvent dans la nature même qui est sous leurs yeux. C'est ce mélange qui donne aux hommes cet extérieur efféminé qui entraîna quelquefois d'anciens voyageurs dans de si singulières méprises. La description des traits caractéristiques d'un grand homme, tel que le conçoivent les Buddhistes, a donc été exécutée

[1] Je n'en citerai pour exemple que la description sommaire de la personne physique de Râma qui se trouve dans le préambule du *Râmâyaṇa*, et qui se compose à peu près des mêmes caractères dans la recension du Nord, et dans celle du Gâuḍa. On y remarque de part et d'autre les bras qui descendent jusqu'aux genoux, ou les bras longs, les mâchoires larges, les yeux grands, la face belle, les épaules larges, la poitrine rebondie, les membres réguliers, l'éclat d'une peau lisse. (*Râmâyaṇa*, I, 1, st. 11; Schlegel, t. I, p. 5, et 2ᵉ part. p. 6; Gorresio, t. I, p. 5, st. 13, et t. VI, p. 2 et 3.) Ces mêmes caractères, ainsi que le plus grand nombre de ceux qu'on attribue au Buddha, se retrouveraient également dans les descriptions du *Mahâbhârata*; Ardjuna passe pour avoir réuni plusieurs de ces traits de beauté,

d'après le type idéal de beauté que se représentent les poëtes indiens. J'ajoute que ces traits, qu'on retrouverait épars dans les productions de la littérature brâhmanique, sont exactement ceux dont les observateurs les plus éclairés ont de nos jours constaté l'existence parmi les premières classes de la population indienne. Il me suffira de me référer en ce point au jugement de V. Jacquemont pour le Nord de l'Inde, et à celui du docteur J. Davy pour Ceylan; un des ethnographes les plus accrédités, le docteur J. C. Prichard, s'est déjà autorisé à bon droit des observations du médecin anglais que je viens de citer pour tracer le résumé du caractère physique des Indiens qu'il a inséré dans un de ses derniers volumes [1].

La conséquence la plus directe qui résulte du fait que je viens d'établir, c'est que la double énumération des caractères physiques d'un grand homme, selon les Buddhistes, n'a rien d'individuel; qu'elle n'est pas le portrait d'un personnage donné, comme Çâkyamuni, par exemple, dont on aurait voulu perpétuer les traits par une description expresse. Les Buddhistes eux-mêmes ne semblent pas avoir eu cette prétention. En donnant à leur héros les cent douze attributs de la beauté, ils ne font autre chose que de déclarer qu'il était au physique, comme il l'était au moral, un être accompli; il y a plus, ils ne pensent pas même que la possession de ces attributs soit l'apanage exclusif de leur saint, puisqu'ils disent que l'homme privilégié sur le corps duquel on les remarque peut devenir un monarque suprême aussi bien qu'un Buddha; le témoignage des textes est formel à cet égard. Il existait donc chez les Indiens un type de la beauté physique, type emprunté à la population la plus élevée dans l'ordre social, et que le temps, et probablement aussi une sorte de convention avaient dû consacrer. C'est ce type qui est devenu pour les Buddhistes le signe extérieur de la sagesse la plus parfaite et de la puissance la plus illimitée. La double attribution qu'ils en ont faite à deux ordres de personnages distincts exclut donc toute idée d'individualité dans le choix des traits qui le composent. Cette attribution, en ce qui touche le Buddha, n'est que l'effet naturel du respect religieux; elle a dû être faite après coup et par des adorateurs fervents.

On serait tenté cependant de chercher quelques traces d'individualité dans certains traits qui ne paraissent pas tenir au type dont je parlais tout à l'heure, type qu'on pourrait appeler *Ario-indien*. La protubérance qui couronne la tête, les cheveux frisés, le cercle de poils placé entre les sourcils, le son de la voix qui est l'objet de plusieurs comparaisons auxquelles on ne peut cependant accorder une égale valeur, les lignes tracées en forme de réseaux dont les doigts sont couverts, voilà des caractères qui ont pu, jusqu'à un certain point, être observés sur un personnage réel, et réunis par la tradition aux attributs plus généraux du type national; il importe donc de les examiner ici de plus près.

Les trois premiers de ces caractères se sont conservés, quoique inégalement, sur les statues et sur les représentations des Buddhas qu'on trouve chez les divers peuples orientaux convertis au Buddhisme; et cette circonstance est à elle seule une preuve de l'importance qu'on avait dû y attacher dans le principe. On comprend qu'il soit actuellement impossible de déterminer, avec quelque apparence de probabilité, ce qu'il y a de primiti-

[1] J. C. Prichard, *Researches into the physic. Histor. of Mankind*, t. IV, p. 192 et suiv. 3ᵉ édit. 1844.

vement réel dans cette partie de la description du Buddha; je suis cependant porté à croire que la protubérance du crâne et la frisure des cheveux ont pu avoir leur origine dans la réalité. On les trouve invariablement réunies sur les statues jusqu'ici connues des Buddhas, tandis que le cercle de poils placé entre les sourcils n'est pas reproduit avec la même constance. En preuve de l'exactitude de cette observation, je citerai le recueil de planches représentant diverses images de Buddha trouvées dans les cavernes de l'ouest de l'Inde; elles ont été publiées récemment par M. Bird, dans un ouvrage qui est encore peu connu en Europe [1]. Sur ces images la protubérance du vertex et la frisure des cheveux sont rendues avec l'exagération ordinaire; mais le cercle de poils est absent sur toutes. Il se peut donc que ce dernier caractère n'ait jamais existé que dans l'imagination des dévots buddhistes. Le rôle surnaturel qu'il joue dans les livres du Nord tend même plutôt à confirmer qu'à détruire cette supposition. On sait que c'est du milieu de ce cercle de poils brillants comme l'argent ou la neige que partent les rayons merveilleux qui vont éclairer les plus lointains univers et leur annoncer l'intervention supérieure du Buddha. Cette conception fantastique nous jette dans le monde des miracles, et dès lors le caractère fabuleux de l'effet peut remonter jusqu'à la cause qui passe pour l'avoir produit. Ainsi, quoiqu'il se puisse que par suite d'un jeu de la nature, Çâkyamuni ait porté entre les deux sourcils quelque trace d'un duvet fin et blanc que ses disciples avaient remarqué, je ne puis cependant placer ce caractère sur le même rang que ceux qui précèdent, et je trouve même quelques bonnes raisons pour en suspecter la réalité.

J'en dirai autant, et avec plus de raison encore, du son de la voix du Buddha, que l'on compare avec celle de Brahmâ, et avec le bruit du nuage ou le cri de l'éléphant. Je laisse de côté la voix de Brahmâ, c'est un écho de la mythologie brâhmanique; mais les autres termes de comparaison, quoique pouvant avoir été choisis par l'effet d'une observation directe, nous apprennent uniquement que le Buddha avait une voix profonde, c'est-à-dire qu'ils nous ramènent aux attributs généraux du type indien que je signalais tout à l'heure. Tout le monde sait que le mérite d'une voix grave et profonde, d'une élocution lente et solennelle est célébré dans les anciennes compositions brâhmaniques, et des observateurs attentifs l'ont retrouvé chez les populations modernes. Ici encore nous sommes conduits à penser que ce caractère n'a rien de personnel.

Le dernier attribut, celui qui est fondé sur la régularité des lignes de la main et des pieds lesquelles se croisent en manière de réseau, est quelque chose de si fugace, qu'il est bien difficile de lui reconnaître la valeur d'un caractère individuel. Il ne pourrait avoir quelque poids que s'il eût été assez exagéré pour attirer vivement l'attention. Les mains potelées des personnes grasses doivent l'offrir à des degrés divers, et la régularité des lignes doit tenir ici à celle des mains mêmes. Ces lignes, qui se multiplient et se creusent davantage à mesure qu'on avance en âge, semblent d'ailleurs un caractère qui n'est pas en parfaite harmonie avec celui de la plénitude des membres qu'on attribue au Buddha et qui est propre à la jeunesse. Aussi ne puis-je trouver ici, pas plus que pour la voix, le sou-

[1] J. Bird, *Histor. Res. on the origin and principles of the Bauddha and Jaina Religions, etc.* Bombay, 1847, in-folio.

venir de quelque trait individuel; c'est uniquement l'exagération d'un de ces caractères sans importance que les compilateurs buddhistes, si minutieux en toutes choses, se sont complu à rassembler[1].

On le voit, plus nous avançons dans cet examen, plus toute trace d'individualité disparaît. Nous n'en trouvons pas davantage dans des caractères aussi vagues et aussi peu personnels que les suivants : l'excellence du sens du goût, la perfection de l'ouïe, celle des organes de la connaissance, la pureté de la conduite, la bienveillance de l'extérieur, l'éclat répandu autour de la personne, le sourire du regard, le parfum qui s'exhale de la bouche, la faculté de retenir la respiration, l'avantage de posséder sur diverses parties du corps la figure de quelques signes de bonheur. Il y a ici un mélange confus de caractères de plusieurs ordres, les uns physiques, et ils sont trop généraux pour rien prouver; les autres moraux, et ils sont trop abstraits pour laisser des marques parfaitement visibles; les autres enfin tout à fait imaginaires, et le moindre inconvénient qu'ils aient est de faire douter de la réalité de ceux auxquels on les trouve mêlés. Je ne suis certainement pas assez sceptique pour nier que le fondateur du Buddhisme ait pu porter sur sa personne quelques-unes de ces marques extérieures qui sont comme le noble reflet de la pureté de l'âme; tout exagérés que sont les témoignages des descriptions légendaires, il est peu probable qu'ils soient entièrement faux, car les représentations figurées les confirment en plusieurs points. Il est vrai que dans le climat où nous vivons, l'homme physique se montre si peu à découvert, qu'il nous est difficile d'apprécier l'effet que doit produire chez d'autres hommes moins vêtus la dignité du port, l'élégance de la démarche, le mouvement harmonieux de tous les membres, et par-dessus tout l'expression de ce visage que Milton a défini par ces mots sublimes : *human face divine*. Mais les légendes buddhiques nous avertissent de nous transporter sous un autre ciel et dans un autre milieu. Elles ne cessent de célébrer cette décence qui respirait dans toute la personne de Çâkyamuni; assis ou marchant, couché ou debout, il est pour ceux qui l'entourent un perpétuel sujet d'admiration et de respect; et quand il retrouve, après plusieurs années, des disciples que l'insuffisance de ses premières leçons avait d'abord éloignés, il les étonne par la dignité de son aspect, et il lui suffit de faire quelques pas à leur rencontre pour les subjuguer par sa beauté que la vertu et l'intelligence semblent illuminer d'une splendeur surnaturelle. Il y a certainement là une action du moral sur le physique qui a dû être exagérée par la superstition; mais je le répète, si nous sommes peu disposés à reconnaître la puissance d'une telle action, ce n'est pas une raison pour la nier absolument. Dans ces limites et sous ces réserves, j'accorderai quelque confiance à la partie morale de la description que les Buddhistes donnent de leur sage. Cependant il me sera toujours bien difficile de croire que cette description prise dans son ensemble, et que les statues qui en reproduisent quelques traits, soient l'image traditionnelle du personnage auquel l'attribuent ses adorateurs.

[1] On connaît dans l'antiquité une description analogue des nerfs (*et rectos et transversos nervos*) d'un gladiateur dont parle Varron, et d'après lui Pline. (Pline, *Hist. nat.* VII, 19, trad. de Littré, t. I, p. 292.) Cette description n'est pas beaucoup plus claire que celle que les Buddhistes donnent des mains du Buddha; cependant les mots *rectos et transversos* semblent indiquer une sorte de réseau.

SECTION IV.

DE L'EMPREINTE DU PIED DE ÇÂKYA.

En examinant le trente et unième des signes caractéristiques d'un grand homme, qui consiste dans l'existence d'un *Tchakra* ou d'une roue lumineuse que l'imagination des Buddhistes se figure trouver sous la plante des pieds du Buddha, j'ai dit que ce caractère nous conduisait naturellement à cette célèbre empreinte du pied de Çâkyamuni que les Singhalais se flattent de posséder au sommet de la montagne connue des navigateurs et des géographes sous le nom de Pic d'Adam[1]. Cette empreinte et d'autres semblables ont été si souvent décrites par les voyageurs, que je croirais inutile d'en parler ici de nouveau, si le *Dharma pradîpikâ* singhalais ne donnait une énumération exacte des signes variés que l'imagination des Buddhistes se figure y reconnaître[2]. Or comme nous possédons un dessin

[1] J. Low, *On Buddha*, dans *Transact. of the roy. Asiat. Soc. of Great-Britain*, t. III, p. 62 et suiv.

[2] Je me contente d'indiquer ici rapidement les autorités les plus anciennes qui constatent l'existence d'une empreinte du *pied sacré* chez les peuples buddhistes les plus rapprochés de l'Inde. A Ceylan, le *Mahâvaṃsa* rapporte la circonstance à l'occasion de laquelle Çâkyamuni imprima la marque de son pied sur le sommet du mont *Sumana*. (Turnour, *Mahâwanso*, t. I, chap. 1, p. 7, l. 6.) Au commencement du ve siècle de notre ère, le voyageur chinois Fahian en parle vers la fin de sa relation (*Foe koue ki*, p. 332, 340 et suiv.), et il constate l'existence d'une semblable empreinte dans le pays du Nord qu'il nomme *Udyâna*. (*Foe koue ki*, p. 45.) Les navigateurs arabes du IXe au XIVe siècle rapportent également le fait pour ce qui regarde Ceylan; mais ils attribuent l'empreinte à la présence d'Adam. (Reinaud, *Relat. des voyages des Arabes dans l'Inde*, t. I, p. 5 et 6, et t. II, p. 8 et 9; le même, *Géographie d'Abulféda*, t. II, p. 88 et note 4; S. Lee, *The Travels of Ibn Batûta*, p. 189.) Marco Polo, à la fin du XIIIe siècle, parle de la montagne qu'a rendue célèbre cette empreinte; mais, avec sa curiosité habituelle, il distingue l'opinion des Singhalais, qui y voient, dit-il, le tombeau de *Sogomon* (*Çâkyamuni*), de celle des Musulmans, qui croient qu'Adam y est enterré. (Marsden, *Travels of Marco Polo*, p. 669; Baldelli Boni, *Il Milione di Marco Polo*, t. I, p. 184 et suiv. t. II, p. 431 et suiv. et *Voyages de Marco Polo*, dans les *Mém. de la Soc. de Géographie*, t. I, p. 215.) Barbosa, dans sa Description de Ceylan, mentionne l'empreinte et l'attribue à Adam. (Ramusio, *Navigationi et Viaggi*, t. I, f. 314 r° et v°, Venet. 1563, folio.) Diego de Couto a un chapitre spécial à la fin de sa cinquième Décade sur la montagne qu'il nomme *Amalalâ Saripadi*. (*Da Asia de Diogo de Couto*, Dec. V, part. II, liv. VI, cap. II, p. 10 et suiv. Lisb. 1780, in-12.) Ribeiro en parle également, quoique avec moins de détails. (*Fatalidade historica da Ilha da Ceilão*, dans *Collecção de noticias, etc. das Nacões ultramarinas*, t. V, p. 67 sqq.) Baldæus en constate l'existence à Ceylan. (*Beschreib. Malab. und Coromandel*, p. 147 et 415.) On doit mettre sur le même rang l'ancien voyageur anglais, R. Knox (*Histor. Relat. of Ceylon*, p. 5 et suiv.), auquel il faut joindre Philalethes. (*History of Ceylon*, p. 210 et suiv.) Mais de tous les auteurs modernes sur Ceylan, ceux que l'on consultera avec le plus d'intérêt sont le Hollandais Valentyn, qui, dans sa Description de Ceylan, parle de la montagne du pied sacré en plus d'un endroit et avec de curieux détails (*Keurliche Beschr. van Coromandel*, Vyfde Deel, p. 36, 375 et suiv.), et l'Anglais John Davy, le frère du grand Davy. (*Account of the Inter. of Ceylon*, p. 342 et suiv.) J'omets quelques autres voyageurs modernes qui ont indiqué le même objet avec plus ou moins de détails, pour passer à Symes, qui à la fin du dernier siècle vit une empreinte du soi-disant pied de Buddha chez les Barmans, à Meadey, non loin de Prome au nord, et qui en a donné une représentation figurée. (*Embassy to Ava*, p. 247 et 248, avec la planche; *Relat. de l'Ambass. à Ava*, t. II, p. 73, pl. VI.) A Siam et dans le Laos, les empreintes de ce genre paraissent plus communes. Baldæus, que je citais tout à l'heure pour Ceylan, rapporte qu'en 1657 des marchands hollandais visitèrent à

très-soigné du *Phrabât* ou du pied bienheureux, ainsi qu'on le nomme à Siam, dessin exécuté par un Siamois d'après les livres pàlis et sur des proportions assez grandes pour que chaque signe y soit aisément reconnaissable [1], nous avons ainsi, dans la comparaison de la liste du *Dharma pradîpikâ* avec les signes de cette empreinte, la possibilité de déterminer d'une manière positive la signification de quelques termes qui, sans ce moyen de contrôle, pourraient rester douteux ou obscurs.

Il n'est pas non plus sans intérêt de rapprocher de la liste originale du *Dharma pradîpikâ* singhalais une liste analogue, publiée il y a déjà longtemps en Europe, mais dont on n'avait pu jusqu'ici faire usage faute de terme de comparaison. Je veux parler d'une énumération de soixante-huit figures, que des religieux siamois, au rapport de Baldæus, montrèrent à des voyageurs hollandais en 1654, sur le dessin d'une empreinte du pied sacré de Gôtama Buddha [2]. Baldæus n'a pas donné les noms originaux de ces figures, mais sa traduction allemande a certainement été exécutée avec soin d'après l'interprétation du Buddhiste siamois. Enfin il nous est possible de comparer à l'énumération singhalaise celle dont le capitaine Low a fait précéder sa planche, et qu'il doit à des livre pàlis et à des interprètes siamois. En résumé, nous avons pour décrire et expliquer les figures que les Buddhistes croient reconnaître sur l'empreinte du pied de leur Buddha, des secours de divers genres que nous aurions tort de ne pas faire servir à la connaissance plus exacte de ce point singulier de la superstition orientale; ces secours sont un dessin très-soigneusement exécuté de ces figures, dessin bien supérieur à celui que Symes publia, d'après les Buddhistes barmans, dans les dernières années du XVIIIe siècle, plus quatre énumérations écrites de ces signes, savoir, une énumération singhalaise, ou pour parler plus exactement, sanscrite; une énumération en pàli-siamois; une traduction anglaise avec commentaire de cette dernière; enfin une énumération allemande, faite sur une empreinte vue à Siam, comme celle du colonel Low.

Je n'accorde du reste la préférence à la liste du *Dharma pradîpikâ* sur celle dont J. Low a fait précéder son dessin, que parce que l'orthographe de cette dernière est singulièrement altérée par la méthode de transcription qu'a suivie le copiste du livre auquel le colonel Low a emprunté son énumération. Et quoique les Singhalais modifient bien aussi quelquefois

Siam une empreinte sur le dessin de laquelle des religieux buddhistes leur firent voir le tracé de soixante-huit figures distinctes dont il énumère les noms. (*Beschreibung Malab. und Coromandel*, p. 147.) Vers cette époque, notre vieux la Loubère parle d'un monument de ce genre gravé dans le roc non loin de Louvo, en un lieu nommé *Pra Bat* (le pied sacré), qu'on trouve sur la carte de Walker qui accompagne le récit de la mission de Crawfurd à Siam, et sur la carte de l'Asie orientale, lithographiée par Tassin à Calcutta en 1840. (*Du Royaume de Siam*, t. I, p. 12 et suiv.) Enfin le colonel Low, dans son Mémoire spécial qui va être souvent cité, en énumère, tant à Siam que dans le Laos, au moins cinq que les Buddhistes transgangétiques regardent comme également authentiques. (*Transact. of the roy. Asiat. Soc.* t. III, p. 65 et suiv.) Quant aux critiques qui dans ces derniers temps se sont occupés de l'empreinte du Pic d'Adam, on peut consulter surtout Fabricius, *Cod. pseudepigr. Vet. Test.* t. I, p. 30, et t. II, p. 20 et suiv. et Dulaurier, *Études sur la relat. des voy. des Arabes*, dans *Journ. asiat.* IVe série, t. VIII, p. 175 et suiv.

[1] *Transact. etc.* t. III, pl. III.

[2] Baldæus, *Beschreibung Malab. und Coromandel*, p. 147 et 148.

les termes sanscrits de cette liste, cela ne va pas jusqu'à en rendre méconnaissable la véritable forme, comme cela se voit dans le Mémoire de l'officier anglais que je vais examiner. Le colonel J. Low, il est vrai, s'est plaint plus d'une fois, et selon toute apparence avec juste raison, de ce que les Siamois qu'il consultait étaient si ignorants en pâli qu'on ne pouvait s'en rapporter à leur témoignage. Nous nous permettrons à notre tour d'exprimer le regret que cet habile homme, l'un des Anglais qui connaissent le mieux la langue et la littérature des Thaï, n'ait fait que trop rarement effort pour appliquer son savoir dans la langue vulgaire à l'éclaircissement des termes ou des textes de la langue religieuse. Il nous semble qu'il eût pu obtenir des résultats utiles auxquels on n'arriverait en Europe qu'après beaucoup de temps et de peines. Ainsi, au commencement de son Mémoire, dont je ne juge pas d'ailleurs la partie mythologique, il nous apprend, d'après un voyageur indigène, qu'on trouve dans le Laos une empreinte qui passe pour celle du pied de Çâkya, empreinte au-dessus de laquelle est élevée une petite construction pyramidale nommée *Maratapa* ou *Maradop* [1]. Il n'eût pas été inutile de dire que cette construction est pour le nom comme pour la figure, le *Maṇḍapa* indien, dont nous n'avons pas la prétention d'apprendre la forme aux voyageurs qui ont visité l'Inde. Mais comment le nom indien *maṇḍapa* a-t-il pu se changer à Siam en *maratapa* ou *maradop?* Peut-être trouverons-nous l'explication de cette singularité dans quelque particularité de l'orthographe du Thaï. Le colonel Low nous apprend en effet, dans sa Grammaire, et bien avant lui la Loubère avait déjà signalé ce fait, que la lettre *r* finale, c'est-à-dire terminant une syllabe, se prononce comme *n* [2]. Ainsi un Siamois décomposant, comme il est porté à le faire par ses habitudes de langage, le sanscrit *maṇḍapa* en *man-da-pa*, pourra l'écrire sans aucun inconvénient *mar-ta-pa;* et un Européen lisant cette transcription sans se rappeler la règle précitée de l'orthographe siamoise, et sans reconnaître le sanscrit *maṇḍapa*, transcrira à son tour ce mot d'une manière barbare, *maratapa* ou *maradop*, et fera dire aux Siamois un mot qu'ils n'auraient peut-être jamais songé à prononcer ainsi. Au reste, il paraît que ce mot de *maratapa* est singulièrement difficile pour les Siamois que consulte M. Low; car à une époque aussi rapprochée de nous que l'année 1848, M. Low se demande encore si le *maratapa* que ses traducteurs rendent par « bière pyramidale, » ne serait pas le type des *Stûpas* [3].

[1] J. Low, dans *Transact. of the roy. Asiat. Soc. of Great-Britain*, t. III, p. 69.

[2] Ainsi le mot *mâra* s'écrit indifféremment, selon la Loubère, *mar* ou *man*, et se prononce toujours *man*. (*Du roy. de Siam*, t. I, p. 532.) Voyez aussi J. Low, *Gramm. of the Thai*, p. 5, et la grammaire récente de Mgr Pallegoix, publiée à Bangkok en 1850, sous ce titre *Grammatica linguæ Thai*, in-4°, p. 11. Il y est dit que la lettre *r* simple ou doublée, ainsi que les deux liquides *l* et *ḷ* finales d'une syllabe, se prononcent *n*. Cette règle sert à expliquer un grand nombre de mots sanscrits que la prononciation siamoise défigure d'une manière barbare, et que n'interprète pas l'auteur de cet ouvrage rempli d'ailleurs de renseignements curieux. En voici quelques-uns : à la page 5, un mot écrit *sikhar* (sanscr. *çikhara*), se lit *sikhŏn; çar* (s. *çara*), *son;* p. 6, *çaçidhar* (s. *çaçidhara*), *sasithon; akchar* (s. *akchara*), *akson;* p. 7, *sar* (s. *sâra*), *sân; sanghár* (s. *saṁhâra*), *sanghân; kesar* (s. *kéçara*), *kesón; samphár* (s. *sambhâra*), *sŏmphan; sumthar* (s. *sundara*), *sĭmthon;* p. 8, *samar* (s. *samara*), *samon; sangsâr* (s. *saṁsâra*), *sŏnsán; namasakár* (s. *namaskâra*), *nămădsăkan*.

[3] *Journ. asiat. Soc. of Bengal*, t. XVII, p. 74.

Après ces observations préliminaires, nous allons énumérer les soixante-cinq noms des figures qu'on croit voir tracées sur l'empreinte du pied de Çâkyamuni, d'après le *Dharma pradîpikâ* des Singhalais, en rapprochant ces noms des figures mêmes que présente le dessin d'une empreinte exécutée à Siam pour le colonel Low, et en priant le lecteur de se reporter au dessin qui accompagne le troisième volume des *Transactions* de la Société asiatique de la Grande-Bretagne. Nous n'oublierons pas davantage la liste de Baldæus, qui offre, ainsi qu'on va le voir, une remarquable analogie avec celle du *Dharma pradîpikâ*.

1. *Svastikaya.* C'est la figure mystique familière à plusieurs sectes indiennes, et qu'on représente ainsi 卐 ; son nom signifie littéralement, « signe de bénédiction ou de bon » augure[1]. » Je ne la vois pas représentée parmi les figures qui couvrent l'empreinte publiée par le colonel Low; mais on trouve dans sa liste, sous le n° 94, *Sawatthéko*, qui n'est, selon toute apparence, que la transcription du pâli *sôtthika* ou *suvatthika*, si telles sont en effet les transcriptions pâlies du sanscrit *svastika.* Les Siamois en donnent une explication trop restreinte, quand ils y voient une partie du vêtement d'un prince[2]. Je ne retrouve pas non plus le nom de ce symbole dans la liste de Baldæus. Le signe du *Svastika* n'est pas moins connu des Brâhmanes que des Buddhistes, et le *Râmâyaṇa* parle en un endroit de vaisseaux marqués de ce signe fortuné[3]. Je n'oserais dire cependant que cette marque, dont le nom et l'usage sont certainement anciens, puisqu'on la retrouve déjà sur les plus vieilles médailles buddhiques, soit aussi fréquemment usitée chez les premiers que chez les seconds. Il est certain que la plupart des inscriptions qu'on trouve gravées dans les cavernes buddhiques de l'ouest de l'Inde sont précédées ou suivies de la marque sacramentelle du *Svastika,* qui me paraît moins commune sur les monuments brâhmaniques. Le colonel Sykes, qui a traité à fond des symboles propres au Buddhisme, a reproduit, n°s 8 et 12 de sa planche, deux variantes de ce signe, qu'il n'hésite pas à déclarer essentiellement buddhistes[4].

2. *Çrîvastaya.* C'est le *Çrîvatsa* des Vichṇuvites et des Djâinas, qui est comme le précédent un signe de prospérité; on le figure ainsi , et il est fréquemment cité chez les Buddhistes de toutes les écoles[5]. Ce doit être le n° 92 de la liste de J. Low, quoiqu'il en écrive le nom avec peu d'exactitude, *Srî watchotcha.* Cependant, au n° 90 de cette même liste, lequel porte le nom siamois de *Sâe,* Low ajoute que ce *sâe* se nomme également *Çrîvatsa.* On doit conclure de ce rapprochement que l'article unique du *Çrîvatsa* s'est dédoublé dans la liste siamoise pour former le *Sâe* et le *Srî watchotcha.* On remarque d'ailleurs, sur la planche de Low, au centre et derrière la roue, un collier de diamants qui reproduit assez bien la disposition du *Çrîvatsa.* Ce symbole manque dans la liste de Baldæus. M. Sykes place un signe analogue à celui qui nous occupe parmi les nombreuses formes

[1] *Rgya tch'er rol pa,* t. II, p. 110.

[2] *Transactions, etc.* t. III, p. 120.

[3] *Râmâyaṇa, Ayôdhyâ kâṇḍa,* chap. xcvii, st. 17, t. II, p. 348, éd. Gorresio.

[4] *Notes on the relig. moral and political State of India,* dans *Journ. as. Soc. of Great-Britain,* t. VI, p. 454, et p. 207 et 208 du tirage à part.

[5] *Rgya tch'er rol pa,* t. II, p. 110.

du *Tchakra;* je ne crois cependant pas que ces deux signes, celui de la roue et celui du *Çrîvatsa*, aient entre eux le moindre rapport[1].

3. *Nandâvartaya.* C'est encore un diagramme de bon augure, dont le nom véritable est *Nandyâvarta*, et le sens, « l'enroulement ou le cercle fortuné. » On n'en trouve pas la forme dans le Dictionnaire de Wilson[2]; mais Colebrooke, dans ses Observations sur les Djâinas[3], le figure de cette manière :

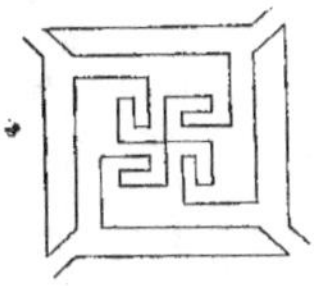

L'*Amarakocha* fait également de ce signe le nom d'une espèce particulière de temple ou d'édifice sacré; or il est à remarquer que le *Nandyâvarta* des Djâinas peut passer pour une espèce de labyrinthe. L'auteur du *Mahâvaṁsa* emploie cette figure comme une qualification du mot *conque* dans une énumération d'objets de grand prix, *saṁkhaṅtcha nandiyâvaṭṭaṁ*, et dans son commentaire, *dakkhiṇasaṁkhaṁ*, « une conque dont les spires tournent « vers la droite[4]. » Low ne donne sur sa planche aucun signe semblable à celui que j'emprunte à Colebrooke. Je ne trouve dans sa liste que le n° 93, *Nathî yatcha*, ou « le jardin de « diamant, » qui réponde à *Nandyâvarta.* Ce symbole est dans Baldæus soit le n° 4, « la « chaîne, » soit le n° 10, « le baudrier d'or. »

4. *Sôvastikaya.* Il n'y a pas apparence que la figure désignée par ce mot diffère plus de celle qu'on a nommée tout à l'heure *Svastikaya*, que les deux noms ne diffèrent l'un de l'autre. Celui de *Sôvastikaya* est ou un dérivé ou un simple développement de *Svastikaya;* il doit donc signifier ou « celui qui porte le *Svastika*, » ou « une espèce de *Svastika.* » Peut-être, par cette différence de dénomination, a-t-on voulu désigner cette autre forme du *svastika* , dont parle M. Hoffmann dans son *Panthéon buddhique du Japon*, et qui, selon lui, exprime l'idée du Tout, τὸ πᾶν[5]. Je ne rencontre, dans la liste de Low, que le n° 94, *Sawatthéko*, déjà expliqué sous le n° 1; et je ne trouve pas ce nom dans la liste de Baldæus.

5. *Avatanchakaya.* Ce nom qui doit être lu *avataṁsaka*, sauf le *ya* final propre au singhalais, désigne « les pendants d'oreilles; » on en trouve le nom sous le n° 83 de la liste de Low, altéré et mal traduit de cette manière : *Awa vatsawannang*, « le gobelet d'or. » Si l'on

[1] *Notes on the rel. State of India*, p. 208.

[2] *Rgya tch'er rol pa*, t. II, p. 110.

[3] Colebrooke, *Observ. on the Jains*, dans *As. Res.* t. IX, p. 308, éd. Calcutta.

[4] *Mahâwanso*, t. I, chap. XI, p. 70, l. 3, et *Mahâv. ṭîkâ*, f. 104 *b*.

[5] J. Hoffmann, *Das Buddha-Pantheon von Nippon*, p. 174.

ne veut pas reconnaître le *Çrîvatsa* dans la figure que j'ai signalée sur la planche de Low en parlant du n° 2, on pourrait très-convenablement en faire les pendants d'oreilles, car le signe en question est attaché à une petite potence qui semble indiquer qu'il doit être suspendu. Je ne trouve pas ce symbole dans Baldæus.

6. *Vardhamânakaya.* C'est là encore une sorte de diagramme mystique également familier aux Brâhmanes et aux Buddhistes[1]. Son nom signifie « le prospère, » ou celui qui fait prospérer; mais je n'en connais pas la figure. Est-ce le n° 95 de la liste de Low, *Watalo*, dont on fait une partie de la coiffure qui couvre la nuque? c'est ce que je n'oserais affirmer, car l'altération me paraîtrait bien forte. Dans l'énumération du *Mahâvaṁsa* à laquelle j'empruntais tout à l'heure le nom de *Nandyâvarta*, paraît aussi le *Vaḍḍhamâna*, que *Mahânâma* commente ainsi : *alaṅkâratchunnaṁ*, « des ornements et des poudres « odoriférantes, » et que Turnour ne traduit pas distinctement[2]. Je n'en vois ni le nom ni la traduction dans Baldæus. On trouve fréquemment dans les cavernes buddhiques de l'ouest de l'Inde trois signes ainsi figurés, ,  et , qui paraissent au commencement et à la fin des inscriptions, comme l'établit le colonel Sykes pour le deuxième et le troisième signe, et relativement aux inscriptions copiées par lui à Djunir[3]. Il se peut que le premier de ces signes soit la forme abrégée de quelque terme de bon augure, comme *çrî*, par exemple. Quant à la figure suivante, on trouvera peut-être qu'elle doit être le *Vardhamâna*; je remarquerai seulement sur la seconde, 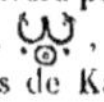, qu'elle est ancienne, car on la remarque fréquemment au revers des médailles de Kadphises et de quelques autres médailles indo-scythiques au type du roi cavalier et vainqueur[4], et sur la troisième, qu'elle paraît n'être qu'une variante de la seconde.

7. *Bhadrapîṭhakaya*, « le siége ou la chaise fortunée, » et plus exactement, « le trône. » C'est peut-être le piédestal oblong qu'on voit figuré sur la planche de Low, au troisième rang des lignes ovales que décrivent les compartiments juxtaposés. Mais je ne rencontre dans sa liste que le mot *Pî thâ kang*, sous le n° 9, « le lit d'or, » qui rappelle la fin de ce terme composé. Le commencement *Bhadra* est peut-être représenté par le n° 78, *Pato*; mais ce terme est donné sans aucune explication. C'est le n° 7 de Baldæus, « la chaise « d'or, » ou le trône, comme en sanscrit *Bhadrâsana*.

8. *Prâsâdaya*, « le palais. » C'est le n° 6 de la liste de Low, le *Passato*, en siamois *Pra sât*, figuré comme un palais de forme carrée. Il y a sur la planche de Low un bon nombre,

[1] *Rgya tch'er rol pa*, t. II, p. 110.

[2] *Mahâvanso*, t. I, chap. XI, p. 70, l. 3; *Mahâv. ṭikâ*, f. 104 *b*.

[3] *Notes*, etc. p. 210.

[4] Wilson, *Ariana antiqua*, pl. X, n° 5, 9, 12 à 21; pl. V, n° 20, et pl. VIII, n° 17. Il est juste de remarquer que c'est au colonel Sykes et à J. Prinsep qu'appartient cette remarque, que ce monogramme se trouve à la fois sur les médailles de Kadphises et sur celles du roi couronné par deux soldats (Sykes et Prinsep, *Spec. of Buddh. Inscript.* dans *Journ. as. Soc. of Bengal*, t. VI, p. 1039 et 1046; Prinsep, *New Varieties of Bactrian coins*, dans *Journ. as. Soc. of Bengal*, t. V, p. 550); *Notes on the relig.* p. 210.

au moins huit, de figures de palais, entre lesquelles je ne saurais désigner celle qu'il faut choisir. Le palais se trouve probablement au troisième rang à gauche de l'objet dont la description va suivre. C'est le n° 9 ou « le palais royal » de Baldæus.

9. *Tôraṇaya*, « l'arcade ou l'arc de triomphe. » C'est le n° 67 de la liste de Low, qui le traduit par *wooden fence*, « la clôture de bois ou la palissade. » On trouve en effet, au troisième rang de gauche des signes figurés sur la planche de Low, une clôture de bois très-reconnaissable et placée à droite d'un palais dont j'ai fait l'attribution au n° 8 ; je remarque cependant que cette explication force un peu le sens primitif du sanscrit *tôraṇa*. Je ne reconnais pas ce symbole dans la liste de Baldæus.

10. *Svêtatchhatraya*, « le parasol blanc. » C'est, comme on sait, un symbole de la puissance royale. Cet article répond au n° 28 de la liste de Low, le *Tchattantcha*, ou la tige à sept parasols, comme la définissent les Siamois. On trouve en effet, sur la planche de Low, trois tiges de cette espèce juxtaposées et placées au-dessus de la clôture de bois. Mais sans donner à l'article qui nous occupe un sens aussi précis, j'aimerais mieux y voir plus simplement le parasol blanc que les rois se réservent le droit de porter, et dont la représentation se trouve à droite des trois tiges dont je viens de parler. C'est le *Sombreiros* n° 11 de la liste de Baldæus.

11. *Khadgaya*, « l'épée ou le poignard. » Je ne trouve pas cet article dans la liste de Low; mais sur sa planche, au cinquième rang intérieur, on voit un compartiment où à côté d'un arc et d'une flèche est posée en long une épée. C'est le n° 12 de Baldæus, « la « dague royale. »

12. *Nâlavrĭntaya*, « la réunion des tiges creuses. » Je ne trouve pas le nom de cet article dans la liste de Low; aussi ne puis-je déterminer définitivement comment il est représenté sur sa planche. Si par *nâla* on doit entendre les vaisseaux du corps vivant, on en verra une représentation approximative au troisième rang intérieur, à droite du *Tchakra* central, quand on regarde les doigts du pied; le compartiment que je signale rappelle des vaisseaux végétaux ou des animaux infusoires vus au microscope. Mais il est fort douteux que ce soit cet objet qu'on ait ainsi désigné.

13. *Mayûrahastaya*, « la poignée de plumes de paon. » Cet article est le n° 51 de Low qui le désigne ainsi : *Mora pûtchang* ou *pîntcha*, « les plumes de la queue du paon. » Et en effet, sur la planche de Low, à l'extrémité de droite du sixième rang intérieur, on voit une réunion de plumes prises à la queue du paon et rassemblées à leur base en manière de plumeau. C'est le n° 14 de Baldæus, « l'éventail fait d'une queue de paon. »

14. *Tchâmaraya*, « le chasse-mouche, » qui est fait de la queue du Yak. C'est l'article 47 de la liste de Low, *Tchammatchurî*; sur sa planche on reconnaît un chasse-mouche,

au quatrième rang intérieur, dans un compartiment divisé en deux parties. Je ne le retrouve pas sur la liste de Baldæus.

15. *Uchṇîsaya*, « le turban. » C'est le second article de la liste de Low, où il est transcrit d'une manière barbare, *Unahít sangtcha*, ou en siamois, *Mongkut*, « la tiare de Buddha. » Le seul objet qui sur la planche de Low rappelle une tiare ou une mitre, se trouve au quatrième rang intérieur à droite du *Tchakra* central, et exactement au-dessous du compartiment qui renferme le char du soleil. Au reste, l'interprétation des Siamois nous éloigne de l'idée qui aurait pu se présenter, savoir que l'*uchṇîcha* désigne ici le tubercule qui couronne la tête du Buddha. Dans Baldæus c'est le n° 15, « la couronne « royale. »

16. *Maṇiya*, « le joyau. » Cet article paraît répondre au n° 68 de Low, *Mane thamang*, qu'il traduit par « choses d'or et d'argent. » Sur la planche de Low on trouve deux compartiments, l'un au-dessus, l'autre au-dessous des plumes de la queue du paon, qui semblent figurer des pierres précieuses enfilées et suspendues à une courte tringle. Je ne vois pas d'ailleurs d'autre objet qui rappelle mieux des joyaux. Je crois que c'est le n° 17 de Baldæus, « le collier de pierres précieuses. »

17. *Sumanadâmaya*, « la guirlande de fleurs. » Je ne vois pas, dans la liste de Low, d'article qui corresponde à celui-ci, non plus que de figure analogue sur sa planche. On pourrait tout au plus en rapprocher le plus élevé des deux compartiments que j'attribuais tout à l'heure à l'article du joyau; il n'est pas impossible d'y voir des cordes où seraient enfilées des fleurs, comme l'exprime le sanscrit *sumanadâman*. Le n° 3 de Baldæus, « quelques roses, » répond peut-être à cet article.

18. *Nîlôtpalaya*, « le nymphæa bleu. » C'est l'article 48 de la liste de Low, le *Ninla* ou *Nîla palang*, selon les Siamois, le *Nîlot palang*. Sur la planche de Low, presqu'à l'extrémité du second rang intérieur, on voit cinq compartiments dans lesquels on a voulu représenter certainement des plantes analogues aux nymphæas; nous allons voir que la liste du *Dharma pradîpikâ* en énumère quatre espèces à la suite les unes des autres. Je ne trouve pas ce symbole sur la liste de Baldæus; voyez cependant plus bas, n° 21.

19. *Raktôtpalaya*, « le nymphæa rouge; » c'est le n° 49 de la liste de Low, *Rattang palang*, « le lotus rouge des Siamois. » Il faut en chercher la représentation dans un des cinq compartiments que je signalais tout à l'heure sur la planche de Low. Ce doit être le n° 18 de Baldæus, « la fleur rouge des lacs. »

20. *Raktapatmaya*, « le nymphæa rose, » symbole que je ne trouve pas dans la liste de Low; mais il doit être certainement figuré dans un des compartiments du second rang intérieur, et c'est probablement un des trois nymphæas dont les pédoncules pa-

raissent légèrement hérissés de pointes. Ce doit être le n° 20 de Baldæus, « la fleur des « lacs double rouge. »

21. *Svêtapatmaya*, « le nymphæa blanc; » c'est le n° 50 de la liste de Low, *Sîta palang*, qu'il définit ainsi : « fleur de la classe des lotus. » Je crois qu'on peut rapporter ici un autre symbole de Low, qu'il a donné sans l'expliquer, et qui n'est réellement pas explicable sans la connaissance du sanscrit ou du pâli; c'est le n° 69 de sa liste, *Buntharêkang tatha* ou *Buntharêkang*, *Bunnakato*. Il est évident pour moi que cette orthographe barbare cache le sanscrit *puṇḍarîka*, « le nymphæa blanc. » L'addition du *puṇḍarîka* expliquerait comment il se fait que l'on compte cinq lotus sur la planche de Low, tandis qu'on n'en compte que quatre dans l'énumération du *Dharma pradîpikâ*. Sur la liste de Baldæus je trouve trois articles consacrés au lotus blanc : le n° 19, « la fleur blanche des lacs; » le n° 22, « la fleur des lacs double blanche; » le n° 21, « la fleur blanche des lacs, dont le cœur est « noir. » Je suppose que le n° 19 de Baldæus est le *Çvêtapadma* des Singhalais et le *Sîta palang* des Siamois; que le n° 22 est le *Puṇḍarîka* de la liste de Low; et qu'en admettant une légère erreur de traduction, on retrouverait notre n° 18, le *Nîlôtpala*, dans le n° 21 de Baldæus.

22. *Pûrṇakalasaya*, « le pot à eau rempli. » Comme ce symbole a beaucoup d'analogie avec le suivant, il n'est pas facile de déterminer auquel des deux articles de la liste de Low, et aussi auquel des compartiments de sa planche il correspond en réalité. Le premier des deux numéros de Low, qui est le troisième de sa liste, est ainsi défini : *Bât keo înthanan*, « le vase, la jarre. » Sur la planche de Low trois compartiments paraissent consacrés aux vases ou aux jarres; deux sont placés sur le quatrième rang intérieur à droite de la roue centrale; le troisième est sur le cinquième rang tout près de cette roue. A ce symbole répond certainement le n° 23 de Baldæus, « le vase à boire plein d'eau. »

23. *Pûrṇapatraya*, « le vase plein. » Si ce symbole n'est pas chez les Siamois le *Bât keo înthanan* du numéro précédent, ce que donnerait à croire le monosyllabe *bât* (pour le sanscrit *pâtra*), ce doit être le *Bunnang*, « le pot à eau, » qui est le n° 4 de la liste de Low. Je viens de dire tout à l'heure que l'on trouvait plusieurs figures de vases ou de pots sur la planche de Low. Il me paraît à peu près certain que ce symbole est le n° 16 de Baldæus, « le pot aux aumônes des prêtres, qui est de cuivre. »

24. *Samudraya*, « l'Océan. » C'est le n° 20 de la liste de Low, *Mahâ samutho*, « le grand « Océan; » on en voit la figure au second compartiment du premier rang extérieur à droite de la roue centrale. C'est le n° 25 de Baldæus, « la mer. »

25. *Tchakravâlaparvataya*, « la chaîne de montagnes qui entoure la terre. » C'est le n° 24 de la liste de Low, *Tchakrawalang*, et comme l'entendent les Siamois, « l'horizon « entourant le Meru et formant un mur de circonvallation. » Ce symbole est très-recon-

naissable sur la planche de Low, où il occupe un espace étendu au centre du premier rang extérieur, et où il représente un mur de forteresse. On verra, dans le n° XVIII de l'*Appendice*, que cette idée de montagnes qui entourent la terre appartient aussi à d'autres peuples buddhistes chez lesquels la notion d'une enceinte circulaire de montagnes infranchissables se confond avec l'apparence que présente l'horizon. Dans Baldæus, ce symbole porte le n° 27 et est ainsi défini : « mur en dehors du monde qui est le Purgatoire des « Siamois. » Cette définition renferme une allusion légèrement inexacte à la situation qu'occupent les Enfers dits *Lôkântarikas*, au delà de chacune des terres entourées du mur d'enceinte et dans l'abîme qui les sépare les unes des autres; le mot *purgatoire* est un peu faible pour la rigueur de ces lieux de supplice.

26. *Himâlaparvataya*, « la montagne de l'Himâlaya; » c'est le n° 29 de la liste de Low, *Hémawa* ou *Himala*, « les monts Himâlayas. » Il y a sur la planche de Low sept compartiments consacrés à des montagnes désertes, sans compter quatre ou cinq autres figures dont le centre est occupé par un petit édifice habité ou vide. Il est difficile de dire laquelle de ces montagnes on a entendu désigner par le nom de *Himâlaya*.

27. *Mêruparvataya*, « le mont Mêru; » je trouve ce symbole sous le n° 16 et avec son nom pâli de *Sinéru* dans la liste de Low; quant à la figure qu'il doit avoir reçue, il y a tant de montagnes dans plusieurs des compartiments de sa planche, qu'on est embarrassé de déterminer laquelle il faudrait choisir pour en faire la représentation symbolique du célèbre Mêru. C'est le n° 28 de Baldæus, « la plus grande montagne du monde. »

28. *Sûryamaṇḍalaya*, « le disque du soleil; » c'est le n° 25 de la liste de Low, *Suriya*, « le Soleil; » il est représenté sous la figure d'une divinité montée sur un char, dans le quatrième compartiment du troisième rang à droite de la roue centrale. C'est le n° 29 de Baldæus, « le Soleil. »

29. *Tchandramaṇḍalaya*, « le disque de la lune; » c'est le n° 26 de la liste de Low, *Tchandhéma*, « la pâle lune argentée, » et sur sa planche, le cinquième compartiment du troisième rang, après la divinité du soleil. C'est le n° 30 de Baldæus, « la lune. »

30. *Saparivâra satara mahâdvîpaya*, « les quatre grandes îles avec leur entourage; » c'est le n° 19 de la liste de Low, *Tchatur thîpa*, « les quatre Dvîpas. » Je ne suis pas sûr d'avoir trouvé la représentation des quatre grandes îles ou continents sur la planche de Low: comme il ne serait pas naturel qu'elle y manquât, je suppose que les Dvîpas sont figurés par les quatre compartiments où l'on voit des montagnes disséminées autour d'une petite habitation inscrite dans un croissant à droite, dans un carré à gauche, dans un cercle au dixième compartiment de la première rangée de droite, et dans un ovale au septième compartiment de la première rangée de gauche. Ces différences de forme correspondraient à celles par lesquelles les Buddhistes distinguent les uns des autres les quatre continents.

Ainsi le carré du premier compartiment de gauche serait l'*Uttarakuru;* le croissant du premier compartiment de droite serait le *Pûrvavidêha;* l'ovale du septième compartiment serait le *Djambudvîpa*, et le cercle du dixième compartiment serait l'*Aparagôdhanîya.* Dans la liste de Baldæus ce symbole se décompose en deux articles, le n° 33, « le Dieu des « quatre vents, » et le n° 34, « les deux mille serviteurs des quatre vents. »

31. *Saparisat saptaratna tchakravartiya*, « le souverain *Tchakravartin*, possesseur des « sept joyaux avec sa suite. » A ce symbole paraît répondre, dans la liste de Low, le n° 62, *Tchakkawathi;* mais comme Low le traduit comme si c'était un oiseau, par exemple, le *Tchakravâka*, il faut de toute nécessité réserver le rapprochement du n° 62 pour le n° 61 de la liste du *Dharma pradîpikâ.* Sur la planche de Low, au troisième compartiment de la cinquième rangée, on voit assis un personnage portant d'une main le glaive et de l'autre le *Tchakra* ou la roue enflammée, et de chaque côté duquel sont agenouillés deux hommes dans l'attitude du respect; c'est là la figure que je prendrais pour celle du roi *Tchakravartin.* Je ne trouve pas ce symbole dans la liste de Baldæus.

32. *Dakchiṇâvritta svêtasaṁkhaya*, « la conque blanche tournée à droite. » C'est le n° 52 de la liste de Low, *Watta sangho*, « la coquille *sang*, » et en siamois, *Sang Takhinnovat.* On reconnaît ici une altération manifeste des mots indiens pris sous leur forme pâlie *dakkhiṇâvaṭṭa.* Les Buddhistes attachent, comme on sait, une valeur considérable aux coquilles dont les tours sont dirigés dans un sens opposé à celui qu'on observe chez la plupart des coquilles en spirale; c'est la rareté de ces exceptions qui en fait la valeur, et Low nous apprend qu'au rapport de Crawfurd une de ces coquilles aurait été payée jusqu'à deux cents livres sterling. Sur la planche de Low on remarque presqu'au centre et tout près de la roue enflammée, un gros coquillage qui repose sur un support : ce doit être là le *Saṅkha* de notre texte. Dans Baldæus c'est le n° 35, « la conque de mer. »

33. *Suvarṇamatsya yugalaya*, « le couple de poissons d'or. » A ce numéro répond, selon toute apparence, l'article 22 de la liste de Low, *Yukhalang*, mot où je vois une altération du sanscrit *yugala.* Low fait suivre ce terme de l'interprétation suivante : « les grands « poissons d'or qui sont cachés entre le Mêru et les Dvîpas. » Sur la planche de Low on voit, dans le troisième compartiment de la seconde rangée à droite de la roue, deux poissons qui peuvent représenter le couple dont il est question ici. Je préfère l'interprétation du n° 36 de Baldæus, « le couple de poissons d'or. »

34. *Tchakrâyudhaya*, « l'arme du *Tchakra*, » ou « celui qui a pour arme le *Tchâkra.* » Ce numéro peut répondre au symbole qui occupe le premier rang dans la liste de Low, *Tchakkrâne;* cela est cependant douteux, parce que le numéro 1er de cette liste indique, selon toute apparence, le *Tchakra* qui remplit le centre de l'empreinte sacrée. Si l'on veut voir ici une allusion à un homme armé du *Tchakra*, il faudra peut-être le chercher sur la planche de Low, dans le compartiment où j'ai déjà soupçonné la présence du roi *Tcha-*

kravartin; mais quand on aura opéré ce déplacement, où trouvera-t-on ce dernier monarque qui paraît cependant désigné à l'article 31 de la présente liste? Je ne rencontre pas ce symbole dans la liste de Baldæus.

35. *Sapta mahâgaññgaya*, « les sept grands fleuves. » C'est le n° 17 de la liste de Low, *Sattha maha khangka*, « les sept grandes rivières. » J'en reconnais la représentation dans le premier compartiment de la seconde rangée à gauche de la roue centrale. Je remarquerai de plus que cet emploi du mot *gaññgâ* dans l'acception générale de *fleuve*, nous ramène vers l'île de Ceylan, où il est, comme on sait, très-ordinaire. C'est le n° 37 de Baldæus, « les sept fleuves principaux ou rivières mères. »

36. *Saptamahâhradaya*, « les sept grands lacs. » C'est le n° 30 de la liste de Low, *Satta maha sara*, « les sept grands lacs de l'Himâlaya. » J'en trouve la figure dans le troisième compartiment de la première rangée à gauche de la roue. Ce compartiment, qui est un des plus étendus, est divisé en sept carrés du milieu desquels s'élève un nymphæa pour marquer qu'ils contiennent de l'eau, et sur les bords desquels paraissent des arbres. Ce symbole se retrouve probablement dans le n° 39 de Baldæus, « les sept étangs royaux; » le mot *royal* paraît ici n'être qu'une traduction du siamois *phra*, qui indique l'éminence et la supériorité en général[1], et qui doit répondre au titre barman ဘုရား *bharâḥ*, que l'on prononce *pharâḥ*[2].

37. *Saptamahâçâilaya*, « les sept grandes montagnes. » Ce symbole est probablement le même que le n° 74 de la liste de Low, le *Sattaphanphot*, ou les montagnes ainsi nommées; on reconnaît aisément ici une altération d'un terme mi-parti sanscrit et pâli, comme *satta parvata*, « les sept montagnes. » Sur la planche de Low la figure correspondante à cet article doit se rencontrer dans la seconde rangée au-dessus du paon, à gauche et derrière la roue centrale. C'est le n° 38 de Baldæus, « les sept montagnes avec toutes les pierres « précieuses. »

38. *Suparṇarâdjaya*, « le roi des Suparṇas ou des Garuḍas. » C'est le n° 64 de la liste de Low, *Supaṇṇo*, « Garuḍa. » On sait que chez les Buddhistes, et particulièrement chez ceux du Sud, ce nom de *Suparṇa*, « l'oiseau aux belles ailes, » qui est aussi souvent employé que celui de *Garuḍa*, nom propre de l'être moitié homme et moitié oiseau qui sert de monture à Vichṇu, désigne une classe nombreuse d'oiseaux de même sorte qui jouent un grand rôle dans les légendes, et qu'on se figure animés d'une haine implacable contre les Nâgas ou serpents. Je crois en reconnaître la figure dans le sixième compartiment de la première rangée à gauche de la roue centrale. Dans Baldæus je ne trouve que le n° 65, « l'oiseau nommé *Krapat*, » qui ressemble à cet article; mais je montrerai, sur le n° 62, que c'est à cet article 62 même que convient le mieux le n° 65 de Baldæus.

[1] *Grammatica linguæ Thai, auctore D. J. Baptista Pallegoix, episcopo Mallensi, vicario apostolico Siamensi*, page 80; *Bangkok*, 1850, in-4°.

[2] Judson, *Burman Diction.* p. 265.

39. *Sinsumâraya*, « le marsouin du Gange; » et au n° 66 de la liste de Low, le *Sangsu*, « l'alligator ou le crocodile. » Je ne suis pas sûr de l'acception précise dans laquelle doit être pris ce symbole. Faut-il y voir le dauphin du Gange (*delphinus Gangeticus*) ou le signe céleste du Dauphin? La planche de Low semble fournir des motifs pour l'admission simultanée de ces deux interprétations. Ainsi, au quatrième compartiment de la première rangée à gauche du *Tchakra*, on voit la figure de deux animaux de la classe des sauriens, qui représentent selon toute apparence deux espèces de crocodiles : ce sont peut-être là les animaux qu'on désigne par le nom altéré de *sinsumâra* pour *çiçumâra*. D'un autre côté, au quatrième compartiment de la seconde rangée, justement au-dessous des deux crocodiles, on voit une sorte de dragon à écailles qui pourrait bien n'être qu'une représentation fantastique du *çiçumâra* céleste, terme dont la signification paraît avoir varié même dans les monuments de la littérature brâhmanique. J'avoue cependant que je préfère, quant à présent, la première explication qui est également celle de Baldæus, au n° 41 de sa liste, « le roi des caïmans ou des crocodiles. »

40. *Dhvadjaya*, « la bannière. » C'est le n° 11 de la liste de Low, *Dhâ tchang*, « la bannière. » Dans la quatrième rangée, à gauche de la roue centrale, on remarque deux compartiments, le quatrième et le cinquième, où sont figurées trois formes de bannières, de drapeaux et d'étendards. Il me paraît vraisemblable que le nom de *Dhvadjaya* doit s'appliquer au quatrième compartiment où se voit une bannière attachée à un mât, qui est lui-même surmonté d'une flamme. C'est le n° 42 de Baldæus, « la bannière. » Le colonel Sykes, sur sa planche représentant une série de symboles propres au Buddhisme, place trois étendards dont il retrouve la figure sur des monuments et des médailles buddhiques[1]. J'hésite cependant à faire de cet insigne essentiellement militaire, un symbole exclusivement propre aux sectateurs de Buddha.

41. *Patâkaya*, « l'étendard. » C'est le n° 12 de la liste de Low, *Pato*, « l'enseigne de papier. » Au cinquième compartiment que je viens de signaler sur l'article 11 de Low, je remarque, à côté d'un drapeau flottant, une autre sorte d'étendard roide auquel doit répondre le nom de *Patâka*. Baldæus l'entend du reste comme le capitaine Low, car son n° 43 désigne un petit étendard de papier.

42. *Svarṇasivikaya*, « la litière d'or. » Cet article doit répondre au n° 13 de la liste de Low, quoique les noms ne conviennent pas, Low l'exprimant ainsi : *Khân hân ola*, ce qui peut être une interprétation siamoise. Quoi qu'il en soit, j'en crois reconnaître la figure à la quatrième rangée de gauche, derrière le *Tchakra*, et dans le compartiment placé juste au-dessous de celui où j'ai signalé les joyaux. C'est un petit temple couvert, à la base duquel sont adaptés quatre bras, dont la destination est sans doute de rendre le temple portatif. C'est le numéro 44 de la liste de Baldæus, « la chaise à porteurs ou la « litière. »

[1] Sykes, *Notes on the religious, moral and political State of India*, p. 209 du tirage à part.

43. *Svarṇapralavyañdjanaya.* J'ignore ce qu'il faut entendre par cette définition où *prala* ne fait pas de sens, du moins pour moi. Si on lisait *pralamba*, on pourrait traduire, « les « insignes d'or suspendus; » mais outre que je ne trouve pas dans la liste de Low d'article correspondant à celui-ci, l'incertitude où nous sommes déjà sur la signification précise des objets dont j'ai parlé tout à l'heure sous les n°s 16 et 17, serait augmentée par la traduction que je propose pour cet article; car les deux compartiments auxquels je fais allusion figurent assez bien des objets précieux servant d'insignes, qui sont suspendus à une courte tringle. Une légère correction apportée à la leçon de la liste singhalaise donne, je crois, le mot de l'énigme; si *vyañdjana* est un provincialisme pour *vyadjana*, « l'éven« tail, » provincialisme justifié par l'habitude où sont les Singhalais d'ajouter une nasale non étymologique devant les consonnes gutturales et palatales, nous traduirons « l'éventail « au manche d'or. » Ce sera le n° 45 de Baldæus, « l'éventail à long manche, » et sur la planche de Low un des trois éventails à manche qui figurent immédiatement derrière la roue centrale.

44. *Kâilâsaparvataya,* « la montagne *Kâilasa.* » C'est le n° 79 de la liste de Low, *Kelasa bapphato,* « la montagne Kelasa » ou du *Kâilâsa;* mais je ne saurais dire exactement à quel endroit elle se trouve sur la planche de Low, où, comme je l'ai déjà remarqué, il ne manque pas de compartiments figurant des montagnes. Dans la liste de Baldæus ce symbole est ainsi défini au n° 46, « une montagne sur une île. »

45. *Simharâdjaya,* « le roi des lions. » C'est le n° 37 de la liste de Low, *Singharadja,* qu'il explique par « quatre espèces de lions. » J'en trouve, autant que je puis croire, deux figures à la seconde rangée de gauche, derrière le *Tchakra* central : l'une qui est placée au-dessus de l'extrémité gauche du grand mur d'enceinte doit être le lion; l'autre qui vient à la gauche du précédent semble être une lionne. C'est, si je ne me trompe, à la première de ces deux figures que doit s'appliquer la dénomination de l'article qui nous occupe. Le n° 40 de la liste de Baldæus le définit ainsi, « le roi des animaux. »

46. *Vyaghrarâdjaya,* « le roi des tigres. » C'est le n° 38 de la liste de Low, *Phayakkha Radja,* « le tigre royal. » Je crois le reconnaître sur la planche de Low, immédiatement derrière le lion que je viens de signaler sous l'article précédent. C'est le n° 48 de Baldæus, « le roi des tigres. »

47. *Valâhaka açvarâdja,* « le roi des chevaux *Valâhaka.* » C'est le n° 34 de la liste de Low, *Walahako,* « le cheval de l'Himâlaya, le cheval du ciel. » On ne voit pas bien au premier abord ce qu'il faut entendre par cette dernière définition; mais comme *Valâhaka* rappelle certainement le nom de *Vâlâhaka* qui désigne le cheval fabuleux, l'un des sept joyaux d'un monarque souverain, et que ce cheval a la faculté merveilleuse de traverser le ciel en volant, il est à peu près certain que le *cheval du ciel* des Siamois est le *Valâhaka* des Singhalais et le *Vâlâhaka* des Buddhistes du Nord. Les manuscrits ne sont pas d'accord

sur l'orthographe de ce mot. Le *Lalita vistara* de la Société asiatique et l'un de ceux de M. Hodgson lisent *vâlâhaka;* mon manuscrit, que je désigne par la lettre A, donne au contraire *vâlôhaka*[1]. Je pense que la première voyelle du mot doit être un *â* long, car il y a lieu de supposer qu'on a ici le mot *bâla*, « queue de cheval, » mot qui est écrit aussi souvent *vâla*. Le reste du nom ne peut faire de sens, si je ne me trompe, qu'en lisant *ûhaka*, dérivé de *vah*, « porter, » mot qui rapproché de *ûhani*, « balai, » et réuni à *vâla*, ferait *vâlôhaka*, « celui dont la queue est en forme de balai. » La mythologie populaire de l'Inde connaît également un cheval d'un nom analogue, *Valâhaka*, qui désigne un des coursiers du char de Krĭchṇa. Sur la planche de Low on trouve au sixième compartiment de la seconde rangée à droite de la roue un cheval placé auprès de l'éléphant dont il sera parlé tout à l'heure dans l'article suivant. Ce symbole est le n° 49 de Baldæus, « le cheval qui s'élance. »

48. *Upôsatha hastirâdjaya*, « le roi des éléphants *Upôsatha*. » C'est le n° 39 de la liste de Low, *Ubhosatho*, « l'éléphant vert. » J'ignore pourquoi on nomme ainsi l'éléphant d'un nom qui désigne ordinairement, chez les Buddhistes du Sud, les six premiers jours qui suivent la pleine lune[2], ou encore, d'une manière plus générale, un jour de fête, comme le jour de la pleine lune, le huitième du décours, le jour de la nouvelle lune et le huitième de cette même lune[3]; et d'une manière spéciale, l'enseignement des *Suttas* ou traités religieux fait devant l'Assemblée[4]. C'est certainement par allusion à l'une de ces trois significations que le *roi des éléphants*, comme l'appelle le *Dharma pradîpikâ*, aura été ainsi dénommé. Peut-être a-t-on voulu dire par là l'éléphant qui se montre principalement les jours de fête, « l'éléphant de parade. » Sur la planche de Low les septième, huitième et neuvième compartiments de la seconde rangée de droite sont occupés par trois éléphants, dont je suppose que le premier à gauche est celui que désigne notre article, par la raison que sur la planche comme dans la liste du *Dharma pradîpikâ* il est placé auprès du cheval. Dans celle de Baldæus, trois numéros sont consacrés à l'éléphant, le n° 50, « l'éléphant rouge, » qui est probablement celui du présent article, et les n°s 51 et 55 dont je parlerai tout à l'heure.

49. *Vâsukinâgarâdjaya*, « le roi des Nâgas *Vâsuki*. » C'est le n° 23 de la liste de Low, *Radja Nâga*, « le roi des serpents. » On en voit la figure au cinquième compartiment de la première rangée de droite, auprès des crocodiles. C'est le n° 47 de Baldæus, « le roi des « serpents. »

50. *Hancharâdjaya*, « le roi des oies ou des cygnes. » C'est le n° 56 de la liste de Low, *Hangsatcha*, « l'oie des Brâhmanes. » La planche de Low abonde en figures d'oiseaux, entre lesquelles le lecteur est libre de choisir; il me paraît probable que le *Haṁsa* (ainsi

[1] *Lalita vistara*, f. 11 *b* du manuscrit A, f. 12 *a* du manuscrit B, f. 10 *a* du man. de la Soc. asiat.

[2] Clough, *Singhal. Diction.* t. II, p. 81.

[3] Judson, *Burman Diction.* p. 45.

[4] *Pâtimôkkha*, manuscrit de la Bibl. nat. f. 2 *b*, et p. 6 de ma copie.

que le mot doit s'écrire) est une des figures du sixième ou du septième compartiment de la première rangée de droite. Sur la liste de Baldæus c'est vraisemblablement le n° 53, « le casoar, » qui répond à cet article.

51. *Vrĭchabharâdjaya*, « le roi des taureaux. » C'est le n° 43 de la liste de Low, *Usabho*, « le roi des bœufs blancs de l'Himâlaya. » Il faut probablement faire rentrer également ici le n° 73 qui en paraît un dédoublement, et qui est écrit *Mahéngsa* ou *Mahésclo*, mots qui sont l'altération siamoise du pâli *Mahisa* ou du sanscrit *Mahichat*, « le buffle. » Sur la planche de Low deux animaux de la race bovine sont figurés dans les deux compartiments de la seconde rangée qui sont placés immédiatement au-dessus du mur d'enceinte. C'est le plus central de ces deux compartiments qui doit répondre à notre article 51. Dans la liste de Baldæus ce qui le représente est le n° 54, « le roi des vaches blanches. »

52. *Âirâvanahastirâdjaya*, « le roi des éléphants *Âirâvaṇa*. » C'est le n° 42 de la liste de Low, *Eravanno*, « l'éléphant d'Indra. » Sur la planche de Low quatre compartiments sont consacrés aux éléphants, trois à la seconde rangée de droite, et un au troisième compartiment de la quatrième rangée de gauche. Comme ce dernier est caparaçonné, c'est selon toute apparence celui dont l'artiste a voulu faire l'éléphant d'Indra. Je crois aussi que le n° 51 de Baldæus, « l'éléphant blanc, » répond à notre article.

53. *Svarṇamakaraya*, « le Makara d'or. » C'est probablement le n° 57 de la liste de Low, *Mangkaro*, le Makara ou dauphin plus ou moins fabuleux des Indiens. On en doit peut-être chercher la figure au second compartiment de la quatrième rangée de droite sur la planche de Low. Ce symbole se trouve sans doute sous le n° 52 de la liste de Baldæus, « le serpent d'eau. »

54. *Tchaturmukha[ya]*, « Brahmâ aux quatre faces. » C'est le n° 53 de la liste de Low, *Tchattu mukha*, « Brahmâ. » On voit sa figure dans le troisième compartiment de la cinquième rangée de droite en avant du *Tchakra* central. C'est le n° 32 de Baldæus, « le « Dieu le plus élevé du ciel. »

55. *Svarṇanâvukaya*, « le vaisseau d'or. » C'est le n° 46 de la liste de Low, *Nawa*, « le « vaisseau. » Il est figuré dans le troisième compartiment de la première rangée de droite. C'est le n° 57 de Baldæus, « le vaisseau d'or. »

56. *Savatsakadhênuvaya*, « la vache avec son veau. » A cet article répondent, dans la liste de Low, les n°s 44 et 45, *Me Kho*, « la vache d'abondance, » et *We tcha ka*, « le veau. » Sur la planche un seul compartiment est consacré à ces deux symboles, et on y voit sous la vache un veau qui allonge le cou pour la téter; c'est le compartiment de la seconde rangée qui est placé juste au-dessus de la dernière portion du grand mur d'enceinte. La liste de Baldæus définit ainsi ce symbole, « la vache avec son veau qui la tette. »

57. *Kimpurchaya*, « le génie nommé *Kimpurucha*. » Je ne retrouve pas ce numéro dans la liste de Low; et il est probable qu'on l'a réuni avec le suivant dont il diffère peu, et que donne la liste siamoise sous le n° 59. Au septième compartiment de la seconde rangée de gauche on voit deux figures, l'une mâle et l'autre femelle, qui ont la partie inférieure du corps semblable à celle de grands oiseaux. C'est là sans doute la représentation des êtres fabuleux définis dans l'article 57 et dans l'article suivant. Baldæus est ici mieux d'accord avec la liste singhalaise; il a les deux symboles, d'abord sous le n° 58, « un « ange, » puis sous le n° 60 dont je vais parler.

58. *Kinnaraya*, « le Kinnara. » C'est le n° 59 de la liste de Low, *Kinaro*, « deux figures « moitié oiseau et moitié homme. » Le compartiment de la planche de Low, décrit sous le n° 57, répond certainement à notre article. Dans la liste de Baldæus on trouve deux numéros répondants à ce symbole : le n° 60, « un être moitié homme, moitié oiseau; » et le n° 61, « la femme du précédent. »

59. *Kuravíkaya*, « le coucou indien. » J'ai déjà eu occasion d'examiner ce mot en parlant des qualités qu'on attribue à la voix du Buddha[1]; si *kuravíkaya* est une orthographe authentique, l'oiseau dont il est question ici sera le *cuculus melanoleucus*. Si au contraire *kuravíka* n'est qu'une altération de *karavíka*, il y faudra voir le passereau. C'est d'ailleurs le n° 58 de la liste de Low, *Karavíko*, et d'après son explication, « l'oiseau mélodieux du « paradis. » Il y a sur la planche de Low, presqu'au centre de la seconde rangée, sept compartiments qui reproduisent diverses espèces d'oiseaux, sans compter les trois de la première rangée de droite. C'est au lecteur à choisir parmi ces figures celle qu'il croira le mieux convenir à l'article ambigu que je viens d'examiner, car j'avoue ne posséder aucun moyen sûr de diriger son choix. Sur la liste de Baldæus le symbole de cet oiseau est ainsi exprimé, n° 62, « l'oiseau chanteur. »

60. *Mayûrarâdjaya*, « le roi des paons. » C'est l'article 60 de la liste de Low, *Mayuro*, « l'oiseau ainsi nommé. » Le paon est assez reconnaissable au dixième compartiment de la troisième rangée de la planche de Low. C'est le n° 63 de Baldæus, « le roi des paons. »

61. *Kráuñtcharádjaya*, « le roi des hérons, » l'*ardea jaculator* de Buchanan. C'est probablement le n° 61 de la liste de Low, *Kadja radja*, qu'il définit ainsi : « oiseau habitant « les vallées de l'Himâlaya. » On en voit, selon toute apparence, la figure au septième compartiment de la rangée de droite, sur la planche de Low; c'est l'oiseau qui est représenté au moment où il s'envole : il semble que les autres oiseaux aient le col trop court pour être des hérons. Je le retrouve sous le n° 64 de la liste de Baldæus, « le roi des grues. »

62. *Tchakravâkarádjaya*, « le roi des oies rougeâtres » spécialement nommées *anas casarca*. C'est le n° 62 de la liste de Low, *Tchakkawathí*, qu'il se contente de définir ainsi,

[1] Ci-dessus, p. 565 et 566.

« autre oiseau. » Il est représenté par l'oiseau figuré dans le onzième compartiment de la troisième rangée de la planche de Low, le seul des nombreux volatiles de cette planche qui ait un bec plat et des pattes qui paraissent palmées. Je soupçonne que ce symbole se trouve au n° 65 de la liste de Baldæus, « l'oiseau nommé *Krapat;* » ce nom de *krapat* peut bien n'être qu'une altération par contraction de *tchakravâka*, prononcé à la façon siamoise *tcha-kra-pat.*

63. *Djîvañdjîvakarâdjaya,* « le roi des faisans » ou des perdrix, car nos lexiques donnent l'un et l'autre sens à *djîvañdjîva.* C'est le n° 63 de la liste de Low, *Tchîva kuntchika,* qu'il interprète par « aigle ou faucon. » J'en crois reconnaître la figure dans le neuvième compartiment de la troisième rangée de droite sur la planche de Low, entre le coq et le paon. La liste de Baldæus suit assez régulièrement celle du *Dharma pradîpikâ,* pour qu'il soit permis de conjecturer que le n° 66 de Baldæus, « l'oiseau *Kuyshit,* » répond au symbole du présent article, quoique les noms ne conviennent pas et que je ne puisse dire quel est cet oiseau.

64. *Chaṭvidhadivyalôkaya,* « les six espèces de mondes divins. » C'est probablement le n° 18 de la liste de Low, *Tcha kâma watchara,* « les six premières mansions, y compris « l'habitation des mortels. » Ce sont les six étages de la première des trois régions, celle des désirs, où vivent les êtres nommés *Kâmâvatchara;* je renvoie à ce que j'en ai dit dans le premier volume de l'*Introduction à l'histoire du Buddhisme*[1]. Sur la planche de Low on voit une série de quatre compartiments qui commencent à la quatrième rangée et finissent à la septième; seulement on y compte huit étages au lieu de six, nombre qui suffirait pour que la définition fût exacte. Cette différence m'engage à supposer que le premier compartiment seul représente les six divisions du monde des désirs : on y trouve, en effet, six sous-divisions qui doivent figurer les six mondes. Au reste ce symbole se retrouve dans le n° 67 de la liste de Baldæus, « les sept cieux. »

65. *Sôḍasavidhabrahmalôkaya,* « les seize espèces de mondes des Brahmâs. » Je ne trouve pas cet article dans la liste de Low, quoiqu'il en parle dans son commentaire[2]; mais les trois compartiments placés au-dessus de celui que j'examinais tout à l'heure, et où l'on compte quinze sous-divisions surmontées de l'image d'un petit temple, me paraissent figurer les seize mondes de Brahmâ. Ce numéro est le n° 68 de Baldæus, « les seize « cieux. »

Je viens de passer en revue, d'après le *Dharma pradîpikâ,* la liste des figures que l'imagination des Buddhistes de Ceylan, du Barma et de Siam croit retrouver sur l'empreinte sacrée du pied de Çâkya. Ces objets sont, à bien peu d'exceptions près, les mêmes que ceux dont on doit à Baldæus et à Low deux énumérations empruntées aux Siamois, et ils se retrouvent également sur la planche publiée par cet officier dans les *Transactions* de la So-

[1] T. I, p. 599 et suiv. — [2] *Transact. of the roy. Asiat. Soc. of Great-Britain,* t. III, p. 83.

ciété asiatique de Londres. Je ne dirai que quelques mots des différences que présentent entre elles ces diverses autorités. La première porte sur le nombre des signes dont le *Dharma pradîpikâ* compte soixante-cinq, Baldæus soixante-huit, et la liste de Low quatre-vingt-seize. Low nous apprend lui-même que parmi les empreintes assez nombreuses que l'on dit exister dans le Laos et dans le pays des Barmans, on remarque des différences dans l'ordre et dans le nombre des signes [1]. Cette observation doit rendre moins étonnante à nos yeux la divergence que nous remarquons ici entre une liste de Siam, une liste de Ceylan et une empreinte figurée due à un artiste siamois. Un examen rapide suffit d'ailleurs pour constater que la liste de Low ne fait que dédoubler des définitions qui se trouvent déjà chez les Singhalais. Les cas où elle admet un symbole nouveau et qu'on retrouve figuré sur l'empreinte elle-même, ont moins de valeur que les dédoublements. Mais ce qui devra frapper le lecteur, c'est l'analogie qu'offre la liste recueillie en 1654 par les Hollandais à Siam avec celle du *Dharma pradîpikâ*. Cette analogie est telle, que les figures se suivent presque régulièrement dans le même ordre sur l'une et l'autre liste. Sur les soixante-cinq définitions du *Dharma pradîpikâ*, l'énumération de Baldæus en donne cinquante-six. Les neuf autres, qu'on ne retrouve pas dans le *Dharma pradîpikâ*, ou sont des dédoublements de symboles déjà existants dans l'une et l'autre liste, ou reparaissent parmi les symboles ajoutés par l'énumération de J. Low.

Afin d'achever d'éclaircir ce sujet, je vais passer en revue les articles du commentaire de J. Low qui paraissent devoir rentrer dans des symboles déjà exprimés, pour m'occuper ensuite des symboles réellement nouveaux. Ainsi le *Toubai lakchai*, ou étendard royal, n° 7 de la liste siamoise, fait double emploi avec un des articles 40 ou 41 de la liste singhalaise, articles qui sont consacrés aux symboles de l'étendard et du drapeau. Sur l'empreinte même il paraît en réalité trois sortes distinctes de drapeaux; mais on s'explique sans peine comment il se fait qu'un artiste siamois ait été conduit à introduire parmi les deux signes que fournissaient déjà des autorités écrites, l'étendard national de ses rois.

Le n° 10 de Low, *Banlangko*, qui est défini « la couche de pierre ou le siége d'un Buddha, » est une mauvaise orthographe du pâli *pallañka* pour le sanscrit *paryañka*. Ce mot ne désigne pas seulement une manière de s'asseoir bien connue, laquelle consiste à ramasser les jambes sous le corps dont le buste reste droit, ainsi que je l'ai déjà montré plus haut [2]; il signifie encore un bois de lit [3], et par extension, un lit; c'est cette dernière acception qu'exprime, avec une altération d'orthographe, le *Banlangko* des Siamois. Si tel est le sens de ce terme, cet article devra rentrer dans celui qui le précède, le symbole du siége, *Pî thâ kang* pour *Pîṭha*. Si l'on aime mieux prendre *Banlangko* dans le sens de *palanquin*, il faudra y voir un dédoublement du n° 42 des Singhalais, relatif à la litière d'or.

Le n° 21 de Low, *Thawâwî sahatsa parîvârâ*, qu'on interprète ainsi, « les deux mille « Dvîpas inférieurs ou îles qui entourent les quatre grands Dvîpas, » doit certainement rentrer dans la définition des quatre grandes îles, selon le n° 30 de la liste singha-

[1] *Transact. etc.* t. III, p. 71.

[2] Ci-dessus, chap. I, f. 12 *b*, p. 334.

[3] *Amarakocha*, liv. II, chap. VI, sect. 3, st. 39; éd. Loiseleur, p. 158.

laise : on a vu que les îles inférieures y sont positivement comprises sous la désignation de *saparivâra*, « avec ce qui entoure » les grands continents. Mais ce dédoublement doit être ancien chez les Siamois, car il se trouve déjà dans la liste de Baldæus, qui fait deux articles, les nos 33 et 34, des quatre points cardinaux et de leurs deux mille subordonnés, comme s'exprime cette liste.

Le n° 31 de Low, *Pantcha mahânadî*, qu'on interprète ainsi, « les cinq rivières sortant « des sept lacs, » offre beaucoup d'analogie avec le numéro suivant ou le n° 32, « les sept « grandes rivières, » qui répond au n° 35 de la liste singhalaise. Il se peut cependant qu'on ait voulu figurer ces cinq rivières dans le compartiment où j'ai cru reconnaître, comme je l'ai dit plus haut sur le n° 12, des tubes ou vaisseaux tubuleux [1].

Le n° 33 de Low, *Maha matcha wanta mukha samut*, ou « la baleine, » paraît faire double emploi avec le n° 57 que j'ai expliqué plus haut sur le n° 53 de la liste singhalaise. Je dois avouer que la figure du second compartiment de la quatrième rangée de droite sur la planche de Low, convient mieux au n° 33 qu'au n° 57, auquel je proposais de la rapporter; cela ne prouve cependant pas que ces deux articles ne soient pas le développement l'un de l'autre.

Le n° 35 de Low, *Kanthat assawarat*, qu'on interprète ainsi, « le cheval qui porta Çâ-« kya jusqu'à la Yamunâ, » quand il quitta son palais, doit rentrer dans le numéro précédent, lequel correspond au n° 47 de la liste singhalaise. On en voit cependant la figure à la troisième rangée de gauche de la planche de Low, immédiatement au-dessous du parasol. Un artiste buddhiste ne pouvait oublier le célèbre coursier Kaṇṭaka; mais comme il n'est pas supposable qu'il existe à la fois deux rois des chevaux, il est fort probable que les articles 34 et 35 de Low doivent rentrer l'un dans l'autre. Je rattacherai de même à ce dernier numéro le trente-sixième de Low, *Se*, « le fouet dont Çâkya se servait quand il « montait son cheval. » Je suis convaincu que cet objet n'a pas assez d'importance pour figurer à part dans cette liste de choses rares ou précieuses. Du reste on a peut-être voulu le représenter à la cinquième rangée de gauche, presque derrière le *Tchakra* central, sous la forme d'un bâton à tête contournée ou d'une sorte d'aiguillon. Ce qui me confirmerait dans cette supposition, c'est que Baldæus, sous le n° 8, parle d'un objet ainsi défini : « le « croc pour diriger les éléphants. »

Les nos 40 et 41 de la liste de Low, *Tchatthanto*, « l'éléphant blanc, » et *Sakingnakha* ou *Sakinako*, « l'éléphant rouge de l'Himâlaya, » ne font que répéter, sous d'autres noms, les articles 48 et 52 de la liste singhalaise. Quoiqu'on trouve sur la planche de Low quatre figures d'éléphants, dont un seul est caparaçonné, ce qui m'a décidé à en faire la monture d'Indra, cela n'est pas une raison pour croire qu'on ait eu réellement dans le principe l'intention de reconnaître sur l'empreinte vénérée du pied de Çâkya un nombre aussi varié de ces quadrupèdes. Low nous apprend que les Siamois entendent par *Tchatthanto*, « l'élé-« phant blanc, roi de l'Himâlaya; » cette donnée s'accorde parfaitement avec un détail de même ordre que nous connaissons par le *Mahâvañsa* de Turnour, où se trouve citée une espèce d'éléphant connue sous le nom de *Tchhaddanta*, qui passe pour supérieure aux

[1] Voyez ci-dessus, p. 628.

autres, et qu'on fait naître auprès d'un lac himâlayen de ce nom[1]. Cette dénomination de *Tchhaddanta* rappelle l'éléphant aux six défenses, *Chaḍdanta*, sous la figure duquel les Buddhistes du Nord croient que le Bôdhisattva s'incarna dans le sein de Mâyâ dêvî[2]. Je serais tenté de supposer que l'orthographe de *Tchhaddanta*, que nous savons être familière aux Buddhistes de Ceylan et de Siam, doit son origine à une particularité de l'orthographe pâlie, où le nom de nombre sanscrit *chaṭ*, « six, » se change quelquefois en *tchhal* ou même en *tchha*. Quoi qu'il en soit, le symbole qui nous occupe paraît également sous le n° 55 de la liste de Baldæus, où il est ainsi défini : « l'éléphant à trois têtes et à trois queues. » Si c'est de cette manière que les Buddhistes de l'Inde transgangétique se représentent ce fabuleux animal, l'explication de son nom de *chaḍdanta* est toute trouvée; s'il a trois têtes, il doit avoir six défenses : mais je ne me souviens pas d'avoir vu ailleurs l'indication de cette monstruosité. Je trouve même une autre interprétation du nom de « qui possède six dé« fenses, » laquelle est encore suffisamment merveilleuse, mais qui choque un peu moins le bon sens. Suivant l'opinion d'un Barman instruit, il existait autrefois dix espèces d'éléphants, et le roi de la première espèce se nommait *Chaḍdanta*, en barman *Tchaddan*, parce qu'il sortait de ses défenses des jets de lumière colorés de six manières différentes[3]. Il nous resterait à expliquer la qualification de « roi de l'Himâlaya, » qui est attribuée à cet éléphant. Sans doute les Buddhistes du Sud ont pu croire qu'il existait des éléphants dans l'Himâlaya, puisque cette idée a été conservée par le *Mahâvaṁsa*; et on a pu d'autant plus facilement y être conduit, que c'est dans les parties montagneuses de la presqu'île indienne et de Ceylan que naissent, au rapport des indigènes, les éléphants les plus intelligents et les plus forts. Il se pourrait cependant qu'elle tînt à une tradition plus ancienne, à celle par exemple que Weber a trouvée dans le *Vâdjasanêyi saṁhitâ* du *Yadjurvêda*, et qui prouve que, selon les Brâhmanes, l'éléphant était consacré à l'Himâlaya[4], peut-être par suite d'un jeu de mots entre *naga*, « montagne, » et *nâga*, « né dans la montagne. »

Le n° 65 de la liste de Low, *Hera*, « Çiva, » paraît isolé dans cette liste, où nous ne voyons d'autre divinité brâhmanique que Brahmâ. Rien n'en annonce la présence dans la liste singhalaise, et sur la planche de Low je ne vois au-dessous de l'image de Brahmâ qu'un personnage à quatre bras, qui rappelle plutôt Ganêça que toute autre divinité. Peut-être *Hera* n'est-il ici que l'altération du nom sanscrit *Hêramba*, par lequel on désigne aussi Ganêça. Si cela était, cet article devrait être placé non parmi les dédoublements, mais parmi les additions nouvelles que nous donnent la liste et la planche de Low.

Je ne puis voir autre chose qu'un double emploi dans le n° 72 de la liste de Low, *Baraphet*, « neuf espèces de pierres précieuses, » rapproché du seizième article de la liste singhalaise *maṇiya*, « le joyau. » J'ai déjà dit qu'il n'était pas facile de retrouver sur la planche de Low la figure réelle des joyaux ou pierres précieuses. Aux conjectures que j'ai faites sur les articles 16 et 17 de la liste du *Dharma pradîpikâ*, j'ajouterai seulement cette observation, qu'on a peut-être voulu représenter des objets précieux dans les comparti-

[1] Turnour, *Mahâwanso*, t. I, chap. XXII, p. 134.

[2] *Lalita vistara*, f. 34 *a* de mon man. A; *Rgya tch'er rol pa*, t. II, p. 52.

[3] Wroughton, *Account of two Burmese Bells*, dans *Journ. as. Soc. of Bengal*, t. VI, 2e part. p. 1071.

[4] *Indische Studien*, t. I, p. 180.

ments des rangées quatre et cinq, derrière la roue centrale, où se voient deux petits vases sur lesquels sont montés des objets ronds ou plats. Il y a aussi au second compartiment de la seconde rangée de droite deux ornements que l'on dirait composés d'étoiles, et qui pourraient bien n'être que la réunion de brillants disposés en manière de bouquets.

Passons maintenant aux objets nouveaux que donne la liste de Low, et dont plusieurs se retrouvent sur sa planche.

Le n° 5, *Talapat nang*, « l'éventail, » se trouve, si je ne me trompe, sous trois formes, immédiatement derrière le *Tchakra* central. Une de ces formes doit répondre au n° 15 de Low, *Wûtchani*, en sanscrit *Vîdjana* et en siamois *Phatchanî*, « le grand éventail. » L'autre doit être l'éventail fait de *Talapatta* ou d'une feuille du palmier *Tala*; c'est le n° 13 de Baldæus, « l'éventail fait de l'arbre *Terri.* »

Le n° 8, *Tre* et *sang*, « les trompettes, » se trouve dans le même compartiment que le parasol blanc, n° 10 de la liste singhalaise.

Le n° 14, *That thang* ou *Tchat thong*, « une espèce de plateau; » ce sont peut-être les deux guéridons figurés dans le cinquième compartiment de la quatrième rangée de droite, immédiatement auprès du *Tchakra*.

Le n° 27, *Nakhatu*, « la constellation ou l'étoile, » est ou l'une des étoiles isolées qu'on remarque dans le second compartiment de la seconde rangée de droite, et dans le sixième compartiment de la troisième rangée de droite, ou bien l'un des quatre groupes d'étoiles qu'on trouve au premier compartiment de la même rangée, au neuvième compartiment de la première rangée de droite, au second et au huitième compartiment de la première rangée de gauche. J'en dois dire autant du n° 80, *Utsathi*, l'étoile des Siamois *Dau Kammaphruk*, et du n° 89, *Dau Rohinî*, « la constellation Rôhinî; » ce qui nous donne trois désignations ou dénominations d'étoiles ou de constellations pour un total de six figures qu'aucun caractère ne différencie les unes des autres. Baldæus a aussi une étoile sous le n° 31 de sa liste, avec cette définition, « l'étoile du soir. »

Le n° 54, *Phumma rotcha*, « le scarabée de la montagne d'or, » doit être représenté dans la quatrième rangée de droite, presque derrière la roue centrale.

Le n° 55, *Suvaṇṇa katchhapa*, « la tortue d'or, » se trouve au cinquième compartiment de la rangée de droite, où l'on voit deux tortues entre deux lignes onduleuses qui doivent figurer un courant d'eau.

Le n° 70, *Makulla*, « fleur ressemblante au souci, » et le n° 71, *Paretchatta*, « fleur qui ne « croît que dans le ciel, » doivent se retrouver dans les deux compartiments qui forment le centre de la quatrième rangée; mais les fleurs qui y sont représentées paraissent être des dessins de fantaisie. On sait d'ailleurs que *makula* désigne ou un bouton de fleur en général, ou le *Mimusops elenghi* en particulier, et que le *Pâridjâta* passe pour être un des arbres du ciel d'Indra.

Le n° 75, *Rama sura*, « le Siamois Ramasur, » doit se retrouver dans l'un des deux guerriers brandissant un glaive, dont le premier paraît au cinquième compartiment de la première rangée de gauche, et dont l'autre occupe le neuvième compartiment de la quatrième rangée de droite. Cet article n'est probablement qu'un souvenir de l'Indien Râma.

A ce numéro doit se rattacher le n° 77, *Dha tchang*, « l'arc de Râma, » qu'on trouve au sixième compartiment de la cinquième rangée de gauche sur la planche de Low; l'arc avec la flèche est détendu et placé au-dessous du glaive. C'est encore un objet de même ordre que celui dont le n° 91 donne la définition, *satitcha*, « la lance des Siamois, » qui paraît juste au-dessous du compartiment que je viens de signaler. Ce dernier symbole se trouve sous le n° 1 de la liste de Baldæus, « une pique. »

Le n° 76, *Utdha tapasa*, « le grand Rïchi, » est sans doute le personnage assis sous une hutte dans le huitième compartiment de la seconde rangée de gauche; mais je ne reconnais de son nom que la seconde partie, dont l'orthographe n'est pas même correcte : c'est peut-être le n° 5 de Baldæus, « un pauvre. »

Le n° 81, *Kang sa tala*, est donné par Low sans aucune explication; si l'orthographe de ce terme est exacte, on pourrait y trouver le sens de « support fait du métal *Kañsa*, » métal qui est un mélange de cuivre et de zinc. Cette description pourrait répondre à l'espèce d'autel qui occupe le huitième compartiment de la troisième rangée de gauche. Serait-ce « le lit d'or » qui est placé sous le n° 6 de la liste de Baldæus?

Le n° 82, *Salawanang*, « le jardin de diamants, » n'est pas reconnaissable, du moins pour moi, sur la planche de Low; je doute même que cette définition soit exactement traduite : en sanscrit *çâlavana* signifierait « le bois de *Çâlas*. »

Le n° 84, *Pakhanang*, est suivant Low, « le siamois *Thoei Tchang*; » l'auteur aurait bien fait d'en dire un peu plus long s'il en savait davantage, car je ne pense pas qu'il y ait beaucoup de personnes en Europe qui puissent dire ce que c'est que le siamois *Thoei Tchang*.

Le n° 85, *Paduka*, « les pantoufles, » se retrouve dans le troisième compartiment de la quatrième rangée de droite; le mot doit s'écrire *pâdukâ*, « la sandale. »

Le n° 86, *Thewa Thittamani*, « la déesse des nuages, » doit peut-être se retrouver dans le huitième compartiment de la quatrième rangée de droite, où l'on voit une figure de femme avec une fleur dans une main et une espèce de miroir dans l'autre. Je ne puis cependant retrouver, ni dans son nom ni dans ses attributs, la preuve qu'elle soit la déesse des nuages, divinité qui m'est d'ailleurs inconnue. La première idée qui se présente à la vue de ce mot, c'est qu'il est altéré, et qu'on doit le lire, *Dêva tchintâmaṇi*, « le joyau des « Dêvas qui donne tout ce qu'on désire. » Le seul symbole qui dans la liste de Baldæus ait quelque analogie avec ce dernier, est le n° 2, « une reine avec un anneau au doigt; » l'anneau rappelle de loin le joyau de *Tchintâmaṇi*.

Le n° 87, *Suwanna mikhi*, « la gazelle d'or, » doit être figuré au deuxième compartiment de la seconde rangée de droite; on voit que, pour être régulier en pâli, le mot devrait être lu *migî*.

Le n° 88, *Kukkuta wannang*, « le coq siamois, » est représenté dans le huitième compartiment de la troisième rangée de droite. Je ne vois pas bien ce que peut ajouter *wannang* au mot *kukkuṭa*.

Le n° 96, *Tra Dhama nantcha*, « le joyau inestimable. » Selon le capitaine Low, cet objet répond au *Kâustubha*, joyau de Vichṇu; mais j'avoue ne connaître ni le sens de ces mots, ni la figure qu'ils désignent.

Dans le relevé qu'on vient de lire, j'ai compris le petit nombre de termes de l'énumération de Baldæus, qui ne se retrouvent pas immédiatement dans celle du *Dharma pradîpikâ*, ou dans les additions de celle de Low. Deux symboles seulement, sur un total de 68, sont restés en dehors : ce sont le n° 26, « le monde, » qui rentre ou dans le n° 27, « le mur d'enceinte du monde, » ou dans le n° 33, « les quatre vents; » et le n° 56, « le « serpent, » qui fait double emploi avec le n° 47, « le roi des serpents. »

Nous sommes actuellement en mesure d'apprécier la valeur des idées qui ont décidé du choix des objets qu'on a cru voir sur cette empreinte. Il n'y en a, en réalité, qu'une seule qui se montre partout; c'est que les êtres les plus éminents et les choses les plus belles devaient être représentés sur la plante du pied d'un personnage aussi parfait que le Buddha. Ainsi on voit d'abord les signes mystiques qui annoncent la prospérité et la grandeur de celui qui en porte l'empreinte. Vient ensuite une longue série d'objets matériels, comme des parures, des armes, des meubles, qui sont, aux yeux des Indiens, l'apanage de la puissance royale. Au monde physique on a emprunté ce qu'il a de plus frappant, le soleil, l'océan, les montagnes, les animaux les plus redoutables ou les plus utiles, soit parmi les quadrupèdes, soit parmi les volatiles, enfin les végétaux les plus remarquables par l'élégance de leurs formes et l'éclat de leurs couleurs. Le monde surnaturel a également fourni l'image du premier des dieux selon les Brâhmanes, celle des mondes divins, et de diverses classes de génies qui les habitent, selon les Buddhistes. Mais les emprunts faits à ce dernier ordre d'idées sont, à beaucoup près, moins nombreux que ceux qu'on a demandés au monde réel, et en particulier aux objets qui frappent le plus le vulgaire. Je conclus de cette circonstance que, sauf l'indication des signes mystiques, la religion n'a eu que très-peu de part à la formation de ce catalogue confus de figures rassemblées un peu au hasard. C'est un instinct assez grossier qui en a fait le choix; et par là s'explique le succès qu'a eu l'idée de voir tant de choses sur l'image du pied de Çâkyamuni, chez des peuples aussi peu éclairés en général que le sont les Singhalais et surtout les Siamois.

Aussi la valeur de ces représentations imaginaires est-elle, il faut bien le dire, à peu près nulle pour nous; car ce culte de l'empreinte du *Çrîpâda* ou du « bienheureux pied, » comme on le nomme, est une des superstitions les plus mesquines et les moins poétiques. Tout ce qu'elle nous apprend se réduit à ceci, qu'il y faut voir une nouvelle preuve de l'importance qu'on a dû naturellement donner aux moindres particularités qui se rattachent à la personne physique du Maître. C'est une suite naturelle, quoique exagérée, de ce principe de respect qui avait, anciennement sans doute, idéalisé les signes extérieurs de son corps sous le nom des trente-deux caractères physiques d'un homme supérieur. A ce point de vue je ne pouvais pas me dispenser de leur donner place dans une recherche relative à ces caractères eux-mêmes; mais je suis bien éloigné de les placer sur le même rang, parce que je ne pense pas qu'ils appartiennent au même âge de la doctrine. Si les signes caractéristiques d'un grand homme offrent, d'après la rédaction des diverses écoles, quelques différences dont on a déjà pu juger par l'analyse que j'en ai faite, il n'en est pas moins positif qu'ils appartiennent également pour le fond, et bien souvent pour la forme, à toutes ces écoles, et qu'ainsi on peut les compter au nombre des anciennes croyances du Buddhisme.

Il ne me semble pas en être de même des images qu'un effort puéril de la superstition se figure voir sur l'empreinte fabuleuse du pied de Çâkyamuni ; ici il est indispensable de distinguer entre l'empreinte elle-même et les signes que l'on cherche à y reconnaître. De tout temps, en effet, l'empreinte du pied du dernier Buddha a passé, parmi ses adorateurs, pour un objet digne de respect. C'est une opinion déjà assez ancienne, que Çâkya avait laissé l'empreinte de ses pieds, même en des lieux où il est à peu près établi qu'il ne s'était jamais rendu, par exemple dans le pays d'Udyâna, où l'on révérait une image du pied du Buddha, dont la dimension, si A. Rémusat a bien reproduit le sens de Fa hian, variait suivant la pensée de ceux qui la contemplaient[1]. Non loin de Djellalabad, dans une des chambres de Bahrabad, un officier anglais, le lieutenant Pigou, a découvert une plaque de marbre sur laquelle on reconnaît l'image de deux pieds sculptés en relief[2]. L'usage de présenter à l'adoration des fidèles l'empreinte de deux pieds paraît même plus ancien ou tout au moins plus ordinaire dans l'Inde que celui de n'en figurer qu'un seul. On le retrouve chez les Djâinas, qui vénèrent eux aussi la double représentation des pieds de Gâutama, et qui lui consacrent des monuments dont il serait bien possible que les Buddhistes, s'ils existaient encore dans l'Inde, voulussent à leur tour réclamer la possession première[3]. On retrouverait certainement d'autres images dans l'Hindostan, et surtout dans les temples hypogées des provinces occidentales; mais sans insister davantage sur ce fait incontestable, que l'empreinte des pieds de Çâkyamuni a été l'objet d'un respect superstitieux, je me hâte de constater qu'aujourd'hui encore les Népâlais honorent d'une manière spéciale l'image de ces deux pieds sacrés[4]. Ainsi, chez les Buddhistes du Népâl, comme chez ceux de Ceylan, cette image passe pour quelque chose d'infiniment précieux : ce point ne peut faire l'objet d'un doute.

La divergence des deux écoles commence avec la question de savoir quels signes les Buddhistes ont cru devoir tracer sur l'empreinte du pied ou sur celle des deux pieds de Çâkyamuni. En ce qui concerne les Buddhistes du Nord, le seul signe que l'étude des monuments figurés nous autorise à reconnaître sur la plante des pieds des statues ou des images du Buddha, est le *Tchakra*, ou la roue. On en remarque en effet la trace sur les pieds d'un grand nombre de statues de Çâkyamuni découvertes dans le Bihar et dans les chambres hypogées de l'Ouest de l'Inde. Or, si la statue entière a pu être décorée de cette figure, on comprend sans peine que l'empreinte de ses pieds, envisagée isolément, ait dû en reproduire l'image ; et c'est certainement de là que vient la place qu'elle occupe au milieu du *Çrîpâda* des Singhalais. Sur le marbre découvert près de Djellalabad on ne trouve aucun signe; seulement quatre fleurs de nymphæa sont disposées aux quatre coins

[1] *Foe koue ki*, p. 45; Lassen, *Ind. Alterth.* t. II, p. 267, note 3.

[2] *On the Topes of Darounta and caves of Bahrabad*, dans *Journ. as. Soc. of Beng.* t. X, 1re part. p. 382.

[3] *Inscript. at temples of the Jaina sect*, dans *Transact. roy. as. Soc. of Great-Britain*, t. I, p. 522.

[4] Hodgson, *Notices of the lang. and relig. of the Bauddhas*, dans *Asiat. Res.* t. XVI, p. 461.

de la pierre pour servir d'ornement à la représentation de cet objet vénéré. Il faut descendre jusqu'aux Népâlais pour rencontrer quelque analogie avec ce qu'ont imaginé les Buddhistes de Ceylan. M. Hodgson, sur une des planches qui accompagnent son Mémoire, déjà ancien mais toujours si précieux, inséré dans les Recherches asiatiques de Calcutta, a reproduit un dessin orné du *S'hâkya charan*, ou des deux pieds de Çâkyamuni, avec les huit *Mangalas*, ou signes de bon augure, placés à peu près à la base des doigts de chaque pied. Ces huit signes de bon augure sont le *Çrîvatsa*, le lotus, l'étendard, le pot à eau, le chasse-mouche, le poisson, le parasol, la conque [1]. Il n'est aucun de ces *Mangalas* qui ne trouve place dans la liste des soixante-cinq signes que je viens d'analyser.

Le dessin des Népâlais est, on le voit, une sorte de transition entre les images nues des premiers temps et les représentations plus ornées des Singhalais. Comme ces dernières, il est selon moi moderne : les objets dont il se compose, outre qu'ils se retrouvent tous sur le *Çripâda* des Buddhistes du Sud, ainsi que je le remarquais tout à l'heure, sont des symboles estimés des Indiens à des titres divers. De quel côté a été fait l'emprunt, ou même un emprunt a-t-il été fait? c'est ce que je ne saurais dire; il n'y a rien d'impossible à ce que ces enjolivements aient été trouvés dans l'une et dans l'autre école sans communication; et l'idée a pu en être empruntée à la tradition, qui plaçait déjà un de ces signes, celui du *Tchakra*, sur la paume de la main et sous la plante des pieds du Buddha.

Quoi qu'il en puisse être, il y a loin de la sobriété du dessin népâlais au luxe de l'empreinte singhalaise, où l'on a été jusqu'à reconnaître des figures comme celles de Brahmâ, des quatre continents, des montagnes himâlayennes, et des autres objets si confus et si ridiculement nombreux qu'on a entassés pêle-mêle sur cette empreinte. C'est une innocente puérilité qu'il faut laisser aux Buddhistes de Ceylan, chez lesquels on conçoit qu'elle se soit d'autant plus facilement développée, que leur respect pour les livres canoniques leur défendant de supposer que Çâkyamuni fût né ou eût vécu ailleurs que dans l'Inde septentrionale, ils n'avaient d'autre ressource pour se rapprocher un peu plus du Maître, que de supposer quelqu'un de ces miraculeux voyages qu'il exécutait par la voie de l'atmosphère, du nord du Magadha dans la partie méridionale de Ceylan, laissant sur la montagne la plus élevée l'empreinte agrandie de son pied merveilleux; en preuve de quoi, avec cette imperturbable logique de la superstition, ils en montraient la trace profonde dans le rocher. Toutefois, chez les Buddhistes de Ceylan eux-mêmes, cette opinion, que Çâkyamuni imprima dans diverses contrées la trace de ses pas, est assez ancienne, puisqu'on la trouve déjà dans le *Mahâvaṁsa*, et que Fa hian en parle au commencement du ve siècle de notre ère. Ce qui doit l'être beaucoup moins, c'est l'interprétation que des Buddhistes très-clairvoyants ont donnée des lignes ou des aspérités qu'ils remarquaient sur la surface de ce singulier objet d'adoration. Il nous est, quant à présent, impossible d'en déterminer la date d'une manière même approximative; une connaissance plus approfondie des livres faisant autorité pour les peuples chez lesquels a cours cette superstition, pourrait seule donner le moyen de résoudre ce problème, qui n'aura jamais qu'un intérêt secondaire.

[1] Hodgson, dans *Asiat. Res.* t. XVI, p. 460, note 8.

N° IX.

SUR LA VALEUR DU MOT *ÂVÊṆIKA*.

(Ci-dessus, chap. III, f. 37 *a*, p. 362.)

J'ai annoncé, dans la note relative au chapitre III, f. 37 *a*, p. 362, que j'examinerais l'expression difficile d'*âvêṇika*, que je traduisais dans le principe par « lois homogènes, » et que je propose de rendre maintenant par « lois indépendantes » ou « lois d'indépen- « dance. » On trouve ces lois plus souvent citées qu'expliquées dans les livres religieux du Népâl, et elles se présentent à chaque instant dans notre *Lotus*. Comme elles sont dénombrées dans le texte auquel se réfère cette note, c'est bien le lieu de placer dans cet endroit même le résultat des recherches que j'ai faites à ce sujet, et que j'avais déjà précédemment annoncées, chap. II, f. 19 *a*, p. 346.

Il y a deux choses à considérer dans ce terme, d'abord sa forme et sa valeur étymologiques, puis l'application qu'on en fait à la morale, c'est-à-dire les conditions ou qualités qu'il désigne. En premier lieu, *âvêṇika* est une épithète que les textes nous montrent toujours en rapport avec le mot *dharma*, de cette manière : « loi (ou condition) dite *âvêṇika*. » Le thème d'où dérive cette épithète est *avêṇi*, mot que je trouve expliqué de la manière suivante dans une glose de l'*Abhidharmakôça vyâkhyâ*; il est nécessaire de transcrire et de traduire ici cette glose : *Samparkô vêṇiḥ ityutchyatê navêṇir avêṇiḥ prĭthagbhâva ityarthaḥ. Evam̃ hyuktam avêṇir Bhagavân avêṇir bhikchusam̃gha iti prĭthag Bhagavân prĭthag bhikchusam̃gha ityabhiprâyaḥ; avêṇyâ tcharaty âvêṇikî nânyânuçayasahatchâriṇîty arthaḥ.* « Le « contact (ou le mélange) se nomme *vêṇi*; l'absence de mélange est *avêṇi*, c'est-à-dire « l'état d'être séparé (l'isolement ou l'indépendance). Ainsi quand on dit : Bhagavat n'est « pas mêlé, l'Assemblée des Religieux n'est pas mêlée, on a l'intention de dire : Bhagavat « est indépendant, l'Assemblée des Religieux est indépendante. Une science qui marche « avec absence de mélange se dit *âvêṇikî*, c'est-à-dire qu'elle ne marche pas avec la pensée « d'autre chose[1]. » Il résulte de cette glose, que dans *âvêṇika* il y a la négation d'un état exprimé par le terme de *vêṇi*, et que ce terme est pris dans le sens de *mélange*, qu'il tient de sa signification primitive de *confluent*. Voilà pour la valeur étymologique.

Mais quand on dit que Bhagavat *n'est pas mêlé*, cela veut-il dire qu'il est *homogène*, comme je l'avais cru longtemps, n'ayant d'autre secours que celui des versions tibétaines, qui rendent *âvêṇika* par *non mêlé, non confus?* Ou bien cela veut-il dire qu'il reste isolé, intact, au milieu des choses qui pourraient venir se mêler à lui; en un mot, qu'il reste indépendant, comme je le crois aujourd'hui, m'appuyant sur le commentaire qu'on vient de lire? La glose de l'*Abhidharmakôça* confirme cette dernière opinion, quand elle dit : *Âvêṇika iti râgâdiprĭthagbhûtaḥ; âvêṇikaḥ*, non mélangé, signifie, séparé de l'amour et des « autres affections[2]. » Cette glose ne donne qu'en abrégé les affections dont on est séparé, quand on est *âvêṇika;* mais elle n'en indique pas moins d'une manière tout à fait précise

[1] *Abhidharmakôça vyâkhyâ*, f. 322 *b*. — [2] *Ibid.* f. 94 *b*.

le sens de ce terme : cet état d'être sans mélange est bien celui d'une personne qui reste indépendante des passions au mélange desquelles échappe sa nature. Enfin ce qui nous manque encore, c'est-à-dire l'indication précise des affections dont un Buddha reste indépendant, affections qui sont au nombre de dix-huit, nous est fourni par la glose d'un livre appartenant aux Buddhistes de Ceylan, chez lesquels le terme de *âvêṇika* n'est pas moins fréquemment employé que chez ceux du Nord. Voici le passage relatif aux *aṭṭhârasa âvêṇika dhammâ*, « dix-huit conditions dites *âvêṇika*, » que je trouve dans la glose du *Djina alaṁkâra* : *Atîtaṁsê Buddhassa Bhagavatô appaṭihataṁ ñânaṁ anâgataṁsê appaṭihataṁ ñânaṁ patchtchuppannaṁsê appaṭihataṁ ñânaṁ; imêhi tîhi dhammêhi samannâgatassa Buddhassa Bhagavatô sabbaṁ kâyakammaṁ ñânapubbaṅgamaṁ ñânaparivattam; imêhi tchhahi dhammêhi samannâgatassa Buddhassa Bhagavatô natthi tchhandassa hâni natthi dhammadêsanâya hâni natthi viriyassa hâni natthi samâdhissa hâni natthi paññâya hâni natthi vimuttiyâ hâni; imêhi dvâdasahi dhammêhi samannâgatassa Buddhassa Bhagavatô natthi davâ natthi ravâ natthi apphutaṁ natthi vêdâyitattaṁ natthi avyâvaṭamanô natthi appaṭisaṁkhâna upêkhâti. Imê aṭṭhârasa âvêṇikadhammâ nâma. Tattha davâti kitchtchhâdhippâyêna kiriyâ ravâti sahasâ kiriyâ apphutanti ñânêna aphassitaṁ vêdâyitattanti turitakiriyâ avyâvaṭamanôti niratthakô tchittasamudâtchârô appaṭisaṁkhâna upêkhâti aññânupêkhâ natthîti.* « La science du Buddha bienheureux est irrésistible, quant au passé, quant à l'ave- « nir et quant au présent. En possession de ces trois conditions, le Buddha bienheureux « n'accomplit à l'aide de son corps aucune action qui ne soit précédée par cette science, « qui ne soit dirigée par cette science. En possession de ces six conditions, le Buddha « bienheureux n'éprouve d'échec ni dans sa volonté, ni dans l'enseignement qu'il donne « de la loi, ni dans sa force, ni dans sa méditation, ni dans sa sagesse, ni dans son affran- « chissement. En possession de ces douze conditions, le Buddha bienheureux n'a ni mé- « chanceté, ni violence, ni ignorance, ni précipitation, ni mouvement d'esprit inutile, ni « négligence par inattention. Ce sont là les dix-huit conditions nommées *âvêṇika*. Dans « cette énumération, le mot *davâ* signifie une action faite dans une intention méchante; « *ravâ*, une action faite avec violence; *apphuta*, ce qui n'a pas été touché par la science; « *vêdâyitatta*, une action faite précipitamment; *avyâvaṭamanô*, une direction de pensée « qui n'a pas de but; *appaṭisaṁkhâna upêkhâ*, la négligence de l'ignorance[1]. »

Deux points sont dignes de remarque dans cette énumération : le premier, c'est que les dix-huit termes dont elle se compose sont présentés sous une forme négative; le second, c'est qu'ils se divisent en quatre groupes qui s'additionnent successivement pour former un total de dix-huit conditions ou qualités. Ainsi on commence par dire que la science du Buddha est irrésistible, *appaṭihata*, ce qui est le même attribut que celui de *apratihata*, qui se représente si souvent dans notre *Lotus;* c'est d'ailleurs une opinion qui reparaît à chaque instant dans les textes[2]. Il est vrai que, pour ce qui touche les actions du Buddha, considérées dans leur rapport avec cette science irrésistible du passé, du présent et de l'avenir, le texte ne met pas le caractère négatif en relief, comme je l'ai fait dans ma traduction; mais ce caractère revient dans le groupe suivant, où il est dit

[1] *Djina alaṁkâra*, f. 14 b. — [2] Voyez ci-dessus, p. 344, 345 et 390.

que le Buddha n'éprouve d'échec dans aucun des moyens qu'il emploie pour agir sur les autres. Enfin c'est encore d'une manière négative qu'est présentée l'absence des imperfections morales et intellectuelles qui est un des mérites du Buddha. On voit par là comment il se fait que ces conditions, envisagées d'une manière extérieure, et avec l'esprit de classification qui se remarque chez les Buddhistes, ont pu être désignées par un terme négatif, comme celui de *âvêṇika*, « non mêlé. »

En ce qui regarde le second point, c'est-à-dire la manière dont sont divisées et groupées les dix-huit conditions *non mêlées*, je remarque d'abord qu'elles débutent par un groupe de qualités intellectuelles, la connaissance du passé, du présent et de l'avenir : il n'y a là en réalité qu'un seul terme qui est la science du Buddha, mais ce terme devient triple par la triple division de la durée à laquelle il s'applique également. Ici, on le voit, nous touchons aux prétentions surnaturelles du Buddhisme en ce qui tient à l'intelligence. De l'intelligence nous passons à l'action, mais de façon que les deux termes se trouvent enchaînés l'un à l'autre, puisque le Buddha n'accomplit aucun acte qui ne soit précédé de la connaissance qu'il a du passé, du présent et de l'avenir. La triple lumière que jettent sur les actions du Buddha ces trois connaissances nous donne trois sortes d'actions, qui jointes aux trois connaissances, forment un total de six conditions ou qualités. Avec ces six conditions il se trouve en mesure de ne rencontrer aucun obstacle dans les applications spéciales de son activité, au nombre de six, que la glose énumère, et qui toutes ont un caractère intellectuel, sauf la volonté ou le désir, laquelle cependant tient encore à l'intelligence par son fond, puisque la volonté ou le désir n'est mise en mouvement que par la connaissance préalable, si imparfaite qu'elle soit, de la chose qu'on veut. Ainsi, quand le Buddha veut quelque chose, quand il enseigne, quand il fait acte de force, quand il médite, quand il exerce sa sagesse, quand il s'affranchit du monde, les six conditions d'une science irrésistible pour les trois divisions de la durée, et d'une action dirigée par cette science irrésistible, font disparaître de devant lui tous les obstacles qui pourraient s'opposer au succès des six actions que je viens de rappeler d'après le texte. En réunissant ces six derniers mérites aux six premiers, nous sommes mis en possession de douze attributs *âvêṇikas*.

Que doit-il maintenant résulter de l'avantage qu'a le Buddha de ne rencontrer devant lui aucune sorte d'obstacle ni à son intelligence ni à sa volonté? Il en résulte qu'il n'a aucune des imperfections intellectuelles et morales qui sont le partage des hommes ordinaires dans leur lutte mutuelle. Sous le rapport moral (et ceci répond à la volonté), il n'a ni méchanceté ni violence; sous le rapport intellectuel, il n'a ni ignorance, ni agitation d'esprit inutile, ni précipitation, ni négligence par inattention. Ce sont là les six défauts qu'il n'a pas; et les six avantages qui en résultent pour lui constituent six qualités ou conditions nouvelles, mais découlant nécessairement des précédentes, et qui parachèvent le nombre des dix-huit *dharmas* dits *âvêṇika*. Je le répète, c'est parce que ces qualités sont présentées négativement, c'est-à-dire comme l'absence des défauts qu'elles excluent, qu'on les a, si je ne me trompe, nommées *âvêṇika*, « non mêlées. » Mais si je n'avais pas le témoignage direct d'une glose originale, c'est-à-dire du texte de l'*Abhidharmakôça vyâkhyâ*, j'avoue que l'enchaînement de ces conditions me frappe tellement, que j'aurais cru qu'on les nommait ainsi parce qu'elles étaient envisagées sous la figure d'un courant d'eau, grossi plusieurs fois par l'accession successive d'autres courants; en d'autres termes, je n'aurais pas vu dans *âvêṇika* un primitif négatif *a-+vêṇi*, mais un positif *â-+vêṇika*, « qui « marche par confluents. La glose que je viens de rappeler s'oppose formellement à ce mode d'interprétation.

Au reste, il paraîtrait que ces dix-huit qualités laissaient sur la personne de Çâkyamuni une impression reconnaissable, car je les trouve citées par le *Mahâvastu* immédiatement après les attributs purement corporels qui distinguent le Buddha. Dans un passage de ce livre, Çâriputra voit Bhagavat qui s'avance vers lui, et à cette occasion l'auteur énumère les perfections auxquelles il peut être reconnu : *Dvâtriñçatîhi mahâpurucha-lakchaṇêhi samanvâgatam açîtîhi anuvyañdjanêhi upaçôbhitaçarîram achṭâdaçêhi âvêṇikêhi Buddhadharmêhi samanvâgatam daçahi tathâgatabalêhi balavân tchaturhi vâiçâradyêhi viçâradô çântêndriyô çântamânasô uttamadamaçamathapâramitâprâptô nâgô yathâ kâritakâraṇô antargatêhi indriyêhi avahirgatêna mânasêna susthitêna dharmatâprâptêna ṛidjunâ yugamâtrañ prêkchamâṇaḥ.* « Doué des trente-deux signes d'un grand homme: ayant le corps « paré des quatre-vingts attributs secondaires; doué des dix-huit conditions d'un Buddha « dites *âvêṇika;* fort des dix forces d'un Tathâgata; confiant des quatre confiances; ayant « les organes des sens calmes; ayant l'esprit calme; arrivé à l'excellente perfection de « l'empire sur soi-même et de la quiétude; semblable à un éléphant; ayant accompli son « œuvre; (enfin) avec ses sens renfermés en lui-même, avec son esprit qui ne s'égare pas « au dehors, qui est parfaitement ferme, arrivé à la règle et droit, il ne regarde pas plus « loin que la longueur d'un joug[1]. » En résumé, au lieu de traduire *âvêṇika* par *homogène*, comme je l'avais fait d'après la version tibétaine, je propose actuellement de le traduire par *indépendant*, c'est-à-dire *détaché* de toute imperfection, quoique je reconnaisse que cette traduction ne peut encore être bien comprise sans le commentaire que que je viens d'essayer d'en donner.

J'ajouterai, pour terminer, que le texte du *Mahâvastu* cité tout à l'heure achève ce tableau du sage par un trait qui jette du jour sur une expression que l'interprète tibétain du *Lalita vistara* ne me paraît pas avoir comprise. Il s'agit des mots *yugamâtrañ prêkchamâṇaḥ*, qui signifient littéralement « ne regardant pas en avant au delà de la « longueur d'un joug, » et qui rappellent une idée brâhmanique connue. Or, lorsque le *Lalita vistara* décrit le Religieux que vit pour la première fois le jeune *Siddhârtha* dans une de ses promenades hors du palais de son père, et de plus quand il représente Çâkya lui-même devenu Religieux entrant dans la ville de Râdjagrĭha, il se sert d'une expression presque semblable, *yugamâtrañ paçyan*, « ne voyant pas plus loin que la longueur « d'un joug[2]. » M. Foucaux, d'après les Tibétains, l'a traduite la première fois, « ne considérant que le joug qui le retient, » et la seconde fois, « ne regardant que le joug (de « la morale). » Je crois, malgré l'opinion de l'interprète tibétain, que cette formule doit

[1] *Mahâvastu*, f. 258 *a*. — [2] *Lalita vistara*, f. 126 *b* de mon man. A; *Rgya tch'er rol pa*, t. II, p. 184 et 228.

être entendue au propre et non au sens figuré; c'est dans le premier sens qu'elle est prise chez les Brâhmanes, auxquels elle est aussi familière qu'aux Buddhistes.

N° X.

SUR *ANTATRA* ET SUR QUELQUES PASSAGES DES ÉDITS RELIGIEUX DE PIYADASI.

(Ci-dessus, chap. III, f. 39 *a*, p. 364.)

Il me suffira de quelques mots pour indiquer le principal objet de cette note, et pour expliquer comment il se fait que l'examen de plusieurs passages encore obscurs des inscriptions buddhiques de Piyadasi soit introduit en cet endroit à l'occasion d'une locution qui, pour reparaître très-fréquemment dans les livres buddhiques, appartient toutefois également à la langue classique des Brâhmanes, et n'a pas avec le dialecte de ces inscriptions un rapport plus intime que diverses autres locutions usitées à la fois dans le sanscrit buddhique du Nord et dans le pâli de Ceylan. On a pu remarquer, en parcourant les notes consacrées à l'interprétation de divers passages difficiles du *Lotus*, combien de fois j'ai eu recours aux textes singhalais rédigés en pâli. On a dû en même temps reconnaître que le secours qui m'était fourni par ces derniers textes consistait non pas seulement dans des analogies isolées de termes spéciaux et dans des comparaisons purement verbales, mais bien plutôt et plus souvent dans des expressions quelquefois compliquées, dans des combinaisons et des alliances d'idées qui reposent sur l'identité primitive des doctrines et du langage destiné à les exprimer. Je rappelle ce fait, parce qu'il faudra en tenir grandement compte quand on examinera la question, d'ailleurs si difficile, de savoir en quelle langue ont été primitivement recueillis les enseignements de Çâkyamuni Buddha. Quant à présent, il me paraît établi qu'on ne peut se dispenser de l'étude des textes pâlis de Ceylan, si l'on veut procéder avec quelques chances de succès à l'interprétation des textes sanscrits du Nord. Cette étude comparée aide en effet singulièrement à l'intelligence de cette double classe de textes; elle met en relief des traits et des particularités qui, pour ne pas s'être conservés sous la même forme dans les deux collections, n'en appartiennent pas moins au fonds primitif et indien des écritures buddhiques.

Partant de ce fait dont on trouvera des preuves d'autant plus nombreuses qu'on pénétrera plus avant dans la connaissance des deux collections, j'ai dû ne pas exclure de mon examen les inscriptions en dialecte mâgadhî qu'on attribue généralement au roi buddhiste Açôka, qui y porte le nom de *Piyadasi*. Je n'ignore pas qu'un homme éminent a jeté des doutes sur cette attribution proposée dans le principe par Turnour et par J. Prinsep, et récemment adoptée par Lassen. Mais comme c'est justement sur les idées et les expressions morales dont ces inscriptions abondent que s'est appuyé M. Wilson pour contester la justesse de l'opinion qui les regarde comme buddhiques, l'examen de ces curieux monuments auquel j'étais naturellement amené en rassemblant les matériaux de mon second volume de l'*Histoire du Buddhisme indien*, s'est trouvé faire partie intégrante de la comparaison à laquelle je devais soumettre les textes du Nord écrits en sanscrit, et ceux de Ceylan écrits en pâli. J'ai donc étudié de nouveau ces inscriptions non pas seulement sous le rapport de la langue, mais encore sous celui des idées. Tout en acceptant les résultats des travaux de Prinsep, de Lassen et de Wilson, j'ai porté surtout mon attention sur les points qu'ils avaient laissés encore obscurs. Et j'ai pu me convaincre que ces monuments épigraphiques renfermaient, vu leur peu d'étendue, un nombre considérable de termes et d'expressions qui appartiennent au langage et à la doctrine authentique du Buddhisme.

On comprend maintenant et le but de ce travail de révision, et la place que je lui ai donnée ici. Interprétant le texte sanscrit du *Lotus*, je ne pouvais pas me priver du secours que m'offraient des monuments dont le témoignage, quelle qu'en soit la véritable date, n'a pu être altéré depuis le moment où il a été inscrit sur la pierre qui l'expose à nos yeux. Et d'un autre côté, devant les examiner plus tard sous le rapport de leur origine et de leur contenu, je ne pouvais pas négliger d'indiquer dès à présent ce que mes études me permettaient d'ajouter aux secours que l'on possède déjà pour les interpréter.

Dans le cours de cette révision, j'avais placé sous chacune des expressions du *Lotus* les termes correspondants que me fournissaient les inscriptions de Piyadasi; mais je m'aperçus bientôt que cette disposition n'était pas la plus propre à bien faire apprécier le caractère spécial du langage et des idées de ces inscriptions. Il m'a paru préférable, pour l'objet particulier et le plus important de cette note, de réunir les remarques résultantes de cette révision dans une seule dissertation que j'ai divisée en autant de paragraphes que j'avais trouvé de termes qui me paraissaient mériter l'attention du lecteur. Si j'ai introduit cette note à l'occasion du mot *anyatra*, c'est que ce mot est une des expressions qui s'y répètent le plus souvent. Une fois ce terme retrouvé dans les inscriptions de Piyadasi, je procède plus librement à l'examen des passages où je crois reconnaître soit une trace de Buddhisme, soit un point obscur que je puis éclaircir; et je ne suis plus dès lors, pour la disposition des paragraphes, d'autre règle que celle d'éviter de répéter des explications déjà précédemment données. Puis, à la fin de ces recherches, j'ajoute quelques indications sommaires sur d'autres monuments de même genre sur lesquels je désirerais voir se porter l'attention des orientalistes. Après ces explications que je crois suffisantes, je commence par l'interprétation du mot *anyatra*.

§ 1. SUR LE MOT *ANYATRA*.

Le terme que j'ai traduit par « à l'exception de, » vers la fin du chapitre III, f. 39 *a*, est dans le texte *anyatra*, littéralement *autre part*. Ce terme, pris dans le sens de « sauf, « excepté, » est parfaitement classique; on doit remarquer cependant qu'on en fait beaucoup plus fréquemment usage dans le sanscrit des Buddhistes que dans celui des Brâhmanes. Sous la forme de *aññatra* il n'est pas moins familier aux Buddhistes du Sud. Ainsi je trouve dans le *Djina alañkâra : Dutchtcharita bandhanêna baddhô lôkasannivâsô; tassa tattaññô kôtchi bandhanâ môtchêtâ aññatra mayâti.* « L'homme est enchaîné au séjour du

« monde par le lien des mauvaises actions; qui, si ce n'est moi, pourra, par sa connais-« sance profonde du monde, affranchir l'homme de ce lien[1]? » Et dans le *Mahâgôvinda sutta* : *Iminâpaggêna samannâgataṁ satthâraṁ nôva atitaṁsê samanupassâma na panêtarahi aññatra têna Bhagavatâ.* « Nous ne voyons ni dans le passé, ni dans le présent, un maître « doué de cet attribut, si ce n'est ce Bienheureux[2]. » Je pourrais multiplier les exemples qui prouvent le fréquent emploi de ce terme dans les textes pâlis; j'aime mieux montrer qu'il n'est pas moins ordinaire dans le style des édits de Piyadasi, dont il importe d'établir l'analogie frappante avec la phraséologie buddhique des livres du Nord et du Sud.

Le premier exemple que je citerai est emprunté à la fin du sixième des édits de Girnar. Après avoir exprimé le vœu que ses descendants travaillent comme lui au bien du monde, Piyadasi ajoute ceci : *Dukaraṁta idaṁ añata agêna parâkamêna*[3]. J. Prinsep et Wilson ont mêlé cette petite phrase avec ce qui précède, et il y a tout lieu de croire que le sens de *añata*, pour le pâli *aññatra*, leur aura échappé ici. Lassen qui a retraduit, et très-exactement, l'édit presque entier, ne s'y est pas trompé, et il a rendu ainsi la phrase : « Dieses « ist schwierig zu thun ohne die vorzüglichste Anstrengung[4], » ou comme je propose de dire : « mais cela est difficile à faire, si ce n'est par un héroïsme supérieur. » Il n'y a ici d'autre point à signaler que l'orthographe de *dukaraṁ*. Ce mot, qui revient au sanscrit *duchkaram*, serait mieux écrit avec un *û* long, *dûkaraṁ* : on retrouverait dans l'allongement de la voyelle *dû* la compensation de la suppression du *ch* de *duch-karam*.

Le second exemple est emprunté à l'édit qui regarde le Nord sur le pilier de Delhi; j'en vais reproduire intégralement le début à partir de la troisième ligne, parce que l'interprétation de Prinsep, outre qu'elle manque le sens de plusieurs termes, n'exprime pas bien la disposition relative des phrases commençant cette déclaration des principes moraux du roi Piyadasi. J'ai naturellement introduit dans ma transcription les bonnes corrections que fournissent la copie du major Pew et le fac-simile du capitaine Smith[5]. Après avoir annoncé que c'est dans la vingt-sixième année de son règne depuis son sacre que cet édit de la loi est gravé sur la colonne, il continue ainsi : 3. *hidatapâlatê dusaṁpaṭipâdayê aṁnata agâyâ dhaṁmakâmatâya* | 4. *agâya palikhâyâ agâya susûsâyâ agêna bhayêna* | 5. *agêna usâhêna êsa tchakhô mama anusathi yâ* | 6. *dhaṁmâpêkhâ dhaṁmakâmatâtcha suvê suvê vaḍhitâ vaḍhisatitchavâ* | 7. *pulisâpitcha mê ukasâtchâ gêṁvayâtchâ madjhimâtchâ anuvidhiyaṁti* | 8. *saṁpaṭipâdayaṁtitchâ alaṁ tchapalaṁ samâdapayitavê hêmêvâ aṁta* | 9. *mahâmâtâpi êsa hi vidhi yâ iyaṁ dhaṁmêna pâlanâ dhaṁmêna vidhinê* | 10. *dhaṁmêna sukhiyanâ dhaṁmêna gôtiti*[6]. Sans m'arrêter à discuter l'interprétation des Pandits de Calcutta, qui n'est ici que d'un faible secours, je passe immédiatement à celle que je crois

[1] *Djina alaṁkâra*, f. 19 *a*.

[2] *Mahâgôvinda sutta*, dans *Digh. nik*, f. 111 *a* et *b*.

[3] Prinsep, *On the Edicts of Piyadasi*, dans *Journ. asiat. Soc. of Bengal*, t. VII, p. 238 et 255; *Journal roy. as. Soc. of Great-Britain*, t. XII, p. 193 et 197.

[4] Lassen, *Ind. Alterthumsk.* t. II, p. 256, note 1.

[5] Prinsep, *Further Elucid. of the Lâṭ*, dans *Journ. as. Soc. of Bengal*, t. VI, p. 794; *Reexamin. of the various Inscript. etc. ibid.* p. 965 et pl. LVI.

[6] Prinsep, *Interpret. of the most ancient of the Inscript. etc.* dans *Journ. asiat. Soc. of Bengal*, t. VI, 2e part. p. 577. Sauf les corrections fournies par la révision indiquée tout à l'heure, j'ai reproduit exactement le texte de Prinsep; mais ce texte doit être

pouvoir proposer. « Piyadasi, le roi chéri des Dêvas, a parlé ainsi : La vingt-sixième « année depuis mon sacre j'ai fait écrire cet édit de la loi. Le bonheur dans ce monde et « dans l'autre est difficile à obtenir sans un amour extrême pour la loi, sans une extrême « attention, sans une extrême obéissance, sans une crainte extrême, sans une extrême « persévérance. Aussi est-ce là mon commandement, que la recherche de la loi et l'amour « de la loi aient crû et croissent à l'avenir dans le cœur de chacun. Et que mes gens « aussi, tant les premiers que ceux des villages et ceux de condition moyenne, obéissent « à cet ordre et l'exécutent; il faut qu'ils suppriment toute inconstance. De la même ma- « nière doivent agir les grands ministres eux-mêmes; car ceci est le commandement [que « je proclame], que le gouvernement ait lieu par la loi, le commandement par la loi, « l'extension du bonheur par la loi, la protection par la loi. »

J'ai traduit aussi littéralement qu'il m'a été possible, donnant aux endroits difficiles le sens le plus vraisemblable; il faut entendre tout le passage en ce sens, que le roi s'adresse à ses sujets et aux délégués de la puissance royale. Piyadasi voulant que la vertu s'accroisse dans le cœur de chacun, exige de ses subordonnés qu'ils se conforment à l'ordre qu'il proclame, sans hésitation aucune, et qu'ils l'exécutent. De plus la règle qu'il établit, c'est que l'on gouverne, que l'on commande, que l'on répande le bonheur et que l'on protége le peuple par l'observation de la loi.

Il suffira maintenant de quelques observations sur les termes douteux ou difficiles. Le premier mot *hidatapâlatê* se présente grammaticalement avec la forme d'un nominatif masculin mâgadhî ou d'un nominatif neutre, comme *dânê*, *satchtchê*, pour *dânaṁ*, *satyaṁ*, ou encore d'un accusatif pluriel masculin ou neutre pâli; c'est le rôle qu'on assignera au mot suivant qui devra déterminer notre choix entre ces diverses valeurs. Quant au sens même du mot, il résulte de l'interprétation qu'a donnée Lassen des deux adjectifs *hidatika* et *pâlatika*, « ce qui se rapporte au monde d'ici-bas, et ce qui se rapporte à l'autre « monde [1]. » En admettant que *hida* n'est qu'une forme populaire de l'antique adverbe *idha* dont le sanscrit classique est *iha*, « ici, » le mâgadhî *hidata* doit être la réunion de *ida* et de *ta*, pour le suffixe de lieu *tra*, « dans cet endroit-ci, » comme *pâlata* pour *pârata* représente le sanscrit *paratra*, « ailleurs, dans un autre lieu. » Ces adverbes sont ensuite employés, sans doute par un abus de langage qui tient aux habitudes d'un dialecte populaire, comme de véritables noms neutres, « ce qui est ici, ce qui est ailleurs. »

Il n'est pas aisé de faire avec la lecture actuelle autre chose qu'un subjonctif de *dusaṁpaṭipâdayê* (pour le sanscrit *duḥsaṁpratipâdayêt*), ou qu'une première personne du présent moyen (pour *duḥsaṁpratipâdayê*), « qu'il accomplisse difficilement, ou j'accomplis diffici- « lement. » La première interprétation offre quelque vraisemblance, en ce que dans cet édit le roi parle non pour lui, mais pour commander aux autres. J'ai dit, avec la lecture actuelle; car si l'on pouvait trouver ici un participe comme *saṁpaṭipâdiyê*, pour le sans-

encore fautif en quelques endroits. Ainsi on trouve la désinence de l'instrumental féminin écrite à la fois *âya* et *âyâ*. De ces deux orthographes une seule doit être correcte, et je crois que c'est la première. De même la copule *tcha* est écrite tantôt *tchâ*, et tantôt *tcha*. Ces incorrections doivent rester sur le compte du graveur indien.

[1] Lassen, *Ind. Alterth.* t. II, p. 258, note 1.

crit *saṁpratipâdya*, on traduirait avec beaucoup plus d'assurance, « Le bonheur en ce « monde et dans l'autre est difficile à obtenir si ce n'est par, etc. » Mais la véritable forme de ce participe serait peut-être ou *sampaṭipadjê*, ou encore *saṁpaṭipâdayitavé*. La désinence *é* ne fait pas difficulté, si l'on admet, comme je le proposais tout à l'heure, qu'elle soit celle du nominatif neutre. On voit clairement que le mot *aṁnata* est pour *añata;* en effet, le *ña* qui à Girnar et à Dhaulî est représenté par un caractère spécial, 𑀜, ne l'est sur les colonnes du centre de l'Inde que par l'*anusvâra* suivi d'un *n* dental, de cette manière ·𑀦 [1]. Je rends *palikhâyâ* par le sanscrit *parîkchâ*, « recherche, étude, » et *usâhêna* par *utsâhêna*, « effort, exertion. » J'assigne la valeur de *aussi, car*, à la conjonction *tchakhô*, où *khô*, pour le pâli et prâcrit *khu*, est le substitut du sanscrit *khalu*, comme l'avait bien reconnu Ratnapâla, le Buddhiste que consultait Prinsep. Quant à *tchu*, c'est probablement la conjonction *tcha*, dont la voyelle a été changée en *u* par suite de l'assimilation qu'a exercée la finale de *khô*. Il est certain d'ailleurs que l'on trouve également *tchakhu* dans ces inscriptions; il semble que *tcha* reste alors entier, parce que l'*u* de *khu*, pour *khalu*, n'a subi de son côté aucune modification. Je doute encore du sens que j'ai adopté pour *suvé suvé*, où je retrouve le sanscrit *své*. Ce mot ne se prête d'ailleurs qu'à une autre interprétation, celle de *svaḥ*, « demain, » exactement comme en pâli où l'on a *suvé :* la répétition de ce mot dans notre texte donnerait le sens de « chacun des jours de demain, » chacun des jours qui doivent suivre.

Je regarde *ukasâ* comme la forme populaire du sanscrit *utkarchâḥ*, et cette interprétation me paraît décider de celle du mot suivant *gêvayâ*, ou, suivant une autre leçon, *gêṁvayâ;* mais ce mot est en lui-même difficile, et c'est par conjecture que je le traduis comme je fais. Pour donner à ce sens quelque apparence de vraisemblance, il faut supposer le provincialisme de *ê* pour *â* dans *gêṁvayâ* qui revient à *gâṁvayâ* [2], et la substitution de *v* (ou *b*) à *m*, de façon à retrouver sous *gêṁvayâ* le sanscrit *grâmyâḥ*, en passant par *gâṁmayâ*, « les gens des villages. » Cette transformation n'est pas arbitraire, puisqu'elle se trouve déjà dans le mahratte et dans le hindi *gâṁva* [3], pour le sanscrit *grâma*. Le sens qu'elle donne du reste, va bien à l'ensemble du discours, surtout entre les *ukasâ*, « les « chefs, » et les *madjhimâ*, « les hommes de condition moyenne. » Je ne vois plus, d'ailleurs, qu'une autre conjecture qui consisterait à changer *gêṁvayâ* en *gôvâyâ*, « les bergers, les « pâtres; » mais ici encore on est obligé de corriger le texte, ressource qui a d'ordinaire plus d'inconvénients que d'avantages. Par le mot *pulisâpi mê* il faut entendre non les hommes en général, ce qu'on exprime par les mots *djane* ou *lôkê*, mais les serviteurs et les gens du roi, ceux qui exécutent ses ordres; c'est, en effet, à eux que s'adresse spécialement cette partie de l'édit.

La phrase suivante depuis *alaṁ* jusqu'à *mahâmâtâpi* est encore vague pour moi. J'avais traduit d'abord dans la supposition que *palaṁ* était pour *phalaṁ*, « fruit, avantage, » le 𑀧 *pa* et le 𑀨 *pha* pouvant se confondre, et je supposais que le verbe *samâdapayitavé*, que je faisais rapporter aux gens du roi, devait s'écrire *samâdapayitavâ;* cette supposition don-

[1] Prinsep, *On the Edicts of Piyadasi*, dans *Journ. as. Soc. of Bengal*, t. VII, 1re partie, p. 273.

[2] Lassen, *Instit. ling. pracrit.* p. 128.

[3] *Prem sâgar*, p. 13, l. 4, éd. Eastwick.

nait le sens suivant : « Et ils devront en retirer assez d'avantages. » Mais il m'a semblé que je devais préférer la version qui apportait le moins de changement au texte; et insistant sur la signification la plus ordinaire de l'adverbe *alaṁ*, j'ai laissé à *tchapalaṁ* son sens classique, en en faisant toutefois un substantif, peut-être féminin, « l'inconstance, la lé- « gèreté. » La seule modification que cette explication fasse subir au texte consiste dans le changement d'un 𑀧 *pa* en un 𑀳 *ha*, deux lettres qui se confondent aisément. De ce changement résulte la lecture *samâdahayitavê*, au lieu de *samâdapayitavê* que porte la copie de Prinsep. La suppression des préfixes *sam* et *â* laisse pour thème verbal *dahayitavê*, participe du futur passif de nécessité du radical *daha* répondant au sanscrit *dhâ*, employé ici au neutre, « il est nécessaire de supprimer, » et conservant son action verbale sur le complément *tchapalaṁ*. On voit que je prends le prâcrit *samâdaha* dans le sens du sanscrit *samâdhâ*, « contenir, supprimer. » Il me semble que le roi entend déclarer que ses sujets doivent se considérer comme forcés par l'édit qu'il promulgue de faire cesser en eux toutes les indécisions, tous les actes de légèreté qui seraient contraires à l'exécution suivie de sa volonté. J'avoue cependant que cette interprétation est, grammaticalement parlant, un peu forcée, et que je ne l'adopte que jusqu'à nouvel ordre et faute de mieux.

Toutefois le doute qui subsiste encore dans mon esprit vient plutôt de la tournure de la phrase, et de la nécessité où je me trouve d'apporter au texte une modification même légère, que de l'analyse que je propose pour le radical *daha*. Cette racine existe en effet dans nos inscriptions, et il est évident pour moi qu'elle représente le sanscrit *dhâ*. Ainsi le verbe *vidhâ*, « établir en loi, » devient *vidaha*, comme on peut s'en convaincre par cette phrase de la colonne de Delhi, côté de l'Est, l. 6 : *tathatcha vidahâmi*, « et « j'établis ainsi en loi[1]. » J'inclinerais à croire que c'est ce même radical qui se représente sur la colonne de Delhi, n° II, l. 18, dans l'expression *dânaṁ dahaṁti*, « ils donnent « en présent[2]. » Il y aurait eu, suivant cette hypothèse, la confusion ou l'échange des radicaux sanscrits *dhâ* et *dâ*, que l'on a remarquée depuis longtemps en zend. Je crois qu'il est possible de retrouver ailleurs une autre trace de ce radical, sur laquelle je reviendrai plus bas; mais ce que je constate dès à présent, c'est que cette transformation du radical sanscrit *dhâ* en *daha* est familière au dialecte pâli. Ainsi on rencontre dans le *Mahâvaṁsa* le temps passé *pidahêsi*, « il couvrit[3], » et *padahitvâna* (lis. *pidahitvâna*) *tchhabbassaṁ*, « après avoir passé six ans[4]; » de même, à la forme causale, *pidahâpiya taṁ sabbam*, « ayant fait enfermer tout cela[5], » et avec d'autres prépositions, *evaṁ panidahi tadâ*, « il « fit ce vœu alors[6], » *sabbaṁ saṁvidahi imaṁ*, « il établit tout cela[7]. » On remarque encore le même changement dans le mot pâli *saddhâ* qui devient *saddahâ* dans ce passage : *Bhikkhû asaddahantâ naṁ satthunô taṁ nivêdayuṁ*. « Les Religieux ne le croyant pas, dirent cela au « Maître[8]. » Cette transformation a lieu par l'effet de la substitution du *h* ou *dh* radical,

[1] Prinsep, *Interpret. of the most ancient Inscript. etc.* dans *Journ. asiat. Soc. of Bengal*, t. VI, p. 580.

[2] *Id. ibid.* t. VI, p. 578 et 589; Lassen, *Ind. Alterth.* t. II, p. 260, note.

[3] *Mahâwanso*, t. I, p. 4, l. 4.

[4] *Mahâwanso*, t. I, p. 10, l. 3.

[5] *Ibid.* ch. XXXI, p. 192, l. 13.

[6] *Ibid.* ch. V, p. 24, l. 1.

[7] *Ibid.* ch. XXX, p. 182, l. 11.

[8] *Ibid.* ch. XXXI, p. 184, l. 3.

le redoublement ayant fini par faire corps avec la racine et en ayant allégé la voyelle. Il n'y a rien d'étonnant à trouver de telles permutations dans un dialecte aussi altéré que celui de nos inscriptions : nous y voyons déjà un autre exemple de la substitution d'un *ha* à un *dha* primitif, dans le mot *nigôha*, pour *nyagrôdha*, que nous fournit ce passage : *magêsupi mê nigôhâni lôpâpitâni*, « j'ai fait planter des Nyagrôdhas (*ficus Indica*) sur les « chemins mêmes [1]. »

La conjonction qui ouvre la phrase suivante, *hêmêvâ*, est d'un usage ordinaire dans ces inscriptions pour *êvamêva*; mais je ne puis me tirer aussi facilement de *añta*. Ce mot est-il pour *yañtu*, « qu'ils aillent, » par l'effet de la suppression de la semi-voyelle *ya*, dont je parlerai plus bas? ou bien *añta* est-il une orthographe fautive d'un mot comme le pâli *antô*, « en dedans, au milieu, » avec le sens de « y compris? » On traduirait alors le commencement de la phrase, « de la même manière, y compris les grands ministres. » Enfin faudrait-il faire appel au mot hindi *anta*, qui, selon un vocabulaire *Kharîbolî* des mots du *Prem sâgar* publié à Calcutta, signifie « au moins (*after all, at least*) [2]? » D'un autre côté, comme *anta* se présente sans désinence, on n'est pas absolument assuré que quelque lettre n'a pas été oubliée à la fin de la ligne. Dans cette dernière supposition, le pâli nous fournirait *antamasô*, « à plus forte raison, » qui serait ici bien à sa place; cette lecture donnerait en effet un très-bon sens, « de la même manière aussi, à plus forte rai- « son les grands ministres eux-mêmes. » Le mot *vidhinê*, qu'il faudrait peut-être lire *vidhânê*, me paraît répondre au sanscrit *vidhânam*, « ordonnance, injonction; » il doit signifier ici « l'action d'imposer des lois, » comme *pâlanâ* signifie « l'action de gouverner. » C'est encore un mot de formation analogue que *sukhiyanâ*; mais nous le retrouverons bientôt avec une orthographe plus correcte [3], à en juger par sa fréquence, *sukhîyanâ*, « l'action de répandre le bonheur. » Reste *gôti*, où l'on ne fera pas difficulté de retrouver le sanscrit *gupti*, en passant par le pâli *gutti*; le changement de la voyelle primitive *u* en *ô* a lieu ici exactement sous les mêmes conditions que dans le dialecte prâcrit [4].

Je passe à un troisième exemple du mot *anyatra* ou *añatra* qui me donnera l'occasion d'expliquer plusieurs expressions difficiles. Dans le dixième des édits de Piyadasi à Girnar, Dhauli et Kapur-di-giri, édit très-remarquable où le roi déclare que la gloire et la renommée ont à ses yeux moins de prix que l'obéissance à la loi, et que c'est à faire fleurir cette loi qu'il met sa grandeur, je trouve l'expression *añata*, et à Kapur-di-giri, *anatra*, d'abord tout au commencement, puis à la fin dans un passage où sa véritable valeur est parfaitement reconnaissable. Voici les deux passages que je reproduis, sans les séparer et tels qu'ils se présentent dans l'inscription même dont ils forment la totalité; j'avertis seulement que je me sers principalement ici de la copie de Westergaard, qui est beaucoup plus correcte que celle qui était à la disposition de Prinsep. Je prends cette copie même sur le fac-simile qui en a été donné par la Société asiatique de Bombay [5] :

[1] Prinsep, *Interpret. etc.* dans *Journ. as. Soc. of Bengal*, t. VI, 2e part. p. 600.

[2] *Vocabulary Kharee bolee and english of the principal words occurring in the Prem sâgar*, p. 1, col. 2.

[3] Ci-dessous, § 5.

[4] Lassen, *Instit. ling. pracrit.* p. 131 et 132.

[5] *Journ. of the Bombay as. Soc.* n° v, avril 1843, à la fin du numéro et sans pagination.

la transcription qu'en a faite M. Wilson dans le Journal de la Société asiatique de Londres y a introduit quelques changements de peu d'importance sans doute et faciles à corriger, mais dont il vaut mieux ne pas encombrer l'explication assez difficile déjà de l'original[1].

1. *Dêvânaṁ piyô Piyadasi râdjâ yasôva kitiva na mahâthâvahâ mañatê añata tadâptano dighâyatcha mê djanâ* | 2. *dhaṁmasusuṁsâ sususatâ[ṁ] dhaṁmavutaṁtcha anuvidhiyatâṁ êtakâya Dêvânaṁ piyô Piyadasi râdjâ yasôva kitiva itchhati* | 3. *ya tu kiṁtchi parâkamatê Dêva naṁ [piyô] Piyadasi râdjâ ta savaṁ pâratikâya kiṁti sakalê apaparisavê asa êsa tu parisave ya apuññaṁ* | 4. *dukaraṁ tu khô êtaṁ tchhudakênava djanêna usaṭênava añata agêna parâkamêna savaṁ paritchadjiptâ êta ta* (l. *tu*) *khô usaṭêna dukaraṁ.* Voici comment Prinsep traduisait cette déclaration : « The heaven-beloved king Piyadasi doth not deem that glory and reputation (are) the things of chief importance; on the contrary (only for the prevention of sin?) and for enforcing conformity among a people praise-worthy for following the four rules of virtue, and pious, doth the heaven-beloved king Piyadasi desire glory and reputation in this world, and whatsoever the heaven-beloved king Piyadasi chiefly displayeth heroism in obtaining, that is all (connected with) the other world. For in every thing connected with his immortality, there is as regards mortal things in general discredit (?) Let this be discriminated with encouragement or with abandonment, with honour or with the most respectful force, and every difficulty connected with futurity shall with equal reverence be vanquished[2]. » Plus récemment M. Wilson, après avoir constaté la difficulté de ce passage, en a proposé la traduction suivante : « The beloved of the gods, the prince Piyadasi, does not esteem glory and fame as of great value, and besides for a long time it has been my fame and that of my people, that the observance of moral duty and the service of the virtuous should be practised, for this is to be done. This is the fame that the beloved of the gods desires, and inasmuch as the beloved of the gods excels, (he holds) all such reputation as no real reputation, but such as may be that of the unrighteous, pain and chaff; for it may be acquired by crafty and unworthy persons, and by whatever further effort it is acquired, it is worthless and a source of pain[3]. »

A mon tour je proposerai la traduction suivante, que je vais essayer de justifier : « Piyadasi, le roi chéri des Dêvas, ne pense pas que la gloire ni la renommée produisent de grands avantages, sauf la gloire [qu'il désire] pour lui-même, savoir que mes peuples pratiquent longtemps l'obéissance à la loi et qu'ils observent la règle de la loi. C'est pour cela seulement que Piyadasi, le roi chéri des Dêvas, désire gloire et renommée. Car tout ce que Piyadasi, le roi chéri des Devâs, déploie d'héroïsme, c'est en vue de l'autre vie. Bien plus, toute gloire ne donne que peu de profit; ce qui en résulte, au contraire, c'est l'absence de vertu. Toutefois c'est en effet une chose difficile [que de travailler pour

[1] *Journ. roy. asiat. Soc. of Great-Britain*, t. XII, p. 209; par exemple, *añatâ* pour *añata*, et *paratikâya* pour *pâratikâya*.

[2] Prinsep, *On the Edicts of Piyadasi, etc.* dans *Journ. as. Soc. of Bengal*, t. VII, 1re partie, p. 240 et 258.

[3] Wilson, *On the Rock inscript. of Kapur-di-giri*, dans *Journ. roy. as. Soc. of Great-Britain*, t. XII, p. 209 et 212.

le ciel], pour un homme médiocre comme pour un homme élevé, si ce n'est quand, par un héroïsme suprême, on a tout abandonné; mais cela est certainement difficile pour un homme élevé. »

Le commencement de cette nouvelle interprétation ne diffère pas sensiblement de celle de mes devanciers; mais je crois qu'elle est obtenue par des moyens plus rigoureux, et qui satisfont mieux au besoin de précision qu'il est indispensable de porter dans l'examen de ces anciens monuments. Je remarquerai d'abord, avec M. Wilson, que les cas ne sont pas soigneusement distingués dans ce texte; car, à moins de faire un neutre de *kiti*, ce qui ne me paraît pas possible, on doit lire *kitim̃* à l'accusatif; mais l'*anusvâra* est omis à tout instant dans ces inscriptions, et cette omission n'est peut-être pas toujours du fait du graveur indigène. Le mot le plus important de ce passage est *mahâthâvahâ*, que je lis de cette manière avec la copie de Westergaard. Laissant ce mot entier et tel que le donne l'inscription, j'y vois l'altération très-légère du sanscrit *mahârthâvahaḥ*, « apportant un grand avantage. » Prinsep, qui avait su reconnaître *mahârtha*, était bien près de l'interprétation véritable; mais comme il lisait la fin du mot *vahi* et qu'il la séparait de *mahâthâ*, il ne pouvait y reconnaître le sanscrit *âvaha*, « qui apporte. » Je n'insiste pas sur *mañatê*, que le texte de Kapur-di-giri lit *mañati;* la leçon de Girnar est plus conforme à la régularité de la conjugaison sanscrite du radical *man*.

Viennent ensuite les mots *añata tadâptanô*, tels que les donne Westergaard. M. Wilson a conjecturé, avec raison je crois, que le mot *âptanô* répondait à *âttanô*, « de lui-« même; » il ne devait cependant pas attribuer cette leçon à la copie de Westergaard, où on lit distinctement *âptanô* et non *âttanô*. La conjecture de M. Wilson n'en est pas moins très-légitime, mais seulement par les raisons suivantes. Je remarquerai d'abord avec Lassen, que le groupe *pta* doit probablement se lire *tpa* [1] comme *yva* doit se lire *vya*, et comme le groupe écrit *ṣte*, qui se lit *sṭê;* ces anomalies d'orthographe résultantes du déplacement d'une lettre avaient déjà été remarquées par Prinsep [2]. Il résulte de cette lecture *âtpanô*, qui est plus près du sanscrit *âtmanô* que du pâli *attanô*, qu'il faudrait nécessairement écrire par un *ă* bref initial. Et j'ajoute en passant que cette orthographe, que nous ne trouvons encore qu'à Girnar, nous montre le passage du sanscrit *âtman* aux formes altérées comme *appa* et *appâna* [3], qui en prâcrit et dans quelques dialectes populaires d'origine sanscrite jouent le rôle de pronom réfléchi. Quel sens donne-

[1] *Indisch. Alterthumsk.* t. II, p. 227, note 4.

[2] Prinsep, *On the Edicts of Piyadasi or Asoka*, dans *Journ. as. Soc. of Bengal*, t. VII, 1re partie, p. 278.

[3] Lassen, *Instit. ling. pracrit.* à l'index. Cette manière d'interpréter le groupe *tpa* jette, si je ne me trompe, un jour nouveau sur un terme controversé et sur un passage qui a fort embarrassé Prinsep et Wilson; il s'agit du commencement du premier édit de Girnar, que M. Wilson, d'après la copie rectifiée de Westergaard, transcrit ainsi : *idha na kam̃tchi djivam̃ ârabittâ padjuhitavyam̃*. Après plusieurs hypothèses, M. Wilson a supposé que ce terme pouvait représenter le participe indéclinable *ârabhitvâ*, « ayant « mis à mort; » quoique, dit-il, la forme serait irrégulière en ce que le pâli et le prâcrit suivent le type sanscrit, et qu'il faudrait régulièrement *ârabhya* ou *ârabhia*. (Wilson, *Journ. as. Soc. of Great-Britain*, t. XII, p. 160.) Cette dernière assertion est une inexactitude en fait, et il suffit de parcourir les premières pages du *Mahâvam̃sa* pour se convaincre que le pâli ne se conforme en aucune façon à la règle du sans-

rons-nous maintenant à ces trois mots qui veulent dire littéralement, « sauf cela de lui-« même? » Si *aṅata* représente bien ici, comme je cherche à l'établir, le sanscrit *anyatra*, et s'il a réellement la signification de « sauf, excepté, » la logique semble vouloir qu'on traduise « sauf cela, » c'est-à-dire cette gloire, qui est « pour lui-même, » c'est-à-dire qu'il veut pour lui-même. Le roi en effet vient de déclarer qu'il ne regarde pas la gloire et la renommée comme produisant de grands avantages; s'il excepte quelque chose, c'est sans doute uniquement la gloire qu'il ambitionne, savoir, celle de voir son peuple obéir à la loi et en observer les prescriptions. Cette courte phrase si concise reçoit toute sa lumière de ce qui la précède et de ce qui la suit.

La proposition suivante ne peut donner lieu à aucun doute. Je l'entends à peu près comme Prinsep et surtout M. Wilson; seulement je l'agence autrement que ne fait ce dernier avec ce qui précède, d'où résulte en définitive une différence considérable dans l'interprétation totale du passage. Les mots *dighâyatcha mê djanâ* signifient « et pour longtemps « par mon peuple. » Je n'ajoute pas d'*anusvâra* final à *dhaṁmasusuṁsâ*, « obéissance à la « loi; » cette finale manque dans toutes les copies, quoique je la trouve au mot *dhaṁmavutaṁ*. Il faudrait, pour la rétablir, lire avec un *ă* bref *susuṁsaṁ* à l'accusatif; mais je regarde ce mot comme un nominatif féminin, ainsi que *sususatâ*, que donne la copie de Westergaard, et non *susuṡataṁ*, comme écrit M. Wilson en divisant à tort en deux mots *sususa taṁ;* ailleurs ce mot est écrit avec le second *û* long. Je rends l'*anusvâra*, non à cette lecture fautive, mais à la désinence *atâṁ* du verbe *anuvidhiyatâṁ*, que nous allons voir tout à l'heure; de sorte que *susustâṁ*, qui est la véritable leçon, est la troisième personne de l'impératif moyen, avec le sens passif, du verbe *sususa*, « désirer d'écouter, obéir. » La proposition signifie donc littéralement, « et que pour longtemps par mon peuple l'obéis-« sance à la loi soit obéie, » locution surabondante qui veut donner un peu plus de force à l'idée « qu'ils obéissent à la loi. » La copie de Westergaard offre distinctement le mot *dhaṁmavutaṁ*, tandis que les autres textes ont *dhaṁmavataṁ*. La première de ces leçons part du sanscrit *dharmavrĭtaṁ*, la seconde de *dharmavrataṁ*; elles doivent également signifier « le devoir ou l'exécution de la loi. » Ce mot est le sujet du verbe *anuvidhiyatâṁ*, « qu'elle soit observée comme une loi; » c'est la troisième personne singulière de l'impératif passif d'un verbe nominal tiré de *vidhi*, « loi. »

Le mot *êtakâya*, d'après Westergaard, et *êtakâyê* à Kapur-di-giri, commence une phrase nouvelle qui se rattache à ce que nous venons d'expliquer par ce mot même. M. Wilson le divise à tort en deux mots, *êta kâya;* il répond au pâli *êttakâya*, datif de *êttaka*, « autant, tout autant, » et au datif, « pour autant, pour cela seulement. » Ici,

crit qui veut que la formative du participe adverbial change selon la présence ou l'absence d'un préfixe destiné à modifier la racine. Mais si l'on admet avec Lassen que le groupe *ptâ* représente dans les inscriptions de Piyadasi le suffixe sanscrit *tvâ*, on lira *ârabhitvâ*, « ayant mis à mort. » Il restera encore le verbe *padjuhitavyaṁ* qui est certainement difficile; mais si au lieu de *hi* il était possible de lire *hô*, on aurait *padjuhôtavyaṁ*, de *hu*, « sacrifier, » forme peu régulière sans doute, mais après tout possible dans un dialecte aussi altéré, et l'on traduirait: « Ici il « ne faut pas sacrifier après avoir mis à mort un être « vivant quel qu'il soit; » ce qui revient à dire, « il « ne faut pas célébrer le sacrifice en mettant à mort « un être vivant quel qu'il soit. » Du reste, quelle que soit la lecture, le sens ne peut être douteux.

comme l'a déjà remarqué M. Wilson sur le commencement de l'inscription, le graveur n'a pas soigneusement distingué les cas, car il faut certainement lire *kitiñ* (ou mieux *kitiñ*), « la renommée; » mais on sait que l'*anusvâra* est omis à tout instant dans cette inscription. Cette omission est peut-être, dans certains cas, analogue à celle qui a lieu en prâcrit. Nous trouvons immédiatement un exemple de cette omission dans le mot *kitchi*, qui n'est bien lu *kiñtchi* que sur une des deux copies du texte de Girnar. Mais je ne voudrais pas mettre sur le compte des copistes l'orthographe des pronoms *ya* et *ta* pour *yañ* et *tañ* en pâli; cette suppression de la nasale revient si souvent ici, qu'elle paraît tenir au dialecte. Quoi qu'il en puisse être de cette conjecture, l'expression *ya tu kiñtchi* signifie littéralement, « mais tout ce quoi que ce soit. » Il n'y a pas de difficulté sur le terme *parâkamate*; seulement deux inscriptions lisent *parâkamati*, à l'actif. Prinsep et Wilson ont bien entendu ce mot; et je remarque en passant que, quoique populaire quant à la forme, l'expression dont il constitue le fond ne manque pas d'une certaine fermeté classique. Je ne vois pas dans l'analyse de M. Wilson les raisons du sens qu'il adopte pour les mots suivants, *ta savañ pâratikâya*, « il regarde une telle réputation! » J. Prinsep traduisait plus exactement : « cela est en entier destiné à l'autre monde. » En effet, *ta* pour *tañ* (sanscrit *tat*) est le pronom indicatif en rapport avec le relatif *ya* pour *yañ* (sanscrit *yat*), et les deux propositions se lient ainsi : « tous les actes d'héroïsme qu'il accomplit, tout « cela est, » *pâratikâya*, « pour l'autre monde, » comme le dit justement Prinsep: car *pâratikâya* est le datif d'un adjectif pris substantivement, *pâratika*, adjectif qui dérive de *pârata*, et sur la colonne de Delhi, *pâlata*, « l'autre monde, » au moyen du suffixe *ika*; c'est d'ailleurs un mot dont Lassen a déjà exactement déterminé le sens pour une autre partie de ces inscriptions[1].

A partir de ce terme je m'éloigne sensiblement de mes devanciers. Le premier mot *kiñti* annonce une proposition adversative, « mais quoi, il y a plus. » Toutes les copies sont ici unanimes; si cependant on pouvait lire *kîti* comme plus haut, « la gloire, » le passage y gagnerait considérablement en clarté. Le mot *sakalê* est le sanscrit *sakalaḥ* (au nomin. sing. masc.); il signifie « tout, total. » Mais le terme vraiment difficile ici est *apaparisavê*, que trois copies lisent de cette manière, tandis qu'à Kapur-di-giri on trouve *aparisavê*; cette dernière leçon est, si je ne me trompe, une faute assez grave, quoiqu'elle se prête à un sens qui ne contredit pas la pensée générale du texte, telle que je crois pouvoir l'entendre. M. Wilson a justement contesté le sens d'*immortalité* que Prinsep donnait à ce mot, et il l'a ingénieusement dérivé du sanscrit *pariçrava*, qu'il propose de rendre par « réputation. » Quant aux deux premières syllabes *apa*, il paraît qu'il en fait la préposition sanscrite *apa*, laquelle donne un sens de détérioration au mot qu'elle modifie. J'hésite d'autant moins à croire que *parisavê* doit répondre à un mot sanscrit comme *pariçravaḥ*, que sur le rocher même de Kapur-di-giri nous trouvons *parisravê* dans la phrase qui va suivre; l'emploi de la sifflante *ç* ou *s* est ici assez indifférent, puisqu'en sanscrit même le radical *çru*, pris dans le sens de « s'écouler, » s'écrit souvent *sru*. Je diffère cependant de M. Wilson en un point capital; ne pouvant rien faire

[1] *Indische Alterthumsk.* t. II, p. 258, note 1.

du sens de *réputation*, je rends *parisavé* par « résultat, effet, » littéralement, ce qui découle d'une chose, ou si l'on veut, « profit. » Puis, tout en reconnaissant que le dissyllabe *apa* peut bien n'être que la préposition sanscrite *apa*, je préfère y voir le *prâcritisme* de l'adjectif *alpa*, « petit, peu; » c'est une interprétation qu'on n'a pas, que je sache, proposée jusqu'ici pour ce terme, et dont je prouverai cependant l'exactitude par d'autres passages de nos inscriptions. Le mot entier signifie donc « un faible profit, peu de profit; » et conséquemment la leçon de Kapur-di-giri, *aparisavé*, signifie « absence de profit. »

Reste le mot *asa*, où je ne crois pas qu'il soit possible de voir autre chose que le pâli *assa* avec le sens d'un subjonctif; de façon que la proposition complète, *kiñti sakale apaparisavê asa*, signifie selon moi, littéralement, « bien plus, ce serait en entier un faible « profit, » traduction où par le mot *ce* il faut certainement entendre la gloire et la renommée dont parle le roi au commencement du paragraphe; c'est une ellipse très-acceptable pour un style en général aussi concis, et M. Wilson y a eu déjà recours pour son interprétation. Remarquons encore la variante que le texte de Kapur-di-giri donne ici à la place du verbe *asa;* c'est *suyati*, où je reconnais la forme prâcrite du sanscrit *çrûyatê*, « il est « entendu. » Ce verbe est ici employé comme le latin *audit*, dans le sens d'une maxime, d'un fait qu'on connaît par le bruit public; il donne à la proposition un caractère de généralité et presque de solennité qui ne serait exprimé encore qu'imparfaitement ainsi : « bien plus, toute gloire, on le sait, est de peu de profit. » Si maintenant je n'adopte pas la leçon de Kapur-di-giri, *aparisavê*, qui donnerait le sens suivant, également philosophique, « bien plus, toute gloire est sans profit, » c'est que cette version est un peu contradictoire à la suite du discours où nous allons voir que la gloire et la renommée produisent cependant un résultat.

Ce résultat, je le trouve indiqué dans la courte proposition qui suit : *êsa tu parisavé ya apuñnañ*, littéralement, « mais cela [est] le résultat qui [est] l'absence de vertu, » c'est-à-dire, « ce qui en résulte au contraire, c'est l'absence de vertu; » quoique « l'absence de « vertu » ne soit qu'une traduction imparfaite du mot *apuñnañ*, mot dont l'acception est très-étendue, et qui embrasse depuis le sens d'impureté jusqu'à celui de vice et de mal moral. Comme je l'ai dit tout à l'heure, la copie de Kapur-di-giri porte *parasravé*, ce qui nous donne toute assurance sur le point étymologique. Quant à celui de l'interprétation, la vraisemblance du sens que je propose me paraît un argument décisif en sa faveur.

Ce qui suit, *dukarañ tu khô*, où je remplace *ta* par le *tu* de la version de Kapur-di-giri, commence une proposition nouvelle dont le sujet est *êtañ*, « difficile autem certe istud. » M. Wilson voyant ici, comme il fait ailleurs, dans *tukhô*, le prâcritisme du sanscrit *tucha*, traduit cette courte proposition par « peine et paille, » ce dont il fait un attribut à « la réputation qui est celle de l'injustice. » Je m'expliquerai bientôt sur cette hypothèse, qui me paraît inadmissible; quant à présent, je trouve dans *tukhô* la conjonction *tu*, « mais, » et le mot *khô*, « certes, en effet, » ainsi que je viens de le dire tout à l'heure.

Prinsep et Wilson ont hésité sur la lecture du mot suivant, qui par sa forme d'adjectif en *ka*, et par le rapport qu'il offre avec *djanêna*, « par l'homme, par la gent, » indique sans aucun doute la personne à laquelle il est difficile de faire ce dont il est parlé. La copie de Westergaard, qui a jeté beaucoup de lumière sur plusieurs points de ces monuments obscurs, nous donne ici, si je ne me trompe, une leçon excellente. Je remarque en effet, sous le 𑀙 *tcha* du mot que les diverses copies lisent *tchhadakêna* ou *vadakêna*, un prolongement de la ligne traversant le corps de la lettre, de cette manière 𑀙𑀼, ce qui forme la syllabe *tchhu* et donne le mot *tchhudakêna*, véritable prâcritisme du sanscrit *kchudrakêna*[1]. En réunissant ce terme à celui qui suit, on aura *tchhudakênava djanêna*, « même par un homme de peu. » Ce qui donne à cette explication toute la certitude désirable, c'est que la version de Dhauli, une ligne plus bas, au lieu de *tchhudakêna*, lit *khudakêna*, ce qui est exactement la forme pâlie *khuddakêna* du sanscrit *kchudrakêna* supposé tout à l'heure. Cette explication décide de la signification du terme difficile *usaṭêna* qui suit *djanêna*. Ce mot doit être un adjectif également en rapport avec *djanêna*; en pâli ce devrait être *ussata* ou bien *ussita*, pour le sanscrit *utchtchhrĭta*, « élevé, émi-« nent, » juste l'opposé de *kchudraka*, « petit, bas. » La version de Dhauli vient encore ici à notre secours; car après *khudakêna* elle ajoute *pasaṭênava usaṭênatcha*, que l'on peut corriger ainsi, *pasaṭêna usaṭênavâ*, « soit par un homme illustre, élevé. » En effet *pasaṭêna*, qui ne peut être autre chose que le sanscrit *praçastêna*, se rapporte mieux à *usaṭêna* qu'à *khudakêna*, auquel il ne serait possible de le rattacher qu'en lisant *upasaṭêna*, « non « illustre. » Quant au monosyllabe *va*, qui dans nos inscriptions comme en pâli est ordinairement le reste de *êva* devenu enclitique, j'aimerais à le lire *vâ*, et alors je traduirais : « mais certes cela est difficile à exécuter, soit par l'homme humble, soit par l'homme « élevé, — autrement que par un héroïsme suprême, après avoir tout abandonné. » Telle est, en effet, la version littérale de la phrase qui suit, où *añata* est pour *anyatra*, « sauf, « excepté, » *agêna* pour *agrêna*, « suprême, éminent, » *paritchadjitpâ* pour *parityadjitvâ*, « ayant abandonné complétement, » le groupe 𑀧𑁆𑀢𑀸 *ptâ* devant se lire *tpâ* pour *tvâ*, selon la remarque judicieuse de Lassen, déjà indiquée plus haut[2].

Après ce verbe, la formule *êta ta khô* recommence une nouvelle et dernière proposition où je lis *tu* au lieu de *ta*, « mais cela certainement, » *usaṭêna dukaraṁ*, « est difficile à « exécuter par un homme en dignité, » de sorte que l'enchaînement des idées procède ainsi : le roi ne désire de gloire que pour l'autre monde, ses efforts n'ont pas d'autre but; mais c'est là une œuvre difficile pour l'homme, qu'il soit humble ou élevé, à moins que par un héroïsme suprême il n'abandonne tout, c'est-à-dire, selon toute apparence, qu'il ne renonce au monde et se fasse Religieux; mais cela même n'est pas facile pour un homme d'une position élevée. C'est là, comme on voit, une série d'idées parfaitement buddhiques et tout à fait d'accord avec les expressions d'une légende que j'ai eu occasion de citer ailleurs, sur les difficultés que rencontre un homme éminent, s'il veut renoncer au monde et se faire Religieux[3].

Parmi les points divers que j'ai essayé d'établir dans le cours de cette discussion, il en est un sur lequel je crois nécessaire d'insister, parce qu'il embrasse à la fois et une valeur graphique nouvelle, et une traduction qui ne l'est pas moins. Je veux parler du mot

[1] Lassen, *Inst. ling. pracrit.* p. 263. — [2] *Indische Alterthumsk.* t. II, p. 227, note 4. — [3] *Introd. à l'hist. du Buddh. indien*, t. I, p. 197.

tchhudakêna, dont le neuvième édit de Girnâr me fournit le simple *tchhuda*. Voici le passage même où ce mot se présente, l. 3 de la copie de Westergaard : *Êta tu mahiḍâyô bahukaṁtcha bahuvidhaṁtcha tchhudaṁtcha nirathaṁtcha maṁgalaṁ karôtê*. « Or dans ce « cas, l'homme d'une grande fortune célèbre des fêtes, et de nombreuses et de variées, et « de pauvres et d'inutiles[1]. » Il n'y a qu'un mot dans ce passage qui me paraisse faire encore difficulté, c'est *mahiḍâyô*, qui est très-distinctement écrit de cette manière sur la copie de Westergaard, tandis que Prinsep le lit *mahâdâyô*, ce que Wilson traduit par « une personne d'une grande bienveillance. » Pour que cette version pût être admise, il faudrait que *mahâdâyô* fût en effet la lecture exacte; mais la copie de Westergaard ne permet pas de le croire, et M. Norris lit à Kapur-di-giri, *striyaka* ou plutôt *sriyaka*. J'avoue que j'aimerais à voir cette dernière lecture confirmée par un nouvel examen du monument; elle nous donnerait le sens de « l'homme d'une grande prospérité, » sens que j'ai toujours admis en attendant, comme cadrant mieux avec cette idée de fêtes variées et nombreuses, qu'un homme riche peut seul célébrer. La leçon de Prinsep, *mahâdâyô*, nous fournirait aussi ce sens, si l'on pouvait la corriger en *mahôdayô*, « l'homme doué d'une « grande prospérité. » Celle de Westergaard paraît cependant nous conduire plus directement au but; car en lisant *mahiḍiyô*, au lieu de *mahiḍâyô*, on y trouverait peut-être un synonyme de *mahiḍḍhikô*, mot bien connu en pâli pour signifier « celui qui est doué d'une « grande puissance. »

Les mots suivants sont tous intelligibles, pourvu toutefois qu'on admette la lecture que je propose pour *tchhudaṁtcha*. La manière dont M. Wilson traduit *nirathaṁ*, pour *nirartham*, où il voit le sens de « sans but », c'est-à-dire « désintéressé, » dépend uniquement de la signification qu'il attribue au sujet *mahiḍâyô*. A mes yeux, le sens est celui-ci : le roi fait remarquer que l'homme, dans les circonstances solennelles de la vie, célèbre des fêtes religieuses plus ou moins brillantes, par lesquelles il veut exprimer sa joie pour le passé et se rendre les dieux favorables pour l'avenir; que l'homme fortuné en célèbre de nombreuses et de diverses espèces, parmi lesquelles il en est de peu de valeur et de tout à fait inutiles; qu'on peut cependant se livrer à de telles solennités, mais que de pareilles fêtes produisent bien peu de fruit, auprès de la fête de la loi qui seule en rapporte de grands. Selon cette interprétation, *nirathaṁ* garde exactement son sens ordinaire, et ce sens sert à confirmer celui que j'assigne à *tchhudaṁtcha*, pour le sanscrit *kchudraṁtcha*.

§ 2. SUR LE MOT *ÂSINAVA* DES ÉDITS DE PIYADASI.

J'ai eu plus d'une occasion de signaler le mot sanscrit *âçrava*, en pâli *âsava*, qui, dans les textes du Nord comme dans ceux de Ceylan, désigne le mal moral et les vices d'une manière collective; et j'ai promis d'examiner, dans l'*Appendice*, n° XIV, de quelle manière des Buddhistes étrangers à l'Inde, comme les Chinois, entendent ce terme impor-

[1] Westergaard et Jacob, dans *Journ. of the Bombay roy. asiat. Soc.* n° V, avril 1843; Prinsep, *On the Edicts of Piyadasi, etc.* dans *Journ. as. Soc. of Bengal*, t. VII, 1re partie, p. 239 et 257; Wilson, *On the Rock inscript. etc.* dans *Journ. roy. as. Soc. of Great-Britain*, t. XII, p. 203 et 206, et p. 51 du tirage à part.

tant[1]. Je crois avoir trouvé dans un des édits de Piyadasi un mot correspondant à ce terme qui veut dire certainement « vice, imperfection morale, » quoique, si je ne me trompe, la signification de ce mot paraisse, en un endroit au moins, un peu plus restreinte que celle du sanscrit *âçrava*. Ce qui m'engage à en entretenir le lecteur, c'est d'une part, que les Pandits de Calcutta n'en ont pas saisi le vrai sens, et, d'autre part, qu'il rappelle singulièrement l'explication que les Buddhistes chinois donnent du sanscrit *âçrava*. C'est de plus un terme qui, pour appartenir primitivement à la langue brâhmanique, est devenu presque propre aux Buddhistes par l'usage spécial qu'ils en ont fait. Si donc je le retrouve dans les inscriptions de Piyadasi, ce sera un trait de plus par lequel ces inscriptions se rattacheront à la langue et aux doctrines des Buddhistes de toutes les écoles.

Le mot dont je veux parler est *âsinavê* (au nominatif sing. masc.), qui paraît dans celui des édits du pilier de Firouz qui regarde le nord; il s'y lit trois fois, une première fois en composition à la ligne 11, puis une seconde et une troisième fois à la ligne 18 et 20, et alors sous sa véritable forme. Comme le sens de ce terme dépend de ceux qui l'entourent, je citerai intégralement le passage où il paraît; et comme ce passage occupe la fin de l'édit de Piyadasi dont j'ai expliqué les dix premières lignes au commencement du paragraphe 1er à l'occasion du mot *anyatra*, le lecteur qui réunira le présent paragraphe 2 à celui qui le précède immédiatement, aura l'explication complète de l'édit entier qui regarde le nord sur la colonne de Delhi et sur les autres colonnes, comme celles de Mathia, Radhia et Allahabad, qui le reproduisent exactement, sauf quelques lacunes, et quelquefois avec de meilleures leçons. La lecture de Prinsep n'étant pas contestable, je me crois dispensé d'employer ici le caractère même des inscriptions. J'ai seulement fait usage, en transcrivant le texte, de quelques bonnes leçons que fournit la copie du major Pew[2] et le fac-simile du capitaine Smith[3].

Après les mots terminant le premier paragraphe de l'édit dont je parle, *dhaṁmêna gôtiti*, « et la protection par la loi, » le roi annonce qu'il va promulguer un nouvel acte de sa volonté par la formule ordinaire, « Piyadasi a dit, » formule que suit le texte qu'il faut examiner.

10 *Dêvânaṁ piyê Piyadasi lâdjâ* | 11 *hêvaṁ âhâ dhaṁmê sâdhu kiyaṁtcha dhaṁmêti apâsinavê bahukayânê* | 12 *dayâ dânê satchê sôtchayê* [*iti*] *tchakhu dânêpi mê bahuvidhê diṁnê dupada* | 13 *tchatupadêsu pakhivâlitchalêsu vividhê mê anugahê kaṭê upâna* | 14 *dakhinâyê aṁnânipitcha mê bahûni kayânâni kaṭâni êtâyê mê* | 15 *athâyê iyaṁ dhaṁmalipi likhâpitâ hêvaṁ anupaṭipadjaṁtu tchiraṁ* | 16 *thitikâtcha hôtûti yêtcha hêvaṁ saṁpaṭipadjisati sê sukaṭaṁ katchhatîti.* | 17 *Dêvânaṁ piyê Piyadasi hêvaṁ âhâ kayânaṁmêva dêkhati iyaṁ mê* | 18 *kayânê kaṭêti nômina pâpaṁ dêkhati iyaṁ mê pâpê kaṭêti iyaṁvâ âsinavê* | 19 *nâmâti dupaṭivêkhê tchukhô êsê hêvaṁ tchakhô êsa dêkhiyê imâni* | 20 *âsinavâ gâmini nâma atha tchaṁ-*

[1] Ci-dessus, ch. I, f. 1, p. 288, et ch. V, f. 75 *a*, p. 379.

[2] Prinsep, *Further Elucidation of the Lâṭ*, dans *Journ. asiat. Soc. of Bengal*, t. VI, 2e part. p. 796, et pl. XLII.

[3] Id. *ibid.* t. VI, 2e part. p. 965 et pl. LVI.

ḍiyé niṭhaliyé kôdhé mânê isyâ | 21 *kâlananavahakaṁ mâ palibhasayisaṁti ésa bâḍha dékhiyé iyaṁ mé* | 22 *hidalikâyé iyaṁ manamé pâlatikâyé*[1].

Supprimons, pour épargner l'espace, la version de J. Prinsep, qu'on trouvera dans le journal auquel je viens de renvoyer, et passons à celle que je propose : « Piyadasi, le roi chéri des Dêvas, a parlé ainsi. La loi est une bonne chose; mais quelle est l'étendue de la loi? La loi est exempte de la corruption du mal; elle est pleine de vertus; c'est la compassion, l'aumône, la vérité, la pureté. Des dons aussi de diverses espèces ont été distribués par moi aux bipèdes, aux quadrupèdes, aux volatiles, aux animaux qui se meuvent dans les eaux; des faveurs diverses [leur] ont été accordées par moi, jusqu'au présent de l'existence (ou par l'offrande de ce qui n'a pas eu vie). J'ai également accompli beaucoup d'autres actions vertueuses, et c'est pour cette raison que j'ai fait inscrire cet édit de la loi; qu'on l'exécute ainsi, et puisse-t-il subsister longtemps? Et celui qui le respectera ainsi, celui-là en recueillera le mérite d'une bonne action.

« Piyadasi, le roi chéri des Dêvas, a parlé ainsi. On regarde uniquement la bonne action et l'on dit : J'ai fait telle bonne action; mais l'on ne regarde pas le péché, et l'on ne dit pas : J'ai fait tel péché. Et c'est là ce qu'on appelle la corruption du mal, et ce mal est difficile à reconnaître. Il faut cependant savoir le regarder, car les vices qui viennent du mal, comme la violence, la cruauté, la colère, l'orgueil, l'envie, n'élèveront pas la voix contre l'accomplissement de leur cause. Il faut regarder fermement le mal [et dire] : Cela me sert pour ce monde-ci, [mais] ne me sert pas pour l'autre. »

Quelques remarques suffiront pour justifier cette interprétation, sinon absolument et de tout point, du moins dans ses traits principaux et les plus importants. Il est clair que *kiyaṁ* est pour le sanscrit *kiyat*, et ce point fixe déjà d'une manière précise le sens des deux premières phrases. Le mot suivant, *apâsinavé*, que je prends pour un adjectif possessif en rapport avec *dhaṁmé*, est composé soit de *apa* préposition, soit de *apa* « peu, » ce qui est moins probable, et de *âsinava*, thème du nominatif *âsinavé*. Ce terme serait en sanscrit *âsnava*, car le changement de *sna* en *sina* est tout à fait dans l'esprit des dialectes prâcrits[2]. Littéralement, *âsnava* devrait signifier « l'action de tomber goutte à goutte, de « découler, » comme *snava* que rapporte Wilson, et c'est l'analogie de cette dérivation avec l'étymologie que donnent les Chinois pour *âçrava*, « ce qui dégoutte, découle, » qui m'engage à chercher dans *âsinava* le sens spécial que les Buddhistes attribuent à *âçrava*. En effet, *âçrava*, outre cette valeur d'extension, peut avoir en vertu de sa racine le sens physique de « l'action de tomber goutte à goutte, de découler, » sens qu'a certainement *âsnava*. On n'abuse donc pas de l'analogie quand on suppose qu'*âsinava*, à son tour, a été pris dans l'acception morale d'*âçrava*, et l'on ne fait pas un cercle vicieux en corroborant cette hypothèse par le témoignage de l'édit que je viens de traduire.

Il n'y a pas de doute possible sur le mot suivant, *bahukayâné*; les Pandits de Calcutta, ainsi que Lassen, y reconnaissent avec raison *kalyâṇa*. Je remarquerai sur *sôtchayé*, que

[1] Prinsep, *Interpret. of the most ancient of the Inscript.* dans *Journ. as. Soc. of Bengal*, t. VI, p. 577.

[2] Lassen, *Instit. ling. pracrit.* p. 182. Je crois qu'on peut expliquer ainsi le pâli *tisiṇa* par le sanscr. *tîkchṇa*.

ce terme, précédé de *satché* pour *satyaṁ*, se retrouve à la ligne 7 de l'inscription qui tourne autour du pilier de Firouz et qu'il y est écrit *sôtchavé*, ce qui est probablement le même mot, mais avec un autre suffixe[1]. Ainsi que *kayâné*, je prends tous ces mots pour des nominatifs neutres. Après le mot *sôtchayé* viennent les deux monosyllabes *tchakhu*, « et certainement, et ainsi. » Prinsep nous apprend qu'à Mathia et à Radhia, ces deux mots sont précédés d'*iti*, qui a pour destination bien connue de terminer une énumération. A moins que *tchakhu* ne puisse remplir le même office, j'aimerais à croire que le mot *iti* est ici nécessaire, tant pour clore l'énumération, que pour la conjonction *tchakhu* elle-même, car je ne la vois jamais commencer une phrase.

Je n'insiste pas sur le plus grand nombre des termes dont se compose ce passage; ils ont été reconnus presque tous individuellement par Prinsep et par ses Pandits; ils le seront également et sans peine par un lecteur exercé. Dans le fait, ma traduction ne diffère de celle de Prinsep que par la disposition des propositions composant l'ensemble du texte. Je suis moins certain du sens que je donne au composé *apânadakhinâyé* : je le regarde comme l'ablatif d'un féminin composé de *dakhinâ*, « le présent, » *pâna*, « la vie, » et du préfixe *a* pour *â*, « jusque, » pour dire « jusque et y compris le don de la vie. » J'avoue ne pouvoir tirer qu'un sens de cette hypothèse qu'*apâna* signifierait « ce qui est « privé de vie; » ce sens serait « par l'offrande de ce qui n'a pas eu vie. » Les Pandits de Calcutta retrouvent dans *katchhati* le sanscrit *gatchtchhati*, « il va; » mais je répugnerais à croire qu'un dialecte dont l'esprit bien connu est d'adoucir les mots et les formes indiennes qu'il tire du sanscrit, ait, dans un terme aussi vulgaire que *gatchtchhati*, substitué la dure *ka* à la douce *ga* qui est étymologique. D'autres passages des édits de Piyadasi nous fournissent, si je ne me trompe, une explication beaucoup plus satisfaisante. A Dhauli, dans le cinquième édit de Girnar, on lit *katchhati*, là où Girnar et Kapur-di-giri ont *kâsati et kusati*[2], et cela dans une phrase exactement semblable à celle qui nous occupe, *sô sukaṭaṁ kâsati* ou *katchhati*. De plus, M. Wilson, dans ses observations sur le déchiffrement de M. Norris et sur le septième édit de Girnar, a supposé que le verbe écrit *kâsaṁti* et à Kapur-di-giri *kachanti*, devait répondre au sanscrit *karchanti*, « ils tirent « à eux, ils attirent[3]. » Peut-être n'a-t-il pas fait de cette supposition tout l'usage nécessaire pour l'interprétation de l'inscription dans son ensemble; le rapprochement n'en est pas moins précieux. Pour moi, quoique je n'aie pas sous la main de preuve directe que le groupe sanscrit *rcha* devienne *tchha* dans le dialecte de nos inscriptions, voici comment je me figure qu'on a pu passer de *karchati* à *katchhati*. Si l'on se rappelle, en effet, que le *ch* sanscrit devient quelquefois en pâli *tchh*, par exemple dans *tchha*, « six, » pour le sanscrit *chaṭ*, qu'une transformation pareille a lieu, quoique plus rarement en prâcrit[4], on se représentera ainsi le passage de *karchati* à *katchhati* : la forme sanscrite régulière sera devenue *kasati* ou *kachati*, et aussi *kâsati*, avec allongement de la voyelle pour com-

[1] Prinsep, *Interpret. of the most ancient of the Inscriptions*, dans *Journ. asiat. Soc. of Bengal*, t. VI, 2e part. p. 601.

[2] Wilson, *On the Rock inscriptions*, etc. dans *Journ. roy. as. Soc. of Great-Britain*, t. XII, p. 182.

[3] *Ibid.* t. VIII, p. 312 et t. XII, p. 186, et du tirage à part, p. 20 et 46.

[4] Lassen, *Instit. ling. pracrit.* p. 194 et 199.

penser la suppression du *r*; et enfin de *kachati*, on aura fait *katchhati*, par une dégradation encore plus avancée. Si cette analyse est admise, la phrase *sê sukaṭam katchhati* signifiera « il gagne une bonne œuvre, il attire à soi le mérite d'une bonne œuvre. » Nous retrouverons plus bas, au paragraphe 5 de cette note, le même mot *katchhati* avec une variante curieuse empruntée à une autre partie des édits qui nous occupent; quant à présent, je crois pouvoir m'en tenir à l'interprétation que je viens de proposer.

Dans le second paragraphe de cet édit, *kayânaṁmêva* est pour *kayânam êva;* c'est par suite d'une habitude orthographique reconnue dans un grand nombre de dialectes indiens, qu'on ajoute un *anusvâra* devant une nasale labiale d'ailleurs étymologiquement nécessaire. Je suppose que *dêkhati* représente la forme sanscrite *drĭçyati*, si elle était usitée[1]. Ce changement du reste n'étonnera pas les lecteurs qui se sont occupés des dialectes hindis où le sanscrit *drĭça* devient *dêkha*[2]. Je crois que *nômina* doit être le pâli *nôminâ*, pour *nô iminâ*, « non par celui-ci; » il n'y a de différence que l'abrégement de la voyelle finale, abrégement qui résulte peut-être de la faute du graveur. Si l'on accorde que *dêkhati* signifie « il voit, » on concédera aussi que *dêkhiyê* peut bien être *drĭçya*, « devant être vu. » Je passe les autres mots dont le plus altéré est *niṭhuliya*, où les Pandits de Prinsep ont bien reconnu le sanscrit *nâichṭhurya*. Ils n'ont pas été aussi heureux, je crois, pour le mot suivant : *kâlanavahakaṁ*, qu'ils traduisent par « ces neuf fautes de diverses espèces. » Ce long mot est un composé de *kâlana*, sur lequel il ne peut exister aucune hésitation, car c'est le sanscrit *kâraṇa*, « cause, » puis de *navahakaṁ*, dont je ne puis faire quelque chose qu'en supposant l'omission de deux voyelles *i* et *â*, de cette manière, *nivâhakaṁ*, d'où il résulterait que le mâgadhî *nivâhaka* correspond au pâli *nibbâhaka* et au sanscrit *nirvâhaka*. On peut se rappeler que nous avons déjà rencontré un dérivé analogue de la racine *vah*, dans *mahâthâvahâ*. Cette analyse donne à notre composé le sens de « l'accomplissement de la cause, » ce que j'ai conservé dans ma traduction pour plus de littéralité, et ce qui se comprend d'ailleurs malgré la concision des termes. Le roi Piyadasi, dans cette curieuse partie de son édit, veut prémunir ses sujets contre la corruption du mal; et pour cela il établit que le mal est difficile à reconnaître, parce que les hommes qui ont toujours les yeux ouverts pour voir leurs bonnes actions, les ont fermés sur les mauvaises. Eh bien, c'est une raison de plus pour s'efforcer de voir le mal; en effet, ce ne sont pas les vices qui en découlent qui nous le signaleront. C'est ce qu'exprime le texte d'une manière assez pittoresque, quand il dit : « ils n'élèveront pas la voix contre l'accomplissement de leur cause, » c'est-à-dire contre l'action de leur cause, contre ce que fait leur cause qui est la corruption du mal, pour arriver à son effet qui est la production des vices eux-mêmes. Pour traduire « ils éleveront la voix contre, » je lis *palibhâsayisaṁti*, avec un *â* long. On remarquera que cette pensée morale a plus d'une fois occupé le roi Piyadasi, car c'est dans un sens analogue qu'il faut entendre le commencement du cinquième édit de Dhauli et Girnar, où on lit à Dhauli, *kayânê dukalê*, « le bien est difficile à faire, » et plus bas : *sukaraṁ hi pâpaṁ*, « le péché est facile à commettre.[3] » J'ajouterai que l'on pourrait encore rattacher

[1] Bollensen, *Vikramôrvaçî*, p. 427.

[2] *Prem sâgar*, p. 2, 4, et pass. éd. Eastwick.

[3] *Journ. of the roy. as. Soc. of Great-Britain*, t. XII, p. 182.

le verbe *paṭibhasayisaṁti* au sanscrit *bharts* qui avec la préposition *pari* signifie « menacer, « reprocher; » cette explication nouvelle ne changerait d'ailleurs rien au sens.

C'est par conjecture que j'ai réuni la dernière proposition *iyaṁ mê*, etc. à ce qui précède; aussi ai-je placé [et dire] entre crochets, parce que cette addition est nécessaire au sens. Cette version serait certaine si la phrase était terminée par *iti*. Il faut de plus supposer que *manamê* est pour *namê;* le copiste qui avait déjà écrit *iyaṁmê* aura recommencé ainsi sans achever *mê;* puis, il aura répété ce pronom après le *na* qui est nécessaire pour l'opposition qu'on veut marquer entre ce monde-ci et l'autre monde.

Il faut maintenant résumer en quelques mots ce qui résulte des analyses et des traductions comprises dans ce paragraphe. Si je ne m'abuse pas sur la valeur du mot *âsinavê*, et si je ne me suis pas trompé sur le sens de tout le passage, il restera établi qu'au temps du roi Piyadasi, le terme d'*âsinava* exprimait l'idée, ou plutôt la somme d'idées qu'on rendait dans la langue classique par *âçrava*, et que le pâli régulier a, probablement plus tard, représentée par *âsava*. L'importance qu'a certainement dans la doctrine morale des Buddhistes le mot *âçrava* donne à ce résultat une certaine valeur: c'est, comme je le disais en commençant cette discussion, un des liens les plus solides par lesquels les inscriptions de Piyadasi puissent se rattacher au Buddhisme. Le Brâhmanisme, en effet, n'a rien à prétendre ici sur la valeur et l'emploi spécial de ce terme. Ce ne sont pas non plus des idées brâhmaniques que celles que le roi Piyadasi développe avec une sorte de complaisance. Après avoir rappelé en détail le bien qu'il a fait aux diverses espèces de créatures, depuis les hommes jusqu'aux plus humbles animaux, il semble se repentir des éloges qu'il vient de se donner à lui-même, et il expose d'une manière à la fois nette et ferme cette vérité, que l'homme sait bien voir ses bonnes actions, mais qu'il n'a pas d'yeux pour ses péchés. Le tour de ce morceau offre un caractère buddhique qui ne peut être méconnu. Ce ne sont pas là de ces vérités banales sur le mérite du *Dharma* ou du devoir accompli, et sur l'*Ahiṁsâ* ou la bienveillance pour les êtres, que M. Wilson a signalées pour montrer qu'elles appartiennent aussi bien au Brâhmanisme qu'au Buddhisme [1]. Je doute qu'on pût trouver dans les livres moraux de la littérature classique de l'Inde un développement semblable pour la forme à celui qui constitue la seconde partie de notre texte. Or ici c'est la question de forme qui l'emporte sur celle du fonds, puisque la morale est le patrimoine commun des Brâhmanes et des Buddhistes. Pour moi, je ne puis m'empêcher de croire qu'en faisant écrire ce morceau, le roi Piyadasi devait avoir sous les yeux ou plutôt dans la mémoire cette belle maxime de Çâkyamuni qui répétait à ses Religieux : Vivez en cachant vos bonnes œuvres et en montrant vos péchés [2]. Ce rapprochement est, si je ne me trompe, un argument très-positif. Nous savons avec certitude que cette idée est buddhique puisqu'elle se trouve dans des *Sûtras* où ne paraît aucune trace de Brâhmanisme; et il est très-probable, pour ne pas dire à peu près certain, qu'elle est étrangère aux livres des Brâhmanes, car on ne l'a pas encore rencontrée à ma connaissance dans ces livres, que l'on connaît cependant mieux que les textes attribués à la prédication de Çâkya.

[1] *Journ. roy. asiat. Soc. of Great-Britain*, t. XII, p. 239. — [2] *Introd. à l'hist. du Buddh. ind.* t. I, p. 170.

§ 3. SUR LES DEUX ÉDITS DÉTACHÉS À DHAULI.

N° 1. PREMIER ÉDIT.

Dans le cours de la discussion à laquelle vient de donner lieu la seconde partie de l'édit qui, sur le pilier de Firouz, regarde le nord, j'ai traduit le mot *dèkhati* comme s'il répondait à la forme hypothétique *driçyati*. Je me trouve confirmé dans cette conjecture par la présence de la première personne de ce même verbe, sous la forme de *dèkhâmi*, au commencement du premier des édits séparés de Dhauli. Comme J. Prinsep, malgré la rare intelligence dont on retrouve à chaque instant les traces dans tout ce qu'il a essayé, n'a pas, selon moi, reproduit le sens de l'exorde de cet édit, faute de moyens philologiques suffisants, je vais l'examiner de nouveau pour établir ce qui me paraît parfaitement intelligible et indiquer les points sur lesquels il reste encore des doutes. Ici la copie qui n'a pas encore été vérifiée plusieurs fois, comme l'a été l'édit de Girnar, présente d'évidentes incorrections. Je me servirai donc du caractère original pour qu'on voie jusqu'où s'étendent les conjectures que je propose.

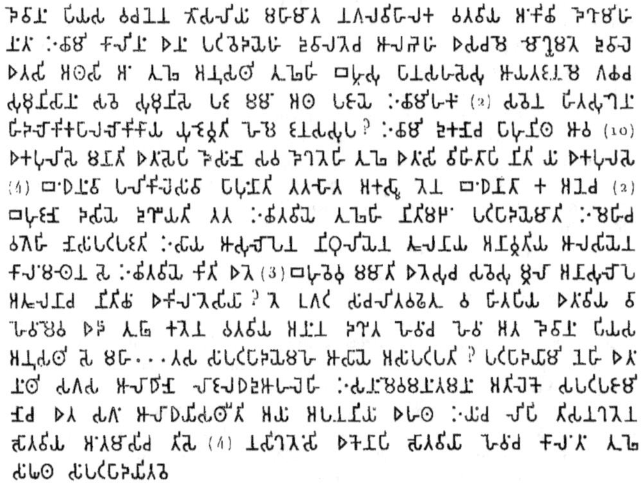

Dêvânaṁ piyasa vatchanêna tôsaliyaṁ mahâmâta nagalavihâlaka vataviya aṁkitchhi dêkhâ-

miham̃ nam̃ tam̃ itchhâmi kâlinam̃ ênam̃ paṭivêdayêham̃ duvâlatêtcha âlabhêham̃ ésatcha mé môkhyamatê duvâlê êtasi athasi am̃ tuphê anusathi tuphêhi bahûsu pânasahasêsu âyata djana mê gatchhatcha sumunisânam̃ savê sumunisê padja mamâ atha padjâyê itchhâmihakam̃. . savêna hitasukhênam̃ hidalôkikapâlalôkikâya yudjêvâti hêmê djanasa supa? itchhâmi duka nôtcha pâhunitha âva . . . . . êkapulisê manâti êtam̃ sêpi dêsam̃nô sava dêkhatihi tuphê êtam̃si vihitâpi niti yam̃ êkapulasê . . . . bam̃dhanam̃vâ palikilêsam̃vâ pâpum̃nâti tatahôta akasmâ têna bam̃dhanâtâ ka anêtcha. . bahudjanô dasiyê dukhîyati tata itchhitaviyê tuphêhi nitimadjham̃ paṭipâdayêmâti imêhitcha vagêhi nô sam̃paṭipadjati isâya âsulôpêna niṭhuliyêna tûlanâya anâvûtiya âlasiyêna kâlam̃mathêna sê itchhitaviyê kiti êtê . . . bahuvêvu mamâti êtêsutcha savêsu mûlê anâsulôpê atûlanâtcha nititchham̃ êkilam̃tê siyâ? tê ugaṭi sam̃tchalitavaḍhêtuva hitapiya êtam̃viya vâ hêvam̃mêva êdam̃ tuphâ katêna vataviya anam̃nadakhita hêvam̃tcha hêvam̃ ata dêvânam̃ piyasa anusathi sê mahâ. . . tasa sam̃paṭipâdayêmahê âsâyê asam̃paṭipaṭi? patipâdayâmi nêhi êtam̃ nam̃thi sugasa âlâdhi nô lâdjaladha duâhalêhi isanam̃mêvam anam̃tamanam̃ atilêkê sapaṭipadjâmi nôtcha êta sagam̃ âlâdhayisathîti ayam̃ apananiyam̃ êhatha iyam̃tcha lipi tisanakhatêna sôtaviya am̃tamâsitcha tisê. . . . nasikhatêm̃si êkênâpi sôtaviyâ hêvam̃tcha kâlam̃tam̃ tuphê sam̃ghatha sam̃paṭipâdayitavê.

Voici maintenant la traduction que je propose de ce texte encore difficile; les chiffres entre crochets marquent les lacunes que, à l'exemple de Prinsep, j'ai indiquées dans mon texte qui est la reproduction du sien; j'en avertis le lecteur pour qu'il tienne tel compte que de droit de la précision apparente de quelques parties de ma version.

« Au nom du [roi] chéri des Dêvas, le grand ministre de Tôsalî, gouverneur de la ville, doit s'entendre dire : Quoi que ce soit que je décréte, je désire qu'il en soit l'exécuteur. Voilà ce que je lui fais connaître, et je recommence deux fois, parce que cette répétition est regardée par moi comme capitale. C'est dans ce dessein que ce *Tupha* (*Stûpa*) a été dressé; ce *Stûpa* de commandement en effet a été destiné aujourd'hui à de nombreux milliers d'êtres vivants, comme un présent et un bouquet de fleurs pour les gens de bien. Tout homme de bien est pour moi un fils. Et pour mes fils, ce que je désire, c'est qu'ils soient en possession de toute espèce d'avantages et de plaisirs, tant dans ce monde que dans l'autre. Ainsi je désire le bonheur du peuple, et puissiez-vous ne pas éprouver de malheur, jusqu'à [*lacune de dix lettres*] un seul homme pense. En effet, ce *Stûpa* regarde ce pays tout entier qui nous est soumis; sur ce *Stûpa* a été promulguée la règle morale. Que si un homme [*quatre lettres*] est soumis soit à la captivité, soit à de mauvais traitements, à partir de ce moment [il sera délivré] à l'instant par lui de cette captivité et des autres [*deux lettres*]. Beaucoup de gens du pays souffrent dans l'esclavage; c'est pourquoi ce *Stûpa* a dû être désiré. Puissions-nous, me suis-je dit, [leur] faire obtenir la liqueur enivrante de la morale! Mais la morale n'est pas respectée par ces espèces [de vices] : l'envie, la destruction de la vie, les injures, la violence, l'absence d'occupation, la paresse, la fainéantise. La gloire qui doit être désirée, est que ces [*trois lettres*] puissent exister pour moi. Or elles ont toutes pour fondement l'absence de meurtre, et l'absence de violence. Que celui qui désirant suivre la règle, serait dans la crainte, sorte de sa profonde détresse et prospère: l'utile et l'agréable sont les seules choses qui doivent être obtenues. Aussi est-ce là ce qui doit être proclamé par le gardien du *Stûpa* qui ne regardera rien autre chose, (*ou bien*, aussi cet édit a dû être exprimé au moyen du *Prâkrĭta* et non dans un autre idiome). Et ainsi le veut ici le commandement du roi chéri des Dêvas. J'en confie l'exécution au grand ministre. Avec de grands desseins, je fais exécuter ce qui n'a pas été mis à exécution; non en effet, cela n'est pas. L'acquisition du ciel, voilà en réalité ce qu'il est difficile d'obtenir, mais non l'acquisition de la royauté. J'honore extrêmement les Richis aussi accomplis, mais [je dis]: Vous n'obtiendrez pas ainsi le ciel. Efforcez-vous d'acquérir ce trésor sans prix.

« Et cet édit doit être entendu au *Nakhata Tisa* (Nakchatra Tichya) et à la fin du mois *Tisa*, [*lacune de quatre lettres*] au *Nakhata*, même par une seule personne il doit être entendu. Et c'est ainsi que ce *Stûpa* doit être honoré jusqu'à la fin des temps, pour le bien de l'Assemblée. »

Cette traduction, rapprochée de celle des Pandits de Calcutta modifiée par Prinsep, a besoin de quelques observations justificatives: il importe d'ailleurs de signaler au lecteur curieux les points encore obscurs, sur lesquels on pourra trouver mieux que moi. Je ne reproduirai pas la discussion à laquelle a donné lieu le nom de *Tôsalî*, que l'on ne connaît dans l'antiquité que par un passage de la géographie de Ptolemée. Il me suffira de rappeler que J. Prinsep, faisant à la *Tôsalî* de nos inscriptions l'application du texte de Ptolémée, déplace la Τωσαλεῖ μητρόπολις du géographe grec, pour la reporter dans l'Orixa, au lieu où a été trouvée l'inscription dite de Dhauli[1], tandis que Lassen admet l'existence de deux villes du même nom, celle de Ptolémée et celle des édits de Piyadasi[2]; c'est, je l'avoue, à cette dernière opinion que j'aimerais à me ranger. Les trois mots qui, dans notre inscription, suivent le nom de la ville de Tôsalî, s'y présentent sans aucune désinence grammaticale; je ne puis décider si c'est par la faute du graveur indigène ou du copiste anglais. Je crois pouvoir affirmer que ces trois mots doivent être au singulier et au nominatif, à cause du pronom *naṁ* « lui » qui vient plus bas et qui ne peut se rapporter à un autre terme qu'au « grand ministre, gouverneur de la ville auquel il doit être parlé. » Il faut remarquer le participe *vatavïya*, pour le sanscrit *vaktavya*, avec la désinence *taviya*, laquelle est employée en même temps que la forme plus altérée de *taba*, pour le pâli *tabba*, dans cette même inscription.

Je ne crois pas que les trois mots suivants *aṁ kitchhi dêkhâmihaṁ* puissent faire l'objet d'un doute; *aṁ* est pour *yat*, comme l'a bien vu J. Prinsep; *kitchhi* est le sanscrit *kiṁtchit*, « quodcumque; » j'ai transcrit ce mot comme il est écrit, avec un *tchha* aspiré (𑀙); mais ici l'aspiration ne me paraît pas à sa place, et il est possible que le *tchha* ait été employé par le copiste pour représenter deux (𑀘) *tcha* opposés l'un à l'autre. Je donne à *dêkhâmihaṁ* la valeur du sanscrit supposé *drĭçyâmi ahaṁ*, pris au sens spécial de « je décrète, je commande; » c'est en vertu d'un usage propre aux divers dialectes prâcrits et au pâli que *ahaṁ*, considéré comme enclitique, perd sa voyelle

[1] J. Prinsep, *Examin. of the separate Edicts*, etc. dans *Journ. as. Soc. of Bengal*, t. VII, p. 449 et 450. — [2] Lassen, *Ind. Alterthumskunde*, t. II, p. 239, note 6.

initiale. Je présente avec la même confiance la version des mots suivants, *nañ tañ itchhâmi kâlinam*, « je l'en désire acteur; » *nañ* rappelle une personne de laquelle on a déjà parlé, celle à laquelle s'adresse l'édit, c'est-à-dire le grand ministre qui gouverne la ville de Tôsalî, *nagala vihâlaka; tañ* répond à *tat* « cela, » et *kâlinañ* est la forme populaire de *kâriṇam* « auteur, acteur. » Il n'existe pas plus de doute sur le sens de *ênañ paṭivêdayêhañ*, « je lui fais connaître, je l'informe; » de plus il faut remarquer que cette première période depuis *añ kitchhi*, jusqu'à *paṭivêdayêhañ*, forme trois *pâdas* d'une stance *anuchṭubh*, dont le second *nañ tañ itchhâmi kâlinañ* est parfaitement régulier.

Les deux propositions suivantes ne me paraissent pas plus douteuses, malgré la nouveauté du sens que j'y trouve. Dans *duvâlatê*, je vois le sanscrit *dvivâratah*, « deux fois, « par deux fois, » et dans *âlabhêham*, la forme classique *ârabhê 'ham*, « j'entreprends, je « commence. » Cette phrase me paraît faire allusion aux deux édits ajoutés à la grande inscription de Dhauli et qui ne se trouvent pas à Girnar; ces deux édits, en effet, ont une très-grande analogie l'une avec l'autre. Dans la courte proposition *êsatcha mê môkhyamatê duvâlê*, le roi donne le motif de cette répétition « car elle me paraît capitale; » *môkkyamatê* est pour *mukhyamataḥ*, et *duvâlê* pour *dvivâraḥ*. Le seul point obscur, c'est la forme de *duvâlê*; il semble qu'on devrait trouver ici un substantif abstrait, comme *duvâlatâ*, « la « répétition. » Aussi ai-je longtemps douté si je devais produire cette interprétation; et m'autorisant de l'opinion de Prinsep, qui croit que cet édit mentionne, sous une forme plus ancienne, le nom de lieu qui s'appelle maintenant *Dhauli*, je traduisais ainsi : « Et « je commence à *Duvâla*, parce que ce (lieu de) *Duvâla* me paraît capital. » Mais ce n'est pas ici, comme on le verra, que Prinsep trouvait le nom ancien de *Dhauli*; c'est plus bas dans un passage où on lit *dubalâhi tuphê*; et il n'est pas probable que le même nom propre, si toutefois il y en a un ici, soit écrit de deux manières différentes dans la même inscription. L'adjectif *môkhyamata*, « réputé principal » se présente encore au commencement de l'un des plus importants édits du pilier de Firouz, dans un passage que j'examinerai bientôt; mais dès à présent, je puis dire que le sens de ce terme est certain.

Je suis beaucoup moins sûr de ce qui suit, parce que la fin du texte présente, d'après mon analyse du moins, un sens un peu forcé. Je fais une première proposition de *êtasi athasi añ tuphê* « à ce dessein ce *Stûpa*, » où le verbe se trouve naturellement sous-entendu; c'est à J. Prinsep qu'on doit l'identification du mot *tupha* avec celui de *stûpa*. Il reste cependant l'aspiration du *ph* qui n'est pas facilement explicable; mais si la remarque de Prinsep touchant la formation des consonnes aspirées qu'il dérive du doublement des consonnes simples, est juste, comme je le crois, pour les cas où ce doublement est reconnaissable, le *ph* ici doit répondre à un double *pa*, et on peut supposer qu'on lisait *tuppa* pour *tûpa*. La présence de la conjonction discursive *hi* m'engage à commencer une seconde proposition, dont les cinq premiers mots *anusathi tuphêhi bahûsu pânasahasêsu âyata* signifient certainement : « Le *Stûpa* du commandement en effet a été destiné à de nom- « breux miliers d'êtres vivants. » L'obscurité commence avec *djanamê gatchhatcha sumunisânañ* : que la phrase finisse avec ce dernier mot « pour les gens de bien, » cela est évident; mais ce qui ne l'est pas de même, c'est que *djanamê*, etc. forme une proposition isolée de ce qui précède et se terminant par *âyata*, ou bien qu'il faille l'y réunir en lisant *âyatadjanamê gatchha tcha sumunisânaṁ;* malheureusement, ce dernier parti, que je vais examiner, ne donne pas un sens plus satisfaisant que les autres combinaisons.

Remarquons d'abord qu'*âyata* ne porte pas de désinence, sans doute par la faute du copiste; quelque soit le rapport de ce mot avec ce qui suit, il devrait s'écrire *âyatê*, puisqu'il se rapporte à *tuphê*, sujet de la proposition. J'en fais l'observation parce que Prinsep, partant de ce texte, a réuni en composition *âyata* à *djana*, et a traduit « ô mon « peuple choisi, rendez-vous auprès des gens de bien. » Mais *djanamê* « le peuple de moi » n'a pas de désinence, et cette interpellation au vocatif, comme le suppose Prinsep, sort un peu du style de nos inscriptions. On s'attendrait à trouver non *gatchha* à la seconde personne du singulier de l'impératif, mais *gatchhatha* à la deuxième du pluriel, « allez, » de même qu'on va voir tout à l'heure *pâpunitha*. Cette correction aurait encore l'avantage de supprimer le *tcha* dont on ne sait que faire ici. Mais ma conviction est que le texte est altéré, soit sur le monument même par l'action du temps, soit sur la copie à cause de la difficulté de la lecture; les voyelles doivent n'être pas toutes à leur place. En acceptant le texte tel qu'il est, les trois premières syllabes *djanamê* peuvent se ramener à *adya namô*, « aujourd'hui présent ou salutation ; » mais cela même est douteux, parce que si *namê* est *namaḥ*, il faudrait plutôt *namaskâra*, puisque *namaḥ* passe pour une forme adverbiale. Ce qui approche le plus de *gatchha tcha sumunisânaṁ* est *gatchhaçtcha sumanuchyâṇâm*, « et un bouquet ou un collier pour les gens de bien. » Je ne présente, on le voit, cette version que faute de mieux; car le roi Piyadasi ne nous a pas accoutumés à un style fleuri jusqu'à l'abus; je livre ce texte à de plus habiles; mais peut-être est-il prudent d'attendre une révision nouvelle de l'original. Je regrette de ne pouvoir rien faire de *djanamê* dans l'état actuel du texte; si l'on pouvait lire *djanê mê* et *gatchhatu*, on aurait le sens de Prinsep, « que mon peuple se rende vers les gens de bien, » avec des procédés un peu plus réguliers, sauf cependant le génitif pluriel *sumunisânaṁ*, à la place duquel on s'attendrait à trouver l'accusatif, d'où je conclus que, même après les corrections proposées, nous n'obtiendrions pas encore le véritable sens.

Ce qui suit n'est pas altéré, et Prinsep a été ici plus heureux : *savê sumunisê padja mamâ* « tout homme de bien est ma progéniture; » seulement il faut lire *padjâ*. Prinsep a également bien rendu ce qui suit : *atha padjâyê itchhâmihakaṁ*, « et pour mes enfants « désiré-je. » Le seul mot digne de remarque est *hakaṁ* pour *ahakaṁ*, qui est employé concurremment avec *ahaṁ*, « je, moi. » C'est une formation de même ordre que celle de *asmâkam* et autres; elle se retrouve ailleurs dans les inscriptions de Piyadasi, et j'aurai probablement occasion d'en parler plus bas. Le texte de Prinsep signale après *hakaṁ* une lacune de deux lettres; heureusement cette lacune est comblée, dans le second édit séparé de Dhauli, par *iti* pris dans le sens de « c'est à savoir. » Ce qu'il y a de certain, c'est que la proposition suivante s'unit immédiatement aux mots « et ce que je désire pour mes en- « fants, » *savêna hitasukhênaṁ hidalôkikapâlalôkikâya yudjêvâti*, « qu'ils soient unis à toute « espèce d'avantage et de plaisir, tant pour ce monde que pour l'autre. » Le *ti* pour *iti* qui suit *yudjêvu* et qui nécessite l'allongement de la voyelle finale, termine la proposition par laquelle le roi exprime son désir. Je ne m'arrête pas à l'*anusvâra* qui suit *hitasukhêna-ṁ;* ou c'est une faute du graveur, ou une apparence de la pierre qui a trompé l'officier si intelligent d'ailleurs auquel on doit la copie de cette inscription.

Il y a quelque incertitude sur le troisième mot de la phrase suivante : *hêmê djanasa supa? itchhâmi;* le point d'interrogation placé par Prinsep sur le *pa* prouve que cette leçon n'est pas certaine; j'ai supposé un *bh*, *subham*, et j'ai traduit en conséquence; on aimerait mieux trouver *sukhaṁ*. L'incertitude s'étend aussi sur le premier mot de la fin de cette phrase : *duka nôtcha;* j'ai traduit comme s'il y avait *dukhaṁ nôtcha* « et puissiez-« vous ne pas éprouver de malheur; » mais quelque simplicité que présente cette correction, elle n'en est pas moins très-forte, et par là peu vraisemblable; car quelle apparence y a-t-il qu'un copiste ait, dans un mot aussi connu que *dukhaṁ*, substitué un *k* à un *kh*? Tout dépend ici de la manière dont on lira le *supa* de la phrase précédente, puisque *duka* paraît devoir en être l'opposé. Quant au verbe *pâkunitha*, j'en crois l'orthographe fautive, et je propose de remplacer 𑀓𑀼 *ku* par 𑀧𑀼 *pa*, de sorte que *pâpunitha* serait une deuxième personne de l'impératif pâli du verbe sanscrit *prâpnôti*, « il obtient. »

Après le mot *ava*, qui répond à *yâvat*, « jusqu'à ce que, » la copie de Prinsep accuse une lacune de dix lettres; cela est fort regrettable, parce que nous trouverions peut-être ici quelque chose de plus précis que ces vagues assurances de dévouement au bonheur du peuple. Quoi qu'il en puisse être, on comprend que cette lacune rende à peu près inintelligibles les trois mots *êka pulisê manâti*, « un seul homme pense; » *manâti* lui-même est-il correct? et une révision nouvelle du monument ne donnerait-elle pas ou *maṅnati* pour *manyatê*, « il pense, » ou *mânêti*, pour *mânayati*, « il honore? » J'avoue que j'inclinerais pour cette dernière supposition.

Je crois entendre les mots suivants : *êtaṁ sêpi dêsaṁ nô sava dêkhatê hi tuphê*, littéralement « car ce *Stûpa* regarde tout ce pays de nous; » par le mot *regarde*, il faut vraisemblablement entendre « commande, gouverne, » puisque, comme vont nous l'apprendre les mots suivants, c'est sur ce *Stûpa* qu'ont été exposés les principes de morale que recommande Piyadasi. D'ailleurs, le mot « regarde » peut aussi bien être une allusion à la position qu'a dû occuper le *Stupa* dont parle notre inscription, au sommet du mont Khandagiri[1]. On ne trouvera pas de difficulté à voir le neutre *êtaṁ* « cela » joint au pronom masculin qui se rapporte à *tuphê*, littéralement « cela ce *Stûpa;* » cet idiotisme populaire reparaît dans d'autres passages de nos inscriptions. Il faut ajouter un *anusvâra* à *sava* qui se rapporte à *dêsaṁ;* quant à *dêkhatê*, il peut se défendre à la rigueur, mais je préférerais l'actif *dêkhati;* c'est à cette voix que nous rencontrons ailleurs ce verbe. Je dois ajouter que *dêsaṅnô*, dont la copie de Prinsep fait un mot unique, pourrait fort bien répondre au sanscrit *dêçadjña* « qui connaît le pays; » mais, pour que ce mot se rapportât à *tuphê*, il devrait s'écrire *dêsaṅnê*, et encore ne sortirait-il guère de cette leçon qu'une interprétation moins satisfaisante que celle que je propose. Prinsep n'a pas manqué le sens de ce qui suit : *êtaṁsi vihitâpi niti*, littéralement « sur lui aussi a été fixée la règle « morale. » Après les mots *yaṁ êkapulisê*, « si un homme, » Prinsep marque une lacune de

[1] J. Fergusson, *Illustrat. of the rock-cut Temples of India*, p. 14.

quatre lettres; je ne puis dire jusqu'à quel point cette lacune intéresse le sens de ce qui suit, mais il est certain que les mots *bañdhanañvâ palikilésañvâ pâpuñnâti* signifient littéralement « rencontre soit la captivité soit de mauvais traitements. » La phrase subsiste donc dans sa structure principale, et ce qui manque peut être quelque chose comme « ayant commis une faute, » car il semble que l'intention du roi soit de diminuer la rigueur des châtiments.

Dans ce qui vient après et dans la ligne suivante, je n'entends plus guère que des mots détachés, et je ne suis pas sûr du sens que j'en tire; je souhaite que le lecteur réussisse mieux que moi avec ces éléments si décousus. Je traduis par « à partir de ce jour » le mot *tatahôta*, qui reparaît dans d'autres passages des monuments de Piyadasi; est-ce la réunion de *tata* et de *hôta*, pour *tataḥ* et *avataḥ*, ou est-ce une contraction de *tatamahôtâ* qui se trouve aussi dans ces inscriptions et qui doit répondre au sanscrit *étanmuhûrtât*, « à partir de cette heure; » c'est ce que décidera le lecteur judicieux : j'incline pour ma part vers la dernière explication. Il n'y a pas de doute sur *akasmâ*, c'est le sanscrit *akasmât*, « soudainement, aussitôt. » Dans *têna bañdhanâtâ ka anétcha*, on voit bien que *têna* doit se rapporter à une personne dont le roi a parlé auparavant; c'est probablement le grand ministre auquel le roi recommande d'user de modération dans le châtiment des coupables. Mais qu'est-ce que *bañdhanâtâ ka?* faut-il couper ainsi *bañdhanâ* « de la captivité? » mais alors que faire de *tâka?* Faut-il lire *bañdhanâtô*, ablatif populaire, pour *bandhanât?* mais alors que faire de la lettre unique *ka?* Je ne puis croire que le texte soit ici correct, et c'est par conjecture que j'ai ajouté les mots « il sera délivré; » les crochets sont destinés à prévenir le lecteur que ces mots ne sont réellement pas sur le monument. Ma traduction « et des autres » donne à penser qu'après « cette captivité » le texte rappelait « les mauvais traitements » dont il est parlé dans la période précédente; mais le texte n'est pas si explicite : pour trouver matière à cette supposition, j'ai besoin de substituer l'ablatif *aññâtcha* au nominatif *aññétcha*, qui est un masculin singulier. Comme ce mot est suivi d'une lacune de deux lettres, il ne m'est pas permis d'être plus précis Il se présente un double sens pour les mots *bahudjanô dasiyé dukhiyati;* en lisant *désiyé*, on a, « beaucoup de gens du pays sont dans la douleur; » en supposant que *dasiyé* est pour le sanscrit *dâsyé*, on aura, « beaucoup de gens souffrent dans l'esclavage; » cela est bien dans le sens de tout le morceau, mais on n'en voit pas la connexion exacte avec ce qui précède à cause des nombreuses lacunes que nous n'avons pas le moyen de combler.

Ce qui suit est plus clair : *tata itchhitaviyé tuphé hi* doit signifier « c'est pourquoi ce « *Stûpa* doit être désiré; » et la raison qu'en donne le roi se trouve dans les deux mots suivants *nitimadjhañ paṭipâdayémâti*, « puissions-nous faire obtenir la liqueur enivrante « de la morale. » C'est manifestement le roi qui parle ici et qui explique comment il a été conduit à dresser le *Stûpa* auquel il donne le titre de « *Stûpa* de commandement, » à cause de l'édit gravé sur les rochers au-dessus desquels ou dans le voisinage desquels était construit ce *Stûpa*. Le peuple était malheureux; le roi, qui veut le rendre heureux tant dans ce monde que dans l'autre, pense que le moyen d'atteindre à ce but, c'est de lui enseigner la règle, la morale, comme il l'appelle du mot de *niti* (pour le sanscrit *nîti*).

Le *Stûpa* auquel se rattachent ses instructions morales est donc devenu l'objet de ses désirs, car il se disait : Puissé-je faire obtenir au peuple la morale qui est comme un breuvage enivrant. Les mots *tata itchhitaviyé tuphê hi*, « c'est pourquoi ce *Stûpa* doit être « désiré » doivent être entendus, comme s'ils étaient prononcés par le roi avant l'érection du *Stûpa*, au moment où le *Stûpa* est devenu l'objet de ses désirs; et le *iti* qui suit le verbe *paṭipâdayêma*, indique que c'est le roi qui parle. Pour rendre ce sens d'une façon plus claire, j'ai mis le passé dans ma traduction « a dû être désiré; » j'en avertis pour qu'on ne le cherche pas dans le texte, où il n'est pas exprimé; j'ai rendu de même *iti* par « me suis-je dit, » pour marquer le rapport de la seconde proposition à la première. Si on hésitait à diviser, comme je le propose, en deux mots *tuphê hi*, parce que la conjonction *hi* se trouve ainsi rejetée à la fin de la proposition, ce qui n'est nullement régulier en sanscrit, on en ferait l'instrumental *tuphêhi* « par les *Stûpas*, » et on couperait ainsi les deux propositions *tata itchhitaviyé*, « aussi il doit être désiré » *tuphêhi*, etc. « à « savoir, puissions-nous au moyen des *Stûpas* leur faire obtenir la liqueur enivrante de « la morale. » Je ne crois pas qu'on hésite sur le sens de *nitimadjhaṁ*, pour le sanscrit *nîtimadyam*; je préférerais cependant *madjaṁ* par un *dj* non aspiré : peut-être une révision nouvelle du monument nous apprendra-t-elle qu'il faut lire *nîtimagam*, « la voie de « la morale. »

Le roi passe ensuite à l'énumération des mauvais penchants qui empêchent de pratiquer cette morale qu'il recommande : les mots *imêhitcha vagêhi nô saṁpaṭipadjati* signifient certainement « et par ces classes (de vices) elle n'est pas respectée; » *saṁpaṭipadjati* répond au sanscrit *saṁpratipadyatê*. Ces classes de vices sont *isâya*, « par l'envie; » *âsulôpêna*, littéralement « par le retranchement de la vie, » c'est-à-dire par le meurtre; *niṭhuliyêna*, « par la cruauté; » *tûlanâya*, selon Prinsep, « par la méchanceté, » ou si l'on veut « par la précipitation, » à cause du sens le plus ordinaire du radical *tur* ou *tvar* dont paraît dériver *tûlanâ*, pour *tûraṇâ* qui m'est d'ailleurs inconnu en sanscrit; *anâvûtiya*, « par « l'absence d'une profession, » qui impose à l'homme le travail, pour le sanscrit *anâvrittyâ*; *âlasiyêna*, « par la paresse; » *kâlaṁmathêna*, « par l'habitude de perdre son temps, » expression que les Pandits de Prinsep ont très-ingénieusement rapprochée d'une locution vulgaire, *kathaṁ kâlaṁ mathnâsi*, « comment passes-tu ton temps? » Après avoir énuméré ces vices, le roi ajoute que « cette gloire est à désirer, » en se servant de l'expression *sé itchhitaviyê kiti*, qui a déjà paru sur les édits des colonnes. Ici, le pronom *sé* est fautif avec le féminin *kiti*, ainsi que l'a bien remarqué Prinsep; mais est-on bien sûr de la leçon, et le monument ne porterait-il pas *sâ*, comme sur la colonne de Firouz, *itchhitaviyê hi ésâ kiti*[1]. Une lacune de trois lettres et l'altération de quelques signes nous empêchent de reconnaître quelle est la gloire à laquelle le roi aspire. Après *été* « ces, » trois lettres manquent; à cette lacune succèdent *bahuvêvu mamâti*, où l'on reconnaît au premier coup d'œil *mamâti* « de moi, à moi, voilà, » et *bahu* « beaucoup ; » mais je ne sais plus que faire de *vêvu* : j'ai traduit en attendant une révision nouvelle de l'original, comme si *hu* de *bahu* représentait *bhu*, afin d'obtenir une troisième personne plurielle du

[1] *Journ. as. Soc. of Bengal*, t. VI, p. 578, l. 14.

subjonctif de la forme intensive du radical *bhû*, *babhuvêva*, laquelle imiterait plutôt qu'elle ne reproduirait la forme régulière du sanscrit. Si le roi demande qu'il puisse exister quelque chose qui lui assurera une gloire désirable, ce sont, selon toute vraisemblance, des qualités et des vertus. Aussi voyons nous la phrase suivante se rattacher à cette idée : *êtêsu tcha savêsu mûlâ anâsulôpê atûlanâtcha*, littéralement « et à elles toutes les « racines (sont) l'absence de meurtre et l'absence de précipitation. »

Dans la phrase suivante, si j'en entends bien tous les termes, le roi promet la sécurité à celui qui, désirant suivre la règle qui lui est tracée, craindrait les persécutions; *nîtitchhaṁ* est une forme pâlie du sanscrit *nîtitchhan*, « désirant la règle; » il n'y a pas de doute sur *ê kilantê siyâ;* ces formes mâgadhies reproduisent presque lettre pour lettre la phrase pâlie *yô kilantô siyâ*, « celui qui serait dans l'épuisement. » Prinsep a placé un point d'interrogation devant la syllabe *tê*, ce qui prouve qu'il la croyait douteuse; et dans le fait, on attend ici *sê* « celui-ci, lui, » corrélatif du *ê*, pour *yê*, qui précède. Les deux termes suivants sont plus difficiles à analyser, quoique le sens paraisse être celui que j'ai conjecturé. Sur la planche de Prinsep, les signes sont placés de telle sorte qu'ils paraissent former deux mots, *ugaṭi saṁtchalitavaḍhêtu :* nul doute qu'il ne faille séparer *vaḍhêtu* de *saṁtchalita*, réunir la lettre suivante, *va*, à ce verbe *vaḍhêtu*, et le traduire « qu'il croisse « même, qu'il prospère malgré cela. » Le mot *saṁtchalita* donne directement le sanscrit *saṁtchalita* ou *saṁtcharita;* mais outre que ce terme ne porte aucune désinence, ce qui vient sans doute de la faute du graveur ou du copiste, le sens que suggèrent les radicaux *tchal* et *tchar* ne donne ici aucune lumière. En supposant un *â* long à la seconde syllabe, on aurait *saṁtchâlita*, qu'on tirerait de *saṁtchâra*, « passage difficile, détresse; » mais la difficulté est de savoir si l'on peut faire de *saṁtchârita* un substantif neutre dérivé du participe *saṁtchârita*, en anglais *distressed*, ou bien si ce mot doit garder ici la signification d'adjectif qui est conforme à sa nature grammaticale. Un substantif nous irait mieux; car en réunissant *ugaṭi* à *saṁtchalita*, malgré la séparation qui paraît sur la copie de Prinsep, on trouve *u* qui est, selon toute probabilité, le reste de la préposition sanscrite *ut*, et qui exprime l'action de *sortir hors de*. Le mot *ugaṭi* n'est déjà pas parfaitement clair, mais la cérébrale (*ṭi* permet de supposer la suppression d'un *r*, et si le monument offrait ici réellement une lacune, l'addition d'un *ka* donnerait le composé *ugaṭika* pour *udgartika*, « qui est sorti du trou, » et ce terme réuni à *saṁtchalita* fournirait un sens fort convenable ici, « étant sorti du trou et du défilé, » pour dire « étant sorti de sa profonde « détresse. » C'est dans ce sens que j'ai traduit, moyennant les diverses suppositions que je viens d'exposer, et en lisant *saṁtchâlitê*, pour *saṁtchalita*. Il est bien entendu que je ne donne cette version que pour ce qu'elle vaut; elle a besoin d'être vérifiée par un nouvel examen du texte. Ainsi en se reportant au fac-simile de M. Kittoe, on peut supposer *ugaḍha* au lieu de *ugaṭi*, pour le sanscrit *udgâḍha*, et traduire « étant tout à fait « dans la détresse. » J'entends les mots suivants *hitapiya êtaviya vâ* comme complétant la pensée du roi qui, après avoir relevé le malheureux de sa détresse, veut que l'utile et l'agréable soient les seules choses qu'il rencontre. Il n'y a pas de grammaire apparente dans ces mots; on remettrait tout en règle avec deux *anusvâra*, *hitapiyaṁ êtaviyaṁ; vâ* est pour *êva* dans le sens de *seulement*. Je suis ici la transcription plutôt que le texte de Prinsep; son texte se lit avec un *anusvâra*, *êtaṁ viya*, « comme cela; » mais je n'ai pu rien faire de cette leçon.

Les termes que je viens d'examiner complètent la proposition à laquelle en succède une autre qui me paraît un peu mutilée. Cette proposition se compose des termes suivants : *hêvaṁmêva êdaṁ tuphâkatêna vataviya anaṁnadakhita*; sur le fac-simile de M. Kittoe, il paraît une lacune d'environ deux lettres après *êda*, qu'on peut à la rigueur lire *êdaṁ*, et au lieu de *tuphâ*, on lit *taphâ*; il en résulte à mes yeux beaucoup de doute sur tout le passage, et quoique j'aie conservé le sens des Pandits de Prinsep pour *tuphâkatêna*, je pense, avec Prinsep lui-même, que ce sens est tiré de trop loin. Voici, je crois, de quel côté il faudrait chercher; le dernier mot *anaṁnadakhita* est évidemment altéré dans sa grammaire; je suppose qu'un *anusvâra* manque après *anaṁna*, pour le pâli *anaññaṁ* « non autre chose, » et que *dakhita* rappelle une forme comme *dêkhitvâ*, qui pourrait être écrite ici *dêkhitu*, ainsi qu'on a ailleurs *sôtu*, pour le pâli *sutvâ*, « ayant entendu. » J'ai traduit dans ce sens, ne pouvant rien faire de l'hypothèse d'après laquelle *dakhita* serait pour *dukhita*, « frappé de malheur, » mot qui d'ailleurs irait bien à l'ensemble du texte. La personne à laquelle se rapporte cette courte phrase « n'ayant vu rien autre « chose » doit être celle à qui appartient la mission exprimée par le verbe *vataviya*. Quant à *taphâkatêna* ou *tuphâkatêna*, j'ai rappelé tout à l'heure le sentiment de Prinsep sur la traduction des Pandits, et s'il venait à être établi qu'on doit lire *taphâkatêna*, ce sens tomberait de lui-même. Alors *ta* appartiendrait à un mot précédent, et *phâkatêna* rappellerait le sanscrit *prâkritêna*, « avec le langage populaire, au moyen du *prâkrita*. » Cette interprétation donnerait une nouvelle face à cette partie de l'inscription. Le roi, voulant porter les enseignements de la morale et les consolations qu'elle donne, dans le cœur des malheureux, dirait *hêvaṁmêva* « c'est ainsi que, » *êdaṁ ta*, pour *êdaṁ tata* « cela ici, » *phâkatêna* « avec le prâkrita, » *vataviya* (pour *vataviyaṁ*) « doit être dit, » *anaṁnaṁ* « rien autre chose, » pour dire « non un autre dialecte, » ou « non d'autres ordres, » *dakhita* pour *dêkhitu* « ayant regardé. » Je souhaite plutôt que je n'espère voir se confirmer cette curieuse interprétation, qui nous donnerait l'explication royale de l'emploi qu'avait fait Piyadasi du dialecte populaire pour promulguer ses instructions.

Il n'y a pas de doute sur la valeur de la phrase suivante : *hêvaṁtcha hêvaṁ ata dêvânaṁ piyasa anusathi*, littéralement « et de même ainsi en ce point (est) le commandement « du roi chéri des Dêvas. » Quant à la courte phrase *sê mahâ . . . tasa saṁpaṭipâdayê*, je l'ai traduite comme si le texte devait porter *mahâmâtasa*; mais sur le fac-simile de M. Kittoe, la lacune est trop considérable pour être comblée par la seule syllabe *mâ*, il en faut au moins deux. Puis le lecteur peut se rappeler les doutes qui restent encore sur les propositions que termine *saṁpaṭipâdayê*, je les ai exposés au commencement du § 1er de la présente étude. De plus, *sê* doit se rapporter ou à l'édit ou au commandement du roi, tandis qu'on attendrait ici le pronom *ahaṁ* si *saṁpaṭipâdayê* était au présent. Tout cela me porte à désirer qu'une révision nouvelle du monument rappelle au jour les deux ou trois lettres effacées entre *mahâ* et *tasa*, et permette de faire un participe de *sampaṭipâdayê*, mot dont la fin n'est même pas visible sur le fac-simile de M. Kittoe, afin qu'on puisse trouver un sens approchant de celui-ci, « ce commandement doit « être respecté par » — celui dont le titre ou le nom est caché sous le mot incomplet de sept lettres. Ce qui suit ne présente pas moins d'obscurité : *mahê âsâyê asampaṭipati? paṭi pâdayâmi;* car, en premier lieu, il n'est pas certain que *mahê* n'appartienne pas au mot précédent *sampaṭipâdayê*, qu'il faudrait lire alors *sampaṭipâdayâmahê*, à la première personne du pluriel. Puis, pour obtenir la traduction que je propose, il faudrait en un seul mot *mahâsayê*, « ayant de grands desseins; » tel qu'il est sur la copie de Prinsep, le mot *âsâyê* ressemble plus à un datif qu'à toute autre forme. Toutefois, malgré ces diverses objections, je n'ai pu rien trouver de mieux que de supposer dans *mahê âsâyê* une composition imparfaite pour *mahâ âsaya:* et c'est l'ensemble du passage, dans lequel il me semble voir le roi s'exalter à la pensée de ses desseins, qui me rend cette opinion moins invraisemblable. J'ajoute un *anusvâra* à *asampaṭipati* et *sam* au verbe *paṭipâdayâmi*, littéralement « je fais exécuter la non-exécution. » Est-ce à l'idée que le roi tente quelque chose qui n'a pas existé avant lui que se rapportent les mots *nê hi êtam namthi*, lesquels sont parfaitement lisibles sur le fac-simile de M. Kittoe, sauf la première syllabe *ni* que Prinsep lit *nê?* Je l'ai cru, en admettant que *nê* répond à *nô* et *namthi*, qui serait peut-être mieux *nathi*, au sanscrit *nâsti*, « non, en effet, cela n'est pas. »

Le roi continue avec une maxime générale dont la pensée est tout entière dans le sens qu'on donnera à *sagasa*, soit qu'on y voie *svargasya*, « du ciel, » soit qu'on le représente par *sargasya*, « de l'abandon, du renoncement. » Prinsep et ses Paṇḍits ont adopté le premier sens; je ne crois pas devoir m'éloigner de leur sentiment, d'autant plus que, dans le second des édits séparés de Dhauli, on trouve *svaga*, qui est certainement le sanscrit *svarga*. La phrase me paraît se composer comme il suit : *sagasa âlâdhi nô lâdjaladha dudhalêhi;* je ne puis croire qu'il ne manque pas ici quelque voyelle, et en en rétablissant deux dans *ladha*, que je lis *lâdhi*, je traduis littéralement « l'acquisition du ciel, non l'acquisi- « tion de la royauté est difficile à saisir, en effet; » *âlâdhi* est bien une forme pâlie pour le sanscrit *âlabdhi; lâdja* répond à *râdjya*, « la royauté, » et *duâhale* à *durâharaḥ;* la conjonction placée à la fin de la phrase est un idiotisme déjà remarqué, qui est propre au style de ces inscriptions.

Je ne suis pas sûr d'entendre ce qui suit; cependant l'addition de quelques voyelles donne une version qui se présente assez naturellement. Ainsi au texte de Prinsep, qui lit : *isanamмêvam anamtamanam atilêkê sapaṭipadjâmi*, j'apporte ce petit nombre de changements : *isînam* pour *isanam*, *anutamânam* pour *anamtamanam*, *sampaṭi* pour *sapaṭi*, et je traduis de la manière suivante : « J'honore extrêmement les Rĭchis qui sont aussi accom- « plis [que ceux que je vois], » et il ajoute *nôtcha êta sagam âlâdayisathîti*, « mais vous « n'obtiendrez pas ainsi le ciel; » en prenant *isînam* pour le gnt. plr. du pâli *isi*, « un Rĭ- « chi, » *anutamânam* pour le sanscrit *anuttamânâm*, « sans supérieurs, » *atilêkê* pour *atirêkaḥ*, « excessif, » et *âlâdhayisathâti* au lieu de *âlâdayisathîti*, à la deuxième personne du pluriel, le roi s'adressant soit aux Rĭchis eux-mêmes, soit à ceux qui croiraient que leurs pratiques sont le comble de la perfection. Pour les mots suivants, *ayam apananiyam*, je n'ai pu rien trouver de meilleur que le sens de Prinsep. Le pronom *ayaṁ* doit faire allusion à *sagé*, « le ciel; » il faut seulement supposer que ce pronom est ici à l'accusatif, ce qui est bien irrégulier, puisqu'on devrait trouver *imaṁ*. L'adjectif *apananiyaṁ*, selon les Pandits de Prinsep, signifie « qui ne peut être acheté; » dans un passage tout à fait semblable du second édit détaché, nous trouverons un mot qui présente quelque homophonie *ânanitchhaṁ;* mais ce rapprochement ne m'a jusqu'ici conduit à rien. Le verbe *êhatha* signifie bien « faites effort, » ainsi que l'ont vu les Pandits de Calcutta; il faut y ajouter, comme l'a fait Prinsep, l'idée d'acquérir, « faites effort pour acquérir ce bien inestimable. »

Prinsep n'a pas manqué le sens de la phrase suivante : *iyaṁtcha lipi tisanakhatêna sôtaviya*, « et cet édit doit être entendu au *Nakhata Tisa* (Nakchatra Tichya); » seulement il faut écrire *sôtaviyâ*. L'emploi de l'instrumental dans *nakhatêna*, pour désigner le temps, est un trait remarquable de l'analogie qui existe entre le style buddhique de toutes les écoles, soit en sanscrit, soit en pâli, et le langage de nos inscriptions; on sait, en effet, que pour exprimer l'idée de « en ce temps-là, » les textes sanscrits disent *têna samayêna*. Une lacune d'au moins quatre lettres rend plus obscur ce qui suit, *aṁtamâsitcha tisê*.... *nasikhatêṁsi*, « et à la fin du mois, » le reste exprimant peut-être cette idée « qui tire son « nom du Nakchatra Tichya, » lequel est le huitième des Nakchatras et qui sert à dénommer le mois de Tichya répondant à décembre-janvier. Ce qu'il y a de certain, c'est qu'immédiatement avant la lacune nous trouvons *tisê*, et que *nasikhatêṁsi*, au moyen d'un simple déplacement, donnerait .....*si nakhatêṁsi*, « dans le Nakchatra. » Les mots *êkênâpi sôtaviyâ*, « même par une seule personne il doit être entendu, » permettent de penser que le roi comptait que la lecture de son édit pourrait être faite devant plusieurs personnes, et probablement, comme nous le conjecturerons dans l'analyse de la fin du second édit détaché, devant les membres de l'Assemblée des Religieux ou devant le *Saṁgha*. Quant à présent, nous ne devons pas faire dire à notre passage, incomplet comme il est, plus de choses qu'il n'en exprime réellement. Je remets également à l'analyse de la fin du second édit détaché la justification du sens que j'adopte pour le mot controversé *kâlaṁtaṁ*, « jusqu'à la fin des temps, » et pour le terme également difficile de *saṁghatha*, que je lis *saṁghathaṁ*, « pour le bien, dans l'intérêt de l'Assemblée. »

Les lacunes qui répandent malheureusement tant d'obscurité sur la partie principale de cette inscription ne manquent pas non plus dans les trois paragraphes qui la terminent, et cela est d'autant plus regrettable que, si ma lecture est exacte, on y trouverait plus d'un nom géographique important, et par suite, l'occasion d'un rapprochement curieux. Aussi malgré l'état du monument, je ne puis m'empêcher d'en continuer l'étude; ces vénérables restes d'une antiquité si peu connue ont pour le philologue un intérêt qui ne lui permet pas de s'en détacher sans en avoir poussé l'interprétation aussi loin qu'il lui est possible de le faire. Je copie, puis je transcris la fin du texte, tel que le donne J. Prinsep :

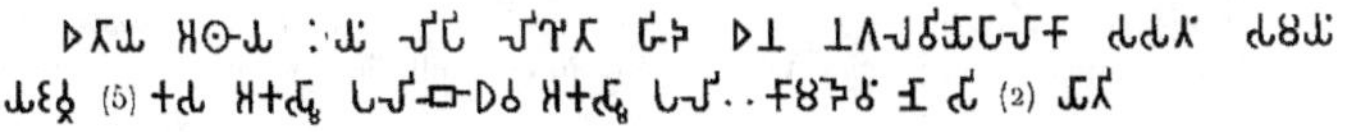

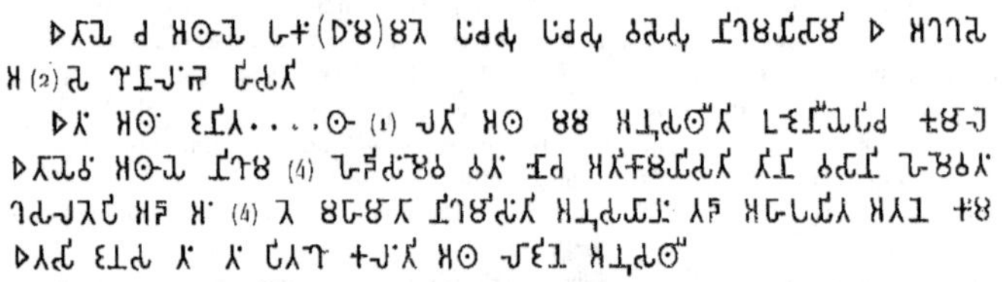

Ètâya athâya iyaṁ lipi likhitâ hida êna nagalaviyôpâlâkâ sasataṁ samayaṁ yadjavû (cinq lettres) *kasa akasmâ palibôdhava akasmâ pali.. kâmadêvaṁ nôsi* (deux lettres) *yâti.*

Êtâyê tcha athâyê hakaṁ (dhaṁma) matê paṁtchasu paṁtchasu vasêsu nikhamayisâmi ê akhakhasê a (deux lettres) *sê khinâlaṁbhê hisati.*

Ètaṁ athaṁ djanita.... thâ (une lettre) *lati atha mama anusathîti udjêniyêpitcha kumâlê êtâyêvaṁ athâyê nikhâma* (quatre lettres) *hêdisaṁmêva vataṁ nôtcha atikâmayisati tini vasâni hêmêva taṁ khasalatêpi adâ aṁ* (quatre lettres) *tê mahâmâtâ nikhamisaṁti anusayânaṁ tadâ ahâpayitu atanê kaṁma êtasi djanasa taṁ taṁ pitakhô kalaṁti atha lâdjinê anusathî.*

« C'est pour cela que cet édit a été écrit ici afin que les gouverneurs de la ville s'appliquent continuellement (cinq lettres) pour le peuple une instruction instantanée, instantané aussi... comblant les désirs pour nous.. voilà.

« Et pour cela, tous les cinq ans je ferai exécuter [la confession] par les ministres de la loi; celui qui dissimulant ses péchés (deux lettres), celui-là sera impuissant dans son effort.

« Ayant connu cet objet........ car tel est mon commandement. Et le Prince royal d'Udjdjayinî devra aussi à cause de cela exécuter (quatre lettres) une cérémonie pareille; et il ne devra pas laisser passer plus de trois ans; et de même ainsi à *Takhasila* (Takchaçilâ) même. Quand (quatre lettres) les grands ministres exécuteront la cérémonie de la confession, alors, sans faire abandonner son métier à aucun des gens du peuple, ils le feront pratiquer au contraire par chacun. C'est là l'ordre du roi. »

Je me figure, peut-être à tort, car dans ce genre de recherches où l'on a si peu de secours, on est d'autant plus exposé à de nombreuses illusions, je me figure cependant que cette traduction doit être exacte dans ses principaux traits. Il n'y a pas de doute sur la valeur de la première phrase *êtâya athâya iyaṁ lipi likhitâ hida*, « pour cet objet, « cette écriture a été écrite ici; » seulement il est plus conforme à l'orthographe ordinaire du monument de lire *êtâyê athâyê*, comme au début du second paragraphe; et l'on doit joindre cette phrase à la suivante par le pronom conjonctif *êna* pour *yêna*. Je ne doute pas davantage du sens de cette seconde phrase *êna nagala viyôpâlâkâ sasataṁ samayaṁ yadjavû*, littéralement, « pour que les gouverneurs de la ville s'appliquent pendant un « temps perpétuel; » il faut lire, comme Prinsep l'a reconnu lui-même, *nagalavihâlakâ*, de même qu'au commencement de l'inscription. Il est difficile de ne pas reconnaître dans *sasataṁ* le sanscrit *çâçvataṁ*, surtout auprès de *samayaṁ*, « un temps, » de même qu'il faut peu de changements pour faire de *yadjavû*, *yudjêvû*, « qu'ils soient unis à, qu'ils s'appliquent à, » comme au commencement de l'inscription. Une lacune de cinq lettres nous empêche de rien faire des deux syllabes *kasa;* il serait possible cependant que ces syllabes fussent le reste du mot *lôkasa*, « pour le peuple; » c'est dans cette supposition que j'ai traduit, sans cependant y tenir beaucoup. Dans *akasmâ palibôdhava*, je trouve le sens de « soudainement un avertissement même; » cela doit faire allusion au principal objet de l'édit qui est destiné à donner au peuple une instruction de tous les instants. Un sens analogue doit être caché dans *akasmâ pali*, mais une lacune d'au moins deux lettres nous empêche de reconnaître l'idée exprimée par ce substantif, qui est de même forme que *palibôdha*. Après cette lacune, on reconnaît aisément *kâmadêvaṁ nô*, « donnant ainsi les « objets de nos désirs, » ou avec *êva*, « donnant même, etc. » C'est une épithète qui se rapporte vraisemblablement au mot perdu dans la lacune. Si Prinsep ne marquait pas une espace vide de deux lettres entre *si* et *yâti*, on traduirait sans difficulté : « qu'il soit, « voilà; » mais l'absence de deux lettres est indiquée par deux croix, comme pour les autres lacunes, sur le fac-simile de M. Kittoe.

C'est à la sagacité de J. Prinsep que nous devons en partie l'intelligence du commencement du second paragraphe, dont le sens roule sur la valeur qu'on doit assigner au verbe *nikhamayisâmi*, littéralement, « je ferai sortir. » S'appuyant sur l'acception religieuse qu'a le verbe *nikkhama* dans le pâli des Buddhistes de Ceylan, et s'autorisant de l'expression *nikhamisaṁti anusayânaṁ*, qui va se présenter dans le troisième paragraphe, Prinsep propose de traduire ce verbe par « donner l'absolution », en le dérivant de *kcham*, « pardon« ner, » ou par « admettre dans le corps des Religieux, » en le dérivant de *kram* précédé de *nich*[1]. De son côté, Lassen adoptant en partie le résultat des combinaisons de Prinsep, traduit *anusayânaṁ*, qu'il lit *anusâyanaṁ*, par « confession[2], » et remarque qu'il doit être ici question de la grande assemblée quinquennale dont parlent les voyageurs chinois[3], et à laquelle fait probablement allusion la légende du roi Açôka, telle qu'elle est rapportée par les livres du Népâl[4]. Je crois cette opinion inattaquable dans sa généralité, et en ce qui touche le paragraphe de l'inscription qui nous occupe actuellement, elle s'y applique avec une rigueur parfaite. Les mots *paṁtchasu paṁtchasu vasêsu*, signifient bien « tous les cinq « ans. » Il est également très-probable que Prinsep comble exactement la lacune qui précède les lettres *matê*, quand il lit *dhaṁma matê*, « les ministres de la loi; » il se peut toutefois que ce soit *mahâmâtê* qu'on doive lire, parce que c'est d'eux qu'il est parlé dans le troisième et dernier paragraphe de l'inscription, justement dans le passage même où il est question de la cérémonie désignée par les mots *nikhamisaṁti anusayânaṁ*. Quant à cette cérémonie elle-même, je pense avec Lassen que ce doit être la confession, institution que l'on sait appartenir au Buddhisme. Mais cette confession n'était pas réservée au seul usage des Religieux; le troisième édit de Girnar, qui se répète, comme on sait, à

[1] J. Prinsep, *Examination of the separate Edicts*, etc. dans *Journ. as. Soc. of Bengal*, t. VII, p. 453.

[2] *Indische Alterth.* t. II, p. 228, note 2.

[3] A. Rémusat, *Foe koue ki*, p. 26.

[4] *Introduction à l'histoire du Buddhisme indien*, t. I, p. 394, note 2.

Dhauli et à Kapur-di-giri, nous apprend que cette cérémonie de l'*anusayânaṁ* avait pour destination spéciale de rappeler au peuple les grands devoirs de morale sur lesquels repose la loi (*dhaṁma*), au succès de laquelle le roi Piyadasi consacre ses efforts[1]. Si donc le mot *anusayânaṁ* peut avoir, par suite de son analogie avec le sanscrit classique *anusaya*, « repentir, » la signification spéciale de *confession*, il faudra y voir une confession accompagnée de la promulgation des principes moraux du *Dhaṁma*, et on devra se figurer la chose de cette manière : on rassemblait le peuple tous les cinq ans, on engageait chacun à faire l'aveu de ses fautes, et on lui rappelait les principes de la loi.

C'est, jusqu'à présent, la seule idée que je me puisse faire de cette cérémonie qui est indiquée dans l'édit séparé que nous examinons, comme dans l'édit général, mais qui n'est explicitement décrite nulle part, du moins dans l'état où nous sont parvenues les inscriptions. Mais je dois exposer les difficultés de détail qui restent encore touchant l'intelligence précise des termes; et comme le verbe *nikhamayisâmi* tire son sens spécial de son rapport avec le mot *anusayânaṁ*, je suis obligé d'examiner ici ce mot, quoiqu'il ne soit pas écrit dans le second paragraphe et qu'il ne se présente que dans le troisième. J'ai transcrit avec Prinsep *anusayânaṁ*, et je ne ferais aucune difficulté de corriger avec Lassen *anusâyanaṁ*; je remarque cependant que, dans toutes les transcriptions que nous avons de ce terme, la semi-voyelle *y* est accompagnée d'une voyelle soit *i*, soit *â*; cette circonstance me paraît militer en faveur d'une leçon comme celle de Dhauli adoptée par Prinsep, où la fin du mot doit être *yânaṁ*, ou comme celle de Girnar, où elle est *yinaṁ*. Mais cette leçon n'est pas facile à justifier grammaticalement, et il est évident que si le terme en question est analogue au sanscrit *anusaya*, « repentir, » s'il en est par exemple le substantif causal, « l'action de faire repentir, » et par extension la cérémonie où chacun est invité à faire acte de repentir, la voyelle longue doit être là où la place Lassen, *anusâyanaṁ*, et non où la donne le fac-simile de Kittoe suivi par Prinsep, *anusayânaṁ*. M. Wilson échappe à ces difficultés en lisant, avec l'inscription de Kapur-di-giri, *anusayanaṁ*; mais il traduit, je ne sais sur quelle autorité, *anusayanaṁ*, par *injonction*; puis tout en convenant de la réalité du sens de *repentir* attribué à *anusayanaṁ*, il avance que ce sens ne va pas ici, et c'est cependant le sens d'*expiation* qu'il donne dans la version qu'il propose[2]. Il y a là des contradictions que je ne me charge pas de concilier. On voit les difficultés que laissent subsister les orthographes diverses de ce terme difficile, quand on veut arriver à la précision nécessaire pour une traduction exacte. Je ne proposerai pas de lire *anusêyânaṁ*, comme paraît le donner le fac-simile de M. Kittoe, quoique ce mot pût s'expliquer selon les lois de l'euphonie populaire, par la réunion de *anusê* pour *anusaya* et *yânaṁ*, « la marche du repentir, la procession du peuple qui va confesser ses péchés. » Quoique cette idée approche plus de celle d'une cérémonie, et que le sens que je donne au verbe *nikhamayisâmi* s'y rapporte parfaitement, je n'ose insister sur cette conjecture, tant que nous ne serons pas plus certains de la lecture du monument.

Je passe au mot *nikhamayisâmi*, pour l'explication duquel Prinsep hésite entre les radi-

[1] *On the Rock inscript.* dans *Journ. roy. as. Soc. of Great-Britain*, t. XII, p. 170.

[2] Wilson, *On the Rock inscript.* dans *Journ. roy. asiat. Soc. of Great-Britain*, t. XII, p. 172.

caux *kcham*, « tolérer, » et *kram*, « marcher. » Lassen se décide pour *kram* précédé de *nis*, qui fait certainement en pâli *nikkhama*, de sorte que la forme *nikhamayisâmi* répondrait exactement au futur pâli *nikkhamayissâmi*, « je ferai sortir, » et au sens figuré « je ferai ré« sulter, avoir son effet. » Je ne doute pas, pour ma part, de l'exactitude de cette explication ; mais le plus récent des interprètes du monument de Girnar, M. Wilson, tire ce verbe du sanscrit *kcham*, « supporter, tolérer, » et, conformément à la signification qu'il assigne à *anusayanaṁ*, il traduit la leçon de Kapur-di-giri *anusayânam nikhamatu*, « let injonctions be « endured or obeyd, » le second mot étant la forme pâlie du sanscrit *nikchâmyatu*, et l'écrivain ayant par erreur mis une forme active au lieu de la forme passive *nikchamyatâṁ* qu'il faudrait trouver ici[1]. Mais il se présente un grand nombre de difficultés contre cette explication : elle serait grammaticalement légitime, qu'elle serait suspecte à cause du sens qu'elle donne. N'est-ce pas quelque chose d'insolite que de voir un roi demander que ses ordres soient tolérés? Ensuite est-il bien sûr que le radical *kcham* « tolérer, pardonner, » prenne jamais le préfixe *ni?* La grande lecture de M. Wilson peut seule nous éclairer sur ce point; quant à présent, dans la masse assez considérable d'exemples qu'a rassemblés Westergaard, on ne voit que *sam* qui s'unisse à *kcham*. Ensuite on ne peut imputer au copiste l'erreur supposée d'avoir mis le verbe à la forme active au lieu de la forme passive, indispensable ici pour l'explication de M. Wilson : car il est de fait qu'en pâli le passif se forme par l'insertion de *ya* entre le radical et la désinence soit de la forme active, soit de la forme moyenne[2]; nous avons, si je ne me trompe, un exemple de ces passifs à forme active dans le *dukhîyati*, « il est malheureux, » de notre inscription. Mais il n'est pas besoin de chercher ici un passif, si le *nikhamatu* de Kapur-di-giri dérive du sanscrit *nichkramatu*, « qu'il sorte, » et *anusâyanaṁ nichkramata* doit signifier « que la cérémonie « du repentir sorte, » pour dire « produise son effet, ait lieu. » Ajoutons que, d'après cette explication, le préfixe est non plus *ni* mais *nis*, et que ce dernier est aussi fréquent avec le verbe *kram*, que *ni* paraît être rare avec *kcham*. Enfin, n'est-il pas permis d'employer comme dernier et décisif argument le synonyme que le texte de Girnar, revu par Westergaard, substitue au *nikhamatu* du texte de Kapur-di-giri? Ce synonyme est *niyâta*, ou, selon une lecture possible de Westergaard, *niyâtu*, qui remplace le *nikhamatu* de Kapur-di-giri. Or, quand M. Wilson a dit que le texte de Girnar était également inintelligible de quelque manière qu'on le lût, il n'a certainement pas fait attention que *niyâtu* répondait au sanscrit *niryâtu*, « qu'il sorte, » et que l'emploi de ce verbe dans un passage où un autre monument a *nikhamatu* était une preuve irrécusable de la valeur de *sortir*, qu'il faut attribuer à *nikhamatu*.

Maintenant, si dans le second paragraphe le roi parlant en son nom s'exprime ainsi : *dhaṁmamatê* (ou *mahâmâtê*) *paṁtchasu paṁtchasu vasêsu nikhamayisâmi*, cela doit signifier « je ferai sortir tous les cinq ans les grands ministres; » c'est-à-dire « je veux qu'ils sortent » avec la mission spéciale qui leur est dévolue, et qu'exprime la locution formée de *anusâyanaṁ* joint au verbe *nikham*.

[1] Wilson, *On the Rock inscript.* dans *Journ. roy. asiat. Soc.* t. XII, p. 172. — [2] Clough, *Pali grammar*, p. 101.

Les mots qui suivent le terme que je viens d'examiner présentent une lacune de deux lettres, après la sixième; cela est certainement regrettable, parce que le passage en lui-même est difficile; je crois cependant pouvoir saisir et la forme de la phrase et son sens général. Elle se divise pour moi en deux propositions, *ê akhakhasê a* (lacune de deux lettres) *sê khînâlam̃bhê hisati;* la première se termine avec *a*, quelle que puisse être la fin de ce mot; la seconde commence à *sê*, car *ê* et *sê* sont, dans le dialecte de nos inscriptions, les formes populaires des pronoms sanscrits *yaḥ-saḥ*, « celui qui, celui-là. » De là il suit que *akhakhasê* est un mot au nominatif en rapport avec *ê*, « celui qui; » tout porte à supposer que ce doit être un adjectif composé. Après bien des essais infructueux, je n'ai pu trouver d'autre sens à ce terme qu'en supposant que le *kh* représente un *gh*, par suite d'une transformation familière aux plus infimes des dialectes populaires, à celui notamment qu'on nomme *pâiçâtchî*[1]. Ainsi *akhakhasê* reviendrait à *aghaghasê*, où l'on retrouverait aisément les deux mots sanscrits *agha*, « faute, péché, » et *ghasa*, « celui qui mange, » l'expression « celui qui mange son péché » désignant d'une manière facile à comprendre l'homme qui dissimule sa faute. Il est fort probable que la voyelle *a* qui suit est le commencement d'une forme verbale; en pâli, on serait sûr de trouver ici *assa*, « il serait. » Dans la seconde proposition qui commence à *sê*, « celui-là, » *khînâlam̃bhê* joue le même rôle que fait le terme que je viens d'expliquer dans la première. J'y reconnais sans hésitation le pâli *khînâlambaḥ*, « celui dont l'entreprise est détruite, dont l'effort est impuissant; » de *khîna* pour *kchîṇa*, et *âlambha* pour *ârambha*. Je ne suis pas si sûr de la leçon du dernier mot *hisati*, quoiqu'il faille très-probablement y voir un futur du verbe *bhû*, « être. » Dans nos inscriptions, nous trouvons *hôsâmi*, « je serai, » où il reste quelque trace de la voyelle primitive; mais il se peut que *hisati* soit l'abréviation d'une forme comme *hêsati*, laquelle serait la transformation naturelle du futur *bhêchyati* des *Gâthâs* buddhiques des livres népâlais. Quoi qu'il en puisse être, je me crois autorisé par ces diverses analyses à traduire ainsi la proposition toute entière : « celui qui dissimulant ses péchés (lacune de deux lettres), celui-là sera impuissant dans son effort. »

Pour traduire *êtam̃ atham̃ djanita* par « ayant connu cet objet, » je lis *djanitu*, en supposant que nous avons ici le thème dont le pâli tire une forme plus développée, comme *djanitu*, pour *djanitu-âna*. Une lacune de quatre lettres nous conduit à la syllabe *thâ*, qui se présente comme la deuxième pers. plur. d'un verbe dont la finale est allongée, ainsi que cela se voit fréquemment dans nos inscriptions. Il semble que le roi dise, « connaissant ce but, agissez en conséquence. » Cette syllabe n'est séparée des deux lettres *lati* que par la lacune d'une lettre; est-ce *bhi* qui manque? alors on aurait ...*thâbhilati*, qui se décomposerait ainsi : *tha-+-abhirati*, pour *atha abhirati*, « ainsi le désir, » mots qui vont bien avec ce qui suit : *atha mama anusathîti*, « ainsi de moi le commandement est, voilà. » Il est clair qu'alors on renoncerait à faire de *thâ* la finale d'un verbe. Mais c'est déjà trop de paroles pour des textes aussi mutilés : on ne manquerait pas de nous dire qu'il est plus facile de combler par des hypothèses les lacunes d'un fragment incomplet, que de donner une traduction suivie d'un passage où rien ne manque.

[1] Lassen, *Instit. ling. pracrit.* p. 439.

Dans ce qui suit paraît un des termes les plus curieux de cette inscription : *udjêniyêpi kumâlê étâyêvaṁ athâyê nikhâma* (lacune de quatre lettres) *hêdisaṁmêva vataṁ*, « et le « Prince royal d'Udjdjayinî devra aussi à cause de cela exécuter (quatre lettres) une céré- « monie pareille. » J. Prinsep a fort heureusement conjecturé que si Piyadasi est, comme a essayé de l'établir Turnour, le même que le grand roi Buddhiste Açôka, le prince royal nommé d'après le nom de sa résidence doit être le fils qu'il eut à Tchêtiyagiri, pendant qu'il voyageait pour prendre possession de la vice-royauté à Oudjein[1]. Je dis *le fils*, avec Lassen, qui a relevé l'erreur de Turnour, suivant lequel Açôka aurait eu deux fils, *Udjdjêniya* et *Mahinda*[2], tandis que l'adjectif *udjdjêniya* n'est qu'une épithète de Mahinda[3]. C'est donc à Mahinda, au prince fils de Piyadasi, qui commandait comme vice-roi à Oudjein, que se rapporte la partie de l'édit de Dhauli que j'examine en ce moment; et il est permis de supposer qu'un pareil ordre avait été également inscrit sur quelque monument voisin de cette ville. J'ai d'ailleurs peu d'observations à faire pour justifier cette version qui ne s'éloigne naturellement que très-peu de celle de Prinsep. Sur le fac-simile de M. Kittoe, la longue de la troisième syllabe du nom *udjêniyê* ne me paraît pas visible; il est même probable qu'il faut lire *udjêniyê*, comme en pâli. Après *nikhâma* vient une lacune de quatre lettres, qui ne nous enlève probablement que la forme du temps et la désinence du verbe *nikhâma*, auquel je subordonne le complément direct *hêdisaṁmêva vataṁ*, pour *idrîçam êva vrataṁ*. On voit également bien ce que signifieraient les mots *nôtcha atikâmayisati tini vasâni*, « et il ne laissera pas s'écouler au delà de trois ans; » mais on n'aperçoit pas comment ce terme se concilie avec celui de cinq ans posé dans le second paragraphe: serait-ce qu'il y aurait une époque pour Oudjein, et une autre pour Tôsalî? c'est ce que semble indiquer le texte; mais le passage n'est pas assez entier pour qu'on puisse disposer des fragments dont il se compose avec une entière liberté. Prinsep, s'appuyant sur un usage analogue encore en vigueur chez les souverains Buddhistes, propose de lire *tini divasâni*, « trois jours, » parce que c'est pendant trois jours, en effet, que ces souverains se soumettent à une véritable expiation; mais l'état du fac-simile de M. Kittoe ne paraît pas autoriser cette correction, que j'aimerais, pour ma part, à voir se vérifier; on traduirait alors, « et il ne fera pas franchir trois jours, » c'est-à-dire que la cérémonie de l'*anusâyanaṁ* ne durera pas plus de trois jours.

Après cette indication de trois années ou de trois jours, vient un terme fort difficile et dont je n'ai pu rien faire sans une conjecture qu'on trouvera peut-être trop hardie; je le transcris d'après Prinsep, *hêmêvataṁ khasalatêpi*. Prinsep ayant trouvé déjà *hêdisaṁmêva vataṁ* a cru devoir chercher ici ce même mot; il a donc coupé ainsi *hêmê vataṁ*, « ma « coutume établie, » et *khasalatêpi*, « désireux de tuer; » mais ces divisions lui ont paru à lui-même très-problématiques. J'ai examiné avec attention le fac-simile de M. Kittoe : il ne porte aucune trace d'*anusvâra* après le *ta*, de sorte que réunissant ensemble *hêmêva* qui paraît fréquemment dans nos inscriptions pour *êvamêva*, « de même aussi, » j'ai été conduit à faire un seul mot de *takhasalatê*, plus *pi* pour *api*, mot qui, avec l'addition d'un *i*

[1] J. Prinsep, *Examin. of the inscript.* dans *Journ. as. Soc. of Bengal*, t. VII, 1re part. p. 454.

[2] *Mahâwanso*, t. I, ch. XIII, p. 76.

[3] Lassen, *Ind. Alterth.* t. II, p. 243, note 1.

sur la sifflante *s*, m'a paru donner le pâli *takkhasilatô*, « à partir de *Takkhasilâ*, » ou même, « à Takchaçilâ aussi, » la désinence *tô* étant prise ici dans le sens du locatif. L'indication de la ville de Takchaçilâ ne paraît pas beaucoup moins naturelle ici que celle d'Udjdjayinî; c'était un des centres les plus importants de la partie septentrionale et occidentale du vaste empire de Piyadasi; à en croire même la légende de l'*Açôka avadâna*, cette cité aurait été une des plus riches de l'Inde[1]. Cette ville, qui se révoltait souvent contre l'autorité des

[1] *Introd. à l'hist. du Buddh. ind.* t. I, p. 373. L'analyse de la collection tibétaine donnée par Csoma nous apprend que Takchaçilâ était une ville qui jouissait d'une grande célébrité dès le temps du Buddha; un des fils naturels de Bimbisâra s'y était rendu pour apprendre la chirurgie sous un médecin célèbre. (Csoma, *Analysis of the Dulva* dans *Asiat. Res.* t. XX, p. 69.) Il paraît d'après les deux voyageurs chinois Fahian et Hiuan thsang qu'au VIe et au VIIe siècles de notre ère, les Buddhistes plaçaient à Takchaçilâ et dans le voisinage de cette ville le théâtre d'un certain nombre d'événements miraculeux qui passaient pour être arrivés au Buddha, quand il était Bôdhisattva, comme par exemple l'aumône qu'il aurait faite de sa tête et de son corps. (*Foe koue ki*, p. 74 et 380.) Je ne voudrais pas prétendre que ces circonstances fabuleuses n'ont été rapportées à cette ville et à quelques localités voisines, que parce que Çâkyamuni ne les avait jamais visitées, et qu'alors l'imagination des dévots trouvait là un terrain libre. En effet, les légendes nous montrent Çâkya exécutant dans les provinces mêmes de l'Inde centrale où il a certainement passé sa vie, des miracles qui ne choquent pas moins le sens commun. Ce que je crois, c'est que Çâkya n'a jamais visité Takchaçilâ. Quand on aura lu tous les textes où le Buddha joue un rôle, on trouvera que le champ de ses prédications ne s'est guère étendu au delà des pays de Kôçala, d'Anga, des Kurus, d'Ayôdhyâ et de Magadha, lesquels formaient de son temps la partie la plus civilisée de l'Inde. Nous pouvons d'ailleurs apprécier dès à présent la réalité de certains voyages qu'on lui attribue, par les moyens qu'il emploie pour les accomplir; quand ces moyens sont surnaturels, on peut presque toujours affirmer que Çâkya n'a jamais visité les lieux où la légende veut le transporter. Je citerai entre autres les deux voyages à Lankâ, où certainement Çâkyamuni n'est jamais allé, et tant d'autres expéditions soit dans l'Himâlaya, soit dans le nord-ouest de l'Inde qui ne sont pas moins fabuleuses. Ce que l'on peut retirer de ces récits puérils, ce sont, outre des traits de mœurs, quelques détails géographiques sur des lieux auparavant inconnus ou non déterminés. Ainsi, pour en donner deux exemples, la légende de Pûrṇa que j'ai traduite ailleurs (*Introd. à l'hist. du Buddh. indien*, t. I, p. 235 et suiv.) raconte des faits qui devaient s'être passés à *Sûrpâraka*. J'avais cru pouvoir, d'après le récit singhalais du voyage de Vidjaya du Kalinga à Ceylan, placer *Sûrpâraka* sur la côte orientale de la presqu'île. Mais maintenant que Lassen a positivement établi par le témoignage du *Mahâbhârata* qu'il existe sur la côte occidentale de l'Inde un pays de *Çûrpâraka*, qui est la Συπάρα de Ptolémée au sud de la Narmadâ, et qu'on doit admettre l'existence de deux villes de ce nom, l'une sur la côte orientale, l'autre sur la côte occidentale (Lassen, *Indische Alterthumskunde*, t. I, p. 537 note et p. 565 note 2; *Dissertat. de Taprobana insula*, p. 18), on reste en doute sur la question de savoir laquelle de ces deux *Çûrpârakas* veut désigner la légende buddhique, qui d'ailleurs ne marque pas la direction que suivit Çâkya pour s'y rendre par des moyens surnaturels. Eh bien! des textes tibétains analysés par M. A. Schiefner décident la question en nous apprenant que de Çrâvasti où il se trouvait, le Buddha se dirigea vers le sud-ouest pour se transporter à *Çûrpâraka* (*Eine tibet. Lebensbeschreib. Çâkyamuni's*, p. 102). Je dois encore aux mêmes sources une rectification plus importante, en ce que la fable n'est pas mêlée au fait dont il s'agit. Dans le récit de la défaite des adversaires de Çâkyamuni, on trouve la mention d'une ville de *Bhadramkara*, où les vaincus se retirent. (*Introd. à l'hist. du Buddh. ind.* t. I, p. 190.) J'avais conjecturé que ce nom pouvait être actuellement représenté par celui de *Bahraitch*, au nord d'Aoude. Mais les légendes tibétaines de la vie de Çâkya prouvent qu'il n'en peut être ainsi, en ce qu'elles placent Bhadramkara à 65 Yôdjanas au sud de Râdjagrïha, ce qui semble nous conduire dans la province de Beder vers Paudurkaora, ville située sur un des affluents septentrionaux de

rois de Pâṭaliputra, fut gouvernée quelque temps par un prince royal, par celui des fils d'Açôka que la légende précitée nomme *Kuṇâla;* ne serait-ce pas par suite de cette circonstance que le roi Piyadasi, qui avait promulgué un édit moral dans la ville de Tôsalî, sur la côte orientale de la presqu'île indienne où commandait un prince, comme va nous l'apprendre l'édit suivant, fait l'application de ce même édit à la ville plus centrale d'Udjdjayinî où commandait un autre prince, et étend sa prévoyance en termes généraux jusqu'à la ville septentrionale de Takchaçilâ? On comprend que je n'expose cette hypothèse qu'avec une grande réserve, premièrement à cause de la difficulté du texte sur lequel trop de lacunes laissent encore beaucoup d'obscurité; ensuite parce que rien ne nous apprend que ce fût un prince royal qui, à cette époque, commandait à Takchaçilâ. Si même on venait à reconnaître que la phrase que je vais essayer d'expliquer doit se joindre à celle où je trouve par conjecture le nom de *Takchaçilâ,* ce seraient des ministres qui auraient exercé alors dans cette ville le pouvoir au nom du roi de Pâṭaliputra. Cette supposition s'accorderait également bien avec la teneur de la légende d'Açôka, telle que nous l'ont conservée les Buddhistes du Nord, puisque cette légende nous apprend que les habitants de cette cité ne se révoltaient d'ordinaire contre l'autorité royale, qu'à cause de la tyrannie des ministres qui l'y exerçaient.

La fin de l'inscription offre malheureusement encore des lacunes; sans cette circonstance regrettable, elle nous aurait probablement conservé un des détails les plus intéressants de cet édit précieux. Cette fin embrasse deux phrases dont la première finit à *kalaṁti,* et la seconde commence avec *atha.* La première phrase se divise naturellement elle-même en deux propositions, la première commençant par *adâ* pour *yadâ,* « quand, » la seconde par *tadâ,* « alors; » c'est là un point que tout lecteur attentif n'hésitera pas à m'accorder et qui jette un très-grand jour sur tout le passage. Après *adâ,* « quand, » vient *aṁ,* que je n'essayerai pas de transformer en *yam* ou en *yat,* parce que je n'ai aucune idée de ce qui suivrait ce monosyllabe dans cette lacune de quatre lettres. Les derniers mots de cette première proposition *tê mahâmâtâ nikhamisaṁti anusayânaṁ,* doivent signifier mot à mot : « les grands ministres sortiront la cérémonie du repentir, » soit que *nikhamisaṁti,* qui est naturellement neutre, prenne ici un sens actif à cause de l'addition du

la Payin Gangâ. Ces deux exemples suffisent pour montrer l'usage qu'on pourra faire plus tard des récits même les plus fabuleux de la légende. Quant à présent et pour revenir à Takchaçilâ, je serais porté à croire que la considération des événements merveilleux dont Fahian et Hiuan thsang trouvèrent le souvenir encore vivant, n'a pas été sans influence sur la fausse explication de *tête coupée* que les Chinois ont imaginée pour le nom de *Takchaçilâ.* Il a suffi pour se confirmer dans cette explication de confondre *çiras* « tête » avec *çilâ* « pierre. » Mais un des critiques auxquels les choses indiennes sont le plus familières, ne s'est pas laissé prendre aux transcriptions chinoises de *Tchu cha chi lo* et de *Tan tcha chi lo.* Il y a reconnu la *Takchaçilâ* des Indiens et la Τάξιλα des Grecs. (Lassen, *Zeitschrift für die Kunde des Morgenland.* t. I, p. 224; *Ind. Alterth.* t. I, p. 706 note 5, et t. II, p. 144 note 1; add. Al. Cunningham, *Verification of the itinerary of the chinese Pilgrim Hiuan thsang, etc.* dans *Journ. asiat. Soc. of Bengal,* t. XVII, p. 19.) Hiuan thsang place au sud-est de la ville un monastère bâti par le fils d'Açôka nommé *Keou lang nou.* Ce dernier nom est, selon Cunningham (*ibid.* p. 20), synonyme de Djalôka fils d'Açôka et roi du Cachemire; c'est là une assertion dont je cherche en vain la raison : *Keou lang nou* me paraît être simplement une transcription peu exacte de *Kuṇâla,* nom véritable du fils d'Açôka.

complément *anusayânaṁ* (comme l'écrit J. Prinsep); soit qu'il y ait une faute dans la copie du fac-simile, pour *nikhâmayisaṁti;* soit enfin que laissant au verbe *nikhamisaṁti* son sens neutre, on doive traduire « quand les grands ministres sortiront pour la cérémonie « du repentir. »

Ce qu'ils devaient faire est indiqué dans la proposition finale commençant par *tada;* dans cette proposition elle-même, je trouve une phrase incidente qui commence avec *ahâpayita* et qui finit à *kaṁma* ou à *djanasa*, comme je vais le montrer tout à l'heure. Cette phrase incidente, que je transcris d'après Prinsep, *ahâpayita atanê kaṁma*, avec ou sans l'addition de *êtasi djanasa*, n'a besoin que de peu de corrections pour être claire. Ainsi en ajoutant un *a* à *ahâpayita*, on en fait *ahâpayita*, « n'ayant pas fait abandonner; » en ajoutant un *anusvâra* à *kaṁma* (et peut-être même cette addition n'était-elle pas nécessaire dans ce dialecte), on a *atanê kaṁmaṁ*, pour le sanscrit *âtmanaḥ karma*, « l'ac« tion propre, son action, son métier; » ce mot devient une espèce de composé faible, comme on dirait en Allemagne, pour le composé régulier *âtmakarma*. Et cette particularité explique comment les mots suivants peuvent se présenter au génitif; car je lis *êtasa djanasa*, au lieu de *êtasi djanasa*, mots qui, si on se réglait sur le premier, exigeraient une correction beaucoup plus forte, comme *êtaṁsi djanaṁsi*. Toutes ces analyses réunies donnent donc ce sens littéral, « sans avoir fait abandonner son métier propre à ce « peuple, » ce qu'il faut entendre au sens distributif, comme je l'ai indiqué dans ma traduction, à cause de la répétition du pronom *taṁ taṁ*, qui commence la proposition finale. Si, d'un autre côté, on veut rejeter *êtasi djanasa* au commencement de cette proposition nouvelle, le sens général n'en sera pas sensiblement modifié, mais la proposition incidente se présentera moins complète, de cette manière: « sans avoir fait abandonner « son propre métier. » Alors ne voyant pas ceux à qui les grands ministres ne doivent pas faire abandonner leur métier, on serait tenté de croire qu'il s'agit des ministres eux-mêmes, et de prendre le verbe à forme causale *ahâpayita* pour un simple actif. J'ajoute qu'il semble plus naturel de commencer la proposition principale par le pronom distributif *taṁ taṁ*, « celui-ci, celui-ci, » pour dire *chacun*. A qui se rapportera ce pronom? est-ce à ce peuple, ou au métier de chacun? La question a en elle-même assez peu d'importance, car de quelque façon qu'on l'entende, rien n'est changé au sens. Je dirai cependant, par respect pour cette souveraine divinité du philologue qu'on nomme la précision, que *taṁ taṁ* se rapporte à *kaṁma*, « tel et tel métier, chaque métier. » Et j'ajoute que ce n'est pas sans raison que les mots *êtasi djanasa* ont été placés ainsi en manière d'*œil de corbeau*, comme le disent les commentateurs indiens dans leur style pittoresque, entre une proposition où ils sont nécessaires et une autre où ils ne le sont pas moins, pour regarder l'un et l'autre, à l'instar du corbeau posté en travers au milieu d'une grande route.

Le terme qui suit *taṁ taṁ* et que Prinsep lit *pitakhô*, présenterait quelque difficulté sans la petite correction que je propose d'y apporter en lisant *tu* au lieu de *ta; pitukhô* pour le sanscrit *api tu khalu*, doit signifier « mais même certes, » c'est-à-dire « bien au con« traire. » Comme cette conjonction ne peut guère être reculée plus loin qu'après le premier mot de la proposition, j'ai vu là un motif de plus pour rapporter les mots *étasi djanasa* à la proposition incidente. Reste le mot *kalam̃ti*, dont la signification paraît être commandée par ce qui précède, « chacun de ces métiers bien au contraire ils, » on attend certainement « font pratiquer; » malheureusement le verbe *kalam̃ti* n'a rien d'une forme causale; ce serait *kâlayam̃ti* ou *kâlêm̃ti* qu'il faudrait trouver sur le monument. Le fac-simile de M. Kittoe donne très-distinctement *kalam̃ti;* mais les voyelles dans ce vieux caractère sont si faciles à effacer, que l'*â* et l'*ê* nécessaires pour figurer 𑀓𑀸𑀮𑁂𑀁𑀢𑀺 *kâlêm̃ti*, ont bien pu disparaître et ne laisser plus que 𑀓𑀮𑀁𑀢𑀺 *kalam̃ti*. De tout ceci je conclus au sens que j'ai adopté : « bien au contraire, ils font exécuter chacun de ces métiers, » ce qui nous donne une injonction royale très-curieuse et certainement tout à fait conforme à l'esprit du Buddhisme primitif, savoir que les grands ministres, en faisant célébrer parmi le peuple la cérémonie de la confession générale, ne doivent pas profiter de cette circonstance pour l'engager à renoncer aux diverses professions qu'il exerce, afin de lui faire embrasser la vie religieuse, mais qu'ils doivent au contraire faire en sorte que chacun persiste dans son état: prudence grande et royale, et tolérance plus que buddhique! Piyadasi y met le sceau par ces paroles, *atha lâdjinê anusathî*, « tel est l'ordre du roi, » sur quoi je remarque seulement (car que ne remarquent pas les gens de notre métier!) que la voyelle longue du mot *anusathî*, qui est parfaitement visible sur le fac-simile de M. Kittoe, annonce que ce mot devait être suivi de *iti*, cette modeste particule que son humilité n'aura pas sauvée des injures du temps.

N° 2. SECOND ÉDIT.

Je serai beaucoup plus bref sur le second édit que sur le premier; je compte même n'insister que sur les parties qui en sont assez bien conservées pour récompenser les peines qu'il faut se donner si l'on veut y découvrir un sens quelconque. Le commencement de cet édit est identique à celui du premier; mais il est extrêmement incomplet. Ici la perte est moins grave, puisque nous pouvons à l'aide du premier édit compléter le préambule mutilé. Les lacunes s'étendent plus loin et elles entament le premier tiers de l'inscription. On voit par ce qui reste que le roi s'occupe toujours de combler son peuple de bienfaits. Enfin les sept dernières lignes de l'inscription sont à peu près entières; mais le texte y paraît altéré, à en juger du moins par la difficulté où je me suis trouvé de tout entendre. A la fin, reparaît plus complétement et avec quelques additions utiles, une phrase qui figure parmi les derniers paragraphes de l'édit. Voici donc ce que je me propose de faire : je copierai l'inscription telle que nous l'a donnée Prinsep; je la reproduirai en caractères latins; mais comme elle est trop mutilée pour pouvoir être traduite d'une manière suivie, je me contenterai d'en analyser les portions où l'on a quelque chance de trouver un sens, et je placerai dans le cours de cette analyse les passages que j'aurai pu traduire.

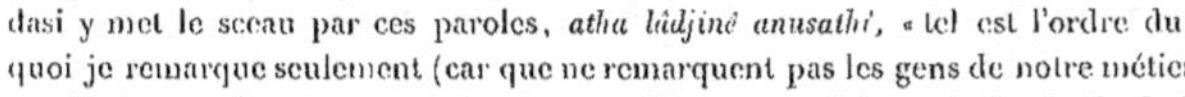 (le reste effacé : voyez le premier Édit) 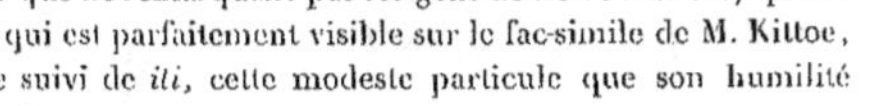

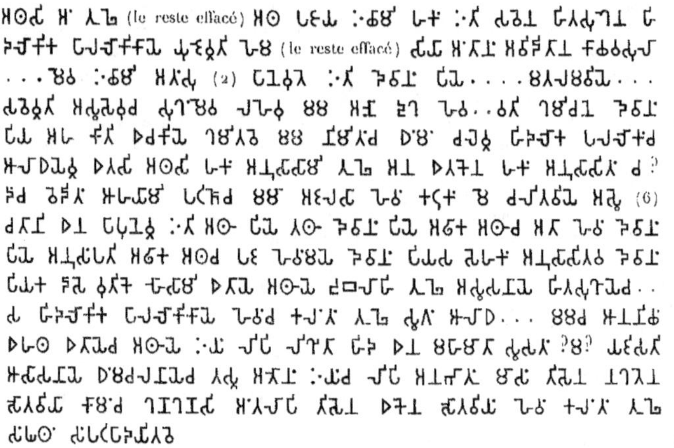

Dêvânaṁ piyasa vatchanêna tôsaliyaṁ kumâlê mahâmâtâtcha vataviyaṁ aṁ kitchhi dakhâmihaṁ (lacune) *duvâlatêtcha âlabhêhaṁ êsatcha mê môkhyamata duvâlâ êtasi athasi aṁ tuphê* (lacune) *atha padjâya itchhâmi hakaṁ iti savêna hitasukhêna hidalôkika pâlalôkikâyê yadjêvâti hêma* (lacune) *siyâ aṁtânaṁ aviditâna kâtchhavasulâ. . . mêva itchhâmi ataṁsu* (deux lettres) *pânêvutê iti Dêvânaṁ piyê. . . . matalamaviyê. . . savêvâti asvasêvutcha sukhaṁ mêva lahêvu mama anô dukha hêva. . . vati khamitchanê Dêvânaṁ piya aha kiti êtchakiyê khamitavê mama nimitaṁtcha dhaṁmaṁ tchalêvû hidalôka palalôkaṁtcha âlâdhayêvû êtasi athasi hakaṁ anusâsâmi tuphê ana êtakêna hakaṁ anusâsitaṁtcha? daṁtcha vêditaṁ âhayâmi paṭiñâtcha mamâ adjalasâ hêvaṁ kaṭukaṁ mê tchalitaviyê asvê* (six lettres) *tcha tâni êna pâpunêvû iti athâ piyê tathâ Dêvânaṁ piyê aḍhâka athâtcha atâ hêvaṁ Dêvânaṁ piyê anusaṁpati aḍhâka athatcha padja hêvaṁ mayê Dêvânaṁ piyasa sêhakaṁ anusâsitava Dêvânaṁ piyaka dâsê vatikê hôsâmi êtâyê athâyê ḍubalâhi tuphê asvasanâyê hitasukhâyêtcha. . . sa hidalôkika pâlalôkikâyê hêvâṁtcha kalaṁtaṁ tuphê svagaṁ âlâdha. . . mamatcha ânanitchhaṁ êhatha êtâyêtcha athâyê iyaṁ lipi likhitâ hida êna mahâmâtâ svasataṁ ?ma? yadjisati âsâsanâyê dhaṁmatchalanâyêtcha tasta atônaṁ iyaṁtcha lipi anabhâtuṁ mâsaṁ tisêna nakhatêna sôtaviyâ kâmaṁtcha khaṇakhaṇasi aṁtalâpi tisêna êkêna sôtaviyaṁ hêvaṁ kalaṁtaṁ tuphê saṁgha thaṁsaṁpaṭipâdayitavê.*

Il est facile de reconnaître que, jusqu'à la lacune qui suit le mot *hêma*, le préambule de cet édit est exactement le même que celui de l'édit précédent; il n'y a de différence que dans l'orthographe de quelques mots, et la présence du mot *kumâlê*, pour le sanscrit *kumârah*, « le prince royal. » Le premier édit, tel du moins qu'il nous est parvenu, ne parle que des grands ministres, *mahâmâtâ;* car il est peu probable que les lacunes qui paraissent dans la première partie de cet édit nous cachent le titre de *kumâlê*. Il est seulement à regretter que le nom de ce prince royal ne soit pas prononcé dans ce qui nous reste de l'inscription. Je relèverai rapidement les petites incorrections que présente la copie de Prinsep pour le début de l'édit. Au lieu de *dakhâmi*, il faut lire *dêkhâmi*, « je « commande, » et au lieu de *duvâlâ*, *duvâlê*. Après *hêma* pour *hêmêva*, qui nous montre que le préambule du second édit continuait à marcher de pair avec celui du premier, paraissent des mots isolés au milieu de lacunes considérables, mots dont quelques-uns sont intelligibles à part, mais que les lacunes tiennent à une trop grande distance les uns des autres pour qu'il soit possible d'en tirer un sens suivi. Ainsi après *siyâ* « qu'il soit, » qui commence la quatrième ligne du fac-simile de M. Kittoe, on trouve *aṁtânaṁ aviditâna kâtchhavasulâ*, où les deux premiers mots paraissent être en sanscrit *antânâm aviditânâm* « des fins non connues; » nous retrouverons bientôt dans la suite de l'inscription, le mot *vêditaṁ* « déclaré, porté à la connaissance, » précédé de quelque chose comme *aṁnaṁ* « autre chose; » cela donnerait à croire que le texte original porte peut-être *aṁnânaṁ aviditâna*, pour *aviditânaṁ* « des autres choses non connues; » mais à quoi nous servirait cette correction, avec le grand mot *kâtchhavasulâ* que les lacunes qui suivent nous mettent hors d'état de couper convenablement? Le commencement en est sans doute quelque chose comme *kâtchhi hêva*, ou encore *kitchi êva;* mais la suite va se perdre dans une lacune considérable. Dans les courtes inscriptions constatant des offrandes, que le capitaine Burt a relevées à Santchi et qu'a interprétées Prinsep, on trouve souvent un nom de femme homophone avec le nom de notre inscription, qui est écrit *vasuliyê* ou *vasulayê*, génitif de *vasulî*[1]. Si le *kâtchhavasulâ* de l'inscription cachait un nom propre de femme, la lacune qui précède et suit ce mot serait doublement regrettable.

Ce qu'on découvre après cette lacune sur le fac-simile de M. Kittoe ressemble très-peu au texte de Prinsep; mais Prinsep avertit en un endroit que ce fac-simile a été exécuté rapidement, et que son texte au contraire est le résultat d'une seconde révision du monument. Et dans le fait, on aperçoit de place en place la trace d'une révision intelligente. Ainsi *mava ivama* du fac-simile est devenu dans le texte de Prinsep *mêva itchhâmi*, où nous reconnaissons *êva* « même » suivant un mot qui est sans doute à l'accusatif, ou qui peut n'être que *hêvamêva* « ainsi » avec le verbe *itchhâmi* « je désire. » Le fac-simile donne ensuite *ma aṁtasa* ou *masaṁtasa*, car un *sa* est placé entre deux lignes au-dessous de l'*a;* cela devient dans le texte revu de Prinsep *ataṁsu*, changement auquel nous ne gagnons pas beaucoup, à cause de la lacune qui suit. S'il était permis de revenir au fac-simile primitif, je le croirais plus exact que le texte revu; ainsi *ma saṁtasa* donnerait, sans trop grand changement, *mâ saṁtâsaṁ*, qui nous mène directement au sanscrit *saṁtrâsaṁ*, et les dernières lettres qui précèdent la conjonction *iti* qui est parfaitement visible sur le fac-simile, *pânêvutê*, pourraient également donner *sampâpunêvu tê*, « qu'ils « obtiennent. » A l'aide de ces faibles altérations, on sauverait une courte phrase qui est

[1] J. Prinsep, *More Dânams from the Sanchi tope*, dans *Journ. as. Soc. of Bengal*, t. VII, p. 563.

parfaitement dans l'esprit des édits de Piyadasi : *êvaṁ itchhâmi mâ saṁtâsaṁ saṁpâpunêvu tê iti*, « ainsi je désire qu'ils puissent ne pas éprouver de terreur. »

La fin de la ligne nous donne le titre et le nom du roi *Dêvânaṁ piyê Piyadasi;* ce qui suit est illisible sur le fac-simile; Prinsep, dans son texte revu, lit *malalamaviya;* de toutes ces syllabes je ne vois que *vi;* encore n'est-il pas certain qu'il ne faille pas lire *mi.* Faut-il chercher ici le mot *mâtalaṁ* « une mère, » pour *mâtaraṁ,* en pâli; cela peut se faire, mais nous n'en sommes pas beaucoup plus avancés à cause des lacunes au milieu desquelles est perdu ce mot. Le texte ne vaut la peine d'être étudié qu'à partir de la cinquième ligne où les lacunes diminuent de nombre et d'étendue, et où le texte revu de Prinsep s'éloigne moins du fac-simile de Kittoe. On voit déjà qu'il faut réunir *savêvâti asvasêvutcha sukhaṁmêva lahêvu,* littéralement « qu'ils écoutent, voilà, et qu'ils se consolent : « qu'ils obtiennent aussi du bonheur. » Ce sont là tous subjonctifs avec la forme particulière à ce dialecte, qui consiste à substituer un *v* au *y* de la troisième personne du pluriel; on remarque de plus dans *lahêvu* la substitution d'un *h* au *bh* primitif.

Ce qui suit est plus obscur à cause de l'état fruste du monument; mais le champ de la difficulté est circonscrit par le retour du nom propre de *Dêvânaṁ piya*, qui recommence une nouvelle phrase. Le texte révisé de Prinsep porte *mama anôdukhahêva...vati khamitchanê;* sa transcription ajoute *sa* devant *va* et lit le dernier mot *nikhamâtchinê;* enfin le fac-simile de Kittoe donne, avec de légers espacements entre la seconde et la troisième lettre, *mama a nô dukha hava . . vati khamitchinê.* On voit que le texte est bien altéré; il a besoin d'être revu de nouveau sur le monument. Quant à présent, je ne puis faire que des conjectures auxquelles je n'accorde pas moi-même une grande confiance. Ainsi après *mama* qui doit rester entier, *a nô* peut devenir *aṁ nô*, à cause de l'espacement, ce qui donnerait en sanscrit *yat nô*. On peut également lire *dukhaṁ hêva*, quand on pense à la facilité avec laquelle disparaît l'*anusvâra*. Il faudrait être sûr que le verbe sanscrit *bhû* conserve quelquefois sa forme dans ce dialecte, car alors on placerait dans la lacune *bh* devant *vati* et on aurait *bhavati.* Enfin si, dans *khamitchinê*, une révision nouvelle faisait apparaître 𑀙𑀺 *tchi* aspiré, au lieu de 𑀘𑀺 *tchi,* on pourrait supposer que *khamitchhinê* signifie « de celui qui a un désir de patience, de celui qui veut supporter. » C'est là, je l'avoue, la correction la plus forte, et par suite la plus contestable; car je ne connais pas le mot *itchhin* à la fin d'un composé. On verra s'il ne serait pas possible de lire *khamitinê* de *khamitrì*. J'ajoute que la phrase entière que représente ce latin barbare *mihi qui non dolor est tolerandi cupido*, « la douleur n'en est pas une pour moi « qui désire la supporter, » est un peu contournée; cependant le texte a dû exprimer une idée analogue, car la suite de l'inscription prouve, si je l'entends bien, que l'édit développait les idées dans cet ordre : puisse le peuple être heureux; la peine n'en sera pas une pour moi, et je suis prêt à tout supporter, pourvu qu'à cause de moi mes sujets puissent pratiquer la justice, ou pour parler le style de l'inscription, le *Dhaṁma.*

Le roi Piyadasi, après cette promesse, reprend par la formule qui commence chacun de ses paragraphes : *Dêvânaṁ piya apâ* sur le fac-simile, et *Dêvânaṁ piya aha* sur la copie corrigée, qu'il faut rectifier encore pour avoir *Dêvânaṁ piyê aha,* « le roi chéri des Dêvas

« a dit. » Le fac-simile donne ensuite *kati étchakiyê khamitavé*, à quoi Prinsep substitue *kiti*; si ce dernier mot est pour *kiñti*, la correction de Prinsep peut en effet être admise, pourvu toutefois que le monument la confirme; car *kiñti* figure déjà dans nos inscriptions avec le sens de « quoi de plus, mais quoi. » Cependant la leçon du fac-simile peut aussi se défendre, puisque *kati* rappelle lettre pour lettre le sanscrit *kati* « combien. » Si *étchakiyê* doit se ramener au sanscrit *yaçtcha kiyân*, comme je le pense, nous aurions ici une locution composée de *kati* « combien » et *kiyê* « combien grand » réunis par *étcha*, et signifiant « combien en nombre et combien en grandeur est-ce...? » Ajoutons que *khamitavé*, qui est la forme populaire de *kchamitavyaḥ*, complète cette phrase qui exprime un dévouement prêt à tout subir : « combien de choses et quelles choses ne doivent pas être « supportées ! »

Si la vraisemblance de ce sens parle en faveur de mon interprétation, la suite du discours y apporte une confirmation nouvelle. La copie corrigée de Prinsep donne *mama nimitañtcha dhañmaṁ tchalêvû*, « et qu'à cause de moi, ou que par mon moyen, ils pra« tiquent la loi; » les Pandits de Prinsep ont proposé pour cette phrase « méditer avec « dévotion sur mes motifs, » sens injustifiable et auquel je substitue l'interprétation purement littérale que je viens de proposer. A cela le roi ajoute, tant sur le fac-simile que sur la copie corrigée de Prinsep, *hidaloka palalôkañtcha âlâdhayêvû*, « qu'ils obtiennent le « bonheur en ce monde et dans l'autre. » C'est ainsi que le roi explique comment il est prêt à supporter tant de choses; il souhaite que, grâce à lui, les hommes pratiquent la loi morale qu'il recommande, pour obtenir par ce moyen le bonheur tant dans ce monde que dans l'autre.

Il se présente malheureusement dans ce qui suit quelques lacunes qui ne nous permettent pas d'arriver à toute la précision désirable, quoique le sens général ne puisse être méconnu. Sur le fac-simile comme sur la copie de Prinsep, on lit : *êtasi athasi hakaṁ anusâsâmi tuphê ana*, et après ce mot *ana*, on voit sur le fac-simile la trace illisible d'une lettre. Le mot et la phrase finissent certainement par ce signe; on verra, en effet, que la proposition suivante commence bien par *êtakêna*. Les quatre premiers mots signifient sans aucun doute « dans ce dessein, je commande; » *tuphê ana*. . doivent former une proposition à eux seuls; le *Stûpa* paraît indiqué par le mot *tuphê* au nominatif, comme le dépositaire des ordres du roi; je remarque que le mot *âna* paraît à la fin de cette même inscription, dans un passage où il peut répondre au sanscrit *âdjñâ*, « ordre, » dont il est la forme populaire, quand on l'écrit avec un *ṇ* cérébral, comme en pâli, où l'on a *âṇapêti* pour *âdjñapayati*, « il ordonne. » Et quant à la lettre détruite par la lacune, j'aimerais à y voir la syllabe *dê*, complétant l'adjectif composé *ânadê*, « don« nant l'ordre, communiquant l'ordre. » Au moyen de cette restitution, toute la phrase signifierait : « C'est dans ce dessein que je commande, le *Stûpa* exprime mes ordres. »

Ce qui suit me paraît continuer la même idée, mais le texte est confus, et la différence du fac-simile comparé avec la copie de Prinsep laisse quelque peu de louche sur tout ce passage. La copie de Prinsep donne ainsi toute la phrase : *êtakêna hakaṁ anusâsitañtcha? dañtcha vêditaṁ âhayâmi*, puis dans sa transcription, Prinsep substitue *hi* au point d'interrogation du texte. Sur le fac-simile, tout est de même jusqu'au premier *tcha*, si ce n'est que *anusâsitaṁ* n'a pas de *ṁ* final. Après *tcha*, un signe nous renvoie à trois lettres placées en interligne *daṁ naṁ tcha*, ce qui est suivi, dans le corps de la ligne, de *vêdita*. Cette addition a, comme on voit, passé dans la copie de Prinsep, moins la syllabe *naṁ*. Est-ce la révision nouvelle du monument qui a nécessité cette suppression, ou est-ce un oubli de Prinsep? rien ne nous en avertit. Dans l'état où cette inscription nous est parvenue, nous ne devons cependant négliger aucune ressource, et peut-être trouvera-t-on que ce *naṁ* a réellement sa place sur le monument. Précédé, comme il est ici, d'un *anusvâra*, *aṁnaṁtcha*, il rappelle le sanscrit *anyat tcha* « et autre chose; » mais que faire du *d* qui précède, à moins de le supposer le reste du pronom *tad*, de cette manière : *tad aṁnaṁ tcha*, « et autre chose que cela? » On comprend que je ne tienne pas beaucoup à une conjecture qui exige l'addition d'une lettre; mais déjà Prinsep nous donne l'exemple en ajoutant *hi*. Disons seulement que l'original a besoin d'être soigneusement revu, et ne présentons nos explications que comme des essais destinés à épuiser la série des combinaisons qui devront nécessairement tomber toutes devant la traduction véritable que donnera le véritable texte.

Sous cette réserve, la phrase me paraît se développer ainsi : *êtakêna* « par tout autant, » c'est-à-dire « en conséquence de quoi, conséquemment à quoi, » *anusâsitaṁ*, en ajoutant l'*anusvâra*, « ce qui est enjoint. » La conjonction *tcha*, qui paraît sur le fac-simile, quoique le trait en soit surchargé, est nécessaire parce qu'elle revient encore après *daṁnaṁtcha;* il faut donc traduire « et ce qui est commandé. » En lisant par suite de l'addition d'un *ta*, *tadaṁnaṁtcha vêditaṁ*, on traduira sans difficulté « et autre chose que cela, qu'on a « fait connaître. » Ces deux petites propositions sont les compléments directs d'un verbe dont le sujet est *hakaṁ* « je, » et le verbe *âhayâmi*, selon la copie corrigée de Prinsep, c'est-à-dire, selon ses Pandits, *âhvayâmi* « j'invoque. » Cela est certainement possible, quoique je répugne à voir ici le verbe *âhvayâmi*, qui n'est jamais, à ma connaissance, employé qu'avec des personnes ou des choses personnifiées. Mais le mot *âhayâmi* n'est rien moins que visible sur le fac-simile de M. Kittoe. On n'y reconnaît clairement que l'*â* initial; le *h* est encore assez distinct, mais il n'y a rien du *yâ*, et à la place de *mi*, on lit distinctement *vi*. La révision dont parle Prinsep a pu toutefois amener la substitution de *mi* à *vi;* mais je n'en persiste pas moins à douter que le verbe *âhayâmi* se trouve en réalité sur le monument. La phrase cependant telle qu'elle est et d'après les explications précédentes, devrait se traduire : « Conséquemment je proclame et ce qui est ordonné, « et toute autre chose que cela dont il a été donné connaissance; » cela veut dire que le roi rappelle l'ordre qu'il vient de donner quand il a dit, « Dans ce dessein, j'ordonne que « le *Stûpa* soit le dépositaire de mes commandements, » et qu'il n'oublie pas davantage les injonctions autres que ce commandement, qu'il a portées à la connaissance du peuple par d'autres moyens, peut-être par les inscriptions des colonnes.

La proposition suivante s'ouvre par un mot que Prinsep lit *paṭiñâtcha*, sans doute après la révision du monument; car dans l'état où nous le représente le fac-simile, on ne voit que *ñâtcha;* il y a même sur le fac-simile plus de place qu'il n'en faut pour le mot *paṭiñâtcha.* Mais comme nous manquons des moyens suffisants pour remplir la lacune, il nous faut accepter *paṭiñâtcha*, qui, suivi de *mamâ*, donnera « et ma promesse. » Sur la copie de Prinsep, on lit *adjalasâ*, sur le fac-simile de Kittoe, *adjalâsâ*. Cette dernière leçon est probablement la meilleure : elle nous donne un mot en rapport par son genre avec *paṭiñâ*, et avec le pronom *sâ* « elle » qui s'y rapporte, quoique dans une position insolite, mais non impossible à la fin de la phrase. Cet adjectif *adjalâ* doit être le sanscrit *adjarâ* « impérissable, » de sorte que la phrase tout entière se traduira mot à mot : « et la promesse « de moi, impérissable elle (est), » pour « et ma promesse est impérissable. »

Je fais ensuite une proposition nouvelle de *hêvaṁ kaṭukaṁmê tchalitaviyê*, que je ramène aux termes sanscrits *hêvaṁ kaṭukarma tcharitavyam*, « aussi une œuvre difficile doit-« elle être accomplie ; » nouvel engagement que prend le roi de ne se soustraire à aucune des épreuves qu'il lui faudra subir pour arriver à son but. On pourrait encore traduire « ayant agi ainsi, l'œuvre doit être accomplie, » ce qui serait peut-être plus simple que le sens précédent. Vient ensuite une lacune considérable, évaluée par Prinsep à six lettres, mais qui sans doute en cache quelques-unes de plus. Elle est précédée de deux syllabes que Prinsep lit *asvê*, mais qui sur le fac-simile sont écrites *asmê*. Cette lacune est extrêmement regrettable, parce qu'elle a fait disparaître probablement l'indication d'un changement dans la personne qui parle ; nous allons voir en effet tout à l'heure qu'une partie notable de l'inscription ne peut plus être placée dans la bouche du roi. Après la lacune, reparaissent plusieurs syllabes formant des mots intelligibles ; Prinsep les lit *tcha tâni êna pâpunê vu iti*, ce qui se trouve en effet sur le fac-simile. On voit clairement qu'il faut lire *pâpunêvû*, soit avec un *u* bref, soit avec un *û* long, « pour qu'ils les obtiennent ; » *ils* rappelle les sujets dont le roi souhaite le bien, *les* (*tâni*) se rapporte à quelque mot perdu dans la lacune ; avant le *tcha* « et, » on voit sur le fac-simile un *i* suspendu au-dessus d'un espace qui devait être occupé par une lettre ; c'est sans doute la fin du mot auquel *tâni* se rapporte. J'ajoute que l'inspection du monument prouvera peut-être qu'il faut lire *êtâni* au lieu de *tchatâni* ; en ce qui touche la traduction qu'il est possible de donner de ce texte incomplet, la substitution de *êtâni* à *tâni* ne changerait rien : *êtâni* toutefois rappellerait mieux ce qui précède.

Nous passons à une partie de l'inscription où plusieurs lettres sont encore ou confuses ou absentes, mais qui a un grand intérêt parce que Prinsep a cru que le nom du lieu où a été inscrit cet édit y était positivement exprimé, opinion que Lassen a formellement contredite. Le passage a encore une autre valeur à mes yeux, c'est qu'il introduit un orateur autre que Piyadasi, au nom duquel l'édit a parlé jusqu'à ce moment. La première phrase que je rencontre est lue par Prinsep : *athâ piyê tathâ Dêvânaṁ piyê aḍhâka*, ce que je traduis sans hésitation ainsi : « comme un ami, ainsi est Dêvânam piya certainement ; » car *athâ* pour *yathâ* est le corrélatif de *tathâ*, et les autres mots sont au nominatif singulier masculin. Mais je dois faire remarquer que le fac-simile de Kittoe donne clairement *pitê*, au lieu de *piyê*, d'où résulte ce sens nouveau : « comme un père, ainsi est Dêvânam « piya. » Le seul point qui reste douteux, c'est celui de savoir s'il faut lire *pitê* ou *pitâ*, mais *pitê* peut résulter du passage anormal du mot *pitâ* dans une autre déclinaison. Il y a encore un mot assez difficile qui va se représenter dans la proposition suivante, c'est *adhâka*, où je crois retrouver le pâli *addhâ* « en vérité, certainement, » plus une formative qu'il serait peut-être plus régulier d'accompagner d'un *anusvâra* pour en faire l'adverbe *addhâkaṁ*. Le parallélisme qui nous a fait découvrir le sens de cette courte proposition nous éclaire également sur la valeur de la suivante, que J. Prinsep lit ainsi : *athâtcha atâ hêvaṁ Dêvânaṁ piyê anusaṁpati adhâka*, tandis que, sur le fac-simile de M. Kittoe, on ne voit pas clairement la lettre qui précède *nu*, laquelle pourrait être aussi bien *na* que *a*, et que, au lieu de *adhâka*, on ne trouve que *adha*. Ces variations ne portant que sur la fin de la phrase, j'en traduis le commencement avec certitude : « et comme moi-même, « ainsi (est) Dêvânam piya; » car il est bien difficile que *atâ* soit autre chose que le pâli *attâ* pour le sanscrit *âtmâ*. Cette idée est tout à fait d'accord avec celle qui précède; la personne qui parle a dit que Dêvânam piya était pour lui comme un père : cela marquait sa dépendance à l'égard du roi; il ajoute que Dêvânam piya est pour lui comme son âme même, comme lui-même : cela marque son affection. Quant aux derniers mots *anusaṁpati adhâka* ou *nanu saṁpati adhâka*, quelque singulier que le fait puisse paraître, je n'y vois que des adverbes affirmatifs et intensifs destinés à donner plus de force à l'affirmation de la phrase, et en même temps à amoindrir ce qu'il y a d'insolite dans le langage d'un sujet ou d'un fils qui va jusqu'à identifier en quelque façon sa personne avec celle du roi; *nanu* est une conjonction indiquant la certitude, l'absence de doute. *sampati*, en pâli, passe d'après Clough, pour exprimer l'assentiment; mais comme Clough le représente par *maintenant, donc*, j'y vois l'analogue du sanscrit *saṁprati* « maintenant, » ou encore « convenablement, justement; » enfin, *adhâka* a été expliqué tout à l'heure; de façon que ces trois mots reviennent à ceci, « certes, convenablement, en réalité. » Chacun de ces adverbes ajoute à l'idée principale une nuance particulière, ce qui en rend, si je ne me trompe, l'accumulation moins extraordinaire ici.

Le mouvement des deux propositions composant les deux phrases expliquées tout à l'heure, se retrouve dans celle qui va nous occuper, et qui a pour nous cet intérêt nouveau qu'elle a attiré l'attention de Lassen. Je commence par la reproduire telle que la donne Prinsep : *athatcha padja hêvaṁ mayê Dêvânaṁ piyasa sêhakaṁ anusâsitava;* sur le fac-simile, on peut reconnaître *athâtcha*, qui est la vraie leçon, et *mêyê* au lieu de *mayê;* le reste est semblable dans les deux textes. Je remarque ensuite que la proposition est difficile à couper avec certitude à cause du vague qui reste encore sur *mayê*, que le fac-simile écrit *mêyê*. Ainsi, en admettant qu'il faille lire *padjâ* pour *pradjâ* « progéniture, » la première proposition *athâtcha padjâ* signifiera « et comme un enfant, » et la seconde commençant à *hêvam* « de même, » pourra se composer soit de *mêyê* (ou *mayê*) *Dêvânaṁ piyasa*, soit de *mêyê* (ou *mayê*) *Dêvânaṁ piyasa sêhakaṁ anusâsitava*. Cela dépendra du plus ou moins de valeur qu'on sera porté à reconnaître à ces deux syllabes *mêyê* ou *mayê*. Pour moi, qui jusqu'ici n'en ai pu rien tirer de satisfaisant, j'ai poussé la proposition jusqu'au mot *anusâsitava*, auquel j'ajoute un *ê* final comme marque du nominatif, et que je ramène au sanscrit *anuçâsitavyaḥ*, « qui doit être commandé, ou qui doit être puni. » Le sujet de ce participe est *sêhakaṁ*, qui représente le sanscrit *sô'haṁ* « celui-ci qui est

« moi, *ille ego.* » Le personnage dont celui qui parle se déclare prêt à recevoir les ordres est *Dêvânaṁ piyasa,* qui semble appelé ici au génitif par l'action de l'idée de substantif contenue dans le participe de nécessité *anusâsitavê.* Tous les mots de cette phrase, réunis d'après leurs rapports grammaticaux que je rétablis, moins toutefois *mêyê* ou *mayê,* donnent donc le sens suivant : « et comme un enfant, ainsi moi (qui parle) je dois être « châtié par Dêvânam piya. »

Reste *mêyê* ou *mayê* qui rappelle soit un cas du pronom de la première personne, soit quelque substantif au nominatif; mais d'abord il ne peut être question d'un pronom, car nous en avons déjà un dans *hakaṁ* qui est parfaitement à sa place avant *anusâsitava.* Ensuite je ne connais aucun substantif comme *mêyê* ou *mayê* qui convienne en cet endroit; enfin dans ce mot, même tel qu'il est écrit ici, le *m* initial peut bien n'avoir pas autant de consistence que ma transcription lui en donne, car en réunissant *hêvaṁmêyê,* on trouvera que le *m* n'est probablement autre que la fin de la conjonction *hêvam* dont la nasale s'augmente d'un *anusvâra*, d'après une habitude orthographique de ces inscriptions. Il resterait dans ce cas *êyê* ou *ayê,* et ce dernier mot pourrait n'être que l'interjection sanscrite *ayê,* « ah! oui, certes. » Toute la phrase signifiera donc : « et comme un enfant, « ainsi certes moi (qui parle), je suis fait pour être châtié par Dêvânam piya; » par où celui dans la bouche de qui sont ces paroles, après avoir montré sa dépendance et son affection à l'égard de Dêvânam piya, témoigne expressément de sa soumission profonde. Quoique nous n'en soyons pas encore arrivés au point où se fait réellement jour la nouvelle interprétation que Lassen donne de tout ce passage, nous pouvons déjà constater qu'en ne tenant pas compte du troisième *athâtcha,* « et de même que, » Lassen se prive du moyen de reconnaître le véritable mouvement de la phrase qu'il est ici de la dernière importance de respecter. Cette circonstance le force de dire que le mot *padjâ*, qu'il traduit par *sujet,* désigne ici la personne qui parle, et de lire *anusâsitê*, au lieu de *anusâsitava,* pour moi *anusâsitavê.* Enfin il réunit à la présente phrase les cinq mots de la phrase suivante, ce qui, comme on va le voir, ne paraît pas absolument nécessaire.

Ces cinq mots sont lus ainsi par Prinsep : *Dêvânaṁ piyaka dâsê vutikê hôsâmi;* sur le fac-simile de M. Kittoe, au contraire, je trouve *dêsê,* et on va voir que ce simple changement d'une voyelle n'est pas indifférent. Prinsep a exactement saisi le sens général de ces mots quand il a traduit : « Je serai l'esclave et le serviteur à gages de Dêvânam piya. » Lassen a bien reconnu que *vutikê* reproduisait, sous une forme populaire, le sanscrit *vrĭttikaḥ*, « celui qui gagne sa vie en travaillant pour un autre; » mais il a proposé de lire *piyasa* au lieu de *piyaka* que donne le fac-simile, et il a adopté sans contestation la leçon *dâsê,* que Prinsep a substituée sans en avertir, au *dêsê* du fac-simile de M. Kittoe. Pour moi, je crois qu'il est possible d'arriver à une grande précision d'analyse en ne faisant qu'un très-léger changement au texte, un changement même qui ne porte que sur une lettre fruste, sur le *ka.* Si, en effet, au lieu de *ka* bref, on lit *kâ,* on aura le texte suivant : *Dêvânaṁ piyakâdêsê vutikê hôsâmi,* mot à mot, « je serai un serviteur aux ordres de *Dêvâ-* « *naṁ piyaka.* » On ne doit pas être surpris de voir Dêvânam piya nommé d'une manière affectueuse *Dêvânaṁ piyaka;* et, avec l'addition d'un *â* long, on obtient *âdêsê,* qui, réuni au nom du roi, donne un adjectif composé possessif signifiant « celui qui reçoit les ordres « de Dêvânam piya. » C'est, selon moi, une explication préférable à celle qui consiste à juxtaposer *dâsê*, « l'esclave, » à *vutikê*, « le serviteur à gages, » sans aucune liaison, difficulté qui a déjà arrêté Lassen, mais qui ne peut être levée par le moyen qu'il propose, l'addition d'un *tcha*, puisque le fac-simile n'indique aucune lacune entre *vutikê* et *hôsâmi*. Maintenant, si l'on veut laisser la phrase que je viens de traduire isolée de la précédente, on le pourra sans difficulté, puisque ces deux phrases sont placées l'une auprès de l'autre sans lien apparent; et j'ajoute qu'on restera ainsi fidèle au style coupé et un peu abrupte de ces inscriptions. Si, au contraire, on préfère avec Lassen les réunir, on dira littéralement : « et de même qu'un enfant, ainsi certes fait pour être châtié par Dêvânam piya, « je serai un serviteur aux ordres de Dêvânam piya. » Cette dernière disposition est, selon moi, inférieure à la première; elle a l'inconvénient de répéter deux fois le nom de *Dêvânaṁ piya*, qu'on pouvait, si les deux phrases eussent dû être réunies, rappeler la seconde fois par un pronom.

J'arrive au passage le plus controversé de cette inscription, celui où, suivant Prinsep, on doit trouver un nom propre de lieu, et où, suivant Lassen, il n'y en a pas de trace. En présence de ces deux hommes si distingués par les dons de l'esprit, dont l'un est un profond philologue, et dont l'autre a plus d'une fois avoué ingénument qu'il ne l'était pas du tout, si mon opinion incline vers celle de Prinsep, c'est que, malgré des efforts répétés plusieurs fois, je n'ai pu me satisfaire avec celle de Lassen. Ce que je veux dire, c'est que je n'ai apporté ici aucune opinion préconçue; le texte est en lui-même assez difficile sans qu'on vienne l'encombrer encore de conjectures et d'hésitations. Sur la copie de Prinsep, le passage en question est ainsi conçu : *êtâyê athâyê ḍubalâhi tuphê asvasanâyê hitasukhâyêtcha... sa hidalôkika pâlalôkikâyê*. Les variantes qu'offre le fac-simile de M. Kittoe ne valent pas la peine d'être notées, parce qu'elles ne portent que sur des voyelles qui sont restées brèves, tandis que Prinsep a exactement rétabli leur quantité. Les deux seuls points dignes d'attention, c'est que le *u* de *ḍubalâhi* n'est marqué que par des points, et que la lacune qui suit le mot *hitasukhâyêtcha* et qui précède un *sa* très-apparent, n'est pas si considérable que l'a faite Prinsep; elle est à peine d'une lettre sur le fac-simile de Kittoe. Cette phrase a été traduite ainsi par Prinsep : « Pour cette raison, « le *Tupha Dubalâhi* est institué pour une méditation non troublée et pour assurer toute « espèce de bénédiction et de bonheur, tant pour ce monde que pour l'autre[1]. » Lassen, au contraire, partant de cette opinion que *ḍubalâ*, qu'il détache de *hi*, se rapporte à *padjâ*, que nous avons vu au commencement de la phrase précédente, si l'on en met deux en une, ou deux phrases au-dessus, si les propositions restent séparées, traduit ainsi : « Car cette faible (*ḍubalâ*) et le *Stûpa* contribuent à la consolation et au bonheur sa- « lutaire dans ce monde et dans l'autre[2]. » Puis il ajoute : « Ce ne peut donc en aucun « cas être le nom du *Stûpa;* mais j'avoue que je ne sais pas comment doit être expliqué « le mot *faible;* on devrait le faire rapporter à *pradjâ*, mais cela ne donne pas un sens

[1] J. Prinsep, dans *Journ. asiat. Soc. of Bengal*, t. VII, p. 447. — [2] Lassen, *Ind. Alterth.* t. II, p. 268, note 5.

« clair. » Certainement non, le sens n'est pas clair, et entre cette traduction et l'opinion de Prinsep qui, tout en faisant de *ḍubalâhi* un nom propre, laisse cependant les choses en l'état, j'avoue que je ne puis hésiter.

Examinons d'abord rapidement les autres mots. Lassen a bien rendu par, « pour la « consolation et pour le bonheur salutaire, » les deux termes dont le second est composé, *asvasanâyê hitasukhâyêtcha;* le premier doit être lu *asvâsanâyê*, « pour la consolation, » et le second signifie plus exactement « pour l'utilité et pour le plaisir. » Il n'y a pas non plus de doute sur les mots *hidalôkika pâlalôkikâyê*, « pour ce monde et pour l'autre; » de même *êtâyê athâyê* signifient bien « pour cette cause, pour ce but. » La lacune qui précède le *s* terminant la troisième avant-dernière ligne de l'inscription, pourrait, selon son étendue réelle, se combler soit par *lôkasa* « du peuple, » soit par *âsa* « fut, » soit par *ésa* « lui. » Supposons que ce soit un verbe qui manque ici, et laissons de côté le mot contesté *ḍubalâhi*, nous aurions cette version littérale : « C'est pourquoi, le *Stûpa*... pour la consola- « tion ainsi que pour l'avantage et le bonheur a été, tant dans ce monde que dans « l'autre; » ou avec *lôkasa :* « C'est pourquoi le *Stûpa*.... (existe) pour la consolation ainsi « que pour l'avantage et le bonheur du peuple, tant dans ce monde que dans l'autre; » ou enfin avec *ésa :* « C'est pourquoi le *Stûpa*... pour la consolation ainsi que pour l'avan- « tage et le bonheur, *il* (existe), tant dans ce monde que dans l'autre. » J'ai conservé exactement l'ordre des mots du texte, pour qu'on voie d'après la place qu'occupe le mot *ḍubalâhi*, quel rôle il est permis de lui faire jouer dans la phrase. Précédant comme il fait *tuphê*, il doit de toute nécessité être en rapport avec ce mot. Supposer que le mot *ḍubalâhi* doive se couper en deux, *ḍubalâ hi*, pour que la partie la plus longue se rapporte à *padjâ*, cela me paraît bien difficile; car, comme je le faisais voir tout à l'heure, *padjâ* est très-loin, et *ḍubalâ* n'a plus de rôle dans la proposition. Dire avec Lassen, « cette faible « et le *Stûpa*, » c'est supposer que *hi* signifie *et*, ce qui n'est pas admissible.

Au milieu de toutes ces impossibilités, pourquoi ne laisserait-on pas *ḍubalâhi* en rapport avec *tuphê*, comme un adjectif qui le détermine, et pourquoi ne pas profiter de cette supposition si ingénieuse de Prinsep, que *ḍubalâhi* n'est que la forme ancienne du nom moderne de *Dhauli?* Bien des ethniques de la date de nos inscriptions sont venus jusqu'à nous et se rencontrent encore dans l'Inde avec de plus fortes altérations, et la célébrité des lieux n'est pas toujours une raison suffisante de la longue conservation de leur appellation. J'ajouterai que rien n'empêche d'expliquer *ḍubalâhi* par « le serpent sans forces, « le serpent faible. » Ou ce nom de « serpent faible » était celui d'un lieu, et alors le serpent n'a rien à faire avec le *Stûpa*, et *ḍubalâhi tuphê* revient à dire « le *Stûpa* de *Dubalâhi;* » ou les deux idées se tiennent par un lien qui ne nous est pas connu, et alors le champ des hypothèses reste ouvert, et par exemple, le *Stûpa* peut avoir été élevé à cet endroit après la victoire remportée par quelque Religieux sur un serpent réduit par lui à l'impuissance. De pareils rapprochements ne sont d'ailleurs pas rares dans le Buddhisme, ils ne peuvent pas l'être quand on songe à la nature indienne : les Nâgas jouent un rôle très-remarquable dans les plus vieilles légendes, et le lecteur familiarisé avec ces études n'aura pas oublié que, parmi les *Stûpas* qui furent élevés en l'honneur des reliques réelles ou supposées du Buddha, il y en eut un qui fut confié à la garde des Nâgas ou des serpents fabuleux[1].

Dans la proposition que nous allons examiner, Prinsep a cru reconnaître, quoique avec plus de défiance, le nom d'un autre *Stûpa* dans le mot *kalam̃tam̃*, qui est le second de la phrase. Lassen a eu parfaitement raison de contester l'exactitude de cette supposition : je ne pense pas plus que lui que *kalam̃tam̃* soit un nom propre. Voici, du reste, la phrase elle-même, telle que la donne Prinsep : *hêvam̃tcha kalam̃tam̃ tuphê svagam̃ âlâdha..*; elle se lit exactement de même sur le fac-simile de M. Kittoe. Ce qui en fait la difficulté, c'est la lacune qui se trouve à la fin du mot *âlâdha*. Sans approuver complétement la manière dont Prinsep remplit cette lacune, quand il lit *âlâdhayitavê*, qu'il rapporte à *tuphê*, Lassen croit cependant la leçon assez vraisemblable et le sens à peu près certain, de sorte qu'il traduit ainsi toute la phrase : « et à celui qui agit ainsi le *Stûpa* « fait gagner le ciel. » Cette traduction repose sur le sens attribué à *kalam̃tam̃*, où au lieu de voir avec Prinsep le composé *kâlântam̃*, « jusqu'à la fin du temps, » Lassen trouve un participe présent du verbe *kri*, « faire. » Elle est, au premier abord, extrêmement satisfaisante et elle s'accorde parfaitement avec l'esprit général de l'inscription : je ne crois pas cependant qu'elle réponde ici à ce qu'exige la suite des idées. Ainsi, dans la phrase que j'ai analysée tout à l'heure, il n'est question que de l'existence du *Stûpa Dubalâhi*. Pour trouver la mention de quelque acte auquel puissent se référer les mots *hêvam̃ kalam̃tam̃*, « celui qui agit ainsi, » il faut remonter jusqu'à la dernière phrase de ce petit discours, où un personnage qui ne se nomme pas témoigne de sa dépendance, de son attachement et de son entière soumission à l'égard du roi Dêvânam piya. C'est là le point auquel on peut rapporter les mots « celui qui agit ainsi; » mais peut-être trouvera-t-on qu'il est un peu éloigné. Ensuite, il ne me paraît pas jusqu'à présent que le sens attribué à *kalam̃tam̃* s'accorde, même aussi bien qu'ici, avec les deux autres passages où il se présente, l'un desquels termine le premier des édits séparés où je me suis contenté d'en signaler la présence, l'autre qui termine l'inscription actuelle où je vais l'examiner plus en détail. Je suis cependant bien éloigné de donner ces remarques comme définitives, et le lecteur reste libre de choisir entre l'interprétation de Lassen et la mienne. Il me semble que *kalam̃tam̃*, qu'il faut lire comme à la fin du premier édit détaché *kâlam̃tam̃*, est, ainsi que l'a conjecturé Prinsep, la forme populaire du sanscrit *kâlântam*, « à la fin du temps. » Les trois premiers mots de la phrase *hêvam̃tcha kalam̃tam̃* (pour *kâlam̃tam̃*) *tuphê* signifient donc dans cette hypothèse : « et ainsi jusqu'à la fin des temps le *Stûpa*. . . » Après *svagam̃*, « le ciel, » reste le verbe *âlâdha* d'où dépend *svagam̃*, verbe que Prinsep proposait de compléter ainsi, *âlâdhayitavê*, probablement parce que dans les deux passages analogues où paraissent *kâlam̃tam̃* et *tuphê*, le verbe a cette forme de participe. Cette analogie est certainement d'une grande valeur, surtout dans le style si peu varié de nos inscriptions. Une analogie n'est cependant pas toujours une preuve concluante, et rien n'empêche que le texte n'ait représenté ici l'action dans l'avenir, et que le verbe ne puisse être

[1] Csoma, *Notices on the life of Shâkya*, dans *Asiat. Res.* t. XX, p. 317; *Introd. à l'hist. du Buddh. ind.* t. I, p. 372.

au futur, comme par exemple *âlâdhayisati*, « il conciliera, » ou « il fera obtenir. » La phrase toute entière signifierait donc : « et ainsi jusqu'à la fin des temps le *Stûpa* fera ob-« tenir le ciel, » ou « conciliera la faveur du ciel. » On ne dit pas, il est vrai, à qui le *Stûpa* fera obtenir un pareil avantage, et sous ce rapport, je l'avoue, la version de Lassen est plus nette et plus satisfaisante que la mienne; mais peut-être trouvera-t-on, quand nous serons arrivés à la dernière phrase du texte, que l'infériorité actuelle de mon interprétation est suffisamment compensée par la précision qu'elle assure à une autre partie de l'idée.

L'analogie que présente cette portion de l'édit avec la partie correspondante de l'édit qui le précède, doit suffire pour déterminer l'étendue de la proposition suivante, qui est formée des mots *mamatcha ânanitchañ êhatha*, et qu'on retrouve sans changement sur le fac-simile de M. Kittoe. En supposant la suppression d'un *anusvâra* après *âna*, on aurait *ânañ*, « l'ordre, le commandement, » et en admettant que dans *nitchhañ* le 𑀙 *tchha* soit un double 𑀘 *tcha* et non un *tchha* aspiré, on verrait dans *nitchtchañ* le pâli du sanscrit *nityam*, de sorte que la phrase entière signifierait : « faites donc toujours effort vers mon « commandement, » ou « recherchez donc toujours mon commandement. »

Ce qui suit, jusqu'à *iyañtcha lipi*, forme une période qui se termine à *yadjisati*. Cette phrase, moins les deux derniers mots, ne peut selon moi faire l'objet d'un doute, et les deux seules lacunes qu'on y remarque se comblent avec certitude par une expression analogue du premier édit. Voici la phrase d'après le texte de Prinsep : *êtâyêtcha athâyê iyañ lipi likhitâ hida âna mahâmâtâ svasatañ ?ma? yadjisati âsâsanâyê dhañmatchalanâyêtcha tasta atônañ;* elle est écrite presque sans aucun changement sur le fac-simile de Kittoe. On en traduit le commencement sans difficulté de cette manière : « Et cet édit a « été inscrit ici pour ce motif, afin que les grands ministres. . . , » *êtâyê athâyê* se rapportant à *yêna*, qu'il annonce. Les mots qui suivent, *svasatañ ?ma? yadjisati*, rappellent presque lettre pour lettre l'expression de la fin de l'édit précédent, *sasatañ samayañ yadjavû :* le premier terme présente cette erreur facile à commettre, que le *va* a été reporté du second *sa* sous le premier; *svasatañ* doit donc se lire *sasvatañ*, ce qui est bien près d'être le sanscrit *çâçvatam*. La lettre qui manque avant *ma* et celle qui manque après sont fournies avec certitude par le mot *samayañ* du premier édit. Quant au terme final qui est certainement un verbe, *yadjisati*, si ce n'est pas *yadjavû* pour la forme, c'est le même radical, et si j'ai pu corriger *yadjavû* en *yudjêvû*, « qu'ils s'appliquent, » je remplacerai avec une égale confiance *yadjisati* par *yudjisañti*, « ils s'appliqueront. » Il ne peut exister le moindre doute sur le sens des deux mots *âsâsanâyê dhañmatchalanâyêtcha;* ils sont moins exactement écrits sur le fac-simile de M. Kittoe; mais les corrections de Prinsep sont certaines. Je les rends ainsi : « à la consolation et à la pratique de la loi; » cela veut dire, à la consolation du peuple au bien duquel ils sont préposés par un des édits du Firouz Lâth. Je traduirai donc la phrase toute entière, moins les deux derniers mots, comme il suit : « Cet édit a été inscrit ici dans ce dessein même que les grands « ministres s'appliquent à la consolation [du peuple], et à la pratique de la loi. »

Restent les deux derniers mots, qui sont très-obscurs pour moi; la lecture même n'en est pas certaine. Sur le fac-simile de Kittoe, on peut aussi bien lire *tasû* que *tasta;* dans sa transcription en lettres latines, Prinsep lit *tastâ*, où il retrouve le sanscrit *tadastu*, « que « cela soit. » Le mot suivant est également contestable : sur le fac-simile de M. Kittoe, il est distinctement écrit *atônaṁ*, et c'est ainsi que l'imprime Prinsep; mais dans sa transcription, il admet *atanaṁ*, pour y retrouver le sanscrit *âtmânam*. S'il est besoin ici de quelque correction, je préférerais remplacer *atônaṁ* par *atânaṁ*, qui se présente comme l'accusatif singulier ou comme le génitif ou le datif pluriel de *atâ*, « soi-même. » Mais que ferons nous de *tasû*, *tasta* ou *tastu*, ainsi qu'on peut lire d'après les apparences du fac-simile? La conjecture de Prinsep *tadastu*, « que cela soit, » est bien hardie pour être vraisemblable : avec *atônaṁ* ou *atânaṁ*, elle ne donne aucun sens possible. D'un autre côté, si *tastu*, avec sa désinence *tu* peut-être pour *tvâ*, passait pour la forme populaire du classique *sthitvâ*, on n'arriverait pas encore par là à quelque chose de satisfaisant. En résumé, au milieu de ces difficultés et avec un texte qui présente en général si peu de certitude, je préfère laisser de côté ces deux mots *tastu atônaṁ* ou *tasta atânaṁ*, et attendre que le monument soit revu de nouveau.

La phrase qui vient ensuite aurait une certaine importance si le nom technique du mois qu'y croit découvrir Prinsep s'y trouvait réellement. Voici la phrase même, d'après le texte de Prinsep : *iyaṁtcha lipi anabhâtaṁ mâsaṁ tisêna nakhatêna sôtaviyâ*, à quoi le fac-simile de M. Kittoe n'apporte aucun changement, si ce n'est que la syllabe lue par Prinsep *bhâ* paraît un *sâ* mal tracé. Prinsep a traduit ainsi cette phrase : « Et cet édit doit « être lu à haute voix dans le cours du mois de *Bhâtun* (Bhadun?), quand la lune est « dans le Nakchatra ou la mansion lunaire de Tisa. » Or, il est clair que le seul mot intéressant ici est *anabhâtaṁ* qui, si Prinsep l'entend bien quand il l'identifie avec le nom moderne de *Bhadun*, altération de *Bhâdra*, « août-septembre, » serait une des plus anciennes formes du nom populaire de ce mois; mais cette lecture, ainsi que la supposition de Prinsep, ne me paraissent pas suffisamment appuyées. Prinsep n'explique pas les deux syllabes *ana*, à moins qu'il n'en fasse *anu*, quand il le traduit par « dans le cours de. » C'est ainsi que j'aimerais à me les représenter, mais avec le sens distributif de « chaque, « à chaque. » Ensuite, ce que Prinsep lit *bhâ* pourrait à la rigueur passer pour un *tchâ* imparfait, et cette correction peu considérable donnerait *anutchâtuṁmâsaṁ*, « tous les « quatre mois. » Dans cette supposition, la phrase devrait se traduire ainsi : « Et cet édit « doit être entendu tous les quatre mois, au *Nakhata Tisa* (Nakchatra Tichya), » c'est-à-dire sans doute quand la pleine lune est dans cet astérisme lunaire. Cette supposition, je l'avoue, me paraît plus probable que le suspect *bhâtaṁ* de Prinsep.

Après avoir marqué l'époque à laquelle doit être entendue la lecture de l'édit, le texte annonce que cette lecture peut avoir lieu même dans l'intervalle qui sépare deux de ces époques qui sont indispensables à observer. C'est du moins le sens que je crois trouver à la phrase suivante, que je transcris d'après Prinsep : *kâmaṁtcha khaṇakhaṇasi aṁtalâpi tisêna êkêna sôtaviyaṁ*, ce qui est parfaitement reconnaissable sur le fac-simile de M. Kittoe. Il me paraît certain que *kâmaṁtcha* signifie « et à son gré, suivant le désir; » et que *kaṇakhaṇasi* répond au sanscrit *kchaṇê kchaṇê*, « à tel et tel moment, à chaque moment, » c'est-à-dire à chacun des moments compris dans l'intervalle qui s'écoule d'une époque désignée au retour de cette même époque; c'est ce que dit explicitement le mot *añtalâpi*, pour le sanscrit *antarâpi*, « même dans l'intervalle. » Ce qui doit avoir lieu alors est indiqué par le participe *sôtaviyañ*, « cela doit être entendu, » *cela*, c'est-à-dire l'édit, dont le nom *lipi*, « écriture, » qui est féminin, est rappelé par l'adjectif neutre *sôtaviyañ*, « cela doit être entendu. » Cette lecture peut être faite par un seul *Tisa*, dit le texte, *tisêna êkêna*, c'est-à-dire par un seul des personnages auxquels on donne le titre de *Tissa*, en sanscrit *Tichya*, « bienheureux. » On sait par le rituel de l'ordination des Religieux, qui a cours parmi les Buddhistes de Ceylan et de l'Inde transgangétique, que le titre pâli de *Tissa* répond à *un tel*, appliqué aux membres, considérés tous comme respectables, de l'Assemblée des Bhikchus; on emploie ce titre quand on ne désigne pas nominativement le Religieux[1]. Le texte de notre inscription veut donc dire : « Et même dans « l'intervalle, à tel moment que cela sera désiré, l'édit pourra être lu par un seul Tissa, » c'est-à-dire par un seul des respectables membres de l'Assemblée des Religieux. J'infère de là que la lecture obligatoire qui revenait tous les quatre mois devait avoir lieu par les soins de l'Assemblée réunie des Bhikchus, tandis que les lectures intermédiaires et facultatives pouvaient être faites par un seul membre de l'Assemblée; et j'insiste sur cette conclusion, parce qu'elle jette du jour sur la fin de l'inscription, qui est entre Lassen et moi l'objet d'un dissentiment de détail.

Cette fin controversée est ainsi conçue d'après la copie de Prinsep : *hêvañ kalañtañ tuphê sañghathañ sañpaṭipâdayitavê* : le fac-simile de M. Kittoe est ici fautif; mais les corrections de Prinsep, qu'elles viennent de lui ou de la seconde révision du monument, sont incontestables. Je ne discuterai cependant pas sa conjecture touchant le mot *kalañtañ*, qu'il croyait être le nom d'un *Stûpa*, puisque lui-même ne lui a pas donné place dans sa traduction qui est d'ailleurs peu claire. J'aime mieux m'arrêter un instant sur l'opinion de Lassen qui a examiné incidemment ce passage, sans s'expliquer toutefois sur l'ensemble du texte qu'il termine. Voici comment Lassen le traduit : « und dem so thuenden ge- « währt der *Stûpa* Verehrung unter den zur Versammlung gehörenden[2]. » Cette interprétation repose sur le sens que Lassen donne, comme je l'ai déjà signalé, à *kalañtañ*, qu'il propose de lire *kâlañtañ*, « agissant, » de sorte que les deux premiers mots *hêvañ kâlañtañ* signifient « l'homme ainsi agissant, » ici à l'accusatif. Il ramène ensuite le mot *sañghatha* au sanscrit *sañghastha*, et le traduit par « se tenant dans l'Assemblée, appartenant « à l'Assemblée. » Il manque cependant à ces explications, quelque vraisemblables qu'elles paraissent, l'indication du lien qui unit ces termes entre eux de manière à en faire sortir le sens préféré par Lassen; aussi j'avouerai franchement que cette traduction n'emporte pas ma conviction. Nous ne devons pas, d'ailleurs, perdre de vue la recommandation que renferme la phrase précédente et sur laquelle j'insistais tout à l'heure. Cette recommandation, c'est que, outre les trois époques marquées annuellement pour la lecture de l'édit, cette lecture pourra être faite par un seul Religieux, dans tel moment qu'on

[1] Clough, *The ritual of the Budd'hist Priesthood*, p. 10 et 12, dans *Miscell. translat. from orient. Lang.* t. II. Conf. Spiegel, *Kammavâkya*, pag. 3 et 28.

[2] Lassen, *Ind. Alterth.* t. II, p. 269, note.

le désirera et dans l'intervalle de deux époques. Or, si nous rencontrons dans notre phrase finale le mot *saṁghathaṁ*, ne devrons-nous pas l'interpréter comme s'il représentait le sanscrit *saṁghârtham*, « dans l'intérêt, pour le bien de l'Assemblée, » et ne trouverons-nous pas que l'idée de l'Assemblée est ici naturellement amenée par celle du Religieux de cette Assemblée qui, quoique seul, peut faire entendre la lecture de l'édit? Tout se lie, en effet, dans cette supposition, tant ce qui précède que les termes mêmes dont se compose la phrase finale. Le texte débutait en disant : « Et cet édit devra être lu tous les « quatre mois, au Nakchatra Tichya, » sans doute par l'Assemblée des Religieux réunis. Il continue ainsi : « Et même dans l'intervalle, à tel moment que cela sera désiré, il « pourra être lu par un seul Religieux respectable. » Enfin, après avoir pourvu à tous les cas où devra être faite la lecture de l'édit moral, le texte conclut en disant : *êvaṁ* « c'est ainsi que » *tuphê* « le Stûpa » *paṭipâdayitavê*, ou mieux certainement, *saṁpaṭipâdayitavê*, littéralement « doit être fait honorer, » *saṁghathaṁ* « dans l'intérêt de l'Assemblée, » *kâlaṁtaṁ* « jusqu'à la fin des temps, » ou plus clairement : « c'est ainsi qu'on doit « pourvoir à ce que le *Stûpa* soit honoré jusqu'à la fin des temps, pour le bien de l'As« semblée. » « On doit pourvoir, » cela s'applique sans doute aux grands ministres qui ont la charge de faire exécuter les prescriptions de l'édit; le *Stûpa* sera honoré, si lecture est donnée de l'édit qui l'accompagne; cette lecture aura lieu régulièrement trois fois chaque année par les soins de l'Assemblée réunie, et arbitrairement, dans tel moment qu'on le désirera, mais par un seul membre de l'Assemblée; et ainsi sera assuré le bien de l'Assemblée jusqu'a la fin des temps.

Je ne me dissimule pas qu'après *kâlaṁtaṁ*, le mot dont le sens est le plus contestable est *saṁghathaṁ*; mais même dans le texte de l'inscription de Delhi, où on lit *saṁghathasi*, et où Lassen est bien près d'admettre que ce terme signifie « le lieu de l'Assem« blée, » c'est encore, selon moi, mon interprétation qu'il faut préférer. Après avoir dit qu'il a institué de grands ministres de la loi pour divers objets de bienfaisance, *dhaṁmamahâmâtâpi mêta* (*mê atra*) *bahuvidhêsu athêsu anugahikêsu viyâpaṭâ*; que ces ministres ont été institués pour prendre sous leur protection les diverses croyances religieuses des mendiants errants et des maîtres de maison, *sê pavadjitânaṁtchêva gihithânaṁtcha savapâsaṁḍêsu pitcha viyâpaṭâ*, le roi Piyadasi ajoute : *sê saṁghathasipi mê katê* (peut-être *katâ*), « ils ont été aussi créés par moi dans l'intérêt de l'Assemblée[1], » et il termine en disant que leur surveillance doit s'étendre également sur les Brâhmanes, *Bâbhanêsu*, sur les mendiants, *adjîvikêsu*, et sur les dévots ascétiques, *nigathêsu*. Il me semble que les mots *bahuvidhêsu athêsu*, « dans des intérêts divers, » déterminent suffisamment la signification de *saṁghathasi*, « dans l'intérêt de l'Assemblée; » et si tel est le sens de ce mot, ce sens doit s'appliquer à *saṁghathaṁ*. Ici paraît pour la première fois un des termes les plus intéressants de ces inscriptions, un de ceux qui en indiquent le plus manifestement le caractère vraiment buddhique. Le terme dont je parle est *saṁgha*, « l'Assemblée, » lequel désigne, comme je l'ai dit au n° I de cet *Appendice*[2], la réunion des Religieux qui font

[1] J. Prinsep, *Interpret. of the most ancient of the Inscript. on the pillar called the Lât of Feroz shâh, etc.* dans *Journ. asiat. Soc. of Bengal*, t. VI, p. 600.

[2] Ci-dessus, *Appendice*, n° I, p. 436.

profession de croire à la loi du Buddha. Les deux textes du premier et du second édit détaché de Dhauli, et celui de l'inscription du pilier de Delhi et d'Allahabad, sont ceux-là même dont j'avais promis de parler au commencement de l'*Appendice* précité. J'en signalerai un autre exemple dans le § 4 de la présente étude, et j'aurai ainsi établi combien est fréquent, dans nos inscriptions, l'usage de ce terme qui appartient essentiellement à la première institution du Buddhisme.

Au reste, les textes que je viens de citer à l'appui de mon opinion sur *saṁghathaṁ* sont assez clairs pour que je puisse me dispenser d'y insister davantage. Je ferai seulement deux remarques que je crois nécessaires. La première porte sur l'orthographe du mot *vyâpaṭâ*, que les édits des colonnes écrivent avec un *ṭ* cérébral. Cela prouve qu'il y avait dans le mot primitif un *r* ou une lettre congénère; et dans le fait, le mâgadhî *vyâpaṭa* n'est que le sanscrit *vyâprĭta*, « préposé à, chargé de. » La seconde remarque est relative aux noms des diverses espèces d'ascètes ou de Religieux sur lesquels Piyadasi étend la protection de sa tolérance royale. Ces noms offrent une bien remarquable analogie avec ceux des Religieux que les légendes de Ceylan nomment parmi les sectaires que le roi Açôka nourrissait de ses aumônes. Ainsi Turnour, citant l'*Atthakathâ* ou les commentaires de *Buddhaghôsa* sur les livres sacrés du *Tipiṭaka*, parle des *Pâṇḍarânga*, des *Djivakas* et des *Nigaṭhas*[1]. Nous ne trouvons pas, sur l'édit du Firouz lâṭh, les *Pâṇḍarângas;* mais les *Nigathas* de Turnour sont bien les *Nigathas* de l'inscription, en sanscrit *Nirgranthas*[2], et ceux que ce savant nomme *Djivakas* sont certainement les *Adjîvikas* de l'édit, dont le nom paraît, tant dans les inscriptions que dans les textes, écrit de plusieurs manières différentes, *djîvaka, adjîvaka, adjîvika, âdjîvaka* et *âdjîvika.* Outre le *djivaka* de Turnour, qui doit s'écrire avec une longue, *djîvaka,* ainsi que le prouve le nom propre *Djîvaka Kômârabhaṇḍa,* « Kômârabhaṇḍa le mendiant, » lequel figure au commencement du *Sâmaññaphala sutta* traduit plus haut[3], je trouve *âdjîvaka* dans le *Lalita vistara*[4], et *adjîvaka* ou *âdjîvaka* dans le composé *nirgranthâdjîvakâdayas*[5]. Les Tibétains, comme nous venons de voir que l'a fait Turnour, ont lu ici *djîvaka;* mais cette transcription n'est certainement pas ici la reproduction du texte, puisque, dans le composé cité tout à l'heure, le mot *djîvaka* est de toute nécessité précédé d'une voyelle brève ou longue. De toute manière, la transcription des Tibétains, quoique inexacte en cet endroit, prouve la coexistence des mots *âdjîvaka* et *djîvaka.* Quant à la leçon *adjîvika* par un *a* bref initial, j'essayerai plus bas d'en établir l'existence.

Maintenant que j'ai tiré du second des édits séparés de Dhauli tout ce qui m'est possible d'y voir avec les secours qui sont entre mes mains, il reste à examiner quelle est la personne qui parle dans ces deux édits. Ce qui donne lieu de poser cette question, ce sont les termes qu'on lit au début du préambule de chacune des inscriptions : « Au nom

[1] Turnour, *Examin. of the pâli Buddh. Annals*, dans *Journ. as. Soc. of Bengal*, t. VI, p. 731.

[2] Sur ce terme voyez ci-dessus, p. 458, note 1, et les *Additions et corrections* pour cette même page, à la fin du présent volume.

[3] Ci-dessus, *Appendice*, n° II, p. 449.

[4] *Lalita vistara*, ch. XXVI, f. 209 *b; Rgya tch'er rol pa*, t. II, p. 378.

[5] *Lalita vistara*, ch. XXIV, f. 196 *b; Rgya tch'er rol pa*, t. II, p. 355.

« du roi chéri des Dêvas, les grands ministres doivent s'entendre dire, » avec cette seule différence que, dans le second édit, intervient un nouveau personnage, le plus élevé après le roi, c'est-à-dire le prince royal, le *Kumâra*. Prinsep, en examinant cette formule dont il avait bien déterminé le sens, n'avait pas hésité à croire qu'à la différence de la grande inscription et des édits des colonnes, où « le roi chéri des Dêvas » parle en son nom, les deux fragments qui ne se trouvent qu'à Dhauli étaient adressées par un fonctionnaire tel que les ministres nommés *mahâmâtâ*, au nom du roi qui ne parlait pas lui-même [1]. Il est de fait que la formule que je viens de rapporter se prête aisément à cette interprétation; mais cette circonstance ne suffit pas pour soutenir cette interprétation même; il faut de plus l'accord de la teneur de l'inscription avec la formule. Or, le lecteur a pu voir, par la traduction du premier des édits séparés, que « le roi chéri des Dêvas » y parlait directement en son propre nom; et si je ne me suis pas trompé trop grossièrement dans mon analyse du contenu de cette inscription, le roi ne cesse de parler de cette manière pendant tout le cours de l'édit. Nous ne pouvons donc, en ce qui touche le premier édit du moins, conclure de la formule « au nom du roi chéri des Dêvas » que ce n'est plus le roi qui parle dans cette inscription, comme il parlait dans les autres. Outre que le texte de l'édit contredirait à chaque ligne cette supposition, on comprend, sans que j'y insiste, qu'un édit royal puisse commencer indifféremment, soit par cette formule « le roi a dit, » soit par cette autre « au nom du roi. »

Nous sera-t-il possible d'être aussi affirmatifs en ce qui touche le second édit? Je ne le pense pas. Le préambule est le même : « Au nom du roi chéri des Dêvas, le prince royal « de Tôsalî et les grands ministres doivent s'entendre dire, etc. » Là encore le roi parle en son propre nom, exactement comme dans le premier édit. Malgré les lacunes qui surviennent, on peut reconnaître, par l'analogie de cet édit avec le premier, que c'est encore le roi qui parle dans les souhaits qu'il exprime pour le bonheur de son peuple. Ces souhaits sont certainement rendus ici, et plus longuement, et avec un accent de dévouement plus marqué que dans la précédente inscription, mais ils ne cessent pas de rester dans la bouche du roi; il me semble du moins que cela ne peut pas être douteux pour des paroles comme celles-ci : « Et puissent-ils par mon moyen pratiquer la loi, » et « c'est « pour cela que je commande, etc. » Mais on ne peut plus dire la même chose, lorsque, après les mots, malheureusement précédés d'une lacune, « pour qu'ils obtiennent ces « choses, voilà, » le texte dit à n'en pas douter, « comme un père, ainsi est Dêvânam piya. » Il est bien évident que ce paragraphe, jusqu'aux mots, « je serai un serviteur aux ordres « de Dêvânam piya, » n'est plus dans la bouche du roi. On peut même remarquer que ce qui précède ce paragraphe est comme cité et en quelque façon guillemetté par le mot *iti* « voilà. » Après avoir lu et fait graver l'inscription qui renferme la volonté et les vœux philanthropiques de Dêvânam piya, un ministre ou le prince royal exprime à son tour, en parlant en son propre et privé nom, sa soumission envers le roi et le dévouement qu'il est prêt à mettre dans l'exécution de ses ordres. Ce qui rend difficile ce passage, c'est sa forme abrupte au milieu d'une inscription où le roi seul a parlé jusqu'alors.

[1] Prinsep, *Examin. of the separate Edicts*, dans *Journ. as. Soc. of Bengal*, t. VII, p. 448.

Mais jusqu'à quelle partie de l'édit s'étend ce discours, expression de l'acquiescement du ministre ou du prince, cela n'est pas aussi facile à déterminer. C'est encore le ministre qui peut dire : « Pour cette raison, le *Stûpa Dubalâhi*, etc.; » il peut encore à la rigueur dire : « Efforcez-vous d'exécuter constamment mes ordres. » Cependant il est bien peu probable que de pareilles paroles aient été prononcées par lui, après les formules de dévouement qu'il a employées dans le paragraphe précédent. Mais il n'est plus permis de douter que le roi ne reprenne la parole à la fin de l'inscription, quand on voit le texte annoncer que l'édit a été écrit pour que les grands ministres s'appliquent constamment au bien du peuple et à la pratique de la loi. Aussi je n'hésite pas à dire que les mots qui suivent « je serai un serviteur aux ordres de Dêvânam piya, » et qui commencent ainsi : « Pour « cette raison, le *Stûpa Dubalâhi*, etc., » quoique pouvant être placés dans la bouche du nouvel interlocuteur, qui est probablement un ministre, n'en appartiennent pas moins au roi lui-même qui ne cesse de parler en son propre nom pendant tout le cours de l'édit, si ce n'est vers le milieu où le ministre insère en trois phrases l'expression de son respect, de son amour et de son dévouement pour le roi. J'ai cru qu'il était indispensable de signaler particulièrement cette circonstance, que n'a pu reconnaître Prinsep, et qui jette un jour nouveau sur la teneur du second édit.

§ 4. SUR LES NOMS DE BUDDHA, BHAGAVAT, RÂHULA, SADDHARMA, DANS UNE DES INSCRIPTIONS DE PIYADASI.

J'ai promis, dans divers endroits de mes notes, de montrer que les noms les plus caractéristiques du Buddhisme se trouvent dans une des inscriptions de Piyadasi[1]. C'est ce que je vais faire en ce moment, et j'y trouverai l'occasion d'éclaircir quelques passages non pas seulement de l'inscription qui me fournit ces noms célèbres, mais encore des autres monuments analogues où ils ne paraissent pas, mais où l'on pourrait être tenté de les chercher. L'inscription dont je veux parler a été découverte par le capitaine Burt sur une montagne voisine d'un lieu nommé *Byrath*. Ce lieu est situé à une distance de six cosses ou environ six milles de Bhabra, qui est à trois marches de Djaypour; ce sont, si je ne me trompe, les lieux mêmes qui, sur la carte de Walker, sont écrits *Birat* et *Barbero*, entre Kot et Djaypour[2]. Appréciée à sa juste valeur par les savants anglais de Calcutta, cette inscription n'a été jusqu'à présent examinée que par Lassen, qui en a extrait le seul point qui intéressât pour le moment ses recherches particulières. Elle mérite à tous égards d'être étudiée de plus près, et à cause de sa valeur propre, et par le jour qu'elle jette sur les autres monuments analogues dont elle détermine l'origine et le véritable caractère. Je vais en examiner successivement les diverses parties au fur et à mesure que se présenteront les noms religieux que j'y trouve; puis, cet examen terminé, je résumerai l'inscription entière dans une traduction suivie. Quant à présent, il me suffit

[1] Voy. ci-dessus, p. 284 et 285.

[2] Burt, *Inscript. found near Bhabra*, dans *Journ. as. Soc. of Bengal*, t. IX, 2ᵉ part. p. 616. Ces noms de lieu sont écrits *Bireit* et *Barbero*, dans l'utile volume intitulé : *Index of all places of India*, p. 27 et 47.

d'en indiquer le but général en disant que c'est une sorte de missive adressée par le roi Piyadasi aux Religieux réunis en Assemblée dans le Magadha.

Après avoir salué les Religieux auxquels il envoie cette lettre, et leur avoir rappelé que la grandeur de son respect et de sa foi pour le Buddha, la Loi et l'Assemblée est connue de ceux auxquels il parle, dans des formules qui offrent des expressions purement buddhiques, et que je vais examiner tout à l'heure, Piyadasi ajoute (l. 2 et 3 du fac-simile de M. Burt) : *ê kêtchi bhamtê bhagavatâ budhêna bhâsitê savê sê subhâsitêvâ,* « Tout ce qui, « seigneurs, a été dit par le bienheureux Buddha, tout cela seulement est bien dit. » Il me paraît inutile de montrer actuellement pourquoi cette version doit être préférée à celle des Pandits de Calcutta, dont elle s'éloigne moins par les termes que par la place qu'il faut lui donner dans l'ensemble de l'inscription; quand j'aurai terminé mon analyse du texte entier, je reproduirai la traduction des Pandits en regard de la mienne, dans l'intérêt des lecteurs qui aiment à s'éclairer par eux-mêmes. Il me suffira ici d'attirer l'attention des philologues sur une particularité de langage déjà remarquée du reste dans les paragraphes précédents, mais qui se répète dans cette inscription avec une sorte de régularité systématique, et qui rapproche singulièrement le dialecte de ce monument du mâgadhî des grammairiens indiens [1]. C'est la suppression d'un *y* initial qui a lieu dans *ê* pour *yê*, et en pâli *yô*. Cette suppression se remarque également dans *âvatakê*, pour *yâvatakô*, « aussi grand que, » du pâli, et dans *âva* pour *yâvat*, « autant que, » qui est fréquemment usité dans les grands édits de Girnar et de Dhauli; Prinsep avait déjà insisté plus d'une fois sur cette particularité de dialecte [2].

Tout le monde comprendra, sans que j'y insiste davantage, la haute importance de cette mention du *bienheureux Buddha* sur un monument qui porte le nom de *Piyadasi*, et qui a été écrit par le même monarque et dans la même langue que les grands édits de Girnar, de Delhi et de Dhauli. Il y a même lieu de s'étonner que les savants, qui, comme M. Wilson, ne sont pas suffisamment convaincus que ces monuments soient buddhiques, n'aient tenu aucun compte d'une inscription publiée il y a déjà plus de dix ans [3]. Cette mention intéressante du titre de *Bhagavat* joint au nom de *Buddha* nous dispense de tout effort pour le retrouver dans un autre texte du même genre, où la critique de M. Wilson a hésité à le reconnaître. Je veux parler des mots *bhagavô* et *bhagava*, qu'on lit dans le treizième des édits de Piyadasi à Girnar et à Kapur-di-giri [4]. Je n'apprendrais rien au lecteur en répétant ici les justes regrets qu'a exprimés M. Wilson au sujet du déplorable état de mutilation dans lequel nous est parvenu cet édit précieux. Mais quoiqu'il soit dif-

[1] Lassen, *Instit. ling. pracrit.* p. 396, § 5.

[2] Prinsep, *On the Edicts of Piyadasi or Asoka, the Buddhist monarch, etc.* dans *Journ. as. Soc. of Bengal*, t. VII, p. 277 et 443.

[3] Le mémoire de M. Wilson sur les inscriptions de Kapur-di-giri, Girnar et Dhauli, a été lu à la Société asiatique de Londres, le 3 février 1849, et publié la même année dans le Journal de cette société, t. XII, 1re part. p. 153 et suiv., en même temps qu'il en a été fait un tirage à part par M. Wilson. L'inscription de Bhabra a été publiée dans le Journal de la société asiatique du Bengal de septembre 1840, t. IX, 2e part. p. 616 et suiv.; c'est un des rares numéros de ce recueil qui soient arrivés sur le continent.

[4] Wilson, *On the Rock inscript. etc.* dans *Journ. roy. as. Soc. of Great-Britain*, t. XII, p. 224 et 229.

ficile, avec des copies aussi peu complètes que celles que nous possédons, de l'analyser d'une manière satisfaisante, il est déjà possible de dissiper positivement les illusions que pourraient faire naître les termes où l'on serait tenté de retrouver le titre de *Bhagavat.* Dans l'inscription de Kapur-di-giri, telle que l'a déchiffrée M. Norris d'après les matériaux imparfaits qui étaient entre ses mains, la ligne 6 commence ainsi : *çatabhagava sahasrabhagamva*, mots dans lesquels il est facile de reconnaître *çatabhâgañvâ sahasrabhâgañvâ*, « soit la centième, soit la millième partie. » Quel est l'objet dont on indique ainsi soit cent, soit mille portions, c'est ce que les lacunes de la copie nous mettent hors d'état de déterminer. Ajoutons que l'inscription de Girnar n'est ici d'aucun secours, puisqu'elle a en cet endroit un passage tout différent.

L'autre partie de l'inscription, où paraît quelque chose comme le nom de *Bhagavat,* n'est pas moins obscure, et il est bien difficile de tirer un sens clair d'un texte où les lignes sont en général sans commencement ni fin, comme à Girnar, et où la transcription est aussi incertaine qu'à Kapur-di-giri. Sur la copie de Westergaard et du capitaine Jacob, à laquelle il faut toujours revenir, après une lacune de quelques lettres au commencement de la quatrième ligne, je trouve 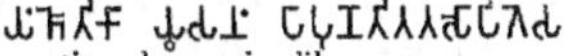 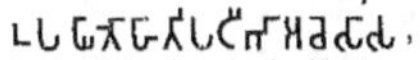, avec un doute sur la question de savoir s'il y a encore une lettre à la fin de la ligne, comme le croyait Prinsep, qui ajoutait un *pa*, ce qui exactement transcrit doit se lire ainsi : *yañ ñâtikâ vyasanañ pâpuṇati tata sôpi gêsa upaghâtô hâti paṭîbhâ atchêsâsa.* Remarquons d'abord que, sur la copie de Westergaard, le premier *ta* de *tata* pourrait passer pour un *ê*, on lirait donc *êta* « ici, » ou même *êta* « cela, » au lieu de *tata* « là, » de la copie de Prinsep. Ensuite Prinsep a *têsa* « d'eux, » (pour *têsañ* devant une voyelle), au lieu du *gêsa* de Westergaard; mais le *t* et le *g* se confondent si facilement, que je ne doute pas que Westergaard et le capitaine Jacob n'aient lu *têsa;* ce mot se lit même distinctement de cette manière sur le fac-simile republié par M. Wilson. Après ces observations, on peut traduire presque avec certitude le commencement de ce texte : « Quand les parents éprouvent une calamité, alors c'est là une violence même « qui leur est faite. » J'avoue que je ne m'explique pas comment on a pu hésiter sur le sens de *vyasanañ pâpuṇati;* ou la forme *pâpuṇati* manque de l'*anusvara* qui en ferait le pluriel pâli *pâpunanti*, ou bien c'est une faute pour *pâpunôti* « il obtient; » et ici le singulier ne fait en aucune façon difficulté, puisque c'est une habitude constante du pâli de mettre au singulier un verbe dont le sujet est un nom collectif.

Reste *paṭîbhâ atchêsâsa*, ce qui est très-obscur en soi-même, et ce qui tient le commencement de la phrase en échec. Avec cette leçon, il n'y aurait certainement pas moyen de voir ici le nom de *Bhagavat,* sous quelque forme altérée qu'on se le figure. Mais Prinsep lit ces huit syllabes comme il suit : *paṭîbhâgêvêsisapa;* et de plus, sur la copie de Westergaard, une marque de renvoi dont je ne suis pas bien sûr de comprendre la signification précise, semble indiquer qu'au lieu de lire *atchêsâsapa*, la pierre porte *gôgtî.* Enfin le fac-simile de Girnar, publié par M. Wilson, a distinctement *paṭibhâgô tchêsâsava.* Les précédents interprètes ont lu *pâti* au lieu de *hâti*, que donnent Prinsep et Westergaard, et dont je fais *hôtî;* ils ont réuni ce dissyllabe à *paṭî*, et ainsi *bhâgôvê* est resté seul, ce qui a pu donner l'idée qu'on devait trouver ici *Bhagavat.* Mais rien n'est moins démontré que ces divisions et ces réunions; de *hâti* on va aussi facilement à *hôti* qu'à *pâti;* et si on lit *hôti,* comme je l'ai proposé, ce verbe terminera la phrase précédente. De là il suit que *paṭibhâgô* doit commencer une autre proposition, dont le second mot est le *tchê* du capitaine Jacob, pour *tchêt* « si; » et le troisième *sâsa,* peut-être *sîya,* comme M. Wilson l'imprime dans son mémoire. Avec ces corrections, on aurait « si le partage existe; » mais la lacune nous arrête tout court à ce point. Je conclus donc de l'analyse de ce passage, comme j'ai dû le faire de celle du précédent, que l'on chercherait en vain dans le troisième édit de Girnar ou de Kapur-di-giri la mention du nom de *Bhagavat* appliqué à la désignation du Buddha. Il faut, quant à présent, nous contenter d'avoir la preuve de l'existence certaine de cette épithète sur la pierre de Bhabra. Quant au nom de *Buddha* même, il paraîtra une seconde fois dans cette dernière inscription, et j'y reviendrai à l'occasion du nom de *Dharma.*

Je passe à un autre nom propre presque aussi important, celui de *Râhula,* par lequel la tradition désigne le fils de Çâkyamuni. J'ai dit plus haut, en parlant de Râhula[1], que je croyais retrouver ce nom sur un monument auquel je vais faire plus d'un emprunt, je veux dire sur l'inscription de Bhabra, où le roi Piyadasi recommande à l'Assemblée des Religieux réunie dans le Magadha de s'en tenir aux paroles du Buddha bienheureux. Après avoir annoncé que c'est là le seul moyen d'assurer la longue durée de la bonne Loi, le roi continue ainsi, dans un passage dont je voudrais être sûr de comprendre parfaitement tous les termes, mais qui mérite toujours, quoi qu'il arrive, d'attirer l'attention du lecteur. Le texte en question se trouve au milieu de la quatrième ligne; j'en reproduis l'orthographe avec les caractères originaux pour qu'on puisse apprécier la valeur des corrections que j'y apporte : 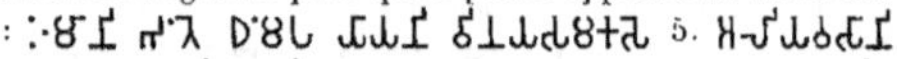 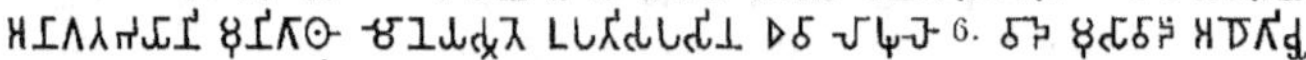 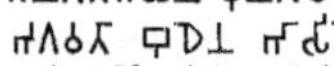, *imâni bhaṁtê dhaṁmapa[li]yâyani vinaya-samakasê aliyavasâni anâgatabhayâni munigâthâ mônêyasûtê upatisapasina êvâ lâghulôvâdê musâvâdaṁ adhôgitchya Bhagavatâ Budhêna bhâsitê*[2]. Je ne crois pas nécessaire de discuter la transcription et l'interprétation des Pandits de Calcutta; elles me paraissent l'une et l'autre également injustifiables. Il suffira d'exposer celle que je propose, en indiquant les points sur lesquels il reste encore des doutes: « Voici, seigneurs, les sujets qu'embrasse la Loi : les bornes « marquées par le *Vinaya* (la discipline), les facultés surnaturelles des Ariyas, les dan- « gers de l'avenir, les stances du solitaire, le *Sûta* du solitaire, la spéculation d'Upatisa seu- « lement, l'instruction donnée à Lâghula, en rejetant la fausse doctrine, [voilà] ce qui « a été dit par le bienheureux Buddha. »

Le troisième mot, que l'inscription donne incomplet d'une syllabe, *dhaṁmapayâyani,* doit être lu *dhaṁmapaliyâyâni,* comme il l'est par le monument même plus bas à la

[1] Ci-dessus, chap. IX, f. 119 *b*, p. 397 et 398. — [2] J. S. Burt, *Inscript. found near Bhabra,* dans *Journ. as. Soc. of Bengal,* t. XI, 2e part. p. 618.

ligne 6, *dhaṁmapaliyâyâni*, en sanscrit *dharmaparyâyâni*. Cette expression *dharmaparyâya* se trouve très-fréquemment dans les livres du Népal, où elle est appliquée aux *Sûtras* : elle l'est particulièrement à notre *Lotus* même, et je l'ai traduite toujours ainsi : « ce « Sûtra où est exposée la loi. » Ici le sens d'*exposition* serait sans doute incomplet, quoiqu'il soit, en quelque manière, justifié par la valeur que l'*Abhidhâna ppadîpikâ* attribue au pâli *pariyâya*, celle de « discours religieux[1]. » En sanscrit, outre le sens fondamental d'*ordre, arrangement, succession régulière*, le mot *paryâya* a encore, selon Wilson, celui de *comprehensiveness, aggregation*; c'est de ce sens que je m'autorise pour traduire *dhaṁmapaliyâyâni* par « les sujets qu'embrasse la Loi. » Dans l'inscription, ce sont trois points qui remplacent la syllabe *dhaṁ*; une lacune signale l'omission de la syllabe *li*, et l'*â* long du second *ya* est omis à tort.

Le quatrième mot *vinayasamakasê*, qui se termine comme un nominatif masculin singulier du dialecte mâghadî, est certainement difficile; je n'en ai pu rien faire sans une correction un peu hardie, qui consiste dans l'addition de trois signes de voyelles : une inspection nouvelle du monument montrera si j'ai eu tort ou raison d'aller aussi loin. Il est évident qu'il s'agit ici du *Vinaya* ou de la Discipline; mais sous quel rapport l'envisage-t-on, c'est ce que ne dit pas clairement le mot suivant *samakasê*, et on est dès l'abord incertain sur la question de savoir s'il ne faut pas couper ainsi *vinaya* + *samakasê*, ce qui donne un mot composé de deux parties, ou *vinayasa* + *makasê*, ce qui donne un nominatif gouvernant *vinayasa* au génitif, pour *vinayassa*, « du *Vinaya*. » Mais je remarque que les termes de l'énumération qui suivent sont tous des composés, et cela me décide pour la première division. Je ne sais que faire de *samakasê*, à moins d'y ajouter des voyelles qui manquent sur la copie du capitaine Burt, et qui peuvent manquer plus ou moins sur le monument lui-même, et je propose de lire *sîmôkâsê*, au lieu de *samakasê*. La position subordonnée des signes voyelles et leur petitesse relativement au corps de la lettre, explique comment elles ont pu disparaître; la seule question encore douteuse est celle de savoir si je n'ai pas fait un usage trop peu limité de cette explication. On trouvera peut-être aussi que le sens obtenu par cette correction est un peu cherché, « l'espace compris dans les bornes du *Vinaya* ou de la Discipline, » de *sîmôkâsê*, pour le pâli *sîmôkâsô*, en sanscrit *sîmâ avakâça*. Mais cette expression pouvait bien ne pas paraître aussi prétentieuse dans le style religieux des Buddhistes, qu'elle l'est pour nous en français. Dans le composé *sîmôkâsê*, le mot *ôkâsê* n'a vraisemblablement pas autant de valeur que les termes français « l'espace compris, » et l'expression toute entière ne signifie sans doute rien de plus que « les limites de la Discipline. »

Je n'ai aucun doute sur la signification des deux composés suivants, *aliyavasâni* et *anâgatabhayâni*, « les facultés surnaturelles des Âryas, les dangers ou les terreurs de l'a« venir. » Par *vasâni*, pluriel de *vasaṁ*, il faut entendre ces facultés qui donnent aux *Aliyas*, c'est-à-dire aux *Âryas*, le pouvoir de soumettre la nature à leur volonté, et « les « dangers ou les terreurs de l'avenir » font allusion à ces longues descriptions de l'Enfer et des mauvaises destinées qui occupent tant de place dans les livres buddhiques de toutes

[1] *Abhidhâna ppadîpikâ*, l. III, chap. III, st. 60; Clough, p. 112.

les époques. On reconnaîtra de même dans *munigâthâ*, « les stances du solitaire, » ces maximes en vers dont Çâkyamuni relevait son enseignement, et qui lui donnaient des formules où sa parole prenait cette précision particulière que possède le langage mesuré de la poésie; car par *le solitaire*, il faut sans doute entendre Çâkyamuni lui-même. J'en dirai autant du terme qui suit *mônéyasûtê* « le *Sûta* (pour *Sûtra*) du solitaire; » de ce que le texte se sert de l'adjectif *mônéya*, au lieu du substantif *muni*, ce n'est pas, ce me semble, une raison pour chercher dans ce terme un autre solitaire que Çâkyamuni. Il est vrai qu'on ne voit pas bien la raison du singulier *sûtê* « le *Sûta*, » ou en sanscrit, « le « *Sûtra*. » Mais la pierre porte peut-être *sûtâ*, au pluriel « *les Suttas*; » ou bien, si la lecture est exacte, le singulier est sans doute pris au sens collectif, « la réunion des *Suttas* du « solitaire. »

Une très-légère correction rend intelligible le terme suivant, et en fait un des plus intéressants de cette série. Sur la copie du capitaine Burt, il est écrit *upatisapasina*, où l'on reconnaîtra immédiatement *Upatisa*, le surnom que Çâriputtra tenait de son père Tissa, ce qui nous donne le nom de l'un des premiers et des plus influents disciples de Çâkyamuni, auteur d'un ouvrage qui est resté dans l'école sous le titre de *Dharma skandha*[1]. C'est déjà beaucoup que nous trouvions dans notre inscription un nom propre de cette importance, et la prétention d'y découvrir l'ouvrage même qu'on lui attribue serait certainement exagérée. D'ailleurs, l'expression dont se sert le roi Açôka est très-probablement collective et destinée à indiquer en général les travaux philosophiques de Çâriputtra. Il est bon en effet de remarquer que le mot *pasina*, que je crois altéré, rappelle par son étymologie *paçya*, « la vue, » ou la science que donne la spéculation la plus élevée. Je pense que *pasina* devait se lire ou *passinâ* ou *passanâ*; car il n'est pas impossible que la syllabe *ssa* se confonde avec *si*. Cependant si l'on préfère lire *pasinâ*, ce mot sera la transformation mâgadhie d'un primitif *paçyinâ*, qui n'est actuellement pas sanscrit, mais dont la formation hypothétique trouve son analogue dans le nom propre du Buddha *Vipaçyin*. J'ai d'ailleurs essayé plus haut de revendiquer l'existence d'un substantif *paçyanâ*, qu'on peut à la rigueur retrouver dans notre *Lotus*[2].

Après le nom d'*Upatissa*, j'en trouve un nouveau, celui du fils du Buddha, sous la forme à la fois ancienne et populaire de *Lâghula*, pour *Râhula* : l'*â* long de la première syllabe est douteux d'après la copie M. Burt; mais en supposant même que le monument donne *laghula*, la traduction que fournirait le composé *laghulôvâdê*, « l'enseignement « léger ou facile » n'irait pas si bien à l'ensemble de notre texte que celle que donne *lâghula*, pris comme nom du fils de Çâkyamuni. On remarquera dans l'orthographe de ce nom propre l'emploi du *gh* au lieu du *h* qui est plus vulgaire. C'est un archaïsme dont on trouve de fréquents exemples dans la langue des Vêdas, et il semble même que cet archaïsme ait été usité dès les premiers temps du Buddhisme; car sans cette supposi-

[1] *Introd. à l'hist. du Buddh. indien*, t. I, p. 448; voyez encore Stan. Julien, *Concordance sinico-sanscrite d'un nombre considérable d'ouvrages buddhiques*, dans *Journ. asiat.* IV° série, t. XIV, p. 384. Il est probable que le *Dharma skandha* des Népâlais est analogue, sinon identique, au *Çâriputtra abhidharmaçâstra*, ou au *Trishandhaka* des Chinois.

[2] Ci-dessus, chap. v, f. 77 *a*, p. 381.

tion, on ne pourrait pas facilement s'expliquer comment les Buddhistes auraient interprété le nom propre *Râhula* par celui de *Raghu*, le démon des éclipses, ainsi que je l'ai indiqué plus haut[1]. Cette orthographe s'est même perpétuée jusqu'à des temps assez modernes, puisqu'on la retrouve dans une des premières inscriptions indiennes qui aient été découvertes et expliquées par l'un des fondateurs de la Société asiatique de Calcutta, M. John Shore. Cette inscription, déterrée près d'Islâmabad, est du IXe siècle de notre ère, et le nom du fils de Çâkyamuni y est écrit *Raghu*[2].

Maintenant, si *Lâghula* est réellement ici le nom du Religieux qui passe pour le fils du Buddha, nous n'aurons plus qu'à fixer le sens du mot *ôvâdê* qui le suit dans le composé *lâghulôvâdê*. Il n'est pas douteux que ce mot ne représente le pâli *ôvâdô* et le sanscrit *avavada*, « instruction, enseignement[3]. » Le composé signifiera donc « l'instruction, l'en- « seignement de Lâghula. » Mais que faut-il entendre positivement par là? S'agit-il de l'enseignement donné ou de l'enseignement reçu par Lâghula, et, pour nous servir du nom vulgaire, Râhula? J'avoue que j'ai cru quelque temps que ce terme désignait l'enseignement donné par Râhula, et ce qui me confirmait dans cette opinion, c'est que la suite de notre inscription va parler de doctrines mensongères qu'on doit blâmer. Cette interprétation avait cela d'intéressant qu'elle s'accordait avec la tradition buddhique, d'après laquelle Râhula passe pour avoir fondé, après la mort de son père, une école qui se partagea plus tard en un certain nombre de sous-divisions considérées comme plus ou moins schismatiques[4]. Mais la lecture du *Mahâvaṃsa*, que je viens de faire de nouveau, ne favorise pas cette interprétation; elle confirme au contraire la seconde de la manière la plus positive. J'y trouve, en effet, au milieu de plusieurs titres de *Suttas* ou de discours attribués à Çâkya, un article ainsi conçu, *Râhulôvâda*, et que Turnour entend de cette manière : « Le discours d'avertissement (*monitory discourse*) adressé à Râhula par le Buddha, à Kapi- « lavastu, quand Râhula fut entré dans l'ordre des Religieux[5]. » Je ne vois pas de raison de supposer que le mot *Lâghulôvâdê* de notre inscription y désigne autre chose que le *Râhulôvâdâ* du *Mahâvaṃsa*, et je pense qu'il indique également l'enseignement donné par le Buddha au Religieux Râhula.

Les deux mots qui suivent, *musâvâdaṃ adhôgitchya* me paraissent se rattacher au terme que je viens d'expliquer; c'est du moins ce qui résulte pour moi des analyses suivantes. Il est certain que *musâvâdam* signifie « la discussion de mensonge, ou l'hérésie menteuse, « ou la fausse doctrine. » Or ce sens une fois déterminé, il décide de celui du mot suivant, *adhôgitchya*, qui, je l'avoue, reste très-difficile à expliquer. Sur la copie de M. Burt, le trait qui constitue la seconde partie de la voyelle *ô* dans la syllabe que je lis *dhô*, se relève d'une manière anormale et à la façon d'un *i*. Cela m'inspire des doutes sur l'exactitude complète de la lecture, et je désirerais qu'un nouvel examen du monument nous pût mettre à même de vérifier s'il ne faudrait pas lire, soit 𑀅𑀛𑁄 *adjhô*, pour le pâli *adjdjhô*,

[1] Ci-dessus, chap. IX, f. 119 *b*, p. 397.

[2] *Translat. of an inscript. in the Magha language*, dans *Asiat. Research.* t. II, p. 385, éd. Calcutta.

[3] Ci-dessus, chap. I, f. 4 *a*, p. 304 et suiv.

[4] Ci-dessus, chap. II, st. 64, p. 357.

[5] *Mahâvanso*, t. I, ch. XXX, p. 181, l. 2. Mon exemplaire de la glose du *Mahâvaṃsa* par Mahânâma, ne donne rien sur ce passage.

ce qui répondrait aux deux prépositions sanscrites *adhy* + *ava*, soit *adjô*, pour *adju*, ce qui déciderait de la valeur des deux syllabes suivantes, *gitchya*, où il faudrait voir une forme altérée du verbe *gup*, « blâmer, rejeter, » au participe en *ya*. L'incertitude où nous sommes sur le commencement du mot est plus nuisible à la clarté que les difficultés qui naissent de la fin de ce terme. En effet, en supposant qu'il se termine par *tchhya*, et non par *tchya*, nous aurions ici le *prâcritisme* de *tchha*, pour le sanscrit *ps*[1], c'est-à-dire la fin du radical *gup* ou *gups*, à la forme désidérative. Ce prâcritisme se remarque fréquemment en pâli, où l'on change en *atchtchharâ* le sanscrit *apsaras*, et où l'on transforme de la même manière le groupe *psya*, par exemple, dans *latchtchhâmi*, pour *lapsyâmi*[2]. Il est bien vrai que *gi* est incorrect et qu'il faudrait *gu*; mais il y a en pâli des exemples analogues de la substitution d'un *i* à un *u* primitif, surtout quand la voyelle radicale a pu paraître dans une syllabe précédente. Si l'on trouve en singhalais *djigupsâ*, « blâme, » mot qui serait en pâli *djigutchtchhâ*, n'est-il pas permis de supposer la possibilité d'une substitution comme *djôgitchhâ*, quand on voit surtout des déplacements aussi considérables que ceux de *payirupâsatu*, pour *pariyupâsatu*, « qu'il témoigne du respect[3], » de *payirupâsanti*, pour *pariyupâsanti*, dans cette stance :

Dasasu lôkadhâtusu sannipatitvâna dêvatâ
payirupâsanti sambuddhaṁ vasantaṁ nagamuddhani,

« Dans les dix univers, les Divinités s'étant réunies, honorent le Buddha parfait qui habite sur le sommet de la montagne[4], » et enfin de *kayiramânê*, pour *kariyamânê*, « au moment où il est fait[5] » déplacements qui sont réguliers ou au moins permis, car Clough en constate l'existence dans sa Grammaire pâlie[6]?

Quoi qu'il en puisse être, je suppose que ce mot difficile doit signifier « ayant blâmé, « ayant rejeté, » et il ne reste plus qu'un doute sur la manière dont on doit placer cette expression incidente, « en rejetant l'hérésie de mensonge, » par rapport aux parties précédentes de l'énumération. Le roi veut-il dire que, parmi les sujets qu'embrasse la Loi, il faut comprendre l'enseignement donné à Râhula, en en rejetant les hérésies menteuses qui s'y sont mêlées, ou bien, arrêtant l'énumération au mot *êvâ*, pour *êva*, qui suit et limite « la spéculation d'Upatissa, » entendit-il annoncer que les sujets précédents sont les seuls (*êva*) qu'embrasse la Loi, et que si l'on en exclut l'instruction de Râhula, qui est une hérésie de mensonge ou une secte menteuse, ces sujets sont la parole même du bienheureux Buddha? Certainement, la présence du mot *êva* donne quelque vraisemblance à la seconde interprétation. Je remarquerai cependant que le terme qui désigne ici l'instruction de Râhula est au nominatif comme ceux qui dénomment les parties orthodoxes de la doctrine, tandis que *musâvâdaṁ* est à l'accusatif; ces deux termes ne peuvent donc être en rapport l'un avec l'autre. Aussi pensé-je que la conjonction *êva* limite et clôt l'é-

[1] Lassen, *Instit. ling. pracrit.* p. 266.
[2] *Mahâwanso*, t. I, ch. xx, p. 122, l. 11.
[3] *Digha nikâya*, f. 13 *a*, plusieurs fois.
[4] *Mahâparibbâna sutta*, dans *Digh. nik.* f. 90 *a*.
[5] *Djina alaṁkâra*, f. 125 *a*.
[6] Clough, *Pali grammar*, p. 110.

numération des ouvrages qui sont réputés entièrement orthodoxes, et que le *Lâghulôvâdê* est placé à la suite de ces ouvrages, sous cette réserve expresse qu'on fera disparaître ce qu'il renferme de faux. Ce que j'ai dit tout à l'heure du *Râhulôvâda* du *Mahâvamsa* confirme de tout point cette interprétation. Ce titre ne peut s'appliquer qu'à une partie des écritures tenues pour orthodoxes; mais il avait pu s'y mêler quelques fausses doctrines par le fait seul de Râhula, dépositaire probable de cette partie des textes sacrés. Ce sont ces doctrines que le roi Piyadasi demande qu'on exclue d'un traité qui doit à son origine d'être conservé dans le canon des écritures authentiques. Si cette explication est fondée, comme je le suppose, elle nous apprend dans quel livre s'introduisirent les opinions hétérodoxes qui se rattachent au nom de Râhula.

Le quatrième des termes que j'ai promis d'examiner dans ce paragraphe, le mot *saddharma*, par lequel les textes du Népâl comme ceux de Ceylan désignent la loi du Buddha, me sera encore fourni par la même inscription, celle de Bhabra, à laquelle je viens de faire un emprunt considérable. A la suite du passage où le roi Piyadasi invite l'Assemblée des Religieux du Magadha à s'en tenir à la doctrine même enseignée par le Buddha, il ajoute ces paroles : *Hêvam sadhammê tchilasatîtikê hôsatîti*, « c'est ainsi que la bonne loi « sera de longue durée[1]. » Le sens de *sadhammê*, forme mâgadhie pour le pâli *saddhammô*, n'est pas douteux; c'est bien le *saddharma*, mot qui sert de titre à l'ouvrage même que je commente en ce moment. La lecture de l'adjectif *tchilasatîtikê*, qui se rapporte à *sadhammê*, n'est pas aussi sûre : le 𑀲 *sa* est indiqué seulement par des points. Cela veut dire que le copiste a reconnu sur la pierre quelques traces annonçant cette lettre, ou bien qu'on a cru devoir remplir ainsi un vide qui séparait 𑀮 *la* de 𑀢𑀻 *tî*. Ce qu'il y a de certain, c'est qu'on pourrait avoir ici ou *tchilasthitikê* ou *tchilaṭhitikê*, comme dans l'inscription circulaire de la colonne dite de Firouz, où la dernière phrase est ainsi conçue : *êna êsa tchilaṭhitika siyâ*, « par là, elle sera de longue durée, » ou « par quoi elle sera de longue durée, » c'est-à-dire que par la promulgation de cette inscription sur cette colonne même, la durée de la loi est assurée[2]. Il est évident que l'orthographe de la colonne de Firouz est régulière et tout à fait conforme au génie des dialectes prâcrits; elle se rapproche d'ailleurs sensiblement du pâli *tchiratthitika*. Cependant celle de *tchilasthitika* serait également admissible, puisque, dans les inscriptions mêmes de Piyadasi, on trouve quelquefois *asti* comme en sanscrit, au lieu du pâli *atthi*, « il est. » Il n'y a plus que la séparation du groupe *sthi* en *sati*, avec perte de l'aspiration primitive, qui paraisse sinon impossible, du moins anomale et peu commune.

L'explication que je viens de donner du mot *sadhammê* me conduit à parler d'un emploi analogue du mot *dhamma*, qui, placé seul et sans autre qualification, désigne certainement la loi du Buddha. C'est encore l'inscription de Bhabra qui me fournira un exemple parfaitement concluant de cet emploi tout à fait caractéristique de *dhamma*. Immédiatement après la formule de salutation que le roi Piyadasi adresse à l'Assemblée,

[1] J. S. Burt, *Inscript. found near Bhabra, three marches from Jeypore on the road to Delhi*, dans *Journ. as. Soc. of Bengal*, t. IX, 2ᵉ part. p. 618.

[2] Prinsep, *Interpret. of the most ancient of the Inscript. etc.* dans *Journ. asiat. Soc. of Bengal*, t. VI, 2ᵉ part. p. 601.

il commence ainsi son discours : *viditêvâ bhañtê âvatakê hâ mi budhasi dhaṁmasi sañghasîti galavêmtchaṁ pasadêtcha*, « Il est bien connu, seigneurs, jusqu'où vont et notre respect « et notre foi pour le Buddha, pour la Loi, pour l'Assemblée. » Ici on ne peut méconnaître la véritable valeur du mot *dhaṁma;* il n'est plus permis de croire que le *dhaṁma* soit une dénomination vague de la morale en général, sans désignation spéciale d'école ou de religion. En compagnie des mots *Buddha* et *Sañgha*, « Buddha et l'Assemblée, » *dhaṁma* ne peut être autre chose que la loi du Buddha, et cette circonstance fait tomber la plus forte des objections que M. Wilson a élevées contre l'opinion de ceux qui, comme Prinsep et Lassen, attribuent les inscriptions de Piyadasi à un monarque Buddhiste. Nous retrouvons encore ici le nom de *Buddha* dont nous avons signalé l'existence au commencement du paragraphe qui nous occupe, et ce qu'il offre en cet endroit de remarquable, c'est qu'il paraît rapproché du *dhaṁma* examiné tout à l'heure et de la dénomination de *sañgha*, sur laquelle je me suis déjà expliqué au commencement du n° I de cet *Appendice*[1], et en analysant le premier édit séparé de Dhauli[2]. Ces trois mots *Buddha*, *Dhaṁma* et *Sañgha*, constituent par leur réunion la fameuse formule dite des trois joyaux ou « le Buddha, la Loi et l'Assemblée, » et il est sans contredit fort intéressant de la voir officiellement inscrite sur un édit du roi Buddhiste Piyadasi.

Le texte qui vient de me fournir ces termes capitaux me donne encore le moyen d'établir d'une manière positive la valeur d'un mot dérivé de *guru* « grave, » que j'ai signalée déjà en parlant de *guruka*[3]. Les Pandits de Calcutta, qui ont eu à transcrire ce texte, ont bien reconnu ce terme dans un passage important de notre inscription, mais ils n'ont pas su profiter de cette bonne lecture pour améliorer leur traduction. Je veux parler du mot *galavêmtchaṁ*, où je n'hésite pas à reconnaître le sanscrit *gâuravaṁtcha*. Avec quelque soin qu'ait été exécutée la copie prise sur le bloc original, il est permis de supposer qu'une nouvelle révision du monument justifierait des corrections qui semblent nécessaires, ou autrement il faudrait admettre que le graveur indien s'est souvent trompé. Ainsi l'*anusvâra* final a été ajouté à tort à *tchaṁ*, qu'il faut lire *tcha*. On lira de même *galavaṁ* au lieu de *galavêṁ*, à moins de vouloir admettre une forme de neutre en *êṁ* répondant aux masculins en *ê*, forme que je ne vois pas justifiée par d'autres exemples, et que certainement n'admettrait pas Lassen[4]. Ajoutons qu'il doit manquer une voyelle au commencement du mot, soit un *â*, pour produire le thème *gâlava*, soit un *ô*, pour donner *gôlava*, en place du sanscrit *gâurava*.

Parmi les autres mots intéressants de notre texte, on remarquera *âvatakê*, qui serait en pâli *yâvatakô* : j'ai déjà signalé plus haut la suppression d'un *y* qui est fréquente dans le dialecte mâgadhî du IIIe siècle avant notre ère. Le mot suivant présente plus de difficulté. On voit sur le fac-simile *hâmâ;* mais je dois remarquer que l'allongement de la première voyelle est une conjecture indiquée à l'aide de points par les éditeurs de Calcutta. La première explication qui se présente est que *hâmâ* est pour *ihâ mê*, ou seulement *iha mê*, « ici de moi, » la voyelle initiale de *iha* étant confondue avec la fin du mot précé-

[1] Ci-dessus, p. 435 et 436.

[2] Ci-dessus, *Appendice*, n° X, § 3, p. 682.

[3] Ci-dessus, chap. I, f. 14 *b*, p. 335.

[4] *Instit. ling. pracrit.* p. 308, à la note.

dent *âvatakê*, et la voyelle *â*, figurée par les éditeurs de Calcutta, tombant non sur *h*, mais sur *mâ*, qu'il faudrait lire *mê*. Mais il s'élève contre cette analyse une objection de quelque gravité; c'est que, dans le dialecte de nos inscriptions, l'adverbe sanscrit *iha*, « ici » est presque constamment écrit *ida*. Si cette objection paraît décisive, il faudra peut-être chercher dans *hâmâ*, ou *hamâ*, quelque chose comme le génitif pluriel du pronom de la première personne, lequel est en mâghadhî, *amha*, et en pâli, *amhâkaṁ*. Toutefois, pour concilier l'état du fac-simile avec l'interprétation que je propose, non sans quelque défiance, il faudrait lire *ahamâ*, forme jusqu'ici non justifiée par d'autres exemples, et dont la voyelle initiale aurait été supprimée dans sa rencontre avec l'*ê* final du mot *âvatakê*. La conservation du *h* avant le *m*, laquelle fait ici difficulté, parce qu'elle est contraire à l'esprit de tous les dialectes prâcrits, s'expliquerait peut-être par la résolution du groupe *smâ* en *hamâ*, qui aurait eu lieu directement sur le primitif sanscrit.

Je trouve encore dans cette même inscription de Bhabra le moyen de remplir une promesse que j'ai faite plus haut, quand j'ai examiné, d'après les textes sanscrits et pâlis, la formule de compliment dont il était d'usage de se servir, lorsqu'on s'adressait à un Religieux[1]. Elle paraît au début même de notre inscription, dont elle forme le préambule; je la transcris ici d'après le fac-simile de M. Kittoe : *Piyadasê lâdjâ magadhê saṁghaṁ abhivâdêmânaṁ âhâ apâbâdhataṁtcha phâsuvihâlataṁtcha*, « Le roi Piyadasa à l'Assemblée « du Magadha qu'il fait saluer, a souhaité et peu de peines et une existence agréable[2]. » Il y a loin de là sans doute à la version des Pandits de Calcutta, « le sacrifice des animaux « est défendu ; » mais il faut si peu modifier le texte de l'inscription pour le mettre en rapport avec la plus simple des formules de salutation, citées dans la note à laquelle je renvoyais tout à l'heure, et la signification de cette formule est si peu contestable, que je ne doute pas de l'interprétation que je propose pour le début de notre inscription. Sur la copie lithographiée de M. Kittoe, on lit distinctement *magadhê*, « dans le Magadha ; » mais après la syllabe *dhê*, il paraît un *anusvâra*, en partie effacé, qui donnerait à croire qu'on a songé à une autre leçon, celle de *magadhaṁ*, laquelle serait plus correctement écrite *mâgadhaṁ*. Ce terme serait dans ce dernier cas un adjectif en rapport avec *saṁghaṁ*, « l'Assemblée magadhienne. » J'avoue que je préférerais cette leçon, parce que je ne suis pas sûr que, dans le dialecte de notre inscription, la voyelle *ê* désigne le plus souvent le locatif; ce cas a pour désinence ordinaire *si* ou *ṁsi*. Quant au mot qui vient ensuite, *abhivâdêmânaṁ*, il est bien positivement en rapport avec *saṁghaṁ*. Rapportée au type sanscrit d'où elle dérive, cette forme nous donnerait *abhivâdayamânaṁ*, c'est-à-dire le participe présent du causatif moyen du radical *abhi-vad*, « saluer. » La relation qui existe entre ce participe et *saṁghaṁ* prouve qu'il faut l'employer au sens passif, car autrement on aurait *abhivâdêmânô* en rapport avec le roi qui parle; mais le passif a en général laissé assez peu de traces dans les dialectes dérivés du sanscrit de cette époque : je n'hésite donc pas à traduire *abhivâdêmânaṁ* par « au moment où on la fait saluer, » c'est-à-dire, puisque c'est Piyadasi qui parle à la troisième personne, « au moment où il la fait saluer. » Ces mots

[1] Ci-dessus, ch. XXIII, f. 224 *a*, p. 425 et suiv. — [2] J. S. Burt, *Inscript. found near Bhabra*, dans *Journ. as. Soc. of Bengal*, t. IX, 2e part. p. 618.

sont gouvernés par le verbe *âhâ*, de cette manière : « Le roi Piyadasi a dit à l'Assemblée « du Magadha, au moment où il la fait saluer. » Ce qu'il a dit est exprimé par les deux mots *apâbâdhatañtcha phâsuvihâlatamtcha*, lesquels sont soumis, comme second complément, au verbe *âhâ*. De ces deux termes, le premier, *apâbâdhatam̃*, est exactement l'accusatif féminin singulier pâli *appâbâdhatam̃*, avec le suffixe d'un substantif abstrait, comme dans la formule des Buddhistes du Nord, *alpâvâdhatâm*. De même, *phâsuvihâlatam̃*, où je suppose 𑀯𑀺 *vi* au lieu de 𑀯𑀸 *vâ* du fac-simile, est non moins exactement encore le pâli *phâsuvihâratam̃*, sauf le changement du *r* en *l*, qui est propre à l'ancien dialecte mâgadhî. Le sens de chacun de ces termes est d'ailleurs justifié, soit par des autorités directes, soit par l'étymologie. Ainsi *phâsu* est, suivant l'*Abhidhâna ppadipikâ*, un substantif signifiant « aise, bonheur, » de sorte que *phâsuvihâlatâ* signifie littéralement « l'état de « se trouver à l'aise, dans le bonheur[1]; » et de même, *apa*, où je retrouve le sanscrit *alpa*, en passant par le pâli *appa*, signifie *peu*, d'après le même vocabulaire[2]. J'en fais positivement la remarque, parce que ce terme peut être la cause de quelque ambiguïté. En effet, comme *appa* peut aussi bien s'employer pour *a-pra* et *â-pra* que pour *al-pa*, on comprend de suite combien le sens doit être diversement modifié par ces diverses transformations.

Je crois trouver une juste application de cette remarque dans l'avant dernière phrase du troisième des édits de Piyadasi à Girnar, où des hommes aussi habiles que Wilson et Lassen sont en désaccord sur la valeur de deux mots commençant par *apa*. Après avoir déclaré que l'aumône faite aux Brâhmanes et aux Samaṇas est une bonne chose, le roi ajoute : *pâṇânam̃ sâdhu anârambhô apavyayatâ apabhiṁḍatâ sâdhu*. Il n'y a aucune difficulté sur la lecture de ces deux courtes phrases; Westergaard et le capitaine Jacob s'accordent avec J. Prinsep pour les transcrire exactement de même[3]. Tout le monde convient de traduire de la même manière la première proposition, *pâṇânam̃ sâdhu anârambhô*. « C'est une bonne chose que l'absence de meurtre des animaux; » mais le dissentiment commence avec la phrase suivante. Selon Prinsep, elle signifie : « la prodigalité et la « médisance malicieuse ne sont pas de bonnes choses, » et selon Wilson : « l'abstention « de la médisance et de la prodigalité sont bonnes[4]. » Pour arriver à ce sens, Prinsep, qui rendait *apavyayatâ* par « prodigalité » et *apabhiṁḍatâ* par « médisance, » a été obligé d'ajouter une négation à l'attribut, et conséquemment il a lu *asâdhu*, « n'est pas bon, » au lieu de *sâdhu*, « est bon. » Lassen a donné son approbation à cette correction, en se fondant sur ce que le mot précédent est terminé par *tâ*, et qu'ainsi sans doute l'*a* initial de *asâdhu* a pu se perdre dans l'*â* final de *apabhiṁḍatâ*[5]. Il n'y a certainement rien d'impossible dans ce fait; nous touchons cependant ici à un point sur lequel nous n'avons pas encore assez de lecture pour être parfaitement affirmatifs. Si le texte eût entendu employer *asâdhu* au lieu de *sâdhu*, n'est-il pas permis de supposer qu'il eût placé l'ad-

[1] *Abhidh. ppadip.* l. I, ch. 1, sect. 4, st. 6.

[2] *Ibid.* l. III, ch. 1, st. 14.

[3] J. Prinsep, *On the Edicts of Piyadasi*, dans *Journ. asiat. Soc. of Bengal*, t. VII, p. 228, 237 et 250.

[4] Wilson, *On the Rock inscript. of Kapur-di-giri, Dhauli and Girnar*, dans *Journ. roy. as. Soc. of Great-Britain*, t. XII, p. 173.

[5] *Indische Alterthumskunde*, t. II, p. 229.

jectif en tête de la proposition, pour éviter la confusion possible de *asâdhu* avec *sâdhu*? M. Wilson avait avant moi critiqué la correction de Prinsep, et il proposait de prendre *apavyayatâ* et *apabhiṁḍatâ* au sens négatif, de cette manière : « l'absence d'extravagance « et l'absence de médisance ; » il y voyait l'avantage de ne rien déranger au parallélisme des courtes propositions de l'inscription dans chacune desquelles *sâdhu* revient régulièrement. Cette remarque a sans contredit sa valeur; cependant je ne me fais pas une idée bien nette de la formation de mots comme *a-pa-vyayatâ* et *a-pa-bhiṁḍatâ*, où *pa* doit être le remplaçant de *pra*. Tout en continuant à lire avec le texte *sâdhu* au lieu d'*asâdhu*, je crois sortir plus vite d'embarras en divisant ainsi ces mots : *apa-vyayatâ* et *apa-bhaṁḍatâ*, comme le propose Lassen, au lieu de *bhiṁḍatâ*. Je retrouve alors dans *apa* le pâli *appa* et le sanscrit *alpa*, ce qui produit la traduction suivante : « le peu de dépense, le peu de « bouffonnerie, » c'est-à-dire l'économie et la mesure dans les plaisirs qu'on recherche auprès des bouffons et des mimes. Je propose donc de traduire le passage entier : « L'abs- « tention du meurtre des animaux est bonne; la modération dans la dépense et dans les « spectacles de bouffons est bonne. »

Citons encore un autre exemple de cet emploi de *apa* pour *appa;* il se trouve dans la partie du neuvième édit de Girnar qui suit immédiatement celle que j'ai expliquée plus haut dans le paragraphe 1 de cette étude. Après avoir rappelé que l'homme riche célèbre des fêtes de diverses espèces, le roi, qui ne condamne pas absolument ces fêtes, ajoute: *katavyam êva tu maṁgalaṁ apaphalaṁ tukhô êtârisaṁ maṁgalaṁ ayaṁ tu mahâphalê maṁgalê ya dhaṁmamaṁgalê*, « Il faut toutefois célébrer des fêtes; de telles fêtes cependant « produisent peu de résultats; mais celle qui en produit de grands, c'est la fête de la « loi [1]. » Il me paraît évident que le mot *apaphalaṁ* est opposé à *mahâphalê*, et qu'en conséquence, il y faut voir *alpa-phalam*, et non pas *phalam* précédé de la préposition diminutive *apa*.

Dans la longue note que j'ai consacrée au mot *avavâda*, et en pâli *ôvâda*, sur le commencement du chapitre Ier du *Lotus* [2], j'ai dit que ce terme se trouvait dans un des édits de Piyadasi. Nous l'avons rencontré, en effet, un peu plus haut, dans ce paragraphe même, où je l'ai cité d'après l'inscription de Bhabra; c'est le composé *lâghulôvâdê* qui me l'a fourni. Ce n'est cependant pas à ce terme que je faisais allusion, car la position où il se trouve ne permet pas qu'on en fasse un usage direct pour éclaircir d'autres parties de nos inscriptions. Je pensais en particulier à un passage du neuvième édit de Girnar, où Piyadasi oppose aux plaisirs du monde ceux que l'on trouve dans la pratique du *Dhaṁma* ou de la loi morale qu'il veut recommander. Après avoir établi qu'il n'y a pas d'aumônes, qu'il n'y a pas de faveurs égales à l'aumône et à la faveur de la loi, Piyadasi continue en ces termes : *tatakhô mitênava suhadayêna ñatikênava sahâyênava ôvâditavyaṁ tamhi tamhi pakaraṇê idaṁ katchaṁ idaṁ sâdhu iti*, selon J. Prinsep : « which ought verily to be upheld alike by the friend, by the goodhearted, by kinsman and neighbour, in the

[1] Prinsep, *On the Edicts of Piyadasi, etc.* dans *Journ. asiat. Soc. of Bengal*, t. VII, p. 239 et 257; Wilson, *On the Rock inscript. of Kapur-di-giri, Dhauli and Girnar*, dans *Journ. roy. asiat. Soc. of Great-Britain*, t. XII, p. 203 et 206.

[2] Ci-dessus, ch. I, f. 4 a, p. 304 et suiv.

entire fulfilment of pleasing duties. This is what is to be done: this is what is good[1]. » et selon Wilson : « That (benevolence) is chaff (which is contracted) with a friend, a companion, a kinsman, or an associate, and is to be reprehended. In such and such manner this is to be done; this is good[2]. » Voici en peu de mots comment M. Wilson critique la version de Prinsep et justifie la sienne. Après avoir établi que *suhadayêna* est pour le sanscrit *suhrĭdayêna* (qui cependant est synonyme de *mita*, « ami », analogie qui n'avait pas échappé à Prinsep), M. Wilson remarque que la copie revue de l'inscription de Girnar lit *ôvâditavyaṁ*, c'est-à-dire en sanscrit *apavâditavyam*, « devant être évité, « blâmé, » et non, comme le voulait Prinsep, « devant être observé; » que *tukhô*, dont Prinsep, dit-il, ne tient pas compte, répond à *tucha*, « de la paille, » pour dire quelque chose de vain, de nulle valeur; qu'enfin Prinsep n'a pas suffisamment fait attention à la syllabe *ta* (et non *tâ*) pour *tat*, qui se rapporte aux réjouissances temporelles dont il a été parlé plus haut[3].

Cela posé, je vais dire comment je crois être arrivé à une interprétation plus exacte, en m'en tenant à la valeur qu'il faut nécessairement donner au verbe *ôvâditavyaṁ*, une fois qu'on a reconnu le rapport évident de ce verbe avec le mot *ôvâda*, rappelé tout à l'heure d'après l'inscription de Bhabra. Le premier mot *tatukhô* se décompose en *ta-tu-khô*, pour *taṁ tu khô* en pâli, « or cela certes: » la dernière syllabe *khô* est, comme je l'ai dit, le pâli *khô*, qui répond au sanscrit *khalu;* ce dernier mot n'est pas moins fréquent dans le stile des livres du Nord que *khô* dans celui des livres de Ceylan, et il se place de même constamment après un des premiers mots de la phrase. Cette explication, ce me semble, réduit à néant l'identité proposée entre *tukhô* et le sanscrit *tucha*, « paille; » je crois que *tucha* devrait, dans un dialecte populaire comme celui qui nous occupe, se changer en *tusa* ou *tutchha*. On ne peut pas dire non plus que Prinsep ait omis ce monosyllabe *khô*, car il l'a fort exactement traduit par *verily*.

Voici maintenant comment je comprends le rapport de la présente proposition avec la phrase précédente. Le roi a dit qu'il n'y avait pas de présent égal à celui qu'on fait quand on donne la loi à quelqu'un; « or cela certainement, continue-t-il, doit être en- « seigné par un ami, » pour dire : « or, certainement, c'est le devoir d'un ami, etc. de « donner l'instruction, etc. » On voit que tout roule sur le sens qu'il faut assigner à *ôvâditavyaṁ*, pour le sanscrit *avavâditavyam*, littéralement, « il est devant être enseigné orale- « ment, » et, avec le *ta* (pour *taṁ*) qui commence la phrase, « cela doit être enseigné ora- « lement, » ou « cette instruction orale doit être donnée. » La phrase signifie donc dans son ensemble : « or, c'est évidemment le devoir d'un ami, d'un parent affectueux, d'un « camarade, de donner l'instruction [aux autres], en disant, dans telle et telle circons- « tance : Voici ce qui est à faire, voici ce qui est bien. » Une fois *ôvâditavyaṁ* rattaché à *ôvâda*, le reste s'entend de soi-même : *suhadayêna* ne fait pas tautologie avec *mitêna;* car, si je ne me trompe, il se rapporte en manière d'épithète à *ñatikêna*, et ce qui le prouve,

[1] J. Prinsep, *On the Edicts of Piyadasi*, dans *Journ. as. Soc. of Bengal*, t. VII, p. 257.

[2] Wilson, *On the Rock inscript. of Kapur-di-giri, Dhauli and Girnar*, dans *Journ. roy. as. Soc. of Great-Britain*, t. XII, p. 208.

[3] Wilson, *ibid.* p. 207.

c'est qu'il n'en est pas séparé par *va* (pour *êva*), ni dans la copie de Prinsep ni dans celle de Westergaard. Et d'ailleurs, quand même *suhadayêna* devrait être pris à part et comme un substantif, il n'y aurait pas là plus de répétition qu'il n'y en a dans le commencement de ce vers de la *Bhagavad gîtâ* : *suhrïn mitrâry udâsîna*, qui nous prouve que les Indiens ont aimé à rapprocher l'un de l'autre les deux mots *suhrïd* et *mitra*[1]. Je n'ai pas besoin de faire remarquer qu'il faut lire *sahâyênava*, au lieu de *sahâyanava* que donnent toutes les copies de l'inscription. Les termes qui suivent n'offrent pas de difficulté réelle : *tamhi tamhi pakaranê*, etc. ne forment pas une phrase détachée de la recommandation que fait le roi d'enseigner un ami; ils en font partie, au contraire, et expriment comment le roi entend que, dans tel et tel cas, c'est-à-dire quand telle ou telle circonstance se présente, un ami doit avertir son ami d'agir de telle et telle manière. Cette sorte d'enseignement mutuel de la morale, qui est répété deux fois dans l'édit précité de Girnar, fait également l'objet du onzième[2].

Les passages que je viens d'extraire successivement de l'inscription de Bhabra sont assez nombreux pour qu'il soit actuellement possible de présenter cette inscription dans son ensemble, et d'en tenter l'explication suivie. Je vais donc la transcrire d'après la lithographie de M. Kittoe, en la faisant suivre de la version des Pandits de Calcutta et de celle que je propose de mon côté; il va sans dire que je ne ferai d'observations que sur les passages qui n'auront pas pris place dans les analyses précédentes.

1 *Piyadasê lâdjâ magadhê sam̃gham̃ abhivâdêmânam̃ âhâ apâbâdhatam̃tcha phâsuvihâlatam̃tcha* | 2 *viditêvâ bham̃tê âvatakê hâ mâ budhasi dham̃masi sam̃ghasîti gulavêm̃tchâm̃ pasadêtcha e kêtchi bham̃tê* | 3 *bhagavatâ budhêna bhâsitê savê sê subhâsitêvâ êtchukhô bham̃tê pamiyayê disiyâ hêvam̃ sadham̃mê* | 4 *tchilasatîtikê hôsatîti alahâmi hakâm̃ tâva tavâ imâni bham̃tê dam̃mapayâyani vinayasamakasê* | 5 *aliyavasâni anâgatabhayâni munigâthâ mônêyasûtê upatisapasina êvâ lâghulô* | 6 *vâdê musâvâdam̃ adhôgitchya bhagavatâ budhêna bhâsitê etâni bham̃tê dham̃mapaliyâyâni itchhâmi* | 7 *kitibihukê bhikhapâyêtchâ bhikhâniyêtchâ abhikhinam̃ sunayutchâ upadhâlêyayû vâ* | 8 *hêvam̃ hêvâ upâsakâtchâ upâsikâtchâ êtêni bham̃tê imam̃ likhâpayâmi abhimati mê tchâ um̃tîti.*

Voici la version des Pandits de Calcutta : « Piyadasa[3], le roi, à la multitude assemblée dans le Magadha, en la saluant, parle (ainsi). Que le sacrifice des animaux est défendu, cela est bien connu de vous : épargnez-les; car pour ceux qui sont de la foi Buddhique, un tel sacrifice n'est pas pur (a dit le roi). L'offrande de l'Ûpassad est la meilleure de toutes. Il y en a quelques-uns qui tuent; — ce que le suprême Buddha dit à la fin (de ses commandements) a été bien dit; ceux qui agissent ainsi suivent la droite voie; ils resteront sains dans leur foi pour un long temps à venir. Il y en a qui font des offrandes sanglantes, (mais) de ceux-là il y en a peu; ceci (la foi buddhique) est juste et convenable; je protège ceux-ci (ceux de la foi), (et de même) ceux qui vivent en compagnie des hommes justes et non avides. Les écritures des Munis (les Vêdas) sont observées par

[1] *Bhagavad gîtâ*, chap. VI, st. 9; éd. Lassen.

[2] *Journ. as. Soc. of Great-Britain*, t. XII, p. 212.

[3] La pierre porte en effet *Piyadasê* au nominatif; ce n'est qu'une autre forme de *Piyadasi*.

leurs disciples; l'avenir est pour eux à redouter. Les textes des Vêdas dans lesquels est enjoint le sacrifice (des animaux) sont misérables et faux; (n'y obéissez pas); suivez ce que le seigneur Buddha a commandé. Agissez ainsi, (pratiquez) pour la glorification de la loi (Dharma). Ce que je désire, c'est que vous tous, prêtres et prêtresses, hommes et femmes en religion, oui, que chacun de vous, entendant toujours cette déclaration, la porte dans son cœur. C'est là mon plaisir; c'est ce que j'ai fait écrire, oui, je l'ai voulu ainsi. »

A cette interprétation, je propose de substituer la suivante, qui résulte certainement d'une explication plus littérale du texte, quelles que soient les difficultés qui peuvent encore subsister sur un petit nombre de points : les mots que j'ai ajoutés entre crochets sont destinés à mieux faire comprendre la suite du discours.

« Le roi Piyadasa, à l'Assemblée du Magadha qu'il fait saluer, a souhaité et peu de peines et une existence agréable. Il est bien connu, seigneurs, jusqu'où vont et mon respect et ma foi pour le Buddha, pour la Loi, pour l'Assemblée. Tout ce qui, seigneurs, a été dit par le bienheureux Buddha, tout cela seulement est bien dit. Il faut donc montrer, seigneurs, quelles [en] sont les autorités; de cette manière, la bonne loi sera de longue durée : voilà ce que moi je crois nécessaire. En attendant, voici, seigneurs, les sujets qu'embrasse la loi : les bornes marquées par le *Vinaya* (ou la discipline), les facultés surnaturelles des Ariyas, les dangers de l'avenir, les stances du solitaire, le *Sûta* (le *Sûtra*) du solitaire, la spéculation d'Upatisa (Çâriputtra) seulement, l'instruction de Lâghula (Râhula), en rejetant les doctrines fausses : [voilà] ce qui a été dit par le bienheureux Buddha. Ces sujets qu'embrasse la loi, seigneurs, je désire, et c'est la gloire à laquelle je tiens le plus, que les Religieux et les Religieuses les écoutent et les méditent constamment, aussi bien que les fidèles des deux sexes. C'est pour cela, seigneurs, que je [vous] fais écrire ceci; telle est ma volonté et ma déclaration. »

Tout le début de l'inscription, jusqu'au mot *étchukhô*, vers le milieu de la troisième ligne, a été analysé en plusieurs fois dans le cours du présent paragraphe. Quelque difficulté que présentent encore divers mots de la proposition suivante, je crois cependant en avoir deviné le sens général. D'abord *ê tcha khô* est pour *yô tcha khu*, en pâli, « et quel « certainement. » Cet *ê* « quel » se rapporte sans aucun doute au masculin *pamiyayê*, dont l'analyse exacte n'est pas aisée, mais qui, pour le sens, répond certainement dans ce dialecte aux mots classiques de *pramâna* et *pramiti*, « autorité, texte qui fait loi; » pour la forme, *pamiyayê* représente un terme comme *pramyaya*, ou même *pramêya*, « ce qui est « prouvable, » pris dans le sens de « ce qui doit être reconnu comme autorité. » Je ne ferais même aucune difficulté d'admettre que *pamiyayê* est le nominatif singulier masculin d'un participe de nécessité, se rapportant au sujet non exprimé de la proposition précédente, auquel se réfère déjà *bhâsitê*, « tout ce qui a été dit; » la phrase toute entière signifierait littéralement : « c'est pourquoi, que ce qui [de cela] est démontrable, soit indiqué. » C'est dans ce sens que j'ai traduit avec l'addition nécessaire de *en*, et en mettant « les « autorités » au pluriel pour plus de clarté. Je ne crois pas qu'on fasse difficulté d'admettre le sens que je propose pour *disiyâ*; j'y vois une troisième personne singulier du précatif du radical *dis* (*diç*), « montrer, » pris au sens passif; cela rappelle la désinence prâcrite du même temps en *îa*, qu'a si parfaitement analysée Lassen [1].

Des mots suivants, les seuls encore inexpliqués sont *alahâmi hakâm̃*, où le verbe est pour le sanscrit *arhâmi*, qui ne serait probablement pas très-classique dans le sens où l'emploie notre inscription. Quant à *hakâm̃*, il faudrait plutôt le lire *hakam̃*: je renvoie, pour l'explication de ce mot, dont je fais le pronom *aham̃* de ce dialecte, aux conjectures que j'ai exposées plus haut [2]. Les deux mots *tâva tavâ*, pour *tâva tâva*, et en sanscrit *tâvat tâvat*, qui suivent cette déclaration du roi, sont destinés à servir d'introduction à l'énumération des sujets qui passent aux yeux de Piyadasi pour être les véritables autorités de la loi. Je les ai peut-être un peu exagérés en les rendant par « en attendant; » il se pourrait qu'un mot comme *or* suffît.

La période qui suit immédiatement l'énumération des autorités de la loi est intéressante, et, si je ne me trompe, suffisamment intelligible. L'adjectif *kitibîhakê* pour *kitibahukê*, peut se rapporter soit au roi, soit aux Religieux dont il est parlé dans la phrase. De quelque manière qu'on le place, il doit signifier « celui pour lequel la gloire est beaucoup. » Ce sens ne me paraît pas pouvoir être changé, quand même on lirait *bâhukê*, comme semble l'autoriser la lithographie de M. Kittoe. Si cette épithète se rapporte au roi, elle ne doit pas avoir d'autre sens que celui que je propose; si on la rapporte aux Religieux, il faudra la traduire par « abondants en gloire, glorieux, » ce qui donne un sens moins satisfaisant que le précédent, pour une inscription surtout dont l'auteur a déclaré plus d'une fois, dans d'autres monuments analogues, qu'il mettait toute sa gloire à faire fleurir la loi. Dans le mot suivant, nous devrons chercher une nouvelle forme du pâli *bhikkhu* « mendiant, » ou bien le texte aura été altéré, soit par le graveur indigène, soit par le copiste anglais, car je n'ai pas encore rencontré un mot comme *bhikhapâyê*, pour représenter le pâli *bhikkhavê*. Si cette forme est authentique, elle rappelle le dérivé d'un verbe causal, qui est possible à la rigueur, mais qui ne serait pas classique, comme *bhikchâpayâmi;* dans cette hypothèse, *bhikhapâyê* signifierait « ceux qui se font donner des aumônes. » Au reste, il ne paraît pas qu'on ait tenu beaucoup à la correction en transcrivant ces titres d'ailleurs si respectés; au lieu de *bhikhâniyê*, il est clair qu'on devrait lire *bhikhuniyê;* un petit trait qui reste sur le fac-simile, à droite du *kh*, appartient même probablement à la consonne à demi effacée.

Je soupçonne encore quelque incorrection dans *sunayu* « qu'ils entendent, » que j'aimerais mieux lire *sunêyu;* la voyelle finale devrait aussi être allongée, conformément à l'analogie du verbe suivant, *upadhâlêyayû*. Je n'oserais affirmer que cette dernière leçon soit parfaitement correcte; si elle veut rendre un subjonctif de la forme causale, il serait mieux de l'écrire *upadhâlayêyû;* si elle représente une forme de la première conjugaison, ce qui paraît moins probable, on devrait supprimer la syllabe *ya*, et lire *upadhâlêyû*. Au reste, j'aurais peut-être tort de trop rigoureusement presser ces mots qui appartiennent à un dialecte qui s'éloigne déjà si sensiblement de la primitive correction du sanscrit. On se laisse quelquefois entraîner trop loin dans ce genre de recherches; cependant, nous serions en

[1] *Instit. ling. pracrit.* p. 355 et 356. — [2] Ci-dessus, § 3, p. 675, 697 et 699.

partie justifiés de nous montrer ici plus difficiles, car le lecteur remarquera que ces subjonctifs se rapprochent beaucoup plus du type classique, par la conservation du *y* de la désinence, que ne le font les mêmes temps sur les autres édits, par la substitution d'un *v* à cette même lettre *y*, qui est fondamentale au subjonctif. Je n'insisterai pas sur *abhikhinaṁ* qui est une forme prâcrite du sanscrit *abhîkchṇaṁ*, ni sur les mots *upâsakâtchâ upâsikâtchâ*, que j'ai déjà cités au commencement de ces notes[1]. On voit de suite qu'il faut lire *ētēna* « par là, » au lieu de *ētēni;* quant à la formule finale *abhimati mē tchâ uṁtîti*, je la lis d'après les apparences qu'offre à mes yeux la lithographie de Calcutta, en remarquant que la voyelle initiale du mot *uṁtîti* est retournée, ┘ au de lieu └. Lassen, qui n'a examiné de près que cette partie de l'inscription, quoiqu'il ait bien reconnu qu'il y avait beaucoup à corriger dans l'ensemble, soit pour le texte, soit pour la traduction, lit *abhimati mē tcha hôtîti*[2]. Je suppose, quoique avec peu de confiance, que le mot altéré *uṁtîti* peut répondre à *utti*, pour *ukti*, « dire, déclaration; » mais je crois que le *tchâ* de cette phrase est mal placé, ou qu'il devrait être répété.

Tel est, si je ne me trompe, le sens qu'il faut assigner aux diverses parties comme à l'ensemble de cette curieuse inscription. La forme sous laquelle elle se présente, les sujets qui y sont touchés, la destination que lui a donnée son auteur, tout en fait un des monuments les plus intéressants des premiers temps du Buddhisme. C'est, ainsi que l'a bien vu M. Kittoe, une missive adressée par le roi Piyadasi à l'Assemblée des Religieux réunis à Pâṭaliputra, capitale du Magadha, pour la suppression des schismes qui s'étaient élevés parmi les Religieux buddhistes, assemblée qui, selon le *Mahâvaṁsa*, eut lieu la dix-septième année du règne d'Açôka[3]. La forme est en elle-même très-remarquable. L'inscription, en effet, n'est pas gravée comme les autres monuments de ce genre qui portent le nom de Piyadasi, soit sur une colonne monolithe, soit sur la surface d'un rocher adhérant aux flancs d'une montagne. Elle est écrite, et très-soigneusement, sur un bloc détaché de granit qui n'est ni d'un volume ni d'un poids considérable, n'ayant que deux pieds anglais sur deux de ses dimensions, et un pied et demi sur la troisième. Ce bloc, de forme irrégulière, peut être aisément transporté, et M. Burt, auquel on en doit la découverte, a même offert de l'envoyer à la Société de Calcutta. C'est une lettre que le roi a fait graver sur la pierre avec l'intention avouée d'assurer la durée de cette expression si claire de son orthodoxie, peut-être aussi avec celle de faire transporter facilement et sûrement cette singulière missive dans les diverses parties de l'Inde où se trouvaient des Religieux. En effet, la distance qui sépare Byrath de Pâṭaliputra ne permet pas de supposer que le bloc actuel soit celui-là même qui fut adressé à l'Assemblée du Magadha, à moins qu'on n'admette l'hypothèse que les gens du roi avaient mission de le transporter dans les nombreux monastères buddhiques répandus à cette époque sur la plus grande partie de l'Inde, et que la pierre, par une cause ou par une autre, était restée à Byrath. Au reste, que cet exemplaire de la missive royale soit unique, ou qu'il en ait existé d'autres encore inconnus

[1] Ci-dessus, ch. I, f. 4 *a*, p. 307.

[2] Lassen, *Ind. Alterth.* t. II, p. 221, note.

[3] *Journ. as. Soc. of Bengal*, t. IX, 2ᵉ part. p. 619; Turnour, *Examin. of pâli Buddh. Annals*, dans *Journ. as. Soc. of Bengal*, t. VI, 2ᵉ part. p. 505; Lassen, *Ind. Alterth.* t. II, p. 229.

aujourd'hui, il serait digne du zèle et de l'activité des officiers anglais qui se sont honorés dans l'Inde par une noble curiosité scientifique, de faire des recherches à Bhabra et à Byrath, et en général dans tout le pays que traverse la route qui va de Delhi à Djaypour.

Si la forme est intéressante, le fonds l'est encore bien davantage. D'abord, remarquons que l'inscription est écrite dans l'ancien dialecte mâgadhi, dont elle porte ces marques caractéristiques, *l* pour *r*, et *ḍ* pour *d*, et la suppression du *y* initial. Cela n'a pas droit de nous surprendre, puisqu'elle était adressée par le roi du Magadha à des Religieux réunis dans le centre de ce pays. Elle débute par une forme de salut parfaitement buddhique et conçue dans les termes mêmes que nous voyons employés par les plus anciens *Suttas* pâlis. Tout ce dont elle parle est buddhique aussi : c'est le Buddha, la Loi, l'Assemblée, cette célèbre triade qui est certainement une des plus anciennes formules au moyen desquelles la doctrine de Çâkyamuni a passé du domaine individuel de la morale sur le théâtre public d'une religion populaire. Elle exprime également, par des termes consacrés et connus d'ailleurs, la foi et le respect du roi pour la loi qu'il a adoptée et qu'il veut propager. C'est là un des liens par lesquels cette inscription si courte, mais si pleine de choses, se rattache aux autres grands édits dans lesquels le roi promulgue des prescriptions morales très-détaillées sur la pratique de la loi. L'orthodoxie du monarque paraît dans cette assertion solennelle, qu'il n'y a de bien dit que ce qu'a dit le Buddha bienheureux; d'où nous devons tirer deux conséquences, la première, que la parole du Buddha passait pour le fondement de la doctrine qui reconnaissait en lui son auteur; la seconde, que cette parole était en question, qu'on ne s'entendait pas partout sur ce qu'elle permettait ou défendait; enfin, qu'on n'était pas d'accord sur les autorités qui la devaient reproduire et en assurer la complète authenticité. C'est là, si je ne me trompe, une allusion directe à l'objet spécial de l'Assemblée des Religieux réunis dans le Magadha. Pour ramener la discipline à sa pureté première, les Religieux devaient reconnaître les livres qui en renfermaient les prescriptions, les consacrer comme authentiques, exclure les autres, en un mot, réviser le canon des écritures émanées de la prédication de Çâkyamuni. Il me paraît résulter de là, que dès cette époque, des parties plus ou moins considérables de la doctrine devaient être rédigées par écrit; car une tradition purement orale n'aurait pas offert à ce travail de révision une base suffisamment solide; il est même probable qu'on n'aurait pas eu l'idée de cette révision, si l'on n'eût pas possédé les moyens de l'exécuter avec quelque chance de succès.

Quoi qu'il en puisse être, le roi, non content de déclarer que les doctrines orthodoxes ne se trouveront que dans les paroles du Buddha, s'empresse de dire qu'il faut montrer au grand jour quelles sont les autorités dans lesquelles on devra chercher ces paroles fondamentales; par là, seulement, sera assurée la durée de la loi; par là, elle sera mise à l'abri des dangers auxquels l'exposent les prétentions discordantes des schismatiques occupés à produire, sous le nom du Buddha, les conceptions de leurs systèmes personnels. C'est manifestement demander aux Religieux de fixer le canon des écritures authentiques. Soit d'accord avec eux, soit par respect pour des recueils déjà reconnus par le plus grand nombre des Religieux, le roi devance en quelque sorte, ou tout au moins trace en termes généraux la marche de leur travail, en énumérant les sujets qu'embrasse la loi, ou avec plus de précision, les exposés de la loi, les livres qui l'exposent. C'est un fait des plus curieux et des plus satisfaisants que de le voir rappeler les deux grandes divisions des écritures buddhiques sous les noms généraux de *Vinaya* et de *Sutta*. Il n'y avait donc rien eu de changé depuis le premier concile jusqu'au second (ou au troisième, selon les Singhalais), touchant cette classification fondamentale de la discipline et de la morale conservée dans les axiomes et les préceptes du Maître, classification qui s'est perpétuée par une tradition constante jusqu'à nos jours. Ainsi, nous voyons cité 1° le *Vinaya*, avec des qualifications qui désignent clairement le caractère restrictif de cette partie de la doctrine; 2° le *Sutta* qui est attribué au solitaire, c'est-à-dire à Çâkyamuni lui-même, expression collective qui réunissait sous le titre unique de *Sutta* (*Sûtra*) tout ce qu'on avait conservé de ses paroles prononcées dans des occasions plus ou moins solennelles; 3° les *Gâthâs* ou stances qui lui sont attribuées et qu'on trouve encore aujourd'hui distribuées dans les *Suttas*, notamment dans ceux des Singhalais. Ces titres sont, sans exception, ceux-là mêmes que nous reconnaissons encore aujourd'hui sur les livres dépositaires de la doctrine de Çâkya.

Le roi ajoute à la mention de ces autorités celle d'autres recueils, et, si je ne me suis pas trompé, d'autres noms qui, pour ne pas être tous aussi clairs, offrent cependant un très-grand intérêt. Il s'agit d'abord de ce que j'interprète par « les facultés surnaturelles des « Aliyas (Âryas) et les dangers de l'avenir, » sujets que je ne retrouve dans aucun titre de livre actuellement existant, du moins en Europe, mais qui se représentent à tout instant dans les livres canoniques, qui y occupent une place très-considérable, et qui en forment même des parties entières, comme par exemple dans le *Mahâvastu*, dont le début est un long exposé de la destinée future de l'homme et des châtiments qui attendent le pécheur. Je désirerais bien avoir rencontré juste dans mon explication des mots *upatisa* et *lâghula*: car nous aurions ici une merveilleuse preuve de l'accord de l'inscription avec la tradition religieuse la mieux avérée. En effet, si *Upatisa* est *Upatissa*, autrement dire *Çâriputtra*[1], nous savons par un livre qui jouit d'un grand crédit chez les Buddhistes, que Çâriputtra passe pour avoir écrit sur la métaphysique[2]; et si *Lâghula* est *Râhula*, qui est réputé fils de Çâkya, nous savons par des autorités également respectables que *Râhula* fonda de son côté une doctrine que nous ne devons pas nous étonner de voir condamnée en partie par le roi, dans une missive destinée à rappeler à l'orthodoxie primitive. Le reste de l'inscription va de soi-même; le roi y exprime le désir que les Religieux et les fidèles des deux sexes écoutent et méditent sans cesse les véritables discours du Buddha, et il finit en disant que tel est le motif et l'objet de sa missive. C'est là aussi que doit s'arrêter mon analyse; j'ajouterai seulement que cette courte inscription se rattache de la manière la plus intime aux grands édits, qu'elle émane du même roi, qu'elle est conçue dans le dialecte mâgadhi qui se montre particulièrement sur les colonnes de Delhi, d'Allahabad et dans les grottes hypogées de Gayâ; qu'ainsi on ne peut, en aucune manière, la séparer des grands édits relatifs à la loi, et que les conséquences auxquelles elle conduit sont presque intégrale-

[1] Ci-dessus, ch. III, f. 53 *a*, p. 373. — [2] *Introd. à l'hist. du Buddh. ind.* t. I, p. 448.

ment applicables à ces édits mêmes, malgré le silence qu'ils gardent sur les principaux objets du culte religieux des Buddhistes.

§ 5. SUR LES MOTS *SAMVATTA*, *APATCHITI*, *VYANDJANA*, *HITASUKHA*, *MAHALLAKA*, *VÉDALLA*, *BHÂGA*.

Je vais réunir dans ce paragraphe quelques termes ou expressions propres à la doctrine ou au langage des Buddhistes, qui se trouvent dans les inscriptions en dialecte mâgadhi du roi Piyadasi. Ces termes, dont j'ai déjà promis d'examiner un certain nombre, sont en réalité autant de liens nouveaux par lesquels ces inscriptions se rattachent au Buddhisme, en même temps que, sous le rapport critique, ils doivent, s'ils sont bien interprétés, jeter du jour sur quelques passages obscurs ou controversés de ces inscriptions. J'examinerai successivement ces mots dans l'ordre où je viens de les énumérer en tête de ce paragraphe, en les distinguant les uns des autres par un numéro.

1. Le premier terme sur lequel je désire appeler l'attention du lecteur est le mot pâli *sañvaṭṭa*, par lequel les Singhalais désignent « la destruction de l'univers [1], » ou plus exactement, la période pendant laquelle l'univers est, si l'on peut s'exprimer ainsi, à l'état de destruction. J'ai déjà eu l'occasion, en exposant la théorie des *Kalpas* ou périodes de destruction et de renouvellement du monde, de citer ce terme, auquel est opposé celui de *vivaṭṭa*, c'est-à-dire la période pendant laquelle l'univers tend à se reformer jusqu'à ce qu'il soit parvenu à son complet achèvement [2]. J'ai à peine besoin de faire remarquer que ces termes pâlis sont des formes populaires des deux mots sanscrits *sañvarta* et *vivarta*, littéralement « renversement et retour, » dont le premier est donné par l'*Amarakocha*, avec le sens de « destruction de l'univers, terme d'un *Kalpa* [3]. » Or, si je montre que ce mot est employé dans un des édits de Piyadasi, ce sera certainement une présomption en faveur de l'analogie que je suppose exister entre le texte de ces inscriptions et la doctrine la plus générale des Buddhistes sur les destructions et les renouvellements successifs de l'univers. Je dis simplement une présomption, parce que comme *sañvarta* est un mot parfaitement classique, qui appartient aux Brâhmanes comme aux Buddhistes, on ne peut pas, à la rigueur, s'en servir pour prouver que les inscriptions de Piyadasi exposent, dans les endroits où ils en font usage, une théorie purement buddhique. Au reste, le lecteur va juger par lui-même de la valeur de l'induction qu'on peut tirer du texte que je compte citer. Ce texte se trouve vers le milieu du quatrième édit de Girnar; comme l'édit est intéressant en lui-même, je vais le reproduire ici intégralement d'après le facsimile de Westergaard, en l'accompagnant d'une traduction qui, en beaucoup de points, est tout à fait nouvelle.

1 *Atikâtam aṁtaraṁ bahûni vâsasatâni vaḍhitô êva pâṇâraṁbhô vihiṁsâtcha bhûtânaṁ ñâtîsu* | 2 *asañpatipatî bâmhaṇasâmaṇânaṁ asañpatîpatî ta adja Dêvânaṁ piyasa piyadasinô*

[1] Clough, *Singhal. Diction.* t. II, p. 689.

[2] Ci-dessus, aux notes, p. 327.

[3] *Amarakocha*, l. I, chap. 1, sect. 3, st. 33; édit. Loiseleur, p. 28.

râñô | 3 *dhaṁmatcharaṇêna bhêrîghôso ahô dhaṁmaghôsô vimânadasaṇâtcha hastidasaṇâtcha* | 4 *agikhañdhânitcha aññânitcha divyâni râpâni dusayitpâ djanaṁ yârisê bahûhi vasa*[*sa*]*têhi* | 5 *na bhûtaṁ puvê tárisê adja vaḍhitê Dêvânaṁ piyasa piyadasinô râñô dhaṁmânusastiyâ anâraṁ* | 6 *bhô pâṇânaṁ avihiṁsâ bhûtânaṁ ñâtînaṁ saṁpaṭipatî bâmhaṇasamaṇânaṁ saṁpaṭipatî mâtari pitari* | 7 *sususâ thâirê sususâ êsa añêtcha bahuvidhê dhaṁmatcharaṇê vaḍhatê vaḍhayisatitchêva Dêvânaṁ piyô* | 8 *piyadasi râdjâ dhaṁmatcharaṇaṁ idaṁ putâtcha pôtâtcha papôtâtcha Dêvânaṁ piyasa piyadasinô râñô* | 9 *vadhayisaṁti idaṁ dhaṁmatcharaṇaṁ âva savaṭakapâ dhaṁmamhi sîlamhi tisṭaṁtô dhaṁmaṁ anusâsisaṁti* | 10 *sahi sêṭṭê kaṁmê ya dhaṁmânusâsanaṁ dhaṁmatcharaṇêpi na tiṭhati asîlasathâ imamhi athamhi* | 11 [*va*]*dhîtcha ahînîtcha sâdhu êtâya athâya ida*[*ṁ*] *lêkhâpitaṁ imasa atha*[*sa*]*vadhiyu djaṁtu hîni mu* | 12 *tôtchêtavyâ dvâdasavâsâbhisitêna Dêvânaṁ piyêna piyadasinâ râñâ idaṁ lêkhâpitaṁ.*

« Dans le temps passé, pendant de nombreuses centaines d'années, on vit prospérer uniquement le meurtre des êtres vivants et la méchanceté à l'égard des créatures, le manque de respect pour les parents, le manque de respect pour les Bàmhaṇas et les Samaṇas (les Brâhmanes et les Çramaṇas). Aussi, en ce jour, parce que Piyadasi, le roi chéri des Dêvas, pratique la loi, le son du tambour [a retenti]; oui, la voix de la loi [s'est fait entendre], après que des promenades de chars de parade, des promenades d'éléphants, des feux d'artifice, ainsi que d'autres représentations divines ont été montrées aux regards du peuple. Ce que depuis bien des centaines d'années on n'avait pas vu auparavant, on l'a vu prospérer aujourd'hui, par suite de l'ordre que donne Piyadasi, le roi chéri des Dêvas, de pratiquer la loi. La cessation du meurtre des êtres vivants et des actes de méchanceté à l'égard des créatures, le respect pour les parents, l'obéissance aux père et mère, l'obéissance aux anciens (*Thêra*), voilà les vertus, ainsi que d'autres pratiques de la loi de diverses espèces, qui se sont accrues. Et Piyadasi, le roi chéri des Dêvas, fera croître encore cette observation de la loi : et les fils, et les petits-fils, et les arrière-petits-fils de Piyadasi, le roi chéri des Dêvas, feront croître cette observation de la loi jusqu'au *Kalpa* de la destruction. Fermes dans la loi, dans la morale, ils ordonneront l'observation de la loi; car c'est la meilleure des actions que d'enjoindre l'observation de la loi. Cette observation même de la loi n'existe pas pour celui qui n'a pas de morale. Il est bon que cet objet prospère et ne dépérisse pas; c'est pour cela qu'on a fait écrire cet édit. Si cet objet s'accroît, on n'en devra jamais voir le dépérissement. Piyadasi, le roi chéri des Dêvas, a fait écrire cet édit, la douzième année depuis son sacre. »

Je n'aurai pas besoin d'un grand développement de preuves pour justifier l'interprétation que je viens de donner de cette inscription, qui est assez intelligible dans son ensemble, et où les difficultés ne commencent que vers la fin. Jusqu'au milieu de la seconde ligne, c'est-à-dire jusqu'au mot *ta*, le début a été traduit de la même manière par Wilson et par Lassen qui a eu occasion de citer diverses parties de cet édit[1]. Il me suffira de remarquer que *atikâtaṁ aṁtaraṁ*, et, suivant la version de Dhauli, *atikaṁtaṁ aṁtalaṁ*, est

[1] Wilson, dans *Journ. roy. as. Soc. of Great-Britain*, t. XII, p. 177; Lassen, *Indische Alterthumskunde*, t. II, p. 226, note 2.

une expression consacrée dans le style de ces inscriptions pour dire « un intervalle écoulé, « un temps déjà passé. » La préposition qui entre dans la composition du mot *asañpaṭi-patî*, « le manque de respect, » est, sur le monument même, écrite tantôt avec un 𑀢𑀺 *ti*, tantôt avec un 𑀝𑀺 *ṭi*; cette dernière orthographe doit être préférée; mais l'indécision du copiste mérite d'être notée, parce que nous ne sommes que trop souvent arrêtés par de simples variations orthographiques auxquelles nous sommes quelquefois tentés d'accorder une valeur exagérée. Une remarque plus importante est celle qu'on doit à M. Wilson, et qui porte sur la place qu'occupent dans les diverses versions de cet édit, les noms de *Brâhmane* et de *Çramaṇa* : à Girnar, le nom de *Brâhmane* précède, tandis qu'à Dhauli et à Kapur-di-giri, c'est celui de *Çramaṇa*. M. Wilson, qui, dans tout le cours de son mémoire, s'efforce de faire prévaloir l'idée que les inscriptions de Piyadasi ne sont pas buddhiques, pense que la leçon de Dhauli désigne à la fois les Brâhmanes et les ascètes, le mot *çramaṇa* étant un terme générique qui s'applique également aux ascètes brâhmanistes et aux ascètes buddhistes, et que, d'un autre côté, la leçon de Girnar ne se rapporte qu'à une seule classe de personnes, c'est-à-dire à des Brâhmanes ascètes[1]. Il me semble au contraire, que, vu le grand nombre de traits qui permettent d'affirmer l'origine buddhique de ces inscriptions, il y a une très-grande probabilité que les deux termes de *Çramaṇas* et de *Brâhmaṇas* désignent deux classes de personnes, les unes Brâhmanes, les autres Buddhistes, comme cela se reconnaît dans les légendes du *Divya avadâna*. C'est ce que M. Wilson semble lui-même admettre dans un autre passage de son mémoire[2].

Je n'insisterai pas longuement sur la période suivante, qui commence avec *ta* et se termine un peu au delà du milieu de la ligne quatrième. Quoique, selon M. Wilson, tout le passage soit *of a very questionable purport*, et, comme il l'affirme, ne puisse être absolument traduit avec aucun degré de confiance, Lassen l'a parfaitement entendu, et il y a vu le sens que j'ai adopté[3]. Sans m'arrêter à chacun des mots qui sont individuellement assez clairs, je remarquerai que *ta* est pour *taṁ*, et qu'il se rattache à ce qui précède, de cette façon, « aussi, c'est pourquoi. » Le mot *adja*, « en ce jour, » a fourni à Lassen cette observation, que c'était seulement la douzième année de son règne que le roi Piyadasi avait fait une déclaration publique de son attachement au Buddhisme, auquel, d'après un autre édit, le VIIIe de Girnar, que j'étudierai bientôt, il s'était déjà converti, la dixième année depuis son sacre. J'ai conservé, d'après la lithographie de Westergaard, le mot *ahô*, qui me semble indiquer la juxtaposition de ces deux termes, « le bruit du « tambour et le bruit de la loi, » pour dire, « le bruit du tambour qui annonce que le roi « observe et recommande la loi : » Lassen préfère *api* avec la rédaction de l'édit de Dhauli, mais il en tire exactement le même sens. Le fac-simile de Westergaard donne clairement *dasayitpâ djanaṁ*, « ayant montré au peuple ; » c'est aussi la leçon que suit Lassen, et elle est même confirmée par le texte de Dhauli et de Kapur-di-giri, qui ont, l'un *dasayitu*, et l'autre *daṁsayita*. Cependant M. Wilson a lu *dasayi padjanaṁ*, ce qui se traduirait bien, « a été montré au peuple. » Quoique cette leçon donne à la phrase une marche plus

[1] Wilson, dans *Journ. roy. asiat. Soc. of Great-Britain*, t. XII, p. 177.

[2] Wilson, *Ibid.* p. 241.

[3] *Ind. Alterth.* t. II, p. 227 et 228, note 4.

dégagée, je n'ai pas voulu l'adopter en contradiction avec le texte formel des trois reproductions que nous possédons de cet édit.

Je ne suppose pas qu'un lecteur attentif trouve de difficulté réelle dans la proposition énumérative qui suit, et qui s'étend jusqu'au milieu de la ligne septième. La comparaison des variantes que fournissent les trois éditions de ce monument confirme le sens des points qui pourraient être controversés. Je signalerai d'abord le relatif *yârisê*, qui est à Kapur-di-giri *yâdiça*, et à Dhauli, *âdisê*; c'est le sanscrit *yâdrïça*, diversement altéré par la prononciation populaire. M. Westergaard donne *bhûtaṁ puvê*, ce qui est une légère inexactitude du graveur, pour *bhûtapuvê* en un seul mot; sauf la forme, qui est prâcrite, l'expression est parfaitement classique. On pourrait être en doute sur la véritable orthographe de *vaḍhatê*, au milieu de la septième ligne; c'est cependant bien ainsi que le représente la lithographie de Westergaard, et cette leçon peut répondre au sanscrit *vardhatê*, « il s'accroît. » Cependant, comme les autres textes ont *vaḍhitê*, et que ce terme se présente déjà plus haut au commencement de la période, c'est, je pense, *vaḍhitê* qu'il vaut mieux lire. Je ne crois pas nécessaire d'insister sur l'orthographe incertaine de ce mot, qu'on trouve écrit, tantôt avec un *dh* ordinaire, tantôt avec un *ḍh* cérébral; cette indécision trahit les habitudes flottantes des dialectes prâcrits, et le choix entre ces deux lettres n'est pas encore fixé pour tous les cas, dans le dialecte même le plus élaboré des compositions dramatiques.

La proposition suivante, jusqu'à *savaṭakapâ*, est claire dans son ensemble; elle est particulièrement intéressante pour nous, parce qu'elle nous donne l'expression *âva savaṭakapâ*, que M. Wilson traduit « à travers tous les *Kalpas* ou tous les âges. » Mais M. Wilson n'a pas remarqué que *savaṭa* était écrit avec un (*ṭa*, et non avec 𐀅 *ta*, ce qui empêche qu'on ne le confonde avec *savata*, pour *sarvatra*, « partout. » Lassen, auquel n'a pas échappé cette particularité, représente l'expression par le sanscrit *saṁvrïttakalpât*, et la traduit « jusqu'à l'achèvement du *Kalpa*[1]. » Je propose de faire un pas de plus et d'identifier *saṁvaṭa* avec son homophone en pâli, qui n'est lui-même que le sanscrit *saṁvarta*. Ce mot est consacré dans le Buddhisme pour désigner la destruction de l'univers, et l'expression complète qui signifie « jusqu'au *Kalpa* de l'anéantissement, » est certainement un trait de plus à ajouter à tous ceux qui nous permettent de rattacher la langue et la doctrine de nos inscriptions à la langue et à la doctrine des Buddhistes.

Je ne crois pas que l'on fasse difficulté d'admettre la version que je propose pour les mots *dhaṁmamhi sîlamhi tisṭaṁtô dhaṁmaṁ anusâsisaṁti*, « se tenant dans la loi, dans la « morale, ils enjoindront la pratique de la loi. » Cependant M. Wilson a donné de ce passage la traduction suivante : « Que la vertueuse ordonnance de Piyadasi dure autant « qu'une montagne pour l'établissement du devoir. » Pour arriver à cette interprétation, il faut remplacer *tisṭaṁtô*, qui est très-clair, par *tisṭatu*, et prendre *sîla* dans le sens de *montagne*, et non dans celui de *moralité* qu'appelle le contexte.

Le sens de la proposition commençant la dixième ligne, qui a fort embarrassé M. Wilson, n'a pas échappé à Lassen; il est évident qu'elle signifie « car c'est la meilleure des actions

[1] *Indische Alterthumskunde*, t. II, p. 227.

« que d'enjoindre l'observation de la loi; » *sêṭṭê* est pour le sanscrit *çrêchṭhaḥ*. Ce qui suit n'est pas aussi clair; j'ai transcrit le texte d'après Westergaard, et je propose de le diviser ainsi : *dhaṃmatcharaṇêpi*, « l'observation de la loi même, » *na tiṭhati*, « ne se tient pas, ne « subsiste pas; » car c'est bien cette leçon que donne le fac-simile de Westergaard, quoique M. Wilson ait préféré *bhavati*, entraîné sans doute par l'exemple de Prinsep et par l'autorité de Dhauli et de Kapur-di-giri. Enfin, lisant en un seul mot *asîlasa*, je traduis « pour « celui qui n'a pas de morale, » et je ne suis plus embarrassé que de la dernière syllabe *thâ*, qui rappelle *athâ*, et qui peut indiquer le début de la proposition suivante, si, profitant de l'indécision du trait sur la lithographie de Westergaard, on n'aime mieux lire cette syllabe *va*, comme le propose M. Wilson, en la joignant en manière d'enclitique à l'adjectif précédent, *asîlasa*.

Je ne me dissimule certainement pas combien ce qui suit, sauf la dernière phrase de l'inscription, est encore obscur; c'est au lecteur à voir ce que ma traduction offre de vraisemblance. Je fais d'abord une première proposition jusqu'à *êtâya;* je constate ensuite qu'à Dhauli on a *imasa athasa*, au lieu de *imamhi athamhi*, c'est-à-dire le génitif à la place du locatif. Le même changement ayant lieu à Kapur-di-giri, les deux premiers mots de la proposition doivent passer pour subordonnés à *vaḍhî*, « l'augmentation; » d'où l'on doit traduire littéralement, « l'augmentation en cet objet ou de cet objet. » La répétition des deux *tcha* prouve que *ahîni* a les mêmes rapports grammaticaux que *vaḍhî* : je fais de ce mot un substantif abstrait signifiant « l'absence de privation, de dépérissement; » et ce terme, qui est exactement le contraire de *vaḍhî*, s'y ajoute, par suite de ce goût pour la tautologie du positif et de l'absence du négatif que recherchent les peuples anciens, et en particulier les Buddhistes, « l'augmentation et le non dépérissement[1]. » Une fois ces divers points admis, il est clair que *sâdhu* est l'attribut de la proposition, et ainsi se trouve justifiée la version que je propose.

Quoique la proposition suivante offre un mot qui me paraît encore peu certain, je doute cependant à peine du sens général. Ce terme difficile est *athavaḍhiya*, que Dhauli et Kapur-di-giri lisent en deux mots, *athasa vaḍhyuṃ* et *vaḍhiya*. Il est évident, en premier lieu, qu'il faut lire *athasa*, puisque nous avons le pronom *imasa*, qui annonce un substantif au génitif. On voit bien encore que *vaḍhiyu* ou *vaḍhâyu*, comme le lit Wilson, est un substantif qui doit signifier « augmentation; » mais le choix n'est pas aussi facile à faire entre les trois leçons des trois édits. Pour moi, cette considération que nous avons déjà le mot *vaḍhi*, « augmentation, croissance, » me décide en faveur de la leçon de Kapur-di-giri, *vaḍhiya*, « par l'augmentation, » et je traduis « par l'augmentation de cet objet. » La suite paraît aller de soi-même, quoique la lithographie de Westergaard nous donne *mu*, là où le texte de Dhauli a la négation *mâ*. Avec cette négation, et en faisant de *hîni* (pour *hînî*), l'opposé de *ahînî*, on obtient la version suivante : « jamais le dépérissement ne doit « être vu. » Le texte de Dhauli a même ici une variante curieuse et confirmative de ce sens, dans l'aoriste *alôtchayi* pris passivement, « il a été vu », au lieu du participe de nécessité *lôtchêtavyâ*, « devant être vu. » La leçon de Dhauli conduit en effet à ce sens, « par l'aug

[1] Voyez ci-dessus, *Appendice*, n° VIII, p. 587.

« mentation de cet objet, jamais le dépérissement n'en a été vu, » ce qui revient à dire, sous une autre forme, « si cet objet s'accroît, on n'en devra jamais voir le dépérissement. » C'est ce passage que M. Wilson traduisait comme il suit : « Que le peuple soumis ne con- « çoive aucune pensée de s'opposer à cet édit. »

2. Le second mot placé en titre du présent paragraphe est *apatchiti;* voici pour quelle raison je crois utile de le signaler ici. Je trouve au commencement du *Lotus de la bonne loi* [1] une longue formule dont on se sert ordinairement pour dire que le Buddha est l'objet des respects et des hommages de ceux qui l'entourent. Des termes dont se compose cette formule, je compte n'examiner en ce moment qu'un seul mot, celui d'*apatchita*, « respecté, » qui est un participe dérivé du radical même auquel est emprunté le substantif *apatchiti* qu'on emploie dans les inscriptions de Piyadasi pour exprimer le respect dû aux parents et aux précepteurs spirituels. Après avoir annoncé, dans le IXe édit de Girnar, qu'aucune solennité n'égale le *Dhañma mañgala*, c'est-à-dire « la fête de la loi, » ou cette chose de si bon augure qui est la loi, le roi procède à l'énumération des vertus qu'embrasse la fête de la loi; je transcris d'après la copie de Westergaard : *tatêta dâsabhatakamhi samna pâti-pati gurûnañ apatchiti sâdhu*, « c'est ainsi que la bienveillance amicale pour les esclaves « et les serviteurs, le respect des père et mère, sont une bonne chose [2]. » Ce texte, quoique présentant de légères incorrections, est cependant facile, et il a été ainsi traduit par J. Prinsep : that is to say, kindness to dependents, reverence to spiritual teachers are proper, et par Wilson : such as the respect of the servant to his master, reverence for holy teachers is good. Le premier mot *tatêta* peut se diviser de deux façons, *tata êta*, ou *tat êta*. La première division donnerait en pâli *tatta êtañ*, « ici cela, » pour dire « c'est, ce sont; » la seconde répondrait à *tam êttha*, « cela ici, » pour dire *voici*. J'incline pour la première analyse, et peut-être reconnaîtra-t-on plus tard qu'il faut terminer le mot *êta* par un *anusvâra*. Ce qui me confirme dans ce sentiment, c'est qu'au commencement du XIe édit de Girnar, où le texte qui nous occupe est reproduit presque mot pour mot, la formule annonçant l'énumération des vertus qui constituent la loi est ainsi conçue : *tata idañ bhavati*, « là (dans ce cas) ceci est, » pour dire « ce sont [3]. »

La traduction que donne M. Wilson pour *dâsabhatakamhi sañpatipati*, est certainement inférieure à celle de Prinsep, quoique cette dernière soit incomplète; je n'hésite pas à dire qu'elle est directement contraire au sens. L'expression du texte est un composé qui serait en sanscrit *dâsabhrĭtaka*, « esclave et serviteur à gages; » on ne voit vraiment pas pourquoi M. Wilson a renoncé ici à l'interprétation de Prinsep, puisque plus bas, dans le XIe édit, où se représente l'énumération des mêmes vertus, il traduit *dâsabhatakamhi sañpatipati* par the cherishing of slaves and dependents [4]. Je ne puis être aussi affir-

[1] Ci-dessus, ch. 1, f. 4 *a*, p. 3.

[2] Prinsep, *On the Edicts of Piyadasi, etc.* dans *Journ. as. Soc. of Bengal*, t. VII, 1re part. p. 239 et 257; Wilson, *On the Rock inscript.* dans *Journ. roy. as. Soc. of Great-Britain*, t. XII, p. 204 et 208.

[3] Prinsep, dans *Journ. as. Soc. of Bengal*, t. VII, 1re part. p. 240; Wilson, dans *Journ. roy. as. Soc. of Great-Britain*, t. XII, p. 213.

[4] *On the Rock inscript.* dans *Journ. roy. as. Soc. of Great-Britain*, t. XII, p. 213.

matif sur le commencement du mot, que l'on transcrit *saṁpatipati*. La copie de Westergaard a ici un caractère 𑀫𑁆𑀦, *mna*, qui donne *samna;* est-ce une abréviation fautive pour *sumana*, « bienveillance, » de sorte que *samna patipatí* signifierait « égards bienveillants? » est-ce une orthographe spéciale de *sammâ*, pour *samyak*, « une bienveillance parfaite? » J'avoue que je ne saurais décider ces questions en un sens plutôt que dans l'autre, quoique j'incline pour le dernier. Je remarque seulement que *patipatí* est ailleurs écrit avec un premier *ṭ* cérébral, ce qui est plus conforme aux habitudes du dialecte populaire. Il vaut également mieux le lire avec un *a* bref, selon Prinsep, qu'avec un *â* long, *pâtipatí*, comme le donne la copie de Westergaard.

Puisque j'ai touché au XIe édit de Girnar, qui reproduit à peu près identiquement une partie du IVe, je crois utile de présenter ici la traduction entière de cet édit, dont l'interprétation a été certainement très-avancée par Prinsep, sans qu'elle ait été portée, sur deux ou trois points du moins, à toute la précision désirable. Je me contenterai de transcrire le texte pour ménager l'espace, d'après Westergaard et Prinsep, me réservant de faire usage du caractère des inscriptions dans les endroits où la lecture est douteuse.

1. *Dêvânaṁ piyô piyadasi râdjâ êvaṁ âha nâsti êtârisaṁ dânaṁ yârisaṁ dhaṁmadânaṁ dhaṁmasaṁstavôvâ dhaṁmasaṁvibhâgôvâ dhaṁmasaṁbaṁdhôvâ* 2. *tata idaṁ bhavati dâsabhatakamhi samnapatipatí mâtari pitari sâdhu sususâ mitasastutaṅâtikânaṁ bâhmaṇasamaṇânaṁ sâdhu dânaṁ* 3. *pâṇânaṁ anârambhô sâdhu êtaṁ vatavyaṁ pitâva putênava bhâtâva mitasastutaṅâtikênava âva paṭivêsiyêhi idaṁ sâdhu idaṁ katavyaṁ* 4. *sô tâthâ karu i[ha]lôkatcha saârâdhô hôti paratatcha anaṁtaṁ puṁñaṁ bhavati têna dhaṁmadânêna*, « Piyadasi, le roi chéri des Dêvas, a parlé ainsi : Il n'y a pas de don pareil au don de la loi, ou à l'éloge de la loi, ou à la distribution de la loi, ou à l'alliance dans la loi. Ce don a lieu ainsi : La bienveillance pour les esclaves et les serviteurs à gages, l'obéissance à nos père et mère sont bien; la libéralité envers les amis, les relations, les parents, les Brâhmanes, les Samaṇas est bien; le respect de la vie des créatures est bien, voilà ce qui doit être dit par un père, par un fils, par un frère, par un ami, par une connaissance, par un parent, et même par de simples voisins; cela est bien, cela est à faire. Celui qui agit ainsi est honoré dans ce monde; et, pour l'autre monde, un mérite infini résulte de ce don de la loi[1]. »

Je me bornerai à signaler ceux des termes de l'inscription qui ont fait difficulté jusqu'ici. Le mot que Prinsep lisait *mitasasuta*, et qu'il traduisait par « le fils d'un ami, » interprétation justement critiquée par M. Wilson, est écrit sur la copie de Westergaard, une fois *mitapastuta*, et une seconde fois *mitasastuta*. Je ne crois pas que cette lecture puisse faire question pour ceux qui consulteront la planche de Westergaard et du capitaine Jacob, aussi-bien que celle qui accompagne le mémoire de M. Wilson. Sous la lettre 𑀲 est placé le 𑀢, à la base duquel est tracée à droite la voyelle *u*, de cette manière 𑀲𑁆𑀢𑀼. Une fois ce point établi, il n'est plus besoin que d'une correction très-faible, la restitution d'un

[1] Prinsep, *On the Edicts of Piyadasi*, dans *Journ. as. Soc. of Bengal*, t. VII, 1re part. p. 240 et 259; Wilson, *On the Rock inscript.* dans *Journ. roy. as. Soc. of Great-Britain*, t. XII, p. 213 et 214.

anusvâra, pour faire de ce mot *sam̃stuta*, qui doit avoir la signification du sanscrit *sam̃stava*, « connaissance, relation, ami. » Il n'y a rien de conjectural dans cette correction, puisque sur le IIIe et le XIIIe édit de Girnar, nous trouvons le mot même qui nous occupe écrit avec l'*anusvâra* manquant dans le XIe; c'est une remarque déjà faite par Lassen, du moins pour le IIIe édit [1]. Je pense avec Prinsep que *vatavyam̃* est le sanscrit *vaktavyam*, et non *vartavyam*, comme paraît le supposer M. Wilson, quand il traduit, « cette vie doit « être menée. » Je suis également convaincu que *âva paṭivêsiyêhi* signifie « jusque par les « voisins, » *âva* est pour *yâva*=*yâvat*, ainsi que je l'ai remarqué déjà plus d'une fois.

La lecture du mot qui suit *tâthâ*, pour *tathâ*, me paraît douteuse; M. Wilson, dans sa transcription, le représente par *karai* et *katai*; mais il est évident qu'il joint à tort au mot *karu* ou *kata*, la voyelle *i*, qui appartient au terme suivant, *ilôka* pour *ihalôka*, comme le lit bien la copie de Kapur-di-giri par M. Norris. Quant au mot qui reste après la suppression de cette voyelle, on peut le lire sur la copie de Prinsep, *kau* ou *karu*, sur celle de Westergaard, peut-être *karu*, quoique le signe soit confus, et sur le fac-simile qui accompagne le mémoire de M. Wilson, *kata*. Ces diverses leçons cachent certainement une forme de participe adverbial répondant au participe sanscrit en *tvâ*; et me fondant sur l'analogie qui existe entre le mâgadhî et le prâcrit, j'aimerais à supposer que la véritable leçon doit être *katu*, pour *kritvâ*, qui a donné naissance à *kadua* dans le dialecte le plus altéré. Après *ilôkatcha*, pour *ihalôkê*, par suite de l'oubli d'une syllabe, je lis en un seul mot *saâradhô*, et j'en fais un composé de *sa*, pour *sam*, et de *âradha*, pour *ârâdha*, qui peut être un synonyme de *ârâdhana*, « hommage, culte. » Il est, en effet, impossible que *sa* soit le pronom indicatif, puisque ce pronom est déjà au commencement de la phrase dans la proposition initiale, *sô tathâ katu*, « lui, ayant ainsi fait. » L'explication que je propose est donc la seule possible; et elle s'accorde d'ailleurs parfaitement avec une des particularités les plus frappantes de la grammaire pâlie, suivant laquelle le préfixe *sa* se joint très-fréquemment à des mots commençant par une voyelle, tout en en restant distinct, contrairement à la règle invariable du sanscrit : d'où je conclus que *sa ârâdhô*, lu en un seul mot, doit signifier « accompagné de respect, honoré. »

3. Je passe au troisième mot qui sert de titre à ce paragraphe, à *vyam̃djana*. Dans une note que j'ai consacrée à l'explication de ce terme, j'ai annoncé qu'on le trouvait avec les sens d'*attribut*, de *caractère*, et, par extension, de *forme*, dans un des édits de Piyadasi [2]. Il me semble, en effet, qu'on pourrait assigner à ce mot un sens analogue, celui de la forme opposé au fonds, dans la phrase finale du IIIe édit de Girnar, sur laquelle un terme très-controversé et encore obscur peut laisser de l'incertitude. Je veux parler du terme *yutê* ou *yutô*, sur la signification duquel M. Wilson n'est pas d'accord avec J. Prinsep, le premier interprète. Voici le passage même, reproduit d'après la planche qui accompagne le mémoire de M. Wilson : *parisâpi yutê añapayisati gaṇanâyam̃ hêtutôtcha vyam̃djanatôtcha* [3]. Sur la planche de M. Wilson, la barre qui de ⅄ *tê*, dernière syllabe

[1] *Indische Alterthumskunde*, t. II, p. 229, note.

[2] Ci-dessus, chap. I, f. 11 *a*, p. 330.

[3] Prinsep, *On the Edicts of Piyadasi*, dans *Journ. as. Soc. of Bengal*, t. VII, 1re partie, p. 228 et 250;

de *yuté*, ferait 𑀢𑁄 *tó*, est indiquée par des points; et, en effet, sur la copie de Westergaard, qui est, en grande partie, la base de la planche de M. Wilson, la syllabe en question est lue *té;* c'est comme faisant doute et seulement au-dessous de la ligne que la leçon *tó* a été ajoutée[1]. D'un autre côté, la transcription de l'inscription de Kapur-di-giri, telle que l'a déchiffrée M. Norris, donne ici *yutra;* c'est, du reste, le terme pour lequel les diverses copies offrent le plus de variantes. Voici comment J. Prinsep traduit ce passage : All this the leader of the congregation shall inculcate to the assembly with (appropriate) explanation and example. Pour trouver ce sens, il rendait *parisâpi yuté* (qu'il lisait *yutó*), par « le président de l'Assemblée, » sens que M. Wilson a jugé avec raison impossible. De son côté, M. Wilson s'exprime ainsi sur le passage entier : « Les mots *parisâpi yutó* ou *parisapayutra*, à Kapur-di-giri, répondent probablement à *parisarpa yukta*, c'est-à-dire *progrès convenable*, mots qui sont suivis du verbe au passif de la forme causale, *sera commandé dans l'énumération*, peut-être *aux périodes indiquées;* car *gaṇanâ* n'a que le sens d'*énumération*, et non celui de *gaṇa*, troupe, nombre. » Ces observations l'ont donc conduit à proposer la version suivante : Continuance in this course (the discharge of these duties) shall be commanded both by explanation and exemple. Plus récemment, Lassen, s'occupant d'une manière incidente de ce passage, a remarqué 1° que *parisâ*, « l'assemblée, » est distinguée de *gaṇanâ*, « la foule; » d'où il suit que *parisâ* désigne « l'Assemblée des maîtres, « l'Assemblée religieuse, » et que c'est un synonyme de *saṁgha;* 2° que Prinsep n'a pas été suffisamment exact en traduisant ce mot par *leader*[2].

Si je viens à mon tour, après de si savants hommes, proposer mon interprétation, c'est que comme personne ne peut se flatter d'arriver du premier coup à l'intelligence définitive de ces monuments difficiles, il n'y a personne non plus qui ne puisse se flatter d'aider à leur interprétation. Voici donc comment je me représente la fin de cet édit. Le texte est consacré à recommander la confession, ainsi que l'a bien vu Lassen; cette confession doit avoir lieu parmi les fidèles attachés à la loi que veut répandre le roi Piyadasi. Ces fidèles sont ceux que le texte nomme *yuté*, pour le sanscrit *yukta*, ici à l'accusatif pluriel masculin. M. Wilson, rappelant cette interprétation qui appartient primitivement à Prinsep, déclare qu'elle ne peut être admise pour le commencement de l'inscription où elle paraît déjà; et quant à la valeur du mot dans le passage même qui nous occupe, il en fait, comme on vient de le voir, l'adjectif *yukta*, qu'il met en rapport avec le substantif *parisapa*, pour *parisarpa*. Mais il me semble que l'emploi de *yuta*, tel que le proposait Prinsep et quelque insolite qu'il puisse paraître, est justifié par une expression analogue du pilier de Firouz, celle de *djanaṁ dhaṁmayutaṁ*, que Prinsep a traduite par *the people united in religion*, « le peuple uni dans la loi[3]. » Et l'on peut croire que cette expression était consacrée, dans la pensée du rédacteur de l'édit, pour désigner ceux qui partageaient

Wilson, *On the Rock inscript. of Kapur-di-giri*, dans *Journ. as. Soc. of Great-Britain*, t. XII, p. 171.

[1] L. G. Jacob, et N. L. Westergaard, *Copy of the Asoka inscript. at Girnar*, dans *Journ. of the Bombay as. Soc.* n° V, avril 1843, p. 260.

[2] *Indische Alterthumskunde*, t. II, p. 229, à la note qui commence p. 228.

[3] *Interpret. of the most ancient of the Inscript.* dans *Journ. as. Soc. of Bengal*, t. VI, 2e part. p. 600 et 602.

la foi du monarque, puisqu'elle se représente deux fois sous la forme de *dhañmayutasa* (gén. sing.) et de *dhañmayutânañ* (gén. plur.), dans l'édit même où Piyadasi établit les *dhañma mahâmâtâ*, ou les grands officiers chargés de surveiller l'observation de la loi religieuse[1]. Sous la seconde de ces deux formes, Lassen adopte le sens proposé par Prinsep, puisqu'il traduit « ceux qui sont liés par la loi[2]. » L'institution de la confession publique était d'ailleurs trop spéciale au Buddhisme pour que le roi pût la recommander à la totalité du peuple; il ne se croyait sans doute le droit de l'imposer qu'à ceux qui étaient unis, *yuta*, par le lien de la loi, *dhañma*, c'est à dire qu'à la partie du peuple qui avait adopté la foi nouvelle. Il n'est même pas difficile de comprendre comment cette portion du peuple a pu, dans un édit aussi spécial, être désignée deux fois par l'expression elliptique de « les réunis, les unis, » au lieu de « les réunis par la loi. »

On voit que si j'adopte au fond le sens de Prinsep pour *yuta*, je n'admets cependant pas sa traduction de « le président de l'Assemblée; » les trois premiers mots de notre passage signifient, selon moi : « l'Assemblée elle même instruira les fidèles. » La critique de M. Wilson sur le mot suivant *gaṇanâyañ* est fondée; je n'y puis voir, ni avec Prinsep, ni avec Lassen, soit l'Assemblée, soit la foule; mais, d'un autre côté, *gaṇanâ*, « l'énumération, » n'indique pas, comme M. Wilson le pense, l'énonciation successive des époques auxquelles doit se tenir l'Assemblée consacrée à la confession générale. Cette énumération est celle des vertus louées par l'édit : l'obéissance à nos père et mère, l'aumône faite aux Religieux, et d'autres encore. C'est à la pratique de ces devoirs moraux, dont l'édit vient de donner l'énumération, que l'Assemblée religieuse est invitée par le roi à préparer le peuple réuni dans la même croyance. Et comment l'instruira-t-elle? De la manière la plus complète, dit le texte, *hêtutôtcha vyañdjanatôtcha*, c'est-à-dire « avec explication et exemple, » comme traduisent Prinsep et Wilson, ou plus littéralement peut-être, « d'après la cause et d'après la lettre, » à peu près comme quand on dit « au fond et dans la forme[3]. » L'analogie de ces deux expressions, *hêtu vyañdjana* et *attha vyañdjana*, m'engage à faire à la première l'application du sens que j'ai essayé d'établir plus haut pour la dernière.

4. En examinant, dans les notes du chapitre second du présent ouvrage, les formules par lesquelles les Buddhistes expriment ce qui est un avantage, un profit, un bien, j'en ai signalé deux, l'une assez développée, l'autre plus brève et qui se trouve d'un plus fréquent

[1] Wilson, dans *Journ. roy. as. Soc. of Great-Britain*, t. XII, p. 183, l. 14 et 29.

[2] *Indische Alterthumskunde*, t. II, p. 238, note.

[3] A l'occasion de ce passage, M. Wilson avance que *vyañdjana* n'est pas un mot pâli ou prâcrit, et qu'il devrait s'écrire *viñdjana*. J'ignore sur quelle autorité repose cette assertion, mais je puis affirmer que je n'ai jamais rencontré dans les textes pâlis d'autre orthographe du sanscrit *vyañdjana*, que celle de *vyañdjana* même ou de *byañdjana*. Le mot est assez communément employé dans les *Suttas* du *Digha nikâya*, mais il l'est surtout à chaque ligne de la grammaire pâlie intitulée, *Padarûpa siddhi*; et dans ces ouvrages je n'ai jamais rencontré une autre orthographe. (Voy. Wilson dans *Journ. roy. as. Soc. of Great-Britain*, t. XII, p. 173.) Du reste, je ne conteste pas l'existence du mot *viñdjana* en lui-même. Il se trouve réellement en Hindi, et il est donné par le vocabulaire du *Prem sagar*, avec le sens de *condiment*. (*Prem sagar Vocabulary*, p. 96.)

usage dans les textes que j'ai lieu de regarder comme les plus anciens [1]. C'est aussi celle que l'on rencontre le plus souvent dans les édits de *Piyadasi*, et l'on ne doit pas s'étonner que la destination philanthropique de ces inscriptions l'y ramène aussi fréquemment. La formule dont je veux parler est *hitasukha*, « l'avantage et le plaisir, » qui paraît dans la version de l'édit de Girnar telle qu'on la trouve à Dhauli et à Kapur-di-giri ; elle y est écrite *hitasukhâyé* ou *hitasukhâya*, « pour l'avantage et le plaisir [2]. » Cette expression paraît encore dans l'inscription de Delhi, côté de l'ouest, qui est datée de la vingt-sixième année du règne du roi, dans un passage que je crois nécessaire de reproduire ici en entier, parce que je pense qu'on en peut interpréter une partie autrement qu'on ne l'a fait jusqu'à présent. Dans ce passage, il est question de ces officiers royaux sur le nom desquels j'avais commis une erreur qu'a justement relevée Lassen [3] ; ils sont appelés sur la colonne de Delhi, comme dans les autres reproductions de cette même inscription, *râdjaka, radjaka, ladjaka, ladjuka, lâdjâka*. Il est très-vraisemblable que c'était là une institution spéciale que le roi Piyadasi avait établie depuis sa conversion au Buddhisme : c'est du moins ce que pense Lassen, et il est bien certain que la fonction de surveillance que leur délègue le roi est une chose tout à fait nouvelle ; mais je ne crois pas que les monuments appuient d'une manière expresse la distinction que Lassen a essayé d'établir entre le mot *râdjâka*, « pays gouverné par des rois, » et celui de *râdjaka*, « officier du roi [4] ; » car dans l'inscription même où il est question de ce genre d'officiers, on remarque plus souvent *ladjâka* et *ladjaka* que *lâdjaka*. J'ajouterai même que les versions de cet édit qu'on trouve à Radhiah et à Mathiah, versions qui, pour n'être pas aussi lisibles que celle de Delhi et d'Allahabad, méritent cependant d'être consultées, portent uniformément *radjâka* et *ladjâka*. En ce qui regarde la forme, je ne serais pas éloigné d'admettre que les suffixes *aka* et *âka* s'échangent indifféremment l'un pour l'autre, et que, dans un dialecte populaire aussi flottant que celui de ces inscriptions, le second doit être même plus usité, tout comme on voit en pâli les formes *râdjunô* et *râdjunâ* employées concurremment avec *raññô* et *raññâ*. En ce qui regarde le sens, je serais disposé à croire que l'adjectif *radjaka* ou *radjâka*, par cela seul qu'il signifie *royal*, peut, suivant le contexte, recevoir des sens d'extension comme ceux de « appartenant à un roi, « ou homme du roi, officier, ou même sujet du roi, » ou encore « formé de rois ou pays « gouverné par des rois. »

Au reste, quoi qu'il en puisse être de cette question, qui n'aurait d'intérêt véritable que pour un autre passage de l'inscription de Girnar et de Dhauli, voici le texte des colonnes de Delhi et d'Allahabad dans lequel je remarque l'expression *hitasukha*, objet principal de cette note [5]. Je reproduirai l'inscription tout entière, à cause de l'intérêt qui s'attache aux sujets qu'elle renferme, et parce que l'interprétation véritable en est,

[1] Ci-dessus, chap. II, f. 23 *a*, p. 350.

[2] *On the Rock inscript.* dans *Journ. roy. as. Soc. of Great-Britain*, t. XII, p. 183 ; Lassen, *Ind. Alterth.* t. II, p. 238, note 1. Le passage manque à Girnar, où il est effacé.

[3] *Ind. Alterth.* t. II, p. 256, note 2.

[4] Lassen, *Ibid.* t. II, p. 228 et 256.

[5] Prinsep, *Interpret. of the most ancient of the Inscript.* dans *Journ. as. Soc. of Bengal*, t. VI, 2e part. p. 578 et 585.

si je ne me trompe, encore trop peu avancée. On verra, dans le cours des explications dont je la ferai suivre, de quelle utilité pourrait être une collation nouvelle des copies de Mathiah et de Radhiah.

1. *Dêvânaṁ piyê piyadasi lâdja hêvaṁ âhâ saḍḍavîsati vasa* | 2. *abhisitêna mê iyaṁ dhamalipi likhâpitâ ladjûkâ mê* | 3. *bahûsu pânasatasahasêsu djanasi âyatâ têsaṁ yê abhihâlêva* | 4. *daṁḍêvâ atapatiyê mê kaṭê kiṁti ladjûkâ asvathâ abhîtâ* | 5. *kaṁmâni pavatayêvû djanasa djanapadasâ hitasukhaṁ upadahêvûṁ* | 6. *anugahinêvatchâ sukhîyanaṁ dukhîyanaṁ djanisaṁti dhaṁmayatênatcha* | 7. *viyôvadisaṁti djanaṁ djanapadaṁ kiṁti hidataṁtcha pâlataṁtcha* | 8. *alâdhayêvûti ladjûkâpi laghaṁti paṭitchalitavê maṁ pulisânipi mê* | 9. *tchhaṁdaṁnâni paṭitchalisaṁti têpi tchakâni viyôvadisaṁti yêna maṁ ladjûkâ* | 10. *tchaghaṁti alâdhayitavê athâhi padjaṁ viyatâyê dhâtiyê nisidjitu* | 11. *asvathê hôti viyatadhâti tchaghati mê padjaṁ sukhaṁ halihâṭavê* | 12. *hêvaṁ mama lâdjukâ kaṭâ djanapadasa hitasukhâyê yêna êtê abhîtâ* | 13. *asvathâ saṁtaṁ avimanâ kamâni pavatayêvûti êtêna mê ladjukânaṁ* | 14. *abhihâlêva daṁḍêvâ atapatiyê kaṭê itchhitaviyêhi êsâ kiti* | 15. *viyôhâlasamatâtcha siyâ daṁḍasamatâtcha ava itêpitcha mê âvuti* | 16. *baṁdhanabadhânaṁ munisânaṁ tîlitadaṁḍânaṁ patavadhânaṁ tiṁni divasâni mê* | 17. *yôtê diṁnê nâtikâvakâni nidjhapayisaṁti djîvitâyê tinaṁ* | 18. *nâsaṁtaṁvâ nidjhapayitâ dânaṁ dahaṁti pâlatikam upavâsaṁvâ katchhaṁti* | 19. *itchhâhi mê hêvaṁ niladhasipi kâlasi pâlataṁ alâdhayêvûti djanasatcha* | 20. *vaḍhati vividhadhaṁmatchalanê sayamê dânasa vibhâgêti.*

« Piyadasi, le roi chéri des Dêvas, a parlé ainsi. La vingt-sixième année de mon sacre j'ai fait écrire cet édit de la loi. Des officiers royaux ont été placés par moi au-dessus du peuple pour de nombreuses centaines de mille d'habitants. Les confiscations et les amendes qui pourraient les frapper leur ont été remises par moi à leur profit. Eh quoi! que les officiers royaux, sans inquiétude et sans crainte, remplissent leurs fonctions; qu'ils fassent le bien et le bonheur du peuple et du pays. Et toujours bienveillants, ils s'informeront de la prospérité et de l'infortune; et ils avertiront, conformément à la loi, le peuple et le pays, en disant : puissent-ils obtenir les biens de ce monde et ceux du monde futur! Les officiers royaux ont aussi tout pouvoir pour m'examiner; ils rechercheront aussi les desseins de mes gens; ils reprendront aussi les armées. Il doit être pourvu à ce que les officiers royaux me gardent. De même qu'un homme, ayant confié son enfant à une nourrice expérimentée, est sans inquiétude [et se dit :] une nourrice expérimentée garde mon enfant, ainsi ai-je institué des officiers royaux pour le bien et le bonheur du pays. Afin que ces officiers, sans crainte et sans inquiétude, puissent tranquillement et sans trouble remplir leurs fonctions, les confiscations et les amendes qui pourraient les frapper leur ont été remises par moi à leur profit; car la gloire qui est à désirer, c'est l'impartialité dans les jugements et dans l'application des amendes. Enfin, voici quelle est, à partir d'aujourd'hui, ma résolution. Aux hommes retenus en prison, qui ont mérité le châtiment et qui doivent subir la peine de mort, j'ai accordé trois jours de sursis; ils ne devront rester dans la vie ni plus ni moins de temps. Conservés à la vie jusqu'au terme de ces trois jours, ils donneront une aumône en vue de l'autre monde, ou garderont le jeûne; car c'est mon désir que, pendant le temps même de leur captivité, ils puissent gagner ainsi l'autre monde, et que puisse croître pour le peuple l'accomplissement des divers devoirs, l'empire exercé sur soi-même et la distribution des aumônes. »

Je vais examiner successivement les passages les plus difficiles de cette inscription, en me bornant aux observations strictement nécessaires. Le début est relatif à l'institution des *Radjûka* ou *Ladjûka*, « officiers royaux, » auxquels est confiée la surveillance de plusieurs centaines de mille d'habitants. On ne trouvera pas sans doute qu'il y ait beaucoup d'exagération dans cette expression, si l'on songe à l'étendue de pays qu'embrassait la domination du roi Piyadasi : il régnait certainement sur la partie la plus civilisée et la plus peuplée de la presqu'île indienne. J'entends le mot *âyatâ* dans le sens adopté par Lassen [1], celui du sanscrit *samâyatta*, « occupé de, » et par extension « chargé de s'occuper. » Je ne reviendrai pas sur le titre de ces officiers royaux, *ladjûka*; je le lis ainsi avec les copies de l'édit à Mathiah et Radhiah; c'est également à la première de ces deux copies que j'emprunte l'orthographe de *bahûsu*, pour *bahusu*, qui me paraît la plus fréquente dans ce dialecte populaire.

La proposition suivante est plus difficile, quoique tous les mots à l'exception d'un seul soient isolément assez clairs. Ainsi *abhihâlê* et *dañḍê* sont bien les mots sanscrits *abhihâra* et *dañḍa*, « confiscation et amende. » Mais sur *atapatiyê*, Prinsep et Lassen ne sont pas d'accord : l'un y voit le sanscrit *atipâta*, « transgression, faute, » l'autre y retrouve une forme sanscrite *atapatya*, qui n'est pas usitée, mais qui doit signifier « sans douleur. » D'où il suit que, pour Prinsep, la phrase veut dire : « j'ai ordonné les amendes et les punitions suivantes pour leurs transgressions, » et que Lassen la traduit ainsi : « leurs châtiments et leurs punitions ont été exemptes de douleur, » pour dire sans doute qu'ils se sont interdit les châtiments corporels. Quoique cette interprétation soit parfaitement en harmonie avec les dispositions philanthropiques de Piyadasi, qui se montrent si clairement dans nos inscriptions, j'avoue que je ne suis pas satisfait du sens qu'elle donne à *atapatiyê*. Je propose d'y retrouver la forme pâlie d'un terme sanscrit comme *âtmâpatti*, en prenant *âpatti* dans le sens d'*acquisition*, *obtention*. Si cette conjecture est admise, il paraît nécessaire de faire rapporter *ata*, pour *âtman*, aux officiers auxquels le roi annonce qu'il leur fait remise de la confiscation et de l'amende. Je croirais difficilement qu'il soit ici question des confiscations et amendes perçues par les officiers sur le peuple, que le roi déclarerait s'attribuer à lui-même; cette déclaration n'aurait rien de bien neuf pour l'Inde, si l'on se rappelle surtout le despotisme et la violence des rois qui y gouvernaient quelques siècles avant notre ère. Je ne suppose pas non plus qu'il s'agisse davantage des amendes perçues par les officiers sur le peuple, et que Piyadasi les autoriserait à s'attribuer à eux-mêmes au lieu de les restituer au roi, car on sait à combien d'extorsions se livrent dans l'Orient les délégués de la puissance souveraine. Si l'on admet que Piyadasi a voulu donner ici quelque preuve signalée de sa bienveillance à ces officiers qu'il investit d'une autorité si considérable, il est bien plus naturel de penser qu'il entend les mettre à l'abri des confiscations et des amendes auxquelles les exposaient d'ordinaire les

[1] *Indische Alterthumskunde*, t. II, p. 257.

caprices du despotisme royal. C'est ainsi qu'il les relève de la crainte et des inquiétudes qui les troubleraient dans l'exercice de leurs fonctions, idée qui, si je ne me trompe, est positivement exprimée dans la phrase suivante et répétée une fois encore au milieu de l'inscription.

Dans cette phrase, en effet, les mots *asvathâ abhîtâ*, que Prinsep et Lassen traduisent par « près de l'arbre Açvattha, » signifient, selon moi, « consolés et sans crainte; » je vois dans le premier mot le sanscrit *âçvasta*, « consolé, tranquille, » sous une forme mi-partie pâlie et sanscrite, pâlie en ce que l'*â* nécessairement long est abrégé devant la double consonne *sva*, et que le groupe *sta* est changé en *tha*; sanscrite en ce que *sva*, pour *çva*, a échappé à la loi de l'assimilation. Je crois me rappeler, quoique je ne puisse pas retrouver le passage, que Prinsep était revenu sur la valeur qu'il attribuait à *asvathâ*; il l'a fait certainement pour *abhîtâ* : je ne pense cependant pas que ces corrections partielles aient contribué à lui donner ce que je crois le vrai sens de l'ensemble. Avec la leçon *kaṁmâni*, on ne peut guère trouver à la fin de la phrase d'autre sens que celui qu'y voient Prinsep et Lassen, « qu'ils remplissent leurs fonctions; » j'en fais la remarque parce que plus bas, dans un passage identique, la version de Mathiah lit *kâmâni*, ce qui, on le verra, suggère une autre traduction. La proposition qui suit : « qu'ils fassent le bien et le bonheur du « peuple, » nous offre l'expression qui a été l'occasion des présentes recherches, *hitasukhaṁ*, « l'avantage et le bonheur. » Lassen a pensé que le verbe *upadahêvûṁ*, où nous voyons l'*anusvâra* final qui est rare à ce mode, devait être remplacé par *upadâpêvu*, parce qu'il tire cette forme du radical *dâ*[1]. Si cependant on admet l'explication que j'ai proposée plus haut pour les formes analogues que je dérive de *daha*, en sanscrit *dhâ*, il n'y aura rien à changer au texte, et *upadahêvû* signifiera « qu'ils causent, qu'ils procurent. »

Je ne crois pas qu'il puisse s'élever aucun doute sur le sens proposé pour la phrase qui commence à la ligne 6. Le premier mot *anugahinê* doit signifier « ayant de la bienveil-« lance, témoignant de la faveur; » il est au pluriel et forme le sujet de la proposition. Nous revoyons ici le substantif *sukhîyanaṁ*, écrit sans doute plus exactement avec un *î* long qu'avec une brève, comme nous l'avons déjà remarqué la première fois que s'est présenté ce terme. Cette orthographe est justifiée par celle du mot *dukhîyanaṁ*, « l'infortune. » Ces deux substantifs sont également dérivés, au moyen du suffixe *anâ*, de verbes nominaux formés de *sukha* et de *dukha*; ils doivent donc signifier littéralement, « ce qui rend heu-« reux ou malheureux. » Lassen doit avoir bien interprété le mot *dhaṁmayatêna*, comme le lit Prinsep, en le traduisant par « conformément à la loi; » seulement, il faut l'écrire *dhaṁmayutêna*, avec la copie de Mathiah : on a ainsi une expression répondant au mot sanscrit *dharmayuktêna*, qui doit représenter *dharmêṇa*, « selon la loi. » Mais je m'éloigne du sentiment de Lassen dans la traduction de la courte phrase qu'il attribue, avec raison je crois, aux officiers royaux chargés d'avertir le peuple. Lassen dit : « accueillez « avec faveur ce qui est donné et ce qui est fermement établi, » pour *hidataṁtcha pâlataṁtcha*. Je ne puis voir dans *hidata* autre chose que le contraire de *pâlata*, « le monde d'ici-« bas » opposé à « l'autre monde. » C'est incontestablement au radical sanscrit *râdh* qu'il

[1] *Indische Alterthumskunde*, t. II, p. 256, note 2.

faut rattacher le verbe *alâdhayêvûti*, avec la conjonction *iti* ajoutée; le texte de l'inscription l'écrit toujours avec un *a* bref initial, quoiqu'en sanscrit une longue (la préposition *â*) soit ici nécessaire : le sens de ce verbe est, selon moi « mériter d'obtenir, » ou « soigner, chercher à obtenir, » et selon Lassen « accueillir favorablement. »

L'interprétation de la proposition suivante est de quelque intérêt, parce qu'elle entraîne, si je ne me trompe, celle du milieu de l'inscription à l'explication de laquelle nos devanciers ont à peu près renoncé. J'emprunte à la version de Mathiah le verbe *laghaṁti*, au lieu du *lahaṁti* de Delhi, que Lassen proposait de remplacer par *lapaṁti*. Ce verbe doit être le radical indien *lâgh*, « être compétent pour, » qui est d'un usage rare en sanscrit, mais qui va fort bien ici, dans un passage où je suppose que le roi donne à ses officiers royaux l'autorité suffisante pour le surveiller lui-même, certainement sous le rapport de son respect pour la loi. Cette surveillance est exprimée par le mot *paṭitchalitavê*, dont je fais un infinitif pâli, formé sur le type des anciens infinitifs védiques et répondant au sanscrit *pratitcharitum*. Elle doit s'étendre sur les gens du roi, sur ceux qui l'approchent le plus près et que l'inscription nomme *pulisâni;* mais ici les termes ne sont pas si clairs. Au lieu de *pulisâni* que donnent Delhi et Allahabad, j'aimerais à lire *pulisânaṁ*, leçon qu'on pourrait déduire de la variante *pulisânapinê* qu'on trouve à Radiah. Je subordonnerais en effet ce génitif au terme commençant la ligne 9 *tchhaṁdanâni*, dont j'emprunterais l'orthographe au pilier de Mathiah, au lieu de lire *tchhaṁdaṁnâni* avec les autres inscriptions. En faisant de *tchhaṁdanâni* un synonyme du sanscrit *tchanda*, « intention, dessein, » on a le sens que je propose, « ils rechercheront aussi les desseins de mes gens. » J'avoue que j'hésiterais à faire du neutre *pulisâni* le synonyme de *pulisê*, « les hommes, » quoique avec la leçon *tchhaṁdaṁnâni*, pour *tchhandadjña*, on obtiendrait à la rigueur ce sens, « ils rechercheront aussi les hommes qui me sont agréables, qui me sont chers; » mais je ne sais pas si *tchhandadjña* serait un substitut admissible de *manôdjña*. Le sens de la phrase suivante dépend de celui de *tchakâni;* on adoptera celui que je propose, si l'on admet que *tchakâni* réponde au sanscrit *tchakrâṇi*.

La proposition qui vient ensuite est réellement difficile à cause du peu de lumières que nous avons sur le sens propre du mot *tchhaghaṁti*, dont on ne peut contester la lecture, car il va se représenter exactement avec la même orthographe dans la phrase suivante. Dans ce dialecte où les consonnes sont souvent soumises à des altérations considérables, on n'est jamais sûr qu'une consonne aspirée, surtout quand elle est aussi peu commune que *gh* ou *djh*, ne cache pas quelque groupe plus ou moins compliqué. Je n'ai cependant rien pu faire de *tchaghaṁti* dans cette première hypothèse, et je me suis trouvé réduit à supposer que l'ancien radical védique *tchagh*, qui serait peut-être congénère à quelque racine comme *tyagh*, dont il paraît un analogue dans *tigh*, avait le sens de *dagh*, « protéger, défendre; » c'est, je l'avoue, la manière dont Westergaard a rédigé l'article de ces deux radicaux qui m'a inspiré cette idée. La suite du discours ou la découverte de quelque passage parallèle décidera jusqu'à quel point est fondée cette conjecture. Mais ce n'est pas tout : il faut admettre encore que *alâdhayitavê* est le participe neutre de nécessité, pour le sanscrit *ârâdhayitavyaṁ*, « il doit être pris soin, il doit être effectué. »

Qu'il y ait, dans le dialecte de nos inscriptions, des formes neutres en *é*, c'est ce que semblent établir des mots comme *dânê*, « l'aumône, » *satchtché*, « la vérité, » *sôtchavé*, « la « pureté; » que nous avons vus précédemment; mais le lecteur philologue fera peut-être quelque difficulté de prendre pour un participe neutre en *tavyaṁ*, une forme dont j'ai déjà fait un infinitif, et cela avec une grande apparence de vraisemblance. Cependant, de quelque manière que j'aie retourné ces quatre mots, je n'en ai jamais pu tirer autre chose que cette interprétation littérale, « de manière que les officiers royaux me gardent, « il doit être effectué, » phrase qui semble dire que Piyadasi veut ajouter aux fonctions religieuses et morales des *Ladjûka*, celles de gardes de sa personne. Je ne dois pas oublier de faire observer que j'ai emprunté à la copie de Mathiah la bonne leçon *maṁ*, au lieu de *ma* que donnent les autres colonnes.

Au reste, quelle que soit la valeur de mon interprétation, le sens qu'elle m'engage à donner au verbe *tchaghaṁti* jette le jour le plus inattendu sur la phrase suivante, dont l'obscurité, sans l'explication proposée de ce verbe, serait à peu près impénétrable. Voici, par suite de quelles transformations je retrouve dans chaque mot du texte la signification que je lui attribue; *athâhi* est pour *yathâhi*, « or, de même que; » *padjaṁ* égale *pradjâṁ*, « la « progéniture; » *viyatâyé* est le génitif ou le datif pràcrit de *viyatâ*, pour le sanscrit *vyâptâ*, « célèbre; » je prête seulement un peu au sens en préférant le mot *expérimenté; dhâtiyé* est le même cas du substantif *dhâtrĭ*, « nourrice. » On ne fera pas difficulté d'admettre que *nisidjitu* soit dérivé du radical *srĭdj*, « abandonner, » et avec le préfixe *ni*, « confier; » *tu*, dans ce dialecte, répondant quelquefois au suffixe sanscrit *tvâ*, je traduis avec assurance, « ayant « confié. » Ce que j'ai dit tout à l'heure sur *asvathâ* prouve que *asvathé hôti* signifie certainement, « il est tranquille. » Si *tchaghati* veut dire « il garde, » le sens des quatre mots suivants n'est pas douteux; ils signifient : « une nourrice expérimentée garde mon enfant. »

La difficulté reparaît avec les deux mots suivants : *sukhaṁ halihâṭavé;* le premier est « le bonheur, » et il est plus que probable que ce mot est subordonné au suivant; mais ce dernier mot même est très-diversement écrit dans les diverses copies de cette inscription. Sur celle qui a servi de texte à Prinsep, on lit *halâhâṭavé;* mais après la révision d'une autre colonne, on a trouvé la fin du mot écrite *lihaṁṭavé;* cette dernière orthographe s'accorde avec celle de Mathiah, qui porte *halihaṭavé*, tandis que le pilier de Radhiah lit *palâhaṭavé*. Je ne crois pas impossible de ramener ces leçons divergentes à une orthographe vraisemblable. Si nous commençons par celle de Radhiah, l'analogie des deux lettre 𑀧 *pa* et 𑀳 *ha* explique comment on a pu lire *palâ*, au lieu de *halâ*. Celle des groupes 𑀳𑀮𑀸 *lâ* et 𑀳𑀮𑀺 *li* permet de comprendre la coexistence de ces deux types, *halâhâṭavé* et *halihaṭavé*. Maintenant lequel choisir? Si l'on supprime *ṭavé*, dont je fais ici un infinitif, on a *halâha*, ou *haliha*, ou encore *lihaṁ*, dont on ignore le commencement; or, dans ces syllabes, je crois reconnaître une forme intensive du radical sanscrit *hrĭ* « saisir, prendre, » avec cette différence que le redoublement se fait par la lettre radicale même, au lieu de s'opérer comme en sanscrit par un *dj*, et avec cette particularité remarquable que le suffixe *tavé* prend un *ṭ* cérébral et devient *ṭavé*, sous l'influence du *r* radical qui se fait sentir encore, même après qu'il a été supprimé. Il résulte de là que *halihâṭavé* serait en sanscrit *djari-*

hartum, « pour prendre abondamment, » ou « pour qu'il prenne abondamment du bon-« heur. » Je ne dois pas oublier de dire que si de nouvelles copies ou une révision plus attentive des anciennes venait à démontrer qu'il faut lire *pali*, au lieu de *hali*, on aurait *palihâlavé*, qui ne serait plus une forme intensive, mais qui répondrait au sanscrit *pari-hartum*, sans doute avec le sens de « protéger, » et qu'on traduirait, « pour protéger son « bonheur. » Ce sens, je n'hésite pas à le dire, serait plus direct et moins forcé que celui que je tire de la forme intensive de *hrĭ*. Si je ne l'adopte pas dès à présent, c'est que le témoignage des autres copies est plus favorable à la lecture de *hali*.

Je n'aurai d'autre observation à faire sur la ligne douzième, si ce n'est que la seconde partie de la période ou l'apodose est marquée par *hêvaṁ*, « ainsi, de même; » le reste signifie clairement : « de même, des officiers royaux ont été créés par moi pour l'avantage et le « bonheur du pays, » phrase où nous voyons reparaître l'expression sacramentelle *hitasukha*, principale occasion de cette note. Nous n'aurons pas besoin de beaucoup plus de paroles pour justifier la traduction de ce qui suit : c'est un résumé, ou, plus exactement, une répétition confirmative de la disposition principale par laquelle débute l'édit. Nous n'y voyons de nouveau que les deux termes *saṁtaṁ avimanâ*, qui sont vraisemblablement en sanscrit *çântaṁ* et *avimanasaḥ*, du thème *avimanas*, « exempt de trouble d'esprit. » Je remarquerai en outre, pour tenir à une promesse que j'ai faite plus haut sur le premier mot de la ligne 5, que la copie de Prinsep lit *kamâni*, et celle de Mathiah, *kâmâni*. Si cette leçon répond au sanscrit *kâmâni*, « les objets du désir, » et non à *karmâṇi*, « les fonctions, » on devra traduire : « qu'ils répandent les plaisirs; » cette nouvelle interprétation me paraît cependant moins vraisemblable que la première.

La proposition suivante n'offre aucune difficulté; je l'entends comme fait Lassen, qui en a très-bien expliqué le mot le plus difficile, *viyôhâla*, dont j'emprunte la véritable orthographe au pilier de Mathiah[1]. Je dois avertir qu'au lieu de *kiti* « gloire, » on trouve à Mathiah, *kiṁti*, comme si cette conjonction appartenait à la proposition suivante, les mots *itchhitaviyêhi ésâ* résumant ce qui précède de cette manière, « car cela est à désirer. Eh « quoi! puisse exister l'égalité dans les jugements. » Je n'hésite pas à préférer la leçon qui fait de *kiti* le sanscrit *kîrti* « gloire. » Lassen a également bien vu que *ava*, qu'on devrait lire *âva*, comme à Girnar, signifiait « jusqu'à, » quoiqu'il ne paraisse pas l'avoir identifié avec le sanscrit *yâvat*, ce qui me paraît nécessaire; il croit aussi justement que *itêpi* représente *itô'pi*; mais je m'éloigne de son opinion en ce qui touche le mot *âvuti*. Lassen le lit *avuti* avec la copie de Prinsep; cependant sur le pilier de Radhiah et dans l'ancienne copie des *Recherches asiatiques*, qu'il y a souvent avantage à consulter pour la division des mots, on trouve *âvuti*, qui est le sanscrit *âvrĭti*, mot dont le sens doit être « retour, révolu-« tion, changement de direction, » et que j'entends ici par « résolution nouvelle; » d'où il suit que cette courte proposition signifie « tellement que, à partir de ce moment-ci, ma résolu-« tion [est que....]. » Cette résolution nouvelle que prend le roi, c'est, selon Lassen, que la peine de ceux qui ont été condamnés à mort ne leur soit pas appliquée; qu'en conséquence, il accorde à ceux qui ont été condamnés à cette peine, un répit de trois jours;

[1] *Indische Alterthumskunde*, t. II, p. 260.

passé ces trois jours, les juges ne devront pas les faire mettre à mort: ils devront, au contraire, leur accorder une prolongation de vie[1]. On a pu voir, par ma traduction, que je pense avec Lassen, qu'il s'agit ici d'un délai de trois jours accordé à ceux qui ont été condamnés à mort; mais sur ce qui devait avoir lieu après ce délai, je m'éloigne sensiblement de son opinion. Je vais essayer de justifier la nouvelle interprétation que je propose pour ce passage réellement difficile.

Le premier mot de la ligne 16, et, selon moi, de toute la proposition qui se termine à *diññê* de la ligne 17, répond au sanscrit *bandhanabaddhânâm*, « de ceux qui sont enchaînés « dans des liens; » Lassen pense que ce composé doit signifier « condamnés à mort; » pour moi, trouvant cette dernière idée dans un autre terme de la proposition, je crois qu'il s'agit ici uniquement de l'état de captivité des condamnés. J'emprunte la désinence *naṁ* au pilier de Mathiah, ainsi que la bonne leçon *munisânaṁ* « des hommes. » C'est à Radhiah que je trouve la véritable orthographe de *tîlitadaṁḍânâṁ*, que je fais rapporter à *munisânaṁ*, « qui « ont passé par le châtiment, » c'est-à-dire « qui ont encouru la peine par jugement. » Lassen lit *tîlitadaṁḍanê* au locatif, « le châtiment étant encouru; » le sens des termes pris isolément est le même, mais l'ordonnance générale de la phrase est grandement modifiée. C'est encore à *munisânaṁ* que je rattache *patavadhânaṁ;* Lassen lit avec Prinsep *pâta*, au lieu de *pata*, pour *pâtaka* « péché, » et il traduit le mot entier par « condamnés à mort; » mais *pata*, qui serait en pâli *patta*, nous conduit au sanscrit *prâpta;* et avec *vadha*, *prâptavada* ne peut signifier que « celui qui a encouru la peine de mort, » sans l'avoir encore subie. Nous avons donc ici, si je ne me trompe, les diverses circonstances qui se réunissent sur le coupable condamné à mort qui attend le moment de sa peine : « pour les hommes rete« nus en captivité qui ont encouru une condamnation capitale, et qui vont être mis à « mort. » La suite va de soi-même et se traduit certainement ainsi littéralement : « trois « jours par moi un sursis est donné. » Le seul mot difficile est *yôtê*, que Lassen tire du sanscrit *yâukta*, dont le dérivé *yâuktika* signifie « conforme à l'usage; » mais comme cet usage nouveau qu'introduit le roi par son édit revient à un délai, ce sens de « délai, « sursis, » qui est purement conjectural, n'en est pas moins forcément appelé par l'ensemble du texte. Peut-être faudrait-il lire *yôgê*, mot qui, répondant au sanscrit *yôgaḥ*, donnerait le sens assez vraisemblable de *période*.

La difficulté augmente avec ce qui suit. Lassen a fort avancé l'explication du mot *nâtikâvakâni*, en y montrant d'abord la négation *na* qui tombe sur le verbe, et *atikâvakâni*, épithète de *divasâni*, où *atika* dérive de *ati* « au delà, après, » et de *vaka* pour *vat*, à peu près comme dans *êtaka* pour *êtat;* cette analyse lui donne le sens de « les jours suivants. » J'irai peut-être un peu plus loin en coupant ainsi *na-atika-avakâni*, « ni des jours en plus, « ni des jours en moins, » *avaka* étant un adjectif de même formation que *atika*. Le roi me semble vouloir dire que le terme de trois jours est absolu et que rien ne doit être changé au sort des condamnés ni avant, ni après l'expiration de ce terme. Le mot important est celui qu'on lit avec l'alphabet complété de Prinsep, *nidjhapayisaṁti*. Quand la valeur du signe ᚹ *djha* n'était pas encore déterminée rigoureusement, Lassen transcrivait ce mot

[1] *Indische Alterthumskunde*, t. II, p. 160, note 1.

nighapayisaṁti, et le traduisait par « ils feront mettre à mort, » en parlant des juges criminels; mais je ne crois pas que le radical, quel qu'il soit, qui est caché sous cette forme *ni-djhapayisaṁti*, se prête au sens de « faire mourir. » Ne trouvant rien en sanscrit qui réponde directement à ce verbe, je m'autorise d'un changement, assez rare, il est vrai, qui en prâcrit transforme un *kcha* sanscrit en *djha*, pour chercher ici le radical *kchap*, « durer, « passer, » en parlant du temps, d'une période, d'un jeûne. Je complète l'idée exprimée par le verbe, au moyen du mot *djîvitâyé*, « pour la vie, » et j'entends le tout littéralement : « ni plus ni moins de jours, ils ne passeront pour la vie, » c'est-à-dire, ils ne vivront pas au delà de ces trois jours, mais ils ne seront pas non plus exécutés avant l'expiration de ce délai. Si l'on trouvait la transformation de *kchap* en *djhap* un peu trop forte, parce qu'elle est insolite, il y aurait deux moyens d'expliquer, dans un sens identique ou analogue, ce radical obscur. On pourrait premièrement supposer qu'on a lu à tort 𑀛 *djha* pour 𑀔𑀺 *khi*, ce qui donnerait *khip*, en sanscrit *kchip*, qu'il faudrait admettre comme synonyme de *kchap*; mais cette explication serait, selon moi, beaucoup plus forcée que le changement de *kcha* en *djha*; d'ailleurs, il est difficile de supposer que, sur des inscriptions aussi soigneusement gravées en général, on ait pu lire 𑀛 ce qui était écrit 𑀔𑀺, surtout quand on pense combien l'attention de Prinsep était éveillée sur ce signe longtemps douteux de 𑀛. On pourrait secondement conjecturer que le mâgadhî *nidjhapayisaṁti* cache le radical *yâ*, ou *yâp*, à la forme causale et précédé de *nir*, radical qui est très-fréquemment employé par les Buddhistes du Nord, dans des formules qui expriment la durée et l'existence de la vie, de cette manière, « ils vivent, ils subsistent, ils durent[1]. » Cette analyse me paraîtrait même parfaitement acceptable, si le *djh*, au lieu d'être aspiré, était simple; car nous savons qu'en prâcrit, le groupe sanscrit *rya* devient *djdja*. Le lecteur choisira entre les radicaux *kchap* et *yâp*; quant à présent, je persiste à croire que le mot difficile qui nous occupe signifie non « faire mourir, » mais plutôt « durer, subsister, » ou, plus correctement, « faire durer. »

Les difficultés que ce mot nous oppose laissent certainement subsister des doutes sur la proposition suivante, dont le sujet est *nidjhapayitâ*. Fidèle à son système d'explication, Lassen traduit ce mot par « ceux qui doivent être exécutés; » dans mon système, il faudrait traduire « ceux qui ont été conservés à la vie, » ceux que l'on a laissé vivre pendant les trois jours de sursis accordés par le texte précédent aux condamnés. Lassen traduit *nâsaṁtaṁ* par « jusqu'à la mort, terminé par la mort. » Tout en analysant ce mot de même, je ne verrais pas dans *nâsaṁtaṁ* la mort des condamnés, mais la disparition, de quoi? *tinaṁ*, « des trois jours, » d'après la lecture de la colonne de Mathiah, que je préfère au *tânaṁ* de Delhi dont je ne puis rien faire; ce qui donne ce sens : « ceux qui sont conservés à la « vie jusqu'à l'expiration même des trois jours. » Je suis parfaitement d'accord avec Lassen

[1] Cette formule se trouve au commencement de notre *Lotus* même, chap. I, l. 4 *b*, p. 4; et ch. II, f. 26 *a*, p. 354. Je remarque ici en passant que ce radical *yâ*, et à la forme causale *yâp*, est employé par les derniers traducteurs du Pentateuque avec le mot *jour* et dans le sens de *passer*; ainsi on trouve *tchatvâriṁçat dinâni yâpayâmâsuḥ*, « ils passèrent « quarante jours. » Gen. L, 3. (Voy. *The Holy Bible in the sanscrit language*, t. I, p. 96; Calcutta, 1848, in-8°.)

pour la fin de la phrase qui indique ce que doivent faire les condamnés; ils donnent une aumône destinée à leur assurer l'autre monde, ou observent le jeûne. Le verbe *dahaṁti* ne fera pas difficulté, si l'on y voit, comme je l'ai proposé, une transformation du sanscrit *dhâ* par la substitution du *h* au *dh*. J'ai dit plus haut, sur le § 2 de cette note, comment je rattachais le verbe *katchhaṁti* au sanscrit *karchanti*. Il semble que, sur le monument de Radhiah, on doive lire *kavaṁti*, qui rappelle assez bien le pâli *kubbaṁti*; ne se pourrait-il pas que le 𑀙 *tchha* de *katchhaṁti* ne fût que la réunion de deux 𑀯 *va*? Je n'oserais cependant substituer cette explication à celle que j'ai indiquée plus haut.

Le lecteur exercé remarquera sans peine quel jour les explications précédentes jettent sur le passage renfermé dans la ligne dix-neuvième, et commençant par « car mon désir « est ainsi. » Il n'y avait là qu'un mot difficile, c'était le *niladhasi* de la copie de Prinsep : l'édit de Mathiah, en donnant *niludhasi*, nous tire d'embarras; car *niludha* ne peut être que le sanscrit *nirôdha*, « captivité. » Peut-être, au lieu de *niludhasi*, serait il mieux de lire *niludhasa* au génitif; cependant le sens du passage n'en est pas moins certain. Le roi veut manifestement exprimer cette intention, que le sursis de trois jours qu'il accorde aux criminels condamnés à la peine capitale leur serve à mériter le ciel, par les moyens qu'il vient d'indiquer lui-même, l'aumône et le jeûne. Ce qui termine l'inscription n'est pas moins clair : le roi exprime l'espérance qu'il verra croître parmi le peuple l'accomplissement des divers devoirs, car je lis *vividha* avec l'édit de Mathiah; et « l'empire qu'on exerce « sur soi-même, » car je rends *sayamê* par *svayama*, et non pas par *saṁyama*, comme on l'a dit quelque part, leçon que je n'hésiterais pas à admettre, si on trouvait quelquefois *saṁyamê*; et enfin la distribution des aumônes. C'est en effet propager et répandre de plus en plus ces bonnes pratiques dans le peuple, que d'essayer de leur conquérir le respect des plus grands criminels, pendant le peu de jours que le roi leur accorde.

5. Je passe maintenant au cinquième des mots buddhiques que j'ai promis d'examiner dans le présent paragraphe, c'est-à-dire à *mahallaka*. J'ai dit, en analysant ce mot dans une note relative au chapitre III du *Lotus*[1], qu'un passage de l'édit de Girnar, malheureusement trop incomplet pour être expliqué avec certitude, semblait établir que *mahalaka* signifiait « religieux âgé, » comme *thêra*, auquel il est substitué par d'autres copies. J'en trouve un second exemple sur l'édit en forme de résumé général qui circule autour de la colonne de Firouz. Comme la lecture de J. Prinsep ne paraît sujette à aucune difficulté, je ne crois pas nécessaire de me servir du caractère original. Au milieu du § 7 de la copie de Prinsep, on lit : *Dêvânaṁ piyê piyadasi lâdja hêvaṁ ahâ yânihi kânitchi mamiyâ sâdhavâni kaṭâni taṁ lôkê anûpâṭîpaṁnê taṁtcha anuvidhiyaṁti têna vaḍhitâtcha vaḍhisaṁtitcha mâtâpitîsu sususâyâ gulusu sususâyâ vayâmahâlakânaṁ anupaṭîpatiyâ bâbhanasamanêsu kapanavalakêsu ava dâsabhaṭakêsu saṁpaṭîpatiyâ*, « Piyadasi, le roi chéri des Dêvas, a parlé ainsi : Les bonnes actions, quelles qu'elles soient, que j'ai faites, voilà ce que le monde recherche et ce à quoi les hommes se conforment. C'est par là qu'ils ont crû et qu'ils croîtront en obéissance pour leurs père et mère, en obéissance pour leurs pré-

[1] Ci-dessus, chap. III, f. 42 *a*, p. 367.

cepteurs spirituels, en égards pour les hommes d'un grand âge, en bienveillance pour les Brâhmanes et les Samaṇas, pour les malheureux et les enfants, jusques et y compris les esclaves et les domestiques[1]. » Ce texte n'offre, à vrai dire, que peu d'irrégularités. On y trouve bien un sujet au singulier, *lôkê*, rapproché d'un verbe au pluriel, *anuvidhiyañti*; mais il s'agit d'objets que l'on considère collectivement, comme les bonnes œuvres qui sont résumées sous le pronom *tañ*, « cela, » et comme les hommes que l'on comprend sous le singulier *lôkê*. Il y a aussi une variété fautive d'orthographe dans *anûpâṭipaññê* et *anupaṭipatiyâ*, où les deux prépositions *anû paṭi* doivent se lire *anupaṭi*; on doit de même remplacer *ava* par *âva*, pour le pâli *yâva*, en sanscrit *yâvat*, « jusqu'à. » Mais le seul mot réellement douteux est *mamiyâ*, qui ne se laisse pas facilement analyser, qu'on le prenne soit pour un instrumental du pronom de la première personne, « par moi, » soit pour un adjectif possessif dérivé de ce pronom, et au pluriel neutre, « les miens. » Il semble qu'à l'aide du suffixe *ya*, on ne pourrait former que *mâmiya*, et au pluriel neutre *mâmiyâni*, avec la même désinence que les autres mots de la phrase. C'est peut-être encore comme pronom à l'instrumental que le mot *mamiyâ* est le moins difficile à expliquer: on trouve, en effet, dans la même inscription un mot très-semblable, *mamayâ*, qui, d'après le contexte, doit signifier « par moi. » Cette forme, si elle est légitime, rappelle les ablatifs prâcrits, comme *mamado*, *mamadu*, et l'accusatif *mamañ*, où une désinence classique plus ou moins altérée se joint au thème *ma* redoublé en *mama*. De cette manière, *mama-yâ* peut passer, sinon pour régulier, du moins pour conforme à l'analogie. Je ne décide pas quelle est la meilleure forme de *mamiyâ* ou *mamayâ*; mais je doute à peine de la valeur et du sens de ces deux termes.

Avant de reproduire ici le passage où je retrouve *mamayâ*, je dois ajouter quelques remarques à la version du texte que je viens de traduire. Le mot *sâdhavâni*, « les bonnes « actions, » est le pluriel du *sâdhavê* que j'ai signalé plus haut: cette forme de pluriel prouve que le singulier *sâdhavê* est un neutre, à moins qu'on ne veille admettre que le mot en question est masculin au singulier et neutre au pluriel. Dans le participe *anûpaṭipaññê*, pour le sanscrit *anupratipannaḥ*, c'est la préposition *anu* qui me paraît décider du sens. Dans *vayâmahâlakânañ* on reconnaît *mahâlaka* « grand, » objet de cette note, et *vayâ*, que je préférerais lire *vayô*, pour le sanscrit *vayas*, « âge; » le composé entier doit signifier « grand par l'âge. » On retrouve sans peine le sanscrit *kripaṇa* dans le mâgadhi *kapana*; les autres mots sont faciles et déjà trop connus pour nous arrêter.

Voici maintenant le second passage de l'inscription résumée de Firouz dont j'ai promis de parler. Après avoir rappelé qu'il a fait planter des arbres *nyagrôdhas* (ficus indica) sur les routes, afin de donner de l'ombre aux hommes et aux animaux; que des plantations de manguiers ont été faites de demi-*krôça* en demi-*krôça*; que des puits ont été creusés pour la jouissance des animaux et des hommes, le roi Piyadasi ajoute, vers la fin du paragraphe troisième de la copie de Prinsep : *Ēsa paṭîbhâgê nâma vividhâyâ hi sukhâyanâyâ pulimêhipi lâdjîhi mamayâtcha sukhayitê lôkê imatcha dhammânupaṭîpatî anupaṭîpadja-*

[1] Prinsep, *Interpret. of the most ancient of the Inscriptions, etc.*, dans *Journ. as. Soc. of Beng.* t. VI, 2e part. p. 601 et 607.

tuti êtadathâ mê êsa katê. Voici comment J. Prinsep traduisit le premier ce passage : so that as the people, finding the road to every species of pleasure and convenience in these places of entertainment, these new towns rejoiceth under my rule, so let them thoroughly appreciate and follow after the same (system of benevolence). This is my object and thus have I done [1]. Lassen, plus récemment, a traduit ce même passage avec beaucoup plus de précision : « Dieses ist mein Genuss (d. h. diese Anstalten zum Genusse) zur « verschiedenartigen Beglückung in der Stadt und in der grossen von meinen Unterkönigen « beglückten Welt [2]. » Cette interprétation, que Lassen d'ailleurs ne donne pas comme parfaitement sûre, repose en partie sur la manière d'envisager le mot *pulimêhipi*, ou, d'après une autre transcription, *pulimahipi*. Lassen, suivant l'autorité de Prinsep, voit dans *puli* le sanscrit *puri*, « dans la ville. » Il substitue *mahâpi* à *mêhipi*, ou *mahipi*, et admet que *lâdjîhi* désigne les rois soumis à Piyadasi, le monarque souverain qui parle. Selon moi, le texte se divise en trois courtes propositions, dont la seconde commence à *pulimêhipi*, et la troisième à *imatcha*. La première, qui se rapporte aux fondations faites par le roi et précédemment énumérées, signifie, si je ne me trompe, « ces moyens de « jouissance sont certainement destinés à répandre diverses espèces de bonheur. » Je ne crois pas qu'il reste ici un seul mot qui puisse faire difficulté.

Dans la seconde proposition, la seule qui soit difficile, Piyadasi rappelle le souvenir des rois ses prédécesseurs; car je lis, sans rien changer à la transcription de Prinsep, *pulimêhipi lâdjîhi*, « par les rois antérieurs, » et *mamayâtcha*, « ainsi que par moi, » texte où paraît le *mamayâ* signalé tout à l'heure. Cette explication me semble heureusement confirmée par les deux mots suivants, *sukhayitê lôkê*, au nominatif et non au locatif, « le « monde a été comblé de plaisir. » Je traduis donc la seconde proposition comme il suit : « Par les anciens rois aussi et par moi, le monde (ou le peuple) a été comblé de bon- « heur. » Enfin le roi, arrivant aux manifestations d'attachement qu'il a produites en faveur de la loi, résume sa pensée en disant qu'elles lui ont toutes été inspirées par son désir de voir cet attachement imité par les autres : « Et puisse cet attachement pour la loi [dont « j'ai donné des preuves] exciter un attachement semblable; c'est en effet dans ce dessein « que je l'ai manifesté ainsi. » Je ne dois pas oublier de remarquer, pour confirmer le sens que j'attribue à la partie la plus importante de ce passage, que ce n'est pas la première fois que Piyadasi rappelle dans ses édits ce que les rois ses prédécesseurs ont fait pour la loi et pour le bien du peuple. C'est ce que prouve la seconde partie de l'édit de la colonne de Delhi et d'Allahabad, qui est gravé sur la face orientale.

Je reviens maintenant à un troisième et dernier exemple de *mahâlaka* qui m'est fourni par les inscriptions de Piyadasi, et notamment par le quatorzième édit de Girnar; cet exemple prouvera, si je ne me trompe pas, que *mahâlaka* seul, et sans aucun mot destiné à marquer particulièrement l'idée d'*âge*, doit signifier « grand, insigne, » comme le sanscrit *mahat* au sens moral, ainsi qu'on le voit dans tant de passages classiques. L'intelligence de l'édit où se trouve ce terme a été fort avancée par Lassen qui l'a traduit

[1] *Interpret. of the most ancient of the Inscript.* dans *Journ. asiat. Soc. of Bengal*, t. VI, p. 600 et 604.

[2] *Indische Alterthumskunde*, t. II, p. 258, note 8 et p. 259.

presque complétement dans une des notes de ses *Antiquités indiennes*[1]. Je n'en crois pas moins nécessaire de le reproduire ici en entier pour relier entre elles les diverses phrases qu'en a extraites Lassen, et aussi pour proposer quelques interprétations nouvelles qui me semblent plus précises. En voici la transcription d'après Westergaard.

1 *Ayam̃ dham̃malipî Dêvânam̃ piyêna piyadasinâ rânâ likhâpitâ asti êva* | 2 *sam̃khitêna asti madjhamêna asti vistatêna natcha savam̃pi vata ghaṭitam̃* | 3 *mahâlakêpi vidjitam̃ bahutcha likhitam̃ likhâpayisam̃tchêma astitcha êtakam̃* | 4 *puna puna vutam̃ tasa tasa athasa madhûratâya kim̃ti djanô tathâ paṭipadjêtha* | 5 *tati êkadâ asamâtam̃ likhitam̃ asadêsam̃va satchhayakaraṇam̃va* | 6 *alôtchêtpâ lipikarâparâdhênava.*

Voici la traduction que je propose pour ce texte qui termine la série des quatorze édits formant la grande inscription de Girnar : « Ce texte de la loi a été écrit par l'ordre de Piyadasi, le roi chéri des Dêvas. Il se trouve sous une forme abrégée, il se trouve sous une forme de moyenne étendue, il se trouve enfin sous une forme développée; et cependant le tout n'est certainement pas mutilé. De grands hommes aussi ont fait des conquêtes et ont beaucoup écrit; et moi je ferai aussi écrire ceci. Et s'il y a ici autant de répétitions, c'est à cause de la douceur de chacune des pensées qui sont répétées. Il y a plus! puisse le peuple y conformer sa conduite! Tout ce qui peut, en quelques endroits, avoir été écrit sans être achevé, sans ordre et sans qu'on ait eu égard au texte qui fait autorité, tout cela vient uniquement de la faute de l'écrivain. »

Je vais maintenant essayer de justifier cette traduction pour les points où elle s'éloigne de celle de Lassen. Jusqu'au milieu de la troisième ligne, c'est-à-dire jusqu'au mot *likhâpayisam̃*, la version de Lassen est irréprochable; c'est elle que j'ai suivie. On remarquera seulement qu'il serait plus exact d'écrire *madjhimêna*, comme on ferait en pâli, pour le sanscrit *madhyamêna*, « sous une forme moyenne; » de même, *vistatêna* est le remplaçant du sanscrit *vistrĭtêna*. Lassen a bien vu que, dans cet édit final, le roi Piyadasi annonçait qu'il avait publié des édits de la loi sous des formes plus ou moins développées, des courts, des moyens et des étendus, mais que le sens, dans son ensemble, n'avait rien perdu sous ces rédactions diverses. C'est ce qu'exprime la courte proposition *natcha savam̃pi vata ghaṭitam̃*, que Lassen traduit ainsi, « mais le tout n'est cependant mutilé en « aucun point. » Cette interprétation très-ingénieuse roule sur l'assimilation que Lassen a faite de *ghaṭitam̃* avec le sanscrit *ghaṭṭita*. Je crois donner un peu plus de précision à cette explication en lisant *savam̃pi*, au lieu de *savam̃pa*, comme faisaient Prinsep et Wilson. Sur la lithographie de Westergaard, le *p* a, dans sa partie supérieure, un petit trait qui répond vraisemblablement à la voyelle *i*. Cette lecture a l'avantage de nous donner la conjonction *pi* pour *api*, que le sens demande nécessairement, et de plus, elle nous débarrasse du mot *pavata*, que Lassen identifiait avec *parvata*, sans l'expliquer suffisamment. Avec la correction que je propose, *vata*, qui reste isolé de *pi* et de *ghaṭitam̃*, est l'adverbe sanscrit qui signifie « certes, assurément. »

Au commencement de la troisième ligne, Lassen a proposé de lire *mahâlakêhi*, au lieu

[1] *Indische Alterthumskunde*, t. II, p. 220, note 3.

de *mahâlakêpi*, que donne le texte de Girnar, en remarquant que l'édit malheureusement mutilé de Dhauli lit, à la place de ce mot, *mahantêhi*, « par les grands. » Cette variante fixe d'une manière définitive le sens du mot *mahâlaka;* c'est celui de *grand*, sans doute par la dignité et la gloire. Il me paraît évident que le roi Piyadasi entend ainsi désigner les grands hommes et les grands rois qui se sont illustrés par des victoires et ont élevé des monuments pour en conserver le souvenir : « De grands hommes aussi ont « fait des conquêtes et ont beaucoup écrit. » Mais si Piyadasi dit vrai, combien n'est-il pas à regretter que le temps ne nous ait pas conservé ces anciens monuments, comme il a respecté les siens ! Je m'éloigne du sentiment de Lassen touchant l'explication du mot *likhâpayisañtchêma*, qu'il traduit, « et il a été fait écrire. » Je vois ici les trois mots *likhâpayisañ tcha ima :* le premier mot est un futur, celui de la forme causale du verbe signifiant *écrire*, « je ferai écrire ; » *tcha* est la conjonction *et*, qui est jointe par sa voyelle au mot *ima*, sans doute pour *imañ*, « ceci. » Le roi se rappelant que ses prédécesseurs ont fait inscrire sur des monuments le souvenir de leurs victoires, s'écrie : « et moi, je « ferai écrire ceci. » On ne doit pas objecter contre ce sens, qu'il fait répétition avec ce qui est déclaré plus haut, savoir que l'édit a été écrit par ordre du roi Piyadasi. Il ne faut pas juger ces monuments anciens d'après les idées qu'on acquiert par l'étude des compositions littéraires plus modernes. Ici le style est coupé ; les pensées se heurtent sans liaison et surtout se répètent sans motif apparent : il paraît même que le roi s'en est aperçu, car il va immédiatement donner une raison curieuse des nombreuses répétitions dont ses inscriptions abondent. Cette raison se trouve dans la phrase suivante, qui, littéralement rendue, signifie : « et il a été autant dit encore et encore, à cause de la dou- « ceur de tel et tel sens, » ce qui veut dire, « et s'il y a ici autant de répétitions, c'est à « cause de la douceur de chacune de ces pensées. » Lassen n'a pas manqué ce sens, qui répond si heureusement à l'état réel des édits de Piyadasi, où les mêmes maximes et les mêmes conseils ne cessent de se répéter. Je remarquerai seulement que cette expression un peu inattendue de « la douceur d'un sens, » doit être familière aux Buddhistes, car elle se trouve au commencement du *Mahâvañsa*, dans un passage où il est dit que Çâkya parvenu à la perfection de Buddha, s'occupe de montrer aux hommes la douceur de cet état[1]. Je ne diffère de l'opinion de Lassen qu'en un point très-peu important ; il s'agit des mots *kiñti djanô tatha* (que je lis *tathâ*) *paṭipadjêtha*, que Lassen traduit ainsi : « afin que le peuple apprenne à le connaître, » et que je rends par « puisse le peuple « agir ainsi, s'y conformer ; » le mot *paṭipadjêtha* est exactement la forme pâlie du radical *pad* à la 3e pers. sing. du subjonctif moyen.

La proposition finale de l'inscription est beaucoup plus difficile, et sans pouvoir affirmer que j'aie deviné juste, j'éprouve cependant beaucoup de difficulté à concilier l'interprétation de Lassen avec le texte. Voici d'abord sa traduction : « afin que le peuple « ne fasse pas attention (*alôtchêtpâ*) à ce qui y a été écrit d'une manière incomplète ou « sans mandat, ou à ce qui serait omis par la faute de l'écrivain. » Le sens de chaque terme, pris à part, a été bien déterminé par Lassen ; c'est seulement sur l'agencement du

[1] *Mahâvañso*, t. I, p. 2, l. 6.

tout que je m'éloigne de son opinion. Lassen remplace le premier mot *tati* par *iti;* cette correction n'est pas injustifiable, mais elle n'est pas absolument nécessaire; car *tati*, qui n'est guère employé dans la langue classique qu'au pluriel, peut signifier au singulier, « autant, tout ce qui. » Le mot suivant *êkadâ*, que Lassen rend bien par *mitunter*, signifie « en un endroit, en quelque endroit. » Je regarde avec Lassen *asamâtaṁ* comme le représentant du sanscrit *asamâptam*, et *asadêsaṁ*, comme celui de *asandêçam*, auquel il manquerait une nasale. Je suis même bien près d'admettre que le *va* qui suit ce mot, et qui, sous cette forme, doit répondre à *êva*, « même, » serait mieux écrit *vâ*, « ou bien; » mais je ne trouve plus l'idée d'*omission* dans le composé *satchhayakaraṇaṁva*, où semble la voir Lassen. Pour moi, ce mot est formé de *satchhaya*, qui représente le sanscrit *sâkchya*, « témoignage, autorité, » et de *karaṇaṁ*, « cause, ce qui produit, » ou peut-être même, « titre, « écrit. » Je pense aussi que le verbe est *alôtchêtpâ*, mais j'en fais le participe adverbial sanscrit *alôtchayitvâ*, « n'ayant pas pris en considération, n'ayant pas fait attention. » En résumé, la phrase entière donne ce sens littéral : « tout ce qui, en quelque endroit, a « été écrit incomplétement, même sans ordre, même sans avoir fait attention au texte « qui témoigne [de la teneur de l'Édit]. » La seconde partie de la période n'est marquée que par l'enclitique *va*, pour *êva*, qui suit *lipikarâparâdhêna*, de cette manière : « c'est « par la faute de l'écrivain. » Cette nouvelle disposition des termes me paraît seule donner un sens suivi et parfaitement lié.

6. Il s'agit maintenant d'examiner le sixième des termes annoncés dans ce paragraphe, c'est-à-dire *vêdalla*. Quand j'ai énuméré les neuf sous-divisions de la loi, selon les Singhalais, dans une note relative au second chapitre [1], j'ai donné, d'après Clough, le nom de *vêdalla* comme synonyme de *vâipulya*, c'est-à-dire que j'ai constaté que les Singhalais nommaient *vêdalla* les livres, ou les portions des livres, que les Buddhistes du Népal nomment *vâipulya*. Faut-il conclure de ce rapprochement que ces deux termes sont étymologiquement identiques, et que *vêdalla*, où *lla* représente très-bien *lya* et *vê*, *vâi*, n'est que l'altération irrégulière du sanscrit *vâipulya?* Je ne le pense pas, et les deux mots sont, selon moi, deux synonymes pour le sens, et non deux homophones. En ramenant *vêdalla* à sa forme première, qui doit être sanscrite, on a *vâidalya*, substantif abstrait dérivé de *vidala*, et si *vidala* signifie « développé, ouvert, » comme une fleur, *vâidalya* doit avoir le sens d'expansion, de développement. On voit par là comment on a pu nommer *vâidalya* et *vêdalla* à Ceylan, ce qu'on nommait ailleurs *vâipulya*. Mais ce qui est plus digne d'attention, c'est la preuve de l'exactitude de cette synonymie que nous fournit l'un des Édits de Piyadasi à Dhauli dans le Cattak. Je veux parler de celui qui, à Girnar, porte le n° VII; comme il est très-peu étendu, et que malgré les éclaircissements qu'a rassemblés M. Wilson sur les principaux termes dont il se compose, il présente encore d'assez grandes difficultés, je crois nécessaire de le reproduire avec quelques observations nouvelles. Ici, comme pour les autres édits de Girnar, Dhauli et Kapur-di-giri, je me sers des copies publiées par M. Wilson, d'après Westergaard et Norris.

[1] Ci-dessus, chap. II, f. 28 *b*, p. 355 et 356.

1. *Dêvânaṁ piyô Piyadasi râdjâ savata itchhati savê pâsaṁḍâ vasêyu savê tê sayamaṁtcha* | 2. *bhâvasudhiṁtcha itchhati djanô tu utchâvatchatchhaṁdô utchâvatcharâgô tê savaṁva kâsaṁti êkadêsaṁva kâsaṁti* | 3. *vipulê tupi dânê yasa nâsti sayamê bhâvasudhitâva kataṁñatâva daḍhabhatitâcha nitchâ bâḍhaṁ*, « Piyadasi, le roi chéri des Dêvas, désire en tous lieux que les ascètes de toutes les croyances résident [tranquilles]; ils désirent tous l'empire qu'on exerce sur soi-même et la pureté de l'âme; mais le peuple a des opinions diverses et des attachements divers, [et] les ascètes obtiennent, soit tout, soit une partie seulement [de ce qu'ils demandent]. Cependant, pour celui-même auquel n'arrive pas une large aumône, l'empire sur soi-même, la pureté de l'âme, la reconnaissance et une dévotion solide qui dure toujours, cela est bien [1]. »

Je ne reproduirai pas ici, afin de ménager l'espace, la traduction de Prinsep, non plus que celle de M. Wilson; la version de ce dernier, qui est bien préférable à celle de Prinsep, est renfermée dans un recueil qui est assez facilement accessible sur le continent. D'ailleurs, le lecteur reconnaîtra par les analyses qui vont suivre que je ne m'éloigne pas sensiblement de M. Wilson pour l'interprétation des mots pris isolément; la seule différence de mon explication consiste dans une disposition différente des propositions et dans le but général que j'assigne à l'édit. Constatons d'abord que M. Wilson a donné une grande vraisemblance, sinon toute la certitude désirable à cette opinion que le mot *pâsaṇḍa*, en sanscrit *pâchaṇḍa*, n'est pas employé dans les inscriptions de Piyadasi avec cette acception restreinte d'*hérétique* qu'il a chez les Brâhmanes; pour Piyadasi, ce titre semble désigner seulement les Religieux et les ascètes d'une croyance qui n'est pas la sienne [2]. C'est Lassen, et après lui Wilson, qui ont établi que le verbe *vasêyu* signifie « qu'ils habitent, » avec l'addition nécessaire de cette idée, « sans crainte d'être persé- « cutés [3]. » Je crois que cette addition est fort heureuse; elle va bien aux sentiments de tolérance du roi Piyadasi. Il serait cependant possible que, sans rien ajouter, on trouvât dans l'inscription, par le rapprochement de *savata* « en tout lieu, » et de *vasêyu*, un moyen suffisamment clair d'interprétation. On traduirait alors : « le roi désire qu'en tous lieux « les ascètes de toutes les croyances puissent habiter, » c'est-à-dire qu'ils ne soient pas exclus des lieux mêmes où triomphe sans rivale la foi à laquelle le roi s'est soumis.

Après cette déclaration de tolérance en faveur de toutes les espèces de Religieux, le roi se plaît à reconnaître le but moral qu'ils se proposent également tous, et par là il justifie la faveur qu'il se montre disposé à leur accorder. C'est là sa seconde proposition, que je rends ainsi : « ils désirent tous l'empire qu'on exerce sur soi-même et la pureté de l'âme. » M. Wilson a paru être embarrassé du singulier *itchhati*, qu'on lit à Girnar, avec un sujet au pluriel; mais outre qu'à Kapur-di-giri et à Dhauli, le verbe est au pluriel, *itchhaṁti*, cette irrégularité grammaticale d'un sujet pluriel régissant un verbe singulier, qui ne serait pas admissible en sanscrit, est très-fréquente en pâli, et il n'est pas étonnant que le dialecte

[1] Prinsep, *On the Edicts of Piyadasi*, dans *Journ. as. Soc. of Bengal*, t. VII, 2e part. p. 238 et 255; Wilson, dans *Journ. roy. as. Soc. of Great-Britain*, t. VIII, p. 306 et t. XII, p. 198 et 199.

[2] Wilson, *On the Rock inscript. of Kapur-di-giri, Dhauli and Girnar*, dans *Journ. roy. as. Soc. of Great-Britain*, t. XII, p. 186 et 217.

[3] *Ind. Alterth.* t. II, p. 264, note 2.

mâgadhî suive cette grammaire peu rigoureuse, surtout quand il s'agit d'un sujet collectif comme celui-ci, « les ascètes de toutes les croyances. » Lassen, d'ailleurs, n'hésite pas à lire au pluriel *itchhañti*, comme les versions de Dhauli et de Kapur-di-giri. Ensuite, qu'on veuille, avec Lassen et Wilson, retrouver dans *sayamaṁ* le sanscrit *sam̃yamaṁ*, ou, avec moi, *svayamaṁ*, le sens n'en sera pas considérablement modifié; ce sera, dans un cas, une conduite dirigée par les prescriptions de la morale, dans l'autre, l'empire qu'on exerce sur soi-même.

Cela posé, le roi constate, ainsi que l'a bien deviné M. Wilson, cette disposition du peuple, qu'il a des opinions diverses et des attachements qui ne le sont pas moins. Pourquoi cette maxime générale, si ce n'est pour préparer les Religieux des diverses croyances à ne pas s'étonner si, au milieu des passions et des attachements si variés de la multitude, ils ne reçoivent pas partout ni toujours un accueil également favorable? C'est ce que le roi exprime d'une manière concise, quoique très-nette, dans la proposition suivante : « ils « obtiennent, soit tout, soit une partie seulement. » Remarquons que, pour arriver à ce sens, il faut lire avec l'inscription de Dhauli, *vá*, « ou bien, » au lieu de *va*, pour *êva*, « même, » et faisons honneur à M. Wilson du tact avec lequel il a reconnu l'opposition qui existe entre *savaṁ* et *êkadêsaṁ*, opposition qui pouvait difficilement échapper à un indianiste aussi expérimenté. Le sens que j'ai essayé de donner plus haut à *kâsañti* me paraît pleinement confirmé par ce passage. Le roi vient donc de signaler les instincts ordinaires du peuple, ce sont la variété et l'inconstance; il a de même indiqué l'effet de ces instincts en ce qui touche les Religieux : ils recueillent, soit tout, soit seulement une partie, évidemment de ce qu'ils demandent, des aumônes qu'ils sollicitent. Cette addition est si naturellement appelée par le sens de ce passage, qu'il serait à peine besoin de voir dans la suite le mot *dânê*, « don, aumône, » qui vient déterminer de la manière la plus précise ce dont entend parler le roi. Arrivé à ce point, il se place dans l'une des deux conditions qu'il a indiquées tout à l'heure, c'est-à-dire, dans le cas où un ascète n'a obtenu qu'une partie de ce qui lui est nécessaire, et il ajoute : « cependant, pour celui même auquel « n'est pas [donnée] une aumône abondante; » car je ne puis séparer, avec M. Wilson, *vipulêtupi dânê* de *yasa nâsti*; tous ces mots se tiennent et forment une proposition dont la réponse se trouve dans l'énumération des vertus dont le roi fait honneur aux Religieux, et qu'il les invite à pratiquer. Sous ce dernier rapport, je pense qu'il n'y a rien absolument à changer à l'explication que M. Wilson donne de chaque mot pris à part, et que la traduction qu'il propose pour *bâḍhaṁ* est irréprochable; mais je ne puis adopter la disposition qu'il fait de l'ensemble de la phrase, quand il la traduit : « . . . . . où il y a « une grande libéralité, quoiqu'il manque à la conduite morale la pureté de disposition, « la gratitude, ou une ferme dévotion; cependant cela est toujours bien. » Selon moi, le roi, pour prix de la protection qu'il accorde aux Religieux de toutes les croyances, a voulu leur rappeler les vertus dont il est avéré qu'ils recherchent la possession, et leur montrer qu'ils ont une belle occasion de les déployer au milieu des attachements et des passions variables de la multitude.

Il nous est maintenant possible de signaler le terme qui a été l'occasion de cette discussion sur le texte de Girnar. A l'endroit même où la version de Girnar et celle de Kapur-di-giri lisent *vipulê*, « grand, large, » adjectif qui est en rapport avec le substantif *dâne* (nomin. neut.), le texte de Dhauli porte *vidalâ*. Il ne faut pas s'arrêter à la voyelle finale qui, si le monument était examiné de nouveau, se lirait peut-être *ê*; mais l'emploi de ce mot en lui-même est certainement remarquable. M. Wilson a trouvé que cette leçon n'éclaircissait pas beaucoup le passage où elle paraît : il eût été cependant bon de remarquer que *vidala* est un synonyme fort bien choisi de *vipula*. Ces deux adjectifs sont tous deux parfaitement sanscrits; ils signifient « large, grand, étendu, développé, » et comme ils ont un grand nombre de significations communes, l'emploi qu'on a fait ici de l'un pour l'autre, confirme complétement la valeur qu'on est naturellement conduit à donner à chacun d'eux. Enfin, et c'est ici la conclusion particulière qui résulte de cette discussion sur l'identité fondamentale du style des Buddhistes avec le dialecte des inscriptions de Piyadasi, on sera moins étonné de voir à Ceylan *vêdalla* substitué au sanscrit *vâipulya*, quand on reconnaîtra que, dans l'Inde, une substitution analogue avait eu lieu sur des monuments manifestement Buddhistes, et cela dans une province maritime qui a eu de toute antiquité des rapports naturels et directs avec l'île de Ceylan.

7. Le septième des termes annoncés dans le titre de ce paragraphe est *bhâga*, que les textes pâlis emploient avec une acception toute spéciale, celle de *temps*. On en trouve un exemple parfaitement clair dans une des légendes publiées par Spiegel : *atha aparabhâgê*, « ensuite dans un autre temps [1]. » Cette signification de *temps* donnée au mot *bhâga* vient certainement de celle de *portion*, *partie*, la durée étant considérée comme divisée en deux ou plusieurs parties relativement à un fait qui se passe en un moment donné. Elle est, autant que je puis le croire, propre au style buddhique; du moins je ne pourrais en citer un exemple dans ce que je connais de la littérature des Brâhmanes. Maintenant, si je retrouve ce terme avec cette acception même dans une des inscriptions de Piyadasi, ce sera un fait de plus à ajouter à ceux par lesquels je cherche à établir que ces inscriptions sont des monuments réellement buddhiques. Or, ce mot paraît à la fin du VIIIe édit de Girnar, dans une phrase dont le sens ne peut être entièrement fixé que par le rapprochement de celle qui commence l'inscription. Comme l'édit est court et que j'en comprends diverses parties autrement que mes devanciers, je vais le reproduire entièrement, en me servant de la copie rectifiée de Westergaard et du capitaine Jacob [2].

1. *Atikâtam̃ am̃taram̃ râdjânô vihâruyâtâm̃ ñayâsu êta magavya añânitcha êtârisâni* | 2. *abhiramakâni ahum̃su sô Dêvânam̃ piyô piyadasi râdjâ dasavasâbhisitô sam̃tô ayaya sam̃bôdhim̃* | 3. *têna sâ dham̃mayâtâ êtayam̃ hôti bâmhaṇasamaṇânam̃ dasaṇêtcha dânêtcha thâirânam̃ dasaṇêtcha* | 4. *hiraṇapaṭividhinêtcha djanapadasatcha djanasa dasanam̃ dham̃mânusasṭitcha dhamaparipuṭchhâtcha* | 5. *tadôpayâ êsâ bhuya rati bhavati Dêvânam̃ piyasa piyadasinô rāñô bhâgê amñê.*

[1] Spiegel, *Anecdota palica*, p. 31 et 54.

[2] Westergaard et Jacob, dans *Journ. of the Bombay branch roy. as. Society*, n° V, april 1843, p. 257; Wilson, *On the Rock inscript. of Kapur-di-giri, Dhauli and Girnar*, dans *Journ. of the roy. asiat. Soc. of Great-Britain*, t. XII, p. 199.

Je supprime, pour économiser l'espace, les traductions données par Prinsep et par Wilson; elles se trouvent dans le recueil auquel je viens de renvoyer pour le texte. On verra par les observations qui vont suivre, les raisons que je crois avoir d'en proposer une qui est sensiblement différente. « Dans le temps passé, les rois connurent la promenade du plaisir; alors la chasse et d'autres divertissements de ce genre avaient lieu. [Mais] Piyadasi, le roi chéri des Dêvas, parvenu à la dixième année depuis son sacre, obtint la science parfaite que donne le Buddha. C'est pourquoi la promenade de la loi est celle qu'il faut faire : ce sont la visite et l'aumône faites aux Brâhmanes et aux Samaṇas, la visite faite aux Thêras, et la distribution de l'or [en leur faveur], l'inspection du peuple et du pays, l'injonction d'exécuter la loi, les interrogatoires sur la loi; ce sont là les moyens qui causent un extrême plaisir à Piyadasi, le roi chéri des Dêvas, dans cette période de temps, différente [de celle qui l'a précédée]. »

Voici maintenant les points ou difficiles ou encore douteux de cette inscription. Il ne peut exister, je le crois du moins, aucun doute sur le sens de *vihârayâtâñ*, dont les deux syllabes finales répondent au sanscrit *yâtrâm*; M. Wilson traduit ce mot par *travelling about*, « promenade » : il faut dire avec plus de précision « promenade de délassement ou de plaisir. » Sur *ñayâsu*, M. Wilson remarque que c'est un mot d'une interprétation douteuse; il me semble qu'avec une correction bien légère, si l'on compare les formes faciles à confondre de ces caractères, 𑀬𑀸 *yâ* et 𑀬𑀺 *yi*, on obtient *ñayisu*, qui rappelle la troisième personne pluriel d'un aoriste pâli du radical *djñâ*, « ils ont connu. » Cette interprétation me paraît plus vraisemblable que celle de *compagnons*, qui a pris place dans la version de M. Wilson. Le commencement de l'inscription signifie donc littéralement : « Dans l'intervalle passé, » les rois ont connu la promenade de délassement. »

Le mot suivant est sans contredit plus difficile : je propose d'y reconnaître le pâli *ettha* « là, » avec cette différence qu'il viendrait d'une forme sanscrite comme *itra* ou *êtra*, dont le *r* serait supprimé. Je préfère cette conjecture à la supposition qui ferait de ce mot une forme du verbe *i*. Il faut avouer, cependant, qu'on se trouverait naturellement conduit à cette supposition par la comparaison des édits de Dhauli et de Kapur-di-giri, qui, au lieu de *êta*, lisent, le premier *khamisa*, avec la lacune d'une lettre au commencement et à la fin, le second, *nikhamicha*. M. Wilson propose de remplacer cette dernière leçon par le mot *nichkramêchu*, « dans les sorties. » Quoique l'état des copies de Dhauli et de Kapur-di-giri ne me permette pas de rien affirmer de positif sur la valeur grammaticale de ce terme, j'y trouverais une forme verbale de la racine *ni-kham*, pour le sanscrit *nich-kram*. Et pour revenir à *êta* de Girnar, voilà quel argument pourrait appuyer l'idée que *êta* est un temps d'un radical comme *i* « aller. » Toutefois, ce rapprochement ne me semble pas aussi concluant qu'il paraît au premier abord. A Dhauli et à Kapur-di-giri, la première phrase de l'inscription n'est pas coupée de même qu'à Girnar. Ici, le verbe est *nâyisu*, « ils ont connu; » là, au lieu de ce verbe, nous trouvons *nâma*, « nommément, à savoir; » de sorte que le passage tout entier doit signifier littéralement quelque chose comme : « Dans le temps passé, les rois sont sortis, nommément pour des promenades de plaisir. »

Il n'y a aucun doute sur la phrase suivante, comprise entre les mots *mayavya*, que

M. Wilson lit *magavyâ*, et *ahuṁsu*. Prinsep et Wilson l'entendent de même, et je ne diffère pas de leur sentiment, au moins en ce qui concerne chaque mot pris à part. Je remarquerai seulement que le verbe final *ahuṁsu* n'est pas aussi éloigné de l'aoriste pâli *ahêsuṁ* que semble le croire M. Wilson; la leçon *abhavasu* de Kapur-di-giri prouve suffisamment que nous avons ici une forme populaire de l'aoriste du verbe *bhû*. La proposition suivante, dont la fin seule est difficile, reçoit un jour nouveau de l'étude exacte de la copie rectifiée du capitaine Jacob et de Westergaard. Après *dasavasâbhisitô*, je remarque d'abord *saṁtô*, dont je ne vois pas de trace dans les versions de mes devanciers; je n'hésite pas à y reconnaître le participe présent à forme pâlie du verbe *as*, pour le sanscrit *san* « étant, » littéralement, « étant sacré depuis dix années. » Puis je lis distinctement *ayâya saṁbôdhiṁ;* M. Wilson, tout en se félicitant de cette lecture qu'avait ignorée Prinsep, supprime l'*anusvâra* final de *saṁbôdhiṁ* et joint à ce mot ainsi mutilé le pronom *tênâ*, qui suit, et qui, selon moi, commence une proposition nouvelle. Il lit donc *ayâyasaṁ bôdhitêna*, et traduit : « Piyadasi étant dans sa dixième année, par « lui éveillé cette conduite morale...; » puis, dit-il, on manque d'un verbe pour terminer la phrase. Cela est vrai; cette lecture, et en particulier cette manière de couper le texte privent M. Wilson de la possibilité de trouver le verbe de la proposition, et surtout de l'avantage plus considérable de reconnaître le mot capital de *saṁbôdhiṁ*, qu'il eût été certainement très-heureux de rencontrer, comme une preuve palpable du caractère buddhique de cette inscription. Selon moi, le verbe est *ayâya*, pour le sanscrit *iyâya*, « il « alla, il atteignit, il obtint; » son complément est *saṁbôdhiṁ*, « la science complète de la « Bôdhi, » ou la connaissance de ce qu'enseigne le Buddha[1]. La preuve que tel est bien réellement le sens de ce passage, c'est que au lieu de *ayâya*, l'édit de Dhauli porte *nikhama*, « il sortit, » mot qui est choisi sans doute pour marquer l'opposition de la conduite de Piyadasi comparée avec celle des rois ses prédécesseurs, qui sortaient, eux, pour se livrer au plaisir, tandis que lui, il est sorti pour aller obtenir la connaissance du Buddha. Et si l'on insistait en remarquant que, de toute manière, le *dja*, qui à Dhauli remplace le *saṁtô* de Girnar et de Kapur-di-giri, reste toujours inintelligible, je répondrais que ce mot est l'abrégé de *adja*, pour le sanscrit *adya*, « aujourd'hui, » et que la phrase « sacré depuis dix « ans aujourd'hui, » est un excellent substitut de « étant sacré depuis dix ans. » Je n'insiste pas davantage sur le sens de *saṁbôdhiṁ;* le roi Piyadasi ne veut pas dire par là qu'il devint un Buddha, mais qu'il eut l'intelligence ouverte à la croyance du Buddha et qu'il s'y convertit. Ce qu'offre de curieux ce passage de l'inscription, c'est que le roi nous donne lui-même la date de sa conversion, trait de rapport bien frappant avec les légendes du Nord relatives au roi Açôka, et qui le représentent comme occupant le trône avant d'être devenu buddhiste. Il est vrai que cette date de la dixième année du règne s'accorde mieux avec les

[1] Quoique Lassen n'ait pas traduit littéralement cette partie de notre inscription, il est facile de voir, par l'usage qu'il en a fait dans ses *Antiquités indiennes*, qu'il l'entend comme je propose de le faire. Voici les propres paroles de Lassen : « C'est seulement « la dixième année depuis son couronnement qu'il « obtint la vue complète. » (*Ind. Alterth.* t. II, p. 227 et note 3.) Évidemment Lassen a lu comme moi *saṁbôdhiṁ*, « la vue ou la science complète, » et compris de même *ayâya*.

circonstances de la vie de Kâlâçôka qu'avec celle de Dharmâçôka; mais il y a, touchant ces deux personnages, des difficultés chronologiques que j'essayerai d'examiner et de résoudre ailleurs.

Dans la courte proposition qui suit, je ne vois de terme réellement difficile que le mot *êtayam̃*. Est-ce une autre forme du participe de nécessité, *êtavyam̃*, ou est-ce seulement une faute du graveur ou du copiste pour ce mot même d'*êtavyam̃*? Je ne saurais le décider; mais ce qui me paraît absolument nécessaire, c'est de traduire dans ce sens : « c'est « pourquoi cette promenade de la loi est la marche qui doit être suivie, » littéralement, « la « promenade par laquelle il faut aller. » Je ne crois pas nécessaire d'insister sur l'énumération des divers buts de promenade que le roi Piyadasi marque à sa piété. Un mot mérite une attention particulière, c'est l'orthographe de *thâirânam̃*, qui semble prouver, si toutefois nous lisons bien la syllabe =⊙ *thâi*, que la diphthongue *âi* se conservait quelquefois dans ce dialecte populaire. Je lis, avec Prinsep et Wilson, *hiraṇapaṭividhânê* ou *vidhânô*; mais si *paṭi* devait se remplacer par *paṭa*, on devrait traduire, « la distribution de vête-« ments précieux et d'or. » M. Wilson lit ensuite le troisième mot de la proposition finale, *bhayarati*, et il rend ce composé par « l'éloignement, la cessation de la crainte, » de la part du roi Piyadasi; mais l'examen des copies de Westergaard et Jacob prouve, si je ne me trompe, qu'il faut lire *bhuya rati*. Or, une correction très-légère donnerait *bhûyô*, pour le sanscrit *bhûyas*, « abondamment, beaucoup, » de sorte que le composé *bhûyô rati* devrait signifier « volupté extrême, plaisir abondant. » J'ajoute que la copie de Kapur-di-giri lit *bhayê*, mot où l'*ê* final est pour un *ô* pâli, et que la leçon de Dhauli, *abhilâmê*, « le plaisir, « le bonheur, » au lieu du *bhûyô rati* de Girnar, prouve qu'il n'est pas ici question de crainte. Que veut dire en effet le roi Piyadasi? Veut-il proclamer que l'observation de la vie nouvelle qu'il embrasse peut seule faire cesser les craintes qu'inspire toujours la vie future? Je ne le crois pas; il veut dire que c'est de ces moyens, *tadôpayâ*, pour *tadupâyâ* (adj. fém.), « que la plus grande volupté, » *êsâ bhûyô rati*, « résulte pour le roi Piyadasi, chéri des « Dêvas, » *bhavati Dêvânam̃ piyasa piyadasinô râñô*; ces promenades avec leur but bienfaisant et religieux, ce sont là ses plaisirs, à la différence de ces divertissements futiles pour lesquels les rois ses prédécesseurs sortaient de leur palais.

Si tel est le sens très-régulièrement suivi de tout ce passage, il est bien difficile qu'on trouve dans les mots *bhâgê am̃nê* autre chose que l'indication de la portion du temps ou de la période pendant laquelle le roi se livre à ces nobles divertissements. Une fois l'idée de *crainte* exclue de la phrase que je viens d'analyser, celle d'une « portion différente, » pour dire « d'une autre vie, d'une existence future, » n'a plus rien qui la soutienne. La locution *aparabhâgê*, « dans une portion subséquente, » pour dire « dans un autre temps, » se présente au contraire inévitablement à la pensée. C'est en effet dans une portion de temps différente de celle qui l'a précédée, que le roi se livre à ces plaisirs nouveaux, puisque c'est depuis qu'il a acquis la connaissance de la doctrine du Buddha. Le sens serait même peu changé si l'on préférait opposer l'idée exprimée par *bhâgê am̃nê*, « dans un autre « temps, » à celle qui ouvre l'inscription, *atikâtam̃ am̃taram̃*, « dans le temps précédemment « écoulé : » car cette époque déjà passée embrasse non-seulement le temps qu'ont vécu les anciens rois, mais encore celui qu'a passé le roi Piyadasi en dehors de la foi nouvelle qu'il déclare embrasser à la dixième année de son règne.

§ 6. SUR LE DOUZIÈME ÉDIT DE GIRNAR.

Je me suis trouvé trop souvent en désaccord avec M. Wilson dans le cours des analyses précédentes, pour ne pas saisir avec empressement l'occasion de parler d'un des monuments dont il a le mieux compris le but et apprécié l'importance. On verra cependant que mon interprétation diffère encore un peu de la sienne; mais quand même je devrais ici avoir touché plus près du but que ce savant homme, il lui resterait toujours le mérite d'avoir le premier donné une explication très-satisfaisante d'un des termes les plus difficiles des inscriptions de Piyadasi. Je veux parler du mot de *pâsaṁḍa* qui, dans les monuments de la littérature brâhmanique, n'a jusqu'ici paru qu'avec la signification d'*hérétique*, et que M. Wilson prend pour l'expression générale de « religion, croyance. » Il semblerait cependant que ce sens n'a pas été inconnu à Turnour, puisque, dans la partie du *Mahâvaṁsa* où est racontée la conversion d'Açôka au Buddhisme, il traduit *nânâ pâsaddhikê* (qu'il faut lire *pâsaṇḍikê* avec le commentaire), par « les ministres de toutes les religions[1]. » Je n'ai cependant rien trouvé qui justifiât cette interprétation dans le commentaire que Mahânâma a écrit lui-même sur son *Mahâvaṁsa*, et comme Mahânâma était un buddhiste fervent, il y a toute apparence qu'il a continué de prendre le terme de *pâsaṇḍika* dans son sens classique indien, déclarant *hérétique* ceux qui suivaient une autre croyance que le Buddhisme. Au reste, on citerait difficilement un exemple plus frappant de ce que l'intelligence exacte d'un mot ambigu peut jeter de jour sur une inscription difficile. Du moment que M. Wilson a eu traduit *pâsaṁḍa* par « croyance, religion, » le sens général de l'inscription, qui est un édit de tolérance, lui est apparu dans ses principaux traits. L'examen auquel j'ai soumis le texte ne m'a pas conduit à un résultat essentiellement différent; mais j'ai essayé d'obtenir ce résultat par des moyens plus rigoureux et plus strictement philologiques.

Je transcris ici l'inscription entière telle que l'a donnée Westergaard, et en tenant compte du fac-simile et des lectures qui accompagnent le mémoire de M. Wilson. Je ne me servirai du caractère original que pour les cas où la lecture serait douteuse.

1. *Dêvânaṁ piyê piyadasi râdjâ savapâsaṁḍânitcha pavadjitânitcha gharastânitcha pûdjayati dânênatcha vividhâyatcha pûdjaya pûdjayati nê* | 2. *na tu tathâ dânaṁva pûdjêva Dêvânaṁ piyô maṁñatê yathâ kitisâravaḍhî asa savapâsaṁḍânaṁ sâravaḍhitu bahuvidhâ* | 3. *tasa tasa tu idaṁ mûlaṁ ya vatchituti kiṁti âtpapâsaṁḍapûdjâva parapâsaṁḍagarahâva nô bhavê apakaraṇamhi lahakâva asa* | 4. *tamhi tamhipi karaṇê pûdjêtayâtu êva parapâsaṁḍâ têna tanapi karaṇêna êvaṁ kasiṁ* [ou *kataṁ*] *âtpapâsaṁḍatcha vaḍhayati parapâsaṁḍasatcha upakarôti* | 5. *tadaṁñathâ karôtô âtpapâsaṁḍaṁtcha tchhanôti parapâsaṁḍasatchapi apakarôti yôpi kâtchi*

[1] Turnour, *Mahâwanso*, t. I, chap. v, p. 23, l. 5; *Mahâvaṁsa ṭîkâ*, p. 71 *a*; le commentaire de Mahânâma explique ce terme par *nânâpâsaṇḍê*, ce qui ne laisse aucun doute sur la vraie leçon.

âtpapâsaṁḍaṁ pûdjayati parapâsaṁḍaṁva garahati | 6. *sava âtpapâsaṁḍabhatiyâ kiṁti âtpapâsaṁḍaṁ dîpayêma iti sôva puna tatha karatô âtpapâsaṁḍaṁ bâḍhataraṁ upahanati ta samavâyô êva sâdhu* | 7. *kiṁti maṅamaṁnasa dhaṁmaṁ suṇâdjatcha susaṁsêrutcha êvaṁhi Dêvânaṁ piyasa itchhâ kiṁti savapâsaṁḍâ bahasutâtcha asu kalâṇâgamâtcha asu* | 8. *yêtcha tatâ tata pasaṁnâ têhi vatavyaṁ Dêvânaṁ piyô nô tathâ dânaṁva pûdjava maṁnatê yathâ kitisâravaḍhî asa savapâsaṁḍânaṁ bahakâtcha êtaya* | 9. *athâ vyâpatâ dhaṁmamahâmâtâtcha ithâdjhakhamahâmâtâtcha vatchabhûmikâtcha aṅêva nikâyâ ayaṁtcha êtasa phala ya âsu pâsaṁḍavaḍhîtcha hôti dhaṁmasatcha dîpanâ*[1].

Sans m'arrêter à répéter ici les traductions de Prinsep et de M. Wilson, dont j'aurai d'ailleurs l'occasion de discuter plusieurs points, je passe à l'exposé de celle que m'ont fournie mes analyses. « Piyadasi, le roi chéri des Dêvas, honore toutes les croyances, ainsi que les mendiants et les maîtres de maison, soit par des aumônes, soit par diverses marques de respect. Mais le roi chéri des Dêvas n'estime pas autant les aumônes et les marques de respect que l'augmentation de ce qui est l'essence de la renommée. Or, l'augmentation de ce qui est essentiel [en ce genre] pour toutes les croyances, est de plusieurs espèces; cependant le fonds en est pour chacune d'elles la louange en paroles. Il y a plus : on doit seulement honorer sa propre croyance, mais non blâmer celle des autres; il y aura ainsi peu de tort de produit. Il y a même telle et telle circonstance où la croyance des autres doit aussi être honorée; en agissant ainsi selon chacune de ces circonstances, on augmente sa propre croyance et on sert celle des autres. Celui qui agit autrement diminue sa propre croyance et fait tort aussi à celle des autres. L'homme, quel qu'il soit, qui honore sa propre croyance et blâme celle des autres, le tout par dévotion pour sa croyance, et bien plus, en disant : Mettons notre propre croyance en lumière, l'homme, dis-je, qui agit ainsi, ne fait que nuire plus gravement à sa croyance propre. C'est pourquoi le bon accord seul est bien. Il y a plus; que les hommes écoutent et suivent avec soumission chacun la loi les uns des autres; car tel est le désir du roi chéri des Dêvas. Il y a plus; puissent [les hommes de] toutes les croyances abonder en savoir et prospérer en vertu! Et ceux qui ont foi à telle et telle religion, doivent répéter ceci : Le roi chéri des Dêvas n'estime pas autant les aumônes et les marques de respect que l'augmentation de ce qui est l'essence de la renommée et la multiplication de toutes les croyances. A cet effet ont été établis des grands ministres de la loi et des grands ministres surveillants des femmes, ainsi que des inspecteurs des lieux secrets et d'autres corps d'agents. Et le fruit de cette institution, c'est que l'augmentation des religions ait promptement lieu, ainsi que la mise en lumière de la loi. »

Il ne peut exister aucun doute sur la signification de la première ligne. Prinsep, Wilson et Lassen[2] l'entendent de la même manière, et la rendent à peu près dans les termes que j'ai employés, sauf en ce qui touche le mot *pâsaṁḍâni* qui, selon l'ingénieuse hypothèse de M. Wilson, doit signifier « forme de religion, croyance ou profession de

[1] *Copy of the Asoka inscript. at Girnar*, dans *Journ. of the Bombay as. Soc.* n° V, avril 1843, à la fin; *Journ. roy. asiat. Soc. of Great-Britain*, t. XII, p. 215 et suiv.

[2] *Indische Alterthumskunde*, t. II, p. 264, note 3.

« foi[1]. » Comme M. Wilson, je trouve très-clair le début de ce texte; seulement je lis *gharastâni* et non *gharistâni*, « les hommes dans l'état de maître de maison. » L'examen des deux fac-simile ne me paraît laisser aucun doute sur l'exactitude de ma lecture. Le monosyllabe qui termine la première ligne, *né*, doit être une autre forme de la négation *nô* en pali; il s'unit au *na* classique de la seconde ligne, non pour le contredire, mais pour le confirmer; sans doute l'auteur a voulu insister avec plus de force en disant : « non, « le roi chéri des Dêvas n'estime pas autant, etc. » Je signalerai en outre dans cette phrase *pûdjêva*, qu'on s'attendrait à voir écrit *pûdjañva*, pour le sanscrit *pûdjâm êva*; je ne puis expliquer l'orthographe de notre inscription qu'en supposant que la désinence *añ* est tombée devant la conjonction *eva*, qui seule est restée.

Le mot important de la proposition commençant par *yathâ*, « comme, autant que, » est *kitisâravaḍhî*; Prinsep le traduisait par « la vraie gloire, » en rapportant cette gloire au roi qui parle dans l'inscription. M. Wilson se débarrassant de *kiti*, qu'il dit être écrit plus bas *kiñti*, traduit le reste par « l'augmentation de la substance (de la religion). » Mais outre que l'existence de la conjonction *kiñti* dans cette même inscription ne prouve rien contre celle de *kiti*, puisque ces deux mots se trouvent déjà ailleurs dans les édits de Delhi et d'Allahabad, je ne comprends pas pourquoi on ne traduirait pas littéralement le composé *kiti-sâra-vaḍhî* par « l'augmentation de l'essence de la gloire, » c'est-à-dire l'augmentation de ce qu'il y a d'essentiel pour la bonne renommée, pour la gloire, sans aucun doute des croyances diverses que le roi couvre de sa protection tolérante. Que dit en effet le roi Piyadasi? Qu'il honore toutes les croyances par des aumônes et par toute espèce de marques de respect. Mais ni les aumônes ni les marques de respect n'ont à ses yeux autant de valeur que ce qui augmente tout ce qui contribue essentiellement à une bonne renommée. C'est ce que me paraissent exprimer très-nettement les trois mots *yathâ kitisâra vaḍhî asa*, « comme serait l'augmentation de l'essence de la renommée. » Le mot *sâra* est employé en pâli, comme en sanscrit, avec cette signification générale de « ce qui est es-« sentiel, » notamment par le *Mahâvañsa*, à la fin du XXVIe chapitre, dans une stance où le composé *pañtchaguṇayôgagahitasâra* signifie littéralement : « les résultats essentiels obtenus « par l'union avec les cinq qualités[2], » sens qui paraît plus clairement encore dans cette expression : *itchtchassa sâragahanê matimâ ghaṭêyya*, « en pensant ainsi, l'homme doit « faire effort pour obtenir ce qu'il y a d'essentiel en cela. » Quant au sens général du composé, il n'est pas inutile de faire remarquer que, sans s'être entendus dans leurs explications qui ont paru à peu près en même temps, MM. Wilson et Lassen n'ont pas plus tenu compte l'un que l'autre du mot *kiti*, qui me paraît au contraire d'une importance réelle pour la suite de l'inscription, si toutefois j'en comprends bien la teneur. Lassen interprétant comme ses devanciers le commencement du texte, donne à *sâravaḍhî* une signification en quelque sorte politique, et le traduit par « augmentation de puissance; » mais la version qui résulte de cette interprétation sera mieux placée tout à l'heure sur la fin de la seconde ligne où je compte l'examiner.

[1] *On the Rock inscript. etc.* dans *Journ. roy. asiat. Soc. of Great-Britain*, t. XII, p. 217.

[2] *Mahâwanso*, t. I, chap. XXVI, p. 161; *Mahâvañsa ṭîkâ*, f. 166 *a*.

Si je ne me suis pas trompé sur la valeur de *kitisâravaḍhi*, nous n'aurons plus à nous inquiéter du sens propre de *sâravaḍhi*, où M. Wilson a bien fait de repousser la signification de *salut* proposée par Prinsep. C'est le même mot que *kitisâravaḍhî*, moins *kiti*, mais s'y référant, sans aucun doute, et en reproduisant le fond et la partie la plus importante. En laissant de côté et à la fin de la phrase précédente le mot *asa*, pour le pâli *âsa*, qui est un aoriste avec le sens du subjonctif, et non le génitif du pronom *ayaṁ*, comme l'a cru M. Wilson, on a littéralement et sans forcer le sens d'aucun mot, « or « l'augmentation de l'essentiel pour toutes les croyances est de plusieurs sortes, » est multiple; et non, ainsi que l'a cru M. Wilson, « ses encouragements pour l'augmentation de « la substance de toutes les croyances, sont multiples. » Je ne puis davantage admettre le sens proposé par Lassen, quoique j'avoue qu'il est plus près du texte que celui de M. Wilson. Lassen réunissant en une seule période les deux premières lignes de l'inscription, en rend ainsi la fin : nicht aber versteht der göttergeliebte König die Gabe und die Verehrung so, dass etwa seine Kraftvermehrung auch eine vielfältige Kraftvermehrung aller *Pâshaṇḍa* werde. Cette interprétation ingénieuse repose en partie sur l'opinion que *asa* se rapporte au roi, ce que j'ai dit plus haut ne pouvoir admettre, puisque je fais de ce mot un verbe à l'imparfait.

La troisième ligne commence par une courte phrase où je trouve ce sens très-conséquent à ce qui précède, savoir : qu'il y a pour chaque croyance une base commune de ce qui contribue essentiellement à l'augmentation de sa renommée; cette phrase se termine à *kiṁti*. M. Wilson, trouvant que les cinq syllabes qui précèdent *kiṁti* ne sont pas en apparence indispensables au sens, les omet complétement dans sa version, et réunit en une seule période ce qui suit jusqu'à *nô bhavê;* mais on conviendra que cette méthode ne saurait être sérieusement admise comme moyen d'interprétation. M. Wilson ne tient pas non plus compte de la répétition du pronom *tasa tasa*, qui a un sens distributif et qui a certainement trait au *savapâsaṁḍânaṁ* précédent. Il s'agissait à la fin de la seconde ligne de la multiplicité des moyens qu'ont toutes les croyances d'augmenter ce qui peut servir essentiellement à leur gloire; le roi nous dit maintenant, au commencement de la troisième ligne, que pour chacune de ces croyances (*tasa tasa*), il y a un fondement commun, *mûlaṁ*, aux divers moyens d'augmenter leur renom. Ce fondement, il l'annonce par les deux pronoms *idaṁ ya*, pour *yaṁ*, « cette base qui est... » Mais quelle est cette base? Ici la difficulté est très-grande; Prinsep lisait *va tchagutî* les quatre syllabes suivant *ya;* Wilson les corrige et lit *va vigutî*. Après un examen attentif de la lithographie de Westergaard, je crois pouvoir lire *vatchitutî* : l'embarras vient de ce que, dans les copies actuelles, le signe 𑀕𑀼 *gu* et le signe 𑀢𑀼 *tu* sont très-difficiles à distinguer l'un de l'autre. Si l'on préfère la leçon *guti*, on aura le sanscrit *gupti*, « l'action de garder, de conserver; » mais *vatchi* ne donnera de sens que si l'on corrige la première voyelle pour avoir *vâtchi*, savoir 𑀯𑀸𑀘𑀺 *vâtchi*, au lieu de 𑀯𑀘𑀺 *vatchi* du texte. Cette lecture donnera à ces deux mots le sens de « la retenue dans le langage » et pour toute la phrase, la traduction suivante : « cependant le fonds en est pour chacune d'elles la retenue dans le langage. » J'ajoute que cette version s'accommoderait parfaitement avec l'ensemble de l'inscription et particulièrement avec la phrase suivante, où le roi recommande de ne pas exalter sa propre croyance et de ne pas injurier non plus celle des autres. J'aurais même adopté cette interprétation de préférence à celle que j'ai admise, si j'avais pu me convaincre que les fac-simile portent *guti;* c'est *tuti* que j'y lis à ne pas m'y méprendre, et alors j'arrive directement au sanscrit *stuti*, « la louange. » Ici, comme pour la lecture précédente, le changement de *vatchi* en *vâtchi* est également nécessaire, et le sens général devient celui-ci : « cependant le fonds « en est, pour chacune d'elles, la louange en paroles, » le roi voulant dire qu'en vain distribuera-t-il des aumônes aux hommes des diverses croyances, en vain leur donnera-t-il des marques de respect, rien de tout cela ne servira à augmenter ce qui contribue essentiellement à leur gloire, comme ce qui en est le fonds, savoir : « la louange en paroles, » ou les louanges que les discours des hommes répètent en l'honneur des religions que rend respectables la conduite de leurs sectateurs.

C'est à M. Wilson qu'on doit la véritable interprétation du mot *âtpapâsaṁḍa*, qui commence la phrase suivante après *kiṁti*, et qui joue un rôle considérable dans tout le cours de l'inscription. Prinsep voyait dans ce terme, « les hérétiques convertis, » et Lassen, « les « amis » opposés à *para* « les étrangers, les ennemis; » Wilson le traduit par « la croyance « personnelle. » Je ne suis cependant pas convaincu qu'il ait raison de lire *âtta* le mot qui est visiblement écrit sur les fac-simile  *âtpa;* mais remarquant, comme je l'ai déjà dit, que le  *tpâ* de nos inscriptions répond au sanscrit *tvâ*, j'aime mieux lire *âtpa*, que je prends ici pour *âtma*, ainsi que je l'ai déjà fait observer plus haut[1]. Cette remarque toutefois ne porte que sur la forme; M. Wilson n'en a pas moins parfaitement raison de voir dans ce mot ambigu le substitut populaire du classique *âtman.*

J'ai dit que la valeur assignée par M. Wilson au terme *âtpapâsaṁḍa* jetait la plus grande lumière sur toute l'inscription; c'est ce dont se convaincra le lecteur à mesure que nous avancerons. Et d'abord, elle met hors de doute l'interprétation de la phrase commençant à *kiṁti* et se terminant à *nô bhavê*. Je n'adopte cependant pas la traduction proposée par M. Wilson : « respect pour sa propre foi, et absence de blâme ou d'injure pour celle des « autres; » d'abord, parce qu'il lie à tort cette sorte d'apposition à la phrase précédente dont je la crois détachée; ensuite, parce qu'il y englobe trois mots, ceux qui terminent la ligne troisième et qui, selon moi, doivent en rester séparés. Le texte, si je ne me trompe, ne peut avoir d'autre sens que celui-ci : « Il y a plus; on doit seulement honorer sa propre « croyance, mais non blâmer celle des autres. » La fin de la phrase, *parapâsaṁḍagarahâva nô bhavê*, « que le blâme même de la croyance des autres n'ait pas lieu, » détermine nettement la valeur du terme qui précède, « le respect seulement de sa propre croyance; » tout ici roule sur la valeur limitative de *va* pour *êva*, conjonction qui dispense de l'emploi d'un verbe.

Les trois mots qui se lisent à la fin de la troisième ligne ne font pas plus difficulté pour moi, quoiqu'ils offrent un terme d'une irrégularité presque barbare. J'ai déjà dit que M. Wilson les réunissait à la proposition que je viens d'expliquer, bien à tort, certainement, puisque *upakaraṇamhi*, « dans l'injure, » est un locatif, tandis que *pâdjâ* et *garahâ* sont des

[1] Ci-dessus, § 1, p. 660.

nominatifs, et secondement, puisque cette réunion conduit tout simplement M. Wilson à supprimer *lahakâva*, le seul mot difficile du passage. Quelque hardie que puisse paraître mon explication, je prends *lahakâva*, que je divise en *lahakâ* et *va*, pour un dérivé anomal de *lahu* pour *lagha*, « léger, peu abondant. » Je suppose que ce mot se présente comme l'opposé de *bahakâtcha*, que nous trouverons à la fin de la huitième ligne et qui est aussi peu régulièrement tiré de *baha*, pour *bahu*. C'est surtout la vraisemblance du sens résultant de cette explication qui me le fait adopter. Je propose donc de traduire *lahakâ* par « légèreté, manque d'abondance, » comme je proposerai de traduire *bahakâ* par « poids, « abondance, » d'où je tire pour la phrase ce sens littéral, « dans le tort peu d'abondance il « y aurait, » et plus clairement, « il y aura ainsi peu de tort de produit. » En effet, si chacun se contente d'honorer sa propre croyance, sans blâmer celle des autres, on ne fera de tort à personne; et chacun se conduisant ainsi, on n'entendra plus dans le monde que ce concert de louanges, qui, selon mon interprétation, fait le fonds de la bonne renommée que le roi Piyadasi souhaite à toutes les religions.

La quatrième ligne commence par une proposition qui se termine à *tena* exclusivement. Je lis ici autrement que Prinsep et Wilson un mot qui, sous cette forme nouvelle, donne un sens tout différent à la phrase. Après *tamhi tamhi*, mes devanciers trouvent *pakaraṇê*, que M. Wilson identifie avec le sanscrit *prakaraṇê*, « de la manière, » le tout signifiant « de telle et telle manière. » Mais si l'on examine attentivement la lithographie de Westergaard, on découvre à la partie supérieure du 𑀧 *pa* une légère déviation de la ligne droite qui doit représenter la voyelle *i*, comme en 𑀧𑀺 *pi*. Je lis donc *tamhi tamhipi karaṇê*, « même dans tel et tel cas. » Le reste de la phrase va de soi-même; *pûdjêtayâ tu* signifie certainement « doit être honorée cependant, » mot où nous trouvons une fois encore le suffixe *taya* correspondant au sanscrit *tavya*. Les deux derniers mots *êva parapâsaṁḍâ* signifient « la croyance des autres aussi. » La réunion de ces analyses donne ce sens littéral : « cependant même en telle et telle circonstance la croyance des autres aussi doit être ho- « norée. » Cette proposition s'adapte parfaitement à celle qui précède : le roi venait de dire qu'il fallait se contenter d'honorer sa propre croyance et qu'on devait se garder d'attaquer celle des autres. Il va plus loin dans le présent texte, en annonçant qu'il y a des cas où l'on doit des marques de respect, même à la religion des autres. Cette déclaration, inspirée par la plus haute tolérance, s'accorde très-bien, non-seulement avec ce qui précède, mais encore avec un autre conseil que le roi va donner à ses sujets au commencement de la septième ligne. M. Wilson traduit ce passage comme il suit : « Qu'il soit témoi- « gné du respect selon les divers modes appropriés aux différences de religion. » On voit que ma version n'est pas très-éloignée de la sienne, si l'on se contente de placer en regard l'une de l'autre les deux traductions isolées du reste de l'inscription. La différence cependant devient considérable, si l'on rétablit la phrase au point même qu'elle occupe dans l'ensemble du texte.

La ligne que nous examinons est terminée par une proposition qui forme un tout complet. Le sens en est très-clair, et il n'a pas échappé à M. Wilson. Il y paraît cependant un mot difficile et quelques formes incorrectes, qui sont probablement dues à l'inattention du graveur. Après *têna*, les fac-simile nous donnent *tanapi* qu'il faut certainement remplacer par *tênapi;* lisant *karaṇêna*, je traduis le tout : « selon telle et telle circonstance. » A la suite de *êvaṁ* vient un mot qui semble être écrit *kasiṁ*, et que M. Wilson lit *kataṁ*. Cette lecture donne un sens très-satisfaisant, quoique peut-être un peu forcé, « ce qui est fait « ainsi selon telle et telle circonstance. » J'ai cependant cru devoir conserver dans ma transcription la lecture de *kasiṁ*, pour le cas où l'on viendrait à y découvrir quelque forme de participe adverbial répondant au sanscrit *kritvâ*. On ne peut penser en effet à un aoriste pâli comme *akâsiṁ*, « je fis, » parce que les verbes qui suivent sont à la 3ᵉ personne et non à la 1ʳᵉ. Quelque incertitude qui puisse rester encore sur la forme, il n'est pas douteux que le passage entier ne doive se traduire : « en agissant ainsi, selon chacune « de ces circonstances, on fait croître sa propre religion, » *âtpapâsaṁḍatcha vaḍhayati*, où un *anusvâra* est omis à tort à la fin de *pâsaṁḍa*, « et on sert celle des autres, » *parapâsaṁḍasatcha upakarôti*. C'est de cette manière que M. Wilson entend ces quatre derniers mots auxquels les Pandits de Prinsep n'avaient rien compris.

La cinquième ligne s'ouvre par une phrase qui finit à *yôpi* exclusivement. Cette phrase continue le sujet précédent, et l'exemplifie par la déclaration de ce qui arrive, quand on ne suit pas le conseil de la tolérance religieuse. Si, en honorant la religion des autres, on augmente le crédit de la sienne, en même temps qu'on sert celle des autres, on arrive exactement au résultat contraire en tenant une conduite opposée, c'est-à-dire, ainsi que nous le verrons tout à l'heure, en honorant exclusivement sa religion, et en blâmant celle des autres. C'est là le sens même adopté par M. Wilson, et il est juste de reconnaître que Prinsep y a contribué par quelques bonnes déterminations. Je remarquerai seulement qu'après *tadaṁñathâ*, « autrement que cela, » Prinsep et Wilson lisent *karôti* « il fait, » ce qui laisse la phrase sans sujet, et produit une incorrection grave. Mais sur le fac-simile de Westergaard, on trouve *karôtô*, qu'avec une correction très-légère, l'addition d'un *anusvâra* devant *tô*, on ramènerait au participe présent pâli *karôntô*, « faisant, celui qui fait. » Cette correction indispensable s'harmonise parfaitement avec la phrase toute entière, et nous donne le moyen de l'expliquer sûrement ainsi : *tadaṁñathâ karôntô*, « celui qui agit « autrement que cela, » *âtpapâsaṁḍaṁtcha tchhanôti*, « amoindrit sa propre croyance, » où Wilson approuve Prinsep d'identifier *tchhanôti* avec le sanscrit *kchaṇôti*, et *parapâsaṁḍasatchapi upakarôti*, « fait tort aussi à celle des autres[1]. »

A partir de *yôpi*, au milieu de la ligne cinquième, commence une proposition qui offre quelque difficulté, non en ce qui touche chacun des mots pris à part, mais par la manière dont sont disposées les parties qui la composent. C'est une grande période dont le début s'étend jusqu'au milieu de la sixième ligne, et dont la seconde partie commence avec *sôva* de cette même ligne, pour s'arrêter au verbe *upahanati*. M. Wilson a bien saisi cette disposition générale, et il a rendu la période toute entière conformément au sens de l'inscription, sauf en un point encore un peu obscur pour moi, mais où il me paraît qu'il s'est trompé. Nous ne nous arrêterons pas aux six premiers mots qui terminent la cinquième ligne : en lisant *kôtchi* au lieu de *kâtchi*, légère faute de copiste, on a ce sens

[1] Lassen, *Instit. ling. pracrit.* p. 263.

littéral : « l'homme quel qu'il soit, qui honore sa propre religion [et] blâme même celle « des autres; » c'est le sens qui résulte de l'analyse précédemment faite de chacun de ces termes, qui ont déjà paru dans l'inscription. La difficulté commence avec la sixième ligne, et avec les trois mots *sava âtpapâsamḍa bhatiyâ*. M. Wilson les rattache intimement à la proposition qui suit *kiṁti*, en les faisant rentrer dans la phrase guillemettée par *iti*, et en les considérant comme des paroles prononcées par des hommes dévoués avec exagération à la gloire de leur propre croyance, de cette manière : « disant, ayant « étendu à tous notre propre religion. » Pour justifier cette traduction, on ne trouve que *sava* « tout, » et *âtpapâsamḍa*, « propre croyance; » le dernier mot, *bhatiyâ*, reste inexpliqué. Selon moi, ce doit être l'instrumental de *bhati*, pour *bhakti*, et *bhatiyâ* représente le sanscrit *bhaktyâ*, « avec dévotion. » Ce terme est uni en composition avec *âtpapâsamḍa*, de cette manière : « par dévotion pour sa propre foi. » Il y a lieu de croire que *sava*, quoique ne portant aucune désinence, est détaché des deux termes que je viens d'expliquer; mais il est certain qu'il fait difficulté ici. En supposant l'omission d'un *anusvâra*, on lirait *savaṁ* « tout, » et on traduirait, « le tout par dévotion pour sa propre croyance. » Je ne me dissimule cependant pas ce que cette explication a d'un peu forcé et d'un peu moderne en apparence; mais je n'ai pu rien faire autre chose de ce malencontreux *sava*, et j'ai mieux aimé le traduire ainsi que de l'omettre. Pour en tirer un sens plus facile, il faudrait changer le texte et lire *sôva*, au lieu de *sava*. On traduirait alors, « lui-même par dévotion pour sa « propre croyance, » et on aurait comme une sorte de parenthèse intercalée entre le commencement et la fin de la période; mais l'ensemble du discours n'y gagnerait pas beaucoup en clarté.

Il n'y a pas de doute possible sur la valeur des quatre mots qui suivent; M. Wilson les a parfaitement rendus par « répandons la lumière de notre propre foi; » c'est une petite phrase que le roi met dans la bouche de ceux qu'il représente comme animés du désir d'honorer leur propre croyance, en blâmant celle des autres. Je crois qu'avec le sens que j'attribue au mot *bhatiyâ*, cette phrase se rattache mieux encore à ce qui la précède. Ce qui suit, *sôva puna tatha karatô*, où je suppose qu'il faut lire *tathâ* et *karaṁtô*, quoique M. Wilson écrive toujours *karôti*, est le commencement de la seconde partie de la période qui signifie littéralement : « celui-là même de nouveau ainsi agissant. » C'est le rappel et le terme corrélatif du sujet *yôpi kôtchi*, et *puna* n'y doit pas signifier « de nouveau, » mais il doit répondre à notre *dis-je* français. Le roi, après avoir décrit avec quelque détail ce que fait le sectaire intolérant qui croit augmenter la gloire de sa religion en blâmant celle des autres, sent le besoin, pour rattacher plus sûrement la fin de sa période au commencement, d'en rappeler le sujet avec un peu plus de force que par le seul pronom *sôva*, « celui-là même, » et il s'exprime ainsi : « celui-là même, dis-je, agissant ainsi. » Le résultat qu'un tel homme obtient de cette conduite est exprimé par les trois mots *âtpapâsamḍaṁ bâḍhataraṁ upahanati*, « il détruit plus fortement sa propre croyance. » M. Wilson traduisait ainsi : « il jette des difficultés dans la voie de sa propre croyance; » mais cette traduction qui repose sur la supposition que *bâḍhataraṁ* vient du sanscrit *bâdh* pris dans le sens de « faire obstacle, » pourrait difficilement se soutenir, car elle omet complétement le verbe *upahanati*, qui ne peut signifier autre chose que « il détruit. » Selon moi, *bâḍhataraṁ* est le comparatif du mot *bâḍha*, « abondant, excessif, » employé adverbialement, de cette manière, « plus fortement, plus abondamment. » Quand on a sous la main *bâḍha*, qui est aussi classique que populaire, il me paraît inutile de s'adresser à un autre radical, dont le moindre inconvénient est de rendre peu explicable l'orthographe du *bâḍhataraṁ* de l'inscription.

Les trois mots qui terminent la sixième ligne ont paru à M. Wilson un des passages les plus embarrassants du texte (*very perplexing*), et quoiqu'il ne consente pas à reconnaître l'exactitude de la version de Prinsep, il déclare qu'il n'est pas aisé de deviner ce que signifie la phrase. Prinsep traduisait : « un tel acte dans toute son étendue et son bien-« être, » à quoi M. Wilson substitue ceci : « cette conduite, qui est la sienne, ne peut être « bonne. » Certainement, si l'on divise comme on a fait la fin de la ligne *tasa ma vâyô êva sâdhu*, il sera difficile de tirer quelque chose de clair de ces fragments de mots. Mais si, lisant tout d'un trait avec la lithographie de Westergaard qui ne divise pas, *tasamavâyô êvasâdhu*, on se laisse guider par cette espèce d'instinct, qui n'est au fond que le souvenir des mots d'une langue qu'on pratique, on tombera sur ces coupes naturelles : *tasamavâyô êva sâdhu*. Le premier mot peut être à son tour divisé de deux façons; ou bien *ta* en sera détaché, ou il y restera uni. S'il est détaché, il représentera le pâli *taṁ*, moins l'*anusvâra* final que nous savons manquer fréquemment, dans le dialecte de nos inscriptions, à la fin des pronoms *ta* et *ya*, pour *taṁ* et *yaṁ*. Et comme le *taṁ* pâli est employé de la même manière que le *tat* sanscrit, quand il sert de conjonction, et avec le sens de « c'est « pourquoi, » le *ta*, séparé du mot suivant, ouvrira une proposition nouvelle, et se traduira, « aussi, c'est pourquoi. » Si l'on aime mieux le laisser joint à ce mot, qui est écrit *samavâyô*, ce sera toujours une forme pronominale; mais cette forme, unie en composition avec le terme suivant et représentant le thème absolu du sanscrit *tat*, devra se rapporter, soit aux *âtpapâsaṁḍa*, soit aux *parapâsaṁḍa*, soit à ces deux ordres de croyants à la fois. De ces deux suppositions, la première me paraît la plus vraisemblable; car c'est une circonstance digne d'être remarquée, que le style haché de ces inscriptions ne laisse presque aucune phrase sans l'accompagner de quelque conjonction qui la lie à ce qui précède. Maintenant, *samavâyô* nous conduit directement au sanscrit *samavâyaḥ*; et ce n'est sans doute pas trop forcer la signification de ce terme, qui a le plus souvent la valeur logique de « connexion, rapport intime, » que de l'envisager sous le point de vue moral, et de le traduire par « accord, harmonie. » Cette interprétation donne ce sens très-satisfaisant, « c'est pourquoi le bon accord seul est bien. » Cette déclaration se lie parfaitement avec les précédentes, et elle ajoute un trait de plus à la pensée de tolérance que Piyadasi développe dans tout le cours de son édit.

La ligne septième est claire dans son ensemble, quoiqu'elle offre quelques formes d'une explication difficile. Elle se compose de trois courtes propositions dont la première est *kiṁti mañamaṁñasa dhaṁmaṁ suṇâdjatcha susuṁsêratcha*. M. Wilson a déjà remarqué que si l'on pouvait se débarrasser du *m* qui commence le mot *mañamaṁñasa*, on lirait *aña-maṁñasa*, « l'un de l'autre. » Je crois cette remarque très-fondée; seulement je serais bien près d'admettre que ce *m* initial a été ajouté euphoniquement pour favoriser la rencontre des deux mots *kim̃ti* et *añamamñasa;* Clough nous apprend que l'insertion de cette lettre a quelquefois lieu en pâli dans de pareilles circonstances. M. Wilson a rendu cette phrase ainsi : « le devoir d'une personne consiste dans le respect et le service des autres. » Je ne crois pas que cette interprétation puisse se soutenir, et voici les raisons de celle que je préfère. Je constate d'abord que le mot *añamamñasa* suppose deux termes, deux sujets rapprochés l'un de l'autre, et placés l'un à l'égard de l'autre dans un rapport mutuel. Ces deux sujets doivent être sans doute ceux qui paraissent constamment dans le cours de l'édit, les *âtpapâsam̃ḍa* et les *parapâsam̃ḍa*. Cette dualité de sujets devra décider du nombre sous lequel paraîtra le verbe, s'il y en a un en effet dans la phrase; et comme il n'y a pas d'apparence que le dialecte de nos inscriptions possède plus le duel que le dialecte pâli, le verbe sera au pluriel. Or c'est exactement à ce nombre que je trouve la forme verbale *susum̃sératcha*, qui termine notre proposition. Avec sa désinence *éra*, *susum̃séra* (duquel il faut détacher la conjonction *tcha*), rappelle le potentiel pâli moyen, 3ᵉ pers. plur. de *susum̃sa*, « désirer d'entendre, » puis, « obéir, obtempérer à. » En pâli, ce verbe serait *sususéram̃;* l'orthographe de l'inscription *susum̃séra* donnerait à croire que l'*anusvâra* a été fautivement déplacé par le graveur, si l'on ne se rappelait qu'en pâli même, comme dans le prâcrit des drames indiens, une nasale s'insère aisément devant une sifflante, surtout quand un *r* placé dans le voisinage de cette sifflante a été supprimé. Ainsi le sanscrit *çuçrûch* a été traité, par le dialecte de nos inscriptions, comme l'est *açru*, « larme, » par le prâcrit, qui en fait *am̃su*[1].

La forme de *susum̃sératcha* une fois constatée, « et qu'ils obéissent, » il est évident que le mot *suṇâdjatcha* doit être également un verbe au pluriel, et probablement au même temps. Sans doute M. Wilson a eu raison de contester que *suṇâdja* puisse jamais représenter le sanscrit *çrûyatâm*, comme le voulait Prinsep; mais je ne crois pas qu'il ait été plus heureux en faisant de ce mot l'instrumental de *suṇati*, nom substantif signifiant « révérence, « respect. » A mes yeux, le mot *suṇâdja* est, sous sa forme actuelle, inexplicable; mais je n'en suis pas moins convaincu que c'est un verbe signifiant « qu'ils écoutent. » Je doute même que le mot soit correctement lu, et je soupçonne le *dja* final de n'être qu'une figure altérée du *ra* qui, sur les lithographies de Westergaard et de Jacob, est souvent très-contourné et quelquefois même peu reconnaissable. Peut-être un examen nouveau du monument permettra-t-il de retrouver *suṇéra* sous le *suṇâdja* actuel[2]. Quant à présent, c'est conformément à cette supposition que je traduis, et je trouve pour toute la phrase le sens suivant : « Il y a plus; qu'ils écoutent et suivent avec soumission chacun la loi les uns « des autres. » J'ai mis « les hommes » dans ma version suivie; mais il est bien évident qu'il

[1] Lassen, *Instit. ling. pracrit.* p. 253.

[2] Il y aurait encore un moyen moins violent d'expliquer la forme *suṇâdja*, il faudrait cependant modifier toujours la lecture. Si au lieu de *dja*, on lisait *dju*, cette désinence *dju* serait la transformation d'une forme primitive portant un *y*, comme la désinence du subjonctif pâli, 3ᵉ pers. pl. en *éyyum̃*. Il faudrait alors supposer que le graveur a écrit *suṇédju*, pour le *suṇéyyum̃* d'un dialecte voisin. Ce temps signifierait « qu'ils entendent, » et rien ne serait changé à la traduction. Sur la transformation de *yy* en *djdj*, voyez Lassen, *Instit. ling. pracrit.* p. 160.

faut entendre ici les hommes des diverses croyances que le roi convie à la plus haute preuve de tolérance qu'ils puissent donner, puisqu'après les avoir avertis qu'ils doivent se contenter d'honorer leur foi, sans attaquer celle des autres, il leur apprend qu'il y a même des circonstances où la religion des autres est aussi un objet digne de leurs respects, que l'honorer leur est aussi profitable à eux-mêmes qu'aux autres, que le bon accord entre les diverses croyances est seul ce qu'il y a de bien, et qu'enfin il exprime le désir qu'ils consentent mutuellement à prêter une oreille docile aux prescriptions de la loi de leur prochain.

Rien n'est plus clair que les quatre mots suivants, *êvaṁhi Dêvânaṁ piyasa itchhâ*, « car « tel est le désir du roi chéri des Dêvas. » Cela termine l'énumération des vœux que vient d'exprimer Piyadasi. La suite ne présenterait pas plus d'incertitude, si MM. Wilson et Lassen n'avaient pas, à l'occasion de ce texte, mis en avant une conjecture plus ingénieuse, à mon avis, que fondée. Elle roule sur les deux mots *bahusutâtcha* et *kalâṇâgamâtcha*, mots où M. Wilson reproche à Prinsep de ne pas avoir reconnu les deux termes sacramentels, *suta*, « axiome, » et *âgama*, « livre religieux. » De cette détermination, que Lassen a également admise de son côté[1], il résulte pour M. Wilson la traduction suivante : « car dans « toutes les religions, il y a beaucoup d'écritures (*Sûtra*) et beaucoup de textes sacrés (*Âgama*). » Cette traduction a un double inconvénient; elle omet complétement le terme de *kiṁti*, qui n'est jamais inutile, à ma connaissance du moins, dans les inscriptions de Piyadasi; ensuite, elle se lie moins bien à l'ensemble de l'édit que la version qui résulte des mots de la phrase pris dans leur sens ordinaire. En effet, en rétablissant *kiṁti* et en prenant *asa* au sens du subjonctif, sens qu'a l'imparfait du verbe *as* dans toutes les phrases commençant par *kiṁti*, on devrait traduire : « il y a plus; que toutes les croyances aient « beaucoup de *Sutas*, qu'elles aient de saints *Âgamas*. » Ou je me trompe fort, ou ce vœu que le roi exprime de voir se multiplier les livres sacrés de chaque croyance, quelque bienveillance qu'il indique en faveur de ces croyances diverses, ne me semble pas répondre assez directement à l'idée principale de l'inscription. Quelle est en effet la pensée qu'a développée le roi pendant tout le cours de son édit? Que la renommée des diverses croyances puisse croître dans ce qu'elle a d'essentiel. La tolérance lui a paru le premier et capital élément d'un bon renom. Il a insisté sur ce mérite en en montrant les avantages. Maintenant, il souhaite à tous les sectaires le savoir et la vertu, en désirant qu'ils soient *bahusutâ*, « abondants en savoir, » pour le sanscrit *bahuçrutâḥ*, « ayant beaucoup appris, » et *kalâṇâgamâ*, « ayant une accession de vertu, » pour *kalyâṇâgamâḥ*, « ayant des profits de vertu. » Cette interprétation très-naturelle me paraît aussi aisément justifiable en logique qu'en grammaire.

Je voudrais être aussi sûr de ce qui suit; mais, dans ce genre d'études, il est plus aisé de critiquer les opinions des autres que de leur en substituer de meilleures. Des six mots qui ouvrent la ligne huitième, M. Wilson rattache les trois premiers à la phrase que je viens d'expliquer, et omet le dernier. Selon lui, *yêtcha* se rapporte aux livres sacrés dont il admet qu'il est parlé dans la proposition précédente, et *pasaṁnâ tê* ne

[1] *Indische Alterthumskunde*, t. II, p. 264.

forme qu'un mot qu'il traduit par « au moyen de [ma] faveur, » en se référant au sanscrit *prasannât*. Ces analyses lui donnent le sens suivant pour toute la phrase : « livres qui doivent « être à l'avenir suivis sous ma protection. » Mais je ne crois pas qu'il soit possible de faire un mot unique de *pasaññâ* et de *tê;* cette réunion laisse isolé *hi*, qui ne commence jamais une proposition et qui appartient à *tê*, *têhi*, « par eux ; » et dans le fait, *têhi* est le complément indirect de *vatavyaṁ*, « il doit être dit par eux. » Quels sont ceux par qui doit être dite la déclaration que nous allons voir reproduite tout à l'heure? Ceux-là même qui sont annoncés par le pronom relatif *yêtcha*, « et ceux qui. » A ces personnes se rapporte, sans aucun doute, le participe *pasaññâ*, « bienveillants, favorables, ayant de la foi pour. » Et ce pourquoi ces personnes ont de la foi est exprimé vaguement par *tatâtata*, qu'il serait plus régulier de lire *tata tata*, en sanscrit *tatra tatra*, de sorte que les quatre mots réunis signifient littéralement, « et ceux qui ont de la foi de tel et tel côté, » et la phrase entière, « et ceux qui ont foi en telle et telle doctrine, par ceux-là il doit être dit : le roi chéri des « Dêvas n'estime pas autant les aumônes et les marques de respect que l'augmentation de « ce qui est l'essentiel de la renommée. »

La répétition de cette déclaration, base de l'édit, répétition qui, selon l'interprétation de M. Wilson, n'a aucun motif apparent, vient, selon ma version nouvelle, du désir qu'exprime le roi de voir cette déclaration dans la bouche des diverses sectes qu'il invite à une tolérance mutuelle. Après avoir exprimé le vœu qu'ils soient tous riches en science et en vertu, il les invite à se rappeler la déclaration qu'il a faite lui-même, afin de se confirmer dans les sentiments élevés qu'elle résume. Voilà du moins comme je crois pouvoir entendre ce texte; mais j'avoue que mon interprétation ajoute peu à l'ensemble des idées de cette inscription, d'ailleurs si bien remplie; et je ne serais pas étonné ou qu'un nouvel examen du monument lui-même, ou que le rapprochement futur de quelque texte analogue vînt déranger ces combinaisons, que quelques lecteurs trouveront peut-être un peu artificielles. Il faudrait, par exemple, vérifier si *pasaññâ*, où je reconnais le sanscrit *prasanna*, ne cache pas quelque altération d'une forme dérivée du radical *prĭtchh*, « interroger. » Enfin j'aimerais mieux rencontrer une proposition comme *tê hi vatavyê*, « car il « faut leur dire, » que de conserver la leçon actuelle *têhi vatavyaṁ;* car la répétition de la déclaration royale se comprendra toujours mieux dans la bouche du roi son auteur, que dans celle de ses sujets auxquels elle est adressée.

Cette déclaration d'ailleurs, dans quelque bouche qu'on la mette, est augmentée à la fin de la ligne huitième de deux termes, *savapâsaṁḍânaṁ bahakâtcha*, dont M. Wilson traduit justement, selon moi, le second par « dissémination. » En effet *bahakâ*, ainsi que je l'ai dit plus haut, est un substantif de même formation que *lahakâ;* je le rends donc par « la multiplication. » Je ne crois cependant pas qu'on puisse réunir ces mots aux deux suivants, *êtâya athâ*, comme paraît le faire M. Wilson; le *tcha* s'y oppose formellement. Les mots « et la multiplication de toutes les croyances, » suivent et terminent la déclaration royale; il ne peut exister sur ce point aucun doute.

Prinsep et Wilson sont à peu près d'accord sur le sens général de la première des deux propositions qui remplissent la ligne neuvième et terminent l'inscription; mais la version de M. Wilson est plus exacte quant aux détails. C'est certainement par suite de l'inattention du graveur qu'au commencement de la ligne 9, on lit *athâ*, au lieu de *athâya;* avec cette correction, le commencement de la phrase procède ainsi : « Pour cet objet ont été établis « et des grands ministres de la loi. » Dans le terme suivant que je lis *ithâdjhakhamahâmâtâ*, quoique j'ignore pourquoi le 𑀣𑀸 *thâ* porte deux fois l'une sur l'autre deux figures de l'*â* long 𑀣𑀸𑀸, M. Wilson a bien reconnu l'altération du pâli *itthi*, pour le sanscrit *strî*, « femme; » mais il n'a pas poussé assez loin son analyse, et n'a pas vu que les deux syllabes *djhakha* devaient être les restes du sanscrit *adhyakcha*, « surveillant, » de sorte que le mot composé tout entier signifie : « des grands ministres chargés de surveiller les « femmes. »

Je suis beaucoup moins assuré du sens du mot qui suit, et j'ai longtemps hésité si j'exposerais celui qu'il me paraît avoir; mais quelque inattendue que soit ici la présence des agents dont parle l'édit, ce n'est pas le seul passage de nos inscriptions où il en soit question. En deux mots, *vatcha* me paraît être le pâli *vatcha*, représentant du sanscrit *vartchas*, en latin *fæces*, et *bhûmikâ* (ici au pluriel), est un adjectif dérivé de *bhûmi*, « terre, « endroit, » savoir, « ceux qui ont l'inspection des endroits secrets. » J'avoue que M. Wilson avait mis la main sur une interprétation beaucoup plus décente, en voyant dans ce mot *vatsabhûmika*, « siége de tendresse, » et, par extension, « des officiers de compassion. » Mais ce sens ne va guère avec l'autre passage que je vais citer, et il n'offre pas une traduction suffisamment claire. En effet, dans le sixième édit de Girnar, qui, à la différence de celui qui nous occupe, est répété à Dhauli et à Kapur-di-giri, le roi établit des *paṭivêdakâ*, ou des espèces d'inspecteurs ou d'espions, chargés de lui rapporter ce qui se passe et de venir le chercher en tout temps et dans quelque endroit qu'il se trouve, *ôrôdhanamhi*, « soit « dans le palais fermé par une enceinte, » *gabhâgâramhi*, « soit dans les appartements in- « térieurs ou dans le gynécée, » *vatchamhi*, « dans l'endroit secret, » ou, selon M. Wilson, « pendant un entretien, » *vinîtamhi*, « dans le lieu de retraite religieuse, » plutôt que, d'après M. Wilson, « pendant les échanges de courtoisie, » *uyânêsu*, « dans les jardins [1]. » Si la vraisemblance du sens que j'attribue ici à *vatchamhi*, qu'on trouve écrit *vatchasi* (sanscr. *vartchasi*) à Kapur-di-giri, résulte de l'ensemble des termes qui l'accompagnent, cette vraisemblance s'étend aussi au composé *vatchabhûmikâ*, où l'on trouverait seulement l'une de ces deux significations, 1° « la demeure du langage, » comme le propose M. Wilson pour *vatchamhi* pris séparément, 2° « la terre de l'éclat, » en donnant à *vatcha*, pour *vartchas*, son autre sens classique.

Quelque inattendue que soit l'interprétation que je propose, j'en trouve cependant la justification dans un passage du *Mahâvaṁsa*, où le mot *vatchtcha* a certainement le sens que je vois ici. Lorsque cet ouvrage décrit la fondation d'Anurâdhapura, il nous apprend que le roi *Pâṇḍukâbhaya* y institua entre autres gardes, un corps de deux cents Tchaṇḍâlas, nommés *Vatchtchasôdhakê* [2]. Le commentaire remplace ce terme par celui de *puppha tchhaḍḍakê* [3] qui, selon Clough, est employé en singhalais pour désigner « l'homme

[1] *Journ. of the roy. asiat. Soc. of Great-Britain*, t. XII, p. 190 et 193.

[2] *Mahâwanso*, t. I, ch. x, p. 66.

[3] *Mahâvaṁsa ṭîkâ*, f. 101 *b*.

« chargé de balayer les fleurs fanées[1]; » mais il est à peu près certain que ce terme a une signification beaucoup plus étendue, puisque Turnour le traduit par le mot anglais *nightman*, sur la signification duquel je n'ai pas besoin d'insister. Il résulte de là que *vatchtchasôdhakê* signifie « ceux qui nettoient les ordures. »

Je ne puis déterminer avec plus de précision ce que le texte entend par *añêva* (*añêtcha?*) *nikâyâ*, « et d'autres corps, » mais je crois que M. Wilson a bien raison de traduire ces mots par « et d'autres officiers; » je le rends d'une manière non moins générale par « et d'autres » corps d'agents. » La fin de la neuvième ligne et la conclusion de l'inscription est heureusement beaucoup plus claire, et je n'ai aucune observation à présenter sur la traduction de M. Wilson, si ce n'est qu'il a omis le mot *âsu*, « rapidement, promptement. » Je remarque en outre qu'il faut certainement lire *phalam̃*, au lieu de *phola* de l'inscription. Nous sommes suffisamment préparés, par les analyses précédentes, à la suppression d'une nasale finale, quelque nécessaire qu'elle soit grammaticalement.

§ 7. SUR LES INSCRIPTIONS DES GROTTES PRÈS DE BUDDHA GAYÂ.

Parmi les monuments qui ont mis le plus brillamment en relief la rare sagacité de J. Prinsep, il faut placer au premier rang les inscriptions buddhiques gravées sur les parois des belles grottes creusées dans les montagnes voisines de Buddha Gayâ. Grâce à l'application heureuse de son système de déchiffrement, il y découvrit la mention d'un roi Buddhiste du nom de *Daçaratha*, dont il fit le second successeur du grand monarque Açôka, en s'autorisant du témoignage de Parâçara, reproduit par Çrîdhara svâmin[2]. Quoique jusqu'ici on n'ait pu, faute de documents analogues, tirer de cette inscription d'autres conséquences que celles qu'en a déduites J. Prinsep, l'inscription elle-même n'en mérite pas moins une attention particulière, et il importe que la critique soit fixée, autant que cela est actuellement possible, sur sa véritable signification. Elle nous fournit, d'ailleurs, une occasion excellente de montrer combien il est toujours nécessaire de vérifier sur les monuments les copies des inscriptions qu'on a lieu de croire relevées avec le plus de soin, et de rendre ainsi hommage au zèle et à l'habileté d'un des collaborateurs et successeurs de Prinsep, le capitaine Markam Kittoe.

Nous devons en effet à cet officier plein de talent une révision attentive des inscriptions déchiffrées par Prinsep, révision qui lui a fait découvrir des fragments nouveaux que n'avaient pas aperçu les précédents voyageurs[3]. Les copies qui en sont le résultat nous fournissent le moyen d'éclaircir divers points restés obscurs pour Prinsep, ou imparfaitement expliqués par lui. Quelques remarques suffiront pour montrer la supériorité des copies du capitaine Kittoe sur celles que Prinsep avait eues à sa disposition.

Des six inscriptions relevées par M. Kittoe, deux, les n°s 5 et 6, sont malheureusement très-incomplètes; trois, les n°s 1, 2 et 3, portent le nom du roi Daçaratha, une

[1] *Singhal. Diction.* t. II, p. 408.

[2] *Fac-similes of ancient Inscript.* dans *Journ. asiat. Soc. of Bengal*, t. VI, p. 676 et suiv.

[3] M. Kittoe, *Notes on the caves of Burabur*, dans *Journ. as. Soc. of Bengal*, t. XVI, 1re part. p. 401 et suiv.

seule, le n° 4, émane du roi Piyadasi, soit que ce nom désigne le Piyadasi des inscriptions dites d'*Açôka*, soit qu'il rappelle Daçaratha lui-même par l'épithète qui le signale dans les autres inscriptions. Je dois naturellement examiner d'abord celles des inscriptions de Daçaratha qui ont été déchiffrées par Prinsep, puisque c'est à ce déchiffrement qu'aidé par les excellents fac-similes de M. Kittoe, je compte apporter quelques rectifications. Je reproduis donc le n° 1 d'après la copie de cet officier, en séparant par des chiffres les quatre lignes dont se compose l'inscription.

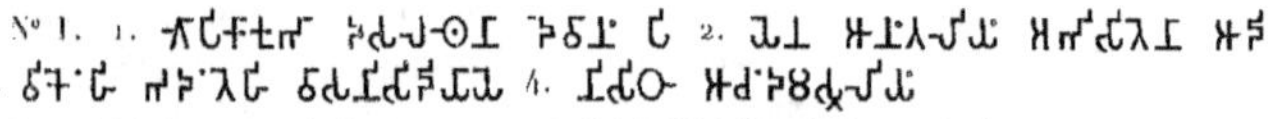

En voici la transcription exacte : *gôpikâ kubhâ Dasalathêna dêvânaṁ piyêna ânaṁtaliyaṁ abhisitêna âdivikêṁhi bhadaṁtêhi vâsanisidiyâyê nisiṭhâ âtchaṁdamasûliyaṁ*, et la traduction suivant Prinsep : « La caverne de la laitière creusée par les mains de la « secte la plus dévote des ascètes Bâuddhas, pour y résider dans la retraite, a été « désignée pour le séjour à perpétuité par *Dasalatha* (Daçaratha), le bien aimé des dieux, « immédiatement après son ascension au trône. » Quand on pense à l'imperfection de l'analyse sur laquelle J. Prinsep appuye cette traduction, on a lieu d'être surpris qu'il ne se soit pas plus écarté du sens véritable. Cependant, on peut traduire plus exactement encore : « La caverne de la bergère a été destinée par le roi *Dasalatha*, le bien aimé « des Dêvas, aussitôt après sa consécration au trône, à être un lieu d'habitation pour les « respectables mendiants, tant que dureront le soleil et la lune. »

Je ne crois pas que le texte autorise cette supposition que la caverne ou la chambre si régulière et si soigneusement polie où se trouve cette inscription, ait été creusée par des Religieux Buddhistes. Les mots *âdivikêṁhi bhadaṁtêhi* sont subordonnés à *vâsanisi diyâyê*, de cette manière : « pour le séjour de l'habitation par les respectables mendiants. » Il y a même lieu de supposer que la caverne existait déjà et qu'elle était connue sous le nom de *gôpikâ*, « la caverne de la bergère. » Cela semble résulter aussi de l'emploi du mot *nisiṭhâ*, qui est le pâli *nisiṭṭhâ*, probablement pour le sanscrit *nichṭhitâ*, « fixée, » ou encore pour *nisrĭchṭâ*, « confiée. » Cette dernière preuve cependant ne vaut pas celle que je tire du nom en apparence préexistant de la caverne, et le participe *nisiṭhâ* pourrait très-bien se dire aussi d'un premier établissement. Ce qu'il y a de probable, c'est qu'il existait dans le groupe de rochers granitiques qui s'élève au nord de Gayâ, des cavernes naturelles qu'on avait déjà distinguées par des noms, et que Daçaratha en fit des cellules qu'il destina aux Religieux Buddhistes qui voulaient vivre dans la retraite.

On doit à Prinsep l'explication du mot *kubhâ*, que je n'ai cependant pas encore rencontré dans les textes pâlis de Ceylan avec le sens de *caverne*, ainsi que celle des mots *gôpikâ*, *ânaṁtaliyaṁ*, *abhisitêna* et *bhadaṁtêhi*. Le premier de ces termes, *gôpikâ*, donne cependant lieu à une observation purement philologique en apparence, mais qui, avec d'autres mots que celui-ci, pourrait avoir plus de portée. En traduisant *gôpikâ kubhâ*, par « la ca« verne de la laitière, » on fait de ce terme un composé où *gôpikâ* est le substantif sanscrit signifiant *bergère*. Mais ne serait-il pas possible aussi que *gôpikâ* fut un adjectif dérivé de *gôpa*, en rapport avec *kubhâ?* On traduirait alors « la caverne des bergers, » la caverne où des bergers avaient coutume de se réunir. La modification que cette analyse apporte ici au sens n'est certainement pas considérable; il fallait cependant l'exposer, pour le cas où elle pourrait profiter à d'autres inscriptions moins faciles.

Quant aux autres parties du texte, Prinsep a été moins heureux. Ainsi *vâsanisidiyâyê* ne répond pas au sanscrit *vâsana siddhyâi*, mais à *vâsa nisîdyâya*, au datif, si toutefois un tel mot peut être régulièrement formé avec le sens de « lieu qui doit être habité, lieu fait « pour qu'on s'y établisse. » Les copies de M. Kittoe, en donnant *âtchaṁdamasûliyaṁ* (ce que Prinsep eut pu reconnaître dans la seconde de ses inscriptions), nous fournissent le véritable sens de l'expression où Prinsep voyait *âtchandramâ âlayaḥ*, « demeure qui doit « durer autant que la lune. » Ce composé se divise ainsi *â-tchaṁdama-sûliyaṁ*, et le dernier mot y représente le sanscrit *sûryam*. Sur les trois inscriptions qui portent le nom de *Dasalatha*, deux lisent *âtchaṁdama sûliyaṁ*, et une seule *âtchaṁdama âliyaṁ*. C'est d'après cette dernière leçon qu'avait traduit Prinsep, et c'est elle qui l'avait engagé à chercher en cet endroit l'idée de *demeure*, *âlaya*. L'autorité de Prinsep a fait croire à M. Kittoe que la leçon *sûliyaṁ* était une faute du graveur[1]; c'est le contraire qu'il faut dire : *sûliyaṁ*, pour *sûryam*, est la leçon véritable, et *âliyaṁ*, s'il existe en réalité sur le monument, ne donne aucun sens et a été gravé à tort à la place de *sûliyaṁ*.

Le seul terme vraiment difficile de cette inscription est celui que je lis *âdivikêṁhi* avec les fac-similes n°s 3 et 4 de M. Kittoe; car dans l'inscription n° 1, la syllabe *di* ressemble plutôt à *si*. Prinsep a cru reconnaître dans ce mot le sanscrit *âdivikramâiḥ*, auquel il a donné le sens de « par les plus dévots. » Mais il se présente contre cette explication une objection grave; c'est que le sanscrit *vikramâiḥ* devrait, dans ce dialecte populaire, se montrer sous la forme de *vikramêhi* ou *vikamêṁhi*, l'*anusvâra* qui précède la syllabe *hi* étant destiné à renforcer la formative de l'instrumental *êhi*, et ne représentant pas le *m* radical de *vikrama*. Pour moi, je n'hésite pas à faire ici appel à une transformation de lettres qui, pour ne plus exister, à ma connaissance du moins, que dans le singhalais, a cependant pu se produire anciennement dans l'Inde centrale sous l'influence des mêmes causes que celles qui ont présidé à la transformation des mots sanscrits en singhalais ou en Elu. En deux mots, la syllabe *di* représente pour moi la syllabe sanscrite *dji*, et *âdivikêṁhi* est pour *âdjîvikâiḥ*, « par les mendiants[2]. » Ces mendiants sont qualifiés de *bhadaṁta* « respec- « tables, » titre qu'on applique aux Religieux Buddhistes; ce ne sont donc pas des ascètes étrangers à la croyance de Çâkyamuni, comme on le voit quelquefois dans des textes pâlis et sanscrits, où on rapproche les *âdjîvikas* des *Nigaṇṭhas* et autres Religieux que les

[1] *Notes on the caves of Burabur*, dans *Journ. asiat. Soc. of Bengal*, t. XVI, 1re part. p. 412.

[2] Voici une liste de quelques mots singhalais comparés à leur prototype sanscrit, qui prouve l'existence de cette transformation; je me borne aux cas où la lettre à transformer est initiale : singhalais *divi*, « vie, » sanscr. *djîva*; *diva*, « langue, » s. *djihvâ*; *dêṭa*, « le meilleur, » s. *djyêchṭha*; *diya*, « victoire, » s. *djaya*, et aussi « monde, » s. *djagat*; *dava*, « rapide- « ment, » s. *djava*, « hâte; » *dala*, « eau, » s. *djala*; *dana*, « naissance, » s. *djana*, et aussi « genouil, » s. *djânu*; *dada*, « oiseau, » s. *dvidja*; *dannavâ*, « con- « naître, » s. *djnâ*. Cette transformation rappelle celle d'un *z* zend en un *d* persan.

Buddhistes méprisent pour leurs habitudes grossières. Il faut donc conclure de l'emploi qu'on fait de ce mot dans une inscription royale, que le nom d'*âdjîvika* (comme on doit l'écrire ici) n'avait rien d'injurieux, et que signifiant, d'après son étymologie, « celui « qui vit de la charité des autres, » il pouvait aussi bien s'appliquer aux Buddhistes qu'aux Brâhmanes. Le texte de notre inscription est d'ailleurs un argument de quelque poids en faveur de l'orthographe qui lit *âdjîvika*, plutôt que *adjîvaka*, avec un *ă*. L'allongement de la première voyelle doit résulter en effet de l'influence du suffixe *ika* qui s'ajoute au primitif *adjîva*, « absence de moyens de vivre, » d'où *âdjîvika*, « celui pour qui existe « l'absence de moyens de vivre. » Je ne dois pas oublier cependant de remarquer que Lassen a proposé pour ce mot une interprétation un peu différente, qui en restreint davantage le sens; il traduit *adjîvika*, avec un *a* bref, par *ohne lebendes*, et pense qu'on désignait ainsi les ascètes qui ne mangeaient rien de ce qui avait eu vie [1].

Quelques mots nous suffiront pour signaler les particularités par lesquelles les autres inscriptions des grottes de Gayâ se distinguent de celle que je viens d'expliquer. La seconde inscription ne diffère de la première que par le mot *vapiyakê kubhâ* et par *nisiṭhê*, au lieu de *nisiṭhâ*; la leçon *nisiṭhê* (le masculin pour le féminin) est certainement fautive. Quant au terme qui ouvre l'inscription et qui exprime le nom sous lequel était connue la caverne, Prinsep croyait qu'il représentait le sanscrit *viprikâ garbhaḥ*, et il le traduisait par « la caverne de la jeune fille Brâhmanî [2]. » Je ne pense pas que cette explication puisse se soutenir, parce qu'on ne s'explique pas comment *vipra*, « Brâhmane, » aurait perdu son *i* étymologique pour devenir *vapiyaka*. De plus, il n'est pas évident que nous ayons encore la lecture véritable de ce mot; le cap. Kittoe, qui a examiné avec soin l'inscription même, dit que la seconde lettre ressemble assez à un 𑀳 *ha*, mais qu'on remarque au-dessous un trait qui peut répondre à l'*ikar* bref (est-ce le *ri* qu'il veut dire?) qu'on a supposé ne pas exister en pâli; puis, après ces remarques, dont je ne comprends pas bien la portée, parce que le fac-simile de M. Kittoe ne me paraît pas en fournir les éléments, l'auteur ajoute que cette nouvelle lecture donnerait *vaprîha*, au lieu de *vaprîya*, de sorte qu'après avoir suspecté l'exactitude de la seconde lettre du mot, c'est la troisième qu'il change! Mais sa copie et celle de Prinsep, les seuls documents dont nous puissions faire usage à Paris, donnent 𑀯𑀧𑀺𑀬𑀓𑁂, que Prinsep nous a appris à lire *vapiyakê*, probablement pour *vapiyakâ*, terme qui serait ici au féminin comme dans les autres cavernes. Cette lecture, je l'avoue, ne m'a pas conduit à un sens définitif. On peut y voir l'altération d'un adjectif qui viendrait, soit du thème *vâpi*, « fontaine, » soit du thème *vapra*, « butte, chaussée, rempart. » Cette dernière explication répondrait assez à la situation de la caverne, au milieu des rochers granitiques où elle a été découverte. D'un autre côté, le nom de *gôpikâ* donné à une autre cellule nous invite à supposer que ces cavernes étaient dénommées d'après la profession de ceux qu'on voyait s'y retirer; de sorte qu'on pourrait songer aussi au primitif *vâpa* ou *vâpin*, « l'art de tisser ou le tisserand, » et traduire *vapiyakâ kubhâ*, « la caverne des tisserands. » Lassen, qui remarque juste-

[1] Lassen, *Ind. Alterth.* t. II, p. 107, note 2, à l'occasion du *Mahâwanso*, chap. x, p. 67.

[2] *Fac-similes of ancient Inscript.* dans *Journ. asiat. Soc. of Bengal*, t. VI, 2° part. p. 677.

ment que les noms de ces grottes ne sont pas très-clairs, propose de ramener *vapiyaka* à *vâpyaka* et de traduire ce mot par *étendu*[1].

L'inscription n° 3 ne diffère des deux précédentes que par le mot initial qui sert d'épithète à *kubhâ* et qui est écrit 𑀯𑀟𑀣𑀺𑀓𑀸 *vaḍathikâ*. Je soupçonne sous *vaḍatha*, primitif de *vaḍathikâ*, le sanscrit *vrĭddhârtha*, « celui qui a fait croître ses richesses; » car j'ai remarqué que l'influence d'un *rĭ* sanscrit, même après qu'il a été supprimé en pâli, agit encore sur la dentale voisine, et change un द *da* en ड *ḍa*. La dénomination résultant de cette analyse n'aurait rien d'extraordinaire. On aurait dit « la caverne de celui qui a cru en « richesses, » soit qu'un homme enrichi s'y fût retiré pour mettre à l'abri ses biens, soit qu'il y eût vécu en anachorète, après avoir renoncé à sa fortune.

Les trois inscriptions que je viens de rappeler portent toutes le nom de *Dasalatha*, le roi chéri des Dêvas; elles sont contemporaines de son accession au trône; conséquemment, en admettant avec le *Vichṇu purâṇa* que Daçaratha soit le petit-fils d'Açôka[2], et avec Turnour et Lassen, qu'Açôka soit le même que le *Piyadasi* des grandes inscriptions buddhiques dont je me suis occupé plus haut, les inscriptions de Gayâ ne seront pas de beaucoup postérieures à l'an 226 avant notre ère, époque à laquelle Lassen place la mort d'Açôka[3]. Les monuments ne nous ont pas jusqu'ici donné le moyen d'étendre ou de préciser davantage ce résultat exposé par Prinsep et adopté par Lassen[4]. Au reste, en attendant que de nouveaux livres viennent éclairer cette partie si importante de la chronologie indienne, je reproduirai ici le texte même du *Bhâgavata purâṇa* avec la glose de Çrîdhara svâmin, parce que Prinsep, qui en a fait usage le premier, a oublié d'indiquer en quelle partie de cette grande compilation il fallait le chercher. Au commencement du livre XII, chapitre 1, stance 12, on lit trois stances sur la famille des Mâuryas dont voici la traduction littérale :

« C'est ce Brâhmane (Tchânakya) qui consacrera roi par l'onction royale Tchandra- « gupta; le fils de ce roi sera Vârisâra, qui aura pour fils Açôkavardhana.

« Le fils de ce dernier sera Suyaças et le fils de Suyaças, Saṁgata. Ce dernier aura « pour fils Çâliçûka, qui donnera le jour à Sômasarman.

« Ensuite Çatadhanvan naîtra de Sômasarman et le fils de Çatadhanvan sera Vrihadra- « tha; ce sont là les dix rois Mâuryas, qui ont régné ensemble cent trente-sept ans[5]. »

Si l'on additionne les noms cités dans ces stances, on n'en trouvera que neuf; et si l'on compare ce résultat avec celui qui est consigné dans *Vichṇu purâṇa*, on trouvera également ces neuf noms, plus celui de Daçaratha, qui est donné comme fils de Suyaças et comme père de Saṁgata[6]. Annoncer dix rois et n'en nommer que neuf, c'est compter sur la connaissance que le lecteur est censé avoir à l'avance de ce dont on lui parle, et disons le franchement, c'est remplir son devoir de compilateur avec une incurie plus qu'indienne. Aussi Çrîdhara svâmin, qui est malheureusement trop sobre de rectifications de ce genre, commentant la troisième de ces stances en une phrase qui s'applique à

[1] *Ind. Alterth.* t. II, p. 272, note 2.
[2] Wilson, *Vishnu purâna*, p. 470 et note 24.
[3] *Ind. Alterth.* t. II, p. 271.
[4] *Ibid.* t. II, p. 272.
[5] *Bhâgavata purâṇa*, liv. XII, chap. 1, st. 12.
[6] *Vishnu purâna*, p. 468 et suiv.

toutes les trois à la fois, s'exprime ainsi : « Daçaratha, nommé le cinquième de ces rois « par Parâçara et par d'autres, doit être réintroduit ici; avec ce roi, les Mâuryas sont au « nombre de dix, et ils ont régné ensemble cent trente-sept ans. »

Au reste, quand même d'autres monuments viendraient plus tard déranger la place qu'occupe actuellement Daçaratha dans la série des Mâuryas, ce que nous devons tenir pour certain, c'est que les trois inscriptions qui portent son nom sont des monuments buddhiques. J'en trouverais la preuve dans un seul mot, dans le nom de *bhadanta* donné aux Religieux auxquels étaient assignées les grottes de Gayâ. Ce titre me paraît rarement employé chez les ascètes brâhmaniques. La dérivation des grammairiens indiens, qui le tirent de *bhad*, me paraît trop insuffisante : c'est bien toujours à ce radical que je le rattacherais; mais j'en ferais la forme prâcrite du participe présent de ce verbe, *bhadanta* pour *bhadat*.

Il nous reste encore à examiner trois inscriptions en caractères anciens qui portent sur le fac-simile de M. Kittoe les n°s 4, 5 et 6. Il est à regretter que ces inscriptions soient aussi frustes; car quoiqu'elles soient courtes et d'une rédaction peu variée, elles eussent pu nous fournir quelques mots ou encore inconnus, ou imparfaitement expliqués jusqu'ici. Elles offrent toutes les trois le nom du roi Piyadasi; deux sont datées de la douzième année de son règne, la troisième l'est de la dix-neuvième année. La première de ces trois inscriptions étant parfaitement lisible, il suffira d'en donner la transcription : *lâdjinâ piyadasinâ duvâdasavasâbhisitênâ iyaṁ kubhâ khalatikapavatasi dinâ âdivikêṁhi*, « Par le « roi Piyadasi, la douzième année de son sacre, cette grotte dans la montagne *Khalatika* a « été donnée [pour être habitée] par les mendiants. » Il est probable que l'inscription est incomplète et qu'elle devait se terminer à peu près comme les formules plus entières expliquées plus haut; car le mot *âdivikêṁhi* signifie ici comme dans les autres cavernes, « par « les mendiants, » et ce mot appelle nécessairement une idée comme celle de « donnée « afin d'être habitée par, etc. » Il se pourrait cependant que le mot *âdivikêṁhi* ait été employé comme datif, et s'il était démontré que l'inscription est réellement complète, ce serait la seule explication possible, et il faudrait traduire : « cette grotte a été donnée aux « mendiants. » Il est en effet à remarquer que M. Kittoe ne dit pas positivement que l'inscription soit restée inachevée; il signale seulement cette circonstance qu'il a restauré avec beaucoup d'attention les cinq derniers caractères qu'on avait cherché à effacer à coups de marteau. Toutefois, comme le travail intérieur de la grotte n'a pas été terminé, il se peut qu'il en soit de même de l'inscription.

Le seul mot encore inconnu de l'inscription et le plus intéressant est celui que je lis *khalatika pavatasi*, pour le sanscrit *skhalatika parvatê*, « dans la montagne glissante, » et plus littéralement, dans la montagne sur laquelle on ne peut marcher sans faire des faux pas. La grotte était donc creusée dans une partie de la montagne où l'on n'arrivait que difficilement; or c'est là exactement la situation où la description de M. Kittoe place la grotte dite de *Viçvamitra* sur les murs de laquelle a été gravée notre inscription. Voici ses propres paroles qui méritent d'être rapportées : « Nous arrivons ensuite au haut de « la face raide et glissante d'une masse nue de syénite de plus de cent pieds, où paraissent

« les restes d'un mur grossièrement construit, qui relie entre elles les masses de rochers; « avançant au delà, à une petite distance, et glissant du haut en bas d'un roc que la ré- « pétition de cette pratique a fini par polir, nous nous trouvons auprès de la première « caverne nommée *Viçvamitra*[1]. » On voit que la montagne où se trouvait cette grotte ne pouvait être mieux désignée que par le mot *khalatika*, « où l'on ne marche qu'en glis- « sant; » la convenance d'une telle dénomination, jointe à la forme même du mot *khalatika*, m'engage à croire que c'était là le nom propre de cette montagne.

La cinquième inscription, qui est du même roi et de la même année, est mutilée et illisible dans ses huit derniers caractères. Ce que M. Kittoe en a copié donne cette lecture : *lâdjinâ Piyadasinâ duvâdasavasâbhisitênâ iyaṁ nigôhakubhâ di*, plus huit lettres frustes. Cette inscription qui se voit dans la grande grotte à l'extrémité de laquelle est un *Tchâitya*, et qu'on nomme actuellement *Satgarbha*, a été, selon M. Kittoe, détruite à coups de marteau, particulièrement vers la fin. M. Kittoe y lit *nigôpa* le seul mot qui soit encore inconnu; mais son fac-simile donne clairement *nigôha*, sauf la première lettre qui est un peu confuse. Si l'on admet qu'elle représente la syllabe *ni*, le mot *nigôha* signifiera, soit *cachette*, soit *le figuier indien*; car *nigôha* est l'altération populaire de *nigrôdha*, qui a été employé concurremment avec le classique *nyagrôdha*. La syllabe *di* qui suit ce mot, est peut-être l'initiale de *dinâ* ou *diṁnâ*, pour *dinnâ*, « donnée; » mais ce peut être aussi le commencement du mot par lequel on dénommait la montagne où était creusée cette caverne. Ce qui me porterait à croire que cela est ainsi, c'est que, à la troisième avant-dernière figure, on peut encore reconnaître la syllabe *si*, qui serait la fin de *pavatasi*, comme dans l'inscription précédente. La partie de l'inscription qui reste actuellement doit se traduire ainsi : « Par le roi Piyadasi, la douzième année de son sacre, cette caverne « du *nigôha* (le figuier indien) a été donnée; » le reste manque.

La sixième inscription qui se compose de cinq lignes se trouve dans la grotte dite *Karan tchâupar*. Il est fort à regretter qu'elle soit si fruste; car, outre qu'elle est du même roi Piyadasi, elle porte une autre date de son règne, et les termes y sont disposés d'une manière nouvelle. A la première ligne, on voit distinctement *lâdjâ Piyadasi*, « le roi Piya- « dasi, » ce qui met le roi en scène au nominatif, à la différence des autres inscriptions où il paraît à l'instrumental. Le signe qui vient ensuite est presque effacé; mais je crois y reconnaître un *ê* initial que je joins aux signes suivants, lesquels me donnent, si je ne me trompe, *êkânêvisitivasâbhisitê*. En admettant quelques légères irrégularités dans la forme des voyelles, on doit lire *êkônavîsativasâbhisitê*, « la dix-neuvième année depuis son sacre. » Ce qui reste de l'inscription est trop effacé pour suggérer, à mes yeux du moins, même un sens conjectural. Après deux caractères frustes vient *thaṁ*, qui ferait penser à *thaṁbha*, si le signe qui succède à *thaṁ* était plus clair. On aimerait à voir ici *sîlathaṁbha*, « co- « lonne de la morale, » ce qui serait une allusion aux édits moraux qu'avait déjà fait inscrire Piyadasi sur un si grand nombre de colonnes dans diverses contrées de l'Inde centrale. Malheureusement, je ne puis rien faire des deux signes qui suivent *thaṁ* et auxquels succède *mathâta*, plus un signe illisible. Viennent ensuite six caractères parfaitement

[1] *Journ. asiat. Soc. of Bengal*, t. XVI, 1re part. p. 405.

lisibles qui donnent : *iyaṁ kubhâ sapiyêkha*, ou peut-être *supiyêkha*, ce qui semble indiquer une proposition qui commence et qui devait renfermer à peu près les termes suivants, « cette caverne, » avec sa désignation ou celle des personnes auxquelles elle était destinée par le roi, le tout rendu par six caractères, dont les quatre premiers se lisent, comme je viens de le dire, *sapiyêkha*, et dont les cinq autres sont complétement effacés, plus le mot *dinâ*, dont la première syllabe est fruste et la seconde, *nâ*, est parfaitement visible. L'inscription est terminée par le signe du *Svastika*. Quelque peu productives que soient, quant à présent, ces remarques, j'ai cru cependant devoir les donner, pour que des lecteurs, ou mieux servis que moi par leur pénétration, ou éclairés par la connaissance d'autres monuments, puissent s'exercer sur ces curieux restes de la puissance du Buddhisme dans le Bihar, l'ancien théâtre des premières prédications de Çâkyamuni.

N° XI.

SUR LES DIX FORCES D'UN BUDDHA.

(Ci-dessus, chap. III, f. 40 *a*, p. 367.)

Les dix forces d'un Buddha sont une des catégories intellectuelles et morales auxquelles il est fait le plus fréquemment allusion dans les livres canoniques des Buddhistes, et l'idée en doit être ancienne, car on les trouve aussi souvent rappelées dans les textes du Népal, que dans ceux de Ceylan. La conviction où sont les Buddhistes de toutes les écoles que le Buddha les possède au degré le plus élevé, lui a fait donner le titre de *Daçabala*, « celui qui a les dix forces. » Ce titre est un des plus estimés de ceux qu'il porte; on le trouve à chaque instant dans les textes, et il paraît même sur des monuments épigraphiques où il est question du Buddha Çâkyamuni. J'en citerai pour exemple l'inscription gravée sur une plaque de cuivre que M. Bird a trouvée dans un des Stûpas de Kanarî ouvert par lui, il y a quelques années[1].

[1] J. Bird, *Opening of the Topes at the Caves of Kanari near Bombay and the relics found in them*, dans *Journ. asiat. Soc. of Bengal*, t. X, 1re part. p. 94 et suiv. et *Histor. researches on the Bauddha and Jaina religions*, p. 10 et pl. XLVII, n° 28. On voit qu'il existe déjà deux copies de cette inscription, qui est une des plus curieuses qu'on ait encore découvertes dans l'Inde; mais soit que ces copies aient été exécutées négligemment, soit que la planche de cuivre ait été primitivement mal gravée, je n'ai pu la lire entièrement, ni rallier à un sens suivi les parties du texte sanscrit qui me sont intelligibles. Je dois cependant dire que la traduction donnée par les Pandits de Calcutta ne peut soutenir un examen sérieux. Ainsi la date et le lieu qui sont ainsi exprimées au commencement de l'inscription : *bhrukuṭakana pravarddhamâna râdjya samvatsara çatadvaya pañtchatchatvâriçad uttarê Krĭchṇagiri mahâvihârê*, signifient, selon les Pandits : « dans l'année du règne de la ligne *Trukudaka*, environ cent ans à *Bardhamanu*, 54 au nord « et 85 à *Mahâ behar.* » Quoique l'ère et le royaume dont il est ici question ne soient pas encore déterminés, il est évident que la première ligne de l'inscription doit se traduire littéralement : « après l'an « 245 du royaume de *Bhrukuṭakana pravarddhamâna*, « dans le grand *Vihâra* de *Krĭchṇagiri.* » Rien n'indique qu'il soit ici question de l'ère de Vikramâditya; j'aimerais mieux supposer que cette date se rapporte à l'ère des Balabhis que l'on place vers l'an 318 de J. C. (Prinsep, *Useful tables*, part. II, p. 107, et

Mais si les allusions que font les textes à ces dix forces sont aussi fréquemment répétées que l'est le titre qu'elles ont valu au Buddha, on n'en peut dire autant de l'énumération de ces dix forces elles-mêmes, et surtout des explications dont chacune d'elles aurait besoin. Ce silence des textes est très-aisément explicable; les auteurs n'ont pas besoin de dire ce que sont les dix forces, chaque fois qu'ils en parlent : la définition en a dû être donnée une fois pour toutes dans les commentaires qui ont été composés à l'époque où le Buddhisme a essayé de se constituer sous une forme dogmatique.

De ces deux sources d'instruction, l'énumération des dix forces, et l'explication de chacune d'elles, je n'ai encore trouvé que la première en sanscrit, tandis que je les ai rencontrées l'une et l'autre dans un texte pâli de Ceylan. La première m'est fournie par le *Vocabulaire pentaglotte* des Chinois, la seconde, par le *Djina alañkâra* des Singhalais[1]. Nous avons de plus à notre disposition l'interprétation tibétaine que M. Foucaux a placée dans une note de sa traduction du *Rgya tch'er rol pa*, à l'occasion de la catégorie des dix forces[2]. J'avais espéré trouver un secours de plus dans le commentaire du lexicographe Hêmatchandra sur l'*Abhidhâna tchintâmaṇi;* mais soit qu'il existe quelque déplacement fautif dans les manuscrits qui ont servi à l'édition de Saint-Pétersbourg, soit que l'auteur, Hêmatchandra, eut perdu sur ce point la véritable tradition buddhique, la liste qu'il donne des dix forces d'un Buddha n'est autre que celle des dix *Pâramitâs* ou vertus transcendantes dont j'ai traité plus haut[3], sauf la substitution de *çânti* « la quiétude » à la sixième vertu, qui est *pradjñâ* « la sagesse, » selon la liste du *Vocabulaire pentaglotte*. Il faut donc

Reinaud, *Mémoire sur l'Inde*, p. 104 et 105.) Cette supposition, qui reporterait l'inscription, et par suite la fondation du Dhagobh au milieu duquel elle a été trouvée, vers la fin du VI° siècle de notre ère, s'accorde assez bien avec le style du caractère sanscrit, qui rappelle, quoique imparfaitement, quant à la pureté des formes, le sanscrit des Guptas de Kanoudje. Quant au lieu où a été élevé le Dhagobh, ou comme s'exprime le texte, le *Tchäitya*, si je le lis bien, comme je crois le faire, c'est le Mahâvihâra, ou le grand monastère de *Krïchṇagiri*. Or il est fort possible que *Krïchṇagiri*, « la montagne noire ou la « montagne de *Krïchṇa*, » soit le type ancien du nom moderne de *Kannari*, comme l'écrivent quelques auteurs, et en particulier Fergusson (*Illustr. of the Roc cut temples of India*, passim); car on sait que le sanscrit *Krïchṇa* devient en pâli *Kaṇha*, et dans le *Prem sagar*, le jeune héros Krïchṇa est à tout instant nommé *Kânhâ*. (*Prem sagar*, p. 17, éd. Eastwick.) A la fin de la seconde ligne et au commencement de la troisième, je lis distinctement *daçabalabalinô bhagavataç Çâkyamunês samyaksambuddhasya*, « du bienheureux Çâkyamuni parfaite-« ment et complétement Buddha qui possède les « dix forces, » où nous voyons l'expression de *daçabala* qui fait l'objet même de la présente note. A la quatrième ligne, je lis encore *tasyäiva paramamunêr agryaçrâvakasyâryaçâradvatîputrasya tchäitya*, « pour l'Ârya, fils de *Çâradvatî*, le premier des audi-« teurs de cet excellent solitaire, ce *Tchäitya*. » Malgré les lacunes qui précèdent et qui suivent, nous apprenons par ce passage que le *Tchäitya* ou Dhagobh de Kanari, celui-là même qui se trouve devant la grande chambre contenant un autre Dhagobh, avait été élevé à la mémoire de *Çâriputtra*, le premier des disciples de Çâkyamuni, dont les titres religieux forment le début de l'inscription. Par qui cette marque de respect lui avait-elle été donnée? Est-ce par le *Buddharutchi* de la fin de la troisième ligne, si tant est qu'il ne faille pas lire *Buddharutchêr* et faire de ce mot une épithète, « de celui qui a l'éclat « d'un Buddha, » c'est ce que je ne saurais décider, à cause de l'obscurité du reste.

[1] *Vocab. pentagl.* sect. V; *Djina alañkâra*, f. 14 b, l. 5 et suiv.

[2] *Rgya tch'er rol pa*, t. II, p. 46.

[3] *Abhidhâna tchintâmaṇi*, st. 234, p. 38 et schol. p. 317; ci-dessus, n° VII, p. 544 et suiv.

laisser de côté la liste de Hêmatchandra qui ne nous apprendrait rien, pour porter toute notre attention sur celle du *Vocabulaire pentaglotte*, et particulièrement sur les commentaires du *Djina alaṁkâra*. Il est à regretter que mon manuscrit ne soit pas assez correct pour que j'en aie pu donner une traduction suivie; mais ces commentaires sont si développés, et les exemples empruntés aux livres canoniques dont ils se composent sont si nombreux, qu'il est presque toujours possible de comprendre la pensée du scholiaste. C'est, je l'espère du moins, ce que le lecteur va bientôt reconnaître lui-même.

La première force d'un Buddha, selon le *Vocabulaire pentaglotte*, est *Sthânasthânadjñâna-balaṁ* : il y a là une légère faute de copiste que l'on corrigera en lisant *sthânâsthâna*; en pâli, cette force se nomme *thânâthânañâṇaṁ*. Que l'on traduise littéralement ce terme d'après le sanscrit, « la force de la science des positions et des non-positions, » où d'après le Tibétain, comme fait M. Foucaux, « la force de la science du stable et de l'instable, » la définition sera aussi inintelligible d'un côté que de l'autre. Ces obscurités se dissipent à la lecture du commentaire du *Djina alaṁkâra* : voici en effet ce que j'y trouve. Lorsque le Tathâgata, celui qui donne la science, s'adresse à ses auditeurs pour les instruire, il emploie les trois formules suivantes : « faites cela; faites-le par ce moyen-là; faire cela « vous produira de l'avantage et du bonheur. » L'auditeur ainsi instruit, qui se conforme à la parole du Maître doit atteindre à tel résultat, obtenir un rang donné. C'est là un *sthâna* ou un *thâna*, c'est-à-dire une position, ou une proposition légitime, une assertion permise, et en fait, quelque chose de possible. Mais dire que l'auditeur ainsi instruit, qui n'accomplit pas les devoirs de la morale, obtiendra tel ou tel rang, c'est là une proposition illégitime, une assertion qui n'est pas permise, en fait, quelque chose d'impossible, ou, comme dit la définition, un *asthâna* ou *athâna*. Le Tathâgata dans la bouche duquel le commentateur place cet énoncé, qui est vraisemblablement emprunté à quelque *Sutta*, énumère ainsi un grand nombre de thèses dont les unes passent pour fondées, les autres pour non fondées; tantôt c'est l'affirmative, tantôt la négative qui précède. Voici quelques-unes de ces thèses prises pour exemple par le Tathâgata. Qu'un homme éclairé prive sa mère de la vie, c'est là une thèse inadmissible; mais qu'un homme vil se souille d'un tel crime, c'est là une thèse possible. Qu'un homme éclairé produise un schisme dans l'Assemblée des Religieux, c'est là une thèse impossible; mais qu'un homme vil commette ce crime, c'est là une thèse possible. Qu'un homme éclairé voulant nuire au Tathâgata fasse couler son sang, ou détruise le *Stûpa* du Tathâgata, après qu'il est entré dans le *Nirvâṇa* complet, c'est là une thèse inadmissible; mais qu'un homme vil se rende coupable de ces divers crimes, c'est là une thèse parfaitement admissible. La science approfondie de ces diverses propositions est ce qu'on nomme *Sthânâsthânadjñâna*, « la connaissance des propositions admissibles et des propositions inadmissibles, » ou, dans notre langage, du possible et de l'impossible en droit. L'homme, avec sa raison limitée, ignore réellement ce qui est possible et ce qui ne l'est pas; un Buddha seul, connaissant toutes les lois, sait quelle chose est possible et quelle autre est impossible. Le mot *sthâna*, et en pâli, *thâna*, se prête donc à deux acceptions qui reviennent au fond à une seule. S'agit-il des réalités dont on constate les rapports, *sthâna* signifie « situation, position; » mais s'il s'agit de l'enseignement qui fait connaître ces rapports, en les affirmant ou en les niant, *sthâna* doit signifier « position, proposition, thèse. » Ainsi, l'homme vertueux est heureux et l'homme vertueux est malheureux, sont deux situations dont l'une est, et dont l'autre n'est pas, au moins en droit; et ce sont aussi pour le Buddha qui énonce ces affirmations contradictoires, deux positions, dont l'une est admissible, et dont l'autre ne l'est pas. Au reste, je dois me hâter d'ajouter que le sens assigné ici à *sthâna* n'appartient pas en propre aux Buddhistes; il est parfaitement classique et se trouve justifié par un texte de la Bhagavad gîtâ où Schlegel traduit bien *sthânê* par *jure*, « avec juste raison [1]. »

La deuxième force est, selon le *Vocabulaire pentaglotte*, *Karmavipâkadjñânabalam*, « la « force de la connaissance de la maturité des actions, » et, selon le *Djina alaṁkâra*, *Sabbatthagâminîpaṭipadâñâṇaṁ*, « la connaissance des degrés qui échoient universellement (aux « êtres). » C'est, avec d'autres mots, la même idée que la définition du *Vocabulaire pentaglotte*, et les développements qui suivent ne laissent aucun doute à cet égard. Les Tibétains traduisent dans le même sens, « la science de la maturité complète des œuvres. » Voici maintenant comment le commentateur du *Djina alaṁkâra* entend cette force en la rattachant à la précédente. Bhagavat a dit que tous les êtres, quels qu'ils soient, se placent ou dans les positions dites *thâna*, ou dans les positions dites *athâna*, c'est-à-dire qu'ils commettent des actions donnant lieu soit à des thèses admissibles, soit à des thèses inadmissibles. Les auteurs de ces deux catégories d'actions vont les uns dans le ciel, les autres dans les existences inférieures où ils sont punis et malheureux; d'autres enfin atteignent le *Nibbâna*. Les créatures sont toutes destinées à mourir, car la vie c'est la mort. Elles seront placées après leur vie selon leurs œuvres, et recueilleront le fruit de leurs vertus ou de leurs vices. Les pécheurs renaîtront dans l'enfer, les hommes vertueux reparaîtront dans une meilleure existence; mais d'autres, ayant reconnu la véritable voie, parviendront au *Nibbâna* complet. Ces derniers sont ceux qu'on nomme *anâsavâ*, « exempts des souillures « du péché, » et comme le dit positivement le commentateur, « affranchis des causes qui « produisent la renaissance. » Ils atteignent le *Nibbâna* ou, à proprement parler, ils s'anéantissent comme une flamme éteinte qui ne se rallume plus. L'enfer, une bonne existence, le *Nibbâna*, ce sont là les rangs ou degrés du péché, de la vertu, et de l'affranchissement de toute imperfection. De ces trois degrés, ceux qui ont pour résultat un état quelconque d'existence, sont les degrés universels; celui qui a pour but l'anéantissement ou la non-existence est le degré essentiel. La science qui connaît à fond tout cela se nomme « la con- « naissance des degrés qui échoient universellement aux êtres. »

La troisième force, selon le *Vocabulaire pentaglotte*, est *Viçvaçradhadjñânabalaṁ*. Cet énoncé doit être fautif, car, tel qu'il est, il ne se prête à aucune traduction. Au lieu de *çradha*, il faut certainement lire *çraddhâ*, de sorte qu'on traduirait ainsi cette catégorie : « la force de la connaissance de la foi de tous. » Cela n'est certainement pas encore clair, et j'ajoute que la version tibétaine, « la force de la science des divers respects, » ne l'est pas davantage. C'est cependant bien l'énoncé du *Vocabulaire pentaglotte* qu'entendent rendre ainsi les Tibétains; ce point me paraît évident malgré l'obscurité de leur version.

[1] *Bhagavad gîtâ*, chap. XI, st. 36, éd. Lassen.

Ce qui ne l'est pas moins à mes yeux, c'est que le *Vocabulaire pentaglotte* place ici sous le n° 3 une catégorie qui, dans le *Djina alaṁkâra*, paraît seulement sous le n° 4, et que ce déplacement est fautif en ce qu'il rompt la série des explications par lesquelles le commentateur de ce dernier ouvrage rattache les uns aux autres les divers termes de l'énumération des dix forces. Je n'hésite donc pas à préférer ici l'autorité du *Djina alaṁkâra* à celle du *Vocabulaire pentaglotte*, et prenant pour le n° 3 l'énoncé que le premier de ces deux textes place sous ce numéro même, je renverse l'ordre du *Vocabulaire*, remontant au n° 3 son n° 4 actuel, et descendant son n° 3 au lieu et place de son n° 4.

Le résultat de cette interversion, c'est que le n° 4 actuel du *Vocabulaire*, devenu pour moi le n° 3 véritable, est ainsi conçu : *Nânâdhâtudjñânabalaṁ*, littéralement, « la force de la con- « naissance des éléments multiples. » Cet énoncé est, selon le *Djina alaṁkâra*, *Anêkadhâtunânâdhâtuñâṇaṁ*, « la connaissance des éléments multiples et des éléments divers. » Les Tibétains le traduisent ainsi : « la force de la science des diverses régions. » Nous allons voir que le mot « région » n'est qu'une traduction imparfaite du terme de *dhâtu*, « élément, » et qu'il faut entendre ce terme dans le sens très-large que j'ai essayé de justifier plus haut[1]. Voici en effet comment s'exprime le commentateur du *Djina alaṁkâra* : « Le degré universel, c'est le monde des éléments multiples; le degré spécial ou individuel, c'est le monde des éléments divers. Or, qu'est-ce que le monde des éléments multiples? C'est l'ensemble de tout ce qu'on appelle *dhâtu* ou « élément, » savoir : la vue, la forme et la notion que donne la vue; l'ouïe, le son et la notion que donne l'ouïe; l'odorat, l'odeur et la notion que donne l'odorat; le goûter (ou la langue), le goût et la notion que donne le goûter; le toucher (ou le corps), l'attribut tangible et la notion que donne le toucher; le manas (l'esprit ou le cœur), le mérite moral (ou l'être) et la notion que donne le *manas*. Il faut ajouter à cette série les éléments comme la terre, l'eau, le feu, le vent, l'espace (ou l'éther) et l'intelligence (ou la connaissance); puis, ce qu'on nomme encore *dhâtu*, comme le désir, la méchanceté, la cruauté, l'inaction, l'absence de méchanceté, l'absence de cruauté; comme encore la douleur, le désespoir, l'ignorance, le plaisir, le contentement, l'indifférence; comme encore le désir, la forme, l'absence de forme, la cessation, la conception, le *Nibbâna*. Tout cela constitue ce qu'on appelle le monde des éléments multiples. Voici maintenant ce que c'est que le monde des éléments divers. C'est comme quand on dit : autre est l'élément de la vue, autre est l'élément de la forme, autre est l'élément que donne la vue, et ainsi de tous les autres éléments énumérés tout à l'heure jusqu'à ceux-ci; autre est l'élément des conceptions, autre est l'élément du *Nibbâna*. » La science qui connaît à fond tout cela se nomme *Anêkadhâtunânâdhâtuñâṇam*, « la connaissance des éléments multiples « et des éléments divers. »

La transposition que je viens d'adopter pour cette partie de l'énumération du *Vocabulaire pentaglotte*, rendue déjà si vraisemblable par les observations précédentes, a cependant besoin, pour être acceptée définitivement, qu'on reconnaisse que le n° 3 du *Vocabulaire* est bien en réalité le n° 4 du *Djina alaṁkâra*. J'en fais ici la remarque parce que ces deux énoncés n'ont, au premier coup d'œil, aucune ressemblance l'un avec l'autre.

[1] Ci-dessus, *Appendice*, n° IV, p. 511.

Après la correction que je proposais tout à l'heure, celui du *Vocabulaire* devrait se lire : *Viçvaçraddhâdjñânabalaṁ*, tandis que le *Djina* nous donne *Sattânaṁ nânâdhimuttikatâñâṇaṁ*, ce qui signifie d'un côté « la force de la connaissance de toute foi ou de la foi de « tous, » et de l'autre, « la connaissance des diverses dispositions des créatures. » Mais la diversité de ces deux énoncés est plus apparente que réelle; elle disparaît dans la vaste étendue des significations qu'embrasse le mot *adhimutti*, pour le sanscrit *adhimukti*. Je me suis précédemment expliqué sur ce mot qui exprime, en général, les dispositions intellectuelles ou même morales, en un mot les inclinations[1]. Or, parmi les inclinations diverses des êtres, la foi joue un des premiers rôles; voilà pourquoi le *Vocabulaire pentaglotte* se représente la troisième force d'un Buddha de cette manière : « la force de la connaissance « de la foi de tous les êtres. » L'énoncé si divergent des Tibétains trouve également ici son explication; car, sous les mots « la connaissance des divers respects, » je soupçonne l'existence du mot *mos*, que Csoma de Cörös rend toujours par « respect, égard, » mais qui répond régulièrement au sanscrit *adhimukti*. Il s'agit donc ici de la puissance qu'a le Buddha de connaître les inclinations, les dispositions de tous les êtres; les développements du *Djina alaṁkâra* mettent cette assertion hors de doute. Quel que soit l'élément pour lequel les créatures ont de l'inclination, dit notre auteur, c'est vers cet élément qu'elles tendent, c'est dans cet élément qu'elles se fixent. Quelques-uns ont de l'inclination pour la forme, d'autres pour l'odeur, la saveur, l'attribut tangible, le mérite moral ou la loi. Ceux-ci ont de l'inclination pour la femme, ceux-là pour l'homme; d'autres ont des inclinations misérables ou élevées; quelques autres enfin ont de l'inclination pour l'état de Dêva ou pour le *Nibbâna*. La science approfondie de ces diverses dispositions, science qui permet de dire : celui-là peut ou ne peut pas être converti, celui-là tend vers le ciel, celui-là tend vers une existence misérable, se nomme *Sattânaṁ nânâdhimuttikatâñâṇaṁ*, « la connaissance des diverses inclinations des êtres. »

La divergence que j'ai signalée entre le *Vocabulaire pentaglotte* et le *Djina alaṁkâra*, s'augmente avec le n° 5, et je suis certain que les énoncés de ces deux ouvrages n'expriment pas la même catégorie. Suivant le premier, la cinquième force est *Intriyaparâparadjñânabalaṁ*, terme qui, après la correction du premier mot, *indriya* au lieu de *intriya*, doit signifier « la force de la connaissance de celui qui est supérieur et de celui qui est in- « férieur par les organes des sens. » Cette interprétation est reproduite par les Tibétains de cette manière : « la science des organes bons ou mauvais. » L'expression n'est sans doute pas assez claire, parce qu'on ne voit pas s'il s'agit des organes de celui auquel on attribue cette force de connaissance, ou bien de ceux des personnes étrangères; mais la version tibétaine n'en est pas moins très-rapprochée de l'énoncé du *Vocabulaire pentaglotte*. Il n'en est pas ainsi de la formule des Buddhistes du sud; la voici telle que la donne le *Djina alaṁkâra : Atîtânâgatapatchtchuppannânaṁ kammasamâdânânaṁ vipâkavêmattatâñâṇaṁ*, c'est-à-dire, si je ne me trompe pas, « la connaissance de la mesure diverse des « conséquences résultant des déterminations d'agir passées, futures et présentes. » Nous allons voir tout à l'heure que le *Djina alaṁkâra* place au septième rang l'énoncé du *Voca-*

[1] Ci-dessus, chap. I, f. 16 *b*, st. 80, p. 337 et suiv.

bulaire pentaglotte, et comme l'énumération du *Djina* se compose de termes liés entre eux, ici encore je donne la préférence à ce livre sur le *Vocabulaire*. « Maintenant, dit le commentateur, rattachant sa définition de la cinquième force à celle de la quatrième, selon les inclinations qu'ont les êtres, ils prennent telle ou telle résolution, c'est-à-dire qu'ils se déterminent pour l'action dont il y a six espèces : les uns sous l'influence de la cupidité, les autres sous celle de la haine; ceux-ci sous celle de l'erreur, ceux-là sous celle de la foi; d'autres sous celle de l'énergie, d'autres enfin sous celle de la sagesse. Ces agents, divisés en deux catégories, donnent lieu à la révolution du monde. Dans ce cas, l'action qu'on accomplit sous l'influence de la cupidité, de la haine et de l'erreur, est une action noire, et elle a un résultat noir aussi. L'action qu'on accomplit sous l'influence de la foi, mais sans énergie ni [sagesse], est une action blanche, et elle a un résultat blanc aussi. L'action qu'on accomplit sous l'influence de la cupidité, mais sans haine, et sous l'influence de l'erreur, de la foi et de l'énergie réunies, est une action à la fois ténébreuse et lumineuse, et elle a un résultat de même nature qu'elle. L'action qu'on accomplit sous l'influence de l'énergie, mais sans sagesse[1], est une action qui n'est ni noire ni blanche, et dont le résultat n'est ni noir ni blanc. C'est la meilleure action, l'action la plus excellente; elle aboutit à la destruction de l'action[2]. Il y a ensuite quatre résolutions d'agir : celle qui donne du plaisir dans le présent pour produire dans l'avenir de la douleur; celle qui donne de la peine dans le présent pour produire dans l'avenir du plaisir; celle qui donne de la douleur dans le présent pour en produire également dans l'avenir; celle qui donne du plaisir dans le présent pour en produire dans l'avenir également. Suivant que les hommes agissent, d'après telles et telles résolutions, lesquelles constituent l'ensemble de leur conduite, Bhagavat leur donne ou ne leur donne pas l'enseignement. C'est ainsi qu'il n'essaye pas de convertir l'homme naturellement pervers, comme *Dêvadatta*, fils de *Kôkalî*[3]. Mais quand il trouve des êtres qui n'ont pas comblé la mesure du vice, comme *Aṅgulimâla*, il ne désespère pas de les convertir et leur enseigne la loi. La science qui sait reconnaître et distinguer clairement les divers résultats des déterminations et des actions humaines, se nomme « la connaissance de la mesure diverse des conséquences ré- « sultant des déterminations d'agir passées, futures et présentes. »

Dans cette définition, il y a un mot, *samâdâna*, qui joue le rôle principal; je le prends dans le sens de « détermination, résolution, parti, » et particulièrement ici de « détermi- « nation suivie d'effet. » Le sens général de « résolution » me paraît résulter d'une glose de *Mahânâma* sur une des premières stances du *Mahâvaṁsa*, où l'expression *paṇidhi*, « vœu, » est employée, dit le commentateur, *aviparîtadaḍhasamâdânâni dassanatthaṁ*, « pour mon- « trer ses déterminations fermes et qui ne doivent pas rencontrer d'obstacles[4]. » Mais le sens particulier de « détermination suivie d'acte, » est ici le seul admissible, car il n'est question dans le passage que des actions humaines et de la mesure des résultats qu'elles amènent à leur suite.

[1] N'y aurait-il pas ici une négation de trop, et ne faudrait-il pas lire : « sous l'influence de l'énergie et « de la sagesse ? »

[2] Conf. *Bhagavad gîtâ*, chap. XVII et XVIII.

[3] Voyez ci-dessus, p. 305.

[4] *Mahâv. ṭîkâ*, f. 21 *a*, med.

Il resterait cependant ici une difficulté, c'est la ressemblance remarquable qui existe entre la seconde force et celle que je viens d'examiner. La seconde force, en effet, consiste dans la connaissance du résultat des actions; la cinquième consiste dans l'appréciation des conduites. Y a-t-il là, peut-on se demander, une différence assez marquée pour constituer deux catégories distinctes dans une énumération qui n'a que dix termes? Certainement, pour la logique européenne la différence est plus apparente que réelle; mais il serait peu équitable de juger les classifications des Buddhistes d'après les procédés perfectionnés des méthodes modernes. Voici, si je ne me trompe, sur quel point porte la différence de la deuxième force d'avec la cinquième. La seconde force consiste dans cette connaissance que les actions, lorsqu'elles sont arrivées à leur maturité complète, ont un triple résultat. La cinquième force consiste dans la connaissance des diverses conduites et des conséquences inégales et variées qu'elles entraînent après elles. L'une est générale et absolue, l'autre est particulière et relative; l'une atteint le résultat définitif, l'autre mesure et apprécie des conséquences partielles et passagères. Ajoutons que la cinquième force a particulièrement trait à l'enseignement du Buddha; c'est la lumière qui lui montre ceux auxquels il peut adresser sa parole, comme aussi ceux qu'elle doit trouver rebelles. Au contraire, le seul rapport qu'offre la seconde force avec les procédés d'enseignement du Buddha, c'est qu'il s'en sert pour poser absolument et comme une thèse irréfutable, la triple assertion qui est pour lui un véritable dogme. Des commentaires plus étendus que ceux que nous possédons nous révéleraient peut-être des différences plus essentielles entre ces deux énoncés. Quant à présent, celles que je signale me paraissent suffire pour justifier des classificateurs aussi minutieux en général, et en même temps aussi peu difficiles que le sont les Buddhistes.

Revenons maintenant à l'énoncé du *Vocabulaire pentaglotte*. On vient de voir que le n° 5 de ce recueil répond au n° 7 du *Djina alañkâra*, et l'on reconnaîtra tout à l'heure que les deux listes se suivent régulièrement à partir du n° 6 jusqu'à la fin. Il résulte de là qu'il y a dans la liste du *Vocabulaire* un énoncé, le 7ᵉ, qui resterait sans explication, si nous ne le ramènions pas ici, à la seule place qui soit vacante. Cet énoncé s'éloigne cependant d'une manière sensible de la définition du *Djina alañkâra* qui forme le n° 5. L'exemplaire de la Bibliothèque nationale le lit *Klêçavyavadânabhattadjñânabalañ*, ce qu'il faut corriger vraisemblablement comme il suit, *vyavadhâna* et *mukti*, et traduire : « la « force de la connaissance de l'affranchissement et de la disparition des corruptions du « mal. » Cet énoncé offre une assez grande analogie avec le dixième et dernier terme de la série des forces, ainsi qu'on le verra bientôt. Il en présente une plus grande encore avec la seconde partie de la définition que le *Djina alañkâra* donne de la sixième force, définition que je vais examiner dans un instant. L'expression du *Vocabulaire pentaglotte* semble donc faire double emploi avec le n° 6 et avec le n° 10 du *Djina alañkâra*, et sous ce rapport, je suppose qu'il y a quelque inexactitude dans la liste du *Vocabulaire*.

La divergence que je viens de signaler entre le *Vocabulaire pentaglotte* et le *Djina alañkâra* cesse au n° 6; les énoncés de ces deux ouvrages portent ici sur la même catégorie. Voici la formule du *Vocabulaire : Sarvadhyani vimôkcha samâdhi samapatti sañdjñânabalañ*, il y faut faire les corrections suivantes : lire *dhyâna*, *samâpatti*, supprimer *saṁ* devant *djñâna*, ou lire en un seul mot *samâpattînâm ;* alors on traduira : « la sixième force, qui est « la connaissance de la totalité des contemplations, des affranchissements, des méditations « et des acquisitions. » Les Tibétains font bon marché de tous ces termes, en traduisant plus brièvement ainsi : « la force de la science qui entre dans l'indifférence mystique. » Toutefois, cette version écourtée pèche moins par inexactitude que par omission. Si l'on se rappelle en effet que, suivant les Tibétains, *samâpatti* signifie « l'acquisition de l'indif- « férence[1], » et si le lecteur veut bien se reporter à la note spéciale sur le terme de *dhyâna* « contemplation, » qui va venir bientôt et où il verra que le but le plus élevé de la quatrième contemplation est l'indifférence, il restera convaincu avec moi que les Tibétains, en entendant, comme ils l'ont fait, la sixième force, semblent n'avoir traduit que les mots *samâpattînâṁ djñânabalaṁ*.

Le *Djina alaṁkâra* dit plus longuement, sans doute parce qu'il mêle au texte un commentaire : *Sabbêsaṁ djhânavimôkhasamâdhisamâpattînaṁ saṁkilêsavôdânavutthânañâṇam*, « la connaissance de la corruption, de la disparition et du réveil, en ce qui touche la totalité « des contemplations, des affranchissements, des méditations et des acquisitions. » C'est, continue le commentateur, « la connaissance exempte d'obstacle qui permet de dire : voici la corruption, voici la disparition, voici le réveil, en ce qui touche les actions désignées, les contemplations, les affranchissements, les méditations et les acquisitions désignées. C'est ainsi qu'a lieu la corruption, ainsi qu'a lieu la disparition, ainsi qu'a lieu le réveil. Or, combien y a-t-il de contemplations ? Quatre. Combien d'affranchissements ? Onze, huit, sept et trois [selon diverses énumérations[2].] Combien de méditations ? Trois, à savoir : la méditation accompagnée de raisonnement et de réflexion, la méditation sans raisonnement, mais avec réflexion, enfin la méditation exempte de raisonnement et de réflexion. Combien y a-t-il d'acquisitions ? Cinq, savoir : l'acquisition qui est l'idée, l'acquisition qui est l'absence d'idée, l'acquisition qui n'est ni idée, ni absence d'idée, l'acquisition qui est l'état d'être affranchi de l'existence, l'acquisition qui est la cessation. Qu'est-ce que la corruption ? C'est la corruption même du désir, de la passion, de la méchanceté, relativement à la première contemplation ; c'est encore une certaine pensée d'abandon qui se produit dans le premier corps même qui soit donné à celui qui a songé à de mauvaises actions. Qu'est-ce que la disparition ? C'est la disparition des obstacles apportés à la première contemplation ; c'est encore une certaine pensée de différence qui se produit dans le dernier corps même qui soit donné à celui qui a songé à de mauvaises actions. Qu'est-ce que le réveil ? C'est l'habileté à se relever de ses acquisitions. La connaissance approfondie de tout cela est ce qu'on nomme la connaissance de la corruption, de la disparition et du réveil, en ce qui touche la totalité des contemplations, des affranchissements, des méditations et des acquisitions. »

Quelque obscures que restent encore plusieurs de ces formules, parce qu'elles se rapportent non pas seulement à la métaphysique, mais à une théorie trop peu expliquée de la contemplation extatique, j'ai cru nécessaire de les reproduire en entier, d'abord parce

[1] Ci-dessus, chap. II, f. 19 *a*, p. 348 et 349. — [2] Voyez ci-dessous, *Appendice*, n° XIII et n° XV.

qu'elles signalent la véritable étendue de la sixième force de connaissance d'un Buddha : ensuite parce qu'elles portent des nombres, à l'aide desquels elles se rattachent à l'ensemble des classifications métaphysiques de la doctrine. Envisagées dans leur ensemble, ces formules signifient qu'au moyen de sa sixième force de connaissance, un Buddha aperçoit les corruptions du vice qui s'opposent à la pratique de la première contemplation, qu'il aperçoit de même le moment où disparaissent les obstacles qui arrêtaient à son début cette contemplation, et enfin qu'il sait, une fois acquis les résultats de cet exercice ascétique, comment on sort de cette extase, et comment on rentre dans le monde réel. Cette idée, que je crois être celle du texte embrassé dans son ensemble, est exprimée au moyen de termes qui, indépendamment de leur précision numérique, affectent une sorte de précision philosophique que nous ne pouvons apprécier à sa juste valeur, parce que nous ne possédons pas les commentaires à l'aide desquels on pourrait les interpréter sûrement. Je distingue ces termes en deux catégories, d'abord ceux sur lesquels j'aurai occasion de revenir, comme les contemplations et les affranchissements; je n'en parlerai ici qu'en ce qui est absolument indispensable à l'intelligence du texte; et ensuite ceux qui paraissent actuellement pour la première fois; c'est sur ceux-là seuls qu'il faut nous arrêter quelques instants.

Un premier point a besoin d'être fixé. S'agit-il ici de la connaissance personnelle d'un Buddha, ou pour le dire plus clairement, de la conscience qu'a le Buddha de ses propres contemplations et des résultats qu'il en a obtenus, ou bien s'agit-il de la connaissance des contemplations des autres, de la manière dont ils y procèdent et des succès qu'ils y remportent; en un mot, s'agit-il d'un spectacle que se donne le Buddha contemplant les efforts des hommes vers la perfection extatique? Je crois pouvoir admettre sans hésiter la seconde hypothèse. Il ne peut être question ici de la vue intérieure que porte le Buddha sur lui-même et sur les luttes qu'il soutient contre le monde extérieur : selon l'opinion des Buddhistes, il est si facilement vainqueur, que c'est à peine s'il a le mérite de combattre. On définit, au contraire, dans la sixième force le pouvoir que possède le Buddha d'assister aux luttes des autres, et de connaître jusqu'à quel point ils se sont avancés dans la voie de la perfection. C'est là une force analogue à celle du quatrième article, d'après lequel il connaît sûrement la mesure des bonnes dispositions et de l'intelligence des autres hommes. C'est, en effet, un caractère commun des forces de la connaissance d'un Buddha qu'elles s'appliquent à des objets, à des idées qui lui sont extérieurs; sans cette remarque, il resterait dans le morceau que nous examinons bien des points qui seraient complétement inintelligibles.

Le Buddha connaît donc, et ce sont-là les termes dont se sert le *Vocabulaire pentaglotte*, tout ce qu'exécutent les hommes qui tendent vers la perfection, en fait de contemplation et de méditation. Entrant plus au fond du sujet, le *Djina alaṁkâra* ajoute : « Il connaît la « corruption, la disparition et le réveil, en ce qui touche les contemplations et les mé- « ditations » Qu'est-ce que la corruption? Une courte définition nous apprend que c'est l'inévitable *klêça*, le mal moral, qui est inhérent à toute nature mortelle; c'est l'ensemble des mauvais instincts qui s'opposent à la première contemplation, ce qui s'accorde parfaitement avec la définition qu'on nous donnera plus tard de cette première contemplation, dont l'abord n'est possible qu'à celui qui s'est dépouillé de toute passion et de tout désir coupable. Je passe rapidement sur l'énumération que fait le *Djina* des contemplations, des affranchissements, des méditations et des acquisitions : les deux premiers termes seront l'objet de deux notes spéciales; quant aux méditations, qu'on réduit ici à trois, parce qu'on les envisage dans leur généralité, je me borne à dire qu'elles tiennent intimement à la théorie de la contemplation, au premier degré de laquelle nous verrons l'intelligence se dépouiller successivement de la pratique du raisonnement et de l'exercice de la réflexion[1]. J'en dis autant de l'énumération curieuse des cinq acquisitions, dans le texte, *samâpatti* : la définition qui se présente ici dépasse les limites des contemplations, et entre dans la plus élevée des sphères du monde sans forme, que j'examinerai plus bas à la suite des *dhyânas*. Ces trois termes, *dhyâna* « contemplation, » *samâdhi* « méditation » ou concentration sur soi-même, *samâpatti* « acquisition » ou état de possession du détachement le plus complet, ces trois termes, dis-je, embrassent, sous des mots moins nombreux, les évolutions de l'intelligence se perfectionnant par son passage à travers les huit sphères que j'étudierai bientôt.

Le point auquel je dois me hâter d'arriver, c'est la seconde définition qu'ajoute le *Djina alañkâra*, après avoir établi que le véritable obstacle à la première contemplation est formé par la corruption du mal. « C'est encore, dit-il, une certaine pensée d'abandon » (*kôtchi hânabhâgiyô samâdhi*), c'est-à-dire, c'est une pensée de découragement qui suscite à l'homme le désir d'abandonner la rude tâche qu'il a entreprise en se livrant à la contemplation. Mais d'où provient cette pensée d'abandon? Par où entre-t-elle dans l'esprit de l'ascète qui veut, en se détachant du tumulte passionné du monde, se reposer dans le calme de la contemplation? Elle lui vient de son corps et se produit dans son corps, ce corps qui est pour lui le legs d'un état antérieur, ce corps qui lui a été donné parce qu'il avait conçu la pensée du péché (*kukkuṭadjhâyîdé*), ce corps enfin qui est le premier qu'il ait reçu depuis la conception de ces pensées coupables (*paṭhamakâyéva*). Tout cela, si je ne me trompe, doit s'entendre au sens de la transmigration; et voici comme les faits invisibles pour les simples mortels se déroulent sous le regard pénétrant du Buddha. Il voit un être quelconque dont le vice a occupé la pensée; cet être meurt, et reprenant parmi les hommes une vie nouvelle, il reçoit un nouveau corps, qui est bien réellement le premier qu'il revête depuis sa dernière existence, et qui est, comme le dit la définition, « donné » à celui qui a songé à de mauvaises actions. » Cet homme devient un religieux, un ascète; il veut se livrer à la contemplation. Deux obstacles s'élèveront devant lui, la corruption du vice dont il lui faudra se purifier, et une pensée d'abandon qui naîtra dans son corps, parce qu'il est encore bien rapproché d'un temps où ses pensées étaient occupées d'œuvres coupables. Voilà l'idée qu'après bien des réflexions, je suis parvenu à me former de ce texte singulièrement obscur; mais je ne voudrais pas que la difficulté que j'ai eue à l'entendre me fît illusion à moi-même sur la valeur de mon interprétation. Autant j'aime à

[1] J'ajoute que I. J. Schmidt nomme dans un endroit *samâdhi*, « méditation, » les exercices méditatifs qu'il nomme dans un autre *dhyâna*, « contemplation; » c'est ce qu'on verra plus bas.

m'entretenir de bonne foi avec un lecteur bienveillant des sujets de mes études, même les plus difficiles, autant je répugne à lui imposer d'autorité mes opinions et à exercer sur son esprit, par l'assurance de mes affirmations, quelqu'une de ces surprises que je ne crois pas conciliables avec l'amour sincère de la vérité.

Nous voilà donc fixés, au moins approximativement, sur l'espèce d'obstacles qu'apporte la nature de l'homme à l'exercice de la première contemplation. Ces obstacles sont-ils susceptibles de disparaître? Sans aucun doute, lorsque l'ascète est assez fort pour les surmonter. C'est ce que notre texte nomme *vôdâna*, pour le sanscrit *vyavadhâna*, mot qui signifie non-seulement « la disparition, » mais « l'action de cacher, de faire disparaître; » car il ne faut pas oublier qu'il s'agit ici moins d'un état que de l'action d'un être actif, de l'ascète contemplé pendant la lutte qu'il soutient contre le monde dont il veut se détacher. Une seconde définition vient s'ajouter à la présente explication qui est suffisamment claire par elle-même, et je le regrette presque, parce que j'y trouve plus de difficultés que je n'y vois de clarté. Que cette seconde définition soit placée dans un véritable parallélisme avec la seconde définition de la corruption du mal, c'est un point qui n'est pas douteux; mais cette circonstance ne nous apporte pas ici toutes les lumières que nous aurions droit d'en attendre. C'est encore, dit notre texte, *kôtchi visêsabhâgiyô samâdhi,* « c'est une certaine pensée de différence. » Dans quel sens entendrons nous ce *visêsa?* Sera-ce dans le sens de « différence, » distinction spécifique et constituant l'individu par opposition à tout ce qui n'est pas lui, de sorte que l'ascète, après avoir renversé les obstacles qu'élevaient devant lui les mauvais instincts, s'en reconnaît parfaitement distinct et se sent en possession de son individualité pure; ou bien sera-ce dans l'acception de « distinction, de supériorité, » de sorte que cette pensée de distinction revienne au sentiment de la victoire qu'il vient de remporter sur ses adversaires? Nous aurions besoin d'un commentaire pour faire un choix éclairé; quant à moi, je penche, jusqu'à nouvel ordre, pour la première interprétation, quoiqu'il existe une catégorie de termes très-voisine de la théorie des affranchissements, où l'ascète dont nous nous occupons en ce moment paraît avec le titre de *vainqueur.* Cette pensée d'individualité ou de supériorité se produit, comme la pensée d'abandon de l'ascète à son début, dans un corps qui a été donné à un être dont les pensées antérieures s'étaient tournées vers le mal. Mais ce corps n'est plus au même degré dans l'échelle des transmigrations; c'est le dernier, progrès immense, si du moins j'entends bien le texte, puisqu'il semble dire que l'ascète n'a plus que ce corps à occuper avant d'atteindre au *Nirôdha,* ou à la « cessation » de la loi de la transmigration. Du reste, rien n'est changé au degré de contemplation où se passe ce phénomène si heureux pour le sage; c'est toujours la première contemplation, ce qui prouverait, si le texte est correct et s'il ne faut pas lire *quatrième* au lieu de *première,* de deux choses l'une, ou qu'il n'y a eu dans le principe qu'un degré de contemplation et que les trois autres degrés ont été développés et ajoutés plus tard, ou que c'est en réalité au premier degré de la contemplation qu'a lieu le plus grand effort de l'ascète dans sa lutte contre les objets qui s'opposent à sa marche ultérieure. Voilà ce que je crois voir dans cette partie de notre texte, mais j'avoue que je ne présente pas cette explication avec autant de confiance que celle que je proposais tout à l'heure touchant le sentiment qui naît chez l'ascète à la rencontre de l'obstacle.

Je serai plus bref sur ce que le texte du *Djina alañkâra* nomme « le réveil, » *vuṭṭhânaṁ.* « C'est, dit le commentaire, l'habileté à se relever de ses acquisitions, » ou, pour nous exprimer plus clairement, de se réveiller de cet état d'indifférence et de calme au sein duquel on se reposait loin du monde extérieur. Par là on entend, sans aucun doute, la fin de la méditation extatique, envisagée comme une sorte de réveil qui rend le sage au cours des événements du monde, qu'il ne quitte définitivement que quand la mort physique l'en a complétement détaché.

Il est temps de revenir à l'énumération des forces dont la sixième a dû attirer notre attention un peu plus longtemps que les autres. J'ai dit tout à l'heure que la cinquième force, selon l'énumération du *Vocabulaire pentaglotte,* était la septième dans celle du *Djina alañkâra;* les observations suivantes mettront cette remarque dans tout son jour. En effet, la septième force du *Djina* est ainsi définie : *Parasattânaṁ parapuggalânaṁ indriyaparôvariyattamêttatâñâṇaṁ,* « la connaissance de la mesure de la supériorité ou de l'infériorité « des organes des autres créatures, des autres individus. » Cette définition sert à corriger l'énoncé du *Vocabulaire pentaglotte;* au lieu de *indriyaparâpara,* il est probable qu'il faut lire *indriyaparâvarya,* « la supériorité et l'infériorité des organes des sens. » Voici de quelle manière le commentateur explique cette catégorie en la rattachant à la précédente : « Les organes des sens sont les instruments de la méditation elle-même, selon leur mollesse, leur état moyen et leur pénétration. Celui-ci a des organes mous, celui-là en a de force moyenne, cet autre en a de pénétrants. Dans ce cas, Bhagavat instruit par un enseignement abrégé celui qui a des organes pénétrants, par un enseignement et abrégé et développé celui qui a des organes d'une force moyenne, par un enseignement développé celui qui a des organes mous[1]. Bhagavat donne à celui qui a des organes pénétrants une instruction douce de la loi; à celui qui a des organes de force moyenne, une instruction douce et pénétrante; à celui qui a des organes mous, une instruction pénétrante; à celui qui a des organes pénétrants, il enseigne le calme; à celui qui a des organes de force moyenne, le calme et la vue; à celui qui a des organes mous, la vue; à celui qui a des organes pénétrants, il enseigne les trois refuges; à celui qui a des organes de force moyenne, l'état de misère et les trois refuges; à celui qui a des organes mous, l'état de bonheur, l'état de misère et les trois refuges. Bhagavat expose à celui qui a des organes pénétrants l'enseignement de la sagesse supérieure; à celui qui a des organes de force moyenne, l'enseignement de la pensée supérieure; à celui qui a des organes mous, l'enseignement de la moralité supérieure. « La science approfondie de tous ces éléments est ce qu'on nomme « la connaissance de la mesure de la supériorité ou de l'infériorité des organes des autres « créatures. »

La huitième force, selon le *Vocabulaire pentaglotte,* est *Pûrvanishâpânusmrĭtidjñânabalaṁ,* qu'il faut lire et traduire ainsi : *pûrvanivâsânusmrĭti,* « la force de la connaissance du « souvenir des anciennes demeures; » c'est exactement la traduction tibétaine, « la science

[1] Ci-dessus, p. 305.

« qui se rappelle les séjours antérieurs. » Le *Djina alañkâra* définit de même cette catégorie, *Pubbênivâsânussatiñâṇam*, « la connaissance du souvenir des anciennes demeures. » C'est là une des facultés sur lesquelles les Buddhistes reviennent le plus souvent; elle est développée à peu près dans les mêmes termes par les Buddhistes du Népal et par ceux de Ceylan. J'en ai parlé déjà ailleurs d'après deux textes authentiques, l'un du *Lalita vistara*, et l'autre du *Sâmaññaphala sutta*[1]. Je ne m'y arrêterai ici que pour dire que cette huitième force d'un Buddha est la faculté qu'on lui attribue de se rappeler ses existences antérieures, ainsi que celles de toutes les autres créatures. Les Buddhistes ont une foi si entière dans la réalité de cette connaissance fantastique, qu'ils n'hésitent pas à l'accorder même à d'autres qu'au Buddha; mais alors ils la limitent proportionnellement aux perfections morales et intellectuelles qu'ils reconnaissent à celui dans lequel ils en supposent l'existence. Un fragment du commentaire de Buddhaghôsa, traduit par Turnour, nous apprend que les *Titthiyas*, c'est-à-dire les ascètes des autres croyances, et, d'une manière plus générale, les Brâhmanes, partagent cette faculté avec cinq autres classes de personnes, savoir les disciples ordinaires d'un Buddha, les quatre-vingts grands auditeurs, ses deux premiers auditeurs, les Buddhas individuels, enfin le Buddha parfait. Les ascètes *Titthiyas* ne se rappellent pas leur passé au delà de quarante *Kalpas*. Il paraît que cette immense durée est encore peu de chose pour les Buddhistes, puisque celle qu'embrasse la puissante mémoire d'un Buddha ne connaît aucune limite[2].

La neuvième force, d'après le *Vocabulaire pentaglotte*, est *Tchyutyusapattidjñânabalaṁ*; cet énoncé est certainement fautif, et la correction qui se présente le plus naturellement est vraisemblablement la meilleure : *tchyutyutpatti*, c'est-à-dire « la force de la connaissance « des chutes et des naissances. » C'est ce que les Tibétains expriment ainsi : « la science qui « connaît la migration des âmes et la naissance. » La définition du *Djina alaṁkâra*, *Dibbatchakkhuñâṇaṁ*, « la connaissance de la vue divine, » malgré sa divergence apparente, revient exactement à celle du *Vocabulaire*, puisque c'est seulement avec le secours de sa vue divine que le Buddha voit la naissance et la mort des créatures, au moment même où elles ont lieu. Voici en effet comment s'explique le commentateur touchant cette force surnaturelle : « Alors avec sa vue divine, pure, surpassant la vue humaine, il voit les êtres « mourants ou naissants, misérables ou éminents, beaux ou laids de couleur, marchant « dans la bonne ou dans la mauvaise voie, suivant la destinée de leur œuvres. » Cette description de la vue divine est conçue dans les mêmes termes que celle qui a été donnée plus haut d'après un texte pâli, le *Sâmaññaphala*, et je me trouve ainsi dispensé de la reproduire ici[3]. Je me contente de remarquer que, malgré la différence des termes, l'énoncé du *Djina alaṁkâra* revient exactement, pour le sens, à celui du *Vocabulaire pentaglotte*.

La dixième et dernière force, selon le *Vocabulaire pentaglotte*, est *Açravakchayadjñâna*-

[1] *Introd. à l'hist. du Buddh. indien*, t. I, p. 486, et ci-dessus, *Appendice*, n° II, p. 479. Conf. Turnour, *Examin. of pâli Buddh. Annals*, dans *Journ. as. Soc. of Bengal*, t. VII, 2e part. p. 690.

[2] Turnour, *Examin. of pâli Buddh. Annals*, dans *Journ. as. Soc. of Bengal*, t. VII, 2e part, p. 690. Voy. ci-dessous, *Appendice*, n° XXI.

[3] Ci-dessus, *Appendice*, n° II, p. 479.

balaṁ, c'est-à-dire, en lisant *âçrava*, « la force de la science de la destruction des souillures « du vice. » Les Tibétains traduisent trop peu exactement, « la science qui connaît le dé- « veloppement et le déclin ». Le *Djina alaṁkâra* donne la même définition que le *Vocabulaire*, c'est-à-dire *Âsavakkhayañâṇaṁ*, « la science de la destruction des souillures du « vice. » Cette force, dont la destination est suffisamment claire par elle-même, est brièvement commentée ainsi : « lorsqu'après avoir obtenu et compris toutes les lois des Bud- « dhas omniscients, on est parvenu à s'établir sur le terrain de la science des omniscients, « qui est exempte de passion et de péché, on possède la science de la destruction des « souillures du vice. »

On voit maintenant ce que sont ces dix forces si vantées dans toutes les écoles Buddhiques. Ce sont des attributs intellectuels et moraux qui appartiennent seulement au Buddha, ou plutôt, c'est un attribut unique, la science, qui pénètre avec une puissance irrésistible les grandes divisions du monde physique et moral, telles que se les représentent les Buddhistes. Indépendamment des analyses qui précèdent, nous avons, par le *Lalita vistara*, la preuve directe que les Buddhistes voient, dans « les dix forces, » de véritables attributs intellectuels. Ainsi l'énumération des cent huit portes de la loi, qui occupe une place considérable dans le quatrième chapitre du *Lalita*, nous apprend que « les dix forces » sortent positivement de la connaissance. Voici comment s'exprime cette énumération sur le *Djñânasambhâra*, ou sur « la provision des connaissances, » c'est-à-dire la réunion de tout ce qui peut contribuer à la science; cette provision, dit le texte, *daçabalapratipûryâi saṁvartatê*, « aboutit à l'achèvement complet des dix forces [1]. » Si les dix forces résultent de l'accumulation des connaissances, il faut nécessairement que ces dix forces soient des énergies appartenant à l'intelligence. Le *Lalita* dit donc très-pertinemment qu'une provision complète de connaissances conduit à la possession entière des dix forces de science qui sont un des premiers attributs du Buddha; c'est exprimer cette idée parfaitement vraie que les connaissances ajoutent à l'énergie de l'intelligence. Mais cette force, pour les Buddhistes, n'est pas un ornement de l'esprit destiné à satisfaire l'orgueil humain, comme il semble que devait être, chez les Brâhmanes, le plus grand effort de la spéculation, c'est-à-dire la connaissance de l'être absolu, ainsi qu'ils appelaient *Brahma*. Les dix forces de la science qu'on attribue à Çâkyamuni ont un but pratique; ce but, c'est l'enseignement de la loi et l'affranchissement de la nécessité de la transmigration. Ces dix connaissances, qu'on nomme des forces à cause de la puissance avec laquelle le Buddha les exerce, embrassent donc en morale le bien et le mal, le juste et l'injuste, c'est la première force; la rétribution des œuvres, c'est la seconde et la cinquième; le moyen de détruire la corruption du mal, c'est la dixième; la connaissance des divers éléments, parmi lesquels les passions occupent la plus grande place, c'est la troisième. Dans cette dernière connaissance on retrouve en outre à peu près tout ce que les Buddhistes croyaient savoir du monde matériel, c'est-à-dire une classification déjà ancienne des éléments grossiers. Les cinq autres connaissances sont d'un ordre surnaturel, et là même il en est une qui a trait à l'état moral de l'homme; ce sont : la connaissance des dispositions diverses ou de

[1] *Lalita vistara*, f. 20 *b*, man. Soc. asiat. et f. 23 *b* de mon man. A; *Rgya tch'er rol pa*, t. II, p. 46.

la foi des créatures, qui est la quatrième force; la connaissance des autres hommes, sous le rapport des organes (septième force), sous le rapport des pratiques de l'ascèse extatique (sixième force); la connaissance du passé de tous les êtres (huitième force), et la vue actuelle de la naissance et de la mort de chacun d'eux, ce qui est la neuvième force. Voilà ce qui constitue l'ensemble de ce que les Buddhistes prétendaint connaître du monde visible par l'observation et l'induction, et du monde invisible par hypothèse. Mais l'induction et l'hypothèse n'étaient pas pour cela des procédés dont ils eussent la conscience claire; ils affirmaient tout, ce qu'ils supposaient comme ce qu'ils voyaient, avec une égale assurance. Il n'en pouvait guère être autrement chez des Indiens et au point où en était l'Asie à cette époque. Comment aurait-on pu nommer Çâkya le *Buddha* ou « l'éclairé, » si la foi de ses adorateurs ne lui eût pas accordé une science supérieure à celle qu'il est donné à l'homme de posséder?

Au reste les Buddhistes ne font pas mystère du caractère surnaturel de ces forces; il est même probable qu'elles ont d'autant plus d'importance à leurs yeux qu'elles sont plus merveilleuses. Ainsi les Chinois ont, d'après M. Rémusat, une énumération de dix espèces de *riddhi* ou « puissances magiques, » parmi lesquelles il en est deux qui ne sont pas sans rapport avec deux des dix forces analysées tout à l'heure[1]. Ces deux puissances sont la connaissance des pensées d'autrui et celle de la succession non interrompue des créations. Si cette énumération chinoise n'est pas le résultat d'une combinaison d'éléments rassemblés par le savant sinologue français, c'est-à-dire, si elle est la traduction suivie d'un texte original, elle prouve qu'il y a quelque analogie entre les dix forces de science et les quatre parties de la puissance magique. Cette analogie, c'est selon toute apparence, que ces deux ordres de facultés sont aussi surnaturels l'un que l'autre.

N° XII.

SUR LE MOT *BÔDHYANGA*.

(Ci-dessus, chap. III, f. 47 *b*, p. 371.)

Je me propose d'énumérer ici ce que l'on nomme dans le texte du *Lotus* « les sept « *Bôdhyañgas*, ou parties constituantes de la *Bôdhi*, » et d'expliquer chacun de ces termes avec les secours qui sont entre mes mains. Ces secours sont au nombre de cinq : d'abord le *Lalita vistara*, où chacune des sept parties constitutives de la *Bôdhi*, ou de la connaissance d'un Buddha, est accompagnée de l'indication de l'effet qu'elle produit; secondement, le *Vocabulaire pentaglotte*, où chacun des sept *Bôdhyañgas* est exprimé en sanscrit comme dans le *Lalita*; troisièmement, le *Mahâparinibbâna sutta*, l'un des discours de Çâkyamuni, et peut-être le plus important, qui fait partie de la collection pâlie du *Dîgha nikâya*; quatrièmement, le *Sañgîti sutta* de la même collection; enfin un article spécial

[1] *Foe koue ki*, p. 32, note 6.

du *Dictionnaire singhalais* de Clough, qui, sous le mot *Bôdhyağğa,* énumère « les sept pré- « ceptes divins qu'il faut observer pour devenir Buddha[1]. » Les quatre premiers ouvrages accompagnent chacun des sept termes qui donnent la définition de ces *Bôdhyağğas*, et en pâli *Sañbôdjhağğas*, du titre même qui sert à les dénommer tous collectivement, de cette manière : *Smrĭti sañbôdhyağğa*, « l'élément de la *Bôdhi* complète, qui est *smrĭti*. » J'en fais la remarque en commençant pour qu'on ne croye pas que le composé *Bôdhyağğa* a une autre valeur que celle d'un simple titre, et qu'on ne soit pas tenté de traduire avec les Tibétains, « les degrés du souvenir uni à l'intelligence parfaite. » Le texte sanscrit du *Lalita vistara* n'autorise en aucune manière cette interprétation. Le composé *Bôdhyağğa* est un titre collectif qui accompagne chacune des facultés comprises sous le chef général dit des « éléments ou parties de la *Bôdhi*, » comme l'est le mot *bala* pour les dix forces, le mot *indriya* pour les organes, et ainsi de plusieurs autres.

Une seconde remarque qui s'applique également à chacun de ces sept termes, c'est que la véritable orthographe doit être *Sañbôdhyağğa;* c'est ainsi que le mot est écrit dans le *Lalita vistara*, dans le *Vocabulaire pentaglotte* et dans le *Mahâparinibbâna sutta.* L'orthographe de *Bôdhyağğa*, que suit Clough, est vraisemblablement une abréviation, comme quand on dit *Bôdhi* pour *Sañbôdhi*, et c'est probablement ainsi qu'il faut expliquer l'emploi qu'en fait le texte du *Lotus* sur lequel porte la présente note. Celle de *Sañbôdhyağğa*, que je vais adopter dans le cours de cette discussion, mérite d'être remarquée et préférée, parce qu'elle nous rapproche plus que l'autre de l'idée que se font les Buddhistes de l'état d'un Buddha parfait.

Le *Lalita vistara* fait suivre chacun des sept éléments de l'intelligence parfaite d'une courte phrase qui est moins une définition, qu'une indication du résultat auquel conduit la possession de chaque élément : il faudra tenir compte de ces petites phrases pour l'interprétation de chaque élément même. Le premier de ces sept éléments est celui de *Smrĭti*, et en pâli *sati*, « la mémoire. » Il n'est cependant pas probable que cette faculté soit exclusivement indiquée ici ; du moins le *Lalita vistara* n'appuie qu'imparfaitement cette interprétation. La courte phrase qui marque la destination de la *smrĭti* est ainsi conçue : *yathâvad dharmapradjânatâyâi sañvartatê*, « elle conduit à la connaissance de la « loi telle qu'elle est. » Clough, dont les interprétations, quoique souvent un peu vagues, méritent beaucoup d'attention à cause de la connaissance qu'il avait du singhalais et des sources du Buddhisme, traduit le premier des éléments de l'intelligence accomplie par les deux mots anglais *intense thought*, « réflexion intense. » Ce sens est conforme à celui que les Singhalais donnent d'ailleurs au mot *sati*, pour *smrĭti*, pris isolément[2]. La définition de Clough cadre assez bien avec l'énoncé du *Lalita vistara;* il n'y a guère en effet que la réflexion qui puisse pénétrer la loi, et la faire voir telle qu'elle est, tandis que la mémoire, faculté bien moins active, ne peut que la représenter devant l'esprit, sans l'éclairer pour cela de la lumière nécessaire. Nous admettrons donc, sur l'autorité de Clough, que

[1] *Lalita vistara*, f. 22 *b* de mon man. A, et f. 19 *b* du man. de la Soc. asiat.; *Rgya tch'er rol pa*, p. 43 et 44; *Vocab. pentagl.* sect. XXX; *Mahâparinibb. sutta*, dans *Digh. nik.* f. 83 *a*, l. 3; *Sağgîti sutta* de la même coll. f. 186 *a*; *Singhal. Diction.* t. II, p. 481.

[2] *Singhal. Diction.* t. II, p. 698.

le premier des sept éléments constitutifs de la science parfaite est la réflexion qui mène à comprendre la loi telle qu'elle est.

Le second élément est nommé *Dharmapravitchaya*, d'après le *Lalita vistara* et le *Vocabulaire pentaglotte*, *Dharmavitchaya*, d'après Clough, et *Dhammavitchaya*, d'après le *Mahâparinibbâna* et le *Sağgîti*. Clough le traduit ainsi : « la soumission à toutes les ordonnances « religieuses qui sont prescrites. » Je ne connais pas encore en sanscrit le mot *pravitchaya*; en supprimant la première préposition, *vitchaya* signifierait « recherche. » Selon le *Lalita vistara*, ce second élément a pour résultat, *sarvadharmapratipûryâi sam̃vartatê*, « qu'il con- « duit à l'accomplissement de toutes les lois. » L'interprétation de Clough semble confondre l'effet avec la cause, l'étude des lois ou des devoirs et leur accomplissement. Au contraire, le sens classique de *vitchaya* s'accorde mieux avec la glose du *Lalita*. Nous admettrons donc, au moins jusqu'à nouvel ordre, que le second élément signifie « la recherche des « lois, » sans doute avec l'intention de s'y conformer.

Le troisième élément est *Vîrya* « l'énergie, » et en pâli, *viriya*. Clough rend bien ce terme par « effort, persévérance, » et le *Lalita vistara* l'accompagne de cette glose : *savitchitrabuddhitâyâi sam̃vartatê*, « elle conduit à un merveilleux état d'intelligence. » Le sens du mot et celui de la glose vont parfaitement l'un avec l'autre; les Buddhistes veulent certainement dire que c'est par l'énergie de l'effort que l'intelligence obtient les beaux effets de sa pénétration.

Le quatrième élément est *Prîti*, et en pâli *pîti* « le plaisir, le contentement. » Selon le *Lalita vistara*, cet élément est ainsi expliqué : *samâdhyâyikatâyâi sam̃vartatê*, « il conduit « à l'acquisition de la méditation. » Mais il ne paraît pas exister un rapport suffisant entre le contentement et la méditation, qui passe pour en être l'effet; et de plus, Clough, d'après les Singhalais, entend ainsi ce terme : « le contentement, c'est-à-dire le complet affran- « chissement de la colère. » Il faut donc prendre ici *samâdhi* au sens moral, comme le font souvent les Buddhistes, et y voir l'action de contenir son cœur, plutôt que celle de fixer son esprit. Le quatrième élément sera conséquemment tout moral : ce sera le contentement, la satisfaction qui conduit à l'acquisition de l'empire sur soi-même.

Le cinquième élément est lu dans le *Vocabulaire pentaglotte*, *Prasradhi;* mais c'est là une mauvaise leçon que ne reproduisent pas nos deux exemplaires du *Lalita vistara*, où on lit distinctement *praçrabdhi*, comme dans la liste singhalaise publiée par Clough; le pâli *passaddhi* appuye également la bonne leçon. Les Tibétains rendent ce terme par « purifica- « tion; » je ne crois cependant pas ce sens possible pour le mot sanscrit qui, quoique n'étant pas usité, du moins à ma connaissance, dans les textes classiques, ne peut avoir d'autre signification que celle de « confiance, » ce qui n'est pas très-éloigné du sens de « tranquil- « lité mentale » que Clough attribue à ce terme. Selon le *Lalita vistara*, la confiance a le résultat suivant : *krĭtakaraṇîyatâyâi sam̃vartatê*, « elle conduit à l'état de celui qui a fait « ce qu'il avait à faire. » Ce résultat, on le voit, s'accorde bien avec la confiance, et beaucoup mieux qu'avec la purification; la confiance en effet assure d'ordinaire le succès des entreprises.

Le sixième élément est dans toutes les listes *Samâdhi*, selon Clough, « la complète

« sujétion des passions. » D'après le *Lalita vistara*, l'élément en question a ce résultat, *samatânubôdhâya sam̃vartatê*, « qu'il conduit à l'intelligence de l'égalité. » Et, en réalité, cet effet s'accorde très-bien avec la cause qui le produit, puisque celui-là seul peut regarder toutes choses du même œil, qui est maître de ses passions et qui se possède lui-même. On ne peut donc traduire ici *samâdhi* par « méditation ; » il faut le prendre, comme j'en ai averti plus d'une fois le lecteur, dans son sens moral, et le rendre avec Clough par « l'em-« pire qu'on exerce sur soi-même, » la possession (*sam-âdhâ*) de soi-même.

Le septième et dernier élément est, selon toutes les listes sanscrites, *upêkchâ*, et en pâli *upêkhâ*, c'est-à-dire « l'indifférence, » ou même « le dédain. » Le *Lalita vistara* caractérise ainsi cette qualité : *sarvôpapattidjugupsanatâyâi sam̃vartatê*, « elle conduit au mépris de « toute espèce de naissance. » Clough y voit « l'équanimité d'esprit, » caractère qui n'est pas suffisamment marqué, et qui tend à se confondre avec le précédent. L'idée d'indifférence ou de dédain s'accorde mieux avec l'application que le *Lalita* fait de ce terme.

J'ajoute, pour épuiser tous les secours que me fournissent les textes que j'ai entre les mains, que l'énumération du *Mahâparinibbâna sutta* caractérise d'une manière générale ces sept éléments de l'état de *Bôdhi* parfait, en les nommant *satta aparihâniyâ dhammâ*, « les sept lois ou conditions qui ne doivent pas être négligées. » C'est une définition que l'on met dans la bouche de Çâkyamuni, parmi les enseignements qu'il communiqua aux Religieux, peu de temps avant sa mort : « tant que les Religieux, dit-il, méditeront sur « l'élément de l'état de Bôdhi parfait, qui est la réflexion (et ainsi des six autres éléments), « leurs désirs réussiront et n'échoueront pas [1]. »

Nous voyons maintenant ce qu'il faut entendre par les éléments constitutifs de l'état de *Bôdhi* parfait, ou par les parties constitutives d'un état supérieur d'intelligence, comme est celui que possède un Buddha. Ce sont des facultés ou plutôt des qualités moins constitutives qu'acquises, et ces facultés appartiennent à la fois à l'ordre intellectuel et à l'ordre moral, caractère mixte qui se remarque dans un grand nombre des catégories qui résument les vertus d'un Buddha. La série de ces sept facultés débute par « la réflexion, » qui fait voir à l'homme la loi telle qu'elle est. Je reconnais ici un attribut tout intellectuel; on comprend qu'il serait facile d'en étendre la portée, si au lieu de prendre *dharma* dans son sens restreint de *loi, de devoir,* on y voyait, d'une manière plus générale, les lois, les conditions, les êtres, toutes acceptions qui sont également renfermées sous ce terme si compréhensif. A la réflexion succède « l'étude, la recherche de la loi, » qui conduit à l'accomplissement de toutes les lois; c'est là encore une faculté intellectuelle; mais ici se montre déjà le but pratique. Le terme suivant, qui est « l'effort, l'énergie ou la persévé-« rance, » donne à l'intelligence une pénétration merveilleuse; ce dernier énoncé nous apprend ce qu'est cette énergie; c'est celle de la réflexion, de la recherche de la loi, de la pensée, en un mot, appliquée à ce grand objet de la loi; et ici encore nous avons un attribut intellectuel. Vient ensuite « la joie, la satisfaction, le contentement, » qui donne au sage les moyens de se contenir lui-même. Ne trouvant en lui que des motifs de satis-

[1] *Mahâparinibbâna sutta*, dans *Dîgha nikâya*, f. 83 *a*.

faction, comment pourrait-il être agité par les choses du dehors, et quelle difficulté pourrait-il rencontrer à maîtriser un cœur qui n'a rien à désirer.

Ici nous entrons dans l'ordre moral; il est cependant facile de voir comment cette faculté du contentement résulte des lumières qu'a dû apporter à l'esprit du sage la pratique des facultés précédentes. Au contentement, source de l'empire que le sage exerce sur lui-même, succède « la confiance. » Cette faculté, à la fois intellectuelle et morale, a un but pratique : elle assure au sage la parfaite exécution de ses devoirs. Au premier abord, on saisit moins sûrement le lien qui rattache cette faculté de la confiance à la faculté suivante, celle de l'empire qu'on exerce sur soi-même. Il est cependant naturel que la confiance figure à cette place parmi les attributs les plus élevés du sage; nous venons de constater qu'il y était déjà conduit par le contentement, et de plus, il est aisé de reconnaître comment il n'arrive à être complétement maître de lui-même, que quand il est muni de la confiance qui, en lui garantissant le succès de ses entreprises, le rassure contre celles du dehors. L'empire qu'il exerce sur son cœur lui fait voir d'ailleurs toutes choses d'un même regard; parfaitement maître de lui, les choses ont perdu le pouvoir de lui apparaître comme agréables ou désagréables. Cette faculté le mène directement à la faculté suivante, celle de « l'indifférence ou du dédain, » attribut à la fois intellectuel et moral comme le précédent, mais qui tourne court dans le Buddhisme, partant d'une théorie applicable, jusqu'à un certain point, à toute gymnastique intellectuelle et morale, pour aboutir à cette opinion indienne, que toute naissance est misérable, et qu'il n'en est aucune qui ne mérite le dédain du sage. Arrivé à ce point, où l'ordre intellectuel reprend le dessus sur l'ordre moral, on comprend que l'on n'ait plus qu'un pas à faire pour tomber dans la théorie nihiliste du *Nirvâṇa*.

N° XIII.

SUR LES QUATRE DEGRÉS DU *DHYÂNA*.

(Ci-dessus, chap. v, f. 72 *b*, p. 377.)

Il est à tout instant question dans les textes sanscrits du Nord, comme dans les textes pâlis de Ceylan, des quatre degrés du *Dhyâna*, ou des quatre méditations ou contemplations. Ces quatre contemplations peuvent passer pour le couronnement de la vie philosophique et de la vie mortelle de Çâkyamuni; car, d'un côté, le *Lalita vistara* nous apprend que la vocation supérieure d'un Buddha se révéla pour la première fois au jeune Siddhârtha par l'épreuve qu'il fit des quatre contemplations[1] et d'un autre côté, quand, devenu solitaire sous le nom de *Çâkyamuni*, il eut triomphé dans sa lutte contre le vice, nous le voyons, d'après le même livre, couronner sa victoire par la pratique de ces contemplations supérieures[2]. De même, lorsque Çâkyamuni, arrivé au terme de son existence mor-

[1] *Lalita vistara*, chap. xi, f. 73 *a* de mon man. A; *Rgya tch'er rol pa*, t. II, p. 125.

[2] *Lalita vistara*, chap. xxii, f. 178 *a* de mon man. A; *Rgya tch'er rol pa*, t. II, p. 328.

telle, prononce pour la dernière fois sa grande maxime philosophique, « tous les composés « sont périssables, » les livres pâlis de Ceylan nous le montrent passant une première fois par tous les degrés du *Dhyâna*, puis expirant, dans le second effort qu'il fait pour les franchir de nouveau, entre le premier et le quatrième[1].

Une doctrine qui occupe une place aussi importante dans la vie de Çâkya et par suite dans la croyance qui se rattache à son nom, ne pouvait échapper aux savants qui se sont occupés jusqu'ici du Buddhisme, d'après des ouvrages la plus part étrangers à l'Inde, mais plus ou moins fidèlement calqués sur les livres originaux. I. J. Schmidt et A. Rémusat, que la curiosité et la pénétration naturelles de leur esprit portaient à rechercher ce qu'était au fond la philosophie du Buddhisme, en ont parlé plus d'une fois, l'un d'après les livres mongols, l'autre d'après les auteurs chinois. C'est également à ces dernières sources qu'est emprunté ce que Deshauterayes nous apprend des quatre degrés du *Dhyâna* et particulièrement des étages ou mondes imaginaires qu'on suppose accessibles seulement à ceux qui ont atteint au terme le plus élevé de la contemplation. Mais nulle part ces auteurs n'ont traité en détail ce point de doctrine auquel les Buddhistes attachent tant de prix, et c'est jusqu'ici dans le *Lalita vistara* des Népalais et le *Sâmaññaphala sutta* de Ceylan que j'en ai trouvé l'exposition, je ne dirai pas la plus claire, mais du moins la plus complète.

Je vais donc commencer par reproduire dans une traduction que je tâcherai de rendre littérale l'exposition du *Lalita vistara*, d'après le texte sanscrit de cet ouvrage. Je la rapprocherai des énoncés du *Sâmaññaphala* pâli que j'ai traduit plus haut[2], pour contrôler et expliquer l'une par l'autre l'exposition du *Lalita* et celle du *Sâmañña*. Je me servirai de temps en temps de l'exposition tibétaine, telle que nous l'a fait connaître la traduction française de M. Foucaux, pour signaler les divergences qu'elle présente avec la version que j'ai exécutée d'après le sanscrit. Je passerai ensuite à ce que nous ont appris, touchant cette doctrine, les auteurs européens cités tout à l'heure; les originaux ont de droit le pas sur leurs interprètes.

Le *Lalita vistara*, au commencement du chapitre XI, nous représente le jeune Siddhârtha qui, après avoir visité, avec d'autres enfants de son âge, un village d'agriculteurs, est entré dans un bois qui se trouve au delà des champs cultivés, et s'est assis pour méditer à l'ombre d'un arbre Djambou.

« Là, continue le texte, il fixa son esprit sur un seul point, et l'ayant ainsi fixé, il atteignit à la première contemplation, qui est le plaisir de la satisfaction né de la distinction et accompagné de raisonnement et de jugement, détaché des désirs, détaché des conditions du péché et du vice, et il s'y arrêta.

« Après avoir, par la suppression de ce qui est accompagné de raisonnement et de jugement, par le calme intérieur, par le rappel de son esprit à l'unité, après avoir, dis-je, atteint à la seconde contemplation, qui est le plaisir de la satisfaction né de la méditation et affranchi du raisonnement et du jugement, il s'y arrêta.

[1] Turnour, *Examin. of pâli Buddh. Annals*, dans *Journ. as. Soc. of Bengal*, t. VII, 2e part. p. 1008. — [2] Ci-dessus, p. 474.

« Par suite de la satisfaction et du détachement, il resta indifférent, conservant sa mémoire et sa connaissance, et il éprouva du plaisir en son corps. Indifférent, plein de mémoire, s'arrêtant au sein du bonheur, ainsi que le définissent les Âryas, il atteignit à la troisième contemplation, qui est dégagée de satisfaction, et il s'y arrêta.

« Quand, par l'abandon du plaisir, par l'abandon de la douleur, les impressions antérieures de joie et de tristesse eurent disparu, après avoir atteint à la quatrième contemplation, qui est la perfection de la mémoire et de l'indifférence dans l'absence de toute douleur et de tout plaisir, il s'y arrêta[1]. »

Si j'ai retraduit ce passage après M. Foucaux qui l'avait déjà traduit sur la version tibétaine, ce n'est pas pour le plaisir de refaire à ma façon ce qui a déjà été exécuté avec soin et conscience. Mais je persiste dans cette opinion que quand il s'agit de se former une idée de la partie spéculative du Buddhisme indien, c'est aux originaux sanscrits et pâlis qu'il importe de s'adresser d'abord. Les traductions étrangères ne peuvent, le plus souvent, servir qu'à contrôler et à corriger les versions qu'il nous est possible d'exécuter en Europe d'après les textes originaux. Ainsi, pour ce qui regarde le cas présent, et sans entrer dans une appréciation générale de la version tibétaine du *Lalita vistara* qui ne serait pas ici à sa place, il est évident que la présente traduction faite sur le texte sanscrit, même avec les chances nombreuses d'erreur auxquelles je suis autant que personne exposé, donne une idée un peu plus nette des quatre degrés de la contemplation buddhique, que ne le fait la version exécutée sur le texte tibétain du *Lalita vistara*. Si par traduire nous entendons quelque chose de plus que de remplacer des mots étrangers par des mots français, si nous voulons, autant que cela est possible dans l'état actuel de nos connaissances, comprendre nos traductions, nous devons essayer d'arriver à des notions claires de ce que nous apercevons, à tort ou à raison, à travers les textes originaux. Dans ce cas, je pense que des contre-sens précis ont encore moins d'inconvénients que de vagues non-sens.

Or, qu'est-ce qui nous apparaît, quand nous envisageons les quatre *Dhyânas* dans leur ensemble? C'est une tentative faite par la spéculation buddhique pour épurer l'intelligence humaine par la suppression de tout ce qui peut la troubler. Voilà certes une tâche difficile, mais que n'a pas hésité à s'imposer plus d'une fois la philosophie orientale. Les Buddhistes, moins audacieux en général que les Brâhmanes, ont pensé qu'il fallait plus d'un effort pour passer de cet état d'agitation et d'obscurité dont les conditions générales de la vie font le partage de l'âme humaine, à cette région calme et lumineuse qu'atteignent seuls quelques esprits supérieurs, et où l'intelligence parfaitement pure et sereine se repose dans le calme absolu de toutes les émotions. De là, les quatre degrés du *Dhyâna*, et selon les Buddhistes du Sud, du *djhâna*. J'ai longtemps hésité, je l'avoue, entre les mots *méditation* et *contemplation* pour traduire le terme de *dhyâna*. Le mot *contemplation* avait à mes yeux cet avantage, qu'il réservait celui de *méditation* pour *samâdhi* : c'est même par cette considération, que dans tout le cours de ma traduction du *Lotus*, j'ai préféré *contemplation*. D'un autre côté, comme *samâdhi* me semblait signifier « l'action « de se contenir soi-même » aussi souvent au moins que « méditation, » je pensais que ce

[1] *Lalita vistara*, chap. XI, f. 73 *a*, et chap. XXII, f. 178 *a* de mon man. A.

dernier terme était une meilleure traduction de *dhyâna* que celui de « contemplation. » Le mot « contemplation » m'offrait d'ailleurs quelque chose de mystique, dont s'accommodait peu le Buddhisme, tel, du moins, que je crois l'entendre; celui de « méditation, » au contraire, allait mieux à la prétention qu'a cette doctrine de pénétrer par la force de l'intelligence humaine les lois du monde physique et moral. Toutefois, malgré ces dernières considérations qui militaient fortement en faveur du mot de « méditation, » j'ai conservé jusqu'à nouvel ordre celui de « contemplation, » parce qu'il me paraît plus étendu que celui de « méditation, » et que l'idée d'un bonheur extatique se trouvant comprise sous les premiers degrés du *Dhyâna*, il me semble que la notion de « contemplation » cadre mieux avec cette idée même.

Cela posé, reprenons l'un après l'autre les divers degrés du *Dhyâna*, et pour y reconnaître plus aisément les vrais éléments dont chacun se compose, rapprochons de la définition, ou plutôt de la description du *Lalita vistara*, l'énoncé correspondant des Buddhistes de Ceylan. On le trouve, ainsi que je l'ai déjà dit, dans le *Sâmaññaphala sutta*, traité qui, chez les Buddhistes du Sud, a une autorité au moins égale à celle du *Lalita* chez ceux du Nord. J'y peux joindre de plus une définition empruntée au *Dictionnaire singhalais* de Clough, qui, malgré un trop grand développement de paroles, rentre au fond dans les descriptions plus concises du *Lalita* et du *Sâmaññaphala*. Or, que trouvons-nous dans la définition du *Sâmaññaphala*, qui caractérise positivement la première contemplation? « Le « bonheur de la satisfaction né de la distinction, et accompagné de raisonnement et de juge- « ment, » dit le texte. C'est, on le voit, exactement la même idée de part et d'autre, et l'identité paraîtra plus évidente encore, lorsque l'on comparera ensemble les deux passages originaux que je reproduirai dans un numéro du présent *Appendice* consacré à l'étude de quelques textes sanscrits et pâlis. Quant à la définition de Clough, en voici la traduction littérale : « Le premier des quatre degrés du *Dhyâna*, tel qu'il est pratiqué par les Religieux dévots, dans la vue d'obtenir le *Nirvâṇa*, ou l'émancipation finale, est le suivant. Selon les principes établis pour la pratique de ce degré du *Dhyâna*, le dévot doit se retirer dans la solitude. Son esprit, détaché des poursuites et des objets du monde, doit rentrer en soi-même et rechercher ou discuter uniquement les propriétés et les qualités des choses. Après une juste appréciation, toute autre pensée, tout autre désir étant rejetés, l'esprit doit se fixer sur un seul objet, c'est à savoir l'acquisition du *Nirvâṇa* ou de l'émancipation finale de l'âme. C'est sur cet objet que doivent se fixer ses pensées, sans s'en laisser détourner un instant, jusqu'à ce que la perspective de pouvoir l'atteindre jette son esprit dans l'extase. »

Voilà, si je ne me trompe, un commentaire complet et très-explicite de la définition de la première contemplation, et pour rédiger cette espèce de glose, Clough a dû avoir sous les yeux une définition plus développée que l'énoncé concis du *Sâmaññaphala*. Ce commentaire, toutefois, fait naître un doute sur le sens que j'ai attribué au composé *vivêkadja*. En nous apprenant que le préliminaire obligé de la première contemplation, c'est que le Religieux se retire dans la solitude, Clough nous donne à croire que *vivêka* a pu être pris dans le sens de *vivikta* « solitaire, » comme semble l'avoir fait la version tibétaine. Je n'ai cependant pas cru devoir m'éloigner du sens philosophique attribué au mot *vi-*

véka par Wilson qui le définit ainsi : « le discernement, le jugement, la faculté de distin-« guer les choses par leurs propriétés, de les classer selon leur nature non apparente, « mais réelle. » Un point qui mérite plus d'être remarqué, c'est la définition que Clough, d'après les Singhalais, donne de « ce bonheur de la satisfaction, né de la distinction. » Ce bonheur ou ce plaisir est l'extase dans laquelle le Religieux est jeté par la perspective d'arriver un jour au *Nirvâṇa*, sur lequel son esprit est exclusivement fixé. Les autres traits se retrouvent non moins fidèlement de part et d'autre; ce raisonnement et ce jugement, qui, selon le *Lalita*, accompagnent le bonheur et la satisfaction de l'extase, c'est ce que les Singhalais nomment « rechercher ou discuter uniquement les propriétés et les qualités « des choses, » c'est encore « la juste appréciation. » Et de même « l'esprit qui, détaché des « désirs et des poursuites du monde, doit rentrer en soi-même » est une excellente paraphrase des termes correspondants de la définition du *Lalita vistara*. En deux mots, il serait difficile d'espérer une identité plus grande entre les deux formules, celle des Népalais et celle du commentaire singhalais; il est évident qu'elles partent toutes deux d'une source commune. Et quant à ce que doit nous représenter ce premier degré de la contemplation interprété en langage européen, cela paraît se réduire à ceci, que le sage qui a atteint au premier degré du *Dhyâna* est affranchi de tout désir, détaché de toutes les conditions du péché et du vice, voilà pour la sensibilité; et est en possession, non-seulement de sa faculté de raisonner et de juger, mais d'une véritable extase dans laquelle l'a plongé l'espérance d'atteindre au *Nirvâṇa*, voilà pour l'intelligence.

Passons au second degré de la contemplation tel que se le figurent les Singhalais. Je ne crois pas nécessaire de reproduire littéralement l'énoncé du *Sâmaññaphala* qu'on trouve à la page de la traduction que j'ai déjà indiquée[1]; le lecteur qui voudra bien s'y reporter verra que la définition pâlie est très-semblable, pour ne pas dire identique, avec celle du *Lalita vistara*, quoique les termes y soient placés autrement. Je signale seulement ce trait, que le raisonnement et le jugement ont disparu à ce degré du *Dhyâna*, d'après l'une et l'autre définition, et que l'unité de l'esprit et le calme intérieur en sont également les éléments fondamentaux. Quant à la description de Clough, en voici l'interprétation : « Suivant les principes établis pour la pratique de ce second degré du *Dhyâna*, le dévot ayant pratiqué en son entier la première méditation et persistant tranquille dans un état d'abstraction non troublée, ayant pleinement en vue l'unique objet de son examen, c'est-à-dire le *Nirvâṇa*, et étant affranchi de toute discussion intellectuelle sur la nature et les qualités des choses, ainsi que de toute incertitude sur leurs propriétés absolues ou relatives, ayant enfin subjugué ses passions au point d'être libre de tout souhait et de tout désir, l'esprit doit être rempli d'une tranquillité et d'une joie calmes et non troublées, par l'effet de la perspective certaine de l'acquisition du *Nirvâṇa*[2]. » Cette définition de la seconde contemplation, plus diffuse que celle de la première, paraît s'écarter de l'énoncé du *Lalita vistara* et du *Sâmaññaphala*; cependant, en l'examinant d'un peu près, on reconnaît qu'elle se ramène entièrement aux deux autres énoncés, et que son unique défaut est d'être conçue dans des termes trop semblables à ceux qui ont servi pour la première. Le trait principal

[1] Ci-dessus, p. 474 et 475. — [2] Clough, *Singhal. Diction.* t. II, p. 296.

et caractéristique de ce second degré, qui est la suppression du raisonnement et du jugement, se retrouve avec quelques mots de plus dans cette partie de la définition singhalaise : « affranchi de toute discussion intellectuelle sur la nature et les qualités des choses, ainsi « que de toute incertitude sur leurs propriétés absolues ou relatives. » Le reste de l'énoncé singhalais est certainement trop chargé de mots, et ces mots même sont tels, qu'il semble que la seconde méditation ajoute trop peu à la première. Toutefois, outre la suppression du raisonnement et du jugement, qui est un grand pas de fait sur la première méditation, les Singhalais caractérisent encore le bonheur extatique, qui est l'essence même de la seconde contemplation, par la cause qui le produit, laquelle est non plus la perspective du *Nirvâṇa*, mais la certitude qu'on doit l'obtenir. En résumé, et pour dégager du vague de ces paroles l'idée même du second degré de la contemplation, on peut dire que, arrivé à ce second degré, le Religieux n'exerce plus ni le raisonnement ni le jugement, qu'il a porté le calme dans son âme et ramené son esprit sur lui-même, qu'il se possède enfin et médite, et que la satisfaction qu'il trouve dans cette méditation, dont l'unique objet est la certitude d'arriver au *Nirvâṇa*, forme le second degré lui-même de la contemplation. A ce degré, la sensibilité intérieure est intéressée encore par cette satisfaction même que la méditation lui donne; mais l'intelligence s'est épurée en ce sens que, cessant de s'occuper de raisonnements et de jugements, elle se repose toute entière sur elle-même, et est *devenue une*, selon le *Lalita vistara* et le *Sâmaññaphala*.

La définition singhalaise de la troisième contemplation nous manque par un oubli regrettable de Clough; au mot *tritiyadhyâna* [1], il renvoie à *dhyâna*, et arrivé à ce terme, il renvoie de nouveau à chacun des articles qui définissent les quatre degrés de la contemplation, comme *prathamadhyâna*, *dvitiyadhyâna*, *tritiyadhyâna* et *tchatarthadhyâna* [2]. Heureusement, nous possédons dans le *Sâmaññaphala* un moyen de contrôle bien supérieur au *Dictionnaire singhalais* de Clough, et ici des plus satisfaisants. La définition que ce traité donne de la troisième contemplation est identique avec celle du *Lalita vistara;* tous les traits importants s'y retrouvent : le détachement et l'indifférence, la mémoire et la connaissance qui persistent, le plaisir qui se communique au corps. Cependant on remarque de plus dans le *Lalita vistara* l'épithète de *nichprîtika*, « exempt de satisfaction, » qui caractérise la troisième contemplation et qui manque dans le *Sâmaññaphala*. Mais si cette épithète ne paraît pas dans la définition même, elle se montre dans les développements que le *Sâmaññaphala* donne sur le plaisir physique dont est comblé le sage et qui est défini par le terme de *nippîtika*, « exempt de satisfaction [3]. » L'accord du *Sâmaññaphala* et du *Lalita* nous permettent donc de reconnaître les éléments dont se compose le troisième degré du *Dhyâna*. Ce degré a pour objet d'élever le sage jusqu'à l'indifférence complète, ce grand objet des principales philosophies de l'Orient. Le sage y arrive par une double voie, par la satisfaction qui le dispense de demander son bonheur au dehors, et par l'absence de passion ou par le détachement de tout ce qui l'entoure.

Ce détachement, tout en brisant un des liens qui unissent l'intelligence à la sensibilité, laisse cependant encore au sage une satisfaction d'un ordre assez matériel; c'est un plaisir

[1] *Singhal. Diction.* t. II, p. 249. — [2] *Ibid.* p. 304. — [3] Ci dessus, p. 475, dernière ligne du f. 20 *a*.

qu'il ressent jusque dans son corps, et c'est là la part de la sensibilité; mais il n'en a pas moins gagné à être désormais indifférent à tout ce qui pouvait l'intéresser et l'émouvoir. Il conserve d'ailleurs sa mémoire et sa connaissance, trait tout à fait remarquable qui prouve que si le sage est détaché du monde, c'est par l'effort intérieur d'une épuration toute morale, et non par l'abolition de son individualité personnelle. Je dis qu'il conserve sa mémoire, parce que nos textes se servent du mot *smrïti* et *sati*, et que les Tibétains traduisent ce mot dans son sens ordinaire, celui de *souvenir*. Toutefois, sans nier le fréquent emploi que les Buddhistes du Nord, comme ceux du Sud, font de ce terme dans cette acception classique, j'ai déjà dit que le mot *smrïti*, et en pâli, *sati*, désigne souvent « l'esprit, l'intelligence » en général, surtout quand il est accompagné du terme de *sañpradjñâ*, « avoir conscience de soi-même. » Les Buddhistes semblent n'avoir pas craint de réunir sous la même dénomination la mémoire et l'intelligence, parce que c'est la même faculté qui recueille les souvenirs du passé et perçoit les impressions du présent. Quoi qu'il en soit de cette explication, et quand même il faudrait traduire *smrïti* par « intelligence, » la destination et la place de la troisième contemplation dans l'échelle des quatre *Dhyânas* n'en serait pas moins établie avec les caractères suivants : l'indifférence ou l'apathie avec bien-être du corps, et avec souvenir et connaissance, ou, si l'on veut, avec intelligence et conscience.

Quant à la version tibétaine, je dois l'examiner ici en quelques mots, parce que, à ce troisième degré, elle diffère sensiblement de celle que je propose d'après le *Lalita vistara*. Elle traduit le mot *prîtivirâgât* par « en supprimant la passion du plaisir, » sans indiquer que si *prîti* signifie *plaisir* (*satisfaction* serait plus juste), il faut entendre par là cette joie intérieure, et comme le disent les Singhalais, cette extase dont jouit le sage dès qu'il est parvenu à la seconde contemplation; car les termes qui figurent à chacun de ces degrés du *Dhyâna* ont une valeur non-seulement absolue, quant au degré où ils paraissent, mais encore relative, quant au degré qui précède et qui suit. Le manuscrit qui donne cette leçon *prîtivirâgât*, nous en fournit d'ailleurs une autre qui me paraît préférable, c'est celle de *prîtêvirâgât*, qu'il est très-aisé de corriger sûrement en lisant *prîtêr virâgât*, et qui a l'avantage de s'accorder avec la leçon du *Sâmaññaphala*, comme je le montrerai plus tard par la comparaison du texte même de ces deux formules. Cette dernière leçon fournit le sens de « par la satisfaction, par le détachement, » sens que j'ai adopté.

Le quatrième degré du *Dhyâna* manque dans Clough, parce que sous le mot *tchatur-thadhyâna*, cet auteur n'en donne d'autre explication que celle du mot *Dhyâna* lui-même[1]. Le *Sâmaññaphala* vient ici encore à notre secours; il nous offre une définition du quatrième degré de contemplation qui est tellement identique avec celle du *Lalita vistara*, que j'ai pu les traduire l'une et l'autre exactement de la même manière, car les termes de la définition pâlie paraissent littéralement calqués sur ceux de la définition sanscrite. L'épithète qui caractérise ce quatrième degré de la contemplation signifie littéralement, « contempla- » tion qui est perfectionnée (*pariçuddham* ou *viçuddham*) par la mémoire et l'indifférence; » j'ai cru ne pas trop forcer le sens en disant avec un peu plus de clarté, « contemplation qui

[1] *Singhal. Diction.* t. II, p. 194 et 304.

« est la perfection de la mémoire et de l'indifférence. » J'ai préféré ce sens parce que l'indifférence et la mémoire existant déjà au troisième degré, il semble naturel qu'elles croissent et se perfectionnent au quatrième. D'autres traits d'ailleurs distinguent la quatrième contemplation de la troisième. Parvenu au dernier degré, le sage, qui est déjà indifférent, renonce au plaisir et à la douleur; les impressions antérieures de joie et de tristesse ont disparu pour lui. Le progrès qu'il a fait ici consiste à ne plus même éprouver ce bien-être du corps qu'il ressentait encore à la troisième contemplation. J'ai persisté à traduire *smrĭti* par « mémoire, » parce que je l'avois fait pour le degré précédent; mais il me semble que ce terme doit exprimer, en cet endroit, moins la mémoire ordinaire que le sentiment continu de la personnalité. En effet, au degré d'indifférence où est parvenu le sage, qu'y a-t-il au monde dont il aurait intérêt à se souvenir? Serait-ce ce qui touche à sa sensibilité? Mais il n'y a plus pour lui ni peine ni plaisir, et les impressions antérieures de joie et de tristesse ont entièrement disparu. Serait-ce ce qui touche à l'intelligence? Mais dès la seconde méditation, il ne raisonnait et ne jugeait déjà plus. Resté homme, les rapports qu'il entretient avec lui-même et avec l'extérieur sont ceux-ci : avec lui-même, il se possède et se contient; avec l'extérieur, il est indifférent et apathique; il ne cesse pas d'ailleurs d'être intelligent, et, comme le disent les Buddhistes par ce texte qui est également classique dans les deux écoles, « il est un esprit recueilli, perfectionné, purifié, « lumineux, exempt de souillure, débarrassé de tout vice, souple, propre à tout acte, « stable, arrivé à l'impassibilité[1]. » Voilà le résultat de ce quadruple exercice du *Dhyâna*, qu'on appellera ou *contemplation* ou *méditation*, comme je l'ai indiqué en commençant. Les termes par lesquels il est exprimé sont assez curieux, surtout si j'entends bien ce caractère de *karmaṇya*, « propre à tout acte, » qui montre que le sage n'a pas tellement divorcé d'avec le monde qu'il ne puisse y rentrer pour agir dans la mesure de ce qui est compatible avec la pureté de son cœur et la perfection de son intelligence.

Cette épuration du cœur et de l'esprit n'est pas d'ailleurs la destination unique du *Dhyâna* et de ses quatre sous-divisions. Au moyen de combinaisons qui ont été inspirées aux Buddhistes par le besoin qu'ils éprouvent de remplir les espaces qu'ils s'imaginent exister au-dessus du monde apparent, ils rattachent les quatre degrés de la contemplation à quatre des étages supérieurs de l'univers qui reçoivent le nom collectif de « région des « formes[2]. » On sait en effet que l'univers envisagé de bas en haut se compose de trois *dhâtu*, c'est-à-dire de trois éléments ou régions nommées successivement *Kâmadhâtu, Rûpadhâtu, Arûpadhâtu*, « la région des désirs, la région des formes, la région de l'absence de « formes[3]. » J'ai examiné ailleurs, sous le rapport de la nomenclature et du sens, les noms par lesquels on désigne, chez les Buddhistes de toutes les écoles, les divinités qui habitent les deux premières régions, en faisant voir que chacune des contemplations, envisagée comme la dénomination d'une des quatre divisions du monde des formes est, à son tour, divisée en un plus ou moins grand nombre d'étages habités par des êtres en qui la pureté du cœur et la pénétration de l'esprit vont successivement en se perfectionnant. C'est, sans

[1] *Lalita vistara*, chap. XX, f. 178 *a*; *Sâmaññaphala sutta*, dans *Dîgh. nik.* f. 20 *b*, et ci-dessus, p. 476.

[2] *Introd. à l'hist. du Buddh.* t. I, p. 608 et suiv.

[3] *Saṅgîti sutta*, dans *Dîgh. nik.* f. 178 *a* et *b*.

contredit, une idée singulière que de faire de la contemplation un lieu, un espace habité par des êtres plus ou moins parfaits qui ont cependant encore pour attribut la forme. Mais les Buddhistes sont des matérialistes, autant qu'on peut l'être dans l'Inde; et après tout, il est probable qu'ils veulent seulement dire qu'il existe au-dessus du monde des désirs une série ascendante de quatre mondes étagés les uns sur les autres, qu'on appelle « mondes « de la contemplation, » parce que les êtres privilégiés qui les habitent ont les perfections d'intelligence et de vertu auxquelles aspirent les hommes qui, sur la terre, se livrent à l'exercice de la quadruple contemplation. S'il est permis de faire l'application des règles du bon sens ordinaire à ces imaginations vaines et stériles, on peut dire que ma supposition est justifiée par une conception analogue, celle du monde sans formes, qui constitue la troisième des grandes divisions d'un univers complet. Dans cette division, dont je dois m'occuper en ce moment pour achever ce que j'ai dit ailleurs sur le monde des désirs et sur celui des formes, sous-divisés l'un et l'autre en un plus ou moins grand nombre de cieux, nous trouvons des êtres d'une immatérialité de plus en plus subtile; et cependant de même que les hommes peuvent, par la force de leur moralité et de leur intelligence, franchir les quatre degrés de la contemplation, de même ils peuvent s'élever jusqu'à la possession des attributs qui distinguent les habitants des quatre régions idéales du monde sans formes. Quelle signification doit avoir cette capacité supposée, si ce n'est que l'homme peut ici bas acquérir les attributs supérieurs qu'on accorde à des êtres divins singulièrement privilégiés?

Nous en avons un exemple dans ce qu'on raconte des derniers moments de Çâkyamuni, lorsqu'il eut donné aux Religieux qui l'écoutaient le conseil d'embrasser promptement la vie ascétique. On le voit franchir les quatre degrés de la contemplation, puis de là s'élever dans quatre autres sphères dont on trouve les noms chez les Buddhistes du Népal comme chez ceux de Ceylan[1]. On pourrait supposer, il est vrai, que cette évolution à travers ces huit sphères est le don exclusif de ces intelligences supérieures qu'on nomme *Buddhas*, et même que, pour ce qui regarde Çâkyamuni, ce fut l'effet d'une de ces lumières miraculeuses qui ouvrent les régions célestes aux derniers regards des mourants; mais plusieurs textes contredisent cette supposition, puisqu'ils représentent ce passage à travers les quatre sphères supérieures aux quatre contemplations comme le but promis à la vertu et à l'intelligence de tous les ascètes. Premièrement, un *Sutta* pâli déjà traduit au n° VI du présent *Appendice*, sous le titre de « places de l'intelligence, » énumère les quatre régions dont je m'occupe, en les considérant comme des lieux, des contenants à travers lesquels passe successivement l'esprit[2]. Au lieu de les nommer *thiti*, « des places, des lieux « ou stations, » un autre passage du *Saggîti sutta*, tout à fait semblable à celui que je viens de rappeler, les désigne par le nom de *âvâsa*, « des demeures, des habitations » pour les êtres[3]. Enfin un second passage de ce même *Saggîti sutta* énumère ces quatre régions dans leur relation avec les quatre *Dhyânas*; c'est ce morceau, qui signale le rapport des quatre sphères aux quatre contemplations, que j'ai cru devoir traduire de préférence.

[1] Turnour, *Examin. of pâli Buddh. Annals*, dans *Journ. as. Soc. of Bengal*, t. VII, 2e part. p. 1008.

[2] Ci-dessus, *Appendice*, n° VI, p. 542.

[3] *Saggîti sutta*, dans *Dîgha nikâya*, f. 189 *a*.

Après avoir montré l'ascète s'élévant par degrés jusqu'à la troisième contemplation, en se servant des définitions mêmes que nous avons vues employées plus haut [1], Çâriputtra, qui parle à la place du Buddha malade en ce moment, continue ainsi : « Le Religieux, après avoir atteint à la quatrième contemplation, s'y arrête. S'étant élevé complétement au-dessus de l'idée de forme, l'idée de résistance ayant disparu pour lui, ne concevant plus l'idée de diversité, le Religieux, après avoir atteint à la région de l'infinité en espace où il se dit : l'espace est infini, s'y arrête. S'étant élevé complétement au-dessus de la région de l'infinité en espace, après avoir atteint à la région de l'infinité en intelligence, où il se dit : l'intelligence est infinie, il s'y arrête. S'étant élevé complétement au-dessus de la région de l'infinité en intelligence, ayant atteint à la région où il n'existe absolument rien, et où il se dit : il n'existe absolument rien, il s'y arrête. S'étant élevé complétement au-dessus de la région où il n'existe absolument rien, ayant atteint à la région où il n'y a ni idées ni absence d'idées, il s'y arrête [2]. S'étant élevé complétement au-dessus de la région où il n'y a ni idées ni absence d'idées, ayant atteint à la cessation (*nirôdha*) de l'idée et de la perception, il s'y arrête. Et cependant, il ne se fait pas que, par ces éliminations successives, l'idée de désir soit anéantie pour celui qui est parvenu à la première contemplation, pas plus que celle de raisonnement et de jugement pour celui qui est parvenu à la seconde contemplation, pas plus que celle de satisfaction pour celui qui est parvenu à la troisième contemplation, pas plus que la respiration pour celui qui est parvenu à la quatrième contemplation, pas plus que l'idée de forme pour celui qui est parvenu à la région de l'infinité en espace, pas plus que l'idée de la région de l'infinité en espace pour celui qui est parvenu à la région de l'infinité en intelligence, pas plus que l'idée de la région de l'infinité en intelligence pour celui qui est parvenu à la région où il n'existe absolument rien, pas plus que l'idée de cette dernière région même pour celui qui est parvenu à la région où il n'y a ni idées ni absence d'idées, pas plus que l'idée et la perception ne sont anéanties pour celui qui est parvenu à la cessation de la perception et de l'idée [3]. »

Voilà une exposition qui, si je ne me trompe pas, sent fort le Pyrrhonisme, qu'on trouve presque toujours au fond de la métaphysique du Buddhisme, quand on la presse un peu. La fin du morceau paraît en effet contredire le commencement. Prenons un ou deux exemples. Le caractère propre de la première contemplation, c'est que l'ascète y soit détaché de tout désir; or, après avoir posé cette thèse, on nous dit que pour celui qui est parvenu à la première contemplation, l'idée de désir n'est pas anéantie. Autre exemple : ce qui caractérise le dernier terme de cette purification intellectuelle, c'est que l'ascète qui est parvenu à la région où il n'y a ni idées ni absence d'idées, atteint à la cessation de l'idée et de la perception; or, après avoir posé cette thèse, on dit que pour celui qui est parvenu à cette cessation, l'idée et la perception ne sont pas anéanties. N'est-ce pas là dire à la fois qu'un homme est détaché de tout désir, et qu'il a toujours des désirs; qu'il a cessé de percevoir, et cependant qu'il perçoit toujours. Il est très-probable que

[1] Ci-dessus, p. 474 et suiv.

[2] Comparez ci-dessus, p. 542.

[3] *Saggîti sutta*, dans *Dîgh. nik.* f. 189 *b*. Comp. *Foe koue ki*, p. 146.

les commentateurs ont, par tradition ou autrement, le moyen de dissiper ces contradictions, fût-ce même à l'aide de subtilités. En attendant que leurs gloses nous deviennent accessibles, j'indiquerai la solution qui se présente dans l'hypothèse où les Buddhistes n'auraient pas entendu se contredire, inconvénient auquel ils sont parfois assez indifférents. Il faut envisager les neuf degrés que franchit successivement le sage sous un double rapport, pratiquement et absolument. Pratiquement, c'est un exercice auquel se livre l'ascète pour se soustraire aux conditions intellectuelles et morales de l'humanité; absolument, ces conditions subsistent toujours, même pour l'ascète, parce que s'il lui est possible (en supposant que cela soit possible) de faire cesser les rapports qui l'unissent à ces conditions, il est hors de son pouvoir d'anéantir ces conditions elles-mêmes, de façon que, tout en cessant de s'y intéresser, il ne peut s'empêcher de reconnaître qu'elles continuent d'exister à côté de lui. Ainsi l'ascète peut, par l'effort d'une volonté vertueuse, supprimer en lui tous les désirs coupables; mais l'idée de cette espèce de désirs, la pensée qu'il en existe de cette espèce n'est pas anéantie pour lui. Voilà pourquoi la seconde partie de l'énumération du *Saggîti*, qui paraît si contradictoire à la première, ajoute à chacune des conditions auxquelles se soustrait successivement le sage, ce mot caractéristique de *l'idée*, car c'est ainsi que je crois devoir interpréter *sañdjñâ*. L'idée n'est pas détruite, dit le texte, en se servant du mot *niruddha*, dont le sens propre est « arrêté, contenu; » c'est-à-dire qu'elle continue, en quelque sorte, son chemin sous les yeux mêmes de l'ascète qui n'y prend plus le moindre intérêt. On voit par analogie, à ce qu'il me semble, la nuance qui sépare ce que gagne l'ascète à chaque degré, d'avec ce qui lui reste encore à subir des conditions de la vie ordinaire. Quand il est arrivé à la quatrième contemplation, c'est-à-dire que n'éprouvant ni douleur ni plaisir, les impressions antérieures de joie et de tristesse elles-mêmes ont disparu pour lui, l'énumération du *Saggîti* ajoute : « pour lui l'inspiration et l'expiration ne sont pas arrêtées, » c'est-à-dire qu'il continue à respirer, autrement dit à vivre, ce dont on eût pu douter en le voyant insensible au plaisir et à la douleur.

Je ne voudrais cependant pas trop insister sur une explication qu'un seul mot d'un texte encore inconnu réduirait peut-être à néant; je ne pourrais d'ailleurs en dire davantage sur ce sujet, sans abuser de la patience du lecteur à l'esprit duquel peut s'offrir une solution préférable à la mienne. Il vaut mieux appeler son attention sur les termes techniques par lesquels on désigne chacun des degrés que nous venons d'énumérer. Je ne suis pas assez sûr de les avoir rendus fidèlement, et j'ai trop de motifs de suspecter l'exactitude de mes devanciers pour ne pas soumettre leur interprétation et la mienne à l'examen de juges plus compétents.

Il y a déjà long temps que M. A. Rémusat, dans un des premiers ouvrages de sa jeunesse, produisit, d'après le *Vocabulaire pentaglotte*, les noms sanscrits des quatre degrés qui suivent immédiatement les quatre contemplations. Ces noms ne sont pas aussi fautifs que le sont d'ordinaire les transcriptions de termes indiens du *Vocabulaire pentaglotte*; mais ils sont en eux-mêmes obscurs, et l'étude du Buddhisme n'était pas assez avancée en 1816, époque à laquelle M. Rémusat les publia, pour qu'on pût les comprendre aisément, soit en sanscrit, soit dans aucune des versions du *Vocabulaire pentaglotte*[1]. Beaucoup plus tard, M. I. J. Schmidt en donna l'interprétation d'après les Buddhistes mongols; mais on jugera du peu de progrès qu'il avait dû faire dans cette théorie abstruse par l'observation dont il accompagne la reproduction des termes sanscrits publiés pour la première fois par Rémusat : « Ce qu'il faut entendre par les noms de ces quatre mondes « (*Bhavanas*) est si clair que je n'ai pas besoin de les expliquer davantage[2]. » On est bien heureux de trouver clairs ces termes au moins bizarres; Schmidt avait sans doute les moyens de les traduire d'après la version mongole, mais il n'est pas évident qu'il eût pu les analyser et les comprendre d'après l'original sanscrit; et cependant, c'est des termes originaux qu'il parlait avec cette assurance!

La première région du monde sans formes, qui s'élève immédiatement au-dessus de la quatrième contemplation, se nomme en sanscrit *âkâçânantyâyatanam*, et en pâli, *âkâsânañtchâyatanam*, littéralement, « le lieu de l'infinité de l'espace. » J'ai à peine besoin de faire remarquer que je prends le mot *anantya* dans le sens d'*absence de limites*; et quant à la nature propre de ce lieu, il ne faut pas l'entendre en ce sens que là seulement l'espace est sans limites, puisque les Buddhistes pensent que l'espace est illimité de sa nature; mais on veut dire, selon toute apparence, que ce lieu ou cette sphère est celle où s'élèvent les intelligences pour lesquelles l'idée de l'infinité de l'espace est une notion familière. Cela me paraît formellement écrit dans le passage du *Sañgîti* attribué à Çâriputtra, où l'on voit l'ascète parvenu à cette sphère se dire : « l'espace est sans limites ou infini. » Cette conviction est donc le véritable attribut des intelligences qui se sont élevées à cette région, et elle s'ajoute aux perfections morales et intellectuelles qu'elles ont acquises pendant leur passage à travers les quatre contemplations.

On peut maintenant apprécier jusqu'à quel point sont suffisantes les interprétations données jusqu'ici du nom de cette première région. La plus ancienne, celle de M. A. Rémusat, est rédigée en ces termes, « esprit espace vide sans bornes[3]; » mais, outre qu'elle est obscure, elle a un grand inconvénient, celui de faire croire que le terme *âyatana* emporte avec lui une valeur plus considérable que celle qu'il a réellement. Ainsi, il y a une grande différence entre cet énoncé « le lieu de l'infinité de l'espace, » c'est-à-dire le lieu où parviennent ceux qui ont la conviction de l'infinité de l'espace, et celui de M. Rémusat, « esprit espace vide sans bornes, » car ce dernier énoncé donne à croire que l'esprit est l'espace même. Il n'est pas non plus certain que ce ne soit pas aller trop loin que d'introduire ici l'idée de *vide;* le texte sanscrit et pâli de la définition n'en parle pas; il y est uniquement question d'un axiome sur la nature illimitée de l'espace, *âkâça*, et ce terme ne peut se confondre avec celui de *çûnya*, « vide. » Il paraît cependant que l'idée de vide forme pour les Chinois un élément considérable de cette première sphère, car voici en quels termes Deshauterayes la définissait, il y a déjà longtemps : « Au-dessus du monde coloré, sont les quatre cieux du monde qu'on nomme incorporel ou non coloré, parce

[1] A. Rémusat, *Le livre des récompenses et des peines*, p. 71. Voyez encore le même auteur dans *Foe koue ki*, p. 146.

[2] I. J. Schmidt, *Mém. de l'Acad. des sciences de Saint-Pétersbourg*, t. I, p. 102.

[3] *Le Livre des récompenses et des peines*, p. 71.

que ses habitants sont transparents, étant composés de choses qui n'ont pas de couleur, la perception, l'imagination, la pensée de l'être ou les distinctions que l'on met entre les êtres, et l'intellection. Les habitants du premier de ces quatre cieux étant parvenus à la vraie tranquillité par l'extinction des imaginations et l'éloignement des cupidités, entrent dans le vide [1]. » Peut-être la traduction véritable doit-elle être « entrent dans l'espace illi-« mité; » de sorte qu'en résumé, la première de ces quatre sphères ne serait au fond que l'espace ou l'éther sans bornes, ce qui s'accorderait parfaitement avec la notion que les Buddhistes se sont faite du monde divisé en trois étages, le monde des désirs, le monde corporel et le monde incorporel, et ce qui rendrait au mot *vide* des interprètes chinois sa véritable acception. Dans un ouvrage plus récent, M. Rémusat s'exprimait ainsi sur cette première sphère : « Dans le monde des êtres immatériels, il y a encore quatre classes « de dieux; ceux qui, fatigués de la substance corporelle, résident dans le vide et l'im-« matériel [2]. » Cette définition un peu diffuse a cependant l'avantage de mettre en relief l'idée de lieu qui reproduit le terme de la définition originale, *âyatana*. Je trouve un peu plus de précision dans la traduction que I. J. Schmidt a empruntée aux Mongols : « Le « premier de ces quatre mondes, disent-ils, est celui de l'étendue éthérée, illimitée, sans « fin [3]; » et dans cette autre : « du quatrième *Dhyâna*, il passa dans la méditation des nais-« sances qui ont lieu dans l'espace céleste illimité [4]. » Ces interprétations reposent sur les deux significations d'*espace* et d'*éther* qui appartiennent au mot *âkâça*, significations qui se tiennent intimement et qui ont leur origine dans l'impression que fait sur l'esprit de l'homme primitif l'aspect des espaces célestes.

La seconde région du monde sans formes se nomme en sanscrit *vidjñânânantyâyatanam*, et en pâli, *viññânañtchâyatanaṁ;* sur quoi je remarquerai d'abord que les deux énoncés diffèrent par la présence dans l'un, et l'absence dans l'autre, de la syllabe *nâ*, laquelle est nécessaire, puisque le terme est composé de *vidjñâna* et de *anantya*, « l'infinité de l'in-« telligence », et en pâli de *viññâna* et de *anañtcha*. L'énoncé pâli est donc irrégulier au fond; mais il n'en est pas moins écrit constamment de cette manière, et la suppression de la syllabe *nâ* vient très-probablement de son homophonie avec celles qui l'avoisinent : il se passe, en effet, ici un fait analogue à celui que Pott a déjà remarqué dans quelques langues et notamment en grec [5]. Conformément à la méthode remarquée déjà sur le nom de la première sphère, M. Rémusat traduisait celui de la seconde par « l'esprit intelli-« gence sans bornes, » et dans le *Foe koue ki*, « ceux qui n'ont de lieu que la connaissance, « parce que le vide est encore trop grossier pour eux. » Deshauterayes, travaillant de même sur des sources chinoises, se représente ainsi la définition de ce terme : « Ceux « du deuxième ciel ne cherchent plus ni le réel ni le vide et n'ont recours qu'à la seule « intellection [6]. » Selon I. J. Schmidt, interprète des Mongols, la définition sanscrite signifie :

[1] *Recherches sur la religion de Fo*, dans *Journ. asiat.* t. VIII, p. 40 et 41.

[2] *Foe koue ki*, p. 146.

[3] *Mém. de l'Acad. des sciences de Saint-Pétersbourg*, t. I, p. 101.

[4] *Ibid.* t. II, p. 19.

[5] *Etymologische Forschungen*, t. II, p. 108 et suiv.; Ebel, dans *Zeitschrift für vergleichende Sprachforschung*, t. I, p. 303.

[6] *Journ. asiat.* t. VIII, p. 41.

« le monde de l'omniscience illimitée, » et d'après un autre texte, « de la précédente mé« ditation, il passa dans celle des naissances de la science illimitée[1], » définition peu claire, et où le mot *intelligence* serait très-vraisemblablement préférable à celui de *science* ou de *savoir*. Le *Sağgîti sutta* nous donne une idée plus satisfaisante de la seconde sphère, en nous apprenant que c'est le lieu qu'atteignent ceux pour qui l'infinité, ou le caractère illimité de l'intelligence, est une conviction. Quant au rapport de la seconde sphère à la précédente, il est facile de reconnaître que la seconde l'emporte en immatérialité ou en spiritualité sur la première. Dans l'une, il était question de l'infini en espace, dans l'autre, il s'agit de l'infini en intelligence; mais l'espace, considéré comme contenant des corps, se rapporte à la matière; l'intelligence, au contraire, est l'attribut de l'esprit.

De la seconde sphère, on s'élève dans la troisième, qu'on désigne en sanscrit par le nom de *akiñtchanyâyatanam*, que le *Vocabulaire pentaglotte* lit à tort *akiñtchavyâ*. . . , et qui est en pâli *akiñtchaññâyatanaṁ*. Ce terme signifie « le lieu de la non-existence de quoi « que ce soit, » ou, « le lieu où il n'existe absolument rien. » M. Rémusat traduisait cette dénomination par « l'esprit tout être, » ce qui est très peu exact et bien vague; et plus tard, il définissait ainsi les habitants de cette sphère, « les dieux qui n'ont pas de lieu[2]. » Deshauterayes, qui serre généralement d'un peu plus près les expressions originales, disait de ces êtres privilégiés : « ceux du troisième ciel, n'admettant ni réel, ni vide, ni intellec« tion, tendent au néant. » C'est là un commentaire qui rend fidèlement l'idée que le *Sağgîti* nous donne de cette sphère, quand il nous représente les êtres qui y sont parvenus se disant, « il n'existe absolument rien. » C'est de cette manière que l'entendent aussi les Mongols, d'après Schmidt, qui traduit ainsi la dénomination originale, « le monde où « il n'existe absolument rien, » interprétation qui vaut certainement mieux que l'espèce de commentaire qu'il en donne ailleurs : « de là il passa dans la méditation des naissances « du néant absolu[3]. » Au reste, toutes ces traductions convergent vers le même point : la troisième sphère est bien celle où l'on croit qu'il n'existe absolument rien, comme le dit le *Sağgîti sutta*.

De cette sphère, on parvient à la quatrième, qu'on désigne en sanscrit par le composé *nâivasañdjñânâsañdjñâyatanam*, et en pâli, *névasaññânâsaññâyatanaṁ*, « le lieu où il n'y a « ni idées ni absence d'idées. » Dans le principe, M. Rémusat traduisait ainsi cette définition, « l'esprit tout pensée, » ce qui n'est pas suffisamment exact; plus tard, il disait avec plus de détails et en se rapprochant davantage du texte : « Les derniers de tous les dieux, « placés au sommet du monde immatériel, n'ont ni les attributs des dieux non pensants « et sans localité, ni ceux qui appartiennent aux dieux dont la connaissance est l'unique « localité[4]. » A quoi il faut ajouter l'interprétation de Deshauterayes : « Ceux du quatrième « ciel ne pensent seulement pas si le plein, le vide et les intellections existent, mais ils « ne sont pourtant pas encore parvenus au point de n'avoir absolument aucune autre « pensée[5]. » Je ne sais si je me trompe, mais il me paraît que c'est à une conclusion con-

[1] *Mém. de l'Acad. des sciences de Saint-Pétersbourg*, t. I, p. 101 et t. II, p. 19.

[2] *Foe koue ki*, p. 146.

[3] *Mém. de l'Acad.* t. II, p. 19.

[4] *Foe koue ki*, p. 146.

[5] *Journ. asiat.* t. VIII, p. 41.

traire que conduit directement le texte; car, littéralement interprété, ce texte signifie « le lieu où il n'y a ni idées ni absence d'idées. » Schmidt, après avoir traduit d'après les Mongols, « le monde des limites les plus extrêmes des pensées, » dit ailleurs, d'après les mêmes sources : « de là il passa dans la méditation de l'absence de pensée et de la pensée. » Dans tous ces énoncés, on retrouve certainement quelque chose du terme original, mais on ne l'y reconnaît pas dans son entier et tel que se l'est figuré l'imagination bizarre des Buddhistes. Arrivé à la quatrième sphère, l'ascète n'est pas plus pensant que non pensant, car tels sont les termes de la définition; il est neutre à l'égard des idées, comme à l'égard de l'absence d'idées : ce qui paraît vouloir dire qu'il est dans un état tel qu'il n'a pas d'idées en fait, quoiqu'il puisse en avoir encore en droit, en d'autres termes, qu'il s'abstient de tout exercice intellectuel, quoiqu'il en soit virtuellement capable. Ainsi, tout de même que parvenu à la quatrième contemplation, où il avait éliminé tant de choses, il conservait encore la faculté vitale de la respiration, de même, arrivé à la quatrième sphère du monde sans formes, il ne pense plus, il est vrai, mais il n'est pas privé de la faculté de penser; il s'en abstient seulement, et les idées qui pourraient lui arriver ne lui arrivant pas, on dit de lui, avec ce tour d'expression pyrrhonien si recherché des Buddhistes : « il est dans un lieu où il n'y a ni idées, ni absence d'idées. »

On le voit, ces quatre sphères du monde sans formes continuent l'œuvre d'épuration commencée dans le cours des quatre contemplations du monde précédent. Deshauterayes, qui paraît avoir médité avec soin sur les textes chinois où est décrite cette théorie fantastique, la résume brièvement en ces termes : « Ainsi les habitants du premier ciel s'étant « détachés de toute corporéité recourent au vide. Ceux du second, laissant le vide, recou« rent à l'intellection. Ceux du troisième, rejetant toute intellection, recourent au néant. « Ceux du quatrième, renonçant à la faculté de comprendre et de connaître, c'est-à-dire à « l'entendement même, recourent à l'anéantissement total, et parviennent ainsi à l'extinction [1]. » Nous tenant plus près des textes sanscrits et pâlis qui sont entre nos mains, nous dirons : les êtres de la première sphère ont la conviction que l'espace est sans limites; ceux de la seconde, la conviction que l'intelligence est sans limites; ceux de la troisième, la conviction qu'il n'existe absolument rien; ceux de la quatrième n'ont ni idées, ni absence d'idées.

Ce qu'il y a de singulier, c'est que ces exercices ascétiques auxquels on conçoit qu'aient pu se livrer des rêveurs à la poursuite du but idéal qu'ils se proposent, l'affranchissement absolu de l'homme, se soient présentés à l'imagination des Buddhistes sous l'aspect de lieux, de sphères où s'élèvent en réalité ceux qui pratiquent ces exercices; que la conviction philosophique de l'infinité de l'espace et de l'intelligence, et que celle du néant réel de toutes choses soient devenues des lieux placés les uns au-dessus des autres par delà les limites du monde apparent. Cette vue tient, si je ne me trompe, aux habitudes les plus naturelles de l'esprit buddhique. Malgré leurs dispositions spiritualistes, les Buddhistes sont, sur la question capitale de l'acquisition des connaissances, de véritables matérialistes; ils n'admettent que le témoignage des sens. Il est bien vrai que, suivant leur

[1] *Journ. asiat.* t. VIII, p. 41.

manière d'envisager l'univers, ils vont toujours resserrant de plus en plus le domaine de la sensation, terminant leur échelle des mondes par une sphère des êtres sans forme; mais c'est toujours sous la figure de mondes, que ces sphères leur apparaissent, et l'idée physique d'un contenant plus ou moins vaste, plus ou moins illimité, reste toujours au fond de leurs conceptions les plus idéalistes. Cela posé, en quel lieu de l'espace pouvait-on placer les convictions philosophiques, ou les états de l'esprit qui caractérisent le monde sans formes? Ce ne pouvait être certainement ni dans le monde des désirs ni dans celui des formes, où l'homme attaché au lieu rencontre de toutes parts des limites qui donnent des démentis continuels à ces convictions. Force a été de les transporter au delà des bornes de l'univers, par suite de ce raisonnement que ce qui est contradictoire aux conditions du monde n'y peut rester renfermé, et, en vertu de cette supposition, qu'il est encore possible de marquer des distinctions de sphères là où l'on se figure qu'il n'y a plus de limites. C'est à l'aide de ces deux principes, dont le premier ne choque certainement pas le sens commun au même degré que le second, c'est, dis-je, appuyés sur ces deux principes que les Buddhistes ont organisé les quatre sphères de leur monde sans formes, en en faisant quatre lieux qu'on n'atteint qu'à la condition d'être pénétré de trois convictions philosophiques sur l'infini en espace et en intelligence, sur le néant des êtres, et de se trouver dans un état parfait d'indifférence à l'égard de toute idée. Une fois ces sphères imaginées, il ne leur en coûtait plus beaucoup pour les peupler d'habitants. Ces habitants étaient même tout trouvés; c'étaient ceux qui, après s'être épurés pendant leur évolution ascendante à travers les quatre contemplations, étaient parvenus à se mettre en possession de ces convictions intimes destinées à renverser, devant leur esprit, les limites qui les avaient arrêtés dans les mondes inférieurs. Il y a plus, ils mirent ces quatre sphères en rapport avec les exercices ascétiques auxquels se livrent, dès ce monde même, des êtres privilégiés, comme le Buddha et ses disciples les plus favorisés. Et en cela, ils ne cédaient pas seulement à cet esprit d'audace qui emporte l'ascétisme oriental : il leur était bien difficile de faire autrement, car l'imagination, qui croyait obtenir dès cette vie les perfections intellectuelles réservées aux habitants de ces sphères, était la même qui les avait peuplées de ces perfections idéales. On avait créé les sphères à l'image de l'intelligence de l'ascète, et, par un de ces cercles vicieux familiers aux esprits extatiques, on se figurait que l'ascète s'élançait en réalité de la terre pour monter dans ces sphères elles-mêmes.

D'après ce qui nous est connu des idées des ascètes brâhmaniques, il n'est pas facile de déterminer, quant à présent, l'étendue des emprunts qu'ont pu leur faire les Buddhistes. Que les Brâhmanes aient cru à l'efficacité de la méditation pour donner à l'intelligence de l'homme des clartés supérieures, et même à sa force physique une puissance inconnue, c'est ce qui ne peut faire l'ombre d'un doute : on en voit la preuve à chaque ligne des Upanichads. Mais les idées qui servaient de but à ces pratiques méditatives, voilà, je l'avoue, le point où je ne trouve pas de rapports entre le Buddhisme et le Brâhmanisme. Cependant, s'il en fallait croire les textes du Nord, et en particulier, le *Lalita vistara*, ouvrage d'une autorité considérable chez les Népâlais, Çâkyamuni aurait eu des devanciers dans la théorie des sphères supérieures aux divers degrés de la contemplation, je ne dis pas des quatre sphères, car je n'en ai pas la preuve, mais au moins des idées qui se rattachent à l'une d'elles, à la dernière. Au commencement du chapitre XVII de cet ouvrage, on voit Çâkyamuni délibérant s'il se mettra sous la tutelle d'un Brâhmane de grand renom qui résidait à Râdjagrïha[1]. « Il enseignait à ses disciples, « dit le texte, la loi qui conduit à partager le lieu où il n'y a ni idées ni absence d'idées. » Le jeune Çâkya voit Rudraka, fils de Râma, et il se dit à lui-même avec le sentiment d'un profond orgueil : « Si, m'étant rendu auprès de lui, je me livrais aux mortifications et aux « pratiques ascétiques, il n'aurait plus auprès de moi la pensée qu'il est un homme supé« rieur; il ne serait pas même connu par une science évidente; mais le vice des contem« plations, des méditations, et des moyens d'arriver à la quiétude, pratiques qui sont « factices, imparfaites, accompagnées d'abstention, ne serait pas mis au jour. Pourquoi « cependant n'employerais-je pas un tel maître, pour montrer ces choses de façon qu'elles « soient évidentes, et de façon qu'on voie l'impuissance, en tant que moyen de salut, des « objets de la contemplation, des idées sur les moyens d'arriver à la quiétude, des médi« tations mondaines? Pourquoi, m'étant rendu auprès de Rudraka, fils de Râma, m'étant « fait son disciple, afin de comprendre l'espèce de mérite de sa méditation, ne montre« rais-je pas ainsi le peu de valeur des méditations factices? » Çâkyamuni se rend en consé« quence auprès de Rudraka : « Qu'elle est la chose qui a été comprise par toi? » « La voie « qui mène à partager le lieu où il n'y a ni idées ni absence d'idées, » répond Rudraka. Çâkyamuni se fait son disciple et s'asseoit à terre dans un endroit écarté. « A peine le « Bôdhisatva fut-il assis, que, par l'effet de la supériorité de sa vertu, de la supériorité de « sa science, de la supériorité des fruits acquis par la pratique de ses bonnes actions anté« rieures, de la supériorité de la réunion de toutes ses méditations, il vit face à face, avec « leurs formes et leurs caractères, les cent espèces de moyens d'arriver à la quiétude, qui « commencent par la contemplation, tous, tant ceux du monde que ceux qui sont supé« rieurs au monde; et [il vit] cela, parce qu'il disposait en maître de son esprit[2]. »

Ainsi, d'après le texte de ce passage, Çâkyamuni, à son début dans la vie ascétique, aurait trouvé chez les philosophes probablement brâhmaniques, quoiqu'on ne le dise pas positivement, la connaissance de ce lieu célèbre qu'on nomme « le lieu où il n'y a « ni idées ni absence d'idées. » Je n'ai pas la prétention de contester au Buddhisme la propriété exclusive de ces imaginations singulières; mais il n'en est pas moins curieux de voir le premier maître de Çâkya lui enseigner un point de doctrine, qui est un des traits les plus caractéristiques, et en réalité, le terme le plus élevé de sa conception des quatre sphères du monde sans formes. Si le *Lalita vistara* nous a fidèlement conservé une tradition positive, son texte est fort intéressant, car il prouverait que Çâkyamuni n'a pas tout inventé dans sa doctrine, et que, outre les emprunts inévitables qu'il faisait au fond des idées indiennes, il a pris à des ascètes particuliers de certaines opinions spéciales et jusqu'à une bonne partie de sa phraséologie. Si au contraire le *Lalita vistara*, qui ne doit pas

[1] *Lalita vistara*, f. 128 *b* de mon man. A; *Rgya tch'er rol pa*, t. II, p. 233.

[2] *Lalita vistara*, f. 128 *b* du man. A; f. 150 *a* du man. B; f. 126 *a* du man. de la Soc. asiat.

être antérieur au troisième concile, n'est qu'un remaniement de documents plus anciens, où les détails positifs de la vie réelle du Maître ont cédé, en grande partie, la place aux conceptions fantastiques de l'esprit mythologique, le texte que je viens de traduire perdra beaucoup de sa valeur, et il sera dès lors permis de supposer qu'il a été écrit non sur les souvenirs encore vivants du passé, mais avec les formules d'un langage consacré par une longue pratique, et sans respect pour les anachronismes d'idées que ce langage pouvait entraîner. J'incline vers cette dernière opinion, mais je n'ai pas entre les mains un assez grand nombre de textes relatifs au point de départ philosophique du Buddhisme pour trancher nettement la question. En attendant que des lectures plus étendues nous éclairent sur ces points curieux, je crois utile de citer un passage du mémoire si substantiel de Deshauterayes sur la réponse que les Brâhmanes firent, d'après les Buddhistes chinois, à Çâkyamuni qui leur demandait ce que c'était que la délivrance, ou l'affranchissement qui résulte de l'anéantissement de la vie et de la mort.

« Ceux qui entreprennent d'abolir entièrement la vie et la mort, répondirent les Brâhmanes, doivent se livrer à la plus profonde contemplation. Or la contemplation se divise en quatre degrés. Le premier est de ceux qui, se réveillant comme en sursaut de leur assoupissement et se dépouillant tout à coup des vices et des erreurs de leurs fausses opinions, conservent pourtant encore l'idée de ce réveil, c'est-à-dire regardent encore en arrière; le deuxième, de ceux qui, ayant chassé l'idée de ce réveil, ressentent de cette action une certaine joie humaine et imparfaite; le troisième, de ceux qui, rejetant cette joie vaine, changent, par la rectification des sens, l'esprit en une joie parfaite et radicale; le quatrième, enfin, de ceux qui, ne ressentant ni joie, ni douleur, et ne participant plus aux sens, jouissent d'une véritable tranquillité d'esprit. Ceux-là possèdent l'avantage de ne plus rien imaginer. Ils ne tiennent plus à l'imagination ni au corps; ils se plongent dans le vide; ils n'imaginent plus qu'il y ait des choses différentes et opposées entre elles; ils entrent dans le néant; les images ne font aucune impression chez eux; ils se trouvent enfin dans un état où il n'y a ni imagination ni *inimagination;* et cet état s'appelle la délivrance totale et finale de l'être; c'est là cet heureux rivage où les philosophes s'empressent d'arriver [1]. »

Voilà quelques-unes des opinions touchant la délivrance ou l'affranchissement final que les Chinois mettent dans la bouche des premiers instituteurs de Çâkyamuni. Ces opinions offrent une analogie si frappante avec la théorie des contemplations buddhiques, et pour le nombre des catégories, et pour le fond des idées, qu'on en vient à se demander si Deshauterayes n'a pas commis quelque erreur en attribuant ces opinions aux maîtres du futur Buddha. Dans la supposition où cet homme exact et soigneux ne s'est pas trompé, il se présente une question nouvelle, celle que je posais tout à l'heure sur le texte du *Lalita vistara,* savoir en quoi les doctrines de Çâkya touchant les points les plus raffinés de la contemplation extatique différaient des doctrines de ses devanciers. Mais ici encore, je ne me sens aucune disposition à sortir de la réserve que je me suis imposée;

[1] *Journ. asiat.* t. VII, p. 163 et 164.

bien au contraire, chaque pas que je fais en avant me fait voir combien il me manque de documents pour donner, sur ce point, des conclusions définitives.

J'ai dit plus d'une fois, et spécialement au commencement de ces notes, à l'occasion du mot *riddhi*, « puissance magique[1], » que c'était chez les Buddhistes un article de foi que le sage peut, par la pratique de certains exercices ascétiques, acquérir un pouvoir et des facultés surnaturelles. Cette opinion, sur laquelle repose la puissance qu'on attribue aux Âryas ou aux saints, est justifiée par un texte positif qui marque le rapport existant entre un des degrés de la contemplation et la puissance magique. Le texte dont je parle m'est fourni par le *Djina alaṁkâra*, où il vient à l'occasion de ce qu'il faut entendre par le mot *djñâna*, « science. » En voici une traduction aussi littérale qu'il m'a été possible de la faire, vu l'obscurité de quelques termes.

« Par le mot *science*, il faut entendre la science des connaissances surnaturelles, celle des acquisitions et celle de l'omniscience, car c'est dans la science que se donnent rendez-vous toutes les connaissances. On entend par science des connaissances surnaturelles, la science accompagnée de la pensée d'une action qui se conçoit dans la quatrième contemplation pour s'exercer dans le domaine des formes, et qui est douée d'attention profonde et d'indifférence. On entend par science des acquisitions[2], la science qui résulte de l'acquisition des contemplations, de l'acquisition des fruits qu'elles produisent, de l'acquisition de la cessation. On entend par science de l'omniscience, la science qui, embrassant dans sa pensée les desseins des êtres infinis[3], habitants de mondes infinis, qu'elle soit accompagnée de la satisfaction appartenant au monde des désirs, ou qu'elle le soit d'indifférence, est douée d'une activité artificielle qu'accompagne la connaissance[4]. »

Quand bien même l'ensemble du passage auquel est emprunté ce texte ne prouverait pas qu'il s'agit ici de la science supérieure d'un Buddha, nous le reconnaîtrions par l'emploi du terme « connaissances surnaturelles, » dans l'original *abhiññâ*, et en sanscrit *abhidjñâ*. Ces *abhidjñâ*, qui vont faire tout à l'heure l'objet d'une note spéciale sous le n° XIV, constituent un ensemble de facultés surhumaines, parmi lesquelles se trouve celle de prendre toute forme que l'on veut. Cette faculté est bien réellement la source de toutes les apparitions magiques dont il est si souvent question dans les légendes. Or, où les « connaissances surnaturelles » prennent-elles naissance? Le texte nous le dit : dans la

[1] Ci-dessus, chap. I, p. 312.

[2] Le mot dont se sert le texte est *samâpatti*, « acquisition, » sur lequel je me suis expliqué plus haut, p. 347 et 348; je l'ai rendu ici par le terme vague d'*acquisition*, parce que ce terme est suffisamment déterminé par la définition qu'en donne notre texte lui-même. Cette définition rentre à peu de chose près dans celle de Turnour, qui entend par *samâpatti*, la possession et la jouissance de l'état de *samâdhi*, c'est-à-dire de méditation au moyen de l'empire exercé sur soi-même; car cet état n'est autre que celui de *dhyâna* ou de contemplation. Et quant à la définition que les Tibétains donnent de *samâpatti*, « l'acquisition de l'indifférence, » elle ne s'éloigne pas beaucoup plus de celle du *Djina alaṁkâra*, car l'indifférence est le terme le plus élevé de la pratique de la contemplation.

[3] Je n'ai pu arriver à comprendre ce passage difficile sans faire au texte une correction légère : il porte *anantasattasamârârammaṇikaṁ*, je suppose *anantasattasamâr[ambh]ârammaṇikaṁ*, « ayant pour « objet de sa pensée les desseins d'êtres infinis. » Sur *ârammaṇa*, voy. *Abhidh. ppad.* l. III, chap. III, st. 56.

[4] *Djina alaṁkâra*, f. 24 *a*.

quatrième contemplation, qui est caractérisée, ainsi que nous l'avons vu plus haut, par la perfection de l'indifférence (*upêkchâ*). L'énoncé si obscur du texte que je viens de traduire revient, si je ne me trompe, à ce qui suit. L'ascète est arrivé à la quatrième contemplation où, dans l'absence complète de tout plaisir et de toute douleur, il se repose au sein d'une indifférence parfaite à l'égard de toutes choses. Doué d'une science illimitée, il pense à une action qui devra s'exercer dans le domaine des formes, parce qu'elle est destinée à être vue ou connue d'êtres habitant le monde des formes; il dirige vers cet acte l'intensité de son attention toute entière, et l'acte a lieu. Comment un tel acte a-t-il lieu, c'est ce que le texte ne dit pas, et il serait bien embarrassé de le dire, puisque l'acte n'a pas lieu du tout, et qu'il faut être un fervent Buddhiste pour croire que des hommes aient jamais vu Çâkyamuni montant au ciel par la voie de l'atmosphère et en descendant au moyen d'un escalier construit de trois métaux précieux. Mais l'existence de la puissance magique n'est pas ici en question; ce que je voulais montrer, d'après les textes (car je répète que j'essaye d'exposer et que je m'abstiens de juger), c'est le point auquel les Buddhistes rattachent cette audacieuse idée qu'un sage peut se créer lui-même des facultés surnaturelles et un pouvoir magique. Ce point, c'est celui qui est au sommet le plus élevé du système des contemplations, c'est-à-dire, un état de parfaite indifférence acquise par l'absence de tout sentiment de plaisir et de douleur, ou encore un état d'apathie où la vie physique est réduite à peu près au seul mouvement de la respiration, et où la vie intellectuelle réside dans la persistance de l'intelligence pure, dégagée de toutes ses applications. Et si l'on disait que le texte dont je m'autorise ne parle que des *abhidjñâ* ou « connaissances surnaturelles, » et qu'il se tait sur la *riddhi* ou « puissance magique, » je citerais le passage suivant qui nous autorise à chercher, dans la pratique de la contemplation, la source de ce pouvoir, comme celle des connaissances surnaturelles. « Comment entend-on que les jeux de la puissance magique de Bhagavat sont inconcevables ? — La puissance magique, c'est la science accompagnée de la pensée d'une action qui se conçoit dans la quatrième contemplation pour s'exercer dans le domaine des formes, et qui est douée d'indifférence et d'attention profonde. Les jeux, c'est la capacité de faire de cette science des applications diverses[1]. » Voilà donc un fait qui me paraît positivement établi : les Buddhistes ont, en réalité, prétendu que la plus haute perfection de l'esprit pouvait donner à l'homme la libre disposition des forces de la nature, auxquelles, dans son état ordinaire, il reste inévitablement soumis. Ils l'ont prétendu, et ils ont fabriqué des miracles pour le faire croire aux autres. Le plus vertueux et le plus sage sera le plus puissant ; il y a mieux, il sera plus puissant que la nature même dont, sans ses hautes perfections, il serait fatalement l'esclave, prétention insensée qu'ils ont soutenue en face des démentis que ne cessa de leur donner le sens commun, et sur le bûcher de leur maître, et pendant les longues persécutions qui les forcèrent de quitter l'Inde.

[1] *Djina alaṁkâra*, f. 25 *a*.

N° XIV.

SUR LES CINQ *ABHIDJÑÂ*.

(Ci-dessus, chap. v, f. 75 *a*, p. 379.)

Je reprends la note relative aux cinq *abhidjñâ* ou « connaissances surnaturelles, » au point où je l'avais laissée à l'occasion du chapitre cinquième, en remarquant que, s'il est vrai qu'il faille comprendre dans l'idée de *connaissance* celle de *pouvoir* ou de *faculté*, il n'en faut pas moins, pour traduire *abhidjñâ*, conserver le mot de *connaissance*. En effet, ces facultés supérieures sont non-seulement le résultat d'une science éminente, mais encore ce sont des moyens de connaître des choses qui restent cachées au commun des hommes.

Le texte du *Lotus* nous donne ici une énumération authentique des cinq *abhidjñâ*, désignées chacune par leur nom, et placées très-probablement dans leur ordre véritable, du moins pour les Buddhistes du Nord. C'est ce que je crois pouvoir conclure de la concordance de notre liste avec une des listes reproduites par les traducteurs chinois, d'après des autorités indiennes, ainsi que je vais le montrer tout à l'heure. Je trouve, dans un fragment du commentaire sur l'*Abhidhâna tchintâmaṇi* du Djâina Hêmatchandra, une énumération également authentique qui s'accorde avec celle du *Lotus* et avec celle des Chinois que je viens de rappeler. Il faut seulement tenir compte d'une faute de copiste que je relèverai en son lieu[1].

Les Buddhistes du Sud, qui croyent comme ceux du Nord au pouvoir qu'aurait l'homme de se procurer, par le perfectionnement de son intelligence, ces facultés surhumaines, en donnent, sous le nom pâli d'*abhiññâ*, une énumération qui se trouve dans le *Djina alam̃kâra* et dans le *Dictionnaire singhalais* de Clough. En examinant chacun à part les termes de la liste du *Lotus*, je n'oublierai pas de reprendre et d'y comparer ceux de la liste du *Djina alam̃kâra*; quant à présent, il me suffira de reproduire l'énumération de Clough, qui procède exactement dans le même ordre que celle du *Djina*. Les cinq « connaissances surnaturelles » sont, d'après son *Dictionnaire singhalais*, 1° le pouvoir de prendre telle forme que l'on désire; 2° le pouvoir d'entendre, à quelque distance que ce soit, les sons les plus faibles; 3° le pouvoir de pénétrer les pensées d'autrui; 4° le pouvoir de connaître quelles ont été les diverses conditions des hommes dans un état antérieur d'existence; 5° le pouvoir de découvrir les objets à quelque distance que ce soit[2]. Si l'on ne pouvait alléguer en faveur de cette liste l'autorité du *Djina alam̃kâra*, on croirait que les termes en sont brouillés, car on aimerait mieux que la vue surnaturelle fût placée auprès de l'ouïe surnaturelle également.

On lira avec intérêt plusieurs notes du *Foe koue ki* où le savant traducteur a rassemblé

[1] *Abhidh. tchintâm.* schol. in çlôk. 233, p. 316, éd. Boehtlingk et Rieu. — [2] *Singhal. Diction.* t. II, p. 39.

les définitions chinoises les plus caractéristiques de ces facultés supérieures dont les Buddhistes de toutes les écoles attribuent la possession à leurs Âryas[1]. Les auteurs chinois en donnent plusieurs énumérations composées l'une de dix termes, l'autre de six, et la troisième de cinq. Le rapprochement de ces diverses listes prouve que la plus développée n'est qu'une amplification de la seconde, qui elle-même est identique avec la troisième, quoique les passages auxquels je viens de renvoyer le lecteur ne disent pas positivement quelle est celle des facultés de la liste de six termes qu'il faudrait éliminer pour avoir les cinq *abhidjñâ*. Nous reconnaîtrons tout à l'heure que c'est la dernière faculté de la liste des six, et l'avant-dernière de celle de Hêmatchandra; cela résulte de la comparaison de la liste du *Lotus*, d'abord avec celle de six termes qu'a expliquée M. Rémusat, ensuite avec celle du scholiaste indien.

Suivant ces deux dernières listes, « l'œil divin, » et suivant notre *Lotus*, « la vue divine, » est la faculté de voir, sans obstacle ni empêchement, toutes les créatures et tous les corps, de quelque espèce qu'ils soient, que renferme la totalité des mondes. La suite du texte de notre *Lotus*, et notamment le folio 75 *b*, donne une idée analogue de la puissance de cette vue, qui se nomme *Divyatchakchus* en sanscrit, et *Dibbatchakkhu* en pâli. Cette faculté, qui est la première selon la liste du Népal, est la cinquième dans celle de Ceylan.

La seconde ou « l'ouïe divine, *Divyaçrôtra*, et en pâli *Dibbasôta*, » donne le pouvoir d'entendre toutes les paroles de joie et de tristesse que prononcent les créatures, et tous les sons, de quelque espèce qu'ils soient, qui se produisent dans tous les mondes. Cette faculté est la seconde d'après la liste des Buddhistes du Sud.

La troisième, ou « la connaissance des pensées des autres, » *Paratchittadjñâna*, et, selon le *Djina alañkâra*, *Parassa tchêtôpariyâyañâna*, c'est-à-dire « la connaissance de la succession des pensées d'autrui, » est la faculté de connaître ce que pensent au fond de leur cœur toutes les créatures. Cette faculté, comme la précédente, est suffisamment éclaircie par la suite du texte du *Lotus*. C'est ici que se trouve, dans l'énumération de la glose de Hêmatchandra, la faute de copiste que j'indiquais plus haut. On y lit, du moins d'après l'édition de Boehtlingk et Rieu : *paraṁ vittadjñânam*, « la connaissance supérieure des richesses, » leçon qu'il faut remplacer par celle du *Lotus*, *paratchittadjñânam*, « la connaissance des pensées d'autrui. » Dans la liste du *Djina*, cette faculté est la troisième.

La quatrième faculté est « la connaissance des existences passées, » *Pûrvanivâsânusmṛitidjñâna*, littéralement, « la connaissance du souvenir des habitations antérieures, » et en pâli, *Pubbênivâsânugataṁ ñânaṁ*, « la connaissance qui embrasse les habitations antérieures. » A l'aide de cette faculté, l'homme connaît, jusqu'à un nombre illimité de générations en remontant, tout ce qui se rapporte à sa propre existence, et il en sait autant des existences passées de chaque créature. Elle est la quatrième dans la liste du *Djina alañkâra*.

La cinquième faculté est, selon notre Lotus, *Riddhisâkchâtkriyâ*, « la manifestation d'un « pouvoir magique, » selon le *Djina*, *Iddhippabhêdô*, « les diverses espèces de magie, » et

[1] *Foe koue ki*, p. 32, 72, 129 et suiv.

selon les Chinois, « le corps à volonté. » Ce pouvoir est celui de changer de forme selon qu'on le désire, de franchir sans obstacle les mers et les montagnes, et de disparaître d'un monde pour reparaître dans un autre.

Voilà quelles sont les cinq facultés dites *abhidjñâ*; ce sont celles qu'admettent les Buddhistes du Nord comme ceux du Sud. A ces cinq facultés fondamentales, la liste chinoise, celle du commentaire de Hêmatchandra et le *Djina alam̃kâra* en ajoutent une sixième, qui est nommée en sanscrit *Âçravakchaya*, en pâli *Âsavasam̃khaya*, et que les Chinois définissent ainsi : « la fin du dégouttement, » *stillationis finis*, comme traduit A. Rémusat qui commente ainsi cette expression singulière : « ce dégouttement ou écoulement par gouttes désigne les erreurs de la vue et de la pensée dans les trois mondes. » Si nous examinons le terme original, il sera facile de voir que la faculté dite *âçravakchaya* doit désigner « la destruction des fautes ou des vices, » et qu'elle répond au titre de *kchîṇâçrava*, le premier et le plus caractéristique de ceux qu'on donne aux Arhats, quand on les appelle « ceux en qui les fautes sont détruites[1]. » Quant à la bizarre interprétation des Chinois, elle est la conséquence de l'esprit de littéralité matérielle qui a souvent dirigé leurs traducteurs. Il est évident pour moi qu'elle repose sur l'étymologie que les Buddhistes donnent du mot *âçrava*, quand ils le tirent de *çru* « couler, s'écouler, » de manière que *âçrava* signifie « écoulement, ce qui coule, courant. »

Le *Lalita vistara* nous fournit une preuve directe de l'existence de cette étymologie propre aux Buddhistes, dans un passage curieux où Çâkya, parvenu à l'état d'un Buddha parfait, prononce avec enthousiasme les paroles suivantes : *udânam udânayati sma* :

> *tchhinnavarmôpaçântaradjâḥ çuchkâ âçravâ na punaḥ çravanti;*
> *tchhinnavarma nivartatê duḥkhasyâichô'nta utchyatê iti*[2].

Il est évident que ce texte, si peu correct sous le rapport de la grammaire et du mètre, a été écrit avec allusion au double sens du mot *âçrava*, au sens primitif de *courant*, *çuchkâ âçravâ na punaḥ çravanti*, « les courants desséchés ne coulent plus, » et au sens secondaire de *vice*, avec personnification du vice sous la figure d'un combattant dont la cuirasse est brisée : *tchhinnavarma nivartatê*, « sa cuirasse une fois brisée, il se désiste. De là cette réunion d'images incohérentes qui rend cette stance presque intraduisible : « la cuirasse brisée, l'ardeur calmée, les vices desséchés ne s'avancent plus; la cuirasse « brisée, il se désiste : cela est appelé la fin de la douleur. »

Les peuples étrangers qui ont eu à traduire les livres buddhiques de l'Inde ont dû éprouver le même embarras que nous en face de ce texte à double entente; mais les Tibétains ont pris franchement un parti décisif, ils ont entendu le texte au figuré : « les « ruisseaux desséchés ne coulaient plus. » M. Foucaux a judicieusement fait ressortir la portée de cette traduction; et en montrant qu'on avait employé à dessein le mot *âçrava* qui signifie à la fois *corruption*, *vice*, et *courant*, *ruisseau*, il a ramené cette double signification à sa véritable origine qui est le radical *çru*, « couler[3]. » Il faut cependant ou que

[1] Ci-dessus, chap. I, fol. I, p. 288, et *Appendice* n° II, p. 471, note 3.

[2] *Lalita vistara*, f. 182 *b*.

[3] *Rgya tch'er rol pa*, t. II, p. 336.

les Tibétains aient eu sous les yeux un autre texte que le nôtre, ou que, s'ils ont eu le même texte, ils l'aient traité avec un peu trop de liberté. Il est certain qu'ils ont lu *vartman* « chemin » au lieu de *varman* « cuirasse ; » mais ils devaient suivre un autre texte, quand ils ont traduit : « le Tathâgata s'éleva visiblement dans le ciel à la hauteur de sept « arbres Tâlas et se tenant là, intercepta le passage de la route et apaisa tout à fait la « poussière (*radjas*). » Les derniers mots, *intercepta*, etc. répondent aux deux épithètes de notre texte, *tchhinnavarmôpaçântaradjâḥ ;* mais elles n'y expriment en aucune manière une action du Tathâgata : elles font partie de la stance prononcée par le Buddha. Il y a plus, quand même il faudrait lire *vartma* au lieu de *varma*, rien ne serait changé à la destination de ces termes, et si les Tibétains avaient eu, je le répète, le même texte que nous sous les yeux, ils auraient pu dire, en admettant le sens figuré de *ruisseau*, quelque chose comme ceci : « ils ne coulent plus les ruisseaux desséchés, dont le courant est interrompu, « dont la passion (l'impétuosité) est calmée. » Au reste je me suis suffisamment expliqué au commencement de ces notes sur la signification toute morale dans laquelle est le plus ordinairement employé le mot *âçrava*, en pâli, *âsava*. Le Vocabulaire pâli intitulé *Abhidhâna ppadîpikâ* en fait un synonyme de *kâma* et le traduit par « les désirs sensuels [1]. » Mais ce n'est là probablement qu'une portion assez restreinte de la valeur de ce terme, dont la signification est fort étendue. En effet, dans un *Sutta* pâli très-estimé, le *Mahâparinibbâna sutta,* je trouve une énumération de trois classes d'*âsava* qui doivent embrasser l'ensemble de toutes les espèces de vices, de souillures, ou de corruptions qu'on entend désigner par le mot *âsava;* ce sont *kâmâsavâ*, « les vices des désirs sensuels, » *bhavâsavâ*, « les vices de l'existence, » *avidjdjâsavâ*, « les vices de l'ignorance [2]. »

Mais il est temps de revenir à l'énumération des *abhidjñâ*, dont le sixième terme a donné lieu à cette digression nécessaire. L'addition de ce sixième terme à la liste des cinq connaissances surnaturelles, terme qui achève de caractériser l'Arhat, est justifiée par le *Saddharma puṇḍarîka* lui-même, qui plus haut, chap. III, fol. 52 *b*, et plus bas chap. XII, fol. 147 *b*, st. 6, parle de *chaḍ abhidjñâ*, « six abhidjñâ ou connaissances sur« naturelles. » Elle l'est encore et de la manière la plus positive par le titre de *chaḍabhidjña*, « possesseur des six connaissances surnaturelles, » titre que Hêmatchandra donne à un Buddha [3]; et ce titre lui-même se retrouve fréquemment en pâli et appliqué aux Arhats, sous la forme de *tchhaḷabhiñña*, que Turnour traduit peu exactement par *versed in the six branches of doctrinal knowledge* [4]. De même encore, Mahânâma, dans sa glose sur le Mahâvaṃsa, cite les six connaissances surnaturelles sous le titre de *tchha abhiññâ* [5]. Il y a donc deux listes des *abhidjñâ*, l'une de cinq termes, c'est la plus ordinairement citée dans le *Lotus*, l'autre de six termes, qui est plus rare et ne diffère de la précédente qu'en ce qu'elle ajoute à la liste des cinq facultés qui agrandissent la puissance physique et intellectuelle de l'Arhat, une perfection d'un ordre entièrement moral qui exprime la

[1] *Abhidh. ppadîp.* liv. III, chap. III, st. 191; Clough, p. 126.

[2] *Mahâparinibbâna sutta*, dans *Dîgha nikâya*, f. 92 *a* fin.

[3] *Abhidh. tchint.* st. 233, p. 38 éd. Bocht. et Rieu.

[4] *Mahâwanso*, p. 15, l. 13; Spiegel, *Anecdota palica*, p. 67.

[5] *Mahâvaṃsa ṭîkâ*, f. 25 *b*.

pureté singulière à laquelle il a su élever son cœur. Ajoutons que ces énumérations plus ou moins développées ne sont pas rares chez les Buddhistes. Le nombre des *Pâramitâ* ou des perfections varie dans des proportions considérables selon les divers points de vue, et le texte de notre *Lotus* cite tantôt cinq, tantôt six voies de l'existence, comme nous l'a déjà rappelé une note relative au fol. 76 *a*.

N° XV.

SUR LES HUIT AFFRANCHISSEMENTS.

(Ci-dessus, chap. VI, f. 82 *b*, p. 386.)

Le terme que j'ai traduit dans ma version du *Lotus* par *affranchissement* est *vimukti* et *vimôkcha*, en pâli *vimôkha*. Pour un lecteur versé dans la connaissance de la langue sanscrite, il existe entre ces deux mots *vimôkcha* et *vimukti*, une différence assez sensible qui vient de la différence de la dérivation étymologique. Ainsi *vimôkcha* signifie plutôt le moyen de s'affranchir, et *vimukti*, l'état de l'être affranchi; le premier mot désigne en quelque manière, le procédé, et le second, le résultat. J'ai lieu de croire que cette distinction est observée dans les textes; cependant nous verrons plus bas *vimukti* employé dans des énumérations où il n'est pas facile de le distinguer nettement de *vimôkcha*.

Je puis être plus bref touchant la catégorie de ces huit affranchissements que je ne l'ai été pour d'autres énumérations, comme par exemple celle des dix forces et des quatre contemplations, d'abord parce que un texte classique relatif aux huit affranchissements a été déjà traduit plus haut, ensuite parce que plusieurs termes importants de ce texte ont été également expliqués dans quelques-unes des dissertations précédentes. A la fin du *Mahânidâna sutta* qui termine le n° VI de l'*Appendice*, se trouve l'énumération des huit affranchissements [1], ou, pour parler plus exactement, des huit états intellectuels par lesquels passe l'ascète qui fait effort pour s'affranchir du monde. J'y renvoie pour le moment le lecteur, en le priant de comparer ce morceau avec les observations que j'ai consacrées à l'étude des quatre sphères du monde sans formes qui s'élèvent au-dessus des quatre contemplations [2] : il verra du premier coup ce que je veux dire ici, car l'analogie des deux passages est si grande qu'on arrive à cette conviction que les huit affranchissements ne sont à peu de choses près que des dénominations nouvelles pour des choses déjà connues, c'est-à-dire pour les divers degrés de la contemplation extatique.

En effet, les Buddhistes qui attachent un très-grand prix aux classifications et aux énumérations, parce que aux époques où l'enseignement est purement oral, les classifications offrent un puissant secours à la mémoire, les Buddhistes, dis-je, se sont plûs à retourner dans tous les sens et à envisager sous divers aspects, la théorie si importante pour eux de la contemplation et de ses résultats. Ainsi, en se reportant à la fin du *Mahânidâna sutta*, on trouve une exposition des sept places ou des sept lieux de l'intelligence qui se dis-

[1] Ci-dessus, p. 543. — [2] Ci-dessus, p. 809.

tingue par un double caractère. Le premier, c'est que tout en laissant de côté les quatre contemplations, cette exposition embrasse les divers états de l'ascète qui a franchi les quatre sphères du monde sans formes; par où nous voyons qu'on appelle du même nom d'*âyatana* quatre sphères ou quatre termes qui tantôt constituent l'ensemble du monde sans formes, tantôt ne représentent qu'une partie des sept lieux de l'intelligence, ce qui suffit pour prouver l'enchevêtrement des deux énumérations et la connexion intime des deux théories. Le second caractère de l'exposition de ces sept places de l'intelligence, c'est son rapport avec la théorie de l'affranchissement. En effet le texte auquel je prends la liberté de renvoyer le lecteur dit positivement que le Religieux qui connaît à fond ces sept places de l'intelligence est affranchi par la sagesse[1].

Voilà donc la doctrine des sept places de l'intelligence positivement rattachée à celle de l'affranchissement, et non pas seulement à l'affranchissement envisagé d'une manière générale, mais aux affranchissements proprement dits, c'est-à-dire à ces procédés de libération qui sont au nombre de huit. En effet, non-seulement le texte passe immédiatement de l'exposition des sept places de l'intelligence à celle des huit affranchissements, mais les cinq derniers affranchissements sont exprimés mot pour mot par les mêmes formules que les quatre dernières places de l'intelligence; et cette ressemblance ou mieux cette identité se résout encore dans la théorie des quatre sphères supérieures du monde sans formes, qui reste comme la base fondamentale de toutes ces énumérations.

Ce n'est pas tout; les premières définitions des huit affranchissements se retrouvent encore dans une autre énumération, celle des huit *abhibhâyatanâni*, ou, comme je crois pouvoir traduire ce terme, « les huit lieux ou les huit régions du vainqueur; » car *abhibhâ* est pour *abhibhû*, dont l'*û* final est supprimé par suite d'une loi euphonique propre au pâli, devant l'*â* initial de *âyatanâni;* et dans la formule même par laquelle on définit chacun de ces huit lieux, on rencontre le mot *abhibhûyya*, « ayant dominé, ayant vaincu. » On voit déjà par ce nom seul le rapport naturel de ces deux énumérations. Dans celle des *vimôkcha* ou « affranchissements, » chaque terme est envisagé comme un moyen de libération; on le désigne en conséquence par le nom d'*affranchissement.* Dans celle des *abhibhâyatana,* chaque terme exprime la situation de l'ascète vainqueur des divers objets de son étude; on y voit les diverses stations d'un esprit qui lutte, semblable en quelque sorte à un soldat, pour se rendre maître du terrain qu'il veut franchir, et conséquemment on dénomme ces termes de façon à y montrer en relief le sujet vainqueur. Au reste, le lecteur va mieux en juger par lui-même, car il me paraît nécessaire de donner ici la traduction du passage du *Saggîti sutta* où se trouve cette énumération des huit lieux nommés en pâli *abhibhâyatanâni.* Cette énumération, moins complète que celle des huit affranchissements, n'embrasse pas les quatre formules finales de cette dernière théorie; mais elle a l'avantage d'en donner le début et le point de départ avec quelques détails de plus que le morceau traduit plus haut auquel j'ai déjà renvoyé le lecteur.

« Voici, ô Ananda, les huit lieux du vainqueur. Quels sont ces huit lieux?

« Ayant intérieurement l'idée de la forme, un homme voit au dehors des formes limi-

[1] Ci-dessus p. 543.

tées, qui ont les unes de belles, les autres de vilaines couleurs; les ayant dominées, il conçoit cette idée : je connais, je vois; c'est là le premier lieu du vainqueur.

« Ayant intérieurement l'idée de la forme, un homme voit au dehors des formes illimitées, qui ont les unes de belles, les autres de vilaines couleurs; les ayant dominées, il conçoit cette idée : je connais, je vois; c'est là le second lieu du vainqueur.

« Ayant intérieurement l'idée de l'absence de forme, un homme voit au dehors des formes limitées, qui ont les unes de belles, les autres de vilaines couleurs; les ayant dominées, il conçoit cette idée : je connais, je vois; c'est là le troisième lieu du vainqueur.

« Ayant intérieurement l'idée de l'absence de forme, un homme voit au dehors des formes illimitées, qui ont les unes de belles, les autres de vilaines couleurs; les ayant dominées, il conçoit cette idée : je connais, je vois; c'est là le quatrième lieu du vainqueur.

« Ayant intérieurement l'idée de l'absence de forme, un homme voit au dehors des formes bleues qui ont une couleur, un aspect, une apparence bleues, comme par exemple, la fleur de l'*Ummâ* (Pontederia hastata) qui est bleu foncé, qui a une couleur, un aspect, une apparence bleues, ou bien encore, comme cette étoffe de Bénârès, qui regardée des deux côtés est bleue, a une couleur, un aspect, une apparence bleues; eh bien! de même, cet homme qui voit ces formes, les ayant dominées, conçoit cette idée : je connais, je vois; c'est là le cinquième lieu du vainqueur.

« Ayant intérieurement l'idée de l'absence de forme, un homme voit au dehors des formes jaunes, ayant une couleur, un aspect, une apparence jaunes, comme par exemple la fleur du *Karṇikâra* (Pterospermum acerifolium) qui a une couleur, un aspect, une apparence jaunes, ou bien encore, comme cette étoffe de Bénârès, qui regardée des deux côtés est jaune, a une couleur, un aspect, une apparence jaunes; eh bien! de même, cet homme qui voit ces formes, les ayant dominées, conçoit cette idée : je connais, je vois; c'est là le sixième lieu du vainqueur.

« Ayant intérieurement l'idée de l'absence de forme, un homme voit au dehors des formes rouges, ayant une couleur, un aspect, une apparence rouges, comme par exemple la fleur du *Bandhudjîva* (Pentapetes phœnicæa) qui est rouge, qui a une couleur, un aspect, une apparence rouges, ou bien encore, comme cette étoffe de Bénârès, qui regardée des deux côtés est rouge, a une couleur, un aspect, une apparence rouges; eh bien! de même, cet homme qui voit ces formes, les ayant dominées, conçoit cette idée : je connais, je vois; c'est là le septième lieu du vainqueur.

« Ayant intérieurement l'idée de l'absence de forme, un homme voit au dehors des formes blanches, ayant une couleur, un aspect, une apparence blanches, comme par exemple la lune qui est blanche, qui a une couleur, un aspect, une apparence blanches, ou bien encore comme cette étoffe de Bénârès, qui regardée des deux côtés est blanche, a une couleur, un aspect, une apparence blanches; eh bien! de même, cet homme qui voit ces formes, les ayant dominées, conçoit cette idée : je connais, je vois; c'est là le huitième lieu du vainqueur[1].

[1] *Mahâparinibbâna sutta*, dans *Digh. nik.* f. 89 *a*, et *Saṅgîti sutta*, *ibid.* f. 188 *a*.

La théorie qu'expose le texte précédent offre, au moins dans les termes, une analogie frappante avec la doctrine d'un célèbre penseur allemand, M. de Schelling, sur le principe de développement de la philosophie. M. de Schelling se résumait en effet ainsi, il y a quelques années : « cette philosophie a un principe de développement dans son *infini sujet objet*, c'est-à-dire dans le sujet absolu qui s'objective (devient objet) par sa nature même, mais revient victorieux de chaque objectivité (finie) à une plus haute puissance de subjectivité, jusqu'à ce que, après avoir épuisé toute sa puissance (de devenir objectif), il demeure le sujet triomphant de toutes choses[1]. » L'homme des Buddhistes qui, doué intérieurement de l'idée de la forme, voit au dehors des formes, et, après les avoir vaincues, se dit : je connais, je vois, ressemble singulièrement au « sujet victorieux de « chaque objectivité qui demeure le sujet triomphant de toutes choses. » En effet, quoique le texte buddhique soit restreint par ses termes mêmes à la seule perception de la forme, qui nous dit que les successeurs de Çâkya ne l'ont pas étendu par analogie à la perception des autres qualités sensibles sans exception, l'attribut tangible, le son, la saveur et l'odeur? N'est-il pas permis de supposer qu'ils ont choisi pour exemple les perceptions que l'homme obtient par la vue, parce qu'elles sont de beaucoup les plus instructives entre celles que lui fournissent les sens? J'incline fort pour cette supposition, et je ne serais pas surpris qu'un commentaire comme celui de Buddhaghôsa ou d'un autre Religieux de la même école vînt nous dire qu'il en est de même pour les autres qualités sensibles; ce qu'il y a de certain, c'est que dans les énumérations des qualités sensibles que j'ai rencontrées jusqu'ici, c'est toujours la forme qui occupe le premier rang. Or si ma supposition se vérifiait, il resterait établi que, par la théorie des « huit lieux du vainqueur, » les Buddhistes auraient entendu exprimer à leur manière le phénomène de la connaissance par la perception externe. C'est sur ce point spécial que leur doctrine offrirait, selon moi, quelque analogie avec celle de M. de Schelling, laquelle du reste embrasse, dans la pensée de son auteur, un plus vaste horizon.

Voilà, quant à présent, ce qui m'apparaît de plus clair dans l'exposition des Buddhistes. Les termes, toutefois, méritent d'en être examinés attentivement, d'autant plus qu'ils ne sont pas tous également intelligibles. « Un homme ayant intérieurement l'idée de la forme, » et suivant le texte, *adjdjhattam̃ rûpasaññi*, est une expression qui offre quelque ambiguïté et dont l'interprétation est de nature à influer considérablement sur la pensée fondamentale du système. A-t-on voulu dire par là que l'homme a naturellement en lui-même l'idée de la forme, qu'il trouve cette idée en lui, sans aucune action préalable des corps extérieurs? L'opposition marquée par les mots *adjdjhattam̃* « intérieurement, » et *bahiddhâ* « extérieurement, » semble ne laisser aucun doute sur l'exactitude de cette interprétation. A-t-on voulu dire au contraire que l'homme a intérieurement l'idée de la forme, avec ce commentaire sous-entendu, « qui lui a été donnée par le contact des corps extérieurs? » J'avoue que je n'oserais introduire ici une glose de cette importance sans l'autorité formelle des auteurs buddhistes eux-mêmes. La première interprétation, qui est la plus lit-

[1] *Jugement de Schelling sur la philosophie de M. Cousin*, Revue germanique, octobre 1835, et *Système de l'Idéalisme transcendental*, traduit par Grimblot, p. 388.

térale, reste donc jusqu'à nouvel ordre la plus vraisemblable; mais elle a grandement besoin d'être signalée à l'attention du lecteur. D'après ce que j'avais vu jusqu'ici dans les textes du Nord, le fait de la connaissance par la perception semblait s'accomplir pour les Buddhistes de la même manière que l'entendent plusieurs grandes écoles européennes : en face des corps extérieurs, l'homme au moyen de ses organes perçoit les qualités sensibles directement et sans intermédiaire. La doctrine du texte que j'examine en ce moment est bien autrement idéaliste, et traduite dans notre langage, elle revient à dire que l'homme a naturellement en lui l'idée de la forme. Y a-t-il sur cette question capitale différence d'école entre les philosophes du Nord et ceux du Sud? C'est ce que l'étude des commentaires pourra seule nous apprendre. Quant à présent, je me contenterai de remarquer la singulière analogie qu'offre cette doctrine avec les « idées déterminantes, ou « les notions générales » de l'école Nyâya, qu'a mises tout récemment en lumière M. Röer dans son excellente traduction du *Bhâchâ paritchhêda*[1]. Selon cette école, il est impossible d'obtenir la connaissance d'un être particulier, ou d'acquérir une notion déterminée, sans une notion déterminante, c'est-à-dire sans posséder d'avance la notion générale de la classe à laquelle appartient cet être; ce qui revient à dire avec les Buddhistes, « pour connaître au dehors les formes, il faut avoir intérieurement l'idée de la forme. »

Laissant donc de côté la question de savoir de quelle manière l'homme, selon les Buddhistes, possède en lui-même l'idée de la forme, sans avoir eu préalablement la connaissance des corps, je me contenterai de constater qu'aux deux premiers degrés des « huit « lieux du vainqueur, » l'homme obtient cette double connaissance qu'à l'extérieur il existe des formes limitées et des formes illimitées. Je pourrais me dispenser de tout effort pour concilier avec le sens commun ces notions contradictoires de *forme* et d'*illimité*, en montrant que les Buddhistes ont poussé jusqu'à l'abus l'usage des catégories négatives, lorsque aux négations acceptées par le bon sens ordinaire, ils en ont ajouté une foule d'autres qui sont purement idéales et n'ont d'autre objet apparent que de leur fournir le moyen d'arriver logiquement à leur maxime pyrrhonienne, « pas plus ceci que cela. » Il se peut cependant que l'observation incomplète des grands phénomènes de la nature, que la vue du ciel par exemple, leur ait donné l'idée de formes illimitées, et qu'ayant une fois admis qu'il peut exister des formes de cette espèce, ils les aient rangées parmi les choses dont il est permis à l'homme d'acquérir la connaissance.

J'en dirai autant de l'idée d'absence de forme que possède l'homme arrivé au troisième et au quatrième degré de ses triomphes. Les Buddhistes, avec leur goût connu pour les contrastes, sont bien capables d'avoir imaginé d'eux-mêmes cette abstraction sans réalité; mais l'impression que cause le mouvement de l'air, la vue des vapeurs et d'autres phénomènes météorologiques, ont également pu leur suggérer l'idée qu'il existe une négation de la forme, de manière qu'ils ont créé une catégorie de l'absence de forme pour ces phénomènes mal connus, comme ils avaient créé la catégorie de la forme pour les êtres qui l'étaient mieux. Par là, ils semblent avoir voulu dire que rien dans la nature n'échappe

[1] Röer, *Divisions of the Categories of the Nyâya philosophy*, dans *Biblioth. ind.* vol. IX, p. 26 et suiv. et *Introd.* p. XII.

à la perception humaine, puisque, quelle que soit la situation de l'homme à l'égard du monde extérieur, qu'il ait l'idée de forme ou l'idée d'absence de forme, il perçoit toujours des formes soit limitées, soit illimitées.

Il importe en outre de remarquer que les quatre premières situations se succèdent dans une gradation ascendante. Avec l'idée de forme, l'homme voit hors de lui des formes limitées; c'est le premier degré ou l'état ordinaire. Avec cette même idée, il voit au dehors des formes illimitées; c'est le second degré, et ce degré est supérieur au précédent, en ce que l'effort de la perception est plus grand pour saisir des formes dont la limite nous échappe que pour percevoir des formes dont nous embrassons de tous côtés les contours. Mais l'effort devient plus grand encore quand, avec l'idée de l'absence de forme, l'homme perçoit à l'extérieur des formes limitées d'abord, puis ensuite illimitées. Car alors il doit s'élever au-dessus du témoignage des sens qui lui montrent la forme indissolublement unie aux corps, premier effort; et ayant cette idée de l'absence de forme, il se met en contradiction avec elle, en percevant au dehors des formes variées, second effort. Voilà, jusqu'ici, ce que je vois de plus clair dans cette succession des quatre lieux du vainqueur, comme les nomme notre texte. Il va sans dire que je ne propose cette explication que parce que je n'ai pas de commentaire indigène sur lequel je puisse m'appuyer.

Les quatre degrés suivants ajoutent à la perception de la forme considérée jusqu'ici sous deux points de vue seulement, un nouvel attribut, celui de la couleur. En ce point, notre texte est d'accord avec la théorie des Buddhistes sur l'union intime de la couleur et de la forme. Je n'ai jamais vu en effet, dans les livres que j'ai parcourus jusqu'ici, un seul passage parlant des couleurs qui n'y joignît les formes, de sorte qu'il ne paraît pas que les Buddhistes se soient hazardés dans ces subtilités qui consistent à disserter sur le blanc et sur le noir, considérés en eux-mêmes et indépendamment des corps qui revêtent l'une ou l'autre de ces couleurs. Les quatre couleurs énumérées ici constituent chacune un degré de perception, ou comme le dit le texte, « une place « du vainqueur. » Il y a lieu de supposer que cette énumération embrasse, selon eux, les couleurs fondamentales, et que les autres couleurs qui se montrent dans la nature leur paraissent être des combinaisons de celles-là. On remarquera qu'ils commencent par le bleu foncé, couleur qui touche de très-près au noir, pour finir par le blanc. Je ne vois d'autre raison de cette classification, que l'éclat de plus en plus éblouissant de ces quatre couleurs qu'on a voulu faire correspondre à un degré de plus en plus élevé dans la perception externe.

En résumé, la théorie des « huit lieux du vainqueur » répond au phénomène de la perception des formes et des couleurs, ainsi qu'à la connaissance que cette perception apporte à l'esprit; car les huit termes dont elle se compose, envisagés d'une manière plus scientifique, se résumeraient dans ce terme unique : « l'homme ayant intérieurement « l'idée de la forme, voit à l'extérieur des formes colorées. » Or ce terme unique est à peu de choses près celui par lequel débute l'énumération des huit affranchissements : « doué de « forme, il voit des formes. » Il y a plus, ce dernier axiome paraît être une sorte de commentaire de la première formule des huit lieux du vainqueur, « ayant à l'intérieur l'idée

« de la forme, il voit au dehors des formes; » et le rapprochement de ces deux énoncés donne lieu de croire que les Buddhistes ont voulu dire que l'homme trouve dans la conscience de sa propre forme, cette idée de forme qu'il a préalablement à la perception des formes extérieures. Cette interprétation, qui résulte du rapprochement des deux formules, ne change rien à ce que j'ai dit plus haut du principe philosophique de la première. Que l'homme ait intérieurement l'idée de la forme, sans qu'on nous dise comment il l'a, ou qu'il ait cette idée parce qu'il se sait lui-même doué de forme, outre que les deux formules sont bien semblables, le résultat est toujours le même, et ce résultat, c'est que la théorie de la perception a pour point de départ un pur idéalisme.

L'analogie que je constate entre le début des « huit lieux du vainqueur, » et celui des « huit affranchissements » se continue dans la seconde formule de l'énumération des *vimôkha*. Mais elle ne dépasse pas ce terme, et sauf le troisième, qui a pour objet d'assurer la plénitude de l'intelligence au sujet affranchi, les autres affranchissements rentrent tous dans l'évolution de l'esprit à travers les sphères du monde sans formes, que j'ai déjà examinées à l'occasion des contemplations[1]. Je ne répéterai pas ici ce que j'ai dit de ces sphères dans la partie de ces recherches à laquelle je renvoie en ce moment; je crois qu'il suffit de prier le lecteur de comparer le morceau qui termine l'*Appendice* n° VI[2], avec la traduction que j'ai donnée d'un texte relatif aux quatre sphères[3], en rappelant ce que j'ai déjà dit au commencement du présent mémoire, savoir qu'on ne doit pas être surpris de voir désignés par le nom d'*affranchissements* des états de l'esprit aussi éloignés de l'état ordinaire et aussi étrangers aux conditions naturelles, que ceux de l'ascète qui s'imagine être capable de franchir par l'effort de la contemplation les quatre sphères de ce monde idéal qu'on nomme « sans formes. »

Dans la discussion relative aux dix forces d'un Buddha, nous avons rencontré un passage du *Djina alam̃kâra*, où paraissent diverses énumérations des procédés dits d'affranchissements; d'après ce texte, on en compterait quatre listes où les termes seraient successivement au nombre de onze, huit, sept et trois[4]. La liste des huit affranchissements est certainement celle-là même que nous avons examinée tout à l'heure. Quant aux trois autres énumérations, je n'ai encore trouvé que la dernière, celle de trois termes; en revanche, les textes qui sont à ma disposition m'en ont fourni deux nouvelles, l'une composée de cinq termes, l'autre de deux.

Commençons par l'énumération composée de trois termes dont l'existence est constatée par le texte du *Djina alam̃kâra*, que j'ai cité sur la sixième des dix forces d'un Buddha. Voici ce que je trouve à cet égard dans le même *Djina alam̃kâra*.

« Les trois affranchissements sont comme il suit : le détachement des passions est l'affranchissement de la pensée. Le détachement de l'ignorance est l'affranchissement de la sagesse. L'acquisition (de la loi), la conversion, la modération dans les désirs, le contentement, l'absence de colère, l'absence d'emportement, l'absence d'hypocrisie, l'absence de mensonge, l'abandon de toute envie, l'abandon de tout égoïsme, c'est

[1] Ci-dessus, p. 809.
[2] Ci-dessus, p. 809.
[3] Ci-dessus, p. 543.
[4] Ci-dessus, p. 789.

« là l'affranchissement de la science[1]. » Dans ce texte, le mot *affranchissement* est représenté par le mot *vimutti*, en sanscrit *vimukti*. Je ne saisis pas bien pourquoi on a préféré le nom d'état au nom d'action *vimôkha*; car « l'affranchissement de la pensée, « celui de la sagesse et celui de la science » signifient, si je ne me trompe, « l'affranchis« sement par la pensée d'abord, puis par la sagesse, enfin par la science. » Le lecteur remarquera que les deux premiers termes de cette énumération des trois affranchissements constituent, selon le *Mahânidâna sutta* traduit plus haut[2], une série de deux affranchissements, celui de la pensée et celui de la sagesse; c'est l'une des deux énumérations que je disais tout à l'heure avoir trouvées dans les textes, quoique le *Djina alaṁkâra* n'en parle pas dans la liste qu'il donne des affranchissements à l'occasion de la sixième force d'un Buddha.

Il y a encore un autre groupe de deux affranchissements que le *Djina* cite immédiatement après les trois *vimutti* que je viens de rappeler. Voici les termes mêmes dont se compose ce groupe : « L'affranchissement d'une idée conçue, et l'affranchissement d'une « idée non conçue; c'est d'une part l'élément du *Nibbâna* où il reste quelque attribut, et « d'autre part, l'élément du *Nibbâna* où il ne reste aucun attribut[3]. » Ici le mot d'*affranchissement* est représenté par celui de *vimôkha;* mais cette circonstance n'ajoute aucune clarté à la formule énigmatique du *Djina*. Il est possible que les mots « l'affranchissement d'une « idée conçue, » *saṁkhatârammaṇa vimôkhô*, doivent se traduire plus exactement, « l'action « de s'affranchir par l'idée d'un concept, ou de quelque chose de conçu, ou encore d'une « réalité, » et que le terme opposé *asaṁkhatârammaṇa vimôkhô* doive être mis en contraste avec le premier, de cette manière : « l'action de s'affranchir par l'idée de ce qui n'est pas « un concept, ou de quelque chose qui n'est pas conçu, ou encore de ce qui n'est pas « une réalité. » Ce qui semble donner quelque vraisemblance à cette interprétation, c'est qu'il est souvent dit du *Nirvâṇa* qu'il est *asaṁskrita*, ce qui signifie à la fois, et qu'il n'est pas un composé, qu'il n'est pas un produit, et qu'il n'est pas conçu, qu'il échappe à toute conception. C'est quand il ne lui reste plus aucun attribut de l'existence qu'on le définit ainsi; alors on le nomme « anéantissement définitif, ou affranchissement complet. » Au contraire, quand pour s'affranchir, on a recours à quelque chose que peut saisir la conception, comme par exemple une vertu, une bonne action, on n'est pas absolument ni définitivement affranchi, et l'on n'a obtenu qu'un *Nibbâna* où il reste encore quelque attribut de l'existence; car une vertu, une bonne action supposent un sujet vertueux et agissant conformément à la règle des bonnes actions. Voilà, quant à présent, tout ce que je puis voir dans cette formule qui touche, si je ne me trompe, au point culminant de tout le Buddhisme, la théorie du *Nirvâṇa*, ou de l'affranchissement par l'anéantissement des conditions de l'existence.

Enfin je termine par l'énumération des cinq affranchissements que j'ai rencontrée dans le *Saṅgîti sutta;* le mot qui sert de dénominateur commun est *vimutti*. En voici la liste : « l'idée qui doit être conduite à sa maturité, l'idée du passager, l'idée de la douleur « dans le passager, l'idée de l'infini dans la douleur, l'idée de l'abandon, l'idée du déta-

[1] *Djina alaṁkâra*, f. 97 *a*. — [2] Ci-dessus, *Appendice*, n° VI, p. 544. — [3] *Djina alaṁkâra*, f. 97 *a*.

« chement[1]. » Ces cinq affranchissements ont directement trait à la théorie fondamentale de l'existence de la douleur et à son inévitable présence en toutes choses. Cette doctrine, qui avait été déjà formulée dans celle des quatre vérités sublimes[2] et qui forme la base de toute la morale buddhique, est alliée ici à cette autre maxime que rien dans ce monde n'est durable, maxime qui est, ainsi que nous l'avons déjà remarqué, la première des trois sciences dont j'ai parlé ailleurs[3]. La théorie des cinq affranchissements est donc au fond celle des quatre vérités sublimes; elle n'en diffère que par l'addition d'un terme, celui qui ouvre la série, *paripâtchaniyâ saññâ*, ce que j'ai traduit littéralement par « l'idée qui « doit être conduite à sa maturité, » mais ce qui signifie, selon toute apparence, « l'idée « qu'on doit être mûri par l'enseignement, » l'idée du progrès, selon le point de vue buddhiste. Si je ne me trompe pas en traduisant ainsi, l'addition de ce terme au début de la série des cinq affranchissements est le véritable caractère qui distingue cette série elle-même de la théorie des quatre vérités sublimes. Cette théorie reste ce qu'elle était, c'est-à-dire l'énumération des quatre vérités fondamentales posées dogmatiquement. L'autre série, qui se présente sous une forme non moins dogmatique, a un but essentiellement pratique, puisqu'elle prend son point de départ dans l'idée qu'a l'homme qu'il doit se laisser mûrir par les enseignements de la doctrine, ce qui revient à dire que les cinq affranchissements ne peuvent être efficaces que s'ils débutent par une disposition préalable à se convertir.

N° XVI.

SUR LES TÉNÈBRES DES *LÔKÂNTARIKA*.

(Ci-dessus, chap. VII, f. 89 *b*, p. 388.)

Le passage du *Lotus de la bonne loi* qui est relatif aux lieux de ténèbres qui séparent les mondes les uns des autres, selon les opinions des Buddhistes, offre encore quelques difficultés que je me suis engagé à examiner ici de près, non seulement pour arriver à une traduction plus exacte de ce passage même, mais aussi pour interpréter rigoureusement quelques termes obscurs dont l'intelligence pourrait jeter du jour sur d'autres textes. Pour nous mettre en mesure de discuter ce passage en connaissance de cause, commençons par établir en quelque façon le lieu de la scène. A cet effet, je ne puis mieux faire que de rappeler un passage d'un mémoire de Joinville sur la religion et les mœurs des Singhalais; j'extrais et j'abrége ce passage en en reproduisant la partie essentielle : « Il y « a une infinité de mondes dits *Tchakravâla* qui se tiennent tous par les points (il faudrait « dire par six points) de leur circonférence. Comme ils sont de forme ronde, il existe entre « chacun d'eux des espaces vides formant des triangles sphériques. Ces triangles, remplis « d'une eau extrêmement froide, se nomment *Lokonan Tariké Narakê*[4]. » Ces trois mots

[1] *Saggîti sutta*, dans *Dîgh. nik.* f. 183 *b*.

[2] Voyez ci-dessus, *Appendice*, n° V, p. 517 et suiv.

[3] Ci-dessus, p. 372.

[4] Joinville, *On the Religion and manners of the people of Ceylon*, dans *Asiat. Res.* t. VII, p. 411, éd. Calcutta.

sont divisés ainsi par suite d'une erreur purement typographique; il faut les lire en deux *Lôkântarika naraka*. J'examinerai tout à l'heure, dans un *Appendice* spécial, n° XVIII, sur les montagnes fabuleuses de la terre, ce qu'il faut entendre par *Tchakravâla;* quant à présent, il me suffira d'ajouter ici le trait suivant d'une description analogue que l'on doit à Buchanan Hamilton : « Outre notre terre, on s'en représente dix millions cent « mille autres de même forme, qui sont séparées par un égal nombre d'espaces remplis « d'une eau extrêmement froide[1]. » C'est donc dans les intervalles qui séparent les uns des autres les mondes juxtaposés dans l'espace que s'étendent les lieux de ténèbres dont le texte du *Lotus* donne la description.

Cela posé, il me paraît indispensable de reproduire ici le texte sanscrit du *Lotus* même, pour placer sur sa véritable base la discussion qui va suivre; le voici d'après le manuscrit de la Société asiatique sur lequel a été exécutée ma traduction, et avec ses inégalités d'orthographe : *Yâ lôkântarikâs tâsu yê akchaṇâḥ sam̃vrĭtâḥ andhakârâ tamisrâ yatrêmâvapi tchandrasûryâv êvam̃mahardhikâv êvam̃mahânubhâvâu êvam̃mahâudjaskâu âbhayâpyâbhâm̃ nâbhibhavataḥ varṇênâpi varṇan têdjasâpi têdjô nâbhibhavataḥ tâsvapi tasmin samayê mahatô 'vabhâsasya lôkê prâdurbhâvô 'bhât.* Les deux autres manuscrits du *Lotus*, que je dois à la libéralité de M. Hodgson, n'ont pour ce texte que les variantes suivantes : au lieu de *lôkântarikâs*, ils lisent *lôkôttarikâs;* au lieu de *sam̃vrĭtâḥ* et du mot suivant, *sam̃vrĭtâḥ andhakârâ andhakâratamisrâ;* ils suppriment *lôkê* à la fin de la phrase, et avec juste raison; car ce n'est pas « dans le monde » qu'apparaît la lumière miraculeuse dont il s'agit, mais dans les intervalles ténébreux que décrit le texte. J'avais déjà retranché ce mot de ma traduction avant de connaître le témoignage formel de ces deux manuscrits qui confirment ma conjecture.

Le même texte se trouve encore une fois dans l'histoire de *Mândhâtrĭ*[2], et deux ou trois fois dans le *Lalita vistara*[3]; je ne le reproduis pas ici, pour épargner l'espace, quoique, dans les ouvrages auxquels je renvoie en note, il se présente avec des variantes dont quelques-unes ont de l'intérêt. Ces variantes, d'ailleurs, vont être examinées dans la discussion du texte et de la double traduction que j'en ai déjà donnée. La première de ces deux traductions, qui est celle du *Lotus*, a été exécutée sur le texte que je viens de transcrire, et elle se trouve dans le présent volume à la page 100; la seconde, qui est celle de l'*Introduction à l'histoire du Buddhisme*, a été faite postérieurement à celle du *Lotus*, quoiqu'elle ait été publiée antérieurement[4]. C'est d'après le texte de l'histoire de *Mândhâtrĭ* que cette seconde traduction a été rédigée. La discussion présente a pour principal objet de donner au lecteur le moyen de choisir entre ces deux interprétations faites l'une et l'autre à une époque où je ne disposais pas de tous les moyens de contrôle que j'ai pu réunir plus récemment. On va voir qu'elles diffèrent principalement

[1] Fr. Buchanan, *On the Relig. and liter. of the Burmas*, dans *Asiat. Res.* t. VI, p. 175, éd. London, in-8°.

[2] *Divya avadâna*, f. 100 *b* et 101 *a*; le manuscrit lit *mândhâta*, comme *djêta* pour *djêtrĭ*.

[3] *Lalita vistara*, f. 31 *b* de mon man. A, f. 35 *b* du man. B, et f. 29 *a* du man. de la Soc. asiat.; *Rgya tch'er rol pa*, t. II, p. 58 et 384.

[4] *Introduction à l'histoire du Buddhisme indien*, t. I, p. 81; Paris, 1844.

dans la première partie de la période, et en un point sur lequel mes manuscrits ne me donnaient pas de lumières suffisantes.

Le lecteur exercé n'aura pas de peine à reconnaître que le texte du *Lotus* (et en ce point nos trois manuscrits sont unanimes), après avoir présenté son exposition en une longue période de deux parties, dont la seconde commence par *tâsvapi tasmin samayê,* fractionne encore le commencement de la première partie, de manière à distinguer les ténèbres répandues dans les intervalles des mondes d'avec les êtres qui s'y trouvent, de telle sorte que le début de la période doit être entendu littéralement comme il suit : *yâ lôkântarikâs andhakârâ tamisrâ,* « les ténèbres profondes qui sont répandues dans les intervalles « des mondes, » *tâsu yê akchaṇâḥ sam̃vrĭtâḥ,* « dans ces ténèbres, les êtres, etc. qui s'y « trouvent. » Cette distribution est tout à fait inconnue aux textes du *Mândhâtrï avadâna* et du *Lalita vistara;* d'où il résulte que les épithètes appliquées par le *Lotus* aux êtres plongés dans les ténèbres que j'appellerais volontiers *extérieures,* se rapportent, selon ces deux autres textes, à ces ténèbres elles-mêmes. Le lecteur va en juger : texte du *Mândhâtrï : yâ lôkasya lôkântarikâ andhâs tamaso'ndhakâratamisrâ;* texte du *Lalita : yâ api tâ lôkântarikâ aghâ aghasphuṭâ andhakâratamisrâ*[1]; à quoi je puis ajouter la rédaction pâlie de la même description que me fournit un *Sutta,* le *Mahâpadhâna,* et qui est conçue en ces termes : *yâpi tâ lôkântarikâ aghâ asam̃vutâ andhakârâ andhakârâtimisâ*[2]. Cette différence de rédaction ne change rien à la place que doit occuper le mot *lôkântarikâ* dans la phrase. Ce mot se rapporte de part et d'autre au substantif *tamisrâ,* « les ténèbres; » il en résulte une expression signifiant « les ténèbres répandues dans les intervalles des mondes, » expression où ces ténèbres sont qualifiées d'un plus ou moins grand nombre d'épithètes, selon les divers manuscrits. Presque tous s'accordent à lire *lôkântarikâ,* « intermédiaires « aux mondes; » mais deux copies de M. Hodgson ont *lôkôttarikâ,* « placées au delà des « mondes, extérieures aux mondes, » ce qui est parfaitement vrai aussi, puisque, pour chacun des mondes, les ténèbres dont parle notre texte sont réellement au delà des limites de ces mondes mêmes.

Cette variante de mots n'en est donc pas une de sens, et l'on pourrait même être tenté de préférer *lôkôttarikâ* à *lôkântarikâ,* si le plus grand nombre des autorités ne se réunissait pas en faveur de cette dernière leçon; c'est cependant aussi l'orthographe des Singhalais, telle que la reproduit Clough[3]. La divergence de nos textes devient plus grande en ce qui touche les termes suivants : le *Lotus* lit *akchaṇâḥ sam̃vrĭtâḥ;* le *Lalita* donne *aghâ aghasphuṭâ;* la version pâlie, *aghâ asam̃vutâ.* L'histoire de *Mandhâtrï* n'est ici d'aucun secours; car le mot *andhâs,* « aveugles, » qu'elle emploie, se rapporte aux ténèbres que nos manuscrits divers caractérisent par des épithètes plus ou moins nombreuses, ainsi que je le remarquais tout à l'heure. Quelque obscurs que soient encore les mots *akchaṇâḥ sam̃vrĭtâḥ,* et, suivant d'autres manuscrits, *sam̃vrĭttâḥ,* je puis déjà dire que je m'étais gravement trompé en les traduisant dans le *Lotus :* « qui sont dans une perpétuelle agitation. »

[1] *Lalita vistara,* chap. XXVI, f. 213 *a; Rgya tch'er rol pa,* t. II, p. 384; et *Lalita vistara,* chap. XXII, f. 183 *a; Rgya tch'er rol pa,* t. II, p. 337.

[2] *Mahâpadhâna sutta,* dans *Dîgha nikâya,* f. 69 *a* de mon man.

[3] *Singhal. Diction.* t. II, p. 611.

Cette interprétation est insoutenable; en effet, *sañvrĭttâḥ* signifie « couverts, cachés, » ou encore « devenus, étant; » et quant à l'autre épithète *akchaṇâḥ*, si elle n'est pas aussi claire, elle ne rappelle aucunement l'idée d'agitation.

Le plus souvent, *akchaṇa* doit se traduire par « ce qui vient hors du moment, ce qui « est inopiné, soudain, » et par extension « calamiteux, désastreux. » Ce sens, qui est strictement conforme à la composition du mot *a-kchaṇa*, est également celui du pâli *akkhaṇa*, et je le trouve dans un passage remarquable d'un des derniers *Suttas* du *Dīgha nikâya*, que j'ai déjà cité plus d'une fois sous le titre de *Saǧgîti*. Il y a, dit ce texte, neuf classes de personnes que l'on nomme *akkhaṇâ asamayâ brahmatchariyâvâsâya*, c'est-à-dire « ceux qui « sont hors du moment, hors du temps pour demeurer dans la vie religieuse[1]. » Ce sont les êtres qui, à l'époque où un Buddha paraît au monde, ont le malheur d'avoir pris naissance dans les régions infernales, ou dans une des existences infimes auxquelles sont condamnés les pécheurs. Ces êtres infortunés manquent en effet le moment, car ils ne peuvent jouir du bienfait de la parole du Maître. On voit clairement pourquoi on les désigne par ces deux épithètes d'*akkhaṇa*, *asamaya*, « qui est hors du temps, hors du moment. » On voit aussi comment il se fait que le *Lotus* nomme de la même manière les créatures plongées au sein des ténèbres qui sont répandues dans les intervalles des mondes. Pendant qu'elles y vivent, elles manquent l'occasion d'entendre les enseignements du Buddha. Ce point ainsi solidement établi décide de la signification du mot *sañvrĭttâḥ*, car c'est ainsi qu'il faut lire, plutôt que *sañvrĭtâḥ*; ce mot signifie « devenu, » ou encore « étant, » et la phrase du *Lotus*, *tâsu yê akchaṇâ sañvrĭttâḥ*, doit se traduire littéralement : « dans « ces ténèbres, les êtres qui se trouvent à contre-temps. »

Les variantes des autres manuscrits, malgré la divergence de leur énoncé, rentrent au fond dans cette interprétation. N'oublions pas, en premier lieu, de rappeler que les termes que nous allons examiner se rapportent non plus à des créatures qui reviennent à la vie dans les lieux de ténèbres placés en dehors de chaque monde, mais bien à ces ténèbres elles-mêmes; ce qui est une raison de différence dans l'emploi des mots qui ont pu être préférés. En effet, le *Lalita vistara*, après le mot *lôkântarikâ*, ajoute *aghâ aghasphuṭâ*, le tout en rapport avec *andhakâratamisrâ*. Ces deux épithètes ne peuvent signifier autre chose que « pécheresses, répandues par le péché; » par quoi le texte veut dire sans doute que ces ténèbres sont produites par les crimes des coupables qui sont condamnés à y venir habiter après leur mort. Si l'idée de péché est transportée aux ténèbres, c'est par une hypallage très-facile à expliquer. La seconde épithète est encore plus caractéristique, non pas seulement en ce qu'elle confirme le sens de *aghâ*, mais en ce qu'elle définit ces régions intermédiaires avec les traits mêmes sous lesquels se les représentent les Buddhistes. Car c'est, on le sait, un de leurs dogmes fondamentaux que l'univers est réellement créé par l'effet des œuvres de ses habitants; de sorte que si, par impossible, il n'existait au monde aucun coupable, il n'existerait nulle part d'enfers ni de lieux de châtiment. On comprend par là quelle force a l'expression *aghasphuṭâḥ*, qui signifie littéralement « éclos par le péché. »

[1] *Saǧgîti sutta*, dans *Dīgha nikâya* f. 189 *a*.

L'explication précédente s'accorde en partie avec celle que suggère la variante du texte pâli. D'un côté, ce texte porte *aghâ* en rapport avec les ténèbres; nous avons donc, comme tout à l'heure, « les ténèbres, fruit du péché. » D'un autre côté, il se rapproche du texte du *Lotus*, mais d'une manière peu intelligible, en lisant *asam̃vutâ*, là où nous avons en sanscrit *sam̃vr̃ittâḥ*, c'est-à-dire le négatif au lieu du positif. Fidèle à l'interprétation que nous avons donnée de *sam̃vr̃ittâḥ*, traduirons-nous *aghâ asam̃vutâ* par « qui ne sont pas « pécheresses? » Je ne crois pas que ce sens soit possible; de sorte que, de deux choses l'une, ou le texte pâli est ici incorrect, ce que je ne puis affirmer, parce que je n'ai encore trouvé qu'une seule fois ce passage, ou bien *asam̃vutâ* doit avoir ici une autre signification que son sens physique, une signification en rapport avec celle de *aghâ*, ou de l'adjectif *aghasphuṭâ* du *Lalita vistara*, comme, par exemple, celle de « non retenu, désordonné. » Je ne suggère cependant cette explication que comme une conjecture, et j'avoue que je préférerais de beaucoup rencontrer un texte où on lirait *aghâ sam̃vutâ*, « devenues péche- « resses; » car, par là, nous retrouverions directement l'énoncé même de notre *Lotus*, « revenus à la vie à contre-temps, » puisque les êtres qui ont le malheur de manquer, par suite de la misère de leur naissance, la précieuse occasion de voir un Buddha, sont des pécheurs qui sont nés ou dans de misérables existences, ou dans les régions infernales.

Je passe maintenant à la seconde partie de la période qui s'ouvre avec *yatrêmâvapi*. Je commence par rapporter ici les variantes des autres manuscrits. Texte du *Mândhâtrî : yatrâmû sûryatchandramasâv êvam̃mahardhikâv êvam̃mahânubhâvâv âbhayâ âbhâsam̃ na pratyanubhavataḥ, ta api tasmin samayê udârêṇâvabhâsêna sphuṭâ bhavanti;* texte du *Lalita : yatrêmâu tchandrasûryâv êvam̃mahardhikâv êvam̃mahânubhâvâv êvam̃mahêçâkhyâv âbhayâ âbhâm̃ varṇêna varṇan têdjasâ têdjô nâbhibhavatô* (alias *nâtipatatô* et *nâbhitapatô*) *na virôtchatas* (alias *nâbhivirôtchataḥ*), *tatra yê sattvâḥ*, etc.[1]; texte du *Mahâpadhâna : yatthapimê tchandimasuriyâ êvam̃mahiddhikâ êvam̃mahânubhâvâ âbhâya nânubhônti tatthapi appamânô ulârô ôbhâsô pâtubhavati.* En traduisant ce passage tel que l'exprime la version du *Lotus* rappelée au commencement de cette note, j'avais été frappé de la présence du verbe *nâbhibhavatô*, « tous deux ils ne prennent pas le dessus, ils ne surmontent pas; » et l'expression *âbhayâ api âbhâm̃* me paraissait un pléonasme où *âbhayâ api* était ajouté pour augmenter la force de l'idée, « tous deux par la lumière même ne surmontent pas (pour « dire, ne font pas surmonter) la lumière. » Il me paraissait naturel, quant à l'idée et toutes réserves faites touchant l'incorrection du langage, que, pour représenter la profondeur de ces ténèbres, on dit que le soleil et la lune étaient impuissants à y répandre la lumière, même à l'aide de tout ce qu'ils ont de lumière. Plus tard, quand je traduisis le fragment du *Divya avadâna* qui a pris place dans l'*Introduction*, je crus que, puisque le mot *lumière* était répété deux fois et dans la même formule, il y avait là une intention d'opposition, et qu'en conséquence il était question de deux lumières, la première, celle du soleil et de la lune, à l'aide de laquelle ces deux astres, malgré leur puissance énergique, ne peuvent cependant pas surmonter la seconde, c'est-à-dire celle que répand la splendeur miraculeuse qui vient illuminer la région ténébreuse des damnés. Voilà

[1] *Lalita vistara*, chap. XXVI, f. 213 *a*; *Rgya tch'er rol pa*, t. II, p. 384.

comment j'avais été conduit à traduire « ne pourraient effacer par leur lumière cet éclat, » en ajoutant *miraculeux*.

Aujourd'hui, je renonce franchement à cette seconde traduction, et voici mes motifs. Je dois dire d'abord le genre de ressource que m'a fourni le *Lalita vistara* dans le passage parallèle dont le commencement nous a offert ces deux bonnes variantes de *aghâ* et *aghasphuṭâḥ*. Pour la fin de la description, cet ouvrage remplace le verbe *nâbhibhavatô*, une fois par *nâtipatatô nâbhivirôtchataḥ*, une seconde fois par *nâbhitapatô na virôtchataḥ*[1]. Il est bien évident que la vraie leçon est *na abhitapataḥ*, « tous deux « n'éclairent pas; » de sorte que nous obtenons cette version : « tous deux n'éclairent pas, « n'illuminent pas la lumière par la lumière; » car ici nous n'avons pas la conjonction *api* du *Lotus*. M. Foucaux, que j'ai consulté pour apprendre de lui si la version tibétaine n'ajoutait pas quelque précision à cet énoncé si vague, a bien voulu me donner cette version très-littérale : « où le soleil et la lune, tous les deux, grande comme est leur « expansion, grande comme est leur force, grande comme est leur puissance bien « connue, n'arrivent pas dans la gloire, n'arrivent pas dans la splendeur, n'arrivent pas « dans la majesté de la lumière, de la couleur, du resplendissement. » Cette interprétation, malgré un peu de diffusion, nous fait cependant faire un pas considérable; elle tranche la question en faveur du sens que j'avais choisi le premier. Mais ce qui vient le corroborer davantage encore, de manière à ne plus laisser aucun doute, c'est le témoignage du texte pâli où se retrouve cette même formule, non plus appliquée au même fait miraculeux, mais rapportée à un autre fait qui ne l'est pas moins, la conception d'un Buddha. N'est-on pas frappé de l'identité d'idée, malgré la variété d'expression, qui existe entre la formule du pâli *âbhâya nânubhônti*, « ne prennent pas le dessus avec leur lumière, » et celle du sanscrit *âbhayâpi âbhâm nânubhavanti*, « ne font pas dominer la lumière par la « lumière même? » Cette comparaison ne permet plus, ce me semble, le moindre doute sur la valeur de cette formule; j'ajoute que l'avantage de la rédaction est ici du côté du pâli, qui, étant moins chargé de mots, est plus clair et probablement plus primitif; car j'ai cru remarquer que plus les livres buddhiques approchent des temps modernes, plus la rédaction en devient diffuse et chargée de détails qui ne font qu'amplifier le fonds beaucoup plus simple des livres anciens. La rédaction du pâli nous apprend en outre que le verbe dominant dans la formule doit être *anubhavataḥ*, comme l'écrit le *Mândhâtrĭ*, ainsi que le *Lotus*, et non *nâbhitapatô*, comme l'écrit le *Lalita vistara*. Rien n'est plus facile, d'ailleurs, que de comprendre comment on a pu lire नाभितपतो *nâbhitapatô* et नातिपततो *nâtipatatô*, au lieu de नाभिभवतो *nâbhibhavatô*, si l'on veut bien se rappeler l'analogie qu'offrent entre elles les formes archaïques du *t* et du *bh* dêvanâgari. Je pense même que si les leçons du *Lalita vistara*, *na virôtchatas*, *nâbhivirôtchataḥ*, ne sont pas des gloses explicatives de l'idée principale, elles ont pu influer sur le choix qu'on a fait de *nâbhitapatô*, « ils n'éclairent pas, » au lieu de *nâbhibhavatô*.

En résumé, et sans nous arrêter aux expressions plus ou moins diffuses que quelques-uns des textes cités ici ajoutent à la description des ténèbres dans lesquelles sont plongés

[1] *Lalita vistara*, f. 31 *b* de mon man. A, et f. 213 *a* du même manuscrit.

les lieux de châtiment que le mot de *lôkântarika* désigne d'une manière générale, voici de quelle manière je proposerais maintenant de traduire cette description, d'après ses diverses rédactions :

Texte du *Lotus*, page 100 de ce volume : « Au milieu des ténèbres répandues entre ces « univers et que peuplent les pécheurs nés à contre-temps, au sein de ces ténèbres pro- « fondes, où ces deux flambeaux de la lune et du soleil si puissants, si énergiques, si « resplendissants, ne peuvent faire dominer la lumière par leur lumière, la couleur par « leur couleur et l'éclat par leur éclat, au sein de ces ténèbres elles-mêmes apparut en ce « moment la splendeur d'une grande lumière. » On remarquera que cette traduction, qui doit être substituée à celle de la page 100 de ce volume, n'y apporte de changement essentiel que pour le commencement de la période.

Texte du *Mândhâtrî*, page 81 de l'*Introduction à l'histoire du Buddhisme indien* : « Ces « ténèbres profondes répandues entre notre monde [et les autres], où règne une téné- « breuse obscurité et où ces deux flambeaux du soleil et de la lune, si puissants, si éner- « giques, ne peuvent faire dominer la lumière par leur lumière, ces ténèbres elles-mêmes « sont en ce moment illuminées d'une noble splendeur. » Cette traduction qui doit être substituée à celle de l'*Introduction à l'histoire du Buddhisme*, ne diffère de celle de cet ouvrage que par un trait du commencement de la période, et qu'en ce qu'au milieu, elle se rapproche de celle du *Lotus de la bonne loi* que je viens de corriger.

Texte du *Lalita vistara*, page 384 de la traduction de M. Foucaux, qui a été exécutée sur la version tibétaine : « Au milieu des ténèbres profondes répandues entre ces univers, « ténèbres, fruit du péché, produites par le péché, où ces deux flambeaux de la lune et « du soleil, si puissants, si énergiques, si resplendissants, ne peuvent faire briller la lu- « mière par leur lumière, la couleur par leur couleur, l'éclat par leur éclat, où ils ne « brillent pas, au sein, dis-je, de ces ténèbres où les êtres qui y sont nés ne voient pas « même l'extrémité de leur bras étendu, etc. »

Texte du *Mahâpadhâna sutta* non encore traduit : « Au milieu des ténèbres profondes « répandues entre ce monde [et les autres], ténèbres, fruit du péché, obscures, où ces deux « flambeaux de la lune et du soleil si puissants, si énergiques, ne peuvent dominer par « leur lumière, apparut une splendeur noble et sans limites. »

N° XVII.

SUR LA VALEUR DU TERME *PRATISAÑVID*.

(Ci-dessus, chap. VIII, f. 110 *a*, p. 393.)

Dans la note où j'ai promis quelques détails sur le terme qui fait l'objet de ces recherches, j'ai donné d'une manière inexacte l'orthographe de ce mot que je n'avais vu jusqu'alors que dans un composé. Ce composé était *pratisañvidâlâbhî*, que j'ai divisé ainsi, *pratisañvidâ* et *lâbhî*. J'y avais été conduit par l'existence du mot pâli, *paṭisambhidâ*, qui est, chez les Buddhistes du Sud, le correspondant du mot que je lisais *pratisam̃vidâ*; en d'autres termes, je voyais de part et d'autre un substantif féminin en *â*. Depuis, j'ai acquis la certitude que c'est *pratisam̃vid* qu'il faut lire, et j'ai trouvé ce mot exactement écrit de cette manière dans le *Lalita vistara*[1]. L'argument tiré de l'existence du mot pâli *paṭisambhidâ* n'est pas une raison concluante pour le cas actuel; car on sait positivement que les mots sanscrits de la troisième déclinaison passent fréquemment en pâli dans la première. Il n'y a donc rien d'étonnant à ce que *pratisam̃vid* ait pour correspondant, en pâli, un mot terminé par la formative *â*.

Ce qui peut arrêter davantage, c'est la différence des deux radicaux qui entrent dans la composition de chacun de ces mots, *pratisam̃vid* et *paṭisambhidâ*. C'est en considération des éléments étymologiques de *pratisam̃vid* que j'ai traduit ce mot par « connaissance distincte, « connaissance distributive; » je ne vois pas de raison pour rien changer à cette interprétation en ce qui touche le pâli *paṭisambhidâ*, car le sens de « distinction et de distribu-« tion » est ici expressément rendu par la préposition *paṭi* et par le mot *sambhidâ*. Une partie de cette idée paraît dans la version que donne Clough du pâli *paṭisambhidâ*, « science « universelle, capacité d'expliquer les termes relatifs à tous les genres de sciences et d'arts[2]. » Turnour, rencontrant le composé *pabhinna paṭisambhida*, le traduit un peu moins clairement : « qui avait renversé l'empire du péché et atteint aux quatre dons de la sainteté[3]; » ceci est un commentaire où paraît le nombre des *paṭisambhidâ*. Spiegel n'approche pas plus près de la destination générale de ce terme, en le rendant par « le plus haut degré « d'un Arhat[4]. » Il me semble que s'il est vrai, d'un côté, que les mérites qu'on désigne sous le nom de *paṭisambhidâ* appartiennent aux Arhats, c'est-à-dire aux saints du Buddhisme, il ne l'est pas moins, de l'autre, que ces mérites sont particulièrement scientifiques.

J'ai rencontré plus d'une fois dans les livres du Népâl, comme dans ceux de Ceylan, les mots *pratisam̃vid* et *paṭisambhidâ*; mais je n'en ai découvert jusqu'ici qu'une seule explication, encore est-elle un peu concise, et aurait-elle besoin d'un commentaire plus détaillé que celui qui l'accompagne. Je l'emprunte au *Djina alam̃kâra*, où elle paraît au milieu d'une énumération des qualités et des perfections d'un Buddha :

« Il y a quatre connaissances distinctes. Ces quatre connaissances distinctes sont : la connaissance distincte du sens (*attha*), la connaissance distincte de la loi (*dhamma*), la connaissance distincte des explications (*nirutti*), la connaissance distincte de l'intelligence (*paṭibhâna*.)

« Tout ce qui est produit par une cause, les conséquences des actions, ainsi que l'action, le *Nibbâna* et le sens des choses dites [par le Maître], ces cinq éléments se nomment le sens.

« La cause qui anéantit les résultats [des œuvres], la voie des Ariyas, les paroles [du Maître], la vertu et le vice, ces cinq éléments se nomment la loi.

[1] *Lalita vistara*, f. 6 *a*, man. de la Soc. asiat. et f. 2 *a* de mon man. A.

[2] *Singhal. Diction.* t. II, p. 352.

[3] *Mahâwanso*, intr. p. XXVI et XXVII; p. 32 et 42.

[4] Spiegel, *Anecdota palica*, p. 67, et *Kammavâkya*, p. 29.

« L'explication naturelle [de ce qu'il y a d'obscur] et dans le sens et dans la loi, est désignée par le mot de *niratti*, l'explication; elle résulte de la perfection de l'interprétation.

« La connaissance des trois sciences que possède celui qui, ayant pris la science comme objet de sa pensée, a en vue la triple science, se nomme l'intelligence (*paṭibhâna*)[1]. »

Quelques observations suffiront pour mettre cet énoncé un peu concis d'accord avec ce que nous savons déjà des doctrines fondamentales du Buddhisme. Qu'il s'agisse ici surtout de science ou de connaissance, et spécialement de la science des vérités premières de la loi, c'est là un point qui ne peut faire l'ombre d'un doute; dans le passage du *Lotus de la bonne loi* où paraît l'expression que je tâche d'expliquer en ce moment, il est uniquement question de la variété et de l'étendue des connaissances du Religieux Pûrṇa auquel est attribuée la science des diverses connaissances distinctes. Les termes mêmes de chacune des quatre définitions de ces connaissances confirment cette attribution générale de la théorie des *paṭisambhidâ*.

La première de ces définitions est résumée par le mot *attha*, qui signifie à la fois « objet et chose, résultat et but, sens et valeur. » Les cinq termes par lesquels est développé l'*attha* rentrent tous dans ces diverses significations; tout ce qui est produit par une cause, c'est-à-dire l'enchaînement des douze causes dites *Nidânas*, les conséquences des œuvres, l'action, le *Nibbâna*, sont autant de termes que résume l'idée d'objet, de but; la valeur de *sens* paraît dans le cinquième, « le sens de ce qui est dit par le maître. » Ce n'est pas faire l'éloge de la rigueur des définitions buddhiques que d'y signaler l'emploi abusif d'un même mot dans plusieurs acceptions différentes. Je remarquerai cependant que les énoncés du texte que j'emprunte au *Djina alaṁkâra* sont plutôt des résumés que des définitions véritables. D'ailleurs, le nombre et l'étendue des significations que possèdent des termes comme *attha*, offrent à la pensée philosophique des tentations auxquelles il lui est difficile de résister, tant qu'elle ne s'est pas sérieusement rendue compte des nécessités de la méthode.

La seconde connaissance distincte est résumée sous le titre de *dhamma*, « la loi. » Cinq éléments constituent la loi, ce sont la cause qui anéantit les résultats des œuvres, la voie des Ariyas, les paroles [du Maître], la vertu et le vice. Ces sujets expriment, en effet, mais à des titres différents, tout ce que résume le mot *dharma*, « la loi; » on y retrouve et les moyens qu'elle emploie et le but qu'elle propose : les moyens sont la voie des Ariyas, ou dans le Nord *Âryas*, les paroles du Maître ou les textes sacrés; le but est la cause qui anéantit les résultats des œuvres, c'est-à-dire l'affranchissement ou le *Nibbâna*, et jusqu'à un certain point, la vertu qui peut être également envisagée comme un moyen. L'élément qui lui est contraire, « le vice » est un objet de la loi, en ce sens que la loi le signale et donne la force de le vaincre. Nous retrouvons, dans cette seconde définition, un des éléments qui a déjà paru dans la première, *bhâsitaṁ*, ce que je traduis par « les paroles du Maître; » mais ce n'est pas là une tautologie, et il y a cette différence entre l'emploi qui est fait de ce mot dans la première définition, et le rôle qu'il joue dans la seconde, que les

[1] *Djina alaṁkâra*, f. 20 *a*, l. 2 en remontant.

paroles du Maître sont considérées, dans le premier cas, sous le rapport du sens, tandis que, dans le second, elles sont prises en elles-mêmes et en tant que dépositaires de la loi.

La troisième connaissance distincte est dite *nirutti*, pour le sanscrit *nirukti*, « l'explica-« tion, » j'ajoute « de ce qu'il y a d'obscur dans les objets de la connaissance (*attha*) et dans « la loi (*dhamma*) ; » sans cette addition, le mot *nirutti* ne serait traduit qu'imparfaitement. Cet énoncé qui se réfère exclusivement aux deux définitions précédentes, prouve surabondamment que la catégorie des *paṭisam̃bhidâ* a particulièrement trait aux principales applications de la faculté de connaître.

Enfin, la quatrième connaissance distincte est dite celle du *paṭibhâna* ou de « l'intelli-« gence, » si l'on adopte, pour rendre *paṭibhâna*, en sanscrit *pratibhâna*, le sens que j'ai proposé au commencement de ces notes[1]. Il faut avouer, toutefois, que cette interprétation ne donne qu'une traduction un peu trop vague, « la connaissance distincte de l'intelli-« gence. » Heureusement le commentaire vient à notre secours en nous apprenant que le mot *paṭibhâna* résume, sous le nom d'*intelligence* ou de sagesse, la triple science ou la science des trois vérités que j'ai déjà énumérées ailleurs[2]. Aussi pensè-je aujourd'hui que notre mot *sagesse* serait une meilleure traduction de *paṭibhâna*, que celui d'*intelligence*. En résumé, la définition de la quatrième connaissance distincte doit revenir à ceci : la connaissance distincte des trois vérités que sait pénétrer la sagesse.

Après la définition des quatre *pratisam̃vid* ou *paṭisambhidâ*, que je viens d'emprunter au *Djina alam̃kâra*, je trouve dans le même ouvrage une énumération de soixante-dix-sept sujets de connaissance dont la possession est attribuée à un Buddha. Quoique cette énumération soit parfaitement indépendante de celle des quatre *paṭisambhidâ*, je ne crois pas inutile de la reproduire ici, d'abord parce qu'elle est courte et qu'elle n'occupera pas une place considérable, ensuite parce qu'elle montre une fois de plus quelle grande importance a, dans le Buddhisme, la science ou la connaissance, dont le nom reparaît à tout instant dans tant et de si nombreuses catégories.

« Il y a soixante et dix-sept sujets de connaissance. Si, prenant la production successive des douze causes de l'existence qui sont l'ignorance et autres, on part de la vieillesse et de la mort, en les laissant en dehors comme limites, et qu'on multiplie par sept chacune des onze causes, on obtient soixante et dix-sept sujets de connaissance. Comment se produit cette connaissance que la vieillesse et la mort ont pour cause la naissance? — De cette manière : la naissance n'existant pas, il n'y a ni vieillesse ni mort. De même pour le passé a lieu cette connaissance : la vieillesse et la mort ont pour cause la naissance; et cette autre : la naissance n'existant pas, il n'y a ni vieillesse ni mort. De même aussi pour l'avenir a lieu cette connaissance : la vieillesse et la mort ont pour cause la naissance; et cette autre : la naissance n'existant pas, il n'y a ni vieillesse ni mort. Et dans ce cas, la connaissance de l'existence de la condition est en même temps la connaissance que cette condition est passagère, périssable, qu'il faut s'en détacher, qu'il la faut arrêter. Il en est de même de cette connaissance : la naissance a pour cause l'existence; et de cette autre : l'existence n'existant pas, il n'y a pas de naissance; et ainsi des autres causes, jusqu'à cette connaissance :

[1] Ci-dessus, fol. 2 *b*, p. 299. — [2] Ci-dessus, fol. 52 *b*, p. 372.

les concepts ont pour cause l'ignorance; et cette autre : l'ignorance n'existant pas, il n'y a pas de concepts; de même pour le passé et de même pour l'avenir. Et dans ce cas, la connaissance de l'existence de la condition est en même temps la connaissance que cette condition est passagère, qu'elle est périssable, qu'il faut s'en détacher, qu'il la faut arrêter. Tels sont les soixante et dix-sept sujets de connaissance que possède Bhagavat. »

On voit, sans que j'y insiste davantage, que cette énumération embrasse les divers points de vue sous lesquels il est possible de connaître le *pratîtyasamutpâda*, ou la production des douze causes successives de l'existence.

N° XVIII.

SUR LES MONTAGNES FABULEUSES DE LA TERRE.

(Ci-dessus, chap. XI, f. 132 *a*, p. 401.)

Les noms des six montagnes énumérées dans le passage auquel se rapporte la présente note ne me paraissent pas offrir une disposition systématique, et il est probable que ces montagnes ont été rappelées ici, les unes à cause de leur hauteur ou de la nature de leurs productions, les autres à cause de la place qu'elles occupent dans le système de la terre, tel que se le représentent les Buddhistes. Les trois premières de ces montagnes, le *Kâlaparvata*, le *Mutchilinda* et le *Mahâmutchilinda*, sont bien moins fréquemment citées que les trois suivantes, le *Mêru*, le *Tchakravâla* et le *Mahâtchakravâla*, lesquelles tiennent à la configuration même de la terre. Quoique plusieurs auteurs, comme Buchanan Hamilton, Joinville, A. Rémusat et autres se soient occupés déjà de la manière dont les Buddhistes décrivent la surface de la terre, je crois indispensable de reprendre ce sujet en peu de mots, ne fût-ce que pour représenter plus exactement les termes qui figurent dans leurs descriptions, et pour bannir de ce sujet quelques dénominations fautives qui tendent à y perpétuer des inexactitudes que les lecteurs qui n'ont pas accès aux textes ne sont pas toujours en mesure de corriger.

On sait que le monde habitable se compose, selon les Buddhistes, d'un ensemble de montagnes, de mers et d'îles, que l'on se représente de la manière suivante. Au centre s'élève le *Mêru*, la plus haute de toutes les montagnes, c'est le *Mêru parvata* du texte du *Lotus*, le *Mien-mo* des Barmans, en un mot le *Mêru* des Brâhmanes, auxquels les Buddhistes en ont emprunté la notion. Concentriquement à la masse du Mêru qui plonge dans la mer à une profondeur égale à la hauteur de la partie qui en sort, se développent sept chaînes de montagnes qui vont en décroissant d'élévation à mesure qu'elles s'éloignent de la montagne centrale. Ces chaînes, qui sont séparées les unes des autres par des eaux plus ou moins profondes, se nomment successivement et à partir du Mêru, comme il suit, *Yugam̃dhara*, *Îchadhara*, *Karavîka*, *Sudassana*, *Nêmim̃dhara*, *Vinataka*, *Açvakarṇa*. J'emprunte ces dénominations à Joinville, qui les donne d'après l'orthographe singhalaise, qu'il est très-aisé de rétablir en sanscrit; je vais d'ailleurs y revenir dans un instant[1]. Au delà de ces sept rangées de montagnes s'étend une vaste mer beaucoup plus profonde que les sept courants d'eau qui séparent ces chaînes les unes des autres. C'est dans cette mer et aux quatre points cardinaux pris à partir du Mêru, que sont situées les quatre grandes îles bien connues; l'île ou continent méridional nommé *Djambudvîpa*, est, aux yeux des Buddhistes, la terre même qu'ils habitent. Cet immense amas d'eau est à son tour renfermé dans une enceinte circulaire de hautes montagnes qui a le nom de *Tchakravâla* en sanscrit, et de *Tchakkavâla* en pâli. Un commentateur singhalais, celui du *Djina alañkâra*, fait remarquer que c'est *Tchakravâḷa* qu'il faudrait lire, parce que le mot est composé de *Tchakra*, « roue, » et de *vâḷa*, « enceinte, » un *Tchakravâḷa* étant une enceinte circulaire ressemblant à un puits de forme ronde, mais que l'usage a prévalu de dire *Tchakkavâḷa*[2]; aussi se sert-il à dessein de la liquide *ḷ*, propre au pâli et destinée à représenter un *ṭ* ou un *ḍ* primitif. Cette règle d'orthographe n'est cependant pas très-strictement suivie par les copistes, et on trouve d'ordinaire le mot écrit en pâli, *Tchakkavâla* avec un *l* simple, et en sanscrit, *Tchakravâla*, comme dans notre *Lotus* et dans le Dictionnaire de Wilson, où sont notées les deux leçons *Tchakravâla* et *Tchakravâḍa*. Cette dernière orthographe forme le passage du *Tchakravâḷa* primitif et régulier au *Tchakravâla* vulgaire, orthographe que je suivrai désormais. Les deux formes se trouvent également dans l'*Amarakôcha*, où elles n'ont d'autre signification que celle d'*horizon visible*, signification qui n'est qu'une partie de l'acception plus compréhensive de ce terme selon les Buddhistes[3]. Turnour traduit ce mot à peu près de même : « le cercle ou la « limite de l'univers[4]; » mais les Singhalais, d'après Upham, y voient plus exactement la montagne qui entoure la terre avec la mer qui en est la limite[5]. La dénomination pâlie de *Tchakkavâla* s'est adoucie chez les Singhalais en *Sakwalla*, mot qu'ils traduisent ordinairement par « le monde[6]. » Et dans le fait, un *Tchakravâla* est un monde véritable tel que se le représentent les Buddhistes, avec son Mêru, ses montagnes concentriques, sa grande mer, ses quatre îles ou continents et ses îles secondaires.

Je n'ai pas encore trouvé, dans les textes qui sont à ma disposition, le moyen de distinguer les deux ordres de montagnes citées par notre *Lotus*, le *Tchakravâla parvata* et le *Mahâtchakravâla parvata*. Deshauterayes est, à ma connaissance, le seul auteur qui nous fournisse une allusion directe à cette division de deux *Tchakravâla*, l'un ordinaire, l'autre grand, quand il dit que le monde habitable est entouré par une enceinte que l'on nomme « la petite clôture de Fer, » au delà de laquelle est placée une seconde enceinte plus vaste que l'on nomme « la grande clôture de Fer[7]. » Peut-être cette grande clôture est-elle celle qu'on pourrait supposer entourant la réunion de plusieurs *Tchakravâla*; car on

[1] Joinville, *On the Religion and Manners of the people of Ceylon*, dans *Asiat. Res.* t. VII, p. 408 et suiv. Conf. Buchanan Hamilton, *On the Religion and Literature of the Burmas*, dans *Asiat. Res.* t. VI, p. 174 et suiv. et Sangermano, *Descript. of the Burmese Empire*, p. 3; J. Low, *On Buddha*, dans *Transact. roy. as. Society*, t. III, p. 78 note 1.

[2] *Djina alañkâra*, f. 30 *a*.

[3] *Amarakocha*, liv. I, chap. 1, sect. II, p. 15, éd. Loiseleur.

[4] *Mahâwanso*, index, p. 4, texte, p. 114.

[5] *The Mahâvansi*, etc. t. III, p. 8.

[6] *Ibid.* t. III, p. 21.

[7] *Journ. asiat.* t. VIII, p. 80.

sait que les Buddhistes croient à l'existence d'un nombre infini de ces systèmes qui sont juxtaposés dans l'espace et se touchent chacun par six points de leur circonférence. On groupe ces *Tchakravâla* pour en former des univers plus ou moins étendus, selon le nombre des terres qu'ils embrassent. Ainsi Turnour, citant un passage de Buddhaghôsa, parle des cent *Tchakravâla* dont cet univers périssable est composé[1]. Je ne me souviens pas d'avoir vu ailleurs l'indication d'une réunion de terres exprimée par un chiffre aussi peu élevé; au contraire, les dénominations d'un millier, de deux, de trois milliers de mondes, sont très-fréquentes chez les Buddhistes, et en particulier chez ceux du Nord. Peut-être le passage de Buddhaghôsa cité par Turnour porte-t-il, par erreur, cent au lieu de mille. Quoi qu'il en soit, le nombre le plus considérable que j'aie rencontré jusqu'ici dans les livres du Sud, pour lesquels Buddhaghôsa fait autorité, est celui de cent mille *kôṭis*, ou cent mille fois dix millions de *Tchakravâla* : c'est là le nombre de terres qui périt dans le bouleversement final du monde[2]. Je dis le nombre fini, car les Buddhistes admettent, comme je le remarquais tout à l'heure, une infinité de *Tchakravâla;* c'est ce que nous apprend d'une manière positive l'*Atthasâlinî* dans ce passage : « Il y a quatre choses qui sont « infinies : l'espace est infini, les *Tchakravâḷas* sont infinis, la masse des êtres est infinie, « la science du Buddha est infinie[3]. »

L'enceinte du *Tchakravâla* se rattache par sa base aux fondements du mont Mêru, qui sont formés d'une masse énorme de pierre, *silâpathavî*, sur laquelle repose la terre proprement dite, nommée *paṁsupathavî*. Aussi le commentateur précité du *Djina* compare-t-il un monde entouré du *Tchakravâla* à un immense vaisseau circulaire dont le mont Mêru serait le mât. Il n'y a pas le moindre interstice entre la base du Mêru et celle de l'enceinte; autrement les eaux inférieures pénétreraient dans l'intérieur du vaisseau et le feraient couler à fond. Ces eaux inférieures sur lesquelles la terre est soutenue en équilibre ne doivent pas être confondues avec les courants qui séparent les sept montagnes les unes des autres, non plus qu'avec la grande mer à la surface de laquelle reposent les quatre *Dvîpas* ou continents. Ces deux derniers systèmes d'eaux sont renfermés à l'intérieur du *Tchakravâla*, tandis que les eaux inférieures forment, selon les Buddhistes, une masse bien plus considérable, et d'une profondeur suffisante pour que les innombrables terres dont ils imaginent l'existence puissent y être portées sans s'y enfoncer.

Maintenant que nous avons fait le tour d'un monde, revenons aux chaînes de montagnes concentriques au Mêru dont nous avons parlé en commençant. J'en ai donné l'énumération dans l'ordre où les présente Joinville, d'après les Singhalais, et je l'ai fait avec d'autant plus de confiance que cet ordre est celui-là même que suit Buddhaghôsa dans son *Visuddhi magga*, à en croire du moins le commentaire du *Djina alaṁkâra.* Il paraîtrait cependant qu'il existe quelques divergences parmi les Buddhistes du Sud, touchant l'ordre dans lequel on doit se les représenter placées à l'égard du Mêru. La trace d'une de ces divergences se trouve dans le commentaire que je viens de citer; voici comment et à quelle occasion. Le *Visuddhi magga* de Buddhaghôsa, qui jouit chez les Buddhistes de Ceylan

[1] *Examin. of pâli Buddh. Annals*, dans *Journ. as. Soc. of Bengal*, t. VII, p. 792.

[2] *Djina alaṁkâra*, f. 30 a.

[3] *Atthasâlinî*, man. de la Bibl. nat. f. ḱya recto.

d'une autorité presque égale à celle des livres canoniques, donne une énumération des sept chaînes de montagnes entourant le Mêru, qui n'est pas d'accord, quant à la disposition, avec une autre énumération exposée par le *Nêmi djâtaka*, légende mythologique que l'on regarde très-probablement à tort, comme émanée de la prédication même de Çâkyamuni. L'auteur du *Djina alam̃kâra*, frappé de cette divergence, propose de concilier comme il suit ces deux textes opposés :

« Les montagnes [concentriques au Mêru] sont le *Yugam̃dhara*, l'*Îsadhara*, le *Karavîka*, le *Sudassana*, le *Nêmim̃dhara*, le *Vinataka* et l'*Assakaṇṇa*. Voilà l'énumération qu'on trouve dans le *Visuddhi magga* [de Buddhaghôsa], et dans divers passages de l'*Atthakathâ* (commentaire des livres canoniques). Mais Bhagavat, doué de science et de vue, Bhagavat, le vénérable, le Buddha parfaitement accompli, enseignant le *Nimi djâtaka*[1], fait exposer par Mâtali, que le roi *Nêmi* venait d'interroger, [une autre énumération] qui doit être d'accord avec la science du Buddha. En effet, le *Nêmi djâtaka* s'exprime ainsi dans le style en usage pendant la période de création où nous vivons :

« Monté sur le char divin traîné par mille chevaux, le grand roi vit en s'avançant les montagnes placées au milieu de la *Sîtâ*. A cette vue, il s'adressa ainsi à l'écuyer : Quel est le nom de ces montagnes? Ainsi interrogé par le roi Nêmi, Mâtali, l'écuyer, lui répondit : Ce sont le *Sudassana*, le *Karavîka*, l'*Îsadhara*, le *Yugam̃dhara*, le *Nêmim̃dhara*, le *Vinataka* et l'*Assakaṇṇa*. Ces montagnes que tu vois, placées au milieu de la *Sîtâ* et que je viens d'énumérer dans leur ordre, servent de demeure aux Mahârâdjâs[2].

« Maintenant Bhagavat a enseigné cette dernière énumération au milieu des quatre Assemblées. Ceux qui, dans les conciles, ont recueilli son enseignement, l'ont ainsi répétée à leur tour. Voilà donc un texte avec lequel le *Visuddhi magga* et l'*Atthakathâ* ne se concilient pas et sont en désaccord. Or, avec les hommes comme ils sont faits, si les textes et les commentaires, qui ressemblent à de pures affirmations traditionnelles, sont ainsi en contradiction les uns avec les autres, comment l'enseignement de la vérité subtile et profonde pourra-t-il obtenir créance? Un sujet comme celui-là sera, aux yeux de beaucoup, une cause d'incrédulité qui s'étendra même à tous les autres cas. A cette observation, voici ce qu'on répond. Ceci n'est pas une question de tradition, mais bien un point qu'il appartient à la logique de trancher. Je suis le maître nommé *Buddha rakkhita*, et je me sens la force de concilier, selon leur sens véritable et le texte sacré et le commentaire. Comment? [Le voici] :

« Quand Mâtali, ayant emmené le roi Nêmi, était occupé à lui montrer l'enfer, Sakka, le roi des Dêvas, ayant dit : Pourquoi Mâtali tarde-t-il tant? envoya vers lui un fils des Dêvas, Djavana, qui, ayant pris un char, le dirigea du côté du roi qui s'avançait à travers

[1] C'est de cette façon que le *Djina alam̃kâra* écrit plusieurs fois le titre de ce *djâtaka*; mais l'ouvrage lui-même, dont la Bibliothèque nationale possède un exemplaire en pâli et en barman, porte le titre de *Nêmi*; et tel doit être en réalité le vrai titre, car c'est par allusion à la jante d'une roue que le roi Nêmi passe pour avoir reçu le nom qu'il porte. J'ai rétabli cette orthographe dans la traduction du morceau cité. *Nimi* est d'ailleurs le nom d'un roi différent de *Nêmi*.

[2] *Nêmi djâtaka*, man. de la Bibl. nat., f. 54 *b* et 55 *a*, et de ma copie, p. 364 et suiv.

le ciel, dans la direction du monde des Dêvas. Quand Djavana fut arrivé, le roi, regardant en avant et en arrière ce char qui avait l'étendue de la montagne Sudassana, vit les montagnes placées successivement les unes au delà des autres et demanda à Mâtali quelles étaient ces montagnes. Celle qui se nomme *Sudassana* est située au milieu des sept montagnes. Mâtali commençant par le Sudassana et poursuivant l'énumération en avant, dit leur nom dans l'ordre inverse de leur position véritable, de cette manière : le *Sudassana*, le *Karavîka*, l'*Îsadhara* et le *Yugañdhara*. Puis énumérant, à partir de ce point, les autres montagnes plus rapprochées, il dit leur nom dans l'ordre direct de leur position, de cette manière : le *Nêmiñdhara*, le *Vinataka*, l'*Assakaṇṇa*, montagne immense. Maintenant Bhagavat, exposant le *Nêmi djâtaka*, ainsi qu'il a été dit plus haut, s'est exprimé lui-même de la même manière [que Mâtali]. Dans le *Visuddhi magga*, au contraire, la stance commence par *Yugañdhara*, pour faire l'énumération dans l'ordre régulier, en partant de l'intérieur. C'est de cette manière que le texte du *Nêmi djâtaka*, et que le récit du *Visuddhi magga*, malgré leur divergence, se concilient et s'accordent, comme l'eau de la Yamunâ se mêle avec celle de la Gangâ [1]. »

Cet essai de conciliation de deux autorités également respectables est certainement ingénieux pour un Buddhiste; mais nous qui ne sommes pas arrêtés par les mêmes scrupules que Buddha rakkhita, nous pourrons dire que l'énumération du *Nêmi djâtaka*, ouvrage écrit en vers, a été modifiée pour le besoin de la forme métrique sous laquelle elle se présente. Si cette observation ne paraissait pas assez concluante, on aurait à se demander si les deux énumérations n'appartiendraient pas à des époques, ou seulement à des classifications différentes. Des textes plus nombreux et plus explicites que ceux qui sont entre mes mains résoudraient sans doute ces difficultés; quant à présent, je me contenterai de remarquer que les Buddhistes chinois connaissent en partie la classification des Singhalais, attribuée à Buddhaghôsa. J'en trouve la preuve dans le Mémoire d'Abel Rémusat sur la cosmogonie buddhique, où les noms des sept chaînes concentriques au Mêru sont traduits d'après les livres chinois [2].

La première de ces sept chaînes, en commençant par la moins élevée, c'est-à-dire par la plus éloignée du Mêru, est « la montagne qui borne la terre. » Cette définition s'applique certainement à la chaîne des *Tchakravâla;* mais il y a inexactitude, au moins d'après les Singhalais, à compter les *Tchakravâla* au nombre des sept chaînes concentriques au Mêru; car cette disposition laisserait les quatre îles en dehors de l'enceinte du monde, et je ne pense pas que cela puisse être admis. La seconde montagne est « celle « des obstacles; » je ne trouve ce sens à aucune des dénominations sanscrites par les-

[1] *Djina alañkâra*, f. 32 *a*. Le texte de l'ouvrage précité ajoute ce qui suit : « Quant à ce qui est écrit dans le récit du *Nêmi djâtaka* : la montagne nommée *Sudassana* est la plus extérieure de toutes, cela doit être envisagé comme ayant été écrit ainsi par oubli de mémoire. » Je n'ai pas pu terminer la discussion critique de Buddha rakkhita par cette phrase, par la raison que le passage du *Nêmi* qui y donne lieu manque dans l'exemplaire de la Bibliothèque nationale; mais peut-être cet exemplaire aura-t-il été corrigé par quelque lecteur désireux de le mettre d'accord avec le texte du *Visuddhi magga*. Aussi n'ai-je pas cru pouvoir me dispenser de l'indiquer en note.

[2] *Essai sur la cosmographie et la cosmogonie des Bouddhistes*, dans *Mélanges posthumes*, p. 80.

quelles sont désignées les sept chaînes : il se pourrait cependant que les Chinois aient lu *Vinâyaka*, « obstacle, » au lieu de *Vinataka*, qui signifie au propre « la montagne inclinée « ou courbée. » Ce qui semblerait justifier cette supposition, c'est que la liste de M. Rémusat déplace « la montagne de l'Oreille de cheval, » en la mettant la troisième, au lieu d'en faire la seconde, comme cela serait nécessaire dans la supposition que la ceinture des *Tchakravala* dût compter comme la première. La montagne de l'Oreille de cheval, placée ainsi à tort au second rang, est l'*Assakaṇṇa* des Buddhistes du Sud. L'énumération de M. Rémusat donne le quatrième rang à « la montagne Belle à voir, » laquelle est exactement le *Sudassana* de nos listes; mais nous signalons encore ici un dérangement de l'ordre de la liste singhalaise, en ce que le *Néminñdhara* est placé par les Chinois après le *Sudassana*, au lieu de l'être avant, comme le disent les Singhalais. La cinquième rangée est « la montagne du Santal, » dont je ne retrouve pas le nom dans la liste singhalaise, à moins que *karavîka* ne soit un des noms du santal; quant à présent, je ne connais pour *karavî* que le sens de « feuille de l'assa fœtida. » La sixième chaîne des Chinois est « la montagne « de l'Essieu; » c'est probablement l'*Isadhara* de la liste singhalaise, en sanscrit *îchâdhara*, « ce qui porte la flèche ou l'essieu; » le nom et la position conviennent dans l'une et dans l'autre liste. La septième chaîne est « la montagne qui retient ou qui sert d'appui, ou la « montagne à double soutien; » c'est le *Yugañdhara*, malgré le vague de la version chinoise, le sanscrit *Yugañdhara* signifiant la partie de la flèche d'un char où s'attache le joug. La liste chinoise omet *Néminñdhara*, qui occupe le troisième rang dans la liste singhalaise et qui signifie « ce qui soutient la jante, » sans doute pour dire les rayes; c'est probablement par suite de cette omission que, pour rétablir le nombre classique de sept chaînes de montagnes, M. Rémusat a ouvert sa liste par le nom de la chaîne la plus extérieure, celle des monts qui entourent une terre, et qui, si elle était comptée par rapport au centre qui est le Merû, devrait former un huitième cercle. Malgré ces divergences entre la liste des Singhalais et celle des Chinois, il me paraît à peu près certain que la seconde a été en grande partie calquée sur la première.

Il existe une autre énumération des grandes montagnes répandues sur la terre, qui est connue des Buddhistes du Nord et des Chinois. Elle répète quelques-uns des noms de l'énumération précédente; mais elle ne paraît pas avoir un caractère aussi cosmologique, si je puis me servir de ce mot, que celle des sept chaînes concentriques au Mêru. Je l'emprunte à un livre de quelque célébrité chez les Buddhistes du Népâl, le *Daça bhûmîçvara* : « Par exemple, ô fils de Djina, on connaît sur la grande terre dix rois des « montagnes produisant de grandes choses précieuses, savoir, le *Himavat*, roi des mon- « tagnes, le *Gandhamâdana*, le *Vâipulya*, le *Rĭchigiri*, le *Yugañdhara*, l'*Açvakarṇagiri*, le « *Néminñdhara*, le *Tchakravâḍa*, le *Kêtumat* et le *Sumêru*, le grand roi des montagnes[1]. »

M. Rémusat connaissait également, d'après les Chinois, une énumération pareille de dix montagnes, qui est identique avec celle des Népâlais; la voici avec les rectifications nécessaires : 1° les montagnes de Neige ou le *Himâlaya*, c'est le *Himavat* de notre liste; 2° les montagnes des Parfums, c'est notre *Gandhamâdana*; 3° la montagne *Pi tho li*, qui doit

[1] *Daça bhûmîçvara*, f. 127 b.

répondre à notre *Vâipulya;* mais je soupçonne la présence d'une faute dans le manuscrit du *Daça bhûmîçvara*, et je préférerais lire *Vâidulya*, « la montagne qui produit le lapis-« lazuli; » 4° la montagne des Génies, c'est notre *Rĭchigiri;* 5° la montagne *Yeou kan tho*, ou notre *Yugañdhara;* 6° le mont de l'Oreille de cheval, notre *Açvakarṇagiri;* 7° le mont *Ni min tho lo*, ou « le Soutien des limites, » notre *Nêmiñdhara;* 8° le mont *Tchakra* ou « la Roue, » notre *Tchakravâḍa*, où l'on remarquera l'orthographe ancienne déjà signalée plus haut; 9° le mont *Ki tou mo ti*, notre *Kêtumat;* 10° et enfin le *Sumêru*, qui termine également la liste du *Daça bhûmîçvara*. Il y a très-probablement dans cette énumération un mélange de conceptions fabuleuses et de notions plus ou moins vagues, résultant d'une connaissance imparfaite de la grande chaîne des monts Himâlayas.

N° XIX.

SUR LA VALEUR DU MOT *PRITHAGDJANA*.

(Ci-dessus, chap. xv, f. 170 *b*, p. 413.)

Dans la courte note qui sert de point de départ aux observations présentes, j'ai défini le mot *prĭthagdjana* littéralement par « homme à part, » homme séparé de ceux qui sont sur la voie de parvenir aux perfections les plus élevées. A cette définition, que je crois vraie dans sa généralité, il est indispensable d'ajouter quelques observations empruntées aux textes buddhiques, afin de montrer quel emploi étendu ils font de cette dénomination également usitée dans le Sud comme dans le Nord. Il est vrai que je n'ai pas encore rencontré chez les Népâlais les définitions et les détails que je suis en mesure de produire d'après les livres de Ceylan; mais il n'est pas moins certain que le terme sanscrit de *prĭthagdjana* est d'un fréquent usage dans les livres sanscrits du Népâl.

Les textes que je vais rapporter sont d'autant mieux à leur place ici que l'expression dont je me suis servi pour traduire ce terme, celle de « homme ordinaire, » donnerait à penser, si l'on n'y faisait pas attention, qu'il s'agit d'un simple fidèle, par opposition aux Religieux. On se trouverait même confirmé dans cette opinion, si l'on s'en rapportait uniquement au témoignage de Clough, qui traduit *puthudjdjana*, forme pâlie du sanscrit *prĭthagdjana*, de la manière suivante : « une personne vile, un fou, un homme livré à « ses passions[1]. » Que le mot pâli, tombé dans l'usage vulgaire, ait chez les Singhalais le sens que lui assigne le missionnaire anglais, c'est ce que je n'ai ni l'intention, ni le moyen de contester; l'ouvrage de Clough est jusqu'ici pour nous la seule autorité considérable, pour ce qui touche le singhalais. Mais pour les textes sacrés, nous avons la preuve que le pâli *puthudjdjana* a un sens beaucoup plus étendu, et qui n'implique pas nécessairement les idées de mépris qu'on y voit à Ceylan. Ainsi, pour commencer par le Vocabulaire pâli, qui est une autorité en général digne de confiance, quant à la valeur des termes usités dans les textes sacrés, nous trouvons, après le saint nommé *Ariya*, le

[1] *Singhal. Diction.* t. II, p. 407.

terme de *nariya*, « celui qui n'est pas *ariya* ou *árya*, » expliqué par le mot *puthudjdjana*, « un homme séparé, » c'est-à-dire non compris au nombre de ceux qui ont atteint à la perfection de la sainteté[1].

Il y a plus, un passage du *Mahâvaṁsa*[2], qui est très-important dans cette question, nous apprend que les *Puthudjdjana* font partie du *Saṁgha* ou de l'Assemblée, mais qu'ils y occupent le dernier rang. Ce sont donc des Religieux ou des *Bhikkhus*, mais des Religieux qui n'ont pas encore franchi l'échelle des perfections par laquelle on parvient au comble de la sainteté d'un *Ariya*. Aussi Turnour, dans son *Mahâvaṁsa*, explique-t-il bien ce titre par « des prêtres qui n'avaient pas encore atteint à l'état de sanctification. » Ailleurs, il se sert de l'expression « des mortels non inspirés, » ce qui est parfaitement conforme à l'esprit du Buddhisme, puisque l'*Ariya* y est un véritable saint qui a le don de l'inspiration. Un autre passage, emprunté par le même auteur au commentaire de Buddhaghôsa, sur les *Suttas* du *Dîgha nikâya*, nous donne les détails qui suivent touchant les *Puthudjdjana* : « Laissant de côté les cent et les mille Religieux qui, quoique ayant « acquis la connaissance de la totalité des neuf parties de la religion du divin Maître, « n'étaient encore que des *Puthudjdjana* et n'avaient encore atteint qu'au rang de *Sôtâ-* « *patti, Sakadâgâmi, Anâgâmi* et de *Sukkhavipassanâ*, il choisit cinq cents Religieux sancti- « fiés moins un, lesquels avaient acquis la connaissance des trois *Piṭaka*, dans la totalité « de leur texte et de leurs divisions, qui étaient parvenus à la condition de *Paṭisam-* « *bhida* et étaient doués d'un pouvoir surnaturel, etc.[3]. » Ces Religieux si parfaits sont de véritables *Ariyas*; et ici encore reparaît l'opposition qui existe entre cette classe de saints et les Religieux moins heureusement doués, que l'on nomme *Puthudjdjana*. Il résulte de plus de ce texte que les *Puthudjdjana* peuvent arriver à tous les mérites, excepté à ceux de l'Ariya: il y a lieu, toutefois, de remarquer ici que l'extrait du commentaire de Buddhaghôsa est en contradiction avec le passage du *Mahâvaṁsa* auquel je renvoyais tout à l'heure, en ce que ce dernier distingue les Religieux dits *Sôtâpanna* et autres des *Puthudjdjana* restés au dernier rang. Outre qu'entre ces deux autorités, j'aimerais mieux donner l'avantage à Buddhaghôsa, on peut, il me semble, lever cette contradiction en admettant que le titre de *Puthudjdjana* a une valeur très-générale, puisqu'il désigne celui qui n'est pas un *Ariya*; mais depuis le Religieux qui débute dans la voie de la sainteté jusqu'au saint parfait, il y a bien des degrés, et il n'y a rien d'impossible à ce que ceux qui occupent ces degrés divers soient appelés du nom collectif de *puthudjdjana*, sauf à recevoir la qualification particulière à laquelle ils ont droit par l'effet de leurs mérites moraux ou intellectuels.

Ce qui prouve que la qualification n'est pas, à beaucoup près, absolue comme celle d'Ariya, c'est qu'un axiome attribué à Çâkya s'exprime ainsi sur cette classe de Religieux : « Il existe, a dit le Buddha issu de la race du soleil, deux espèces d'hommes or- « dinaires; l'un est l'homme ordinaire qui est aveugle, l'autre l'homme ordinaire qui est

[1] *Abhid. ppadîp.* l. II, chap. v, st. 28, Clough, p. 56.

[2] *Mahâvansa*, t. I, chap. xvii, p. 164; Spiegel, *Kammavâkya*, p. 28.

[3] Turnour, *Examinat. of pâli Buddhist. Annals*, dans *Journ. asiat. Society of Bengal*, tom. VI, pag. 513.

« vertueux. L'aveugle, c'est celui qui, quand il s'agit des qualités sensibles, des sens, des « éléments, des organes, des vérités et de la production des causes de l'existence, qui sont « des parties de la loi, ne sait ni saisir, ni interroger, ni comprendre. Le vertueux est « celui qui, dans les mêmes cas, sait faire tout cela [1]. »

Pour terminer ce qu'il m'a été jusqu'ici possible de réunir sur ce sujet, je soumettrai au lecteur la traduction d'un passage du *Djina alaṁkâra*, touchant la situation dans laquelle se trouve un *Puthudjdjana*, c'est-à-dire un Religieux ordinaire à l'égard des inconcevables perfections d'un Buddha.

« Il est dit dans le *Brahmadjâla sutta* : Un homme ordinaire qui ferait l'éloge du Tathâgata, ne le ferait que dans une faible mesure, que sous le point de vue le moins élevé, que sous celui de la moralité du Buddha. Comme l'éloge du Tathâgata n'est pas un sujet qui soit à la portée des *Puthudjdjana* ou des hommes ordinaires, l'action qui leur convient est celle de se ressouvenir du Buddha. Le texte qui dit : dans le temps, ô Mahânâma, que l'auditeur d'un Ariya rappelle à sa mémoire le Tathâgata, dans ce temps-là, il n'existe en lui aucune pensée produite par la passion, ce texte, dis-je, s'applique également aux Ariyas. Or, les qualités du Buddha étant, comme il a été dit, insaisissables à la pensée, il arrive que le Buddha possède aussi des qualités qu'il ne partage pas avec d'autres êtres, par cela seul qu'il a les six connaissances qui lui sont propres, comme les dix forces, les dix-huit conditions d'indépendance et autres. Ces dernières qualités, à leur tour, semblables à l'huile de moelle de lion qui ne peut être renfermée dans un autre récipient qu'un vase d'or [2], ne se trouvent pas dans une étendue qui ne serait pas celle d'un Buddha parfaitement accompli. D'autres qualités, au contraire, comme les fruits de la contemplation, la cessation, les acquisitions et les conditions relatives à l'état de Bôdhi, peuvent appartenir même aux *Sêkhas* (aux maîtres). Enfin, il en est d'autres, comme les contemplations, les facultés surnaturelles, la foi, etc., qui appartiennent même aux hommes ordinaires. De même que l'herbe et la paille qui, tout en servant de nourriture à la vache et au buffle, se transforment cependant en cette espèce de parfum qu'on nomme *Tchatudjdjâtigandha* [3], quand elles ont pénétré dans l'estomac de l'éléphant nommé *Gandhahatthi*, « éléphant à odeur, » de la même manière, les qualités elles-mêmes qui sont communes au Buddha et aux maîtres, à ceux qui ne le sont pas, ainsi qu'aux hommes ordinaires, quand elles rencontrent l'étendue d'un Buddha, deviennent des qualités qui lui sont particulières. Aussi l'effort que font les hommes ordinaires pour louer et

[1] *Djina alaṁkâra*, f. 9 *b*.

[2] Je ne suis pas sûr d'entendre exactement ce texte singulier qui est ainsi conçu : *Asuvaṇṇabhâdjanê atiṭṭhantaṁ sîhavasâtêsalaṁ riya*. Je ne puis rien faire des trois dernières syllabes *têsalaṁ*, sans retrancher la deuxième et sans lire *têlaṁ*. Si ma traduction est exacte, il en résulterait que les Indiens croyaient que l'or était le seul métal qui pût résister à l'action réelle ou prétendue de l'huile extraite de la moelle du lion.

[3] Le parfum que l'on nomme « le parfum des « quatre espèces, » représente, suivant Clough, une composition de *kuṅkuma*, « safran, » de *yavanapuchpa*, « encens, » de *tagara*, « myrrhe, » de *turuchka*, mot que Wilson traduit par *encens*, ce qui fait répétition avec le *yavanapuchpa*. (Clough, *Singhal. Diction.* t. II, p. 193.) Lassen remarque justement que la dénomination de *turuchka* n'est pas encore suffisamment expliquée (*Ind. Alterthum.* t. I, p. 286 notes.) Si elle désigne l'encens, ce doit être une autre espèce que le *yavanapuchpa*.

pour embrasser par la pensée les qualités personnelles d'un Buddha, qui sont si inconcevables, est-il aussi vain que la tentative de percer un diamant avec la trompe d'un puceron.

« Mais, dira-t-on, si cela est ainsi, un homme ordinaire n'a que faire de penser aux qualités d'un Buddha, parfaites comme elles sont, ni de chercher à les décrire. Il ne faut cependant pas envisager la chose ainsi. Quand on dit que la perfection d'un Buddha ne peut être ni décrite, ni imaginée par un homme ordinaire, on ne dit pas cela pour défendre à cet homme de l'essayer; on veut seulement dire que les qualités du Buddha lui sont particulières, en ce qu'elles sont inconcevables et sans parallèle. Si, en effet, un homme ordinaire ne s'occupait pas à célébrer et à se rappeler la perfection du Buddha, comment pourrait-il être affranchi de la douleur de la transmigration? Par quelle voie atteindrait-il à l'autre rive du Nibbâna? Comment croîtrait-il en foi, en moralité, en savoir, en générosité, en sagesse? Que les maîtres et ceux qui ne le sont pas se rappellent ou ne se rappellent pas la perfection du Buddha [peu importe]; mais pour l'homme ordinaire qui est vertueux, il est indispensable que, renonçant à toute autre préoccupation, il fasse tous ses efforts pour entendre les qualités du Buddha, pour les énumérer, pour les saisir, pour en faire l'objet de ses questions, de ses pensées, de ses méditations. Car c'est en agissant ainsi qu'il croît en foi, en moralité, en science, en générosité, en sagesse.

« A ce sujet on donne la comparaison suivante : de même qu'une graine de moutarde, de Kuṭi, de Tchâti[1], ou de jujubier, quand elle est jetée dans le grand océan, ne pompe l'eau que proportionnellement à son propre volume, et ne pompe pas beaucoup d'eau relativement à l'étendue de l'Océan, de même l'homme ordinaire et les autres saisissent chacun une qualité du Buddha, proportionnellement à leur propre science, mais non proportionnellement à ces qualités mêmes. Celui qui se rappelle ces qualités, même dans une faible mesure, obtient successivement la connaissance de l'état de Buddha parfait. Il y a, en effet, un texte qui dit : Je déclare très-profitable, ô Tchunda, la simple production de l'acte de penser aux conditions vertueuses, à bien plus forte raison l'acte de les observer en action et en parole.

« De même qu'un homme qui, ayant entendu dire que le grand océan est profond, sans limites, que la violence des vagues le rend inabordable, qu'on ne peut s'y baigner, serait effrayé et se dirait : Comment pourrais-je, moi, avec ce petit vase enlever la totalité de cette eau, absorber toute cette eau, et conséquemment n'irait pas au bord de l'Océan, ne s'y plongerait pas, serait privé de l'avantage de faire ses ablutions et resterait sans avoir lavé ses mains; tandis qu'au contraire un autre homme ayant appris qu'il y a dans le grand océan une masse d'eau considérable, se dirait sans s'effrayer : on y peut puiser de l'eau tant qu'on veut, et prenant aussitôt un vase, se rendrait au bord du grand océan, s'y plongerait, s'y baignerait, y boirait; puis après avoir pris ses ébats dans l'eau, sans redouter les abîmes, en puiserait plein son vase, ferait ses ablutions, et ayant purifié ses membres[2], éprouverait du plaisir; de même, l'homme

[1] J'ignore quels sont ces végétaux.

[2] Le texte a ici *gatta*, « membre, » au lieu de *hattha*, qui est employé dans la première partie de la comparaison; j'aimerais mieux *gatta* partout.

ordinaire qui est vertueux, ne doit pas, à l'exemple de cet homme paresseux et timide, penser ainsi : Comment, avec ma pauvre intelligence, pourrais-je me plonger dans les immenses qualités du Buddha? Semblable, au contraire, à l'homme brave qui n'est pas effrayé, après s'être plongé dans l'océan des qualités du Buddha, après avoir nettoyé les souillures qui entachent l'étendue de ses pensées par la satisfaction de songer aux qualités du Buddha, il doit, ayant franchi le gouffre des vices, saisir mot par mot cette formule : Le voilà ce bienheureux, respectable, etc., et ayant pris ses ébats au milieu de ses qualités, embrasser une qualité unique dans la mesure de sa science, en se servant de la méditation comme auxiliaire; puis réfléchissant avec sa vue claire sur la convenance du mot qui désigne cette qualité, il doit atteindre à la pureté parfaite. Et de même qu'un homme qui n'a vu qu'une partie de l'Océan s'appelle néanmoins un homme qui a vu l'Océan, de même celui qui se rappelle sans interruption, ne fût-ce que la plus petite portion des qualités du Buddha qui est à sa portée, est un homme qui se rappelle le Buddha, et il en retire un grand avantage. »

N° XX.

SUR LE NOMBRE DIT *ASAÑKHYÊYA*.

(Ci-dessus, chap. XVII, f. 185 *a*, p. 415.)

Le terme numérique auquel est consacrée la présente note et qui, pour les Buddhistes, désigne le plus élevé des grands nombres dont ils font usage, est toujours écrit *asañkhyêya*, non-seulement dans le texte du *Lotus*, mais dans les autres livres sanscrits du Népâl. Cette orthographe est tout à fait régulière, et elle donne le participe de nécessité du verbe *sañ-khyâ*, « compter, nombrer; » ce mot signifie donc, « celui qui ne peut être « compté, l'innumérable. » Les Buddhistes du Sud expriment cette même idée par le mot *asañkhêyya*, qui n'est autre chose que la forme pâlie du terme sanscrit de nos livres népâlais. Si, dans les ouvrages jusqu'ici publiés sur le Buddhisme, on trouve généralement ce nombre désigné par le terme d'*asañkhya*, cette légère différence d'orthographe n'est pas à vrai dire une faute, puisque en sanscrit *asañkhya* existe avec le même sens que *asañkhyêya*, et même est plus fréquemment employé. Cette orthographe d'*asañkhya* est cependant en fait inexacte, puisque, chez les Buddhistes, le nom technique de ce nombre est toujours *asañkhyêya*, et en pâli *asañkhêyya*.

M. A. Rémusat s'est plus d'une fois occupé de ce terme, et il en a spécialement traité dans son mémoire sur la cosmogonie et la cosmographie des Buddhistes, à laquelle la théorie des nombres gigantesques sert de préambule. Je crois pouvoir renvoyer le lecteur à ce mémoire, ainsi qu'aux autorités diverses que ce savant académicien a rassemblées dans ses notes[1]. Il me suffira de rappeler ici que, selon le calcul de M. A. Rémusat, l'*asañkhyêya* répond à cent quadrillons, c'est-à-dire, si je ne me trompe, à l'unité suivie

[1] *Essai sur la cosmographie et la cosmogonie des Bouddhistes*, dans *Mel. post. de litt. orient.* p. 69.

de dix-sept zéros[1]. Il ne paraît pas que ce calcul soit uniformément admis chez tous les peuples buddhistes, car, selon le colonel H. Burney, l'*asañkhyéya* serait l'unité suivie de cent quarante zéros[2]. Sans rien pouvoir décider touchant cette différence, puisque les autorités sur lesquelles repose le calcul de M. Rémusat ne me sont pas plus accessibles que celles dont s'est servi le colonel Burney, je dirai que je serais porté à préférer le nombre le plus élevé par la signification même du terme d'*asañkhyéya;* car cent quadrillions, par exemple, ne donnent pas l'idée d'un nombre qui échappe à tout calcul.

Au chapitre douzième du *Lalita vistara*, on trouve une série de noms de nombre qui partent de *kôṭi* ou de dix millions multipliés par cent, et qui s'élèvent ainsi de cent en cent, jusqu'à des expressions très-compréhensives. Ces termes inventés par les Buddhistes pour soutenir leur attention dans cette recherche assez puérile de ce qu'ils prennent pour l'infini, sont en général empruntés au langage ordinaire. Mais, à l'exception des premiers qui appartiennent à la fois aux Buddhistes et aux Brâhmanes, ils ne sont généralement pas connus sous leur acception numérale, et ils pourraient être embarrassants pour un lecteur qui ne les aurait jamais rencontrés avec cette signification particulière. On les trouve dans la traduction française du *Lalita vistara* tibétain de M. Foucaux : si je les reproduis ici, c'est pour les exprimer à l'aide de notre système décimal, sans quoi ils ne présentent à l'esprit aucune idée saisissable.

Cent *kôṭi* font un *ayuta*, 100 × 10 000 000 = 1 000 000 000
Cent *ayuta* font un *niyuta*, 100 × 1 000 000 000 = 100 000 000 000
Cent *niyuta* font un *kañkara*, 100 × 100 000 000 000 = 10 000 000 000 000
Cent *kañkara* font un *virara*, 100 × 10 000 000 000 000 = 1 suivi de 15 zéros.
Cent *virara* font un *akchôbhya*, 100 × 1 suivi de 15 zéros = 1 suivi de 17 zéros.
Cent *akchôbhya* font un *vivâha*, 100 × 1 suivi de 17 zéros = 1 suivi de 19 zéros.
Cent *vivâha* font un *utsañga*, 100 × 1 suivi de 19 zéros = 1 suivi de 21 zéros.
Cent *utsañga* font un *bahula*, 100 × 1 suivi de 21 zéros = 1 suivi de 23 zéros.
Cent *bahula* font un *nâgabala*, 100 × 1 suivi de 23 zéros = 1 suivi de 25 zéros.
Cent *nâgabala* font un *tiṭilambha*, 100 × 1 suivi de 25 zéros = 1 suivi de 27 zéros.
Cent *tiṭilambha* font un *vyavasthâna pradjñapti*, 100 × 1 suivi de 27 zéros = 1 suivi de 29 zéros.
Cent *vyavasthâna pradjñapti* font un *hêtuhila*, 100 × 1 suivi de 29 zéros = 1 suivi de 31 zéros.
Cent *hêtuhila* font un *kalahu*, 100 × 1 suivi de 31 zéros = 1 suivi de 33 zéros.
Cent *kalahu* font un *hêtvindriya*, 100 × 1 suivi de 33 zéros = 1 suivi de 35 zéros.
Cent *hêtvindriya* font un *samâptalambha*, 100 × 1 suivi de 35 zéros = 1 suivi de 37 zéros.
Cent *samâptalambha* font un *gaṇagati*, 100 × 1 suivi de 37 zéros = 1 suivi de 39 zéros.
Cent *gaṇagati* font un *niravadya*, 100 × 1 suivi de 39 zéros = 1 suivi de 41 zéros.
Cent *niravadya* font un *mudrâbala*, 100 × 1 suivi de 41 zéros = 1 suivi de 43 zéros.
Cent *mudrâbala* font un *sarvabala*, 100 × 1 suivi de 43 zéros = 1 suivi de 45 zéros.
Cent *sarvabala* font un *visañdjñâgati*, 100 × 1 suivi de 45 zéros = 1 suivi de 47 zéros.
Cent *visañdjñâgati* font un *sarvasañdjñâ*, 100 × 1 suivi de 47 zéros = 1 suivi de 49 zéros.
Cent *sarvasañdjñâ* font un *vibhûtagama*, 100 × 1 suivi de 49 zéros = 1 suivi de 51 zéros.
Cent *vibhûtagama* font un *tallakchaṇa*, 100 × 1 suivi de 51 zéros = 1 suivi de 53 zéros.

Outre ces noms de nombre, le *Lalita vistara* en donne plusieurs autres, en indiquant les propriétés miraculeuses qu'ils possèdent, comme, par exemple, de donner le moyen

[1] *Foe koue ki*, p. 119. — [2] H. Burney, *Translat. of an Inscript.* dans *Asiat. res.* t. XX, p. 173.

de calculer les atomes composant le mont Mêru, tous les grains de sable de la Gangâ, etc.; mais rien ne nous apprend dans le texte si les nombres que ces termes désignent sont obtenus à l'aide de la multiplication par cent. Si la multiplication a eu lieu ainsi, comme cela me paraît être, voici à quoi reviendraient ces noms :

Dhvadjâgravatî = 1 suivi de 55 zéros.
Dhvadjâgraniçîmatî = 1 suivi de 57 zéros.
Vâhanapradjñapti = 1 suivi de 59 zéros.
Iggâ = 1 suivi de 61 zéros.
Kurutâvi = 1 suivi de 63 zéros.
Sarvanikchêpâ = 1 suivi de 65 zéros.
Agrasârâ = 1 suivi de 67 zéros.
Paramâṇuradjaḥ pravêçânugatâ = 1 suivi de 69 zéros[1].

Dans ce système de formation où l'on reconnaît, du premier coup d'œil, l'idée très-simple d'une progression géométrique dont la raison est 100, et s'étendant ainsi jusqu'à la 53e, ou bien, si l'on veut, jusqu'à la 69e puissance de 10, on ne trouve rien qui indique ce que c'est que l'*Asaṁkhyêya;* le nom même de ce nombre n'est pas compris dans la série. Ce n'est pas cependant une raison pour avancer que les Buddhistes du Nord n'avaient pas une idée arithmétique de ce mot; bien au contraire, Csoma de Cörös nous apprend que les Tibétains possèdent, parmi les traités du *P'hal ch'hen*, un livre qui s'occupe de la manière d'exprimer les grands nombres[2]. Je puis combler en partie cette lacune à l'aide des livres des Buddhistes de Ceylan; en effet, le *Dharma pradîpikâ*, traité singhalais composé de textes sanscrits et pâlis, empruntés à des ouvrages faisant autorité pour les Buddhistes du Sud, nous donne un calcul de l'*Asaṁkhyêya* qui se rapproche beaucoup plus du calcul de M. Burney que de celui de Rémusat. Je vais le reproduire ici, d'après l'original, comme j'ai fait tout à l'heure du calcul tibétain et pour les mêmes motifs, c'est-à-dire pour faire connaître à la fois et les nombres que les mots de ce calcul expriment, et les mots eux-mêmes qui jusqu'ici ne sont qu'imparfaitement connus. Voici donc le passage du *Dharma pradîpikâ :*

Dasadasakaṁ sataṁ, dix fois dix font cent, 10 × 10 = 100
Dasasataṁ sahassaṁ, dix fois cent font mille, 10 × 100 = 1,000
Sahassânaṁ sataṁ satasahassaṁ, cent fois mille font cent mille, 100 × 1 000 = 100 000
Satasahassânaṁ sataṁ kôṭi, cent fois cent mille font un *kôṭi*, 100 × 100 000 = 10 000 000
Kôṭinaṁ satasahassaṁ pakôṭi, cent mille *kôṭi* font un *pakôṭi*, 100 000 × 10 000 000 = 1 000 000 000 000
Pakôṭinaṁ satasahassaṁ kôṭippakôṭi, cent mille *pakôṭi* font un *kôṭippakôṭi*, 100 000 × 1 000 000 000 000 = 100 000 000 000 000 000
Kôṭippakôṭinaṁ satasahassaṁ nahutaṁ, cent mille *kôṭippakôṭi* font un *nahuta*, 100 000 × 100 000 000 000 000 000 = 10 000 000 000 000 000 000 000
Nahutânaṁ satasahassaṁ ninnahutaṁ, cent mille *nahuta* font un *ninnahuta*, 100 000 × 1 suivi de 22 zéros = 1 suivi de 27 zéros.
Ninnahutânaṁ satasahassaṁ hutanahutaṁ, cent mille *ninnahuta* font un *hutanahuta*, 100 000 × 1 suivi de 27 zéros = 1 suivi de 32 zéros.

[1] *Lalita vistara*, f. 82 *b*, et suiv., du man. A; *Rgya tch'er rol pa*, t. II, p. 140 et suiv.

[2] Csoma, *Analys. of the Sher chin*, etc., dans *Asiat. res.* t. XX, p. 405.

Hutanahutânaṁ satasahassaṁ kakhambha, cent mille *hutanahuta* font un *kakhambha*, 100 000 × 1 suivi de 32 zéros = 1 suivi de 37 zéros.

Kakhambhânaṁ satasahassaṁ vikkhambhaṁ, cent mille *kakhambha* font un *vikkhambha*, 100 000 × 1 suivi de 37 zéros = 1 suivi de 42 zéros.

Vikkhambhânaṁ satasahassaṁ ababaṁ, cent mille *vikkhambha* font un *ababa*, 100 000 × 1 suivi de 42 zéros = 1 suivi de 47 zéros.

Ababânaṁ satasahassaṁ aṭaṭaṁ, cent mille *ababa* font un *aṭaṭa*, 100 000 × 1 suivi de 47 zéros = 1 suivi de 52 zéros.

Aṭaṭânaṁ satasahassaṁ ahahaṁ, cent mille *aṭaṭa* font un *ahaha*, 100 000 × 1 suivi de 52 zéros = 1 suivi de 57 zéros.

Ahahânaṁ satasahassaṁ kumudaṁ, cent mille *ahaha* font un *kumuda*, 100 000 × 1 suivi de 57 zéros = 1 suivi de 62 zéros.

Kumudânaṁ satasahassaṁ sógandhikaṁ, cent mille *kumuda* font un *sógandhika*, 100 000 × 1 suivi de 62 zéros = 1 suivi de 67 zéros.

Sôgandhikânaṁ satasahassaṁ uppalaṁ, cent mille *sôgandhika* font un *uppala*, 100 000 × 1 suivi de 67 zéros = 1 suivi de 72 zéros.

Uppalânaṁ satasahassaṁ puṇḍarîkaṁ, cent mille *uppala* font un *puṇḍarîka*, 100 000 × 1 suivi de 72 zéros = 1 suivi 77 zéros.

Puṇḍarîkânaṁ satasahassaṁ padumaṁ, cent mille *puṇḍarîka* font un *paduma*, 100 000 × 1 suivi de 77 zéros = 1 suivi de 82 zéros.

Padumânaṁ satasahassaṁ kathâ, cent mille *paduma* font un *kathâ*, 100 000 × 1 suivi de 82 zéros = 1 suivi de 87 zéros.

Kathânaṁ satasahassaṁ mahâkathâ, cent mille *kathâ* font un *mahâkathâ*, 100 000 × 1 suivi de 87 zéros = 1 suivi de 92 zéros.

Mahâkathânaṁ satasahassaṁ asaṁkhéyyaṁ, cent mille *mahâkathâ* font un *asaṁkhéyya*, 100 000 × 1 suivi de 92 zéros = 1 suivi de 97 zéros[1].

Ainsi, selon le texte précité, l'*Asaṁkhéyya* serait à Ceylan l'unité suivie de quatre-vingt-dix-sept zéros. D'où vient la préférence qui a été accordée à ce chiffre pour la constitution du nombre dit *innumérable?* Rien ne nous l'apprend; seulement voici ce qu'on peut remarquer touchant la disposition qui a été faite des nombres exprimant la somme des zéros employés pour former vingt-trois dénominations différentes, depuis 10 jusqu'à l'*Asaṁkhéyya*. Ce sont d'abord les trois premiers nombres 1, 2, 3, qui, de 10 à 1,000, représentent le nombre des zéros. Après 3 vient 5 qui donne 100,000. Or, ce nombre est nommé, en sanscrit, *Lakcha*, ou, selon la prononciation populaire, un *Lac;* c'est ce mot sacramentel qui est dans la bouche de tous les Indiens pour exprimer un nombre très-élevé. La célébrité populaire de ce chiffre, qui égale si elle ne surpasse pas celle du nombre cent mille parmi nous, explique comment il a pu être pris comme base des autres dénominations qui, depuis le *Kôṭi* ou cent fois cent mille, c'est-à-dire dix millions, s'élèvent jusqu'à l'*Asaṁkhéyya;* j'ajoute que le chiffre de *Kôṭi* n'est pas moins célèbre chez les Buddhistes que celui de *Lakcha* chez les Brahmanes; le texte du *Lotus de la bonne loi* en fournit à chaque instant la preuve, et nous avons vu ce nombre même servir de point de départ au calcul tibétain.

Maintenant pour revenir au nombre des zéros que nous avons à examiner, après 5 qui est le nombre du *Lakcha* ou de cent mille, vient 7 qui est celui du *Kôṭi*, de sorte que

[1] *Dharma pradîpikâ*, f. 31 *a*.

depuis la première dizaine jusqu'au *Lakcha*, qui est un grand nombre pour les Brahmanes, et jusqu'au *Kôṭi* qui est un grand nombre pour les Buddhistes, les chiffres exprimant le nombre des zéros sont, sauf deux, les quatre premiers nombres impairs, 1 (2), 3, 5, 7. A partir du *Kôṭi* ou de dix millions commence une autre série composée de dix-huit termes qui sont tous successivement formés de la multiplication du terme précédent par cent mille : c'est au *Kôṭi*, septième puissance de 10, que commence cette multiplication. Cela revient à dire qu'on doit ajouter successivement cinq zéros à chacun des nombres précédents, opération qui conduit à classer les dix-huit termes en neuf groupes se succédant comme il suit : 12, 17; 22, 27; 32, 37 et ainsi de suite, jusqu'à 92, 97, ce qui donne une progression géométrique dont la raison est la cinquième puissance de 10. Cela signale de plus une lacune entre le terme *Kôṭi* ou dix millions et le *Pakôṭi* ou le trillion : mais ce qu'on doit remarquer, c'est que cette lacune est égale au nombre de zéros (5) qui doivent être successivement ajoutés aux dix-huit derniers termes de la série. Ces dix-huit termes se distribuent dans les neuf groupes que l'on peut former avec les nombres de 1 à 9, suivis alternativement de 2 et de 7, c'est-à-dire de deux nombres dont la différence est cinq et le total neuf.

On voit par là le rôle que joue le nombre 5 dans la formation de la série; 1° il sert à former le nombre de 100,000, multiplicateur des dix-huit derniers termes; 2° il exprime la différence du cinquième au sixième terme de la série; 3° il exprime de plus la différence des nombres 2 à 7, servant à former les neuf derniers groupes de la série. Après 5, le second nombre en importance est 7; 1° il sert à former le nombre dit *Kôṭi* ou dix millions, qui est le point de départ des dix-huit derniers termes de la série; 2° il figure régulièrement dans la composition du second terme de chaque groupe; 3° enfin il figure dans l'expression du nombre *innumérable* dit *Asaṁkhêyya*. Ce nombre lui-même a pour élément fondamental le plus élevé des nombres impairs ou 9, dont la valeur dans la formation de la série est double, 1° en ce qu'il donne les neuf groupes qui prolongent la série de 7 à 97; 2° en ce qu'il forme l'*Asaṁkhêyya*.

En résumé, il semble que cette série ait pris naissance dans la considération des rapports qu'offrent entre eux les nombres impairs 5, 7, 9, qu'on a disposés deux à deux, de façon à obtenir le plus grand nombre possible de combinaisons, sans les dépasser et sans les répéter l'un auprès de l'autre, si ce n'est dans trois combinaisons. Il est possible aussi que de certaines propriétés mystérieuses, attribuées à ces nombres et en particulier à 7 et 9, aient décidé de la formation du dernier nombre l'*Asaṁkhêyya* qui réunit les vertus combinées de 7 et de 9.

Quant à la preuve de l'utilité que peut avoir pour l'intelligence des textes l'énumération que j'ai reproduite, d'après le *Dharma pradîpikâ*, je vais la donner en un seul mot. Dans une des légendes publiées par Spiegel, sous le titre de *Anecdota palica*, un roi, ami de la loi du Buddha, offre pour en obtenir la connaissance des sommes considérables, et dit en propres termes : *yâva Kôṭippakôṭiṁ dammi*, « je donne jusqu'à un *Kôṭippakôṭi*, » c'est-à-dire cent quatrillons[1]. Si le texte du *Dharma pradîpikâ* eût été connu, l'éditeur n'eût

[1] *Anecdota palica*, p. 18, l. 5.

pas eu le regret de constater que le terme de *kôṭippakôṭi* manque dans les dictionnaires que nous possédons aujourd'hui[1].

Les Singhalais possèdent encore, au rapport de Joinville, une énumération de vingt-cinq termes numériques qui a quelque analogie avec la liste du *Dharma pradîpikâ*, en ce qu'elle débute de même et qu'elle est composée en partie des mêmes termes légèrement altérés, mais qui ne monte pas si haut, est mélangée de termes pris d'ailleurs, et ne donne pas les mêmes chiffres. La voici telle que l'a imprimée Joinville, avec les corrections nécessaires, quand il m'a été possible de les exécuter :

Satan (*sata*),	100
Sahajan (*sahassa*),	1 000
Lakban (*lakkha*),	100 000
Naouthan (*nahuta*),	1 000 000
Cathi (*kôṭi*),	1 000 000 000
Pakethi (*pakôṭi*),	1 000 000 000 000
Cothi pakothi (*kôṭippakôṭi*),	1 000 000 000 000 000
Cothi pakothi naoutan,	1 suivi de 18 zéros.
Nina outhan (*ninnahuta*),	1 suivi de 21 zéros.
Hakoheni (*kakkhambha*).	1 suivi de 24 zéros.
Bindhou,	1 suivi de 27 zéros.
Aboudhan (*arbudha*[2]),	1 suivi de 30 zéros.
Nina boudhan (*nirarbudha*),	1 suivi de 33 zéros.
Abahan,	1 suivi de 36 zéros.
Abebhan (*ababa*),	1 suivi de 39 zéros.
Athethan (*aṭaṭa*),	1 suivi de 42 zéros.
Soghandi (*sôgandhika*).	1 suivi de 45 zéros.
Kowpellan (*uppala*).	1 suivi de 48 zéros.
Komodan (*kumuda*),	1 suivi de 51 zéros.
Pomederikan (*puṇḍarîka*),	1 suivi de 54 zéros.
Padowonan (*paduma*),	1 suivi de 57 zéros.
Mahakatta (*mahâkathâ*),	1 suivi de 60 zéros.
Sanke ou asanke (*asaṁkhêyya*),	1 suivi de 63 zéros.

Il y aurait peu de profit, je crois, à s'arrêter longtemps sur cette liste pour relever les différences qu'elle présente avec celle du *Dharma pradîpikâ*. Ces différences portent à la fois et sur les dénominations et sur leurs valeurs. Ainsi, pour n'en signaler qu'une, le *nahuta* est, selon le *Dharma pradîpikâ*, l'unité suivie de vingt-deux zéros, tandis que, selon Joinville, c'est l'unité suivie de six zéros. La seule différence importante à signaler, c'est que le nombre qui marque la distance d'une dénomination à l'autre est 3, tandis que c'est 5 dans la liste du *Dharma pradîpikâ*, et 2 dans celle du *Lalita vistara*. Il résulte de là que nous possédons ici trois listes différentes au fond, puisque les nombres exprimant la progression sont différents entre eux, étant 2 dans la première, 5 dans la seconde et 3 dans la troisième. J'attache beaucoup moins d'importance au nombre total des dénominations qui est de 23 ou 31 pour le *Lalita*, de 22 pour le *Dharma pradîpikâ*, et de 23 pour Joinville; car la proportion selon laquelle on multipliera, 2, 3, ou 5.

[1] *Ibid.* p. 68 fin. — [2] Selon Wilson, 100 millions.

étant une fois fixée, l'opération peut être poussée aussi loin qu'on veut et elle n'est plus guère qu'un jeu puéril. J'ai cru qu'il fallait tirer ce point au clair, pour épargner aux lecteurs curieux la peine de chercher, sous la dénomination d'*Asañkhyêya* ou *asañkhêyya*, quelque combinaison mystérieuse ou savante, comme a été tenté de le faire Joinville, que j'ai plus d'une fois cité dans cette note. Je ne vois, pour ma part, dans toutes ces listes que l'effort impuissant de quelques arithméticiens qui ont essayé de donner à la notion exprimée par le mot *Asañkhyêya* « l'incalculable », un degré de précision avec lequel la valeur du mot même est en contradiction formelle. Cette considération me donne lieu de croire que ces calculs ne doivent pas être très-anciens chez les Buddhistes, et je persiste jusqu'à nouvel ordre dans le sentiment que j'ai exprimé plus haut touchant la valeur essentiellement illimitée du mot *Asañkhyêya*, employé comme expression numérale[1].

Je terminerai en remarquant que la traduction de l'*Ayeen akbery* attribue aux Brâhmanes la connaissance d'une énumération composée de dix-huit expressions numérales qui offre cela de particulier qu'elle monte jusqu'au chiffre de cent quatrillons, c'est-à-dire au chiffre même que M. Rémusat donne comme la signification arithmétique du mot *Asañkhyêya*[2]. Cette coïncidence me fait soupçonner que si cette interprétation est réellement reçue chez les Buddhistes, elle repose au fond sur l'énumération brâhmanique de l'*Ayeen akbery*. Je dis brâhmanique, parce qu'elle se trouve dans le *Trésor* de la langue sanscrite de Râdhâkânta Dêva, au mot *sañkhyâ*, où elle paraît citée d'après l'autorité de Bharata, l'un des commentateurs de l'*Amarakôcha*[3]. La comparaison de la liste de Râdhâkânta Dêva avec celle de l'*Ayeen akbery* permet de corriger quelques erreurs de cette dernière, et de rétablir quelques orthographes altérées. La voici avec les rectifications nécessaires :

Ekhun (*êka*),	1
Dehshem (*daça*),	10
Shut (*çata*),	100
Sehsir (*sahasra*),	1 000
Iyoot (*ayuta*),	10 000
Laksh (*lakcha*),	100 000
Purboot (*prabhâta*),	1 000 000
Kote (*kôṭi*),	10 000 000
Arbud (*arbudha*),	100 000 000
[*Vrinda*,	1 000 000 000]
Kehrab (*kharva*),	10 000 000 000
Nikhrab (*nikharva*),	100 000 000 000
Mahapaddum (*mahâpadma*),	1 000 000 000 000
Sunkh (*çañkha*),	10 000 000 000 000
Jeldeh (*djaladhi*),	100 000 000 000 000
Untee (*antyâ*),	1 000 000 000 000 000
Mooddeh (*madhya*),	10 000 000 000 000 000
Berardeh (*parârdha*),	100 000 000 000 000 000

[1] Ci-dessus, p. 328. — [2] Gladwin, *Ayeen akbery*, t. II, p. 391 éd. in-4°. — [3] *Çabdakalpa druma*, t. VI, p. 5143

Cette énumération, qui se nomme *pağkti*, procède, comme on le voit, par la multiplication de chaque terme par dix : un, dix, cent, etc.; comme les énumérations précédentes, elle repose sur le système décimal. Je ne suis pas sûr d'avoir bien rétabli le *purboot* de l'*Ayeen akbery;* la liste originale donne pour ce nom celui de *niyuta*, le million. J'ai rétabli l'expression de *vrinda*, le billion, qui manquait par erreur dans l'*Ayeen akbery;* sans cette restitution, on n'aurait que dix-sept dénominations dans la série, au lieu de dix-huit qu'annonce l'*Ayeen akbery* lui-même, et l'on passerait sans intermédiaire de l'unité suivie de huit zéros, à l'unité suivie de dix zéros, ce qui romprait la régularité de la série. L'énumération de Râdhâkânta Dêva, au lieu de *djaladhi* « l'océan, » a *sâgara*, ce qui n'est qu'un synonyme exprimant la même idée.

N° XXI.

COMPARAISON DE QUELQUES TEXTES SANSCRITS ET PÂLIS.

Le sujet auquel je me propose de toucher ici aurait besoin, pour être traité avec les développements convenables, non de quelques pages seulement, mais d'un livre étendu. Il s'agirait, en effet, de suivre pas à pas les deux collections buddhiques reconnues pour être d'origine indienne, à la fois dans leurs divisions principales et dans les détails les plus délicats de leur rédaction, en les envisageant en même temps sous le double rapport du fonds et de la forme. De cette comparaison attentive, il devrait sortir une critique des autorités écrites du Buddhisme, qui, conduite avec la circonspection et l'indépendance que des esprits supérieurs ont déjà su appliquer à d'autres monuments religieux de l'ancien monde, jetterait infailliblement les plus vives lumières sur le rapport mutuel des deux collections du Népâl et de Ceylan, sur leur développement et leur âge, en un mot sur les idées fondamentales du Buddhisme et sur les lois qui ont présidé ici à leur transformation, ailleurs à leur fixation définitive; les unes, prolongeant jusqu'à des époques voisines de nous une élaboration dans le travail de laquelle disparaît le principe primitif, les autres, arrêtant à une époque déjà ancienne la rédaction authentique des livres canoniques, pour s'en tenir désormais à un travail de commentaires et de gloses qui ne se permet pas la moindre addition à la pensée originale.

Je n'ai pas besoin de dire qu'une pareille comparaison est actuellement impossible. Nous manquons des éléments nécessaires pour la mener à fin, tant du côté du Népâl que de celui de Ceylan. Il y a plus; il arriverait qu'une bibliothèque européenne viendrait à réunir sur ses rayons les deux collections complètes du Nord et du Sud, que je douterais encore qu'il fût actuellement possible d'exécuter la comparaison dont je viens d'indiquer sommairement l'objet. Avant de critiquer cette masse considérable d'ouvrages, il faudrait les étudier, puis les placer sous les yeux du public, et, pour ce faire, les publier, les traduire et les commenter. Cette œuvre, plus longue que difficile sans doute, aura besoin pour être achevée du concours de plusieurs hommes patients et instruits; et c'est seulement quand elle sera terminée que la critique pourra commencer sûrement et en toute liberté le travail de rapprochement et d'analyse qu'elle seule peut exécuter.

Mais de ce qu'il ne nous est pas permis d'atteindre au but, nous serait-il interdit d'essayer de l'entrevoir? Et parce que nous ne possédons pas encore tous les matériaux nécessaires pour cette recherche, serions-nous dispensé de faire usage de ceux qui sont entre nos mains? Je ne le pense pas; et malgré l'insuffisance des documents que j'ai été à même de recueillir jusqu'à ce jour, j'ai cru que je ferais bien de clore ces notes déjà bien longues par l'exposition de quelques textes appartenant à la collection sanscrite et à la collection pâlie, dans lesquels j'ai reconnu des idées identiques exprimées par des formes et dans un idiome différents. L'examen de ces passages donnera une idée approximative de ce qu'on pourrait attendre d'un travail d'ensemble exécuté sur un plus grand nombre d'ouvrages. J'ai d'ailleurs rencontré plus d'une occasion, en rédigeant les notes destinées à éclaircir quelques termes douteux ou difficiles du *Lotus de la bonne loi*, de comparer aux mots sanscrits de ce texte les mots analogues de passages écrits en pâli que me signalaient mes lectures; mais je n'ai pas toujours eu besoin de citer les passages mêmes qui me fournissaient ces mots. Je compte compléter ici cette comparaison en alléguant les textes eux-mêmes; j'y joindrai de plus quelques fragments, ou seulement quelques termes isolés qui n'ont pas pu prendre place dans mes notes, et qui cependant méritent de paraître aux yeux du lecteur sous la double forme que leur ont donnée les livres du Nord écrits en sanscrit et les livres du Sud écrits en pâli.

Pour mettre quelque ordre dans cette exposition, je diviserai en plusieurs groupes les textes que j'ai l'intention de reproduire, en les distribuant d'après les objets auxquels ils se rapportent. Ainsi, dans un premier groupe, j'énumèrerai divers passages relatifs au Buddha, à son apparition sur la terre, à ses qualités intellectuelles et morales. Dans un second groupe, j'indiquerai diverses catégories philosophiques dont on trouve la définition dans les deux collections. Dans un troisième, je traiterai de quelques circonstances miraculeuses ou peu ordinaires, et dans un quatrième, enfin, je signalerai des textes ou des mots relatifs à des faits de la vie commune.

SECTION Ire.

DU BUDDHA, DE SON APPARITION ET DE SES VERTUS.

1. Je commencerai cette revue par un passage répété plus d'une fois dans les textes, et qui est relatif à la manière dont était accueilli le Buddha, lorsqu'on apprenait qu'il venait d'arriver dans un pays où il n'avait pas encore paru. Quoique j'aie déja traduit ce passage dans l'*Introduction à l'histoire du Buddhisme indien*[1], et que j'aie eu l'occasion d'analyser, dans le cours de ces notes mêmes, plusieurs des expressions qui y figurent, je crois nécessaire de le donner ici en entier pour qu'on puisse l'examiner sous l'une et

[1] T. I, p. 90.

l'autre de ses deux formes, celle qui est rédigée en sanscrit et celle qui l'est en pâli. Voici d'abord le sanscrit :

Evaṁrûpô digvidikchûdârakalyâṇakîrtiçabdaçlôkô 'bhyudgata ityapi sa bhagavâṁs tathâgatô 'rhan samyaksaṁbuddhô vidyâtcharaṇasaṁpannaḥ sugatô lôkavid anuttaraḥ[1] *puruchadamyasârathiḥ çâstâ Dêvamanuchyâṇâṁ*[2] *Buddhô Bhagavân*[3]. *Sa imaṁ*[4] *sadêvakaṁ lôkaṁ samârakaṁ sabrahmakaṁ saçramaṇabrâhmaṇîm pradjâṁ sadêvamanuchâṁ drïchṭa êva dharmê*[5] *svayam abhidjñâya sâkchâtkritôpasaṁpadya pravêdayatê*[6] *sa dharmaṁ*[7] *dêçayaty âdâu kalyâṇaṁ madhyê kalyâṇaṁ paryavasânê kalyâṇaṁ svarthaṁ suvyañdjanaṁ kêvalaṁ paripûrṇaṁ pariçuddhaṁ paryavadâtaṁ brahmatcharyaṁ saṁprakâçayati*[8].

Voici la traduction de ce passage que je reproduis telle que je l'ai donnée ailleurs, sauf quelques modifications légères : « Aussi le bruit et le renom de la gloire de ses nobles vertus se répandirent-ils ainsi jusqu'aux extrémités de l'horizon et dans les points intermédiaires de l'espace. Le voilà, ce bienheureux Tathâgata, vénérable, parfaitement et complétement Buddha, doué de science et de conduite, bien venu, connaissant le monde, sans supérieur, dirigeant l'homme comme un jeune taureau, précepteur des Dêvas et des hommes, Buddha, Bhagavat! Le voilà, qui après avoir de lui-même, et dès ce monde-ci, reconnu, vu face à face et pénétré cet univers, avec ses Dêvas, ses Mâras et ses Brahmâs, ainsi que la réunion des créatures Çramaṇas, Brâhmanes, Dêvas et hommes, le fait connaître. Il enseigne la loi; il expose la conduite religieuse qui est vertueuse au commencement, au milieu et à la fin, dont le sens est bon, dont chaque syllabe est bonne, qui est absolue, accomplie, parfaitement pure et belle. »

Voici maintenant comment les textes pâlis expriment ce même passage :

Evaṁ kalyâṇô kittisaddô abbhuggatô itipi sô bhagavâ arahaṁ sammâsambuddhô vidjdjâtcharaṇasaṁpannô sugatô lôkavidu anuttarô purisadammasârathi sattâ dêvamanussânaṁ Buddhô Bhagavâ. Sô imaṁ lôkaṁ sadêvakam sa brahmakaṁ sassamaṇabrâhmaṇim padjaṁ sadêvamanussaṁ sayaṁ abhiññâ satchtchhikatvâ pavêdêti sô dhammaṁ desêti âdikalyâṇaṁ madjdjhêkalyâṇaṁ pariyôsânakalyâṇaṁ sâtthaṁ savyañdjanaṁ kêvalaparipuṇṇaṁ parisuddhaṁ brahmatchariyaṁ pakâsêti sâdhu khô pana tathârûpânam arahataṁ dassanaṁ hôtîti[9].

Il me paraît inutile de donner la traduction de ce texte, qui est, sauf quelques légères variantes, identique à celui que je viens de citer et de traduire d'après les livres népâlais. Il suffira d'indiquer les légers changements que ces variantes produiraient dans l'interprétation. La rédaction pâlie n'a pas les mots « et dès ce monde-ci »; le *Lalita vistara* ne les donne pas davantage. Un changement plus important est celui de *sâtthaṁ savyañ-*

[1] Le *Lalita vistara* porte *puraḥ*.

[2] Le *Lalita*, *dêvânâñtcha*, *manuchyânâñtcha*.

[3] Le *Lalita* ajoute *pañtchatchakchuh samanvâgatah*.

[4] Le *Lalita*, *sa imañtcha lokam paramañtcha lokam*.

[5] Le *Lalita* omet *drïchṭa êva dharmê*.

[6] Le *Lalita* remplace ce mot par *viharati sma*.

[7] Le *Lalita*, *saddharmaṁ*.

[8] *Kanaka varṇa*, dans *Divya avad.* f. 145 *a*; *Lalita vistara*, f. 2 *a* man. Soc. asiat.

[9] *Dîgha nikâya*, f. 23 *b*, 26 a et *b*, 28 *b*, 32 *b*, 37 *b*, 49 *b*, 58 *b*, 63 *b*; *Djin. alaṅk.* f. 24 *b*.

djanaṁ, « avec son sens, avec ses lettres; » j'ai examiné déjà en détail cette variante et la nouvelle interprétation qu'elle entraîne avec elle, je n'y reviendrai pas ici [1]. Le morceau est terminé par une courte phrase qui n'en fait pas nécessairement partie et qui signifie : « elle est certainement bonne la vue de personnages aussi vénérables. » Je l'ai laissée à cette place, comme je la trouvais dans le manuscrit, parce que je suis intimement convaincu qu'on la rencontrerait également dans les livres du Népâl. Je remarquerai en outre que pour traduire *purucha damya sârathi* par « domptant l'homme comme un jeune « taureau, » je m'appuie sur le sens du sanscrit *damya*, d'après Wilson, et du pâli *damma*, d'après Clough [2]; c'est dans le même sens que M. Wilson commente cette expression. quand il la traduit ainsi : « The curber of the wild steeds of human faults [3]. »

Nous ne devons pas, du reste, être surpris de rencontrer ce texte dans les deux collections buddhiques du Népâl et de Ceylan; car il exprime, par la série d'épithètes qu'il embrasse, l'opinion des premiers disciples sur les perfections du maître. A ce titre, il ne pouvait pas plus manquer a l'une qu'à l'autre. Les commentaires qui doivent élucider chacun de ces titres donneraient, si nous les possédions tous, une plus grande importance à cette énumération; ils en feraient une sorte de *compendium* des perfections du Buddha, perfections qui sont couronnées par la plus haute de toutes, savoir la connaissance approfondie de l'univers. Maintenant est-il possible de dire lequel de ces deux énoncés a été emprunté à l'autre, ou même qu'un tel emprunt ait réellement eu lieu? J'avoue que je n'ai aucune donnée positive à cet égard, et qu'il me serait aussi difficile de démontrer que le texte pâli a été calqué sur le sanscrit que de faire voir que le texte sanscrit est le remaniement artificiel du texte pâli. A suivre uniquement l'ordre de développement des deux idiomes, le texte sanscrit devrait être antérieur au texte pâli; mais il serait bien possible que ces deux rédactions eussent été à peu près contemporaines dans l'Inde et qu'elles y eussent déjà eu cours dès les premiers temps du Buddhisme, avant les événements qui l'ont transporté à Ceylan. La rédaction pâlie aurait été populaire parmi les castes inférieures et le gros du peuple du Magadha et du pays d'Aoude; la rédaction sanscrite, au contraire, aurait été usitée parmi les Brâhmanes. Nous n'aurions cependant pas le droit de penser que nous possédons dans le texte pâli la rédaction authentique de ce morceau sous sa vraie forme mâghadie, puisque la comparaison des inscriptions indiennes d'Asôka et du pâli de Ceylan signale quelques différences entre les formes de ces deux dialectes. Mais, en tenant compte de ce que la culture du pâli à Ceylan y a pu introduire de régularité factice, la rédaction pâlie de notre passage doit être très-rapprochée de la forme qu'il a dû avoir en mâghadî, et nous pouvons nous flatter de posséder l'ancienne et authentique opinion des Buddhistes sur le point important de la renommée répandue parmi le peuple touchant les principales perfections du Buddha.

2. Je passe maintenant à un sujet qui tient au précédent, c'est-à-dire à la formule par laquelle les textes buddhiques décrivent l'entrée du Buddha dans la vie religieuse. Elle

[1] Ci-dessus, p. 330 et 331.

[2] *Abhidh. ppadîp.* liv. II, chap. vi, st. 50.

[3] *Asiat. Res.* t. XVI, p. 476 et 477.

est la même dans l'une et l'autre collection; je n'ai cependant pas pu en trouver jusqu'à présent une rédaction sanscrite aussi longue que la rédaction pâlie qui m'a été fournie par deux *suttas* du *Dîgha nikâya*. Je n'ai pas cru pour cela devoir me dispenser de reproduire ici, dans son entier, le texte pâli; je suis presque convaincu que des lectures plus étendues ou plus attentives parviendront à en découvrir l'analogue dans les textes sanscrits du Népâl. Je commence, comme tout à l'heure, par la formule du Nord :

Asti çramaṇô gâutamaḥ çâkyaputtraḥ çâkyakulât kêçaçmaçrûṇy avatârya kâchâyâṇi vastrâṇy âtchhâdya samyag êva çraddhayâ agârâd anagârikâm̃ pravradjitaḥ, c'est-à-dire : « C'est « le Çramaṇa Gôtamide, fils de Çâkya, issu de la famille des Çâkyas, qui après avoir « rasé sa chevelure et sa barbe, et revêtu des vêtements de couleur jaune, est sorti de la « maison avec une foi parfaite pour adopter la vie de mendiant[1]. »

Voici maintenant la version des textes pâlis avec les accessoires qui en augmentent le développement :

Samaṇô gôtamô mahantam̃ ñâtisam̃gham̃ ôhâya pabbadjdjitô samaṇô khalu bhô gôtamô pabhûtam̃ hirañ̃ñasuvaṇṇam̃ ôhâya pabbadjdjitô bhûmigatam̃tcha vêhâsattam̃tcha samaṇô khalu bhô gôtamô daharô samânô susukâlakêsô bhadrêna yobbanêna samannâgatô paṭhamêna vayasâ agârasmâ anagâriyam̃ pabbadjdjitô samaṇô khalu bhô gôtamô akâmakâmânam̃ mâtâpitunnam̃ assumukhânam̃ rudantânam̃ kêsamassum̃ ôhârêtvâ kâsâyâni vatthâni atchtchâdetvâ agârasmâ anagâriyam pabbadjdjitô.

« Le Samaṇa Gôtamide, après avoir abandonné une grande foule de parents, s'est fait mendiant. Oui, certes, le Samaṇa Gôtamide, après avoir abandonné une grande masse d'or et de *suvaṇṇas* (pièces d'or), s'est fait mendiant. Et ce bruit pénétra sous la terre et se tint suspendu dans les airs. Oui, certes, le Samaṇa Gôtamide, étant tout jeune, ayant les cheveux très-noirs, doué d'une heureuse jeunesse, étant à la fleur de l'âge, est sorti de la maison pour adopter la vie de mendiant. Oui, certes, le Samaṇa Gôtamide, à la vue de ses père et mère qui consentaient et ne consentaient pas, qui gémissaient, la face inondée de larmes, ayant rasé sa chevelure et sa barbe et revêtu des vêtements de couleur jaune, a quitté la maison pour adopter la vie de mendiant[2]. »

La partie importante de ce texte est en sanscrit : *agârâd anagârikâm̃ pravradjitaḥ*, et en pâli : *agârasmâ anagariyam̃ pabbadjdjitô;* elle signifie littéralement : « de la maison, devenu mendiant, dans l'état de ne pas avoir de maison. » Cette formule s'applique non-seulement à Çâkya le Gôtamide, mais à tout homme quittant le monde pour entrer dans la vie religieuse[3]. La présence de cette formule dans l'une et l'autre collection des textes buddhiques indiens prouve à la fois son ancienneté et son authenticité.

3. Je vais citer deux passages relatifs à la manière dont Çâkyamuni se débarrassa de

[1] *Pûrṇa*, dans *Divy. avad.* f. 17 *a*.

[2] *Sôṇadaṇḍa*, dans *Dîgh. nik.* f. 29 *b*; *Kûṭadanta*, ibid. f. 33 *b*.

[3] *Dîgha-nikâya*, f. 16 *a*; *Subha sutta*, ibid. f. 49 *b*; *Têvidjdja sutta*, ibid. f. 63 *b*.

sa chevelure lorsqu'il quitta la maison paternelle pour entrer dans la vie religieuse. Ces deux passages n'ont guère de commun que le fait même qu'ils rapportent, et j'avoue que je ne me serais pas cru obligé de les alléguer en faveur de la thèse que j'examine en ce moment, si l'un d'eux, le texte pâli, n'y ajoutait une remarque sur l'état des cheveux de Çâkya lorsqu'il les eut abattus avec son glaive. N'ayant pas connu ce texte au moment où je terminais mes recherches sur les trente-deux signes caractéristiques d'un grand homme, je crois nécessaire de réparer cette omission involontaire.

Au quinzième chapitre du *Lalita vistara*, lorsque le jeune Çâkya est définitivement sorti de la maison paternelle pour n'y plus rentrer, et au moment où il va se dépouiller de ses vêtements de prince, il se dit : *kathaṁ hi nâma tchûḍâtcha pravradjyâtchêti; sa khaḍgêna tchûḍâṁ tchhittvâ antarîkchê kchipati sma*, « Comment concilier cette touffe de cheveux avec l'état de mendiant? Ayant tranché avec son glaive la touffe de ses cheveux, il la lança dans l'air[1]. »

Voici maintenant comment un texte pâli, très-estimé à Ceylan, expose cette même circonstance :

Imê mayhaṁ kêsâ samaṇayârappâ na hônti te khaggêna tchhindissâmîti dakkhiṇahatthêna paramatisinaṁ asivaraṁ gahêtvâ vâmahatthêna môliyâ saddhiṁ mûlaṁ gahêtvâ tchinda kêçâ dvaṅgulamattâ hutvâ dakkhiṇatô âvattamânâ sîsê alliyiṁsu têsaṁ pana kêsânaṁ yâvadjîvaṁ tadêva pamânaṁ ahôsi.

« Ces cheveux que je porte ne sont pas convenables pour un Samaṇa, je vais les couper avec mon glaive; ayant pris alors, de la main droite, son bon glaive très-tranchant, et de la gauche, la masse de sa chevelure, avec l'aigrette qui l'ornait, il la trancha. Ses cheveux, réduits à la longueur de deux doigts, se tournant vers la droite, restèrent appliqués sur sa tête; ce fut là leur longueur jusqu'à la fin de ses jours[2]. »

C'est de cette manière que les Buddhistes expliquent, et les boucles formées sur la tête du Buddha par les cheveux qu'il portait longs quand il était Kchattriya, et cette circonstance que, sur aucune des statues qui le représentent, les boucles ne sont pas plus longues que sur une autre. On voit sans peine combien cette explication est arbitraire, et il est probable qu'elle n'a été imaginée que postérieurement à la détermination définitive du type consacré à la représentation de la personne physique du Buddha. Je n'en devais pas moins en faire mention ici pour compléter ce que j'ai dit plus haut sur la question si controversée de la chevelure de Çâkyamuni.

4. Dans le curieux entretien de Çâkyamuni avec Adjâtaçatru, qui fait le fond du *Sâmañña phala sutta* traduit plus haut[3], se trouve un passage sur la vue divine que possède le sage, et qui lui donne la connaissance de la destinée des êtres divers. Ce passage se répète presque mot pour mot dans le *Lalita vistara*, de façon que nous en possédons deux rédactions à peu près identiques pour les termes, mais différentes pour

[1] *Lalita vistara*, f. 140 de mon man. B; *Rgya tch'er rol pa*, t. II, p. 214.

[2] *Djina alaṁk.* f. 102 *b*.

[3] Ci-dessus, n° II, p. 479.

la langue, l'une en sancrit, l'autre en pâli. Je commence par reproduire la version du *Lalita* :

Atha Bôdhisattvas tathâ samâhitê tchittê pariçuddhê paryavadâtê prabhâsvarê anam̃ganê vigatôpaklêçê mrïduni karmaṇyê sthitê ânim̃djyaprâptê râtryâm̃ prathamayâmê divyasya tchakchuchô djñânadarçanavidyâsâkchâtkriyâyâi tchittam abhinirharati sma abhinirnâmayati sma. Atha Bôdhisattvô divyêna tchakchuchâ pariçuddhêna atikrântamânuchyakêna sattvân paçyati sma tchyavamânân upapadyamânân savarṇadurvarṇân sugatân durgatân hînân praṇîtân yathâkarmôpagân sattvân pradjânâti sma : imê vata bhôḥ (l. bhavantaḥ ?) sattvâḥ kâyaduçtcharitêna manôduçtcharitêna samanvâgatâḥ vâg̃manôduçtcharitêna samanvâgatâḥ âryânâm apavâdakâ mithyâdrïchṭayas tê mithyâdrïchtikarmadharmasamâdânahêtôḥ kâyasya bhêdât param maraṇât apâyadurgativipâtam̃ narakêchu prapadyantê. Imê punar bhavantaḥ sattvâḥ kâyasutcharitêna samanvâgatâḥ âryâṇâm anapavâdakâḥ vâg̃manaḥsutcharitêna samanvâgatâḥ samyagdrïchṭayas tê samyagdrïchṭikarmadharmasamâdânahêtôḥ kâyasya bhêdât sugatau svargalôkêchûpapadyantê. Iti hi divyêna tchakchuchâ viçuddhênâtikrântamânuckyakêna sattvân paçyati sma tchyavamânân upapadyamânân suvarṇân durvarṇân sugatân durgatân hînân pranîtân yathâkarmôpagân.

« Ensuite le Religieux ayant son esprit ainsi recueilli, perfectionné, purifié, lumineux, exempt de souillure, débarrassé de tout vice, devenu souple, propre à tout acte, stable, arrivé à l'impassibilité, le Bôdhisattva, dis-je, à la première veille de la nuit, dirigea son esprit, tourna son esprit de manière à manifester la science du regard et de la connaissance de la vue divine. Ensuite, avec sa vue divine, perfectionnée, surpassant la vue humaine, il vit les êtres mourants ou naissants, beaux ou laids de couleur, marchant dans la bonne ou dans la mauvaise voie, misérables ou éminents, suivant la destinée de leurs œuvres. Ces êtres, ô seigneurs, dit-il, sont pleins des fautes qu'ils commettent en action et en pensée, pleins des fautes qu'ils commettent en pensée et en paroles, injuriant les Âryas, suivant des doctrines de mensonge. Ces êtres, les voilà qui, pour avoir embrassé les lois et les pratiques de ces doctrines de mensonge, renaissent après la dissolution du corps, après la mort, dans les enfers, en tombant dans les existences misérables, dans la mauvaise voie. Ces êtres-là, d'un autre côté, ô seigneurs, doués des bonnes œuvres qu'ils accomplissent en action, n'injuriant pas les Âryas, doués des bonnes œuvres qu'ils accomplissent en pensée et en paroles, qui suivent la bonne doctrine, les voilà qui, pour avoir embrassé la loi et l'observation de la bonne doctrine, renaissent, après la dissolution du corps, dans la bonne voie, dans le monde des cieux. C'est de cette manière qu'avec sa vue divine, perfectionnée, surpassant la vue humaine, il voit les êtres mourants ou naissants, beaux ou laids de couleur, marchant dans la bonne ou dans la mauvaise voie, misérables ou éminents, suivant la destinée de leurs œuvres[1]. »

Je fais suivre immédiatement la rédaction pâlie de ce même texte, telle que je la trouve dans le *Sâmañña phala sutta* :

So êvam̃ samâhitê tchittê parisuddhê pariyôdâtê anag̃gaṇê vigatûpakilêsê mudubhûtê kam-

[1] *Lalita vistara*, chap. XXII, f. 178 *a* de mon man. A; add. f. 178 *b*, et 179 *b*.

maṇiyê ṭhitê ânêdjdjappattê sattânaṁ tchutuppâtañânâya tchittaṁ abhinîharati abhininnâmêti. Sô dibbêna tchakkhunâ visuddhêna atikkantamânusakêna sattê passati tchavamânê uppadjdjamânê hînê panîtê suvaṇṇadubbaṇṇê sugatê duggatê yathâkammûpagê sattê padjânâti. Imê vata bhôntô sattâ kâyadutchtcharitêna samannâgatâ vatchidutchtcharitêna samannâgatâ manôdutchtcharitêna samannâgatâ ariyânaṁ upavâdakâ mitchtchhâdiṭṭhikâ mitchtchhâdiṭṭhi kammasamâdânâ tê kâyassa bhêdâ paraṁ maraṇâ apâyaṁ duggatiṁ vinipâtaṁ nirayaṁ uppannâ imêvapana bhôntô sattâ kâyasutcharitêna samannâgatâ vatchisutcharitêna samannâgatâ ariyânaṁ anupavâdakâ sammâditthikammasamâdânâ tê kâyassa bhêdâ paraṁ maraṇâ sugatiṁ saggaṁ lôkaṁ uppannâti iti dibbêna tchakkhunâ visuddhêna atikkantamânusakêna sattê passati tchavamânê hîne pahînê (l. *panîtê*) *suvaṇṇê dubbaṇṇê sugatê duggatê yathâkammupagê sattê padjânâti*[1].

Ce texte est si semblable à celui du *Lalita vistara*, qu'il est avéré pour moi qu'ils partent l'un et l'autre d'un même original; mais dire lequel est le plus ancien des deux, c'est là un point qui ne me paraît pas aussi facile. Il n'y a rien d'impossible à ce qu'ils aient eu cours ensemble, dès les premiers temps du Buddhisme, dans des classes différentes de la société; car la croyance particulière qu'ils développent prouve qu'ils doivent être anciens. Quant à la traduction du texte pâli, on la trouvera dans celle que j'ai donnée plus haut du *Sâmañña phala*[2]; elle ne diffère que par quelques nuances peu importantes de celle que je viens de proposer pour le passage correspondant du *Lalita vistara*. Une autre remarque qu'il n'est pas inutile de faire, c'est que la partie du texte par laquelle le Buddha est supposé exprimer les résultats de sa vue divine, est donnée sous la forme d'un discours que le sage adresse à des auditeurs qui ne sont pas nommés. Cela est prouvé par l'emploi que fait le *Lalita vistara* des deux formules interpellatives *bhôḥ* et *bhavantaḥ*, dont l'une s'adresse à une seule personne, et l'autre à plusieurs. Je ne veux pas conclure de là que ce texte relatif à la vue divine soit composé de deux fragments, l'un emprunté à quelque discours du Buddha, l'autre résultant du travail de compilation qui a réuni en un corps les ouvrages que nous possédons aujourd'hui sous le nom de *Çâkya*. Je constate seulement avec quelle facilité toutes les doctrines prennent dans ces ouvrages la forme de la prédication, preuve manifeste que c'est en réalité sous cette forme même que le Buddhisme se produisit à son origine.

5. A côté de la vue divine vient naturellement se placer une faculté non moins surnaturelle et non moins vantée chez les Buddhistes, celle qu'avait Çâkyamuni de se rappeler ses anciennes existences. J'ai eu occasion d'en parler ailleurs, dans mon *Introduction à l'histoire du Buddhisme indien*[3]; et je n'en aurais rien dit en ce moment, s'il ne m'eût paru opportun de montrer que la croyance à cette faculté surnaturelle est aussi commune chez les Buddhistes de Ceylan que chez ceux du Népâl, et qu'elle est consignée dans un texte qui est rédigé, de part et d'autre, dans des termes identiques, sauf la différence du dialecte.

[1] *Sâmañña phala sutta*, dans *Dîgh. nik.* f. 22 *b*. — [2] Ci-dessus, *Appendice*, n° II, p. 479, et pour le commencement du texte, p. 476. — [3] T. I, p. 486.

Voici d'abord la rédaction du *Lalita vistara :*

Âtmanaḥ parasattvânâm̃tchânêkavidham̃ pûrvanivâsam anusmarati sma tadyathâ êkâmapi djâtim dvê tisraḥ pañtcha daça vim̃çati trim̃çat tchatvârim̃çat pañtchâçadj djâtiçatam̃ djâtisahasram djâtiçatasahasrâti (l. *sahasrâṇîti*) *anêkânyapi djâtiçatasahasrâṇyapi djâtikôṭîmapi djâtikôṭîçatamapi djâtikôṭîsahasramapi djâtikôṭînayutamapi djâtikôṭîçatânyapy anêkânyapi djâtikôṭîçatasahasrâṇyapi anêkânyapi djâtikôṭînayutaçatasahasrâṇi yâvat sam̃vartakalpamapi vivartakalpamapi sam̃vartavivartakalpamapi anêkânyapi sam̃vartavivartakalpâny anusmarati sma. Amutrâham âsam êvam̃nâmâ êvam̃gôtra êvam̃djâti êvam̃varṇa êvamâyuchpramâṇam êvam̃sthirasthitikaḥ, êvam̃sûkhaduḥkha prativêdî sôham̃ tataçtchyutaḥ sann amutrôpapannaḥ tataçtchyutvâmutrôpapaṇṇaḥ tataçtchyutvêhôppannaḥ iti sâkâram̃ sôddêçam̃ anêkavidham âtmanaḥ sarvasattvânâñtcha pûrvanivâsân anusmarati sma* [1].

Je crois qu'il est inutile de répéter ici la traduction que j'ai donnée déjà de ce morceau, il y a quelques années; on la trouvera dans la partie de l'*Introduction à l'histoire du Buddhisme* à laquelle je renvoyais tout à l'heure. Le point important ici est, d'ailleurs, moins le fond de la doctrine que la forme sous laquelle elle se présente à la fois chez les Buddhiste du Népâl et chez ceux de Ceylan, et par conséquent je dois me hâter de rapprocher du texte sanscrit le texte pâli correspondant.

. . . .

[1] *Lalita vistara*, f. 178 *b*.

Nota. L'auteur, atteint déjà du mal qui devait l'emporter, s'est arrêté ici; c'était dans les premiers jours de mars 1852.

TABLE

DES

MATIÈRES CONTENUES DANS CE VOLUME.

NOTES.

APPENDICES.

INDEX GÉNÉRAL

DES

NOMS PROPRES ET NOMS DE LIEUX,

DES EXPRESSIONS BUDDHIQUES,

ET DES OUVRAGES SANSCRITS, PÂLIS, SINGHALAIS, ETC.

QUI SE RENCONTRENT DANS L'INTRODUCTION À L'HISTOIRE DU BUDDHISME INDIEN ET DANS LE LOTUS DE LA BONNE LOI[1].

A

Abhiokâsikangga (Sens du mot pâli), I, 309.

Âbhâsvaras, Dieux du troisième étage de la première sphère, I, 611.

Abhayagiri vâsinah (École philosophique), I, 447; II, 357.

Abhayañdada, l'un des noms d'Avalôkitêçvara, II, 264.

Abhibhâyatanâm (Les huit), ou régions du vainqueur, II, 825.

Abhidhâna ppadîpikâ, vocabulaire pâli, II, 296.

Abhidhâna tchintâmaṇi (Commentaire d'Hêmatchandra sur l'), II, 782.

Abhidharma kôça vyâkhyâ, compilation philosophique, I, 34, 46, 563. — Son importance, 447.

Abhidharma piṭaka, traité de métaphysique et l'un des Trois recueils buddhiques, I, 40. — N'est pas de Çâkyamuni, 41. — Son étendue, 438.

Abhidjñâ (Sens du mot), II, 818.

Abhidjñâs (Les cinq), I, 295; II, 291. Voyez Cinq connaissances surnaturelles (Les).

Abhinichkrântagrĭhâvâsam (Sens du mot), II, 333.

Abhirati, nom d'un univers, II, 113, 391.

Âbhyavakâçikaḥ (Sens du mot), I, 309.

Abhyudgatarâdja, nom d'un Kalpa, II, 275.

Accumulation (L') des formules magiques; nom d'un Mantra, II, 298. — L'accumulation de cent mille kôṭis, *ibid.* — L'accumulation des connaissances, 795.

Achṭâpada (Sens du mot), II, 263.

Açmagarbha (Sens du mot), II, 319.

Açôka, nom d'un roi, I, 133, 149, 226, 358. — Sa légende, 360 et suiv. — Autre légende, 432 et suiv. — Son époque, 436. — Ses inscriptions, ses édits. Voyez Piyadasi. — Époque présumée de sa mort, II, 778.

Açôkavardhana, nom d'un roi, II, 778.

Âçrava (Sens du mot), II, 822. Voyez Trois Âçravas (Les).

Âçravakchayadjñânabalaṃ (Sens du mot), II, 795. — Considéré comme une sixième Abhidjñâ, 822.

Âçraya (Sens du mot), I, 449.

Âçrita (Sens du mot), I, 449.

Action (Sens du mot) chez les Kârmikas, I, 443.

Actions humaines (Où s'accumulent les), I, 273, 333; — noires et blanches, 274, 435; — qui causent des métamorphoses, 325. — Personne ne peut éviter leur influence, 412. — Disserta-

[1] Le n° I indique l'*Introduction à l'histoire du Buddhisme indien*; le n° II, le présent volume.

tion sur leur fruit, II, 449 et suiv. — Les six espèces d'actions, 787.

Açvaddjit, nom d'un Sthavira, I, 566; II, 1, 292.

Açvaghôcha, nom d'un écrivain buddhiste, I, 215, 556; — a combattu la prééminence des Brâhmanes, 216.

Açvakarṇa, nom d'une montagne, II, 842 et suiv.

Adbhutadharma, traité des événements surnaturels, I, 53; II, 355.

Adhichṭhânêna (Sens de l'expression), II, 363.

Adhikâra (Sens du mot), II, 312.

Adhimâtrakâruṇika, nom d'un Mahâbrahmâ, II, 103.

Adhimukti (Sens du mot), II, 374.

Adhimuktika, nom d'une divinité, I, 543.

Adhimuktisârâṇ (Sens du mot), II, 337.

Âdibuddha (L'), I, 117, 120. — Ses surnoms, 222. — Reconnu seulement de l'école théiste, 230, 442, 581, 617.

Âdinâtha, l'un des noms de l'Âdibuddha, I, 222.

Adjâtaçatru, Adjâtasattu, nom d'un roi, I, 145, 199, 358, 372; II, 3, 304, 449.

Adjita, nom d'un Bôdhisattva, I, 55, 101.

Adjita kêçakambala, nom d'un Tîrthya, I, 162; II, 450.

Adjîvakas (Les Religieux) II, 708, 776 et suiv. Voyez Djîvaka.

Adjñâtakâuṇḍinya, nom d'un Arhat, II, 1, 23, 128. Voyez Kauṇḍinya. — Sens du mot, 292.

Âgama (Le grand), traité religieux, I, 9. — Les quatre Âgama, 48, 317.

Aggañña sutta, commentaire sur le Dîgha nikâya. Voyez ce mot.

Aggikkhandha, nom d'un Sutra pâli, I, 628.

Aggivessâyana, nom patronymique de Nirgrantha, II, 458. Voyez Nirgrantha. — Est le sanscrit Agnivâiçâyana, 488.

Aṅguttara, ouvrage canonique pâli, II, 423.

Agnidatta, nom d'un roi, I, 208.

Agnivâiçâyana, nom patronymique du brâhmane Dîrghanakha, II, 488.

Agrégats (Les cinq) de la conception, I, 94; II, 331, 335. Voyez Skanda.

Âiçvarikas (La secte des), I, 441, 573.

A jŏ kiao tchin ju, transcription chinoise d'Âdjñâtakâuṇḍinya. Voyez ce mot.

Âkâça (l'éther) d'après le système buddhique, I, 496 et suiv. II, 515 et suiv.

Âkâçânantyâyatanam (Sens du mot), II, 811.

Âkâçapratichṭhita, nom d'un Buddha, II, 113.

Akanichṭhas (Le ciel des dieux), I, 184, 398, 616.

Akchaṇa (Sens du mot), II, 835.

Akchayamati, nom d'un Bôdhisattva, II, 2, 261 et suiv.

Akchôbhya (Sens du mot), II, 422.

Akchôbhya, nom d'un Buddha, I, 117, 530, 557; II, 113, 500.

Akiñtchanyâyatanam (Sens du mot), II, 813.

Âlambana (Sens du mot), I, 449.

Alaṁkârasûrya (Les méditations de l'), II, 269.

A lan jo (Sens de l'expression chinoise), I, 309.

Altan gerel, titre mongol du Suvarṇa prabhâsa, I, 7, 537.

Alternative (Sens du mot), I, 448.

Âmalaka, nom de fruit, I, 426 et suiv.

Ambhaṭṭha sutta, traité religieux pâli, II, 581.

Amitâbha, nom d'un Buddha divin, I, 100, 101, 530, 557; — est le quatrième Buddha, 117, 119. — Sa résidence, 222; II, 113, 251.

Amitâyus, le même qu'Amitâbha, I, 102.

Amôghadarçin, nom d'un Bôdhisattva, II, 2.

Amôghasiddha, nom d'un Buddha, I, 117, 542.

Amrĭtânanda, nom d'un commentateur népâlais, I, 630.

Anabhrakas, dieux du premier étage de la quatrième sphère, I, 613.

Anâgâmin (L'état d'), I, 292 et suiv. II, 520, 849.

A na liu tho, transcription chinoise d'Aniruddha(?), II, 293.

A nan, transcription chinoise d'Ânanda. Voyez ce mot.

Ânanda, disciple de Çâkyamuni et compilateur des Sûtras, I, 45, 578. — Fait des miracles, 198. — Cousin de Çâkyamuni, 205. — Sa continence, 206. — Son Stûpa, 392. — Est le même que Djalagarbha, I, 535. — Prédictions relatives à Ânanda, 130 et suiv. — Détails sur Ânanda, 297.

Anantamati, nom d'un Bôdhisattva, II, 12.

Anantatchâritra, nom d'un Bôdhisattva, II, 182.

Anantavikramin, nom d'un Bôdhisattva, II, 2.

Anâtha piṇḍika ou piṇḍada, nom d'un chef de maison, I, 22, 90, 200, 250, 426.

Anâtmaka (Sens du mot), I, 462.

Anavanâmitavâidjayanta, nom d'un univers, II, 131.

Anavatapta, nom d'un lac, I, 171, 330, 396. — Nom d'un Nâga, II, 3.
Anêkadharmakathâ, exposition variée de la loi, I, 56.
Anêkadhâtunânâdhâtuñaṇaṃ (Sens du mot pâli), II, 785.
Anîkchiptadhûra, nom d'un Bôdhisattva, II, 2.
Anilambha (La méditation d'), II, 253, 425.
Aniruddha, nom d'un Arhat, II, 1, 126, 293.
Aniyatâ dhammâ, traité pâli sur la discipline religieuse, I, 302.
Anupadaiçêcha (Sens du mot), I, 590.
Anupamamati, nom d'un Bôdhisattva, II, 2.
Anupapâdakas (Les sectaires), I, 117.
Anurâdhapura, nom de ville, II, 773.
Anuruddha, nom d'un cousin du Buddha, II, 293.
Anusayânaṃ (La cérémonie de l'), II, 683 et suiv.
Anutpattika dharma kchânti (Sens de l'expression), II, 379.
Anuvyañdjanas (Énumération des), II, 617. Voyez Quatre-vingts (Les) signes secondaires, etc.
Anyatra (Sens du mot), II, 652.
Apaçyanayâ (Sens du mot), II, 382.
Apalâla, nom d'un Nâga, I, 377.
Aparasêlikâs (Les sectaires), II, 358.
Apatchiti (Sens du mot mâgadhî), II, 730.
A pho tho na, transcription chinoise d'Avadâna. Voyez ce mot.
A pi than, transcription chinoise d'Abhidharma, I, 113, 453.
Apkrĭtsna (La méditation de l'), II, 254, 425. Voyez Asakrĭtsamâdhi.
Apramâṇâbhas, dieux du deuxième étage de la première sphère, I, 611.
Apramâṇaçubhas, dieux du deuxième étage de la troisième sphère, I, 612.
Apriya, nom d'un Yakcha, I, 256.
Ârâḍa, nom d'un Rĭchi, I, 385.
Arangisattvas, dieux de la quatrième sphère, selon les Népâlais, I, 614.
Araṇyakaḥ (Sens du mot), I, 308.
Arati, l'une des troupes des Klêças, II, 443. Voyez Klêça.
Arhat, saint personnage de la hiérarchie buddhique, I, 80, 294, 327; II, 1, 287, 520.
Ariya vôhâra. Voyez Quatre pratiques (Les), etc.
Artha (Sens du mot), I, 565; II, 840.
Artha Vargiyas, ouvrages canoniques, I, 565.
Artha viniçtchaya, traité de métaphysique, I, 41, 448.
Ârya (Sens du mot), I, 290, 565. — Huit classes d'Âryas, 291. — Le véhicule des Âryas, II, 52 et suiv.
Âryâ bhagavatî. Voyez Bakcha bhagavatî.
Ârya dêva, disciple de Nâgârdjuna, I, 447, 560.
Âryatârâ, nom d'une déesse, I, 542.
Asakrĭtsamâdhi (La méditation de l'), II, 425.
Asaṃkhyêya (Sens du mot), II, 325 et suiv. 852 et suiv.
Asangasatta et Assanjasatthaya. Voyez Arangisattva.
Asavakkhayañâṇaṃ (Sens du mot pâli), II, 795.
Âsinava (Sens du mot), II, 665 et suiv.
Asita, nom d'un Rĭchi, I, 141.
Assakaṇṇa, nom d'une montagne, II, 845.
Assemblée (La grande), I, 452. — Les quatre Assemblées, II, 307.
Asuras (Les), leur place dans le panthéon buddhique, I, 601; II, 3.
Atapas, dieux du cinquième étage de la quatrième sphère, I, 615.
Atchalâ, nom d'une Râkchasi, II, 240.
Atîtânâgatapatchchuppannânaṃ kammasamâdânânaṃ vipâkavêmattatâñaṇaṃ (Sens de l'expression pâlie), II, 786.
Âtmabhâva (Sens du mot), II, 411.
Atthakathâ, commentaire pâli sur les livres canoniques, II, 708, 845.
Âttamanaskâḥ udagrâ (Sens des termes), II, 367.
Attributs. Voyez Cinq attributs (Les).
Atyayika piṇḍapâta (Sens de l'expression), I, 628.
Âupapâdaka (Sens du mot), II, 394.
Avabhâsaprabha (Les Dêvas), II, 3.
Avabhâsaprâpta, nom d'un univers, II, 89, 384.
Avadâna (Compilation nommée), I, 358; II, 689.
Avadâna kalpa latâ, recueil de légendes, I, 555.
Avadânas (Traités nommés), I, 64. — Transcription chinoise du mot Avadânas, 65. — Leur analogie avec les Sûtras, 89. — Traitent de la discipline, 230. — Deux classes d'Avadânas, 358. — Laquelle des trois divisions des écritures ils représentent, résumé de ce qu'ils contiennent, 437 et suiv.
Avadâna çataka, recueil de légendes, I, 7, 115, 199, 218, 358, 527.
Avalôkitêçvara, nom d'un Bôdhisattva, I, 101, 112, 115. — Est réputé fils d'Amitâbha Buddha, 120. — Auteur de deux Sûtras, 220. — Sa prééminence

B

C

D

E

F

G

H

I

J

K

L

M

Mahâvikramin, nom d'un Bôdhisattva, II, 2.

Mahâyâna (Secte du) I, 122, 534. — Époque de son développement, 123.

Mahâyâna sûtra, ouvrage canonique, I, 14, 72, 438, 541. — Quels sont ceux à qui on peut l'expliquer, II, 61.

Mahâyuga (Sens du mot), II, 328.

Mahêçvara, nom d'un Yakcha, I, 256.

Mahêçvaras (les Dêvas), II, 3.

Mahî çâsakâḥ, école philosophique, I, 446; II, 357.

Mahinda, nom d'un prince, II, 688.

Mahôragas, (les Dêvas), II, 4.

Ma ho yan, transcription chinoise de Mahâyâna, I, 113.

Mâitrâyaṇî, nom d'une femme, I, 478.

Mâitrâyaṇî puttra, nom patronymique de Pûrṇa, II, 489 et suiv.

Mâitrêya, nom d'un Bôdhisattva, I, 55, 102, 535. — Est le futur Buddha, 109, 222; II, 2 et suiv. 182 et suiv. 302.

Mâitrî (Sens du mot), II, 300.

Mâitrînâtha (L'Ârya), nom d'un sage, I, 542.

Makkhali gôsâla, nom d'un Religieux, II, 450.

Mâlâdharî, nom d'une Râkchasî, II, 240.

Mâlâkuṭadantî, nom d'une Râkchasî, II, 240.

Mallas, nom de peuple, I, 87; II, 486 et suiv.

Ma ming, nom d'un Religieux buddhiste chinois, I, 557.

Ma mo. Voyez Yum.

Manas (Sens du mot), I, 501. — Ses fonctions, 635; II, 477, 512 et suiv.

Manasâkaṭa, nom de lieu, II, 490.

Manasikâra (Sens du mot), II, 413.

Manasvin, nom d'un Nâga, II, 3.

Mandâkinî, nom d'un étang, I, 330.

Maṇḍala (Sens du mot), I, 523, 557.

Maṇḍalins (Les rois), II, 4, 12 et suiv. 307.

Mandâra, fleurs divines, II, 306.

Mandârava, *id. ibid.*

Mândhâtrî, nom d'un roi, I, 74, 89; II, 833 et suiv.

Mañdjûchâ, fleurs divines, II, 306.

Mañdjûchaka, *id. ibid.*

Mañdjuçrî, nom d'un Bôdhisattva, I, 112, 290, 535; II, 2, 13 et suiv. 158 et suiv. 167 et suiv. 301. — Recherches sur son nom et l'époque où il a vécu, 498 et suiv. — Épithètes qui accompagnent son nom, 509 et suiv.

Mañdjuçrî parvata, nom d'une montagne, II, 504.

Mañdjuçrî (Ârya) mûla tantra, traité religieux et prophétique, I, 540.

Mañdjughôcha. Voyez Mañdjuçrî.

Mañdjusvara. *Idem.*

Mañdjupattana, nom de ville, II, 504 et suiv.

Mangalas (Les huit), II, 647. — Voyez Huit signes de bon augure (Les).

Manifestation de toutes les formes (La), nom d'une méditation, II, 260.

Manôbhirâma, nom d'un univers, II, 94.

Manôdjña, nom d'un Gandharva, II, 3.

Manôdjñaçabdâbhigardjita, nom d'un Kalpa, II, 131.

Manôdjñasvara, nom d'un Gandharva, II, 3.

Mantra (Le) de six lettres, I, 540.

Mantras, formules magiques, I, 121, 540; II, 238 et suiv.

Mânuchi buddhas (Les), I, 116.

Mâra (Le pécheur), I, 76, 133, 398. — Lutte contre Çâkyamuni, 163; II, 8. — Se convertira un jour, 90. — Ses armées, sa puissance, 385.

Mârakâyakas (Les), fils des Dêvas, II, 277.

Marga, Magga (Sens des mots), II, 518 et suiv. — Voyez Huit voies (Les), et Quatre voies (Les).

Mariage (Le) selon la loi buddhique, I, 151.

Marîtchika, nom d'un univers, I, 271.

Markaṭahrada, nom d'un étang, I, 74.

Maruts (Les Dêvas), II, 8.

Maskarin, nom d'un homme, I, 162.

Mâtali, nom d'un homme, II, 845.

Mâtanga, nom d'une caste, I, 205.

Mâṭhara, nom d'un homme, I, 456.

Mathiah, nom de lieu, II, 666 et suiv.

Mathurâ, nom de ville, I, 146, 377.

Mati, nom d'un Bôdhisattva, II, 12.

Mâtrïgrâma (Sens du mot), II, 393.

Mâtrïkâ, synonyme d'Abhidharma piṭaka, I, 48.

Maṭutatchaṇḍî, nom d'une Râkchasî, II, 240.

Mâudgalyâyana, disciple de Çâkyamuni, I, 113, 181, 269, 312, 390, 448, 564; II, 1, 293. — Recherches sur son nom, 490.

Mâurya, nom d'un homme, I, 374.

Mâuryas (La famille des), I, 373 et *passim*; II, 778 et suiv.

Mdo-sde, l'une des parties du Kah-gyur, I, 6. — Correspond aux Sûtras, 38.

Méditations (Les six espèces de), II, 269, 474 et suiv.

Mêghadundubhisvararâdja, nom d'un Buddha, II, 257.

Mêghasvara, nom d'un Buddha, II, 113.

Mêghasvararâdja, nom d'un Buddha, II, 113.

Mêṇḍhaka (La légende de), I, 190, 193.

N

et suiv. — Sens du mot, I, 568. — Recherches sur son nom, II, 488.
Nirgrantha çâstra, ouvrage sanscrit opposé au Buddhisme (?), I, 568.
Nirgranthas (Les Religieux), II, 708, 776 et suiv.
Nirmâṇarati (Sens du mot), I, 606.
Nirukti, Nirutti (Sens des mots), II, 840 et suiv.
Nirupadhiçêcha (Sens du mot), I, 590.
Nirvâṇa, délivrance finale, I, 18. — Interprétation de ce mot par les Tibétains et les Hindoux, 19. — Définition de ce mot, 516 et suiv. 589 et suiv. — Est unique, II, 114. — Deux degrés pour y parvenir, 116.
Nirvrïtti (Sens du mot), I, 441, 518.
Ni sa khi (Traité chinois nommé), I, 302.
Nissaggiyâ dhammâ, traité religieux pâli, I, 302.
Nityaparivrïta, nom d'un Buddha, II, 113.
Nityôdyukta, nom d'un Bôdhisattva, II, 2.
Nombres (Noms de) des Singhalais, II, 857.

O

Observances (Le livre des douze), I, 304 à 312.
Offices (Divers) créés par Piyadasi, II, 773 et suiv.
Ôṁ maṇi padmê hûṁ (Sens de cette formule), I, 325.
O pi, transcription chinoise d'Upasêna. Voyez ce mot.
Organes (Les six) des sens, I, 635. Voyez Sens. — Usage qu'en doit faire un Religieux, II, 471 et suiv. 510. Voyez Dhâtu.

P

Pabbasêlayâs (Les sectaires), II, 358.
Padarûpa siddhi, grammaire singhalaise, II, 331.
Padmaçrî, nom d'un Bôdhisattva, II, 2, 257.
Padmapâṇi, nom d'un Bôdhisattva, I, 117.
Padmaprabha, nom d'un Buddha, II, 42 et suiv.
Padmavatî, nom d'une reine, I, 403.
Padmavrïchabhavikrâmin, nom d'un Buddha, II, 43.
Paiçâtchika (Dialecte), I, 446.
Pakudha katchtchâyana, nom d'un Religieux, II, 450.
Pâli (Dialecte), employé par les Buddhistes singhalais, I, 105.
Pâñçukûlikah (Sens de l'expression), I, 305.
Paṁsupatthavî (Sens du mot), II, 844.
Pâṇḍukâbhaya, nom d'un roi, II, 773.
Pâṇini, écrivain buddhiste, I, 540.
Pan jo pho lo mi, transcription chinoise de Pradjñâ pâramitâ, I, 113.
Paññâ, l'une des trois divisions de la doctrine, II, 495.
Pannattivadas (Les sectaires). Voyez Pradjñapti vâdinaḥ.
Pañtchaçîrcha, nom d'une montagne, II, 504.
Pañtcha Dhyâni Buddhas (Les), I, 117. Voyez Dhyâni Buddhas.
Pañtchaklêça. Voyez Cinq souillures (Les).
Pañtcha krama et Pañtcha krama ṭippanî, ouvrage sur les Mantras et son commentaire, I, 557, 591.
Pañtcha Racha ou Rakcha, division des traités népâlais, I, 462.
Pañtcha skandhaka, ouvrage népâlais, I, 568.
Pañtchaviñçatikâ (Nâipâliya dêvatâ kalyâṇa), traité népâlais, II, 500 et suiv.
Pâñtchika, le chef des Yakchas, I, 180 et suiv. 628.
Panthaka, nom d'un homme, I, 139.
Parabole (La), II, 38-62. — de l'enfant prodigue, 64, 70 et suiv.
Parahita rakchita paṇḍita, écrivain buddhiste, I, 558.
Pâramitâ (Sens du mot), II, 544 et suiv.
Paranirmita vaçavartin (Sens du mot), I, 607.
Parasattânaṁ parapuggalânaṁ indriyaparôvariyattamûttatâñâṇaṁ (Sens de la formule pâlie), II, 793.
Paratchittadjñâna (Sens du mot), II, 821.
Parîndanâ (Sens du mot), II, 417.
Parinirvrïta (Sens du mot), I, 590.
Parîtta (Sens du mot pâli), II, 396.
Parîttâbhas (dieux du premier étage de la seconde sphère), I, 611.
Parîttaçubhas (dieux du premier étage de la troisième sphère), I, 612.
Pasênadi, nom d'un roi, II, 484. Voy. Prasênadjit.
Pâṭaliputtra, nom de ville, I, 149, 359 et *passim*; II, 690 et suiv. — Légende sur Pâṭaliputtra I, 432 et suiv. — Assemblée de Religieux à Pâṭaliputtra, II, 727 et suiv.

Q

R

S

T

U

Upâsaka, Upâsikâ (Sens des mots), I, 279.
Upasêna, nom d'un Religieux, I, 627.
Upatissa, surnom de Çâriputtra, II, 715 et suiv.
Upâya Kâuçalya (Sens du mot), II, 550.
Upêndra, l'un des noms de Vichṇu, I, 131.
Upôsatha, cérémonie des buddhistes, II, 450.
Uragasâra (Sens du mot), II, 421.
Urumuṇḍa, nom d'une montagne, I, 378.
Uruvilvâ, nom de lieu, I, 77.
Uruvilvâkâçyapa, nom d'un Arhat, II, 1, 126, 293.
Utkaṭâ, nom de ville, I, 207.
Utpala, nom d'un Nâga, II, 3.
Utpalâ, Utpalavarṇâ, noms d'une Religieuse, I, 181, 278, 399; II, 407.
Uttara, nom d'un homme, I, 176, 334.
Uttarakuru, nom d'un continent, I, 177, 539.
Uttaramati, nom d'un Bôdhisattva, II, 2.

V

Vâchpa, nom d'un Arhat, II, 1, 292.
Vaçibhûta (Sens du mot), II, 289.
Vâdariyâs (Les sectaires), II, 358.
Vadjra âtchârya, prêtre népâlais, I, 527.
Vadjraçutchi, traité de polémique, I, 215. — Nom d'un Religieux buddhiste, 557.
Vadjra hrïdaya, nom d'un Dhâraṇî, I, 543.
Vadjra kutchi, nom d'une caverne, I, 222.
Vadjramaṇḍâ, nom d'un Dhâraṇî, I, 543.
Vadjrapâṇi, nom d'un Bôdhisattva, I, 117, 557; — est fils d'Akchôbhya, 538.
Vadjra sattva, nom du sixième Dhyâni Buddha, I, 525.
Vadjra tchhêdika, traité philosophique, I, 7. — Traduit du tibétain, 73. — Résumé de la Pradjñâ pâramitâ, 465, 593; II, 338.
Vâibhâchika, système philosophique, I, 445 et suiv.
Vâiçâlî, nom de lieu, I, 74, 86.
Vâiçâradya (Sens du mot), II, 346, 402.
Vâiçêchikas (L'école des), I, 568.
Vâiçravaṇa, nom d'une divinité, I, 132. — D'un Mahârâdja, II, 3, 239.
Vâidêhî, nom d'une femme, II, 3, 304, 449. — Vâidêhî, Vêdêhî, la même que Çrîbhadrâ, 482. Voyez Çrîbhadrâ.
Vâipulya (Traités nommés), I, 62. — Sont postérieurs aux Sûtras, 124, 127, 438. — Nom d'une montagne, II, 847.
Vâirôtchana, nom d'un Buddha, I, 117, 557.
Vâirôtchanaraçmi-pratimaṇḍita, nom d'un univers, II, 253.
Vakkula, nom d'un Sthavira, I, 391; II, 2, 126.
Vakkalin, nom d'un Rïchi, I, 267, 392.
Varaprabha, nom d'un Bôdhisattva, II, 13 et suiv.
Vardhamânakaya (Figure du), II, 627.
Vardhamânamati, nom d'un Bôdhisattva, II, 2.
Vârisâra, nom d'un roi, II, 778.
Varṇa (Sens du mot), II, 314.
Varuṇadatta, nom d'un Bôdhisattva, II, 2.
Vâsavadattâ, nom d'une femme, I, 146.
Vasichṭha, nom d'un Rïchi, I, 542.
Vasubandhu, auteur de l'Abhidharma Kôça, I, 563, 571; II, 359.
Vasudharâ, nom d'une déesse, I, 542.
Vâsuki, nom d'un Nâga, II, 3.
Vasumitra, écrivain philosophique, I, 447, 566, 568. — Est-il le même que Vasubandhu? II, 359.
Vasus (Les huit); leur place dans le panthéon buddhique, I, 605.
Vatchtchasôdhakê, gardes Tchaṇḍâlas, II, 773.
Vâtsîputtra, nom d'un chef de secte, II, 489 et suiv.
Vâtsîputtrîyâḥ, école philosophique, I, 446, 569; II, 357, 489.
Vêdalla (Sens du mot mâgadhî), II, 730 et suiv.
Vêdas (Les) rejetés par les Buddhistes, I, 547.
Vêdanâ (Sens du mot), I, 499.
Véhicule. Voyez Mahâyâna. — Les trois véhicules, II, 51 et suiv. 81. — Le grand véhicule, I, 478; II, 53, 57.
Vêmatchitra, nom d'un Asura, II, 3.
Vibhâdjya vâdinaḥ, école philosophique, I, 446; II, 357.
Vibhâchâ, école philosophique, I, 567.
Viçêchamati, nom d'un Bôdhisattva, II, 2, 12.
Vichkambhin, nom d'un Bôdhisattva, I, 224.
Vichṇu; son rôle dans la mythologie buddhique, I, 132, 184.
Vichṇumitra et Vischumitra (?), nom d'un Religieux, I, 568.
Viçichṭatchâritra, nom d'un Bôdhisattva, II, 182, 233 et suiv.
Viçuddhatchâritra, nom d'un Bôdhisattva, II, 182.

Y

Yathâsanthatikangga (Sens du mot pâli), I, 310.
Yâtnikas (La secte des), I, 441, 443 et suiv.
Yeou pho se, transcription chinoise de Upâsaka. Voyez ce mot.
Yeou kan tha, transcription chinoise de Yugañdhara. Voyez ce mot.
Yôga (La pratique du), II, 4.
Yôga-âvatchara (Sens du mot), II, 354.
Yôga tantra, formules magiques, I, 557.
Yôgâtchâra, système philosophique, I, 445 et suiv. 510; II, 513.
Yôgin, celui qui pratique le Yôga, II, 4. Voyez Yôga.
Yônaka, habitant du pays de Yôna, I, 628.
Yugañdhara, nom d'une chaîne de montagnes, II, 842.
Yum, traduction tibétaine de Mâtrikâ, I, 48.

W

Wen chu sse li, transcription chinoise de Mañdjuçri, I, 113.

Z

Zas-byis mi len-pa (Sens de l'expression tibétaine), I, 308.

FIN DE L'INDEX GÉNÉRAL.